회계와 세무실무

머리말
preface

  기업의 회계와 세무 실무는 처음 접하는 이들에게 높은 진입 장벽으로 작용할 수 있다. 회사 및 세무회계사무소에 처음 입사한 사원들은 개괄적인 이해 부족으로 오랜 기간 제한적인 실무에만 몰두하는 경우가 많다.

  이러한 어려움을 해결하고자 본서는 실무적으로 꼭 필요한 회계 및 세무 업무를 종합적으로 설명하고, 방대한 내용을 선별하여 짧은 기간 내에 숙지할 수 있도록 구성하였다.

■ 제1장 회계실무에서는 분개부터 재무제표 작성에 이르기까지 이론과 분개사례, 재무제표 작성사례를 병행하여 설명하였다. 현재, 상장기업은 K-IFRS(국제회계기준)를 적용하고 외부회계감사대상 법인은 일반기업회계기준을 적용한다. 그리고 그 외 법인은 중소기업회계기준을 적용한다. 본서는 일반기업회계기준을 기본으로 각 계정과목을 설명하면서 세법과 차이나는 부분들은 해당 계정과목 아래에서 그차이를 언급하여 실무자가 세무조정까지 이해할 수 있도록 구성하였다.

■ 제2장 세무 실무는 부가가치세 신고, 원천세 신고, 법인세 신고 등 핵심적인 세무 업무를 직접 수행할 수 있도록 구성하였다. 국세 기본법, 증명서류 수취 규정, 부가가치세법, 소득세법, 법인세법의 주요 개념을 사례와 함께 설명하여 실무 적용이 용이하도록 하였다.

■ 최근 세법 개정은 ① 성실신고확인대상 소규모 법인에 대한 법인세 과세표준 구간 세율(19%) 조정, ② 임직원 할인금액은 사업수입금액에 포함 및 인건비에 포함, ③ 중소기업 및 중견기업 범위에서 부동산임대업 및 성실신고확인대상 소규모 법인을 제외업종에 추가, ④ 재화의 공급으로 보지 않는 범위 확대(경조사와 관련한 재화, 설날·추석과 관련된 재화, 창립기념일 및 생일 등과 관련된 재화) ⑤ 거주자의 판정기준 보완(계속하여 183일 이상 거소를 둔 경우 포함), ⑥ 종업원 할인금액에 대한 근로소득 비과세 기준 마련, ⑦ 창업중소기업 세액감면과 통합고용증대세액공 중복배제

  이 책은 초급부터 중급수준에 있는 실무자 여러분들에게 경리 업무에 대한 흥미를 잃지 않도록 사례를 많이 들어 이해하도록 하였다.

  기업을 창업하고자 하는 예비 사업자 및 기업의 경리업무에 접근하고자 하는 분들의 지침서가 되기를 바라며 앞으로 독자제위의 서평에 대하여는 수용하며 보완할 것임을 약속드린다.

2025. 4. 저자

차 례
contents

Part 1 회계실무(일반기업회계기준 반영)

Chapter 1 기초회계실무

제1절 회계의 개념 ·· 4
  1. 회계의 개념과 장부 ··· 4
  2. 정보시스템으로서의 회계 ·· 4
  3. 회계와 부기 ··· 5
  4. 회계정보이용자 ··· 5
  5. 재무제표(재무보고서) ·· 5
    (1) 재무상태표 / 5   (2) 손익계산서 / 5
    (3) 이익잉여금처분계산서 / 5   (4) 자본변동표 / 6
    (5) 현금흐름표 / 6   (6) 주석 / 6
  6. 회계단위와 회계연도 ·· 6
    (1) 회계단위 / 6   (2) 회계연도(회계기간) / 6
  7. 일반기업회계기준 ··· 7
    (1) 일반기업회계기준의 목적 / 7   (2) 일반기업회계기준의 구성 / 7
    (3) 일반기업회계기준의 적용 / 8   (4) 국제회계기준의 특징 / 9
    (5) 중소기업회계기준 / 9
    (6) 법인세법에서 인정되는 기업회계기준의 범위 / 10
  8. 회계의 순환과정 ··· 11
    (1) 회계절차 / 11   (2) 도·소매업의 회계순환 / 12
    (3) 제조기업의 회계순환 / 12   (4) 손익계산서 작성 / 14

제2절 재무제표 ·· 17
  1. 재무상태표(Balance sheet : B/S) ··· 17
    (1) 의의 / 17   (2) 자산과 부채 및 자본이란 무엇인가? / 17
      ■ 사례 1-1 재무상태표의 이해 ··· 18
    (3) 재무상태표의 서식과 구성 / 19
      ■ 사례 1-2 기초, 기말 재무상태표 작성 ··· 24
  2. 손익계산서(Income statement : I/S) ··· 25

차 례
contents

　　　(1) 의의 / 25　　　　　　　　　　(2) 수익과 비용이란 무엇인가? / 25
　　　■ 사례 1-3 손익계산서 이해 ··· 26
　　　(3) 손익계산서의 서식과 구성 / 27
　　　■ 사례 1-4 손익계산서 작성 ··· 30
　　3. 손익계산서와 재무상태표의 관계 ··· 30
　　　(1) 손익계산서의 순손익과 재무상태표의 이익잉여금 / 31
　　　(2) 재무상태표상 자본의 변동 사유 / 31
　　　■ 사례 1-5 손익계산서와 재무상태표 관계 ····································· 32

제3절　회계거래의 측정과 기록 ·· 33
　　1. 회계거래와 측정 ··· 33
　　2. 숫자로 측정 ·· 33
　　　■ 사례 1-6 회계상 거래여부 판단 ·· 33

제4절　거래결합과 복식부기 ··· 34
　　1. 거래의 결합(이중성) 개념 ·· 34
　　2. 대차평균의 원리와 복식부기 ·· 35
　　　(1) 대변과 차변 / 35　　　　　　　　(2) 차변과 대변의 거래와 유래 / 36
　　　(3) 단식부기 / 36
　　　■ 사례 1-7 계정과목의 이해 (1) ·· 37
　　3. 계정과목 ·· 38
　　　■ 사례 1-8 계정과목의 이해 (2) ·· 38
　　4. 계정원장의 서식 ··· 39
　　5. 분개 ··· 40
　　　■ 사례 1-9 회계처리 연습 (1) - 거래의 8요소 이해 ························· 40
　　　■ 사례 1-10 회계처리 연습 (2) - 결합관계 이해 ····························· 41
　　6. 전표 ··· 42
　　　(1) 전표 / 42　　　　　　　　　　　(2) 증명서류 / 42
　　　(3) 전표서식의 종류 / 43
　　　■ 사례 1-11 전표작성 - 입금전표 ·· 43
　　　■ 사례 1-12 전표작성 - 출금전표 ·· 44
　　　■ 사례 1-13 전표작성 - 대체전표(1) ·· 45

차 례
contents

- 사례 1-14 전표작성 - 대체전표(2) ·· 46
- 사례 1-15 전표작성 - 대체전표(3) ·· 46
- 사례 1-16 전표작성 - 대체전표(4) ·· 47
- 사례 1-17 전표작성 - 회계전표(1) ·· 48
- 사례 1-18 전표작성 - 회계전표(2) ·· 48

7. 총계정원장과 계정별원장, 거래처별원장 ································ 49
  (1) 원장별 비교 / 49　　　　　　(2) 총계정원장 / 50
  (3) 계정별원장 / 50　　　　　　(4) 거래 발생시 분개와 원장에 전기하는 과정 / 51
- 사례 1-19 회계처리 및 전기 ·· 51

제5절 결 산 ·· 53

1. 의의 ··· 53
2. 결산 절차 ·· 53
  (1) 계정과목별 장부금액과 실제금액 대조절차 / 53
- 사례 1-20 결산 - 현금과부족 회계처리 ····································· 54
- 사례 1-21 결산 - 가지급금 및 가수금 회계처리 ··························· 56
- 사례 1-22 결산 - 유동성장기부채 회계처리 ································ 57

  (2) 결산시 충당금 또는 준비금 등 설정 / 58
  (3) 자산·부채의 평가 / 58　　　　(4) 법인세비용 / 58
- 사례 1-23 결산 - 법인세비용 회계처리 ····································· 59

3. 합계잔액시산표 ··· 59
  (1) 시산표의 의의 / 59　　　　　(2) 시산표의 유용성 및 재무제표 작성 / 59
- 사례 1-24 결산 - 합계잔액시산표 및 재무제표 작성 ······················ 60
- 사례 1-25 합계잔액시산표 작성 ··· 62

4. 장부마감 ··· 63
  (1) 손익계산서계정의 마감 / 63　　(2) 재무상태표계정의 마감 / 63
- 사례 1-26 결산 - 장부마감 ·· 64
- 사례 1-27 종합사례연구 - 회계순환과정 이해 ······························ 65

회계와 세무실무

차 례
contents

Chapter 2 재무상태표 계정과목해설

제1절 재무상태표 기본구조(일반기업회계기준 제2장) ········· 80
1. 재무상태표의 기본구조 ········· 80
   - (1) 재무상태표의 기본구조 / 80
   - (2) 유동성배열법 적용 / 81
   - (3) 자산과 부채의 유동성과 비유동성 구분 / 81
   - (4) 유동부채 / 82
   - (5) 비유동부채 / 83
   - (6) 차입약정이 있는 부채의 분류 / 83
   - (7) 자본의 분류 / 84
   - (8) 재무상태표 항목의 구분과 통합표시 / 84
   - (9) 자산과 부채의 총액표시 / 86
   - (10) 미결산항목의 적절한 과목 표시 / 86
2. 계정과목 해설 ········· 87
   - (1) 자산과목 / 87
   - (2) 부채과목 / 89
   - (3) 자본과목 / 89

제2절 당좌자산 ········· 90
1. 금융상품(일반기업회계기준 제6장) ········· 90
   - (1) 금융상품의 개념 / 90
   - (2) 인식시점 / 90
2. 현금 및 현금성자산 ········· 90
   - (1) 현 금 / 90
   - (2) 현금성자산 / 90
   - (3) 선일자수표 / 91
   - (4) 소액현금 또는 전도금 / 91
   - (5) 보통예금과 예금차월(借越) / 92
   - ■사례 2-1 보통예금 회계처리 ········· 92
   - (6) 당좌예금과 당좌차월(當座借越) / 92
   - ■사례 2-2 당좌예금 회계처리 ········· 93
   - ■사례 2-3 결산 - 당좌차월 회계처리 ········· 94
3. 단기투자자산 ········· 94
   - (1) 단기예금 / 94
   - ■사례 2-4 정기예금 회계처리 ········· 96
   - ■사례 2-5 정기적금 회계처리 ········· 97
   - (2) 단기대여금 / 97
   - ■사례 2-6 단기대여금 회계처리 ········· 97

차 례
contents

(3) 유가증권(일반기업회계기준 제6장 제2절) / 97
- 사례 2-7 유가증권 회계처리 (1) - 기간경과분 이자 ·········· 101
- 사례 2-8 유가증권 회계처리 (2) - 주식 ·········· 102
- 사례 2-9 유가증권 회계처리 (3) - 이종자산 교환 ·········· 102
- 사례 2-10 유가증권 회계처리 (4) - 상장주식 ·········· 103
- 사례 2-11 유가증권 회계처리 (5) - 비상장주식 ·········· 104
- 사례 2-12 유가증권 회계처리 (6) - 채권 ·········· 105
- 사례 2-13 유가증권 회계처리 (7) - 주식 손상차손 ·········· 107
- 사례 2-14 유가증권 회계처리 (8) - 주식 평가 및 손상차손 ·········· 108
- 사례 2-15 유가증권 회계처리 (9) - 종합사례 ·········· 110
- 사례 2-16 유가증권 회계처리 (10) - 손상차손 ·········· 111

4. 매출채권 ·········· 112
   (1) 외상매출금 / 112　　　　　　(2) 받을어음 / 112
   - 사례 2-17 매출채권 회계처리 - 받을어음 (1) ·········· 113
   - 사례 2-18 매출채권 회계처리 - 받을어음 (2) ·········· 113
   - 사례 2-19 미수금 회계처리 - 차량처분 ·········· 116
   - 사례 2-20 어음의 배서양도시 회계처리 ·········· 117

   (3) 매출채권의 담보제공과 양도 및 할인 / 117
   - 사례 2-21 매출채권 회계처리 - 어음의 할인 ·········· 118

   (4) 매출대금 및 구매대금의 결제방법 / 118　　(5) 대손충당금 등 / 122

5. 선급금 ·········· 123
   - 사례 2-22 선급금의 회계처리 ·········· 123

6. 선급비용 ·········· 123
   (1) 개념 / 123　　　　　　(2) 선급금과의 구별 / 124
   - 사례 2-23 선급비용 회계처리 - 임차료, 이자 ·········· 124

7. 미수금 ·········· 125
   - 사례 2-24 미수금 회계처리 - 차량처분 ·········· 125

8. 미수수익 ·········· 125
   (1) 개념 / 125　　　　　　(2) 미수금과의 차이 / 125
   - 사례 2-25 미수수익 회계처리 - 대여금, 임대료 ·········· 126

9. 가지급금 ·········· 127

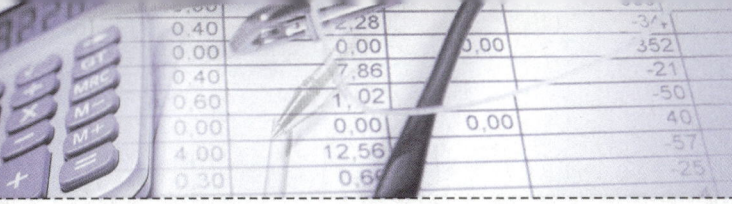

차 례
contents

- 사례 2-26 가지급금 회계처리 - 출장비 ·· 127
- 10. 부가세대급금 ··· 127
- 11. 선납세금 ·· 128
  - (1) 법인 / 128
  - 사례 2-27 선납세금 회계처리 - 중간예납, 원천징수세액 ························ 129
  - (2) 개인의 사업소득에 대한 선납세금 / 129
  - 사례 2-28 이자수익 회계처리 - 개인사업자 ·· 130
- 12. 이연법인세자산 ··· 130

제3절 재고자산(일반기업회계기준 제7장) ·· 131
- 1. 재고자산 개념 ··· 131
- 2. 재고자산 계정과목들 ··· 131
  - (1) 상 품 / 131   (2) 제 품 / 131
  - (3) 반제품 / 132   (4) 재공품 / 132
  - (5) 원재료 / 132
  - 사례 2-29 면세 원재료 구입시 회계처리 ··· 132
  - (6) 저장품(또는 소모품) / 132
  - (7) 시송품, 적송품 / 133   (8) 미착계정 / 133
  - 사례 2-30 수입품에 대한 회계처리 ··· 136
  - (9) 의제매입세액 / 141   (10) 기타의 재고자산 / 142
- 3. 재고자산 취득원가 등 ··· 142
  - (1) 의의 / 142   (2) 취득원가에서 제외되는 항목 / 142
  - (3) 서비스기업의 재고자산원가 / 142

제4절 투자자산 ··· 143
- 1. 의의 ·· 143
- 2. 투자부동산 ·· 143
  - 사례 2-31 투자부동산 회계처리 - 토지구입 ······································ 143
- 3. 장기투자증권 ·· 143
- 4. 장기대여금 ·· 143
  - 사례 2-32 장기대여금 회계처리 ·· 144
- 5. 지분법적용투자주식 ··· 144

차 례
contents

  (1) 의의 / 144　　　　　　　　　　(2) 중소기업특례(일반기업회계기준 31장) / 144
  (3) 회계처리 / 144
  ■ 사례 2-33 지분법적용투자주식 회계처리 ································· 145
  (4) 법인세법 / 145
 6. 기타 투자자산 ··· 145
  ■ 사례 2-34 장기성예금 회계처리 ······································· 146

제5절 유형자산(일반기업회계기준 제10장) ··· 147
 1. 유형자산 의의와 재무제표 표시방법 ··· 147
 2. 유형자산의 범위 ··· 147
  (1) 토지 / 147　　　　　　　　　　(2) 건물 / 147
  ■ 사례 2-35 부동산 개별취득시 회계처리 ······························· 147
  (3) 구축물 / 147　　　　　　　　　(4) 기계장치 / 148
  (5) 건설중인 자산 / 148
  ■ 사례 2-36 건설중인 자산 회계처리 (1) - 토지구입 ···················· 148
  ■ 사례 2-37 건설중인 자산 회계처리 (2) - 공장건축 신축시 ············· 149
  ■ 사례 2-38 건설중인 자산 회계처리 (3) - 기계취득시 ··················· 149
  (6) 기타자산 / 150
  ■ 사례 2-39 기타의 유형자산 회계처리 ································· 150
 3. 유형자산 취득원가 ··· 150
  (1) 일반원칙 / 150
  ■ 사례 2-40 유형자산 회계처리 (1) - 현재가치 회계 ···················· 151
  ■ 사례 2-41 유형자산 회계처리 (2) - 현재가치 회계 ···················· 151
  ■ 사례 2-42 유형자산 회계처리 (3) - 명목가액 회계 ···················· 151
  (2) 차입원가자본화 / 152　　　　　(3) 토지 건물 일괄구입 등 / 152
  ■ 사례 2-43 부동산 일괄취득 회계처리 - 구분이 불분명시 ············· 152
  (4) 기존 건물이 있는 토지를 취득하여 신축 / 153
  ■ 사례 2-44 기존 건물이 있는 토지를 취득하여 신축하는 경우 ········· 153
  (5) 사용중인 기존 건물을 철거 후 신축 / 153
  ■ 사례 2-45 사용중인 기존 건물을 철거 후 신축하는 경우 ·············· 153
  (6) 현물출자, 증여, 기타 무상으로 취득 / 153

차례 contents

　　■ 사례 2-46 현물출자로 취득시 회계처리 ·· 154
　(7) 교환으로 인한 무상취득 / 154
　　■ 사례 2-47 교환시 회계처리 ·· 155
　(8) 장기할부에 의한 자산취득(현재가치 회계) / 155
　　■ 사례 2-48 현재가치 회계처리 ·· 156
　(9) 자본적 지출과 수익적 지출 / 158
　　■ 사례 2-49 자본적 지출, 수익적 지출(후속원가 지출시 회계처리) ·· 159
4. 법인세법상 취득원가 및 자산의 기준 등 ··· 159
　(1) 건설자금이자의 계산대상 / 159　　(2) 건설자금이자의 계산기간 / 159
　　■ 사례 2-50 건설자금이자 회계처리 ··· 159
　(3) 세법상 자본적지출과 수익적지출 / 160　(4) 즉시비용으로 처리가 가능한 기준 / 160
　　■ 사례 2-51 세법상 자본적 지출 및 수익적 지출 판단 (1) ·········· 161
　　■ 사례 2-52 세법상 자본적 지출 및 수익적 지출 판단 (2) ·········· 161
　(5) 생산설비 폐기 등 / 161
5. 정부보조금에 의한 취득(일반기업회계기준 제17장) ······························ 162
　(1) 정부보조금의 의의 / 162　　(2) 정부보조금의 인식 / 162
　(3) 자산관련보조금의 회계처리와 표시 / 162
　　■ 사례 2-53 정부보조금에 의한 회계처리 (1) – 자산취득목적 ······· 163
　(4) 수익관련보조금 표시 / 163　　(5) 정부보조금의 상환 / 164
　　■ 사례 2-54 정부보조금에 의한 회계처리 (2) – 상환의무 없는 정부보조금 ······ 164
　(6) 세법상 국고보조금 / 166
6. 감가상각 ·· 168
　(1) 의의 / 168　　(2) 감가상각의 기본요소 / 168
　　■ 사례 2-55 감가상각비 회계처리 (1) – 정액법 ··························· 169
　　■ 사례 2-56 감가상각비 회계처리 (2) – 정률법 ··························· 170
　(3) 감가상각누계액의 회계처리와 표시 / 171
　(4) 제조(공사)원가 또는 판매비와 관리비의 감가상각비 / 171
　(5) 감가상각계산요소에 변경이 있을 경우 / 172
　(6) 법인세법상 감가상각 / 172
　　■ 사례 2-57 감가상각비 회계처리 (3) – 기중 취득시 ··················· 176
　　■ 사례 2-58 법인세법상 감가상각시 부인 ······································ 178
7. 유형자산의 처분(제거) ·· 179

차례
contents

- ■ 사례 2-59 감가상각비 회계처리 (4) – 유형자산 처분 ···················· 180
- 8. 법인세법상 업무용승용차 관련 비용의 손금불산입 등 특례 ············ 180
- 9. 일반기업회계기준 상 손상차손 ·· 180
  - (1) 의의 / 180
  - (2) 용어정의 / 181
  - (3) 손상차손환입 / 181
  - (4) 제거 / 181
  - ■ 사례 2-60 감가상각과 손상차손 ·· 182
  - (5) 세법상 손상차손 / 183
- 10. 유형자산의 재평가 ··· 183
  - (1) 의의 / 183
  - (2) 공정가치 / 183
  - (3) 재평가의 빈도 / 184
  - (4) 과목분류별 전부 재평가 / 184
  - (5) 재평가시 감가상각누계액의 처리 / 184
  - (6) 재평가차액의 회계처리 / 184
  - ■ 사례 2-61 재평가 회계처리 (1) – 토지 재평가 ························· 185
  - ■ 사례 2-62 재평가 회계처리 (2) – 재평가손실 ························· 185
  - (7) 처분시 / 185
  - ■ 사례 2-63 재평가 회계처리 (3) – 처분시 ······························ 186
  - (8) 세법상 재평가 / 187

제6절 무형자산(일반기업회계기준 제11장) ································· 188
- 1. 무형자산의 정의 ··· 188
  - (1) 무형자산 인식기준 / 188
  - (2) 비용 인식 / 188
- 2. 무형자산의 종류 ··· 188
  - (1) 영업권 / 189
  - ■ 사례 2-64 무형자산 취득시 회계처리 (1) – 영업권 ·················· 189
  - (2) 산업재산권 / 189
  - ■ 사례 2-65 무형자산 취득시 회계처리 (2) – 특허권 ·················· 189
  - ■ 사례 2-66 무형자산 취득시 회계처리 (3) – 상표권, 디자인권 ······ 190
  - (3) 개발비 / 190
  - ■ 사례 2-67 무형자산 취득시 회계처리 (4) – 개발비 ·················· 192
  - (4) 컴퓨터 소프트웨어 / 193
  - (5) 세법상 소프트웨어 / 193
  - (6) 광업권 / 193
  - (7) 어업권(입어권을 포함한다) / 193
  - (8) 임차권리금 / 193
  - (9) 기타의 무형자산 / 194
- 3. 무형자산 취득가액과 상각 ··· 194

차 례
contents

    (1) 무형자산 가액 / 194　　(2) 무형자산의 상각 / 195
  4. 무형자산의 손상차손 ··· 197
    (1) 무형자산의 손상차손회계처리 / 197　　(2) 세법상 손상차손의 세무조정 / 197
  5. 무형자산의 처분 ·· 198

제7절　기타비유동자산 ·· 199
  1. 임차보증금 ·· 199
    (1) 전세권 / 199　　(2) 전신전화가입권 / 199
    (3) 임차보증금 / 199
    ■ 사례 2-68 임차보증금 회계처리 ··· 199
    (4) 영업보증금 / 200
    ■ 사례 2-69 영업보증금 회계처리 ··· 200
  2. 장기매출채권 ··· 200
    ■ 사례 2-70 장기성 매출채권 회계처리 ·· 200
  3. 장기선급비용 ··· 201
    ■ 사례 2-71 장기선급비용 회계처리 ·· 201

제8절　유동부채 ·· 202
  1. 단기차입금 ·· 202
    ■ 사례 2-72 단기차입금 회계처리 ··· 202
  2. 매입채무 ··· 203
    (1) 외상매입금 / 203　　(2) 지급어음 / 203
    ■ 사례 2-73 매입채무 회계처리 - 원재료 매입 ································· 203
  3. 미지급금 ··· 204
    ■ 사례 2-74 미지급금 회계처리 - 비품 구입 ···································· 204
  4. 미지급비용 ·· 204
    ■ 사례 2-75 미지급비용 회계처리 - 임차료 지급 ······························ 204
  5. 선수금 ·· 205
    ■ 사례 2-76 선수금 회계처리 (1) ··· 205
    ■ 사례 2-77 선수금 회계처리 (2) - 상품권 ····································· 205
  6. 선수수익 ··· 206

차 례
contents

- 사례 2-78 선수수익 회계처리 - 임대료 ……………………………………… 206
7. 예수금 ……………………………………………………………………………… 206
   - 사례 2-79 예수금 회계처리 - 강사비 지급 ………………………………… 206
8. 유동성장기부채 ………………………………………………………………… 208
   - 사례 2-80 유동성장기부채 회계처리 - 차입금 …………………………… 208

제9절 비유동부채 …………………………………………………………………… 209
1. 장기성매입채무 ………………………………………………………………… 210
2. 장기차입금 ……………………………………………………………………… 210
   - 사례 2-81 장기차입금 회계처리 ………………………………………………… 210
3. 사채 ……………………………………………………………………………… 210
   (1) 의의 / 210   (2) 전환사채와 신주인수권부사채 / 211
   (3) 사채의 발행가액 / 211   (4) 사채의 만기상환과 조기상환 / 214
   (5) 자기사채의 회계처리 / 214
   - 사례 2-82 사채 회계처리 - 발행회사 ………………………………………… 214
4. 퇴직급여충당부채 ……………………………………………………………… 216
   (1) 의의 / 216   (2) 퇴직급여충당부채 설정시 회계처리 / 217
   (3) 퇴직금 지급시 회계처리 / 217
   - 사례 2-83 퇴직급여충당부채 회계처리 ……………………………………… 217
   (4) 법인세법상 퇴직급여충당부채 / 218
   - 사례 2-84 법인세법 - 퇴직급여충당금 조정명세서 작성 ………………… 220
5. 퇴직연금 부담금 등 …………………………………………………………… 222
   (1) 근로자퇴직급여보장법상 퇴직연금제도 / 222 (2) 법인세법상 퇴직연금 / 222
   - 사례 2-85 확정기여형(DC) 회계처리 ………………………………………… 223
   - 사례 2-86 확정급여형(DB) 회계처리 ………………………………………… 224
   - 사례 2-87 법인세법 - 퇴직금추계액 계산 …………………………………… 225
   - 사례 2-88 퇴직금제도에서 확정기여형 퇴직연금제도로 변경 ……………… 225
   - 사례 2-89 퇴직금제도에서 확정급여형 퇴직연금제도로 변경 ……………… 226
   - 사례 2-90 법인세법 - 사례 2-84과 연결한 퇴직연금부담금 조정명세서 작성 ………… 228
6. 장기제품보증충당부채 ………………………………………………………… 231
   (1) 회계기준 / 231   (2) 법인세법 / 231

차 례
contents

제10절 자 본 ··· 232
  1. 주식회사의 설립과 절차 ·· 232
    (1) 발기설립과 모집설립 / 232　　　(2) 정관 / 232
    (3) 발기인의 주식인수 / 232　　　(4) 「상법」상 최저자본금 / 232
    (5) 등기임원 / 232　　　　　　　(6) 설립의 등기 / 232
    (7) 자본금 10억 미만 회사의 특례 / 233
  2. 자본의 개념과 분류 ··· 233
  3. 자본금 ··· 234
    (1) 설립자본금(보통주, 우선주) / 234
    ■ 사례 2-91 법인설립시 회계처리 ·· 234
    (2) 자본금의 증가거래(증자) / 235
    ■ 사례 2-92 유상증자시 회계처리 ·· 236
    ■ 사례 2-93 무상증자시 회계처리 ·· 236
    (3) 자본의 감소거래(감자) / 236
    ■ 사례 2-94 유상감자시 회계처리 ·· 237
    ■ 사례 2-95 무상감자시 회계처리 ·· 238
  4. 자본잉여금 ··· 238
    (1) 주식발행초과금 / 238
    ■ 사례 2-96 주식발행초과금 회계처리 ·· 238
    (2) 감자차익 / 239
    (3) 자기주식처분이익 / 239　　　(4) 세법상 자기주식처분이익 / 239
  5. 자본조정 ··· 239
    (1) 자기주식 / 239
    ■ 사례 2-97 주식주식 회계처리 ·· 240
    (2) 주식할인발행차금 / 241
    ■ 사례 2-98 주식할인발행차금 회계처리 ·· 241
    (3) 감자차손 / 241　　　　　　　(4) 자기주식처분손실 / 241
    (5) 주식매수선택권 / 242　　　　(6) 출자전환채무 / 242
  6. 기타포괄손익누계액 ··· 242
  7. 이익잉여금 ··· 242
    (1) 이익준비금(법정) / 243

차례 contents

- 사례 2-99 이익준비금 회계처리 ·· 243
- (2) 임의적립금 / 243
- 사례 2-100 임의적립금 이입시 회계처리 ·· 244
- (3) 이익잉여금 / 244
- 사례 2-101 배당금 지급시 회계처리- 현금배당, 주식배당 ················· 247
- (4) 이익잉여금처분계산서 / 247   (5) 이익잉여금처분계산서 양식/ 248
- 사례 2-102 이익잉여금처분계산서 작성 ·· 250
- (6) 결손금처리계산서 / 251

Chapter 3 손익계산서 해설

제1절 손익계산서 계정과목과 작성기준 ·· 254
1. 수익 계정과목 ·· 254
   (1) 손익계산서의 구분표시 / 254   (2) 발생주의 원칙 / 254
   - 사례 3-1 현금주의 & 발생주의 ·· 255
   (3) 수익의 인식 / 255   (4) 비용의 인식 / 255
   (5) 총액표시의 원칙 / 256   (6) 구분계산의 원칙 / 256
   (7) 구분 및 통합 / 256
2. 계정과목 해설 ·· 257
   (1) 수익 계정과목 / 257
3. 비용 계정과목 ·· 258

제2절 매출액과 매출원가 ·· 260
1. 매출액(일반기업회계기준 제16장) ··· 260
   (1) 매출액의 개념 / 260
   - 사례 3-2 매출액 회계처리 (1) – 매출할인 ································· 260
   (2) 수익인식시점 / 261   (3) 재화의 판매 / 262
   (4) 용역의 제공 / 263   (5) 이자, 배당금, 로열티 / 265
   (6) 기타 매출 / 266   (7) 중소기업의 회계처리에 대한 특례(일반기준 31장) / 266
   - 사례 3-3 진행기준 회계처리 ·· 266

차 례
contents

- 사례 3-4 매출액 회계처리 (2) – 선수금 ·· 268
- 사례 3-5 매출액 회계처리 (3) – 예약매출 ·· 268
- 사례 3-6 매출액 위탁판매시 회계처리 ·· 269
- 사례 3-7 시용판매시 회계처리 ·· 269
- 사례 3-8 매출액 회계처리 (4) – 장기할부매출 ·· 270

2. 건설형 공사계약의 수익인식(일반기업회계기준 제16장 제2절 건설형 공사계약) ········· 271
   (1) 목 적 / 271   (2) 건설형 공사계약의 정의 / 271
   (3) 공사계약의 병합과 분할 / 272   (4) 공사수익의 구성과 금액측정 / 273
   (5) 공사원가 구성항목 / 274   (6) 해당연도 공사수익과 비용의 인식 / 275
   - 사례 3-9 분양수입 및 분양원가 사례 ·· 277
   (7) 중소기업의 단기공사진행기준 특례 / 278   (8) 추정공사손실의 인식 / 278
   (9) 추정의 변경 / 279   (10) 하자보수충당부채 / 279
   (11) 법인세법상 추정공사손실과 하자보수충당금 불인정 / 279
   (12) 생산설비와 건설장비 또는 가설재의 회계처리 / 279

3. 세법상 매출수익 귀속연도 ··· 280
   (1) 일반기업회계기준과의 관계 / 280   (2) 법인세법의 귀속연도 / 280
   (3) 일반기업회계기준과의 차이 / 282

4. 매출원가 ·· 283
   (1) 의의 / 283   (2) 판매업의 상품매출원가 / 283
   - 사례 3-10 상품매매업 회계처리 ·· 285
   (3) 기말재고자산의 평가(일반기업회계기준 제7장) / 285
   - 사례 3-11 재고자산 수불부 ··· 288
   - 사례 3-12 저가법 회계처리 ··· 292
   (4) 법인세법상 재고자산평가 / 292   (5) 제조업의 제품 매출원가 / 294
   - 사례 3-13 원재료 회계처리 ··· 295
   - 사례 3-14 제조원가명세서, 손익계산서 작성 ·· 300

제3절 판매비와 관리비 ··· 305

1. 급여 ·· 305
   (1) 임원급여 / 305   (2) 급여와 임금 / 305
   (3) 상여금(또는 제수당) / 305
   - 사례 3-15 급여 지급시 회계처리 ·· 306

차 례
contents

　　　(4) 「법인세법」상 임원급여 / 307
　2. 퇴직급여 ·· 308
　　　(1) 의의 / 308
　　　■ 사례 3-16 결산 - 퇴직급여충당부채 설정 ··· 308
　　　(2) 법인세법상 퇴직급여 / 308
　　　■ 사례 3-17 법인세법 - 임원퇴직금 한도액 계산 ······························ 310
　3. 복리후생비 ··· 311
　　　■ 사례 3-18 복리후생비 회계처리 - 회식비 ·· 312
　4. 여비교통비 ··· 312
　　　■ 사례 3-19 여비교통비 회계처리 - 출장비 ·· 312
　5. 기업업무추진비 ··· 313
　　　(1) 의의 / 313
　　　■ 사례 3-20 기업업무추진비 회계처리 ·· 313
　　　(2) 세법상 기업업무추진비 한도 / 313
　　　■ 사례 3-21 법인세법 - 기업업무추진비 세무조정 ····························· 314
　6. 감가상각비 ··· 315
　　　■ 사례 3-22 감가상각비 회계처리 ··· 316
　7. 통신비 ··· 316
　8. 수도광열비 ··· 316
　　　■ 사례 3-23 수도광열비 회계처리 - 도시가스요금 ···························· 317
　9. 세금과공과 ··· 317
　　　(1) 의의 / 317　　　　　　　(2) 법인세법상 손금불산입 제세공과금 / 317
　　　■ 사례 3-24 세금과공과 회계처리 - 재산세 ·· 318
　10. 지급임차료 ··· 318
　　　■ 사례 3-25 지급임차료 회계처리 - 월세, 간주임대료 ······················ 318
　11. 수선비 ·· 318
　　　■ 사례 3-26 수선비 회계처리 ·· 319
　12. 보험료 ·· 319
　　　■ 사례 3-27 보험료 회계처리 - 화재보험료 ·· 319
　13. 차량유지비 ··· 319
　　　(1) 기업회계기준 / 319

차례
contents

- 사례 3-28 세금과공과 회계처리 - 차량 관련 과태료 등 ·················· 320
- (2) 법인세법상 업무용 승용차 관련비용의 손금불산입 등 특례 / 320
- 사례 3-29 업무용승용차 관련비용의 세무조정(1) - 2016.1.1.이후 취득 ·········· 333
- 사례 3-30 업무용승용차 관련비용의 세무조정(2)-2015.12.31.이전 취득승용차 ······ 334
- 사례 3-31 업무용승용차 관련비용의 세무조정(3)-업무용승용차 처분손실 ········ 335
- 14. 운반비 ··· 336
  - 사례 3-32 운반비 회계처리 - 택배 ·· 336
- 15. 교육훈련비 ··· 337
  - 사례 3-33 교육훈련비 회계처리 - 강사료 지급 ···························· 337
- 16. 도서인쇄비 ··· 337
- 17. 소모품비 ··· 337
- 18. 지급수수료 ··· 338
- 19. 광고선전비 ··· 338
  - 사례 3-34 광고선전비 회계처리 - 경품 ······································ 338
- 20. 잡비 ·· 338
  - 사례 3-35 잡비의 회계처리 ··· 339
- 21. 대손상각비(대손충당금 포함) ··· 339
  - (1) 대손충당금의 보충법설정 / 339
  - 사례 3-36 결산 - 대손충당금 설정시 회계처리 (대손예상) ············· 339
  - (2) 대손발생시 대손충당금과 상계 / 339
  - 사례 3-37 대손확정시 회계처리 ··· 340
  - (3) 대손처리된 채권회수 / 340
  - 사례 3-38 대손처리된 채권 회수시 회계처리 ······························ 341
  - (4) 「법인세법」 상 대손충당금 / 341
  - 사례 3-39 결산 - 대손충당금 환입시 회계처리 ··························· 342
  - 사례 3-40 법인세법 - 대손금 및 대손충당금조정명세서 작성 ········· 345

제4절 영업외수익·영업외비용 ·· 347
- 1. 이자수익 ··· 347
- 2. 이자비용 ··· 347
  - 사례 3-41 이자비용 회계처리 - 차입금 ····································· 347

차 례
contents

3. 배당금수익 ·········· 348
4. 임대료 ·········· 348
5. 단기투자자산평가손익 ·········· 348
6. 단기투자자산처분손익 ·········· 348
7. 외환차손익 ·········· 348
   (1) 기업회계기준 / 348
   (2) 법인세법상 외화자산·부채의 환율적용(법인령 76조 ⑤, 법기통 42-76…2.) / 348
   - 사례 3-42 법인세법상 평가신고 안 한 경우 ·········· 349
   - 사례 3-43 외화차입금 회계처리 (1) ·········· 350
   - 사례 3-44 외화예금 회계처리 ·········· 350
8. 외화환산손익 ·········· 351
   (1) 화폐성외화자산·부채의 평가 / 351
   - 사례 3-45 외화차입금 회계처리 (2) ·········· 351
   (2) 화폐성, 비화폐성의 개념 / 352
   (3) 법인세법에 따른 외화자산 및 부채의 평가손익 / 352
   - 사례 3-46 법인세법 – 외화자산·부채의 평가 ·········· 353
   - 사례 3-47 실무상 간편하게 하는 외환차·손익과 외화평가 ·········· 354
9. 유형자산처분손익 ·········· 355
   - 사례 3-48 유형자산 회계처리 – 유형자산처분이익 ·········· 355
10. 사채상환손익 ·········· 355
11. 전기오류수정손익 ·········· 355
    - 사례 3-49 전기오류수정이익 회계처리 ·········· 356
12. 자산수증이익 ·········· 356
    - 사례 3-50 자산수증이익 회계처리 – 토지 수증시 ·········· 356
13. 채무면제이익 ·········· 356
    - 사례 3-51 채무면제이익 회계처리 – 차입금 ·········· 356
14. 잡이익 ·········· 356
    - 사례 3-52 잡이익 회계처리 – 단수차이 ·········· 357
15. 기타의 대손상각비 ·········· 357
    - 사례 3-53 대손발생시 회계처리 – 미수금 등 ·········· 357
16. 기부금 ·········· 357

차례
contents

        (1) 의의 / 357   (2) 「법인세법」상 기부금 종류 및 한도 / 357
    ■ 사례 3-54 법인세법 – 기부금의 구분 ··· 359
    ■ 사례 3-55 법인세법 – 기부금 세무조정 ··· 360
    ■ 사례 3-56 기부금 회계처리 – 일반기부금 ·· 361
  17. 매출채권처분손실 ·· 361
  18. 지급수수료 ·· 361
    ■ 사례 3-57 지급수수료 회계처리 – 이체수수료 ··· 362
  19. 잡손실 ·· 362
    ■ 사례 3-58 잡손실 회계처리 – 선급금 ··· 362
 제5절 법인세 등 ·· 362

Part 2   세무실무

Chapter 1   국세기본법

제1절 조세의 개념 ·· 366
  Ⅰ. 조세의 일반적 개념 ·· 366
   1. 조세의 의의 ·· 366
        (1) 조세의 분류 / 366   (2) 세 법 / 368
        (3) 세법상의 조세체계 / 369

제2절 「국세기본법」 실무 ·· 370
  Ⅰ. 「국세기본법」의 목적과 성격 ·· 370
        (1) 「국세기본법」의 목적 / 370   (2) 「국세기본법」의 성격 / 370
        (3) 불복절차법으로서의 성격 / 370
  Ⅱ. 조세용어의 정의 ·· 370
        (1) 국 세 / 370   (2) 세 법 / 371
        (3) 원천징수 / 371
    ■ 사례 1-1 원천징수여부 판단 ·· 371

차 례
contents

　　　　(4) 가산세 / 371　　　　　　　　　(5) 강제징수비 / 371
　　　　(6) 지방세 / 371　　　　　　　　　(7) 공과금 / 372
　　　　(8) 납세의무자 / 372　　　　　　　(9) 납세자 / 372
　　　　(10) 제2차 납세의무자 / 372　　　 (11) 보증인 / 372
　　　　(12) 과세기간 / 372　　　　　　　(13) 과세표준 / 372
　　　　(14) 과세표준신고서 / 372　　　　(15) 과세표준수정신고서 / 372
　　　　(16) 법정신고기한 / 373　　　　　(17) 세무공무원 / 373
　　　　(18) 전자신고 / 373　　　　　　　(19) 특수관계인 / 373
　Ⅲ. 기간과 기한 ··· 375
　　　　(1) 개 요 / 375　　　　　　　　　(2) 기간의 계산 / 375
　　　　(3) 기한의 특례 / 375　　　　　　(4) 우편 및 전자신고 / 376
　　　　(5) 천재지변 등으로 인한 기한의 연장 / 376
　Ⅳ. 서류의 송달 ··· 378
　　　　(1) 의 의 / 378　　　　　　　　　(2) 서류의 송달장소 / 378
　　　　(3) 서류 송달의 방법 / 378
　Ⅴ. 국세부과의 원칙 ··· 379
　　　　(1) 개 요 / 379　　　　　　　　　(2) 국세부과 원칙의 내용 / 379
　Ⅵ. 세법적용의 원칙 ··· 381
　　　　(1) 개 요 / 381　　　　　　　　　(2) 세법적용 원칙의 내용 / 381
　Ⅶ. 납세의무의 성립 ··· 382
　　　　(1) 납세의무의 성립요건 / 382　　(2) 납세의무의 성립시기 / 382
　Ⅷ. 납세의무의 확정 ··· 383
　　　　(1) 개 요 / 383　　　　　　　　　(2) 납세의무의 확정방법 / 383
　Ⅸ. 납부의무의 소멸 ··· 384
　　　　(1) 개 요 / 384　　　　　　　　　(2) 국세의 부과제척기간 / 384
　　　　(3) 국세징수권의 소멸시효 / 385
　Ⅹ. 국세의 우선권 ··· 386
　　　　(1) 의 의 / 386　　　　　　　　　(2) 국세우선의 제한 / 386
　　　　■ 사례 1-2 국세의 우선권 ··· 387
　　　　(3) 짜고 한 거짓으로 추정되는 담보권설정과 취소청구 / 389
　Ⅺ. 제2차 납세의무자 ··· 390

차 례
contents

- 사례 1-3 출자자의 납세의무 판단 ·· 391
- 사례 1-4 법인의 제2차 납세의무 판단 ································· 391
- 사례 1-5 사업양수인의 제2차 납세의무 판단 ······················ 392

XII. 연대납세의무 ·· 392
- 사례 1-6 연대납세의무 판단 ··· 393

XIII. 수정신고제도와 경정청구제도 및 기한 후 신고 ·· 393
  (1) 수정신고제도 : 당초 과소신고를 한 경우 증액(국기법 45조) / 393
  (2) 경정청구제도 : 당초 과대신고를 한 경우 환급(국기법 45의2) / 393
- 사례 1-7 경정청구 가능여부 판단 ·· 394
  (3) 기한후 신고 / 395

XIV. 가산세의 부과 ·· 395
 1. 무신고 가산세 ·· 395
  (1) 적용요건 / 395   (2) 계산방법 / 396
  (3) 적용기준 / 397
- 사례 1-8 무신고 가산세 ·· 398
 2. 과소신고·초과환급신고 가산세 ··· 399
  (1) 적용요건 / 399   (2) 계산방법 / 399
  (3) 적용기준 / 401
- 사례 1-9 과소신고 가산세 ·· 402
 3. 납부지연가산세 ··· 403
  (1) 적용요건 / 403   (2) 계산방법 / 403
  (3) 적용기준 / 404
- 사례 1-10 납부지연가산세(1) ·· 405
- 사례 1-11 납부지연가산세(2) ·· 405
 4. 원천징수 등 납부지연가산세 ·· 405
  (1) 적용요건 / 405   (2) 계산방법 / 405
  (3) 적용기준 / 406

XV. 가산세의 감면 ··· 407
 1. 가산세의 면제 ·· 407
 2. 가산세의 감면 ·· 408
  (1) 수정신고에 따른 가산세 감면 / 408   (2) 기한 후 신고에 따른 가산세 감면 / 408

차 례
contents

   (3) 가산세의 50% 감면 / 409
  3. 가산세의 감면절차 ·· 410
   (1) 신청에 의한 감면 / 410 (2) 직권에 의한 가산세 감면 / 410
  4. 감면사유의 발생시기 및 감면배제 ·· 410
   (1) 발생시기 / 410   (2) 감면배제 / 410
  5. 가산세의 한도 ·· 410

 제3절 세금납부서 작성요령 ·· 412

Chapter 2   부가가치세

 제1절 부가가치세 총론 ·· 414
  Ⅰ. 부가가치세의 개념 ·· 414
   (1) 가산법 / 415   (2) 공제법 / 415
  1. 부가가치율 계산 ·· 416
   ■ 사례 2-1 부가가치율 계산 ··· 416
  2. 부가가치세의 특징 ·· 416
   (1) 부가가치세는 간접세이며, 일반소비세이다 / 416
   (2) 부가가치세는 다단계 거래세이다 / 417
   (3) 부가가치세는 매출세액 또는 매입세액으로 기재한다. / 417
   (4) 「부가가치세법」상 부가가치세 계산구조 / 417
  Ⅱ. 과세대상 ··· 418
  1. 재화의 범위 ·· 418
  2. 용역의 범위 ·· 418
  3. 부수되는 재화 또는 용역의 구분 ·· 419
   ■ 사례 2-2 중고차 처분시 사업자 유형에 따른 처리 ····························· 419
  Ⅲ. 납세의무자 ·· 420
  1. 사업자와 재화를 수입하는 자 ·· 420
   (1) 영리·비영리를 불문한다. / 420 (2) 사업성과 독립성이 있어야 한다. / 420
   (3) 과세대상인 재화 또는 용역을 공급하여야 한다. / 420
  2. 사업자의 구분 ·· 421

차 례
contents

Ⅳ. 과세기간과 신고기한 ·· 421
  1. 과세기간 ·· 421
  2. 부가가치세 신고와 납부 ·· 421
    (1) 예정신고와 납부 / 422　　　(2) 확정신고와 납부 / 423
  3. 부가가치세 신고시 제출서류 ·· 423
  4. 부가가치세 납부 및 환급 ·· 423
Ⅴ. 신고·납세지 ·· 424
  1. 원 칙 ·· 424
  2. 직매장·하치장·임시사업장 ·· 425
  3. 주사업장 총괄납부제도 ··· 426
    (1) 의 의 / 426　　　(2) 주사업장 총괄납부 특징 / 426
    (3) 총괄납부신청과 포기 / 426
  4. 사업자단위과세제도 ·· 426
    ■ 사례 2-3 주사업장총괄납부와 사업자단위과세의 비교 ·················· 427
Ⅵ. 사업자등록제도 ·· 428
  1. 사업자등록신청 ·· 428
  2. 사업자등록증의 발급 ·· 432
  3. 일반사업자 등록과 간이과세자 등록 ··· 432
  4. 사업자의 구분 및 매출증빙서류 ··· 432
  5. 휴업·폐업의 신고 ··· 433
  6. 사업자등록 사항의 변경 ·· 433
  7. 미등록에 대한 불이익 ··· 434
    (1) 미등록가산세 / 434　　　(2) 등록전 매입세액불공제 / 434
Ⅶ. 영세율의 적용과 면세 ·· 435
  1. 영세율제도의 정의 ··· 435
  2. 면세제도의 의의 ·· 436
  3. 영세율 대상거래 ·· 436
    (1) 영세율 대상 거래 요약(부가법 21~24조, 부가령 31~33조) / 436
    (2) 재화의 수출(부가법 21조, 부가령 31조) / 437
    ■ 사례 2-4 회계처리 - 중계무역방식의 수출 ································ 438
    ■ 사례 2-5 영세율 적용대상여부 판단 (1) ···································· 440

차 례
contents

- 사례 2-6 영세율 적용대상여부 판단 (2) ·································· 440
    - (3) 용역의 국외공급 / 441
    - (4) 외국항행용역의 공급(부가법 23조, 부가령 32조) / 442
    - (5) 외화 획득 재화 또는 용역의 공급(부가법 24조, 부가령 33조) / 442
    - (6) 조특법 105조에 의한 영세율 / 443
- 4. 영세율 대상거래의 공급시기와 과세표준 ·································· 444
    - (1) 공급시기 / 444　　　　(2) 과세표준 / 444
- 5. 내국신용장과 관세환급금 ·································· 444
- 6. 영세율 첨부서류 ·································· 445
- 7. 수출에 대한 회계처리 사례 ·································· 447
    - 사례 2-7 수출에 대한 회계처리 (1) ·································· 447
    - 사례 2-8 수출에 대한 회계처리 (2) ·································· 448
    - 사례 2-9 수출에 대한 회계처리 (3) ·································· 448
    - 사례 2-10 수출에 대한 회계처리 (4) ·································· 448
    - 사례 2-11 수출에 대한 회계처리 (5) ·································· 449
- 8. 면세대상거래 ·································· 454
    - (1) 국내 거래(부가법 26조) / 454　　　　(2) 면세수입 / 456
    - (3) 면세의 포기(부가법 28조, 부가령 57조) / 456

제2절 과세표준과 매출세액 ·································· 458
Ⅰ. 과세거래 ·································· 458
- 1. 재화의 공급 ·································· 458
    - (1) 재화의 실질공급 / 458
    - (2) 재화공급의 특례(부가법 10조 및 부가령 19, 20조) / 458
    - 사례 2-12 간주공급 회계처리 (1) ·································· 459
    - 사례 2-13 간주공급 회계처리 (2) ·································· 461
    - 사례 2-14 간주공급 회계처리 (3) ·································· 463
    - (3) 재화의 공급으로 보지 아니하는 것 / 463
- 2. 용역의 공급 ·································· 464
    - (1) 개념 / 464　　　　(2) 유상공급 / 465
    - (3) 용역 공급의 범위 / 465
- 3. 재화의 수입 ·································· 465

차 례
contents

Ⅱ. 거래시기 ·· 466
 1. 거래시기의 의의 ·· 466
 2. 재화의 공급시기 ·· 466
  (1) 원칙적인 재화의 공급시기 / 466 (2) 거래형태별 구체적인 공급시기 / 466
  (3) 공급시기가 되기 전에 세금계산서 등을 발급한 경우(부가령 30조) / 468
 3. 용역의 공급시기 ·· 468
  (1) 원칙적인 용역의 공급시기 / 468 (2) 거래형태별 구체적인 공급시기 / 468
  ■ **사례 2-15 공급시기의 판단** ·· 469
 4. 선수금에 대한 거래시기특례 ··· 469
Ⅲ. 재화·용역의 공급장소 ·· 469
Ⅳ. 부가가치세 과세표준의 계산 ·· 470
 1. 부가가치세 과세표준 ··· 470
  (1) 원 칙 / 470
  (2) 특수관계인에게 공급하는 재화 또는 용역의 공급가액 / 471
  (3) 과세표준에 포함하지 않는 금액(=과세표준에서 제외하는 금액) / 471
  (4) 과세표준에서 공제하지 않는 금액(=과세표준에 포함하는 금액) / 472
  (5) 구체적인 과세표준의 계산 / 472
  ■ **사례 2-16 과세표준의 계산 (1)** ·· 473
  ■ **사례 2-17 과세표준의 계산 (2)** ·· 474
  (6) 공통사용재화 공급시 과세표준의 계산 / 474
  ■ **사례 2-18 과세표준의 계산 (3)** ·· 475
  (7) 토지와 건물 등을 함께 공급하는 경우 건물 등의 과세표준의 계산 / 475
  ■ **사례 2-19 과세표준의 계산 (4)** ·· 476
  (8) 부동산임대용역에 대한 과세표준의 계산 / 476
  ■ **사례 2-20 과세표준의 계산 (5)** ·· 477
  ■ **사례 2-21 과세표준의 계산 (6)** ·· 477
  (9) 겸용주택의 부동산임대용역에 대한 과세표준계산 / 477
  ■ **사례 2-22 과세표준의 계산 (7)** ·· 478
  (10) 선불 또는 후불임대료에 대한 과세표준의 계산 / 479
  (11) 자가공급 등에 대한 과세표준의 계산 / 479
  ■ **사례 2-23 과세표준의 계산 (8)** ·· 479

차 례
contents

　　　(12) 과세사업에 사용하던 감가상각자산을 면세사업에 일부 사용한 경우 / 480
　　　■ 사례 2-24 과세표준의 계산 (9) ··· 480
　　　(13) 판매목적 타사업장에 반출하는 재화의 과세표준 / 480
　　　■ 사례 2-25 과세표준의 계산 (10) ·· 481
　2. 대손세액의 공제특례 ·· 481
　　　(1) 개 요 / 481　　　　　　　　　(2) 대손세액공제액의 계산 / 481
　　　(3) 대손세액 공제대상사유 / 482　 (4) 대손세액공제의 범위 / 482
　　　■ 사례 2-26 대손세액공제 적용기한 ·· 483
　　　(5) 대손세액공제신고서 제출 / 483　(6) 대손처분받은 세액과 변제대손세액 / 483
　　　■ 사례 2-27 대손세액공제 적용시 회계처리 ·· 484

제3절　세금계산서와 현금영수증 ·· 485
Ⅰ. 세금계산서 ··· 485
　1. 세금계산서의 개요 ··· 485
　　　(1) 일반적인 세금계산서 / 485　　 (2) 신고한 서식에 의한 세금계산서 / 486
　　　(3) 전자세금계산서 / 487
　　　■ 사례 2-28 전자세금계산서 관련 가산세 ··· 489
　　　(4) 세금계산서의 작성일자, 발급일자, 전송일자의 구분 / 490
　2. 세금계산서의 발급특례 ·· 490
　　　(1) 월합세금계산서 / 490　　　　　(2) 위탁판매(주선·중개 포함)의 경우 / 490
　　　(3) 리스의 경우 / 491　　　　　　(4) 공동매입 등에 대한 세금계산서 발급 / 491
　　　(5) 주민등록기재분 세금계산서 / 491
　3. 세금계산서의 발급의무의 면제 ··· 492
　4. 세금계산서와 신용카드매출전표의 이중발행 금지 ································· 493
　　　(1) 신용카드매출전표 발행 이후 세금계산서 발급을 요구하는 경우 / 493
　　　(2) 공급시기에 세금계산서를 발급하였으나 그 후 대금결제를 신용카드매출전표로 하는 경우 / 493
　5. 수정세금계산서 ··· 493
　　　(1) 처음 공급한 재화가 환입된 경우(1장 발급) / 493
　　　(2) 계약의 해제로 재화 또는 용역이 공급되지 아니한 경우(1장 발급) / 494
　　　(3) 계약의 해지 등에 따라 공급가액에 추가되거나 차감되는 금액이 발생한 경우(1장 발급) / 494
　　　(4) 내국신용장 등이 사후개설된 경우(2장 발급) / 494
　　　(5) 필요적 기재사항 등이 착오로 잘못 적힌 경우(2장 발급) / 494

회계와 세무실무

차 례
contents

  (6) 필요적 기재사항 등이 착오 외의 사유로 잘못 적힌 경우(2장 발급) / 495
  (7) 착오로 전자세금계산서를 이중으로 발급한 경우(1장 발급) / 495
  (8) 면세 등 발급대상이 아닌 거래 등에 대하여 발급한 경우(1장 발급) / 495
  (9) 세율을 잘못 적용하여 발급한 경우(2장 발급) / 495
  (10) 일반과세자에서 간이과세자로 과세유형이 전환된 경우 / 495
  ■ 사례 2-29 영세율 세금계산서의 수정 ································· 496
  ■ 사례 2-30 수정세금계산서 발급사유 ····························· 496
 6. 세금계산서합계표의 제출 ··· 497
 7. 현금영수증의 발급 ··· 497
  (1) 현금영수증가맹점 가입 / 497
  (2) 현금영수증 발급시기와 거부에 대한 가산세 / 499
  (3) 현금영수증 의무발행 및 가산세 / 499
 Ⅱ. 현금매출명세서 등의 제출의무 ··· 502

제4절 일반과세자의 신고와 납부 ··· 504
 (1) 납부세액의 계산방법 / 504   (2) 과세기간과 과세표준 / 504
 (3) 세금계산서 및 신용카드매출전표에 의한 매입세액공제 / 504
 (4) 공제하지 아니하는 매입세액(부가법 39조) / 505
 ■ 사례 2-31 사업자등록신청 전 매입세액공제 ··································· 506
 (5) 공통매입세액 불공제 / 507
 ■ 사례 2-32 공통매입세액공제 – 안분, 정산 ····································· 508
 (6) 면세사업 등을 위한 감가상각자산의 과세사업 전환 시 매입세액공제 특례(부가법 43조) / 509
 (7) 납부세액 또는 환급세액의 재계산(부가법 41조) / 509
 ■ 사례 2-33 납부세액 재계산 ··· 510
 (8) 면세농산물 등 의제매입세액 공제특례(부가법 42조) / 511
 ■ 사례 2-34 의제매입세액공제 ··· 513
 (9) 재활용폐자원 매입세액공제특례(조특법 108조) / 513
 ■ 사례 2-35 재활용폐자원 매입세액공제 ································· 514
 (10) 일반과세자로 변경시 재고품등에 대한 매입세액 공제특례(부가법 44조) / 514
 (11) 신용카드 등의 사용에 따른 세액공제(부가법 46조) / 515
 ■ 사례 2-36 신용카드발행세액공제 ····································· 516
 (12) 전자세금계산서 발급·전송에 대한 세액공제 특례(부가법 47조) / 516

차 례
contents

(13) 전자신고에 대한 세액공제(조특법 104의8) / 516
(14) 금 관련 제품, 스크랩 등 기납부세액(조특법 106의4 ⑨, 106의9 ⑧) / 516
- 사례 2-37 구리(철)스크랩 매출 1,000(세액 100)만 있는 경우 ········· 517
(15) 재화의 수입에 대한 부가가치세 납부유예 / 517
(16) 대리납부 / 518
(17) 국외사업자의 용역 등 공급에 대한 특례 / 519
(18) 전자적 용역을 공급하는 국외사업자의 용역 공급에 대한 관한 특례 / 520

제5절 간이과세자의 신고와 납부 ········· 523
1. 간이과세자의 개요 ········· 523
2. 간이과세 적용대상 사업자 ········· 523
  (1) 신규사업자 / 523   (2) 직전연도 공급대가기준 / 523
  (3) 간이과세 적용 배제 / 524   (4) 부가가치세의 과세기간 / 524
  (5) 부가가치세의 납부세액계산(부가법 제63조) / 524
- 사례 2-38 일반과세자와 간이과세자 세액계산 비교 ········· 525
  (6) 간이과세자의 세금계산서 발급제도 / 526   (7) 신고·납부 / 527
  (8) 간이과세 포기신고 / 528
- 사례 2-39 간이과세자 납부세액 계산 ········· 529
  (9) 과세유형전환(부가법 §62, 부가령 §110) / 530
- 사례 2-40 과세유형 전환시기 ········· 531
  (10) 재고납부세액(부가령 112조 ⑦) / 531

제6절 수정신고 ········· 533
Ⅰ. 부가가치세 신고에 잘못이 있는 경우의 조치 ········· 533
  (1) 이미 신고한 과세표준 및 세액이 적게 신고된 경우 수정신고를 하면 된다. / 533
  (2) 신고한 과세표준 및 세액이 과다하게 신고된 경우 경정청구를 하면 된다. / 533
  (3) 신고를 하지 아니한 경우에도 관할세무서의 결정·통지전까지 기한 후 신고를 하면 된다 (국기법 45의3). / 533
Ⅱ. 가산세 ········· 533
  (1) 가산세의 종류 / 534   (2) 가산세 사례 / 536
- 사례 2-41 납부지연 가산세 ········· 536
- 사례 2-42 신고불성실 및 납부지연 가산세 ········· 537

차 례
contents

■ 사례 2-43 영세율과세표준신고불성실 가산세 ········· 537
Ⅲ. 결정 및 경정 ········· 538
■ 사례 2-44 종합사례 ········· 538

Chapter 3 중소기업과 지출증빙

제1절 중소기업 ········· 550
Ⅰ. 중소기업을 규정하는 법률 ········· 550
Ⅱ. 「조세특례제한법」의 중소기업의 요건 ········· 550
  (1) 요건 / 550   (2) 중소기업 유예제도 / 551
Ⅲ. 세법상 중소기업에 대한 조세특례 ········· 556

제2절 지출증빙 ········· 557
Ⅰ. 경비 등의 지출증명서류 수취 실무 ········· 557
  1. 사업자가 발행하는 증빙의 범위 ········· 557
  2. 국내사업자로부터 재화 또는 용역을 공급받을 때의 적격증명서류 ········· 558
  3. 경비 등 지출 적격증명에 대한 특례 ········· 558
  4. 증명서류 수취 불성실 가산세 ········· 559
  5. 비사업자로부터 재화 또는 용역을 공급받을 때의 증명서류 ········· 560
  6. 지출증명서류 합계표 제출 ········· 560

Chapter 4 소득세

제1절 소득세 총론 ········· 566
1. 의의 ········· 566
2. 소득세 특징 ········· 566
  (1) 열거주의 과세방식(소득원천설) / 566   (2) 종합과세방법 / 566
  (3) 개인단위과세 / 568   (4) 복식부기의무자의 사업용계좌 / 568
3. 과세기간 ········· 569

차 례
contents

  (1) 일반적인 경우 / 569 (2) 예외적인 경우 / 569
 4. 납세의무자 ·· 570
  (1) 거주자와 비거주자, 법인 아닌 단체 / 570 (2) 거주자 판정 / 570
 5. 납세지 ·· 571
  (1) 일반적인 소득세의 납세지(소득법 6조) / 571
  (2) 원천징수하는 소득세 등의 납세지(소득법 7조) / 571
 6. 종합소득금액 계산구조 ·· 573
 7. 소득세법상 가산세(요약) ··· 574

제2절 종합소득금액 ·· 578
 Ⅰ. 금융소득 ··· 578
 1. 이자소득 ·· 578
  (1) 비과세 이자소득 / 578 (2) 종합과세와 분리과세 이자소득 / 578
  (3) 이자소득으로 보지 않는 경우 / 579
  ■ 사례 4-1 이자소득의 원천징수 ··· 579
 2. 배당소득 ·· 580
  (1) 의제배당 / 580 (2) 종합과세와 분리과세 배당소득 / 580
  ■ 사례 4-2 배당소득의 원천징수 ··· 582
 3. 금융소득(이자배당소득)의 원천징수 ··· 583
  (1) 금융소득의 수입시기 / 583 (2) 원천징수세율(소득법 제129조) / 585
  (3) 금융소득의 과세방법 / 585
  ■ 사례 4-3 이자·배당소득의 원천징수세액 계산 ······································· 587
 Ⅱ. 사업소득 ··· 589
 1. 사업소득 ·· 589
  (1) 사업의 범위 / 589 (2) 비과세 사업소득 / 590
  (3) 사업소득 금액의 계산 / 592 (4) 사업소득의 기장의무 / 592
  (5) 기장소득과 추계소득 / 594
  ■ 사례 4-4 기준경비율에 의한 소득금액 계산 ·· 595
  ■ 사례 4-5 단순경비율에 의한 소득금액 계산 ·· 596
  (6) 사업소득 총수입금액의 계산 및 계산특례(소득령 §51③, §53) / 597
  ■ 사례 4-6 부동산임대업 총수입금액의 회계처리 ···································· 598
  ■ 사례 4-7 추계시 총수입금액의 계산 ·· 598

차 례
contents

    (7) 사업소득의 수입시기 / 600   (8) 필요경비의 계산 / 600
    ■ 사례 4-8 필요경비에 대한 회계처리 ································· 601
    ■ 사례 4-9 초과인출금에 대한 이자 ··································· 602
  2. 사업소득의 원천징수 ··· 602
    (1) 원천징수대상 사업소득 / 602
    ■ 사례 4-10 봉사료 원천징수 ·· 604
    (2) 신고납부절차 / 605
    ■ 사례 4-11 사업소득의 원천징수세액 계산 ····················· 606
Ⅲ. 근로소득 ·· 609
  1. 근로소득 ·· 609
    (1) 근로소득의 의의 / 609   (2) 근로소득의 구분 / 610
    (3) 근로소득의 범위 / 611   (4) 비과세 소득(소득법 §12(3)) / 612
    ■ 사례 4-12 비과세 근로소득 판단 ··································· 619
    ■ 사례 4-13 근로소득금액의 계산 ····································· 620
  2. 근로소득의 원천징수 ··· 621
    (1) 근로소득의 과세방법 / 621   (2) 근로소득의 수입시기 / 622
    ■ 사례 4-14 근로소득의 수입시기 ····································· 623
    (3) 근로소득의 원천징수시기 / 623   (4) 근로소득 간이세액표 / 624
    ■ 사례 4-15 간이세액표에 의한 세액 계산(1) ················· 626
    ■ 사례 4-16 간이세액표에 의한 세액 계산(2) ················· 627
    ■ 사례 4-17 간이세액표에 의한 세액 계산(3) ················· 628
Ⅳ. 연금소득 ·· 628
  1. 연금소득 ·· 628
    (1) 공적연금소득 / 628
    ■ 사례 4-18 연금소득의 계산 ·· 629
    (2) 사적연금소득 / 630
    (3) 비과세소득 / 630   (4) 연금소득금액의 계산 / 630
  2. 연금소득의 원천징수 ··· 631
    (1) 과세방법 / 631   (2) 연금소득의 수입시기 / 633
Ⅴ. 기타소득 ·· 633
  1. 기타소득 ·· 633

차 례
contents

    (1) 기타소득의 범위 / 633　　　　(2) 비과세 기타소득(소득법 §12(5)) / 635
    (3) 기타소득금액의 계산구조 / 636
    ■ 사례 4-19 기타소득금액의 계산 ··· 637
    ■ 사례 4-20 기타소득의 원천징수 ··· 637
  2. 기타소득의 원천징수 ··· 638
    (1) 기타소득의 수입시기 / 638
    ■ 사례 4-21 기타소득의 수입시기 ··· 639
    (2) 과세방법 / 639　　　　　　　　(3) 원천징수영수증의 발급 / 641
    (4) 지급명세서 간이지급명세서 제출 / 641
    ■ 사례 4-22 기타소득 원천징수세액 계산 ·· 642

제3절 원천징수 신고·납부 실무 ·· 645
Ⅰ. 원천징수의 파악 ·· 645
  1. 원천징수의 유형 ·· 645
    (1) 완납적 원천징수 / 645　　　　(2) 예납적 원천징수 / 646
    (3) 완납적 원천징수과 예납적 원천징수의 비교 / 646
  2. 원천징수의무자 ·· 646
  3. 원천징수 시기 ·· 646
  4. 원천징수대상소득 ··· 647
  5. 원천징수의무 면제 및 배제 ·· 647
  6. 원천징수 신고·납부 ·· 648
    (1) 원천징수 신고·납부 / 648　　　(2) 납세지 / 648
    (3) 원천세 반기별 납부제도(소득법 128조 ②, 법인법 73조 ⑦) / 649
    (4) 원천징수 관련 가산세 / 650
    ■ 사례 4-23 원천징수 등 납부지연가산세 ·· 650
  7. 원천징수관련서류 ··· 651
    (1) 원천징수영수증 / 651　　　　　(2) 원천징수이행상황신고서 / 652
    (3) 지급명세서 / 653　　　　　　　(4) 간이지급명세서 / 653

Ⅱ. 원천징수이행상황신고서 작성방법 ··· 655
  1. 월별납부자의 경우 ··· 655
    (1) 작성기준 / 655　　　　　　　　(2) 구체적 작성방법 / 656
    (3) 원천징수명세 및 납부세액 작성방법 / 658　(4) 환급세액 조정 / 665

회계와 세무실무

차 례
contents

  (5) 월별납부자 신고서 작성사례 / 668
   ■ 사례 4-24 정상신고 ·· 668
   ■ 사례 4-25 연말정산(납부세액발생) ························· 669
   ■ 사례 4-26 연말정산(환급세액발생) ························· 670
   ■ 사례 4-27 소득처분 ·· 671
 2. 반기별 납부자의 경우 ·· 672
  (1) 구체적 작성방법 / 672 (2) 반기별 납부 연말정산 / 673
 3. 수정신고 ·· 676
  (1) 개념 / 676 (2) 주의할 점 / 677
  (3) 수정신고서 작성방법 / 677 (4) 수정신고서 제출기한 / 677
  (5) 수정신고서 작성 사례 / 678
   ■ 사례 4-28 객관식 사례연구 ···································· 682

제4절 소득·세액공제 ··· 683
 1. 소득공제 ·· 683
  (1) 기본공제 / 683 (2) 추가공제 / 684
  (3) 연금보험료공제 / 685 (4) 특별소득공제 및 그 밖의 소득공제 / 685
 2. 특별세액공제, 그 밖의 세액공제 그리고 세액감면 ·························· 687

제5절 퇴직소득 ··· 691
 1. 퇴직급여제도 ·· 691
  (1) 퇴직금제도 / 691 (2) 퇴직연금제도 / 691
 2. 퇴직소득의 범위 ·· 691
  (1) 퇴직소득의 범위 / 691 (2) 세법상 퇴직 판정 / 692
  (3) 임원에 대한 퇴직소득 한도 / 693
   ■ 사례 4-29 퇴직소득금액(임원) ······························· 694
 3. 퇴직소득의 과세방법 ·· 695
  (1) 원천징수 / 695 (2) 퇴직소득세의 정산과 확정신고 / 695
  (3) 퇴직소득의 수입시기 / 696
 4. 퇴직소득세 계산구조 ·· 696
   ■ 사례 4-30 퇴직소득 원천징수세액 계산 ·············· 697

차 례
contents

Chapter 5 법인세법

제1절 법인세 실무 ·· 700
  Ⅰ. 총 론 ·· 700
    (1) 법인세의 의의 / 700   (2) 법인세와 소득세의 차이점 / 700
    (3) 과세소득의 구분 / 702   (4) 법인의 종류와 납세의무의 범위 / 703
    (5) 사업연도 / 703   (6) 납세지 / 704
    (7) 법인세의 계산구조 / 704
    ■ 사례 5-1 법인세 과세표준 계산 ··· 707
    (8) 소득처분 / 709
    ■ 사례 5-2 법인세 과세표준 및 세액계산 ······························ 711
  Ⅱ. 각사업연도 소득금액의 계산 ·· 725
    (1) 익금항목 / 725
    ■ 사례 5-3 부당행위계산 부인 ·· 729
    ■ 사례 5-4 인정이자 계산(1) ··· 731
    ■ 사례 5-5 인정이자 계산(2) ··· 732
    (2) 손금항목 / 733
    ■ 사례 5-6 건설자금이자 계산 ·· 735
    ■ 사례 5-7 업무무관자산 관련 이자비용 ······························· 737
    ■ 사례 5-8 대손세액공제 회계처리 ······································· 737
    (3) 익금불산입과 손금불산입 / 739
  Ⅲ. 손익의 귀속사업연도 ·· 741
    (1) 세법상 손익의 귀속시기 / 741   (2) 자산의 취득가액 / 744
  Ⅳ. 법인세과세표준의 계산 ··· 746
    (1) 이월결손금 / 746
  Ⅴ. 납부세액의 계산 ·· 747
    (1) 산출세액의 계산 / 747   (2) 공제·감면세액의 계산 / 748
    (3) 세액공제 / 754   (4) 공제감면세액의 순위 / 765
    (5) 공제감면세액의 중복적용배제, 농특세 적용 여부 / 765
  Ⅵ. 가산세 ··· 766

차 례
contents

Ⅶ. 법인세과세표준의 신고 ·· 768
    (1) 법인세신고기한 / 768　　　　　(2) 신고시 제출하여야 할 서류 / 768
    (3) 분 납 / 768　　　　　　　　　(4) 수정신고와 경정청구 / 769

Ⅷ. 성실신고확인제도 ·· 769
  1. 의의 ··· 769
  2. 대상법인 ··· 770
    (1) 부동산임대업을 주된 사업으로 하는 등 일정한 요건에 해당하는 내국법인 / 770
    (2) 성실신고확인대상사업자가 내국법인으로 전환한 경우 그 내국법인 / 770
  3. 세액공제 및 가산세 ··· 770
    (1) 세액공제 / 770　　　　　　　　(2) 가산세 / 771
    (3) 세율 / 770
  4. 신고기한 ··· 771
    ■ 사례 5-9 법인세과세표준 및 세액조정계산서 ··································· 771

Ⅸ. 법인소득 원천징수 ·· 776
    (1) 대상소득과 세율 / 776　　　　(2) 가산세 / 776
    (3) 지방소득세 특별징수 / 776

Ⅹ. 법인세법상 그 밖의 의무 ·· 777
    (1) 지출증명의 수취 및 보관 / 777　(2) 주식변동상황명세서 제출 / 777
    (3) 지급명세서의 제출의무 / 778　　(4) 매입처별 세금계산서합계표 등 제출 / 778
    (5) 해외현지법인에 대한 자료제출 의무 / 778

Ⅺ. 중간예납 의무 ·· 779
    (1) 대상법인 및 중간예납세액 / 779　(2) 중간예납세액의 신고납부시 제출서류 / 780
    (3) 중간예납세액의 납부 / 780　　　(4) 이월결손금 공제 / 780

회계와 세무실무
etaxkorea

PART 01

회계실무
(일반기업회계기준 반영)

제1장 　기초회계실무
제2장 　재무상태표 계정과목해설
제3장 　손익계산서 해설

회계와 세무실무

회계와 세무실무
etaxkorea

CHAPTER 01 기초회계실무

제1절 회계의 개념
제2절 재무제표
제3절 회계거래의 측정과 기록
제4절 거래결합과 복식부기
제5절 결 산

회계와 세무실무

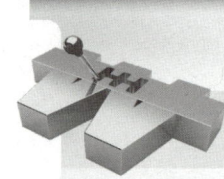

제1장 기초회계실무

제1절 회계의 개념

1. 회계의 개념과 장부

회계란 나가고 들어오는 돈과 관련하여 계산하거나 정보화하는 것을 말한다. 예컨대, 식당에서 식비의 계산, 상점에서 물건 값의 계산, 회사에서 자신이 받을 월급계산, 수입과 지출, 채권과 채무의 계산은 물론 손익계산과 경영분석 등 모두가 회계에 포함된다.

이와 같은 회계의 내용은 장부에 기록할 수도 있고, 기록하지 않을 수도 있는데 이것은 전적으로 그 기록을 보고 싶어하는 이해관계자가 있느냐 없느냐에 달려 있다. 개인(자신)의 회계는 스스로만 인정하면 됐지 기록하지 않는다 해도 어느 누구나 문제를 제기하지 않는다. 왜냐하면 이해관계자가 없어서 그것을 볼 필요성을 느끼는 사람은 아무도 없기 때문이다. 따라서 개인이 회계기록을 해도 그것은 자신의 관리만을 위한 기록일 뿐이다.

그러나 동창회, 친목회, 학급회 등 2인 이상이 모인 단체가 되면 자신 외에 동창회원, 친목회원, 학급회원 등 이해관계자가 있게 마련이고, 이들을 위하여 정확한 기록을 하여야 할 것이다. 하물며 영리회사인 경우 이해관계자는 얼마나 많겠는가.

2. 정보시스템으로서의 회계

이제 회계가 무엇인지 다시 정의한다면 회계란 경제단체의 이해관계자가 합리적인 판단이나 경제적 의사결정을 할 수 있도록 경제주체의 돈과 관련한 활동을 기록하고 정리해서 보고하는 일련의 정보시스템이라 말할 수 있다. 이렇게 회계의 주된 역할은 재무보고서의 형태로 이해관계자들에게 정보를 제공하는데 있다.

3 회계와 부기

많은 사람들은 회계를 부기(簿記 bookkeeping)와 혼동하고 있다. 부기는 거래를 장부에 기록하는 기술을 의미하며, 회계는 거래의 기록뿐만 아니라 그 기록이 이해관계자의 의사결정에 유용하게 이용될 수 있도록 돕는 정보문서들을 포함한다. 예를 들면, 재무상태표, 손익계산서, 현금흐름표, 주당이익 등은 부기를 기초로 계산한 재무정보로서 주식투자, 회계감사의 기초, 추정재무정보의 기초, 세무신고 등에 이용된다.

4 회계정보이용자

회사의 회계정보이용자에는 기업의 경영자·출자주주·채권자·예비투자자·정부 등이 있다. 경영자 입장에서는 경영실적에 의한 보수 및 이사연임으로 평가받고 싶을 것이며, 채권자의 입장에서는 빌려준 자금과 이자를 회수할 수 있을 것인지에 관심이 많을 것이다. 출자자 또는 주주 입장에서는 자신들이 출자한 회사의 이익정보와 전망을 알고 싶을 것이며, 세무서 입장에서는 얼마만큼 과세할 수 있을 것인지에 대한 관심을 가질 것이다.

5 재무제표(재무보고서)

다양한 이해관계자에게 정보를 제공하기 위해서는 일정한 형식에 따라 보다 쉽게 기업의 경영상황을 파악할 수 있도록 보고서를 만들어서 제공해야 하는데 회계에서 정보이용자에게 제공하는 보고서를 '재무제표'라고 한다.

(1) 재무상태표[1]

일정 시점의 기업이 보유한 자산과 부채, 자본을 나타내는 보고서이다. 즉, 재무상태표를 통하여 자산을 취득하기 위하여 부채로 얼마큼 조달하고 자본주로부터는 얼마큼 조달했는지를 알 수 있다.

(2) 손익계산서

일정 기간동안 기업의 경영실적을 나타내는 보고서이다. 경영활동과 관련하여 벌어들인 수익에서 이를 얻기 위하여 지출된 비용을 차감하여 계산한다.

(3) 이익잉여금처분계산서

경영활동으로 벌어들인 이익을 어떻게 처분할 것인지를 나타내는 보고서이다. 즉, 이익

---

[1] 일정시점의 자산과 부채·자본을 나타내주는 표를 회계감사대상이 아닌 법인은 대차대조표로 사용하기도 한다.

을 주주에게 배당할 것인지 아니면 사내에 유보할 것인지 등을 표시한다. 반면에 손실 발생시에는 이를 어떻게 충당할 것인지를 보여주는 결손금처리계산서를 작성한다.

(4) 자본변동표

재무상태표에 있는 자본의 항목별 증감에 대한 구체적인 내용을 표시하는 보고서이다.

(5) 현금흐름표

회사의 활동별(영업, 투자, 재무활동)로 일정기간 자금을 어디에서 얼마만큼 조달하여, 이를 어디에 어떻게 운용하고 있는지를 보여주는 보고서이며, 직접법 또는 간접법으로 작성한다.

(6) 주석

재무제표상의 해당과목이나 금액에 기호를 붙이고 난외 또는 별지에 동일한 기호를 표시하여 그 내용을 설명한 것으로서, 재무제표를 이용하는 사람들에게 기업 실정에 대한 충분한 정보를 제공하기 위해 보충적으로 작성된다.

6 회계단위와 회계연도

(1) 회계단위

회사의 자산·부채·자본의 증감변화와 그 원인을 기록·계산·정리하는 장소적 범위를 회계단위라 한다. 예) 본점회계와 지점회계, 현장별 회계 등

(2) 회계연도(회계기간)

회계연도란 경영성과를 계산하기 위하여 설정한 일정한 기간을 말한다. 보통은 1개년으로 구분한다. 예를 들면, 회계기간이 1년이면서 12월말 결산법인의 경우 12월 31일 현재의 재무상태표와 1월 1일부터 12월 31일까지의 손익계산서를 경영성과로서 보고한다. 내부적으로 필요에 따라 월별·분기별(3개월간) 또는 반기별(6개월간) 재무제표를 작성·보고하기도 한다.

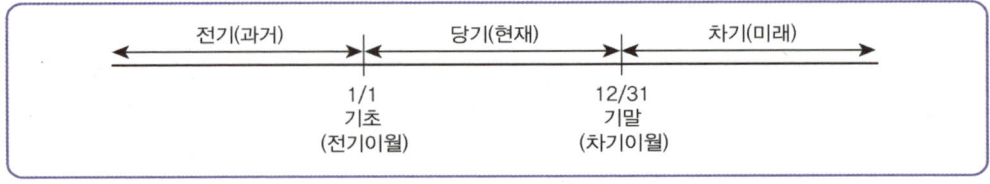

7 일반기업회계기준

2011년부터 주권상장법인(코스닥포함), 상장예정법인 및 비상장금융회사(저축은행 등 일부 제외) 등은 한국채택국제회계기준(IFRS)를 의무적용한다. 다만, 금융회사를 제외하고는 2009년 또는 2010년부터 한국채택국제회계기준(IFRS)를 조기 적용할 수 있다. 한국채택국제회계기준(IFRS) 의무적용대상이 아닌 기타 비상장법인은 2011년부터 일반기업회계기준을 적용하게 되며, 한국채택국제회계기준(IFRS)를 선택하여 적용할 수 있다.

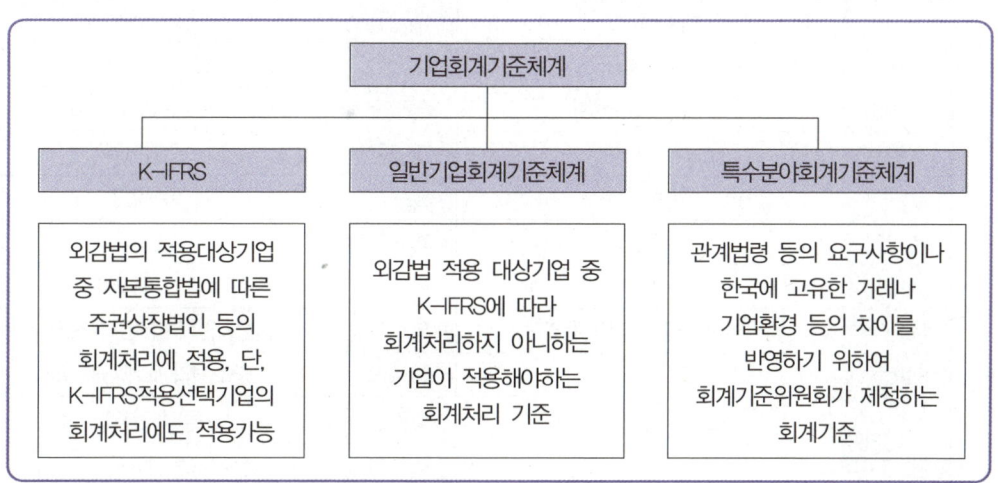

일반기업회계기준은 한국채택국제회계기준(K-IFRS)을 적용하지 않는 기업(비상장일반기업)의 부담을 완화하기 위해 제정된 별도의 간략한 회계기준으로서 국제기준에 근접한 현행 회계기준 유지를 최우선으로 하되 기업의 작성부담 완화와 국제적 정합성을 순차적으로 고려하였고, 회계주제별 기준서 형태로 산재된 현행 기업회계기준을 하나로 모아 편람식으로 제정함으로써 이용자의 편의성을 높였다.

(1) 일반기업회계기준의 목적

일반기업회계기준은 '주식회사의 외부감사에 관한 법률'의 적용대상기업 중 한국채택국제회계기준에 따라 회계처리하지 아니하는 기업의 회계와 감사인의 감사에 통일성과 객관성을 부여하기 위하여 동 기업의 회계처리 및 보고에 관한 기준을 정함을 목적으로 한다.

(2) 일반기업회계기준의 구성

일반기업회계기준은 주제별로 별도의 장으로 구성되며, 각 장은 본문(적용보충기준 포함)과 부록(결론도출근거, 실무지침 및 적용사례)으로 구성된다. 일반기업회계기준의 적용 및 해석의 일관성을 위하여 필요한 경우에는 일반기업회계기준해석 등을 제정할 수 있다.

구 분	제 목	구 분	제 목
제1장	목적, 구성 및 적용	제17장	정부보조금의 회계처리
제2장	재무제표의 작성과 표시 I	제18장	차입원가자본화
제3장	재무제표의 작성과 표시 II(금융업)	제19장	주식기준보상
제4장	연결재무제표	제20장	자산손상
제5장	회계정책, 회계추정의 변경 및 오류	제21장	종업원급여
제6장	금융자산·금융부채	제22장	법인세회계
제7장	재고자산	제23장	환율변동효과
제8장	지분법	제24장	보고기간후사건
제9장	조인트벤처 투자	제25장	특수관계자 공시
제10장	유형자산	제26장	주당이익
제11장	무형자산	제27장	특수활동
제12장	사업결합	제28장	중단사업
제13장	리스	제29장	중간재무제표
제14장	충당부채,우발부채 및 우발자산	제30장	일반기업회계기준의 최초채택
제15장	자본	제31장	중소기업 회계처리 특례
제16장	수익	제32장	동일지배거래
		제33장	온실가스 배출권과 배출

(3) 일반기업회계기준의 적용

일반기업회계기준은 '주식회사의 외부감사에 관한 법률'의 적용대상기업 중 한국채택국제회계기준에 따라 회계처리하지 아니하는 기업의 회계처리에 적용한다. 다만, 중요하지 않은 항목에 대해서는 이 기준을 적용하지 아니할 수 있다. 이 기준은 '주식회사의 외부감사에 관한 법률'의 적용대상이 아닌 기업의 회계처리에 준용할 수 있다.

일반기업회계기준의 각 문단은 각 장의 목적, 기업회계기준 전문, 결론도출근거, 실무지침, 적용사례 및 재무회계개념체계를 배경으로 이해하여야 한다.

우리나라의 회계기준 체계

		~2008년	2009~2010년	2011~2012년	2013년~
IFRS 조기적용기업				한국채택국제회계기준(K-IFRS)	
의무적용 기업	2조 이상	현행 기업회계기준(K-GAAP) (분·반기 연결의무 無)			
	2조 미만			(분·반기 연결 면제)	
기타 비상장기업				일반기업회계기준	

*최근 사업연도말 개별재무제표 자산총액 기준

(4) 국제회계기준의 특징

IFRS는 현행 기업회계기준(K-GAAP)과 다른 여러 가지 특징이 있다.

첫째, IFRS는 원칙중심(principle-based)의 기준체계이다.

회계담당자가 기업의 경제적 실질에 기초하여 회계처리할 수 있도록 회계처리의 기본원칙과 방법론을 제시하는 데 주력한다.

이는 K-GAAP이나 미국회계기준(US GAAP)이 법률관계나 계약의 내용에 따라 개별사안에 대한 구체적인 회계처리방법과 절차를 세밀하게 규정하는 규정중심(rule-based)의 기준체계인 것과 차이가 있다.

원칙중심 기준은 복잡한 현실을 모두 규율할 수 없어 오히려 규제회피가 쉬워지는 규정중심 기준의 단점을 극복할 수 있다.

둘째, 공시체계가 현행의 개별재무제표 중심에서 연결재무제표 중심으로 전환된다.

지배회사와 종속회사를 하나의 경제적 실체로 간주하여 내부거래가 제거된 연결재무정보가 공시되므로 회계투명성과 재무정보의 질이 높아진다.

기말 뿐만아니라 분기 및 반기에도 연결공시가 이루어진다.

현행 KGAAP에서도 연결재무제표가 공시되고 있으나 개별재무제표 공시후 1개월 후에 부수적으로 공시되고 있다.

셋째, IFRS는 자본시장의 투자자에게 기업의 재무상태 및 내재가치에 대한 의미있는 투자정보를 제공하는 데 중점을 두고 있다.

이를 위해 IFRS는 금융자산과 금융부채는 물론 유형자산, 무형자산 및 투자부동산에 이르기까지 공정가치 측정을 의무화 또는 선택 적용할 수 있도록 함으로써 K-GAAP보다 공정가치 평가범위가 넓어진다.

여기서 공정가치란 합리적인 판단과 거래의사가 있는 독립된 당사자간의 거래에서 자산이 교환되거나 부채가 결제될 수 있는 금액을 말하며, 흔히 말하는 '시가'보다 넓은 개념이다.

마지막으로 IFRS는 정책적 목적을 배제하고 경제적 실질에 따른 회계처리를 강조한다.

예를 들면 특정시점에 발행자가 상환하여야 할 의무가 있는 상환우선주의 경우, K-GAAP에서는 상법상 자본으로 규정하고 있어 상환의무와 관계없이 자본으로 분류하지만 IFRS에서는 부채로 분류한다.

(5) 중소기업회계기준

상법은 기업 성격별로 회계처리기준을 다음과 같이 정하고 있다.

① 「주식회사의 외부감사에 관한 법률」 제2조에 따른 외부감사 대상 회사는 같은 법의 회계처리기준
② 「공공기관의 운영에 관한 법률」 제2조에 따른 공공기관은 같은 법에 따른 공기업·준정부기관의 회계 원칙
③ 앞 ① 및 ②에 해당하는 회사 외의 회사 등은 법무부에서 고시한 중소기업회계기준

> **참고** 중소기업회계기준상 재무제표
>
> 중소기업의 재무제표는 다음과 같다. 다만, ③과 ④의 경우 하나를 선택하여 작성한다.
> ① 재무상태표 ② 손익계산서
> ③ 자본변동표 ④ 이익잉여금처분계산서 또는 결손금처리계산서

(6) 법인세법에서 인정되는 기업회계기준의 범위(법인법 §43, 법인령 §79)

내국법인의 각 사업연도의 소득금액을 계산할 때 그 법인이 익금과 손금의 귀속사업연도와 자산·부채의 취득 및 평가에 관하여 일반적으로 공정·타당하다고 인정되는 기업회계기준을 적용하거나 관행(慣行)을 계속 적용하여 온 경우에는 이 법 및 「조세특례제한법」에서 달리 규정하고 있는 경우를 제외하고는 그 기업회계의 기준 또는 관행에 따른다. 여기서 기업회계의 기준 또는 관행은 다음 중 어느 하나에 해당하는 회계기준(해당 회계기준에 배치되지 아니하는 것으로서 일반적으로 공정·타당하다고 인정되는 관행을 포함한다)으로 한다.

① 국제회계기준
② 「주식회사의 외부감사에 관한 법률」에 따라 한국회계기준원이 정한 회계처리기준
③ 증권선물위원회가 정한 업종별 회계처리준칙
④ 「공공기관의 운영에 관한 법률」에 따라 제정된 공기업·준정부기관 회계규칙
⑤ 「상법 시행령」에 따른 중소기업회계기준
⑥ 기타 법령에 의하여 제정된 회계처리기준으로서 기획재정부장관의 승인을 얻은 것

> **참고** 외부 회계감사대상 회사
>
> 주식회사 등의 외부감사에 관한 법률 4조에 의한 감사대상 기업은 다음과 같다.
>
> 1. 해당사업연도 다음사업연도에 주권상장법인
> 2. 직전 사업연도 자산총액 500억 이상이거나 매출액이 500억 이상인 회사(유한회사포함)
>   (사업월수 12개월 미만은 12개월 환산)
> 3. 다음 각목의 사항 중 2개 이상에 해당하는 주식회사
>   ① 직전 사업연도 말의 자산총액이 120억원 이상
>   ② 직전 사업연도 말의 부채총액이 70억원 이상
>   ③ 직전 사업연도의 매출액이 100억원 이상
>   ④ 직전 사업연도 말의 종업원(일용근로자의 파견근로자 제외)이 100명 이상
> 4. 유한회사의 경우 위의 3)의 4가지 요건과 직전사업연도 말의 사원 50명 이상인 경우의 5개 요건 중 3개 이상에 해당하는 유한회사는 회계감사대상이다. 다만, 2019.11.1. 이후 주식회사에서 유한회사로 조직을 변경한 회사는 등기한 날부터 5년간은 주식회사로 보고 감사대상을 판단한다.
>
> 〈개정법 적용시기〉
> 2019.1.1. 이후 개시하는 사업연도부터 적용하므로 결국 12월말 결산 법인은 2019.12.31. 기준 재무제표의 금액에 따라서 판단한다. 그리고 결산종료일부터 45일내 회계감사인을 선임하여야 한다.

8 회계의 순환과정

(1) 회계절차

거래의 발생으로부터 재무제표가 작성되기까지의 절차는 다음 그림과 같다.

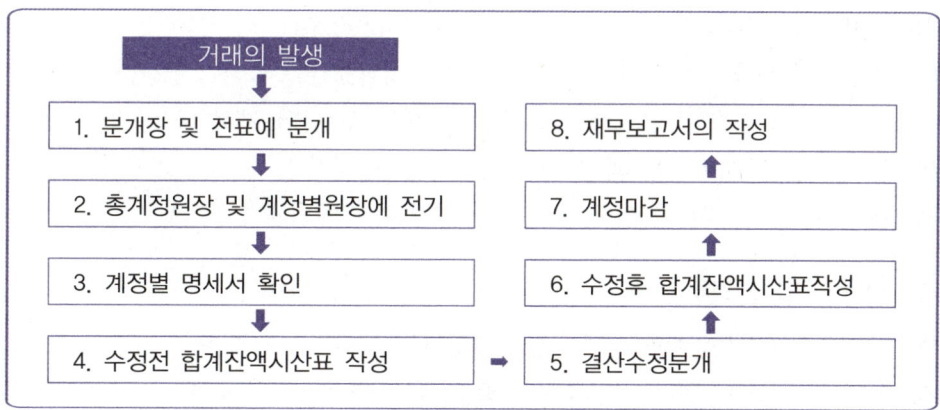

(2) 도·소매업의 회계순환

1) 도·소매업의 매출원가와 재고자산

도·소매업은 상품을 구입하고 그 상품을 고객에게 판매하여 이익을 창출한다. 도·소매업은 재고자산으로 구입한 상품 중 판매한 상품은 매출원가라는 과목으로 손익계산서에 표시하고 아직 판매하지 않은 상품은 그대로 상품이라는 과목으로 재무상태표에 표시한다.

예)	상품매출원가	=	기초상품재고액	+	당기상품매입액	−	기말상품재고액
	(4,950)	=	(0)	+	(5,000)	−	(50)

2) 도·소매업의 영업주기

영업주기란 영업행위를 하고자 상품을 구입한 시점부터 이를 판매하고 대금을 회수하기까지의 기간을 말한다. 영업주기는 당연히 짧을수록 좋다.

(3) 제조기업의 회계순환

1) 제조업의 매출원가와 재고자산

매출원가란 판매된 제품의 원가를 말한다. 제품의 원가는 제조원가를 의미한다. 제조원가에는 재료비, 노무비, 제조경비가 포함된다. 재료비는 제품을 생산할 때 투입되는 원재료의 가액이고, 노무비는 제조와 관련한 근로자의 임금이며, 제조경비는 제조와 관련되어 발생하는 복리후생비, 감가상각비, 소모품비, 임차료 등 제조작업을 위해 투입되는 일반적인 경비를 말한다.

제조기업의 재고자산은 다음과 같이 3가지 정도이다.
① 원재료 : 제조과정에 투입되지 않은 원료(화학원료 등)와 재료(나무, 천, 가죽 등)
② 재공품 : 제품을 제조하는 과정 중에 있는 미완성제품
③ 제 품 : 제조 작업이 완료된 완성품 중 외부로 판매되지 않은 것

2) 제조업의 회계와 영업주기

① 제조업은 원재료를 매입하여 생산 공정에 투입하고, 노무비와 제조경비를 추가로 투입하여 가공한 후 제품을 생산한다. 그리고 이 제품을 판매하여 이익을 창출한다. 도·소매업에 비하여 제품제조과정의 회계처리가 조금 복잡하다.

② 제조업 영업주기는 원재료를 구매하기 시작한 시점부터 제품제조과정을 거쳐 제품생산이 되고 그 제품을 판매하여 대금회수를 하기까지의 기간을 말한다. 제조업은 도·소매업에 비하여 제조기간 만큼 영업주기가 길다.

3) 제조업의 제조원가명세서

제조원가명세서란 제품을 제조하는데 지출된 원가에 대한 명세표를 말한다.
재료비, 노무비, 제조경비가 얼마 들어갔고 이 중 완성된 제품은 얼마이고 아직 미완성 제품은 얼마인지를 보여주는 명세표이다.
제조원가명세서에서 산출된 완성제품의 금액은 손익계산서의 매출원가를 계산하기 위한 필수적인 선행절차이다.

제조원가명세서

과 목	당	기
재 료 비		2,100
기 초 원 재 료 재 고 액	2,000	
당 기 원 재 료 매 입 액	300	
합 계	2,300	
기 말 원 재 료 재 고 액	200	
노 무 비		100
급 여	100	
제 조 경 비		540
감 가 상 각 비	500	
임 차 료	40	
당 기 총 제 조 원 가		2,740
기 초 재 공 품 원 가		0
합 계		2,740
기 말 재 공 품 원 가		40
타 계 정 대 체		0
당 기 제 품 제 조 원 가		2,700

① 당기총제조원가

당기에 제조과정에 투입된 모든 제조원가를 말하며 재료비, 노무비, 제조경비의 합계로 표시된다.

> 당기총제조원가(2,740) = 재료비(2,100) + 노무비(100) + 제조경비(540)

이 중 재료비는 당기에 제조과정에 투입된 원재료의 원가를 말하며, 기초원재료재고액에 당기원재료매입액을 더한 후 기말원재료재고액을 빼고 계산한다.

> 재료비(2,100) =
> 기초원재료재고액(2,000) + 당기원재료매입액(300) - 기말원재료재고액(200)

그리고 노무비는 당기에 제조과정에 직·간접적으로 투입된 생산직 근로자의 급여를 의미하며, 제조경비는 재료비와 노무비를 제외하고 당기에 제조과정에 투입된 모든 제조원가로서 공장건물이나 기계장치의 임차료, 감가상각비, 보험료, 재산세, 수선유지비, 전력비 등을 가리킨다.

✱ 경비관련 구분은 손익계산서편 제품매출원가에서 상세히 설명하고 있으므로 참조하기 바란다.

② 당기제품제조원가

당기에 완성된 제품의 제조원가를 말하며, 당기총제조원가에 기초재공품재고액을 더한 후 기말재공품재고액을 빼고 구한다.

> 당기제품제조원가(2,700) =
> 당기총제조원가(2,740) + 기초재공품재고액(0) - 기말재공품재고액(40)

여기서 당기총제조원가와 당기제품제조원가는 명칭이 비슷하지만 서로 다른 개념이므로 명확히 구별해야 한다.

당기총제조원가는 당기에 제조과정에 투입된 제조원가의 합계액을 의미하지만 당기제품제조원가는 당기에 완성된 제품의 제조원가를 의미한다.

(4) 손익계산서 작성

이 기업은 제조업과 도소매업을 겸업하는데, 매출액이 큰 도소매업이 주업종이고 제조업은 부업종에 해당한다. 상품매출원가와 제품매출원가를 구하는 방법에 주목하길 바란다.

손익계산서

과　　　　　　　　　목	제X(당)기	
	금　　　액	
매　　　출　　　액		9,650
상　품　매　출　액	5,500	
제　품　매　출　액	4,150	
매　　　출　　　원　　　가		(8,650)
상　품　매　출　원　가	4,950	
기　초　상　품　재　고　액	0	
당　기　상　품　매　입　액	5,000	
기　말　상　품　재　고　액	(50)	
제　품　매　출　원　가	3,700	
기　초　제　품　재　고　액	1,000	
당　기　제　품　제　조　원　가	2,700	
기　말　제　품　재　고　액	0	
매　　　출　　　총　　　이　　　익		1,000
판　매　비　와　관　리　비		(190)
복　리　후　생　비	30	
임　　　차　　　료	100	
대　손　상　각　비	60	
영　　　업　　　이　　　익		810
영　　업　　외　　수　　익		
영　　업　　외　　비　　용		
법　인　세　비　용　차　감　전　이　익		810
법　　　인　　　세　　　비　　　용		(200)
당　　　기　　　순　　　이　　　익		610

매출원가 계산내역

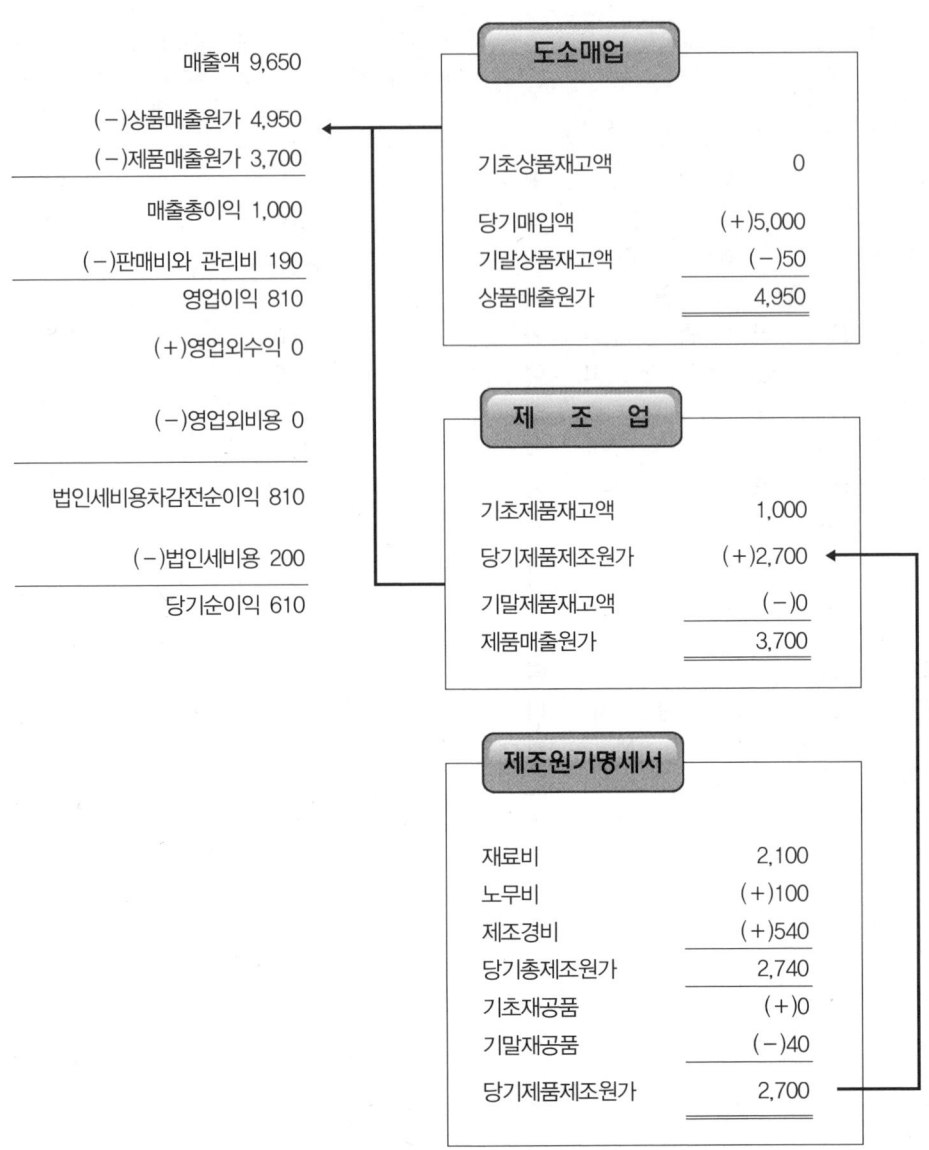

* 제조업, 도소매업 및 건설업 외의 업종에 속하는 기업은 매출총손익의 구분표시를 생략할 수 있다. 즉, 매출원가를 별도로 표시하지 않고 판매비와 관리비에 포함하여 표시하는 것을 인정하고 있는 것이다.

제2절 재무제표

재무보고의 목적을 달성하기 위해서는 다양한 재무정보가 제공되어야 한다. 예를 들면, 각 회계기간별로 회계기간말 현재의 재무상태에 관한 정보를 나타내는 재무상태표와 회계기간 동안의 경영성과에 관한 정보를 나타내는 손익계산서가 필요하다. 또한 회계기간 동안의 현금흐름에 관한 정보를 나타내는 현금흐름표와 자본의 변동에 관한 자본변동표가 필요하다. 이러한 재무제표들은 서로 연관되어 있으며 전체적으로 하나의 체계를 이루고 있다 지배·종속관계에 있는 회사들의 경우 그 전체를 하나의 기업실체로 보아 작성하는 연결재무제표가 정보이용자들에게 유용할 수 있다. 또한 기업집단에 대한 결합재무제표도 정보이용자들에게 유용할 수 있다. 기업집단결합재무제표는 동일인이 사실상 사업내용을 지배하고 있는 회사의 집단에 대한 유용한 정보를 제공하기 위해서 작성된다.

재무제표는 주석 및 부속명세서 등의 기타 설명 자료를 통하여 재무제표본문에 표시된 정보를 이해하는 데 도움이 되는 추가적 정보 또는 재무제표 본문에 표시되지 않은 자원, 의무 등에 대한 정보를 함께 제공해야 한다. 예를 들어, 재무제표 작성에 적용된 중요한 회계방침과 회계변경의 효과에 대한 정보, 사업 부문별 정보, 기업실체에 영향을 미치는 불확실성이나 위험에 대한 정보 등이 제공되어야 한다(재무회계개념체계 문단 72, 73, 74).

1 재무상태표(Balance sheet : B/S)

(1) 의의

재무상태표는 일정 시점 현재 기업실체가 보유하고 있는 경제적 자원인 자산과 경제적 의무인 부채, 그리고 자본에 대한 정보를 제공하는 재무보고서이다. 기업실체 유동성과 재무적 탄력성, 수익성과 위험 등을 평가하는데 유용한 정보를 제공하여야 한다(문단 75, 78).

(2) 자산과 부채 및 자본이란 무엇인가?

- 자산 = 총자본(부채 + 자본)
- 자본(자기자본 또는 순자산) : 자산구입을 위하여 내가 내놓은 돈
- 부채(타인자본) : 자산구입을 위하여 남에게 빌린 돈

자산은 회사가 소유한 상품·건물·기계·차량·현금·예금·채권 등을 말한다.

이러한 자산들은 사업을 위하여 보통 필요하고 미래에 경제적 효익을 가져다 줄 것이다. 한편, 자산을 취득하기 위하여 자본이 필요하고 사업활동의 밑천이 총자본이다. 총자본은 자기 돈으로만 충당하면 좋겠지만 부족하면 남에게 빚을 질 수도 있을 것이다.

이때 회계 상으로 자기 돈을 자본 또는 자기자본이라 하고 남에게 빌린 부분을 부채 또는 타인자본이라 하며 둘을 합하여 부채와 자본총계 또는 총자본이라고 한다.

그리고 자기자본은 자기가 내놓은 자금 뿐 아니라 영업활동으로 얻은 이익의 누적액도 포함한다.

예컨대, 초기에 백만 원으로 사업을 시작한 홍길동씨가 1년 동안 40만원의 이익을 얻은 경우에 다음연도 홍길동씨의 자기자본은 140만원이 된다.

상기 자산과 부채 그리고 자본거래를 간단한 사례로 상호 연결하여 보자.

사례 1-1 재무상태표 이해

> 성공(주)는 화공약품을 판매하는 회사이다. 성공(주)는 상가와 그 부수토지를 50,000원에 취득하고, 매매목적의 화공약품을 20,000원에 구입하였다.
>
> 모두 70,000원이 소요되었는데 그 자금은 성공(주)의 주주가 출자한 30,000원과 은행에서 40,000원을 차입한 것이다. 이때 자산, 부채, 자본은 각각 얼마인가?
>
> 첫째, 토지, 건물, 상품 전부가 자산으로서 그 합계가 70,000원이다. 둘째, 부채는 남에게 진 빚이므로 은행 빚 40,000원이 이에 해당되며, 셋째 자본은 기업의 주인, 즉 주주가 출자한 30,000원이 이에 해당된다. 즉, 자산은 70,000원, 부채는 40,000원, 자본은 30,000원으로서 자산(70,000원)＝부채(40,000원)＋자본(30,000원), 부채＝자산－자본, 자본＝자산－부채의 등식이 성립한다.

재무상태표

자 산	70,000	부 채	40,000
		자 본	30,000

위 사례의 성공(주)는 주식회사라는 법인기업이지만 회계처리에 있어서는 법인기업이든 개인기업이든 양자를 구분할 필요가 없다.

 **참고** 　　재무회계개념체계상 자산, 부채, 자본의 정의

1. 자 산
자산은 과거의 거래나 사건의 결과로서 현재 기업실체에 의해 지배되고 미래에 경제적 효익을 창출할 것으로 기대되는 자원이다(문단 90, 91, 92, 93).
자산에 내재된 미래의 경제적 효익이란 직접 또는 간접적으로 기업실체의 미래 현금흐름 창출에 기여하는 잠재력을 말한다. 즉, 자산은 재화 및 용역의 생산에 이용되어 고객에게 제공되어 현금유입을 가져온다. 자산은 유형자산을 포함한 많은 자산이 물리적 형태를 가지고 있지만 물리적 형태가 없는 자원이라도 특정 실체에 따라 지배되고 그 실체에게 미래의 경제적 효익을 창출할 것으로 기대되는 경우 해당 항목은 자산의 정의를 충족할 수 있다.

2. 부 채
부채는 과거의 거래나 사건의 결과로 현재 기업실체가 부담하고 있고 미래에 자원의 유출 또는 사용이 예상되는 의무이다(문단 97, 98, 101).
부채는 과거의 거래나 사건에서 발생한다. 신용으로 재화를 구입하였거나 용역을 제공받은 경우 매입채무가 발생하며 은행대출을 받은 경우 상환의무가 발생한다. 따라서 미래에 발생이 예상되는 대규모수선비의 경우와 같이 장래에 자원의 유출 또는 사용이 기대된다 하더라도 과거의 거래나 사건에서 기인하지 않은 의무는 부채의 정의를 충족하지 못한다.

3. 자 본
자본은 기업실체의 자산 총액에서 부채 총액을 차감한 잔여액 또는 순자산으로서 기업실체의 자산에 대한 소유주의 잔여청구권이다. 주식회사의 경우 소유주는 주주이므로, 본 개념체계에서 주주지분은 자본과 동의어로 사용된다. 본 개념체계에서는 소유주지분인 자기자본만을 의미한다(문단 104).

(3) 재무상태표의 서식과 구성

1) 일반기업회계기준상 재무상태표 서식

대내외적으로 사용하는 재무상태표 서식은 다음과 같다.
이 서식은 자산, 부채, 자본을 차례로 배열한 보고(vs 계정)식이면서 전기와 비교하는 형식으로 작성한다.

재 무 상 태 표

제×기 20××년×월×일 현재
제×기 20××년×월×일 현재

기업명 (단위 : 원)

과　　　목	당 기		전 기	
자　산				
유동자산		×××		×××
당좌자산		×××		×××
현금및현금성자산1)	×××		×××	
단기투자자산2)	×××		×××	
매출채권3)	×××		×××	
선급비용	×××		×××	
이연법인세자산	×××		×××	
……4)	×××		×××	
재고자산		×××		×××
제품	×××		×××	
재공품	×××		×××	
원재료	×××		×××	
……5)	×××		×××	
비유동자산		×××		×××
투자자산		×××		×××
투자부동산	×××		×××	
장기투자증권6)	×××		×××	
지분법적용투자주식	×××		×××	
……7)	×××		×××	
유형자산		×××		×××
토지	×××		×××	
설비자산8)	×××		×××	
(−) 감가상각누계액	(×××)		(×××)	
건설중인자산	×××		×××	
……9)	×××		×××	
무형자산		×××		×××
영업권	×××		×××	

과　　　목	당　기		전　기	
산업재산권	×××		×××	
개발비	×××		×××	
……10)	×××		×××	
기타비유동자산		×××		×××
이연법인세자산	×××		×××	
……11)	×××		×××	
자 산 총 계		×××		×××

과　　　목	당　기		전　기	
부　　　채				
유동부채		×××		×××
단기차입금	×××		×××	
매입채무12)	×××		×××	
당기법인세부채	×××		×××	
미지급비용	×××		×××	
이연법인세부채	×××		×××	
……13)	×××		×××	
비유동부채		×××		×××
사채	×××		×××	
신주인수권부사채	×××		×××	
전환사채	×××		×××	
장기차입금	×××		×××	
퇴직급여충당부채	×××		×××	
장기제품보증충당부채	×××		×××	
이연법인세부채	×××		×××	
……14)	×××		×××	
부 채 총 계		×××		×××

과 목	당 기		전 기	
자 본				
자본금		×××		×××
보통주자본금	×××		×××	
우선주자본금	×××		×××	
자본잉여금		×××		×××
주식발행초과금	×××		×××	
……15)	×××		×××	
자본조정		×××		×××
자기주식	×××		×××	
……16)	×××		×××	
기타포괄손익누계액		×××		×××
매도가능증권평가손익	×××		×××	
해외사업환산손익	×××		×××	
현금흐름위험회피	×××		×××	
파생상품평가손익	×××		×××	
……17)				
이익잉여금(또는 결손금)		×××		×××
법정적립금	×××		×××	
임의적립금	×××		×××	
미처분이익잉여금	×××		×××	
(또는 미처리결손금)				
자 본 총 계		×××		×××
부채 및 자본 총계		×××		×××

1) 현금, 보통예금, 당좌예금 및 현금성자산	
2) 단기예금(정기예금정기적금 등), 단기매매증권, 단기대여금, 1년 이내 현금화 또는 실현될 것으로 예상되는 매도가능증권 및 만기보유증권	
3) 외상매출금, 받을어음	4) 미수금, 미수수익, 선급금, 당기법인세자산 (미수법인세환급액), 부가세대급금 등
5) 상품, 반제품, 저장품(소모품)	6) 매도가능증권, 만기보유증권
7) 장기예금(정기예금정기적금 등), 장기대여금, 매각예정비유동자산 등	8) 건물, 구축물, 기계장치
9) 차량운반구, 선박, 비품, 공기구 등 기타자산 등	10) 라이선스와 프랜차이즈, 저작권, 컴퓨터소프트웨어, 임차권리금, 광업권, 어업권 등
11) 임차보증금, 영업보증금, 장기선급비용, 장기선급금, 장기미수금	12) 외상매입금, 지급어음
13) 유동성장기부채, 미지급금, 선수금, 선수수익, 예수금, 부가세예수금 등	14) 장기매입채무, 장기미지급금, 장기선수금, 장기선수수익, 보증금
15) 자기주식처분이익, 감자차익, 전환권대가, 신주인수권대가	16) 주식할인발행차금, 주식선택권, 출자전환채무, 감자차손, 자기주식처분손실
17) 재평가잉여금, 지분법자본변동	

2) 계정식 재무상태표 구성

앞 1)의 보고식 재무상태표를 계정식으로 요약하여 그 구성을 살펴보자. 대외적으론 보고식으로만 제출 또는 공시되며 계정식은 학습용으로 사용하는 정도이다.

재무상태표(계정식)

(××회사)　　20××년 ×월 ×일 현재　　(단위 : 원)

자　　　산	금　　액		부채·자본	금　　액	
유　동　자　산		1,450	유　동　부　채		350
당　좌　자　산		1,150	외　상　매　입　금		250
현금및현금성자산		750	지　급　어　음		100
외　상　매　출　금	500		비　유　동　부　채		650
대　손　충　당　금	(100)	400	장　기　차　입　금		650
선　급　비　용		0	자　　본　　금		600
재　고　자　산		300	보　통　주　자　본　금	600	
상　　　　　품		300	우　선　주　자　본　금		
비　유　동　자　산			자　본　잉　여　금		0
투　자　자　산			주　식　발　행　초　과　금	0	
유　형　자　산			자　본　조　정		0
건　　　　　물	(0)		기타포괄손익누계액		0
감　가　상　각　누　계　액	(0)	0	이　익　잉　여　금		150
무　형　자　산					
개　　발　　비		0			
기　타　비　유　동　자　산		300			
임　차　보　증　금		300			
자　산　총　계		1,750	부 채 와 자 본 총 계		1,750

재무상태표구성은 현금화가 빠른 정도에 따라 유동자산(부채)과 비유동자산(부채)으로 구분하고 유동자산은 다시 당좌자산과 재고자산으로 구분한다. 비유동자산은 장기적으로 자금화여부에 따라 투자자산, 유형자산, 무형자산, 기타비유동자산으로 구분한다.

왜 구분하는가?

회계정보역할이다. 같은 자산이라도 현금화가 빠른 자산이 현금화가 안 되거나 장기에 걸쳐 회수되는 자산보다 적다면 불안하다. 거기다 빨리 갚아야 하는 유동부채가 유동자산보다 많으면 다음 연도에는 자금조달에 신경 써야 할 것이다.

3) 계정식 재무상태표와 차·대변 회계원리

계정식 재무상태표에서 자산은 재무상태표의 왼쪽에 표시되고 부채와 자본은 재무상태표의 오른쪽에 표시된다.

그리고 자산금액은 부채와 자본을 합한 금액과 항상 일치한다. 그 이유는 복식부기원리다. 복식부기는 하나의 거래에 대하여 장부에 동일한 금액의 자금조달과 사용을 각각 이중으로 기록한다는 뜻이며 그 기록을 왼쪽(차변)과 오른쪽(대변)에 하여 항상 양측이 일치한다.

오른쪽(대변)위치는 부채증가 또는 자본증가, 자산처분 등 자금조달을 기록하고 왼쪽(차변)위치는 자산취득 또는 부채감소 등 자금사용을 기록한다.

계정식 재무상태표는 그 장부에 기록된 위치별 잔액을 그대로 옮겨 작성하는 표이므로 왼쪽에는 자산을, 오른쪽에는 부채와 자본을 표시하게 되고 그 양측은 일치할 수밖에 없다.

(왼쪽/차변) 자금의 운용		(오른쪽/대변) 자금의 조달	
① 자산	예금 재고자산 부동산 등	③ 부채	차입금 재화·용역의 외상매입금 등
② 비용	급여 소모품비 이자 등	④ 자본	투자자의 출자금 등 영업하여 얻은 이익잉여금
		⑤ 수익	매출 등

사례 1-2 기초, 기말 재무상태표 작성

다음 자료를 이용하여 (주)관우의 x4년도의 기초재무상태표(1/1)와 기말재무상태표(12/31)를 작성하시오.

(1) x1년 1월 1일 재무상태

현　　　금	₩ 200	보 통 예 금	₩ 300	외상매출금	₩ 700
상　　　품	350	임차보증금	550	지급어음	450
외상매입금	250	장기차입금	800	자 본 금	600

기초 재무상태표

㈜관우   x1. 1. 1.(현재)   (단위 : 원)

자 산	금 액	부채 및 자본	금 액
현 금	200	지 급 어 음	450
보 통 예 금	300	외 상 매 입 금	250
외 상 매 출 금	700	장 기 차 입 금	800
상 품	350	자 본 금	600
임 차 보 증 금	550		
	2,100		2,100

(2) x1년 1월 1일부터 x1년 12월 31일까지 경영성과

매 출	₩ 5,000	매 출 원 가	₩ 4,300	임 차 료	₩ 400
복 리 후 생 비	50	이 자 수 익	30	이 자 비 용	130

(3) x1년 12월 31일 재무상태(기중 자본 증가원인은 당기순이익 외에는 없음)

현 금	₩ 400	보 통 예 금	₩ 350	외 상 매 출 금	₩ 400
상 품	300	임 차 보 증 금	300	지 급 어 음	100
외 상 매 입 금	250	장 기 차 입 금	650		

기말 재무상태표

㈜관우   x1. 12. 31.(현재)   (단위 : 원)

자 산	금 액	부채 및 자본	금 액
현 금	400	지 급 어 음	100
보 통 예 금	350	외 상 매 입 금	250
외 상 매 출 금	400	장 기 차 입 금	650
상 품	300	자 본 금	600
임 차 보 증 금	300	이 익 잉 여 금	150
자 산 합 계	1,750	부채및자본합계	1,750

* 당기순이익 = 5,000−4,300−400−50+30−130=150, 당기순이익이 재무상태표상 이익잉여금으로 계정대체된다.

2 손익계산서(Income statement : I/S)

(1) 의의

손익계산서는 한 회계연도의 회사의 경영성과에 대한 정보를 제공하는 재무보고서이다.

(2) 수익과 비용이란 무엇인가?

수익은 재화의 판매 또는 용역의 제공에 의해 그 대가로 기업에 유입된 가치를 말하고,

비용은 기업 활동에 있어서 그 수익을 얻기 위하여 희생된 가치를 말한다.

사례 1-3 손익계산서 이해

성공(주)은 총자산 70,000원으로 영업을 시작하였다. 일정기간동안 상품 전부를 30,000원(구입원가 20,000원)에 현금으로 판매하였는데 일정기간동안 인건비 3,000원, 차입금이자 4,000원, 운반비 1,000원이 현금으로 지출되었다.

수익과 비용이 각각 얼마인가 검토하여 보자.
첫째 수익은 재화의 판매 또는 용역의 제공대가이므로 여기서는 상품판매 대가인 30,000원이 이에 해당되며, 둘째 비용은 이익을 얻기 위해 희생된 가치라고 정의하였듯이 상품구입 원가 20,000원과 인건비 3,000원, 이자 4,000원, 운반비 1,000원의 합계액 28,000원이다.

우리는 바로 전에 상품, 기계 등을 자산이라고 공부하였는데, 비용 속에 상품이 속하다니 무슨 말인가? 상품은 회사 내부에 있을 때는 자산이고, 팔려나가면 비용(매출원가)이다. 그래서 상품의 입·출(入·出)관리를 잘하여야 한다.

참고 | 재무회계개념체계상 수익, 비용의 정의

1. 수 익
수익이란 기업실체의 경영활동과 관련된 재화의 판매 또는 용역의 제공 등에 대한 대가로 발생하는 자산의 유입 또는 부채의 감소이다. 예를 들면, 재화 및 용역을 공급한 대가로서 현금이나 매출채권이 증가하게 된다. 또한 기업실체는 차입금을 상환하기 위하여 재화 및 용역을 채권자에게 공급할 수 있으며 그 결과로 부채가 감소된다(문단 117, 118). 수익은 기업실체의 경영활동의 결과로서 발생하였거나 발생할 현금유입액을 나타내며, 경영활동의 종류와 해당 수익이 인식되는 방법에 따라 매출액, 이자수익, 배당금수익 및 임대수익 등과 같이 다양하게 구분될 수 있다.

2. 비 용
비용이란 기업실체의 경영활동과 관련된 재화의 판매 또는 용역의 제공 등에 따라 발생하는 자산의 유출이나 사용 또는 부채의 증가이다. 예를 들면, 재화의 생산 및 판매 과정에서의 비용 발생은 재고자산의 유출, 유형자산의 사용 또는 미지급비용과 같은 부채의 증가로 나타난다(문단 120, 121).
비용은 기업실체의 주요 경영활동의 결과로서 발생하였거나 발생할 현금유출액을 나타내며, 경영활동의 종류와 해당 비용이 인식되는 방법에 따라 매출원가, 급여, 감가상각비, 이자비용, 임차비용 등과 같이 다양하게 구분될 수 있다.

(3) 손익계산서의 서식과 구성

1) 일반기업회계기준상 손익계산서 서식

기업에서 대내외적으로 사용하는 손익계산서 서식은 다음과 같다.

손 익 계 산 서

제×기 20××년×월×일부터 20××년×월×일까지
제×기 20××년×월×일부터 20××년×월×일까지

회사명 (단위 : 원)

과 목	당 기		전 기	
매출액		×××		×××
매출원가		×××		×××
기초제품(또는 상품)재고액	×××		×××	
당기제품제조원가	×××		×××	
(또는 당기상품매입액)				
기말제품(또는 상품)재고액	(×××)		(×××)	
매출총이익(또는 매출총손실)		×××		×××
판매비와관리비		×××		×××
급여	×××		×××	
퇴직급여	×××		×××	
복리후생비	×××		×××	
임차료	×××		×××	
업무추진비	×××		×××	
감가상각비	×××		×××	
무형자산상각비	×××		×××	
세금과공과	×××		×××	
광고선전비	×××		×××	
연구비	×××		×××	
경상개발비	×××		×××	
대손상각비	×××		×××	
……	×××		×××	
영업이익(또는 영업손실)		×××		×××
영업외수익		×××		×××
이자수익	×××		×××	
배당금수익	×××		×××	
임대료	×××		×××	
단기투자자산처분이익	×××		×××	
단기투자자산평가이익	×××		×××	

과목	당기	전기
외환차익	×××	×××
외화환산이익	×××	×××
장기투자증권손상차손환입	×××	×××
유형자산처분이익	×××	×××
사채상환이익	×××	×××
전기오류수정이익	×××	×××
……	×××	×××
영업외비용	×××	×××
이자비용	×××	×××
기타대손상각비	×××	×××
단기투자자산처분손실	×××	×××
단기투자자산평가손실	×××	×××
재고자산감모손실	×××	×××
외환차손	×××	×××
외화환산손실	×××	×××
기부금	×××	×××
장기투자증권손상차손	×××	×××
유형자산처분손실	×××	×××
사채상환손실	×××	×××
전기오류수정손실	×××	×××
……	×××	×××
법인세비용차감전순이익(또는 법인세비용차감전순손실)	×××	×××
법인세비용	×××	×××
당기순이익(또는 당기순손실)	×××	×××

2) 구분이익

보고식손익계산서는 주된 영업과 관련한 이익을 4개(도·소매업, 제조업, 건설업 이외의 업종으로서 매출원가가 없는 경우는 3개)로 구분하고 있다.

구분이익	이익명칭
1구분	매출총이익(매출액 − 매출원가)
2구분	영업이익(매출총이익 − 판매비와 관리비)
3구분	법인세비용차감전순이익(영업이익 + 영업외수익 − 영업외비용)
4구분	당기순이익(법인세비용차감전순이익 − 법인세비용)

3) 계정식 손익계산서

앞 1)의 보고식손익계산서를 계정식으로 요약하여 그 구성을 살펴보자. 대외적으론 보고식으로만 제출 또는 공시되며 계정식은 학습용으로 사용하는 정도이다.

계정과목별 금액이 다음과 같을 때 손익계산서를 계정식으로 나타내보자.

복리후생비	₩ 300	임차료	₩ 50	기부금	₩ 50
상품(1.1)	1,000	상품(12.31)	300	매출	5,000
당기매입상품	3,600	급여	100	이자수익	30
이자비용	80				

손익계산서(계정식)

(××회사)　　　　　　　　　x1.1.1.~ x1.12.31.　　　　　　　　(단위:원)

비용	금액	수익	금액
매 출 원 가	4,300	**매 출 액**	5,000
상 품 매 출 원 가		상 품 매 출	5,000
1. 기초상품재고액	1,000	**영 업 외 수 익**	30
2. 당기상품매입액	3,600	이 자 수 익	30
3. 기말상품재고액	300		
판 매 비 와 관 리 비	450		
급 여	100		
임 차 료	50		
복 리 후 생 비	300		
영 업 외 비 용	130		
이 자 비 용	80		
기 부 금	50		
법 인 세 비 용	0		
당 기 순 이 익	150		
총 계	5,030	**총 계**	5,030

> 수익 − 비용 = 순이익(또는 순손실)

계정식손익계산서에서 비용은 왼쪽(차변)에 표시하고 수익은 오른쪽(대변)에 표시한다. 이에 따라 수익이 비용보다 더 크면 당기순이익 왼쪽에 표시되고, 비용이 수익보다 더 크면 당기순손실이 오른쪽에 표시된다.

| 사례 | 1-4 | 손익계산서 작성

다음의 자료를 이용하여 매출총손익, 영업손익, 법인세비용차감전순손익, 당기순손익을 계산하시오.

매 출 액	₩4,500,000	매 출 원 가	₩3,000,000
광 고 선 전 비	₩150,000	이 자 비 용	₩130,000
감 가 상 각 비	₩120,000	급 여	₩180,000
이 자 수 익	₩220,000	보 험 료	₩110,000
단기매매증권평가이익	₩200,000	유형자산처분손실	₩50,000
채 무 면 제 이 익	₩210,000	업 무 추 진 비	₩500,000
법 인 세 비 용	₩270,000	기 부 금	₩300,000

(1) 매출총이익
 매출액 − 매출원가 : 4,500,000 − 3,000,000 = 1,500,000
(2) 영업이익
 매출총이익 − 판매비와관리비 :
 1,500,000 − (150,000 + 120,000 + 180,000 + 110,000 + 500,000) = 440,000
(3) 법인세비용차감전순이익
 영업이익 + 영업외수익 − 영업외비용 :
 440,000 + (220,000 + 200,000 + 210,000) − (130,000 + 50,000 + 300,000)
 = 590,000
(4) 당기순이익
 법인세비용차감전순이익 − 법인세비용 :
 590,000 − 270,000 = 320,000

3 손익계산서와 재무상태표의 관계

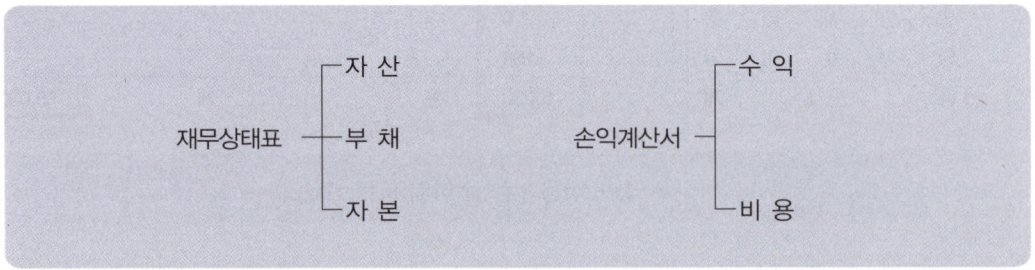

(1) 손익계산서의 순손익과 재무상태표의 이익잉여금

손익계산서는 일정기간(보통 1년)의 손익만 표시하고 재무상태표는 기업이 존속하는 한 누적된 재무상태를 표시한다. 즉, 당기말 재무상태표상 잔액은 다음회계기간으로 이월되지만 손익계산서는 이월하지 않는다.

앞 사례 1-2의 재무상태표와 손익계산서 설명에서 본 사례를 동시에 보면서 검토해 보자.

잔액시산표

구 분	차 변		대 변	
재무상태표 과 목	현 금	400	외 상 매 입 금	250
	보 통 예 금	350	지 급 어 음	100
	외 상 매 출 금	400	장 기 차 입 금	650
	상 품	300	자 본 금	600
	임 차 보 증 금	300	이익잉여금[2] (당기순이익)	150
	소 계	1,750	소 계	1,750
손익계산서 과 목	매 출 원 가	4,300	매 출 액	5,000
	급 여	300	이 자 수 익	30
	임 차 료	100		
	복 리 후 생 비	50		
	이 자 비 용	80		
	기 부 금	50		
	당 기 순 이 익	150		
	소 계	5,030	소 계	5,030
	차 변 합 계	6,780	대 변 합 계	6,780

앞 표에서처럼 당기순이익 150원은 재무상태표의 이익잉여금을 증가시켜 이월하는 것이다.

(2) 재무상태표상 자본의 변동 사유

이익잉여금의 변동은 순이익뿐만 아니라 배당, 각종적립금의 처분 등으로 변동한다. 그 외 자본에 해당하는 과목의 변동사유는 다음과 같다.

---

[2] 재무상태표 당기순이익 150원은 손익계산서 당기순이익 150원과 일치한다.

계정과목	증가 사유	감소 사유
자본금	자본금 증가(증자)	자본금 감소(감자)
자본잉여금	자기주식처분으로 인한 이익	무상증자
자본조정	주식배당(미교부주식배당금)	주식할인발행차금상각
이익잉여금	당기순이익	당기손손실, 이익배당 등

사례 1-5 손익계산서와 재무상태표 관계

다음은 두 회사의 재무상태에 대한 정보이다. (순이익 이외의 자본변동은 없음)

날짜	계정	A회사	B회사
x1년 12월 31일	자산	45,000	35,000
	부채	23,000	22,000
x2년 12월 31일	자산	48,000	41,000
	부채	①	27,000
x2년 1월~12월	수익	7,000	3,000
	비용	2,000	②

(요구사항)

1. A회사에 대하여 다음을 답하시오.

 (1) x1년 12월 31일 자본을 구하시오.　　　　45,000 − 23,000 = 22,000
 (2) x2년 1월~12월 순이익을 구하시오.　　　　7,000 − 2,000 = 5,000
 (3) x2년 12월 31일 자본을 구하시오.　　　　22,000 + 5,000 = 27,000
 (4) x2년 12월 31일 부채 (①)를 구하시오.　　48,000 − 27,000 = 21,000

2. B회사의 x2년 비용 (②)를 구하시오.

 x1년말 자본 + 순이익(수익 − 비용) = x2년말 자본
 13,000 + (3,000 − 비용) = 14,000
 비용 = 2,000

제3절 회계거래의 측정과 기록

1 회계거래와 측정

회계에서 거래는 기업의 자산·부채·자본·수익·비용이라는 이 5가지에 영향을 미치는 사건이 발생하였음을 의미한다. 단순하게 말로만 계약을 맺어 자산·부채 등이 변하지 않는 경우에는 회계상 거래라고 하지 않는다.

* 자본의 변동이란 수익 또는 비용의 변동을 포함하는 개념이다. 수익이 발생하면 자본이 증가하고, 비용이 발생하면 자본이 감소하기 때문이다.

2 숫자로 측정

거래가 발생하면 이를 숫자로 장부에 기록할 수 있어야 한다. 이를 회계거래의 측정과 인식이라고 표현한다.

사례 1-6 회계상 거래여부 판단

다음의 거래를 읽고 회계상 거래가 되는지의 여부를 판단하여라.
(1) 미국의 마크스회사에서 매년 상품 1,000,000달러를 주문하기로 하고 MOU를 체결하다.
(2) 을회사와 토지를 1억원에 구입하기로 계약하고 계약금의 10%를 지불하였다.
(3) 화재로 인하여 공장 30,000,000원(장부가액)이 소실되다.
(4) 기말에 기계장치의 가치하락분 5,000,000원 만큼 있었다.
(5) 병회사의 파산으로 받을어음 2,000,000원이 회수 불가능하게 되었다.
(6) 급여 3,000,000원을 주기로 하고 홍길동을 채용하다.
(7) 회사의 현금 1,500,000원을 도난당하다.
(8) 주주총회에서 신주를 발행하기 결의하다.
(9) 회계기간 말 현재 보유중인 상장주식의 가격이 50,000원만큼 하락하다.
(10) 은행에서 1년후 상환하기로 하고 현금으로 1,000,000원을 차입하기로 결정하다.

번호	(1)	(2)	(3)	(4)	(5)	(6)	(7)	(8)	(9)	(10)
여부	x	o	o	o	o	x	o	x	o	x

제4절 거래결합과 복식부기

1. 거래의 결합(이중성) 개념

회계상 거래요소는 다섯 가지(자산, 부채, 자본, 수익, 비용)의 조합으로 구성된다. 그런데 ① 자산의 증가 ② 자산의 감소 ③ 부채의 증가 ④ 부채의 감소 ⑤ 자본의 증가 ⑥ 자본의 감소 ⑦ 수익 발생 ⑧ 비용발생을 각각의 거래로 보아 거래의 8요소라고 한다. 이들 거래는 반드시 서로 결합하여 일어난다. 이를 거래의 이중성이라고 하는데 반드시 짝을 이루는 두 가지 이상의 거래요소로 구성되어 있기 때문이다.

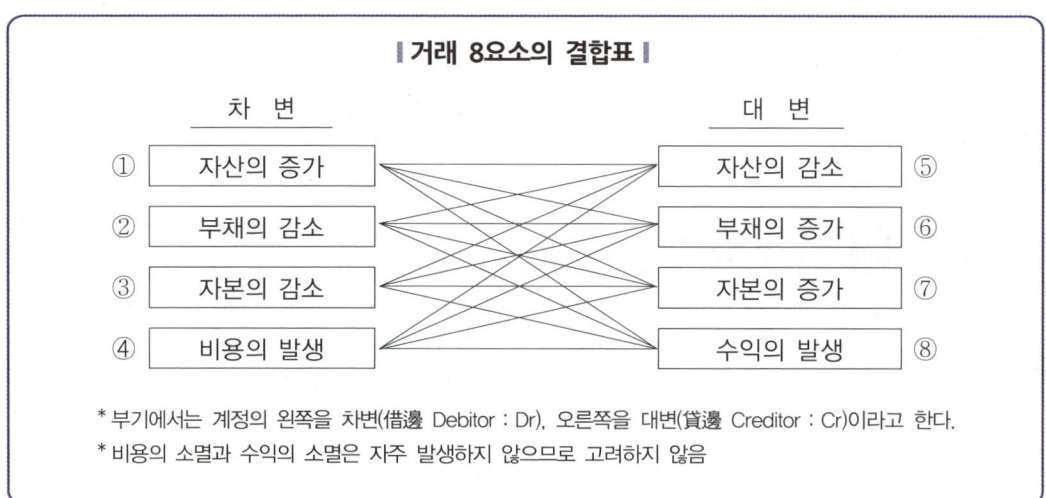

거래 8요소의 결합표
차변 / 대변
① 자산의 증가 ─ 자산의 감소 ⑤
② 부채의 감소 ─ 부채의 증가 ⑥
③ 자본의 감소 ─ 자본의 증가 ⑦
④ 비용의 발생 ─ 수익의 발생 ⑧

* 부기에서는 계정의 왼쪽을 차변(借邊 Debitor : Dr), 오른쪽을 대변(貸邊 Creditor : Cr)이라고 한다.
* 비용의 소멸과 수익의 소멸은 자주 발생하지 않으므로 고려하지 않음

1) 거래 8요소의 결합사례

위의 ①~⑧의 결합사례를 검토해 보자

① (차변) 자산증가 / (대변) ⑤ 자산 감소 ⑥ 부채 증가 ⑦ 자본 증가 ⑧ 수익 발생

적 요	분 개		대변거래의 증감
상품을 현금으로 매입하다.	(차) 상 품	(대) 현 금	⑤ 자산 감소
비품을 외상으로 구입하다.	(차) 비 품	(대) 미 지 급 금	⑥ 부채 증가
주주로부터 현금 출자 받다.	(차) 현 금	(대) 자 본 금	⑦ 자본 증가
대여금의 이자를 현금으로 받다.	(차) 현 금	(대) 이 자 수 익	⑧ 수익 발생

② (차변) 부채 감소 / (대변) ⑤ 자산감소 ⑥ 부채증가 ⑦ 자본증가 ⑧ 수익발생

적요	분개		대변거래의 증감
외상매입금을 현금으로 상환하다.	(차) 외상매입금	(대) 현　　금	⑤ 자산감소
약속어음을 발행하여 외상매입금을 상환하다.	(차) 외상매입금	(대) 지급어음	⑥ 부채증가
차입금을 출자전환하다.	(차) 차 입 금	(대) 자 본 금	⑦ 자본증가
차입금을 채권자로부터 면제받다.	(차) 차 입 금	(대) 채무면제이익	⑧ 수익발생

③ (차변) 자본감소 / (대변) ⑤ 자산감소 ⑥ 부채증가 ⑦ 자본증가 ⑧ 수익발생

적요	분개		대변거래의 증감
주식소각을 위해 주주로부터 주식을 사들이고 현금을 지급하다.	(차) 자 기 주 식	(대) 현　　금	⑤ 자산감소
주주총회에서 현금배당을 하기로 결의하다.	(차) 이익잉여금	(대) 미지급배당금	⑥ 부채증가
이익잉여금을 자본전입하다.(무상증자)	(차) 이익잉여금	(대) 자 본 금	⑦ 자본증가
대주주로부터 자기주식을 무상으로 증여받다.	(차) 자 기 주 식	(대) 잡 이 익	⑧ 수익발생

④ (차변) 비용발생 / (대변) ⑤ 자산감소 ⑥ 부채증가 ⑦ 자본증가 ⑧ 수익발생

적요	분개		대변거래의 증감
광고회사에 회사홍보영상물을 제작 의뢰하고 현금을 지급하다.	(차) 광고선전비	(대) 현　　금	⑤ 자산감소
직원회식을 하고 법인카드로 결제하다.	(차) 복리후생비	(대) 미지급금	⑥ 부채증가
직원들이 급여대신 회사의 주식으로 받다.	(차) 급　　여	(대) 자 본 금	⑦ 자본증가
A거래처 차입금의 이자를 B거래처에서 받을 대여금의 이자로 상계하다.	(차) 이 자 비 용	(대) 이 자 수 익	⑧ 수익발생

2 대차평균의 원리와 복식부기

(1) 대변과 차변

모든 거래는 차변과 대변으로 동시에 나눠지고 거래금액은 차변금액과 대변금액이 항상 일치하도록 정하였다. 이를 대차평균의 원리라고 하며, 이 원리는 모든 거래가 결합하여

일어나는데 그 이유가 있으며, 이 원리가 곧 복식부기를 하도록 하고 있다.

복식부기(複式簿記 ; double-entry bookkeeping)란 하나의 거래내용을 장부에 두 번 기록(복식기입)하는 것을 말한다. 즉, 볼펜을 구입하기 위하여 현금으로 지출한 1,000원은 소모품비 계정(차변)과 현금계정(대변)에 각각 복식 기입하여 비용발생과 현금감소를 유기적이고 체계적으로 기록·계산하는 기법이다. 필요한 계정에 한번만 기장하는 단식부기(單式簿記)와 비교된다.

(2) 차변과 대변의 거래와 유래

차변(Debit : Dr)은 왼쪽에, 대변(Credit : Cr)은 오른쪽으로 분개한다는 약속이 항상 바탕에 깔려있는 상태에서 거래를 분석한다.

차변(Debit ; 왼쪽) - 자금의 운용		대변(Credit ; 오른쪽) - 자금의 원천	
거래구분	사 례	거래구분	사 례
자산증가	차량취득, 적금불입 등	자산감소	토지·건물매각, 채권회수 등
부채감소	채무변제 등 차입금 상환	부채증가	차입금 및 외상구입 거래
자본감소	자본금 반환 등	자본증가	자본금 납입
비용발생	상품관련원가, 인건비, 이자 등	수익발생	상품의 판매, 이자 등

오른쪽의 대변은 자금이 들어오는 원천에 해당하는 거래를, 왼쪽의 차변은 자금이 사용되는 거래를 정리하기로 정해진 것이 복식부기이다.

즉, 차변과 대변은 원래 1400년대 이탈리아 베니스에서 사용을 시작하였는데 **차변은 돈을 빌린 사람을 의미하는 차인(Debtor)에서 유래되었고, 대변은 돈을 빌려준 사람을 의미하는 대인(Creditor)에서 유래하였다.**

차변을 영어약자로 Dr로 쓰며 대변을 Cr로 쓰는데 이는 차인(Debtor)과 대인(Creditor)의 각각 첫 자와 마지막자이다.

그러므로 분개는 대변의 어디에서 자금이 들어와 차변의 어디에 자금을 사용했느냐로 정리하는 것이다.

(3) 단식부기

단식부기는 하나의 거래에 대하여 수입과 지출이라는 한쪽 측면에서만 기록하는 것을 말한다. 단식부기는 간편하다는 장점이 있지만 현금의 입·출금만 기록하기 때문에 현금의 수입과 지출, 잔액만을 알 수 있을 뿐, 전체적인 재산보유내역을 파악하기 어렵다는 단점이 있다.

다음과 같이 어느 근로자 가계부의 예를 들어 살펴보면, 단순히 현금의 수입과 지출, 잔액만을 알 수 있다.

일자	적요	수입	지출	잔액
1월 10일	회사에서 월급받음	3,000,000		3,000,000
1월 15일	친구에게 돈 빌림	1,000,000		4,000,000
1월 25일	컴퓨터를 구입함		800,000	3,200,000
1월 31일	통장에 예금함		2,500,000	700,000

사례 1-7   계정과목 이해 (1)

다음 티(T)의 그림은 차변 대변을 구분한 그림이다. (   )안에 증가, 감소, 발생, 소멸을 기입하시오.

```
         (1) 선수금                          (2) 개발비
(     )      |      (     )          (     )      |      (     )

        (3) 자본잉여금                     (4) 외상매출금
(     )      |      (     )          (     )      |      (     )

         (5) 미지급금                        (6) 임대료
(     )      |      (     )          (     )      |      (     )

         (7) 선급금                          (8) 지급어음
(     )      |      (     )          (     )      |      (     )

        (9) 지급수수료                      (10) 이자수익
(     )      |      (     )          (     )      |      (     )

        (11) 외상매입금                     (12) 단기차입금
(     )      |      (     )          (     )      |      (     )

         (13) 자본금                        (14) 임차보증금
(     )      |      (     )          (     )      |      (     )

        (15) 제품매출                        (16) 급여
(     )      |      (     )          (     )      |      (     )
```

	(17) 대손상각비			(18) 비품	
(	)	(	)	(	)	(	)

	(19) 복리후생비			(20) 유가증권	
(	)	(	)	(	)	(	)

(1)	감소, 증가	(2)	증가, 감소	(3)	감소, 증가	(4)	증가, 감소
(5)	감소, 증가	(6)	소멸, 발생	(7)	증가, 감소	(8)	감소, 증가
(9)	발생, 소멸	(10)	소멸, 발생	(11)	감소, 증가	(12)	감소, 증가
(13)	감소, 증가	(14)	증가, 감소	(15)	소멸, 발생	(16)	소멸, 발생
(17)	발생, 소멸	(18)	증가, 감소	(19)	발생, 소멸	(20)	증가, 감소

3 계정과목

계정과목(또는 항목)은 제2부 재무상태표편과 제3부 손익계산서편에서 자세히 설명하고 있다. 참조바라며 여기서는 의미정도를 설명한다. 계정과목이란 다섯 가지 거래 즉 자산거래, 부채거래, 자본거래, 수익거래, 비용거래를 성질에 따라 구체적으로 표현한 세부단위이다.

예를 들어, 자산 10,000원이라고 표현하는 것보다는 예금 1,000원, 매출채권 4,000원, 상품 2,000원, 차량 3,000원이라고 기록된 정보가 훨씬 구체적이고 정보로서 가치가 높다. 그리고 계정을 기입하는 자리를 계좌라고 한다. 회계의 모든 표현은 계정과목과 숫자이므로 올바른 계정과목의 설정은 회계처리의 전부에 가까울 만큼 중요하다.

사례 1-8 계정과목 이해 (2)

다음의 계정과목이 자산, 부채, 자본, 수익, 비용 중 어디에 속하는지 확인하시오.

①	미수금	지급임차료	선급금
②	자본금	단기대여금	이익잉여금
③	이자비용	당좌예금	보험료
④	외상매입금	장기차입금	외상매출금
⑤	건 물	미지급비용	개발비
⑥	예수금	이자수익	임대료수익

① 자산, 비용, 자산 ② 자본, 자산, 자본 ③ 비용, 자산, 비용
④ 부채, 부채, 자산 ⑤ 자산, 부채, 자산 ⑥ 부채, 수익, 수익

4 계정원장[3])의 서식

1) 표준서식

계정별 장부서식은 다음과 같이 일정하며 이 중 보통예금원장 일부를 살펴보자.

보통예금 계정

일 자	적요	차변	대변	잔액
이 월		37,000		37,000
2022.1.3.	㈜선명 제품 #7 외상판매회수	22,000		59,000
2022.1.8.	㈜장수 원재료 외상대금지급		32,000	27,000

2) 연습용 T자 계정양식

학습할 때는 앞 그림의 장부 서식 중 차변과 대변의 위치만 그려 많이 사용한다. 이 모양이 T자를 닮아 보통 T로 그린다. 본서에서도 자주 T를 이용하여 거래를 분석할 것이다.

```
                        현     금
    ─────────────────────────┬─────────────────────────
    적요(짝궁이름)  차변금액  │  적요(짝궁이름)  대변금액
                             │
```

3) 계정의 기입방법(장부기입방법)

① **계정 기입의 의의**

거래가 발생할 때마다 분개장 또는 전표에 정리한다. 그리고 분개장 또는 전표에 의하여 각 계정과목별원장에 거래사실을 기입한다.

② **이디피회계(EDP accounting)**

EDP는 'electronic data processing'의 약자로써 현대는 회계처리의 프로세스를 컴퓨터로 처리한다. 설명하는 전표, 일계표, 장부, 시산표, 재무제표 등은 거래에 대한 한 번의 전산입력(차변, 대변)으로 자동 연계하여 처리되므로 전산처리하는 운영자의 전산오류입력은 모든 자료에 오류를 가져온다. 따라서 이론적으로 습득하여 전산프로그램을 이용하는 능력을 키워야 할 것이다.

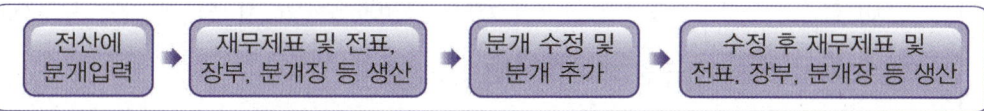

---

3) 원장이 곧 장부를 말한다.

5 분개

분개(分介)란 거래에 대한 계정과목과 금액을 차변과 대변으로 나누어 표시하는 것을 말한다. 분개는 재무제표까지 이어지므로 분개의 오류는 재무제표의 오류가 된다. 분개는 보통 전표 또는 분개장에 한다.

사례 1-9 회계처리 연습 (1) - 거래의 8요소 이해

다음의 거래에 대하여 분개하여라.

(1) 현금 4,000원을 출자하여 사업을 시작하다.

　　　(차) 현　　　　　금　　　4,000　　(대) 자　본　금　　　4,000

(2) 현금 1,000원을 은행에 예금하다.

　　　(차) 보 통 예 금　　　1,000　　(대) 현　　　　　금　　　1,000

(3) 상품을 1,000원에 매입하고 대금은 외상으로 하다.

　　　(차) 상　　　　　품　　　1,000　　(대) 외 상 매 입 금　　　1,000

(4) 상품을 3,000원에 매입하고 대금은 약속어음으로 지급하다.

　　　(차) 상　　　　　품　　　3,000　　(대) 지 급 어 음　　　3,000

(5) 보통예금계좌로 외상매입대금 1,000원을 상환하다.

　　　(차) 외 상 매 입 금　　　1,000　　(대) 보 통 예 금　　　1,000

(6) 업무용 책상을 5,000원에 구입하고 대금은 외상으로 하다.

　　　(차) 비　　　　　품　　　5,000　　(대) 미 지 급 금　　　5,000

(7) 업무용승용차를 10,000원에 구입하고 대금은 약속어음으로 지급하다.

　　　(차) 차 량 운 반 구　　　10,000　　(대) 미 지 급 금　　　10,000

(8) 거래처에 현금 3,000원을 빌려주고 대금은 3개월 후에 받기로 하다.

　　　(차) 단 기 대 여 금　　　3,000　　(대) 현　　　　　금　　　3,000

(9) 은행으로부터 6개월후에 상환하기로 하고 현금 1,000원을 차입하다.

　　　(차) 현　　　　　금　　　1,000　　(대) 단 기 차 입 금　　　1,000

(10) 은행에서 빌린 차입금 중 500원을 현금으로 상환하다.

　　　(차) 단 기 차 입 금　　　500　　(대) 현　　　　　금　　　500

사례 1-10 회계처리 연습 (2) - 결합관계 이해

다음의 거래에 대해 결합관계를 설명하고 분개하여라.

(1) 현금 2,000,000원과 상품 600,000원을 출자하고 6개월 만기 차입금 500,000원을 현금으로 차입하여 영업을 개시하다.(하나의 거래로 보고 분개할 것)

차변과목	거래요소	금액	대변과목	거래요소	금액
현 금	자산 증가	2,500,000	단기차입금	부채 증가	500,000
상 품	자산 증가	600,000	자 본 금	자본 증가	2,600,000

(2) 원가 900,000원의 상품을 1,200,000원에 매출하고, 대금은 외상으로 하다.

차변과목	거래요소	금액	대변과목	거래요소	금액
외상매출금	자산 증가	1,200,000	상 품 매 출	수익 발생	1,200,000
매 출 원 가	비용 발생	900,000	상 품	자산 감소	900,000

(3) 이달분 전기요금 35,000원 및 거래처 선물구입비 45,000원을 현금으로 지급하다.

차변과목	거래요소	금액	대변과목	거래요소	금액
수도광열비	비용 발생	35,000	현 금	자산 감소	80,000
업무추진비	비용 발생	45,000			

(4) 상품 750,000원을 매입하고, 대금 중 350,000원은 현금으로 지급하고, 잔액은 당좌수표를 발행하여 지급하기로 하다.

차변과목	거래요소	금액	대변과목	거래요소	금액
상 품	자산 증가	750,000	현 금	자산 감소	350,000
			당 좌 예 금	자산 감소	400,000

(5) 차입한 자금에 대한 이자 35,000원을 현금으로 지급하다.

차변과목	거래요소	금액	대변과목	거래요소	금액
이 자 비 용	비용 발생	35,000	현 금	자산 감소	35,000

(6) 현금 300,000원을 거래처에 6개월간 빌려주다.

차변과목	거래요소	금액	대변과목	거래요소	금액
단기대여금	자산 증가	300,000	현 금	자산 감소	300,000

(7) 이달분 종업원의 월급 150,000원을 현금으로 지급하다.

차변과목	거래요소	금액	대변과목	거래요소	금액
급 여	비용 발생	150,000	현 금	자산 감소	150,000

(8) 업무용 토지 800,000원과 건물 600,000원을 구입하고, 대금은 나중에 지급하기로 하다.

차변과목	거래요소	금액	대변과목	거래요소	금액
토 지	자산 증가	800,000	미지급금	부채 증가	1,400,000
건 물	자산 증가	600,000			

(9) 대여금에 대한 이자 60,000원을 당좌예금 계좌로 받다.

차변과목	거래요소	금액	대변과목	거래요소	금액
당좌예금	자산 증가	60,000	이자수익	수익 발생	60,000

(10) 이달분 전화요금 15,000원을 현금으로 지급하다.

차변과목	거래요소	금액	대변과목	거래요소	금액
통신비	비용 발생	15,000	현 금	자산 감소	15,000

6 전표

(1) 전표

거래에 대한 계정과목을 설정하여 차변과 대변으로 양분하는 분개는 보통 전표에 한다. 전표 서식은 표준화되어 있지 않아 기업의 특성에 따라 서식을 기안하여 사용할 수 있다. 거래명세표, 세금계산서, 수입결의서, 지출결의서 등을 전표로 사용하기도 한다. 이들 전표 중 일반적으로 사용하고 있는 서식을 살펴보기로 한다.

전표는 거래의 요점을 기입하여 기장의 기초가 될 뿐만 아니라, 담당자(또는 부서)책임 소재를 명확히 파악할 수 있다.

(2) 증명서류

증명서류란 거래가 실제로 발생했다는 것을 증명하는 서류를 말하며, 증명서류는 전표 뒷면에 부착하거나 별도의 증명서류철을 만들어 보관하기도 한다.

증명서류에는 세금계산서, 계산서, 신용카드매출전표, 현금영수증, 계약서, 대금청구서, 물품인수 및 검수증, 운송서류, 영수증 등이 있다.

(3) 전표서식의 종류

① 입금전표

입금전표는 붉은색으로 인쇄되어 있는 종이로 현금의 수입거래를 기입하는 용지이다. 입금전표는 현금계정의 차변을 표시하므로 계정과목란은 상대 계정인 대변과목만을 표시한다.

입금전표 20 년 월 일				
계정과목		항목		대표이사
적 요		금 액		
				부장
				과장
				대리
				담당
품의서NO.		증빙서류	매	

사례 1-11 전표작성 - 입금전표

4월 10일 한국상사에 대한 외상매출금 4,000,000원을 현금으로 회수하였다.

입 금 전 표 x5 년 4 월 10 일										
과목	외상매출금		항목			한국상사				
적 요				금액						
외상매출금 회수					4	0	0	0	0	0
합 계					4	0	0	0	0	0

② **출금전표**

출금전표는 검은색 또는 파란색으로 인쇄되어 있는 종이를 이용하며, 현금의 지급거래를 기입하는 전표이다. 출금전표는 현금 계정의 대변을 표시하므로 계정과목란은 상대 계정인 차변 과목만을 표시한다.

출금전표 20 년 월 일				
계정과목		항목		대표이사
적 요		금 액		
				부장
				과장
				대리
				담당
품의서NO.		증빙서류		매

사례 1-12 전표작성 - 출금전표

4월 15일 관리부 직원들과 미식식당에서 회식을 하고 식대 800,000원을 현금으로 지급하였다.

출 금 전 표 x5 년 4 월 15 일			
과목	복리후생비	항목	미식식당
적 요		금액	
관리부 직원과 회식비지급		800,000	
합 계		800,000	

③ **대체전표**

대체전표는 검정색으로 인쇄되어 있다.

현금 수수가 수반되지 않은 대체 거래를 기입하는 전표이다.

④ **일부현금전표 일부대체전표**

현금의 수지를 일부 수반하는 일부대체거래가 있을 수 있다,

이중 현금 거래 부분은 입금전표 또는 출금전표에 기입하고 대체거래 부분만 대체전표에 기입한다.

한편, 하나의 거래를 현금전표와 대체전표로 나누어 분개하면 거래내용이 한 눈에 안 보이는 단점 때문에 거래 전부를 대체전표에 분개하기도 한다. 이 때 현금 계정과목을 사용하여야 한다.

사례 1-13   전표작성 - 대체전표 (1)

4월 20일 신영가구로부터 비품을 500,000원(부가가치세 별도)에 구입하고 월말에 지급하기로 하다.

대 체 전 표
x5 년 4 월 20 일

(차변)				(대변)		
과 목	적 요	금 액		과 목	적 요	금 액
비 품	영업부 책상	500,000		미지급금	신영가구	550,000
부가세 대급금	10%	50,000				
합 계		550,000		합 계		550,000

사례 1-14 전표작성 - 대체전표 (2)

4월 25일 제주상사에 영업용 토지 50,000,000원(장부가)을 처분하고 대금 중 40,000,000원은 현금으로 받고 잔액은 월말에 받기로 하다. 대체전표에 현금거래를 포함하여 분개하라.

대 체 전 표
x5년 4월 25일

(차변)			(대변)		
과목	적요	금액	과목	적요	금액
현금	토지처분대	40,000,000	토지	영업용 토지	50,000,000
미수금	제주상사	10,000,000			
	합계	50,000,000		합계	50,000,000

사례 1-15 전표작성 - 대체전표 (3)

4월 26일 4월분 관리부직원 야근식대 700,000원을 법인신한카드로 결제하다.

대 체 전 표
x5년 4월 26일

(차변)			(대변)		
과목	적요	금액	과목	적요	금액
복리후생비	직원식대	700,000	미지급금	신한카드	700,000
	합계	700,000		합계	700,000

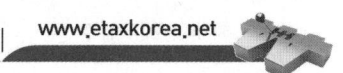

사례 1-16 전표작성 - 대체전표 (4)

4월 28일 대한상사에 대한 외상매출금 35,000,000원 중 20,000,000원은 현금으로 받고, 나머지는 당점 보통예금으로 입금되다.(입금전표와 대체전표를 각각 작성할 것)

입 금 전 표
x5 년 4 월 28 일

과 목	외상매출금	항 목	대한상사
적 요			금 액
외상대금 회수			20,000,000
합 계			20,000,000

대 체 전 표
x5 년 4 월 28 일

(차변)			(대변)		
과 목	적 요	금 액	과 목	적 요	금 액
보통예금	외상대금회수	15,000,000	외상매출금	대한상사	15,000,000
	합 계	15,000,000		합 계	15,000,000

사례 1-17 전표작성 - 회계전표 (1)

6월 9일 프로그램제작 의뢰를 받고 (주)혜천으로부터 선수금 20,000,000원을 우리은행 계좌로 송금 받았다.

회 계 전 표			담당	대리	과장	이사	전무이사	대표이사

과목(차변)	적 요	금 액	과목(대변)	적 요	금 액
보통예금	우리은행 #105	20,000,000	선수금	프로그램 제작 (주)혜천	20,000,000
합 계			합 계		
전표번호		회계처리일자	. . .	수령인	

수입, 지출품의서

품 의 자	김 은 주	품의일자	x5. 6. 9.
적 요	계 약 금	거 래 처	(주)혜천
금 액	일금 이천만원 정(₩20,000,000)		

[첨부서류]
(주)혜천 프로그램제작료 총 1억원 중 계약금임.

사례 1-18 전표작성 - 회계전표 (2)

6월 14일 홍주산업에 외상매입금 3,300,000원을 신한은행계좌에서 인출하여 지불하다.

지 출 품 의 서 x5년 6월 14일			소관부서	담당	과장	부장	중역	사장
계정과목	외상매입금			대차과목	보통예금(신한은행)			중역
항 목				지 출 처	홍주산업			
금 액	일금 삼백삼십만원정(VAT포함) (₩3,300,000)							과장
	지출구분 : 현금			작업자	정 인 희			
지출내역 : 삼성코닝 K07 PE TANK 물품대 1) 발주금액 : ₩3,000,000(VAT별도) 2) 금회지불금액 : ₩3,000,000 VAT : ₩300,000								담당
								출납

7 총계정원장과 계정별원장, 거래처별원장

(1) 원장별 비교

원장은 장부를 말한다. 원장은 총계정원장, 계정별원장, 거래처별원장이 있으며 각각의 사용 용도가 있다. 이해를 돕기 위하여 외상매출금과목에 대한 총계정원장, 계정별원장, 거래처별원장의 내용을 비교하여 보기로 한다.

외상매출금 총계정원장

일자		적요	차변	대변	잔액
1	1	전기이월	3,000		3,000
	4	일계표에서	5,500	450	8,050
	5	일계표에서	1,650	500	9,200

총계정원장은 일자별 거래금액은 알 수 있으나 거래 건별로 내용과 거래상대방을 알 수 없다. 따라서 총액(일자별, 월별, 연도별)만 알고자 할 때 유용하다.

외상매출금 (계정별)원장

일자		적요		차변	대변	잔액
1	1	전기이월	A사	3,000		3,000
	4	매출대금 회수	A사		150	
	〃	매출대금 회수	A사		300	
	〃	매 출	B사	5,500		
	〃	매 출	C사	1,650		9,700
	5	매출대금 회수	B사		500	9,200

계정별원장은 총계정원장에 비하여 거래 건별 및 거래상대방을 알 수 있다.
그런데 거래처별로 판매액, 수금액, 잔액을 계산하기 어렵다. 이 부분은 거래처별원장에서 거래처별 정보를 알 수 있다, 반면에 거래전체를 알 수 없다.

외상매출금 A거래처원장

일자		적요	차변	대변	잔액
1	1	전기이월	3,000		3,000
	4	매출대금 회수		150	
		매출대금 회수		300	2,550

외상매출금 B거래처원장

일자		적요	차변	대변	잔액
1	4	매 출	5,500		5,500
	5	매출대금 회수		500	5,000

외상매출금 C거래처원장

일자		적 요	차 변	대 변	잔 액
1	5	매 출	1,650		1,650

(2) 총계정원장

총계정원장은 계정별 거래금액을 일자별로 모아 기록하는 장부다. 재무제표작성의 기초 또는 정보분석에 활용도가 크다. 물론 계정원장에서도 일자별 발생금액을 알 수 있으나 동일날짜에 여러 건인 경우 일일이 더하여야 하기 때문에 총계정원장에 비하여 상대적으로 불편하다. 전산회계에서는 거래입력과 동시에 일자별 과목별로 집계하여 총계정원장에 기록된다. 수작업을 하는 경우에는 일일 전표를 과목별로 집계하여 일계표를 만들어 그 일계표에 의하여 총계정원장에 이기(移記)한다.

(3) 계정별원장

계정별원장(장부)은 전표나 분개장에 기록된 분개의 내용과 금액을 각 계정과목별로 기록하는 장부다. 차변으로 분개한 것은 해당과목의 장부의 차변에, 대변은 장부의 대변에 전기한다. 내용은 장부상 적요란에 상세히 기재한다. 원장은 해당 계정과목의 증감내용과 총금액 및 잔액을 파악할 수 있다. 거래내용을 거래처별이나 은행별, 공사별, 수입(輸入)별로 파악할 필요가 있는 경우에는 거래처별원장도 추가로 사용하면 된다.

장부명칭	목 적
총계정원장	시산표 및 재무제표 작성
매출처원장	매출처별 외상채권 기록
매입처원장	매입처별 외상매입 기록
재고자산수불부	재고자산의 입고와 출고를 기록
현금출납장	현금의 수입과 지출을 기록
당좌예금출납장	당좌예금의 예입과 인출을 기록
받을어음 기입장	받을어음에 관한 상세한 사항 기록
지급어음기입장	지급어음에 관한 상세한 사항 기록
매출장	매출품목, 수량, 단가 등을 기록
매입장	매입품목, 수량, 단가 등을 기록
ㅇㅇㅇ 계정원장	각 계정별 원장을 말하며 전표에 의하여 기록

(4) 거래 발생시 분개와 원장에 전기하는 과정

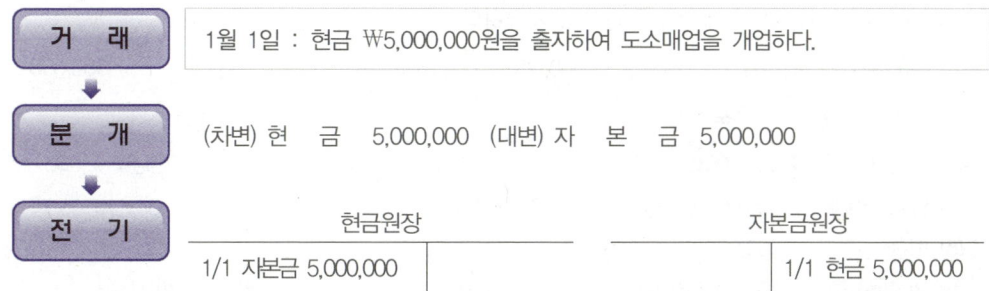

사례 1-19 회계처리 및 전기

다음의 각 거래를 분개하고 각 계정원장(여기서는 T서식)에 전기하시오. 외상매출금원장과 단기차입금을 실제 운영되는 장부서식에도 전기하시오.

(1) 현금 2,000,000원을 출자하여 직업소개소를 개업하다.

    (차) 현　　　　금　　2,000,000　　(대) 자　본　금　　2,000,000

(2) 영업부서에서 사용할 컴퓨터 500,000원을 구입하고 현금을 지급하다.

    (차) 비　　　　품　　　500,000　　(대) 현　　　　금　　　500,000

(3) 현금 800,000원을 은행으로부터 6개월 후 상환하기로 하고 차입하다.

    (차) 현　　　　금　　　800,000　　(대) 단 기 차 입 금　　　800,000

(4) 광고와 홍보를 위해 현금 100,000원을 지출하다.

    (차) 광 고 선 전 비　　　100,000　　(대) 현　　　　금　　　100,000

(5) 소개용역을 제공하고 현금 500,000원을 받다.

    (차) 현　　　　금　　　500,000　　(대) 용 역 매 출　　　500,000

(6) 단기차입금 중 400,000원을 이자 40,000원과 함께 현금으로 상환하다.

    (차) 단 기 차 입 금　　　400,000　　(대) 현　　　　금　　　440,000
    　　　이 자 비 용　　　　40,000

(7) 소개용역을 제공하고 대금 200,000원을 외상으로 하다.

    (차) 외 상 매 출 금　　　200,000　　(대) 용 역 매 출　　　200,000

(8) 외상대금 중 100,000원을 현금으로 회수하다.

    (차) 현　　　　금　　　100,000　　(대) 외 상 매 출 금　　　100,000

(9) 전기요금 50,000원을 현금으로 납부하다.

| (차) 수 도 광 열 비   50,000   (대) 현   금   50,000

(10) 사무실 월세 500,000원을 현금으로 지급하다.

| (차) 지 급 임 차 료   500,000   (대) 현   금   500,000

현 금
(1) 자본금 2,000,000	(2) 비품 500,000
(3) 단기차입금 800,000	(4) 광고선전비 100,000
(5) 매출 500,000	(6) 단기차입금 400,000
(8) 외상매출금 100,000	(6) 이자비용 40,000
	(9) 수도광열비 50,000
	(10) 지급임차료 500,000

자본금
	(1) 현금 2,000,000

광고선전비
(4) 현금 100,000	

비 품
(2) 현금 500,000	

단기차입금
(6) 현금 400,000	(3) 현금 800,000

용역매출
	(5) 현금 500,000
	(7) 외상매출금 200,000

지급임차료
(10) 현금 500,000	

수도광열비
(9) 현금 50,000	

이자비용
(6) 현금 40,000	

외상매출금
(7) 매출 200,000	(8) 현금 100,000

외상매출금계정원장

일자	적 요	차 변	대 변	잔 액
(7)	A사 소개용역 제공	200,000		200,000
(8)	A사 현금수금		100,000	100,000

단기차입금계정원장

일자	적 요	차 변	대 변	잔 액
(3)	은행으로부 6개월만기 차입		800,000	800,000
(6)	원금 일부 상환	400,000		400,000

제5절 결 산

1 의의

결산이란 재무제표를 작성하기 위한 일련의 절차를 말한다. 일반기업회계기준상 재무제표는 재무상태표, 손익계산서, 자본변동표, 현금흐름표 및 주석을 말하며, 이들 재무제표를 완성하기 위하여 각 계정과목과 금액을 일일이 확정해 나가는 절차를 결산이라고 한다. 기업은 설립 후 청산까지 계속해서 경영활동을 수행하므로 인위적으로 회계기간을 나누어 결산을 할 수밖에 없다. 인위적으로 나눈 회계기간은 회사 정관 또는 법률로 정하는데 보통 1년 단위이다.

그러나 대내외적인 관리(주가 등)를 위하여 월단위, 분기단위 등 결산을 하여 보고하기도 한다.

2 결산 절차

(1) 계정과목별 장부금액과 실제금액 대조절차

현재 장부상의 금액과 실제 금액이 일치하는지 검토하여야 한다. 현금시재는 맞는지, 예금은 은행계좌와 맞는지, 그리고 장부에 있는 차량이나 기계 등은 이미 매각 또는 폐기 되었다면 적정한 회계처리를 하여야 한다.

1) 현금시재

입출금이 빈번히 일어나는 현금의 특성상 장부에서의 기입누락, 계산상의 착오 또는 보관상의 부주의 등으로 실지 현금잔액과 장부상 현금잔액의 차액이 자주 발생하는데 이 경우 그 원인을 밝힐 때까지 일시적으로 현금과부족이라는 계정으로 처리한다. 만약 결산시까지 그 원인을 밝힐 수 없는 경우 잡이익 또는 잡손실로 회계처리한다.

		차 변	대 변
기중	실제액 < 장부잔액	현 금 과 부 족	현 금
	실제액 > 장부잔액	현 금	현 금 과 부 족
기말	실제액 < 장부잔액	잡 손 실	현 금 과 부 족
	실제액 > 장부잔액	현 금 과 부 족	잡 이 익

사례 1-20 결산 - 현금과부족 회계처리

다음 일자별 회계처리를 하시오.
① 9월 30일 현재 현금 실제 잔액은 200,000원이었으나 장부상으로는 500,000원이었다.

  (차) 현 금 과 부 족   300,000   (대) 현   금   300,000

② 12월 31일 결산일에 확인해보니 9월 급여에 대하여 200,000원 현금지급 하였으나 장부상 누락한 것으로 발견되고 나머지는 원인을 알 수 없었다.

  (차) 급   여   200,000   (대) 현 금 과 부 족   300,000
      잡   손   실   100,000

* 법인세법상 현금과부족
세법에서는 현금과부족으로 인한 잡손실 등을 인정하지 않는다. 손금불산입(대표자 상여), 익금불산입(유보)으로 세무조정을 하여야 한다. 다만 사용인이 법인의 공금을 횡령한 경우로서 동 사용인과 그 보증인에 대하여 횡령액의 회수를 위하여 법에 의한 제반절차를 취하였음에도 무재산 등으로 회수할 수 없는 경우에는 동 횡령액을 대손처리할 수 있다. 이 경우 대손처리한 금액에 대하여는 사용인에 대한 근로소득으로 보지 아니한다(통칙19의 2-19의 2…6).

2) 외상매출금 및 받을어음

결산일 현재 외상매출금과 받을어음의 장부상 잔액과 실제잔액을 확인하여야 한다. 실제잔액은 거래상대방의 확인서를 받는 방법, 재화 또는 용역공급에 대한 인수증이나 거래명세서에 거래상대방이 직접 채권잔액을 기록한 금액으로 확인하는 방법 등이 있다.

거래상대방의 행방불명 또는 폐업으로 대손이 발생한 경우 대손상각비(단, 대손충당금 잔액이 있는 경우 먼저 상계처리)로 처리한다.

  (차) 대 손 상 각 비   xxx   (대) 외 상 매 출 금   xxx
      (또는 대손충당금)

✱ 세법은 대손요건을 갖춰야 비용으로 인정한다. 이에 대하여는 손익계산서 대손상각비 계정에서 상세히 설명하고 있다.

3) 예금잔액

① 법인 회계

예금의 경우 장부상 잔액과 실제 통장잔액이 불일치하는 경우가 종종 발생하게 된다. 따라서 기말결산시에는 예금계좌잔액을 확인하고 원천징수영수증을 확인하여 정확한 회계처리를 하여야 한다. 예를 들어 예금계좌에 결산이자로 입금된 423만원이 누락된 경우 다음과 같이 분개하여야 한다. 원천징수세액은 770,000원(15.4%)이다.

(차) 보 통 예 금		4,230,000	(대) 이 자 수 익		5,000,000
선 납 세 금		770,000			

② 개인 회계

개인사업의 회계도 앞 법인회계와 같다.

✱ 소득세법상 이자수익[4] 세무조정
- 소득세법상 개인 예금이자는 이자소득이지 사업소득이 아니라서 위와 같이 회계처리를 한 경우 총수입금액 불산입(500만원)하는 세무조정을 하여야 한다.

4) 단기대여금 및 장기대여금, 선급금 등

대여금에 대하여 거래상대방도 인정하는 채무액인지 확인한다. 선급한 금액이 재화 또는 용역으로 대체할 사항은 아닌지 확인한다.

5) 유가증권

상장주식과 비상장주식 및 국·공채 등 유가증권은 누락되거나 평가는 적정한지 검토한다. 유가증권에 대한 평가 등은 제2부 또는 3부에서 학습하기로 한다.

6) 임차보증금

임대차계약서 등을 확인하여 변동사항이 있는 지 여부를 확인하여야 한다.

7) 차량 및 기계 등 폐기에 대한 회계처리

㉠ 중고차량을 무상 이전한 경우

(차) 유형자산처분손실		1,000,000	(대) 차 량 운 반 구		5,000,000
감가상각누계액		4,000,000			

㉡ 기계를 폐기처분하고 없는 경우

(차) 유형자산처분손실		2,000,000	(대) 기 계 장 치		3,700,000
감가상각누계액		1,700,000			

8) 외상매입금 및 지급어음, 미지급금

외상매입금과 지급어음의 장부잔액이 실제 거래처 및 발행어음과 일치하는지 확인한다.

9) 선수금

재화 또는 용역의 공급대가로 미리 받은 선수금에 대하여 결산시점까지도 공급되지 않았는지 확인한다.

---

[4] 개인의 이자수입은 연간 2천만원을 초과하는 경우 종합 과세한다. 그 이하금액은 원천징수한 세금만으로 종결된다.

10) 장·단기차입금

장부상 차입금잔액이 대여자(은행 등)와 일치하는지 금융기관의 계좌 또는 잔액증명서 등을 발급받아 확인한다.

11) 가지급금 및 가수금

① 가지급금이나 가수금 등은 그 내용을 나타내는 적절한 항목으로 표시한다(일반기업회계기준 2.34).

② 가지급금은 현금을 지급하였으나 계정과목이나 금액이 확정되지 않은 경우 임시로 설정하는 과목이다. 반면, 가수금은 현금을 수령하였으나 계정과목이나 금액이 확정되지 않은 경우 임시로 설정하는 계정이다. 예를 들어 가지급금이란 출장 전에 여비를 대략적으로 계산하여 지급하는 경우 추후 출장을 다녀온 후 정산할 때까지 지급액을 임시로 처리하는 계정이다. 그리고 가수금은 출장사원이 아직 돌아오지 않은 상태에서 내용 불명의 금액이 송금되어 오는 경우 그 내역이 밝혀질 때까지 일시적으로 처리하기 위해 사용하는 계정이다.

결산일 회계처리	차 변	대 변
가지급금	대 여 금 등	가 지 급 금
가수금	가 수 금	차 입 금 등

사례 1-21 결산 - 가지급금 및 가수금 회계처리

다음 거래에 대하여 일자별 회계처리를 하시오.

① 9월 20일에 김일동에게 출장여비로 200,000원을 지급하다.

    (차) 가 지 급 금   200,000   (대) 현 금   200,000

② 9월 25일 보통예금에 내용불명의 300,000원이 입금되다.

    (차) 보 통 예 금   300,000   (대) 가 수 금   300,000

③ 9월 30일에 김일동으로부터 출장비 정산서와 현금 50,000원을 회수하였다. 또한 입금된 금액은 외상매출금의 회수라는 사실을 확인한다.

    (차) 현 금   50,000   (대) 가 지 급 금   200,000
        여 비 교 통 비   150,000

    (차) 가 수 금   300,000   (대) 외 상 매 출 금   300,000

12) 부가세대급금 및 부가세예수금

부가세대급금과 부가세예수금은 신고기간단위로 상계처리한다. 법인은 분기별로 신고하므로 4회(3/31, 6/30, 9/30, 12/31) 상계처리하고 개인사업은 원칙적으로 2회, 예외적으로 3회 또는 4회 신고하며, 그 신고기간 말일자(분기말)에 상계처리 한다.

적요	차 변		대 변	
매출부가가치세 발생	외상매출금	11,000	매 출 부가세예수금	10,000 1,000
매입부가가치세 발생	상 품 부가세대급금	7,000 700	외상매입금	7,700
신고기간의 말일	부가세예수금	700	부가세대급금	700
	부가세예수금	1,000	부가세대급금 미지급세금	700 300

13) 유동성대체

비유동부채 중 회계연도 말부터 1년 이내에 상환될 채무는 유동부채의 유동성장기부채 과목으로 대체한다.

사례 1-22   결산 - 유동성장기부채 회계처리

장기차입금 중 회계연도 말부터 1년내 상환하여야 하는 금액은 1억원이다. 이에 대한 회계처리를 하시오.

(차) 장 기 차 입 금   100,000,000   (대) 유동성장기부채   100,000,000

14) 선급비용, 미수수익, 미지급비용, 선수수익 등 계상

회계는 발생주의(vs 현금주의)[5]로 처리함이 원칙이다. 그런데 차기연도의 비용이 미리 지불되었거나(선급비용) 비용은 발생하였는데 지급의무기한이 도래 되지 않은 경우(미지급비용), 수익은 발생하였는데 회수할 권리가 아직 미도래한 경우(미수수익), 차기연도 수익을 미리 받은 경우(선수수익)에는 기간 손익을 정확하게 하기위하여 비용 또는 수익에서 빼거나 더하는 회계처리를 하여야 한다.

---

5) 현금주의란 돈을 주고 받을 때 회계처리 하는 것을 말하고 발생주의란 거래가 발생하면 돈과 관계없이 회계처리 하여야 한다는 뜻이다. 현금주의에서는 외상매출금, 외상매입금 등의 계정과목이 있을 수 없다.

> ① x1년 비용 중 차기연도인 x2년 보험료 500만원 선급
>   (차) 선급비용   500만원
>   (차) 보험료   －500만원6)
>
> ② 당해연도(x1년) 12월 차입금 이자발생 100만원
>   (차) 이자비용   100만원   (대) 미지급비용   100만원
>
> ③ 당해연도(x1년) 12월 대여금 이자발생 300만원
>   (차) 미수수익   300만원   (대) 이자수익   300만원
>
> ④ 수입임대료중에는 차기년도 임대료 200만원이 포함되어 있음.
>   (대) 선수수익   200만원
>   (대) 수입임대료 －200만원

(2) 결산시 충당금 또는 준비금 등 설정

대손이 예상되는 채권의 대손충당금, 임직원의 퇴직급여에 충당할 퇴직급여충당부채 등을 설정한다. 이에 대한 구체적 내용은 손익계산서의 계정과목편에서 학습한다.

   (차) 대 손 상 각 전 입 액 7)   xxx   (대) 대 손 충 당 금   xxx
   (차) 퇴직급여충당금전입액   xxx   (대) 퇴 직 급 여 충 당 부 채   xxx

(3) 자산·부채의 평가

① 재고자산에 대한 수량 및 금액을 평가한다.
② 유·무형고정자산의 감가상각비를 계상한다.
③ 외화자산·부채를 평가한다.

이에 대한 구체적 내용은 제2부 또는 제3부의 계정과목 설명에서 참조 바란다.

(4) 법인세비용

법인세로 납부하여야 할 금액 또는 추정액을 법인세 등과 미지급세금으로 회계처리 한다. 법인세는 보통 중간예납으로 일부 납부한 것이 있고 이자수익과 관련하여 원천징수

---

6) 비용발생 계정은 차변이므로 차변에서 마이너스로, 수익발생계정은 대변이므로 대변 마이너스로 처리 하였다. 물론 마이너스로 하지 않고 보험료는 대변으로 수입임대료는 차변으로 하여도 무방하다. 다만 관리측면의 유용성 때문이다. 합계잔액시산표만 보고도 정확한 발생액을 알 수 있기 때문이다.
7) 대손상각전입액 대신 대손상각비로, 퇴직급여충당금전입액 대신 퇴직급여 과목으로 사용해도 무방하다. 다만 관리측면에서 전입액이라는 용어를 붙이면 실제 대손이 발생하였거나 퇴직금 지불이 아님을 알기 때문에 정보분석에 유용할 수 있다.

납부한 것이 있다. 이들 금액은 부담할 때 선납세금으로 처리하였을 것이므로 상계 후 납부할 법인세를 미지급세금으로 회계처리한다.

사례 1-23 결산 - 법인세비용 회계처리

당기말 법인세 추산액은 5,000,000원이다. 회계연도 중에 이자에 대한 원천납부세액 770,000원과 중간예납세액 1,700,000원이 있다. 분개하라.

(차) 법 인 세 비 용	5,000,000	(대) 선 납 세 금	2,470,000
		미 지 급 세 금	2,530,000

3 합계잔액시산표

(1) 시산표의 의의

합계잔액시산표는 총계정원장의 계정별 누계숫자를 그대로 옮긴 표로서 그동안 분개한 결과물인 것이다. 따라서 분개에 오류 또는 누락이 있으면 합계잔액시산표와 재무제표 또한 올바르지 않다. 이를 위하여 앞 2. 결산절차에서 계정별잔액을 일일이 확인하며 추가분개 등을 하는 절차를 학습하였는데 그 이유를 알 것이다.

잔액시산표는 합계잔액시산표상에서 잔액만 발췌한 표를 말한다. 자산은 차변에서 대변을 빼서 잔액을 표시하고 부채와 자본은 대변에서 차변을 빼고 구한다. 수익과 비용은 발생만 있고 소멸은 없으므로 대변의 수익합계액이 잔액이고 차변의 비용합계액이 잔액이 될 것이다.

합계잔액시산표는 재무제표를 작성하는데 활용된다.

(2) 시산표의 유용성 및 재무제표 작성

① 회계기간 동안의 거래의 총액을 파악할 수 있다.
② 재무제표를 작성하지 않고도 개괄적인 재산 상태나 경영성과가 파악된다.
③ 합계잔액시산표상의 수익·비용과목만을 기준으로 손익계산서를 작성한다. 수익이 비용보다 크면 당기순이익이고 그 반대이면 당기순손실이다. 자산·부채·자본과목만을 기준으로 재무상태표를 작성한다. 이 때 손익계산서상의 당기순손익은 재무상태표상 자본의 미처분이익잉여금과목에 합산한다. 여기까지 하면 자산합계는 부채와 자본의 합계금액과 일치하여 재무상태표도 완성된다.

사례 1-24 결산 - 합계잔액시산표 및 재무제표 작성

앞에서 학습한 것 중 원장(장부)부분이 있었다. T계정으로 학습했던 사례(1-19)를 보고 합계잔액시산표를 만들고 손익계산서 및 재무상태표도 만들어보자

합계잔액시산표

차 변		계정과목	대 변	
잔액	합계		합계	잔액
1,810,000	3,400,000	현 금	1,590,000	
100,000	200,000	외 상 매 출 금	100,000	
500,000	500,000	비 품		
	400,000	단 기 차 입 금	800,000	400,000
		자 본 금	2,000,000	2,000,000
		용 역 매 출	700,000	700,000
100,000	100,000	광 고 선 전 비		
500,000	500,000	지 급 임 차 료		
50,000	50,000	수 도 광 열 비		
40,000	40,000	이 자 비 용		
3,100,000	5,190,000	합 계	5,190,000	3,100,000

앞 합계잔액시산표에서 자산과 부채, 자본의 잔액만 별도 구분해 보고 수익과 비용잔액을 구분하여 각각의 합계를 보면 손익 및 재무상태를 알 수 있다. 그 후 형식에 맞는 손익계산서와 재무상태표를 작성한다.

손익계산서과목			재무상태표과목		
잔 액	계정과목	잔 액	잔 액	계 정 과 목	잔 액
	용 역 매 출	700,000	1,810,000	현 금	
100,000	광 고 선 전 비		100,000	외상매출금	
500,000	지 급 임 차 료		500,000	비 품	
50,000	수 도 광 열 비			단기차입금	400,000
40,000	이 자 비 용			자 본 금	2,000,000
690,000	합 계	700,000	2,410,000	합 계	2,400,000

잔액란 수익 700,000 - 비용 690,000 = 순이익 10,000원 임을 알 수 있다.

보고식 손익계산서

과 목	금	액
Ⅰ. 매출		700,000
Ⅱ. 판매비와관리비		650,000
1. 광고선전비	100,000	
2. 지급임차료	500,000	
3. 수도광열비	50,000	
Ⅲ. 영업이익		50,000
Ⅳ. 영업외비용		40,000
1. 이자비용	40,000	
Ⅴ. 당기순이익		10,000

보고식 재무상태표

과 목	금	액
자산		
Ⅰ. 유동자산		1,910,000
(1) 당좌자산		1,910,000
1. 현　금	1,810,000	
2. 외상매출금	100,000	
(2) 재고자산		
Ⅱ. 비유동자산		500,000
(1) 투자자산		500,000
(2) 유형자산		500,000
1. 비품	500,000	
자　산　총　계		2,410,000
부채		
Ⅰ. 유동부채		400,000
1. 단기차입금	400,000	
Ⅱ. 비유동부채		
부채총계		400,000
자본		
Ⅰ. 자본금		2,000,000
Ⅱ. 이익잉여금		10,000
1. 미처분이익잉여금	10,000	
자본총계		2,010,000
부채와 자본총계		2,410,000

사례 1-25 합계잔액시산표 작성

다음은 총계정원장누계액이다. 합계잔액시산표를 작성하시오. 또한, 당기순손익은 얼마이며 자본금을 포함한 자본은 얼마인가?

현금		비품	
합계 10,000	합계 4,700	합계 4,500	합계 1,000

미지급금		단기차입금	
	합계 2,000		합계 3,000

지급임차료		매출	
합계 1,200			합계 2,000

자본금		이자비용	
	합계 4,000	합계 1,000	

합계잔액시산표

차 변		계정과목	대 변	
잔 액	합 계		합 계	잔 액
5,300	10,000	현　　　　금	4,700	
3,500	4,500	비　　　　품	1,000	
		미 지 급 금	2,000	2,000
		단 기 차 입 금	3,000	3,000
		자 본 금	4,000	4,000
		매　　　　출	2,000	2,000
1,200	1,200	지 급 임 차 료		
1,000	1,000	이 자 비 용		
11,000	16,700	합　　　　계	16,700	11,000

* 당기순손익 = 수익 － 비용 : 2,000 － 1,200 － 1,000 = －200
* 자본 = 자본금 + 이익잉여금(당기순손실) : 4,000 － 200 = 3,800

4 장부마감

(1) 손익계산서계정의 마감

손익계산서는 회계기간 동안의 경영성과만을 나타내주는 재무제표이다. 따라서 어느 한 회계기간이 종료되고 결산이 끝나면 계정잔액을 모두 손익계정과 대체 분개하여 영(0)으로 마감한다. 차기의 경영활동을 측정하기 위한 기록은 영(0)에서 출발한다. 이때 손익계정의 대차 차액이 당기순손익만큼 발생하게 되는데 그 차액은 자본에 해당하는 미처분이익잉여금 계정과 대체하여 손익계정 또한 영(0)으로 마감한다.

앞 사례 1-25을 이용하여 마감분개를 해보면 다음과 같다.

① (차) 매　　　　　출　　　　　2,000　　(대) 손　　　　　익　　　　　2,000
② (차) 손　　　　　익　　　　　1,200　　(대) 지 급 임 차 료　　　　　1,200
③ (차) 손　　　　　익　　　　　1,000　　(대) 이 자 비 용　　　　　1,000
④ (차) 미처분이익잉여금　　　　　200　　(대) 손　　　　　익[8]　　　　　200

(2) 재무상태표계정의 마감

재무상태표계정잔액은 기업이 존속하는 한 다음회계기간으로 계속 이월하여 관리한다. 자산과 부채, 자본은 회계기간이 바뀌었다고 해서 소멸하는 것은 아니므로 차기이월 xxx원으로 기록한 금액이 차기의 기초잔액이 되도록 한다. 다음연도 장부에는 각 계정 첫째줄에 전기이월 xxx원으로 기록한다.

현금				외상매출금			
1/1 전기이월	600,000	1/5 기계장치	330,000	1/1 전기이월	250,000	12/31 차기이월	877,000
5/1 임대료수령	120,000	4/1 거래처 대여	100,000	3/8 매출	187,000		
7/1 차입금	200,000	6/22 상품	40,000	11/24 매출	440,000		
		8/10 급여	70,000	계	877,000	계	877,000
		9/1 보험료	12,000	1/1 전기이월	877,000		
		10/11 소모품	30,000				
		11/17 광고선전비	22,000				
		12/31 차기이월	316,000				
계	840,000	계	840,000				
1/1 전기이월	316,000						

---
8) ①,②,③의 차액 2,000-1,200-1,000 = -200

사례 1-26 결산 - 장부마감

다음은 (주)가나의 시산표 중 손익계산서계정을 나타낸 것이다.
손익대체분개를 하고 해당계정에 전기하여 각 계정을 마감하여 보기로 한다.

수정후시산표(부분)
x5년 12월 31일 현재

(주)가나 (단위 : 원)

차 변	계정과목	대 변
	이익잉여금	30,000
	매 출	200,000
140,000	매 출 원 가	
11,000	급 여	
10,000	지 급 임 차 료	
9,000	업 무 추 진 비	
8,000	기 부 금	
	임 대 료	12,000

(1) 마감분개

① 수익계정의 마감분개

(차) 매 출	200,000	(대) 손 익	200,000
(차) 임 대 료	12,000	(대) 손 익	12,000

② 비용계정의 마감분개

(차) 손 익	14,000	(대) 매 출 원 가	140,000
(차) 손 익	11,000	(대) 급 여	11,000
(차) 손 익	10,000	(대) 지 급 임 차 료	10,000
(차) 손 익	9,000	(대) 업 무 추 진 비	9,000
(차) 손 익	8,000	(대) 기 부 금	8,000

③ 손익계정의 마감분개

(차) 손 익	34,000	(대) 미처분이익잉여금	34,000

(2) 손익계산서계정원장의 마감

매출원장			매출원가원장		
① 손익	200,000	200,000	140,000	③ 손익	140,000
	200,000	200,000	140,000		140,000

급여원장				임차료원장			
11,000	④ 손익	11,000		10,000	⑤ 손익	10,000	
11,000		11,000		10,000		10,000	

업무추진비원장				기부금원장			
9,000	⑥ 손익	9,000		8,000	⑦ 손익	8,000	
9,000		9,000		8,000		8,000	

임대료원장		
② 손익 12,000		12,000
12,000		12,000

손익원장			
③매출원가	140,000	①매출	200,000
④급여	11,000	②임대료	12,000
⑤지급임차료	10,000		
⑥업무추진비	9,000		
⑦기부금	8,000		
⑧미처분이익잉여금	34,000		
	212,000		212,000

미처분이익잉여금원장	
전기이월	30,000
⑧손익	34,000
	64,000

사례 1-27 종합사례연구 – 회계순환과정 이해

관우(주)의 x4년 12월 31일 현재 재무상태표와 x5년에 발생한 거래 및 기말정리사항을 이용하여 분개, 원장기록, 수정전 합계잔액시산표를 작성해보자. 그리고 결산자료를 이용하여 다시 분개, 원장기록, 수정후 합계잔액시산표, 손익마감분개, 최종 합계잔액시산표와 재무제표를 작성해보기로 한다.

재무상태표

관우(주)   x4년 12월 31일 현재

현 금	600,000	외상매입금	200,000
외상매출금	250,000	단기차입금	200,000
상 품	30,000	자 본 금	400,000
		이월이익잉여금	80,000
합 계	880,000원	합 계	880,000원

1월 5일	기계장치를 현금 300,000원(부가세 별도)으로 구입하고 전자세금계산서를 발급받았다.
2월 15일	상품 100,000원(부가세 별도)을 외상으로 매입하고 전자세금계산서를 발급받았다.
3월 8일	상품 170,000원(부가세 별도)을 외상으로 판매하고 전자세금계산서를 발급하였다.
4월 1일	현금 100,000원을 6개월 후에 받기로 하고, 거래처에 대여하다.
5월 1일	1년분 임대료 120,000원을 현금으로 받다.
6월 22일	상품 140,000원(부가세 별도)을 매입하여 현금 40,000원을 지급하고, 나머지는 외상으로 하고, 전자세금계산서를 발급받았다.
7월 1일	은행에서 200,000원을 현금으로 8개월간 차입하다.
8월 10일	종업원 급여 70,000원을 현금으로 지급하다.
9월 1일	1년분 보험료 12,000원을 현금으로 지급하다.
10월 11일	소모품을 현금 30,000원으로 구입하고 비용으로 기록하였다.
11월 7일	회사홍보를 위해 광고회사에 현금 20,000원(부가세 별도)을 지급하다.
11월 24일	상품 400,000원 (부가세 별도)을 외상으로 판매하고, 전자세금계산서를 발급하였다.

(1) 분개하기

```
1월  5일 : (차) 기 계 장 치      300,000   (대) 현         금    330,000
              부가세대급금       30,000
2월 15일 : (차) 상         품    100,000   (대) 외 상 매 입 금    110,000
              부가세대급금       10,000
3월  8일 : (차) 외 상 매 출 금    187,000   (대) 상 품 매 출       170,000
                                              부가세예수금        17,000
4월  1일 : (차) 단 기 대 여 금    100,000   (대) 현         금    100,000
5월  1일 : (차) 현         금    120,000   (대) 수 입 임 대 료    120,000
6월 22일 : (차) 상         품    140,000   (대) 외 상 매 입 금    114,000
              부가세대급금       14,000        현         금     40,000
6월 22일 : (차) 외 상 매 입 금     40,000   (대) 현         금     40,000
7월  1일 : (차) 현         금    200,000   (대) 단 기 차 입 금    200,000
8월 10일 : (차) 급         여     70,000   (대) 현         금     70,000
9월  1일 : (차) 보 험 료          12,000   (대) 현         금     12,000
10월 11일 : (차) 소 모 품 비      30,000   (대) 현         금     30,000
11월  7일 : (차) 광 고 선 전 비    20,000   (대) 현         금     22,000
              부가세대급금        2,000
11월 24일 : (차) 외 상 매 출 금    440,000  (대) 상 품 매 출       400,000
                                              부가세예수금        40,000
```

(2) 원장(장부)에 기록

현 금			
1/ 1 전기이월 600,000	1/ 5 기계장치 330,000
5/ 1 임대료 120,000	4/ 1 단기대여금 100,000
7/ 1 단기차입금 200,000	6/22 상품 40,000
	8/10 급여 70,000
	9/ 1 보험료 12,000
	10/11 소모품 30,000
	11/ 7 광고선전비 22,000

상 품	
1/ 1 전기이월 30,000	
2/15 매입채무 100,000	
6/22 현 금 40,000	
외상매입금 100,000	

기계장치	
1/ 5 현금 300,000	

대여금	
4/ 1 현금 100,000	

부가세예수금	
	3/8 외상매출금 17,000
	11/24 외상매출금 40,000

상품매출	
	3/ 8 외상매출금 170,000
	11/24 외상매출금 400,000

외상매출금	
1/ 1 전기이월 250,000	
3/ 8 매출 187,000	
11/24 매출 440,000	

외상매입금	
6/22 현금 40,000	1/ 1 전기이월 200,000
	2/15 상품 110,000
	6/22 상품 154,000

보험료	
9/ 1 현금 12,000	

수입임대료(영업외수익)	
	5/ 1 현금 120,000

소모품비	
10/11 현금 30,000	

단기차입금	
	1/ 1 전기이월 200,000
	7/ 1 현금 200,000

급여	
8/10 현금 70,000	

광고선전비	
11/ 7 현금 20,000	

자본금	
	1/ 1 전기이월 400,000

부가세대급금	
1/ 5 현금 30,000	
2/15 외상매입금 10,000	
6/22 현금 14,000	
11/7 현금 2,000	

이월이익잉여금	
	1/ 1 전기이월 80,000

(3) 합계잔액시산표(수정전합계잔액시산표)를 작성

수정전합계잔액시산표

차 변		계 정 과 목	대 변	
잔 액	합 계		합 계	잔 액
1,619,000	2,223,000	유 동 자 산	604,000	
1,349,000	1,953,000	〈 당 좌 자 산 〉	604,000	
316,000	920,000	현 금	604,000	
877,000	877,000	외 상 매 출 금		
100,000	100,000	단 기 대 여 금		
56,000	56,000	부 가 세 대 급 금		
270,000	270,000	〈 재 고 자 산 〉		
270,000	270,000	상 품		
300,000	300,000	비 유 동 자 산		
300,000	300,000	〈 유 형 자 산 〉		
300,000	300,000	기 계 장 치		
	240,000	유 동 부 채	977,000	881,000
	40,000	외 상 매 입 금	464,000	424,000
		부 가 세 예 수 금	57,000	57,000
		단 기 차 입 금	400,000	400,000
		자 본 금	400,000	400,000
		자 본 금	400,000	400,000
		이 익 잉 여 금	80,000	80,000
		이월이익잉여금	80,000	80,000
		매 출	570,000	570,000
		상 품 매 출	570,000	570,000
132,000	132,000	판 매 관 리 비		
70,000	70,000	급 여		
12,000	12,000	보 험 료		
30,000	30,000	소 모 품 비		
20,000	20,000	광 고 선 전 비		
		영 업 외 수 익	120,000	120,000
		수 입 임 대 료	120,000	120,000
2,051,000	2,655,000	합 계	2,655,000	2,051,000

(4) 다음 결산정리자료에 의한 결산분개

① 기말에 실지조사한 상품재고액은 50,000원이다.

② 수입임대료 중 40,000원은 기간이 미경과하였다.

③ 보험료 중 8,000원은 차기분이다.

④ 대여금에 대한 이자수익은 9,000원이다.

⑤ 차입금에 대한 미지급이자비용은 15,000원이다.
⑥ 소모품비 중 4,000원은 기말현재 미사용되었다.
⑦ 기계장치에 대한 당기 감가상각비는 60,000원이다.
⑧ 매출채권에 대하여 10,000원의 대손이 예상된다.
⑨ 부가세예수금과 부가세대급금을 상계처리하기로 한다.

〈분개〉

①	(차)	상품매출원가	220,000	(대)	상 품	220,000
		*270,000－50,000(기말상품재고액) = 220,000				
③	(차)	수 입 임 대 료	40,000	(대)	선 수 수 익	40,000
④	(차)	선 급 비 용	8,000	(대)	보 험 료	8,000
⑤	(차)	미 수 수 익	9,000	(대)	이 자 수 익	9,000
⑥	(차)	이 자 비 용	15,000	(대)	미 지 급 비 용	15,000
⑦	(차)	소 모 품	4,000	(대)	소 모 품 비	4,000
⑧	(차)	감 가 상 각 비	60,000	(대)	감가상각누계액	60,000
⑨	(차)	대 손 상 각 비	10,000	(대)	대 손 충 당 금	10,000
⑩	(차)	부가세예수금	56,000	(대)	부 가 세 대 급 금	56,000

(5) 결산 분개를 포함하여 계정별원장에 전기

(1) 현금(출납부)원장

일자		적 요	차 변	대 변	잔 액
1	1	전 기 이 월	600,000		600,000
1	5	기 계 장 치 구 입		330,000	270,000
4	1	거 래 처 대 여		100,000	170,000
5	1	1년분 임대료 수령	120,000		290,000
6	22	상 품 구 입		40,000	250,000
7	1	은 행 차 입	200,000		450,000
8	10	급 여 지 급		70,000	380,000
9	1	보 험 료		12,000	368,000
10	11	소 모 품 구 입		30,000	338,000
11	7	광 고		22,000	316,000

(2) 외상매출금원장

일자		적 요	차 변	대 변	잔 액
1	1	전 기 이 월	250,000		250,000
3	8	상 품 매 출	187,000		437,000
11	24	상 품 매 출	440,000		877,000

(3) 외상매출금 대손충당금 원장

일자		적 요	차 변	대 변	잔 액
12	31	대 손 설 정		10,000	10,000

(4) 단기대여금 원장

일자		적 요	차 변	대 변	잔 액
4	1	금 전 대 여	100,000		100,000

(5) 미수수익 원장

일자		적 요	차 변	대 변	잔 액
12	31	이 자 수 익	9,000		9,000

(6) 소모품 원장

일자		적 요	차 변	대 변	잔 액
12	31	소모품비 대체	4,000		4,000

(7) 선급비용 원장

일자		적 요	차 변	대 변	잔 액
12	31	보험료미경과분	8,000		8,000

(8) 부가세대급금 원장

일자		적 요	차 변	대 변	잔 액
1	5	기 계 구 입	30,000		30,000
2	15	상 품	10,000		40,000
6	22	상 품	14,000		54,000
11	7	광 고 선 전 비	2,000		56,000
12	31	부가세예수금과 상계		56,000	0

(9) 상품 원장

일자		적 요	차 변	대 변	잔 액
1	1	전 기 이 월	30,000		30,000
2	15	상 품	100,000		130,000
6	22	상 품	140,000		270,000
12	3	상품매출원가 계정으로		220,000	50,000

(10) 기계장치 원장

일자		적 요	차 변	대 변	잔 액
1	5	기 계 구 입	300,000		300,000

(11) 기계장치감가상각누계액 원장

일자		적 요	차 변	대 변	잔 액
12	31	기계장치 감각상각비		60,000	60,000

(12) 외상매입금 원장

일자		적 요	차 변	대 변	잔 액
1	1	전 기 이 월		200,000	200,000
2	15	상 품		110,000	310,000
6	22	상 품	40,000	154,000	424,000

(13) 부가세예수금 원장

일자		적 요	차 변	대 변	잔 액
3	8	상 품 판 매		17,000	17,000
11	24	상 품 판 매		40,000	57,000
12	31	부가세대급금과 상계	56,000		1,000

(14) 단기차입금 원장

일자		적 요	차 변	대 변	잔 액
1	1	전 기 이 월		200,000	200,000
7	1	차 입 금		200,000	400,000

(15) 미지급비용 원장

일자		적 요	차 변	대 변	잔 액
12	31	이 자 비 용		15,000	15,000

(16) 선수수익 원장

일자		적 요	차 변	대 변	잔 액
12	31	임 대 료		40,000	40,000

(17) 자본금 원장

일자		적 요	차 변	대 변	잔 액
1	1	전 기 이 월		400,000	400,000

(18) 이월이익잉여금 원장

일자		적 요	차 변	대 변	잔 액
1	1	전 기 이 월		80,000	80,000

(19) 상품매출 원장

일자		적 요	차 변	대 변	잔 액
3	8	상 품 판 매		170,000	170,000
11	24	상 품 판 매		400,000	570,000

(20) 상품매출원가 원장

일자		적 요	차 변	대 변	잔 액
12	31	상 품	220,000		220,000

(21) (판관비)급여 원장

일자		적 요	차 변	대 변	잔 액
7	10	급 여	70,000		70,000

(22) (판관비)감가상각비 원장

일자		적 요	차 변	대 변	잔 액
7	10	기계감가상각비	60,000		60,000

(23) (판관비)보험료 원장

일자		적 요	차 변	대 변	잔 액
9	1	보 험 료 납 입	12,000		12,000
12	31	선급비용으로 계정으로		8,000	4,000

(24) (판관비)소모품비 원장

일자		적 요	차 변	대 변	잔 액
10	11	소 모 품 구 입	30,000		30,000
12	31	소 모 품 으 로		4,000	26,000

(25) (판관비)광고선전비 원장

일자		적 요	차 변	대 변	잔 액
11	24	광 고	20,000		20,000

(26) (판관비)대손상각비 원장

일자		적 요	차 변	대 변	잔 액
12	31	대 손 설 정	10,000		10,000

(27) 이자수익 원장

일자		적 요	차 변	대 변	잔 액
12	31	미 수 이 자		9,000	9,000

(28) 수입임대료 원장

일자		적 요	차 변	대 변	잔 액
5	1	임 대 료 수 령		120,000	120,000
12	31	선수수익계정으로	40,000		80,000

(29) 이자비용 원장

일자		적 요	차 변	대 변	잔 액
12	31	미지급비용계정으로	15,000		15,000

(6) 앞 계정별원장에 의하여 수정후합계잔액시산표 작성

합계잔액시산표

차 변		계정과목	대 변	
잔 액	합 계		합 계	잔 액
1,364,000	2,244,000	유 동 자 산	890,000	10,000
1,314,000	1,974,000	〈 당 좌 자 산 〉	670,000	10,000
316,000	920,000	현 금	604,000	
877,000	877,000	외 상 매 출 금		
		대 손 충 당 금	10,000	10,000
100,000	100,000	단 기 대 여 금		
9,000	9,000	미 수 수 익		
4,000	4,000	소 모 품		
8,000	8,000	선 급 비 용		
	56,000	부 가 세 대 급 금	56,000	
50,000	270,000	〈 재 고 자 산 〉	220,000	
50,000	270,000	상 품	220,000	
300,000	300,000	비 유 동 자 산	60,000	60,000
300,000	300,000	〈 유 형 자 산 〉	60,000	60,000
300,000	300,000	기 계 장 치		
		감가상각누계액	60,000	60,000
	96,000	유 동 부 채	976,000	880,000
	40,000	외 상 매 입 금	464,000	424,000
	56,000	부 가 세 예 수 금	57,000	1,000
		단 기 차 입 금	400,000	400,000
		미 지 급 비 용	15,000	15,000
		선 수 수 익	40,000	40,000
		자 본 금	400,000	400,000
		자 본 금	400,000	400,000
		이 익 잉 여 금	80,000	80,000
		이월이익잉여금	80,000	80,000
		매 출	570,000	570,000
		상 품 매 출	570,000	570,000
220,000	220,000	매 출 원 가		
220,000	220,000	상 품 매 출 원 가		
190,000	202,000	판 매 관 리 비	12,000	
70,000	70,000	급 여		
60,000	60,000	감 가 상 각 비		
4,000	12,000	보 험 료	8,000	
26,000	30,000	소 모 품 비	4,000	
20,000	20,000	광 고 선 전 비		
10,000	10,000	대 손 상 각 비		
	40,000	영 업 외 수 익	129,000	89,000
		이 자 수 익	9,000	9,000
	40,000	수 입 임 대 료	120,000	80,000
15,000	15,000	영 업 외 비 용		
15,000	15,000	이 자 비 용		
2,089,000	3,117,000	합 계	3,117,000	2,089,000

(7) 손익계산서계정에 대하여 손익계정과 대체하는 마감분개

(1) 수익

(차)	매 출	570,000	(대)	손 익	659,000
	수 입 임 대 료	80,000			
	이 자 수 익	9,000			

(2) 비용

(차)	손 익	425,000	(대)	매 출 원 가	220,000
				급 여	70,000
				감 가 상 각 비	60,000
				보 험 료	4,000
				소 모 품 비	26,000
				광 고 선 전 비	20,000
				대 손 상 각 비	10,000
				이 자 비 용	15,000

(3) 당기순이익

(차)	손 익	234,000	(대)	이 월 이 익 잉 여 금	234,000

(8) 손익대체 후 합계잔액시산표 작성

손익대체후 합계잔액시산표

차변 잔액	차변 합계	계정과목	대변 합계	대변 잔액
1,364,000	2,244,000	유 동 자 산	890,000	10,000
1,314,000	1,974,000	〈당좌자산〉	670,000	10,000
316,000	920,000	현 금	604,000	
877,000	877,000	외 상 매 출 금		
		대 손 충 당 금	10,000	10,000
100,000	100,000	단 기 대 여 금		
9,000	9,000	미 수 수 익		
4,000	4,000	소 모 품		
8,000	8,000	선 급 비 용		
	56,000	부가세대급금	56,000	
50,000	270,000	〈재고자산〉	220,000	
50,000	270,000	상 품	220,000	
300,000	300,000	비유동자산	60,000	60,000
300,000	300,000	〈유형자산〉	60,000	60,000
300,000	300,000	기 계 장 치		
		감가상각누계액	60,000	60,000
	96,000	유 동 부 채	976,000	880,000
	40,000	외 상 매 입 금	464,000	424,000
	56,000	부가세예수금	57,000	1,000
		단 기 차 입 금	400,000	400,000
		미 지 급 비 용	15,000	15,000
		선 수 수 익	40,000	40,000
		자 본 금	400,000	400,000
		자 본 금	400,000	400,000
	234,000	이 익 잉 여 금	314,000	314,000
		이월이익잉여금	314,000	314,000
	659,000	손 익	659,000	
	659,000	손 익	659,000	
	570,000	매 출	570,000	
	570,000	상 품 매 출	570,000	
	220,000	매 출 원 가	220,000	
	220,000	상품매출원가	220,000	
	198,000	판 매 관 리 비	198,000	
	70,000	급 여	70,000	
	60,000	감 가 상 각 비	60,000	
	12,000	보 험 료	12,000	
	26,000	소 모 품 비	26,000	
	20,000	광 고 선 전 비	20,000	
	10,000	대 손 상 각 비	10,000	
	129,000	영 업 외 수 익	129,000	
	9,000	이 자 수 익	9,000	
	120,000	수 입 임 대 료	120,000	
	15,000	영 업 외 비 용	15,000	
	15,000	이 자 비 용	15,000	
1,664,000	4,431,000	합 계	4,431,000	1,664,000

(9) 재무상태표와 손익계산서 작성

재무상태표

제X기 x5년 12월 31일 현재

회사명 관우(주)   (단위 : 원)

과목	제X(당)기	
	금	액
자산		
유동자산		1,354,000
당좌자산		1,304,000
현금		316,000
외상매출금	877,000	
대손충당금	(10,000)	867,000
단기대여금		100,000
미수수익		9,000
소모품		4,000
선급비용		8,000
재고자산		50,000
상품		50,000
비유동자산		240,000
투자자산		0
유형자산		240,000
기계장치	300,000	
감가상각누계액	(60,000)	240,000
무형자산		0
기타비유동자산		0
자 산 총 계		**1,594,000**
유동부채		880,000
매입채무		424,000
단기차입금		400,000
부가예수금		1,000
미지급비용		15,000
선수수익		40,000
비유동부채		0
부 채 총 계		**880,000**
자본		
자본금		400,000
보통주자본금		400,000
자본잉여금		
자본조정		
이익잉여금		314,000[9]
미처분이익잉여금		314,000
자 본 총 계		**714,000**
부 채 와 자 본 총 계		**1,594,000**

---

9) 기초이익잉여금 80,000과 당기순이익 234,000원의 합계액임.

손 익 계 산 서

제x기 x5년 1월 1일부터 x5년 12월 31일까지

회사명 관우(주)   (단위 : 원)

과목	제X(당)기 금액	
매 출 액		570,000
상 품 매 출	570,000	
매 출 원 가		220,000
상 품 매 출 원 가		220,000
기 초 상 품 재 고 액	30,000	
당 기 상 품 매 입 액	240,000	
기 말 상 품 재 고 액	50,000	
매 출 총 이 익		350,000
판 매 비 와 관 리 비		190,000
급 여	70,000	
감 가 상 각 비	60,000	
보 험 료	4,000	
소 모 품 비	26,000	
광 고 선 전 비	20,000	
대 손 상 각 비	10,000	
영 업 이 익		160,000
영 업 외 수 익		89,000
이 자 수 익	9,000	
수 입 임 대 료	80,000	
영 업 외 비 용		15,000
이 자 비 용	15,000	
법 인 세 비 용 차 감 전 손 익		234,000
법 인 세 등		
당 기 순 이 익		234,000
*주 당 손 익		

* 주당손익 : 중소기업(상장법인 제외)은 주당이익의 공시생략 가능함.

CHAPTER 02 재무상태표 계정과목해설

제1절 재무상태표 기본구조(일반기업회계기준 제2장)
제2절 당좌자산
제3절 재고자산(일반기업회계기준 제7장)
제4절 투자자산
제5절 유형자산(일반기업회계기준 제10장)
제6절 무형자산(일반기업회계기준 제11장)
제7절 기타비유동자산
제8절 유동부채
제9절 비유동부채
제10절 자본

회계와 세무실무

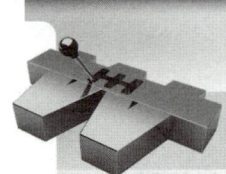 

제2장 재무상태표 계정과목해설

제1절 재무상태표 기본구조(일반기업회계기준 제2장)

1 재무상태표의 기본구조

(1) 재무상태표의 기본구조

재무상태표의 구성요소인 자산, 부채, 자본은 각각 다음과 같이 구분한다.

1) 자산은 유동자산과 비유동자산으로 구분한다. 유동자산은 당좌자산과 재고자산으로 구분하고, 비유동자산은 투자자산, 유형자산, 무형자산, 기타비유동자산으로 구분한다.

2) 부채는 유동부채와 비유동부채로 구분한다.

3) 자본은 자본금, 자본잉여금, 자본조정, 기타포괄손익누계액 및 이익잉여금(또는 결손금)으로 구분한다.

자 산		부 채 와 자 본	
과 목	금 액	과 목	금 액
유 동 자 산 　당 좌 자 산 　재 고 자 산 비 유 동 자 산 　투 자 자 산 　유 형 자 산 　무 형 자 산 　기 타 비 유 동 자 산		부 채 　유 동 부 채 　비 유 동 부 채 자 본 　자 본 금 　자 본 잉 여 금 　자 본 조 정 　기 타 포 괄 손 익 누 계 액 　이 익 잉 여 금	
자 산 총 계		부 채 와 자 본 총 계	

(2) 유동성배열법 적용

자산과 부채는 유동성이 큰 항목부터 배열하는 것을 원칙으로 한다.

(3) 자산과 부채의 유동성과 비유동성 구분

1) 유동자산

① 유동자산으로 분류되는 자산
  ㉠ 사용의 제한이 없는 현금및현금성자산
  ㉡ 기업의 정상적인 영업주기 내에 실현될 것으로 예상되거나 판매목적 또는 소비목적으로 보유하고 있는 자산
  ㉢ 단기매매 목적으로 보유하는 자산
  ㉣ ㉠ 내지 ㉢ 외에 보고기간 종료일로부터 1년 이내에 현금화 또는 실현될 것으로 예상되는 자산

② 1년 기준 또는 정상적인 영업주기 적용
  자산은 1년을 기준으로 유동자산과 비유동자산으로 분류한다. 다만, 정상적인 영업주기 내에 판매되거나 사용되는 재고자산과 회수되는 매출채권 등은 보고기간종료일로부터 1년 이내에 실현되지 않더라도 유동자산으로 분류한다.
  이 경우 유동자산으로 분류한 금액 중 1년 이내에 실현되지 않을 금액을 주석으로 기재한다. 또한, 장기미수금이나 투자자산에 속하는 매도가능증권 또는 만기보유증권 등의 비유동자산 중 1년 이내에 실현되는 부분은 유동자산으로 분류한다(문단 2.21).

2) 비유동자산

① 투자자산
  투자자산은 장기적인 투자수익을 얻기 위해 가지고 있는 채무증권과 지분증권, 지분법적용투자주식, 영업활동에 사용되지 않는 토지와 설비자산, 설비확장 및 채무상환 등에 사용할 특정목적의 예금을 포함한다.

② 유형자산
  유형자산은 재화의 생산이나 용역의 제공, 타인에 대한 임대 또는 자체적으로 사용할 목적으로 보유하고 있으며, 물리적 형태가 있는 비화폐성 자산으로서 토지, 건물, 기계장치 등을 포함한다.

③ 무형자산
  무형자산은 물리적 형체는 없지만 식별가능하고 기업이 통제하고 있으며 미래 경제

적효익이 있는 비화폐성 자산으로 산업재산권, 저작권, 개발비 등과 사업결합에서 발생한 영업권을 포함한다.

④ **기타비유동자산**

기타비유동자산은 임차보증금, 이연법인세자산(유동자산으로 분류되는 부분 제외), 장기매출채권 및 장기미수금 등 투자자산, 유형자산, 무형자산에 속하지 않는 비유동자산을 포함한다.

(4) 유동부채

① **유동부채로 분류되는 부채**
  ㉠ 기업의 정상적인 영업주기 내에 상환 등을 통하여 소멸할 것이 예상되는 매입채무와 미지급비용 등의 부채
  ㉡ 보고기간종료일로부터 1년 이내에 상환되어야 하는 단기차입금 등의 부채
  ㉢ 보고기간 후 1년 이상 결제를 연기할 수 있는 무조건의 권리를 가지고 있지 않은 부채. 이 경우 계약상대방의 선택에 따라, 지분상품의 발행으로 결제할 수 있는 부채의 조건은 그 분류에 영향을 미치지 아니한다.

② **1년 기준 또는 정상적인 영업주기 적용**

부채는 1년을 기준으로 유동부채와 비유동부채로 분류한다. 다만, 정상적인 영업주기 내에 소멸할 것으로 예상되는 매입채무와 미지급비용 등은 보고기간종료일로부터 1년 이내에 결제되지 않더라도 유동부채로 분류한다. 이 경우 유동부채로 분류한 금액 중 1년 이내에 결제되지 않을 금액을 주석으로 기재한다. 당좌차월, 단기차입금 및 유동성장기차입금 등은 보고기간종료일로부터 1년 이내에 결제되어야 하므로 영업주기와 관계없이 유동부채로 분류한다. 또한 비유동부채 중 보고기간종료일로부터 1년 이내에 자원의 유출이 예상되는 부분은 유동부채로 분류한다(문단 2.23). 보고기간종료일로부터 1년 이내에 상환되어야 하는 채무는, 보고기간종료일과 재무제표가 사실상 확정된 날 사이에 보고기간종료일로부터 1년을 초과하여 상환하기로 합의하더라도 유동부채로 분류한다(문단 2.24).

(5) 비유동부채

비유동부채 내에 별도 표시할 소분류 항목의 예는 다음과 같다.

① 사채(社債)	② 신주인수권부사채(BW : bond with warrant)
③ 전환사채(CB : Convertible Bond)	④ 장기차입금
⑤ 퇴직급여충당부채	⑥ 장기제품보증충당부채
⑦ 이연법인세부채	⑧ 기타

비유동부채로 분류되는 이연법인세부채는 가산할 일시적 차이로 인하여 미래에 부담하게 될 법인세부담액으로서 미래의 현금흐름을 예측하는 데 유용한 정보를 제공하므로 구분 표시한다. 기타는 비유동부채로서 다른 항목으로 분류하기 어려운 성격의 부채를 모두 통합한 금액을 표시한다. 다만 이들 항목이 중요한 경우 개별 표시한다.

(6) 차입약정이 있는 부채의 분류

보고기간종료일로부터 1년 이내에 상환기일이 도래하더라도, 기존의 차입약정에 따라 보고기간종료일로부터 1년을 초과하여 상환할 수 있고 기업이 그러한 의도가 있는 경우에는 비유동부채로 분류한다(문단 2.25).

장기차입약정을 위반하여 채권자가 즉시 상환을 요구할 수 있는 채무는, 보고기간종료일과 재무제표가 사실상 확정된 날 사이에 상환을 요구하지 않기로 합의하더라도 유동부채로 분류한다(문단 2.26).

장기차입약정을 위반하여 채권자가 즉시 상환을 요구할 수 있는 채무라도, 다음의 조건을 모두 충족하는 경우에는 비유동부채로 분류한다(문단 2.27).

① 보고기간종료일 이전에 차입약정의 위반을 해소할 수 있도록 보고기간종료일로부터 1년을 초과하는 유예기간을 제공하기로 합의하였다.
② '①'에서의 유예기간 내에 기업이 차입약정의 위반을 해소할 수 있다.
③ '①'에서의 유예기간 동안 채권자가 즉시 상환을 요구할 수 없다.

보고기간종료일과 재무제표가 사실상 확정된 날 사이에 발생한 다음과 같은 사건은 주석으로 기재한다(문단 2.28).

  ⅰ) 장기채무로의 차환(또는 만기연장)
  ⅱ) 차입약정 위반의 해소
  ⅲ) 차입약정 위반을 해소할 수 있도록 보고기간종료일로부터 1년을 초과하는 유예기간을 획득

(7) 자본의 분류

자본은 변동원천과 법률적 요구를 기준으로 분류한다. 이러한 기준에 의해 자본은 자본금, 자본잉여금, 자본조정, 기타포괄손익누계액 및 이익잉여금으로 분류한다. 자본금은 주주들이 납입한 법정자본금으로 한다. 우리나라는 법률적으로 액면금액제도를 따르고 있다. 따라서 법적 요구사항을 충족하고 있는 지를 파악할 수 있도록 조달된 자본금을 액면총액인 액면자본금과 액면을 초과(액면에 미달)하여 납입한 금액인 액면초과(또는 미달)자본금으로 구분하는 것이 바람직하다.

1) 자본금

자본금은 법정자본금으로 한다(문단 2.29).

2) 자본잉여금

자본잉여금은 증자나 감자 등 주주와의 거래에서 발생하여 자본을 증가시키는 잉여금이다. 예를 들면, 주식발행초과금, 자기주식처분이익, 감자차익 등이 포함된다(문단 2.30).

3) 자본조정

자본조정은 당해 항목의 성격으로 보아 자본거래에 해당하나 최종 납입된 자본으로 볼 수 없거나 자본의 가감 성격으로 자본금이나 자본잉여금으로 분류할 수 없는 항목이다. 예를 들면, 자기주식, 주식할인발행차금, 주식선택권, 출자전환채무, 감자차손 및 자기주식처분손실 등이 포함된다(문단 2.31).

4) 기타포괄손익누계액

기타포괄손익누계액은 보고기간종료일 현재의 매도가능증권평가손익, 해외사업환산손익, 현금흐름위험회피 파생상품평가손익 등의 잔액이다(문단 2.32).

5) 이익잉여금(또는 결손금)

이익잉여금(또는 결손금)은 손익계산서에 보고된 손익과 다른 자본항목에서 이입된 금액의 합계액에서 주주에 대한 배당, 자본금으로의 전입 및 자본조정 항목의 상각 등으로 처분된 금액을 차감한 잔액이다(문단 2.33).

(8) 재무상태표 항목의 구분과 통합표시

자산, 부채, 자본 중 중요한 항목은 재무상태표 본문에 별도 항목으로 구분하여 표시한다. 중요하지 않은 항목은 성격 또는 기능이 유사한 항목에 통합하여 표시할 수 있으며,

통합할 적절한 항목이 없는 경우에는 기타항목으로 통합할 수 있다. 이 경우 세부 내용은 주석으로 기재한다(문단 2.34).

그러나 다음의 항목은 구분표시하여야 한다.

1) 현금 및 현금성자산의 구분표시

현금 및 현금성자산은 기업의 유동성 판단에 중요한 정보이므로 별도 항목으로 구분하여 표시한다. 현금 및 현금성자산은 통화 및 타인발행수표 등 통화대용증권과 당좌예금, 보통예금 및 큰 거래비용 없이 현금으로 전환이 용이하고 이자율 변동에 따른 가치변동의 위험이 경미한 금융상품으로서 취득 당시 만기일(또는 상환일)이 3개월 이내인 것을 말한다(문단 2.35).

2) 자본금의 구분표시

자본금은 보통주자본금과 우선주자본금으로 구분하여 표시한다. 보통주와 우선주는 배당금 지급 및 청산시의 권리가 상이하기 때문에 자본금을 구분하여 표시한다(문단 2.36).

☞ 우선주는 상법상 종류주식이라고 하며 종류는 이익배당우선, 잔여재산분배우선, 의결권 제한여부, 상환하는 주식 등을 말한다.

3) 자본잉여금의 구분표시

자본잉여금은 주식발행초과금과 기타자본잉여금으로 구분하여 표시한다(문단 2.37).

4) 자본조정의 구분표시

자본조정 중 자기주식은 별도 항목으로 구분하여 표시한다. 주식할인발행차금, 주식선택권, 출자전환채무, 감자차손 및 자기주식처분손실 등은 기타자본조정으로 통합하여 표시할 수 있다(문단 2.38).

5) 기타포괄손익누계액의 구분표시

기타포괄손익누계액은 매도가능증권평가손익, 해외사업환산손익 및 현금흐름위험회피 파생상품평가손익 등으로 구분하여 표시한다(문단 2.39).

6) 이익잉여금의 구분표시

이익잉여금은 법정적립금, 임의적립금 및 미처분이익잉여금(또는 미처리결손금)으로 구분하여 표시한다. 이익잉여금 중 법정적립금과 임의적립금의 세부 내용 및 법령 등에 따라 이익배당이 제한되어 있는 이익잉여금의 내용을 주석으로 기재한다(문단 2.40).

(9) 자산과 부채의 총액표시

자산과 부채는 원칙적으로 상계하여 표시하지 않는다. 다만, 문단 2.42와 다른 장에서 요구하거나 허용하는 경우에는 예외로 한다(문단 2.41).

기업이 채권과 채무를 상계할 수 있는 법적 구속력 있는 권리를 가지고 있고, 채권과 채무를 순액기준으로 결제하거나 채권과 채무를 동시에 결제할 의도가 있다면 상계하여 표시한다(문단 2.42).

매출채권에 대한 대손충당금 등은 해당 자산이나 부채에서 직접 가감하여 표시할 수 있으며, 이는 문단 2.41의 상계에 해당하지 아니한다. 이 장 외의 다른 장에서 달리 정하는 경우를 제외하고는 자산이나 부채의 가감항목을 해당 자산이나 부채에서 직접 가감하여 표시할 수 있다. 이 경우 가감한 금액을 주석으로 기재한다(문단 2.43).

(10) 미결산항목의 적절한 과목 표시

가지급금 또는 가수금 등의 미결산항목은 그 내용을 나타내는 적절한 과목으로 표시하고, 대조계정 등의 비망계정은 재무상태표의 자산 또는 부채 항목으로 표시하여서는 아니된다.

1) 가지급금의 개념

돈이 지출되었으나 지출 당시 이것을 처리할 계정과목이 확정되지 않았거나 또는 계정과목은 확정되었지만 금액이 확정되지 않았을 때 그것이 확정될 때까지 임시로 처리해 두는 미결산 계정(자산)이다. 따라서 계정과 금액이 확정되는 즉시, 그 확정계정으로 대체하여 정리하여야 한다. 뿐만 아니라 공시되는 재무제표 상에서는 표시하여서는 아니된다.

2) 가수금의 개념

돈이 입금되었으나 이것을 처리할 계정과목이 확정되지 않았거나 또는 계정과목은 확정되었지만 금액이 확정되지 않았을 때, 그것이 확정될 때까지 임시로 처리해 두는 미결산계정(부채)이다. 따라서 계정과목과 금액이 확정되는 즉시 그 확정계정으로 대체하여 정리하여야 한다. 뿐만 아니라 공시되는 재무제표 상에서는 표시하여서는 아니된다.

3) 할인어음계정 사용금지

4) 배서어음계정 사용금지

5) 미결산항목의 적절한 분개

회계기간 중에는 가지급금, 가수금 등 계정을 사용한 경우에도 재무상태표일(결산일)에는 그 잔액을 대체 처리하여야 한다.

① 단기대여금	xxx	가 지 급 금	xxx
② 가 수 금	xxx	주주·임원·종업원 단기차입금	xxx
③ 할 인 어 음	xxx	받 을 어 음	xxx

2 계정과목 해설

(1) 자산과목

구 분	내 용
현 금	지폐, 주화, 통화대용증권(자기앞수표, 타인발행당좌수표, 우편환증서, 외화 등)
당좌예금	당좌계약에 의하여 당좌수표를 발행할 목적의 예금
보통예금	예입과 인출을 자유로이 할 목적의 예금
현금성자산[10]	당좌예금 + 보통예금 + 기타예금 큰 거래비용 없이 현금으로 바꾸기 쉽고, 이자율 변동에 따른 가치변동의 위험이 중요하지 않은 금융상품으로서, 취득 당시 만기일 또는 상환일이 3개월 이내인 것
단기투자자산	단기금융상품 + 단기대여금 + 단기매매증권
단기금융상품	정기예금, 정기적금 등의 정형화된 금융상품으로 단기자금운용 목적으로 소유하거나, 만기일(또는 상환일)이 회계연도말일로부터 1년 이내의 것
단기대여금	회계연도말일로부터 1년 이내에 상환받기로 약정하고 일시적으로 빌려준 금전채권
단기매매증권	단기간 내의 매매차익을 목적으로 소유하며 매수와 매도가 적극적이고 빈번하게 이루어지는 채권과 주식
외상매출금	주된 영업활동에 속하는 일반적 상거래(재화, 용역)를 외상으로 하면서 발생한 채권
받을어음	주된 영업활동에 속하는 일반적 상거래채권을 어음으로 수령한 경우
매출채권	주된 영업활동에 속하는 일반적 상거래[11]에서 발생한 외상매출금과 받을어음으로 한다.
미수금	주된 영업활동에 속하는 일반적 상거래 외의 거래를 외상으로 하면서 발생한 채권
선급금	상품 원재료 등의 구입시 미리 지급하는 계약금이나 착수금 vs 유·무형자산의 선급은 건설중인자산으로 처리한다.

구 분	내 용
선급비용	회계연도말 현재 선급된 비용 중 1년 내에 비용으로 처리될 금액 예) 보험료선급액, 이자선급액, 임차료선급액 등
가지급금	비망과목으로 현금이 지출되었으나, 사용내용 또는 금액이 미정인 것으로 회계연도중에는 사용하다가도 회계연도말 재무상태표에는 가지급금·가수금의 과목은 단기대여금·단기차입금 등 적절한 계정으로 표시하여야 한다.
상 품	판매를 목적으로 구입한 물품(판매목적 건물·토지 등도 포함)
제 품	판매를 목적으로 제조한 물품, 제조한 소프트웨어 등
반제품	반제품이란 제품이 여러 공정을 거쳐 완성되는 경우, 하나의 공정이 끝나서 다음 공정에 인도될 완성품 또는 부분품으로서 완전한 제품이 된 것은 아니지만 가공이 일단 완료됨으로써 저장가능하거나 판매가능한 상태에 있는 부품을 말한다.
재공품	제품을 생산 중에 있는 미완성된 제품, 미완성 소프트웨어 등
원재료	제품을 생산하기 위해 보유하는 원료나 재료
저장품	저장품이란 제품생산에 있어서 보조적으로 소비될 뿐 제품의 실체를 형성하지 아니하는 소모성재료를 의미한다.
투자부동산	토지나 건물 등을 영업활동에 사용할 목적이 아니고 지가 상승에 따른 수익을 얻기 위해 취득한 부동산
장기금융상품	금융기관이 취급하는 만기가 회계연도말일로부터 1년 이상인 금융상품
장기대여금	대여금에 대한 회수기일이 회계연도말일로부터 1년 이상인 채권
토 지	기업이 보유하고 있는 공장이나 사무실의 기반을 이루는 땅
건 물	건물이란 지붕 및 기둥, 벽이 있는 것과 이에 부수된 시설로 한다. 이 중 하나라도 개방되어 있으면 구축물로 구분되며 냉난방설비·조명설비·통풍 및 기타의 건물 부속설비도 포함할 수 있다.
기계장치	공장에서 제품을 생산하기 위해 사용되는 기계와 장치
공구와기구	생산활동에 사용되는 것으로서 기계장치가 아닌 것
차량운반구	제품이나 상품 등을 운반하기 위해 보유하고 있는 자동차, 자전거 등 모든 운송설비
비 품	컴퓨터·계산기·책상·의자·사무용품 등
건설중인자산	건물 등 유·무형자산의 취득에 대한 계약(착수)금부터 완성시점까지 발생하는 일체의 금액(신축건물, 외주제작기계, 외주개발소프트웨어 등)
개발비	신제품 및 신기술을 개발하면서 발생한 비용으로 개별적으로 식별가능하고 미래의 경제적 효익을 기대할 수 있는 것
지식재산권	법적으로 일정기간 독점적·배타적으로 이용할 수 있는 권리로서 특허권·실용신안권·의장권 및 상표권 등
보증금	임차보증금, 영업보증금, 전세권, 전신전화가입권

---

10) 현금성자산에는 보통예금, MMF, 수익증권 등이 포함된다. 회계연도 중에는 보통예금계정, 당좌예금계정, 기타예금 등으로 회계처리를 하고 재무제표를 외부 보고용으로 작성하는 경우 이를 통합하여 현금및현금성자산으로 표시하면 될 것이다.
11) 일반적상거래는 대변분개에서 매출계정에 해당하는 것으로 외상매출금과 받을어음을 통합하여 표시한 것이다.

(2) 부채과목

구 분	내 용
외상매입금	원재료나 상품을 외상으로 매입하면서 발생한 채무
지급어음	재고자산을 외상으로 매입하면서 어음으로 지급한 경우
매입채무	외상매입금 + 지급어음
단기차입금	회계연도말로부터 1년 이내에 상환하기로 한 차입금
미지급금	재고자산 이외의 자산을 외상으로 구입할 때 발생한 채무
선수금	일반적 상거래에 해당하는 매출관련 대가를 미리 받은 경우
가수금	현금이 입금 되었으나, 계정과목 또는 금액이 미정인 것
예수금	일시적으로 자금을 보관하였다가 납부 또는 지출하는 금액 예) 부가세예수금, 근로소득세예수금 등
유동성장기부채	장기차입금 중 상환기한이 회계연도말로부터 1년 이내로 도래하는 것
장기차입금	상환기한이 회계연도말로부터 1년 이후에 도래하는 차입금
사 채(社 債)	회사가 자금을 빌리면서 채권자에게 작성하여 교부하는 정형화된 차용증서로 제3자에게 자유롭게 양도가 가능 vs 공채, 국채
퇴직급여충당부채	임직원의 퇴직에 대비하여 매년 회사가 부담해야 하는 퇴직금을 계산하여 적립하여야 하는 충당부채

☞ 용어 : 일반기업회계기준에서는 자산과목 중 회수를 돈으로 하는 것을 금융자산이라고 하며 부채과목 중 상환을 돈으로 하는 것을 금융부채라고 한다. 따라서 재고자산, 선급금, 선수금은 금융자산·금융부채에 해당하지 않는다.

(3) 자본과목

구 분	내 용
자본금	① 법인기업 : 상법 제 451조에 의한 자본금으로서 등기부등본에 표시되는 금액 ② 개인기업 : 자산총액에서 부채총액을 뺀 잔액
자본잉여금	주주와의 거래에서 발생한 이익으로서 주식발행초과금, 자기주식처분이익, 감자차익 등
자본조정	주주와의 거래에서 발생한 손실로서 주식할인발행차금, 자기주식처분손실, 감자차손과 자기주식 등
기타포괄손익누계액	손익거래 중 미실현된 이익의 집합계정으로서 매도가능증권평가손익, 해외사업환산손익, 현금흐름위험회피, 파생상품평가손익 등
이익잉여금	영업활동에 따라 발생한 이익과 자본항목에서 이입된 금액을 더한 금액에서 주주에게 배당 등을 한 후 내부에 남아있는 잉여금

제2절 당좌자산

당좌자산이란 재고자산에 속하지 않는 유동자산을 말한다. 당좌자산에는 현금 및 현금성자산, 단기투자자산, 매출채권, 선급비용, 미수수익, 미수금과 선급금 등이 포함된다. 매출채권, 대여금, 미수금, 미수수익 등에 대한 대손충당금은 해당 자산의 차감계정으로 재무상태표에 표시한다.

1 금융상품(일반기업회계기준 제6장)

(1) 금융상품의 개념

금융상품이란 거래당사자에게 금융자산과 금융부채를 동시에 발생시키는 계약을 말한다.

금융자산이란 현금, 소유지분에 대한 증서 및 현금(또는 다른 금융자산)을 수취하거나 유리한 조건으로 금융자산을 교환할 수 있는 계약상의 권리를 말한다. 따라서 선급비용이나 선급금은 재화 또는 용역을 수취할 자산으로서 금융자산이 아니다.

금융부채는 현금(또는 다른 금융자산)을 지급하거나 불리한 조건으로 금융자산을 교환해야 하는 계약상의 의무를 말한다.

(2) 인식시점

금융자산이나 금융부채는 금융상품의 계약당사자가 되는 때에만 재무상태표에 인식한다.

2 현금 및 현금성자산

(1) 현금

현금이란 수중에 보유한 현금·수표 등과 당좌예금·보통예금 등 즉시 현금화할 수 있는 예금을 말한다.

(2) 현금성자산

'현금성자산'이란 큰 거래비용 없이 현금으로 전환이 용이하고 이자율변동에 큰 가치변동의 위험이 중요하지 않은 유가증권 및 단기투자자산으로서 취득당시 만기(또는 상환일)가 3개월 이내에 도래하는 채권, 상환우선주, 환매채, 여행자수표, MMF, 수익증권, BMF(통화채권펀드 bond management)등을 말한다. 현금성자산과목의 분류기준일은 보고기간종료일이 아닌 취득 당시의 기준으로 판단한다.

(3) 선일자수표

선일자수표를 매출대금으로 받은 경우 받을어음 계정으로 회계 처리한다. 선일자수표는 실제 발생일보다 수표권면상 발행일자가 나중인 수표를 말한다.

① **외상판매대금을 현금으로 수금한 경우의 거래분개**

(차) 현　　　　금　　　xxx　　(대) 외 상 매 출 금　　　xxx

② **외상구입대금을 현금으로 지급한 경우의 거래분개**

(차) 외 상 매 입 금　　xxx　　(대) 현　　　　금　　　xxx

③ **선일자 당좌수표를 매출대금으로 수금한 경우의 거래분개**

(예 : 4. 7. 수취한 당좌수표의 발행일이 4. 30.인 경우)

(차) 받 을 어 음　　　xxx　　(대) 매　　　　출　　　xxx

(4) 소액현금 또는 전도금

회사의 규모가 확대되고 조직화되면 경리과에서 모든 현금을 회사 내 모든 부서 또는 지점에 거래가 발생할 때마다 직접 지출할 수는 없는 것이다.

따라서 정기적으로 각 부서 또는 지점에 일정액의 현금을 지출하고 일정기간 동안의 사용내역을 증빙서류와 함께 통보받아 회계 처리하는 방식이 있는데 이러한 제도를 소액현금 또는 전도금 제도라 한다.

소액현금 제도를 운용함에 있어서 각 부문의 자금을 일정시점마다 항상 일정액이 될 수 있도록 해당 기간 동안 사용액만큼을 전도하는 방식과 사용액과 관계없이 임의의 금액을 수시로 보충해 주는 방식이 있을 수 있는데, 전자를 정액자금 전도제도라고 하고 후자를 부정액자금 전도제도라 한다.

예를 들어 어느 회사의 정액전도금 1,000,000원에 대한 분개사례를 보면

① **자금 전도시**

(차) 소액현금(전도금)　1,000,000　　(대) 현　　　　금　　1,000,000

② 자금 보충·전도시

　　(차) 비 용 계 정　　700,000　　(대) 소 액 현 금　　700,000
　　　　(또는 자산계정)

　　(차) 소 액 현 금　　700,000　　(대) 현　　　　금　　700,000

③ 기말시점

　　(차) 현　　　　금　　1,000,000　　(대) 소 액 현 금　　1,000,000

(5) 보통예금과 예금차월(借越)

보통예금은 말 그대로 특별하지 않은 보통의 예금계좌를 말한다. 기업은 보통예금계좌에 마이너스(차월)한도를 계약하고 필요시 사용하는 경우도 있는데 이 경우는 부채에 해당한다. 사례를 통하여 검토하자.

> **사례 2-1　보통예금 회계처리**
>
> 4월 1일 : 보통예금통장에 현금 500,000원을 입금하였다.
> 　(차) 보 통 예 금　　500,000　　(대) 현　　　　금　　500,000
>
> 4월 20일 : 상품 외상매입대금 1,100,000원을 보통예금에서 계좌이체하여 결제하였다.
> 　(차) 외 상 매 입 금　　1,100,000　　(대) 보 통 예 금　　1,100,000
>
> 12월 31일 결산시점에 마이너스예금이라서 유동부채로 대체하였다.
> 　　　　　　　　　　　　　　　　　(대) 보 통 예 금　　-600,000
> 　　　　　　　　　　　　　　　　　(대) 예 금 차 월　　600,000

(6) 당좌예금과 당좌차월(當座借越)

1) 당좌예금

당좌예금은 예금자의 요구에 따라 언제든지 지급할 것을 약속하는 예금이다.

당좌예금은 기업이 매일의 빈번한 금전수불의 사무를 은행에 대행시킬 목적으로 이루어지는 예금이다.

예금은 현금 또는 수표, 만기도래어음 등으로 가능하지만 인출은 반드시 수표 또는 어음으로만 가능하다.

당좌예금은 원칙적으로 무이자이므로 저축의 수단이 아니고, 기업이 상거래의 편의를 위하여 이용한다. 즉, 기업은 상거래상 대금지급을 당좌수표나 약속어음을 발행하여 주고 그 상대방은 그것을 은행에 제시하면 은행에서 대금지급사무를 맡아준다.

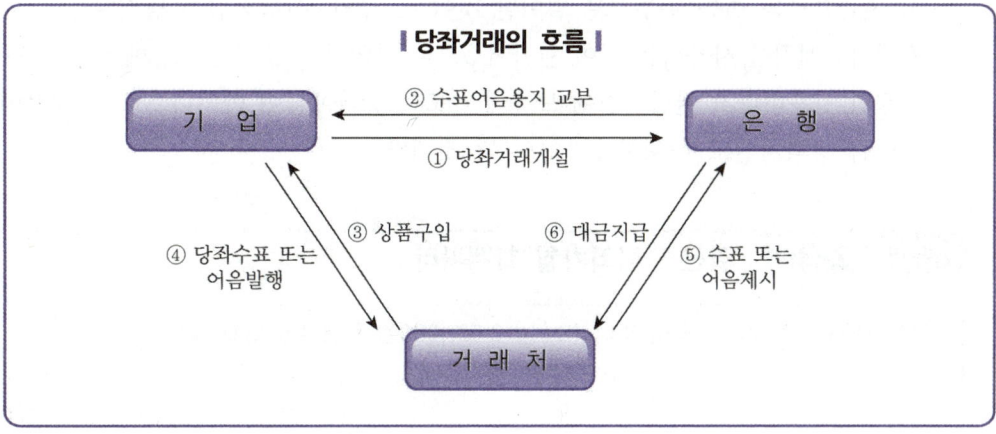

2) 당좌차월

은행과 약정하에 당좌예금 잔액이 없는 경우에도 당좌수표 또는 약속어음을 발행하여 대금을 지급하게 할 수 있다. 이때, 당좌예금 초과지급액이 당좌차월계정이며 부채거래에 해당한다. 당좌차월의 한도와 이자는 은행과 기업이 약정하는 것이므로 은행마다 또는 기업마다 서로 다르다.

사례 2-2 당좌예금 회계처리

1월 1일 : 당좌거래를 개설하고 현금 1,000,000원을 예입하다.

  (차) 당 좌 예 금   1,000,000   (대) 현   금   1,000,000

1월10일 : 당좌수표[12] 300,000원을 발행하여 책상을 구입하였고 약속어음 1,000,000원을 발행(만기 : 1월 15일)하여 상품을 구입하였다.

  (차) 비   품   300,000   (대) 당 좌 예 금   300,000
      상   품   1,000,000   지 급 어 음   1,000,000

1월15일 : 위 1월 10일자 발행 약속어음이 만기되었다. 당좌예금에서 처리하다.

  (차) 지 급 어 음   1,000,000   (대) 당 좌 예 금   700,000
                                       당 좌 차 월   300,000

---

12) 당좌수표는 은행에서 제시즉시 현금화되므로 교부당시 당좌예금계정으로 분개한다. 다만 당좌수표도 선일자수표를 발행한 경우에는 어음처럼 취급한다. 약속어음은 부채로 회계처리 하였다가 만기인출시 당좌예금계정과 대체처리한다.

3) 예금차월 또는 당좌차월로 대체하는 시점

보통예금 또는 당좌예금 상태였다가 보통예금 마이너스 또는 당좌예금 마이너스로, 다시 예금으로의 변동은 수시로 일어날 것이다. 앞의 사례와 같이 당좌차월인 시점마다 당좌차월계정을 사용하는 것이 원칙이겠으나 편의상 기중에는 보통예금 또는 당좌예금 계정만 사용하다가 결산시점에 보통예금 또는 당좌예금이 마이너스로 된 경우에 그 금액만큼 당좌차월로 대체분개하여도 될 것이다.

사례 2-3　결산 - 당좌차월 회계처리

결산시점에 당좌예금 잔액이 마이너스(-) 3,527,000원인 경우에 회계처리

(대) 당 좌 차 월　　3,527,000
(대) 당 좌 예 금　　-3,527,000

4) 재무상태표에 표시과목은 현금 및 현금성자산

회계연도 중에는 현금계정, 보통예금계정, 당좌예금계정 등으로 회계처리를 하고 재무제표를 외부에 제출용으로 작성하는 경우 이를 통합하여 현금 및 현금성자산으로 표시하면 될 것이다. 처음부터 현금 및 현금성자산 계정을 사용해도 관계없으나 관리회계 측면에서 볼 때 각각 구분하여 계정과목을 선택하는 것이 더 효율적이다.

3 단기투자자산

단기투자자산은 기업이 여유자금의 활용 목적으로 보유하는 단기예금, 단기대여금, 단기매매증권 및 유동자산으로 분류되는 매도가능증권과 만기보유증권 등의 자산을 포함한다.

(1) 단기예금

1) 정기예금 등 개념

① **정기예금**

예금주가 일정한 기간(만기일)을 정하여 일정금액을 예치하는 예금을 정기예금이라고 한다. 이때, 회계연도 말부터 만기가 1년 이내인 예금은 정기예금을 사용하고 1년 이후인 경우 장기성예금으로 회계처리 한다.

② **정기적금**

일정기간 동안 매월 일정일에 일정금액을 예입하는 것을 정기적금이라 한다.

③ **기타 예금**

기업은 당좌예금, 정기예금, 정기적금 외에도 보통예금, 자유저축예금, 기업자유예금, 양도성예금증서(CD ; Certificates of Deposit), 기업금전신탁, 적립식목적금전신탁, 환매채, 여행자수표, 표지어음, 기업어음(CP ; Commercial Paper), 어음관리구좌(CMA ; Cash Management Account), 환매조건부채권(Repurchase Agreements), 통화채권펀드(BMF :bond management fund), MMF(Money Market Fund) 등에 현금을 예치할 수 있는데 거래가 빈번한 예금은 관리상 별도의 계정과목으로 하고 거래가 빈번하지 않은 예금은 제예금과목 또는 기타예금과목 등 적절히 정하여 회계처리한다.

㉠ CD : 정기예금증서에 유동성을 부여하여 유통시키는 예금증서
㉡ CP : 금융기관이 기업어음을 매입하여 양도하는 어음
㉢ CMA : 금융기관이 소액투자가들로부터 수탁받아 운용하여 운용수익을 지급하는 상품
㉣ 표지어음 : 금융기관이 상업어음을 매입하여 이를 근거로 다시 금융기관이 발행한 어음상품
㉤ MMF : 투자신탁회사가 고객들의 자금을 모아 펀드를 구성한 다음 기업어음(CP)·양도성예금증서(CD)·콜 등 주로 단기금융상품에 운용하여 얻은 수익을 고객에게 배분하는 초단기 금융상품
㉥ 수익증권 : 고객이 투자신탁회사에 맡긴 재산을 운용해 거기서 발생하는 수익을 받을 권리를 표시하는 증권이다. 따라서 투자신탁회사에 저축하는 것은 수익증권을 매입하는 것이다. 저축자는 저축과 동시에 수익증권을 받아갈 수 있으나 매번 수익증권을 받아가는 것이 번거롭다. 그래서 통상 수익증권을 투자신탁회사에 맡기고 은행처럼 통장으로 관리한다. 수익증권을 사고 팔 때 기준이 되는 가격은 보통 1000좌를 기준으로 표시되는데, 이것이 기준가격이며 투자 재산가치의 증감을 나타내는 기준이다. 또 고객의 계좌에 남아 있는 돈은 평가액이라고 한다.

✽ MMF 또는 BMF는 기준가격이 공시되므로 수익증권과 함께 유가증권이다. 따라서 예금과목보다는 유가증권으로 처리하는 것이 원칙이다. 그러나 큰 거래비용 없이 현금으로 전환이 용이하고 이자율 변동에 따른 가치변동의 위험이 중요하지 않은 금융상품으로서 취득 당시 만기일이 3개월 이내인 것은 예금과목으로 처리하여도 된다.

2) **일반기업회계기준상 수입이자 인식시기**

정기예금의 이자수익은 기간의 경과에 비례하여 발생하는 성질의 것이므로 지급방법에 불구하고 기간 경과에 따라 발생이자는 미수수익으로 계상하여야 한다.
기업회계기준 해석(33-15, 97. 3.31)에서는 이를 더욱 구체적으로 설명하고 있다.

"국·공채 및 은행예금에 대한 이자수익은 기간의 경과에 비례하여 발생하는 성질의 것이므로 지급방법에 불구하고 기간 경과에 따라 발생이자는 미수수익으로 계상함이 타당하다."라고 회신하고 있다.

즉, 결산시점에서 이자는 직접적으로 수령하지 아니하였으나 정확한 기간손익을 위하여 수익거래로 분류하여 회계처리 하여야 한다.

사례 2-4 정기예금 회계처리

① x1년 7월 1일 거래은행에 10,000,000원을 정기예금하기 위하여 현금을 지출하였다. 만기일은 1년 후인 x2년 7월 1일이며 만기 때 받을 이자율은 12%이다.

   (차) 정 기 예 금   10,000,000   (대) 현 금   10,000,000

② x1년 12월 31일 결산시점에서 약정 수입이자를 미수수익으로 계상하였다.

   (차) 미 수 수 익   604,931   (대) 이 자 수 익   604,931[13]

   * (10,000,000×12%×1/365×184일(7/1-12/31)=604,931

③ x2년 7월 1일 위의 정기예금이 만기가 되어 원금 10,000,000원과 약정이자 1,200,000원 중 이자소득에 대한 법인세 15.4%(지방소득세포함)를 제외한 1,015,200원을 현금으로 인출하였다.

   (차) 현 금   11,015,200   (대) 정 기 예 금   10,000,000
      선 납 세 금   184,800   이 자 수 익   595,069
                                       미 수 수 익   604,931

   * 10,000,000×12% - 604,931 = 595,069

3) 세법상 귀속시기와 세무조정

법인의(금융기관 제외) 수입이자는 원천징수하는 시기(지급한 날)에 수입된 날로 한다. 따라서 사례 2-4는 다음과 같이 세무조정을 한다.

x1년 : 이자수익 604,931 익금불산입(유보)

x2년 : 이자수익 604,931 익금산입(유보)

✱ 세무조정은 법인세법(제5장)에서 설명하고 있다.

---

[13] 사례에서 이자수익은 604,931원이다. 이 금액이 중요하지 않다고 판단되면 미수수익을 계상하지 않는다.

사례 2-5 정기적금 회계처리

① 거래은행에 x1년 7월 1일부터 매월 1일에 100,000원씩 3년간 불입 후 x4년 7월 1일 5,000,000원을 찾는 적금을 계약하였다. x1년 불입금은 총 600,000원이다.(단, 보통예금에서 자동인출됨)

    (차) 장 기 성 예 금   600,000   (대) 보 통 예 금   600,000

② x1년 12월 31일 결산시점

    (차) 미 수 수 익   44,144   (대) 이 자 수 익   44,144

   ✱ 총이자 $1,400,000 \times \dfrac{21(1부터\ 6회까지의\ 적수)}{666(1부터\ 36회까지의\ 적수)} = 44,144$

   ✱ 법인세법상 세무조정 : 익금불산입 44,144(유보)

(2) 단기대여금

회수기한이 회계연도 말부터 1년 이내에 도래하는 대여금으로 한다. x1년 1월 1일에 현금을 빌려주면서, x2년 12월 31일에 받기로 하였다고 하자. 순수대여기간은 2년이나 그 기업의 회계연도 말시점인 x1년 12월 31일 현재시점에서 보면 1년 내에 회수기간이 도래하므로 유동자산에 속하는 단기대여금에 해당한다.

사례 2-6 단기대여금 회계처리

① x1년 8월 1일 나라(주)는 한국(주)에 일시적으로 1,000,000원을 현금으로 대여하였다.

    (차) 단 기 대 여 금   1,000,000   (대) 현   금   1,000,000

② x1년 12월 1일 나라(주)는 한국(주)에게 대여해준 1,000,000원을 현금으로 회수하였다.

    (차) 현   금   1,000,000   (대) 단 기 대 여 금   1,000,000

(3) 유가증권(일반기업회계기준 제6장 제2절)

1) 유가증권의 의의

'유가증권'은 재산권을 나타내는 증권을 말하며, 실물이 발행된 경우도 있고, 명부에 등록만 되어 있을 수도 있다. 유가증권은 시장에서 거래되거나 투자의 대상이 되며 유가증권에는 지분증권과 채무증권이 포함된다. 유가증권에는 상품에 대한 권리를 나타내는 창고증권, 화물상환증 및 선하증권 등은 포함되지 않는다(문단6.20).

① 지분증권은 회사, 조합 또는 기금 등의 순자산에 대한 소유지분을 나타내는 유가증권(예 : 보통주, 우선주, 수익증권 또는 자산유동화출자증권)과 일정금액으로 소유지분을 취득할 수 있는 권리(예 : 신주인수권 또는 콜옵션) 또는 소유지분을 처분할 수 있는 권리(예 : 풋옵션)를 나타내는 유가증권 및 이와 유사한 유가증권을 말한다.
② 채무증권이란 발행회사에 대하여 금전을 청구할 수 있는 권리를 표시하는 증권(국·공채, 회사채 등)을 말한다.
  ㉠ 국가가 발행하는 채권(국채)   ㉡ 지방자치단체가 발행하는 채권(지방채)
  ㉢ 공공단체가 발행하는 채권(공채) ㉣ 회사가 발행하는 채권(사채)
  ㉤ 유동화전문회사 등이 발행하는 채권(수익증권, 유동화채권 등)

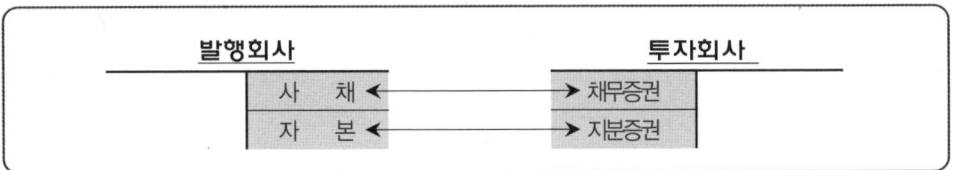

2) 계정과목의 분류

유가증권은 취득한 후에 만기보유증권, 단기매매증권, 그리고 매도가능증권 중의 하나로 분류한다(문단6.22).

계정분류		회계연도 말일부터 1년 이내에 회수할 다음의 유가증권
유가증권	단기매매증권	단기간 내의 매매차익을 목적으로 취득한 유가증권으로서 매수와 매도가 적극적이고 빈번하게 이루어지는 것
	만기보유증권	만기가 확정된 채무증권으로서 상환금액이 확정되었거나 확정이 가능한 채무증권을 만기까지 보유할 적극적인 의도와 능력이 있는 경우에는 만기보유증권으로 분류한다.
	매도가능증권	단기매매증권이나 만기보유증권으로 분류되지 아니하는 유가증권은 매도가능증권으로 분류한다.

3) 만기보유증권

만기가 확정된 채무증권으로서 상환금액이 확정되었거나 확정이 가능한 채무증권을 만기까지 보유할 적극적인 의도와 능력이 있는 경우에는 만기보유증권으로 분류한다(문단 6.23).
다음의 경우에는 만기까지 채무증권을 보유할 적극적인 의도가 없는 것으로 본다.
① 만기까지의 보유여부를 분명히 정하고 있지 아니한 경우

② 시장이자율 또는 위험의 변동, 필요한 유동성 수준의 변화(예: 은행의 경우 예금인출 또는 대출수요의 증가에 따른 유동성 확보가 필요할 때), 다른 대체적인 자산의 투자 가능성이나 수익률의 변동, 자금조달원천과 조건의 변화 또는 외화위험의 변화 등의 상황이 발생할 경우에는 매도할 의도가 있는 채무증권. 다만, 위와 같은 요인이 급격하게 변동하는 등 합리적으로 예상할 수 없는 비반복적인 상황변동에 대응하여 매도하는 경우를 제외한다.

③ 채무증권의 발행자가 채무증권의 상각후 취득원가보다 현저하게 낮은 금액으로 중도상환권을 행사할 수 있는 경우

당 회계연도와 직전 2개 회계연도 중에, 만기보유증권을 만기일 전에 매도하였거나 발행자에게 중도상환권을 행사한 사실이 있는 경우, 또는 만기보유증권의 분류를 매도가능증권으로 변경한 사실이 있다면(단 이러한 사실들에 해당하는 금액이 만기보유증권 총액과 비교하여 경미한 금액인 경우는 제외), 보유 중이거나 신규로 취득하는 모든 채무증권은 만기보유증권으로 분류할 수 없다. 다만, 다음의 경우 만기보유증권으로 분류한다.

① 만기까지 잔여기간이 얼마 남지 않아서 시장이자율의 변동이 공정가치에 중요한 영향을 미치지 않을 시점(예: 3개월 이내)에 매도하거나, 또는 중도상환권 행사일까지의 잔여기간이 얼마 남지 않은 시점(예: 3개월 이내)에 매도하는 경우
② 채무증권의 액면금액 거의 대부분(예: 85% 이상)을 회수한 후에 그 채무증권을 매도하는 경우
③ 채무증권 발행자의 신용상태가 크게 하락하였다는 증거가 발견되는 경우
④ 법규 등의 변경에 의하여 불가피하게 매도하는 경우
⑤ 중요한 기업결합 또는 주요 사업부문의 매각이 있을 때 기존의 이자율 위험관리 또는 신용위험정책을 유지하기 위하여 채무증권을 매도하는 경우
⑥ 합리적으로 예상할 수 없는 비반복적인 상황 변동에 대응하여 그 채무증권을 매도하는 경우

4) 단기매매증권

단기매매증권은 주로 단기간 내의 매매차익을 목적으로 취득한 유가증권으로서 매수와 매도가 적극적이고 빈번하게 이루어지는 것을 말한다.

5) 매도가능증권

단기매매증권이나 만기보유증권으로 분류되지 아니하는 유가증권은 매도가능증권으로 분류한다.

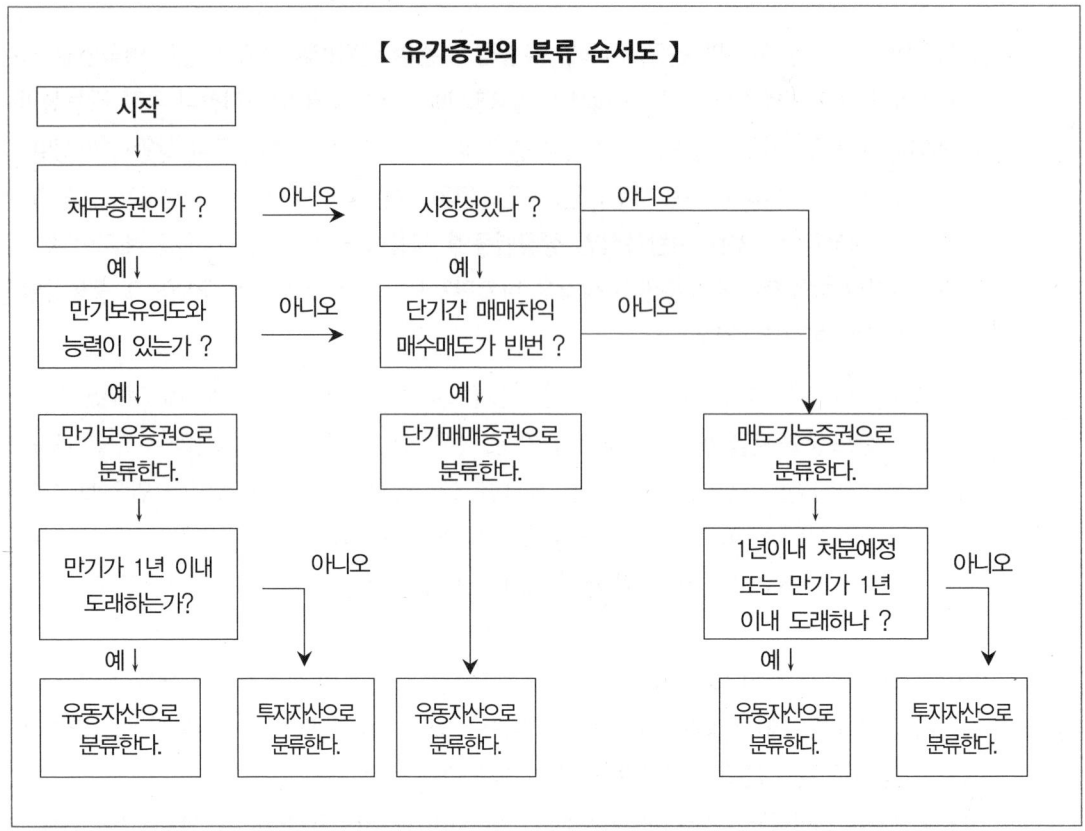

6) 유동자산과 투자자산의 분류

① **단기매매증권은 유동자산으로 분류한다. 이 경우, 단기매매증권을 단기투자자산 등의 과목으로 통합하여 재무상태표에 표시할 수 있다.**

② **매도가능증권과 만기보유증권은 투자자산으로 분류한다.** 다만, 재무상태표일로부터 1년 내에 만기가 도래하거나 또는 매도 등에 따라 처분할 것이 거의 확실한 매도가능증권과, 재무상태표일로부터 1년 내에 만기가 도래하는 만기보유증권은 유동자산으로 분류한다. 매도가능증권과 만기보유증권을 투자자산으로 분류하는 경우 장기투자증권 등의 과목으로 통합하여 표시할 수 있고, 유동자산으로 분류하는 경우 단기투자자산 등의 과목으로 통합하여 재무상태표에 표시할 수 있다.

7) 유가증권의 최초 인식(계상시점)

금융자산이나 금융부채는 금융상품의 계약당사자가 되는 때에만 재무상태표에 인식한다.(문단6.4) 유가증권시장 또는 코스닥시장에서는 매매계약 체결 후 일정일 이후(예: 현재 3일째)에 결제가 이루어지는데, 이 경우 주식매매거래의 인식시점은 매매일로 본다. 이는 매매계약 체결 후 일정일 이후에 투자매매업자, 투자중개업자의 고객계좌부에 명의개서가 이루어지고 이 시점부터 의결권 등 법적인 권리를 행사할 수 있지만, 주식의 가격변동에 대한 위험과 효익은 실질적으로 매매계약체결시점에 이전되기 때문이다.

> 매매계약일 : (차) 매도가능증권　　xxx　　　　(대) 미지급금　　xxx

8) 발행일 이후에 취득하는 국공채의 기일 경과분 이자

국·공채를 발행일 이후에 취득할 경우에 기일 경과분 이자에 해당하는 금액은 지급한 대가에서 차감하여 미수수익으로 계상하고, 그 나머지 금액을 그 유가증권의 취득가액으로 한다.

│사례　2-7　유가증권 회계처리 (1) - 기간경과분 이자

> x1년 3월 1일 (주)다솔은 단기시세차익 목적으로 (주)세연이 발행한 액면가액 100,000원, 액면이자율 12%의 사채를 발생이자를 포함하여 95,000원에 매입하고 보통예금에서 계좌이체하였다. 이 사채의 이자지급일은 x1년 12월 31일이다.
> (차) 단기매매증권　　　93,000　　　　(대) 보통예금　95,000
> (차) 미　수　이　자　　　2,000
> * 100,000 × 0.12 × 2/12 = 2,000

9) 취득가액 및 거래비용

금융자산이나 금융부채는 최초인식시 공정가치(시가개념임)로 측정한다.

다만, 최초인식 이후 공정가치로 측정하고 공정가치의 변동을 당기손익으로 인식하는 금융자산이나 금융부채{예: 단기매매증권, 파생상품(현금흐름위험회피회계에서 위험회피수단으로 지정되는 경우는 제외)}가 아닌 경우 당해 금융자산(금융부채)의 취득(발행)과 직접 관련되는 거래원가는 최초인식하는 공정가치에 가산(차감)한다(문단6.12). 최초인식시 금융상품의 공정가치는 일반적으로 거래가격(제공하거나 수취한 대가의 공정가치)이다.

그러나 장기연불조건의 매매거래, 장기금전대차거래 또는 이와 유사한 거래에서 발생하는 채권·채무로서 명목금액과 현재가치의 차이가 유의적인 경우에는 이를 현재가치로 평가한다.

이러한 현재가치는 당해 채권·채무로 인하여 미래에 수취하거나 지급할 총금액을 적정한 이자율로 할인한 금액이다.

사례 2-8 유가증권 회계처리 (2) - 주식

x1년 10월 1일에 단기보유목적으로 주식 100주를 200,000(주당 2,000)원에 현금으로 취득하면서, 증권회사 수수료로 5,000원도 현금지급하였다. 상장주식과 비상장주식일 때 각각 분개하시오

상장 : (차) 유 가 증 권	200,000	(대) 현 금	205,000
지 급 수 수 료	5,000		

비상장 : (차) 유 가 증 권	205,000	(대) 현 금	205,000

사례 2-9 유가증권 회계처리 (3) - 이종자산 교환

甲법인은 보유하고 있던 토지[시가 50억원(장부가액 40억원)]와 乙법인이 보유하고 있는 상장주식(시가 52억)을 교환하였다.(기준 6.13 제공한 대가의 공정가치)

(차) 매도가능증권	50억	(대) 토지	40억
		(대) 유형자산처분이익	10억

만약 乙법인로부터 제공받은 주식의 시가가 49억원인 경우는 다음과 같다.(기준6.12)

(차) 매도가능증권	49억	(대) 토지	40억
		(대) 유형자산처분이익	9억

10) 현금배당 또는 이자수입

① **지분증권에 대한 배당을 현금으로 받는 경우에는 영업외수익의 배당금수익으로 회계처리 한다.**
주식으로 받는 배당은 주식수만 증가시킬뿐 회계처리는 하지 않는다.

(차) 현 금	xxx	(대) 배 당 금 수 익	xxx
		(영 업 외 수 익)	

② **국채, 지방채, 또는 회사채권에 대한 이자를 받는 경우에는 영업외수익의 이자수익으로 회계처리 한다.**

(차) 현 금	xxx	(대) 이 자 수 익	xxx
		(영 업 외 수 익)	

11) 결산시 평가

① **시장가격이 있는 유가증권은 시장가격으로 평가**
㉠ 시장성있는 유가증권이란 한국증권거래소가 개설한 유가증권시장(이하 '거래소시장'이라 한다), 한국증권업협회가 운영하는 중개시장(이하 '협회중개시장'이라 한다) 또는 공신력 있는 외국의 증권거래시장(뉴욕증권거래소, 런던증권거래소 등)에서 거래되는 유가증권을 말한다.

다만, 매도가능증권 중 시장성이 없는 지분증권의 공정가치를 신뢰성있게 측정할 수 없는 경우에는 취득원가로 평가한다(문단6.30).

ⓒ 평가액의 회계처리
 (a) 단기매매증권에 대한 미실현보유손익은 당기손익항목으로 처리한다.
 (b) 매도가능증권에 대한 미실현보유손익은 기타포괄손익누계액으로 처리하고, 당해 유가증권에 대한 기타포괄손익누계액은 그 유가증권을 처분하거나 손상차손을 인식하는 시점에 일괄하여 당기손익에 반영한다(문단6.31).

사례 2-10 유가증권 회계처리 (4) - 상장주식

재성(주)는 x1년 5월 10일 상장주식 10,000주를 89,000,000원에 현금으로 취득하였다(시가 @8,900 액면가 @5,000원, 수수료 80만원 현금지급). x1년 12월 31일 종가는 9,500원이다.

① x1년 5월 10일

(차) 유 가 증 권 14)	89,000,000	(대) 현 금	89,800,000
지 급 수 수 료	800,000		

② x1년 12월 31일

(차) 유 가 증 권	6,000,000	(대) 단기투자자산평가이익 (영 업 외 수 익)	6,000,000

✽ **법인세법 세무조정**

세법은 유가증권 평가를 인정하지 않는다. 단기투자자산평가이익에 대하여는 익금불산입(유보), 단기투자자산평가손실에 대하여는 손금불산입(유보)하는 세무조정을 하여야 한다. 그리고 처분시 반대의 손금 또는 익금의 세무조정으로 유보가 없어진다.

② **시장가격이 없는 지분증권은 당초 취득원가**

증권투자회사법 등 관련 법규에 따라 자산을 공정가액으로 평가하여 공시하는 금액과, 합리적인 평가모형과 적절한 추정치를 사용하여 신뢰성있게 평가한 금액은 시장성이 없는 지분증권의 공정가액으로 볼 수 있다. 이 경우 공신력 있는 독립된 유가증권 평가 전문기관이 평가한 금액은 신뢰성있게 평가한 금액으로 본다. 다만, 매도가능증권 중 시장성이 없는 지분증권의 공정가치를 신뢰성있게 측정할 수 없는 경우에는 취득원가로 평가한다.

---
14) 유가증권계정 대신 단기투자자산, 단기매매증권 등으로 사용하기도 한다.

| 사례 2-11 | 유가증권 회계처리 (5) - 비상장주식 |

재성(주)는 x1.5.10. 태림(주)의 주식 10,000주를 89,000,000원에 현금으로 취득하였다(시가 @8,900원 액면가 @5,000원). x1.12.31 종가는 9,500원이다. 그리고 x2.2.5. 5,000주를 주당 9,200원인 46,000,000원에 매각하였다.

x1.5.10
(차) 매도가능증권   89,000,000   (대) 현   금   89,000,000

x1.12.31
(차) 매도가능증권   6,000,000   (대) 매도가능증권평가이익   6,000,000
                                          (기타포괄손익누계액)

x2. 2. 5
(차) 현금 등   46,000,000   (대) 매도가능증권   47,500,000
(차) 매도가능증권평가이익 3,000,000   (대) 매도가능증권처분이익   1,500,000
     (기타포괄손익누계액)   (영업외수익)

✱ 법인세법 세무조정

세법은 유가증권 평가를 인정하지 않는다. 다음과 같은 세무조정을 하여야 한다.

x1.12.31.	-(자본증가) 매도가능증권평가이익 600만원 익금산입(기타) -(자산증가) 매도가능증권 600만원 익금불산입(유보)	세법상 인정하지 않는 자산의 증·감액은 유보로 세무조정을 하여 관리하고 그 자산의 상대과목인 자본의 세무조정은 기타로 처분한다.
x2.2.5	-(자본감소) 매도가능증권평가손실 300만원 손금산입(기타) -(자산감소) 매도가능증권 300만원 손금불산입(유보)	

③ 시장가격이 없는 채무증권은 상각후원가법

채무증권의 시장가격은 없으나 미래현금흐름을 합리적으로 추정할 수 있고, 공신력 있는 독립된 신용평가기관이 평가한 신용등급이 있는 경우에는 신용평가등급을 적절히 감안한 할인율을 사용하여 평가한 금액을 공정가치로 본다. 시장가격이 없는 채무증권의 공정가치를 상기의 방법으로 측정할 수 없는 경우에는 일반적으로 합리적이라고 인정되는 평가모형을 이용하여 공정가치를 결정할 수 있다. 합리적인 평가모형에 의한 공정가치의 결정에는 투자자들이 사용할것으로 예상되는 이자율 또는 할인율 등에 관한 제반 가정을 반영하여야 한다.

④ 만기보유증권은 상각후원가로 평가하여 재무상태표에 표시한다.

만기보유증권을 상각후원가로 측정할 때에는 장부금액과 만기액면금액의 차이를 상환기간에 걸쳐 유효이자율법에 의하여 상각하여 취득원가와 이자수익에 가감한다

(문단 6.29). 상각후취득원가는 채무증권의 취득원가에서 할인 또는 할증차금의 상각누적액을 가산 또는 차감한 금액이다. 할인 또는 할증차금은 최초 취득원가와 만기액면가액의 차이를 말한다.

✱ 비유동부채 중 사채계정 과목해설에서의 사례를 참고바란다.

사례 2-12 유가증권 회계처리 (6) - 채권

재성(주)는 x1년 1월 1일에 액면 10,000,000원 매 연도별 이자율 10%, 3년 만기로 발행한 다솔(주)의 회사채를 9,071,600원[주]에 현금으로 취득하였다. 유효이자율은 14%이다.
취득시와 매년 말 회계처리를 하여라.(단, 액면이자와 상환은 현금으로 이루어짐)

주) $\left(\dfrac{1,000,000}{(1+0.14)} + \dfrac{1,000,000}{(1+0.14)^2} + \dfrac{1,000,000}{(1+0.14)^3} + \dfrac{10,000,000}{(1+0.14)^3} \right) = 9,071,330$

* $10,000,000 \times 0.67497 + 1,000,000 \times 2.32163 = 9,071,330$

일 자	유효이자(14%)	현금이자	할인액상각	미상각할인액	상각후 취득원가
x1. 1. 1				928,670	9,071,330
x1.12.31	1,269,986	1,000,000	269,986	658,684	9,341,316
x2.12.31	1,307,784	1,000,000	307,784	350,900	9,649,100
x3.12.31	1,350,900	1,000,000	350,900	0	10,000,000

① 취득시 :

　(차) 장 기 성 유 가 증 권 [15]　9,071,330　　(대) 현　　　　금　　9,071,330

② 1기 결산기말 x1년 12월 31일

　(차) 현　　　　금　　1,000,000　　(대) 이 자 수 익　　1,269,986
　　　 장 기 성 유 가 증 권　　269,986[주]

　　㊟ (9,071,330×14% − 1,000,000) = 270,024

③ 2기 결산기말 x2년 12월 31일

　(차) 현　　　　금　　1,000,000　　(대) 이 자 수 익　　1,307,784
　　　 장 기 성 유 가 증 권　　307,784[주]

　　㊟ (9,341,316×14% − 1,000,000) = 307,784

④ 3기 결산기말 x3년 12월 31일

　(차) 현　　　　금　　1,000,000　　(대) 이 자 수 익　　1,350,900
　　　 장 기 성 유 가 증 권　　350,900[주]

　　㊟ (9,649,100×14% − 1,000,000) = 350,900(단수차액 조정)

⑤ 상환시 x3년 12월 31일

　(차) 현　　　　금　　10,000,000　　(대) 장기성유가증권　　10,000,000

※ **법인세법 세무조정**
① 사채발행자 : 사채를 할인 발행한 경우 법인이 기업회계기준에 의한 사채할인발행차금(유효이자율법에 의한 현재가치할인차금)의 상각액을 차변 이자비용과 대변 사채로 처리한 경우 별도의 세무조정이 없다.(법령71조 3항)
② 사채 취득자 : 법인이 사채를 액면보다 낮은 금액(할인발행)으로 취득하고 그 차이를 기업회계기준에 의한 사채할인발행차금(유효이자율법에 의한 현재가치할인차금)의 상각액을 차변 유가증권(매도가능증권 등)과 대변 이자수익으로 처리한 경우 법인세법은 이를 인정하지 않는다.
③ 사례 세무조정 : x1년 270,024원 익금불산입(유보), x2년 307,827 익금불산입(유보) 그리고 상환 받는 x3년에 577,851 익금산입(유보)하여 유보잔액은 없다.

계정과목		평가방법	평가손익의 처리과목
단기매매증권		공정가치법	당기손익(단기매매증권 평가손익) : 영업외손익
매도가능증권	원칙	공정가치법	기타포괄손익누계액(매도가능증권 평가손익)
	예외	원가법	없음(시장성 없는 지분증권 중 공정가액을 측정할 수 없는 경우)
만기보유증권		상각후 취득원가	-

12) 세법상 유가증권 취득원가(선택가능)

유형고정자산의 취득과 함께 국·공채를 매입하는 경우 기업회계기준에 따라 그 국·공채의 매입가액과 현재가치의 차액을 해당 유형고정자산의 취득가액으로 계상한 금액은 취득가액에 포함하는 것으로 한다(법인령 §72 ② (3)).

13) 손상(損傷)발생

① **유가증권으로부터 회수할 수 있을 것으로 추정되는 금액(이하 "회수가능액" 이라 한다)이 채무증권의 상각후원가 또는 지분증권의 취득원가보다 작은 경우에는, 손상차손을 인식할 것을 고려하여야 한다.**

손상차손의 발생에 대한 객관적인 증거가 있는지는 보고기간종료일마다 평가하고 그러한 증거가 있는 경우에는 손상차손이 불필요하다는 명백한 반증이 없는 한, 회수가능액을 추정하여 손상차손을 인식하여야 한다. 손상차손금액은 당기손익에 반영한다(문단6.32).

② **손상차손의 회복**

㉠ 손상차손의 회복이 손상차손을 인식한 기간 후에 발생한 사건과 객관적으로 관련된 경우(예: 채무자의 신용등급의 향상)에는 이전에 인식하였던 손상차손 금액을 한도로 하여 회복된 금액을 당기이익으로 인식한다. 손상차손을 인식한 기간 후에 공정가치가 상승하더라도 위와 같은 손상차손의 회복에 해당되지 아니하는

---
15) 유가증권계정 대신 장기투자자산, 만기보유증권 등으로 사용하기도 한다.

경우에는 당해 공정가치 상승금액을 기타포괄손익누계액으로 처리한다.

ⓒ 손상차손의 회복이 손상차손 인식 후에 발생한 사건과 객관적으로 관련된 경우에는 다음과 같이 회계처리한다.

  i) 만기보유증권 또는 원가로 평가하는 매도가능증권의 경우에는 회복된 금액을 당기이익으로 인식하되, 회복 후 장부금액이 당초에 손상차손을 인식하지 않았다면 회복일 현재의 상각후원가(매도가능증권의 경우, 취득원가)가 되었을 금액을 초과하지 않도록 한다.

  ii) 공정가치로 평가하는 매도가능증권의 경우에는 이전에 인식하였던 손상차손 금액을 한도로 하여 회복된 금액을 당기이익으로 인식한다.

사례 2-13 유가증권 회계처리 (7) - 주식 손상차손

① 재성(주)는 비상장주식인 대성주식회사주식 10,000주를 89,600,000원에 취득하였었다. 결산일 시점에 그 주식발행회사는 특허권소송에서 2심까지 패소하여 잠정적으로 영업중단을 하여야 한다. 주식가치에 60% 손상을 입었다.

(차) 손 상 차 손   53,760,000   (대) 유 가 증 권   53,760,000
    (영업외비용)

② 다음연도에 대법원에서는 대성주식회사가 특허권소송에서 승소하였다. 주식가치는 150,000,000원까지 올랐다고 판단된다.

(차) 유 가 증 권   53,760,000   (대) 손 상 차 손 환 입   53,760,000[16]
                                      (영업외수익)

---

16) 손상차손환입은 과거 손상차손 범위내에서 환입한다.

사례 2-14 유가증권 회계처리 (8) - 주식 평가 및 손상차손

① x1.10.10. A법인(상장법인)주식 100주를 주당 10,000원에 취득함. 이는 매도가능증권에 해당됨.
(차) 매도가능증권　　　　1,000,000　　(대) 현금　　　　　　　　1,000,000

② x1.12.31. A법인의 종가 12,000원
(차) 매도가능증권　　　　　200,000　　(대) 매도가능증권평가이익　　200,000
　　　　　　　　　　　　　　　　　　　　　　(기타포괄손익누계액)

③ x2.5.10. A법인주식 50주를 주당 11,000원에 매도함.
(차) 현　금　　　　　　　　550,000　　(대) 매도가능증권　　　　　600,000
　　매도가능증권평가이익　　100,000　　　　매도가능증권처분이익　　 50,000

④ x2.12.31. A법인의 종가 3,000원(손상차손 사유에 해당)
(차) 매도가능증권평가이익　　100,000　　(대) 매도가능증권　　　　450,000[주1]
　　매도가능증권손상차손　　350,000[주2]
　　(영업외비용)
　주) 1) 50×(12,000−3,000)=450,000　　주) 2) 50×(10,000−3,000)=350,000

⑤ x3.12.31. A법인의 종가 11,000원
(차) 매도가능증권　　　　　400,000　　(대) 매도가능증권손상차손환입　350,000
　　　　　　　　　　　　　　　　　　　　　　(영업외수익)
　　　　　　　　　　　　　　　　　　　　매도가능증권 평가이익　　　 50,000

✱ 법인세법 세무조정

법인세법에서는 유가증권의 시가평가 또는 손상차손은 인정하지 않는다. 따라서 평가등 회계처리를 한 경우에는 이를 부인하는 세무조정을 하여야 한다. 회계감사를 받지 않는 중소기업은 ②, ④, ⑤의 회계처리를 하지 않아도 되며 ③의 경우 처분이익 50,000 발생한다.

【 유가증권의 평가와 손상차손 인식 순서도 】

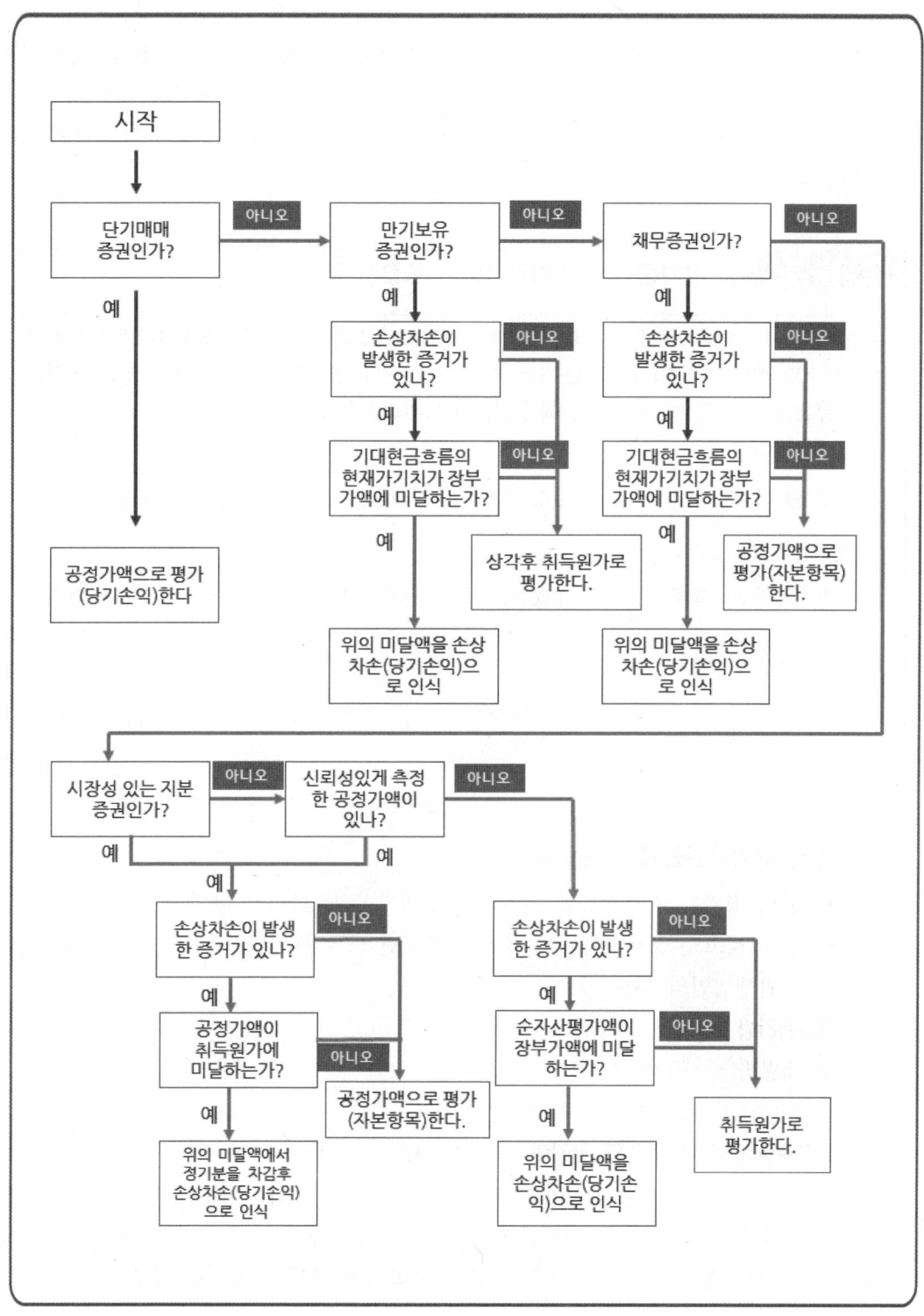

14) 유가증권 처분시 회계처리

유가증권을 처분한 경우에는 처분가액과 처분전 장부가액의 차액을 유가증권처분손익 등의 과목으로 하여 손익계산서상 당기손익(영업외손익)에 반영한다. 처분전 장부가액 이란 당기 취득한 유가증권의 경우에는 취득원가를 말하고 당기 이전 취득의 경우에는 직전 회계연도말의 장부가액(시장성 유가증권은 시장가격, 비시장성 유가증권은 취득가액 등)을 말한다.

사례 2-15 유가증권 회계처리 (9) - 종합사례

재성(주)는 x1년 5월 10일 상장주식 10,000주를 89,000,000원에 현금을 지불하고 취득하였다(시가 @8,900 액면가 @5,000원). x1년 12월 31일 종가는 9,500원이다. 그리고 x2년 2월 5일 5,000주를 주당 9,200원인 46,000,000원에 현금을 받고 매각하였다.

① 취득시 : x1년 5월 10일
(차) 단 기 매 매 증 권   89,000,000   (대) 현   금   89,000,000

② 결산시 : x1년 12월 31일
(차) 단 기 매 매 증 권   6,000,000   (대) 유가증권평가이익   6,000,000
                                              (영 업 외 수 익)

③ 처분시 : x2년 2월 5일
(차) 현   금   46,000,000   (대) 단 기 매 매 증 권   47,500,000
    단 기 매 매 증 권   1,500,000
    처   분   손   실

15) 세법상 유가증권평가 및 손상차손

유가증권의 평가는 원칙적으로 원가법으로 평가한다. 따라서 유가증권의 평가이익과 평가손실 그리고 손상차손은 법인세법에 따르면 모두 부인된다. 다만 다음 ②와 같이 유가증권발행법인의 부도 등 예외가 있다.

① **취득원가법**
  ㉠ 개별법(국·공채, 사채)
  ㉡ 총평균법 또는 이동평균법(채권, 주식 지분)

② **유가증권 중 시가로 감액 평가할 수 있는 경우**
  ㉠ 주식 등을 발행한 법인이 파산한 경우
  ㉡ 상장주식, 중소기업창업투자회사(신기술사업금융업자)가 보유한 주식(창업자 또는 신기술사업자 발행)으로서 그 발행법인이 부도가 발생한 경우

ⓒ 특수관계가 없는 법인(발행주식총수의 5% 이하를 소유하고 그 취득가액이 10억원 이하)이 발행한 비상장주식으로서 그 발행법인이 부도가 발생한 경우
ⓓ 회생계획인가의 결정을 받았거나 부실징후기업이 된 경우의 당해 주식
③ 주권상장법인 또는 코스닥상장법인이 발행한 주식으로서 그 발행법인이 부도가 발생한 경우
④ 채무자 회생 및 파산에 관한 법률에 의한 회생계획인가의 결정을 받았거나 기업구조조정촉진법에 의한 부실징후기업이 된 경우의 당해 주식 등으로서 그 발행법인이 부도가 발생한 경우
⑤ 주식 등을 발행한 법인이 파산한 경우

사례 2-16 유가증권 회계처리 (10) - 손상차손

대흥(주)는 3년전에 비상장회사인 미래(주)의 지분을 200,000,000원어치 취득하였다. 현재시점에 미래(주)는 폐업상태이지만 파산이나 부도는 발생하지 않았으며 회생계획인가의 결정을 받지도 않았다. 200,000,000원이라는 투자원가는 세법상 기준시가로 100,000원정도이다. 방법을 찾던 대흥(주) 대표는 이 주식을 친구에게 10만원에 현금을 받고 매각하였다. 분개하시오.

(차)	현　　　　　금	100,000	(대) 매 도 가 능 증 권	200,000,000
	매 도 가 능 증 권	199,900,000		
	처　분　손　실			
	(영 업 외 수 익)			

* 법인세법은 장부가액을 감액 평가해도 손금인정 안하므로 처분하는 편이 손금으로 인정받기 쉽다.

16) 유가증권의 분류변경

유가증권의 보유의도와 보유능력에 변화가 있어 재분류가 필요한 경우에는 다음과 같이 처리한다(문단6.34).

① **단기매매증권은 다른 범주로 재분류할 수 없으며, 다른 범주의 유가증권의 경우에도 단기매매증권으로 재분류할 수 없다.** 다만, (일반적이지 않고 단기간 내에 재발할 가능성이 매우 낮은 단일한 사건에서 발생하는) 드문 상황에서 더 이상 단기간 내의 매매차익을 목적으로 보유하지 않는 단기매매증권은 매도가능증권이나 만기보유증권으로 분류할 수 있으며, 단기매매증권이 시장성을 상실한 경우에는 매도가능증권으로 분류하여야 한다.
② **매도가능증권은 만기보유증권으로 재분류할 수 있으며 만기보유증권은 매도가능증권으로 재분류할 수 있다.**
③ **유가증권과목의 분류를 변경할 때에는 재분류일 현재의 공정가치로 평가한 후 변경한다.**

4 매출채권

일반적인 매출거래에서 발생한 채권을 매출채권이라고 한다. 매출채권에는 외상매출금과목과 받을어음 과목이 있다. 일반적인 매출거래 외에서 발생한 채권은 미수금계정을 사용한다. 일반적 매출거래란 해당회사의 사업목적을 위한 경상적 영업활동에서 발생하는 거래를 의미한다.

예컨대, 빵 제조회사에서 빵도 외상으로 팔고, 낡은 빵 제조 기계도 외상으로 팔았다고 가정해 보자. 빵 판매는 회사의 주된 사업목적을 위한 경상적 영업활동이고 빵 제조기계 판매는 우발적·일시적 판매임은 누구나 다 알 것이다.

이때, 빵의 외상판매대금은 외상매출금으로, 기계의 외상판매대금은 미수금으로 한다. 그리고 빵 판매대금을 약속어음으로 지급받았을 경우 받을어음으로 하고, 빵 제조기계 대금을 약속어음으로 지급받았을 경우 미수금으로 처리한다.

(1) 외상매출금

거래처에 대하여 제품이나 상품 등의 물건을 판매하면서 그 대금은 미래에 받기로 한 경우에 외상대금을 외상매출금 계정으로 한다.

> **참고 | 매출에누리 · 매출할인**
>
> 매출에누리와 매출할인은 모두 매출계정으로 처리한다. 매출에누리는 대량구매나 약간의 결함 등으로 매출가격을 인하하여 주는 것이며 매출할인은 약정기일보다 먼저 수금되어 이자만큼 인하하여 주는 것이다.
>
> (차) 매출(에누리)   ×××   (대) 외상매출금   ×××
> (차) 매출(매출할인)   ×××   (대) 외상매출금   ×××
>
> 판매 당시에 에누리가 있는 경우 위 분개가 필요없다. 처음부터 에누리된 금액으로 매출회계처리하면 된다.

(2) 받을어음

제품이나 상품 등의 물건을 판매하면서 그 대금 또는 위의 외상매출대금을 약속어음으로 지급받는 경우에 받을어음 계정으로 한다.

2022.5.10.부터 전년도 자산총액의 5억 이상인 법인은 전자약속어음을 발행하여야 한다 (전자어음법령 8-2).

사례 2-17 매출채권 회계처리 - 받을어음 (1)

① 상품 3,000,000원(부가세 별도)을 거래처에 판매하고 3개월 만기 어음을 받았다.

    (차) 받 을 어 음   3,300,000   (대) 상 품 매 출   3,000,000
                                                                          부 가 세 예 수 금   300,000

② 만기가 된 받을어음 3,300,000원 거래은행에서 추심하여 보통예금으로 입금되었다.

    (차) 보 통 예 금   3,300,000   (대) 받 을 어 음   3,300,000

③ 외상매출처로부터 외상대금을 약속어음 1,000,000원을 받았다.

    (차) 받 을 어 음   1,000,000   (대) 외 상 매 출 금   1,000,000

사례 2-18 매출채권 회계처리 - 받을어음 (2)

① x1년 8월 1일 '갑'은 '을'에게 상품을 10,000,000원에 판매하고 x1년 10월 1일이 지급일인 어음을 받았다.

    (차) 받 을 어 음   10,000,000   (대) 상 품 매 출   10,000,000

② x1년 9월 1일 '갑'은 '병'으로부터 전기에 외상으로 매출한 대금 20,000,000원을 x2년 2월 1일이 지급일인 어음 15,000,000원과 x1년 12월 31일이 지급일인 약속어음 5,000,000원을 받았다.

    (차) 받 을 어 음   15,000,000   (대) 외 상 매 출 금   20,000,000
       받 을 어 음   5,000,000

③ x1년 10월 1일 '갑'은 '을'로부터 받은 어음이 만기가 되어 보통예금계좌에 입금하다.

    (차) 보 통 예 금   10,000,000   (대) 받 을 어 음   10,000,000

④ x1년 10월 2일 '병'으로부터 받은 어음 중 15,000,000원을 거래은행에서 할인하다. 할인료 300,000원을 제외하고 나머지 14,700,000원은 보통예금계좌에 입금하다.

    (차) 보 통 예 금   14,700,000   (대) 받 을 어 음   15,000,000
       매출채권처분손실   300,000

⑤ x1년 11월 1일 '병'으로부터 받을어음 5,000,000원을 배서하여 상품구입대금으로 지급하였다.

    (차) 상 품   5,000,000   (대) 받 을 어 음   5,000,000

1) 어음의 의의

어음은 환어음과 약속어음이 있다. 환어음이란 어음의 발행인이 지명인(지급인)에게 일정한 기일에, 일정한 장소에서, 일정한 금액을 무조건 지급해 줄 것을 위탁하는 증서이다. 약속어음이란 어음의 발행인이 일정금액을 수취인에게 약정된 일자에 지급하기로 약속한 증서를 말한다. 따라서 약속어음을 발행하면 발행인은 채무자가 되고 수취인은 채권자가 된다.

구 분	어음발행인과 수취인	기타
환어음	채권자가 발행하여 최종 채무자에게 전달(인수)	수출입거래에 주로 사용
약속어음	채무자가 발행하여 채권자에게 교부	국내거래에 주로 사용

2) 약속어음의 흐름도

이택스(주)는 x1년 1월 1일 (주)태동에게 상품을 2,000,000원에 판매하고 대금은 (주)태동이 발행한 약속어음을 수령하였다. 만기일은 x1년 5월 31일이다. 실무 약속어음과 약속어음의 흐름도를 살펴보면 다음과 같다.

약속어음

자가 10202613

이택스 주식회사   귀하

금 2,000,000 원 정

위의 금액을 귀하 또는 귀하의 지시인에게 이 약속어음과 상환하여 지급하겠습니다.

지급기일 : x1년 5월 31일   발행일 : x1년 1월 1일
지 급 지 : 서울특별시   발행지 : (주)태동
지급장소 : 하나은행 구의동지점 발행인 : 대표이사 이태동

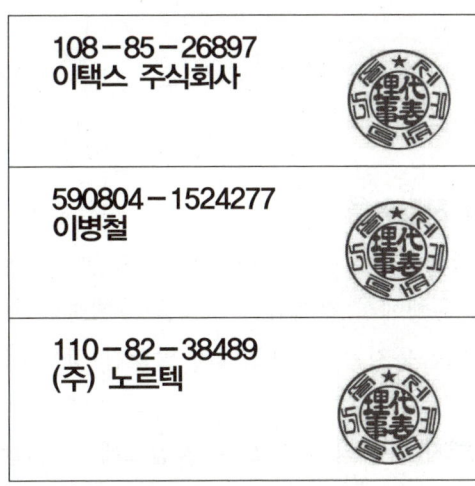

종이약속어음 뒷면을 표시한 것이며 전자약속어음은 〈배서전자문서〉를 연속 첨부하여야 한다.

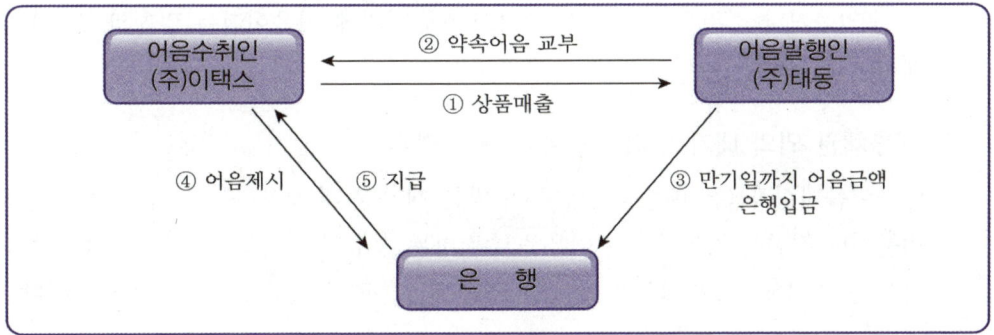

어음소지인은 어음만기일에 자기의 거래은행에서 추심(推尋)[17]의뢰하거나 발행은행에 가서 어음을 제시하여 지급 받을 수 있다. 추심의뢰를 받은 거래은행은 발행인의 거래은행으로 추심한다. 어음금액을 지급할 은행은 어음원본을 회수하고 발행인의 당좌계좌에서 인출하여 지급한다. 이 때 어음 발행인의 당좌계좌에 예금금액이 예치되어 있지 않거나 당좌차월로 사용할 금액이 없다면 부도처리[18] 할 것이다.

3) 상업어음과 융통어음

상업어음은 진성어음이라고도 하며 실제 상거래를 원인으로 하여 발행된 어음이다. 융통어음은 금융어음이라고도 하며 상거래와 관계없이 자금을 융통하기 위하여 발행되는 어음이다. 예를 들면 사업을 막 시작한 甲이 은행에서 자금차입을 요청하였으나 거절당하였다. 이때, 신용이 좋은 乙이 자신의 약속어음 1억짜리 1매 발행하여 甲에게 빌려주면 甲은 乙의 어음을 은행 등에서 할인하여 현금화할 수 있다. 이와 같이 상거래 외로 발행하는 어음을 융통어음이라고 한다. 융통어음의 할인은 차입금거래(vs 상업어음 할

---

17) 추심의 사전적 의미는 찾아내어 가지거나 받아 냄을 뜻한다.
18) 부도를 확인하는 방법 중에는 금융결제원 홈페이지에서 '당좌거래정지정보'를 검색해보는 방법도 있다.

인은 매각거래)이다.

(차) 보 통 예 금	99,000,000	(대) 단 기 차 입 금	100,000,000
이 자 비 용	1,000,000		

4) 어음금액 지급지에 따른 은행도어음과 자가어음

은행도어음은 어음금액의 지급을 어음 발행자의 주소나 영업소에서 지급하지 아니하고 거래은행에서 지급하는 어음을 말한다. 은행에서 결제하는 어음을 발행하려면 거래할 은행과 당좌거래 약정을 하여야 하고, 어음용지는 그 은행에서 발행한 것을 사용하여야 한다.

자가어음은 어음금액의 지급을 어음 발행자 자신의 주소 또는 영업소에서 지급하는 어음을 말한다. 보통, 은행과 당좌거래의 약정이 없는 때 사용되며, 어음용지는 문방구에서 구입하거나(소위 '문방구어음'이라고 함) 백지에 어음이라는 명칭과 필수요건을 기재하여 사용하면 된다.

5) 매출채권 외의 대가로 어음을 수취하는 경우

받을어음계정과목은 매출과 관련하여 받은 대가일 때 사용하는 과목이다. 매출 외 중고 비품이나 건물을 처분하면서 어음을 수령하는 경우에는 미수금과목으로 회계처리 한다. 금전을 대여해 주고 어음을 수령한 경우에는 대여금과목으로 회계처리하여야 한다.

사례 2-19 미수금 회계처리 - 차량처분

도매업을 하는 '갑'은 사용하던 화물차를 1,000,000원(부가세 별도)에 매각하였다. 취득원가는 15,000,000원, 감가상각누계액은 13,500,000원이다. 대가는 외상이다.

(차) 미 수 금	1,100,000	(대) 차 량 운 반 구	15,000,000
감 가 상 각 누 계 액	13,500,000	부가세예수금	100,000
유형자산처분손실	500,000		

---

6) 어음의 배서양도

어음의 배서란 어음의 소지인이 만기일 전에 어음의 뒷면에 양도 의사를 표시하고 어음 상의 권리를 양수인에게 이전하는 것을 말한다. 예를 들어 상품의 외상매입금의 지급을 위하여 소유하고 있는 어음을 배서하여 양도하는 것이 일반적인 경우이다.

| 사례 2-20 | 어음의 배서양도시 회계처리 |

> 외상매입금 30,000원을 지급하기 위하여 일반적인 상거래에서 받아 소유하고 있는 어음을 배서양도하였다.
>
> (차) 외 상 매 입 금　　30,000　　(대) 받 을 어 음　　30,000

(3) 매출채권의 담보제공과 양도 및 할인

1) 외상매출금의 담보제공

매출채권을 담보로 제공하고 자금을 빌리는 경우에는 차입거래로 보아 회계처리한다. 담보로 제공된 매출채권은 담보제공자산으로 별도 표시하여야 한다.

2) 외상매출금의 양도와 받을어음의 할인 및 배서

금융자산(제2절 '유가증권'의 적용대상 금융자산은 제외)의 양도(자산 일부의 양도를 포함한다)의 경우에, 다음 요건을 모두 충족하는 경우에는 양도자가 금융자산에 대한 통제권을 이전한 것으로 보아 매각거래로, 이외의 경우에는 금융자산을 담보로 한 차입거래로 본다.

　㉠ 양도인은 금융자산 양도후 당해 양도자산에 대한 권리를 행사할 수 없어야 한다. 즉, 양도인이 파산 또는 법정관리 등에 들어갈 지라도 양도인 및 양도인의 채권자는 양도한 금융자산에 대한 권리를 행사할 수 없어야 한다.
　㉡ 양수인은 양수한 금융자산을 처분(양도 및 담보제공 등)할 자유로운 권리를 갖고 있어야 한다.
　㉢ 양도인은 금융자산 양도후에 효율적인 통제권을 행사할 수 없어야 한다.

금융자산의 이전거래가 매각거래에 해당하면 처분손익을 인식하여야 한다.

* 매출채권담보대출 제도에서 판매기업이 은행에 만기일전에 매출채권을 할인하는 거래의 경우 매출채권을 담보로 판매기업에 자금을 대출한 금융기관이 그 매출채권을 처분할 자유로운 권리를 갖고 있지 않다면 차입거래로 회계처리하는 것이 타당하다(2003.02.14. 한국회계연구원질의회신 03-036).

참고　기업회계기준간의 차이

구분	일반기업회계기준	K-IFRS
상환청구권부 매출채권할인	상환청구권부 매출채권할인은 회계상 매각처리 가능	상환청구권부 매출채권할인은 회계상 매각처리 부인

| 사례 2-21 | 매출채권 회계처리 - 어음의 할인

① 받을어음 30,000,000원을 은행에 할인매각하였다. (할인율 연7%,) 할인료(할인기간 121일) 696,164원을 공제한 29,303,836원이 보통계좌에 입금되었다.

(차) 보 통 예 금   29,303,836   (대) 받 을 어 음   30,000,000
      매출채권처분손실   696,164

* 할인료 = 30,000,000 × 0.07 × 121/365 = 696,164

② 5년전 종로대리점에 10,000,000원을 대여하였다. 지금은 폐업하여 대여금 회수가 불투명하여 채권추심회사에 100만원에 양도하고 보통예금으로 이체받았다.

(차) 보 통 예 금   1,000,000   (대) 대 여 금   10,000,000
      대여금채권처분손실   9,000,000

③ x1년 10월 2일 '갑'이 '병'으로부터 받은 어음 중 만기일이 x1년 12월 31일인 어음 15,000,000원을 거래은행에서 할인료 300,000원 뺀 나머지 14,700,000원을 보통예금계좌로 입금받았다.

(차) 보 통 예 금   14,700,000   (대) 받 을 어 음   15,000,000
      매출채권처분손실   300,000

④ 받을어음 30,000,000원을 은행에 담보로 차입하였다. 이자로서 696,164원을 공제한 29,303,836원이 보통계좌에 입금되었다.

(차) 보 통 예 금   29,303,836   (대) 단 기 차 입 금   30,000,000
      이 자 비 용   696,164

* 할인료 = 30,000,000 × 0.07 × 121/365 = 696,164

3) 세법상 받을어음 할인료의 손금 귀속연도(법인세법 기본통칙 19-19…44)

법인이 금융기관에 받을어음을 할인한 경우 상환청구권 부여 여부에 불구하고 그 거래가 기업회계기준에 의한 매각거래에 해당하는 경우 그 할인액을 매각일이 속하는 사업연도의 소득금액 계산시 손금에 산입한다.

☞ 위 사례에서 매출채권처분손실 과목이 이자비용과목에 비하여 손금과 지급이자 손금불산입 대상 이자가 아니므로 법인세를 절세한다.

(4) 매출대금 및 구매대금의 결제방법

1) 기업구매전용카드에 의한 매출

'기업구매전용카드'라 함은 구매기업이 구매대금을 지급하기 위하여 여신전문금융업법에 의한 신용카드업자로부터 발급받는 신용카드 또는 직불카드로서 일반적인 신용카드가맹점에서는 사용할 수 없으며, 구매기업·판매기업 및 신용카드업자간의 계약에 따라 해당 판매기업에 대한 구매대금의 지급만을 목적으로 발급하는 것을 말한다. 그런데 카드 실물은 없고 인터넷상에 번호만 부여된 카드이다. 즉, 구매기업은 구매내역을 인터넷을 통하여 시스템에 등록하고 판매기업은 등록된 내역을 확인하여 대금지급일에 은행에서 입금 받거나 또는 결제일 이전에 할인 요청하여 할인료를 부담하고 판매대금을 회수하는 제도이다. 구매기업이 원자재를 구매할 때 약속어음대신 기업구매전용카드와 기업구매자금대출을 이용하는 경우의 회계처리는 다음과 같다(한국회계연구원회신 02-017). 기업구매전용카드제도의 경우 판매기업의 입장에서는 기업구매전용카드에 의해 물품대금이 결제된 경우 기업회계기준 등에 관한 해석 52-14【채권 등의 양도·할인에 대한 회계처리】의 양도에 대한 판단기준을 충족하는 것으로 보아 판매자가 지급대행은행에 매출채권을 매각한 것으로 회계처리하고, 구매기업의 입장에서는 상품 및 제품을 인도받는 시점에 물품대금을 매입채무로 계상하고, 결제일의 대금지급은 매입채무의 이행으로 회계처리한다.

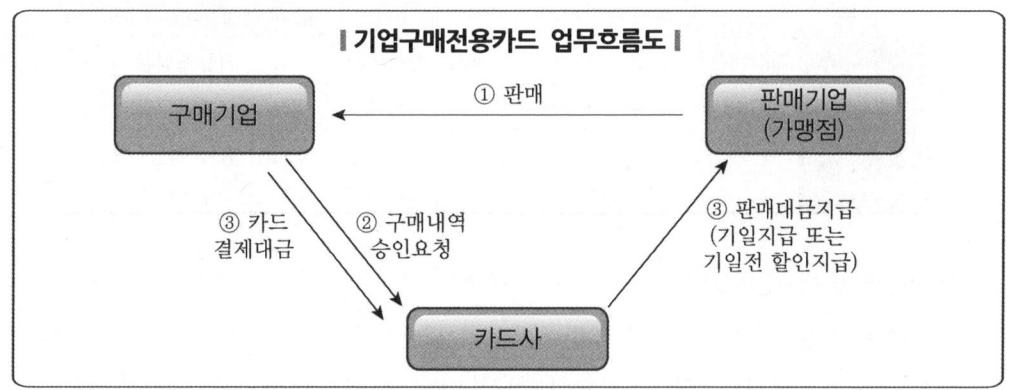

구 분	판매자회계처리	구매자회계처리	비고
판매·구매	외상매출금 xxx 매 출 xxx	상품 등 xxx 외상매입금 xxx	일반신용카드와 달리 가맹점 수수료가 없다.
회수·상환	현금·예금 xxx 외상매출금 xxx	외상매입금 xxx 현금·예금 xxx	
기일전 회수	현금·예금 xxx 외상매출금 xxx 매출채권처분손실 xxx		

2) 기업구매자금대출에 의한 매출

환어음 또는 판매대금추심의뢰서에 따라 판매대금을 회수하는 경우로서 '환어음'이란 판매기업이 판매대금을 지급받기 위하여 구매기업을 지급인으로, 판매대금을 지급금액으로 하여 일람출급식으로 발행한 어음으로서 한국은행총재가 기업구매자금대출과 관련하여 정한 조건 및 양식에 따라 발행된 것을 말한다. 그리고 '판매대금추심의뢰서'라 함은 판매기업이 판매대금을 지급받기 위하여 전자적 형태로 작성하여 거래은행에 전송하는 서류로서 한국은행총재가 기업구매자금대출과 관련하여 정한 조건 및 양식에 따라 작성된 것을 말한다.

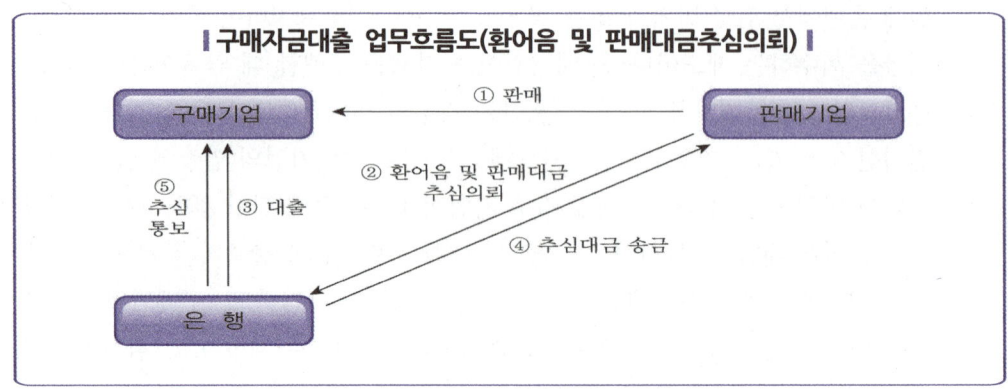

구 분	판매자회계처리	구매자회계처리	비고
판매·구매	외상매출금 xxx / 매출 xxx	상품 등 xxx / 외상매입금 xxx	
회수·차입	현금·예금 xxx / 외상매출금 xxx	외상매입금 xxx / 단기차입금 xxx	
상환 등		이자비용 xxx / 현금·예금 xxx 단기차입금 xxx / 현금·예금 xxx	

3) 외상매출채권담보대출

'외상매출채권담보대출'이란 판매기업이 판매대금을 지급받기 위하여 구매기업에 대한 외상매출채권을 담보로 금융기관에서 대출을 받고 구매기업이 구매대금으로 판매기업에 대한 금융기관의 대출금을 상환하는 것으로서 한국은행총재가 정한 조건에 따라 대출이 이루어지는 것을 말한다.

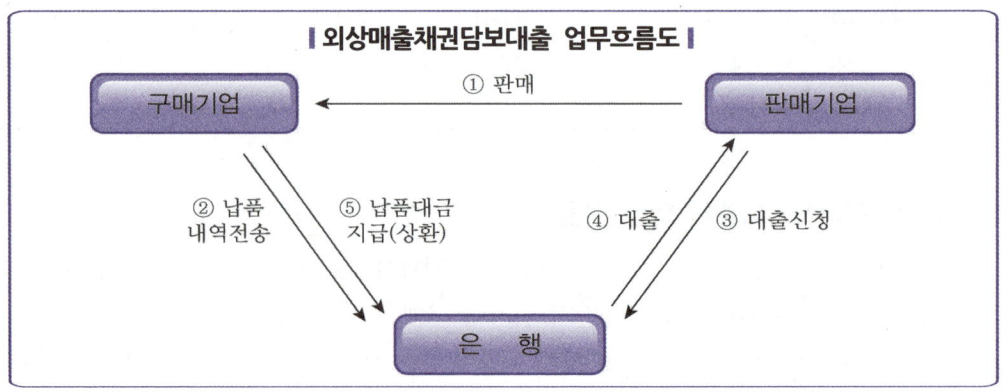

구 분	판매자회계처리	구매자회계처리	비고
판매·구매	외상매출금 xxx 매출 xxx	상품 등 xxx 외상매입금 xxx	
대 출	현금·예금 xxx 외상매출금 xxx 매출채권처분손실 xxx		
상 환		외상매입금 xxx 현금·예금 xxx	

4) 구매론에 의한 매출

'구매론제도' 라 함은 구매기업이 금융기관과 대출한도를 약정하여 대출받은 금액으로 정보처리시스템을 이용하여 판매기업에게 구매대금을 결제하고 만기일에 대출금을 금융기관에게 상환하는 결제방식을 말한다.

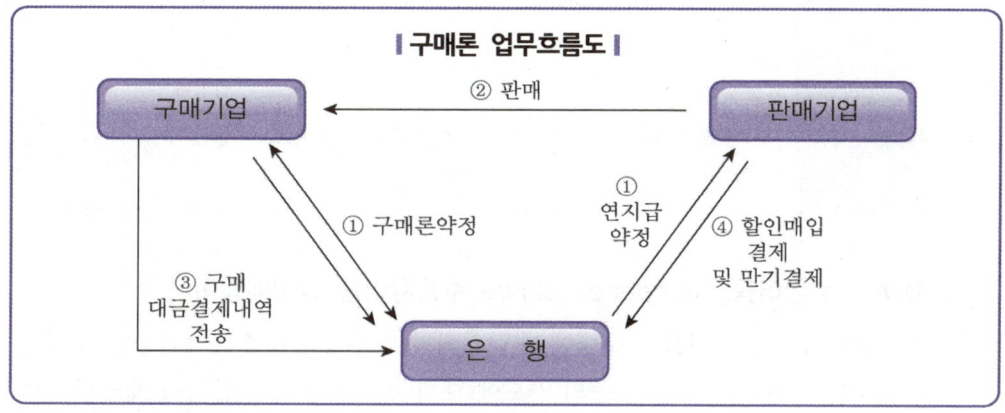

| 구매론 업무흐름도 |

구 분	판매자회계처리	구매자회계처리	비고
판매·구매	외상매출금 xxx 매 출 xxx	상품 등 xxx 외상매입금 xxx	
회수·상환	현금·예금 xxx 외상매출금 xxx	외상매입금 xxx 현금·예금 xxx	
기일전회수	현금·예금 xxx 외상매출금 xxx 매출채권처분손실 xxx		

5) 네트워크론제도

'네트워크론제도' 라 함은 판매기업과 금융기관이 대출한도를 약정한 후 판매기업이 구매기업의 발주서를 근거로 대출받고, 구매기업이 전자결제방식으로 대출금을 금융기관에게 상환하는 결제방식을 말한다.

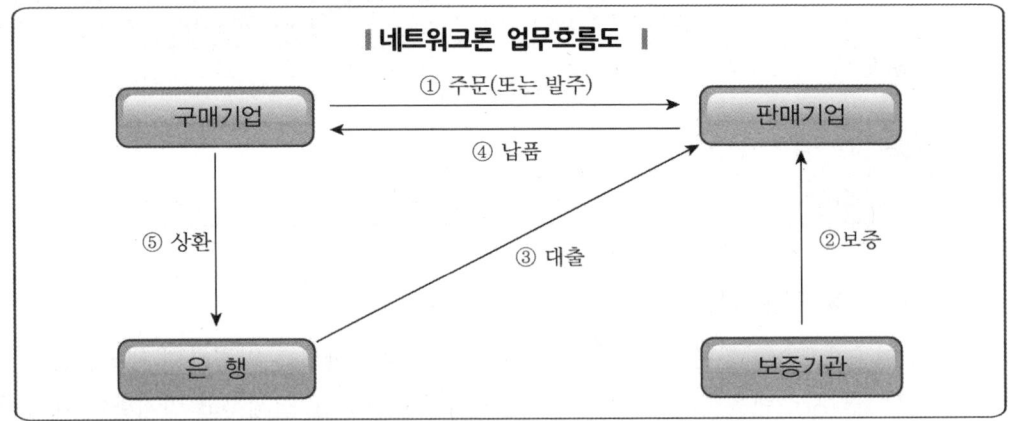

구 분	판매자회계처리	구매자회계처리	비고
대출	현금·예금 xxx 단기차입금 xxx		구매기업결제액은 전자결제방식에 의한 상환
판매·구매	외상매출금 xxx 매출 xxx	상품 등 xxx 외상매입금 xxx	
대출금상환	단기차입금 xxx 현금·예금 xxx 이자 비용 xxx 현금·예금 xxx	외상매입금 xxx 현금·예금 xxx	

6) D/A 수출환어음, Shipper's Usance 수출환어음 할인매입이자

수출업자가 수출환어음을 은행에 매입의뢰하여 은행에서 수출대금을 회수하는 거래에 대해서는 일반적으로 채권 등의 양도에 대한 판단기준에 부합하여 채권의 양도·할인으로 회계처리한다(회계연구원 질의회신 01-156, 2001.12.05.).

(5) 대손충당금 등

① **채권의 일부 또는 전부를 회수하지 못할 가능성이 있는 매출채권 등은 합리적이고 객관적인 기준에 따라 대손추산액을 산출하여 대손충당금으로 설정한다.** 기존 대손충당금 잔액이 남아 있는 경우에는 차액만 추가로 대손충당금을 설정한다.

(차) 대 손 상 각 비   xxx   (대) 대 손 충 당 금   xxx

② **매출채권, 대여금, 미수금, 미수수익 등에 대한 대손충당금은 해당 자산의 차감계정으로 재무상태표에 표시한다.** 한편 매출채권에 대한 대손상각비는 판매비와관리비의 대손상각비로, 그 밖의 채권에 대한 대손상각비는 영업외비용의 기타의 대손상각비로 구분한다. 대손충당금에 대하여는 손익계산서과목인 대손상각비에서 자세히 설명하고 있다. 참조바란다.

5 선급금

상품 및 원재료 등을 매입하기로 하고, 상품 등을 인도받기 전에 계약금 등을 미리 지급한 금액을 말한다. 선급금은 이후에 상품 등을 수령하게 되면 대변에 기입하여 소멸되어진다.

사례 2-22 선급금 회계처리

① 10월 1일 A회사는 B회사로부터 상품을 3,000,000원에 매입하기로 계약하고 계약금조로 300,000원을 당좌수표로 지급하였다.

　(차) 선　급　금　　　　300,000　　　(대) 당　좌　예　금　　　　300,000

② 10월 15일 B회사로부터 위 계약내용의 물건이 매입되었다. 대금은 3개월 후에 지급하기로 하였다.

　(차) 상　　　　품　　　3,000,000　　(대) 선　급　금　　　　　300,000
　　　　　　　　　　　　　　　　　　　　　　외 상 매 입 금　　　　2,700,000

③ 10월 16일 A회사는 C회사로부터 제품생산용 기계장치를 10,000,000원에 구입하기로 계약하고 계약금 2,000,000원을 현금으로 지급하였다. 또한 C회사에 원재료를 공급하여 특정부분품으로 가공(외주가공)하여 줄 것을 2,000,000원에 계약하고 계약금 200,000원을 현금으로 지급하였다.

　(차) 건 설 중 인 자 산 주)　　2,000,000　　(대) 현　　　　금　　　2,200,000
　　　선　급　금　　　　　200,000

　　　주) 선급금은 원료, 상품, 저장품 등 재고자산의 구입 또는 제품의 외주 가공을 위하여 선지급된 금액을 기록하는 계정이다. 따라서, 비유동자산의 구입을 위하여 지급된 경우 건설중인자산계정으로 분류·정리하여야 한다.

④ 위 10월 16일 C회사로부터 기계와 외주가공품을 인도받고 계약금을 제외한 나머지 금액 9,800,000원은 현금으로 지급하다.

　(차) 기 계 장 치　　　10,000,000　　(대) 건설중인자산　　　2,000,000
　　　외 주 가 공 비　　　2,000,000　　　　　선　급　금　　　　200,000
　　　　　　　　　　　　　　　　　　　　　　현　　　　금　　　9,800,000

6 선급비용

(1) 개념

선급된 비용 중 당기 이후에 해당하는 비용을 말한다.

회사는 영속적으로 존속한다고 전제함으로, 인위적으로 회계기간을 정하여 그 영업실적을 나누어 줄 수 밖에 없다. 따라서 차기에 해당하는 비용을 당기에 지출하였다면, 차기에 해당하는 비용부분을 선급비용으로 회계처리 하여야 한다.

(2) 선급금과의 구별

선급비용은 다음 사업연도의 비용을 선지급한 경우이고, 선급금은 상품이나 원재료 등의 일반적상거래에 해당하는 자산구입을 위하여 선지급한 것이다.

- 상품·원재료 등의 구입을 위한 선지급금 : 선급금계정
- 비용에 대한 선지급금 : 선급비용계정

사례 2-23 선급비용 회계처리 - 임차료, 이자

① x1년 10월 1일 A회사는 B회사와 임대차계약을 맺고 1년분의 임차료 12,000,000원을 현금으로 지급하였다. A회사의 회계기간은 매년 1월 1일부터 12월 31일까지이다.

[방법 1] 지출시 선급비용계상

(차) 지 급 임 차 료	3,000,000	(대) 현 금	12,000,000
선 급 비 용	9,000,000		

[방법 2] 결산시 선급비용계상

x1년 10월 1일

(차) 지 급 임 차 료	12,000,000	(대) 현 금	12,000,000

x1년 12월 31일

(차) 선 급 비 용	9,000,000	(대) 지 급 임 차 료	9,000,000

* 일반적으로는 [방법 2]를 채택하여 회계처리하고 있다.

② x1년 12월 1일 A회사는 D은행에서 차입한 원금 50,000,000원에 대한 90일분(x1년 12월 1일∼x2년 2월 28일) 이자 1,479,452원을 현금으로 지급하였다.

[방법 1] 지출시 선급비용계상하는 방법

(차) 이 자 비 용	509,589	(대) 현 금	1,479,452
선 급 비 용	969,863		

(1,479,452 × 59/90 = 969,863)

[방법 2] 결산시 선급비용계상하는 방법

x1년 12월 1일

(차) 이 자 비 용	1,479,452	(대) 현 금	1,479,452

x1년 12월 31일

(차) 선 급 비 용	963,863	(대) 이 자 비 용	963,863

* 일반적으로 [방법 2]를 채택하여 회계처리하고 있다.

7 미수금

일반적인 상거래 이외에서 발생한 단기의 채권을 말하는데, 예를 들면 토지, 건물 등을 처분하고 대금을 수령하지 못한 경우에 미수금계정에 기록하게 된다.

사례 2-24 미수금 회계처리 – 차량처분

① x1년 8월 1일 영웅(주)는 사용하던 차량을 4,400,000원에 처분하면서 부가가치세 400,000원은 현금으로 받고, 나머지는 외상으로 하였다.
(차량 당초 취득가액 6,000,000원, 감가상각누계액 1,000,000원)

(차)	현　　　　　　　금	400,000	(대)	차 량 운 반 구	6,000,000
	미　　수　　금	4,000,000		부 가 세 예 수 금	400,000
	감 가 상 각 누 계 액	1,000,000			
	유 형 자 산 처 분 손 실	1,000,000			

② x1년 9월 1일 영웅(주)는 차량처분 미수금 중 500,000원은 약속어음으로 받다.

(차)	미　　수　　금	500,000	(대)	미　　수　　금	500,000

또는 회계처리 없음
(어음으로 회수한 500,000원은 일반적 상거래에서 발생한 채권이 아니므로 받을어음계정으로 회계처리할 수 없고 미수금으로 처리하여야 한다.)

8 미수수익

(1) 개념

당기에 발생된 수익 중 받을 권리가 아직 도래하지 않은 경우이다. 이에는 수입이자, 임대료 등이 해당된다.

(2) 미수금과의 차이

미수금은 상품이나 제품이외의 재화(유가증권, 토지, 건물, 비품 등)의 제공이나 용역제공이 완료된 대가의 미수액으로 그 금액이 확정된 상태에서 계상하는 과목이다.
이에 비하여, 미수수익은 수익거래에서 발생한 미수액으로서 거래 상대방에게 이행하여야 할 의무가 완료되지는 않았지만 기간이 경과함에 따라 결산시점까지 제공된 용역의 대가를 계상하는 계정이다.

매출채권·미수금·미수수익의 구분

계정과목	내용	사례
외상매출금, 받을어음	일반적 영업매출의 미회수액	상품·제품 매출, 용역매출 등
미수금	일반적 영업매출 이외의 미수채권	중고차량 매각 등
미수수익	일반적 영업매출 이외의 수익거래로서 대금회수기일이 도래하지 아니한 미수채권	임대료, 수입이자등

사례 2-25 미수수익 회계처리 - 대여금, 임대료

① A법인은 x2년 7월 1일 1억원을 B법인에 대여하고 연 10% 이자를 결산시점(x2년 12월 31일)을 지나 다음년도인 x3년 6월 30일에 이자 및 원금을 받기로 약정하였다.

- x2년 12월 31일 결산시

  (차) 미 수 수 익　　　　　5,000,000　　(대) 이 자 수 익　　　　　5,000,000

  * 100,000,000원 × 10% × 6/12 = 5,000,000

② A법인은 x3년 6월 30일 B법인에서 대여금 1억원과 대여금이자 15,000,000원을 보통예금으로 회수하였다.

- x3년 6월 30일

  (차) 보 통 예 금　　　　110,000,000　　(대) 단 기 대 여 금　　　100,000,000
  　　　　　　　　　　　　　　　　　　　　　　미 수 수 익　　　　　5,000,000
  　　　　　　　　　　　　　　　　　　　　　　이 자 수 익　　　　　5,000,000

  * 100,000,000 × 10% × 6/12 = 5,000,000

③ C법인은 사용중인 사무실의 일부를 임대하였다. 임대료는 매월 말일자로 500,000원씩 받기로 하였는데 결산일 현재 (x2년 12월 31일) 3개월분이 입금되지 아니하였다.

- x2년 12월 31일

  (차) 미 수 금　　　　　　1,500,000　　(대) 임 대 료　　　　　　1,500,000

  확정된 채권이므로 미수수익이 아니고 미수금 계정으로 한다.

  * **외상매출금과의 차이**

  위 사례에서 만약 A법인이 금융업 또는 부동산임대업을 사업목적으로 하는 회사라면 미수된 이자 또는 미수임대료는 일반적 상거래에서 발생한 채권이므로 이 경우 미수수익이 아니라 외상매출금으로 계상하여야 한다.

④ D법인은 사용중인 창고의 일부를 임대하였다. 임대료는 다음달 20일자로 600,000원씩 받기로 하였다.(임대료는 후불이다) 결산시 분개를 하여라.

- x3년 4월 30일

  (차) 미 수 수 익 [주)]　　　200,000　　(대) 임 대 료　　　　　　200,000

  [주] 임대료는 발생하고 있으나 대금회수 약정일은 도래하지 아니하였으므로 확정채권은 아니다. 이 경우 미수수익 계정으로 한다.

9 가지급금

지급은 있었으나 이것을 처리할 계정과목이나 금액이 확정되지 않아 그 내용이 확정될 때까지 일시적으로 처리하는 임시계정이다. 결산시점에서는 적정한 과목으로 대체하여 재무상태표에 표시되지 않도록 한다.

사례 2-26 가지급금 회계처리 - 출장비

① 6월 10일 영업부 직원'갑'에게 출장여비 600원을 현금으로 지급하였다.

| (차) 가 지 급 금 | 600 | (대) 현 금 | 600 |

② 출장에서 돌아와 지출내역을 정리해보니 아래와 같았다.
  (여비교통비 : 335원, 업무추진비 : 200원, 남은 현금 : 65원)

(차) 여 비 교 통 비	335	(대) 가 지 급 금	600
업 무 추 진 비	200		
현 금	65		

10 부가세대급금

① 재화·용역을 구입하면서 부담한 부가세대급금은 원칙적으로 매출세액에서 공제(또는 환급)되므로 일단 자산으로 구분하였다가 재화·용역을 판매할 때 예수금 성격으로 받은 부가세예수금과 상계처리한다. 상계처리하는 시점은 월별, 분기별, 반기별 등 회사가 재무상태표 작성을 필요로 하는 시점에 하면 된다.

㉠ 구입시 :

| (차) 원   재   료 | 1,000,000 | (대) 현 금 등 | 1,100,000 |
| 부 가 세 대 급 금 | 100,000 | | |

㉡ 매출시 :

| (차) 현   금   등 | 3,300,000 | (대) 매   출 | 3,000,000 |
| | | 부 가 세 예 수 금 | 300,000 |

㉢ 상계시 :

| (차) 부 가 세 예 수 금 | 100,000 | (대) 부 가 세 대 급 금 | 100,000 |

ⓔ 부가가치세 납부시 :

(차) 부 가 세 예 수 금   200,000   (대) 현   금   등   200,000

② 반면, 면세사업자가 부담한 매입부가가치세는 매출세액에서 공제(또는 환급)가 안되므로 구입품의 취득원가나 취득비용으로 회계처리한다.

(차) 원   재   료   1,100,000   (대) 현   금   등   1,100,000
(부가가치세 포함)

③ 개별소비세 과세대상 자동차의 구입과 유지에 관련한 매입부가가치세도 매출세액에서 공제가 안되므로 제조원가 또는 판관비로 회계처리한다.

(차) 차량유지비(유류대금)   100,000   (대) 현   금   등   110,000
    차량유지비(부가가치세)   10,000

④ 그러나 세법을 위반하여 공제가 안되는 매입부가가치세는 공과금 등으로 비용처리한다.
⑤ 법인세법(소득세법)에서는 위 '④'경우에 비용처리금액은 손금으로 인정하지 아니한다.
즉, 손금불산입하는 세무조정이 필요하다.

∥ 매입세액으로 공제 안 되는 부분의 회계처리 요약 ∥

구 분		계정과목
공제 안 되는 부가가치세 매입세액	1. 개별소비세과세대상승용차의 구입·유지·임차에 관한 매입세액	① 구입과 관련된 매입세액은 차량운반구 ② 차량유지와 관련된 매입세액은 차량유지비 ③ 차량 렌탈과 관련한 매입세액은 임차료
	2. 면세사업관련 매입세액	공급가액의 회계처리과목과 같은 과목으로 처리 예) 건물, 차량운반구, 원재료, 소모품비 등
	3. 업무추진비 및 이와 유사한 비용에 대한 매입세액	기업업무추진비
	4. 토지관련 매입세액	토지
	5. 위 1~4 외의 사유로 추징당하는 매입세액	세금과 공과금으로 회계처리

11 선납세금

(1) 법인

선납세금은 미리 예납한 세금을 말한다. 선납세금이 발생하는 이유는 다음과 같다.

세목	내용
법인세	① 중간예납액 ② 이자받을 때 원천징수 법인세 ③ 배당소득 중 투자신탁이익을 받을 때 원천징수 법인세
부가 가치세	매출세액보다 매입세액이 커서 환급받을 매입세액이 있는 경우에 그 금액을 선납세금 계정으로 대체한 경우 발생하지만, 대부분 미수금 처리함.

사례 2-27 선납세금 회계처리 - 중간예납, 원천징수세액

① A법인의 보통예금에 대한 이자 중 원천징수세액(15.4%) 7,700원을 제외한 42,300원이 보통예금 통장으로 입금되었다.

(차) 보 통 예 금	42,300	(대) 이 자 수 익	50,000
선 납 세 금	7,700		

  * 은행에서 은행예금에 대한 이자를 지급할 때 원천징수세액을 빼고 지급하지만, 이자수익은 원천징수세액을 포함한 금액이다. 계좌에 42,300원의 정보만 있는 경우에는 역산한다.
    이자세율이 15.4%이므로 42,300÷84.6% = 50,000원으로 산출된다.

② 8월 31일 법인세중간예납세액으로 20,000원을 보통예금에서 인출하여 납부하였다.

(차) 선 납 세 금	20,000	(대) 보 통 예 금	20,000

③ 결산시 법인세로 30,000원을 계상하였다.(선납세금이 2,000원이 있음)

(차) 법 인 세 등	30,000	(대) 선 납 세 금	2,000
		미 지 급 세 금	28,000

(2) 개인의 사업소득에 대한 선납세금

개인이 사업과 관련하여 발생한 선납세금은 사업소득세의 중간예납 정도이다.

세목	내용	사업소득세에서 공제 여부
소득세	① 중간예납 소득세	공 제
	② 이자소득에 대한 소득세와 지방소득세	금융소득종합 과세하는 경우 공제
	③ 배당소득에 대한 소득세와 지방소득세	
	④ 지체상금 등 계약의 위약으로 얻은 기타소득에 대한 소득세와 지방소득세	종합소득에 합산 과세하는 경우 공제
부가 가치세	매출세액보다 매입세액이 커서 환급받을 매입세액이 있는 경우에 그 금액을 선납세금계정으로 대체한 경우 발생하지만, 대부분 미수금 처리함.	

사례 2-28 이자수익 회계처리 - 개인사업자

어느 개인사업자의 보통예금(사업용계좌)에 대한 이자 중 원천징수세액(15.4%) 7,700원을 제외한 42,300원이 보통예금 통장으로 입금되었다.

① 방법 1

(차) 보 통 예 금　　42,300　　(대) 출 자 금　　42,300

* 이자는 사업소득이 아니므로 이자수익대신 출자금(또는 인출금)으로 하며 선납세금은 사업소득세에서 공제되지 않으므로 회계처리 하지 않는다.

② 방법 2

(차) 보 통 예 금　　42,300　　(대) 이 자 수 익　　42,300

* 이자는 사업소득이 아니지만 관리차원에서 이자수익으로 하고 소득세신고 때 총수입금액불산입 하는 세무조정을 한다. 선납세금은 사업소득세에서 공제되지 않으므로 회계처리 하지 않는다.

12 이연법인세자산

① 다음의 항목들로 인하여 미래에 경감될 법인세부담액을 말한다.
　ㄱ. 차감할 일시적차이
　ㄴ. 이월공제가 가능한 세무상결손금
　ㄷ. 이월공제가 가능한 세액공제 및 소득공제 등
② 중소기업기본법에 의한 중소기업(상장, 금융회사 등은 제외)은 적용하지 아니할 수 있는 특례로 보통 회계처리 하지 않는다.
③ 법인세법은 이연법인세제도가 없다.

제3절 재고자산(일반기업회계기준 제7장)

1 재고자산 개념

'재고자산'은 정상적인 영업과정에서 판매를 위하여 보유하거나 생산과정에 있는 자산 및 생산 또는 서비스 제공과정에 투입될 원재료나 소모품의 형태로 존재하는 자산을 말한다(문단7.3).

재고자산의 내용은 회사의 일상적인 사업이 무엇인가에 따른다. 일반회사에서는 차량이나 건물 등 부동산이 유형자산에 속하지만 자동차판매회사는 자동차가 재고자산이고, 부동산매매업은 부동산이 재고자산이다.

> **참고** 취득목적에 따른 계정과목

취득목적	과 목
① 부동산매매업을 영위하는 회사가 판매목적으로 보유한 토지와 건물	재고자산(상품)
② 제조업을 영위하는 회사가 보유한 토지와 건물	유형자산(토지 또는 건물)
③ 투자의 목적으로 보유하고 있는 토지와 건물	투자자산(투자부동산)

2 재고자산 계정과목들

(1) 상 품

판매를 목적으로 구입한 상품·미착상품·적송품 등으로 하며, 부동산매매업에 있어서 판매를 목적으로 소유하는 토지·건물 기타 이와 유사한 부동산은 이를 상품에 포함하는 것으로 한다.

(2) 제 품

판매를 목적으로 제조한 생산품·부산물 등으로 한다. 부산물의 예를 들면 술 제조기업의 경우 술지게미, 비누 제조기업의 글리세린, 밀가루 제조기업의 밀기울 등이 있다.

✱ 회사가 자체제조시설 없이 회사자체브랜드로 제품을 직접 기획하고 디자인개발을 하여 외부하청회사(제조업체)에 원부자재를 포함하여 생산을 포괄위탁하고 회사명의로 생산된 제품을 판매할 경우 제품으로 회계처리하는 것이 타당함(회계 제8360-00580, 2001.10.17.).

✽ 국내 위탁제조에 대하여 다음의 요건을 모두 충족하는 경우 제조업으로 규정하고 있다.
  1. 생산할 제품을 직접 기획(고안·디자인 및 견본제작 등을 말한다)할 것
  2. 해당제품을 자기명의로 제조할 것
  3. 해당제품을 인수하여 자기책임하에 직접 판매할 것(조특법 § 2, 소득령 § 31)
✽ 국내 위탁제조는 도매업이다(통계청 기준 10811-260, 1997.7.13, 서면2팀-374, 2006.02.20.).

(3) 반제품

자가 제조한 중간제품과 부분품 등으로 현재 상태로 판매가능한 재공품을 말한다.
✽ 예 : 자동차 범퍼(bumper)

(4) 재공품

제품 또는 반제품의 제조를 위하여 재공과정에 있는 것으로 한다. 위 반제품은 완성된 부품 등으로서 가치가 있으나, 재공품은 그러하지 아니하다.
✽ 반제품과 재공품은 보통 구분 없이 사용한다.

(5) 원재료

원료·재료·매입부분품·미착원재료 등으로 한다.
「부가가치세법」상 의제매입세액 공제액은 원재료의 매입원가에서 뺀다.

사례 2-29 면세 원재료 구입시 회계처리

부가가치세 면세 원료 등 10,000,000원을 현금으로 구입하여 제조한 후 부가가치세 과세물품으로 판매하는 경우이다. 외상매출 공급가액이 15,000,000원 경우에 부가세 현금납부까지의 분개는 다음과 같다.

① (차) 원 재 료   10,000,000   (대) 현   금   10,000,000

② (차) 외 상 매 출 금   16,500,000   (대) 제 품 매 출   15,000,000
                                              부 가 세 예 수 금   1,500,000

③ (차) 부 가 세 예 수 금   1,500,000   (대) 현   금   1,115,385
                                              원 재 료   384,615*
                                              (의제매입세액)

*$10,000,000 \times \dfrac{4}{104} = 384,615$

(6) 저장품(또는 소모품)

소모품·소모공구기구비품·수선용 부분품 및 기타 저장품으로 한다.

(7) 시송품, 적송품

시송품은 매입자로 하여금 일정기간 사용한 후에 매입 여부를 결정하라는 조건으로 판매한 상품을 말하며, 적송품은 위탁자가 수탁자에게 판매를 위탁하기 위하여 보낸 상품을 말한다.

| 기말재고자산 포함여부 |

구 분	내 용
적송품	수탁자가 위탁품을 판매한 날에 수익 인식하므로 수탁자가 위탁품을 판매하기 전까지는 위탁자의 재고자산에 포함한다.
시송품	매입자로부터 매입의사표시를 받은 날에 수익을 인식하므로 매입의사표시가 받기 전에는 판매자의 기말재고자산에 포함한다.

(8) 미착계정

1) 의 의

미착이란, 매도자는 물품을 발송하였으나 매입자 측에 도착하지 아니한 상태를 의미한다. 즉, 운송중에 있는 것으로서 주로 수입품이 이에 해당한다. 이때 도착되지 아니한 물품이 기계인 경우 미착기계계정으로 하여 유형자산으로 회계처리한다. **수입품에 대한 미착금액 계상하는 시점은 매매계약상 거래조건에 따른다. 즉, 당사자간 계약조건에 따른 인도시점에 재고자산을 계상하면 될 것이다.** 수출입거래에 있어서는 가격과 인도시점에 대한 조건을 국제상업회의소(ICC)가 다음과 같이 정형화하여 운영하고 있다. 그러나 이 규정은 강제성이 없으므로 당사자간 계약을 우선하여 인도시점을 판단하여야 할 것이다.

2) 거래조건별 미착계정 인식시점(소유권 결정시점)

① EXW(Ex Works ; 공장인도조건)	공장인도조건은 계약물품을 매도인의 작업장구내(즉, 작업장 또는 공장구내 등)에서 인도함으로서 그 물품에 대한 위험과 소유권을 매수인에게 귀속시키며, 그 이후의 위험과 비용은 매수인이 부담하고 수출에 따른 수출지에서의 통관절차도 매수인이 부담한다. - 수출자의 공장 등에서 인수시점에 회계처리 (차) 미착상품 등 xxx (대) 외화외상매입금 xxx
② FCA(Free Carrier ; 운송인인도조건)	매도인이 계약물품을 지정지점(육상)에서 매수인이 지정한 운송인의 관리하에(into the charge of the carrier) 인도할 때 매도인의 의무를 완수하고 이 시점에 모든 위험과 책임이 매수인에게 이전된다. - 수입자가 지정한 운송인에게 수출자가 인도한 시점에 회계처리 (차) 미착상품 등 xxx (대) 외화외상매입금 xxx

> **참고** **FOB와의 비교**
>
> 비용과 위험의 분기점이 해상에서 본선에 on board 하는 시점인 FOB의 경우와는 달리 육상에서 운송인에게 물품을 인도하는 시점이라는 것이다.

③ FAS(Free Alongside Ship ; 선측인도조건)	계약물품을 선적항(named port of shipment)의 본선 선측(선박 옆)에서 매수인이 지정한 본선에 인도하는 조건이다. - 수출자가 선박옆(선측)에 인도하였을 때 회계처리 　(차) 미착상품 등　　xxx　　(대) 외화외상매입금　　xxx
④ FOB(Free on Board ; 본선인도조건)	물품의 인도는 지정된 선적항에서 매수인이 지정한 선박에 그 항구의 관습적인 방법으로 물품을 적재함으로써 이루어진다. 구체적인 인도는 물품이 본선에 on board한 때 완료된다고 본다. FOB조건에서 매수인은 선적지에서 물품의 인도를 수령하여야 한다. 그러나 현실적으로는 운송계약의 체결에 따라 운송인이 매수인의 수탁자로서 선적지에서 인도를 수령하는 것이 보통이다. 이때 운송인은 매도인에 대한 관계에서 매수인을 대리하는 것이 된다. - 수출자가 본선에 선적했을 때 회계처리 　(차) 미착상품 등　　xxx　　(대) 외화외상매입금　　xxx
⑤ CFR(Cost and Freight ; 운임포함조건)	CFR은 "운임포함조건"을 의미한다. 매도인은 지정된 목적지까지 계약물품을 운송하는데 필요한 비용과 운임을 지급하여야 한다. 계약물품의 멸실 또는 손상에 관한 위험은 계약물품이 선적항에서 본선에 on board한 때 매도인에서 매수인에게로 이전된다. 즉 CFR은 매도인이 지정된 목적지까지 계약물품을 운송하는데 필요한 운임이 포함된 거래조건이다. - 수출자가 본선에 선적했을 때 회계처리 　(차) 미착상품 등　　xxx　　(대) 외화외상매입금　　xxx
⑥ CIF(Cost, Insurance and Freight ; 운임·보험료포함조건)	CIF는 "운임·보험료포함조건"을 의미한다. 즉 CIF는 물품의 가격(shipping cost)에 목적지까지의 해상보험료와 해상운임이 포함된다. 이 조건에서도 매도인의 위험부담은 FOB의 경우와 마찬가지로 본선에 on board한 때이며 소유권은 운송서류를 매수인에게 제공함으로써 이전된다. - 수출자가 본선에 선적했을 때 회계처리 　(차) 미착상품 등　　xxx　　(대) 외화외상매입금　　xxx
⑦ CPT(Carriage Paid to ; 운송비지급조건)	계약물품의 운송에 소요되는 운임을 매도인이 지급하여야 함을 의미한다. 계약물품의 멸실 또는 손상에 관한 위험은 계약물품이 최초의 운송인에게 인도되었을 때 매도인에서 매수인에게 이전되는 것이다. - 수출자가 수입자가 지정한 운송인에게 인도한 시점에 회계처리 　(차) 미착상품 등　　xxx　　(대) 외화외상매입금　　xxx

⑧ CIP(Carriage and Insurance Paid to ; 운송비·보험료 지급조건)	CIP는 운송비지급필조건(CPT)에 매도인에게 부보의무를 추가한 조건으로서 전자가 CFR에 해당된다고 할 수 있다면, 이것은 CIF에 해당된다고 할 수 있다. 한편, CPT 및 CIP에 있어서 매도인의 인도제공의무는 운송인인도조건과 같이 약정품이 최초의 운송인의 관리 아래로(into the custody of the carrier) 인도되었을 때에 끝난다. - 수출자가 수입자가 지정한 운송인에게 인도한 시점에 회계처리 (차) 미착상품 등　　xxx　　(대) 외화외상매입금　　xxx
⑨ DPU(Delivered at Place Unloaded : 수입국 목적지양하인도)	Delivered at Placed Unloaded(수입국내 약정된 장소 기재) : 지정 목적항 또는 지정 목적지에 도착된 운송수단으로부터 양하한 물품을 수입통관하지 않고 매수인의 임의처분 상태로 인도하는 조건이며 이 시점에 매출회계 처리한다. 인코텀즈 2020에서 신설된 DPU조건에서 매도인은 자기의 비용으로 합의된 목적항 또는 목적지에 물품을 운송하기 위한 운송계약을 체결해야 하고 또한 지정 목적항 또는 지정 목적지까지 운송하여 양하하는데 따른 모든 위험을 부담해야 한다. DPU는 매도인이 목적지에서 물품을 양하하도록 하는 유일한 인코텀즈 규칙이다.
⑩ DAP(Delivered at Place : 목적지인도)	Delivered at Place(insert named place of destination) : 지정 목적지에서 수입통관을 하지 않은 상태로, 계약물품을 도착된 운송수단으로부터 양하하지 않은 상태로 매수인의 임의처분 상태로 인도하는 조건 이 조건에서도 물품의 수입통관은 매수인이 하여야 하는데 만약 당사자들이 수입통관절차를 매도인이 밟기를 희망하는 경우에는 DDP 조건을 사용해야 한다. DDP조건과 DAP조건의 주된 차이점은 인도조건이다. DAP조건의 경우 매도인은 지정장소에서 도착된 운송수단으로부터 양하하지 않은 상태로 매수인의 임의처분 상태로 물품을 인도하면 되는데, 이때 도착된 운송수단은 선박이 될 수 있고, 또 지정목적지는 항구가 될 수 있다. 한편 DAT에서는 지정 터미널에서 물품이 일단 선박이나 기타 운송수단으로부터 양하된 후 매수인의 임의처분 상태로 물품이 인도되는데, 이때 지정 터미널은 항구에 있을 수 있다. DAT 조건의 경우 매도인은 이러한 지정터미널에 가져와 양허할 때까지의 모든 위험을 부담한다.

⑪ DDP(Delivered Duty Paid ; 관세지급인도조건)	물품이 수입국의 지정장소에서 매수인이 인수가능하게 되었을 때 매도인이 그의 인도의무를 완료하는 것을 의미한다. 따라서 매도인은 그 지점까지 관세, 조세 및 기타 물품인도비용을 포함하여 모든 위험과 비용을 부담하여야 하고, 수입통관도 하여야 한다.
	DDP조건에서 물품 인도의무의 완료와 매도인과 매수인의 위험부담은 DAP조건의 경우와 차이가 없다. 그러나 비용부담의 측면에서 DDP조건은 매도인이 수입국의 수입통관절차를 이행하고 관세, 조세 및 기타 부과금을 부담하여야 한다. 기타 비용부담의 내용은 DAP와 차이가 없다.

사례 2-30 수입품에 대한 회계처리

수입품에 대하여 다음과 같이 비용이 발생하였다. 거래분개를 검토하여 수입품에 대한 원가표를 작성해보기로 한다.(CFR)

(1) 거래분개

① x1년 5월 10일 신용장개설시 지출비용

　(차) 미 착 원 재 료　　　　33,292　　(대) 현 금 등　　　　33,292

② x1년 7월 12일 수출회사로부터 선적되었음을 통보받음(7월 12일 기준환율은 USD/1,193.79원)

　(차) 미 착 원 재 료　　　 9,311,562　　(대) 외화외상매입금　　 9,311,562

③ x1년 7월 20일 B/L 서류 도착하여 인수하고 은행이 적용한 환율로 계산하여 현금으로 결제함.

　(차) 외화외상매입금　　　 9,311,562　　(대) 현 금 등　　　 9,350,000
　　　 수　　수　　료　　　　 11,780
　　　 외 환 차 손　　　　　　26,658

④ x1년 7월 21일 은행수수료 등 지출

　(차) 미 착 원 재 료　　　　163,192　　(대) 현 금 등　　　　163,192

⑤ x1년 7월 21일 통관관세 등 2,057,972원 지출

　(차) 미 착 원 재 료　　　 1,027,135　　(대) 현 금 등　　　 2,057,972
　　　 부 가 세 대 급 금　　 1,030,837

⑥ (차) 원　　재　　료　　　10,546,961　　(대) 미 착 원 재 료　 10,546,961

2) 수입상품명세서

L/C No.	M0480105NS00107			관리번호	07-78
B/L No.	VP110600184BUS			개설일자	xxx1.5.10
품명	A	SODIUM STANNATE	수량	2000KG	단가	$3.90/KG
	B				
	C				
AMOUNT	CFR USD7,800		인도조건	CFR	

	적요	금액	날짜	비고
개설 및 결제	개설수수료	33,292	5.10	
	원본결제	9,311,562	7.20	수출자의 선적일은 7월12일
	적하보험료	11,780	7.20	
	Term Charge	10,000	7.21	
	Amend	153,192	7.21	
	소계	9,519,826		

	적요	공급가액	부가세	날짜	비고
통관제비용	관세	745,610	1,006,570	7.21	용당세관장
	입항료	1,292		7.21	(주)한신익스프레스
	CTX세	3,700		7.21	(주)한신익스프레스
	선임	45,114	4,511	7.21	(주)한신익스프레스
	THC.CH.	28,300		7.21	(주)한신익스프레스
	H/D CH.				
	하역료				
	출고료				
	보관료	25,560	2,556	7.21	대한통운(주)부산지사
	보험료	559		7.21	대한손해보험협회
	통관료	27,000	2,700	7.21	해덕합동관세사무소
	파출료	5,000		7.21	
	운반비	130,000	13,000	7.21	(주)한배기업
	취급수수료	15,000	1,500	7.21	(주)한배기업
	소계	1,027,135	1,030,837		

수입원가	10,546,961	수입단가	
비고			

3) 적용환율

회사가 외화자산·부채를 계상하거나 평가하는 경우 기준환율(USD 또는 재정환율)로 환산하여 회계처리하고 실제 은행에서 외화를 구입하고 매각하는 경우 은행에서 실제 적용한 환율의 금액으로 회계처리한다. 기준환율 또는 재정환율은 서울외국환중개(주)에서 발표한다. 계상 또는 평가하여야 하는 날이 공휴일 등으로 기준환율 또는 재정환율을 고시하지 아니한 경우 그 전일에 고시한 가격으로 한다(법인법 §42).

기 준 환 율 표

	국가명	통화		20.12.31.	21.12.31.	22.12.31.	23.12.31.	24.12.31.
1	미국	USD	달러	1,088.00	1,185.50	1,267.30	1,280.40	1,470.00
2	일본	JPY	100엔	1,054.26	1,030.24	953.18	912.66	936.48
3	중국	CNY	위안	166.96	186.26	181.44	180.84	201.27
4	홍콩(달러)	HKD	달러	140.35	152.3	162.55	165.06	189.30
5	유로	EUR	유로	1,338.24	1,342.34	1,351.20	1,426.59	1,528.73
6	영국	GBP	파운드	1,482.40	1,600.25	1,527.67	1,641.79	1,843.67
7	캐나다	CAD	달러	853.30	930.61	935.38	974.64	1,023.96
8	호주	AUD	달러	836.56	858.89	858.41	880.08	913.68
9	스위스	CHF	프랑	1,234.33	1,297.47	1,372.87	1,526.82	1,626.38
10	싱가폴	SGD	달러	822.22	877.14	943.11	976.86	1,081.08
11	태국	THB	바트	36.34	35.57	36.66	37.62	43.00
12	인도네시아	IDR	100루피아	7.74	8.31	8.09	8.36	9.11

4) 수입방식의 종류

① **신용장(L/C ; Letter of Credit) 방식**

수출자가 수출대금을 지급받는데 있어서 신용장을 개설한 은행이 지급책임의 약속을 한 방법이다. 수입자는 은행에 대하여 물품대금을 지불하여야 함은 물론이다. 신용장방식에서 대금결제와 관련하여 다음 세 가지의 방식이 있다.

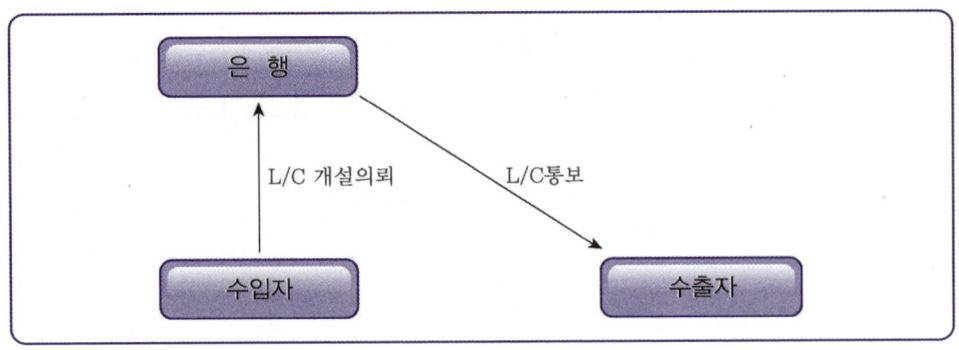

㉠ **현금결제방식의 수입(At Sight)** : 수출자로부터 선하증권 등 일정서류가 신용장개설은행에 도착하여 신용장개설은행에서 선하증권 등을 인수받고 현금결제하는 시스템이다. 바로 앞의 사례와 같이 회계처리하면 된다. 현금방식인 경우에도 미착계정 계상시점과 결제일과의 시차가 있음에 유의하여야 한다.

㉡ **뱅커스유전스방식의 수입(Banker's Usance)** : 수입자가 신용장 개설은행에 도착한 선하증권 등을 인수는 하되 즉시 결제를 못하고 차입을 하여 수입대금을 지급하는 경우이다. 따라서 수출자의 입장에서는 현금결제방식과 마찬가지로 수출대금을 조기에 받을 수 있다.

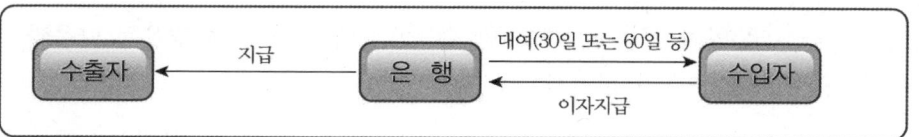

FOB조건 선적시 :

  (차) 미 착 상 품 등   xxx   (대) 외화외상매입금   xxx

B/L인수시 :

  (차) 외화외상매입금   xxx   (대) 외화단기차입금   xxx

상환시점 :

  (차) 외화단기차입금   xxx   (대) 현 금 · 예 금   xxx
      이 자 비 용 [19]   xxx

㉢ **쉬퍼스유전스방식의 수입(Shipper's Usance)** : 수출자에게 일정기간 후에 지급하기로 하고(외상수입) 수입하는 방식이다.

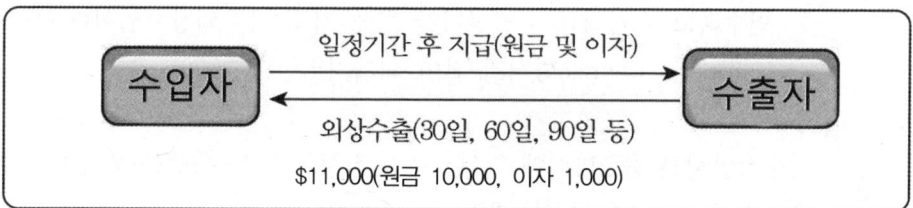

- FOB조건 선적시(기준환율 1,200)

  (차) 미 착 상 품   12,000,000   (대) 외화외상매입금   12,000,000

   ✱ $10,000 × 1,200 = 12,000,000

---

[19] Usance 이자 및 D/A 이자는 법인세법상 지급이자 손금불산입 대상 이자가 아니다.

- 결제시(1$/1,250)

 (차) 외화외상매입금   12,000,000   (대) 현 금 · 예 금   13,750,000
   외 환 차 손   500,000
   이 자 비 용   1,250,000

  ※ $11,000 × 1,250 = 13,750,000

㉣ 세법상 쉬퍼스유전스이자(Shipper's Usance)

「법인세법」 또는 「소득세법」에서는 Shipper's Usance 이자비용에 대하여 원칙적으로 원가이다. 다만, 이자비용으로 구분경리한 경우 이자비용으로도 인정하고 있어 선택적이라고 할 수 있다. 원가로 하는 경우는 다음과 같다.

- FOB조건 선적시

 (차) 미 착 상 품 등   13,200,000   (대) 외화외상매입금   13,200,000

- 결제시

 (차) 외화외상매입금   13,200,000   (대) 현 금 · 예 금   13,750,000
   외 환 차 손   550,000

② **추심결제방식(D/A, D/P)**

수출자가 수출대금을 지급받는데 있어서 수입자가 채무자인 환어음을 발행하여 은행에 가서 추심의뢰하여 지급받는 방법을 말한다. 다음 두 가지가 있다.

㉠ D/P방식(Document against payment) : 수입자가 선적서류를 인수할 때 동시에 대금도 지급하여야 하는 방법으로서 위 신용장 방식의 현금결제 방식과 같이 회계처리한다.

㉡ D/A방식(Document against Acceptance) : 수입자가 선적서류만 은행을 통하여 인수하고 수입대금은 일정기간 후에 지급하는 외상수입이다. 위 신용장방식의 Shipper's Usance방식과 같이 회계처리한다.

③ **송금방식**

신용장방식과 추심방식에 있어서는 선적서류 등을 은행을 통하여 수취하는 것이나 송금방식은 그러하지 아니하다.

㉠ T/T송금시 :

 (차) 선 급 금   xxx   (대) 현 금 · 예 금   xxx

㉡ 선적시 :

 (차) 미 착 상 품 등   xxx   (대) 선 급 금   xxx
             외 환 차 익 등   xxx

5) 연지급수입이자 등

위 '4) 수입방식의 종류'설명에서 사례와 함께 다음 요약표를 검토바란다.

구 분	세 법	회 계
D/A 이자 및 Shipper's Usance 이자	원칙은 원가이나 지급이자로 구분회계 처리한 경우 지급이자(법인령 § 72 ④)	이자비용
Banker's Usance 이자		이자비용

구분		수출자	수입자
일람출급		(차)외화외상매출금 ××× (대)수출매출 ×××	(차)미착상품 등 ××× (대)외화외상매입금 ×××
		(차)예금 ××× (대)외화외상매출금 ×××	(차)외화외상매입금 ××× (대)예금 ×××
기한부 (B-U)		(차)외화외상매출금 ××× (대)수출매출 ×××	(차)미착상품 등 ××× (대)외화단기차입금 ×××
		(차)예금 ××× (대)외화외상매출금 ×××	(차)외화단기차입금 ××× (대) 예금 ××× 이자비용 ×××
기한부 (S-U)		(차)외화외상매출금 ××× (대)수출매출 ×××	(차)미착상품 등 ××× (대)외화외상매입금 ×××
	일반기준	(차)예금 ××× (대)외화외상매출금 ××× 매출채권처분손실[20] ×××	(차)외화외상매입금 ××× (대)예금 ×××
	K-IFRS	(차)예금 ××× (대)단기차입금 ××× 이자비용[21] ×××	

✽ 외환차·손익은 고려하지 않음.

(9) 의제매입세액

부가가치세가 면세인 농산물·축산물·수산물·임산물 등을 원료로 하여 제조·가공한 재화 또는 용역의 공급이 부가가치세가 과세되는 경우 그 면세품 구입액에 대하여 다음 율의 금액을 매입부가가치세로 의제하여 공제받을 수 있다. 이때 공제받는 의제매입세액은 해당과목에서 차감하고, 납부할 부가가치세예수금 과목에서 감액하는(차변) 회계처리를 한다.

법인음식업	개인음식업 (유흥업소 제외)	과표 2억이하의 개인음식업	제과점 제분업 등	중소제조업	기타업
6/106	8/108	9/109	6/106	4/104	2/102

(차) 원　재　료　　10,000　　(대) 현　금　　　　　　　　10,000
(차) 부가가치세예수금　196　　(대) 원재료(10,000원 $\times \frac{2}{102}$)　196

---

20) 수출환어음 할인의 경우이다. 이때 이자를 일반기업회계기준에서는 대체적으로 매각거래로 보아 매출채권처분손실로 처리하며(일반기준 6장 부록 실6.9) K-IFRS 적용하는 기업은 대체적으로 차입거래로 보아 대변에 차입금계정과 차변 이자비용의 회계처리를 한다(기준서 제1039호 문단 20).

(10) 기타의 재고자산

앞에서 열거하지 아니한 재고자산으로 한다.

3 재고자산 취득원가 등

(1) 의의

재고자산 매입금액과 이와 관련하여 발생한 매입운임, 하역료, 보험료, 제세금, 매입수수료, 통관비 등의 매입부대비용은 취득원가로 한다.

(2) 취득원가에서 제외되는 항목

재고자산 원가에 포함할 수 없으며 발생기간의 비용으로 인식하여야 하는 원가의 예는 다음과 같다(문단 7.10).
① 재료원가, 노무원가 및 기타의 제조원가 중 비정상적으로 낭비된 부분
② 추가 생산단계에 투입하기 전에 보관이 필요한 경우 외의 보관비용
③ 재고자산을 현재의 장소에 현재의 상태로 이르게 하는 데 기여하지 않은 관리간접원가
④ 판매원가

(3) 서비스기업의 재고자산원가

서비스기업의 재고자산 원가는 서비스의 제공에 직접 종사하는 인력의 노무원가와 기타 직접 관련된 재료원가와 기타원가로 구성된다. 서비스 제공과 직접 관련이 없는, 판매 및 일반관리 업무에 종사하는 인력의 노무원가와 기타원가는 재고자산 원가에 포함되지 않으며 발생한 기간의 비용으로 인식한다(문단 7.11).

✽ 손익계산서과목 설명의 매출원가편에서 자세히 다루었다. 참조바란다.

> **참고** 기업회계기준간의 차이

구분	일반기업회계기준	K-IFRS
표준원가법	실제원가와의 차이가 크지 않을 경우 표준원가법 허용	실제원가와의 차이가 크지 않을 경우 표준원가법 허용
후입선출법	후입선출법 허용	후입선출법 불허

제4절 투자자산

1 의의

'투자자산'이란 기업이 장기적인 투자수익이나 타기업 지배목적 등의 부수적인 기업활동의 결과로 보유하는 자산이다. 이러한 투자자산에는 투자부동산, 장기투자증권, 지분법적용투자주식, 장기대여금 등이 있다.

2 투자부동산

투자부동산이란 시세차익을 얻기 위하여 보유하고 있는 부동산이다. 다만, 재화의 생산, 용역의 제공, 타인에 대한 임대 또는 자체적으로 사용하거나 정상적인 영업과정에서의 판매를 목적으로 보유하는 부동산은 제외한다. 투자의 목적 또는 비업무용으로 소유하는 토지·건물 및 그 밖의 부동산으로 하고, 그 내용을 주석으로 적는다.

사례 2-31 투자부동산 회계처리 - 토지구입

호승상사는 지가상승을 기대하고 투자목적으로 토지를 1억원에 현금을 주고 구입하였다.

(차) 투 자 부 동 산   100,000,000   (대) 현   금   100,000,000

3 장기투자증권

유동자산에 속하지 아니하는 지분증권 또는 채무증권으로서 투자목적으로 소유하는 장기투자증권 등으로 한다. 계정과목은 장기투자증권을 사용해도 되고 구체적으로 만기보유증권 또는 매도가능증권과목으로 사용하면 정보전달에 더 효율적이다.

(차) 장 기 투 자 증 권   xxx   (대) 현   금   등   xxx

✱ 유동자산의 유가증권 설명을 참고 바란다.

4 장기대여금

유동자산에 속하지 아니하는 장기의 대여금으로 한다.

| 사례 2-32 | 장기대여금 회계처리 |

x1년 10월 10일 갑을회사는 여유자금으로 가지고 있는 보통예금 10억원을 특수관계법인인 병정회사에 3년 후 상환조건으로 무이자 대여하였다.

(차) 장 기 대 여 금　　1,000,000,000　　(대) 보 통 예 금　　1,000,000,000

5 지분법적용투자주식

(1) 의의

지분법적용투자주식이란 특정회사(투자회사)가 타회사의 경영권을 지배·통제할 목적으로 보유하는 유가증권을 말한다. 지배·통제기준은 피투자기업의 의결권 있는 주식의 20% 이상을 보유하고 있는 경우(명백한 반증이 있는 경우 제외) 또는 지분이 없어도 피투자기업의 이사회 또는 이에 준하는 의사결정기구에서 의결권을 행사하여 지배력이 있는 경우 등이다.

(2) 중소기업특례(일반기업회계기준 31장)

「중소기업기본법」에 의한 중소기업(상장, 금융회사 등은 제외)은 지분법을 적용하지 아니할 수 있다. 다만, 연결재무제표 작성대상의 범위에 해당하는 종속기업에 대하여는 지분법을 적용한다.

(3) 회계처리

피투자회사의 손익을 투자회사의 손익에 반영하는 것이다.

1) 취득시

투자기업은 지분법적용투자주식을 원가로 인식하고, 지분법적용투자주식의 취득시점 이후 발생한 지분변동액을 당해 지분법적용투자주식에 가감하여 보고한다.

(차) 지분법적용투자주식　　xxx　　(대) 현　　　　금　　xxx

2) 배당금 수취시

투자회사는 지분법피투자회사가 배당금지급을 결의한 시점에 투자회사가 수취하게 될 배당금 금액을 지분법적용투자주식에서 직접 차감한다.

(차) 현　　　　금　　xxx　　(대) 지분법적용투자주식　　xxx

3) 결산시

피투자회사가 당기순이익을 보고하는 경우 순이익 중 투자회사의 지분율만큼 투자주식의 장부가액에 가산하고 동액 만큼 지분법이익(영업외수익)으로 보고하며, 반대로 피투자회사가 당기순손실을 보고하는 경우 순손실 중 투자회사의 지분율만큼 투자주식의 장부가액에서 차감하고 동액만큼 지분법손실(영업외비용)으로 보고한다.

(차) 지분법적용투자주식　　xxx　　(대) 지분법이익(영업외수익)　xxx
(차) 지분법손실(영업외비용)　xxx　　(대) 지분법적용투자주식　　xxx

사례 2-33 지분법적용투자주식 회계처리

A사는 5월 10일 지배목적으로 B의 주식 50%에 해당하는 10,000주를 1억원에 취득하고 보통예금에서 지급하였다. 12월 10일 B로부터 배당금 5백만원을 보통예금으로 수령하였으며 B사의 당기순이익은 2천만원이다.

```
5. 10 : (차) 지분법적용투자주식    100,000,000  (대) 보   통   예   금   100,000,000
12.10 : (차) 보   통   예   금      5,000,000  (대) 지분법적용투자주식     5,000,000
12.31 : (차) 지분법적용 투자주식    10,000,000  (대) 지 분 법 이 익      10,000,000
                                                    (영업외수익)
```

(4) 법인세법

법인세법은 지분변동손익에 대하여 인정하지 아니하므로 회계처리 하는 경우 세무조정을 하여야 한다.

6 기타 투자자산

별도구분 표시하지 않는 투자자산으로 한다.(골프회원권 등 포함)

사례 2-34 장기성예금 회계처리

① 진달래회사는 3년 만기 정기예금에 현금 1억원을 예입하였다.

(차) 장 기 성 예 금   100,000,000   (대) 현   금   100,000,000
    (기타투자자산)

② 진달래회사는 3년 만기 정기예금에 현금 1억원을 예입하였다. 그런데 이 예금은 대출금에 대한 담보(질권)로 설정되었다.

(차) 특정현금과예금   100,000,000   (대) 현   금   100,000,000
    (기타투자자산)

③ 진달래회사는 만복은행과 당좌거래 약정을 맺고 보증금으로 현금 2,500,000원을 지불하였다.

(차) 특정현금과예금   2,500,000   (대) 현   금   2,500,000
    (기타투자자산)

제5절 유형자산(일반기업회계기준 제10장)

1. 유형자산 의의와 재무제표 표시방법

'유형자산'은 재화의 생산, 용역의 제공, 타인에 대한 임대 또는 자체적으로 사용할 목적으로 보유하는 물리적 형체가 있는 자산으로서, 1년을 초과하여 사용할 것이 예상되는 자산을 말한다(문단10.4).

① 유형자산의 감가상각누계액과 손상차손누계액은 유형자산 각 항목의 차감계정으로 재무상태표에 표시한다.
② 유형자산을 폐기하거나 처분하는 경우 그 자산을 재무상태표에서 제거하고 처분금액과 장부금액의 차액을 유형자산처분손익으로 인식한다.

2. 유형자산의 범위

유형자산에는 토지, 건물, 구축물, 기계장치, 차량운반구와 건설중인자산 등이 포함된다.

(1) 토지

회사가 지배하고 있는 토지를 말하며 대지·임야·전답·잡종지 등 국토전체를 말한다.

(2) 건물

건물과 냉난방·조명·통풍 및 그 밖의 건물부속설비로 한다. 건물이란 지붕 및 기둥, 벽이 있는 것과 이에 부수된 시설로 한다.

사례 2-35 부동산 개별취득시 회계처리

미나리회사는 공장건물과 부수토지를 다음과 같은 가격으로 통장에서 이체하고 구입하였다(단, 부가세는 고려안함).
공장건물 : 3억원, 공장부수토지 : 2억원

(차) 건 물	300,000,000	(대) 보 통 예 금	500,000,000
토 지	200,000,000		

---

(3) 구축물

교량, 궤도, 갱도, 정원설비 및 기타의 토목설비 또는 공작물 등을 말하며, 토지상의 정착물 중 지붕과 벽 또는 기둥이 있으면 건물에 속하고, 지붕이나 벽 또는 기둥이 없는 경우는 구축물로 분류한다.

(4) 기계장치

기계장치·운송설비(콘베어, 호이스트, 기중기 등은 공장 내에 고정되어 일련의 제조공정을 이루므로 차량운반구로 분류하지 않는다)와 기타의 부속설비 등

(5) 건설중인 자산

유·무형자산의 취득을 위하여 자가건설 또는 도급건설을 함에 있어서 계약시점부터 완성전까지 지출되는 일체의 비용을 건설중인 자산과목으로 처리한다.

그리고 건설이 종료(취득)되면 건물 등 적절한 계정으로 대체한다. 물론 건설기간이 필요없이 일시불로 취득하는 경우에는 건설중인 자산과목을 사용할 필요가 없다.

① 유형자산의 건설을 위한 재료비·노무비 및 경비로 하되, 건설을 위하여 지출한 도급금액 또는 취득한 기계 등을 포함한다.
② 유·무형자산의 취득을 위한 초기 지출액

임시계정	대체할 완성계정	내용
선급금	재고자산	재고자산 구입을 위한 선불금
미착상품 등	재고자산	수입 중에 있는 재고자산
건설중인자산	유·무형자산	건설 중에 있는 비유동자산

사례 2-36 건설중인 자산 회계처리 (1) - 토지구입

6월 20일 회사창고를 신축하기 위하여 대지를 2억원에 구입하기로 계약하고, 당일에 계약금 2천만원, 7월 20일 중도금으로 8천만원, 8월 20일 잔금으로 1억원을 보통예금통장에서 이체해주었다. 잔금지급시 부동산중개수수료 800,000원도 현금으로 지급하였다(단, 부가세는 고려안함).

① 6월 20일 계약금지급시

　　(차) 건 설 중 인 자 산　　20,000,000　　(대) 보 통 예 금　　20,000,000

② 7월 20일 중도금지급시

　　(차) 건 설 중 인 자 산　　80,000,000　　(대) 보 통 예 금　　80,000,000

③ 8월 20일 잔금지급시

　　(차) 토　　　　　　지　　200,800,000　　(대) 건설중인자산　　100,000,000
　　　　　　　　　　　　　　　　　　　　　　　　보 통 예 금　　100,000,000
　　　　　　　　　　　　　　　　　　　　　　　　현　　　　금　　　　800,000

사례 2-37 건설중인 자산 회계처리 (2) - 공장건축 신축시

봄바람회사는 공장건물을 건설하기 위하여 가을바람회사와 3억 5천만원의 도급계약을 하였으며, 다음과 같이 관련 비용을 지출하였다.
① x1년 4월 4일 공장설계비 10,000,000원 현금지급
② x1년 4월 5일 가을바람회사에 대한 선급금 50,000,000원 당좌수표 지급
③ x2년 2월 1일 가을바람회사에 대한 중도금 100,000,000원 약속어음 발행 지급
④ x2년 10월 1일 가을바람회사에 대한 잔금 200,000,000원 보통예금에서 지급
⑤ x2년 10월 2일 건물을 준공하여 사용시작

① x1년 4월 4일
　(차) 건 설 중 인 자 산　10,000,000　(대) 현　　　　금　10,000,000
② x1년 4월 5일
　(차) 건 설 중 인 자 산　50,000,000　(대) 당 좌 예 금　50,000,000
③ x2년 2월 1일
　(차) 건 설 중 인 자 산　100,000,000　(대) 미 지 급 금　100,000,000
④ x2년 10월 1일
　(차) 건 설 중 인 자 산　200,000,000　(대) 보 통 예 금　200,000,000
⑤ x2년 10월 2일
　(차) 건　　　물　360,000,000　(대) 건 설 중 인 자 산　360,000,000

사례 2-38 건설중인 자산 회계처리 (3) - 기계취득시

A법인은 기계제작을 의뢰하기 위하여 x1년 11월 5일 계약금조로 5,000,000원을 B법인에게 지급하였고, 잔금 45,000,000원은 x1년 12월 30일 기계를 인도받았다. 대금은 당좌수표로 지급하였다.

x1년 11월 5일
　(차) 건 설 중 인 자 산　5,000,000　(대) 당 좌 예 금　5,000,000
x1년 12월 30일
　(차) 기 계 장 치　50,000,000　(대) 당 좌 예 금　45,000,000
　　　　　　　　　　　　　　　　　　　건설중인 자산　5,000,000

(6) 기타자산

별도구분 표시하지 않는 유형자산으로 한다.
　(차) 기타의 유형자산　xxx　(대) 보 통 예 금　xxx

그러나 그 금액이 중요성의 원칙에 따라 구분할 필요가 있는 경우 다음과 같이 별도 과목으로 할 수 있다.

1) 선 박
선박과 그 밖의 수상운반구 등으로 한다.

2) 차량운반구
철도차량·자동차 및 그 밖의 육상운반구 등으로 한다.

3) 항공기

4) 동물 및 식물
비유동자산으로 분류되는 우·마·돈·면양 등과 사과나무, 배나무 등이 이에 포함된다.

사례 2-39 기타의 유형자산 회계처리

돼지농장에서 종돈(새끼낳는 돼지)를 1천만원에 현금으로 구입했다.
(차) 종   돈   10,000,000   (대) 현금   10,000,000
* 법인세법 시행규칙 별표6 업종별 자산에 따른 내용연수에 따라 상각한다.

---

3 유형자산 취득원가

(1) 일반원칙

유형자산은 최초에는 취득원가로 측정하며, 현물출자, 증여, 기타 무상으로 취득한 자산은 공정가치를 취득원가로 한다. 취득원가는 구입원가 또는 제작원가 및 경영진이 의도하는 방식으로 자산을 가동하는 데 필요한 장소와 상태에 이르게 하는 데 직접 관련되는 원가인 ① 내지 ⑨와 관련된 지출 등으로 구성된다. 매입할인 등이 있는 경우에는 이를 차감하여 취득원가를 산출한다.

① 설치장소 준비를 위한 지출
② 외부 운송 및 취급비
③ 설치비
④ 설계와 관련하여 전문가에게 지급하는 수수료
⑤ 유형자산의 취득과 관련하여 국·공채 등을 불가피하게 매입하는 경우 당해 채권의 매입금액과 일반기업회계기준에 따라 평가한 현재가치와의 차액

⑥ 자본화대상인 차입원가
⑦ 취득세 등 유형자산의 취득과 직접 관련된 제세공과금
⑧ 해당 유형자산의 경제적 사용이 종료된 후에 원상회복을 위하여 그 자산을 제거, 해체하거나 또는 부지를 복원하는 데 소요될 것으로 추정되는 원가가 충당부채의 인식요건을 충족하는 경우 그 지출의 현재가치(이하 '복구원가'라 한다)
⑨ 유형자산이 정상적으로 작동되는지 여부를 시험하는 과정에서 발생하는 원가. 단, **시험과정에서 생산된 재화**(예: 장비의 시험과정에서 생산된 시제품)의 순매각금액은 당해 원가에서 차감한다.

사례 2-40 유형자산 회계처리 (1) - 현재가치 회계

차량을 20,000,000원에 취득하면서 5년 후가 만기인 공채 2,000,000원어치를 매입하고 전액 현금으로 지급하였다(시장이자율 10%, 현재가치 1,241,840).
(차) 차 량 운 반 구   20,758,160   (대) 현 금   22,000,000
(차) 매도가능증권 등   1,241,840

사례 2-41 유형자산 회계처리 (2) - 현재가치 회계

차량을 20,000,000원에 현금으로 취득하였다. 그리고 5년 후가 만기인 공채 2,000,000원어치를 매입하여야 하는데 즉시 매각하였기 때문에 할인료 부분 250,000원만 현금으로 부담하였다.
(차) 차 량 운 반 구   20,250,000   (대) 현 금   20,250,000

사례 2-42 유형자산 회계처리 (3) - 명목가액 회계

차량을 20,000,000원에 취득하면서 5년 후가 만기인 공채 2,000,000원어치를 매입하고 전액 현금으로 지급하였다.(명목가액으로 표시할 것)
(차) 차 량 운 반 구   20,000,000   (대) 현 금   22,000,000
(차) 매도가능증권   2,000,000
* 「중소기업기본법」에 의한 중소기업(상장, 금융회사등 제외)은 현재가치평가를 하지 않고 명목가치로 표시할 수 있다.

(2) 차입원가자본화

차입원가(이자비용 의미)는 기간비용으로 처리함을 원칙으로 한다. 다만, 유형자산, 무형자산 및 투자부동산과 제조, 매입, 건설, 또는 개발(이하 '취득'이라 한다)이 개시된 날로부터 의도된 용도로 사용하거나 판매할 수 있는 상태가 될 때까지 1년 이상의 기간

이 소요되는 재고자산(이하 '적격자산'이라 한다)의 취득을 위한 자금에 차입금이 포함된다면 이러한 차입금에 대한 차입원가는 적격자산의 취득에 소요되는 원가로 회계처리 할 수 있다. 적격자산의 취득과 관련된 차입원가는 그 자산을 취득하지 아니하였다면 부담하지 않을 수 있었던 원가이기 때문에 적격자산의 취득원가를 구성하며, 그 금액을 객관적으로 측정할 수 있는 경우에는 해당 자산의 취득원가에 산입할 수 있다.(문단 18.4)
차입원가는 다음과 같은 항목을 포함한다(문단 18.2).

① 장·단기차입금과 사채에 대한 이자
② 사채발행차금상각(환입)액
③ 채권·채무의 현재가치평가 및 채권·채무조정에 따른 현재가치 할인차금상각액
④ 외화차입금과 관련되는 외환차이 중 차입원가의 조정으로 볼 수 있는 부분
⑤ 리스이용자의 금융리스관련 원가
⑥ 차입금 등에 이자율변동 현금흐름위험회피회계가 적용되는 경우 위험회피수단의 평가손익과 거래손익
⑦ 차입과 직접 관련하여 발생한 수수료
⑧ 기타 이와 유사한 금융원가

✱ 「법인세법」은 '건설 자금이자'라고 표현한다.

(3) 토지 건물 일괄구입 등

여러 종류의 유형자산을 일괄로 취득하여 개별자산의 취득원가를 구분할 수 없는 경우에는 개별자산의 공정가액(감정가액, 기준시가 등)을 기준으로 안분하여 개별자산의 취득원가를 결정하게 된다.

사례 2-43 부동산 일괄취득 회계처리 - 구분이 불분명시

미나리회사는 공장(토지 포함)을 토지·건물 구분없이 5억원에 구입하였다.
감정가액은 토지 3억원, 건물 3억 2천5백만원이다(단, 부가세는 고려안함).

| (차) 토 지 | 240,000,000 | (대) 현 금 | 500,000,000 |
| 건 물 | 260,000,000 | | |

$$5억원 \times \frac{3억원(또는 3억 2천5백만원)}{6억 2천5백만원} = 2억 4천만원(또는 2억 6천만원)$$

세법은 일괄구입한 자산은 안분계산시 감정평가액이 제일 우선하고 없는 경우 기준시가로 한다.

(4) 기존 건물이 있는 토지를 취득하여 신축

새 건물을 신축하기 위하여 기존 건물이 있는 토지를 취득하고 그 건물을 철거하는 경우 기존 건물의 철거 관련 비용에서 철거된 건물의 부산물을 판매하여 수취한 금액을 차감한 금액은 토지의 취득원가에 포함한다(문단 10.13).

✽ 「법인세법」도 일반기업회계기준과 같다(법인세법 기본통칙 23-31…1, 23-31…2).

> **사례 2-44** 기존 건물이 있는 토지를 취득하여 신축하는 경우
>
> (주)이택스는 사옥을 신축하기 위하여 ㈜형기로부터 건물과 토지를 함께 300,000,000원에 현금을 주고 매입하였다. ㈜이택스는 매입즉시 현금 6,000,000원을 들여 건물을 철거하고 사옥신축공사를 시작하였다. 건물 철거시 나온 골조는 현금을 받고 1,000,000원에 매각하였다. 이에 대한 회계처리를 하시오.
>
> (차) 토　　　　지　　305,000,000　　(대) 현　　　　금　　305,000,000
>
> ＊토지의 취득원가 : 300,000,000 + 6,000,000 − 1,000,000 = 305,000,000원

(5) 사용중인 기존 건물을 철거 후 신축

건물을 신축하기 위하여 사용중인 기존 건물을 철거하는 경우 그 건물의 장부금액은 제거하여 처분손실로 반영하고, 철거비용은 전액 당기비용으로 처리한다. 그 이유는 기존 건물은 더 이상 경제적 효익을 제공하지 못하기 때문이다.

> **사례 2-45** 사용중인 기존 건물을 철거 후 신축하는 경우
>
> 사용중인 창고건물(취득가액 50,000,000원, 감가상각누계액 40,000,000원)을 새로 신축하기 위해 철거하였으며, 철거용역업체에 철거비용 2,000,000원을 보통예금에서 계좌이체하였다.
>
> (차) 감 가 상 각 누 계 액　　40,000,000　　(대) 건　　　　　물　　50,000,000
> 　　 유형자산처분손실　　　　12,000,000　　　　 보　통　예　금　　 2,000,000

(6) 현물출자, 증여, 기타 무상으로 취득

현물출자, 증여, 기타 무상으로 취득한 자산은 공정가치를 취득원가로 한다. 이때 무상으로 취득한 경우의 자산의 공정가치는 자산수증이익으로 처리한다.

한편, 기업이 유형자산을 상속·증여받아 무상으로 취득한 자산의 가액은 공정가치로 계상하고 자산수증이익(영업외수익)으로 처리한다.

사례 2-46 현물출자로 취득시 회계처리

① 비상장사인 재성(주)는 토지를 취득하면서 주식 100,000,000원을 액면발행하여 지급하였다. 토지의 공정가액은 110,000,000원이다.

(차) 토 지	110,000,000	(대) 자 본 금	100,000,000
		주식발행초과금	10,000,000

② 위의 사례에서 지급한 주식이 상장되어 있어 시가를 알 수 있고 그 시가가 150,000,000원인 경우에 회계처리는 다음과 같다.

(차) 토 지	150,000,000	(대) 자 본 금	100,000,000
		주식발행초과금	50,000,000

(7) 교환으로 인한 무상취득

1) 이종자산간 교환

다른 종류의 자산과의 교환으로 취득한 유형자산의 취득원가는 교환을 위하여 제공한 자산의 공정가치로 측정한다. 다만, 교환을 위하여 제공한 자산의 공정가치가 불확실한 경우에는 교환으로 취득한 자산의 공정가치를 취득원가로 할 수 있다. 자산의 교환에 현금수수액이 있는 경우에는 현금수수액을 반영하여 취득원가를 결정한다(문단 10.18).

✻ 공정가치 : 유형자산의 공정가치는 시장가격으로 한다. 다만, 시장가격이 없는 경우에는 동일 또는 유사 자산의 현금거래로 부터 추정할 수 있는 실현가능액이나 전문적 자격이 있는 평가인의 감정가액을 사용할 수 있다.

2) 동종자산간 교환

① 동일한 업종 내에서 유사한 용도로 사용되고 공정가치가 비슷한 동종자산과의 교환으로 유형자산을 취득하거나, 동종자산에 대한 지분과의 교환으로 유형자산을 매각하는 경우에는 제공된 유형자산으로부터의 수익창출과정이 아직 완료되지 않았기 때문에 교환에 따른 거래손익을 인식하지 않아야 하며, 교환으로 받은 자산의 원가는 교환으로 제공한 자산의 장부금액으로 한다.

그러나 취득한 자산의 공정가치에 비추어 볼 때 제공한 자산에 손상차손이 발생하였음을 알 수 있는 경우에는 손상차손을 먼저 인식하고 손상차손 차감 후의 장부금액을 수취한 자산의 원가로 한다.

② 반면에 교환되는 동종자산의 공정가치가 유사하지 않은 경우에는 거래조건의 일부로 현금과 같이 다른 종류의 자산이 포함될 수 있다. 이 경우 교환에 포함된 현금 등의 금액이 유의적이라면 동종자산의 교환으로 보지 않는다(문단 10.20).

| 사례 2-47 | 교환시 회계처리

① (주)이택스는 사용 중이던 기계장치(취득원가 250,000원, 감가상각누계액 100,000원)와 교환으로 ㈜경식이 보유하고 있던 기계장치를 취득하였다.
교환 당시 제공한 기계장치의 공정가치는 220,000원이다.

(차) 감가상각누계액	100,000	(대) 기 계 장 치	250,000
기 계 장 치	150,000		

② (주)이택스는 사용 중이던 기계장치(취득원가 250,000원, 감가상각누계액 100,000원)와 교환으로 ㈜경식이 보유하고 있던 차량운반구를 취득하였다. 교환 당시 기계장치의 공정가치는 220,000원이다. (주)이택스는 ㈜경식에게 추가로 40,000원을 현금으로 지급하였다.

(차) 감가상각누계액	100,000	(대) 기 계 장 치	250,000
차 량 운 반 구	260,000	현 금	40,000
		유형자산처분이익	70,000

(8) 장기할부에 의한 자산취득(현재가치 회계)

1) 기업회계기준(제10장)

① 유형자산을 장기후불조건으로 구입하거나, 대금지급기간이 일반적인 신용기간보다 긴 경우 원가는 취득시점의 현금가격상당액으로 한다. 현금가격상당액과 실제 총지급액과의 차액은 일반기업회계기준 제18장 '차입원가자본화'에 따라 자본화하지 않는 한 신용기간에 걸쳐 이자로 인식한다(문단 10.17).

② 위 ①의 이자를 계산하는 현재가치는 당해 채권·채무로 인하여 미래에 수취하거나 지급할 총 금액을 적정한 이자율로 할인한 금액이다(문단6.13).

③ 현재가치평가에 적용하는 이자율은 일반적으로 당해 거래에 내재된 이자율인 유효이자율이다. 그러나 이러한 유효이자율을 구할 수 없거나 당해 거래의 유효이자율과 동종시장이자율(관련 시장에서 당해 거래의 종류·성격과 동일하거나 유사한 거래가 발생할 경우 합리적인 판단력과 거래의사가 있는 독립된 당사자간에 적용될 수 있는 이자율)의 차이가 유의적인 경우에는 동종시장이자율을 적용하며, 동종시장이자율을 실무적으로 산정할 수 없는 경우에는 객관적이고 합리적인 기준에 의하여 산출한 가중평균이자율을 적용할 수 있다. 가중평균이자율을 산출하기 위한 객관적이고 합리적인 기준이 없는 경우에는 회사채 유통수익률을 기초로 기업의 신용도 등을 반영하여 당해 기업에 적용될 자금조달비용을 합리적으로 추정하여 적용한다(실 6,20의 4).

④ 현재가치할인차금은 유효이자율법을 적용하여 상각 또는 환입하고, 이를 이자비용 또는 이자수익의 과목으로 계상한다.

2) 명목가치회계(회계기준 31장)

「중소기업기본법」에 의한 중소기업(상장, 금융회사 등은 제외)은 현재가치 회계를 사용하지 않고 명목가치로 표시 할 수 있다.

3) 법인세법상 자산의 취득가액도 회계와 동일(법인령 72조 ④)

자산의 취득가액은 지급해야할 가액(명목가치)이다. 다만 자산을 장기할부(1년 이상 할부)조건 등으로 취득하는 경우 발생한 채무를 기업회계기준이 정하는 바에 따라 현재가치로 평가하여 현재가치할인차금으로 계상한 경우의 당해 현재가치할인차금은 자산이 아닌 이자비용으로 한다.

사례 2-48 현재가치 회계처리

x1.1.1에 노트북 한 대를 외상으로 구입했다. 현금구입가격이 3,000,000원인데 3년 후에 지불하기로 하였기 때문에 15%의 유효이자율로 계산하여 4,562,625원을 지급하기로 한 경우 각 일자별 분개를 하여라.

해답

x1.1.1
(차) 비   품   3,000,000   (대) 미 지 급 금   4,562,625
    현재가치할인차금   1,562,625

x1.12.31
(차) 이 자 비 용   450,000   (대) 현재가치할인차금   450,000
* 3,000,000 × 15% = 450,000

x2.12.31
(차) 이 자 비 용   517,500   (대) 현재가치할인차금   517,500
* (3,000,000 + 450,000) × 15% = 517,500

x3.12.31
(차) 이 자 비 용   595,125   (대) 현재가치할인차금   595,125
(차) 미 지 급 금   4,562,125   (대) 현   금   4,562,625
* (3,000,000 + 450,000 + 517,500) × 15% = 595,125

✱ 노트북을 판매한 회사의 현재가치에 의한 분개는 다음과 같다.
  (차) 장기외상매출금 4,562,625   (대) 매   출   3,000,000
                                        현재가치할인차금   1,562,625

✱ 왜 이자를 계산하는데 계속 증가하고 있는가?
  그것은 복리계산법 또는 노트북을 판매한 회사 입장에서 이해하여 보자. 1차년도에는 3백만원에 대한 이자만 받으면 되지만 2차년도에는 3백만원에다가 전년도의 못받은 이자도 다시 원금에 합산(복리)하여야 할 것이다.
  3차년도에는 원금 3백만원에다가 1차, 2차년도의 미수이자를 다시 원금에 합산하여 이자를 계산하기 때문이다.

〈중소기업 회계처리특례〉
위의 회계처리가 번거로운 비상장중소기업은 다음과 같이 명목가치로 회계처리 하여도 된다.
x1.1.1
　(차)　비　　　　품　　　　4,562,625　　(대)　장기성 미지급금　　4,562,625
x3.12.31
　(차)　장기성미지급금　　　4,562,625　　(대)　현　　　　금　　　4,562,625

다음의 표를 이용하여 현재가치 또는 미래가치를 검토해 보자(이자율 15%, 기간수 3).

현재액의 미래 가치(f/p)i, n=(1+i)^n (복리표)										
기간수	이자율(i)									
(n)	0.01	0.05	0.08	0.10	0.12	0.14	0.15	0.16	0.20	0.24	0.30
1	1.0100	1.0500	1.0800	1.1000	1.1200	1.1400	1.1500	1.1600	1.2000	1.2400	1.3000
2	1.0201	1.1025	1.1664	1.2100	1.2544	1.2996	1.3225	1.3456	1.4400	1.5376	1.6900
3	1.0612	1.1576	1.2597	1.3310	1.4049	1.4815	1.5209	1.5609	1.7280	1.9066	2.1970
4	1.0303	1.2155	1.3605	1.4641	1.5735	1.6890	1.7490	1.8106	2.0736	2.3642	2.8561
5	1.1510	1.2763	1.4693	1.6105	1.7623	1.9254	2.0114	2.1003	2.4883	2.9316	3.7129

미래액의 현재 가치(p/f)i, n=1/(1+i)^n										
기간수	이자율(i)									
(n)	0.01	0.05	0.08	0.10	0.12	0.14	0.15	0.16	0.20	0.24	0.30
1	0.9901	0.9524	0.9259	0.9091	0.8929	0.8772	0.8696	0.8621	0.8333	0.8065	0.7692
2	0.9803	0.9070	0.8573	0.8261	0.7972	0.7695	0.7561	0.7432	0.6944	0.6504	0.5917
3	0.9706	0.8438	0.7938	0.7513	0.7118	0.6750	0.6575	0.6407	0.5787	0.5245	0.4552
4	0.9610	0.8227	0.7350	0.6830	0.6355	0.5921	0.5718	0.5523	0.4823	0.4230	0.3501
5	0.9515	0.7825	0.6806	0.6209	0.5674	0.5194	0.4972	0.4761	0.4019	0.3411	0.2693

연금액의 미래 가치(f/a)i, n=[(1+i)^n−1]/i (연금의 복리표)										
기간수	이자율(i)									
(n)	0.01	0.05	0.08	0.10	0.12	0.14	0.15	0.16	0.20	0.24	0.30
1	1.0000	1.0000	1.0000	1.0000	1.0000	1.0000	1.0000	1.0000	1.0000	1.0000	1.0000
2	2.0100	2.0500	2.0800	2.100	2.1200	2.1400	2.1500	2.1600	2.2000	2.2400	2.3000
3	3.0301	3.1836	3.2464	3.3100	3.3744	3.4396	3.4725	3.5056	3.6400	3.7776	3.9900
4	1.0604	4.3746	435061	4.6410	4.7793	4.9211	4.9934	5.0665	5.3680	5.6842	6.1870
5	5.1010	5.6371	8.8666	6.1051	6.3528	6.6101	6.7424	6.8771	7.4416	8.0484	9.0431

연금액의 현재 가치(p/a)i,n=[(1+i)^n−1]/[i*(1+i)^n]										
기간수	이자율(i)									
(n)	0.01	0.05	0.08	0.10	0.12	0.14	0.15	0.16	0.20	0.24	0.30
1	0.9901	0.9524	0.9259	0.9091	0.8929	0.8772	0.8696	0.8621	0.8333	0.8065	0.7692
2	1.9704	1.8594	1.7833	1.7355	1.6901	1.6467	1.6257	1.6052	1.5278	1.4568	1.3609
3	0.29410	2.7232	2.5771	2.4869	2.4018	2.3216	2.2832	2.2459	2.1065	1.9813	1.8161
4	0.39020	3.5460	3.3121	3.1699	3.0373	2.9137	2.8550	2.7982	2.5887	2.4043	2.1662
5	0.48534	4.3295	3.9927	3.7908	3.6048	3.4331	3.3522	3.2743	2.9906	2.7454	2.4356

(9) 자본적 지출과 수익적 지출

1) 개념

유형자산과 무형자산의 생산능력을 증대시키거나 내용연수를 연장시키는 등 자산의 가치를 실질적으로 높이는 지출은 해당 자산의 장부금액에 더하고, 원상을 회복시키거나 능률을 유지하기 위한 지출은 발생한 회계연도의 비용으로 인식한다.

2) 자본적지출

자본적지출이란 유형자산의 생산능력을 증대시키거나 내용연수를 연장시키는 등 자산의 가치를 실질적으로 높이는 지출로서 해당 자산의 장부금액에 더한다. 예를 들면, 새로운 생산공정의 채택이나 기계부품의 성능개선을 통하여 생산능력 증대, 내용연수 연장, 상당한 원가절감이나 품질향상을 가져오는 경우에는 해당지출로 인해 미래 경제적 효익을 증가시키므로 자본적 지출로 처리한다.

(차) 유 형 자 산　　xxx　　(대) 현　　금　　xxx

3) 수익적지출

수익적 지출은 원상을 회복시키거나 능률을 유지하기 위한 지출로서 발생한 회계연도의 비용으로 인식한다. 예를 들면, 공장설비에 대한 유지·보수나 수리를 위한 지출은 당초 예상되었던 성능수준을 향상시켜주기 보다는 유지시켜주기 위한 지출이므로 당기 비용으로 처리한다.

(차) 수 선 비　　xxx　　(대) 현　　금　　xxx

사례 2-49 자본적 지출, 수익적 지출(후속원가 지출시 회계처리)

(주)세연은 본사사옥을 리모델링하면서 다음과 같은 지출이 발생하였다. 회계처리를 하시오

① 4월 13일 건물에 엘리베이터 설치를 의뢰하고 엘리베이터 설치비 10,000,000원을 현금으로 지급하다.

(차) 건　　물　　10,000,000　　(대) 현　　금　　10,000,000
　　(자본적지출)

② 5월 2일 건물이 노후가 되어 외벽에 도색을 하기로 하고, 도색비 2,000,000원을 현금으로 지급하다.

(차) 수 선 비　　2,000,000　　(대) 현　　금　　2,000,000
　　(수익적지출)

4 법인세법상 취득원가 및 자산의 기준 등

세법상 취득가액 개념도 기업회계기준의 취득가액과 대부분 같다. 다만, 건설자금이자의 계산기준을 다르게 규정하고 있어, 이하에서는 이 부분에 대하여 설명한다.
건설자금이자라 함은 명목여하에 불구하고 해당 사업용 비유동자산의 매입, 제작 및 건설에 소요된 것이 분명한 차입금에 대한 지급이자 또는 이에 유사한 성질의 지출금을 말하며 건설준공일까지 계산하여 해당 사업용 유형자산 및 무형자산의 자본적지출로서 취득원가에 더한다.
단, 자산의 건설에 소요된지의 여부가 분명하지 아니한 차입금은 건설자금이자 계산대상에서 제외한다(법인령 §52).

(1) 건설자금이자의 계산대상

사업용 유형자산 및 무형자산의 매입·제작·건설(기존자산의 증설 및 개량을 포함한다)의 경우에만 적용한다. 따라서 매매를 목적으로 하는 주택·상가·아파트 등의 재고자산은 건설자금이자를 계산하지 아니한다.

(2) 건설자금이자의 계산기간

건설자금이자는 건설을 시작한 날로부터 건설이 준공된 날까지 계산한다. 여기에서 "건설이 준공된 날"이란 건물의 경우 소득령 §162에 따른 취득일과 건설목적에 실제로 사용되기 시작한 날 중 빠른 날로 하고 토지의 경우 대금청산일 또는 해당 토지를 사업에 제공한 날(건설착공일 또는 해당 사업용토지로 업무에 직접 사용한 날) 중 빠른 날로 하며 기타 사업용 비유동자산은 사용시작일로 한다.

> **사례 2-50** 건설자금이자 회계처리
>
> x1년에 사무실 신축을 위하여 3억원을 연 10%에 차입하였다.
> 건설기간은 x1년 2월 1일~x1년 11월 30일이며 차입일은 x1년 3월 1일이고 상환일은 x2년 3월 1일이다. 건설자금이자는?
>
> 해답 $3억 \times 10\% \times \dfrac{9(3/1 \sim 11/30)}{12} = 22{,}500{,}000$

(3) 세법상 자본적지출과 수익적지출

「법인세법」은 자본적지출과 수익적지출을 예시하고 있는데, 앞 '3-(9)'의 회계기준과 크게 다르지 않다(법인령 §31 ②, 법인칙 §17).

1) 자본적지출(자산으로 회계처리하여야 하는 경우)
   ① 본래의 용도를 변경하기 위한 개조
   ② 엘리베이터 또는 냉난방장치의 설치
   ③ 빌딩 등에 있어서 피난시설 등의 설치
   ④ 재해 등으로 인하여 멸실 또는 훼손되어 본래의 용도에 이용할 가치가 없는 건축물·기계·설비 등의 복구
   ⑤ 그 밖에 개량·확장·증설 등 ①부터 ④까지의 지출과 유사한 성질의 것

   자본적지출에 해당하는 금액을 비용으로 처리하는 경우 이를 즉시상각(전액 감가상각비처리 의미)으로 보아 시부인 계산한다.

2) 수익적지출(비용으로 회계처리하여야 하는 경우)
   ① 건물 또는 벽의 도장
   ② 파손된 유리나 기와의 대체
   ③ 기계의 소모된 부속품 또는 벨트의 대체
   ④ 자동차 타이어의 대체
   ⑤ 재해를 입은 자산에 대한 외장의 복구·도장 및 유리의 삽입
   ⑥ 기타 조업가능한 상태의 유지 등 ① 내지 ⑤와 유사한 것

(4) 즉시비용으로 처리가 가능한 기준

1) 소액수선비 등(법인령 §31 ③)

   다음의 경우는 비용과 자산 중 선택하여 처리할 수 있다.
   ① 개별자산별로 수선비로 지출한 금액이 600만원 미만인 경우
   ② 개별자산별로 수선비로 지출한 가액이 직전 사업연도종료일 현재 재무상태표상 자산가액(취득가액에서 감가상각누계액상당액을 차감한 금액을 말한다)의 100분의 5에 미달하는 경우
   ③ 3년 미만의 기간마다 주기적인 수선을 위하여 지출하는 경우

| 사례 2-51　세법상 자본적 지출 및 수익적 지출 판단 (1)

> 장부금액 5억인 건물의 수선비가 20,000,000원 지출되었다. 자산인가? 비용인가?
> 해답
> 　　① 자산(건물)처리도 가능
> 　　② 비용(수선비)처리도 가능 : 6백만원 이상이지만 5억×5%＝25,000,000 미만이므로

2) 100만원 이하의 소액자산

취득가액이 거래단위별로 100만원 이하인 감가상각자산에 대하여는 이를 그 사업에 사용한 날이 속하는 사업연도의 손금으로 계상한 것에 한하여 이를 손금에 산입한다. 다만 다음의 것은 제외한다.

① 그 고유 업무의 성질상 대량으로 보유하는 자산
② 그 사업의 시작 또는 확장을 위하여 취득한 자산

3) 가구, 컴퓨터 등의 단기사용자산

다음의 자산에 대해서는 이를 그 사업에 사용한 날이 속하는 사업연도의 손비로 계상한 것에 한하여 이를 손금에 산입한다(법인령 §31 ⑥).

① 어업에 사용되는 어구(어선용구를 포함한다)
② 영화필름, 공구(2020년 개시 사업연도부터 금형은 업종별 감가상각자산으로 처리함), 가구, 전기기구, 가스기기, 가정용가구 및 비품, 시계, 시험기기, 측정기기 및 간판
③ 대여사업용 비디오테이프 및 음악용 콤팩트디스크로서 개별자산의 취득가액이 30만원 미만인 것
④ 전화기(휴대용 전화기 포함) 및 개인용 컴퓨터(그 주변기기 포함)

| 사례 2-52　세법상 자본적 지출 및 수익적 지출 판단 (2)

> 응접셋트 45,000,000원과 에어컨 10,000,000원에 각각 구입하였다. 자산인가 아니면 비용인가?
> 해답 : 기업회계기준에서는 자산으로 처리해야 하지만, 「법인세법」에서는 가구, 전기기구에 대하여 자산처리 및 비용처리 모두를 인정한다.

(5) 생산설비 폐기 등

시설의 개체 또는 기술의 낙후로 인하여 생산설비의 일부를 폐기한 경우, 사업의 폐지 또는 사업장의 이전으로 임대차계약에 따라 임차한 사업장의 원상회복을 위하여 시설물

을 철거하는 경우 해당 자산의 장부가액에서 1천원을 공제한 금액을 폐기일이 속하는 사업연도의 손금에 산입할 수 있다(법인령 §31 ⑦).

✽ 폐기일이라 함은 동 생산설비를 철거하여 본래의 용도로 재사용되지 아니하게 되는 등 현실적으로 유형자산으로서의 효용이 없어지는 날을 말하는 것임.

5 정부보조금에 의한 취득(일반기업회계기준 제17장)

(1) 정부보조금의 의의

정부보조금은 기업에게 자원을 이전하는 형식의 정부지원을 말한다. 여기서 정부란 지방자치단체, 중앙정부 또는 국제기구인 정부, 정부기관 및 이와 유사한 단체 등을 포함한다. 이러한 정부보조금은 토지나 그 밖의 자원과 같은 비화폐성자산을 기업이 사용하도록 이전하는 형식을 취할 수 있는데 이러한 상황에서는 일반적으로 비화폐성자산의 공정가치를 평가하여 보조금과 자산 모두를 그 공정가치로 회계처리한다(문단 17.4).

(2) 정부보조금의 인식

정부보조금은 다음 모두에 대한 합리적인 확신이 있을 때까지 인식하지 아니한다(문단 17.2).
① 정부보조금에 부수되는 조건을 준수할 것이다.
② 보조금을 수취할 것이다.

정부보조금으로 보전하려 하는 관련원가를 비용으로 인식하는 기간에 걸쳐 체계적인 기준에 따라 정부보조금을 당기손익으로 인식한다(문단 17.3).

✽ 법인세법의 해석에서는 상환의무가 미확정인 상태의 국고보조금을 받는 경우에, 출연금보조금 교부통지를 받는 시기에 전액 익금산입(유보)로 세무조정하였다가, 일부 반환 금액의 통지가 있는 경우에 반환되는 금액을 익금불산입(유보)로 세무조정하도록 하고 있다(서이-1497, 2005.09.20.).

(3) 자산관련보조금의 회계처리와 표시

자산관련보조금(공정가치로 측정되는 비화폐성 보조금 포함)을 받는 경우에는 관련 자산을 취득하기 전까지 받은 자산 또는 받은 자산을 일시적으로 운용하기 위하여 취득하는 다른 자산의 차감계정으로 회계처리하고, 관련 자산을 취득하는 시점에서 관련 자산의 차감계정으로 회계처리한다. 자산관련보조금(공정가치로 측정되는 비화폐성 보조금 포함)은 그 자산의 내용연수에 걸쳐 상각금액과 상계하며, 해당 자산을 처분하는 경우에는 그 잔액을 처분손익에 반영한다(문단 17.5).

사례 2-53 정부보조금에 의한 회계처리 (1) - 자산취득목적

(1) x1년 7월 1일 (주)이택스는 2억원인 기계장치를 구매하면서 정부보조금으로 1억원을 충당하고, 나머지 금액은 보통예금에서 지급하였다(내용연수 10년, 정액법상각).

① 취득시

(차) 기 계 장 치	200,000,000	(대) 보 통 예 금	100,000,000
		정 부 보 조 금	100,000,000
		(기계장치 차감)	

② 감가상각비(내용연수 10년, 정액법)

(차) 감 가 상 각 비	10,000,000	(대) 감가상각누계액	10,000,000
정 부 보 조 금	5,000,000	감 가 상 각 비	5,000,000
(기계장치차감)			

* 감가상각비 = 2억 ÷ 10년 × 6/12 = 10,000,000원
* 정부보조금 = 감가상각비(10,000,000) × (1억원 / 2억원) = 5,000,000원

(4) 수익관련보조금 표시

수익과 관련하여 정부보조금을 받은 경우에는 다음과 같이 회계처리한다.

① **수익관련보조금을 받는 경우에는 당기의 손익에 반영한다.** 다만, 수익관련보조금을 사용하기 위하여 특정의 조건을 충족해야 하는 경우에는 그 조건을 충족하기 전에 받은 수익관련보조금은 선수수익으로 회계처리한다.
② 수익관련보조금은 대응되는 비용이 없는 경우 회사의 주된 영업활동과 직접적인 관련성이 있다면 영업수익으로, 그렇지 않다면 영업외수익으로 회계처리 한다.
③ 반면 수익관련보조금이 특정의 비용을 보전할 목적으로 지급되는 경우에는 당기손익에 반영하지 않고 특정의 비용과 상계 처리한다.
④ 예를 들어, 공공성이 많은 재화나 용역을 제공하는 무연탄채굴회사나 버스회사로 하여금 **매출가격이 매출원가에 미달하는 재화나 용역을 계속 제공하게 할 목적으로 지급되는 보조금은 매출액(영업수익)으로 회계처리하고, 벤처회사의 신기술개발을 지원하기 위해 지급되는 보조금은 영업외수익으로 회계처리한다.** 반면 저가로 수입할 수 있는 원재료를 국내에서 구입하도록 강제하는 경우에 지급되는 수익관련보조금은 제조원가에서 차감한다.

1) 정부보조금을 사용하기 위하여 특정한 조건을 충족해야 하는 경우

조건을 충족하기 전까지는 받은 정부보조금을 부채(선수수익)로 회계처리한다.

(차) 현 금	1,000	(대) 선 수 수 익	1,000

2) 정부보조금이 특정 비용을 보전할 목적으로 지급된 경우

(차) 현 금	3,000		(대) 정 부 보 조 금	3,000	

해당 비용과 상계한다.

(차) 경 상 개 발 비	3,000		(대) 현 금	3,000	
정 부 보 조 금	3,000		경 상 개 발 비	3,000	

3) 정부보조금에 대응되는 비용이 없는 경우

회사의 주된 영업활동과 직접적인 관련이 있다면 영업수익으로, 그 밖의 경우에는 영업외수익으로 회계처리한다.

(차) 현 금	1,000		(대) 정 부 보 조 금	1,000
			(영업외수익)	

(5) 정부보조금의 상환

상환의무가 발생하게 된 정부보조금은 회계추정의 변경으로 회계처리한다(제5장 '회계정책, 회계추정의 변경 및 오류' 참조). 수익관련보조금을 상환하는 경우 상환금액을 즉시 당기손익으로 인식한다. 다만, 수익관련보조금 사용에 대한 특정 조건을 미충족하여 선수수익으로 계상한 금액이 있는 경우에는 선수수익계정에 먼저 적용한다. 자산관련보조금을 상환하는 경우는 상환금액만큼 자산의 장부금액을 증가시킨다. 보조금이 없었더라면 현재까지 당기손익으로 인식했어야 하는 추가 감가상각누계액은 즉시 당기손익으로 인식한다(문단 17.8).

자산관련보조금의 상환의무가 발생하게 되는 경우 자산의 새로운 장부금액에 손상 가능성이 있는지를 고려할 필요가 있다(문단 17.9).

사례 2-54 정부보조금에 의한 회계처리 (2) - 상환의무 없는 정부보조금

(주)세연은 x1년 1월 1일에 상환의무가 없는 정부보조금 500,000원을 보통예금으로 수령하여 동일자에 기계장치를 구입하는데 사용하였다. 기계장치의 취득원가는 1,000,000원이며 잔존가치는 없다. 내용연수는 5년이고 회사는 정액법으로 감가상각을 한다. x2년 12월 31일 동 기계장치를 700,000원에 보통예금으로 받고 처분하였다. x2년 처분시까지의 회계처리를 하시오.

① 취득시
  x1년 1월 1일

| (차) 보 통 예 금 | 500,000 | (대) 정부보조금
(보통예금차감) | 500,000 |

| (차) 기 계 장 치
정 부 보 조 금
(보통예금차감) | 1,000,000
500,000 | (대) 현   금
정 부 보 조 금
(기계장치차감) | 1,000,000
500,000 |

부분 재무상태표

	x1년 1월 1일	
기계장치	1,000,000	
감가상각누계액	(0)	
정부보조금	(500,000)	500,000

② 감가상각

x1년 12월 31일

| (차) 감 가 상 각 비
정 부 보 조 금
(기계장치차감) | 200,000
100,000 | (대) 감가상각누계액
감 가 상 각 비 | 200,000
100,000 |

* 감가상각비 = (1,000,000 − 0) ÷ 5 = 200,000원
* 정부보조금 = 200,000 × (500,000/1,000,000) = 100,000원

정부보조금 = 감가상각비 × (자산취득에 사용한 정부보조금/취득원가)
단, 정부보조금이 감가상각대상금액보다 큰 경우에는 감가상각비 전액을 상계한다.

부분 재무상태표

	x1년 12월 31일	
기계장치	1,000,000	
감가상각누계액	(200,000)	
정부보조금	(400,000)	400,000

③ 처분

x2년 12월 31일

| (차) 감 가 상 각 비
정 부 보 조 금
(기계장치차감) | 200,000
100,000 | (대) 감가상각누계액
감 가 상 각 비 | 200,000
100,000 |

부분 재무상태표

	x2년 12월 31일	
기계장치	1,000,000	
감가상각누계액	(400,000)	
정부보조금	(300,000)	300,000

(차) 보 통 예 금	700,000	(대) 기 계 장 치	1,000,000
감가상각누계액	400,000	유형자산처분이익	400,000
정 부 보 조 금	300,000		
(기계장치차감)			

* 정부보조금 잔액 = 500,000 - 100,000 - 100,000 = 300,000원

(6) 세법상 국고보조금

기업회계상 정부보조금을 세법은 국고보조금이라는 용어를 사용한다. 국고보조금은 법인세법상 익금(소득세법은 총수입금액)사항이므로 다음과 같은 세무조정을 한다.

> **참고** 정부보조금 관련 세무조정

1. 자산취득 관련 보조금(감가상각대상자산의 취득관련)

구 분	회계처리	세무조정
보조금 수령시	(차) 보통예금 1,000 (대) 정부보조금(보통예금) 1,000	〈익금산입〉 정부보조금(보통예금) 1,000 (유보)
자산 취득시	(차) 기계장치 1,000 (대) 보통예금 1,000	〈손금산입〉 정부보조금(보통예금) 1,000 (△유보)
	(차) 정부보조금(보통예금) 1,000 　　　　　 (대) 정부보조금(기계장치) 1,000	〈익금산입〉 정부보조금(기계장치) 1,000 (유보) 〈손금산입〉 일시상각충당금 1,000 (△유보)
결산시 (감가 상각비)	(차) 감가상각비 200 (대) 감가상각누계액 200	
	(차) 정부보조금(기계장치) 200 (대) 감가상각비 200	〈손금산입〉 정부보조금(기계장치) 200 (△유보) 〈익금산입〉 일시상각충당금 200 (유보)
처분시	(차) 보통예금 900　　　　 (대) 기계장치 1,000 　　　 감가상각누계액 200　　　　 유형자산처분이익 900 　　　 정부보조금(기계장치) 800	〈손금산입〉 정부보조금(기계장치) 800 (△유보) 〈익금산입〉 일시상각충당금 800 (유보)

2. 수익관련 보조금(특정비용의 보전목적인 경우)

구 분	회계처리	세무조정
보조금 수령시	(차) 보통예금 1,000 (대) 정부보조금(보통예금) 1,000	〈익금산입〉 정부보조금(보통예금) 1,000 (유보)
특정비용 일부 집행시	(차) 경상연구개발비 800 (대) 보통예금 800	
결산시 (비용상계)	(차) 정부보조금(보통예금) 800 (대) 경상연구개발비 800	〈손금산입〉 정부보조금(보통예금) 800 (△유보)
특정비용 나머지 집행시	(차) 경상연구개발비 200 (대) 보통예금 200	
결산시 (비용상계)	(차) 정부보조금(보통예금) 200 　　　　　　　 (대) 경상연구개발비 200	〈손금산입〉 정부보조금(보통예금) 200 (△유보)

6 감가상각

(1) 의의

유형자산은 사용에 의한 소모, 시간의 경과와 기술의 변화에 따른 진부화 등에 의해 경제적효익이 감소한다. 유형자산의 장부금액은 일반적으로 이러한 경제적효익의 소멸을 반영할 수 있는 감가상각액의 인식을 통하여 감소한다.

감가상각의 주목적은 원가의 배분이며 자산의 재평가는 아니다. 따라서 감가상각액은 유형자산의 장부금액이 공정가치에 미달하더라도 계속하여 인식한다.

(2) 감가상각의 기본요소

감가상각을 하기 위해서는 감가상각대상금액이 산출되어야 하며 내용연수와 잔존가치 그리고 상각방법을 정하여야 한다.

감가상각대상금액은 취득원가에서 잔존가치를 뺀 금액이다. 취득원가 10,000,000원에 잔존가치 2,000,000이라면 감가상각대상금액은 8,000,000원이다. 내용연수가 4년이고 정액법으로 상각한다면 1년에 2,000,000원씩 상각한다.

1) 취득가액

취득가액에 대하여는 이 절 3.에서 설명하고 있다.

2) 잔존가치

잔존가치는 내용연수가 끝나는 시점의 예상처분대가에서 예상처분원가를 차감한 금액으로 추정한다. 감가상각대상금액이 취득원가에서 잔존가치를 차감한 금액이므로 내용연수가 종료되는 시점에서 해당 유형자산의 장부금액은 잔존가치만큼 남게 된다.

즉, 잔존가치는 감가상각 종료 후 해당 유형자산의 장부금액을 뜻하기도 한다.

다만, 법인세법에서 잔존가치는 비망계정으로 1,000원만을 잔액으로 남긴다.

3) 내용연수

유형자산의 내용연수는 자산의 예상 사용기간이나 생산량 등을 고려하여 합리적으로 결정한다. 다만, 중소기업법상 중소기업은 일반기업회계기준 31장 특례로 법인세법의 내용연수·잔존가치 규정을 인정한다.

4) 감가상각방법

유형자산의 감가상각방법은 아래의 방법 중 하나를 선택한다.

① 정액법
② 정률법
③ 생산량비례법

5) 정액법

유형자산의 내용연수에 걸쳐 매기 균등하게 감가상각비를 인식하는 방법이다.

$$감가상각비 = (취득원가 - 잔존가액) \times \frac{1}{내용연수} \times \frac{사용월수}{12}$$

✻ 사용월수는 해당 유형자산을 당기에 사용한 월수로 1월미만은 1월로 한다.

정액법은 계산과정이 간편하고, 감가상각액이 균등하기 때문에 매년 비용의 배분 및 제조원가의 배부가 평균화되는 장점이 있다.

사례 2-55 감가상각비 회계처리 (1) - 정액법

(주)세연은 x1년 1월 1일에 기계장치를 18,000,000원에 취득하였다. 이 기계장치의 내용연수는 3년, 잔존가액은 법인세법에 따라 0으로 추정하되 비망계정으로 1,000원을 남기기로 하였다. (주)세연의 각 연도별 회계처리를 하시오.

x1년 12월 31일
  (차) 감 가 상 각 비   6,000,000   (대) 감 가 상 각 누 계 액   6,000,000

x2년 12월 31일
  (차) 감 가 상 각 비   6,000,000   (대) 감 가 상 각 누 계 액   6,000,000

x3년 12월 31일
  (차) 감 가 상 각 비   5,999,000   (대) 감 가 상 각 누 계 액   5,999,000

✻ $(18,000,000 - 0) \times \frac{1}{3} = 6,000,000$원

구 분	감가상각비	감가상각누계액	장부금액 (취득금액 - 감가상각누계액)
취득시			18,000,000
1차연도	6,000,000	6,000,000	12,000,000
2차연도	6,000,000	12,000,000	6,000,000
3차연도	5,999,000	17,999,000	1,000
합계	17,999,000		

6) 정률법

정률법은 내용연수 초기에 감가상각비를 많이 인식하고 내용연수 후기로 갈수록 감가상각비를 적게 계상하는 방법이다.

$$감가상각비 = (취득원가 - 감가상각누계액 - 손상차손누계액) \times 상각율$$

$$*상각율 = 1 - \sqrt[n]{\frac{잔존가액}{취득가액}}$$

유형자산은 사용기간 초기에는 수선유지비가 적게 발생하지만 기간이 경과할수록 수선유지비가 많이 발생한다. 따라서 체감잔액법은 초기에 감가상각비를 많이 인식하고 후기에 적게 인식하므로 전체 사용기간동안 비용이 평준화되는 효과가 있어서 수익비용대응의 원칙에 부합하는 장점이 있다.

정률법은 계산이 복잡하여 산식대로 계산하기 어렵다. 보통은 법인세법시행규칙 별표 4의 정률법에 의한 상각률표에 의한다. 본서에서도 이 절 회계에 대한 설명 후 (6)에서 세법과 비교하면서 상각률표를 소개하고 있다.

사례 2-56 감가상각비 회계처리 (2) - 정률법

(주)세연은 x1년 1월 1일에 기계장치를 20,000,000원에 취득하였다. 이 기계장치의 내용연수는 3년, 잔존가액은 법인세법대로 0원으로 추정하되 비망계정으로 1,000원을 남기기로 한다. 이러한 자료에 의하여 (주)세연의 각 연도별 회계처리를 하시오. 단, 정률법에 의한 상각률은 연 0.632이다.

x1년 12월 31일

　　(차) 감 가 상 각 비　　　　12,640,000　　(대) 감 가 상 각 누 계 액　　12,640,000
　　　(20,000,000 - 0) × 0.632 = 12,640,000원

x2년 12월 31일

　　(차) 감 가 상 각 비　　　　4,651,520　　(대) 감 가 상 각 누 계 액　　4,651,520
　　　(20,000,000 - 12,640,000) × 0.632 = 4,651,520

x3년 12월 31일

　　(차) 감 가 상 각 비　　　　2,707,480　　(대) 감 가 상 각 누 계 액　　2,707,480

* 잔존가치는 안 남기고 비망금액 1,000원만 남기기 위하여 다음과 같이 감가상각비를 계산한다. 미상각잔액이 최초로 취득가액의 100분의 5 이하가 되는 사업연도의 상각범위액에 장부가액에서 1,000원을 뺀 나머지금액을 상각액에 더한다.

구 분	감가상각비	감가상각누계액	장부금액
취득시			20,000,000
1차연도	12,640,000	12,640,000	7,360,000
2차연도	4,651,520	17,291,520	2,708,480
3차연도	2,707,480	19,999,000	1,000
합 계	19,999,000		

(3) 감가상각누계액의 회계처리와 표시

① 유형자산은 간접법으로

(차) 감 가 상 각 비　　　　xxx　　(대) 감가상각누계액　　xxx

② 무형자산은 직접법으로

(차) 무형자산상각비　　　　xxx　　(대) 특　허　권　　xxx

③ 재무상태표 표시

최초 인식 후에 유형자산 장부금액은 취득원가(자본적 지출을 포함한다)에서 감가상각누계액을 차감한 금액으로 결정한다.

과　목	금　액	
건　　　　　　물	10,000	
감 가 상 각 누 계 액	(500)	9,500

(4) 제조(공사)원가 또는 판매비와 관리비의 감가상각비

제조설비의 감가상각액은 제품의 가공비로서 제조원가를 구성하고, 공사현장의 장비 감가상각비는 공사원가를 구성한다. 그리고 판매비와 관리비에 해당하는 비품 등 자산의 감가상각비는 판매비와 관리비에 해당한다.

① 제조활동 관련 자산

(차) 감가상각비(제조원가)　　xxx　　(대) 감가상각누계액　　xxx

② 판매, 관리활동 관련 자산

(차) 감가상각비(판관비)　　xxx　　(대) 감가상각누계액　　xxx

(5) 감가상각계산요소에 변경이 있을 경우

일반기업회계기준에서는 잔존가치 또는 내용연수에 대한 추정이 변경되거나 감가상각방법·상각방법이 변경되는 경우에는 전진적으로 회계처리하여 그 효과를 당기와 그 이후의 회계연도에 반영한다.

(6) 법인세법상 감가상각

내국법인이 각 사업연도의 결산을 확정할 때 토지를 제외한 건물, 기계 및 장치, 특허권 등 유형자산 및 무형자산(이하 "감가상각자산"이라 한다)에 대한 감가상각비를 손비로 계상한 경우에만 상각범위액의 범위에서 그 계상한 감가상각비를 해당 사업연도의 소득금액을 계산할 때 손금에 산입하고, 그 계상한 금액 중 상각범위액을 초과하는 부분의 금액은 손금에 산입하지 아니한다(법인법 §23).

1) 세법상 내용연수

① 세법에서는 내용연수를 구체적으로 정하고 있다. 내용연수란 자산의 사용가능한 연수를 말하는바 반드시 내용연수 기간 내에 감가상각을 완료하여야 하는 것은 아니다. 세법상 내용연수는 감가상각범위액을 계산하기 위한 상각률을 정하는 데에 의미가 있다.

[별표 5] 건축물 등의 기준내용연수 및 내용연수범위표

구분	기준내용연수 및 내용연수범위 (상한~하한)	구조 또는 자산명
1	5년(4년~6년)	차량 및 운반구[운수업, 임대업(부동산 제외) 등에 사용되는 것은 제외], 공구, 기구, 금형 및 비품
2	12년(9년~15년)	선박 및 항공기[어업, 운수업, 임대업(부동산 제외) 등에 사용되는 것은 제외]
3	20년(15년~25년)	연와조, 블록조, 콘크리트조, 토조, 토벽조, 목조, 목골모르타르조, 기타 조의 모든 건물(부속설비를 포함한다)
4	40년(30년~50년)	철골·철근콘크리트조, 철근콘크리트조, 석조, 연와석조, 철골조의 모든 건물(부속설비를 포함한다)과 구축물

※ **구분 3과 구분 4를 적용할 때** 부속설비에는 당해 건물과 관련된 전기설비, 급배수·위생설비, 가스설비, 냉방·난방·통풍 및 보일러설비, 승강기설비 등 모든 부속설비를 포함하고, 구축물에는 하수도, 굴뚝, 경륜장, 포장도로, 교량, 도크, 방벽, 철탑, 터널 기타 토지에 정착한 모든 토목설비나 공작물을 포함한다. 다만, 부속설비를 건축물과 구분하여 업종별 자산으로 회계처리하는 경우에는 별표 6을 적용할 수 있다.

✱ 구분 3과 구분 4를 적용할 때 건물중 변전소, 발전소, 공장, 창고, 정거장·정류장·차고용 건물, 폐수 및 폐기물 처리용 건물, 유통산업발전법시행령에 의한 대형점용 건물(당해 건물의 지상층에 주차장이 있는 경우에 한한다), 국제회의산업육성에관한법률에 의한 국제회의시설 및 무역거래기반조성에관한법률에 의한 무역거래기반시설(별도의 건물인 무역연수원을 제외한다), 축사, 구축물 중 하수도, 굴뚝, 경륜장, 포장도로와 폐수 및 폐기물처리용 구축물과 기타 진동이 심하거나 부식성 물질에 심하게 노출된 것은 기준내용연수를 각각 10년, 20년으로 하고(강제임, 법인세과 452 2011.6.24), 내용연수범위를 각각(8년~12년), (15년~25년)으로 하여 신고내용연수를 선택 적용할 수 있다.

[별표 6] 업종별자산의 기준내용연수 및 내용연수 범위표 중 일부

구분	기준내용연수 및 내용연수범위 (하한~상한)	적용대상자산(다음에 규정된 한국표준 산업분류상 해당업종에 사용되는 자산)	
		대분류	중분류
1	4년 (3년~5년)	제조업	15. 가죽, 가방 및 신발제조업
		교육서비스업	85. 교육서비스업
2	5년 (4년~6년)	제조업	18. 인쇄 및 기록매체복제업 21. 의료용 물질 및 의약품 제조업
		건설업	42. 전문직별 공사업
		도매및소매업	45. 자동차 및 부품 판매업 46. 도매 및 상품중개업 47. 소매업(자동차는 제외한다)
		운수업	49. 육상 운송 및 파이프라인 운송업
		정보통신업	58. 출판업 59. 영상·오디오 기록물 제작 및 배급업 60. 방송업 62. 컴퓨터 프로그래밍, 시스템 통합 및 관리업 63. 정보서비스업
		전문, 과학 및 기술 서비스업	70. 연구개발업 71. 전문 서비스업 72. 건축기술, 엔지니어링, 기타 과학기술 서비스업 73. 기타 전문, 과학 및 기술 서비스업
		보건업 및 사회복지 서비스업	86. 보건업 87. 사회복지사업
3	6년 (5년~7년)	제조업	26. 전자부품, 컴퓨터, 영상, 음향 및 통신장비 제조
		정보통신업	61. 우편 및 통신업

구분	기준내용연수 및 내용연수범위 (하한~상한)	적용대상자산(다음에 규정된 한국표준 산업분류상 해당업종에 사용되는 자산)	
		대분류	중분류
4	8년 (6년~10년)	제조업	14. 의복, 의복 액세서리 및 모피제품 제조업 20. 화학물질 및 화학제품 제조업
		건설업	41. 종합건설업
		숙박 및 음식점업	55. 숙박업 56. 음식점 및 주점업
5	10년 (8년~12년)	제조업	10. 식료품 제조업 11. 음료 제조업 13. 섬유제품 제조업 16. 목재 및 나무제품제조업 17. 펄프, 종이 및 종이제품 제조업 22. 고무제품 및 플라스틱제품 제조업 23. 비금속 광물제품 제조업 24. 1차 금속 제조업 25. 금속가공제품 제조업 27. 의료, 정밀, 광학기기 및 시계 제조업 28. 전기장비 제조업 29. 기타 기계 및 장비 제조업 31. 기타 운송장비 제조업 32. 가구 제조업 33. 기타 제품 제조업
6	12년 (9년~15년)	제조업	12. 담배제조업 30. 자동차 및 트레일러 제조업
		운수업	50. 수송 운송업 51. 항공 운송업
7	14년 (11년~17년)	제조업	19. 코크스, 연탄 및 석유정제품 제조업
8	16년 (12년~20년)	전기,가스,증기	35. 전기, 가스, 증기 및 공기조절 공급업 * 태양광 발전설비
9	20년 (15년~25년)	수도,하수및폐기물처리	36. 수도사업

✱ 이 표는 별표 3이나 별표 5의 적용을 받는 자산을 제외한 모든 감가상각자산에 대하여 적용한다.
✱ 내용연수범위가 서로 다른 2 이상의 업종에 공통으로 사용되는 자산이 있는 경우에는 그 사용기간이나 사용정도의 비율에 따라 사용비율이 큰 업종의 기준내용연수 및 내용연수범위를 적용한다.

② **차량, 기계, 건축물 등의 자산 구조 또는 자산별, 업종별로 「법인세법 시행규칙」이 정하는 별표 5와 6의 기준내용연수('기준내용연수'라 한다)에 그 기준내용연수의 상하 25%를 가감한 범위 내에서 법인이 선택하여 납세지 관할세무서장에게 신고한 내용연수('신고내용연수'라 한다)에 따라 적용한다.** 이 경우 내용연수는 연 단위로 선택하여야 한다. 법정신고기한내 내용연수를 신고하지 아니한 경우 기준내용연수를 적용한다.

③ **사업연도가 1년 미만인 경우의 내용연수**

사업연도가 1년 미만인 경우의 내용연수는 다음 산식에 따라 계산한다. 이 경우 개월수는 태양력에 따라 계산하되, 1개월 미만의 월수는 1개월로 한다(법인령 §28②).

$$환산내용연수 = 내용연수 \cdot 신고내용연수 \text{ 또는 } 기준내용연수 \times \frac{12}{사업연도의\ 개월수}$$

④ **내용연수의 신고**

내용연수의 신고는 세법이 정하는 내용연수신고서에 따라 다음의 날이 속하는 사업연도의 법인세과세표준의 신고기한까지 납세지 관할세무서장에게 하여야 한다(법인령 §28 ③).

㉠ 신설법인과 수익사업을 시작한 비영리내국법인: 그 영업시작일

㉡ 위 이외의 법인이 자산별·업종별 구분에 따라 기준내용연수가 다른 감가상각자산을 새로 취득하거나 새로운 업종의 사업을 개시한 경우: 그 취득일 또는 개시한 날

⑤ **내용연수의 특례 및 변경**

다음 중 어느 하나에 해당하는 경우 기준내용연수에 기준내용연수의 50%를 가감한 범위안에서 사업장별로 납세지 관할지방국세청장의 승인을 얻어 내용연수 범위와 달리 내용연수를 적용하거나 적용하던 내용연수를 변경할 수 있다(법인령 §29 ①).

㉠ 사업장의 특성으로 자산의 부식·마모 및 훼손의 정도가 현저한 경우

㉡ 영업개시 후 3년이 경과한 법인으로서 당해 사업연도의 생산설비(건축물을 제외)의 가동률이 직전 3개 사업연도의 평균가동률보다 현저히 증가한 경우

㉢ 새로운 생산기술 및 신제품의 개발·보급 등으로 기존 생산설비의 가속상각이 필요한 경우

㉣ 경제적 여건의 변동으로 조업을 중단하거나 생산설비의 가동률이 감소한 경우

㉤ 감가상각자산에 대하여 한국채택국제회계기준을 최초로 적용하는 사업연도에 결산내용연수를 변경한 경우(결산내용연수가 연장된 경우 내용연수를 연장하고 결산내용연수가 단축된 경우 내용연수를 단축하는 경우만 해당하되 내용연수를 단축하는 경우에는 결산내용연수보다 짧은 내용연수로 변경할 수 없다)

㉥ 감가상각자산에 대한 기준내용연수가 변경된 경우. 다만, 내용연수를 단축하는 경우로서 결산내용연수가 변경된 기준내용연수의 100분의 25를 가감한 범위 내에 포함되는 경우에는 결산내용연수보다 짧은 내용연수로 변경할 수 없다.

⑥ **중고자산 등의 수정내용연수**

내국법인이 기준내용연수의 50% 이상이 경과된 중고자산을 다른 법인 또는 소득법 §1의

2 ① (5)에 따른 사업자로부터 취득(합병·분할에 의하여 자산을 승계한 경우를 포함)한 경우에는 그 자산의 기준내용연수의 50%에 상당하는 연수와 기준내용연수의 범위에서 선택하여 납세지 관할세무서장에게 신고한 수정내용연수를 내용연수로 할 수 있다. 이 경우 수정내용연수를 계산할 때 1년 미만은 없는 것으로 한다(법인령 §29의2 ①).

수정내용연수의 범위 = (기준내용연수 × 50% ~ 기준내용연수)

2) 감가상각자산의 상각률표

내용연수	년	2	3	4	5	6	7	8	9	10	20	30	40
정액법에 의한 상각률	할분리	500	333	250	200	166	142	125	111	100	050	034	025
정률법에 의한 상각률	할분리	777	632	528	451	394	349	313	284	259	140	096	073

사례 2-57 감가상각비 회계처리 (3) - 기중 취득시

① 차량을 8월 10일 40,000,000원에 구입하였다. 내용연수 5년인 경우 1차연도와 2차연도의 정액법에 의한 감가상각비와 정률법에 의한 감가상각비는 얼마인가?

㉠ 정액법

1차년도 $40,000,000 \times \frac{1}{5} \times \frac{5(8月 \sim 12月)}{12} = 3,333,333$

2차년도 $40,000,000 \times \frac{1}{5} = 8,000,000$

㉡ 정률법

1차년도 $40,000,000 \times 0.451 \times \frac{5(8月 \sim 12月)}{12} = 7,516,666$

2차년도 $(40,000,000 - 7,516,666) \times 0.451 = 14,649,983$

② 신축한지 25년 지난 공장건물(철근콘크리트)을 취득한 경우에 내용연수는?
중고자산 수정내용연수 : 40년(기준내용연수) × 50% = 20년
따라서 20~40년의 범위내에서 선택하여 내용연수로 할 수 있다.

3) 세법상 잔존가액

상각범위액을 계산함에 있어서 감가상각자산의 잔존가액은 "0"으로 한다. 다만, 정률법에 의하여 상각범위액을 계산하는 경우에는 취득가액의 100분의 5에 상당하는 금액으로 하되, 그 금액은 당해 감가상각자산에 대한 미상각잔액이 최초로 취득가액의 100분의 5 이하가 되는 사업연도의 상각범위액에 가산한다. 법인은 감가상각이 종료되는 감가상각자산에 대하여는 취득가액의 5%와 1천원 중 적은 금액을 당해 감가상각자산의 장부가액으로 하고, 동 금액에 대하여는 이를 손금에 산입하지 아니한다.

4) 세법상 감가상각방법

① 감가상각방법의 적용

법인이 신고한 상각방법에 따라 계산한다. 단, 상각방법의 신고가 없는 경우 다음과 같다(법인령 §26).

구 분	신 고 시	무 신 고 시
건축물	정액법	정액법
건축물이외의 유형자산	정률법 또는 정액법	정률법
광업용 유형자산	생산량비례법, 정률법 또는 정액법	생산량비례법

✽ 변경승인을 얻지 아니하고 상각방법을 변경한 경우 변경하기 전의 상각방법에 의하여 계산한다(법인령 § 27⑤).

② 감가상각방법의 신고

상각방법의 신고는 세법이 정하는 감가상각방법신고서에 따라 다음 각각에 따른 날이 속하는 사업연도의 법인세 과세표준의 신고기한까지 납세지 관할세무서장에게 하여야 한다(법인령 §26③).

이 경우 신고한 상각방법(무신고자는 무신고상각방법)은 그 후의 사업연도에도 계속하여 그 상각방법을 적용하여야 한다(법인령 §26⑤).

㉠ 신설법인과 새로 수익사업을 시작한 비영리법인은 그 영업을 시작한 날
㉡ '㉠' 이외의 법인은 감가상각자산을 새로 취득한 경우 그 취득한 날

5) 감가상각시부인과 세무조정

법인이 상각범위액을 초과해 손금에 산입하지 않는 금액(상각부인액)은 그 후의 사업연도에 해당 법인이 손비로 계상한 감가상각비가 상각범위액에 미달하는 경우에 그 미달하는 금액(시인부족액)을 한도로 손금에 산입한다. 이 경우 법인이 감가상각비를 손비로 계상하지 않은 경우에도 상각범위액을 한도로 그 상각부인액을 손금에 산입한다. 또한 시인부족액은 손금산입할 수 없으며 그 후 사업연도의 상각부인액에 이를 충당하

지 못한다(법인령 §32②).

✽ 업무용승용차 사용분 감가상각비 중 800만원 초과분은 손금불산입하게 되는데 자세한 사항은 손익계산서 차량유지비에서 살펴보기로 한다.

사례 2-58 법인세법상 감가상각 시부인

적 요	1기	2기	3기	4기
세법상 한도액	1,600	2,000	1,900	1,500
회계상 계상금액	1,500	2,400	1,600	900
시인부족액	100		300	600
한도초과액		400		
세무조정	없음	〈손금불산입〉 400 (유보)	〈손금산입〉 300 (△유보)	〈손금산입〉 100 (△유보)

* 시인부족액은 원칙적으로 세무조정을 하지 아니한다. 다만 전기에 손금불산입액이 있는 경우 그 금액을 한도로 하여 시인부족액을 손금산입한다.

6) 세법상 감가상각의제

> 2011.1.1. 이후 개시하는 사업연도부터는 내국법인이 법인세를 면제받거나 감면받은 경우(중소기업특별세액감면 등)에는 개별 자산에 대한 감가상각비가 상각범위액이 되도록 감가상각비를 손금에 산입하여야 한다. 따라서 결산서에 손금으로 산입하거나 결산서에 누락된 부분은 세무조정으로 손금산입하거나, 정기분 신고시 누락된 부분은 추후 경정청구가 가능한 것으로 판단된다(법인-569, 11.8.9. ; 서면법규-778, 13.7.5.).
> 또한, 감가상각의제가 적용되는 경우 손금에 미달하게 산입함에 따라 발생하는 차액은 해당자산의 처분일이 속하는 사업연도에 손금에 산입할 수 없다(기획재정부 법인-84, 14.2.18.).
> 특히, 추계결정 또는 경정을 하는 경우에는 감가상각자산에 대한 감가상각비를 손금에 산입한 것으로 본다(2018년 귀속분부터 시행).

현행「법인세법」은 감가상각비에 대하여 결산에 반영하여야만 인정하는 임의상각제도를 채택하고 있다. 즉, 신고 조정할 수 없다.

① **강제상각제도**

법인세가 면제되거나 감면되는 사업을 경영하는 법인으로서 법인세를 면제받거나 감면받은 경우에는 개별 자산에 대한 감가상각비를 손금에 산입하여야 한다. 즉, 장부에 계상 안 했어도 세무조정으로 손금 산입하여야 한다. 이 제도는 법인세의 면제·감면기간까지는 감가상각을 계상하지 않고 있다가 면제·감면기간이 끝나면 감가상각을 계상하여 법인세를 덜 낼 것 같으므로 마련된 제도이다.

② 손금산입 안 한 경우의 사후조치

감가상각을 안 한 경우 장부가액은 그 만큼 크다. 이 경우 다음 사업연도의 상각범위액 계산의 기초가 될 자산의 가액에서 그 감가상각비에 상당하는 금액을 공제한 잔액을 기초가액으로 하여 상각범위액을 계산한다.

③ 양도시 손금불산입

양도시점에도 손금(처분손실)으로 인정하지 않는다.

✱ 각종 투자세액공제 등과 같이 소득과 관계없는 세액공제는 의제상각을 적용하지 아니한다.

7) 세법상 감가상각비에 관한 명세서의 제출

법인이 각 사업연도에 감가상각비를 손비로 계상하거나 감가상각비를 손금에 산입한 경우에는 개별자산별로 구분하여 감가상각비 조정명세서를 작성·보관하고 법인세신고시 신고서에 첨부하여 납세지 관할세무서장에게 제출하여야 한다(법인령 §33).

7 유형자산의 처분(제거)

유형자산을 폐기하거나 처분하는 경우 그 자산을 재무상태표에서 제거하고 처분금액과 장부금액의 차액을 유형자산처분손익으로 인식한다.

다만, 기중에 처분하는 경우에는 처분시점까지의 감가상각비를 인식해야 한다.

즉, 장부금액의 계산은 취득원가에서 기초시점의 감가상각누계액에 처분시점까지의 감가상각비를 더한 금액을 빼고 계산 되어진다.

처분금액 − 장부금액 = 유형자산처분손익

구 분	회계처리			
처분시 (처분금액＞장부금액)	(차) 현　　　　금 감가상각누계액	xxx xxx	(대) 유 형 자 산 　　유형자산처분이익	xxx xxx
처분시 (처분금액＜장부금액)	(차) 현　　　　금 감가상각누계액 유형자산처분손실	xxx xxx xxx	(대) 유 형 자 산	xxx

| 사례 2-59 | 감가상각비 회계처리 (4) - 유형자산 처분

(주)세연은 x1년 1월 1일에 건물을 18,000,000원에 취득하였다. 이 건물의 내용연수는 3년, 잔존가액은 0원으로 추정된다. (주)세연은 사용하던 건물을 x3년 5월 31일에 5,000,000원에 현금을 받고 처분한 경우 처분시 회계처리를 하시오. 감가상각방법은 정액법이다.

x1년 12년 31일(결산일)
    (차) 감 가 상 각 비   6,000,000   (대) 감가상각누계액   6,000,000

x2년 12월 31일(결산일)
    (차) 감 가 상 각 비   6,000,000   (대) 감가상각누계액   6,000,000

x3년 5월 31일(1.1~5.31일까지의 감가상각비인식)
    (차) 감 가 상 각 비   2,500,000   (대) 감가상각누계액   2,500,000

    *$18,000,000 \times \frac{1}{3} \times \frac{5}{12} = 2,500,000$원

    (차) 현   금   5,000,000   (대) 건   물   18,000,000
        감 가 상 각 누 계 액   14,500,000   유형자산처분이익   1,500,000

8   법인세법상 업무용승용차 관련 비용의 손금불산입 등 특례

업무용승용차에 대하여는 감가상각방법 및 한도 등에 특례가 별도로 규정되어 있다. 이에 대하여는 제3장 손익계산서편 3절 13. 차량유지비를 참조바란다.

9   일반기업회계기준상 손상차손

    ✱ 중소기업기본법상 중소기업은 손상차손 처리 의무가 없다.

(1) 의의

일반적으로 자산의 진부화 및 시장가치의 급격한 하락 등으로 인하여 자산의 회수가능액이 장부금액에 중요하게 미달하게 되는 경우에는 장부금액을 회수가능액으로 조정하고 그 차액을 손상차손으로 처리한다. 특히, 유형자산의 손상징후가 있다고 판단되고, 당해 유형자산의 사용 및 처분으로부터 기대되는 미래의 현금흐름총액의 추정액이 장부금액에 미달하는 경우에는 장부금액을 회수가능액으로 조정하고 그 차액을 손상차손으로 처리한다.(문단 10.42) 손상차손은 즉시 당기손익으로 인식한다.

    (차) 유형자산손상차손   xxx   (대) 손상차손누계액   xxx

(2) 용어정의

① 회수가능액의 추정
회수가능액이란 자산 또는 현금창출단위의 순공정가치와 사용가치 중 큰 금액을 말한다.

② 순공정가치
합리적인 판단력과 거래의사가 있는 독립된 당사자 사이의 거래에서 자산 또는 현금창출단위의 매각으로부터 수취할 수 있는 금액에서 처분부대원가를 차감한 금액을 말한다. 여기서 처분부대원가란 자산 또는 현금창출단위의 처분에 직접 귀속되는 증분원가로서, 금융원가 및 법인세비용은 제외한 금액을 의미한다.

> 순공정가치 = 매각으로부터 수취할 수 있는 금액 − 처분부대원가

③ 사용가치
자산이나 현금창출단위에서 창출될 것으로 기대되는 미래현금흐름의 현재가치를 말한다.

(3) 손상차손환입

과거기간에 인식한 손상차손은 직전 손상차손의 인식시점 이후 회수가능액을 결정하는 데 사용된 추정치에 변화가 있는 경우에만 환입한다. 차기 이후에 감액된 자산의 회수가능액이 장부금액을 초과하는 경우에는 그 자산이 감액되기 전의 장부금액의 감가상각 후 잔액을 한도로 하여 그 초과액을 손상차손환입으로 처리한다. 손상차손환입은 즉시 당기손익으로 인식한다.

(차) 손 상 차 손 누 계 액   xxx   (대) 유형자산손상차손환입   xxx

(4) 제거

유형자산은 처분하거나, 영구적으로 폐기하여 미래경제적효익을 기대할 수 없게 될 때 재무상태표에서 제거한다(문단 10.44). 유형자산의 폐기 또는 처분으로부터 발생하는 손익은 처분금액과 장부금액의 차액으로 결정하며, 손익계산서에서 당기손익으로 인식한다. 유형자산의 재평가와 관련하여 인식한 기타포괄손익의 잔액이 있다면, 그 유형자산을 폐기하거나 처분할 때 당기손익으로 인식한다(문단 10.45).

사례 2-60 감가상각과 손상차손

(주) 다솔은 유형자산을 x1년 1월 1일 취득하였으며, 정액법에 의해 감가상각을 하고 사업연도는 1년이라고 한다.(단위: 백만원)

취득원가: 10,000 　　　내용연수: 10년 　　　잔존가치: 0

유형자산의 회수가능액은 다음과 같다.
×2년말 회수가능액 6,400
×4년말 회수가능액 7,000

각 회계연도에 인식할 감가상각비와 유형자산손상차손 및 유형자산손상차손환입액을 계산하라.

(1) ×1년 12월 31일

① 감가상각비 인식

(차) 감가상각비 　　1,000 　　　(대) 감가상각누계액 1,000

* 연간 감가상각비: (10,000 − 0)/ 10년 = 1,000
* 1차년도말(×1년 12월 31일)의 장부금액: 9,000 (= 10,000 − 1,000)

(2) ×2년 12월 31일

① 감가상각비 선인식

(차) 감가상각비 　　1,000 　　　(대) 감가상각누계액 1,000

* 연간 감가상각비: (10,000 − 0)/ 10년 = 1,000

② 손상차손 인식-2차연도 말 회수가능액 6,400원인 경우

(차) 유형자산손상차손 　1,600* 　　(대) 손상차손누계액 1,600

* [(10,000 − 1,000×2) − 6,400]
* 유형자산의 회수가능액과 감가상각비를 반영한 후의 장부금액을 비교하여 손상차손을 인식한다. 따라서 감가상각비 1,000을 반영한 후의 장부금액 8,000(= 10,000 − 2,000)과 6,400을 비교하여 손상차손 1,600을 인식한다.

(3) ×3년 12월 31일

① 손상차손 인식 후 감가상각비인식

(차) 감가상각비 800 　　　　(대) 감가상각누계액 800

* 감가상각비: (6,400 − 0) / 8년 = 800
* 손상차손 인식후의 새로운 장부금액 6,400을 기준으로 잔존내용연수 8년에 걸쳐 매기 800씩 감가상각비를 인식한 다. 유형자산에 대해 손상차손을 인식한 이후 회계연도의 감가상각비 계산은 손상차손을 반영한 후의 장부금액에 대해 종전의 감가상각방법을 적용하여 잔존내용연수에 걸쳐 감가상각비를 인식한다.

(4) ×4년 12월 31일

① 감가상각비 인식

(차) 감가상각비 800 　　　　(대) 감가상각누계액 800

* ×4년 12월 31일의 장부금액은 4,800(= 5,600 − 800)이 된다.

② 손상차손의 환입 − 회수가능액 7,000원으로 회복된 경우

> (차) 손상차손누계액 1,200 　　　 (대) 유형자산손상차손환입 1,200*
> * 회수가능액이 7,000이지만 정상적으로 감가상각하여 왔더라면 산출될 장부금액(=6,000)을 한도로, ×4년도의 감가상각비(=800)를 인식한 후의 장부금액(=4,800)과의 차액 1,200을 손상차손환입으로 처리한다.
> ㉠ 회수가능액
> min[7,000 , 손상차손 전 장부가액(6,000원)] = 6,000원
> ㉡ 손상차손 전 장부가액
> 손상차손을 인식하지 아니하고 정상적으로 감가상각하여 왔더라면 산출되었을 ×4년 12월 31일의 장부금액:
> 6,000 = [10,000 − (1,000 × 4)]
> * 손상차손을 인식한 유형자산의 회수가능액이 장부금액을 초과하는 경우에는 그 자산에 대하여 손상차손을 인식하지 않았더라면 인식될 감가상각비를 차감한 후의 금액을 한도로 하여 그 초과액을 손상차손환입으로 처리한다.

(5) 세법상 손상차손

감가상각자산이 진부화, 물리적 손상 등에 따라 시장가치가 급격히 하락하여 법인이 기업회계기준에 따라 손상차손을 계상한 경우(천재지변·화재 등의 사유로 파손되거나 멸실된 것는 제외한다)에는 해당 금액을 감가상각비로서 손비로 계상한 것으로 보아 감가상각비 범위내에서 손금산입여부를 판단한다(법인령 §31 ⑧).

10 유형자산의 재평가

(1) 의의

최초 인식 후에 공정가치를 신뢰성 있게 측정할 수 있는 유형자산은 재평가일의 공정가치에서 이후의 감가상각누계액과 손상차손누계액을 차감한 재평가금액을 장부금액으로 한다.
재평가는 보고기간말에 자산의 장부금액이 공정가치와 중요하게 차이가 나지 않도록 주기적으로 수행한다(문단 10.24).

(2) 공정가치

일반적으로 토지와 건물의 공정가치는 시장에 근거한 증거를 기초로 수행된 평가에 의해 결정된다.
이 경우, 평가는 보통 전문적 자격이 있는 평가인에 의해 이루어진다. 일반적으로 설비장치와 기계장치의 공정가치는 감정에 의한 시장가치이다(문단 10.25).

(3) 재평가의 빈도

재평가의 빈도는 재평가되는 유형자산의 공정가치 변동에 따라 달라진다. 재평가된 자산의 공정가치가 장부금액과 중요하게 차이가 나는 경우에는 추가적인 재평가가 필요하다. 유의적이고 급격한 공정가치의 변동 때문에 매년 재평가가 필요한 유형자산이 있는 반면에 공정가치의 변동이 경미하여 빈번한 재평가가 필요하지 않은 유형자산도 있다. 즉, 매 3년이나 5년마다 재평가하는 것으로 충분한 유형자산도 있다(문단 10.26).

(4) 과목분류별 전부 재평가

특정 유형자산을 재평가할 때, 해당 자산이 포함되는 유형자산 분류 전체를 재평가한다. 유형자산별로 선택적 재평가를 하거나 서로 다른 기준일의 평가금액이 혼재된 재무보고를 하는 것을 방지하기 위하여 동일한 과목분류 내의 유형자산은 동시에 재평가한다. 그러나 재평가가 단기간에 수행되며 계속적으로 갱신된다면, 동일한 분류에 속하는 자산을 순차적으로 재평가할 수 있다(문단 10.28,29).

(5) 재평가시 감가상각누계액의 처리

유형자산을 재평가할 때, 재평가 시점의 총장부금액에서 기존의 감가상각누계액을 제거하여 자산의 순장부금액이 재평가금액이 되도록 수정한다. 감가상각누계액을 제거함에 따라 조정되는 금액은 문단 10.30과 10.31에 따라 회계처리되는 장부금액의 증감에 포함된다(문단 10.27).

(6) 재평가차액의 회계처리

1) 장부금액이 재평가로 인하여 증가된 경우(재평가증)

유형자산의 장부금액이 재평가로 인하여 증가된 경우에 그 증가액은 기타포괄손익으로 인식한다. 그러나 동일한 유형자산에 대하여 이전에 당기손익으로 인식한 재평가감소액이 있다면 그 금액을 한도로 재평가증가액만큼 당기손익으로 인식한다(문단 10.30).

2) 장부금액이 재평가로 인하여 감소된 경우(재평가감)

유형자산의 장부금액이 재평가로 인하여 감소된 경우에 그 감소액은 당기손익으로 인식한다. 그러나 그 유형자산의 재평가로 인해 인식한 기타포괄손익의 잔액이 있다면 그 금액을 한도로 재평가감소액을 기타포괄손익에서 차감한다(문단 10.31).

사례 2-61 재평가 회계처리 (1) - 토지 재평가

세연(주)는 토지에 대하여 재평가모형으로 측정(평가)을 하고 있다.
재평가하기전 토지의 장부가액은 1,000,000원이다.
올해 토지의 재평가액은 1,200,000원이었다.
직전연도에 재평가손실이 100,000원이 있는 경우와 재평가손실이 없는 경우로 각각 분개하라.

㉠ 당기 이전에 재평가손실이 있는 경우

    (차) 토   지   200,000   (대) 재평가이익(I/S)*   100,000
                                        재평가잉여금(B/S)   100,000

* 재평가이익 중 당기이익으로 처리하는 금액은 전기 이전에 이미 인식한 재평가손실까지의 금액으로 하되, 당기이익으로 처리하는 재평가이익으로 인한 장부금액이 원가모형으로 평가하였을 때의 재평가시점의 감가상각 후 장부금액을 초과하지 않도록 하여야 한다.

㉡ 당기 이전에 재평가손실이 없는 경우

    (차) 토   지   200,000   (대) 재평가잉여금(B/S)   200,000

* 회계실익 : 재무구조가 좋아짐으로 적극적으로 회계처리할 필요없음(세금과는 무관).

사례 2-62 재평가 회계처리 (2) - 재평가손실

세연(주)는 토지에 대하여 재평가모형으로 측정(평가)을 하고 있다.
재평가하기전 토지의 장부가액은 1,000,000원이다. 올해 토지의 재평가액은 600,000원이었다.
직전연도에 재평가잉여금이 200,000원이 있는 경우와 재평가잉여금이 없는 경우로 각각 분개하라.

㉠ 당기 이전에 재평가잉여금이 있는 경우

    (차) 재평가잉여금(B/S) 200,000   (대) 토   지   400,000
         재평가손실(I/S)   200,000

㉡ 당기 이전에 재평가잉여금이 없는 경우

    (차) 재평가손실(I/S)   400,000   (대) 토   지   400,000

(7) 처분시

유형자산의 재평가와 관련하여 인식한 기타포괄손익의 잔액이 있다면, 그 유형자산을 폐기하거나 처분할 때 당기손익으로 인식한다. 즉, 처분손익에 가감한다(문단 10.45).

| 사례 2-63 | 재평가 회계처리 (3) - 처분시

세연(주)는 토지에 대하여 재평가모형으로 측정(평가)을 하고 있다.
직전연도말 토지의 재평가액은 1,200,000원이다. 올해 토지를 2,000,000원에 현금을 받고 처분하였다.
직전연도에 재평가잉여금이 200,000원이 있는 경우와 재평가잉여금이 없는 경우로 각각 분개하라.

㉠ 처분이전에 재평가잉여금이 있는 경우

(차)	현 금	2,000,000	(대)	토 지	1,200,000
				유형자산처분이익	800,000
(차)	재평가잉여금(B/S)	200,000	(대)	이익잉여금	200,000

㉡ 처분이전에 재평가잉여금이 없는 경우

(차)	현 금	2,000,000	(대)	토 지	1,200,000
				유형자산처분이익	800,000

참고 ### K-IFRS 도입기업 유·무형자산 감가상각비 신고조정 허용(법인법 § 23)

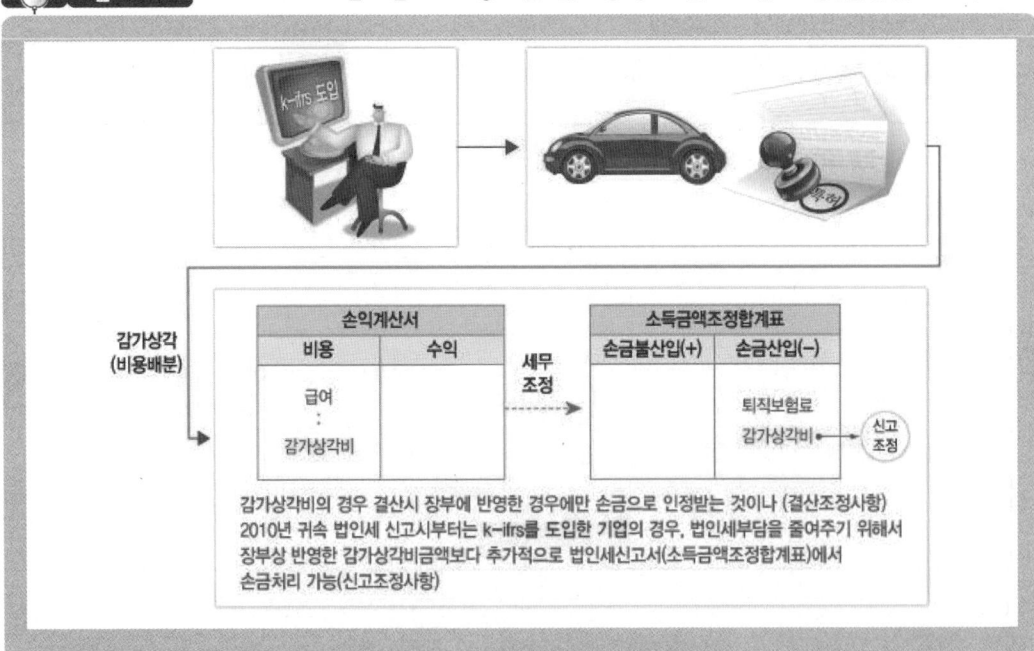

본래 고정자산에 대한 감가상각비는 결산시 장부에 반영한 경우에만 손금으로 인정받는 결산조정사항으로서 장부상 금액을 과소하게 계산하였더라도 추가로 세무조정을 통해서 늘릴 수는 없다.
하지만, K-IFRS에서는 고정자산의 내용연수와 상각방법에 대해 변경하는 경우 과거의 감가상각비를 수정하지 않고, 앞으로의 감가상각에 대해서만 변경된 방법을 적용하다 보니, 내용연수가 늘어나거나 상각방법

이 변경되는 경우에는 감가상각비가 K-IFRS도입이전보다 줄어들게 되어 세부담이 늘어나는 경우가 있게 된다. 따라서, 이 경우 K-IFRS를 적용함으로써 늘어난 세부담을 줄여주기 위해서 추가로 신고조정을 통해 감가상각비를 비용으로 추가 인정하게 해줄 필요가 생겨나게 되었다. 세법개정으로 2010.12.30. 이 속하는 사업연도부터 K-IFRS를 적용하는 법인의 감가상각비 감소에 따른 세부담 완화를 위하여 신고조정을 허용하였다.

그 대상은 K-IFRS를 도입한 기업의 "사업용 유형고정자산"과 내용연수를 확정할 수 없는 "비한정 무형고정자산"이다. 이러한 자산에 대해서는 결산서상 인식한 감가상각비에 추가하여 신고조정 한도까지 손금산입할 수 있다.

참고 기업회계기준간의 차이

구분	일반기업회계기준	K-IFRS
감가상각방법 변경	감가상각방법 변경시 회계추정 변경으로 보아 전진 적용	감가상각방법 변경시 회계추정 변경으로 보아 전진 적용
임대용 부동산	임대업자의 임대용부동산은 유형자산으로 분류하고 재평가시 이익은 자본으로, 손실은 당기손익에 반영	임대업자의 임대용부동산은 투자부동산으로 분류하고 공정가액 평가시 당기손익으로 반영
투자부동산 재평가	투자부동산은 유형자산 회계처리를 준용(재평가 허용)	투자부동산은 공정가치모형 허용
재평가유형자산 처분	재평가유형자산 처분시 재평가잉여금을 당기손익에 반영	재평가 유형자산 처분 또는 상각시 재평가잉여금을 이익잉여금으로 대체 허용

참고 투자부동산

투자부동산이란 자본이득이나 임대수익을 얻을 목적으로 보유하고 있는 자산으로서 K-GAAP에서는 투자부동산에 대한 별도의 기준서가 없어 유형자산 등으로 분류하여 회계처리하여 왔다. IFRS 도입으로 유형자산 중에서 임대수익이나 시세차익을 얻기 위하여 보유하는 부동산은 유형자산에서 투자부동산으로 재분류하여야 한다.

(8) 세법상 재평가

세법은 유형자산 재평가를 인정하지 않는다.

재평가한 경우 해당 금액을 부인하는 세무조정을 하여야 한다.

제6절 무형자산(일반기업회계기준 제11장)

1 무형자산의 정의

(1) 무형자산 인식기준

무형자산은 보통 재화의 생산이나 용역의 제공, 타인에 대한 임대 또는 관리에 사용할 목적으로 기업이 보유하며 미래 경제적 효익이 기업에 유입될 가능성이 매우 높고, 취득원가를 신뢰성 있게 측정할 수 있는 경우에만 자산으로 인식한다. 무형자산에는 산업재산권, 라이선스와 프랜차이즈, 저작권, 컴퓨터소프트웨어, 개발비, 임차권리금, 광업권 및 어업권 등이 포함된다.

무형자산으로 구분되기 위한 세 가지 조건은 식별가능성, 자원에 대한 통제 및 미래 경제적 효익의 존재이다.

① 식별가능하다는 것은 그 자산이 기업실체나 다른 자산에서 분리될 수 있거나 법적 권리를 창출할 수 있는 경우 등을 의미한다.
② 자원에 대한 통제란 그 자원에서 미래 경제적 효익을 획득할 수 있고 그 효익에 대해 제3자의 접근을 제한할 수 있는 경우를 말한다.
③ 무형자산의 미래 경제적 효익은 재화의 매출이나 용역수익, 원가절감, 또는 그 자산의 사용에 따른 기타 효익의 형태로 발생한다.

(2) 비용 인식

미래 경제적 효익을 얻기 위한 지출이라도 무형자산의 정의와 인식기준을 충족하지 못하면 그 지출(사업시작비용, 교육훈련비, 광고 및 판매촉진비, 사업이전비 등)은 발생한 기간의 비용으로 인식한다. 과거 회계연도의 재무제표나 중간재무제표에서 일단 비용으로 인식한 지출은 그 후의 기간에 무형자산의 취득원가로 인식할 수 없다.

2 무형자산의 종류

무형자산에는 산업재산권, 개발비, 컴퓨터소프트웨어, 광업권, 임차권리금과 영업권 등이 포함된다.

(1) 영업권

합병·영업양수 및 전세권 취득 등의 경우에 유상으로 취득한 것으로 한다. 영업권상각은 정액법으로 하며 내용연수는 20년을 초과할 수 없다.

사례 2-64 무형자산 취득시 회계처리 (1) - 영업권

먹거리회사는 명동에서 튀김전문 음식점을 영위하기 위하여 점포에 대한 전세금 2억원 외에 권리금으로 1억원을 지불하였다.

해답
| (차) 전 세 권 | 2억원 | (대) 현 금 | 3억원 |
| (차) 영 업 권 | 1억원 | | |

(2) 산업재산권

일정기간 독점적·배타적으로 이용할 수 있는 권리로서 특허권·실용신안권·디자인권 및 상표권 등으로 한다.

1) 특허권

특허권이란 특허법에 의하여 등록되어 독점적·배타적으로 이용할 수 있는 권리를 의미하는데, 자기 자신이 스스로 창작하여 특허출원을 한 것뿐만 아니라 타인으로부터 승계 취득한 경우도 특허권으로 처리한다. 특허권을 얻기 위한 개발비용은 개발비 계상요건을 갖추고 있으면 개발비로 처리하고, 특허권의 취득원가는 취득을 위하여 직접 사용되는 금액인 특허출원비, 특허등록비, 변리사수수료 등 제반비용으로 한다.

특허권은 타인에게 양도할 수도 있으며, 특허권의 설정등록이 있는 날부터 특허출원일 후 20년이 되는 날까지 존속한다.

사례 2-65 무형자산 취득시 회계처리 (2) - 특허권

① 특허권을 취득하기 위하여 특허출원 및 등록에 소요되는 비용으로 6,000,000원과 변리사 수수료로 1,000,000원(부가세별도)을 송금하여주고 세금계산서를 받았다.

| (차) 특 허 권 | 7,000,000 | (대) 보 통 예 금 | 7,100,000 |
| 부 가 세 대 급 금 | 100,000 | | |

② 결산시 특허권에 대하여 감가상각비를 계상하였다.(정액법, 내용연수 7년)

| (차) 무형자산상각비 | 1,000,000 | (대) 특 허 권 | 1,000,000 |

　*　7,000,000 ÷ 7 = 1,000,000원

2) 실용신안권

실용신안권이란 산업상 이용할 수 있는 물품의 형상·구조 또는 조합에 관한 고안으로서 특허청에 이를 등록함으로써 10년간 그 고안자에게 배타적 권리를 주는 제도이다.

3) 디자인권

디자인권은 공업상의 물품에 응용되는 형상·모양·색채 또는 결합에 관하여 신규의 의장을 고안한 자에게 15년간 배타적 권리가 주어진다.

4) 상표권

상표권은 자기의 상품을 표시하기 위하여 기호·문자·도형 또는 그 결합된 것을 등록하여 10년간(등록갱신 가능) 배타적 사용권리가 주어진다.

사례 2-66 무형자산 취득시 회계처리 (3) - 상표권, 디자인권

한국자동차회사는 회사마크를 개발하여 등록하여 상표권을 획득하였다. 이에 대한 등록비와 상표공모비가 55,000,000원을 현금으로 지출하였다. 그리고 자동차 디자인에 대하여 의장권 등록하고 소요비용으로 현금 20,000,000원을 지출하였다.

(차) 상　표　권	55,000,000	(대) 현　　금	55,000,000
(차) 디 자 인 권	20,000,000	(대) 현　　금	20,000,000

(3) 개발비

개발비란 신제품이나 신기술을 개발하면서 발생한 비용(소프트웨어 개발과 관련된 비용을 포함한다)으로 ① **개별적으로 식별가능하고** ② **기업이 통제가능하며** ③ **미래의 경제적효익을 확실히 알 수 있는 경우**에 무형자산으로 인식하는 금액이다.

① 연구단계	자산요건 미충족	경상연구개발비	판매비와 관리비
② 개발단계	자산요건 충족	개발비	무형자산

1) 개발비의 조건

개발단계에서 발생한 지출은 다음의 조건을 모두 충족하는 경우에만 무형자산으로 인식하고, 그 외의 경우 경상개발비의 과목으로 하여 발생한 기간의 비용으로 인식한다.

① 무형자산을 사용 또는 판매하기 위해 그 자산을 완성시킬 수 있는 기술적 실현가능성을

제시할 수 있다.
② 무형자산을 완성해 그것을 사용하거나 판매하려는 기업의 의도가 있다.
③ 완성된 무형자산을 사용하거나 판매할 수 있는 기업의 능력을 제시할 수 있다.
④ 무형자산이 어떻게 미래 경제적 효익을 창출할 것인가를 보여줄 수 있다. 예를 들면, 무형자산의 산출물, 그 무형자산에 대한 시장의 존재 또는 무형자산이 내부적으로 사용될 것이라면 그 유용성을 제시하여야 한다.
⑤ 무형자산의 개발을 완료하고 그것을 판매 또는 사용하는 데 필요한 기술적, 금전적 자원을 충분히 확보하고 있다는 사실을 제시할 수 있다.
⑥ 개발단계에서 발생한 무형자산 관련 지출을 신뢰성 있게 구분하여 측정할 수 있다.

2) 개발활동

개발단계는 연구단계보다 훨씬 더 진전되어 있는 상태이기 때문에 프로젝트의 개발단계에서는 무형자산을 식별할 수 있으며, 그 무형자산이 미래 경제적 효익을 창출할 것임을 입증할 수 있다.

개발단계에 속하는 활동의 일반적인 예는 다음과 같다.
① 생산 전 또는 사용 전의 시작품과 모형을 설계, 제작 및 시험하는 활동
② 새로운 기술과 관련된 공구, 금형, 주형 등을 설계하는 활동
③ 상업적 생산목적이 아닌 소규모의 시험공장을 설계, 건설 및 가동하는 활동
④ 새롭거나 개선된 재료, 장치, 제품, 공정, 시스템 및 용역 등에 대하여 최종적으로 선정된 안을 설계, 제작 및 시험하는 활동

3) 비용으로 인식한 개발비

무형자산에 대한 지출로서 과거 회계연도의 재무제표나 중간재무제표에서 비용으로 인식한 지출은 그 후의 기간에 무형자산의 원가로 인식할 수 없다(문단 11.24).

4) 연구비와 경상연구개발비는 당기비용

프로젝트의 연구단계에서는 미래 경제적효익을 창출할 무형자산이 존재한다는 것을 입증할 수 없기 때문에 연구단계에서 발생한 지출은 무형자산으로 인식할 수 없고 발생한 기간의 비용으로 인식한다(문단 11.19).

연구단계에 속하는 활동의 일반적인 예는 다음과 같다.
① 새로운 지식을 얻고자 하는 활동
② 연구결과 또는 기타 지식을 탐색, 평가, 최종 선택 및 응용하는 활동
③ 재료, 장치, 제품, 공정, 시스템, 용역 등에 대한 여러 가지 대체안을 탐색하는 활동
④ 새롭거나 개선된 재료, 장치, 제품, 공정, 시스템, 용역 등에 대한 여러 가지 대체안을 제안,

설계, 평가 및 최종 선택하는 활동

5) 세법상 개발비

상업적인 생산 또는 사용 전에 재료·장치·제품·공정·시스템 또는 용역을 창출하거나 현저히 개선하기 위한 계획 또는 설계를 위하여 연구결과 또는 관련지식을 적용하는데 발생하는 비용으로서 기업회계기준에 따른 개발비 요건을 갖춘 것(「산업기술연구조합 육성법」에 따른 산업기술연구조합의 조합원이 해당 조합에 연구개발 및 연구시설 취득 등을 위하여 지출하는 금액을 포함한다)을 말한다(법인령 §24 ① 2호).

| 사례 2-67 | 무형자산 취득시 회계처리 (4) - 개발비 |

① 신제품을 완성하여 판매가 확실시되는 개발비가 당기에 현금으로 2억원을 지출하였다.

(차) 개 발 비 200,000,000 (대) 현 금 200,000,000

② 다음연도에 위 신제품 개발과 관련하여 개발비가 50,000,000원이 현금으로 더 지출되었다. 그러나 타사의 신제품 출시로 이 개발을 포기하였다.

(차) 개 발 비 50,000,000 (대) 현 금 50,000,000
(차) 무형자산상각비 250,000,000 (대) 개 발 비 250,000,000

참고

개발비의 상각(집행기준 23-26-7)
① 개발비에 대한 감가상각은 법인이 무형고정자산인 개발비로 계상에 한하여 적용*하는 것이므로 법인이 개발비로 계상하지 아니한 금액은 그 지급이 확정된 사업연도의 손금에 산입한다.
　※ 기업회계기준상 개발비 요건을 충족한 경우에 한한다.
② 무형고정자산으로 계상한 개발비는 법인이 각 사업연도에 손금으로 계상한 경우에 한하여 상각범위액의 범위안에서 해당 사업연도 소득금액 계산상 이를 손금에 산입한다.
③ 제2항에 따른 개발비에 대한 감가상각방법을 적용함에 있어 신고내용연수는 관련제품별로 판매 또는 사용이 가능한 시점부터 20년 이내의 기간내에서 연단위로 선택하여 해당 관련제품별로 판매 또는 사용이 가능하게 된 날이 속하는 사업연도의 법인세 과세표준 신고기한까지 신고하여야 한다. 다만, 이를 신고하지 아니한 경우에는 그 판매 또는 사용이 가능한 시점부터 5년동안 매년 균등액을 상각한다.
④ 제3항을 적용함에 있어 사업연도 중에 판매 또는 사용이 가능한 시점이 도래한 경우의 상각범위액은 그 시점부터 해당 사업연도종료일까지의 월수에 따라 계산한다.
　※ 다만, 제품개발 진행 중 관련제품의 개발사업이 취소되고 개발실적이 향후 활용이 불가능한 경우에는 개발사업이 취소된 날이 속하는 사업연도의 손금에 산입하는 것이다. 기술의 낙후로 인하여 자산성이 완전히 상실되는 경우에는 장부가액에서 1천원을 공제한 금액을 폐기일이 속하는 사업연도의 손금에 산입할 수 있는 것이나 자산성의 완전 상실 여부는 사실판단할 사항이다(법인46012-196, 03.03.21.).

(4) 컴퓨터 소프트웨어

외부에서 유상으로 구입한 컴퓨터소프트웨어를 말한다. 다만 자체 개발한 소프트웨어로서 자산인식기준을 충족하면 개발비과목으로 한다.

구 분	자 산 성 유 무	계 정 과 목
외부구입	자산인식조건 충족	컴퓨터소프트웨어(무형자산)
자체개발	자산인식조건 충족	개발비(무형자산)
	자산인식조건 미충족	경상개발비(당기비용)

(5) 세법상 소프트웨어

세법도 회계와 근본적으로 같다.

게임소프트웨어를 이동통신사업자에 제공하고, 이동통신사업자로부터 일정률의 수수료를 지급받는 사업을 영위하는 법인이 통신사업자에게 제공한 게임프로그램의 감가상각비를 손금산입함에 있어 게임프로그램이 타인에서 매입한 경우 법인칙 별표 6의 업종별자산의 내용연수를 적용하는 것이며, 해당 법인이 자체개발한 것으로서 무형자산인식조건을 충족하여 해당 법인이 개발비로 계상한 경우 법인령 §26 ① (6) 규정에 따라 감가상각하는 것임(서면2팀-705, 2004.04.06.).

구 분	사 용 용 도	계 정 과 목
외부구입	직접 수익창출에 사용	별표 6의 업종별자산(유형자산)
	그 외의 경우	기구 및 비품(유형자산)
자체 개발	직접 수익창출에 사용	개발비(무형자산)
	그 외의 경우	기구 및 비품(유형자산)
	자산인식조건 미충족	경상개발비(당기 비용)

(6) 광업권

등록된 일정한 광구에서 등록을 한 광물과 동 광산 중에 부존하는 다른 광물을 채굴하여 취득할 수 있는 권리로 한다.

(7) 어업권(입어권을 포함한다)

일정한 수면에서 독점적·배타적으로 어업을 경영할 수 있는 권리로 한다.

(8) 임차권리금

사업장을 임차하면서 그 사업장의 권리금을 지급한 경우이다.

(9) 기타의 무형자산

별도 구분표시하지 않는 무형자산으로 한다.

1) 라이선스와 프렌차이즈

라이선스(licence)란 다른 기업이 소유한 신기술, 노하우, 상표, 마크 등을 사용할 수 있는 권리이며 프렌차이즈(franchise)는 가맹사업이라 하며 가맹계약자는 가맹사업자로부터 부여받는 권리를 사용할 수 있다. 권리사용대가는 계약기간동안 상각하면 된다.

2) 저작권

3) 차지권(지상권을 포함한다)

임차료 또는 지대를 지급하고 타인이 소유하는 토지를 사용·수익할 수 있는 권리로 한다.

3 무형자산 취득가액과 상각

(1) 무형자산 가액

1) 취득가액

① **취득원가는 구입원가와 자산을 사용할 수 있도록 준비하는데 직접 관련되는 지출로 구성된다.** 매입할인 등이 있는 경우 이를 차감하여 취득원가를 산출한다.

② **무형자산에 대한 대금지급기간이 일반적인 신용기간보다 긴 경우 무형자산의 구입원가는 현금구입상당액이 된다.** 현금구입상당액과 실제 총지급액과의 차액은 신용기간에 걸쳐 이자비용으로 인식한다.

③ **무형자산과 기타의 자산을 일괄취득한 경우, 총취득원가를 무형자산과 기타의 자산의 공정가액에 비례하여 배분한 금액을 각각 무형자산과 기타의 자산의 취득원가로 한다.**

✱ 유형자산의 취득가액 개념과 같다.

2) 자본적지출과 수익적지출

① 자본적지출

무형자산의 생산능력을 향상시키거나 내용연수를 연장시키는 등 자산의 가치를 실질적으로 높이는 지출(이하 '자본적 지출'이라 한다)은 해당 자산의 장부금액에 더한다.

② 수익적지출

원상을 회복시키거나 능률을 유지하기 위한 지출은 발생한 회계연도의 비용으로 인식한다.

(2) 무형자산의 상각

1) 상각기간

무형자산의 상각대상금액은 그 자산의 추정내용연수 동안 체계적인 방법에 따라 비용으로 배분한다. 무형자산의 상각기간은 독점적·배타적인 권리를 부여하고 있는 관계 법령이나 계약에 정해진 경우를 제외하고는 20년을 초과할 수 없으며, 상각은 자산이 사용가능한 때부터 시작한다. 다만, 영업권 외 무형자산으로서 법적 또는 계약상 20년을 초과한다는 명백한 증거가 있는 경우 20년을 초과할 수 있다.

✱ 「중소기업기본법」에 의한 중소기업(상장, 금융회사등은 제외)은 유형자산과 무형자산의 내용연수 및 잔존가액의 결정은 법인세법의 규정에 따를 수 있다.

반면에 세법에서는 상각기간을 구체적으로 정하고 있다. 회계기준에서는 구체적으로 정하지 아니하였으므로 보통 세법대로 한다.

[별표 2] 시험연구용자산의 내용연수표

자산범위	자산명	내용연수
1. 새로운 지식이나 기술의 발견을 위한 실험연구시설 2. 신제품이나 신기술을 개발할 목적으로 관련된 지식과 경험을 응용하는 연구시설	(1) 건물부속설비 (2) 구축물	5년
3. 신제품이나 신기술과 관련된 시제품, 원형, 모형 또는 시험설비 등의 설계, 제작 및 시설을 위한 설비 4. 새로운 기술에 수반되는 공구, 기구, 금형 등의 설계 및 시험적 제작을 위한 시설 5. 직업훈련용 시설	(3) 기계장치 (4) 광학기기 (5) 시험기기 (6) 측정기기 (7) 공구 (8) 기타 시험연구용 설비	3년

✱ 시험연구용 자산중 조특법 § 25①(1)에 따른 연구시험용시설 및 직업훈련용 시설 투자에 대한 세액공제를 이미 받은 자산에 대하여는 이 내용연수표에 의한 감가상각비를 손금에 산입할 수 없다.
✱ 법인이 시험연구용자산에 대하여 이 내용연수표를 적용하지 아니하고자 하는 경우에는 별표 5 건축물 등의 기준내용연수 및 내용연수범위표 또는 별표 6 업종별 자산의 기준내용연수 및 내용연수범위표를 적용하여 감가상각비를 손금에 산입할 수 있다.

[별표 3] 무형자산의 내용연수표

구분	내용연수	무형고정자산
1	5년	영업권, 디자인권, 실용신안권, 상표권
2	7년	특허권(2015년 이후 취득분, 2014년 이전 취득분은 10년)
3	10년	어업권, 「해저광물자원 개발법」에 의한 채취권(생산량비례법 선택적용), 유료도로관리권, 수리권, 전기가스공급시설이용권, 공업용수도시설이용권, 수도시설이용권, 열공급시설이용권
4	20년	광업권(생산량비례법 선택적용), 전신전화전용시설이용권, 전용측선이용권, 하수종말처리장시설관리권, 수도시설관리권
5	30년	철도시설관리권
6	50년	댐사용권

2) 상각방법

무형자산을 상각할 때는 자산의 경제적 효익이 소비되는 행태를 반영한 합리적인 방법(정액법, 체감잔액법, 연수합계법, 생산량비례법 등)을 사용한다. 다만, 합리적인 상각방법을 정할 수 없는 경우 정액법을 사용한다. 무형자산의 상각이 다른 자산의 제조와 관련된 경우 관련 자산의 제조원가로, 그 외의 경우 비용으로 처리한다. 반면에 법인세법상 무형자산의 상각방법은 다음과 같으며 상각방법의 신고 등은 유형자산의 경우와 같다.

구 분	신 고 시	무 신 고 시
광업권(채취권 포함)	생산량비례법 또는 정액법	생산량비례법
개발비	관련 제품의 판매 또는 사용이 가능한 시점부터 20년의 범위에서 연단위로 신고한 내용연수에 따라 매사업연도별 경과월수에 비례하여 상각하는 방법	5년간 균등상각법
사용수익기부자산	사용수익기간에 따라 균등하게 안분한 금액	사용수익기간에 따라 균등하게 안분한 금액
주파수이용권 및 항공시설관리권	주무관청의 고시기간 또는 등록한 기간동안 균등상각법	주무관청의 고시기간 또는 등록한 기간동안 균등상각법

3) 잔존가치

무형자산의 잔존가치는 없는 것을 원칙으로 한다. 다만, 경제적 내용연수보다 짧은 상각기간을 정한 경우에 상각기간이 종료될 때 제3자가 자산을 구입하는 약정이 있거나, 그 자산에 대한 활성시장이 존재하여 상각기간이 종료되는 시점에 자산의 잔존가치가 활성시장에서 결정될 가능성이 매우 높다면 잔존가치를 인식할 수 있다(문단 11.33).

무형자산의 잔존가치는 유사한 환경에서 사용하다가 매각된 동종 무형자산의 매각가격을 이용하여 추정할 수 있다(문단 11.34). 또한 잔존가치는 법인법 §23[22])에 따라 결정할 수 있다.

4) 재무상태표에 표시방법

무형자산의 상각비는 직접법과 간접법(상각누계액) 중 선택하여 사용할 수 있다.
예를 들면, x1.1.1. 특허권을 70에 취득하여 정액법, 7년으로 상각할 경우
직접법 : (차) 무형자산상각비   10   (대) 특   허   권   10
간접법: (차) 무형자산상각비   10   (대) 특허권상각누계액   10

┃부분재무상태표┃ (x1.12.31.)

과 목	금 액
무형자산	
특허권	60

4 무형자산의 손상차손

(1) 무형자산의 손상차손회계처리

자산의 진부화 및 시장가치의 급격한 하락 등으로 인하여 무형자산의 회수가능가액이 장부가액에 중요하게 미달하게 되는 경우 장부가액을 회수가능가액으로 조정하고 그 차액을 손상차손으로 처리한다. 다만, 차기 이후에 손상된 자산의 회수가능가액이 장부가액을 초과하게 되는 경우 그 자산이 손상되기 전 장부가액의 상각후 잔액을 한도로 하여 그 초과액을 손상차손환입으로 처리한다.

(차) 무형자산손상차손   xxx   (대) 무형자산손상차손누계액   xxx
(차) 무형자산손상차손누계액   xxx   (대) 무형자산손상차손환입   xxx

(2) 세법상 손상차손의 세무조정

법인이 진부화 되거나 시장가치가 급격히 하락한 자산에 대하여 기업회계기준에 따라 자산손상차손을 계상한 경우 그 금액은 「법인세법」상 감가상각비로서 손금에 산입하는 것으로 보아 감가상각비의 손금불산입에 관한 법인법 §23를 적용하는 것임(서이46012-10463, 2003.03.10.).

---

22) 법인세법상 무형자산 잔존가치는 영(0)이다.

5 무형자산의 처분

무형자산을 처분하는 때와 사용이나 처분으로부터 미래경제적효익이 기대되지 않을 때 재무상태표에서 제거하고 처분금액과 장부금액의 차액을 무형자산처분손익으로 인식한다.

구 분	회계처리			
처분시 (처분금액 > 장부금액)	(차) 현 금	xxx	(대) 무 형 자 산 무형자산처분이익	xxx xxx
처분시 (처분금액 < 장부금액)	(차) 현 금 무형자산처분손실	xxx xxx	(대) 무 형 자 산	xxx

참고 기업회계기준간의 차이

구분	일반기업회계기준	K-IFRS
무형자산 재평가	무형자산 재평가 불허	무형자산 재평가 허용
영업권 상각	영업권은 일정기간 정액상각	영업권은 상각하지 않고 손상평가만 수행

제7절 기타비유동자산

'기타비유동자산'이란 투자자산, 유형자산 및 무형자산에 속하지 않는 비유동자산을 말한다. 이에는 임차보증금, 장기매출채권, 장기선급비용과 장기미수금 등이 포함된다.

1 임차보증금

전세권·전신전화가입권·임차보증금 및 영업보증금 등으로 한다.

(1) 전세권

타인의 부동산을 그 용도에 따라 사용·수익하는 권리를 부여받고, 지급하는 전세금을 처리하는 계정과목이다.

| (차) 전 세 권 | xxx | (대) 현 금 | xxx |

(2) 전신전화가입권

특정한 전신 또는 전화를 소유·사용하기 위하여 전화국에 지급하는 금액을 회계처리하기 위한 계정을 말한다.

| (차) 전신전화가입권 | xxx | (대) 현 금 | xxx |

(3) 임차보증금

타인의 부동산 또는 동산을 월세 등의 조건으로 사용하기 위하여 지급하는 보증금을 처리하는 계정을 임차보증금이라 한다. 전세권과의 차이는 임차보증금은 월세가 지급되지만 전세권은 월세가 없다.

사례 2-68 임차보증금 회계처리

x1년 4월 1일 자축회사는 제조공장을 임차하고 임차보증금으로 50,000,000원과 1월분임차료 1,000,000원을 당좌수표로 지급하였다.

| (차) 임 차 보 증 금 | 50,000,000 | (대) 당 좌 예 금 | 51,000,000 |
| 지 급 임 차 료 | 1,000,000 | | |

(4) 영업보증금

영업목적을 위하여 제공한 거래보증금, 입찰보증금, 하자보증금은 영업보증금으로 회계처리한다.

사례 2-69 영업보증금 회계처리

① 인묘회사는 법인에 매출하면서 진사회사에 하자보증금조로 10,000,000원을 현금으로 지급하였다.

(차) 영 업 보 증 금	10,000,000	(대) 현 금	10,000,000

② 진사회사는 매출한 제품에 대하여 하자보증기간이 종료되어 보증금 중 하자보수비 2,000,000원을 제외하고 나머지 8,000,000원을 현금으로 회수하였다.

(차) 현 금	8,000,000	(대) 영 업 보 증 금	10,000,000
하 자 보 수 비 (판매비와관리비)	2,000,000		

2 장기매출채권

유동자산에 속하지 아니하는 일반적 상거래에서 발생한 장기의 외상매출금 및 받을어음으로 한다.

사례 2-70 장기성 매출채권 회계처리

① x1년 4월 1일 무기회사는 상품 5,000,000원을 외상으로 매출하였다. 외상매출대금은 x3년 4월 1일에 받기로 하였다.

(차) 장기성외상매출금	5,000,000	(대) 상 품 매 출	5,000,000

② x1년 10월 10일 경신회사는 제품 3,000,000원을 매출하고 다음과 같은 약속어음 2매를 받았다. (x2년 10월 10일이 만기인 어음 1,000,000원과 x3년 10월 10일이 만기인어음 2,000,000원)

(차) 받 을 어 음	1,000,000	(대) 제 품 매 출	3,000,000
장기성받을어음	2,000,000		

③ 경신회사는 x2년 12월 31일 현재(결산시점) 위 어음 2,000,000원을 계속 보관하고 있다.

(차) 받 을 어 음	2,000,000	(대) 장기성받을어음	2,000,000

3 장기선급비용

선급비용 중 재무상태표 작성기준일인 회계연도말부터 1년을 초과하여 용역을 제공받은 경우를 말한다.

사례 2-71 장기선급비용 회계처리

① x1년 1월에 갑(주)는 임차료 5년분을 일시에 1억 지불하였다.

(차) 임 차 료	20,000,000	(대) 예 금	100,000,000
선 급 비 용	20,000,000		
장기선급비용	60,000,000		
(X3 ~ X5)			

제8절 유동부채

부채는 1년을 기준으로 유동부채[23]와 비유동부채로 분류한다.

다만, 정상적인 영업주기 내에 소멸할 것으로 예상되는 매입채무와 미지급비용 등은 재무상태표일로부터 1년 이내에 결제되지 않더라도 유동부채로 분류한다.

이 경우 유동부채로 분류한 금액 중 1년 이내에 결제되지 않을 금액을 주석으로 적는다.

당좌차월, 단기차입금 및 유동성장기차입금 등은 재무상태표일로부터 1년 이내에 결제되어야 하므로 영업주기와 관계없이 유동부채로 분류한다.

또, 비유동부채 중 재무상태표일로부터 1년 이내에 자원의 유출이 예상되는 부분은 유동부채로 분류한다.

유동부채에는 단기차입금, 매입채무, 미지급법인세, 미지급비용, 미지급금, 선수금, 선수수익, 예수금과 유동성장기부채 등이 포함된다.

1 단기차입금

단기차입금이란 회계연도말로부터 1년 이내에 상환기일이 도래하는 차입금과 금융기관으로부터의 당좌차월액 또는 예금차월액을 말한다.

✱ 당좌차월은 당좌예금계정 설명을 참고바란다.

사례 2-72 단기차입금 회계처리

① 대박은행으로부터 운영자금 300,000,000원을 차입하였는데, 부동산담보로 인한 근저당 설정수수료 및 기타수수료 5,500,000원을 차감한 294,500,000원이 보통예금 통장에 입금되다.

(차) 보 통 예 금	294,500,000	(대) 단기차입금	300,000,000
지 급 수 수 료	5,500,000		

② 단기차입금 300,000,000원에 대한 이자 420,000원을 보통예금통장에서 이체하였다.

(차) 이 자 비 용	420,000	(대) 보 통 예 금	420,000

③ 어음 1억원 발행하여 은행에 담보로 제공하고 차입하였다.

(차) 보 통 예 금	100,000,000	(대) 단 기 차 입 금	100,000,000

---

[23] 부채 중 현금 또는 다른 금융자산으로 지급하여야 하는 의무가 있는 것을 금융부채라고 한다.

2 매입채무

일반적 상거래에서 발생하는 외상매입금과 지급어음을 말한다.

(1) 외상매입금

일반적 상거래에서 발생한 영업상의 채무로, 일반적 상거래란 원재료 또는 상품의 매입, 용역의 제공 등 기업의 주된 활동에서 발생하는 거래이다. 즉, 원재료나 상품을 외상으로 구입하는 경우 처리하는 계정이다.

(2) 지급어음

지급어음이란 일반적 상거래에서 발생한 어음상의 채무를 처리하는 계정이다.

사례 2-73   매입채무 회계처리 - 원재료 매입

① A회사는 원재료 20,000원(부가세 별도)를 외상으로 구입하고 세금계산서를 수취하였다.

   (차) 원　재　료　　　　　20,000　　(대) 외 상 매 입 금　　　22,000
   　　 부 가 세 대 급 금　　 2,000

② A회사는 상품 외상매입대금 22,000원(부가세 포함)을 지급하기 위하여 대박은행 보통예금에서 송금하였다. 송금수수료 1,000원이 발생하였다.

   (차) 외 상 매 입 금　　　22,000　　(대) 보 통 예 금　　　　23,000
   　　 지 급 수 수 료　　　 1,000

③ A회사는 상품 외상매입대금 22,000원(부가세 포함)을 어음으로 지급하였다.

   (차) 외 상 매 입 금　　　22,000　　(대) 지 급 어 음　　　　22,000

④ B회사는 1년간 자금융통 목적으로 어음 10,000원 발행하고 이자를 공제한 9,542원을 현금으로 받다.

   (차) 현　　　　　금　　　 9,542　　(대) 단 기 차 입 금　　　10,000
   　　 이 자 비 용　　　　　 458

   * 일반적 상거래상 발생한 어음이 아니므로 지급어음으로 처리할 수 없다. 일반적 상거래란 그 회사의 사업목적을 위한 경상적 영업활동(즉 매출관련의 것)을 의미하므로 원재료, 상품, 원료구입 선급금 등과 관련된 것들이 해당된다. 따라서 자금융통, 비유동자산 구입, 유가증권 구입 등과 관련한 어음발행은 지급어음 계정을 사용하지 아니하고 미지급금 계정을 사용하여야 한다.

3 미지급금

미지급금이란 일반적 상거래 이외에서 발생한 채무를 말하는데 예를 들면 토지 또는 건물을 취득하고 대금을 나중에 지급하는 경우에 외상매입금이 아닌 미지급금으로 처리한다.

사례 2-74 미지급금 회계처리 - 비품 구입

① 사무용 비품을 1,500,000원(부가세 별도)에 구입하면서 그 대금은 나중에 지급하기로 했다.

| (차) 비   품 | 1,500,000 | (대) 미 지 급 금 | 1,650,000 |
| 부 가 세 대 급 금 | 150,000 | | |

② 비품구입대금 1,650,000원과 이체수수료로 500원이 통장에서 인터넷뱅킹으로 이체하였다.

| (차) 미 지 급 금 | 1,650,000 | (대) 보 통 예 금 | 1,650,500 |
| 지 급 수 수 료 | 500 | | |

4 미지급비용

당기에 발생한 비용으로서 아직 지급기일이 도래하지 않아 지급되지 아니한 채무를 말하는데 미지급이자, 당기법인세부채, 미지급보험료 등이 여기에 해당한다.

미지급금과 미지급비용과의 차이

구 분	미 지 급 금	미지급비용
같은점	일반적 상거래 이외의 거래에서 발생한 채무	
다른점	계약상 지급기일 경과로 지급의무 확정	발생비용 중 계약상 지급의무기일 미도래

사례 2-75 미지급비용 회계처리 - 임차료 지급

진달래회사의 임차료 지급일은 매월 10일로 계약되어 있다(후불이고 월 900,000원이다). 자금의 유동성 악화로 임차료를 10월부터 지급하지 못하였다. 12월 31일 결산시점의 분개를 하라.

| (차) 지 급 임 차 료 | 2,700,000 | (대) 미 지 급 금
미 지 급 비 용 | 2,100,000
600,000^주 |

㈜ 12/11~12/31에 발생하였으나 지급기일이 미도래한 임차료 900,000 × 2/3 = 600,000

5 선수금

선수금은 미래에 재화 또는 용역을 제공하기로 약속하고 거래처로부터 대금의 전부 또는 일부를 미리 수령한 것을 말한다.

✽ 일반적인 상거래시 매출인식시점 이전에 제품판매와 관련하여 구매회사로부터 현금이 아닌 어음을 수령하는 경우 선수금으로 회계처리하는 것이 타당함(회계일 8360-10121, 2002.11.27.).

사례 2-76 선수금 회계처리 (1)

① 거래처에 제품 판매 계약을 하고 선수금으로 10,000원을 보통예금통장으로 이체받았다.

    (차) 보 통 예 금   10,000   (대) 선 수 금   10,000

② 거래처에 제품 판매 계약을 하고 선수금으로 11,000원(부가세 포함)을 보통예금통장으로 이체받고, 선수금에 대해 세금계산서를 발급하였다.

    (차) 보 통 예 금   11,000   (대) 선 수 금   10,000
                                              부가세예수금   1,000

사례 2-77 선수금 회계처리 (2) - 상품권

100,000원의 상품권을 80,000원에 할인 판매하였다(해석 35-37).

① 상품권 할인판매시 회계처리 상품권의 할인판매한 경우 액면가액 전액을 선수금으로 계상하고 할인액은 상품권할인액계정으로 하여 동 선수금계정에서 차감하는 형식으로 표시하며, 상품권할인액은 추후 물품 등을 제공하거나 판매한 때 매출에누리로 대체한다.

  ㉠ (차) 현   금   80,000   (대) 선 수 금   100,000
          상품권할인액   20,000
  ㉡ (차) 선 수 금   100,000   (대) 매   출   100,000
          매출 에누리   20,000   상품권할인액   20,000

② 상품권의 잔액환급시 회계처리
물품상품권 또는 용역상품권의 물품 또는 용역의 제공이 불가능하거나 지체됨으로 인하여 현금으로 상환하여 주는 경우 또는 금액상품권의 물품 등을 판매한 후 잔액을 환급하여 주는 경우 현금을 상환하는 때 또는 물품 판매후 잔액을 환급하는 주는 때에 선수금과 상계한다.

    (차) 선 수 금   xxx   (대) 현   금   xxx

③ 장기 미회수 상품권의 회계처리
상품권의 유효기간이 경과하였으나 「상법」상의 소멸시효가 완성되지 않은 경우 유효기간이 경과된 시점에서 상품권에 명시된 비율(즉 현금, 물품 또는 용역을 상환 또는 제공하겠다는 비율을 제외하고)에 따라 영업외수익으로 인식함을 원칙으로 하고, 「상법」상의 소멸시효가 완성된 경우 소멸시효

가 완성된 시점에서 잔액을 전부 영업외수익으로 인식하여야 한다.

 (차) 선 수 금   xxx   (대) 영업외수익   xxx

6. 선수수익

선수수익이란 받은 수익 중에서 차기 이후에 실현되는 부분이다. 선수임대료, 선수이자 등이 여기에 속한다.

사례 2-78 선수수익 회계처리 - 임대료

4월 1일 공장 건물의 일부를 임대하고 1년간 임대료 3,600원을 보통예금통장으로 이체 받았다. 임대료 수령시와 결산시 회계처리를 하여라.
(결산시 다음 연도의 임대료에 해당하는 900원을 선수수익으로 계상하여 임대료에서 차감하였다.)

① 임대료 수령시
 (차) 보 통 예 금   3,600   (대) 임 대 료   3,600

② 결산시
 (차) 임 대 료   900   (대) 선 수 수 익   900

* 선수수익 : 3,600 × 3개월 ÷ 12개월

7. 예수금

예수금은 일반적 상거래 이외에서 발생한 일시적 예수액으로서 거래처나 종업원으로부터 금전을 미리 받아 일시적으로 보관하였다가 향후에 지급하여야할 금액을 말한다. 예를 들어 종업원에게 급여지급시 공제한 근로소득세, 국민연금, 건강보험료, 고용보험료 예수금 등이 있다.

사례 2-79 예수금 회계처리 - 강사비 지급

새로 구축한 생산라인에 대한 교육을 생산부서에서 실시하였다. 강의는 외부강사를 초빙하였고, 강사료는 2,000,000원으로 세금 176,000원을 원천징수 후 1,824,000원을 강사료를 보통예금에서 지급하였다. {2,000,000 - 1,200,000(60%)} × 22% = 176,000

 (차) 교 육 훈 련 비   2,000,000   (대) 보 통 예 금   1,824,000
                    예 수 금   176,000

✻ 선수금과 예수금의 차이점
　선수금과 예수금의 공통점은 회사가 미리 받는 돈을 처리하는 계정이다. 다른점은 선수금은 매출(일반적 상거래)과 관련하여 미리 받는 경우이고 예수금은 매출외(일반적 상거래 이외)의 거래에서 발생한 경우를 말한다.

✻ 4대 보험료(2025.2.)

구　분	사업주	근로자	보험요율 합계
국민건강보험료	3.545%	3.545%	7.09%
노인장기요양보험료	건강보험료의 12.95%	건강보험료의 12.95%	건강보험료의 12.95%
국민연금보험료	4.5%	4.5%	9%
고용보험료(종업원 150인 미만)	1.15%	0.9%	2.05%
산재보험료	전액 사업주부담 (요율은 아래 표 참고)	0	-

참고　2025년도 사업종류별 산재보험료율 [24]

(단위: 천분율)

사 업 종 류	요율	사 업 종 류	요율
1. 광업		4. 건 설 업	35
		5. 운수 · 창고 및 통신업	
석탄광업 및 채석업	185	철도 · 항공 · 창고 · 운수관련서비스업	8
석회석 · 금속 · 비금속 · 기타광업	57	육상 및 수상운수업	18
2. 제조업		통신업	9
식료품 제조업	16	6. 임　　업	58
섬유 및 섬유제품 제조업	11	7. 어　　업	27
목재 및 종이제품 제조업	20	8. 농　　업	20
출판 · 인쇄 · 제본업	9	9. 기타의 사업	
화학 및 고무제품 제조업	13	시설관리 및 사업지원 서비스업	8
의약품 · 화장품 · 연탄 · 석유제품 제조업	7	기타의 각종사업	8
기계기구 · 금속 · 비금속광물제품 제조업	13	전문 · 보건 · 교육 · 여가관련 서비스업	6
금속제련업	10	도소매 · 음식 · 숙박업	8
전기기계기구 · 정밀기구 · 전자제품 제조업	6	부동산 및 임대업	7
선박건조 및 수리업	24	국가 및 지방자치단체의 사업	9
수제품 및 기타제품 제조업	12	0. 금융 및 보험업	5
3. 전기 · 가스 · 증기 및 수도사업	7	* 해외파견자: 14/1,000	

---

24) 2025년도 통상적인 경로와 방법으로 출퇴근하는 중 발생한 재해에 관한 산재보험료율 : 전 업종 0.06% 동일
 * 사업종류의 세목과 내용예시 및 총칙을 규정한 사업종류 예시표는 고용노동부 홈페이지(www.moel.go.kr) 정보공개-법령정보-훈령·예규·고시란과 근로복지공단 홈페이지(www.kcomwel.or.kr) 가입납부-보험료신고및납부-보험료율에 게재

8 유동성장기부채

비유동부채 중 일부는 상환만기일이 1년 이내에 도래하는데 이를 유동성장기부채라 하며 이를 유동부채로 분류해야 한다. 예를 들면 x2년 결산시에 재무상태표상 비유동부채인 사채의 상환시기를 검토한 결과 3억 중 1억이 x3년에 도래한다면 차기에 상환할 1억은 유동성장기부채로 분류해야 한다.

사례 2-80 유동성장기부채 회계처리 - 차입금

① (주)이택스는 국민은행에서 3년 균등분할상환조건의 시설자금 60,000원을 차입하여 보통예금계좌로 예입하다.

(차) 보 통 예 금　　　60,000　　　(대) 장 기 차 입 금　　　60,000

② 결산일을 맞이하여 결산수정사항을 검토한바, 국민은행 차입금 중 20,000원을 다음연도 중에 상환해야 함을 확인하였다.

(차) 장 기 차 입 금　　　20,000　　　(대) 유동성장기부채　　　20,000

제9절 비유동부채

비유동부채란 회계연도 말로부터 1년 이후에 상환 등을 통하여 소멸할 것으로 예상되는 모든 부채를 말한다. 비유동부채 내에 별도 표시할 소분류 항목의 예는 다음과 같다.

① 사채
② 신주인수권부사채
③ 전환사채
④ 장기차입금
⑤ 퇴직급여충당부채
⑥ 장기제품보증충당부채
⑦ 이연법인세부채
⑧ 기타

비유동부채로 분류되는 이연법인세부채는 가산할 일시적차이로 인하여 미래에 부담하게 될 법인세부담액으로서 미래의 현금흐름을 예측하는 데 유용한 정보를 제공하므로 구분 표시한다. 기타는 비유동부채로서 다른 항목으로 분류하기 어려운 성격의 부채를 모두 통합한 금액을 표시한다. 다만 이들 항목이 중요한 경우 개별 표시한다.

재무상태표

(주)세연　　　　　　　　　x3년 12월 31일　　　　　　　　　(단위 : 원)

Ⅰ. 유동자산	Ⅰ. 유동부채
	Ⅱ. 비유동부채
	1. 장기성매입채무
	2. 사채
	3. 장기차입금
	4. 퇴직급여충당부채
Ⅱ. 비유동자산	Ⅰ. 자본금
(1) 투자자산	Ⅱ. 자본잉여금
(2) 유형자산	Ⅲ. 자본조정
(3) 무형자산	Ⅳ. 기타포괄손익누계액
(4) 기타비유동자산	Ⅴ. 이익잉여금

1 장기성매입채무

장기성매입채무란 만기가 회계연도 말로부터 1년 이후에 도래하는 외상매입금과 지급어음을 말한다.

2 장기차입금

금전소비대차계약에 의한 차입금 중 회계연도 말로부터 1년 이후에 상환하는 차입금을 말한다. 다만, 장기차입금 중 상환기간이 회계연도 말로부터 1년 이내에 도래하는 금액은 유동성장기부채로 대체하여야 한다.

사례 2-81 장기차입금 회계처리

x1년 1월 1일 대박은행으로부터 운전자금 50,000,000원을 차입하여 보통예금하였다. 차입조건은 x3년말 일시상환이며 매년 말 10% 이자지급 조건이다. 단, 이자지급과 원금상환은 보통예금에서 지급하기로 한다.

① 차입금 차입시 회계처리

(차) 보 통 예 금　　50,000,000　　(대) 장 기 차 입 금　　50,000,000

② x1년말, x2년말의 이자지급시 회계처리

(차) 이 자 비 용　　5,000,000　　(대) 보 통 예 금　　5,000,000

③ x3년말 회계처리

(차) 장 기 차 입 금　　50,000,000　　(대) 보 통 예 금　　55,000,000
　　이 자 비 용　　5,000,000

3 사채

(1) 의의

사채란 주식회사가 자금을 조달할 목적으로 발행하는 확정채무임을 표시하는 채권으로서 계약에 따라 일정한 이자의 지급과 만기에 원금을 상환할 것을 약정하고 차입한 채무를 말한다. 사채는 상법상 주식회사만이 발행할 수 있다.

사채증서에는 액면금액, 발행일, 만기일, 액면이자율이 표시가 된다. 액면금액은 만기에 상환해야 할 원금을 의미한다. 액면이자율은 사채증서에 표시된 이자율로서 사채발행회사가 이자지급시 적용되는 이자율을 의미하며 만기까지 고정되어 있다.

사 채 증 서

가. 액면금액 : 100,000원
나. 발행일 : x1년 1월 1일
다. 만기일 : x3년 12월 31일
라. 액면(표시)이자율 : 10% (이자지급일은 매년 말로 가정함)

✱ 자금조달방법 - 사채 & 주식

사채를 주식과 비교하여 보면 첫째, 주식에 대한 소득은 변동적인데 비하여 사채의 소득은 고정적으로 안정성이 있다. 왜냐하면 주식의 소득은 배당을 받는 것인데 비하여 배당은 이익이 있어야만 가능하며 그 이익은 매해 같을 수도 없거니와 장기간 손실상태인 경우 배당이 없을 수도 있다. 반면에 사채의 소득은 이자를 받는 것인데 사채이자는 기업이윤의 많고 적음에 관계없이 약정율에 따른 이자의 지급을 받는다. 둘째, 주식은 상환될 수 없는 것이 원칙인데 사채는 일정시기에 상환된다. 셋째, 주식은 회사의 의사결정에 참여하는 권리가 있으나 사채는 그런 권리가 없다.

(2) 전환사채와 신주인수권부사채

전환사채는 사채권자의 청구에 의해서 주식으로 전환할 수 있는 권리가 부여된 사채로서, 전환권 행사시에 부채는 감소하고 자본이 증가하는 효과가 있다.

(차) 사　　　　채　　　　xxx　　(대) 자　본　금　　　　xxx

신주인수권부사채는 특정한 가격으로 신주을 인수할 수 있는 권리가 부여된 사채로서, 신주인수권 행사시에 전환사채와는 달리 부채는 감소하지 않고 자본만 증가하는 효과가 있다.

(차) 보　통　예　금　　　xxx　　(대) 자　본　금　　　　xxx

(3) 사채의 발행가액

① **사채의 발행가액은 사채를 발행하여 조달한 순현금유입액을 말한다.** 순유입액을 말하므로 사채발행비도 차감한 금액을 말한다. 그리고 사채 발행가액의 결정은 사채의 미래현금흐름을 발행당시 해당 사채의 유효이자율로 할인한 현재가치로 계산한다.

> 사채발행가액 = 사채액면금액의 현재가치 + 사채이자의 현재가치
> 　　　　　　 = 사채발행으로 인한 순현금유입액
> 　　　　　　 = 사채의 발행대금 - 사채발행비

② **사채액면금액의 현재가치 = 사채액면 금액 × 1원의 현재가치**
③ **사채이자의 현재가치 = 사채액면 금액 × 표시(액면)이자율 × 연금 1원의 현재가치**

④ **사채발행비는 사채를 발행하는데 직접적으로 발생한 사채발행수수료, 사채권인쇄비, 사채모집에 따른 광고비 등 거래원가를 말한다.** 기업회계기준상 사채발행비용은 사채의 발행가액에서 차감한다. 그리고 향후 상각을 통하여 이자비용에 반영한다.
　㉠ 사채를 할인발행한 경우에는 사채할인발행차금에 더하고
　㉡ 사채를 할증발행한 경우에는 사채할증발행차금에서 뺀다.

1) 액면발행

사채의 발행가액과 액면금액이 동일한 경우를 말한다. 예를 들어 액면금액 1,000,000원인 사채를 액면발행하였다면 회계처리는 다음과 같다.

(차) 보 통 예 금	1,000,000	(대) 사　　　채	1,000,000

2) 할인발행

사채의 발행가액이 액면금액보다 적은 경우를 말한다. 액면과의 차액은 사채할인발행차금으로 처리한다. 이후 유효이자율법에 의해 상각되어 이자비용에 더한다. 예를 들면 액면금액 1,000,000원인 사채를 980,000원에 할인발행하였다면 회계처리는 다음과 같다.

(차) 보 통 예 금	980,000	(대) 사　　　채	1,000,000
사채할인발행차금	20,000		

사채할인발행차금은 사채에서 차감하는 평가계정으로서 재무상태표상 사채의 액면금액에 차감하는 형식으로 표시된다.

부분재무상태표

	비유동부채		
	사채	1,000,000	
	사채할인발행차금	(20,000)	980,000

3) 할증발행

사채의 발행가액이 액면금액보다 큰 경우를 말한다. 액면과의 차액은 사채할증발행차금으로 처리한다. 이후 유효이자율법에 의해 상각되어 이자비용에서 차감한다. 예를 들면 액면금액 1,000,000원인 사채를 1,200,000원에 할증발행하였다면 회계처리는 다음과 같다.

(차) 보 통 예 금	1,200,000	(대) 사　　　채	1,000,000
		사채할증발행차금	200,000

여기서 사채할증발행차금은 사채에 더하는 평가계정으로서 재무상태표상 사채의 액면금액에 더하는 형식으로 표시된다.

부분재무상태표

	비유동부채	
	사채	1,000,000
	사채할증발행차금	200,000 1,200,000

4) 사채할인(할증)발행차금 발생 원인

사채의 할인발행은 사채발행회사가 수령하는 금액이 사채의 액면금액보다 적은 경우를 말하는데 할인발행의 원인은 보통 사채이자율이 시장이자율보다 낮은 경우에 발행한다. 예컨대, 현금 500,000원을 3년 후가 만기인 정기예금을 할 것인지, 3년 후 상환되는 회사채권을 구입할 것인지를 망설일 때, 당연히 이자율이 높은 쪽으로 결정하게 될 것이다. 정기예금이율이 20%, 회사채권이율이 10%라면 누구든지 회사채권에는 관심없이 정기예금을 할 것은 당연하다. 그런데 회사채권 500,000원을 400,000원에 판매(발행)한다면 문제는 다르다.

500,000원을 예입하고 20%의 이자소득을 얻을 것인지 400,000원을 투자하고 10%의 이자와 상환기일에 투자액보다 100,000원을 추가하여 받을 것인지를 검토하여야 할 것이다.

이와는 반대로 사채의 할증발행은 사채발행회사가 사채를 발행하고 수령하는 금액이 사채의 액면금액보다 큰 경우를 말하는데, 할증발행의 원인은 이미 언급한 할인발행의 경우와 반대 상황이다. 회사채권이자율이 시장이자율보다 높은 경우에 발생한다. 즉 높은 이자를 지급하는 대신 액면가액보다 비싼 가격으로 발행한 것이다. 그러나, 현실적으로 액면가액 이상으로 회사채권이 발행되는 경우는 거의 없다.

5) 사채할인(할증)발행차금 상각방법 – 유효이자율법

사채의 장부금액과 액면금액에 차이가 있는 경우 그 차이를 상환기간에 걸쳐 유효이자율법으로 상각하여 이자비용에 반영한다. 유효이자율법이란 사채의 장부가액에 유효이자율을 곱한 금액과 표시이자의 차이만큼 상각하는 방법을 말한다.

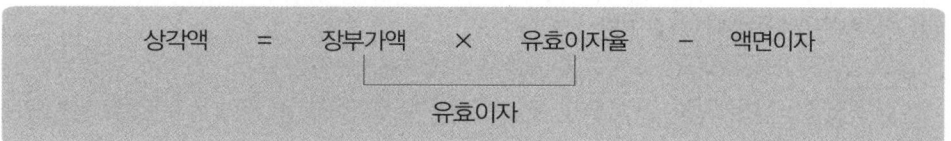

(4) 사채의 만기상환과 조기상환

1) **만기상환**

사채의 만기상환은 액면발행, 할인발행, 할증발행 모두 액면금액으로 상환하므로 사채상환손익이 발생하지 않는다.

| (차) 사 채 | xxx | (대) 보 통 예 금 | xxx |

2) **조기상환**

만기일 이전에 사채를 상환하는 경우에는 상환일 현재 사채의 장부가액과 상환가액의 차액으로 인하여 사채상환손익이 발생하게 된다. 상환손익은 당기손익으로 처리된다.

| (차) 사 채 | xxx | (대) 보 통 예 금 | xxx |
| (차) 사 채 상 환 손 실 | xxx | (대) 사 채 상 환 이 익 | xxx |

(5) 자기사채의 회계처리

자기사채를 취득한 경우에는 이에 상당하는 액면금액과 사채발행차금 등을 당해 계정과목에서 직접 차감하고, 장부금액과 취득대가의 차이는 사채상환이익 또는 사채상환손실의 과목으로 하여 당기손익으로 처리한다.

사례 2-82 사채 회계처리 - 발행회사

(주)세연은 다음과 같은 조건으로 현금을 받고 사채를 발행하였다.
- 액면금액 : 100,000원
- 발행일 : x1년 1월 1일
- 만기일 : x3년 12월 31일
- 액면(표시)이자율 : 10% (이자지급일은 매년 말로 가정함)
- 유효이자율(할인율) : 12%

(주)세연의 사채 발행시, 이자지급시, 만기상환시 회계처리를 하여라.

(1) 사채발행가액
    매년말 : 이자 10,000원(액면가액 100,000원 × 액면이자율 10%)
    만기 : 액면가액 100,000원

	x1. 12. 31	x2. 12. 31	x3. 12. 31	현재가치
이자	10,000	10,000	10,000	24,018
원금			100,000	71,180
합계	10,000	10,000	110,000	95,198

사채의 발행가액은 사채액면가액의 현재가치와 사채이자의 현재가치의 합계금액인 95,198원이다.

① 원금의 현재가치 = $\dfrac{100,000}{(1.12)^3}$ = 71,180원

② 이자의 현재가치 = $\dfrac{10,000}{(1.12)} + \dfrac{10,000}{(1.12)^2} + \dfrac{10,000}{(1.12)^3}$ = 24,018원

  (*) 사채액면금액의 현재가치 = 사채 액면금액 × 1원의 현재가치
      100,000 × 0.7118(3년, 12%, 현가) = 71,180
  (**) 사채이자의 현재가치 = 사채 액면금액 × 표시(액면)이자율
            × 연금 1원의 현재가치 10,000 × 2.4018(3년, 12%,연금현가) = 24,018

(2) 사채발행 회계처리

사채의 발행가액 95,198원과 만기 상환할 액면금액과의 차액은 사채할인발행차금으로 처리한다.

(차) 현   금   95,198   (대) 사   채   100,000
    사채할인발행차금   4,802

(3) 사채이자 회계처리

할인발행의 경우에는 사채할인발행차금이 발생하여 액면이자금액에 사채할인발행차금 상각액을 합하여 총이자비용을 계산하게 된다.

일자	㉠유효이자(12%)	㉡액면이자(10%)	㉢상각액 (㉠-㉡)	장부가액
x1. 1. 1				95,198
x1.12.31	11,424	10,000	1,424	96,622
x2.12.31	11,595	10,000	1,595	98,217
x3.12.31	11,783	10,000	1,783	100,000

유효이자율법에 의한 상각을 하는 경우 사채 장부가액이 증가하면서 유효이자도 증가한다.

x1.12.31

(차) 이 자 비 용   11,424   (대) 현   금   10,000
                                        사채할인발행차금   1,424

x2.12.31

(차) 이 자 비 용   11,595   (대) 현   금   10,000
                                        사채할인발행차금   1,595

x3.12.31

(차) 이 자 비 용	11,783	(대)	현	금	10,000
			사 채 할 인 발 행 차 금		1,783

부분 재무상태표

	x1. 1. 1	x1. 12. 31	x2. 12. 31	x3. 12. 31
사 채	100,000원	100,000원	100,000원	100,000원
사채할인발행차금:	(4,802)원	(3,378)원	(1,783)원	
장부가액 :	95,198원	96,622원	98,217원	100,000원

(5) 만기상환시 회계처리
x3.12.31

(차) 사	채	100,000	(대) 현	금	100,000

(6) 조기상환시 회계처리
위의 사례에서 x2.1.1. 사채를 98,000원에 상환한 경우 분개는 다음과 같다.

(차) 사	채	100,000	(대) 현	금	98,000
사채상환손실(영업외비용)		1,378	사 채 할 인 발 행 차 금		3,378

4 퇴직급여충당부채

(1) 의의

① 퇴직금제도[25])의 경우 회계연도 말 현재 모든 종업원이 일시에 퇴직한다면 지급해야 할 퇴직일시금에 상당하는 금액을 퇴직급여충당부채로 인식한다.

퇴직금상당액은 회사의 퇴직금지급규정에 따라 산출한다. 다만 그 금액이 근로자퇴직급여보장법에서 정한 금액보다 적은 경우에는 근로자퇴직급여보장법에 의한 금액으로 한다.

② 근로자퇴직급여보장법 제8조(퇴직금제도의 설정)

퇴직금제도를 설정하고자 하는 사용자는 계속근로기간 1년에 대하여 30일분 이상의 평균임금을 퇴직금으로 퇴직하는 근로자에게 지급할 수 있는 제도를 설정하여야 한다.

③ 퇴직금 계산에 적용되는 평균임금은 보고기간말을 기준으로 산정되며 향후 예상되는 종업원의 퇴직일을 기준으로 산정되지는 않는다.(문단 21.8)

---

25) 퇴직급여제도는 확정급여형퇴직연금제도, 확정기여형퇴직연금제도 및 퇴직금제도를 말한다. 이 중 퇴직금제도는 사내에 유보하는 제도이다.

(2) 퇴직급여충당부채 설정시 회계처리

당기말 설정하여야하는 퇴직급여충당부채는 당기말 퇴직금추계액에서 퇴직급여충당부채의 장부가액을 차감한 금액이다.

| (차) 퇴 직 급 여 | xxx | (대) 퇴직급여충당부채 | xxx |

(3) 퇴직금 지급시 회계처리

퇴직금 지급시 퇴직소득세를 원천징수하여야 하므로 예수금으로 회계처리한다.

| (차) 퇴직급여충당부채 | xxx | (대) 보 통 예 금 | xxx |
| 보 통 예 금 * | xxx | 예 수 금 | xxx |

* 퇴직급여충당부채보다 퇴직금 지급액이 적다면, 퇴직급여를 추가한다.

사례 2-83 | 퇴직급여충당부채 회계처리

① A법인은 x1년 1월 1일에 설립되었는데 x1년 12월 31일 결산시점에서 임직원의 퇴직급여상당액은 10,000,000원이다.

(차) 퇴 직 급 여　10,000,000　(대) 퇴직급여충당부채　10,000,000

② x2년 12월 31일 결산시점에서 임직원의 퇴직급여 상당액은 22,000,000원이다. x2년도 중 퇴사자는 없다.

(차) 퇴 직 급 여　12,000,000　(대) 퇴직급여충당부채　12,000,000

퇴직급여충당부채는 결산시점의 퇴직급여 상당액이므로 22,000,000원이 그 한도인데 이미 전년도에 10,000,000원이 설정되어 있으므로 이를 공제한 잔액만 회계처리하여야 퇴직급여충당부채 누계액은 22,000,000원이 된다.

③ x3년 2월에 종업원 1명이 퇴직하여 퇴직급여 2,000,000원이 보통예금으로 지출되었다.(단, 원천징수관련 예수금 회계처리는 생략)

(차) 퇴직급여충당부채　2,000,000　(대) 보 통 예 금　2,000,000

④ x3년 12월 31일 결산시점에서 임직원의 퇴직급여추계액은 31,000,000원이다.

(차) 퇴 직 급 여　11,000,000　(대) 퇴직급여충당부채　11,000,000

31,000,000 - (22,000,000 - 2,000,000) = 11,000,000원

* 법인세법에서는 퇴직급여충당부채 계상액을 전액 손금불산입한다.

(4) 법인세법상 퇴직급여충당부채

1) 손금산입범위액

내국법인이 각 사업연도에 임원 또는 사용인의 퇴직급여에 충당하기 위하여 퇴직급여충당부채를 손금으로 계상한 경우 다음 '①'와 '②'중 적은 금액을 한도로 한다(법인령 §60).

① 총급여액기준

$$\boxed{\text{퇴직급여 지급대상자의 총급여 (확정기여형 퇴직연금설정자 제외)}} \times 5/100$$

② 추계액기준

$$\boxed{\text{사업연도종료일 현재 임원 또는 사용인의 퇴직급여추계액} \times \text{적용율}} - \boxed{\text{세무상 퇴직급여 충당금잔액}} + \boxed{\text{퇴직급여 전환금 납부액}}$$

㉠ 적용률

퇴직급여충당금(사내유보) 추계액 한도를 매년 5%씩 단계적으로 축소하여 2016년도부터 완전히 폐지하였다. 현재 퇴직급여충당금을 설정할 경우 전액 손금불산입하고 유보처분한다.

연도	2010	2011	2012	2013	2014	2015	2016년 부터
비율	30%	25%	20%	15%	10%	5%	0%

이 경우 한도 내에서 손금에 산입한 퇴직급여충당금의 누적액에서 퇴직급여충당금을 손금에 산입한 사업연도의 다음 사업연도 중 임원 또는 사용인에게 지급한 퇴직금을 뺀 금액이 퇴직급여추계액에 년도별 비율을 곱한 금액을 초과하는 경우 그 초과한 금액은 익금으로 환입하지 아니한다(법인법 §60 ③).

㉡ 위 산식에서 세무상 퇴직급여충당부채 잔액란 재무상태표상 전기말퇴직급여충당부채 잔액에서 전기부인액과 당기지급액과 퇴직급여충당부채환입액을 뺀 금액을 말한다.

㉢ 퇴직전환금이란 사업연도 종료일 현재 「국민연금법」에 따라 국민연금관리공단에 납부하고 재무상태표상 자산으로 계상한 금액을 말한다. 이 제도는 1994.4.1.부터 폐지되었으나 이 제도 시행당시 근무한 임직원의 납부액이 존재한다.

㉣ 퇴직급여추계액이란 일시퇴직기준과 보험수리적 기준 중 큰 금액(임원퇴직금한도초과액 제외)을 말한다.

ⓐ 일시퇴직기준

당기말 재직하는 임직원(IRP 설정자 제외)이 당기말에 일시에 퇴직할 경우에 지급할 퇴직급여를 말하며 다음과 같이 계산한다.

구분		일시퇴직기준 퇴직급여추계액
퇴직급여지급규정이 있는 경우		규정에 따라 계산
퇴직급여지급규정이 없는 경우	임원	MIN[근로자퇴직급여보장법에 의한 금액, 법인세법의 임원퇴직급여한도액]
	직원	근로자퇴직급여보장법에 의한 금액

근로자퇴직급여보장법상 퇴직금산출은 다음과 같다.

퇴직급여추계액 = 퇴사전 3개월 일평균임금 × 30일 × 계속근로연수

ⓑ 보험수리적기준

근로자퇴직급여보장법에 따라 매 사업연도 말일 현재 급여에 소요되는 비용 예상액의 현재가치와 부담금 수입예상액의 현재가치를 추정하여 산정된 금액[26]을 말한다. 이 금액은 보통 보험회사에서 계산하여준다. 중소기업은 계산의 어려움으로 위 ⓐ 방법을 보통 사용한다.

2) 퇴직급여충당부채의 상계 및 기왕 부인액의 처리

퇴직급여충당부채 설정액 중 임직원에게 퇴직급여를 지급할 경우 퇴직급여충당부채와 먼저 상계하여야 한다. 다만 세무계산상 퇴직급여충당부채 한도액을 초과하여 상계되는 경우 기왕 손금불산입된 금액을 손금으로 추인한다(통칙 33-60…5).

---

[26] 계산이 복잡하여 보통은 보험회사에 의뢰하여 산출한다.

사례 2-84 법인세법 - 퇴직급여충당금 조정명세서 작성

다음 자료에 따라 ㈜이택스의 퇴직급여충당금조정명세서[별지 제32호 서식] 및 소득금액조정합계표[별지 제15호 서식]를 작성하라.

1. ㈜이택스의 퇴직급여충당부채의 계정내용은 다음과 같다.

기초 충당금부인액은 5천만원이며 당기 지급액 중 퇴직연금인출액이 1천 5백만원 포함되어 있다.

퇴직급여충당부채

지 급 액	21,000,000원	기초잔액	50,000,000원
기말잔액	65,000,000원	설 정 액	36,000,000원
	86,000,000원		86,000,000원

2. ㈜이택스의 인건비내용은 다음과 같다.

계 정	총급여액	퇴직급여지급대상 제외자	퇴직급여지급대상자
판 관 비	72,000,000원	10,000,000원	62,000,000원
제조간접비	300,000,000원	30,000,000원	270,000,000원

3. 1년 이상 근속한 임직원의 퇴직급여추계액은 750,000,000원, 근로자퇴직급여보장법에 따른 추계액은 700,000,000원이다.
4. 전기말까지 퇴직연금으로 불입한 금액 및 손금산입한 금액은 70,000,000원이다.
5. ㈜이택스의 해당 사업연도(제10기)는 20x1.1.1.~20x1.12.31.이다.

해답
1. 퇴직급여충당부채 손금산입한도액
    (1) 총급여액 기준
        (62,000,000원 + 270,000,000원) × 5% = 16,600,000원
    (2) 추계액 기준
        750,000,000원 × 0% - (50,000,000원 - 20,000,000원 - 6,000,000원)
        = 0원
    (3) 손금한도액
        MIN[(1), (2)] = 0원
2. 한도초과액
    36,000,000원 - 0원 = 36,000,000원
3. 세무조정
    〈손금불산입〉 퇴직급여충당부채 한도초과액   36,000,000(유보)
    〈손금산입〉 퇴직급여충당부채 부인액 중 퇴직금지급액   6,000,000(△유보)
    〈손금산입〉 퇴직급여충당부채 부인액 중 퇴직연금인출지급액 15,000,000(△유보)
    〈익금산입〉 퇴직연금인출액   15,000,000(유보)

■ 법인세법 시행규칙 [별지 제32호서식] 〈개정 2019.3.20.〉 (앞쪽)

사 업 연 도	20x1.1.1. ~ 20x1.12.31.	퇴직급여충당금 조정명세서	법 인 명	(주)이택스
			사업자등록번호	

1. 퇴직급여충당금 조정

「법인세법 시행령」 제60조 제1항에 따른 한도액	① 퇴직급여 지급대상이 되는 임원 또는 사용인에게 지급한 총급여액(⑲의 계)		② 설정률	③ 한도액 (①×②)	비 고
	332,000,000		5/100	16,600,000	

「법인세법 시행령」 제60조 제2항 및 제3항에 따른 한도액	④ 장부상 충당금 기초잔액	⑤ 확정기여형 퇴직연금자의 퇴직연금 설정전 기계상된 퇴직급여충당금	⑥ 기중 충당금 환입액	⑦ 기초충당금 부인누계액	⑧ 기중 퇴직금 지급액	⑨ 차감액 (④-⑤-⑥ -⑦-⑧)
	50,000,000			50,000,000	각주)6,000,000	△6,000,000
	⑩ 추계액 대비 설정액 (㉒ × 설정률)		⑪ 퇴직금전환금	⑫ 설정률 감소에 따른 환입을 제외하는 금액MAX (⑨-⑩-⑪, 0)		⑬누적한도액 (⑩-⑨+⑪+⑫)
	0			0		0

한도초과액 계 산	⑭한도액 MIN(③, ⑬)		⑮회사계상액		⑯한도초과액 (⑮-⑭)	
	0		36,000,000		36,000,000	

2. 총급여액 및 퇴직급여추계액 명세

구 분 계정명	⑰ 총급여액		⑱ 퇴직급여 지급대상이 아닌 임원 또는 사용인 에 대한 급여액		⑲ 퇴직급여 지급대상이 되는 임원 또는 사용 인에 대한 급여액		⑳ 기말현재 임원 또는 사용인 전원의 퇴직 시 퇴직급여 추계액	
	인원	금액	인원	금액	인원	금액	인원	금액
판매비와관리비		72,000,000		10,000,000		62,000,000		750,000,000
제조경비		300,000,000		30,000,000		270,000,000	㉑「근로자퇴직급여 보장 법」에 따른 추계액[퇴 직연금미가입자의 경 우 일시퇴직기준(⑳)을 적용하여 계산한금액]	
							인원	금액
								700,000,000
							㉒세법상 추계액 MAX(⑳, ㉑)	
계		372,000,000		40,000,000		332,000,000		750,000,000

210mm×297mm[백상지 80g/㎡ 또는 중질지 80g/㎡]

각주) 기중 퇴직금지급액에는 DB형 퇴직연금에서 인출하여 지급한 금액은 포함하지 않았다.

사업연도		소득금액조정합계표		법인명	
				(주)이택스	
사업자등록번호			법인등록번호		

익금산입 및 손금불산입			손금산입 및 익금불산입		
① 과 목	② 금 액	③ 처 분	④ 과 목	⑤ 금 액	⑥ 처 분
퇴직급여충당부채	36,000,000	유보	퇴직급여충당부채	6,000,000	△유보
퇴 직 연 금	15,000,000	유보	퇴직급여충당부채	15,000,000	△유보
합 계	51,000,000		합 계	21,000,000	

✱ 퇴직급여충당부채 한도초과액 손금불산입하고 유보처분하고 퇴직연금인출금과 대체한 금액 손금산입하고 (−)유보처분함.

5 퇴직연금 부담금 등

(1) 근로자퇴직급여보장법상 퇴직연금제도

근로자퇴직급여보장법은 퇴직급여로 확정급여형퇴직연금, 확정기여형퇴직연금 및 개인형퇴직연금제도 그리고 회사내부에 유보하는 퇴직금제도를 마련하도록 규정하고 있다. 이 중 퇴직연금제도를 살펴본다.

(2) 법인세법상 퇴직연금

1) 의의

근무하고 있는 임직원의 매 연도별 퇴직금발생액은 기업의 비용이며 부채이다. 그럼에도 세법에서는 비용으로 인정하지 않고 실제 퇴직금을 지출할 때 비용으로 인정한다. 다만, 퇴직금발생액에 대하여 퇴직연금으로 외부 금융기관에 가입하고 퇴직임직원만이 인출할 수 있는 퇴직연금부담금으로 지출하면 세법상 손비로 인정한다.

2) 법인세법상 퇴직연금

내국법인이 임원 또는 직원의 퇴직을 퇴직급여의 지급사유로 하고 임원 또는 직원을 수익자로 하는 연금으로서 보험회사, 은행, 근로복지공단 등의 퇴직연금취급기관에 퇴직연금부담금으로 지출하는 금액은 당해 사업연도의 소득금액 계산에 있어서 일정 한도 내에서 이를 손금에 산입한다(법인령§44의2 ②).

✱ 세법상 퇴직급여충당부채의 설정은 인정되지 아니하나 퇴직연금부담금의 손금산입은 강제이다.

3) 확정기여형(DC : Defined Contribution)

① 개념

근무기간동안 발생한 퇴직금을 매월단위 또는 연단위로 정산하여 퇴직연금으로 불입하는 제도이다. 확정급여형(DB Defined Benefit)은 퇴직금재원을 저축하는 개념인데 비하여 확정기여형(DC Defined Contribution)은 퇴직금을 중간정산하는 개념이므로 발생한 퇴직금 전체를 불입하여야 한다. 불입 후 연금운영에 대한 수익과 손실은 종업원 몫이다. 따라서 불입을 지연하면 회사는 이자를 부담하여야 한다.

구 분	확정급여형(DB)	확정기여형(DC)
연금부담액의 회계처리	예금으로	비용으로
세법상처리	한도 내 손금인정	전액 손금인정

② 회계처리

확정기여형 퇴직연금불입액은 퇴직급여로 비용회계처리한다. 회계연도 말 현재 아직 납부하지 않은 기여금은 미지급비용으로 처리하고 퇴직급여충당부채는 계상하지 않는다(문단 21.6).

※ 미지급된 확정기여형 퇴직연금불입액은 세법상 손금으로 인정하지 않는다.

(차) 퇴 직 급 여   xxx   (대) 현   금   xxx

사례 2-85 확정기여형(DC) 회계처리

(주)이택스는 x1년 7월 10일 확정기여형 퇴직연금을 가입하고 퇴직연금으로 1천만원을 보통예금으로 납입하였다. (납부한 금액의 1%는 보험회사의 사업비에 충당함)

(차) 퇴 직 급 여   9,900,000   (대) 보 통 예 금   10,000,000
    지 급 수 수 료   100,000

---

4) 확정급여형(DB : Defined Benefit)

① 개념

퇴직금으로 사용할 금액을 저축하는 제도이다. 사용자는 퇴직금지급능력을 확보하기 위하여 매 사업연도 말 퇴직금으로 지급하여야 할 금액의 100분의 90이상으로 적립하여야 한다. 불입 후 연금운영에 대한 수익과 손실은 당연히 회사의 회계로 한다(고용노동부 고시 2017-68).

② 회계처리

사례 2-86 확정급여형(DB) 회계처리

① (주)이택스는 x1년 7월 10일 확정급여형 퇴직연금을 가입하고 부담금(기여금) 9백만원과 운용관리수수료 100,000원을 보통예금으로 납입하였다. 적립비율은 90%이다.

(차) 퇴직연금운용자산	9,000,000	(대) 보 통 예 금	9,100,000
지 급 수 수 료	100,000		

② 결산시 10,000,000원을 퇴직급여충당부채로 설정하였다.

(차) 퇴 직 급 여	10,000,000	(대) 퇴직급여충당부채	10,000,000

③ x1년 12월 31일 퇴직연금에서 수익이 500,000원이 발생하여 입금되었다.

(차) 퇴직연금운용자산	500,000	(대) 퇴직연금운용수익	500,000
		또는 이 자 수 익	

④ x2년 2월 15일 직원 1명이 퇴사하여 퇴직금으로 120만원 지급하여야 한다. 퇴직연금에서 108만원 인출하였고 나머지 12만원은 보통예금으로 지급하였다.

(차) 퇴직급여충당부채	1,200,000	(대) 퇴직연금운용자산	1,080,000
		보 통 예 금	120,000

③ 퇴직급여충당부채 설정과 퇴직연금의 표시

회계연도 말 현재 모든 종업원이 일시에 퇴직한다면 지급해야 할 퇴직일시금에 상당하는 금액을 퇴직급여충당부채로 인식한다. 그리고 퇴직연금운용자산은 퇴직급여충당부채의 차감계정으로 표시한다. 다만, 퇴직연금운용자산이 퇴직급여충당부채보다 큰 경우에는 그 초과액을 투자자산의 퇴직연금운용자산으로 표시한다.

※ 외국인근로자를 피보험자 또는 수익자로 하고, 동 외국인근로자의 사업장 이탈 및 근로계약 해지 또는 출국 등을 보험금 지급사유로 하여 가입하는 출국만기보험은 퇴직보험에 해당하는 것임(서면2팀-1428, 2006. 7.27.)

5) 퇴직금제도에서 퇴직연금제도로 변경하는 경우

퇴직금제도(회사유보)에서 확정급여형퇴직연금제도 또는 확정기여형퇴직연금제도로 변경하는 경우 기존 퇴직급여충당부채에 대한 회계처리는 다음과 같다.(문단 21.15)

① 퇴직급여제도를 변경하면서 기존 퇴직급여충당부채를 정산하는 경우 기존 퇴직급여충당부채의 감소로 회계처리한다.

(차) 퇴직급여충당부채 xxx (대) 현금 등 xxx

② 확정기여형퇴직연금제도가 장래근무기간에 대하여 설정되어 과거근무기간에 대하여는 퇴직금제도(회사유보)가 유지되는 경우 임금수준의 변동에 따른 퇴직급여충당부채의 증감은 퇴직급여(비용)로 인식한다.

(차) 퇴직급여   xxx   (대) 현금 등   xxx

③ 퇴직금제도(회사유보)에서 과거근무기간을 포함하여 확정급여형 퇴직연금제도로 변경하는 경우, 사내적립액을 사외적립액으로 대체하는 것에 지나지 않으므로 별도의 추가적인 부채로 인식하지 아니하고 납부하는 시점에 퇴직연금운용자산으로 인식한다.

(차) 퇴직연금운용자산   xxx   (대) 현금 등   xxx

사례 2-87 법인세법 - 퇴직금추계액 계산

〈배경정보〉
다음에 제시된 각 기업의 회계기간은 1월 1일부터 12월 31일까지이며 X4년에서 X7년 사이에 새로 입사하거나 퇴사한 종업원은 없다고 가정한다.
종업원의 연간 임금총액, 근속기간, 회계기간 말 현재 설정된 퇴직급여충당부채는 다음과 같고, 임금이 매년 5%씩 같은 비율로 인상된다고 가정한다. (이하 금액 단위는 천원)

연도	연간임금총액	근속기간(년)	연간임금총액/12	퇴직급여충당부채
X4	1,157,625	4	96,469	385,875
X5	1,215,506	5	101,292	506,461
X6	1,276,282	6	106,357	638,141
X7	1,340,096	7	111,675	781,722

사례 2-88 퇴직금제도에서 확정기여형 퇴직연금제도로 변경

B기업은 X5년 12월 31일까지 퇴직금제도를 유지해 왔으나 X6년 1월 1일부터 확정기여형퇴직연금제도를 도입하기로 결정하였다. X6년 1월 1일 이후에는 연간 임금총액의 1/12에 해당하는 금액을 확정기여형퇴직연금제도의 부담금으로 납부한다.

(1) 퇴직금제도와 관련된 퇴직급여충당부채 상당액 전액을 X6년 1월 1일에 확정기여형퇴직연금제도에 출연하기로 하였다. 기존 퇴직급여충당부채 상당액과 X6년에 발생한 퇴직급여(비용) 전액을 부담금으로 납부한 경우의 회계처리는?

(차) 퇴직급여충당부채 506,461   (대) 현   금   506,461
    퇴 직 급 여   106,357   현   금   106,357

(2) 퇴직금제도와 관련된 퇴직급여충당부채 상당액은 확정기여형퇴직연금제도에 출연하지 않기로 결정하였다. 기존 퇴직금제도와 관련하여 임금 상승에 따른 효과를 반영하는 회계처리는?
X6년
(차) 퇴 직 급 여   25,324*   (대) 퇴직급여충당부채   25,324
 * 106,357 × 5 - 506,461

| 사례 2-89 | 퇴직금제도에서 확정급여형 퇴직연금제도로 변경 |

C기업은 X5년 12월 31일까지 퇴직금제도를 유지해 왔으나 X6년 1월 1일부터 확정급여형퇴직연금제도를 도입하기로 결정하였다.

(1) 퇴직금제도와 관련된 퇴직급여충당부채 상당액 전액을 X6년 1월 1일에 확정급여형퇴직연금제도에 납부한 경우의 회계처리는?

X6년 1월 1일
(차) 퇴직연금운용자산   506,461   (대) 현   금   506,461

(2) 퇴직금제도와 관련된 퇴직급여충당부채 상당액은 확정급여형퇴직연금제도에 부담금으로 납부하지 않고, X6년 1월 1일 이후에 발생한 퇴직급여(비용)에 대하여 확정급여형퇴직연금제도에 부담금을 납부하기로 하였다. X6년 이후의 근무기간에 해당하는 110,000원의 부담금을 확정급여형퇴직연금제도에 납부한 경우의 회계처리는?

X6년
(차) 퇴 직 급 여   131,680*   (대) 퇴직급여충당부채   131,680
(차) 퇴직연금운용자산   110,000   (대) 현   금   110,000
* 638,141 – 506,461

6) 확정급여형 퇴직연금에 대한 세무조정

① 퇴직급여 지급시의 회계처리 및 세무조정

㉠ 퇴직급여로 처리하고 지급하는 경우

전년도에 신고조정에 의하여 퇴직연금부담금을 손금에 산입한 경우에는 해당 퇴직연금부담금을 퇴직급여로 계상한 후 동 금액을 익금에 산입하여야 한다[26-44의2…2].

(차) 퇴 직 급 여   12,000   (대) 현   금   2,000
                                        퇴직연금운용자산   10,000

세무조정 : 〈익금산입〉 퇴직연금운용자산   10,000 (유 보)

㉡ 퇴직급여충당금에서 차감하고 지급하는 경우

전년도에 퇴직급여충당부채를 계상하고 한도초과액은 손금불산입, DB형 연금은 신고조정으로 손금산입한 경우이다.

(차) 퇴직급여충당부채   12,000   (대) 현   금   2,000
                                        퇴직연금운용자산   10,000

세무조정 : 〈익금산입〉 퇴직연금운용자산   10,000 (유 보)
         〈손금산입〉 퇴직급여충당부채   10,000 (△유보)

② 손금산입범위액

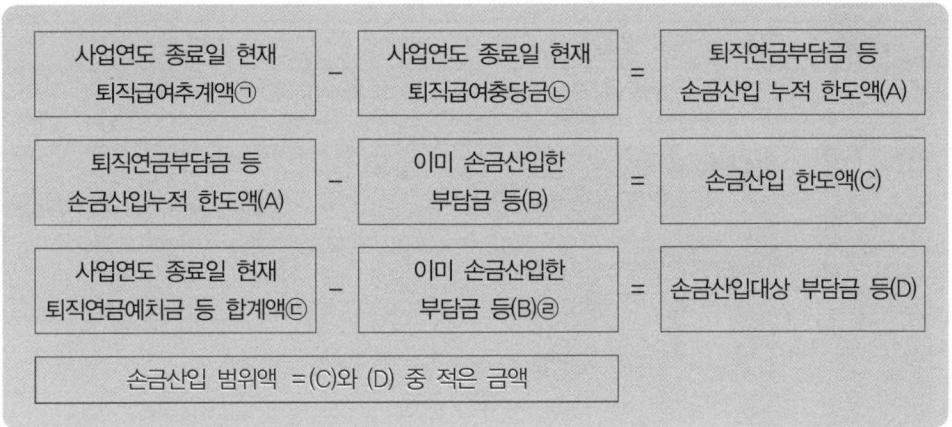

㉠ 해당 사업연도 종료일 현재 재직하는 임원 또는 사용인의 전원이 퇴직할 경우에 퇴직급여로 지급되어야 할 금액의 추계액을 말함
㉡ 사업연도 종료일 현재 퇴직급여충당금 = 장부상 기말잔액 – 확정기여형 퇴직연금자의 퇴직급여충당금 – 당기말 부인누계액
㉢ 이미 손금산입한 부담금 등 = 기초퇴직연금충당금 등 및 전기말 신고조정에 의한 손금산입액 – 퇴직연금충당금 등 손금부인누계액 – 기중 퇴직연금 등 수령 및 해약액
㉣ 사업연도 종료일 현재 퇴직연금예치금 등 합계액 = 기초 퇴직연금예치금 등 – 기중 퇴직연금예치금 등 수령 및 해약액 + 당기 퇴직연금예치금 등의 납입액

③ 세무조정방법

퇴직연금부담금에 대한 세무조정방법은 다음과 같다.

비용 계상한 퇴직연금부담금 – 손금산입범위액 = (+) → 손금불산입 · 유보
　　　　　　　　　　　　　　　　　　　　　　　(−) → 손금산입 · △유보

> **참고** 결산조정 및 신고조정 회계처리 및 세무조정

구 분	결산조정	신고조정

부담금 100 납부시	(차) 퇴직연금운용자산 100
	    (대) 현　　금 100
	(차) 퇴직부담금(I/S) 100
	    (대) 퇴직연금충당금 100
		(차) 퇴직연금운용자산 100
		    (대) 현　　금 100
		(세무조정)
		〈손금산입〉 퇴직연금충당금 100 손금산입 (△유보)

퇴직금 150 지급시
(퇴직연금 80 포함)
	(차) 퇴직연금충당금 80
	    퇴직급여충당금 70
	    (대) 퇴직연금운용자산 80
	        현　　금 70
		(차) 퇴직급여충당금 150
		    (대) 퇴직연금운용자산 80
		        현　　금 70
		(세무조정)
		〈익금산입〉 퇴직연금충당금 80 익금산입 (유보)
		〈손금산입〉 퇴직급여충당금 80 손금산입 (△유보)

사례 2-90 법인세법 - 사례 2-84와 연결한 퇴직연금부담금 조정명세서 작성

사례 2-84과 관련한다. 다음 자료에 따라 (주)이택스의 DB형(확정급여형) 퇴직연금부담금조정명세서[별지 33호 서식] 및 소득금액조정합계표[별지 제15호 서식]를 작성하라. 퇴직연금은 신고조정에 의한다.

① 결산일 현재 정관 및 사규에 의한 임직원 퇴직급여추계액 : 750,000,000원
② 결산일 현재 근로자퇴직급여보장법에 의한 임직원 퇴직급여추계액 : 700,000,000원
③ 당기말 장부상 퇴직급여충당금 잔액 : 65,000,000원
④ 직전 사업연도말 현재 세무조정으로 손금산입한 퇴직연금부담금 : 70,000,000원
⑤ 직전사업연도 종료일까지 불입한 퇴직연금부담금 : 70,000,000원
　→ 이중 당해사업연도에 퇴직자에게 지급한 퇴직연금은 15,000,000원임.
⑥ 당기회사불입액 : 25,000,000원(기말현재 퇴직연금예치액 80,000,000)

해답
① 퇴직급여 추계액 : 750,000,000원 [MAX(750,000,000원, 700,000,000원)]
② 세무상 당기말 퇴직급여충당금 : 0원 (장부 65,000,000 - 부인액 65,000,000*)
　*사례 2-84의 소득금액조정합계표 참조
③ 퇴직연금부담금 등 손금산입누적 한도액(①-②) : 750,000,000원
④ 이미 손금산입한 퇴직연금부담금 : 55,000,000 (70,000,000-15,000,000)
⑤ 손금산입 한도액(③-④) : 695,000,000
⑥ 기말현재 퇴직연금예치금등 : 80,000,000
　　　　　　　　　　(70,000,000 - 15,000,000 + 25,000,000)
⑦ 손금산입 대상 퇴직연금부담금 등 : 25,000,000 (⑥-④)
⑧ 한도액 : 25,000,000 (⑤와 ⑦ 중 작은 금액)
⑨ 세무조정 : [손금산입] 퇴직연금불입액 25,000,000 (△유보)
　　　　　　　[익금산입] 퇴직연금인출액 15,000,000 (유보)

■ 법인세법 시행규칙 [별지 제33호서식] <개정 2017.3.14>

사 업 연 도	X1.1.1 ~ X1.12.31	퇴직연금부담금 조정명세서	법 인 명	(주)이택스
			사업자등록번호	

1. 퇴직연금 등의 부담금 조정

① 퇴직급여추계액	당기말 현재 퇴직급여충당금				⑥ 퇴직부담금 등 손금산입 누적 한도액 (①-⑤)
	② 장부상 기말잔액	③ 확정기여형 퇴직연금자의 퇴직연금 설정 전 기계상된 퇴직급여충당금	④ 당기말 부인 누계액	⑤ 차감액 (②-③-④)	
Start ② 750,000,000	65,000,000		65,000,000	0	750,000,000

⑦ 이미 손금 산입한 부담금 등(⑰)	⑧ 손금산입한도액 (⑥-⑦) 추계액 기준	⑨ 손금산입대상 부담금 등(⑧) 예치금 기준	⑩ 손금산입 범위액 (⑧과 ⑨중 작은 금액)	⑪ 회사손금 계상액	⑫ 조정금액 (⑩-⑪)
55,000,000	695,000,000	25,000,000	25,000,000	0	25,000,000

2. 이미 손금산입한 부담금 등의 계산

가. 손금산입대상 부담금 등 계산

⑬ 퇴직연금 예치금 등 계(㉒)	⑭ 기초퇴직연금 충당금 등 및 전기말 신고조정에 의한 손금산입액	⑮ 퇴직연금충당금 등 손금부인 누계액	⑯ 기중 퇴직연금 등 수령 및 해약액	⑰ 이미손금산입한 부담금 등 (⑭-⑮-⑯)	⑱ 손금산입대상 부담금 등 (⑬-⑰)
80,000,000	70,000,000	0	15,000,000	55,000,000	25,000,000

나. 기말 퇴직연금 예치금 등의 계산

⑲ 기초퇴직연금예치금 등	⑳ 기중 퇴직연금예치금 등 수령 및 해약액	㉑ 당기 퇴직연금예치금 등의 납입액	㉒ 퇴직연금예치금 등 계 (⑲-⑳+㉑)
Start ① 70,000,000	15,000,000	25,000,000	80,000,000

신고조정 서식사례 (사례2-84을 포함)

사업연도	소득금액조정합계표				법인명	
X1.1.1.~X1.12.31					(주)이택스	
사업자등록번호			법인등록번호			

익금산입 및 손금불산입			손금산입 및 익금불산입		
①과 목	②금 액	③처 분	④과 목	⑤금 액	⑥처 분
퇴직급여충당부채	36,000,000	유보	퇴직급여충당부채	6,000,000	△유보
퇴직연금	15,000,000	유보	퇴직급여충당부채	15,000,000	△유보
			퇴직연금	25,000,000	△유보
합 계	51,000,000		합 계	46,000,000	

✱ 퇴직연금인출액 익금산입하고 유보감소함. 퇴직연금불입액 손금산입하고 유보처분함.

사업연도	X1.1.1.~X1.12.31	자본금과 적립금조정명세서(을)			법인명	㈜이택스

세무조정유보소득 계산					
①과목 또는 사항	②기초잔액	당 기 중 증 감		⑤기말잔액 (익기초현재)	비 고
		③감 소	④증 가		
퇴직연금	△70,000,000	△15,000,000	△25,000,000	△80,000,000	
퇴직급여충당부채	50,000,000	21,000,000	36,000,000	65,000,000	
합계					

6 장기제품보증충당부채

(1) 회계기준

제품 판매 후 품질 등을 보증하는 경우 등 과거사건이나 거래의 결과에 의한 현재의무로서, 지출의 시기 또는 금액이 불확실하지만 그 의무를 이행하기 위하여 자원이 유출될 가능성이 매우 높고 또한 해당 금액을 신뢰성있게 추정할 수 있는 의무를 말한다.

> **참고** 기업회계기준간의 차이

구분	일반기업회계기준	K-IFRS
종업원 급여	청산가치개념에 근거하여 퇴직급여 산출	보험수리적방법에 따라 퇴직급여 산출
	퇴직연금미지급금 측정시 우량회사채수익률 (두터운 시장이 없을 경우 국공채 시장수익률)적용	퇴직연금미지급금 측정시 우량회사채수익률 (두터운 시장이 없을 경우 국공채 시장수익률)적용
충당부채, 우발부채 및 우발자산	유출가능성이 매우 높은 경우 충당부채 인식	유출가능성이 높은 경우 충당부채 인식
	충당부채 후속 측정시 당초 할인율과 현행할인율 중 선택	충당부채 후속 측정시 현행 할인율 적용

(2) 법인세법

법인세(소득세)법에서는 손금으로 인정하지 아니하므로 비용과 부채로 계상한 경우 손금불산입 하는 세무조정이 필요하다.

제10절 자 본

1. 주식회사의 설립과 절차

(1) 발기설립과 모집설립

주식회사의 설립방법에는 발기설립과 모집설립이 있다. 발기설립은 발기인끼리만 주식을 인수하는 것이고, 모집설립은 발기인이 일부의 주식을 인수하고 나머지는 일반에게 널리 공개하여 주식을 인수하게 하는 것이다. 발기인이란 주식회사설립 업무를 맡은 사람들이다. 2009년 「상법」 개정 후 회사의 설립절차는 대부분 발기설립절차를 이용하여 회사를 설립한다. 발기설립을 이용하는 경우 정관 및 의사록의 공증을 받지 않는다. 주금납입절차대신 잔고증명서로 주금납입사실을 증명하므로 금전과 시간을 절약할 수 있다.

(2) 정관

주식회사 설립 절차는 발기인들이 모여 사업의 목적·상호·자본금·규모 등을 결정하고 회사의 근본 규칙인 정관을 작성, 기명날인한다.

(3) 발기인의 주식인수

발기인설립의 경우 발기인은 1인 이상이어야 하고 발기인은 최소한 1주 이상의 주식을 인수하여야 한다. 발기인과 공모주주가 주식을 인수하면 주식회사가 되는 것이다. 발기인과 공모주주는 각각 1인 이상이다.

(4) 「상법」상 최저자본금

「상법」상 주식회사의 출자 액면단위는 최저 100원이다.

✽ 최저 자본금 5,000만원 제도는 09.5.28 삭제되어 현재 최저 자본금 제도는 없다.

(5) 등기임원

주식회사 필수 임원수는 이사 3인 이상, 감사 1인 이상이다. 다만 자본금이 10억원 미만인 주식회사는 감사 선임제도가 없고 이사도 1인 이하로 가능하다. 이사 1인 이하인 경우에는 이사회가 없어도 된다(상법 § 383, §409).

(6) 설립의 등기

발기인 및 공모한 주주가 주식을 인수한 경우 검사절차 또는 창립총회가 종결한 날로부터 2주간 내에 다음의 사항을 등기하여야 한다.

> 사업목적, 상호, 회사가 발행할 주식의 총수, 1주의 금액, 본점의 소재지, 회사가 공고를 하는 방법, 자본의 총액, 발행주식의 총수, 그 종류와 각종주식의 내용과 수, 이사와 감사의 성명 및 주민등록번호, 회사를 대표할 이사의 성명·주민등록번호 및 주소 등

(7) 자본금 10억 미만 회사의 특례

자본금 10억미만 소규모회사의 발기인설립 및 운영 간소화(2009.05.28시행)

내 용	자본금 10억 미만 소규모회사 변경내용
발기인설립시 정관	공증인의 인증 받지 않아도 됨
발기인설립 및 신주발행시 자본금확인	주금납입보관증이었으나 잔고증명서로 대체
감사	감사는 두지 않아도 됨
이사	1인 또는 2인
이사회	이사 1인이하 이사회 면제

2 자본의 개념과 분류

자본은 자산에서 부채를 차감한 잔액을 말한다.
자본은 소유자지분 또는 순자산, 자기자본이라고도 말한다. 자본은 자본금·자본잉여금·자본조정·이익잉여금(결손금)으로 분류한다.

계 정 과 목	비 고
자본금 　　보통주 자본금 　　우선주 자본금 　종류주식	액면 또는 무액면
자본잉여금 　　주식발행초과금 　　기타자본잉여금	주식발행가액이 액면가액을 초과하는 금액 자기주식처분이익, 감자차익
자본조정 　　자기주식 　　기타자본조정	자기주식 취득시 주식할인발행차금, 감자차손, 자기주식처분손실 등
기타포괄손익누계액	매도가능증권평가손익, 해외사업환산손익 등
이익잉여금 　법정적립금 　임의적립금 　　미처분이익잉여금(또는 미처리결손금)	법률에 따라 적립하는 적립금 회사 임의로 적립하는 적립금

3 자본금

(1) 설립자본금(보통주, 우선주)

자본금은 「상법」 제451조의 규정에 따라 주식회사가 불입자본 중에서 등기부등본에 자본금으로 확정한 금액이다. 자본금은 보통주자본금과 종류자본금으로 구분하여 표시하는데 보통주와 종류주식은 배당금 지급 및 청산시의 권리가 상이하기 때문이다.

만약, 회사가 무액면주식을 발행하는 경우 회사의 자본금은 주식 발행가액의 2분의 1 이상의 금액으로서 이사회에서 자본금으로 계상하기로 한 금액의 총액으로 한다. 이 경우 주식의 발행가액 중 자본금으로 계상하지 아니하는 금액은 자본준비금으로 계상하여야 한다.

사례 2-91 법인설립시 회계처리

① (주)우리상사는 회사 설립을 위하여 발기인에서 보통주 자본금 5천만원을 출자받았다. 전액 예금 후 사무실 보증금으로 2천만원을 계좌이체하였다.

㉠ (차) 보 통 예 금　　50,000,000　　(대) 자 본 금　　50,000,000

* 실무에서는 대표주주통장의 잔고증명서를 법원에 제출하여 법인등기가 이루어 진다. 등기부를 첨부하여 세무서에서 법인사업자등록증을 발급받고 은행에 사업자등록증을 제출하여야 신규법인의 예금통장을 만들어 준다.

㉡ (차) 임차보증금　　20,000,000　　(대) 보 통 예 금　　20,000,000

② 코스모스(주)는 회사 설립을 위하여 발기인에게 보통주식 10,000주(1주당 액면가액 5,000원)를 액면가액으로 발행하고 통장으로 입금받았으나 등록세 200,000원은 현금지급하였다.

(차) 보 통 예 금　　50,000,000　　(대) 자 본 금　　50,000,000
　　　세금과공과금　　　 200,000　　　　 현 금　　　　 200,000

* 회사설립시 주식발행과 관련된 지출은 비용으로 처리한다.

③ 해인(주)는 회사설립을 위하여 주식 100,000주(1주당 액면가액 5,000원) 중 10,000주는 발기인이 인수하고 90,000주는 공개모집 하기로 하되, 1주당 5,000원씩 주식청약 증거금을 법인 통장으로 받았다.

(차) 보 통 예 금　　450,000,000　　(대) 신주청약증거금　　450,000,000
　　　　　　　　　　　　　　　　　　　　　　(자 본 조 정)

* 5,000원 × 90,000주 = 450,000,000

④ 위 해인(주)의 주주 공개모집 결과 전체에 대하여 청약이 완료되어 주식을 발급하고 청약 증거금

은 주주납입에 충당하였다. 또한 같은 날 발기인의 주금납입도 법인 통장으로 입금되었다.

(차) 신주청약증거금　　450,000,000　　(대) 자 본 금　　500,000,000
　　　(자 본 조 정)
　　　보 통 예 금　　　50,000,000

(2) 자본금의 증가거래(증자)

1) 유상증자

① 회사에서 주식을 발행하는 형태에는 액면발행, 할인발행, 할증발행이 있다. 주식의 발행금액이 액면금액보다 크다면 그 차액을 주식발행초과금으로 하여 자본잉여금으로 회계처리한다.

② 발행금액이 액면금액보다 작다면 그 차액을 주식발행초과금의 범위내에서 상계처리하고, 남아있는 금액이 있으면 자본조정의 주식할인발행차금으로 회계처리한다.

※ 「상법」상 회사가 성립한 날로부터 2년을 경과한 후에 주주총회의 결의와 법원의 인가를 얻어서 주식을 액면미달의 가액으로 발행할 수 있다.

③ 이익잉여금(결손금) 처분(처리)으로 상각되지 않은 주식할인발행차금은 향후 발생하는 주식발행초과금과 우선적으로 상계하도록 규정하고 있다. 유상증자시 주식발행과 직접 관련된 비용(신주발행비용27))은 주식의 발행가액에서 차감한다.

구 분	내 용	차액에 대한 계정과목
① 주식의 액면발행	주주로부터의 현금유입액이 주식의 액면가액과 일치하는 것	차액없음
② 주식의 할증발행	주주로부터의 현금유입액이 주식의 액면금액보다 많은 것(기업프레미엄)	주식발행초과금 (자본잉여금)
③ 주식의 할인발행	주주로부터의 현금유입액이 주식의 액면금액보다 적은 것	주식할인발행차금 (자본조정)

---

27) 신주발행비는 증자에 따른 자본거래비용이다. 따라서 비용처리하지 아니하고 주식발행초과금에서 차감한다. 즉, 별도의 계정과목으로 표시되지 않는다는 의미이다. 주식발행초과금이 없는 경우 주식할인발행차금(자본조정)계정으로 계상하였다가 이익잉여금에서 처분되어 소멸하는 것이다.

| 사례 2-92 | 유상증자시 회계처리(신주)

① 유상증자시 신주 10,000주를 2,000원(액면 1,500원)으로 발행하고 전액 납입받아 예금하였으나 법무사 비용 등 신주발행비 50,000원을 현금지급하였다.

(차) 보 통 예 금　　20,000,000　　(대) 자 본 금　　15,000,000
　　　　　　　　　　　　　　　　　　주식발행초과금　4,950,000
　　　　　　　　　　　　　　　　　　현　　　　금　　　50,000

* 신주발행비는 주식발행초과금에서 직접 차감한다.

② 유상증자시 신주 10,000주를 액면가액 1,500원으로 발행하고 전액 납입받아 예금하였다. 신주발행비(등록세, 법무사비용) 50,000원을 현금지급하였다. 단, 주식발행초과금 잔액은 없다.

(차) 보 통 예 금　　15,000,000　　(대) 자 본 금　　15,000,000
　　주식할인발행차금　　50,000　　　　현　　　　금　　　50,000

2) 무상증자

자본잉여금이나 이익잉여금을 자본금에 전입하여 주주에게 무상으로 신주를 발행하는 경우에는 주식의 액면금액을 주식의 발행금액으로 한다.

| 사례 2-93 | 무상증자시 회계처리

자본잉여금 1천만원을 자본에 전입하고 액면가액 5,000원인 무상주 2,000주를 발행 교부하였다.

(차) 자 본 잉 여 금　　10,000,000　　(대) 자 본 금　　10,000,000

(3) 자본의 감소거래(감자)

회사는 사업규모를 줄이거나 결손금을 보전하기 위하여 자본금을 감소시키는 경우가 있는데 자본을 감소시키는 방법에는 실질적 감자와 형식적 감자로 구분되어 진다.

1) 유상감자(실질적 감자)

① 유상감자란 자본금의 감소로 인해 회사 순자산에 실질적 감소가 수반되는 경우를 의미한다. 회사가 발행한 주식을 유상으로 매입하여 소각하는 것이 일반적인 방법인데 주식의 취득원가가 액면금액보다 작은 경우에는 그 차액을 자본잉여금의 감자차익으로 회계처리한다.
② 주식의 취득원가가 액면금액보다 큰 경우에는 그 차액을 감자차익의 범위에서 상계하고, 남아있는 금액이 있으면 자본조정의 감자차손으로 회계처리한다.
③ 감자차손이 이익잉여금 처분 등으로 상각되지 않고 남은 잔액은 향후 발생하는 감자차익과

우선적으로 상계한다.

구 분	회계처리				
유상감자시 (감자차익 발생시)	(차) 자 본 금	xxx	(대) 현 금 감자차손(*) 감 자 차 익	xxx xxx xxx	
유상감자시 (감자차손 발생시)	(차) 자 본 금 감자차익(*) 감 자 차 손	xxx xxx xxx	(대) 현 금	xxx	

※ 감자차익과 감자차손은 발생순서에 관계없이 이미 계상되어 있는 감자차익 또는 감자차손과 상계 후 잔액을 감자차손익으로 인식하게 된다.

사례 2-94 유상감자시 회계처리

① 1/10 (주)이택스는 자기주식 3,000주를 1주당 2,000원으로 매입소각(1차분)하면서 매입대금은 당좌수표로 지급하였다. (1주당 액면가액 2,200원)

　(차) 자 본 금 *　　6,600,000　　(대) 당 좌 예 금　6,000,000
　　　　　　　　　　　　　　　　　　　감 자 차 익　　600,000

　* 감자액 = 액면가액(2,200원) × 매입한 자기주식수(3,000주) = 6,600,000원

② 3/31 (주)이택스는 자기주식 3,000주를 1주당 2,500원으로 매입소각(2차분)하면서 매입대금은 자기앞수표로 지급하였다. (1주당 액면가액 2,200원)

　(차) 자 본 금　　　6,600,000　　(대) 현 금　　　7,500,000
　　　감 자 차 익　　　600,000
　　　감 자 차 손　　　300,000

2) 무상감자(형식적 감자)

무상감자란 자본금은 감소하지만 회사의 실질적 자산은 감소하지 않는 감자로서 주주에게 순자산을 반환하지 않으면서 주식의 액면금액이나 주식 수를 감소시키는 경우에는 감소되는 액면금액 또는 감소되는 주식 수에 해당하는 액면금액을 자본잉여금의 감자차익으로 회계처리한다.

　(차) 자 본 금　　　　　xxx　　(대) 이 월 결 손 금　　xxx
　　　　　　　　　　　　　　　　　　감 자 차 익　　　xxx

사례 2-95 무상감자시 회계처리

결손금 4,000,000원을 보전하기 위해 2주를 같은 액면가의 1주로 합병하기로 결의하고 감자를 하였다. (총자본금 1천만원, 총발행주식수 1,000주, 액면가액 : 10,000원)

(차) 자 본 금 *   5,000,000   (대) 이 월 결 손 금   4,000,000
                                           감 자 차 익   1,000,000

* 감자액 = 액면가액(10,000원) × 감소한 주식 수(500주) = 5,000,000원

4 자본잉여금

자본잉여금이란 주주와의 자본거래에서 발생하여 자본을 증가시키는 잉여금을 말한다. 여기서 자본거래란 자본의 증자, 자본의 감자, 자기주식의 취득과 재발행 등을 말하며 이 때 발생하는 주식발행초과금, 자기주식처분이익과 감자차익 등이 포함된다.

(1) 주식발행초과금

주식에는 액면주식과 무액면주식의 두 가지가 있다. 액면주식이란 주권에 금액이 기재된 것이고 무액면주식은 주권에 금액이 기재되지 않은 것을 말한다. 주주로부터 현금을 수령하고 주식을 발행하는 경우에 주식(상환우선주 등 포함)의 발행금액이 액면금액보다 크다면 그 차액을 주식발행초과금으로 하여 자본잉여금으로 회계처리한다.

이러한 주식발행초과금의 사용은 이사회 또는 주주총회의 결의에 따라 그 금액의 전부 또는 일부를 자본에 전입하거나 이월결손금에 보전할 수 있으며 그 외의 사용은 할 수 없다. 주식발행초과금을 자본에 전입하는 경우에 기존 주주는 지분비율에 따라 무상으로 신주를 배정받게 된다.

사례 2-96 주식발행초과금 회계처리

① 바람(주)는 이사회 결의에 따라 결의일 시점의 주주에게 주식발행초과금 7,000,000원을 무상으로 신주를 1,400주 발행하기로 하고 신주배정 기준일에 회계처리 하였다.

(차) 주식발행초과금   7,000,000   (대) 자 본 금   7,000,000

② 바람(주)의 자본구성은 자본금 50,000,000원, 주식발행초과금 10,000,000원, 이월된 결손금 15,000,000원으로 되어 있다. 주주총회에서 주식발행초과금 10,000,000원을 이월결손금에 보전하기로 결의하였다.

| (차) 주식발행초과금 | 10,000,000 | (대) 결 손 금 | 10,000,000 |

(2) 감자차익

자본감소의 경우에 그 자본금의 감소액이 주식의 소각, 주금의 반환에 요한 금액과 결손의 보전에 충당한 금액을 초과한 때에 그 초과금액으로 한다.

다만, 자본금의 감소액이 주식의 소각, 주금의 반환에 요한 금액에 미달하는 금액이 있는 경우 동 금액을 차감한 후의 금액으로 한다.

주식회사가 자본금을 감소시키는 것을 간단히 줄여 '감자'라고 한다.

이러한 감자차익도 주식발행초과금과 같이 자본의 전입 또는 결손금 보전의 목적에만 사용이 가능하다.

| (차) 감 자 차 익 | xxx | (대) 자본금 또는 결손금 | xxx |

(3) 자기주식처분이익

자기주식이란 자기가 발행한 주식을 취득하여 보유한 주식을 말한다. 자기주식을 매각처분한 경우 자기주식처분손익이 발생하게 된다. 이 때 자기주식처분이익으로서 자기주식처분손실을 차감한 금액을 기타자본잉여금으로 한다.

(4) 세법상 자기주식처분이익

자기주식처분이익은 세법상 익금사항이다. 따라서 자본잉여금으로 회계처리한 경우 세무조정(익금산입, 기타)이 필요하다.

5 자본조정

자본조정이란 자본거래에 해당하지만 자본금 또는 자본잉여금으로 분류할 수 없는 항목과 당기에 손익으로 인식되지 않은 평가차손익의 누계액을 말한다. 자본조정에는 자기주식, 주식할인발행차금, 감자차손, 자기주식처분손실, 해외사업환산손익 등이 포함된다.

(1) 자기주식

회사가 이미 발행한 주식을 매입 또는 증여에 의하여 취득한 주식 중 소각 또는 재발행하지 않고 보관하고 있는 주식을 자기주식이라 한다.

1) 취득시

주식을 발행한 회사가 발행된 주식을 매입 등을 통하여 다시 취득하는 경우에는 그 취득원가를 자기주식의 과목으로 하여 재무상태표상 자본조정의 차감항목으로 표시한다.

　　(차) 자 기 주 식　　　　xxx　　(대) 보 통 예 금　　　　xxx

2) 처분시

① 자기주식 처분시 처분금액이 장부금액보다 큰 경우에는 그 차액을 자본잉여금의 자기주식처분이익으로 회계처리한다.
② 처분금액이 장부금액보다 작은 경우에는 그 차액을 자기주식처분이익의 범위에서 상계하고, 남아있는 금액이 있으면 자본조정의 자기주식처분손실로 회계처리한다.
③ 이익잉여금 처분 등으로 상각되지 않은 자기주식처분손실은 향후 발생하는 자기주식처분이익과 우선적으로 상계한다.

자기주식처분이익과 자기주식처분손실은 발생순서에 관계없이 이미 계상되어 있는 자기주식처분이익 또는 자기주식처분손실과 상계 후 잔액을 자기주식처분손익으로 인식한다.

사례 2-97　자기주식 회계처리

① 1/10 주식을 소각하기 위해서 주주(소액주주)로부터 주식을 주당 8,000원(액면가 : 5,000원)에 1,000주를 양도받고 대금은 보통예금에서 지급하였다.

　　(차) 자 기 주 식　　8,000,000　　(대) 보 통 예 금　　8,000,000

② 2/15 자기주식을 주당 7,000원에 500주 매각하고 계좌이체받았다. (취득단가 : 주당 8,000원) 단, 자본잉여금에 자기주식처분이익이 1,000,000원 계상되어 있었다.

　　(차) 보 통 예 금　　3,500,000　　(대) 자 기 주 식　　4,000,000
　　　　자기주식처분손실　 500,000

　* 세무조정 [손금산입] 자기주식처분손실 500,000 (기타)

③ 3/25 자기주식을 주당 6,500원에 500주 매각하고 계좌이체받았다. (장부가액 : 주당 8,000원)

　　(차) 보 통 예 금　　3,250,000　　(대) 자 기 주 식　　4,000,000
　　　　자기주식처분손실　 750,000

　* 세무조정 [손금산입] 자기주식처분손실 750,000 (기타)

(2) 주식할인발행차금

1) 주식할인발행차금의 발생

주식발행가액이 액면가액(신주발행비 차감)에 미달하여 주식을 발행한 때에 그 액면가액에 미달한 금액으로 한다. 이때 신주발행비가 있는 경우 이를 더한 금액으로 한다.

| (차) 보 통 예 금 | ××× | (대) 자 본 금 | ××× |
| 주식할인발행차금 | ××× | | |

2) 주식할인발행차금의 상각

주식할인발행차금은 결산확정시에 이익잉여금 처분으로 상각한다. 만약, 상각되지 않은 주식할인발행차금은 향후 발생하는 주식발행초과금과 우선적으로 상계한다.

사례 2-98 주식할인발행차금 회계처리

① (주)해당화는 4월 7일 보통주 자본금 2억원을 액면가액으로 증자하여 보통예금에 입금하였다. 단, 신주발행비 3,000,000원이 현금으로 지출되었다.

| (차) 보 통 예 금 | 200,000,000 | (대) 자 본 금 | 200,000,000 |
| 주식할인발행차금 | 3,000,000 | 현 금 | 3,000,000 |

② 결산 종료후 다음연도 2월 20일 이익처분으로 주식할인발행차금 1,000,000원을 상각하다.

| (차) 미처분이익잉여금 | 1,000,000 | (대) 주식할인발행차금 | 1,000,000 |

---

(3) 감자차손

감자차손이란 유상감자(실질적 감자)를 할 때 소각된 주식의 액면가액보다 주주에게 환급되는 금액이 더 큰 경우에 그 차액을 말한다.

(4) 자기주식처분손실

1) 기업회계기준

자기주식을 처분하는 경우 처분금액이 장부금액보다 작은 경우에는 그 차액을 자기주식처분손실로 회계처리한다.

2) 법인세법

「법인세법」에서는 자기주식처분손익에 대하여 익금 또는 손금으로 한다. 따라서 회계기준대로 자본항목에서 처리할 경우에 세무조정[익금산입(기타) 또는 손금산입(기타)]이 필요하다.

(5) 주식매수선택권

회사는 회사에 공헌도가 큰 임·직원에게 특별히 유리한 가격이나 방법으로 회사의 주식을 매입할 수 있는 권리를 부여할 수 있는데 이를 주식매입선택권이라고 한다. 예컨대, 현재시가가 10,000원(액면가 5,000원)인 주식을 3년 후에 7,000원에 취득할 수 있는 권리를 줄 때 처리하는 과목이다.

① 권리부여 시점부터 행사시점까지
    (차) 주식 보상 비용   xxx   (대) 주식매수선택권   xxx

② 자본금(주식발행)
    (차) 주식매수선택권   xxx   (대) 자 본 금   xxx

(6) 출자전환채무

① (차) 차 입 금   xxx   (대) 출자 전환 채무   xxx
② (차) 출자 전환 채무   xxx   (대) 자 본 금   xxx

6 기타포괄손익누계액

기타포괄손익누계액은 보고기간종료일 현재의 매도가능증권평가손익, 해외사업환산손익, 현금흐름위험회피 파생상품평가손익 등의 잔액이다(일반 2장 문단 2.32).

✱ 주식할인발행차금, 감자차손, 자기주식처분손실은 자본에서 차감하는 항목에 해당한다. 다만, 주식할인발행차금은 주식발행초과금에서 감자차손은 감자차익에서, 자기주식처분손실은 자기주식처분이익에서 먼저 상계 후 차감잔액은 이익잉여금에서 처분하여 상각되거나 결손금처리순서에 따라 소멸한다.

7 이익잉여금

이익잉여금(또는 결손금)은 손익계산서에 보고된 손익과 다른 자본항목에서 이입된 금액의 합계액에서 주주에 대한 배당, 자본금으로의 전입 및 자본조정 항목의 상각 등으로 처분된 금액을 차감한 잔액이다(문단 2.33).

구 분	내 용
법정적립금	법에서 적립할 것을 규정하여 적립하는 것. 법정적립금은 상법에서 정한 이익준비금 하나뿐이다.
임의적립금	회사가 마음대로 적립하여 둔 것. 따라서 이 금액 사용도 마음대로 임.
미처분이익잉여금	이익잉여금 중 적립되지 아니한 금액

(1) 이익준비금(법정)

「상법」의 규정에 의하여 반드시 적립되어야 하는 법정적립금으로서 회사 자본금의 1/2이 될 때까지 매 결산기 이익배당액(중간배당액 포함)의 최소 10% 이상을 적립하도록 규정하고 있다. 단, 주식배당의 경우에는 적립할 필요가 없으나 중간배당의 경우에는 적립하여야 한다. 이러한 이익준비금은 결손 보전에 충당하는 경우에만 사용한다.

(차) 이 익 준 비 금   xxx   (대) 자본금 또는 결손금   xxx

✱ 자본금의 1/2을 초과하여 적립한 금액은 임의적립금으로 취급한다.

사례 2-99 이익준비금 회계처리

(주)해당화는 자본금이 1억원이고 전기에 이월된 이익준비금이 48,000,000원이 있다. 미처분이익잉여금은 당기에 발생한 순이익 10,000,000원과 전기에 이월된 이월이익잉여금 20,000,000원, 합하여 30,000,000원이 있다. 이중 23,000,000원을 현금배당하기로 하고 이익준비금은 법에서 정한 최소한의 금액만 적립하기로 결의하였다.

(차) 미처분이익잉여금   23,000,000원   (대) 미지급배당금   23,000,000원
(차) 미처분이익잉여금   2,000,000원   (대) 이익준비금   2,000,000원[주]

[주] 이익준비금은 현금배당액 23,000,000원의 1/10인 2,300,000원을 적립하여야 하나 한도가 자본금의 1/2이므로 최소한 2,000,000원[자본금 1억원×1/2=50,000,000 −기 설정된 이익준비금 48,000,000원]만 적립하면 된다.

(2) 임의적립금

임의적립금은 특별히 법률에 의해 강제적으로 적립하는 것이 아니라, 회사의 정관이나 주주총회의 결의에 따라 회사가 임의적으로 적립하는 적립금을 말한다. 이러한 임의적립금은 결손보전이나 자본전입 이외에도 이익배당의 재원으로 사용할 수 있다.

사례 2-100 임의적립금 이입시 회계처리

정기주주총회에서 미처분이익잉여금을 사업확장적립금 5,000원과 연구개발적립금 5,000원으로 적립하기로 결의하였다.

(차) 미처분이익잉여금	10,000	(대) 사업확장적립금	5,000
		연구개발적립금	5,000

(3) 이익잉여금

이익잉여금은 영업손익의 누적된 잉여금으로서 이익잉여금의 사용은 주주총회의 결의에 따른다. 이익잉여금의 사용(처분)은 사외로 지출(배당금, 상여금 등)되는 것과 사내에 유보(준비금, 적립금)되는 것이 있으며, 아예 처분을 다음기로 미루는 경우도 있는데 이익잉여금 중 미처분이익잉여금계정이 그것이다.

```
                    ┌─ 사외지출처분(배당금, 상여금)
이익잉여금의 처분  ─┼─ 사내유보처분(준비금, 적립금 등)
                    └─ 다음 기로 이월(미처분이익잉여금)
```

이익잉여금 중 사내유보처분은 각종 법률에서 강제적으로 정(법정)하였기 때문에 처분하는 경우와 기업에서 임의로 정하여 처분하는 경우가 있다.

당기에 처분할 수 있는 이익잉여금은 전기에 처분하지 아니한 전기미처분이익잉여금과 당기에 발생한 당기순이익 그리고 임의적립금을 이입하여 처분할 수 있다.

1) 미처분이익잉여금

법인의 결산결과 당기순이익이 발생하면 주주총회를 열어 이익을 처분결의하게 된다. 이때 당기순이익을 주주총회때까지 처분을 유보하여야 하는데 이때 사용되는 계정을 미처분이익잉여금이라 한다. 즉, 전기이월미처분이익잉여금(또는 전기이월미처리결손금)에 중간배당액은 빼고 당기순이익(또는 당기순손실은 차감)을 더한 금액을 의미한다.

2) 배당금

배당이란 기업의 영업활동결과 발생한 이익을 주주에게 분배해 주는 것을 말한다. 일반적으로 배당금은 현금으로 지급하는 것이 일반적이지만 주식을 발행하여 지급하거나 현물로 지급하는 경우도 있다. 이하에서는 배당에 대한 회계처리를 살펴보기로 하자.

① 현금배당

정기주주총회에서 현금으로 배당하기로 결의한 경우로서 가장 일반적인 형태이다. 배당은 정기주주총회에서 이익잉여금을 처분한 배당이 대부분이지만 정기배당 외에 중간배당도 증가하는 추세다.

중간배당[28]이란 정기배당 외에 회계연도 중 1회에 한해서 현금으로 배당하는 것을 말한다. 이 경우에도 회계처리는 정기배당과 동일하다.

(차) 미처분이익잉여금   10,000   (대) 현   금   10,000
    (중 간 배 당 금)

② 주식배당

주식배당이란 현금 대신에 주식으로 배당으로 지급하는 것이다. 이는 주주의 배당욕구를 충족시킬 뿐만 아니라 이익잉여금이 자본금으로 대체되므로 이익잉여금을 영구자본화할 수 있는 장점이 있다.

(차) 미처분이익잉여금   10,000   (대) 자   본   금   10,000

> **참고 상법**
>
> ① 배당(「상법」 제462조)
>   회사는 재무상태표상의 순자산액(자산총계-부채총계)에서 다음의 금액을 공제한 금액(배당가능이익)을 한도로 하여 이익배당을 할 수 있다.
>   ㉠ 자본금의 액
>   ㉡ 그 결산기까지 적립된 자본준비금과 이익준비금의 합계액
>   ㉢ 그 결산기에 적립하여야 할 이익준비금의 액
>   ㉣ 대통령령으로 정하는 미실현이익
> ② 주식배당(「상법」 제462조의 2)
>   회사는 주주총회의 결의에 따라 이익의 배당을 새로이 발행하는 주식으로써 할 수 있다. 단, 주식에 의한 배당은 이익배당총액의 2분의 1에 상당하는 금액을 초과하지 못한다.
> ③ 중간배당(「상법」 제462조의 3)
>   연 1회의 결산기를 정한 회사는 영업연도 중 1회에 한하여 이사회의 결의로 일정한 날을 정하여 그날의 주주에 대하여 이익을 배당할 수 있음을 정관으로 정할 수 있다.
>   ✽ 상장회사의 중간배당은 「자본시장법」 165의12①에 따라 분기배당이 가능하다.
> ④ 현물배당(「상법」 제462조의 4)
>   회사는 정관으로 금전 외의 재산으로 배당을 할 수 있음을 정할 수 있다.

---

28) 정관에 중간배당에 관한 규정이 있어야 한다. 그리고 이사회 결의와 배당 가능한 이익이 있어야 하고 연 1회에 한해서 가능하다.

③ 회계처리
  ㉠ 배당기준일

  배당기준일이란 배당을 받을 권리가 있는 주주들이 확정되는 날로서, 일반적으로 당해 기업의 결산일이 된다. 배당기준일에는 아무런 회계처리를 하지 않는다.

  ✽ 12월 결산법인의 경우 주주명부를 기준으로 12월 31일에 기재되어 있으면 된다. 그러나 주식은 3일 결제이므로 영업일 기준으로 해서 31일에서 역산하면 27일까지 보유하고 있으면 28일 이후에 매도해도 배당받을 권리가 있다.

  ㉡ 배당결의일

  이익잉여금을 배당금으로 처분하도록 이사회 또는 주주총회에서 승인한 날이다.

배당종류	회계처리			
현금배당	(차) 이월이익잉여금	xxx	(대) 미지급배당금 (부 채)	xxx
주식배당	(차) 이월이익잉여금	xxx	(대) 미교부주식배당금 (자 본 조 정)	xxx

  ㉢ 배당지급일

  배당지급일이란 이사회 또는 주주총회에서 확정된 배당금을 실제로 현금이나 주식으로 지급하는 날이다.

  상법상 회사는 이익배당을 주주총회나 이사회의 결의 또는 중간배당 결의를 한 날부터 1개월 내에 하여야 한다. 다만, 주주총회 또는 이사회에서 배당금의 지급시기를 따로 정한 경우에는 그러하지 아니하다. 또한, 배당금의 지급청구권은 5년간 이를 행사하지 아니하면 소멸시효가 완성한다.

  ㉣ 세법상 원천징수

  개인에게 지급하는 경우에는 주식배당, 현금배당 모두 원천징수를 하여야한다. 법인에게 지급되는 배당은 원천징수의무가 없다.

배당	회계처리			
현금배당	(차) 미지급배당금(부채) 또는 이월이익잉여금	xxx	(대) 현 금 예 수 금	xxx xxx
주식배당	(차) 미교부주식배당금 (자본조정) 또는 이월이익잉여금	xxx	(대) 자 본 금 예 수 금	xxx xxx

사례 2-101 배당금 지급시 회계처리- 현금배당, 주식배당

① 3월 20일 회사는 정기주주총회결의로 현금배당 2,000,000원, 주식배당 1,000,000원을 결의하였다. (단, 최소한의 이익준비금을 적립하기로 한다.)

(차) 이월이익잉여금	3,200,000	(대) 이익준비금	200,000
		미지급배당금	2,000,000
		미교부주식배당금	1,000,000

② 4월 20일 결의한 배당금을 주주(법인)에게 지급하였다.

(차) 미지급배당금	2,000,000	(대) 현금	2,000,000
미교부주식배당금	1,000,000	자본금	1,000,000

* 법인주주에게 배당금을 지급하는 경우에는 원천징수를 하지 않는다.
* 만약 개인주주에게 배당금을 지급하는 경우라면(주식배당, 현금배당 모두 원천징수 대상임)
  원천징수세율 : 소득세 14%, 지방소득세 1.4%(=14% × 10%)

(4) 이익잉여금처분계산서

1) 이익잉여금처분계산서 의의

이익잉여금처분계산서는 이익잉여금의 처분사항을 보고하는 재무보고서이다

2) 미처분이익잉여금

전기이월미처분이익잉여금(또는 전기이월미처리결손금)에 중간배당액 및 당기순이익(또는 당기순손실) 등을 차감하거나 더한 금액으로 한다.

3) 임의적립금등의 이입액

임의적립금 등을 이입하여 당기의 이익잉여금처분에 충당하는 경우에는 그 금액을 미처분이익잉여금에 더하는 형식으로 표시한다.

(차) 임의적립금	xxx	(대) 미처분이익잉여금	xxx

4) 이익잉여금처분액

이익잉여금의 처분은 다음의 항목으로 구분하여 표시한다.
① **이익준비금**
② **이익잉여금처분에 의한 상각 등**
   주식할인발행차금상각, 자기주식처분손실잔액 등으로 구분한다.
③ **배당금**

당기에 처분할 배당액을 현금배당과 주식배당으로 구분하여 표시한다.
④ 임의적립금

5) 결산일의 회계처리

| (차) 손익 (당기순이익) | ××× | (대) 미처분이익잉여금 | ××× |

손익계정에 집계된 당기순이익을 재무상태표의 미처분이익잉여금계정으로 대체한다.

6) 주주총회 결의일의 회계처리

| (차) 임 의 적 립 금 | ××× | (대) 미처분이익잉여금 | ××× |

주주총회에서 승인된 이익잉여금 처분액을 미처분이익잉여금계정의 차변에 기록하고 처분내용별로 해당계정의 대변에 기록한다.

(차) 미처분이익잉여금	×××	(대) 이 익 준 비 금	×××
		임 의 적 립 금	
		미 지 급 배 당 금	

(5) 이익잉여금처분계산서 양식

미처분이익잉여금과 임의적립금이입액의 합계에서 이익잉여금처분액을 차감한 금액으로 한다.

1) 서식

이익잉여금처분계산서

제 12 기	20×2년1월1일부터 20×2년12월31일까지	제 11 기	20×1년1월1일부터 20×1년12월31일까지
처분예정일	20×3년3월2일	처분확정일	20×2년3월2일

회사명   (단위 : 원)

구 분	당 기		전 기	
미처분이익잉여금		xxx		xxx
전기이월미처분이익잉여금	xxx		xxx	
(또는 전기이월미처리결손금)				
중간배당액	xxx		xxx	
당기순이익(또는 당기순손실)	xxx		xxx	
임의적립금등의이입액		xxx		xxx
xxx적립금	xxx		xxx	
xxx적립금	xxx		xxx	
합 계		xxx		xxx
이익잉여금처분액		xxx		xxx
이익준비금	xxx		xxx	
기타법정적립금	xxx		xxx	
주식할인발행차금상각액	xxx		xxx	
배당금	xxx		xxx	
현금배당	xxx		xxx	
주식배당	xxx		xxx	
……	xxx		xxx	
차기이월미처분이익잉여금		xxx		xxx

이익잉여금처분계산서를 작성하면서 유의할 점은 기말재무상태표에 표시되는 미처분이익잉여금은 이익잉여금 처분이 반영되지 않은 처분전이익잉여금이 된다. 왜냐하면 우리나라의 경우 이익잉여금에 대한 처분은 회계연도가 종료된 뒤에 다음 회계연도 초에 주주총회 결의를 통해 재무제표가 승인되고 이익잉여금에 대한 처분이 확정되므로 재무상태표일 현재에는 이익잉여금처분내용을 반영할 수 없기 때문이다.

사례 2-102 이익잉여금처분계산서 작성

다음은 x1년초 영업을 개시한 (주)이택스의 이익잉여금처분계산서 작성 자료이다. 이 자료에 의해서 x1년과 x2년의 ① 결산일 ② 주주총회 결의일 ③ 배당금지급시 회계처리를 하여라.

① x1년 12월 31일 당기순이익이 2,000,000원이다.

(차) 손익(당기순이익)	2,000,000	(대) 미처분이익잉여금	2,000,000

② x2년 3월 2일에 주주총회에서 다음과 같이 미처분이익잉여금을 처분하기로 결의하였다.
   · 이익준비금 : 현금배당액의 10% · 현금배당금 1,000,000원 · 감채적립금 200,000원

(차) 이월이익잉여금	1,300,000	(대) 이 익 준 비 금	100,000
		임 의 적 립 금	200,000
		미 지 급 배 당 금	1,000,000

③ x2년 3월 10일에 법인주주에게 현금배당금을 지급하였다.

(차) 미 지 급 배 당 금	1,000,000	(대) 현 금	1,000,000

④ x2년 12월 31일 당기순이익이 3,000,000원이다.

(차) 손익(당기순이익)	3,000,000	(대) 미처분이익잉여금	3,000,000

⑤ x3년 3월 2일에 주주총회에서 다음과 같이 미처분이익잉여금을 처분하기로 결의하였다.
   · 이익준비금 : 현금배당액의 10% · 현금배당금 1,000,000원

(차) 이월이익잉여금	1,100,000	(대) 이 익 준 비 금	100,000
		미 지 급 배 당 금	1,000,000

2) 이익잉여금 처분계산서의 작성

이익잉여금처분계산서

x1년 1월 1일부터 x1년 12월 31일까지
처분예정일: x2년 3월 2일

(주)이택스 (단위: 원)

Ⅰ. 미처분이익잉여금		2,000,000
1. 전기이월미처분이익잉여금	0	
2. 회계변경누적효과		
3. 전기오류수정이익		
4. 중간배당액		
5. 당기순이익(당기순손실)	2,000,000	
Ⅱ. 임의적립금 이입액		
Ⅲ. 합 계		2,000,000[29]
Ⅳ. 이익잉여금 처분액		1,300,000
1. 이익준비금	100,000	
2. 임의적립금(감채적립금)	200,000	
3. 현금배당	1,000,000	
Ⅴ. 차기이월미처분이익잉여금		700,000

(6) 결손금처리계산서

결손금처리계산서는 차기로 이월될 미처분이익잉여금이 마이너스인 경우에 마이너스를 어떻게 보전할 것인지를 보고하는 재무보고서이다.

1) 결손금처리계산서 양식

결손금처리계산서는 미처리결손금, 결손금처리액, 차기이월미처리결손금으로 구분하여 표시한다.

---

[29] 이익잉여금 처분에 대한 분개는 x2년도에 이루어지므로 x1년 재무상태표상 미처분이익잉여금 과목금액은 200만원이다.

결손금처리계산서

제 × 기 20××년×월×일부터 20××년×월×일까지   　제 × 기 20××년×월×일부터 20××년×월×일까지

처리예정일 20××년×월×일   　처리확정일 20××년×월×일

회사명 (단위 : 원)

구 분	당 기	전 기
미처리결손금	×××	×××
전기이월미처리결손금 (또는 전기이월미처분이익잉여금)	×××	×××
중간배당액	×××	×××
당기순이익(또는 당기순손실)	×××	×××
결손금처리액	×××	×××
임의적립금이입액	×××	×××
법정적립금이입액	×××	×××
자본잉여금이입액	×××	×××
차기이월미처리결손금	×××	×××

CHAPTER
03 손익계산서 해설

제1절 손익계산서 계정과목과 작성기준
제2절 매출액과 매출원가
제3절 판매비와 관리비
제4절 영업외수익 · 영업외비용
제5절 법인세 등

회계와 세무실무

제3장 손익계산서 해설

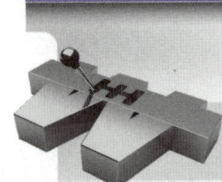

제1절 손익계산서 계정과목과 작성기준

손익계산서에 속하는 수익과 비용의 계정과목들을 예시하면 다음과 같다.

1. 수익 계정과목

(1) 손익계산서의 구분표시

손익계산서는 다음과 같이 구분하여 표시한다. 다만, 제조업, 판매업 및 건설업 외의 업종에 속하는 기업은 매출총손익의 구분표시를 생략할 수 있다.(문단2.45)
① 매출액
② 매출원가
③ 매출총손익
④ 판매비와관리비
⑤ 영업손익
⑥ 영업외수익
⑦ 영업외비용
⑧ 법인세비용차감전계속사업손익
⑨ 계속사업손익법인세비용
⑩ 계속사업손익
⑪ 중단사업손익(법인세효과 차감후)
⑫ 당기순손익

(2) 발생주의 원칙

모든 수익과 비용은 그것이 발생한 기간에 정당하게 배분되도록 처리하여야 한다. 현금을 받았는가 또는 지불하였는가에 관계없이 수익과 비용이 발생하였다는 사실에 기인하여 손익계산을 하여야 한다는 원칙으로서, 정확한 기간 손익을 위한 것이다. 이것을 발생주의 원칙이라고 한다. 이에 비하여 현금의 수입과 지출이 있을 때에 회계처리하는 것을 현금주의 원칙이라고 한다.

사례 3-1 현금주의 & 발생주의

은영회사는 컴퓨터도매업이다. 1월 중에 30,000,000원의 컴퓨터 구입이 있었고(전액 외상) 그 컴퓨터를 전량 40,000,000원에 현금을 받고 판매하였다. 1월의 손익을 현금주의와 발생주의에 따라 계산하면 다음과 같다.

	현금주의	발생주의(기업회계기준 채택)
수익총액	40,000,000	40,000,000
비용총액	0(주)	30,000,000
순 이 익	40,000,000	10,000,000

(주) 외상으로 구입하였으므로 현금지출이 없다.

(3) 수익의 인식

수익은 실현시기를 기준으로 계상하고 미실현수익은 당기의 손익계산에 산입하지 아니함을 원칙으로 한다. 수익의 대표적인 것은 매출인데, 다음에 설명될 "매출수익의 실현시기(인식)"를 참조하기 바란다.

(4) 비용의 인식

1) 매출원가

매출원가는 제품, 상품 등의 매출액에 대응되는 원가로서 판매된 제품이나 상품 등에 대한 제조원가 또는 매입원가이다. 매출원가의 산출과정은 손익계산서 본문에 표시하거나 주석으로 기재한다.

2) 판매비와 관리비

판매비와관리비는 제품, 상품, 용역 등의 판매활동과 기업의 관리활동에서 발생하는 비용으로서 매출원가에 속하지 아니하는 모든 영업비용을 포함한다.

3) 감가상각비

자산에서의 효익이 여러 회계기간에 걸쳐 기대되는 경우, 이와 관련하여 발생한 특정

성격의 비용은 체계적이고 합리적인 배분절차에 따라 각 회계기간에 배분하는 과정을 거쳐 인식한다. 이와 같은 예로는 유형자산의 감가상각비와 무형자산의 상각비를 들 수 있다.

4) 기 타

과거에 인식한 자산의 미래 경제적 효익이 감소 또는 소멸되거나 경제적 효익의 수반 없이 부채가 발생 또는 증가한 것이 명백한 경우 비용을 인식한다.

(5) 총액표시의 원칙

수익과 비용은 각각 총액으로 보고하는 것을 원칙으로 한다. 다만, 기업회계기준에서 수익과 비용을 상계하도록 요구하는 경우에는 상계하여 표시하고, 허용하는 경우에는 상계하여 표시할 수 있다(문단2.57).

(6) 구분계산의 원칙

손익계산서는 ① 매출총손익 ② 영업손익 ③ 법인세비용차감전계속사업손익 ④ 중단사업손익 ⑤ 당기순손익의 다섯 가지로의 구분손익으로 표시하여야 한다(5구분 손익계산서). 다만, 제조업, 판매업 및 건설업 외의 업종에 속하는 기업은 매출총손익의 구분표시를 생략할 수 있다(4구분 손익계산서).

(7) 구분 및 통합

① 중요한 항목은 재무제표의 본문이나 주석에 구분하여 표시하며, 중요하지 않은 항목은 성격이나 기능이 유사한 항목과 통합하여 표시할 수 있다.
② 매출액은 업종별이나 부문별로 구분하여 표시할 수 있으며, 반제품매출액, 부산물매출액, 작업폐물매출액, 수출액, 장기할부매출액 등이 중요한 경우에는 이를 구분하여 표시하거나 주석으로 기재한다(문단2.47).

구분과목		제조업, 판매업 및 건설업		기타업종
1		매출액		매출액
2		매출원가		
3 = (1 - 2)	1구분	매출총이익 (또는 손실)		
4		판매비와관리비		판매비와관리비
5 = (4 - 5)	2구분	영업이익 (또는 손실)	1구분	영업이익 (또는손실)

6		영업외수익		영업외수익	
7		영업외비용		영업외비용	
8 = (5 + 6 - 7)	3구분	법인세비용차감전 순이익 (또는 손실)	2구분	법인세비용차감전 순이익 (또는 손실)	
9		법인세비용		법인세비용	
10 = (8 - 9)	4구분	당기순이익 (또는 손실)	3구분	당기순이익 (또는 손실)	

2 계정과목 해설

(1) 수익 계정과목

구 분		내 용
매출액	상품매출액	일반적인 상거래목적으로 외부에서 구입한 재화의 판매금액
	제품매출액	일반적인 상거래목적으로 자체 생산한 재화의 판매금액
	부산물매출	제품생산과정에서 발생하는 부산물의 판매금액
	용역30)매출액	일반적인 상거래목적으로 공급한 용역대가
	○○매출액	해당 법인의 업종에 맞는 매출과목의 명칭 사용가능함
영업외수익	이자수익	금전대여이자, 예금이자 및 어음할인료, 국채·공채·사채 등의 유가증권을 보유함으로써 발생하는 이자
	배당금수익	다른 회사의 주식 등을 보유함에 따라 그 회사로부터 배당으로 받는 이익의 분배금
	수입임대료	부동산이나 동산을 임대해주고 받는 지대·집세·사용료
	유형자산 처분이익	유형자산을 장부가액보다 높게 처분함으로써 발생하는 이익 (처분가액 - 장부가액 = 처분이익)
	자산수증이익	자산을 타인으로부터 무상으로 증여받음으로써 발생하는 이익
	채무면제이익	채권자에게 갚아야 할 채무를 면제 받아서 얻는 이익
	보험차익	화재나 도난 등으로 장부상의 손실액보다 보험금을 더 많이 받게 된 경우 발생된 차익
	잡이익	수입에 대한 내용이 밝혀지지 않은 이익

---

30) 용역은 서비스와 유사하다. 재화 외에는 용역거래인데 이들 구분은 부가가치세실무를 참조 바란다.

3. 비용 계정과목

구 분		내 용
매출원가		매출액을 얻기 위해 발생한 비용으로서 판매한 상품이나 제품의 원가
판매비와 관리비	급여	판매 및 관리업무에 종사하는 모든 임직원에게 지급되는 보수나 상여 및 제수당
	퇴직급여	임직원들이 퇴직하는 경우 지급하기 위해 결산기말에 적립하는 퇴직급여충당부채 또는 실제 임직원이 퇴직하는 시점에 지급하는 퇴직금(관리측면에서 결산기말에 적립하는 퇴직급여충당부채는 퇴직급여전입액의 과목을 사용하기도 함)
	복리후생비	임직원들의 의료·위생·보건 등을 위해 지급하는 금액으로 식당운영비, 건강진단비, 야근식대, 출퇴근비용
	여비교통비	업무와 관련하여 출장을 간 경우 사용하는 교통비, 숙박비
	기업업무추진비	업무와 관련하여 거래처에 제공하는 식대·선물·주대
	통신비	업무용으로 사용하는 전신·전화·우편요금
	수도광열비	수도료·전기료·가스요금
	세금과공과	세금이란 자동차세·인지세·면허세·재산세 등 국가나 지방자치단체에 납부하는 금액을, 공과란 상공회의소 회비·협회비 등
	감가상각비	유·무형자산의 취득원가를 내용연수에 걸쳐 정액법 또는 정률법 등에 의해 상각하여 비용으로 처리하는 항목(실무상 유형자산감가상각비와 무형자산감가상각비로 구분하여도 무방함)
	지급임차료	다른사람이 소유하고 있는 동산이나 부동산 등의 자산을 일정한 계약에 의거 사용하는 경우에 지급하는 비용
	수선비	건물이나 집기비품 등의 수선 또는 유지를 위해서 지출된 비용 (차량의 수선비 → 차량유지비)
	보험료	손해보험(화재보험, 자동차보험 등)에 가입하고 지출하는 비용
	차량유지비	차량을 유지하기 위해 부담하는 유류비, 수선비, 통행료, 주차비
	경상연구개발비	경상적인 연구비 및 개발비
	운반비	매출시 운반을 위한 비용
	교육훈련비	직원의 교육을 위해 지출된 강사비, 연수비용
	도서인쇄비	신문구독료, 도서구입대금, 사진현상료, 서류의 인쇄비
	소모품비	사무용 용지, 문방구, 기타 사무용 소모품 구입비용
	지급수수료	용역을 제공받고 지급하는 수수료로서 기장료, 컨설팅료

	광고선전비	매출을 위하여 신문, 라디오, 광고판 등의 판촉비용
	대손상각비	매출채권의 회수가 불확실한 경우 해당 채권을 비용으로 처리 (대부분 결산시 대손추산액에서 대손충당금잔액을 차감한 금액을 대손상각비로 계상함)
영업외비용	이자비용	차입금 및 회사채를 발행하여 자금을 빌리면서 지급하는 이자
	매출채권 처분손실	매출채권매각 및 상거래와 관련한 어음을 금융기관에서 매각 할인함에 따라 지급하는 할인료
	기부금	사업과는 관련없이 무상으로 국가, 사회단체, 종교단체, 정치자금 등에 기부한 현금, 현물 등
	재해손실	화재·도난 등 천재지변으로 발생된 우발적 손실금
	유형자산 처분손실	유형자산을 장부가액보다 낮게 매각함으로써 발생하는 손실 (처분가액 - 장부가액 = 처분손실)
	잡손실	영업의 목적과 관계없이 지출된 손실

제2절 매출액과 매출원가

1 매출액(일반기업회계기준 제16장)

(1) 매출액의 개념

수익은 재화의 판매, 용역의 제공이나 자산의 사용에 대하여 받았거나 또는 받을 대가(이하 '판매대가'라 한다)의 공정가치로 측정한다. 매출에누리와 할인 및 환입은 수익에서 차감한다(문단16.5).

매출액은 기업의 주된 영업활동에서 발생한 제품, 상품, 용역 등의 총매출액에서 매출할인, 매출환입, 매출에누리 등을 차감한 금액이다. 차감 대상 금액이 중요한 경우에는 총매출액에서 차감하는 형식으로 표시하거나 주석으로 기재한다(문단2.46).

1) 매출에누리

매출에누리는 매출품의 수량부족이나 품질불량, 파손, 납기지연, 또는 대량구입 등의 이유에 의해 매출당시 매출대가에서 공제하는 액을 말한다. 매출에누리는 매출액에 따라 지불하는 판매장려금은 매출에누리로 한다.

(차) 매출(매출에누리) xxx (대) 외 상 매 출 금 xxx

2) 매출할인

매출을 외상으로 한 후에 그 외상채권의 조기회수를 위하여 일정액을 할인하여 주는 금액이다.

✱ 2/10 , n/30
  10일 이내 대금을 결제시에는 2%를 할인해주고, 그 이후에는 할인은 없으며 신용공여기한 30일 이내에 대금 전액을 결제하는 조건을 의미한다.

사례 3-2 매출액 회계처리 (1) - 매출할인

(주)세연은 (주)귀선에게 상품을 판매하면서 다음과 같이 대금을 회수하였다.

① 10월 4일 (주)귀선에 대하여 상품 500,000원을 외상판매하면서 2/10, n/30조건으로 매출대금을 회수하기로 하였다.

  (차) 외 상 매 출 금   500,000   (대) 상 품 매 출   500,000

② 10월 13일 매출대금의 60%를 현금회수하였다.

```
        (차) 현           금        294,000    (대) 외 상 매 출 금      300,000
            상품매출(매출할인)        6,000
```

③ 10월 26일 매출대금의 40%를 30일 이내에 현금으로 회수하였다.

```
        (차) 현           금        200,000    (대) 외 상 매 출 금      200,000
```

3) 현재가치측정

대부분의 경우 판매대가는 현금 또는 현금성자산의 금액이다. 그러나 판매대가가 재화의 판매 또는 용역의 제공 이후 장기간에 걸쳐 유입되는 경우에는 그 공정가치가 미래에 받을 금액의 합계액(이하 '명목금액'이라 한다)보다 작을 수 있다.

예를 들면, 무이자로 신용판매하거나, 판매대가로 표면이자율이 시장이자율보다 낮은 어음을 받는 경우에는 판매대가의 공정가치가 명목금액보다 작아진다. 이 때 공정가치는 명목금액의 현재가치로 측정하며, 공정가치와 명목금액과의 차액은 일반기업회계기준 제6장 '금융자산·금융부채'에 따라 현금회수기간에 걸쳐 이자수익으로 인식한다.

현재가치의 측정에 사용되는 할인율은 신용도가 비슷한 기업이 발행한 유사한 금융상품(예: 회사채)에 적용되는 일반적인 이자율과 명목금액의 현재가치와 제공되는 재화나 용역의 현금판매금액을 일치시키는 유효이자율 중 보다 명확히 결정될 수 있는 것으로 한다(문단16.6).

4) 일반기업회계기준 31장 특례와 법인세법

① **일반기업회계기준은 중소기업기본법에 의한 중소기업은 현재가치평가를 하지 않을 수 있다.**

② **법인세법** : 법인이 장기할부로 자산을 판매하거나 양도함으로써 발생한 채권에 대하여 기업회계기준이 정하는 바에 따라 현재가치로 평가하여 채권의 회수기간 동안 기업회계기준이 정하는 바에 따라 유효이자율법에 의한 매출채권과 이자수입으로 회계처리한 경우 법인세법도 인정한다(법령 §68 ⑥).

(2) 수익인식시점

매출로 인식하는 시점은 거래형태별(재화, 용역, 기타)로 구분하여 정하고 있다. 그러나 다음의 회계와 회계사건에는 적용하지 않는다.

① 리스계약(일반기업회계기준 제13장 '리스')	② 지분법으로 회계처리하는 투자자산으로부터의 배당금(일반기업회계기준 제8장 '지분법'과 제9장 '조인트벤처 투자')
③ 보험회사의 보험계약	④ 금융자산과 금융부채의 공정가치 변동 또는 처분 (일반기업회계기준 제6장 '금융자산·금융부채')
⑤ 건설형 공사계약 (일반기업회계기준 제16장 제2절)	⑥ 농림어업활동과 관련된 생물자산의 최초인식 및 공정가치의 변동 그리고 수확물의 최초인식 (일반기업회계기준 제27장 '특수활동')
⑦ 광물의 추출(일반기업회계기준 제27장 '특수활동')	

(3) 재화의 판매

1) 인식조건

재화의 판매로 인한 수익은 다음 조건이 모두 충족될 때 인식한다.

① 재화의 소유에 따른 위험과 효익의 대부분이 구매자에게 이전된다.
② 판매자는 판매한 재화에 대하여 소유권이 있을 때 통상적으로 행사하는 정도의 관리나 효과적인 통제를 할 수 없다.
③ 수익금액을 신뢰성 있게 측정할 수 있다.
④ 경제적 효익의 유입 가능성이 매우 높다.
⑤ 거래와 관련하여 발생했거나 발생할 거래원가와 관련 비용을 신뢰성 있게 측정할 수 있다.

2) 위험과 효익

거래의 경제적 실질에 따라서 위험과 효익을 판단한다. 거래 이후에도 판매자가 관련 재화의 소유에 따른 위험의 대부분을 부담하는 경우 그 거래를 아직 판매로 보지 아니하며 따라서 수익을 인식하지 않는다. 이러한 예는 다음과 같다.

① 인도된 재화의 결함에 대하여 정상적인 품질보증범위를 초과하여 책임을 지는 경우
② 판매대금의 회수가 구매자의 재판매에 의해 결정되는 경우
③ 설치조건부 판매에서 계약의 중요한 부분을 차지하는 설치가 아직 완료되지 않은 경우
④ 구매자가 판매계약에 따라 구매를 취소할 권리가 있고, 해당 재화의 반품가능성을 예측하기 어려운 경우

인식시점에 대한 실무지침(기존 기준서 부록 2)

기준서	거래유형	적용사례	인식(회계처리)시점
A26	인도지연	재화가 인도될 것이 확실하고 재화의 인도준비가 완료되었으며, 재화의 인도연기에 대한 공식적인 확인이 존재하며 통상적인 지급조건이 적용되는 경우	소유권이전시점에 인식
		그 밖의 경우	인도시점에 인식
A27	설치, 검사조건부 판매	설치과정이 단순, 형식적인 검사인 경우	인수시점 인식
		그 밖의 경우	설치 및 검사완료시점에 인식
A27	반품 조건부 판매	반품가능성의 합리적인 추정가능	인도시점 인식
		반품가능성의 합리적인 추정곤란	구매자가 재화의 인수를 공식적으로 수락한 시점 또는 반품기간 종료시점에 인식
A27	위탁판매		제3자에게 판매한 시점에 인식
A28	상품권		상품을 판매하여 상품권을 회수한 시점에 인식
A28	재구매 옵션부 판매	판매거래인 경우	인도시점 인식
		금융거래인 경우	수익인식 없음
A30	재판매 목적의 중개상에 판매	실질적 판매인 경우	재판상에 판매한 시점
		위탁판매인 경우	제3자에게 판매한 시점에 인식
A31	정기간행물		구독기간동안 정액법으로 인식
A32	할부판매	할부금 현재가치	인도시점에 인식
		이자수익	발생기준으로 유효이자율법으로 인식
A33	부동산판매		소유권이전시점 또는 실질적인 위험과 효익의 이전시점에 인식
		거래의 형식과 실질이 다른 경우 -환매옵션부 판매 -일정한 임대율 보장한 판매	금융거래 리스거래

(4) 용역의 제공

1) 인식조건

① 용역의 제공으로 인한 수익은 용역제공거래의 성과를 신뢰성 있게 추정할 수 있을 때 진행기준에 따라 인식한다. 다음 조건이 모두 충족되는 경우 용역제공거래의 성과를 신뢰성 있게 추정할 수 있다고 본다.

㉠ 거래 전체의 수익금액을 신뢰성 있게 측정할 수 있다.

ⓒ 경제적 효익의 유입 가능성이 매우 높다.
　　　ⓒ 진행률을 신뢰성 있게 측정할 수 있다.
　　　ⓔ 이미 발생한 원가 및 거래의 완료를 위하여 투입하여야 할 원가를 신뢰성 있게
　　　　측정할 수 있다.
　　ⓓ 제공되는 용역과 관련하여 거래 당사자 모두에 대해 법적 구속력이 있는 권리, 용역제공의
　　　대가 및 정산 방법과 조건에 대하여 거래 상대방과 합의한 경우 일반적으로 거래 전체의
　　　수익금액을 신뢰성 있게 측정할 수 있으며 경제적 효익의 유입 가능성이 매우 높은 것으로
　　　본다. 용역제공이 진행됨에 따라 해당기간에 인식할 수익금액의 추정치를 재검토하
　　　고 필요할 경우 수정해야 한다. 그러나 이와 같은 경우라 할지라도 거래의 성과를
　　　신뢰성 있게 추정할 수 없다는 것을 의미하는 것은 아니다.

2) 진행기준에 의한 매출수익 인식

① 산식

> 당기수익 = (도급금액 × 진행률) - 전기까지 인식한 수익
> 진행률 = 합리적인 방법에 의한 률
> 당기원가 = 당기에 실제 발생한 비용
> 당기이익 = 당기수익 - 당기비용

② 진행률

용역의 진행정도에 따라 매출수익을 인식하는 것으로서, 진행률은 다양한 방법으로 결정할 수 있다. 기업은 용역제공거래의 특성에 따라 작업진행정도를 가장 신뢰성 있게 측정할 수 있는 방법을 선택하여야 한다. 예를 들면, 진행률은 다음 ⓐ부터 ⓒ를 이용하여 계산할 수 있다.

　　ⓐ 총예상작업량(또는 작업시간) 대비 실제작업량(또는 작업시간)의 비율
　　ⓑ 총예상용역량 대비 현재까지 제공한 누적 용역량의 비율
　　ⓒ 총추정원가 대비 현재까지 발생한 누적원가의 비율. 현재까지 발생한 누적원가
　　　는 현재까지 수행한 용역에 대한 원가만을 포함하며, 총추정원가는 현재까지의
　　　누적원가와 향후 수행하여야 할 용역의 원가를 합계한 금액이다.

3) 결손추정되는 용역매출

용역제공거래에서 이미 발생한 원가와 그 거래를 완료하기 위해 추가로 발생할 것으로 추정되는 원가의 합계액이 해당 용역거래의 총수익을 초과하는 경우 그 초과액과 이미 인식한 이익의 합계액을 전액 당기손실로 인식한다.

✽ 세법에서는 결손추정액을 미리 손실로 인정하지 않는다. 실제로 발생한 경우에만 손금으로 인정한다.

4) 진행기준을 적용할 수 없는 경우
① 용역제공거래의 성과를 신뢰성 있게 추정할 수 없는 경우 발생한 비용의 범위 내에서 회수가 능한 금액을 수익으로 인식한다.
② 용역제공거래의 성과를 신뢰성 있게 추정할 수 없고 발생한 원가의 회수가능성이 낮은 경우 수익을 인식하지 않고 발생한 원가를 비용으로 인식한다. 그러나 거래의 성과를 신뢰성 있게 추정하는 것을 어렵게 만들었던 불확실성이 해소된 경우 진행기준에 따라 다시 수익을 인식한다.

인식시점에 대한 실무지침(기존 기준서 부록 2)

기준서	거래 유형	사례 및 수익인식(회계처리) 시점
A35	기계장치 설치용역	진행기준
A36	소프트웨어 지원용역 제품개선용역	본래의 제품 판매가격에 추후 제공할 용역에 대한 식별 가능한 금액이 포함되어 있는 경우 그 지원용역 등이 제공되는 기간에 인식
A37	광고수익	광고를 대중에게 전달하는 시점
A38	보험대리	보험의 시작일 또는 갱신일
A40	입장료 수익	행사 개최시점
A41	수강료	강의기간에 걸쳐 발생기준으로 인식
A42	입회비, 연회비	다른 용역 등의 제공과는 별도로 회비가 수취되는 경우 : 회비의 회수가 확실하게 된 시점 용역 등의 대가가 포함된 경우 : 합리적인 기준에 따라 인식
A3	프랜차이즈 수수료	설비 등의 제공 수수료 : 인도시점, 소유권 이전시점 운용지원용역 제공 수수료 : 용역이 제공된 시점
A44	주문개발하는 소프트웨어	진행기준

5) 기업컨설팅

기업컨설팅과 같이 계약기간 내에 불특정 다수의 용역을 복합적으로 제공하는 계약이 있을 수 있다. 이 때, 그 용역수행정도를 보다 잘 나타낼 수 있는 다른 방법이 없는 경우 실무적 편의를 위하여 정액법이나 작업시간 또는 작업일자 기준으로 수익을 인식할 수 있다. 다만, 어떤 용역활동이 다른 활동에 비해 특별히 중요한 경우 그 활동이 수행될 때까지 수익의 인식을 연기한다.

(5) 이자, 배당금, 로열티

자산을 타인에게 사용하게 함으로써 발생하는 이자, 배당금, 로열티 등의 수익은 수익금액을 신뢰성 있게 측정할 수 있으며, 경제적 효익의 유입 가능성이 매우 높을 때 인식한다.

1) 이자수익

이자수익은 원칙적으로 유효이자율을 적용하여 발생기준에 따라 인식한다.

✱ 세법은 원천징수 시점에 귀속되므로 세무조정이 필요하다.

2) 배당금수익

배당금수익은 배당금을 받을 권리와 금액이 확정되는 시점에 인식한다.

3) 로열티수익

로열티수익은 관련된 계약의 경제적 실질을 반영하여 발생기준에 따라 인식한다.

(6) 기타 매출

재화의 판매, 용역의 제공, 이자, 배당금, 로열티로 분류할 수 없는 그 밖의 수익은 ① **수익가득과정이 완료되었거나 실질적으로 거의 완료되었고**, ② **경제적 효익의 유입 가능성이 매우 높으며**, ③ **수익금액을 신뢰성 있게 측정할 수 있을 때** 발생기준에 따라 합리적인 방법으로 인식한다(문단 16.17).

(7) 중소기업의 회계처리에 대한 특례(일반기준 31장)

「중소기업기본법」에 의한 중소기업으로서 중소기업회계처리 특례대상 법인의 경우 1년 내의 기간에 완료되는 용역매출은 용역의 제공을 완료한 날에, 1년 이상의 기간에 걸쳐 이루어지는 할부매출은 할부금회수기일이 도래한 날에 수익으로 인식할 수 있다.

✱ 상장법인, 증권신고서 제출법인, 사업보고서 제출대상법인 등은 제외

사례 3-3 진행기준 회계처리

(1) A사는 x2년 4월 1일 춘천-원주간 경전철 건설공사를 강원도로부터 도급금액(공사계약금액) 1,000,000원에 수주하였다. 공사기간은 x2년 4월 1일부터 x4년 7월 31일까지이다.
(2) 건설공사와 관련하여 각 회계연도에 발생한 공사원가자료들은 다음과 같다.

	x2년	x3년	x4년
누적공사원가	360,000	740,000	930,000
총공사예정원가	900,000	925,000	930,000
공사대금수령액	350,000	400,000	250,000

〈요구사항〉
1. A사가 각 회계연도에 인식할 공사이익을 계산하라.

2. A사가 x2년과 x3년에 해야 할 회계처리를 하라.
3. x2년 12월 31일 현재 A사의 부분재무상태표를 작성하라.

	x2년	x3년	x4년
누적공사원가	360,000	740,000	930,000
총공사예정원가	900,000	925,000	930,000
공사대금수령액	350,000	400,000	250,000

1. 공사이익

	x2년	x3년	x4년
① 누적공사원가	360,000	740,000	930,000
② 총공사예정원가	900,000	925,000	930,000
③ 공사진행률(①÷②)	40%	80%	100%
④ 누적공사수익(도급금액×③)	400,000	800,000	1,000,000
⑤ 전기누적공사수익	–	(400,000)	(800,000)
⑥ 공사수익(④-⑤)	400,000	400,000	200,000
⑦ 공사원가	(360,000)	(380,000)	(190,000)
⑧ 공사이익(⑥-⑦)	40,000	20,000	10,000

2. 회계처리

구 분		회 계 처 리				
x2	① 공사원가발생시	(차)미 성 공 사	360,000	(대)현 금	360,000	
	② 공사대금수령시	(차)현 금	350,000	(대)공사선수금	350,000	
	③ 결 산 시	(차)공사선수금 (차)공사미수금 (차)공 사 원 가	350,000 50,000 360,000	(대)공 사 수 익 (대)미 성 공 사	400,000 360,000	
x3	④ 공사원가발생시	(차)미 성 공 사	380,000	(대)현 금	380,000	
	⑤ 공사대금수령시	(차)현 금	400,000	(대)공사미수금 (대)공사선수금	50,000 350,000	
	⑥ 결 산 시	(차)공사선수금 (차)공사미수금 (차)공 사 원 가	350,000 50,000 380,000	(대)공 사 수 익 (대)미 성 공 사	400,000 380,000	

3. x2년 12월 31일 부분재무상태표

부분재무상태표

A사   x2년 12월 31일 현재

유 동 자 산		유 동 부 채	
공사미수금	50,000*	공사선수금	–
미 성 공 사	–		

* 400,000(누적공사수익) - 350,000(공사대금수령액) = 50,000

사례 3-4 매출액 회계처리 (2) - 선수금

1월 15일 A회사는 B회사와 다음과 같은 매출계약을 체결하고 현금으로 계약금을 지급하였다.
상품판매가격 5,000,000원, 납품기한 3월 10일, 계약금 500,000원
3월 5일 A회사는 당초 계약대로 상품을 외상으로 납품하였다.

1월 15일

(차) 현　　　　금　　　500,000　　　(대) 선　수　금　　　500,000

3월 5일

(차) 선　수　금　　　　500,000　　　(대) 상　품　매　출　　5,000,000
　　　외 상 매 출 금　　4,500,000

사례 3-5 매출액 회계처리 (3) - 예약매출

1월 20일 A회사는 C회사와 제품제조기간이 상당기간 걸리기 때문에 다음과 같은 장기예약매출계약을 체결하고 계약금을 현금으로 지급하였다.
제품판매가격 80,000,000원, 납품기한 다음연도 5월 20일, 계약금 8,000,000원
다음연도 5월 20일 A회사는 당초계약대로 상기 제품을 납품하고 대금은 외상으로 하였다.
예약된 제품을 생산하는데 예상원가와 실제 투입된 원가는 다음과 같다.

연 도	예약매출액	예상원가①	실제투입원가②	누적원가	진행률(①/②)
당 기	80,000,000	64,000,000	48,000,000	48,000,000	75%
차 기	80,000,000		18,000,000	66,000,000	100%

진행기준에 의하여 매출액을 인식하는 회계처리를 하여라.

[당 기]

1월 20일

(차) 현 금 과 예 금　　8,000,000　　(대) 선　수　금　　8,000,000

12월 31일

(차) 외 상 매 출 금　　52,000,000　　(대) 제 품 매 출　　60,000,000
　　　선　수　금　　　　8,000,000

A회사는 예약된 물건을 생산하는데 소요되는 총 원가를 64,000,000원으로 추정했고 계약년도에 발생된 실제원가가 48,000,000원으로서 작업진행이 75%(48,000,000/64,000,000)만큼 진척된 것으로 보인다. 따라서 예약판매액 80,000,000원 중 75%인 60,000,000원을 해당연도의 수익(매출)으로 인식하고 나머지는 다음연도의 수익으로 인식한 것이다.

[차 기]
5월 20일

(차) 외 상 매 출 금　　　20,000,000　　　(대) 제 품 매 출　　　20,000,000

* 「법인세법」에서는 단기건설등의 귀속시기 원칙은 진행기준이지만 중소기업의 단기건설 등은 인도기준으로 할 수 있다. 장기건설에 있어서는 진행기준에 따라 손익의 귀속시기를 정하고 있다.

사례 3-6 위탁판매시 회계처리

① 1월 20일 A기업은 B회사에 판매를 위탁하기 위하여 상품을 10,000,000원에 적송하고 운반비 100,000원을 현금으로 지불하였다.

(차) 적　　송　　품　　　10,100,000　　　(대) 상　　　　　　품　　　10,000,000
　　　　　　　　　　　　　　　　　　　　　　　　현　　　　　　금　　　　 100,000

② 2월 1일 B회사로부터 위 적송품을 15,000,000원에 현금으로 판매하였다는 통보를 받았다. 그리고 적송품 판매수수료 200,000원을 제외한 나머지 14,800,000원을 계좌로 송금받았다.

(차) 보 통 예 금　　　14,800,000　　　(대) 적 송 품 매 출　　　15,000,000
　　 지 급 수 수 료　　　　200,000

(차) 적 송 품 매 출 원 가　　　10,100,000　　　(대) 적　　송　　품　　　10,100,000

* 위탁자로부터 수탁자에게 운반되는 적송품의 운반비 등은 적송품원가에 포함한다.
  그리고 수탁자에게 지급하는 위탁품판매에 대한 수수료는 판매비와 관리비로 회계처리 한다.

사례 3-7 시용판매시 회계처리

① 1월 25일 Y회사는 복사기를 판매하는 회사인데 주문도 받지 아니하고 C회사에 복사기를 판매하기 위하여 당 상품을 발송하였다. Y회사는 일정기간 사용해 본 후 구입여부를 결정하여 줄 것을 요청하였다. 이 상품의 판매가는 2,000,000원이며 원가는 1,500,000원이다.

(차) 시　　송　　품　　　1,500,000　　　(대) 상　　　　　　품　　　1,500,000

② 2월 25일 Y회사는 C회사로부터 상기 상품(복사기)을 구입하겠다는 통보를 받았다. 판매대금은 1개월 후 지급받기로 하였다.

(차) 외 상 매 출 금　　　2,000,000　　　(대) 상 품 매 출　　　2,000,000
　　 시 송 품 매 출 원 가　1,500,000　　　　　 시　　송　　품　　1,500,000

사례 3-8   매출액 회계처리 (4) - 장기할부매출

(1) 장기할부판매시 현재가치회계

(주) 성실은 x1년 1월 1일 상품을 장기할부조건으로 판매하였다. 현금으로 판매할 경우 2,783,230원이지만 다음과 같은 조건으로 지급받기로 하였으므로 이자율 15%를 적용하여 총 3,500,000원에 판매하였다. 현재가치회계로 회계처리를 하여라.

〈자료〉

x1년 1월 1일   계약금   500,000원
x1년 12월 31일   1차중도금   1,000,000원
x2년 12월 31일   2차중도금   1,000,000원
x3년 12월 31일   잔금   1,000,000원

① 할부금의 원금상환액 및 이자

기 간	①외상잔액	②할부금	③이자(①×15%)	④원 금
x1. 1. 1	2,283,230			
x1.12.31	1,625,714	1,000,000	342,484	657,516
x2.12.31	869,571	1,000,000	243,857	756,143
x3.12.31	0	1,000,000	130,429	869,571
계		3,000,000	716,770	2,283,230

② 할부금의 현재가치 계산

x1.12.31   1,000,000 × 0.65752 (1/1.15^3) = 657,516
x2.12.31   1,000,000 × 0.75614 (1/1.15^2) = 756,143
x3.12.31   1,000,000 × 0.86957 (1/1.15) = 869,565

③ 상품의 현재가치 계산

계약금 + ②
또는 500,000 + (1,000,000 × 2.28323$^{(주)}$) = 2,783,230
㈜ 2.28323(15%, 3년 연금현가계수 = 0.65752 + 0.75614 + 0.86957)

④ 회계처리

x1년 1월 1일

(차) 현 금	500,000	(대) 상 품 매 출	2,783,230
장 기 매 출 채 권	3,000,000	현재가치할인차금	716,770

x1년 12월 31일

(차) 현 금	1,000,000	(대) 장 기 매 출 채 권	1,000,000
현재가치할인차금	342,484	이 자 수 익	342,484

x2년 12월 31일

(차) 현 금	1,000,000	(대) 장 기 매 출 채 권	1,000,000
현재가치할인차금	243,857	이 자 수 익	243,857

```
x3년 12월 31일
(차) 현        금         1,000,000    (대) 장 기 매 출 채 권    1,000,000
    현재가치할인차금        130,429         이  자  수  익       130,429
```

(2) 장기할부판매시 명목가치회계

중소기업은 현재가치평가를 아니할 수 있다. 또한 수익인식시점도 인도기준 또는 할부금회수기일에 인식할 수 있다. 앞 (1) 사례를 명목가치로 하면서 수익인식시점을 다음과 같이 인도시점 또는 할부금회수기일로 검토할 수 있다.

① 인도시점에 인식 : 1차년도에 3,500,000원 매출회계처리
② 할부금회수기일에 인식 : 1차년도에 1,500,000원 2차년도에 1,000,000원 3차년도에 1,000,000원의 매출을 회계처리

* 장기할부매출에 대하여 「법인세법」상 손익귀속시기는 원칙적으로 인도일이나 선택적으로 회수약정기일도래기준도 적용하도록 정하고 있다.

2 건설형 공사계약의 수익인식
(일반기업회계기준 제16장 제2절 건설형 공사계약)

(1) 목 적

건설형 공사계약의 회계처리와 공시에 대한 사항을 규정하는 데 있다. 건설형 공사는 일반적으로 여러 회계기간에 걸쳐 진행되기 때문에 이 절의 주요 내용은 공사수익과 공사원가를 공사가 수행되는 회계기간에 적절하게 배분하여 인식하는 회계처리에 대한 것이다(문단16.19).

(2) 건설형 공사계약의 정의

건설형 공사계약이란 단일자산의 건설공사 또는 설계나 기술, 기능 또는 그 최종적 목적이나 용도에 있어서 밀접하게 상호 연관되어 있는 복수자산의 건설공사를 위해 합의된, 법적으로 구속력 있는 계약을 말한다. 이 절은 사전에 확정된 계약에 따라 총공사수익과 총공사원가의 추정이 가능하기 때문에 이익을 공사진행 정도에 따라 인식할 수 있는 건설형 공사계약에 적용한다. 따라서, 이 절은 건설업뿐만 아니라 공사계약의 형태가 유사한 경우에는 기타 산업에도 적용할 수 있다(문단16.20).

건설형 공사계약의 예시는 다음과 같다.
① 건물이나 교량, 댐, 파이프라인, 도로, 터널 등의 건설공사계약
② 선박이나 항공기, 레이더·무기·우주장비 등의 복잡한 전자장비의 제작과 같은 특별한 주문생산

형 공사계약
③ 설계, 기술, 기능 또는 그 최종적 목적이나 용도에 있어서 밀접하게 상호 관련되거나 상호의존적인 복수자산의 건설공사(예로는 제련소, 기타 복잡한 생산설비나 기계장치의 건설형 공사계약)
④ 공사감리나 설계용역의 계약과 같이 자산의 건설공사와 직접적으로 관련된 용역제공 계약
⑤ 자산의 철거나 원상회복, 그리고 자산의 철거에 따르는 환경의 복구에 관한 계약
⑥ 청약을 받아 분양하는 아파트 등 예약매출에 의한 건설공사계약

(3) 공사계약의 병합과 분할

공사손익은 공사계약별로 적용함을 원칙으로 한다. 그러나 계약내용의 경제적 실질을 올바로 반영하고 기간손익의 왜곡을 방지하기 위하여 동일 계약 내에서도 구분 가능한 부분별로 구분하거나 여러 계약을 하나의 계약으로 보아 일괄 적용하여야 한다(문단 9, 10, 11).

1) 공사계약의 분할

단일의 계약을 체결하였더라도 다음의 조건을 모두 충족하는 경우 여러 자산의 건설공사를 각각 독립된 건설공사로 본다.
① 각 자산에 대하여 별개의 공사제안서가 제출된다.
② 각 자산에 대해 독립된 협상이 이루어졌으며, 발주자와 건설사업자는 각 자산별로 계약조건의 수락 또는 거부가 가능하다.
③ 각 자산별로 비용과 수익의 인식이 가능하다.

2) 공사계약의 병합

다음의 조건을 모두 충족시키는 경우 복수계약전체를 단일 건설형 공사계약으로 본다.
① 복수의 계약이 일괄적으로 협상된다.
② 설계, 기술, 기능 또는 최종용도에서 복수의 계약이 상호 밀접하게 연관되어 사실상 단일 목표이윤을 추구하는 하나의 프로젝트가 된다.
③ 복수의 계약이 동시에 진행되거나 연쇄적으로 이행된다.

3) 계약의 분할 사례(일반기업회계기준 부록)

건설회사인 C회사는 아파트와 상가를 건설하기로 하고 D회사와 총도급금액 ₩10,000,000에 계약을 체결하였다. C건설회사는 아파트와 상가의 공사진행에 따라 공사수익을 인식하기로 결정하였으며, 공사이익률은 각각 10%, 30%로 예상하였다. C건설회사는 공사원가를 기초로 공사진행률을 산정하며, 아파트와 상가의 공사원가 자료 및 진행률은 다음과 같다(사례23 계약의 분할).

	아 파 트	상 가	총 계
추정총공사원가	₩7,200,000	₩1,400,000	₩8,600,000
실제발생원가			
1차년도	5,040,000	560,000	5,600,000
진행률	70%	40%	65.11%
2차년도	2,160,000	840,000	3,000,000
진행률	100%	100%	100%

총도급금액 ₩10,000,000을 아파트와 상가로 각각 구분하여 계산하면 다음과 같다.
아파트 : 추정총공사원가/(1 – 총공사이익율) = ₩7,200,000/0.9 = ₩8,000,000
상가 : 추정총공사원가/(1 – 총공사이익율) = ₩1,400,000/0.7 = ₩2,000,000
따라서, 계약분할에 의할 경우 공사수익, 공사원가, 공사이익은 다음과 같다.

	1차년도	2차년도	총 계
공사수익	₩6,400,000[1]	₩3,600,000[2]	₩10,000,000
공사원가	5,600,000	3,000,000	8,600,000
공사이익	₩ 800,000	₩ 600,000	₩ 1,400,000

1) 8,000,000×70% + 2,000,000×40% = 6,400,000
2) 8,000,000×30% + 2,000,000×60% = 3,600,000

계약분할에 의하지 않고 단일계약으로 공사진행률을 적용하였다면 공사수익, 공사원가, 공사이익은 다음과 같이 계산된다.

	1차년도	2차년도	총 계
공사수익	₩6,511,000[1]	₩3,489,000	₩10,000,000
공사원가	5,600,000	3,000,000	8,600,000
공사이익	₩ 911,000	₩ 489,000	₩ 1,400,000

1) 10,000,000×65.11% = 6,511,000

(4) 공사수익의 구성과 금액측정

1) 합의된 계약금액과 발생가능성이 매우 높은 보상금 또는 장려금

공사수익의 구성은 최초에 합의된 계약금액과 발생가능성이 매우 높은 보상금 또는 장려금의 추가수익으로 한다. 공사수익은 수취하였거나 수취할 대가의 공정가치로 측정한다(문단16.29).

① **보상금은 건설사업자가 공사계약금액에 포함되어 있지 않은 비용을 발주자나 다른 당사자로부터 보전받는 금액이다.** 예를 들면, 발주자에 의한 보상금은 발주자에 의하여 공사가

지체되거나 제시한 설계에 오류가 있을 때, 또는 공사내용의 변경과 관련하여 분쟁이 있을 때 발생할 수 있다. 보상금의 측정은 불확실성이 높으며 협상결과에 따라 달라질 수 있다. 따라서, 보상금은 발주자가 지급 요청을 수락하였거나 수락할 가능성이 매우 높고, 그 금액을 신뢰성 있게 측정할 수 있는 경우에 한하여 공사수익에 포함한다(문단16.30).

② **장려금은 특정 수행기준을 충족하거나 초과할 때 건설사업자가 발주자로부터 수취하는 추가금액이다.** 예를 들면, 공사의 조기완료에 대해 건설사업자에게 계약상 정해진 장려금이 지급될 수 있다. 장려금은 특정 수행기준이 충족되거나 초과될 가능성이 매우 높은 정도로 공사가 충분히 진행되었으며, 그 금액을 신뢰성 있게 측정할 수 있는 경우에 한하여 공사수익에 포함한다(문단16.31).

2) 추후 회수 불가능한 공사수익의 대손비용

이미 공사수익으로 손익계산서에 인식된 금액의 회수가능성에 불확실성이 발생하는 경우에도 공사수익을 수정하지 않는다. 공사수익으로 인식된 공사미수금이 추후 회수불가능하게 되면, 기존의 공사수익을 수정하는 것이 아니라 대손비용으로 처리한다(문단16.45).

(5) 공사원가 구성항목

공사직접원가와 공사공통원가 및 계약조건에 따라 발주자에게 청구할 수 있는(계약에 규정되어 있는 일부 일반관리비와 연구개발비 등) 기타 특정공사원가가 있다.

1) 특정공사에 관련된 공사직접원가예시
① 건설공사에 사용된 재료비
② 현장감독을 포함한 현장인력의 노무비
③ 생산설비와 건설장비의 감가상각비
④ 생산설비, 건설장비 및 재료의 건설현장으로의 또는 건설현장에서의 운반비
⑤ 생산설비와 건설장비의 임차료
⑥ 공사와 직접 관련된 설계와 기술지원비
⑦ 외주비
⑧ 공사종료시점에서 추정한 하자보수와 보증비용
⑨ 제3자에 대한 보상
⑩ 이주대여비 관련 순이자비용
⑪ 창고보관료, 보험료 등 특정공사 진행과정에서 직접적으로 발생한 기타 비용

2) 공사공통원가

특정공사에 배분될 수 있는 공사공통원가에는 보험료, 특정공사에 직접 관련되지 않은 설계와 기술지원비, 기타 공사간접원가 및 자본화될 금융비용 등이 있다. 공통원가는 체계적이고 합리적인 방법에 따라 손익계산단위에 배분되며, 배분방법은 비슷한 성격의 모든 원가에 동일하게 적용한다. 손익계산단위는 수익을 인식하고 원가를 계상하며 손익을 측정하기 위해 구분한 공사손익의 계산단위를 말한다. 일반적으로는 각각의 계약이 손익계산단위가 된다. 그러나 계약의 병합이나 분할의 조건을 충족시키는 계약의 경우에는 여러 개의 계약이 하나의 손익계산단위가 될 수 있으며, 하나의 계약에 여러 개의 손익계산단위가 있을 수도 있다(문단16.34).

3) 원가에 포함되는 공사계약전 지출비용

공사원가는 계약체결일로부터 계약의 최종적 완료일까지의 기간동안에 당해 공사에 귀속될 수 있는 원가를 포함한다. 그러나 계약에 직접 관련이 되며 계약을 획득하기 위해 공사계약체결 전에 부담한 지출은, 개별적으로 식별이 가능하며 신뢰성 있게 측정될 수 있고 계약의 체결가능성이 매우 높은 경우에 공사원가의 일부로 포함된다. 공사원가에 포함되는 공사계약전 지출은 경과적으로 선급공사원가로 계상하며, 당해 공사를 착수한 후 공사원가로 대체한다(문단16.38).

따라서 미래의 경제적 효익이 없는 지출 등은 당기비용으로 처리한다. 분양대행수수료는 판매비용으로서 판매비와 일반관리비로 처리한다(질의회신).

(6) 해당연도 공사수익과 비용의 인식

1) 진행기준 적용조건(문단 16.41, 16.42)

① 정액공사계약에 있어서 다음의 조건을 모두 충족할 때 진행기준을 적용하여 공사수익을 인식한다.
  ㉠ 총공사수익 금액을 신뢰성 있게 측정할 수 있다.
  ㉡ 계약과 관련된 경제적 효익이 건설사업자에게 유입될 가능성이 매우 높다.
  ㉢ 계약을 완료하는데 필요한 공사원가와 공사진행률을 모두 신뢰성 있게 측정할 수 있다.
  ㉣ 공사원가를 명확히 식별할 수 있고 신뢰성 있게 측정할 수 있어서 실제 발생된 공사원가를 총공사예정원가의 예상치와 비교할 수 있다.

② 원가보상공사계약(이윤을 공사원가에 가산한 계약을 말한다)에 있어서 다음의 조건을 모두 충족할 때 진행기준을 적용하여 공사수익을 인식한다.
  ㉠ 계약과 관련된 경제적 효익이 건설사업자에게 유입될 가능성이 매우 높다.

ⓒ 계약에 귀속될 수 있는 공사원가를 명확히 식별할 수 있고 신뢰성 있게 측정할 수 있다.

2) 진행기준율에 의한 당기수입 비용의 계상

① 당기공사수익은 공사계약금액에 보고기간종료일 현재의 공사진행률을 적용하여 인식한 누적공사수익에서 전기말까지 계상한 누적공사수익을 차감하여 산출한다(문단16.39).
② 당기공사원가는 당기에 실제로 발생한 총공사비용에 공사손실충당부채전입액(추정공사손실)을 가산하고 공사손실충당부채환입액을 차감하며 다른 공사와 관련된 타계정대체액을 가감하여 산출한다(문단16.40).
③ "진행기준" 이란 도급금액에 공사진행률을 곱하여 공사수익을 인식하고 동사수익에 대응하여 실제로 발생한 비용을 공사원가로 계상하는 방법을 말한다.
④ **공사진행률은 실제공사비 발생액을 토지의 취득원가와 자본화대상 금융비용 등을 제외한 총공사예정원가로 나눈 비율로 계산함을 원칙으로 한다.** 다만, 공사수익의 실현이 작업시간이나 작업일수 또는 기성공사의 면적이나 물량 등과 보다 밀접한 비례관계에 있고, 전체공사에서 이미 투입되었거나 완성된 부분이 차지하는 비율을 객관적으로 산정할 수 있는 경우에는 그 비율로 할 수 있다(문단16.47).

3) 진행기준율 계산시 제외되는 공사원가

> 누적공사진행율 = 실제공사비 누적발생액 / 총공사예정원가
> 당기공사수입금액 = (도급금액×누적공사진행율) – 전기까지 계상된 공사수입금액
> 당기공사원가금액 = 당기에 실제로 발생한 총공사비용에 공사손실충당부채전입액(추정)을 가산하고 공사손실충당부채환입액을 차감하며 다른 공사와 관련된 타계정대체액을 가감하며 산출한다.

공사진행률을 발생원가 기준으로 결정할 경우에는 실제로 수행된 작업에 대한 공사원가만 발생원가에 포함한다. 따라서 공사원가에는 포함되나 공사진행에 따라 직접 발생한 지출은 아니므로, 공사진행률 계산의 기준이 되는 발생원가에서 제외되는 공사원가의 예는 다음과 같다(문단16.48).

① **공사현장에 투입되었으나 아직 공사수행을 위해 이용 또는 설치되지 않은 재료 또는 부품의 원가. 다만 해당 공사를 위해 특별히 제작되거나 조립된 경우는 발생원가에 포함한다.**
② 아직 수행되지 않은 하도급 공사에 대하여 하도급자에게 선급한 금액
③ 토지의 취득원가
④ **자본화대상 금융비용(건설자금이자)**
부지로 사용될 토지의 취득원가와 건설자금이자는 공사진행률 계산에 산입하지 아

니하며 토지의 취득원가는 공사진행률에 따라 공사원가에 안분하여 산입하도록 되어 있다. 토지는 건설공사기간에 걸쳐 계속적으로 사용되는 것이라고 볼 수 있으므로 토지구입시점에서 전액을 공사원가로 산입하는 것은 타당치 아니하며 공사진행률에 따라 공사원가에 안분하여 산입하는 것이 타당하다.

이는 공사에 사용하기 위해 매입한 장비의 원가를 예상사용기간에 걸쳐 배분하는 것과 동일한 논리이다. 한편 건설공사에 소요되는 값비싼 부품(컴퓨터, 엔진, 레이더 등)은 건설공사의 일정시점에 필요한 것이지 건설공사기간에 걸쳐 계속 사용되는 것은 아니므로 그 부품이 설치된 시점에서 공사원가에 포함시키는 것이 타당하다.

⑤ 재개발 등의 이주대여비 관련 순이자비용

이주비 대여목적으로 차입하는 자금에 대한 이자비용과 이주비대여로 인하여 발생하는 이자수익의 차액 중 공사시작전까지 발생하는 부분은 발생시에 선급공사원가로 계상한다. 선급공사원가로 계상된 금액은 공사시작 후 공사진행률에 따라 공사원가로 계상한다.

그러나 선급공사원가 및 매기 진행률에 따라 공사원가에 배분된 선급공사원가는 공사진행률 계산에 포함하지 아니한다. 이주대여비관련 이자비용 금액산정은 금융비용 자본화에 관한 회계처리기준을 준용한다.

⑥ 공사손실충당부채전입액

사례 3-9 분양수입 및 분양원가 사례

1. 분양현황

구분	총분양예정액	분양가액	분양비율	미분양가액	미분양비율
APT	10,000,000,000	8,500,000,000	85%	1,500,000,000	15%

2. 총공사예정비 및 진행율

구 분	총공사비예정액	당기발생원가	진행률
설계·감리비	500,000,000	300,000,000	
공사비	5,000,000,000	1,350,000,000	30%
합 계	5,500,000,000	1,650,000,000	

3. 분양수입 8,500,000,000 × 진행률 30% = 2,550,000,000
4. 용지취득비 총 2,000,000,000원
5. 분양APT의 모델하우스(M/H) 건립비 총 300,000,000원
6. 당기공사원가
   공사비 1,650,000,000 + (용지 및 M/H 2,300,000,000 × 30%) = 2,340,000,000

7. 당기말 미완성공사원가

당기공사원가는 미분양부분의 공사원가도 포함되므로 미완성공사원가를 계산한다.

2,340,000,000 × 15% = 351,000,000

8. 회계처리

① 분양 수입	(차) 분양선수금	2,550,000,000	(대) 분 양 수 입	2,550,000,000
② 분양 원가	(차) 분양 원가 (차) 미완성원가	1,989,000,000 351,000,000	(대) 공사경비(일반) (대) 용 지 (대) 공사경비(M/H)	1,650,000,000 600,000,000 90,000,000

* 「법인세법」에서는 단기건설용역 등의 귀속시기 원칙은 진행기준이지만 중소기업의 단기건설 등은 인도기준으로 할 수 있다. 장기건설에 있어서는 진행기준에 따라 손익의 귀속시기를 정하고 있다.

(7) 중소기업의 단기공사진행기준 특례

1년 내의 기간에 완료되는 용역매출 및 건설형 공사계약에 대하여는 용역제공을 완료하였거나 공사 등을 완성한 날에 수익으로 인식할 수 있으며, 1년 이상의 기간에 걸쳐 이루어지는 할부매출은 할부금회수기일이 도래한 날에 실현되는 것으로 할 수 있다(31장 문단9).

(8) 추정공사손실의 인식

공사와 관련하여 향후 공사손실의 발생이 예상되는 경우에는 예상손실을 즉시 공사손실충당부채로 인식하고 중요 세부내용을 주석으로 기재한다(문단16.53).

1) 당기에 계상하는 공사손실충당부채전입액(추정공사손실)은 잔여공사기간 중에 발생이 예상되는 공사원가의 합계액이 동기간 중 인식될 공사수익의 합계액을 초과하는 금액이며, 공사 전 기간에 걸쳐 예상되는 총공사손실액에 과거 기간 중에 인식한 공사이익이 있을 경우 이를 합계한 금액과 같다. 공사손실충당부채전입액은 당기의 비용으로 처리하고 실제발생공사원가에 부가하여 공사원가로 보고한다.

2) 차기 이후의 공사에서 실제로 손실이 발생한 경우에는 동 손실에 상당하는 금액을 공사손실충당부채 잔액의 범위내에서 환입하고 동 환입액은 해당 회계연도의 공사원가에서 차감하여 보고한다.

① **차기손실예상액이 10,000,000원인 경우에 결산시점에서의 분개**
(차) 공사손실충당부채전입액 10,000,000 (대) 공사손실충당부채 10,000,000

② **차기실제손실발생액**
(차) 공사손실충당부채 10,000,000 (대) 공사손실충당부채환입 10,000,000

(9) 추정의 변경

진행기준하에서는 매 회계기간마다 누적적으로 공사수익과 공사원가를 추정한다. 따라서 공사수익 또는 공사원가에 대한 추정치 변경의 효과는 회계추정의 변경으로 회계처리한다. 변경된 추정치는 변경이 이루어진 회계기간과 그 이후 회계기간의 손익계산서상 인식되는 수익과 비용의 금액 결정에 사용된다(문단 16.57).

(10) 하자보수충당부채

① 공사종료 후에 하자보수 의무가 있는 경우에는 합리적이고 객관적인 기준에 따라 추정된 금액을 하자보수비로 하여 그 전액을 공사가 종료되는 회계연도의 공사원가에 포함하고, 동액을 하자보수충당부채로 계상한다(문단 16.59).
② 하자보수충당부채는 이후 실제로 발생한 하자보수비와 상계하고, 그 잔액은 실질적으로 하자보수의 의무가 종료한 회계연도에 환입하며, 하자보수충당부채를 초과하여 발생한 하자보수비는 당해 연도의 비용으로 처리한다(문단16.60).

(11) 법인세법상 추정공사손실과 하자보수충당금 불인정

건설업을 영위하는 법인이 법인칙 §14의3 ① 규정의 작업진행률을 계산함에 있어 건설업 회계처리기준에 따라 예상되는 하자보수비는 총공사예정비에 포함하고 공사가 완료되는 사업연도의 총공사누적액에도 포함하는 것이다(법인 46012-312, 1998.02.06.).

그러나 하자보수충당금으로 계상한 금액은 해당 법인의 각 사업연도 소득금액 계산에 있어서 이를 손금에 산입하지 아니한다(법인 46012-505, 2001.03.08.).

(12) 생산설비와 건설장비 또는 가설재의 회계처리

1) 생산설비와 건설장비 및 내용연수가 장기인 가설재

생산설비와 건설장비 및 가설재중 내용연수가 장기인 철재 또는 이와 유사한 내구재는 유형자산으로 계상한 후 다음과 같이 회계처리한다. 가설재는 도급공사의 시공과정상 공사를 위하여 보조적 또는 임시적으로 설치, 사용되고 해당 공사완료 후 해체 또는 철거되는 모든 자재를 말한다.
① 당해 장비가 특정공사에만 사용가능한 경우에는 공사기간과 동 장비의 경제적 내용연수 중 짧은 기간 동안 감가상각하고 상각비를 공사원가에 산입한다.
② 당해 장비를 여러 공사를 위하여 사용하는 경우에는 동 장비의 경제적 내용연수동안 감가상각하고 상각비를 각각의 공사원가에 배분한다.

③ 처분예정인 유형자산은 장부금액을 투자자산으로 회계처리하고 감가상각을 하지 아니하며, 손상차손 발생여부를 매 보고기간말에 검토한다(문단16.61).

2) 소모성 가설재

내용연수가 단기인 가설재는 재고자산으로 계상한 후 다음과 같이 회계처리한다.
① 당해 가설재가 특정공사에만 사용가능한 경우에는 사용기간 동안 합리적인 방법으로 배분된 금액을 공사원가에 산입한다.
② 당해 가설재가 여러 공사에 사용가능한 경우에는 당해 연도에 감모된 가액을 합리적으로 계상하여 공사원가에 산입한다.
③ 처분예정인 가설재는 유형자산으로 회계처리되어 온 경우에는 장부금액을 투자자산으로 회계처리하고 감가상각을 인식하지 아니하며, 손상차손 발생여부를 매 보고기간말에 검토한다. 재고자산으로 회계처리되어 온 가설재는 저가기준으로 평가한다(문단 16.62).

> **참고** 기업회계기준간의 차이
>
> | 구분 | 일반기업회계기준 | K-IFRS |
> |---|---|---|
> | 건설형 공사계약의 수익인식 | 자체분양공사에 대해 진행기준 적용 | 자체분양공사가 건설계약에 해당하거나 위험·효익, 통제의 지속적 이전시 진행기준을 적용하고 그 외는 인도기준 적용 |

3 세법상 매출수익 귀속연도

(1) 일반기업회계기준과의 관계

내국법인의 각 사업연도의 익금과 손금의 귀속사업연도는 그 익금과 손금이 확정된 날이 속하는 사업연도로 한다. 또한 일반적으로 공정·타당하다고 인정되는 기업회계기준을 적용하거나 관행(慣行)을 계속 적용하여 온 경우에는 법인세법 및 조세특례제한법에서 달리 규정하고 있는 경우를 제외하고는 그 기업회계의 기준 또는 관행에 따른다(법인법 §40, §43).

(2) 법인세법의 귀속연도

수익과 비용의 귀속사업연도는 다음과 같다.

구 분	수 입 할 시 기
① 상품제품 기타 생산품의판매	그 상품 등을 인도한 날. 수출물품은 계약상 인도하여야 할 장소에 보관한 날.
② 상품 등외의 자산의 양도	다음 중 가장 빠른 날 ⓐ 그 대금을 청산한날 ⓑ 소유권 등의 이전등기등록일
③ 장기할부조건에 의한 상품 등의 판매(2회 이상 분할하여 1년 이상의 기간동안 회수)	그 상품 등을 인도한 날 - 다만 회수하였거나 회수할 금액과 이에 대응하는 비용을 수입금액과 필요경비로 계상한 경우 : 앞 ① 과 ② 에 불구하고 회수기일도래기준으로도 계상할 수 있다. - 중소기업 법인은 인도기준으로 회계처리한 경우에도 회수기일도래기준으로 신고조정 할 수 있다.
④ 상품 등의 시용판매	상대방이 구입의 의사를 표시한 날. 다만, 일정기간 내에 반송하거나 거절의 의사를 표시하지 아니하는 한 특약 또는 관습에 따라 그 판매가 확정되는 경우 그 기간의 만료일
⑤ 상품 등의 위탁판매	수탁자가 그 위탁품을 판매한 날
⑥ 건설·제조 기타용역, 예약31) 매출의 제공은 작업진행율	건설을 완료한 정도(작업진행율)에 따라 수익과 비용 각각 인식 - 다만, 다만, 중소기업법인의 경우 1년 미만인 건설 등의 제공으로 인한 익금과 손금의 귀속사업연도는 그 목적물의 인도일이 속하는 사업연도로 할 수 있다(신고조정 가능).
⑦ 어음의 할인	그 어음의 만기일. 다만, 만기전에 그 어음을 양도하는 경우 그 양도일
⑧ 이자수입	수입하는 이자의 귀속은 원천징수시점과 일치한다. 따라서 기간별 발생주의로 회계 처리한 경우 세무조정을 하여야 한다.
⑨ 이자비용	지급하는 이자비용의 귀속은 지급하기로 한 약정일이다. 그러나 기간에 대한 발생주의로 계상한 경우에도 손금으로 인정한다. 다만 차입일부터 이자지급일이 1년을 초과하는 특수관계인 간 거래시에는 단서적용 배제한다.

1) 인도한 날

납품계약 또는 수탁가공계약에 의하여 물품을 납품하거나 가공하는 경우에는 당해 물품을 계약상 인도하여야 할 장소에 보관한 날. 다만, 계약에 따라 검사를 거쳐 인수 및 인도가 확정되는 물품의 경우에는 당해 검사가 완료된 날로 한다.

2) 작업진행률과 수입 및 비용의 계산

① 건설 등을 완료한 정도

1. 건설의 경우 : 다음 산식을 적용하여 계산한 비율. 다만, 건설의 수익실현이 건설의 작업시간·작업일수 또는 기성공사의 면적이나 물량 등과 비례관계가 있고, 전

---

31) 예약매출이란 매매목적물의 견본이나 안내서와 함께 판매조건을 매수희망자에게 제시하고 매수희망자가 이를 구입하기로 약정한 경우에 그 대금의 일부 또는 전부를 수수하는 판매방식 (예 : 아파트분양, 선박제조 등)

체 작업시간등에서 이미 투입되었거나 완성된 부분이 차지하는 비율을 객관적으로 산정할 수 있는 건설의 경우에는 그 비율로 할 수 있다.

$$작업진행률 = \frac{해당\ 사업연도말까지\ 발생한\ 총공사비누적액}{총공사예정비[32]}$$

2. 제1호 외의 경우 : 제1호를 준용하여 계산한 비율

② 각 사업연도의 익금과 손금에 산입하는 금액의 계산

1. 익금	계약금액 × 작업진행률 – 직전 사업연도말까지 익금에 산입한 금액
2. 손금	당해 사업연도에 발생된 총비용

(3) 일반기업회계기준과의 차이

① 일반기업회계기준에서는 반품추정액을 매출수익과 매출원가에서 차감하도록 정하고 있으나 세법에서는 허용하지 아니한다.

② 일반기업회계기준에서는 위험과 효익을 경제적 실질에 따라 해석하여, 반품이 위험요소가 판매자에게 있는 경우 매출인식을 미루었다가 그 재고자산이 재판매되었을 때(아래표의 6월 2일) 인식하도록 하고 있으나 세법은 재화가 인도되었을 때(아래표의 4월 7일)인식한다.

```
   A      4월 7일 인도    B      6월 2일 인도    C
(판매자)  ──────────→ (백화점 등) ──────────→ (소비자)
```

③ 장기할부매출에 대하여 일반기업회계기준과 법인세법은 같다.
④ 건설·제조 기타 공사 등에 대하여 일반기업회계기준과 법인세법은 같다.

---

32) 총공사예정비는 기업회계기준을 적용하여 계약 당시에 추정한 공사원가에 해당 사업연도말까지의 변동상황을 반영하여 합리적으로 추정한 공사원가로 한다.

4 매출원가

(1) 의의

매출원가란 제품, 상품 또는 용역 등의 매출액에 직접 대응되는 원가를 말한다. 판매하기 위하여 재고자산을 구입하는 경우 일단 회사의 자산이다((차) 상품 또는 원재료 xxx (대) 현금 등 xxx). 그러나, 그 재고자산을 목적에 사용하면 즉, 구입상태 그 자체로 판매(상품)하거나 제조하여 판매(제품)하는 경우 그 자산은 사외로 유출된 상태이고 그 유출액은 매출에 대한 원가이다. 자산이 감소하면 대변으로 회계처리 한다.

| (차) 상 품 매 출 원 가 | xxx | (대) 상 | 품 | xxx |
| (차) 제 품 매 출 원 가 | xxx | (대) 제 | 품 | xxx |

상품의 원가는 그 상품의 구입가격으로 원가가 결정되지만 제품원가는 제품을 생산하기 위한 원재료와 이 원재료를 제조할 노동자가 있어야 하고, 기타 기계설비, 전력, 소모자재 등이 있어야 한다. 이와 같이 제품생산에 소요된 원재료비와 노무비, 제조경비를 제조원가라고 한다. 예를 들어 에어컨을 구입하여 판매하는 회사가 에어컨 1대를 2,000,000원에 매입하여 판매처까지의 운반비 100,000원을 들여 3,000,000원에 판매하였다고 하자. 이 때 판매품과 대응되는 그 물품의 구입원가 2,000,000원이 매출원가이고, 판매와 관련된 운반비 100,000원은 판매비와 일반관리비로 구분한다. 이번에는 컴퓨터를 제조·판매하는 회사라고 예를 들어보자. 원재료비 500,000원과 이 컴퓨터를 만든 사람의 노무비 1,000,000원 그리고 제조경비 100,000원이 소요되어 완성된 컴퓨터 1대를 판매처까지의 운반비 100,000원을 포함하여 3,000,000원에 판매하였다면 이 판매와 직접 관련된 제조원가(원재료비·노무비·제조경비)의 합계 1,600,000원이 제품매출원가가 되고 100,000원은 판매비와 일반관리비로 구분한다.

(2) 판매업의 상품매출원가

판매업이란 제조행위 없이 판매가 이루어지는 도매업 또는 소매업 등이 해당되며 주로 상품계정이 쓰인다. 상품매출원가는 다음과 같이 산출한다.

> 기초상품재고액 + 당기상품매입액 − 기말상품재고액 = 상품매출원가

1) 기초상품재고액

전기말 현재 재고액으로 이월된 것이다.

2) 당기상품매입원가

① 부대비용

당기상품매입액은 당기중에 상품의 총매입액에서 매입에누리와 환출 및 매입할인을 차감한 금액으로 한다. 그리고 상품매입에 직접 소요된 제비용은 매입액에 포함한다. 여기서 상품매입제비용은 보통 매입부대비용으로 표현되기도 하는데 이에는 운임·보험료·관세(관세환급금은 제외)·하역비·매입수수료·통관비·검수비 등으로서 상품매입과 관련한 비용을 말한다. 그러나, 수입과 관련하여 발생한 Shipper's Usance이자, Banker's Usance이자, D/A이자 등은 전부 금융비용으로 한다.

✱ 매입할인	상품이나 원재료 등을 외상으로 매입하고 당초의 지급조건에 의한 기일보다 빨리 결제하는 경우에 그 지급을 앞당김에 따라 금리부담액을 공제받는 것(현금할인)을 회계처리하는 과목이다. 예컨대, "매입후 3개월 이내에 지급할 것. 단 매입후 1개월 이내에 지급하는 경우는 매입가의 3%를 할인한다"라는 조건으로 거래계약이 이루어지는 경우가 그것이다.
✱ 매입에누리	상품이나 원재료 등을 일정수량 이상 매입하거나 매입한 재고자산이 품질이 안좋거나 파손되어 일정액을 매입대가에서 공제하여 주는 것은 매입에누리로 과목으로 나타낸다. 매입후 반품이 이루어지는 매입환출도 있는데 동일하게 매입(재고자산)에서 차감한다.

✱ 그러나 세법은 수입과 관련하여 발생한 Shipper's Usance이자, Banker's Usance이자, D/A 이자 등에 대하여 원가는 이자비용으로 회계처리가 선택적이다.

② 재고자산에 대한 차입원가

차입원가는 기간비용으로 처리함을 원칙으로 한다. 다만, 재고자산을 취득한 날로부터 판매할 수 있는 상태가 될 때까지 1년 이상의 기간이 소요되는 재고자산의 취득을 위한 자금에 차입금이 포함된다면 이러한 차입금에 대한 차입원가는 재고자산의 취득에 소요되는 원가로 회계처리 할 수 있다.

재고자산의 취득과 관련된 차입원가는 그 자산을 취득하지 아니하였다면 부담하지 않을 수 있었던 원가이기 때문에 재고자산의 취득원가를 구성하며, 그 금액을 객관적으로 측정할 수 있는 경우에는 해당 자산의 취득원가에 산입할 수 있다.

차입원가의 회계처리방법은 매기 계속하여 적용하고, 정당한 사유 없이 변경하지 아니한다(문단18.4, 18.5).

✱ 세법에서는 재고자산에 대한 차입원가 자본화는 인정하지 아니한다.

③ 상품판매부대비용

상품매입이 아닌 상품판매와 관련한 제비용은 판매비와 관리비로 구분한다.

사례 3-10 상품매매업 회계처리

① 8월 1일 풍란(주)는 난초(주)에서 판매용 컴퓨터 100대를 9,500만원에 외상으로 구입하였다. 그리고 창고에까지 운반된 운임 50만원과 하역비 80만원을 현금으로 지불하였다.

(차) 상　　　　　품	96,300,000	(대) 외 상 매 입 금	95,000,000
		현　　　　　금	1,300,000

② 9월 1일 풍란(주)는 코스모스(주)에 컴퓨터 80대를 외상으로 8,800만원에 판매하였다. 판매처까지의 운반비 20만원이 현금으로 지불되었다.

(차) 외 상 매 출 금	88,000,000	(대) 상　품　매　출	88,000,000
운　반　비	200,000	현　　　　　금	200,000

③ 12월31일 현재 재고수량은 20대다. 기말재고자산 평가를 총평균법으로 할 경우 매출원가 대체분개를 하시오.

(차) 상 품 매 출 원 가	77,040,000	(대) 상　　　　　품	77,040,000

　* 96,300,000 × (80대/100대) = 77,040,000

3) 기말상품재고액

상품매입액은 상품 취득시마다 그 매입대금과 매입부대비용을 합하여 계산할 수 있으나 기말상품재고액의 결정은 간단하지 않다. 각각 상이한 가격으로 구입한 재고자산 중 일부는 판매되었고 일부는 기말재고로 남아 있는 경우에, 재고로 남아 있는 상품의 가액을 얼마로 할 것인가가 문제로 남는다.

(3) 기말재고자산의 평가(일반기업회계기준 제7장)

재고자산은 취득원가를 재무상태표가액으로 한다. 재고자산의 시가가 취득원가보다 하락한 경우에는 저가법을 사용하여 재고자산의 장부금액을 결정한다(문단7.16).

재고자산은 제조원가 또는 매입가액에 부대비용을 가산하고, 개별법을 적용할 수 있는 경우 개별법을 우선적으로 적용하여 원가를 산출하고 그 외의 경우 선입선출법·후입선출법·이동평균법·총평균법 또는 매출가격환원법(유통업)을 적용하여 산정한 취득원가를 재무상태표가액으로 한다.

1) 재고자산의 수량결정

재고자산의 수량을 결정하는 방법에는 계속기록법과 실지재고조사법으로 구분된다.

① 계속기록법

계속기록법은 재고자산의 매입하거나 매출할 때마다 수량을 계속하여 기록하여 판매량과 재고량을 파악하는 방법이다. 계속기록법에 의하면 다음과 같은 방법으로 기말재고수량이 결정된다.

$$기초재고수량 + 당기매입수량 - 당기판매수량 = 기말재고수량$$

수량이 파악되면 적절한 단가를 적용하여 당기 매출원가를 산정하고, 이를 근거로 기말재고금액을 결정한다.

재고자산

기초재고액	매출원가	← ① 판매될 때마다 일일이 매출원가 기록
당기매입액	기말재고액	← ② 자동으로 산출
계	계	

② **실지재고조사법**

실지재고조사법은 정기적으로 재고실사를 하여 기말의 잔존수량과 판매수량을 결정하는 방법을 말한다. 실지재고조사법에 의하면 다음과 같은 방법으로 당기판매수량이 결정된다.

$$기초재고수량 + 당기매입수량 - 기말재고수량 = 당기판매수량$$

수량이 파악되면 적절한 단가를 적용하여 기말재고금액을 산정하고, 이를 근거로 당기 매출원가를 결정한다.

재고자산

기초재고액	매출원가	← ② 자동으로 산출
당기매입액	기말재고액	← ① 실사를 통하여 먼저 확정
계	계	

③ **병행법**

실무적으로는 계속기록법에 의하여 수량을 파악하고, 실지재고조사법에 의하여 회계처리하는 방법이다. 병행법에서는 계속기록법에 의하여 재고자산을 매입하거나 매출할 때마다 수량을 계속하여 기록하다가 일정시점에서 실지재고조사를 실시하여 실제 기말재고수량을 파악하고 계속기록법에 의한 기말재고수량과 비교하여 감모수량을 파악하고, 이에 따라 회계처리한다. 즉, 병행법은 실지재고조사법을 근간으로 하되 감모손실 등을 파악할 수 있도록 기중에 재고자산의 입·출고수량을 계속기록하는 방법이다.

2) 재고자산 원가흐름 조정과 매출원가

동일한 재고자산을 매입시마다 매입단가가 상이한 경우에는 기말재고자산 전체에 대해 일괄적인 단위당 원가를 적용할 수 없다. 따라서 재고자산의 원가흐름에 대해 별도의 가정이 필요하게 된다.

① 개별법

통상적으로 상호 교환될 수 없는 재고항목이나 특정 프로젝트별로 생산되는 제품 또는 서비스의 원가는 개별법을 사용하여 결정한다. 개별법은 각 재고자산별로 매입원가 또는 제조원가를 결정하는 방법이다. 예를 들면, 특수기계를 주문 생산하는 경우와 같이 제품별로 원가를 식별할 수 있는 때에는 개별법을 사용하여 원가를 결정한다. 그러나 이 방법을 상호 교환 가능한 대량의 동질적인 제품에 대해서 적용하는 것은 적절하지 아니하다(문단7.12).

② 선입선출법(FIFO first-in first-out method)

선입선출법은 먼저 매입 또는 생산한 재고항목이 먼저 판매 또는 사용된다고 원가흐름을 가정하는 방법이다. 따라서 기말에 재고로 남아 있는 항목은 가장 최근에 매입 또는 생산한 항목이라고 본다.

③ 후입선출법(LIFO last-in first-out method)

후입선출법은 가장 최근에 매입 또는 생산한 재고항목이 가장 먼저 판매된다고 원가흐름을 가정하는 방법이다. 따라서 기말에 재고로 남아 있는 항목은 가장 먼저 매입 또는 생산한 항목이라고 본다.

④ 총평균법(기말단가 기록법)

총평균법은 기초에 보유하고 있는 재고항목과 회계기간 중에 매입하거나 생산한 재고항목이 구별없이 판매 또는 사용된다고 원가흐름을 가정하여 평균원가를 사용하는 방법이다.

$$단가 = \frac{기초재고액 + 당기매입액}{기초재고수량 + 당기매입수량}$$

⑤ 이동평균법(계속단가 기록법)

이동평균법은 매입 또는 생산할 때마다 적용하는 방법이다. 재고자산이 입고될 때마다 직전의 재고수량과 재고금액에 대해 새로 매입한 수량과 금액을 더해서 새로운 가중평균단가를 산정하여 그 이후 출고될 때는 이 단가를 적용하는 방법이다. 즉 새로운 재고자산을 구입할 때마다 단가는 그 이전과 다르게 적용된다.

$$단가 = \frac{매입직전재고가액 + 매입가액}{매입직전재고수량 + 매입수량}$$

⑥ **소매재고법**

소매재고법은 판매가격기준으로 평가한 기말재고금액에 구입원가, 판매가격 및 판매가격변동액에 근거하여 산정한 원가율을 적용하여 기말재고자산의 원가를 결정하는 방법이다. 이 방법은 실제원가가 아닌 추정에 의한 원가결정방법이므로 원칙적으로 많은 종류의 상품을 취급하여 실제원가에 기초한 원가결정방법의 사용이 곤란한 유통업종에서만 사용할 수 있다. 다만, 유통업 이외의 업종에 속한 기업이 소매재고법을 사용하는 예외적인 경우에는 소매재고법의 사용이 실제원가에 기초한 다른 원가결정방법을 적용하는 것보다 합리적이라는 정당한 이유와 소매재고법의 원가율 추정이 합리적이라는 근거를 주석으로 기재하여야 한다. 소매재고법은 이익률이 유사한 동질적인 상품군별로 적용한다. 따라서 이익률이 서로 다른 상품군을 통합하여 평균원가율을 계산해서는 아니된다(문단7.15).

사례 3-11 재고자산 수불부

재고자산 수불부(과목 : 상품, 품목 : 전자계산기, 규격 : 201)

일 자	입 고			출 고	재 고	비 고
	수 량	단 가	금 액	수 량	수 량	
전기이월	500	15,000	7,500,000		500	
1. 5	200	16,000	3,200,000		700	
1. 15				300 (전기이월분중)	400	
2. 20	300	17,000	5,100,000		700	
2. 28				400 전기이월분 200 2/20입고분 200	300	
5. 20	200	19,000	3,800,000		500	
6. 5				300 2/20입고분 100 5/20입고분 200	200	
7. 1	5	30,000	150,000		205	
합 계	1,205		19,750,000	1,000	205	

① 개별법

상품이 판매되었을 때 그 상품 각각의 구입가격이 매출원가이다. 따라서, 언제 구입되었던 것이 판매되는지 잘 파악하여야 한다.

㉠ 매출원가

    1. 15   300대 × 15,000(전기이월단가) =   4,500,000
    2. 28   200대 × 15,000(전기이월단가) =   3,000,000
    2. 28   200대 × 17,000(2.20 구입단가) =   3,400,000
    6. 5   100대 × 17,000(2.20 구입단가) =   1,700,000
    6. 5   200대 × 19,000(5.20 구입단가) =   3,800,000
                                                       16,400,000

㉡ 기말재고

       200대 × 16,000(1.5구입단가) =   3,200,000
         5대 × 30,000(7.1구입단가) =   150,000
                                           3,350,000

㉢ 분개

매입시:	(차)	상 품	19,750,000	(대)	현 금	19,750,000
매출시:	(차)	현 금	21,000,000	(대)	상 품 매 출	21,000,000
결산시:	(차)	상품매출원가	16,400,000	(대)	상 품	16,400,000

② 선입선출법

상품의 실제 흐름과 관계없이 먼저 입고된 것부터 출고된다고 가정하므로 기말재고는 각 회계년도 종료일로부터 가장 가까운 날에 입고된 것부터 순차로 구입가격을 적용·산출한다.

㉠ 기말재고

      5대 × 30,000 =   150,000
   200대 × 19,000 =   3,800,000
                        3,950,000

㉡ 매출원가

전기이월 + 당기입고 − 기말재고 = 매출원가
7,500,000 + 12,250,000 − 3,950,000 = 15,800,000

③ 후입선출법

상품의 실제흐름과 관계없이 가장 나중에 입고된 것부터 출고된다고 가정하므로 기말재고는 기초부터 순차로 구입가격을 적용·산출한다.

㉠ 기말재고

   205대 × 15,000(전기이월단가) = 3,075,000

㉡ 매출원가

전기이월 + 당기입고 − 기말재고 = 매출원가
7,500,000 + 12,250,000 − 3,075,000 = 16,675,000

④ 이동평균법

상품을 취득할 때마다 평균단가를 산출하여 판매하는 상품원가를 결정한다.

일자	입고			출고			재고		
	수량	단가	금액	수량	단가	금액	수량	단가	금액
전기이월	500	15,000	7,500,000				500	15,000	7,500,000
1. 5	200	16,000	3,200,000				700	15,285^{71}	10,700,000
1. 15				300	15,285^{71}	4,585,714	400	15,285^{71}	6,114,286
2. 20	300	17,000	5,100,000				700	16,020^{40}	11,214,286
2. 28				400	16,020^{40}	6,408,163	300	16,020^{40}	4,806,123
5. 20	200	19,000	3,800,000				500	17,212^{46}	8,606,123
6. 5				300	17,212^{46}	5,163,674	200	17,212^{46}	3,442,449
7. 1	5	30,000	150,000				205	17,514^{14}	3,592,449
합 계	1,205		19,750,000	1,000		16,157,551	205		3,592,449

㉠ 매출원가 : 16,157,551
㉡ 기말재고 : 3,592,449

⑤ 총평균법

일정기간동안의 총 구입가격을 총 구입수량으로 나누어 평균단가를 구한 다음 그 평균단가를 출고수량과 재고수량에 각각 곱하여 계산한 가격이 매출원가와 기말재고이다.

상품평균단가 : $\frac{19,750,000}{1,205}$ = 16,390.04

㉠ 매출원가 : 16,390.04 × 1,000 = 16,390,041
㉡ 기말재고액 : 16,390.04 × 205 = 3,359,959

⑥ 매출가격환원법

당기 매출액은 21,000,000원, 그리고 재고 205개에 대한 매출예상액이 4,500,000원이라면 그리고 입고날자에 관계없이 평균적으로 판매된다고 가정하면 매출원가와 재고액은 다음과 같다.

㉠ 원가율 : $\frac{19,750,000}{25,500,000}$ = 77.45%

㉡ 재고액 : 77.45% × 4,500,000 = 3,482,250
㉢ 매출원가 : 16,267,750

3) 평가방법의 계속적 사용

한번 선택한 평가방법은 매기 계속하여 사용하여야 하며(계속성의 원칙), 방법변경시에는 회계변경의 정당성이 입증되어야 한다.

4) 재고자산감모손실

> 재고자산감모손실 = (장부상 재고수량 − 실제 재고수량) × 단위당 취득원가

재고자산이 보관하는 과정에서 파손, 마모, 도난 등으로 인하여 실제재고수량이 장부

수량보다 적은 경우 차액을 재고자산감모손실이라고 한다. 재고자산의 장부 수량과 실제 수량의 차이에서 발생하는 재고자산감모손실 가운데 정상적으로 발생한 감모손실은 매출원가에 더하고, 비정상적으로 발생한 감모손실은 영업외비용으로 분류한다.

✱ 법인세법상 감모손실
재고부족에 대한 비정상감모손실은 객관적인 사유가 있는 경우 손금으로 인정할 수 있으나 객관적인 사유가 없는 경우 매출누락으로 취급당할 수 있으므로 회계처리에 주의를 요한다.

5) 저가법 평가

① 재고자산의 시가가 취득원가보다 하락한 경우에는 저가법을 사용하여 재고자산의 장부금액을 결정한다. 다음과 같은 사유가 발생하면 재고자산 시가가 원가 이하로 하락할 수 있다(문단7.16).

㉠ 손상을 입은 경우
㉡ 보고기간말로부터 1년 또는 정상영업주기 내에 판매되지 않았거나 생산에 투입할 수 없어 장기체화된 경우
㉢ 진부화하여 정상적인 판매시장이 사라지거나 기술 및 시장 여건 등의 변화에 의해서 판매가치가 하락한 경우
㉣ 완성하거나 판매하는 데 필요한 원가가 상승한 경우

② 시가추정

㉠ 제품, 상품 및 재공품 : 순실현가능가액
순실현가능가액은 제품이나 상품의 추정 판매가액에서 제품의 추가적인 원가와 판매비용의 추정액을 차감한 금액을 말한다.
㉡ 원재료 : 현행대체원가. 다만, 원재료를 투입하여 완성할 제품의 시가가 원가보다 높을 때는 원재료에 대하여 저가법을 적용하지 아니한다.
현행대체원가는 현재 시점에서 매입 또는 재생산하는 데 소요되는 금액을 말한다.

③ 저가법에 의한 평가액 회계처리

재고자산의 시가가 장부가액 이하로 하락하여 발생한 평가손실은 재고자산의 차감계정으로 표시하고 매출원가에 가산한다.
저가법의 적용에 따른 평가손실을 초래했던 상황이 해소되어 새로운 시가가 장부가액보다 상승한 경우 최초의 장부가액을 넘지 않는 범위 내에서 평가손실을 환입한다.
재고자산평가손실의 환입은 매출원가에서 차감한다.

사례 3-12 저가법 회계처리

① 결산기말현재 상품의 취득원가는 100,000원이다. 조사결과 판매가능가액은 110,000원이고 추정판매비는 30,000원이다. 저가법평가를 하기전 매출원가는 1,500,000원이다.

(차) 매출원가　　　　　　20,000　　(대) 재고자산평가충당금　　20,000
　　　　　　　　　　　　　　　　　　　　(재고자산차감)

*순실현가능가액 : (110,000 - 30,000) = 80,000
*(장부가격 - 순실현가능가액) = 매출원가 : 100,000 - 80,000 = 20,000

재무상태표

과 목	금 액	
재고자산		
상 품	100,000	
(재고자산평가충당금)	(20,000)	

손익계산서

과 목	금 액
매출원가	1,520,000

② 전기말에 순실현가능가액이 80,000원이었던 재고상품이 당기말 시가가 120,000원으로 회복되었다.

(차) 재고자산평가충당금　　20,000　　(대) 매출원가　　　　20,000

6) 자가공급 등은 매출원가 아님

판매목적으로 구입한 상품 또는 제조한 제품을 도난 또는 기타의 영업활동으로 인하여 감소된 재고자산은 적정한 과목으로 대체(타계정)하여야 한다.

구 분	회계처리				부가세문제
광고선전목적	(차) 광고선전비	xxx	(대) 상품	xxx	부가세 납부의무 없음
접대목적	(차) 업무추진비	xxx	(대) 상품	xxx	부가세 납부하여야 함
복리후생목적	(차) 복리후생비	xxx	(대) 상품	xxx	부가세 납부하여야 함
도난 등으로 분실	(차) 재고자산감모손실 (영업외비용)	xxx	(대) 상품	xxx	부가세 납부의무 없음

(4) 법인세법상 재고자산평가

1) 세법상 저가평가

① 「법인세법」에서는 법인이 저가법으로 선택·신고한 경우에만 평가손실을 손금으로 인정한다. 따라서 원가법으로 신고된 경우 및 무신고한 경우 위 금액을 손금불산입하는 세무조정을 하고 유보처분한다.

② 그러나 시가 하락요인이 아닌 파손·부패 등의 사유로 인하여 정상가격으로 판매할 수 없는 것은 재고자산은 평가방법의 신고와 관계없이 재고자산평가손실로 회계처리 하면 손금인정한다(법인법 §42 ③).

2) 세법규정의 평가방법

① 다음에 해당하는 재고자산
- 제품 및 상품(부동산 매매업자가 매매를 목적으로 소유하는 부동산을 포함하며 유가증권을 제외한다)
- 반제품 및 재공품
- 원재료
- 저장품

② 평가방법의 신고와 변경신고(법인령 §74 ③, ⑥)
㉠ 신설법인과 수익사업을 시작한 비영리 내국법인은 해당 법인의 설립일 또는 수익사업시작일이 속하는 사업연도의 과세표준 신고기한 내에 납세지 관할세무서장에게 신고하여야 한다.
㉡ 재고자산의 평가방법을 신고한 법인이 그 평가방법을 변경하고자 하는 경우 변경할 평가방법을 적용하고자 하는 사업연도의 종료일 이전 3월이 되는 날까지 변경신고를 하여야 한다.
㉢ 법인이 재고자산의 평가방법을 신고하지 아니하여 무신고에 따른 평가방법을 적용받는 경우에 그 평가방법을 변경하려면 변경할 평가방법을 적용하려는 사업연도의 종료일 전 3개월이 되는 날까지 변경신고를 하여야 한다.

③ 재고자산 평가방법

평가대상자산		• 제품 및 상품 • 반제품 및 재공품 • 원재료 • 저장품
평가방법	신고시 : 신고한 방법	• 원가법 : 개별법, 선입선출법, 후입선출법, 총평균법, 이동평균법, 매가환원법 • 저가법 : 취득가액과 기업회계기준에 의한 시가 중 낮은 가액
	무신고시	• 부동산 : 개별법 • 기타자산 : 선입선출법
	신고방법이외의 방법으로 평가시, 변경신고없이 신고방법 변경시	• 선입선출법(매매용부동산은 개별법) • 신고한 평가방법

(5) 제조업의 제품 매출원가

1) 산식

제조업에 있어서의 매출원가도 상품판매업의 매출원가와 마찬가지로 다음과 같이 계산한다.

다만 상품이라는 용어대신에 제품이라는 용어를 사용할 뿐이다. 또한 당기제품 제조원가도 산출하여야 한다. 이 산출과정에서 원재료재고와 제품재고액을 구하는 방법은 판매원가를 계산할 때 재고수불부에 의하여 산출되는 것과 같다.

> 제품매출원가 = 기초제품 재고액 + 당기제품 제조원가 − 기말제품 재고액

2) 제조원가요소의 분류

① 제조원가요소는 원재료비, 노무비 및 제조경비로 분류하거나, 회사가 채택하고 있는 원가계산 방법에 따라 직접재료비, 직접노무비 및 제조간접비 등으로 분류할 수 있다.

② 제조원가요소와 판매비·일반관리비요소는 구분하여 집계한다.

다만, 그 구분이 명확하지 아니한 경우 발생원가를 비용 항목별로 집계한 후, 일정한 기준에 따라 제조원가와 판매비와 일반관리비로 구분하여 배부할 수 있다.

3) 당기제품제조원가

제품원가는 제품의 생산과 직접 또는 간접으로 관련하여 발생한 원재료비, 노무비 및 경비의 총액을 말한다.

① 원재료비

재료비는 당기의 제품생산을 위하여 재료를 소비하는 것으로 인해 생기는 원가요소이다.

원재료구입시 계정과목은 원재료로 자산과목에 처리되어 있으므로 소비된 원재료는 대변으로 분개하여 자산에서 차감한다.

> 기초원재료재고액 + 당기원재료매입액 − 기말원재료재고액 = 당기소비된 원재료비

✱ 직접재료비와 간접재료비

원재료의 사용이 특정제품에 직접적인 경우를 직접재료비라고 하고 원재료의 사용은 되었으나 특정제품에 직접적이지 못하고 공통사용하는 경우 간접재료비라고 한다.

사례 3-13 원재료 회계처리

경리코리아(주)는 에어콘 제조회사이다. 에어콘제조용 원재료 4,000원과 페인트 500원을 구입하여 전량 사용하였다. 단, 페인트는 전 제품에 공동으로 사용한다.

① 구입시

(차) 원 재 료	4,500	(대) 현 금	4,500

② 사용시

(차) 직 접 재 료 비	4,000	(대) 원 재 료	4,500
간 접 재 료 비 33)	500		
(차) 재 공 품	5,000	(대) 직 접 재 료 비	4,500
		간 접 재 료 비	500

② 의제매입세액의 차감

부가가치세가 면세인 농산물·축산물·수산물·임산물 등을 원료로 하여 제조·가공한 재화 또는 용역의 공급이 부가가치세가 과세되는 경우 그 면세품 구입액에 대하여 일정률을 곱한 금액을 매입부가가치세로 의제하여 공제받을 수 있다. 이때 공제받는 의제매입세액은 원재료에서 차감하고, 납부할 부가세예수금 과목에서 감액(차변)하는 회계처리를 한다.

(차) 원 재 료	10,000	(대) 현 금	10,000
(차) 부 가 세 예 수 금	384	(대) 원 재 료	384

$$(10,000원 \times \frac{4}{104})$$

③ 노무비

노무비는 해당기간의 제품생산을 위하여 실제로 발생한 인건비를 말한다.
노무비도 직접노무비와 생산감독자의 인건비와 같은 간접노무비로 구분할 수 있다. 노동력이라는 것은 그 성질상 구입과 소비가 동시에 발생하기 때문에 노무비 과목으로 직접 비용처리한다.

(차) 노 무 비	1,700	(대) 현 금	1,700
(차) 재 공 품	1,700	(대) 노 무 비	1,700

④ 경 비

경비는 제품생산과 관련하여 발생한 비용으로서 재료비와 노무비 이외의 것을 말한다. 공장임차료, 전력비, 소모품비, 복리후생비, 감가상각비 등은 이에 속한다. 경

---

33) 직간접원가를 구분 할 수 있는 정도의 시스템이 안 되어 있다면 구분하지 않을 수도 있다.

비도 노무비와 같이 구입과 소비가 동시적이므로 경비로 직접 처리한다.

계 정	적 요	제조(또는 공사)경비	판매비와 관리비
1. 전력비	전력비	공장 생산부서	사무실 영업부서
2. 가스수도료	수도료, 가스료	공장	사무실
3. 운반비	제품, 자재 운임	원자재등 운임	제품운임
4. 지급수수료	시험료 등	제품제조 관련 수수료	판매 및 관리 수수료
5. 감가상각비		기계, 공장 등	비품, 차량
6. 수선비	건물, 기계, 비품 등 수선	기계수선 등	비품수선 등
7. 차량유지비	유류, 통행료, 주차료 등	공장용 차량	사무실 차량
8. 소모품비	사무용품, 공구, 기구 등	공장용 소모자재	사무실 소모자재
9. 세금과공과	인지, 상공회비, 협회비 등	공장용 공과금	사무실 공과금
10. 지급임차료	건물, 중기 등 임차사용료	공장 또는 중장비임차료	사무실 임차료
11. 보험료	건물, 차량, 재고자산 등	공장화재 보험료 등	사무실용 차량 보험료
12. 복리후생비	식대, 간식대 등	생산직 근로자	사무실 근로자
13. 여비교통비	교통비	생산직 근로자	사무실 근로자
14. 통신비	전화료, FAx, 우편료 등	공장용	사무실용
15. 도서인쇄비	신문, 복사, 서적 등	–	사무실용
16. 접대비	교제비	–	영업교제비
17. 경상연구개발비	–	–	경상연구개발비
18. 연구비	–	–	연구비
19. 회의비	–	생산관련 회의비용	판매 및 관리회의비용
20. 교육훈련비	교육비	생산직 근로자	사무실 근로자
21. 잡비		생산관련 잡비	판매 및 관리관련 잡비

4) 개별원가계산과 종합원가계산 및 표준원가계산

① **개별원가**

제품별, 작업지시별로 원가계산을 하는 방법으로서 도급계약 또는 전혀 다른 제품 생산에 적절한 방법이다.

② **종합원가**

동종 또는 유사한 제품을 대량 생산할 때 제품 전체에 대하여 원가계산을 하는 방법이다.

③ **표준원가와 실제원가**

㉠ 직접재료비, 직접노무비, 변동제조간접비, 비유동제조간접비에 대하여 미리 설정해 놓은 표준원가를 이용하여 제품원가를 계산하는 원가계산방법이 표준원가계산이다. 이 경우에도 실제와의 차액은 원가에서 가감하여야 한다.

㉡ 실제 발생한 대로 제품원가를 계산하는 것이 실제원가계산이다.

5) 재공품의 계산과정

재공품은 제품생산 시점부터 완성전 단계까지를 말한다. 재공품은 완성품환산량을 이해하여야 하는 바 다음 사례를 통하여 검토하여 보자.

사 례 ①

완구를 만드는 회사가 처음 완구를 만들기 시작하여 5개를 만들었는데, 이 중 3개는 완성되었으나 2개는 기말 현재 미완성인 상태로 남아있다고 가정하자. 당기중 발생한 원가는 총 ₩100,000이라고 가정하며, 미완성인 완구 2개는 모두 50% 정도 완성된 상태라고 가정한다. 완구 1개당 원가는 얼마일까?

> 사례에서 회사가 당기에 5개를 모두 완성하였다면 당연히 총원가 ₩100,000을 5개로 나누어서 1개당 ₩20,000이라고 답하면 될 것이다. 그러나 3개는 완성되고 2개는 미완성이기 때문에 총원가 ₩100,000을 5개로 나누는 것은 타당하지 않다. 기말재공품 2개의 완성품환산량은 2개×50%=1개 인 것이다.
> 즉 기말재공품 2개의 완성품환산량은 1개인 것이다.
> 따라서 총원가 ₩100,000을 완성품환산량 4개로 나누어 완성품환산량 단위당 원가가 ₩25,000이 되는 것이며, 완성품의 원가는 ₩25,000×3=₩75,000, 기말재공품의 원가는 ₩25,000×1=₩25,000이 되는 것이다.

사 례 ②

㈜양천은 1월부터 새로운 제품을 생산하기 시작하였으며, 1월중에 1,000개를 착수하여 600개를 완성하고 400개는 1월 31일 현재 작업진행 중에 있다. 원재료 100,000원은 공정의 초기에 전량 투입되며 가공비 252,000원은 공정전반에 걸쳐 균등하게 투입된다. 기말재공품의 완성도가 60%일 경우 재료비와 가공비와 완성품 환산량 및 원가를 계산하라.

구분	총물량흐름 (완성율)	총금액	재료비		가공비(노무비·경비)	
			완성품 환산량	금 액	완성품 환산량	금 액
투입	1,000	352,000	1,000	100,000	840	252,000
완성품	600(100%)	240,000	600(100%)	60,000	600(100%)	180,000
재공품	400(60%)	112,000	400(100%)	40,000	240(100%)	72,000

사 례 ③

㈜SH는 20x3년 10월에 회사를 설립하여 생산을 시작하였다. 10월에 생산에 착수한 수량은 10,000개이며, 이 중 6,000개의 제품은 완성되었으며 나머지 4,000개는 생산 중이다. 10월에 투입한 원가는 총 ₩1,000,000이며 모든 원가는 공정의 진행에 따라 비례적으로 발생한다고 가정하며 기말재공품의 완성도는 50%이다. 이 경우 당기 완성품과 기말재공품의 원가는 각각 얼마인가?

구분	총물량흐름 (완성도)	완성품 환산량	총원가 (재료비+가공품)
총투입	10,000개	8,000	1,000,000
완성품	6,000개(100%)	6,000	750,000
재공품	4,000개(50%)	2,000	250,000

사 례 ④

㈜성현은 이월된 재공중인 수량은 2000개(공정율 20%)이며 당기에 투입한 수량은 8000개이다. 이중 6,000개는 완성이며 4,000개는 생산 중으로 50% 완성이다. 재료는 투입시에 한꺼번에 투입되고 가공비는 공정의 진행에 따라 비례적으로 발생한다고 가정한다. 원가는 총평균법으로 계산하여 (   )를 구하시오

구분	총물량흐름 (완성율)	총투입 금액	재료비		가공비(노무비·경비)	
			완성품 환산량	금 액	완성품 환산량	금 액
기초재공품	2,000(20%)	180,000	(①)	160,000	(②)	20,000
투입	8,000	1,060,000	(①)	600,000	(⑧)	460,000
합계	10,000	1,240,000	(①)	760,000	(⑦)	480,000
완성품	6,000	(⑪)	(①)	(③)	(⑥)	(⑨)
재공품	4,000(50%)	(⑬)	(①)	(④)	(⑤)	(⑩)

① 재료 완성품 환산량은 공정초기에 한꺼번에 투입되므로 총 물량흐름과 동일하다.
② 400개 = 2,000개 x 20%
③ 456,000 = 6,000개 X 76 (760,000/10,000개 = 총평균법 76원씩 적용)
④ 304,000 = 4,000개 X 76 (760,000/10,000개 = 총평균법 76원씩 적용)
⑤ 2,000개 = 4000개x50%
⑥ 6,000개
⑦ 8,000개 = 완성품량 6,000 + 재공품량 2,000
⑧ 7,600개 = 4) 8000개 - 2)400개
⑨ 360,000 = 6,000개 X 60(480,000/8,000개 = 총평균법 60원씩 적용)
⑩ 120,000 (2,000개 X 60원)

6) 제조원가의 계정흐름

제품제조란 원재료를 매입하여 이를 제조, 가공하여 제품을 생산하는 과정이다.

〈원가관련분개〉

① 원재료 구입	(차) 원 재 료 xxx	(대) 외상매입금 xxx
② 노무비 발생	(차) 임 금 xxx	(대) 현 금 xxx
③ 제조경비 발생	(차) 제 조 경 비 xxx	(대) 현 금 xxx
④ 원재료 사용분 대체	(차) 재 공 품 xxx	(대) 원 재 료 xxx
⑤ 노무비 대체	(차) 재 공 품 xxx	(대) 임 금 xxx
⑥ 경비대체	(차) 재 공 품 xxx	(대) 제 조 경 비 xxx
⑦ 제품완성	(차) 제 품 xxx	(대) 재 공 품 xxx
⑧ 제품 판매	(차) 제품 매출원가 xxx	(대) 제 품 xxx

7) 관세환급금

관세환급이란 물품(원재료)을 수입할 때 세관장이 징수한 관세 등을 물품(제품)수출시 되돌려 주는 것을 말한다(소비지국과세원칙). 관세환급은 수출자 또는 수출품제조업자가 세관장에게 신청하여 받는다.

① 관세환급금은 매출원가에서 차감하는 방법으로 회계처리한다.

수출시 :

(차) 미 수 금   xxx   (대) 매 출 원 가   xxx
                                (관 세 환 급 금)

환급시 :

(차) 현 금 등   xxx   (대) 미 수 금   xxx

② 완성품 제조자가 매출처에 해당하는 수출업자로부터 환급받는 경우 매출로 처리한다.

(차) 현 금 등   xxx   (대) 매 출   xxx

③ 앞 ②의 경우 수출업자는 매입(원재료, 상품 등)으로 처리한다.

(차) 원 재 료 등   xxx   (대) 현 금 · 예 금   xxx

사례 3-14 제조원가명세서, 손익계산서 작성

다음의 자료를 이용하여 x2년 제조관련 거래를 분개하고 원장(T계정)에 전기한 후 제조원가명세서와 손익계산서를 작성하시오.

(1) x1년 12월 31일 재고(기초)
- 제품재고   1,900,000 (@950, 2,000개)
- 원재료재고   1,500,000 (@100, 15,000개)
- 재공품재고   1,000,000

(2) x2년 12월 31일 재고(기말)
- 제품재고   1,500,000
- 원재료재고   2,400,000 (@120, 20,000개)
- 재공품재고   1,300,000

(3) x2년중 제조부문에서 발생한 원가내역은 다음과 같다.
- 원재료구입비   6,000,000 (@120, 50,000개)
- 급여(노무)   2,000,000
- 퇴직급여   400,000
- 회사부담건강보험료   50,000
- 전기요금   500,000
- 전화요금   100,000
- 난방용유류대   400,000
- 위험물설치 정기면허세 60,000
- 공장화재보험료   200,000

(4) 총매출액   15,000,000

(5) 판매비와 관리비 4,500,000
- ① 급여   1,000,000
- ② 세금과공과   500,000
- ③ 지급임차료   800,000
- ④ 복리후생비   700,000
- ⑤ 차량유지비   400,000
- ⑥ 여비교통비   300,000
- ⑦ 통신비   600,000
- ⑧ 보험료   200,000

(6) 영업외비용   300,000
- ⑨ 이자비용   300,000

① x2년도 중 계정별 집계된 분개

(차)	원 재 료	6,000,000	(대)	현 금 등	6,000,000
(차)	급여(노무)	2,000,000	(대)	현 금 등	2,000,000
(차)	퇴직급여(노무)	400,000	(대)	현 금 등	400,000
(차)	복리후생비(경비)	50,000	(대)	현 금 등	50,000
(차)	전력비(경비)	500,000	(대)	현 금 등	500,000
(차)	통신비(경비)	100,000	(대)	현 금 등	100,000
(차)	가스수도비(경비)	400,000	(대)	현 금 등	400,000
(차)	세금과공과(경비)	60,000	(대)	현 금 등	60,000
(차)	보 험 료(경비)	200,000	(대)	현 금 등	200,000
(차)	현금 등	15,000,000	(대)	매 출	15,000,000
(차)	급여(판·관)	1,000,000	(대)	현 금 등	1,000,000
(차)	세금과공과(판·관)	500,000	(대)	현 금 등	500,000
(차)	지급임차료(판·관)	800,000	(대)	현 금 등	800,000
(차)	복리후생비(판·관)	700,000	(대)	현 금 등	700,000
(차)	차량유지비(판·관)	400,000	(대)	현 금 등	400,000
(차)	여비교통비(판·관)	300,000	(대)	현 금 등	300,000
(차)	통신비(판·관)	600,000	(대)	현 금 등	600,000
(차)	보험료(판·관)	200,000	(대)	현 금 등	200,000
(차)	이자비용(영업외비용)	300,000	(대)	현 금 등	300,000

② 원가대체분개

(차)	재 공 품	8,810,000	(대)	원재료	5,100,000
				급여(노무)	2,000,000
				퇴직급여(노무)	400,000
				복리후생비(경비)	50,000
				전력비(경비)	500,000
				통신비(경비)	100,000
				가스수도비(경비)	400,000
				세금과공과(경비)	60,000
				보 험 료(경비)	200,000
(차)	제 품	8,510,000	(대)	재 공 품	8,510,000

③ 원장에 전기

<u>(1) 원 재 료</u>

전기이월	1,500,000	재공품으로	5,100,000
당기매입	6,000,000	차기이월	2,400,000
	7,500,000		7,500,000

<u>(2) 노 무 비</u>

임 금	2,000,000	재공품으로	2,400,000
퇴직급여	400,000		
	2,400,000		2,400,000

(3) 제조경비			
복리후생비	50,000	재공품으로	1,310,000
전 력 비	500,000		
통 신 비	100,000		
가스수도료	400,000		
세금과공과	60,000		
보 험 료	200,000		
	1,310,000		1,310,000

(4) 재공품			
전기이월	1,000,000	제품으로	8,510,000
원 재 료	5,100,000	차기이월	1,300,000
노 무 비	2,400,000		
제조경비	1,310,000		
	9,810,000		9,810,000

(5) 제 품			
전기이월	1,900,000	제품매출원가	8,910,000
재공품에서	8,510,000	차기이월	1,500,000
	10,410,000		10,410,000

제 조 원 가 명 세 서

과　　　　　목	당　　기		전　　기	
재　　　　　료　　　　　비		5,100,000		
기　초　재　료　재　고　액	1,500,000			
당　기　재　료　매　입　액	6,000,000			
계	7,500,000			
기　말　재　료　재　고　액	2,400,000			
노　　　　　무　　　　　비		2,400,000		
급　　　　　　　　　　여	2,000,000			
퇴　　직　　급　　　　여	400,000			
제　　　조　　　경　　　비		1,310,000		
전　　　력　　　　　　비	500,000			
가　　스　　수　　도　비	400,000			
운　　　　　　　　　　임				
감　　가　　상　　각　비				
수　　　　선　　　　　비				
소　　　모　　　품　　　비				
세　　금　　과　　공　과	60,000			
지　　급　　임　　차　료				
보　　　　험　　　　　료	200,000			
복　　리　　후　　생　비	50,000			
여　　비　　교　　통　비				
통　　　　신　　　　　비	100,000			
특　　허　　권　사　용　료				
잡　　　　　　　　　　비				
당　기　총　제　조　비　용		8,810,000		
기　초　재　공　품　원　가		1,000,000		
합　　　　　　　　　　　계		9,810,000		
기　말　재　공　품　원　가		1,300,000		
당　기　제　품　제　조　원　가		8,510,000		

손 익 계 산 서

과 목	당 기		전 기	
매 출 액		15,000,000		
매 출 원 가		8,910,000		
기 초 제 품 재 고 액	1,900,000			
당 기 제 품 제 조 원 가	8,510,000			
기 말 제 품 재 고 액	1,500,000			
매 출 총 이 익		6,090,000		
판 매 비 와 관 리 비		4,500,000		
급 여	1,000,000			
세 금 과 공 과	500,000			
지 급 임 차 료	800,000			
복 리 후 생 비	700,000			
차 량 유 지 비	400,000			
여 비 교 통 비	300,000			
통 신 비	600,000			
보 험 료	200,000			
영 업 이 익		1,590,000		
영 업 외 수 익				
이 자 수 익				
영 업 외 비 용		300,000		
이 자 비 용	300,000			
법 인 세 비 용 차 감 전 순 이 익		1,290,000		
법 인 세 비 용				
당 기 순 이 익		1,290,000		

제3절 판매비와 관리비

판매비와관리비는 제품, 상품, 용역 등의 판매활동과 기업의 관리활동에서 발생하는 비용으로서 매출원가에 속하지 아니하는 모든 영업비용을 포함한다.

판매비와관리비는 당해 비용을 표시하는 적절한 항목으로 구분하여 표시하거나 일괄표시할 수 있다. 일괄표시하는 경우에는 적절한 항목으로 구분하여 이를 주석으로 기재한다.(문단 2.49, 2.50)

```
비 용 ┬ 제조(공사)경비 : 제품완성 단계까지의 발생비용
      └ 판매비와관리비 : 제품완성 단계 이후의 관리 및 판매를 위한 비용
```

✽ 제조경비와 판매비와관리비의 계정과목을 구분하지 아니하고 사용하면 바로 앞 사례의 제조원가명세서와 손익계산서의 정보가 옳지 못할 것이다.

1 급여

임직원에게 지급되는 급여과목이다. 제품제조 또는 공사를 하는 과정에 투입된 임직원의 급여는 제조(공사)경비에 해당한다. 판매직 및 관리직에 해당하는 임직원의 급여는 판매비 및 관리비에 해당하는 급여가 된다. 이하에서는 같은 논리로 제조(공사)경비와 판매비와관리비로 구분하므로 비용의 항목만을 설명한다.

(1) 임원급여

회장, 사장, 대표이사, 이사 등 법인의 임원에게 지급하는 급여로 한다. 제조원가에 해당하는 임원급여는 노무비로 하여 제조원가로 배분한다.

(2) 급여와 임금

제조부문과 관련이 없는 일반관리부문의 급여로 한다. 공장의 제조부문에 근무하는 노무자에 대한 급여는 제조원가의 급여와 임금으로 처리한다.

(3) 상여금(또는 제수당)

급여 이외의 상여금 또는 제수당 등으로 한다. 제조부문 상여금은 제조원가로 처리한다.

사례 3-15 급여 지급시 회계처리

① 직원 대한 8월분 급여를 8월 31일에 지급하였다.

8월분 급여는 3,000,000원이며 급여지급시 각종 공제사항은 근로소득세 등 24,200원과 직원부담분 국민연금 180,000원, 직원부담분 건강보험료 115,000원, 직원부담분 장기요양보험료 10,000원, 직원부담분 고용보험료 40,000원이다.

(차) 급 여 3,000,000	(대) 보 통 예 금	2,630,800
	소 득 세 등 예 수 금	24,200
	국 민 연 금 예 수 금	180,000
	건 강 보 험 예 수 금	115,000
	장 기 요 양 보 험 예 수 금	10,000
	고 용 보 험 예 수 금	40,000

② 8월분 급여에 대한 근로소득세 등 24,200원을 보통예금에서 인출하여 납부하였다.

(차) 소 득 세 등 예 수 금   24,200   (대) 보 통 예 금   24,200

* 원천징수세액은 급여지급일의 다음달 10일까지 납부하여야 하므로 이 경우 8월분 급여지급시 원천징수한 금액을 9월 10일까지 납부하여야 한다. 단, 익월분 지급하는 회사라면 급여지급월인 9월의 다음달 10월 10일까지 납부하면 된다.

③ 8월분 직원부담분(①과 같음)과 회사부담분(국민연금 180,000원, 건강보험료 115,000원, 장기요양보험료 10,000원, 고용보험료 45,000원, 산재보험료 20,000원) 4대보험이 통장에서 자동이체 되었다.

구분	회사부담분	직원부담분
국민연금	180,000	180,000
건강보험	115,000	115,000
장기요양	10,000	10,000
고용보험	45,000	40,000
산재보험	20,000	-
합계	370,000	345,000

(차) 국 민 연 금 예 수 금   180,000   (대) 보 통 예 금   715,000
    건 강 보 험 예 수 금   115,000
    장 기 요 양 보 험 예 수 금   10,000
    고 용 보 험 예 수 금   40,000
    사 회 보 험 료 부 담 금   180,000
    사 회 보 험 료 부 담 금   190,000

* 사회보험료 부담금은 각 항목에 맞게 세금과공과금, 복리후생비, 보험료 등으로 처리한다.

(4) 「법인세법」상 임원급여

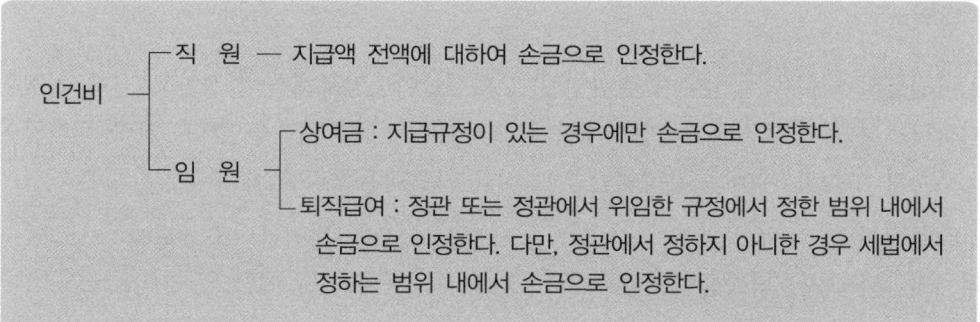

1) 일반적인 것

임원 및 직원의 인건비는 원칙적으로 손금에 산입한다. 이익처분에 따라 지급하는 상여금을 제외하고 사용인의 상여금은 손금에 산입한다.

2) 임원상여금

임원의 상여금은 정관·주주총회·사원총회·이사회 결의에 따라 정한 지급기준을 초과하는 상여금은 손금에 산입하지 아니한다.

'임원'이란 다음의 직무에 종사하는 자를 말한다.(법인령 §40①)

① 법인의 회장·사장·부사장·이사장·대표이사·전무이사·상무이사 등 이사회의 구성원 전원과 청산인
② 합명회사·합자회사 및 유한회사의 업무집행사원 또는 이사
③ 유한책임회사의 업무집행자
④ 감사
⑤ 기타 위 ①부터 ④까지의 규정에 준하는 직무에 종사하는 자

3) 이익처분에 의한 상여금

다음과 같이 회계처리한 잉여금처분에 의한 상여금은 원칙적으로 손금에 산입하지 아니한다.

(차) 미처분이익잉여금　　　　xxx　　　(대) 보 통 예 금　　　　xxx

만약, 근로자에게 성과배분상여금을 지급한 경우, 위와 같이 회계처리하면 세무조정은 손금산입 기타로 소득처분하고 동시에 손금불산입 상여로 소득처분한다.

2 퇴직급여

(1) 의의

임직원들의 퇴직을 대비하여 결산기말에 퇴직급여충당부채를 설정하고 실제 임직원이 퇴직하는 시점에 퇴직급여충당부채를 감소시켜주는 회계처리를 한다. 만약 퇴직급여충당부채가 부족할 때에는 부족액만큼 퇴직급여로 비용처리한다.

기말설정시 : (차) 퇴직급여　　　　　　xxx　　　(대) 퇴직급여충당부채　xxx
퇴　직　시 : (차) 퇴직급여충당부채　　xxx　　　(대) 보통예금　　　　　xxx

사례 3-16　결산 - 퇴직급여충당부채 설정

(주)이택스의 기말현재 퇴직급여충당부채 잔액은 2천만원이고, 기말현재 전임직원이 일시 퇴직시 필요한 퇴직금추계액은 5천만원이다. 퇴직급여충당부채 설정은 기업회계기준에 의해 올바르게 설정하여 왔다.

　　(차) 퇴　직　급　여　　30,000,000　　　(대) 퇴직급여충당부채　30,000,000

＊ 퇴직급여충당부채 설정요구액 : 퇴직금추계액(5천만원) － 설정전잔액(2천만원) = 3천만원

---

(2) 법인세법상 퇴직급여

1) 일반적인 퇴직급여

직원의 퇴직급여는 직원이 현실적으로 퇴직함으로서 실지로 지급한 것에 한하여 손금으로 인정한다. 현실적인 퇴직이 아님에도 퇴직급여로 회계처리한 경우 가지급금을 지급한 것으로 본다. 다만,「근로자퇴직급여보장법」에 따라 중간정산을 하는 경우에 실지로 지급하는 퇴직급여에 대하여는 손금에 산입한다.

2) 특수관계회사간 전출입하여 근무하는 경우 퇴직금 승계(개인 법인전환도 동일함)

법인이 임원(지배주주등과 특수관계자 제외) 또는 직원에게 해당 법인과 특수관계인 법인에 근무한 기간을 합산하여 퇴직급여를 지급하는 경우 해당 퇴직급여상당액을 각 법인별로 안분하여 손금에 산입한다. 법인이 임원 또는 직원에게 해당 법인(임원 또는 직원이 전입하는 때에 퇴직급여 상당액을 인수하지 아니한 법인)과 특수관계인 법인에 근무한 기간을 합산하여 퇴직급여를 지급하는 경우 퇴직급여 전액 중 해당 법인이 지급할 퇴직급여의 금액을 임원 또는 직원이 해당 법인에서 퇴직하는 때에 각 법인의 손금에 산입한다(법인칙 §22, 서면2팀-807).

 **「근로자퇴직급여보장법」제8조의 퇴직급여제도**

ⓐ 퇴직금제도를 설정하고자 하는 사용자는 계속근로기간 1년에 대하여 30일분 이상의 평균임금을 퇴직급여로 퇴직하는 근로자에게 지급할 수 있는 제도를 설정하여야 한다.

ⓑ ⓐ의 규정에 불구하고 사용자는 다음과 같은 사유로 근로자가 요구하는 경우에는 근로자가 퇴직하기 전에 해당 근로자의 계속 근로기간에 대한 퇴직금을 미리 정산하여 지급할 수 있다. 이 경우 미리 정산하여 지급한 후의 퇴직금 산정을 위한 계속근로기간은 정산 시점부터 새로 계산한다.

ⓐ 무주택자인 근로자 본인 명의로 주택을 구입하는 경우(임원과 달리 세대단위가 아니라 본인만 주택이 없다면 된다.)

ⓑ 무주택자인 근로자가 주거를 목적으로 전세금 또는 보증금을 부담하는 경우(근로자가 하나의 사업에 근로하는 동안 1회로 한정)

ⓒ 근로자 본인, 근로자의 배우자, 근로자 또는 그 부양가족이 6개월 이상 요양을 필요로 하고 해당 근로자가 본인 연간 임금총액의 1천분의 125를 초과하여 부담하는 경우

ⓓ 퇴직금 중간정산을 신청하는 날부터 거꾸로 계산하여 5년 이내에 근로자가 「채무자 회생 및 파산에 관한 법률」에 따라 파산선고를 받은 경우

ⓔ 퇴직금 중간정산을 신청하는 날부터 거꾸로 계산하여 5년 이내에 근로자가 「채무자 회생 및 파산에 관한 법률」에 따라 개인회생절차개시 결정을 받은 경우

ⓕ 사용자가 기존의 정년을 연장하거나 보장하는 조건으로 단체협약 및 취업규칙 등을 통하여 일정 나이, 근속시점 또는 임금액을 기준으로 임금을 줄이는 제도를 시행하는 경우

ⓖ 사용자가 근로자와의 합의에 따라 소정근로시간을 1일 1시간 또는 1주 5시간 이상 단축함으로써 단축된 소정근로시간에 따라 근로자가 3개월 이상 계속 근로하기로 한 경우

ⓗ 재난으로 피해를 입은 경우로서 고용노동부장관이 정하여 고시하는 사유에 해당하는 경우

3) 임원퇴직급여

① **임원퇴직급여는 정관에 지급규정이 있는 경우 정관(퇴직위로금 포함)에 의하고 지급규정이 없는 경우 다음 범위내에서 손금에 산입한다.** 이 경우 해당임원이 직원에서 임원으로 된 때에 퇴직급여를 지급하지 아니한 경우 직원으로 근무한 기간을 근속연수에 합산할 수 있다.

$$\text{퇴직일로부터 소급하여 1년간 임원에게 지급한 총급여}^{주} \times \frac{1}{10} \times \text{근속연수}^{주}$$

주) 비과세급여를 제외하며 근속연수를 계산함에 있어서 1년 미만의 기간은 월수로 계산하고 1월 미만의 기간은 산입하지 아니한다.

| 사례 **3-17** | **법인세법 - 임원퇴직금 한도액 계산** |

김상무는 오리요리점에서 7년 8개월 20일 근무 후 퇴직급여로 60,000,000원 받았다. 직전 1년간 지급받는 급여, 상여금은 총 50,000,000원이다. 임원퇴직급여에 대하여 정관에 정한바 없다.

해답
  한도 : 50,000,000×1/10 × 7년 8개월
      = 5,000,000 × (7+ 8/12) = 35,000,000 + 5,000,000 × 8/12 = 38,333,333

  [손금불산입] 임원퇴직금한도초과액 21,666,667 (상여처분)
    * 60,000,000 − 38,333,333 = 21,666,667

② 임원의 퇴직금중간정산

임원의 퇴직금 중간정산은 「근로자퇴직급여보장법」 적용을 받지 않는다. 「법인세법」에 의하여 다음의 현실적인 퇴직의 범위에 해당하면 중간정산할 수 있다.

4) 현실적인 퇴직의 범위

현실적 퇴직을 요약하면 다음과 같다(법인령 §44②, 법기통 26-44…1, 26-44…3).

현실적인 퇴직으로 보는 경우	현실적인 퇴직으로 보지 않는 경우
① 법인의 직원이 해당 법인의 임원으로 취임한 때 ② 법인의 임원 또는 직원이 그 법인의 조직변경·합병·분할 또는 사업양도에 따라 퇴직할 때 ③ 「근로자퇴직급여보장법」 제8조 제2항에 따라 퇴직급여를 중간 정산하여 지급한 때 ④ 정관 또는 정관에서 위임된 퇴직급여지급 규정에 따라 장기요양 등의 사유[34]로 그 때까지의 퇴직금을 중간 정산하여 임원에게 지급한 때 * 임원의 중간정산요건은 제한적이므로 퇴직연금을 활용할 수 있다. ⑤ 법인의 직영차량 운전기사가 법인 소속 지입차량의 운전기사로 전직하는 경우 ⑥ 법인의 임원 또는 직원이 사규에 의하여 정년퇴직을 한 후 다음날 동 법인의 별정직 사원(촉탁)으로 채용된 경우	① 임원이 연임된 경우 ② 법인의 대주주 변동으로 인하여 계산의 편의, 기타 사유로 전사용인에게 퇴직급여를 지급한 경우 ③ 외국법인의 국내지점 종업원이 본점(본국)으로 전출하는 경우 ④ 정부투자기관 등이 민영화됨에 따라 전 종업원의 사표를 일단 수리한 후 다시 채용한 경우 ⑤ 근로자퇴직급여보장법에 따라 퇴직급여를 중간정산하기로 하였으나 이를 실제로 지급하지 아니한 경우[35]

⑦ 합병으로 소멸되는 피합병법인의 임원이 퇴직함에 따라 퇴직급여지급규정에 따라 퇴직급여를 실제로 지급받고 해당 임원이 합병회사의 임원이 된 경우
⑧ 법인의 상근임원이 비상근임원으로 된 경우

5) 연봉액에 포함된 퇴직급여의 처리

다음의 요건을 모두 갖춘 연봉계약에 따라 그 계약기간이 만료되는 시점에 퇴직급여를 지급한 경우에도 이를 현실적인 퇴직으로 본다. 다만, 퇴직급여를 연봉액에 포함하여 매월 분할 지급하는 경우 매월 지급하는 퇴직급여상당액은 해당 사용인에게 업무와 관련없이 지급한 가지급금으로 본다(법기통 26-44…5).

① 불특정 다수인에게 적용되는 퇴직급여지급규정에 사회통념상 타당하다고 인정되는 퇴직급여가 확정되어 있을 것
② 연봉액에 포함된 퇴직급여의 액수가 명확히 구분되어 있을 것
③ 계약기간이 만료되는 시점에 퇴직급여를 중간정산 받고자 하는 사용인의 서면요구가 있을 것

6) 명예퇴직급여와 해고예고수당 및 퇴직위로금

① 기업의 경영합리화를 위하여, 강제퇴직이 아닌 선택으로 퇴직하게 하고 그 대가로 지급하는 퇴직급여를 말한다.
② 「근로기준법」에 의한 해고예고수당은 퇴직소득으로 처리하고, 불특정다수의 퇴직자에게 적용되는 퇴직급여지급규정 등에 따라 지급받는 퇴직위로금은 퇴직소득에 해당하나, 재직 기간 중 성과를 인정하여 성과급 명목의 급여를 지급하는 경우에는 근로소득에 해당한다.

3 복리후생비

임직원들의 의료·위생·보건 등을 위해 지급하는 금액으로 식당운영비, 건강진단비, 야근식대, 출퇴근비용 등이 여기에 해당한다.

---

34) ① 중간정산일 현재 1년 이상 주택을 소유하지 아니한 세대의 세대주인 임원이 주택을 구입하려는 경우(중간정산일부터 3개월 내에 해당 주택을 취득하는 경우만 해당한다)
② 임원(임원의 배우자 및 소득법 §50 ① (3)에 따른 생계를 같이 하는 부양가족을 포함한다)이 3개월 이상의 질병 치료 또는 요양을 필요로 하는 경우
③ 천재·지변, 그 밖에 이에 준하는 재해를 입은 경우
35) 다만, 확정된 중간정산 퇴직급여를 회사의 자금사정 등을 이유로 퇴직급여 전액을 일시에 지급하지 못하고 노사합의에 따라 일정기간 분할하여 지급하기로 한 경우에는 그 최초 지급일이 속하는 사업연도의 손금에 산입한다.

사례 3-18 복리후생비 회계처리 - 회식비

① x1년 10월 2일 (주)이택스는 직원 회식을 하고 회식비 550,000원(부가세 포함)을 법인신용카드로 결제하였다.

(차) 복 리 후 생 비   500,000   (대) 미 지 급 금   550,000
    부 가 세 대 급 금   50,000

② x1년 10월 25일 신용카드 결제대금이 보통예금통장에서 자동 이체되었다.

(차) 미 지 급 금   550,000   (대) 보 통 예 금   550,000

4 여비교통비

업무와 관련하여 출장을 간 경우 사용하는 교통비, 숙박비 등을 말한다.

사례 3-19 여비교통비 회계처리 - 출장비

(주)이택스의 구대리는 대구로 출장을 가면서 6월 10일에 경리부에서 출장비를 600,000원를 받아 간후 6월 30일 출장에서 돌아와 지출내역을 정리해보니 아래와 같았다.

항 목		비 용
여비교통비	KTX(고속철도)요금	80,000
	숙박비	100,000
	식비	50,000
	기타 버스요금 등	5,000
	렌터카 이용료	100,000
	계	335,000
업무추진비	거래처 사장님 식사대접	200,000
남은현금		65,000

① 6월 10일 출장비 지급시

(차) 가 지 급 금   600,000   (대) 현   금   600,000

② 6월 30일 출장비 정산시

(차) 여 비 교 통 비   335,000   (대) 가 지 급 금   600,000
    업 무 추 진 비   200,000
    현   금   65,000

5   기업업무추진비

(1) 의의

"기업업무추진비"란 접대, 교제, 사례 또는 그 밖에 어떠한 명목이든 상관없이 이와 유사한 목적으로 지출한 비용으로서 기업이 직접 또는 간접적으로 업무와 관련이 있는 자와 업무를 원활하게 진행하기 위하여 지출한 금액을 말한다.

사례 3-20   기업업무추진비 회계처리

(주)이택스는 거래처에게 선물할 물품을 구입하였다(공급가액 : 100,000원 , 부가세 : 10,000원)

(차) 기 업 업 무 추 진 비   110,000   (대) 현   금   110,000

＊ 업무추진비와 관련된 매입세액은 공제되지 않으므로 부가세대급금으로 될 수 없고 기업업무추진비 과목으로 회계처리한다.

(2) 세법상 기업업무추진비 한도

1) 신용카드 등 미사용분에 대한 손금불산입

내국법인이 한 차례의 접대에 지출한 기업업무추진비 중 3만원(경조금의 경우 20만원)을 초과하는 기업업무추진비로서 다음 중 어느 하나에 해당하지 아니한 것에 대하여는 각 사업연도의 소득금액을 계산할 때 이를 손금에 산입하지 아니한다. 다만, 지출사실이 객관적으로 명백한 경우로서 아래의 어느 하나에 해당하는 기업업무추진비라는 증거자료를 구비하기 어려운 국외지역에서의 지출 및 농어민에 대한 지출 등은 제외한다(법인법 §25 ②).

① 신용카드, 직불카드, 외국에서 발행된 신용카드, 기명식선불카드, 현금영수증, 원천징수영수증을 발행하여 지출하는 기업업무추진비.
  이 때 카드는 법인 명의의 카드만을 인정하고 다른 카드는 인정하지 않는다.
② 계산서 또는 세금계산서를 발급받아 지출하는 기업업무추진비, 매입자발행계산서 또는 매입자발행세금계산서를 발행하여 지출하는 기업업무추진비
③ 위 ①, ②를 적용함에 있어 재화 또는 용역을 공급하는 신용카드 등의 가맹점이 다른 가맹점의 명의로 작성된 매출전표 등을 발급받은 경우 해당 지출금액은 해당 기업업무추진비로 보지 아니한다.

2) 기업업무추진비한도초과액 손금불산입

기업업무추진비는 다음의 금액을 한도로 손금산입한다(법인법 §25④ 및 법인령 §40).

(1) 일반기업업무추진비 한도액 = ① + ② [특정법인 (① + ②) × 50%]

　① 기본금액 : 1,200만원(중소기업 : 3,600만원) × $\dfrac{\text{사업연도 월수}}{12}$

　② (일반수입금액 × 적용률) + (특수관계인 매출 × 적용률 × 10%)

(2) 문화기업업무추진비의 한도액 = MIN[①, ②]
　① 문화기업업무추진비
　② 일반기업업무추진비한도액 × 20%
　　　[특정법인: (일반기업업무추진비한도액 × 50%) × 20%]

* 특정법인이란 다음의 요건을 모두 갖춘 내국법인을 말한다.
　㉠ 지배주주 및 특수관계자 지분합계가 전체 지분의 50% 초과
　㉡ 부동산 임대업이 주된 사업 또는 부동산 임대수입, 이자·배당의 합이 매출액의 50% 이상
　㉢ 해당 사업연도의 상시근로자 수가 5인 미만

수 입 금 액	비 율 (특수관계인 : 아래 규정을 적용하여 산출한 금액×10%)
100억원 이하	0.3%
100억원 초과 500억원 이하	3천만원 + (수입금액 − 100억원) × 0.2%
500억원 초과	1억1천만원 + (수입금액 − 500억원) × 0.03%

✽ 월수는 역에 따라 계산하되 1월 미만의 일수는 1월로 한다.
✽ 수입금액이란 기업회계기준에 따라 계산한 매출액을 말한다.
✽ 특수관계인이란 부당행위계산부인 대상에서 언급하는 특수관계인임.

사례 3-21 법인세법 – 기업업무추진비 세무조정

- 제조업, 중소기업인 이택스의 10기(1.1.~12.31.) 자료
- 기업업무추진비 지출총액 116,000,000원 (지출증빙이 없는 금액 4,000,000원 포함)

구분	1회 3만원 이하	1회 3만원 초과	합계
신용카드 등 사용분	6,000,000	95,000,000	101,000,000원
영수증 수취분	3,000,000	8,000,000	11,000,000원

- 매출액 28,000,000,000원 (특수관계인 매출 5,000,000,000원 포함)

〈해설〉
[1단계] 증빙불비액 직접부인
　[손금불산입] 증빙누락 기업업무추진비　4,000,000　(대표자상여)
　[손금불산입] 영수증수취 기업업무추진비　8,000,000　(기타사외유출)
[2단계] 기업업무추진비 한도초과액 계산

(1) 기업업무추진비 해당액 = 116,000,000 - 12,000,000 = 104,000,000
(2) 기업업무추진비 한도액 ① + ② = 93,000,000
   ① 36,000,000
   ② 10,000,000,000 × 0.003 + 13,000,000,000 × 0.002 + 5,000,000,000
      × 0.002 × 0.1 = 57,000,000
(3) 기업업무추진비 한도초과액:
    104,000,000 - 93,000,000 = 11,000,000(기타사외유출)

3) 문화비(전통시장)로 지출한 기업업무추진비 한도 추가(조특법 §136)

내국인(내국법인 또는 거주자를 말한다)이 2025년 12월 31일 이전에 문화비[36] 또는 전통시장[37]에 지출한 기업업무추진비로서 내국인의 기업업무추진비 한도액에 불구하고 해당 과세연도의 소득금액 계산의 경우 내국인의 기업업무추진비 한도액의 100분의 20(전통시장 지출분 100분의10)에 상당하는 금액의 범위 안에서 이를 손금에 산입한다.

앞 사례에서 업무추진비 한도가 93,000,000원이었고 이 회사가 공연권 등으로 선물한 기업업무추진비가 10,000,000원이 있다면 한도추가액은 ①과 ② 중 적은 금액인 10,000,000원이다.

① **10,000,000**
② **기업업무추진비 한도 93,000,000 × 20% = 18,600,000**
   ✱ 판매부대비용과 회의시 식음료 등은 한도가 없으므로 판매비 또는 회의비 과목으로 구분하는 것이 현명하다.
③ **특정법인의 경우에는 [93,000,000× 50%]× 20% = 9,300,000원이다.**

6 감가상각비

감가상각비는 재무상태표과목의 유형자산, 무형자산편에서 상세히 설명하였다. 여기서는 개념만 설명한다.

감가상각이란 유형자산의 자산가치의 하락을 수리적으로 계산하여 비용화함으로써 유형비유동자산이 특정회계기간의 수익에 공헌한 만큼의 원가를 비용화하는 것이다.

자산가치의 하락원인은 소모·파손·노후 등의 물리적 원인이나 경제적 여건 변동 등에 따라 효용가치가 감소하는데 있다.

감가상각 대상 자산이 생산부문과 관리부문에 공동으로 사용되는 것이면 합리적 기준을 설정하여 해당 감가상각비를 제조원가와 판매관리비로 배분하여야 한다.

---

[36] 문화예술의 공연이나 전시회, 박물관입장권, 체육활동 관람 입장권, 비디오물의 구입, 음반 및 음악영상물의 구입, 출판 및 인쇄간행물, 문화관광축제의 관람 또는 체험을 위한 입장권·이용권, 관광공연장의 입장권, 박람회의 입장권

[37] ① 제126조의2 제1항에 따른 신용카드등사용금액에 해당할 것 ② 소비성서비스업 등 대통령령으로 정하는 업종을 경영하는 법인 또는 사업자에게 지출한 것이 아닐 것

※ **감가상각방법**

회사가 감가상각을 하기 위해서는 취득원가·내용연수·잔존가액이라고 하는 3가지 자료가 파악되어야 한다. 일반기업회계기준에서는 이와 같이 수집된 자료를 근거로 정액법·정률법·생산량비례법에 따라 감가상각을 하도록 하고 있다. 일반적으로 실무에서는 「법인세법」상의 내용연수를 준용하여 회계처리하고 있다.

사례 3-22 감가상각비 회계처리

① x1년 9월 13일 "갑" 가구도매회사는 가구 운반용 트럭을 12,000,000원에 구입하면서 취득금액 중 5,000,000원을 현금으로 지급하고 잔액은 매월 분할하여 지급하기로 하였다.

(차) 차 량 운 반 구	12,000,000	(대) 현　　　　금	5,000,000
		미 지 급 금	7,000,000

② x1년 9월 30일 "갑" 회사는 새로 구입한 자동차에 대한 취득세 240,000원을 납부하였다.

(차) 차 량 운 반 구	240,000	(대) 현　　　　금	240,000

③ "갑" 회사는 x1년 결산을 하면서 차량운반구에 대하여 정률법으로 상각하기로 하고 조사한 바 다음 자료를 파악하였다.

  ┌ 취득가액   12,240,000원
  │ 내용연수   5년(정률 0.451)
  └ 잔존가액   5%

1년간 감가상각액 : 12,240,000×0.451 = 5,520,240원
당기분 감가상각액 : 5,520,240×4/12 = 1,840,080원

(차) 감 가 상 각 비	1,840,080	(대) 감가상각누계액	1,840,080
（판매비와관리비）			

※ 기간계산은 역에 따라 하되 1월 미만의 일수는 1월로 한다.

7 통신비

업무용으로 사용하는 전신·전화·우편요금 등을 말한다. 전화요금은 통신사가 전자세금계산서를 발행함으로 작성일자는 자동 체크된다. 다만 통신사에 사업자등록증이 제시가 안되어 세금계산서 발급을 못 받는 경우 금액의 중요성에 따라 결제일자로 회계처리하여도 된다.

8 수도광열비

수도광열비는 상·하수도요금, 도시가스요금, 냉·난방용 유류비, 냉·난방용 가스요금, 전기료 등을 말한다.

| 사례 3-23 | 수도광열비 회계처리 - 도시가스요금 |

㈜이택스는 도시가스요금 청구서를 6월 16일에 수취하였고, 매월 25일(6월 25일) 대박은행 보통예금에서 자동이체 된다.
- 작성일자 : 6월 15일
- 도시가스요금 : 12,083원 (공급가액 : 10,985원, 부가가치세 : 1,098원)
- 도시가스요금 청구서가 (주)이택스 명의로 되어 있으며, 공급받는자 란에 공급받는 자의 사업자등록번호가 기재되어 있음

① 6월 15일 (청구서 수취일은 6월 16일이지만 작성일자 기준으로 전표처리 함)

(차) 수 도 광 열 비	10,985	(대) 미 지 급 금	12,083
부 가 세 대 급 금	1,098		

② 6월 25일 도시가스요금 자동 이체시

(차) 미 지 급 금	12,083	(대) 보 통 예 금	12,080
		잡 이 익	3

* 원단위미만절사금액인 3은 잡이익으로 처리함
* 도시가스회사가 전자세금계산서를 발행하는 경우 작성일자는 자동 체크된다.

9 세금과공과

(1) 의의

세금이란 자동차세 · 인지세 · 면허세 · 재산세 등 국가나 지방자치단체에 납부하는 금액을 말하고, 공과란 상공회의소 회비 · 협회비 등을 말한다.

사업소분주민세, 종업원분주민세, 자동차세, 재산세, 면허세, 인지세, 간이과세자가 납부한 부가가치세, 간주임대료에 대한 부가가치세, 회사부담분 국민연금, 산재보험료, 상공회의소회비, 벌과금, 과태료, 가산세 등으로 한다.

(2) 법인세법상 손금불산입 제세공과금

기업이 부담하는 세금과 공과금은 손금이다. 그러나 벌금 등 다음에 열거한 것은 손금불산입한다.
① 소득에 대하여 부과되는 법인세 및 법인지방소득세와 가산세
② 부가가치세 매입세액. 단, 일부 불공제된 부가가치세 매입세액은 제외
③ 비업무용 토지에 대한 취득세중과분, 업무용자산에 대한 취득세 · 등록세는 손금에 산입하지 아니하고 취득가액에 더한다.

④ 벌금, 과료, 과태료, 가산금 및 체납처분비
⑤ 법인령에 의한 의무적 공과금이 아니 것(폐수배출부과세)
⑥ 법인령에 의한 의무의 불이행 또는 금지·제한 등의 위반을 이유로 부과되는 공과금
⑦ 「산재보험법」 제70조의 가산금
⑧ 「국민건강보험법」 제71조의 가산금
⑨ 대기오염물질초과배출부담금 등

사례 3-24 세금과공과 회계처리 - 재산세

(주)이택스는 9월 20일 건물에 대한 재산세(토지분) 2,000,000원을 현금으로 납부하였다.

(차) 세 금 과 공 과   2,000,000   (대) 현   금   2,000,000

10 지급임차료

다른 사람이 소유하고 있는 동산이나 부동산 등의 자산을 일정한 계약에 의거 사용하는 경우에 지급하는 비용을 말한다.

사례 3-25 지급임차료 회계처리 - 월세, 간주임대료

(주)이택스는 12월분 월세 20,000,000원 및 부가세 2,000,000원 그리고 간주임대료에 대한 부가세 300,000원도 부담하기로 하고 보통예금에서 22,300,000원을 인출하여 임대인에게 송금하였다.

(차) 지 급 임 차 료   20,000,000   (대) 보 통 예 금   22,300,000
    세 금 과 공 과 금   300,000
    부 가 세 대 급 금   2,000,000

* 임차인이 부담하는 간주임대료에 대한 부가가치세액은 월세와 구분하여 지급하여야 하며, 간주임대료는 세금계산서 발행이 안되므로, 임대인으로부터 영수증을 교부받아 비용으로 인정받아야 한다.
* 임대인이 부담하는 간주임대료에 대한 부가가치세는 임대인의 세금과공과로 비용인정된다.

11 수선비

건물이나 집기비품 등의 수선 또는 유지를 위해서 지출된 비용을 말한다.

사례 3-26 수선비 회계처리

(주)이택스는 건물의 외벽 도색비용으로 2,000,000원(부가세 별도)을 현금으로 지급하고 세금계산서를 수취하였다.

| (차) 수 선 비 | 2,000,000 | (대) 현 금 | 2,200,000 |
| 부 가 세 대 급 금 | 200,000 | | |

12 보험료

손해보험(화재보험, 자동차보험 등)에 가입하고 지출하는 비용을 말한다.

사례 3-27 보험료 회계처리 - 화재보험료

① x1년 8월 1일 건물 화재보험료 1년분 1,200,000원을 보통예금에서 인출하여 지급하였다.(보험기간 : x1년 8월 1일 ~ x2년 7월 31일)

   (차) 보 험 료   1,200,000   (대) 보 통 예 금   1,200,000

② x1년 12월 31일 결산시 건물 화재보험료 미경과분을 선급비용으로 대체하였다.(월할계산할 것)

   (차) 선 급 비 용   700,000   (대) 보 험 료   700,000

   * 보험료(1,200,000원) × 미경과월수(7개월)/12개월 = 700,000원

13 차량유지비

(1) 기업회계기준

회사소유 자동차의 관리유지비(유류비, 소모품구입비, 수리비, 통행료, 주차료 등)는 물론이고 회사가 임차하여 사용하는 차량에 대한 것도 포함된다. 화물차의 용도는 다양하겠지만 주로 원자재 구입운반에 사용한다면 제조경비 차량유지비로, 제품이나 상품 판매운반에 주로 사용한다면 판매비와관리비로 처리하면 될 것이다.

| 사례 3-28 | 세금과공과 회계처리 - 차량 관련 과태료 등

(주)이택스의 영업사원 구대리는 주차위반으로 80,000원의 과태료고지서와 불법주차에 따른 견인료·보관료로 50,000원 부담하였다.

| (차) 세 금 과 공 과 | 130,000 | (대) 현 금 | 130,000 |

* 세법상 세무조정 손금불산입 130,000 (기타사외유출)
  ① 속도위반, 교통신호, 주차위반 등 교통법규 위반에 따른 과태료 등은 세금과공과로 처리한 후 손금부인한다.
  ② 주차위반 등 교통법규위반으로 견인되어 과태료가 징수된 경우에는 세금과공과 또는 잡손실로 처리한 후 손금부인하고, 회사차량을 고장 등의 원인으로 견인한 경우에는 차량유지비로 처리한다.

(2) 「법인세법」상 업무용 승용차 관련비용의 손금불산입 등 특례

법인의 업무용승용차를 임직원이 사적으로 사용하는 경우, 관련비용을 손금불산입을 하고 개인적 사용자에게 소득처분한다.

1) 대상 승용차

개별소비세가 적용되는 과세대상 승용자동차를 말하며, 다음의 승용자동차(즉 영업용 승용자동차)를 제외한다.
① 운수업, 자동차판매업, 자동차임대업(렌트회사), 운전학원업, 무인경비업(출동차량에 한정) 등에 사업상 수익을 얻기 위하여 직접 사용하는 승용자동차
② 여신전문금융업법에 따른 시설대여업(리스회사)에서 사업상 수익을 얻기 위하여 직접 사용하는 승용자동차
③ 장례식장 및 장의관련 서비스업을 영위하는 법인이 소유하거나 임차한 운구용 승용차
④ 임시운행허가를 받은 자율주행자동차

> **참고** 개별소비세가 과세대상 자동차의 범위
>
> ① 배기량이 2천시시를 초과하는 승용자동차와 캠핑용자동차 : 100분의 5
> ② 배기량이 2천시시 이하인 승용자동차(배기량이 1천시시 이하인 것으로서 길이가 3.6미터 이하이고 폭이 1.6미터 이하인 것은 제외한다)와 이륜자동차 : 100분의 5
>   * 개소령 별표 1에 이륜자동차는 배기량이 125시시 초과분을 과세한다고 규정함.
> ③ 전기승용자동차(「자동차관리법」제3조 제2항에 따른 세부기준을 고려하여 대통령령으로 정하는 규격의 것은 제외한다): 100분의 5

2) 업무용 승용자동차 관련비용

업무용 승용자동차 관련비용이란 업무용승용차에 대한 감가상각비, 임차료, 유류비, 보험료, 수선비, 자동차세, 통행료 및 금융리스부채에 대한 이자비용 등 업무용승용차의 취득·유지를 위하여 지출한 비용을 말한다.

3) 업무용 승용자동차 감가상각비

2016년 1월 1일 이후 개시하는 사업연도에 취득하는 업무용승용자동차의 감가상각비는 상각방법과 내용년수 적용에 관한 규정에 불구하고, 정액법을 상각방법으로 하고 내용년수를 5년으로 하여 계산한 금액을 감가상각비로 하여 손금에 산입하여야 한다(강제신고조정사항).

4) 업무용 승용자동차 관련비용의 손금불산입

내국법인이 업무용승용차를 취득하거나 임차하여 해당 사업연도에 손금에 산입하거나 지출한 감가상각비, 임차료, 유류비 등 업무용승용차 관련비용 중 업무사용금액에 해당하지 아니하는 금액은 해당 사업연도의 소득금액을 계산할 때 손금에 산입하지 아니하고 귀속자에 따라 상여 등으로 소득처분하며, 귀속자가 불분명한 경우에는 대표자상여로 소득처분한다. 이 규정은 2016년 1월 1일 이후 개시하는 사업연도에 손금산입하거나 지출하는 분부터 적용한다.

> 업무용승용차 관련비용 − 업무사용금액 = 업무미사용금액

① 업무전용자동차보험[38])에 가입시

업무용승용차 관련비용에 업무사용비율을 곱한 금액

> 업무사용금액 = 업무용승용차 관련비용 × 업무사용비율 ($\frac{업무용사용거리}{총주행거리}$)

☞ 업무전용자동차보험에 가입시 전액 손금불산입한다.

---

38) 해당 사업연도 전체 기간(임차한 승용차의 경우 해당 사업연도 중에 임차한 기간을 말한다) 동안 해당 법인의 임원 또는 사용인이 직접 운전한 경우 또는 계약에 따라 타인이 해당 법인의 업무를 위하여 운전하는 경우만 보상을 하는 자동차 보험. 다만, 렌터카의 경우 임대차특약(법인의 임직원만 차량을 운행할 수 있는 특약으로서 임직원 외의 자가 운행 시 보험보상이 제한됨)에 가입하면 업무전용자동차보험에 가입한 것으로 간주한다.

> **참고** 일부 기간만 업무전용자동차보험 가입 시 손금산입방법

해당 사업연도 전체기간 중 일부 기간만 보험에 가입한 경우 가입기간 비용에 대해서는 손금산입한다.

해당 사업연도의 업무용승용차 관련비용 × 업무사용비율 ×
(업무전용보험 실제가입일수 ÷ 사업연도 중 업무전용보험 의무가입일수)

② 업무용승용차 운행기록부작성

'업무용승용차 운행기록 방법'은 별지서식 「업무용승용차 운행기록부」를 작성하는 것으로 하되, 별지 서식상의 자동차등록번호, 사용자, 사용목적, 사용일자, 운행내역이 포함된 별도의 서식으로 작성할 수 있다.

> **참고** 운행기록 등 제출의무

내국법인은 업무용승용차별로 운행기록 등을 작성·비치하여야 하며, 납세지 관할 세무서장이 요구할 경우 이를 즉시 제출하여야 한다(법인령 § 50의2 ⑥).

> **참고** 업무사용비율

구분		업무사용비율
운행기록 등을 작성·비치한 경우		$\dfrac{업무용사용거리^{39)}}{총주행거리}$
운행기록 등을 작성·비치하지 않는 경우	업무용승용차관련비용이 1천 5백만원이하인 경우	100%
	업무용승용차관련비용이 1천 5백만원을 초과하는 경우	$\dfrac{1천5백만원^{40)}}{업무용승용차관련비용}$ *사업연도가 1년 미만인 경우: $\dfrac{1천5백만원 \times 해당사업연도월수/12}{업무용승용차관련비용}$

③ 전용번호판 부착

---

39) 업무용 사용거리란 제조·판매시설 등 해당 법인의 사업장 방문, 거래처·대리점 방문, 회의 참석, 판촉 활동, 출·퇴근 등 직무와 관련된 업무수행을 위하여 주행한 거리를 말한다.

40) 사업연도 중 일부기간 동안 보유하거나 임차한 경우 : 1천5백만원 × 해당 보유기간 또는 임차기간 월수 / 해당 사업연도의 월수

일정한 요건을 충족하는 업무용승용차에 자동차등록번호판을 부착하지 않는 경우 업무용승용차 관련 비용을 손금불산입한다.

☞ 대상) 취득가액 8,000만원 이상, 요건)연녹색 전용번호판 미부착, 시행시기) 2024.1.1. 이후 등록 및 대여

5) 업무용 사용분 감가상각비 중 800만원 초과분 손금불산입

가) 업무용 사용분 감가상각비 중 800만원 초과분

업무사용금액 중 다음의 구분에 해당하는 비용이 각각 800만원을 초과하는 경우 그 초과하는 금액(감가상각비 한도초과액)은 해당 사업연도에 손금에 산입하지 않는다[41]. 다만 해당 사업연도가 1년 미만이거나 일부기간만 보유한 경우 800만원에 해당 사업연도의 월수 또는 보유월수를 곱하고, 이를 12로 나누어 산출한 금액을 말한다. 이 경우 월수는 역에 따라 계산하되, 1월 미만의 일수는 1월로 한다.

> ㉠ (업무용승용차별 감가상각비 × 업무사용비율) - 800만원[42]
> ㉡ (업무용승용차별 임차료 중 감가상각비 상당액[43] × 업무사용비율) - 800만원

나) 감가상각비 이월액 손금추인

① 업무용승용차별 감가상각비 이월액

해당 사업연도의 다음 사업연도부터 해당 업무용승용차의 업무사용금액 중 감가상각비가 800만원에 미달하는 경우 그 미달하는 금액을 한도로 하여 손금으로 추인하고 △유보로 소득처분한다.

② 업무용승용차별 임차료 중 감가상각비 상당액 이월액

㉠ 개정 후(2020.2.11.)

해당 사업연도의 다음 사업연도부터 해당 업무용승용차의 업무사용금액 중 감가상각비 상당액이 800만원에 미달하는 경우 그 미달하는 금액을 한도로 손금에 산입한다. 다만, 해당 업무용승용차의 임차기간이 사업연도 중에 만료 또는 해지된 경우에는 해당 사업연도의 다음 사업연도별로 800만원을 균등하게 손금에 산입하고 '기타'로 소득처분한다.

㉡ 개정 전(2020.2.10. 이전)

임차종료 후 10년차에도 남아있는 이월 잔여액은 10년차에 전부 손금산입이 가능하다.

---

[41] ㉠ 의 한도초과액은 유보로 소득처분, ㉡ 의 한도초과액은 기타사외유출로 소득처분한다.
[42] 사업연도 중 일부기간 동안 보유하거나 임차한 경우 : 800만원 × 해당 보유기간 또는 임차기간 월수 / 해당 사업연도의 월수
[43] 업무용승용차의 임차료 중 보험료와 자동차세 등을 제외한 금액으로서 다음의 금액을 말한다.
   ㉠ 「여신전문금융업법」 제3조 제2항에 따라 등록한 시설대여업자로부터 임차한 승용차: 임차료에서 해당 임차료에 포함되어 있는 보험료, 자동차세 및 수선유지비를 차감한 금액. 다만, 수선유지비를 별도로 구분하기 어려운 경우에는 임차료(보험료와 자동차세를 차감한 금액을 말한다)의 100분의 7을 수선유지비로 할 수 있다.
   ㉡ ㉠에 따른 시설대여업자 외의 자동차대여사업자로부터 임차한 승용차: 임차료의 100분의 70에 해당하는 금액

6) 업무용 승용차 처분손실

가) 업무용승용차 처분손실 중 800만원 초과분

업무용승용차를 처분하여 발생하는 손실로서 업무용승용차별로 800만원을 초과하는 금액은 해당 사업연도에 손금에 산입하지 않는다44). 다만 해당 사업연도가 1년 미만인 경우 800만원에 해당 사업연도의 월수를 곱하고 이를 12로 나누어 산출한 금액을 말한다. 이 경우 월수는 역에 따라 계산하되, 1월 미만의 일수는 1월로 한다.

> 업무용승용차처분손실 − 800만

나) 업무용승용차 처분손실의 이월액 손금추인

㉠ 개정 후(2020.2.11.)

업무용승용차 처분손실 중 800만원 초과분은 해당 사업연도의 다음 사업연도부터 800만원을 균등하게 산입하고 '기타'로 소득처분한다.

㉡ 개정 전(2020.2.11.)

처분 후 10년차에도 남아있는 이월 잔여액은 10년차에 전부 손금산입이 가능하다.

다) 특정법인에 대한 업무용 승용차 관련 비용 손금산입한도 축소

다음의 특정법인에 대하여는 업무사용금액 중 감가상각비(또는 감가상각비상당액) 한도 800만원을 400만원으로, 업무용승용차처분손실 한도 800만원을 400만원으로, 자동차보험에 가입하고 운행기록 미작성시에 업무용승용차관련비용 총한도 1,500만원을 500만원으로 적용한다.

> 특정법인이란 다음의 요건을 모두 갖춘 내국법인을 말한다.
> ① 지배주주 및 특수관계자 지분합계가 전체 지분의 50% 초과
> ② 부동산 임대업이 주된 사업 또는 부동산 임대수입, 이자·배당의 합이 매출액의 50% 이상
> ③ 해당 사업연도의 상시근로자 수가 5인 미만

7) 명세서제출

업무용승용차 관련비용 또는 처분손실을 손금에 산입한 법인은 법인세과세표준신고와 함께 업무용승용차 관련비용 명세서를 첨부하여 납세지관할세무서장에게 제출하여야 한다.

---

44) 한도초과액은 기타사외유출로 소득처분한다.

8) 업무용승용차 관련비용 명세서 가산세(법인법 §74의2)

업무용승용차 관련비용 등을 손금에 산입한 내국법인이 업무용승용차 관련비용 등에 관한 명세서(이하 이 항에서 "명세서"라 한다)를 제출하지 아니하거나 사실과 다르게 제출한 경우에는 다음의 구분에 따른 금액을 가산세로 해당 사업연도의 법인세액에 더하여 납부하여야 한다.

① 명세서를 제출하지 아니한 경우: 해당 내국법인이 제60조에 따른 신고를 할 때 업무용승용차 관련비용 등으로 손금에 산입한 금액의 100분의 1
② 명세서를 사실과 다르게 제출한 경우: 해당 내국법인이 제60조에 따른 신고를 할 때 업무용승용차 관련비용 등으로 손금에 산입한 금액 중 해당 명세서에 사실과 다르게 적은 금액의 100분의 1

9) 법인사업자와 개인사업자의 비교

	법인세	소득세
적용대상자	모든 법인	복식부기의무자
업무전용 보험	① 업무전용자동차보험에 가입시에는 업무 관련 승용차비용에 대해서 업무관련비율만큼 인정 ② 업무전용자동차보험에 미가입시에는 미가입기간의 업무용승용차관련 비용 전액을 손금으로 인정안함.	① 업무전용자동차보험의 가입의무가 있음. ② 다만, 직전 과세기간 성실신고확인대상사업자, 의료업, 수의업, 약사업, 변호사 등 전문직업자는 1대를 초과하는 업무용승용차는 업무전용자동차보험에 가입하여야 하며 가입하지 않은 경우 업무사용비율금액의 50%만 비용인정(2021부터 시행), 100% 비용불인정(2024.1.1.부터 시행) ③ 복식부기의무자는 1대를 초과하는 업무용승용차는 업무전용자동차보험에 가입하여야 하며 가입하지 않은 경우 업무사용비율금액의 50%만 비용인정(2024부터 시행)
적용시기	2016.1.1. 이후 개시하는 사업연도에 매각하거나 손금에 산입, 지출하는 분부터 적용	① 2017.1.1. 이후 매각하거나 필요경비에 산입, 지출하는 분부터 적용. 단, 성실신고확인대상사업자는 2016.1.1. 이후부터 적용 ② 업무전용보험제도는 2021.1.1.부터적용 ③ 복식부기의무자는 2024.1.1.부터 적용

[업무용승용차 운행기록부에 관한 별지 서식]〈2022.4.1. 개정〉

업무용승용차 운행기록부

상 호	
사업자등록번호	

과 세 기 간	. . ~ . .

1. 기본정보

①차종	②자동차등록번호

2. 업무용 사용비율 계산

사용일자(요일)	사용자		주행 전 계기판의 거리(km)	주행 후 계기판의 거리(km)	주행거리(km)	업무용 사용거리(km)		비고
③사용일자(요일)	④사용자 부서	성명	⑤주행 전 계기판의 거리(km)	⑥주행 후 계기판의 거리(km)	⑦주행거리(km)	⑧출퇴근용(km)	⑨일반 업무용(km)	⑩비고
					⑪과세기간 총주행 거리(km)	⑫과세기간 업무용 사용거리(km)		⑬업무사용비율

작성방법

1. ① 업무용승용차의 차종을 적습니다.
2. ② 업무용승용차의 자동차등록번호를 적습니다.
3. ③ 사용일자를 적습니다.
4. ④ 사용자(운전자가 아닌 차량이용자)의 부서, 성명을 적습니다.
5. ⑤ 주행 전 자동차 계기판의 누적거리를 적습니다.(1일 동일인이 2회 이상 사용하는 경우 ⑥란을 적지 않고 ⑦란에 주행거리의 합만 적을 수 있습니다.)
6. ⑥ 주행 후 자동차 계기판의 누적거리를 적습니다.(1일 동일인이 2회 이상 사용하는 경우 ⑥란을 적지 않고 ⑦란에 주행거리의 합만 적을 수 있습니다.)
7. ⑦ 사용시마다 주행거리(⑥-⑤)를 적거나, 사용자별 주행거리의 합을 적습니다.
8. ⑧ 업무용 사용거리 중 출퇴근용(원격지 출퇴근을 포함) 사용거리를 적습니다.
9. ⑨ 업무용 사용거리 중 제조판매시설 등 해당 업체의 사업장 방문, 거래처·대리점 방문, 회의 참석, 판촉 활동, 출장 등 일반업무용 사용거리를 적습니다.
10. ⑩~⑬ 해당 과세기간의 주행거리 합계, 업무용 사용거리 합계, 업무사용 비율을 각각 적습니다.

210mm×297mm[백상지 80g/㎡ 또는 중질지 80g/㎡]

(뒤쪽)

다) 업무용승용차 관련비용 명세서

2016년 3월 7일 기획재정부령 제544호로 공포된 개정 법인세법 시행규칙에서 업무용승용차 손금인정 기준 등을 마련하였으며 [별지 제 29호 서식] '업무용승용차 관련비용 명세서'도 포함하고 있다.

■ 법인세법 시행규칙 [별지 제29호서식] (2025.03.21 개정) (3쪽 중 제1쪽)

사업연도	. . ~ . . .	업무용승용차 관련비용 명세서	법인명	
			사업자등록번호	

1. 업무사용비율 및 업무용승용차 관련비용 명세 [부동산임대업 주업법인 [ ]해당, [ ]미해당]

① 차량번호	② 차종	③ 임차여부	④ 보험가입여부	⑤ 전용번호판 부착여부	⑥ 운행기록 작성여부	⑦ 총주행거리(㎞)	⑧ 업무용 사용거리(㎞)	⑨ 업무사용비율(⑧/⑦)	⑩ 보험의무가입대상일수	⑪ 실제보험가입일수	⑫ 보험가입일수비율(⑪/⑩)	⑬ 취득가액(취득일, 임차기간)	⑭ 해당연도 보유 또는 임차기간 월수	⑮ 업무용승용차 관련비용 ⑯ 감가상각비	⑰ 임차료	⑱ 감가상각비 상당액	⑲ 유류비	⑳ 보험료	㉑ 수선비	㉒ 자동차세	㉓ 기타	㉔ 합계
												(. . ~ . . .)										
												(. . ~ . . .)										
												(. . ~ . . .)										
												(. . ~ . . .)										
												(. . ~ . . .)										
㉕ 합계																						

2. 업무용승용차 관련비용 손금불산입 계산

㉖ 차량번호	㉗ 업무사용금액			㉘ 업무외사용금액			㉟ 감가상각비(상당액) 한도초과금액	㊱ 손금불산입 합계(㉞+㉟)	㊲ 손금산입 합계(㉔-㊱)
	㉙ 감가상각비(상당액) [(⑯또는⑱)×⑨×⑫]	㉚ 관련비용 [(㉔-⑯ 또는 ㉔-⑱)×⑨×⑫]	㉛ 합계(㉙+㉚)	㉜ 감가상각비(상당액) (⑯-㉙ 또는 ⑱-㉙)	㉝ 관련비용 [(㉔-⑯ 또는 ㉔-⑱)-㉚]	㉞ 합계(㉜+㉝)			
㊳ 합계									

210㎜×297㎜[백상지 80g/㎡ 또는 중질지 80g/㎡]

(3쪽 중 제2쪽)

3. 감가상각비(상당액) 한도초과금액 이월명세

㊵ 차량번호	㊶ 취득일 (임차기간)	㊷ 전기이월액	㊸ 당기 감가상각비(상당액) 한도초과금액	㊹ 감가상각비(상당액) 한도초과금액 누계	㊺ 손금추인(산입)액	㊻ 차기이월액(㊹-㊺)
㊼ 합계						

4. 업무용승용차 처분손실 및 한도초과금액 손금불산입액 계산

㊽ 차량번호	㊾ 양도가액	㊿ 취득가액	ⓛ 세무상 장부가액	ⓜ 감가상각비(상당액) 한도초과금액 누계	ⓝ 합계 (㊾-㊿+ⓛ)	ⓞ 처분손실 (㊾-ⓜ<0)	ⓟ 당기손금산입액	ⓠ 한도초과금액 손금불산입 (ⓞ-ⓟ)
ⓢ 합계								

5. 업무용승용차 처분손실 한도초과금액 이월명세

ⓣ 차량번호	ⓤ 처분일	ⓥ 전기이월액	ⓦ 손금산입액	ⓧ 차기이월액 (ⓥ-ⓦ)
ⓨ 합계				

210mm × 297mm[백상지 80g/m² 또는 중질지 80g/m²]

작성방법

(3쪽 중 제3쪽)

1. 업무사용비율 및 업무용승용차 관련비용 명세

가. "품명산업"의 주업종이란 해당 기업체 지점이 50%를 초과하는 것 2 부동산 임대업을 주된 사업으로 하거나 부동산상의 권리 대여 · 이자 · 배당 소득의 합계가 50% 이상일 것, 3) 상시 근로자 수가 5인 이하일 것
  1) 지배주주와 그 특수관계자 지분이 50%를 초과할 것
나. ② 차량번호란: 업무용승용차의 차량번호를 적습니다.
다. ③ 차종란: 업무용승용차의 차종을 적습니다.
라. ④ 임차여부란: 업무용승용차의 임차 여부(자가, 렌트, 리스)를 적습니다.
마. ⑤ 보험가입여부란: 「법인세법 시행령」제50조의2제4항제1호 및 같은 조 제2항에 따른 자동차보험 가입 여부를 적습니다. (기재형식: 여 또는 부)
바. ⑥ 운행기록작성여부란: 「법인세법 시행령」제50조의2제4항 각 호 외의 단서에 따른 운행기록 등의 작성 여부를 적습니다. (기재형식: 여 또는 부)
사. ⑦ 출퇴근거리란: 해당 과세연도의 총 주행거리를 적습니다.
아. ⑧ 업무용사용거리란: 「법인세법 시행령」제50조의2제4항에 따른 거래처 · 대리점 방문, 판촉 활동, 출 · 퇴근 등 직무와 관련된 업무수행에 따라 주행한 거리를 적습니다.
자. ⑨ 업무사용비율란: 「법인세법 시행령」제27조의2제5항에 따른 제5항에 따른 업무용 주행거리를 주행거리로 나눈 비율을 적습니다.
차. ⑩ 취득가액란: 업무용승용차의 취득가액을 「법인세법 시행령」제50조의2제9항에 따라 해당 업무용승용차의 감가상각비 · 임차료 또는 해당 업무용승용차 관련비용에 의한 차감액을 적습니다.
  1) 해당 사업연도의 업무용승용차 관련비용이 「법인세법 시행령」제42조제1항제3호에 해당하는 경우: 1,500만원, 제42조제1항(부동산임대업을 주업으로 하는 법인이 법인세법 시행령 제50조의2제7항에 따라 다음의 비율을 곱한 경우: 100의 100
  2) 해당 사업연도의 업무용승용차 관련비용이 「법인세법 시행령」제42조제1항제3호에 해당하지 않는 경우: 1,500만원

2. 업무용승용차 관련비용 손금불산입 계산

가. ⑪ 업무사용금액란: 업무용승용차 관련비용에 업무사용비율을 곱한 비율을 적용하여 계산합니다.
나. ⑫ 업무외사용금액란: 업무용승용차 관련비용에서 업무사용금액을 차감한 금액을 적습니다.
다. ⑬ 감가상각비(상당액) 한도초과금액란
  (1) 사업연도 중 취득 또는 처분한 경우에는 해당 사업연도에 「법인세법 시행령」제50조의2제9항에 따라 월할계산한 금액(800만원)이 있는 경우: 「법인세법 시행령」제50조의2제11항에 따른 월별(월 한도액(800만원 × 보유 또는 임차기간 월수/12)을 초과하는 금액

3. 감가상각비(상당액) 한도초과금액 계산

가. ⑭ 당기감가상각비란: 당기에 발생한 「법인세법」제23조 및 제27조의2제1항에 따라 상각범위액까지 손금에 산입한 감가상각비 누계액을 적습니다.
나. ⑮ 한도초과액란: 제42조의2제1항에 의한 방법에 따른 감가상각비(상당액) 이월액을 손금으로 추인(산입) 합니다.
다. ⑯ 손금추인(산입)란: 「법인세법 시행령」제50조의2제1항에 따라 발생한 금액이 800만원(「법인세법 시행령」제42조제2항에 해당하는 경우에는 400만원) 이하의 금액을 적습니다.

4. 업무용승용차 처분손실 한도초과금액 명세

가. ⑰ 당기처분손실란: 당기에 발생한 차감이월액을 적습니다.
나. ⑱ 한도초과액이란: 차분손실 금액이 800만원(「법인세법 시행령」제42조제2항에 해당하는 경우에는 400만원) 이상인 금액의 금액
다. ⑲ 손금산입액이란: 차분손실 금액이 800만원 × 해당 사업연도 월수/12를 초과하는 금액

5. 업무용승용차 처분손실 초과금액 명세

가. ⑳ 전기이월액이란: 전기이월 차기이월액을 적습니다.
나. ㉑ 손금산입액이란: 전기이월 총 800만원(「법인세법 시행령」제42조제2항에 해당하는 경우에는 400만원) 한도로 손금에 산입할 금액을 적습니다.
  * 해당 사업연도 1년 미만인 경우 800만원 × 해당 사업연도 월수/12를 초과하는 금액을 적습니다.

210mm × 297mm[백상지 80g/m² 또는 중질지 80g/m²]

■ 소득세법 시행규칙 [별지 제63호서식] <개정 2021.3.16.>

(3쪽 중 제1쪽)

업무용승용차 관련비용 등 명세서

상호	사업자등록번호
성명	

1. 업무용 사용비율 및 업무용승용차 관련비용 명세

과세 기간	① 부서/ 직원명	② 자동차 등록 번호	③ 차종	④ 임차 여부	⑤ 총주행 거리 (km)	⑥ 업무용 사용거리 (km)	⑦ 업무 사용비율 (⑥/⑤)	⑧취득가액 (취득일, 임차기간)	⑨보유또는 임차월수	업무용승용차 관련비용

⑩ 업무용승용차 관련비용										
⑪ 감가 상각비	⑫ 임차료 (감가상각비 상당액)	⑬ 감가상각비 (상당액)	⑭ 유류비	⑮ 보험료	⑯ 수선비	⑰ 자동차세	⑱ 기타	⑲ 합계

 ~ · · · · ·

2. 업무용승용차 관련비용 손금불산입액 계산

⑳ 합계	㉑ 업무사용금액			㉒ 업무외 사용금액			㉝ 감가상각비 (상당액) 한도초과금액	㉛ 손금불산입 합계 (㉒+㉝)	㉜ 손금산입 합계 (⑲-㉛)
	㉔ 감가상각비 (상당액) [(⑪또는⑬)×⑦]	㉕ 관련비용 [(⑲-⑪또는 ⑲-⑬)×⑦]	㉖ 합계 (㉔+㉕)	㉗ 감가상각비 (상당액) (⑪또는⑬-㉔)	㉘ 관련비용 (⑲-⑪또는 ⑲-⑬-㉕)	㉙ 합계 (㉗+㉘)			

㉝ 합계

297mm×210mm[백상지(80g/㎡) 또는 중질지(80g/㎡)]

(3쪽 중 제2쪽)

3. 경기상각비(상당액) 한도초과금액 이월명세				
㉞ 사업연도	㉟ 직전 사업연도 까지 손금 산입한 금액	㊱ 당기 경기상각비(상당액) 한도초과금액	㊲ 경기상각비(상당액) 한도초과금액 누계	㊳ 필요경비추인(산입)액	㊴ 차기이월액(㊱-㊲)

합계

4. 업무용승용차 처분손실 및 한도초과금액 손금불산입액 계산				
㊵ 사업연도	㊶ 양도가액	㊷ 취득가액	㊸ 경기상각비 누계액	㊹ 세무상 장부가액(㊷-㊸)	㊺ 처분손실(㊶-㊹)	㊻ 당기 업무용 승용차 관련 비용(8,000만원 한도)	㊼ 한도초과액 업무용승용차 처분손실(㊺-㊻)

합계

5. 업무용승용차 처분손실 한도초과금액 이월명세				
㊽ 사업연도	㊾ 처분일	㊿ 처분손실	51 전기이월액	52 당기 필요경비 (8,000만원 한도)	53 차기이월액 (51+52-(52))

합계

합계

297mm×210mm[백상지(80g/㎡) 또는 중질지(80g/㎡)]

사례 3-29 업무용승용차 관련비용의 세무조정(1) - 2016.1.1.이후 취득

(1) ㈜한결컴퓨터(사업연도 : 20x6.1.1. - 20x6.12.31.)의 관련자료이다.
(2) 대표이사 전용 업무용승용차 : 취득가액 1억원(취득일 20x6.1.1., 업무전용자동차보험에 가입하였고 운행기록 작성·비치함)
(3) 손익계산서상 업무용승용차 관련비용 계상액은 다음과 같다.
 ① 감가상각비 ? 원
 ② 차량유지비(유류비, 수선비, 자동차세, 통행료 등) 5,000,000원

〈경우1〉 감가상각비 11,000,000원 계상, 차량운행기록 작성(총주행거리 10,000km, 업무용 사용거리 8,000km)

① 업무용승용차 감가상각 시부인
㉠ 회사계상감가상각비   11,000,000
㉡ 세법상 상각범위액   20,000,000(= 100,000,000 ÷ 5년)
㉢ 시인부족액   △9,000,000(손금산입, △유보)
[손금산입] 감가상각비 강제상각액   9,000,000(△유보)

② 업무용승용차 관련비용 중 업무 미사용 금액
 25,000,000−(20,000,000+5,000,000) × 80%* = 5,000,000
= 5,000,000(손금불산입, 상여)
 [손금불산입] 차량관련비용 사적 사용액   5,000,000(상여)

* 업무사용비율 : $\dfrac{8,000km}{10,000km}$ = 80%

③ 업무사용분 감가상각비 중 800만원 초과액

> (업무용승용차별 감가상각비× 업무사용비율) − 800만원
> 20,000,000 × 80% − 8,000,000
> = 8,000,000(손금불산입, 유보)

〈경우2〉 감가상각비 45,000,000원 계상, 차량운행기록 미작성

① 업무용승용차 관련비용 중 업무 미사용 금액
(45,000,000+5,000,000) × (1−30%*)
 = 35,000,000
[손금불산입] 차량관련비용 사적 사용액   35,000,000(상여)

* 업무사용비율 : $\dfrac{15,000,000}{50,000,000}$ = 30%

② 업무사용분 감가상각비 중 800만원 초과액

(업무용승용차별 감가상각비 × 업무사용비율) − 800만원
 45,000,000 × 30% − 8,000,000 = 5,500,000
[손금불산입] 업무용 감가상각비 한도초과액 5,500,000(유보)

〈경우3〉 감가상각비 45,000,000원 계상, 차량운행기록 작성(총주행거리 10,000km, 업무용 사용거리 8,000km)

① 업무용승용차 감가상각 시부인
  ㉠ 회사계상감가상각비   45,000,000
  ㉡ 세법상 상각범위액   20,000,000(= 100,000,000 ÷ 5년)
  ㉢ 상각부인액   25,000,000
  [손금불산입] 감가상각비 한도초과액 25,000,000(유보)

② 업무용승용차 관련비용 중 업무 미사용 금액
  (20,000,000*+5,000,000) × (1−80%**)
 = 5,000,000
* 감가상각비 중 업무사용 인정분만 포함
** 업무사용비율 : 80%
[손금불산입] 차량관련비용 사적 사용액 5,000,000(상여)

③ 업무사용분 감가상각비 중 800만원 초과액
  (업무용승용차별 감가상각비 × 업무사용비율) − 800만원
  20,000,000 × 80% − 8,000,000
 = 8,000,000
[손금불산입] 업무용 감가상각비 한도초과액 8,000,000(유보)

사례 3-30 업무용승용차 관련비용의 세무조정(2) - 2015.12.31. 이전 취득승용차

(1) ㈜한결컴퓨터(사업연도 : 20x6.1.1. − 20x6.12.31.)의 관련자료이다.
(2) 대표이사 전용 업무용승용차 : 취득가액 1억원, 전기말 감가상각누계액 40,000,000원(취득일 20x5.1.1., 정률법, 상각율 0.4 가정, 업무전용자동차보험에 가입하였고 운행기록 작성·비치함)
(3) 손익계산서상 업무용승용차 관련비용 계상액은 다음과 같다.
  ① 감가상각비 : 다음의 경우1, 2와 같다
  ② 차량유지비(유류비, 수선비, 자동차세, 통행료 등) 5,000,000원

〈경우1〉 감가상각비 11,000,000원 계상, 차량운행기록 작성
     (총주행거리 10,000km, 업무용 사용거리 9,000km)

① 업무용승용차 감가상각 시부인
 ㉠ 회사계상감가상각비   11,000,000

ⓒ 세법상 상각범위액   24,000,000(=60,000,000 × 0.4)
ⓒ 시인부족액   △13,000,000(세무조정 없음)
* 「조세특례제한법」 상 일정한 감면의 경우 감가상각의제액이 적용될 수 있음.

② 업무용승용차 관련비용 중 업무 미사용 금액
  (11,000,000+5,000,000) × (1-90%*)
= 1,600,000
  [손금불산입] 차량관련비용 사적 사용액 1,600,000(상여)

* 업무사용비율 : $\frac{9,000km}{10,000km}$ =90%

③ 업무사용분 감가상각비 중 800만원 초과액

> (업무용승용차별 감가상각비 × 업무사용비율) − 800만원
> 11,000,000 × 90% − 8,000,000
> = 1,900,000 (손금불산입, 유보)
> [손금불산입] 업무용 감가상각비 한도초과액 1,900,000(유보)

〈경우2〉 감가상각비 45,000,000원 계상, 운행일지 미작성

① 업무용승용차 관련비용 중 업무 미사용 금액
  (45,000,000+5,000,000) × (1-30%)*
= 35,000,000

* 업무사용비율 : $\frac{15,000,000}{50,000,000}$ = 30%

  [손금불산입] 차량관련비용 사적 사용액 35,000,000(상여)

② 업무사용분 감가상각비 중 800만원 초과액

> (업무용승용차별 감가상각비 × 업무사용비율) − 800만원
> 45,000,000 × 30% − 8,000,000 = 5,500,000
> [손금불산입] 업무용 감가상각비 한도초과액 5,500,000(유보)

사례 3-31 업무용승용차 관련비용의 세무조정(3) - 업무용승용차 처분손실

(1) ㈜위드컴퓨터(사업연도 : x2.1.1. − x2.12.31.)의 관련자료이다.

(2) 대표이사 전용 업무용승용차 : 취득가액 1억원, 전기말 감가상각누계액 40,000,000원(취득일 x1.1.1., 정률법, 상각율 0.4 가정, 업무전용자동차보험에 가입하였고 운행기록 작성·비치함)

(3) 손익계산서상 업무용승용차 관련비용 계상액은 다음과 같다.

① 감가상각비 11,000,000원, 운행일지 작성(총주행거리 10,000km, 업무용 사용거리 9,000km)
② 차량유지비(유류비, 수선비, 자동차세, 통행료 등) 5,000,000원

(4) x3.1.1. 업무용승용차 처분관련 회계처리는 다음과 같다. x3년부터 x8년까지의 세무조정은 ?
단, 처분가액은 10,000,000원이다.

① 장부상 회계처리

(차) 미 수 금	11,000,000	(대) 차 량 운 반 구	100,000,000
감 가 상 각 누 계 액	51,000,000	부 가 세 예 수 금	1,000,000
유형자산처분손실	39,000,000		

② 세무상

(차) 미 수 금	11,000,000	(대) 차 량 운 반 구	100,000,000
감 가 상 각 누 계 액	49,100,000	부 가 세 예 수 금	1,000,000
유형자산처분손실	40,900,000		

* 9,900,000 - 8,000,000 = 1,900,000 감가상각한도초과

③ 세무조정

| (차) 유형자산처분손실 | 1,900,000 | (대) 감 가 상 각 누 계 액 | 1,900,000 |

[손금산입] 감가상각비 손금산입 1,900,000(△유보) : 추인

구분	처분손실
x3	40,900,000 - 8,000,000 × 12/12 = 32,900,000[손금불산입,기타사외유출]
x4	8,000,000[손금산입,기타]
x5	8,000,000[손금산입,기타]
x6	8,000,000[손금산입,기타]
x7	8,000,000[손금산입,기타]
x8	900,000[손금산입,기타]

14 운반비

상품 또는 제품 매출시 운반을 위한 노임이나 운수업자에게 지급한 비용을 말한다.

사례 3-32 운반비 회계처리 - 택배

(주)이택스는 거래처에 견본품을 택배로 보내고 택배비 50,000원을 현금으로 지급하였다.

| (차) 운 반 비 | 50,000 | (대) 현 금 | 50,000 |

15 교육훈련비

직원의 교육을 위해 지출된 강사비, 연수비용 등을 말한다.

사례 3-33 교육훈련비 회계처리 - 강사료 지급

① (주)이택스는 직원의 친절교육을 위하여 강사를 초빙하여 강의를 듣고 강사료로 500,000원에서 기타소득세(8%) 40,000원, 지방소득세(0.8%) 4,000원을 차감한 456,000원을 이체시켜주었다.

(차) 교 육 훈 련 비	500,000	(대) 보 통 예 금	456,000
		예 수 금	44,000

* 소득세법상 기타소득 원천징수세액 = (지급금액 – 지급액의 60%) × 22% = 44,000원

② 다음달 10일 기타소득세와 지방소득세를 계좌이체하였다.

(차) 예 수 금	44,000	(대) 보 통 예 금	44,000

16 도서인쇄비

신문구독료, 도서구입대금, 사진현상료, 업무용서류의 인쇄비 등을 말한다.

(차) 도 서 인 쇄 비	×××	(대) 미 지 급 금	×××

✽ 도서는 문화관련 재화로 면세이다.
✽ 인터넷·PC통신·TV홈쇼핑 등을 통한 구매에 의하여 공급받는 경우에는 금융기관을 통하여 송금하고 '경비 등 송금명세서'의 제출한 경우에는 법정지출증명서류수취대상에서 제외한다.

17 소모품비

사무용 용지, 문방구, 기타 사무용 소모품 구입비용 등을 말한다.

(차) 소 모 품 비	×××	(대) 미 지 급 금	×××

✽ 장식·환경미화 등의 목적으로 사무실 등에 항상 전시하는 미술품을 손비로 계상한 경우에는 거래단위별로 취득가액이 1천만원 이하인 것은 소모품비로 인정한다. 그 이상의 금액은 자산으로 처리한다(법인령 § 19).

18 지급수수료

용역을 제공받고 지급하는 수수료로서 기장료, 경영컨설팅료, 변호사수수료, 법무사수수료 등을 말한다.

(차) 지 급 수 수 료   xxx   (대) 보 통 예 금   xxx

판매비와 관리비	지급수수료	판매와 관리를 위한 세무사수수료 등
제조(공사)경비	지급수수료	제조와 관련한 제품성능감사수수료 등
영업외비용	지급수수료	영업과 직접 관련이 없는 신용보증기관 보증수수료, 은행 송금수수료, 신용카드로 매출한 카드결제수수료 등

19 광고선전비

불특정다수인에게 상품광고, 직원모집광고, 광고지의 배포에 관련된 비용 등으로 한다.

✻ 불특정다수인이 아닌 특정인에게 광고선전 목적으로 기증한 물품의 구입비용(개당 3만원 이하의 물품은 제외한다)의 경우 연간 5만원 이내의 금액에 한정하여 손금으로 인정한다(법인령 § 19 (18)).

사례 3-34 광고선전비 회계처리 - 경품

(주)이택스는 길거리 행사에서 추첨에 의해 당첨된 시민에게 경품을 지급(제세공과금은 당첨자 본인 부담)하였다. 당첨된 고객에게 200,000원(부가세 제외) 상당의 경품을 구입하여 지급하였다.

① 경품지급용 물품 구입·경품지급시

    (차) 광 고 선 전 비   200,000   (대) 현   금   220,000
        부 가 세 대 급 금   20,000

② 당첨자로부터 소득세 징수시

    (차) 현   금   44,000   (대) 예   수   금   44,000

    ＊예수금 : 200,000 × 22%(지방소득세 포함) = 44,000원
      경품은 수령자 개인의 기타소득으로 보아 지급액의 22%(지방소득세 포함)의 소득세를 원천징수하여야 한다. 이 경우 경품가액이 5만원 이하이면 과세하지 아니한다.

20 잡비

판매비와 관리비에 속하는 항목 중에서 빈번하게 발생하지 않을 뿐만 아니라 금액도 적어서 중요하지 않은 항목 또는 다른 계정과목으로 처리하는 것이 적절하지 않은 비용항목들

을 처리하는 계정과목입니다.

잡비로 처리할 수 있는 예를 들면 폐기물처리비, 오폐수처리비, 오물수거료, 정화조청소비, 세탁비, 용역계약이 체결되지 않은 청소비, 사무실 대청소비, 카페트청소비, 방화관리용역비, 렌트차량수리비, TV 시청료 등이 있다.

사례 3-35 잡비의 회계처리

오폐수처리비로 20,000원을 현금으로 지급하고 간이영수증을 발급받았다.
(거래상대방은 간이과세자임)

(차) 잡   비   20,000   (대) 현   금   20,000

21 대손상각비(대손충당금 포함)

(1) 대손충당금의 보충법설정

결산일에 원금이나 이자 등의 일부 또는 전부를 회수하지 못할 가능성이 있는 매출채권 등은 합리적이고 객관적인 기준에 따라 대손추산액을 산출하여 대손충당금으로 설정하고, 기존 대손충당금 잔액과의 차이는 대손상각비로 인식한다.

사례 3-36 결산 - 대손충당금 설정시 회계처리 (대손예상)

갑회사는 기말현재 해당연도말 채권잔액 20,000,000원에 대하여 2%의 대손이 예상됨으로 400,000원 충당금을 설정하여 해당연도 비용으로 계상하고자 한다. 전년도말 대손충당금 잔액은 300,000원이다. 추가로 100,000원만 설정하면 된다.

(차) 대 손 상 각 비   100,000   (대) 대 손 충 당 금   100,000

(2) 대손발생시 대손충당금과 상계

매출채권 등의 원금이나 이자 등의 일부 또는 전부를 회수할 수 없게 된 경우, 대손충당금과 상계하고, 대손충당금이 부족한 경우에는 그 부족액을 대손상각비로 인식한다.

사례 3-37 대손확정시 회계처리

갑회사는 다음연도 3월 10일 을회사가 부도처리됨에 따라 부도일 현재 을회사에 대한 외상매출금 1,000,000원을 회수 불가능한 것으로 판단하여 대손처리하고자 한다. 현재 대손충당금 잔액은 400,000원이다.

(차) 대 손 충 당 금	400,000	(대) 외 상 매 출 금	1,000,000
대 손 상 각 비	600,000		

* 충당금회계처리를 하지 않은 상태에서 거래처의 부도로 대손이 발생한 경우 다음과 같이 전액을 대손상각비로 비용처리하여야 한다.

(차) 대 손 상 각 비	1,000,000	(대) 외 상 매 출 금	1,000,000

(3) 대손처리된 채권회수

대손처리한 매출채권이 회수된 경우에는 다음과 같이 구분하여 회계처리하게 된다.

① 전기 이전에 대손된 채권의 회수인 경우

전기이전에 대손확정된 채권이 회수된 경우에는 대손충당금을 증가시킨다.

구 분	회계처리
취소분개	(차) 매출채권　xxx　　(대) 대손충당금　xxx
회수분개	(차) 현금　xxx　　(대) 매출채권　xxx

② 당기에 대손된 채권의 회수인 경우

당기에 대손된 채권의 경우에는 매출채권을 회수하는 분개와 대손발생시 분개를 취소하면 된다. 즉, 대손발생시 대손충당금을 차감하였다면 대손충당금을 증가시키고, 대손충당금이 부족하여 대손상각비를 인식하였다면 대손상각비를 상계시키면 된다.

구 분	회계처리
취소분개	(차) 매출채권　xxx　　(대) 대손충당금　xxx (차) 매출채권　xxx　　(대) 대손상각비　xxx
회수분개	(차) 현금　xxx　　(대) 매출채권　xxx

사례 3-38 대손처리된 채권 회수시 회계처리

① ㈜이택스의 전기에 대손처리한 외상매출금 중 3,000,000원을 회수하였다.

| (차) 현 금 | 3,000,000 | (대) 대 손 충 당 금 | 3,000,000 |

 * 전기에 대손처리한 금액을 회수하는 경우 회수되는 금액은 대손충당금의 증가로 회계처리한다

② ㈜이택스는 당기에 대손처리한 외상매출금 1,000,000원을 회수하였다.
 단, 대손발생일 현재 대손충당금 계정 잔액 1,500,000원이다.

| (차) 외 상 매 출 금 | 1,000,000 | (대) 대 손 충 당 금 | 1,000,000 |
| (차) 현 금 | 1,000,000 | (대) 외 상 매 출 금 | 1,000,000 |

③ ㈜이택스는 당기에 대손처리한 외상매출금 2,000,000원을 회수하였다.
 단, 대손발생일 현재 대손충당금 계정 잔액 1,500,000원이다.

(차) 외 상 매 출 금	2,000,000	(대) 대 손 충 당 금	1,500,000
		대 손 상 각 비	500,000
(차) 현 금	2,000,000	(대) 외 상 매 출 금	2,000,000

(4) 「법인세법」 상 대손충당금

1) 의 의

법인이 각 사업연도의 결산을 확정할 때 외상매출금, 대여금, 그 밖에 이에 준하는 채권의 대손에 충당하기 위하여 대손충당금을 손비로 계상한 경우 일정 범위내에서 손금에 산입한다(법인법 §34 및 법인령 §61).

2) 대손충당금을 설정할 수 있는 대상채권의 범위

① **외상매출금**

상품 및 제품의 판매가액의 미수액과 가공료·용역 등의 제공에 의한 영업수익의 미수액

② **대여금**

금전소비대차계약에 따라 타인에게 대여한 금액

③ **그 밖에 이에 준하는 채권**

어음상의 채권, 미수금, 그 밖에 기업회계기준에 따라 대손충당금 설정대상이 되는 채권

  ✱ 부당행위계산부인에 따른 시가초과액에 상당하는 채권은 제외함.

3) 대손충당금을 설정(대손금 손금산입)할 수 없는 채권범위(법인법 §34 ③)
   ① 채무보증으로 인하여 발생한 구상채권(법정한 것 제외)
   ② 대여 시점의 특수관계인에게 해당 법인의 업무와 관련 없이 지급한 가지급금

4) 손금산입 한도액

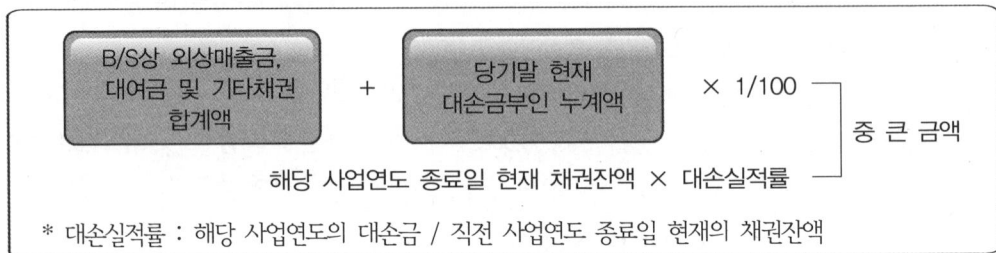

5) 충당금의 상계와 환입

각 사업연도에 발생한 대손금은 이미 설정된 대손충당금계정과 상계하여야 하며 대손충당금잔액을 초과하는 대손금은 손금에 산입한다.

또한 해당 사업연도에 발생한 대손금과 상계하고 남은 대손충당금잔액은 익금에 산입하거나 해당 사업연도에 손금산입할 대손충당금계정에 보충하여야 한다.

6) 대손충당금 환입액과 퇴직급여충당금환입액

영업활동과 관련된 비용이 감소하여 발생하는 대손충당금환입과 퇴직급여충당부채환입은 판매비와관리비의 부(-)의 금액으로 표시한다.

(차) 대손충당금   xxx
(차) 판매비와 관리비   - xxx
    대손충당금 환입

사례 3-39 결산 - 대손충당금 환입시 회계처리

㈜이택스는 제조업체로 대손충당금설정대상 채권 300,000,000원에 대하여 1%의 대손충당금을 설정하였다.(대손충당금잔액 : 4,000,000원)

(차) 대손충당금   1,000,000   (대) 대손충당금환입액   1,000,000

* (300,000,000×1%) - 4,000,000 = (-)1,000,000원(판매비와관리비에서 차감)

7) 대손사유(법인령 §19의2)
    ① 3년의 단기소멸시효(민법 §163)
        ㉠ 이자, 부양료, 급료, 사용료 기타 1년 이내의 기간으로 정한 금전 또는 물건의 지급을 목적으로 한 채권
        ㉡ 의사, 조산사, 간호사 및 약사의 치료, 근로 및 조제에 관한 채권
        ㉢ 도급받은 자, 기사 기타 공사의 설계 또는 감독에 종사하는 자의 공사에 관한 채권
        ㉣ 변호사, 변리사, 공증인, 공인회계사 및 법무사에 대한 직무상 보관한 서류의 반환을 청구하는 채권
        ㉤ 변호사, 변리사, 공증인, 공인회계사 및 법무사의 직무에 관한 채권
        ㉥ 생산자 및 상인이 판매한 생산물 및 상품의 대가
        ㉦ 수공업자 및 제조자의 업무에 관한 채권
    ② 1년의 단기소멸시효(민법 §164)
        ㉠ 여관, 음식점, 대석, 오락장의 숙박료, 음식료, 대석료, 입장료, 소비물의 대가 및 체당금의 채권
        ㉡ 의복, 침구, 장구 기타 동산의 사용료의 채권
        ㉢ 노역인, 연예인의 임금 및 그에 공급한 물건의 대금채권
        ㉣ 학생 및 수업자의 교육, 의식 및 유숙에 관한 교주, 숙주, 교사의 채권
    ③ 「상법」에 따른 소멸시효가 완성된 외상매출금 및 미수금(상법 §64)
        위 ①과 ② 외 상행위로 인한 채권은 상법에 다른 규정이 없는 경우 5년간 행사하지 아니하면 소멸시효가 완성한다.
    ④ 판결 등에 따라 확정된 채권의 소멸시효(민법 §165)
        단기의 소멸시효에 해당한 것이라도 판결에 따라 확정된 채권, 파산절차에 따라 확정된 채권 및 재판상의 화해, 조정 기타 판결과 동일한 효력이 있는 것에 의하여 확정된 채권, 그 소멸시효는 10년으로 한다. 다만, 판결확정당시에 변제기가 도래하지 아니한 채권에 적용하지 아니한다.
    ⑤ 어음법에 따른 소멸시효가 완성된 어음
    ⑥ 수표법에 따른 소멸시효가 완성된 수표
    ⑦ 민법에 따른 소멸시효가 완성된 대여금 및 선급금
    ⑧ 「채무자 회생 및 파산에 관한 법률」에 따른 회생계획인가의 결정 또는 법원의 면책결정에 따라 회수불능으로 확정된 채권
    ⑨ 「서민의 금융생활 지원에 관한 법률」에 따른 채무조정을 받아 신용회복지원협약에 따라 면책으로 확정된 채권
    ⑩ 「민사집행법」 제102조에 따라 채무자의 재산에 대한 경매가 취소된 압류채권
    ⑪ 물품의 수출 또는 외국에서의 용역제공으로 발생한 채권으로서 무역에 관한 법령에 따라 한국무역보험공사로부터 회수불능으로 확인된 채권

⑫ 채무자의 파산, 강제집행, 형의 집행, 사업의 폐지, 사망, 실종 또는 행방불명으로 회수할 수 없는 채권
　㉠ 법률에 의한 파산종결 결정공고(공고전 배당금이 파산채권금액에 미달하는 사실이 객관적으로 확인되는 경우, 그 미달하는 금액)
　㉡ 법원의 강제집행결과 무재산, 행방불명 등의 원인으로 작성된 강제집행불능조서
　㉢ 채권을 포기하는 경우에는 업무추진비로 본다. 다만, 특수관계자 외의 자와의 거래에서 발생한 채권으로서 채무자의 부도발생 등으로 장래에 회수가 불확실하여 불가피하게 포기한 경우에는 대손금으로 본다.

⑬ 부도발생일부터 6개월 이상 지난 수표 또는 어음상의 채권 및 외상매출금(중소기업의 외상매출금으로서 부도발생일 이전의 것에 한정한다). 다만, 해당 법인이 채무자의 재산에 대하여 저당권을 설정하고 있는 경우는 제외한다.

부도발생일은 소지하고 있는 부도수표나 부도어음의 지급기일(지급기일 전에 해당 수표나 어음을 제시하여 금융회사 등으로부터 부도확인을 받은 경우에는 그 부도확인일을 말한다)로 한다. 이 경우 대손금으로 손비에 계상할 수 있는 금액은 사업연도 종료일 현재 회수되지 아니한 해당 채권의 금액에서 1천원을 뺀 금액으로 한다.

⑭ 중소기업의 외상매출금 및 미수금으로서 회수기일이 2년 이상 지난 외상매출금등. 다만, 특수관계인과의 거래로 인하여 발생한 외상매출금등은 제외한다.
　* '회수기일'이 분명하여야 하는 것으로 계약서 등 객관적인 관계서류로 해당 채권의 회수기일이 언제인지 확인되어야 함.

⑮ 재판상 화해 등 확정판결과 같은 효력을 가지는 것으로서 화해, 화해권고결정 등에 따라 회수불능으로 확정된 채권

⑯ 회수기일이 6개월 이상 지난 채권 중 채권가액이 30만원 이하(채무자별 채권가액의 합계액을 기준으로 한다)인 채권

⑰ 기타
　㉠ 중소기업창업투자회사의 창업자에 대한 채권으로서 중소기업청장이 기획재정부 장관과 협의하여 정한 기준에 해당한다고 인정한 것
　㉡ 내국법인이 기업회계기준에 따른 채권의 재조정에 따라 채권의 장부가액과 현재가치의 차액을 대손금으로 계상한 경우 이를 손금에 산입하며, 손금에 산입한 금액은 기업회계기준의 환입방법에 따라 익금에 산입한다.
　㉢ 채무자와 특수관계에 있는지 여부를 불문하고 채권의 일부를 조기 회수하기 위하여 해당 채권의 일부를 불가피하게 포기한 경우 그 포기한 채권. 다만, 채권의 포기가 부당행위에 해당하는 경우를 제외한다.

8) 대손금의 귀속년도

대손금은 다음 중 어느 하나의 날이 속하는 사업연도의 손금으로 한다.

① 앞 7)의 ①부터 ⑩까지의 대손사유에 해당하는 경우에는 해당 사유가 발생한 날
② ①외의 경우 해당사유가 발생하여 손금으로 계상한 날(추후 경정청구 불가)

사례 3-40 법인세법 - 대손금 및 대손충당금조정명세서 작성

(주)이택스의 대손금 및 대손충당금조정관련 자료는 다음과 같다. 세무상 유리한 방향으로 세무조정을 한다.

(1) 당해 사업연도 중 대손충당금 변동내역
 ① 전기이월 : 15,000,000원 [전기부인액 : 3,000,000원 포함]
 ② 당기상계 : 5,000,000원 [당기 12월 31일 매출채권과 상계]
  ㉠ 외상매출금(상계된 채권) 2,000,000원은 소멸시효 미완성(세무상 대손요건 미충족) 대손사유 : 회수불능
  ㉡ 받을어음(상계된 채권) 3,000,000원은 부도발생 후 6월 경과로 대손요건 충족함
   대손사유 : 부도어음
 ③ 당기말 환입 : 3,000,000원
 ④ 차기이월 : 7,000,000원

(2) 세무상 대손충당금 설정대상 채권내역
 ① 전기말 매출채권 세무상잔액 : 1,000,000,000원
 ② 당기말 외상매출금 장부잔액 : 320,000,000원, 당기말 받을어음 장부잔액 110,000,000원

〈해설〉
1. 실적대손률 계산 = 2,999,000/1,000,000,000 = 0.29% [1%에 미달하므로, 1%를 적용]
2. 세무조정
 [손금산입] 전기 대손충당금 한도초과분 3,000,000원 (△유보)
 [손금불산입] 외상매출금 대손부인   2,000,000원 (유보)
 [손금불산입] 받을어음 대손부인   1,000원 (유보)
 [손금불산입] 대손충당금한도초과   2,679,990 (유보)

■ 법인세법 시행규칙 [별지 제34호서식](2025.03.21 개정)

사 업 연 도	2024.01.01 ~ 2024.12.31	대손충당금 및 대손금조정명세서	법 인 명	(주)세무사랑-결산(제조)
			사업자등록번호	105-87-51159

1. 대손충당금조정

손금산입액조정	① 채권잔액 (㉑의 금액)	② 설정률			③ 한도액 (①×②)	회사계상액			⑦ 한도초과액 (⑥-③)
						④ 당기계상액	⑤ 보충액	⑥ 계	
		(ㄱ) 1/100	(ㄴ) 실적률 (0.00)	(ㄷ) 적립기준 (0.00)					
	432,001,000	○			4,320,010		7,000,000	7,000,000	2,679,990

익금산입액조정	⑧ 장부상 충당금 기초잔액	⑨ 기중 충당금 환입액	⑩ 충당금 부인 누계액	⑪ 당기대손금 상계액 (㉗의 금액)	⑫ 당기 설정충당금 보충액	⑬ 환입할 금액 (⑧-⑨-⑩-⑪-⑫)	⑭ 회사 환입액	⑮ 과소환입·과다환입 (△)(⑬-⑭)
	15,000,000		3,000,000	5,000,000	7,000,000		3,000,000	△3,000,000

채권잔액	⑯ 계정과목	⑰ 채권잔액의 장부가액	⑱ 기말 현재 대손금부인누계	⑲ 합계 (⑰+⑱)	⑳ 충당금 설정제외 채권	㉑ 채권잔액 (⑲-⑳)	비 고
	외상매출금	320,000,000	2,000,000	322,000,000		322,000,000	
	받을어음	110,000,000	1,000	110,001,000		110,001,000	
	계	430,000,000	2,001,000	432,001,000		432,001,000	

2. 대손금조정

㉒ 일자	㉓ 계정과목	㉔ 채권명세	㉕ 대손사유	㉖ 금액	대손충당금상계액			당기 손비계상액			비 고
					㉗ 계	㉘ 시인액	㉙ 부인액	㉚ 계	㉛ 시인액	㉜ 부인액	
12/31	외상매출금	매출채권	소멸시효완성	2,000,000	2,000,000		2,000,000				
12/31	받을어음	매출채권	부도6개월경과	3,000,000	3,000,000	2,999,000	1,000				
	계			5,000,000	5,000,000	2,999,000	2,001,000				

3. 한국채택국제회계기준 등 적용 내국법인에 대한 대손충당금 환입액의 익금불산입액의 조정

㉝ 대손충당금 환입액의 익금불산입 금액	익금에 산입할 금액			㊲ 상계 후 대손충당금 환입액의 익금불산입 금액(㉝-㊱)	비 고
	㉞「법인세법」 제34조 제1항에 따라 손금에 산입해야 할 금액 Min(③,⑥)	㉟「법인세법」 제34조 제3항에 따라 익금에 산입해야 할 금액 Max[0, (⑧-⑩-⑪)]	㊱ 차액 Min[㉝, Max(0,㉞-㉟)]		

---

* 서식 검증포인트

6번 금액은 회사 기말액과 일치하여야 하며, 10번 금액과 15번 금액은 부호만 다를뿐 금액은 동일해야 한다.

제4절　영업외수익 · 영업외비용

영업외수익·비용이란 회사의 주된 영업활동이 아닌 활동에서 발생한 수익과 비용을 말한다. 이자수익(비용), 배당금수익, 임대료, 단기투자자산처분이익(손실), 단기투자자산평가이익(손실), 외환차익(손), 외화환산이익(손실), 유형자산처분이익(손실), 사채상환이익(손실)과 전기오류수정이익(손실) 등이 포함된다.

1　이자수익

금전대여이자, 예금이자 및 어음할인료, 국채·공채·사채 등의 유가증권을 보유함으로써 발생하는 이자를 말한다.

2　이자비용

채권자로부터 빌린 차입금에 대한 발생이자와 받을어음을 금융기관에서 할인함에 따라 지급하는 할인료 및 회사채를 발행하여 자금을 빌리면서 지급하는 이자

사례 3-41　이자비용 회계처리 - 차입금

① (주)이택스는 회사자금 부족으로 김길동으로부터 1년 안에 갚기로 하고 1억원을 차입하여 보통예금통장으로 입금받았다.

(차) 보　통　예　금　　100,000,000　　(대) 단 기 차 입 금　　100,000,000

② 회사가 김길동에게 이자를 지급하면서 이자비용 30,000원 중 비영업대금의 이자소득인 8,250원(27.5% : 소득세 25%, 지방소득세 2.5%)을 제외한 나머지 21,750원을 보통예금에서 이체해주었다.

(차) 이　자　비　용　　30,000　　(대) 보　통　예　금　　21,750
　　　　　　　　　　　　　　　　　　　예　수　금　　　　8,250

* 예수금 : 이자소득 원천징수세액임
* 개인사채(私債)의 차입 및 그 이자 지급 : 회사는 이자 지급시 비영업대금의 이자소득으로 총액×25%(지방소득세 포함 27.5%)를 원천징수하고, 다음달 10일까지 정부에 납부해야 한다.

3 배당금수익

다른 회사의 주식 등을 보유함에 따라 그 회사로부터 배당받는 이익의 분배금을 말한다.

(차) 현금 또는 미수수익　　　xxx　　　(대) 배 당 금 수 익　　　xxx

4 임대료

임대업을 주업으로 하지 아니하는 기업이 부동산 또는 동산을 타인에게 임대하고 일정기간마다 사용대가로 받는 사용료를 회계처리하는 과목이다.

(차) 보 통 예 금　　　xxx　　　(대) 임　대　료　　　xxx

5 단기투자자산평가손익

단기투자자산 평가이익이란 결산시 단기투자자산의 시가가 장부가액보다 큰 경우에 발생하는 차익을 말한다. 그 반대이면 단기투자자산평가손실이다.

6 단기투자자산처분손익

단기투자자산을 처분할 때에 발생하는 이익 또는 손실을 말한다.

7 외환차손익

외화자산 및 부채를 기중에 상환하는 경우에 발생된 이익 또는 손실을 말한다.

(1) 기업회계기준

기업회계기준해석은 회계 발생시점마다 외환차손익을 인식한다(금감원 2004-028, 회제일 8360-00154, 2004.3.12.).

(2) 법인세법상 외화자산·부채의 환율적용(법인령 §76, 법기통 42-76…2.)

① 사업연도 중에 발생된 외화자산·부채 : 발생일 현재「외국환거래법」에 의한 기준환율 또는 재정환율(발생일이 공휴일인 때에는 그 직전일의 환율을 적용)
② 사업연도 중에 보유외환을 매각하거나 외환을 매입하는 경우 : 거래은행에서 실제 적용한 환율
③ 사업연도 중에 보유외환으로 다른 외화자산을 취득하거나 기존의 외화부채를 상환하는 경우 : 보유외환의 장부상 원화금액으로 회계처리

④ 내국법인이 상환받거나 상환하는 외화채권·채무의 원화금액과 원화기장액의 차익 또는 차손은 당해 사업연도의 익금 또는 손금에 산입

✱ 보유외환이란 외국환거래법상 외국환이란 대외지급수단, 외화증권, 외화채권을 말한다. 외화채권은 외국통화로 표시된 채권 또는 외국에서 지급을 받을 수 있는 채권이다.

사례 3-42 법인세법상 평가신고 안 한 경우

갑 법인은 12월 25일 $1,000,000의 재화를 미국의 'A' 회사에게 선적조건으로(FOB, CIF, CFR) 수출했다. 그리고 대가는 12월 29일에 받아서 은행에 외화예치 하였다. 다음연도 1월 7일 외화예금 중 $800,000 인출하여 원화계좌로 이체하였다.

(단위: 백만원)

일자	1USD 기준환율	법인세법 차변	법인세법 대변	회계기준 차변	회계기준 대변	세무조정
x1.12.25	₩1,200	외상매출금 1,200	수출매출 1,200	외상매출금 1,200	수출매출 1,200	
x1.12.29	₩1,220	외화예금 1,200	외상매출금 1,200	외화예금 1,220	외상매출금 1,200 외환차익 20	① 익금불산입 20
x1.12.31	₩1,250	분개없음		외화예금 30	외화환산이익 30	② 익금불산입 30
x2.01.07		예금 950 외환차손 10	외화예금 960	예금 950 외환차손 50	외화예금 1,000	③ 손금불산입 40

* 법인세법은 보유외환(외화외상매출금)으로 다른 외화자산(예금)을 취득한 경우 보유외환의 장부상 원화금액으로 회계처리하도록 정하고 있다. 즉 평가하지 않는다. 따라서 외환차익 2천만원과 외화환산이익 3천만원 을 익금불산입하는 세무조정을 하여야 한다. 그리고 ③ 4천만원은 손금불산입하는 세무조정을 하여야 한다.

참고 법인세법상 평가방법을 신고한 경우 세무조정 불필요

그러나 사업연도 종료일 현재의 매매기준율 등으로 평가하기로 세무서에 평가방법신고서(별지 63호의 4서식)를 제출한 경우에는 위 사례에서 회계기준대로 분개하면 된다.

사례 3-43 외화차입금 회계처리 (1)

1. 3월 25일 씨티은행에서 $100을 단기차입하였고 9월 30일 $100을 상환하였다. 3월 25일 환율은 1$당 1,200원이고 9월 30일의 환율은 1$당 1,150원이다.

① 3월 25일

(차) 현　금　등　　120,000　　　(대) 단 기 차 입 금　　120,000
　　　* ($100 × 1,200원 = 120,000원)

② 9월 30일

(차) 단 기 차 입 금　　120,000　　　(대) 현　금　등　　115,000
　　　　　　　　　　　　　　　　　　　　　　외　환　차　익　　5,000
　　　* (차입시 환율 1,200원 − 상환시 환율 1,150원) × $100 = 5,000원

2. (주)이택스는 미국 A사로부터 차입한 외화장기차입금 $15,000을 상환하였다.
(상환시 장부가액 : 16,000,000, 상환전 원화금액 16,500,000)

(차) 외 화 장 기 차 입 금　16,000,000　　(대) 현　금　등　　16,500,000
　　　외　환　차　손　　　　500,000

사례 3-44 외화예금 회계처리

원화로 외화예금 하였을 때는 은행에서 외화 매입시 적용한 환율로 하고 외화채권(수출대금)을 받아 외화예금한 경우 장부가액 그대로 계정만 대체한다. 그 다음 인출하였을 때는 선입선출법으로 할 것인지 아니면 이동평균법으로 할 것인지를 먼저 결정한 다음 계속적으로 적용하면 된다.
위 장부에서 12월 1일 인출한 $10,000에 대한 회계처리를 검토한다.

외화예금 장부

일 자	차 변	대 변	잔 액
9.20. (환율 950.7)	($6,000) 5,704,200		($6,000)　5,704,200
10.05. (환율 901.67)	($9,000) 8,115,030		($15,000)　13,819,230
12.01. (환율 945)		($10,000)　?	($5,000)
합계	13,819,230		

① 이동평균법 사례
이동평균법은 인출일 현재의 원화잔액에 대한 평균단가이다. 따라서, 13,819,230원을 $15,000 로 나누면 환율은 921.28원이다.

(차) 현 금 등	9,450,000	(대) 외 화 예 금	9,212,800
		외 환 차 익	237,200

② 선입선출법 사례

먼저 입금한 금액을 인출한 것으로 하는 경우이다. 따라서, 9월 20일 예금액 5,704,200원 전부와 10월 5일 예금액 중 USD 4,000을 인출한 것이다.

(차) 현 금 등	9,450,000	(대) 외 화 예 금	5,704,200
		외 화 예 금	*3,606,680
		외 환 차 익	139,129

　　* (8,115,030 ÷ 9,000) × 4,000

　* 선입선출법으로 회계처리 하는 경우에 기말잔액은 결산일로부터 소급하여 회계처리한 원화금액이 남게 마련이다. 따라서 계산편의상 인출시에는 기준환율로 회계처리 하고 결산일에 선입선출법에 따라 남아야 할 외화예금액을 차감한 나머지는 외환차손익으로 처리해도 건별로 회계처리 하는 경우와 결과적으로 같다.

8 외화환산손익

(1) 화폐성외화자산·부채의 평가

① 화폐성외화자산·부채는 매 회계연도 말에 마감환율로 다시 환산하고, 비화폐성외화자산·부채는 해당 자산을 취득하거나 해당 부채를 부담한 당시의 환율로 환산한다.

② 화폐성외화자산·부채의 환산에서 발생하는 외화환산손익 및 결제시점에 발생하는 외환차손익은 해당 손익이 발생하는 회계연도의 손익으로 인식한다.

사례 3-45 외화차입금 회계처리 (2)

① 3월 25일 씨티은행에서 $100,000을 단기차입 하였고 9월 30일 $100,000을 상환하였다. 3월 25일 환율은 1$당 1,200원이고 9월 30일의 환율은 1$당 1,150원이다.

3월 25일

(차) 현 금 등	120,000,000	(대) 외화단기차입금	120,000,000

　*($100,000 × 1,200원 = 120,000,000원)

9월 30일

(차) 외 화 단 기 차 입 금	120,000,000	(대) 현 금 등	115,000,000
		외 환 차 익	5,000,000
		(영업외수익)	

　* (차입시 환율 1,200원 - 상환시환율 1,150원) × $100,000 = 5,000,000

② 10월 25일 $16,000을 외화예금하고 12월 31일까지 인출하지 아니하였다. 10월 25일 은행이 적

용한 환율은 1,180원이며, 12월 31일의 환율은 1,210원이다.

10월 25일

(차) 외 화 예 금　　　18,880,000　　(대) 현 금 등　　　18,880,000

12월 31일

(차) 외 화 예 금　　　480,000　　(대) 외화환산이익　　　480,000
　　　　　　　　　　　　　　　　　　　　　(영업외수익)

* (환율차이 1,210 - 1,180)×$16,000 = 480,000

③ 다음연도 2월 1일 위 예금 $16,000을 모두 인출하였다.
인출당시 환율은 1,230원이다.

(차) 현 금 등　　　19,680,000　　(대) 외 화 예 금　　　19,360,000
　　　　　　　　　　　　　　　　　　　　외 환 차 익　　　320,000

* (환율차이 1,230 - 1,210)×$16,000 = 320,000

(2) 화폐성, 비화폐성의 개념

화폐성 외화자산 또는 화폐성 외화부채란 받을 권리액 또는 지급할 의무액이 비유동적이고 확정적인 것을 말한다. 상환 받을 것이 외화현금·외화예금·외화매출채권·외화대여금·외화매입채무·외화차입금·외화사채 등이 화폐성에 해당되어 결산시점에 환산을 요하는 과목들이다. 반면에 외화재고자산, 외화비유동자산, 외화선수금 등은 누군가에게 받을 권리도 아니며 외화로 지급할 의무도 없는 과목이다. 즉, 외화선수금은 매출과 상계될 과목으로 비유동적이지 못하고 확정된 것도 아니다. 이와 같은 것을 비화폐성이라고 하며 결산시점에 환산하지 아니한다.

(3) 법인세법에 따른 외화자산 및 부채의 평가손익

1) 화폐성 외화자산·부채평가의 선택

2011.1.1. 이후 개시하는 사업연도부터 법인(금융기관 제외)이 보유하는 화폐성 외화자산·부채는 다음 중 어느 하나에 해당하는 방법 중 관할 세무서장에게 신고한 방법에 따라 평가하여야 한다. 다만, 최초로 ②의 방법을 신고하여 적용하기 이전 사업연도의 경우에는 ①의 방법을 적용하여야 한다(법인령 §76 ②).
① 취득일 또는 발생일 현재의 매매기준율 등으로 평가하는 방법
② 사업연도 종료일 현재의 매매기준율 등으로 평가하는 방법
법인이 ① 및 ②에 따라 신고한 평가방법은 그 후의 사업연도에도 계속하여 적용하여야 한다(법인령 §76 ③). 다만, 신고한 평가방법을 적용한 사업연도를 포함하여 5개 사업

연도가 지난 후에는 다른 방법으로 신고하여 변경된 평가방법을 적용할 수 있다.

2) 평가차손익

화폐성 외화자산·부채를 사업연도 종료일 현재의 매매기준율 등으로 평가하고자 신고한 경우로서 화폐성외화자산·부채를 사업연도 종료일 현재의 환율로 평가함에 따라 발생하는 평가차손익은 해당 사업연도의 익금 또는 손금에 이를 산입한다.

사례 3-46   법인세법 - 외화자산·부채의 평가

세법상 기말환율로 평가하는 방법을 신고한 경우로서 결산일에 다음과 같이 분개하였다. 세무조정은?

① 갑법인의 x1년 12월 31일 현재 외화단기차입금잔액은 $500,000이며 장부상 원화잔액은 550,000,000원이다. x2년 12월 31일의 기준환율은 1,153.3원이며 회사는 전기에 외화평가를 하였다.

　(차) 외 화 환 산 손 실　　26,650,000　　(대) 외화단기차입금　　26,650,000
　　　* U$500,000 × 1,153.3 = 576,650,000 − 550,000,000 = 26,650,000원

해답 :　세무조정 없음.

② 외화장기차입금 $20,000의 장부상 가액은 20,000,000원이나 결산시점의 기준환율은 1,050원으로 외환환산손실을 계상하였다.

　(차) 외 화 환 산 손 실　　1,000,000　　(대) 외 화 장 기 차 입 금　　1,000,000
　　　* U$20,000 × 1,050 = 21,000,000 − 20,000,000 = 1,000,000

해답 : 세무조정 없음.

사례 3-47 실무상 간편하게 하는 외환차·손익과 외화평가

1) 사업연도 중에는 외환차손·익을 계상하지 않고 결산 때 일괄 처리함
   (법인령 §76, 통칙 42-76…2)

(단위 : 천원)

일자	적요, USD, @기준환율	차변		대변	
11.5	수출 $1,000 @1,000	외상매출금	1,000	수출매출	1,000
11.15	수입 $800 @1,080	상품	864	외상매입금	864
11.16	수출(11/5)대금 입금 $1,000 @1,100	외화예금	1,000	외상매출금	1,000
11.20	수입(11/15)대금 상환 ▲$800 @1,110	외상매입금	864	외화예금	864
12.4	수출 $2,000 @1,200	외상매출금	2,400	수출매출	2,400
12.10	수출(12/4)대금 입금 $2,000 @1,220	외화예금	2,400	외상매출금	2,400
12.15	외화 인출하여 보통예금으로 ▲$1,400	보통예금	1,800	외화예금	1,800

2) 결산시점에 일괄 외환차손익 처리

적요	차변	대변	잔액
현재 외화예금 합계	$3,000	$2,200	$800
현재 원화예금 합계	3,400,000	2,664,000	736,000

결산일 현재 외화예금 장부잔액은 $800 원화 736,000이다. 그러나 이 금액은 기중에 외환차손익을 계산하지 않은 금액이다. 세법 상 기말에 남아야 할 외화예금 원화금액은 선입선출법으로 할 때 12.10. 입금한 금액에서 남는다. $800 × @1,200원 = 960,000원이다. 기중에 224,000원을 과다하게 인출처리 했으므로 다음과 같이 정정분개를 한다.

    12. 31.   (대) 외화예금   ▲224,000
                                    (대) 외환차익   224,000

3) 법인의 화폐성 외화자산·부채평가

결산일 현재 법인이 화폐성 외화자산·부채에 대한 평가[45]를 하는 경우에는 추가로 다음과 같이 분개를 한다. 결산일의 기준환율 1,210원인 경우 기말잔액은 968,000원이다.
    12. 31. (차) 외화예금   8,000   (대) 외화환산이익   8,000
          (현재 장부잔액 960,000 - 968,000 = 8,000)

---

[45] 회계기준은 평가하여야하므로 외부회계감사를 받는 법인은 평가할 것을 세무서에 신고하고 평가하여야 한다.

9 유형자산처분손익

유형자산을 장부가액보다 높게 처분함으로써 발생하는 이익과 낮게 처분함으로써 발생하는 손실을 말한다.

사례 3-48 유형자산 회계처리 - 유형자산처분이익

㈜이택스는 ㈜경리에 취득원가 980,000원(처분전 감가상각누계액 400,000원)인 기계장치를 600,000원에 처분하고 전자세금계산서를 발급하였다. 대금은 부가가치세를 포함한 660,000원을 현금으로 받았다.

(차) 현 금	660,000	(대) 기 계 장 치	980,000
감 가 상 각 누 계 액	400,000	부 가 세 예 수 금	60,000
		유형자산처분이익	20,000

* 유형자산처분이익 : 처분가액(600,000원 : 부가세제외금액) − 장부가액(980,000 − 400,000 = 580,000) = 20,000원

10 사채상환손익

회사채를 상환하면서 장부가액보다 적은 금액을 상환함에 따라 발생하는 이익과 그 반대의 손실을 말한다.

11 전기오류수정손익

당기에 발견한 전기 또는 그 이전기간의 오류는 당기 손익계산서에 영업외손익 중 전기오류수정손익으로 보고한다. 다만, 전기 이전기간에 발생한 중대한 오류의 수정은 자산, 부채 및 자본의 기초금액에 반영한다. 비교재무제표를 작성하는 경우 중대한 오류의 영향을 받는 회계기간의 재무제표항목은 재작성한다(문단 5.19).

사례 3-49 전기오류수정이익 회계처리

(주)이택스는 전기 이자수익이 2백만원 및 이자소득세 원천징수액 308,000원(세율 15.4%)이 기장 오류로 누락 되었음을 발견하였다.

(차)	보 통 예 금	1,692,000	(대)	전기오류수정이익	2,000,000
	미 수 금	308,000			

* 미수금 : 전기 이자수익에 대한 이자소득세원천징수액은 전기에 납부할 법인세에서 공제하여야 하는 것이나 이를 누락한 바 법인세과세표준 경정청구를 하여 세무서로부터 환급받아야 할 세액이므로 미수금으로 처리한 다음 세무서에서 환급받은 시점에 미수금과 대체 처리한다.

12 자산수증이익

자산을 타인으로부터 무상으로 증여받음으로써 발생하는 이익을 말한다.

사례 3-50 자산수증이익 회계처리 - 토지 수증시

(주)이택스는 대표이사로부터 토지를 증여받았다. 토지의 공정가액은 1억원이었다.

(차)	토 지	100,000,000	(대)	자 산 수 증 이 익	100,000,000

* 회사가 무상으로 증여받은 재산은 공정가액으로 평가하여 자산수증이익(영업외수익)으로 계상 한다.

13 채무면제이익

채권자에게 지급해야 할 채무를 면제받아서 얻는 이익을 말한다.

사례 3-51 채무면제이익 회계처리 - 차입금

(주)이택스는 기업회생절차를 진행 중 채권단으로부터 장기차입금 100,000,000원을 면제받았다.

(차)	장 기 차 입 금	100,000,000	(대)	채 무 면 제 이 익	100,000,000

14 잡이익

수입에 대한 내용이 밝혀지지 않은 이익을 말한다.

사례 3-52 　잡이익 회계처리 - 단수차이

(주)이택스는 x1년 1월분 전화요금이 21,995원인 고지서를 받았다. 매월 25일(1월 25일) 보람은행 보통예금에서 자동이체된다. (자동이체할인 금액 175원임)

(차) 통　신　비	21,995	(대) 보　통　예　금	21,820
		잡　이　익	175

15 기타의 대손상각비

일반적 상거래 외에서 발생한 채권(미수금 또는 대여금)에 대한 대손상각액을 말한다.

사례 3-53 　대손발생시 회계처리 - 미수금 등

미수금 중 2,000,000원이 대손이 발생하다.(대손발생일 현재 미수금 관련 대손충당금 계정 잔액 1,500,000원)

(차) 대 손 충 당 금	1,500,000	(대) 미　수　금	2,000,000
기타의대손상각비	500,000		

16 기부금

(1) 의의

사업과는 관련없이 무상으로 지출하며 사회단체나 종교단체 등에 납부한 성금을 말한다.

(2) 「법인세법」상 기부금 종류 및 한도

기부금은 공익성이 인정되어 일정 한도액만큼 손금으로 인정받는 특례[46]기부금과 일반[47] 기부금이 있으며 공익성이 전혀 없어서 손금으로 인정받지 못하는 비지정기부금이 있다.

1) 특례기부금(법인법 §24②)

① 국가 또는 지방자치단체에 무상으로 기증하는 금품의 가액.

다만, 기부금품모집 및 사용에 관한 법률의 적용을 받는 기부금은 법인법 §5 ②에 따른 절차에 따라 접수하는 것에 한한다.

---

[46] 법에서 정한 단체
[47] 공익성이 인정되어 현재 지정받은 단체이며 지정은 조건이 충족 안되면 해지될 수도 있다.

② 국방헌금과 국군장병 위문금품의 가액
③ 국내외의 천재·지변으로 생긴 이재민 구호금품의 가액
④ 다음의 기관(병원은 제외한다)에 시설비·교육비·장학금 또는 연구비로 지출하는 기부금
  가. 「사립학교법」에 따른 사립학교
  나. 비영리 교육재단(국립·공립·사립학교의 시설비, 교육비, 장학금 또는 연구비 지급을 목적으로 설립된 비영리 재단법인으로 한정한다)
  다. 「근로자직업능력 개발법」에 따른 기능대학
  라. 「평생교육법」에 따른 평생교육시설 및 원격대학 형태의 평생교육시설
  마. 「경제자유구역 및 제주국제자유도시의 외국교육기관 설립·운영에 관한 특별법」에 따라 설립된 외국교육기관 및 「제주도특별자치도 설치 및 국제자유도시 조성을 위한 특별법」에 따라 설립된 비영리법인이 운영하는 국제학교
  바. 「산업교육진흥 및 산학연협력촉진에 관한 법률」에 따른 산학협력단
  사. 「한국과학기술원법」에 따른 「한국과학기술원, 광주과학기술원법」에 따른 광주과학기술원 및 「대구경북과학기술원법」에 따른 대구경북과학기술원
  아. 「국립대학법인 서울대학교 설립·운영에 관한 법률」에 따른 국립대학법인 서울대학교, 「국립대학법인 울산과학기술대학교 설립·운영에 관한 법률」에 따른 국립대학법인 울산과학기술대학교 및 이와 유사한 학교로서 대통령령으로 정하는 학교
  자. 「재외국민의 교육지원 등에 관한 법률」 제2조 제3호에 따른 한국학교(대통령령으로 정하는 요건을 충족하는 학교에 한한다)
⑤ 다음의 공공의료기관(병원)에 시설비·교육비 또는 연구비로 지출하는 기부금
  가. 「국립대학병원 설치법」에 따른 국립대학병원
  나. 「국립대학치과병원 설치법」에 따른 국립대학치과병원
  다. 「서울대학교병원 설치법」에 따른 서울대학교병원
  라. 「서울대학교치과병원 설치법」에 따른 서울대학교치과병원
  마. 「사립학교법」에 따른 사립학교가 운영하는 병원
  바. 「암관리법」에 따른 국립암센터
  사. 「지방의료원의 설립 및 운영에 관한 법률」에 따른 지방의료원
  아. 「국립중앙의료원의 설립 및 운영에 관한 법률」에 따른 국립중앙의료원
  자. 「대한적십자사 조직법」에 따른 대한적십자사가 운영하는 병원
  차. 「한국보훈복지의료공단법」에 따른 한국보훈복지의료공단이 운영하는 병원
  카. 「방사선 및 방사성동위원소 이용진흥법」 제13조의2에 따른 한국원자력의학원
  타. 「국민건강보험법」에 따른 국민건강보험공단이 운영하는 병원
  파. 「산업재해보상보험법」 제43조 제1항 제1호에 따른 의료기관

하. 특례기부금 단체에 해당하는 병원이 설립하는 의료기술협력단

⑥ 사회복지사업, 그 밖의 사회복지활동의 지원에 필요한 재원을 모집·배분하는 것을 주된 목적으로 하는 비영리법인으로서 대통령령으로 정하는 요건을 갖춘 법인에 지출하는 기부금

2) 일반기부금(법인법 §24③)

① 일반기부금은 사회복지·문화·예술·교육·종교·자선·학술 등 공익성 기부금단체에 그 단체의 고유목적사업비48)로 지출하는 금품을 말한다. 이 단체들은 법인령 §39에 열거하고 있다.

* 법인령 §39에서 열거한 단체외에도 지정받은 공익단체가 1,000여개가 되므로 지정단체인지 확인하여야 함.
* 영유아보육법에 따른 어린이집도 대상에 포함됨.

② 사회복지시설 또는 기관 중 무료 또는 실비로 이용할 수 있는 일정한 요건에 부합하는 아동복지시설, 노인복지시설, 장애인공동생활가정, 장애인생산품 판매시설, 한부모가족복지시설, 정신질환자사회복귀시설 및 정신요양시설 등의 시설 또는 기관에 기부하는 금품의 가액

③ 일정한 요건에 부합하는 비영리외국법인 또는 국제기구(해외일반기부금단체등이라 함)에 대하여 지출하는 기부금으로서 지정기간 동안 지출하는 기부금

④ 고유목적사업준비금을 설정할 수 없는 법인으로 보는 단체가 수익사업에서 발생한 소득을 고유목적사업비로 지출하는 금액은 일반기부금으로 본다.

사례 3-54 법인세법 - 기부금의 구분

기부금영수증에는 기부내용과 해당코드를 기재하도록 하는바 코드 '10'특례기부금, '40'일반기부금, '41'종교단체 기부금, '20'정치기부금 이다.

3) 기타의 기부금

특례기부금과 일반기부금을 제외한 기타의 기부금은 손금으로 인정되지 아니한다. 따라서 손금불산입하는 세무조정을 하여야 한다.

고가매입·저가양도: 특수관계인 외의 자에게 정당한 사유 없이 자산을 정상가액보다 낮은 가액으로 양도하거나, 특수관계인 외의 자로부터 정상가액보다 높은 가액으로 매입하는 것은 기타기부금으로 간주한다(법인령 §35).

여기에서 정상가액이란 시가에 100분의 30을 가감(시가±시가의 30%)한 범위내의 금액을 말하며, 시가가 불분명한 경우 지가공시 및 토지 등의 평가에 관한 법률에 의한 감정평가법인이 감정한 가액에 의하고, 감정가액이 없는 경우 상증법 §61부터 §63을 준용하여 평가한 가액에 의한다. 다만, 비상장주식은 상증법 §63을 준용하여 평가한 가액에 의한다.

---

48) 비영리법인의 정관에 규정된 설립목적을 수행하는 사업

4) 기부금의 한도

기부금 한도는 다음과 같은 금액의 범위안에서 해당 기부금을 순차적으로 손금에 산입한다.

1순위 : 특례기부금	특례기부금 손금산입 한도액 = [기준소득금액 − 이월결손금(기준소득금액의 80% 한도)] × 50%
2순위 : 일반기부금	일반기부금 손금산입 한도액 = [기준소득금액 − 이월결손금 (기준소득금액의 80% 한도) − 앞 1순위 손금산입한 기부금] × 10%(사회적 기업은 20%)

✱ 기준소득금액은 각종 세무조정 후의 차가감소득금액에 회계 처리한 기부금(기타 기부금 제외)을 더한 금액을 말한다. 이월결손금은 법인세 과세표준을 계산할 때의 공제대상 이월결손금을 말한다.

5) 기부금의 한도초과액 이월손금

특례기부금 및 일반기부금의 손금산입한도액을 초과하여 손금에 산입하지 아니한 금액은 해당 사업연도의 다음 사업연도 개시일부터 10년 이내에 끝나는 각 사업연도로 이월하여 그 이월된 사업연도의 소득금액을 계산할 때 특례기부금 및 일반기부금 각각의 손금산입한도액의 범위에서 손금에 산입한다.(법인법 §24 ⑤)

사례 3-55 법인세법 - 기부금 세무조정

대학교 기부금으로 1억원, 문화예술진흥기금으로 5,000만원, 종교단체 1,000만원을 기부한 경우로서 해당 법인의 소득금액(모든 세무조정을 한 후이며 기부금 세무조정전임)은 1억2,400만원이다. 이월결손금은 없다.

① 특례 기부금	㉠ 한도 : (1억 2,400만원−0) × 50% = 6,200만원
	㉡ 한도초과액 : 1억5,000만원 − 6,200만원 = 8,800만원(손금불산입 기타사외유출)
② 일반 기부금	㉠ 한도 : (1억 2,000만원 − 6,200만원) × 10% = 580만원
	㉡ 한도초과액 : 1,000만원 − 580만원 = 420만원(손금불산입 기타사외유출)

6) 기부가액의 평가등

법인이 기부금을 금전 외의 자산으로 제공한 경우 해당 자산의 가액은 기부했을 때의 장부가액과 시가 중 큰 금액으로 한다. 다만, 특례기부금과 일반기부금(특수관계인에게 기부한 일반기부금은 시가)의 경우에는 장부가액으로 한다.

7) 귀속년도(현금주의)

기부금의 손금 귀속년도는 현금주의로 한다. 따라서 법인이 기부금을 가지급금 등으로 이연계상한 경우 이를 그 지출한 사업연도의 기부금으로 하고 그 후 사업연도에 있어서는 기부금으로 보지 아니하며, 기부금을 미지급금으로 계상(어음발행 포함)한 경우 실제로 이를 지출할 때까지는 기부금으로 보지 아니한다(법인령 §36).

사례 3-56 기부금 회계처리 - 일반기부금

① (주)이택스는 종교단체(교회)에 2,000,000원을 현금으로 기부하였다.

(차) 기　　부　　금　　2,000,000　　(대) 현　　　　　금　　2,000,000

② (주)이택스는 원가 1,000,000원(시가 : 1,500,000원)인 제품을 사회복지시설에 기부하였다.

(차) 기　　부　　금　　1,000,000　　(대) 제　　　　　품　　1,000,000

* 현물기부금은 회계상 원가로 회계처리한다.

17 매출채권처분손실

받을어음 할인, 외상채권 양도시 발생하는 손실을 말한다. 자산과목의 매출채권에서 상세히 설명하였다. 참조바란다.

18 지급수수료

영업의 목적과 관계없이 지출된 수수료를 말한다.

✱ 예) 영업과 직접 관련이 없는 신용보증기관보증수수료, 은행 송금수수료, 신용카드로 매출한 카드결제수수료 등

| 사례 3-57 | 지급수수료 회계처리 - 이체수수료

(주)이택스는 신용보증기금에 신용조사수수료 1,000,000원을 인터넷뱅킹으로 송금하였다.(송금시 수수료 1,000원)

(차) 지 급 수 수 료　　1,001,000　　(대) 보 통 예 금　　1,001,000

* 지급수수료 : 신용조사수수료(1,000,000) + 송금수수료(1,000)

19 잡손실

영업의 목적과 관계없이 지출된 손실을 말한다.

| 사례 3-58 | 잡손실 회계처리 - 선급금

거래처로부터 상품을 나중에 인도받기로 하고 선급금 3백만원을 지급하였으나 사정상 계약을 파기하여 선급금을 반환받지 못하였다.

(차) 잡　　손　　실　　3,000,000　　(대) 선　　급　　금　　3,000,000

제5절 법인세 등

'법인세 등'이란 법인세법에 따라 납부하여야 할 금액인 법인세와 이에 부가되는 세액을 말하며, 부가되는 세액은 지방소득세, 농어촌특별세의 합계액이 이에 해당한다. 법인세비용에는 과거 회계연도와 관련된 법인세 추납액 또는 환급액도 포함한다.

(차) 법 인 세 등　　　　xxx　　(대) 선 납 세 금　　　　xxx
　　　　　　　　　　　　　　　　　　 미 지 급 세 금　　　xxx

✱ 「중소기업기본법」에 의한 중소기업으로서 중소기업 회계처리 특례대상 법인(상장법인, 증권 신고서 제출법인, 사업보고서 제출법인 등은 제외)의 경우 이연법인세 자산·부채를 산출하지 아니하고 법인세 등의 과목으로 하는 것을 허용하고 있다.

PART 02

세무실무

제1장 국세기본법
제2장 부가가치세
제3장 중소기업과 지출증빙
제4장 소득세와 원천징수
제5장 법인세

회계와 세무실무

회계와 세무실무
etaxkorea

CHAPTER 01 국세기본법

제1절 조세의 개념
제2절 「국세기본법」 실무
제3절 세금납부서 작성요령

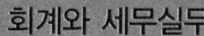
회계와 세무실무

제1장 국세기본법

제1절 조세의 개념

I. 조세의 일반적 개념

1 조세의 의의

조세란 국가 또는 지방자치단체의 통치권자가 비용에 충당하기 위하여 국민들로부터 사경제에서 획득한 재산의 일부를 대가없이 강제적으로 이전해 가는 재산적 가치이다.

국가와 지방자치단체라는 조직체를 이끌어 가기 위해서는 재정수입이 필요한 것이며 오늘날 대부분의 국가들은 이를 조세에 의존하고 있다. 일반적으로 과세권자가 국가인 조세를 국세라 하고 과세권자가 지방자치단체인 조세를 지방세라 한다.

또한 조세는 화폐로 납부하는 것을 원칙으로 한다. 다만, 「상속세 및 증여세법」에서는 화폐 이외의 물납을 예외적으로 인정하고 있다.

(1) 조세의 분류

다음 조세를 여러 기준에 따라 분류하면 다음과 같다.

1) 내국세와 관세

우리나라 영토내에서 이루어진 행위에 대하여 부과하는 조세를 내국세라 하고 국경을 통과하는 재화(수입재화)에 대하여 부과하는 조세를 관세라 한다.

2) 직접세와 간접세

입법단계에서 조세가 전가되지 않을 것으로 예상한 조세, 즉 납세자와 담세자가 일치될 것을 예정하는 조세를 직접세, 입법단계에서 조세가 전가되어 납세자와 담세자가 일치하지 않을 것으로 예정하는 조세를 간접세라 한다. 직접세는 소득세, 재산세, 상속세 등이고 간접세는 주로 소비행위에 과세하는 부가가치세, 개별소비세, 주세 등이다.

3) 보통세와 목적세

국가가 조세수입의 사용목적을 기준으로 한 분류이다. 일반적인 재정수요에 충당하기 위하여 부과 또는 징수하는 조세를 보통세라 하고 조세수입의 용도를 정하여 특별한 목적으로 부과 또는 징수하는 조세를 목적세라 한다.

4) 종량세와 종가세

과세표준을 물량으로 표시하는 것을 종량세라 하고 금액으로 표시하는 것을 종가세라 한다. 종량세의 경우 가격의 변동에 영향을 받지 않는 특징이 있다. 그러나 우리나라 대부분의 조세는 종가세제도를 채택하고 있다. 종량세의 예로는 입장행위에 대한 개별소비세, 주정에 대한 주세가 있다.

5) 인세와 물세

소득이나 재산이 귀속되는 사람을 중심으로 인적사정을 고려하여 과세하는 조세를 인세라 하고 인적사정을 고려하지 않고 재산이나 수익에 대하여 과세하는 조세를 물세라 한다. 인세의 경우 사람의 사정을 고려하여 과세할 수 있는 장점이 있다. 그러나 물세는 이러한 사정을 고려할 수 없는 한편 계산이 간편하여 징세비가 절약된다. 소득세와 상속세 및 증여세는 인세에 속하고 재산세, 자동차세는 물세이다.

6) 기타 여러 형태의 분류

기타 조세는 조세부과의 독립성여부 따라 독립세와 부가세, 조세부과의 적용시기를 기준으로 경상세와 임시세 등으로 구분해 볼 수 있다.

> **참고** — **부가세(본세에 부가적으로 과세하는 세금)**
>
> ① 교육세는 금융·보험업자와 개별소비세, 교통·에너지·환경세, 주세에 부가적으로 부과하는 세목이다.
> ② 농어촌특별세는 각종 조세의 감면액에 대하여 부과하거나 개별소비세, 취득세, 레저세, 증권거래세, 종합부동산세에 부가적으로 부과하는 세목이다.
> ③ 주행분자동차세는 교통·에너지·환경세에 부가하여 과세한다.
> ④ 지역자원시설세는 재산세에 부가하여 과세한다.
> ⑤ 지방교육세는 취득세, 등록면허세, 레저세, 균등분주민세, 재산세, 자동차세, 담배소비세에 부가하여 과세한다.

세목별 국세 수입실적(자료 : 기획재정부)

단위: 조원

	2018년 실적	2019년 실적	2020년 실적	2021년 실적	2022년 실적	2023년 실적	2024년 실적
국세수입	293.6	293.4	285.5	344.1	395.9	344.1	336.5
소득세	84.5	83.5	93.1	114.1	128.7	115.8	117.4
법인세	70.9	72.1	55.5	70.4	103.6	80.4	62.5
부가가치세	70.0	70.8	64.9	71.2	81.6	73.8	82.2
교통세	15.3	14.5	13.9	16.6	11.1	10.8	11.4
관세	8.8	7.9	7.1	8.2	10.3	7.3	7.0
종부·상속증여			14.0	21.1	21.4	19.2	19.5
기타			37.0	42.6	39.2	36.8	36.5

(2) 세 법

조세에 관한 법률을 일반적으로 세법이라 하며 국세와 지방세로 나뉜다. 국세에 관해서는 「국세기본법」 2조에서 세법이란 국세의 종목과 세율 등의 과세요건을 정하고 있는 법률과 「국세징수법」, 「조세특례제한법」, 「국제조세조정에관한법률」, 「조세범처벌법」 및 「조세범처벌절차법」을 말한다라고 규정하고 있는데 편의상 이를 분류하면 다음과 같다.

1) 국세법

① 일반법전

「국세기본법」, 「국세징수법」, 「국제조세조정에관한법률」, 「조세범처벌법」, 「조세범처벌절차법」

② 개별법전

「소득세법」, 「법인세법」, 「부가가치세법」 등 13개 세법(14개 세목)

③ 특례법전

「조세특례제한법」

2) 지방세법

취득세, 등록면허세 등 11개 세목에 대한 통합법전

이하 다음 장부터는 일반법전 및 개별법전과 특례법전은 물론 지방세법까지 자세히 다루어야 하나 일반법전에는 특히 「국세기본법」이 중요하므로 이를 다루기로 하고 개별법전에서는 기업세무실무와 관련, 부가가치세, 소득세, 법인세가 중요하므로 이를 다루어서 기업세무실무에 보탬이 되고자 한다.

(3) 세법상의 조세체계

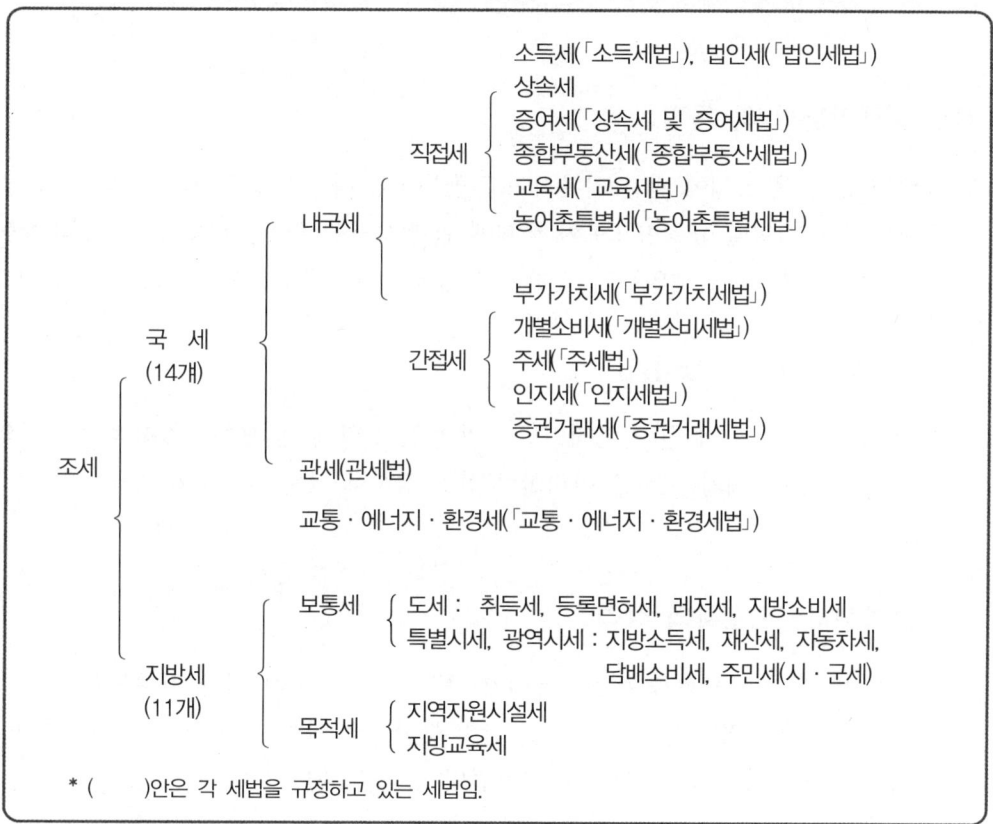

제2절 「국세기본법」 실무

I. 「국세기본법」의 목적과 성격

(1) 「국세기본법」의 목적

「국세기본법」은 국세에 관한 기본적이고 공통적인 사항과 납세자의 권리·의무 및 권리구제에 관한 사항을 규정함으로써 국세에 관한 법률관계를 명확하게 하고, 과세를 공정하게 하며, 국민의 납세의무의 원활한 이행에 이바지함을 목적으로 한다(국기법 §1).

(2) 「국세기본법」의 성격

각 세법에 명시되어야 할 기본적이고 공통적인 사항에 대하여는 총칙적인 성격의 법률이 필요한 바 「국세기본법」은 이러한 사항을 정하고 있는 법률로써 총칙법의 성격을 지니고 있다.

(3) 불복절차법으로서의 성격

국기법 §55에서는 불복을 두어 「국세기본법」 또는 세법에 의한 처분으로서 위법 또는 부당한 처분을 받거나 필요한 처분을 받지 못함으로 인하여 권리나 이익을 침해당한 자의 구제절차를 규정함으로서 불복절차법의 성격을 지니고 있다.

II. 조세용어의 정의

「국세기본법」에서 사용하는 용어의 뜻은 다음과 같다(국기법 §2).

(1) 국 세

국가가 부과하는 조세 중 소득세, 법인세, 상속세와 증여세, 종합부동산세, 부가가치세, 개별소비세, 교통·에너지·환경세, 주세, 인지세, 증권거래세, 교육세, 농어촌특별세를 말한다.

(2) 세 법

국세의 종목과 세율을 정하고 있는 법률과 「국세징수법」, 「조세특례제한법」, 「국제조세조정에관한법률」, 「조세범처벌법」, 「조세범처벌절차법」을 말한다.

(3) 원천징수

세법에 따라 원천징수의무자가 다음의 소득을 지급할 때 국세를 징수하는 것을 말한다 (소득법 §127, 법인법 §73).

소 득 자	대 상 조 세
개 인	이자소득, 배당소득, 기타소득, 근로소득, 연금소득, 퇴직소득, 사업소득 중 일정 소득
법 인	이자소득, 배당소득 중 투자신탁의 이익

✽ 지방세에서는 원천징수를 특별징수라는 용어로 규정하고 있다.

사례 1-1 원천징수여부 판단

기계제조회사 '갑'은 (주)현대에게 2억원의 기계를 3월 31까지 납품하기로 계약하였다. 기한을 지체하는 경우에는 1일 1/1000를 부담하기로 하였는데 15일 지체 되어 3백만원을 부담하게 되었다. 원천징수 의무가 있는가?

해답 : 지체상금(기타소득)을 법인에게 지급하면 원천징수의무가 없다. 만약 개인에게 지급하면 기타소득세 22%(지방소득세 포함) 공제한 후 잔액을 지급하여야 한다.

(4) 가산세

국세기본법 및 세법에서 규정하는 의무의 성실한 이행을 확보하기 위하여 세법에 따라 산출한 세액에 가산하여 징수하는 금액을 말한다.[1]

(5) 강제징수비

「국세징수법」 중 강제징수 규정에 따라 재산의 압류, 보관, 운반과 매각에 소요된 비용 (매각을 대행시키는 경우 그 수수료를 포함한다)을 말한다.

(6) 지방세

지방세기본법에서 규정하는 세목을 말한다.

---

1) 2019년 1월 1일부터 "다만, 가산금은 포함하지 아니한다." 문구가 삭제되었다.

(7) 공과금

국세징수법에서 규정하는 강제징수의 예에 따라 징수할 수 있는 채권 중 국세, 관세, 임시수입부가세, 지방세와 이에 관계되는 강제징수비를 제외한 것을 말한다.

(8) 납세의무자

세법에 따라 국세를 납부할 의무(국세를 징수하여 납부할 의무가 있는 자는 제외한다)가 있는 자를 말한다.

(9) 납세자

납세의무자(연대납세의무자와 납세자를 갈음하여 납부할 의무가 생긴 경우의 제2차 납세의무자, 납세보증인을 포함한다)와 세법에 따라 국세를 징수하여 납부할 의무를 지는 자를 말한다.

(10) 제2차 납세의무자

납세자가 납세의무를 이행할 수 없는 경우에 납세자에 갈음하여 납세의무를 지는 자를 말한다.

(11) 보증인

납세자의 국세 또는 강제징수비의 납부를 보증한 자를 말한다.

(12) 과세기간

세법에 따라 국세의 과세표준의 계산에 기초가 되는 기간을 말한다. 예를 들면 법인의 1사업연도가 이에 해당하며 그 기간은 1년을 초과할 수 없다.

(13) 과세표준

세법에 따라 직접적으로 세액산출의 기초가 되는 과세대상의 수량 또는 가액을 말한다.

(14) 과세표준신고서

국세의 과세표준과 국세의 납부 또는 환급에 필요한 사항을 적은 신고서를 말한다.

(15) 과세표준수정신고서

당초에 제출한 과세표준신고서의 기재사항을 수정하는 신고서를 말한다.

(16) 법정신고기한

세법에 따라 과세표준신고서를 제출할 기한을 말한다.
① 소득세 : 다음연도 5월 31일(또는 중간예납신고기한)
② 법인세 : 사업연도 종료일이 속하는 달의 말일부터 3개월 이내(또는 중간예납신고기한)
③ 부가가치세 : 제1기는 7월 25일, 제2기는 다음연도 1월 25일
　(예정신고하는 경우에는 1기는 4월 25일, 2기는 10월 25일)
④ 상속세 : 상속개시일이 속하는 달의 말일부터 6개월이 되는 날
⑤ 증여세 : 증여받은 날이 속하는 달의 말일부터 3개월이 되는 날
⑥ 개별소비세 : 과세물품과 과세장소의 입장행위는 판매 또는 반출한 날 및 입장한 날이 속하는 분기의 다음달 25일이고, 과세유흥장소는 유흥음식행위를 한 날이 속하는 달의 다음 달 25일
⑦ 주세 : 출고한 날이 속하는 분기의 다음달 25일
⑧ 교통·에너지·환경세 : 제품을 반출한 달의 다음달 말일

(17) 세무공무원

① 국세청장, 지방국세청장, 세무서장 또는 그 소속 공무원
② 세법에 따라 국세에 관한 사무를 세관장(稅關長)이 관장하는 경우의 그 세관장 또는 그 소속 공무원

(18) 전자신고

과세표준신고서 등 국세기본법 또는 세법에 의한 신고 관련서류를 국세청장이 정하여 고시하는 정보통신망(국세정보통신망)을 이용하여 신고하는 것을 말한다.

(19) 특수관계인

특수관계인이란 본인과 다음 중 어느 하나에 해당하는 관계에 있는 자를 말한다. 이 경우 이 법 및 세법을 적용할 때 본인도 그 특수관계인의 특수관계인으로 본다(국기령 §1의2)
① **친족관계**
　㉠ 4촌 이내의 혈족
　㉡ 3촌 이내의 인척
　㉢ 배우자(사실상의 혼인관계에 있는 자를 포함한다)
　㉣ 친생자로서 다른 사람에게 친양자 입양된 자 및 그 배우자·직계비속
　㉤ 본인이 「민법」에 따라 인지한 혼인 외 출생자의 생부나 생모(본인의 금전이나

그 밖의 재산으로 생계를 유지하는 사람 또는 생계를 함께하는 사람으로 한정한다)

② **경제적 연관관계**
   ㉠ 임원과 그 밖의 사용인
   ㉡ 본인의 금전이나 그 밖의 재산으로 생계를 유지하는 자
   ㉢ ㉠ 및 ㉡의 자와 생계를 함께하는 친족

③ **경영지배관계**
   ㉠ 본인이 개인인 경우
      ⓐ 본인이 직접 또는 그와 친족관계 또는 경제적 연관관계에 있는 자를 통하여 법인의 경영에 대하여 지배적인 영향력을 행사하고 있는 경우 그 법인
      ⓑ 본인이 직접 또는 그와 친족관계, 경제적 연관관계 또는 가목의 관계에 있는 자를 통하여 법인의 경영에 대하여 지배적인 영향력을 행사하고 있는 경우 그 법인
   ㉡ 본인이 법인인 경우
      ⓐ 개인 또는 법인이 직접 또는 그와 친족관계 또는 경제적 연관관계에 있는 자를 통하여 본인인 법인의 경영에 대하여 지배적인 영향력을 행사하고 있는 경우 그 개인 또는 법인
      ⓑ 본인이 직접 또는 그와 경제적 연관관계 또는 가목의 관계에 있는 자를 통하여 어느 법인의 경영에 대하여 지배적인 영향력을 행사하고 있는 경우 그 법인
      ⓒ 본인이 직접 또는 그와 경제적 연관관계, 가목 또는 나목의 관계에 있는 자를 통하여 어느 법인의 경영에 대하여 지배적인 영향력을 행사하고 있는 그 법인
      ⓓ 본인이 「독점규제 및 공정거래에 관한 법률」에 따른 기업집단에 속하는 경우 그 기업집단에 속하는 다른 계열회사 및 그 임원

④ **경영에 대하여 지배적인 영향력을 행사하고 있는 경우**
   ㉠ 영리법인인 경우
      ⓐ 법인의 발행주식총수 또는 출자총액의 100분의 30 이상을 출자한 경우
      ⓑ 임원의 임면권의 행사, 사업방침의 결정 등 법인의 경영에 대하여 사실상 영향력을 행사하고 있다고 인정되는 경우
   ㉡ 비영리법인인 경우
      ⓐ 법인의 이사의 과반수를 차지하는 경우
      ⓑ 법인의 출연재산(설립을 위한 출연재산만 해당한다)의 100분의 30 이상을 출연하고 그 중 1인이 설립자인 경우

Ⅲ 기간과 기한

(1) 개 요

기간은 두 시점사이에 계속되는 시간의 구분이며 기한이란 법률행위의 효력발생, 소멸이나 특정한 행위의 이행을 위하여 정하여진 일시를 말한다.

각 세법은 신고·신청·청구·서류의 제출·통지·납부 및 징수기한을 정하고 있는 바 그 일시에 도달하게 되면 법률행위의 효력이 발생하거나 소멸하게 된다.

이때 도래되는 그 일시를 기한이라 한다. 세법은 납세자가 기한 내에 권리를 행사하지 않거나 의무를 불이행하면 가산세를 부담하는 등 불이익이 발생한다. 세법상 기간의 계산에 있어서는 「국세기본법」 또는 그 세법에 특별한 규정이 있는 것을 제외하고는 민법에 따른다(국기법 §4).

(2) 기간의 계산

1) 기간의 기산점(집행기준 4-0-2)

기간을 일, 주, 월 또는 연으로 정한 때에는 초일은 산입하지 아니한다. 그러나 그 기간이 오전 영시로부터 시작하는 때와 「국세기본법」 또는 세법에 특별한 규정이 있는 경우에는 그러하지 아니한다. 또한 기간의 초일이 공휴일이더라도 기간은 초일부터 기산한다.

2) 기간의 만료점(집행기준 4-0-3)

① 기간을 일, 주, 월 또는 연으로 정한 경우 기간말일의 종료로 기간이 만료한다.
② 기간을 주, 월 또는 연으로 정한 때에는 역에 의하여 계산한다.
③ 주, 월 또는 연의 처음부터 기간을 기산하지 아니하는 경우 최후의 주, 월 또는 연에서 그 기산일에 해당하는 날의 전일로 기간이 만료한다.
④ 월 또는 연으로 기간을 정한 경우에 최종의 월에 해당 일이 없는 때에는 그 월의 말일로 기간이 만료한다.
⑤ 기간의 말일이 공휴일에 해당하는 때에는 그 기간은 그 다음날로 만료한다.

(3) 기한의 특례

국세기본법 또는 세법에서 규정하는 신고, 신청, 청구, 그 밖에 서류의 제출, 통지, 납부 또는 징수에 관한 기한이 토요일 및 일요일, 공휴일 및 대체공휴일, 근로자의 날에 해당하는 경우에는 그 다음날을 기한으로 한다.

국세기본법 또는 세법에서 규정하는 신고기한 만료일 또는 납부기한 만료일에 국세정보통신망이 정전, 통신상의 장애, 프로그램의 오류, 그 밖의 부득이한 사유로 가동이 정지되어 전자신고나 전자납부(이 법 또는 세법에 따라 납부할 국세 및 가산금을 정보통신망을 이용하여 납부하는 것을 말한다)를 할 수 없는 경우에는 그 장애가 복구되어 신고 또는 납부할 수 있게 된 날의 다음날을 기한으로 한다(국기법 §5③).

(4) 우편 및 전자신고

1) 발신일 또는 입력일

① 우편으로 과세표준신고서, 과세표준수정신고서, 경정청구서 또는 과세표준신고·과세표준수정신고·경정청구와 관련된 서류를 제출한 경우 「우편법」에 따른 우편날짜도장이 찍힌 날(우편날짜도장이 찍히지 아니하였거나 분명하지 아니한 경우에는 통상 걸리는 배송일수를 기준으로 발송한 날로 인정되는 날)에 신고되거나 청구된 것으로 본다(국기법 §5의2).

② 신고서 등을 국세정보통신망에 따라 제출(전자신고)하는 경우 해당 신고서 등이 국세청장에게 전송된 때에 신고되거나 청구된 것으로 본다.

③ 전자신고 또는 전자청구된 경우 과세표준신고 또는 과세표준수정신고와 관련된 서류 중 수출대금입금증명서 등은 10일의 범위에서 제출기한을 연장할 수 있다.

2) 불복청구와 과세표준신고 외는 도착일

매출·매입처별계산서합계표 등 과세표준신고가 아닌 제출은 그 정하여진 기한까지 도착시켜야 한다.

(5) 천재지변 등으로 인한 기한의 연장

관할세무장은 천재지변이나 그 밖의 사유로 인하여 「국세기본법」 또는 세법에 해당하는 신고, 신청, 청구, 그 밖에 서류의 제출, 통지, 납부를 정해진 기한까지 할 수 없다고 인정하는 경우나 납세자의 신청(기한만료일 3일전)이 있는 경우 관할세무서장은 그 기한을 연장할 수 있다(국기법 §6).

1) 기한연장의 사유(국기령 §2)

① 납세자가 화재, 전화(戰禍), 그 밖의 재해를 입거나 도난을 당한 경우

② 납세자 또는 그 동거가족이 질병이나 중상해로 6개월 이상의 치료가 필요하거나 사망하여 상중(喪中)인 경우

③ 납세자가 그 사업에서 심각한 손해를 입거나 그 사업이 중대한 위기에 처한 경우 (납부의 경우만 해당함)
④ 정전, 프로그램의 오류나 그 밖의 부득이한 사유로 한국은행 및 체신관서의 정보통신망의 정상적인 가동이 불가능한 경우
⑤ 금융회사 또는 체신관서의 휴무, 그 밖의 부득이한 사유로 인하여 정상적인 세금납부가 곤란하다고 국세청장이 인정하는 경우
⑥ 권한 있는 기관에 장부나 서류가 압수 또는 영치된 경우
⑦ 「세무사법」 2조 3호에 따라 납세자의 장부 작성을 대행하는 세무사(같은 법 16조의4에 따라 등록한 세무법인을 포함한다) 또는 같은 법 20조의2에 따른 공인회계사(「공인회계사법」 24조에 따라 등록한 회계법인을 포함한다)가 화재, 전화, 그 밖의 재해를 입거나 도난을 당한 경우
⑧ '①, ②, ⑥'에 준하는 사유가 있는 경우

✱ ①, ③, ④, ⑤의 경우 납세담보를 면제한다.

2) 기한연장의 신청과 승인

기한연장을 받으려는 자는 기한 만료일 3일 전까지 문서로 해당 행정기관의 장에게 신청하여야 한다. 이 경우 해당 행정기관의 장은 기한연장을 신청하는 자가 기한 만료일 3일 전까지 신청할 수 없다고 인정하는 경우에는 기한의 만료일까지 신청하게 할 수 있다. 행정기관의 장은 기한을 연장하였을 때에는 문서(집단적인 경우 관보 또는 일간신문에 공고하는 방법 포함)로 지체 없이 관계인에게 통지하여야 한다(국기령 §3, 4).

3) 기한연장의 기간(국기령 §2의2)

① 기한연장은 3개월 이내로 하되, 해당 기한연장의 사유가 소멸되지 아니하는 경우 관할 세무서장은 1개월의 범위안에서 그 기한을 다시 연장할 수 있다.
② ①에 불구하고 신고 및 납부와 관련된 기한연장은 9개월을 넘지 아니하는 범위 안에서 관할 세무서장이 연장할 수 있다.

Ⅳ 서류의 송달

(1) 의 의

서류의 송달이란 과세관청이 납세자에게 보내는 고지, 과세처분의 사전통지문 등을 보내는 절차를 말한다. 송달의 효력은 송달 받아야 할 자에게 도달한 때부터 발생한다. 다만, 전자송달의 경우에는 송달 받은 자가 지정한 전자우편주소에 입력된 때 그 송달을 받은 자에게 도달한 것으로 본다.

(2) 서류의 송달장소

「국세기본법」 또는 세법에 의한 서류를 그 명의인(해당 서류에 수신인으로 지정되어 있는 자를 말한다)의 주소, 거소, 영업소 또는 사무소(명의인이 신청한 경우 전자우편주소를 포함)에 송달한다.

그러나 연대납세의무자에게 서류를 송달하고자 할 경우 그 대표자를 명의인으로 하고 다만 납부의 고지와 독촉에 관한 서류는 연대납세의무자 모두에게 각각 송달해야 하며, 상속의 경우 상속재산관리인이 있을 때에는 그 상속재산관리인에게 하여야 하며, 납세관리인이 있을 경우에는 납부의 고지와 독촉에 관한 서류는 납세관리인에게 하여야 하며, 교정시설 또는 국가경찰관서의 유치장에 체포·구속 또는 유치된 사실이 확인된 경우에는 해당 교정시설의 장 또는 국가경찰관서의 장에게 송달 한다(국기법 §8).

(3) 서류 송달의 방법

① 서류의 송달은 교부, 우편 또는 전자송달의 방법으로 한다.
② 납부의 고지·독촉·강제징수 또는 세법에 따른 정부의 명령에 관계되는 서류의 송달을 우편으로 할 때에는 등기우편으로 하여야 한다. 다만, 50만원 미만의 소득세 중간예납세액의 납부고지서 및 부가가치세 예정고지에 따라 징수하기 위한 납부고지서는 일반우편으로 송달할 수 있다.
③ 교부에 의한 서류 송달은 행정기관의 소속 공무원이 서류를 송달할 장소에서 송달을 받아야 할 자에게 서류를 교부하는 방법으로 송달하는 것을 말한다. 다만, 송달을 받아야 할 자가 송달받기를 거부하지 아니하면 다른 장소에서 교부할 수 있다.
④ 전자송달은 서류를 송달받아야 할 자가 신청한 경우에만 한다. 납세자가 3회 연속하여 전자송달(국세정보통신망에 송달된 경우에 한정한다)된 서류를 열람하지 아니하는 경우에는 전자송달의 신청을 철회한 것으로 본다. 다만, 납세자가 전자송달된 납부

고지서에 의한 세액을 그 납부기한까지 전액 납부한 경우에는 그러하지 아니하다.
⑤ 서류를 송달받아야 할 자가 주소 또는 영업소가 국외에 있고 송달하기 곤란한 경우나 주소 또는 영업소가 분명하지 아니한 경우 및 등기우편으로 송달하였으나 수취인 부재로 반송되는 경우 등은 공시송달하여야 한다. 이 경우 서류의 주요내용을 공고한 날부터 14일이 지나면 서류 송달이 된 것으로 본다(국기법 §10 및 §11).

V. 국세부과의 원칙

(1) 개 요

국세부과의 원칙이란 국가가 과세권을 행사함에 있어서 지켜야 할 제 원칙을 말한다. 이는 국가가 조세채권을 확정시킴에 있어서 조세의 법률관계를 확실하게 하고 국민의 재산권을 보장하기 위한 기본적인 사항을 정함에 그 목적이 있다 하겠다.

(2) 국세부과 원칙의 내용

1) 실질과세의 원칙

세법상 실질과세의 원칙이란 과세요건 사실에 대한 세법의 적용에 있어서 경제적 실질과 법적형식이 일치하지 않을 경우 경제적 실질에 따라서 과세한다는 원칙이다(국기법 §14).

① 귀속에 따른 실질과세

과세의 대상이 되는 소득, 수익, 재산, 행위 또는 거래의 귀속이 명의일 뿐이고 사실상의 귀속되는 자가 따로 있을 때에는 사실상 귀속되는 자를 납세의무자로 하여 세법을 적용한다.

예를 들면, 회사의 주주로 명부상 등재되어 있더라도 회사의 대표자가 임의로 등재한 것일뿐 회사의 주주로서 권리행사를 한 사실이 없는 경우 그 명의자인 주주를 세법상 주주로 보지 않는다.

② 거래내용에 따른 실질과세

세법 중 과세표준의 계산에 관한 규정은 소득, 수익, 재산, 행위 또는 거래의 명칭이나 형식에도 불구하고 그 실질내용에 따라 적용한다.

③ 조세회피방지를 위한 경제적 실질과세

제3자를 통한 간접적인 방법이나 둘 이상의 행위 또는 거래를 거치는 방법으로 국세기본법 또는 세법의 혜택을 부당하게 받기 위한 것으로 인정되는 경우에는 그 경제적 실질내용에 따라 당사자가 직접 거래를 한 것으로 보거나 연속된 하나의 행위 또는 거래를 한 것으로 보아 국세기본법 또는 세법을 적용한다.

2) 신의·성실의 원칙

신의·성실의 원칙이란 권리의 행사와 의무의 이행은 신의에 따라 성실하게 하여야 한다는 민법 제2조 규정을 조세법에서 수용하여 적용하며, 조세법의 3대 기본원칙 중 하나이다.

즉, 납세자가 그 의무를 이행함에 있어서는 신의에 따라 성실하게 하여야 하며, 세무공무원이 그 직무를 수행함에 있어서도 또한 같다(국기법 §15)는 규정으로 조세법에 명시하고 있다.

3) 근거과세의 원칙

근거과세의 원칙이란 납세의무자가 세법에 따라 장부를 갖추어 기록하고 있는 경우 해당 국세의 과세표준의 조사와 결정은 그 장부와 이에 관계되는 증거자료에 의하여야 한다는 원칙으로 다음과 같이 규정하고 있다(국기법 §16).

① **부분적 조사·결정**

과세표준의 조사·결정할 때 장부의 기록 내용이 사실과 다르거나 장부의 기록에 누락된 것이 있을 때에는 그 부분에 대해서만 정부가 조사한 사실에 따라 결정할 수 있다.

② **추가결정 근거부기**

장부의 기록 내용과 다른 사실 또는 장부 기록에 누락된 것을 조사하여 결정하였을 때에는 정부가 조사한 사실과 결정의 근거를 결정서에 적어야 한다.

③ **결정서의 열람과 복사 요구권**

행정기관의 장은 해당 납세의무자 또는 그 대리인이 요구(구술에 의한다)하면 결정서를 열람 또는 복사하게 하거나 그 등본 또는 초본이 원본과 일치함을 확인하여야 한다.

4) 조세감면의 사후관리

정부는 국세를 감면한 경우에 그 감면의 취지를 성취하거나 국가정책을 수행하기 위하여 필요하다고 인정하면 세법에서 정하는 바에 따라 감면한 세액에 상당하는 자금 또는 자산의 운용범위를 정할 수 있다. 이러한 운용 범위를 벗어난 자금 또는 자산에 상당하는 감면세액은 세법에서 정하는 바에 따라 감면을 취소하고 징수할 수 있다(국기법 §17).

Ⅵ. 세법적용의 원칙

(1) 개 요

세법적용의 원칙이란 세법의 적용 및 해석과정에서 지켜져야 할 제 원칙으로 과세의 공정성확보와 납세자재산권의 부당한 침해를 방지하고자 함에 그 목적이 있다.

(2) 세법적용 원칙의 내용

1) 세법해석의 기준

세법을 해석·적용할 때에는 과세의 형평과 해당 조항의 합목적성에 비추어 납세자의 재산권이 부당히 침해되지 아니하도록 하여야 한다(국기법 §18①).

2) 소급과세금지의 원칙

국세를 납부할 의무가 성립한 소득, 수익, 재산, 행위 또는 거래에 대하여는 그 성립 후의 새로운 세법에 따라 소급하여 과세하지 아니한다.

세법의 해석이나 국세행정의 관행이 일반적으로 납세자에게 받아들여진 후에는 그 해석이나 관행에 의한 행위 또는 계산은 정당한 것으로 보며 새로운 해석이나 관행에 의하여 소급하여 과세되지 아니한다.

즉, 새로운 세법 해석이 종전의 해석과 상이한 경우에는 새로운 해석이 있은 날 이후에 납세의무가 성립하는 분부터 새로운 해석을 적용한다(국기법 §18②③).

3) 세무공무원의 재량과 한계

세무공무원이 재량으로 직무를 수행할 때에는 과세의 형평과 해당 세법의 목적에 비추어 일반적으로 적당하다고 인정되는 한계를 엄수하여야 한다(국기법 §19).

4) 기업회계의 존중

세무공무원이 국세의 과세표준을 조사·결정할 때에는 해당 납세의무자가 계속하여 적용하고 있는 기업회계의 기준 또는 관행으로서 일반적으로 공정·타당하다고 인정되는 것은 존중하여야 한다.

다만, 세법에 특별한 규정[2]이 있는 것은 그러하지 아니하다(국기법 §20).

---

[2] 기업회계기준은 비용의 한도가 없다. 세법은 기업업무추진비한도, 기부금한도, 대여금이자, 지급이자의 업무관련성 등 특별한 규정이 있다.

VII. 납세의무의 성립

(1) 납세의무의 성립요건

국세를 납부할 의무는 국세기본법 및 세법에서 정하는 과세요건(납세의무자, 과세물건, 과세표준, 세율)이 충족되면 성립한다.

(2) 납세의무의 성립시기

납세의무는 각 세목에 따라서 다음과 같이 성립한다(국기법 §21).

1) 일반적인 납세의무의 성립시기

① 소득세·법인세	과세기간이 끝나는 때. 다만, 청산소득에 대한 법인세는 그 법인이 해산을 하는 때
② 상속세	상속이 개시되는 때. 상속이 개시되는 때라 함은 피상속인의 사망일을 말한다.
③ 증여세	증여에 의하여 재산을 취득하는 때
④ 부가가치세	과세기간이 끝나는 때. 다만, 수입재화의 경우 세관장에게 수입신고를 하는 때
⑤ 개별소비세·주세, 교통·에너지·환경세	과세물품을 제조장에서 반출하거나 판매장에서 판매하는 때 또는 과세장소에 입장하거나 과세유흥장에서 유흥음식행위를 한 때. 다만, 수입물품의 경우 세관장에게 수입신고를 하는 때
⑥ 인지세	과세문서를 작성한 때
⑦ 증권거래세	해당 매매거래가 확정되는 때
⑧ 교육세	국세에 부과되는 교육세는 해당 국세의 납세의무가 성립하는 때
⑨ 농어촌특별세	본세의 납세의무가 성립하는 때
⑩ 종합부동산세	과세기준일(6월 1일)
⑪ 가산세	* 일반적인 경우 : 가산할 국세의 납세의무가 성립하는 때 * 무신고·과소신고·초과환급신고가산세 : 법정신고기한이 경과하는 때 * 납부지연가산세 : 법정납부기한이 경과하는 때, 법정납부기한 경과 후 1일마다 그 날이 경과하는 때, 납부고지서에 따른 납부기한이 경과하는 때

2) 납세의무 성립시기의 예외

다음의 국세는 위 1)의 규정에 불구하고 다음의 시기에 성립한다.

① 원천징수하는 소득세·법인세	소득금액 또는 수입금액을 지급하는 때
② 납세조합이 징수하는 소득세 또는 예정신고 납부하는 소득세	과세표준이 되는 금액이 발생한 달의 말일
③ 중간예납하는 소득세·법인세 또는 예정신고기간·예정부과기간에 대한 부가가치세	중간예납기간 또는 예정신고기간·예정부과기간이 끝나는 때
④ 수시부과하여 징수하는 국세	수시부과할 사유가 발생한 때

> **참고**
>
> 납세의무의 승계: 상속이 개시된 때에는 그 상속인은 피상속인에게 부과되거나 그 피상속인이 납부할 국세·강제징수비를 상속으로 받은 재산의 한도에서 납부할 의무를 진다. 만약, 납세의무 승계를 피하면서 재산을 상속받기 위하여 상속포기자가 피상속인의 사망으로 인하여 보험금을 받는 때에는 상속포기자를 상속인으로 보고 보험금을 상속받은 재산으로 본다.

Ⅷ. 납세의무의 확정

(1) 개요

납세의무가 성립되었다고 해서 과세표준의 신고와 세액의 납부의무가 확정되는 것은 아니다. 납세의무가 금전채무로 구체화되기 위해서는 납세의무자나 정부가 납세의무의 내용을 구체적으로 확인하는 과정이 필요하다(국기법 §22).

(2) 납세의무의 확정방법

1) 납세자의 신고에 의한 확정방법

소득세, 법인세, 부가가치세, 개별소비세, 주세, 증권거래세, 교육세, 교통·에너지·환경세 또는 종합부동산세(납세의무자가 과세표준과 세액을 정부에 신고하는 경우에 한정)는 해당 국세의 과세표준과 세액을 정부에 신고했을 때에 확정된다. 예외적으로 종합부동산세는 납세의무자가 과세표준과 세액을 정부에 신고하는 경우에 한정한다.

2) 정부결정방법

위 1)외의 국세는 해당 국세의 과세표준과 세액을 정부가 결정하는 때에 확정된다. 또한, 1)의 세목에 대하여 납세의무자가 과세표준과 세액의 신고를 하지 아니하거나 신고한 과세표준과 세액이 세법에서 정하는 바와 맞지 아니한 경우에는 정부가 과세표준과 세액을 결정하거나 경정하는 때에 그 결정 또는 경정에 따라 확정된다.

3) 납세의무성립과 동시에 자동 확정되는 조세(국기법 §22④)

① 인지세
② 원천징수하는 소득세·법인세
③ 납세조합이 징수하는 소득세
④ 중간예납하는 법인세(세법에 따라 정부가 조사·결정하는 경우는 제외)
⑤ 납부지연가산세, 원천징수 등 납부지연가산세(납부고지서에 따른 납부기한 후의 가산세로 한정)

IX 납부의무의 소멸

(1) 개 요

조세채권은 조세법률주의에 따라 과세요건을 충족하면 성립하며, 일정한 절차를 거쳐서 확정되는데, 이 성립·확정된 납세의무가 소멸되는 것을 납부의무의 소멸이라 한다.
국세 및 강제징수비를 납부할 의무는 다음 중 어느 하나에 해당하는 때에 소멸한다(국기법 §26).
① 납부·충당되거나 부과가 취소된 때
② 국세를 부과할 수 있는 기간에 국세가 부과되지 아니하고 그 기간이 끝난 때
③ 국세징수권의 소멸시효가 완성된 때

(2) 국세의 부과제척기간

국세는 부과할 수 있는 날 부터 다음의 기간이 끝난 날 후에는 부과(고지)할 수 없다. 납세의무를 포착하기 어려운 정도에 따라 다음과 같이 제척기간을 달리 정하고 있다. 여기에서 국세를 부과할 수 있는 날이란 과세표준과 세액을 신고하는 국세에 있어서는 해당 국세의 과세표준과 세액에 대한 신고기한 또는 신고서 제출기한(과세표준신고기한)의 다음날이며, 인지세에 있어서는 해당 국세의 납세의무가 성립한 날이다. 다만, 중간예납 및 예정신고, 수정신고기한은 과세표준신고기한에 포함하지 않는다.

구 분	상속세·증여세 외의 세목	상속세·증여세·부담부증여시 양도소득세
① 일반적인 경우	5년(역외거래 7년)	10년
② 무신고한 경우	7년(역외거래 10년)	15년
③ 부정행위로 포탈·환급·공제받은 경우	10년(역외거래 15년)	15년
④ 거짓 신고 또는 누락신고를 한 경우[3] (그 거짓신고 또는 누락신고를 한 부분만 해당)	-	15년
⑤ ①및②의 기간이 끝난 날이 속하는 과세기간 이후의 과세기간에 공제하는 경우 해당 이월결손금, 이월세액공제	이월결손금등을 공제한 과세기간의 법정 신고기한으로부터 1년	
⑥ 부정행위로 상속세·증여세를 포탈하는 경우로서 제3자의 명의로 되어 있는 피상속인 또는 증여자의 재산을 상속인이나 수증자가 취득한 경우 등	상속·증여가 있음을 안 날부터 1년	
⑦ 이의신청, 소송 등에 대한 결정이나 판결이 확정된 경우	결정·판결이 확정된 날부터 1년	

 참고

12.31. 결산법인이 2019년 귀속 법인세신고를 2020년 3월에 신고한 경우에, 과세관청에서는 2025년 3월 31일까지 부과(고지)할 수 있다. 즉, 2025년 4월 1일부터는 제척된다.

(3) 국세징수권의 소멸시효

확정된 국세의 징수를 목적으로 하는 국가의 권리를 징수권이라 한다. 이러한 징수권은 법정신고납부기한의 다음날(또는 고지에 따른 납부기한의 다음날)부터 5년간(5억원 이상은 10년) 행사하지 아니하면 소멸시효가 완성한다(국기법 §27).

소멸시효는 납부고지, 독촉, 교부청구, 압류 등에 의해 중단되어 이미 경과한 시효기간의 효력이 상실되고 다시 새로이 진행하여야 하며, 소멸시효는 분납기간, 유예기간, 연부연납기간, 소송진행기간, 6개월 이상의 국외체류기간 등에는 진행되지 아니하고 정지된다. 정지사유가 종료한 후 잔여기간이 경과하면 시효가 완성한다.

---

[3] 다음 중 어느 하나에 해당하는 경우를 말한다.
1. 상속재산가액 또는 증여재산가액에서 가공(架空)의 채무를 빼고 신고한 경우
2. 권리의 이전이나 그 행사에 등기, 등록, 명의개서 등(이하에서 "등기등"이라 한다)이 필요한 재산을 상속인 또는 수증자의 명의로 등기등을 하지 아니한 경우로서 그 재산을 상속재산 또는 증여재산의 신고에서 누락한 경우
3. 예금, 주식, 채권, 보험금, 그 밖의 금융자산을 상속재산 또는 증여재산의 신고에서 누락한 경우

X 국세의 우선권

(1) 의 의

국세의 우선권이란 납세자의 재산을 강제매각절차에 따라서 처분할 때 경합되는 다른 채권과의 우열관계가 발생하게 될 때 원칙적으로 조세가 모든 공과금과 다른 채권보다 우선 변제받을 권리가 있음을 뜻한다. 우열관계는 보통 납세자의 재산을 강제매각절차에 따라 매각하거나 추심하는 경우에 발생하게 되는데 그 매각대금 또는 추심금액 중에서 국세를 우선하여 징수하는 것을 말한다(국기법 §35~§37).

(2) 국세우선의 제한

국세 및 강제징수비는 다음의 어느 하나에 해당하는 공과금이나 그 밖의 채권에 대해서는 우선하지 못한다.

1) 지방세나 공과금의 체납처분비 또는 강제징수비

지방세나 공과금의 체납처분을 할 때 그 체납처분금액 중에서 국세 및 강제징수비를 징수하는 경우의 그 지방세나 공과금의 체납처분비 또는 강제징수비가 국세보다 우선한다.

2) 강제집행 등의 비용

강제집행·경매 또는 파산 절차에 따라 재산을 매각할 때 그 매각금액 중에서 국세 및 강제징수비를 징수하는 경우의 강제집행, 경매 또는 파산 절차에 든 비용이 국세보다 우선한다. 그 이유는 강제집행 등에 소요된 비용이 채권자 공동의 이익을 위하여 소요된 직접비용이므로 재산매각대금 중 다른 모든 채권보다 우선변제하기 위함이다.

3) 법정기일 전에 설정한 담보채권

① 전세권·질권·저당권, 임대차보증금반환채권, 가등기담보권 등의 권리가 설정된 재산을 재산이 국세의 강제징수 또는 경매 절차 등을 통하여 매각되어 매각금액에서 국세를 징수하는 경우에 국세채권과 담보채권간에는 국세의 법정기일과 담보설정일 중 빠른 채권이 다른 채권에 우선한다.

다만, 그 재산에 대하여 부과된 상속세, 증여세 및 종합부동산세는 항상 담보채권보다 우선한다.

② 법정기일이란 다음의 기일을 말한다.

㉠ 과세표준과 세액의 신고에 따라 납세의무가 확정되는 국세[중간예납하는 법인세와 예정신고납부하는 부가가치세 및 소득세(소득법 §105에 따라 신고하는 경우로 한정한다)를 포함한다]의 경우 신고한 해당 세액 : 그 신고일

㉡ 과세표준과 세액을 정부가 결정, 경정 또는 수시부과 결정하는 경우에 고지한 해당 세액(납부지연가산세 중 납부고지서에 따른 납부기한 후의 납부지연가산세와 원천징수납부 등 납부지연가산세 중 납부고지서에 따른 납부기한 후의 원천징수납부 등 납부지연가산세를 포함한다) : 그 납부고지서의 발송일

㉢ 인지세와 원천징수의무자나 납세조합으로부터 징수하는 소득세·법인세 및 농어촌특별세 : 그 납세의무의 확정일

㉣ 제2차 납세의무자(보증인을 포함한다)의 재산에서 징수하는 국세 : 납부고지서의 발송일

㉤ 양도담보재산에서 징수하는 국세 : 납부고지서의 발송일

㉥ 납세자의 재산을 압류한 경우에 그 압류와 관련하여 확정된 국세 : 그 압류등기일 또는 등록일

㉦ 신탁재산에서 징수하는 부가가치세·종합부동산세 등 : 납부고지서의 발송일

사례 1-2　국세의 우선권

甲은 2023.5.28. 종합소득세로 2억원 신고하였다. 다음날인 2023.5.29. 甲은 부동산을 구입하면서 대박은행으로부터 그 부동산을 담보로 저당권을 설정하고 3억원 차입하였다. 2024.3.29. 관할세무서는 체납한 종합소득세 건으로 그 부동산을 압류하였다. 세무서와 대박은행 중 우선권자는?

해답
　종합소득세 신고일과 담보설정일 중 빠른 날이므로 세무서가 우선권이 있다.

4) 주택임대차소액보증금 및 상가임대차소액보증금

① 서민의 주거생활 안정을 위해 「주택임대차보호법」 제8조가 적용되는 임대차관계가 있는 주택을 매각한 경우 임차인의 소액보증금 중 일정액은 임차주택의 환가대금에서 공익비용을 제외한 다른 채권에 우선하여 변제된다.
따라서, 주택의 소액보증금 중 일정액은 국세보다 우선하여 변제된다.
여기에서 우선 변제받을 수 있는 보증금은 다음과 같다.

주택 소액임차보증금의 범위 및 우선변제의 한도(주택가액의 1/2한도)

(「주택임대차보호법 시행령」 § 10, § 11)

구 분	보 증 금 액	
	소액임차인보증금의 범위	우선변제한도
서울특별시	1억6천500만원 이하	5천500만원
수도권 과밀억제권역, 세종특별자치시, 용인시, 화성시, 김포시	1억4천500만원 이하	4천800만원
광역시(수도권과밀억제권역에 포함된 지역과 군지역은 제외), 안산시, 광주시, 파주시, 이천시 및 평택시	8천500만원 이하	2천800만원
그 밖의 지역	7천500만원 이하	2천500만원

② 「상가건물임대차보호법」 제14조가 적용되는 건물의 매각대금 중 국세를 징수하는 경우 임차인에게 우선권이 있는 소액 임차보증금은 국세보다 우선한다.

상가 소액임차보증금의 범위 및 우선변제의 한도(건물가액의 1/2한도)

(「상가건물임대차보호법 시행령」 § 6, § 7)

구 분	보 증 금 액	
	소액임차인보증금의 범위	우선변제한도
서울특별시	6천5백만원 이하	2천2백만원
수도권 과밀억제권역(서울특별시 제외)	5천5백만원 이하	1천9백만원
광역시(수도권과밀억제권역에 포함된 지역과 군지역은 제외), 안산시, 용인시, 김포시 및 광주시	3천8백만원 이하	1천3백만원
그 밖의 지역	3천만원 이하	1천만원

③ 위의 소액임차보증금이 국세보다 우선하기 위하여는 「국세징수법」 제67조의 공매공고일 이전에 주택임차인은 주민등록을 마쳐야하고 상가임차인은 사업자등록신청을 하여 대항력을 갖추어야 한다(기통칙 35-0-15).

5) 임금 등 채권의 우선

사용자의 재산을 매각하거나 추심할 때 그 매각금액 또는 추심금액 중에서 국세를 징수하는 경우에 임금, 퇴직금, 재해보상금 그 밖에 근로관계로 인한 채권은 국세보다 우선하여 변제된다.

6) 우선순위 검토(기통칙 35-0-16)

① 압류재산에 국세의 법정기일4)전에 질권 또는 저당권에 의하여 담보된 채권이 있는 경우

㉠ 1순위	소액임차인의 보증금 중 일정액, 최종 3월분의 임금채권 (최종 3년간의 퇴직금 및 재해보상금 포함)
㉡ 2순위	질권 또는 저당권에 의하여 담보된 채권
㉢ 3순위	최종 3월분 이외의 임금 및 기타 근로관계로 인한 채권
㉣ 4순위	국세
㉤ 5순위	일반채권

② 압류재산에 국세의 법정기일 이후에 질권 또는 저당권에 의하여 담보된 채권이 있는 경우

㉠ 1순위	임차인의 보증금 중 일정액, 최종 3월분의 임금채권 (최종 3년간의 퇴직금 및 재해보상금 포함)
㉡ 2순위	국세
㉢ 3순위	질권 또는 저당권에 의하여 담보된 채권
㉣ 4순위	최종 3월분 이외의 임금 및 기타 근로관계로 인한 채권
㉤ 5순위	일반채권

③ 압류재산에 질권 또는 저당권에 의하여 담보된 채권이 없는 경우

㉠ 1순위	임차인의 보증금 중 일정액, 최종 3월분의 임금채권 (최종 3년간의 퇴직금 및 재해보상금 포함)
㉡ 2순위	최종 3월분 이외의 임금 및 기타 근로관계로 인한 채권
㉢ 3순위	국세
㉣ 4순위	일반채권

(3) 제3자와 짜고 한 거짓으로 추정되는 담보권설정과 취소청구

세무서장은 납세자가 제3자와 짜고 거짓으로 그의 재산에 전세권·질권 또는 저당권의 설정계약, 임대차계약, 가등기 설정계약 또는 양도담보 설정계약을 하고 그 등기 또는 등록을 하거나 하거나 「주택임대차보호법」 또는 「상가건물 임대차보호법」 에 따른 대항요건과 확정일자를 갖춘 임대차 계약을 체결함으로써 그 재산의 매각금액으로 국세를 징수하기가 곤란하다고 인정할 때에는 해당 행위의 취소를 법원에 청구할 수 있다.

이 경우 납세자가 국세의 법정기일 전 1년 내에 특수관계인과 전세권·질권 또는 저당권의 설정계약, 가등기 설정계약 또는 양도담보 설정계약을 한 경우에는 짜고한 거짓 계약으로 추정한다(국기법 §35⑥).

---

4) 법정기일은 국세에 대한 신고일 또는 고지서 발송일을 말한다.

XI. 제2차 납세의무자

제2차 납세의무자란 세법상 주된 납세의무자에 대하여 강제징수를 하여도 그 징수할 세액에 미달하다고 인정되는 경우에만 그 납세의무자와 특수관계에 있는 제3자에게 2차적인 납세의무를 부여하는 제도를 말한다. 제2차 납세의무자의 유형으로는 청산인5), 출자자, 법인, 사업양수인이 있다(국기법 §38~§41).

1) 출자자의 제2차 납세의무(국기법 §39)

① 개 요
법인(유가증권시장 및 코스닥시장에 주권이 상장된 법인은 제외)의 재산으로 그 법인에 부과되거나 그 법인이 납부할 국세 및 강제징수비에 충당하여도 부족한 경우 그 국세의 납세의무 성립일 현재 출자자 등은 그 부족한 금액에 대하여 제2차 납세의무를 진다.

② 출자자 등의 범위
㉠ 무한책임사원(합명회사의 사원 및 합자회사의 무한책임사원)
㉡ 과점주주들: 주주 또는 사원(합자회사의 유한책임사원, 유한책임회사의 사원, 유한회사의 사원) 1명과 그의 특수관계인으로서 그들의 소유주식 합계 또는 출자액 합계가 해당 법인의 발행주식 총수의 50%를 초과하면서 그 법인의 경영에 대하여 지배적인 영향력을 행사하는 자들
㉢ 과점조합원: 영농조합법인 또는 영어조합법인의 조합원 1명과 그의 특수관계인으로서 그들의 출자액의 합계가 해당 조합의 출자총액의 50%를 초과하는 자들. 다만, 조합원 간에 손익분배비율이 출자액의 비율과 다른 경우에는 조합원 1명과 그의 특수관계인으로서 그들의 손익분배비율의 합계가 50%를 초과하는 자들

③ 제2차 납세의무한도
㉠ 무한책임사원은 부족액 전액
㉡ 과점주주 또는 과점조합원의 한도액

$$징수부족액 \times \frac{과점주주\ 등이\ 실질적으로\ 권리를\ 행사하는\ 주식수(무의결권주\ 제외)}{발행주식총수(무의결권주\ 제외)}$$

---

5) 법인이 해산하여 청산하는 경우에 그 법인에 부과되거나 그 법인이 납부할 국세 및 강제징수비를 납부하지 아니하고 해산에 의한 잔여재산을 분배하거나 인도하였을 때에 그 법인에 대하여 강제징수를 하여도 징수할 금액에 미치지 못하는 경우에는 청산인 또는 잔여재산을 분배받거나 인도받은 자는 그 부족한 금액에 대하여 제2차 납세의무를 진다.
이 때 제2차 납세의무의 한도는 청산인은 분배하거나 인도한 재산의 가액이며, 잔여재산을 분배받거나 인도받은 자는 각자가 받은 재산의 가액이다.

④ 특수관계인

주주 등과 특수관계인이란 친족관계(배우자와 직계비속 및 4촌 이내의 혈족, 3촌 이내의 인척 등), 경제적 연관관계 및 경영지배관계에 있는 자를 말한다.

사례 1-3 출자자의 납세의무 판단

'대성(주)'의 6월 30일 현재 주식은 대표자인 '갑'이 30%, 갑의 아들 '을'이 25%, 이들과 특수관계 없는 '병'이 45% 소유하였다. 7월 25일 부가가치세 확정신고를 하면서 1억원의 부가가치세를 납부하지 못하였다. '대성(주)'의 재산 부족으로 납부하지 못하는 경우 누가 제2차 납세의무를 지는가?

해답 : 갑이 3천만원, 을이 2천5백만원의 제2차 납세의무를 진다.

2) 법인의 제2차 납세의무

① 개 요

국세(둘 이상의 국세의 경우에는 납부기한이 뒤에 오는 국세)의 납부기간 만료일 현재 법인의 무한책임사원 또는 과점주주(이하 "출자자"라 한다)의 재산(그 법인의 발행주식 또는 출자지분은 제외)으로 그 출자자가 납부할 국세 및 강제징수비에 충당하여도 부족한 경우 그 법인은 다음 중 어느 하나에 해당하는 경우에만 그 부족한 금액에 대하여 제2차 납세의무를 진다(국기법 §40).

㉠ 정부가 출자자의 소유주식 또는 출자지분을 재공매하거나 수의계약으로 매각하려 하여도 매수희망자가 없는 경우
㉡ 그 법인이 외국법인인 경우로서 출자자의 소유주식 또는 출자지분이 외국에 있는 재산에 해당하여 「국세징수법」에 따른 압류 등 강제징수가 제한되는 경우
㉢ 법률 또는 그 법인의 정관에 의하여 출자자의 소유주식 또는 출자지분이 양도가 제한된 경우(공매할 수 없는 경우는 제외)

② 법인의 제2차 납세의무의 한도

$$\text{법인의 제2차 납세의무한도액} = (\text{자산총액} - \text{부채총액}) \times \frac{\text{출자자의 소유주식금액(출자금액)}}{\text{발행주식총액(출자총액)}}$$

| 사례 1-4 | 법인의 제2차 납세의무 판단 |

김갑식은 (주)해울의 60%지분을 보유하고 있다. 김갑식의 국세 체납액은 8천만원이며 이 법인 지분외 다른 재산이 없다. 관할세무서는 김갑식보유지분을 매각하려 하였으나 매수희망자가 없었다. (주)해울은 제2차 납세의무가 있는가?

해답 : (주)해울의 순자산(자산-부채) 중 60% 범위내에서 제2차납세의무가 있다.

3) 사업양수인의 제2차 납세의무

① 개 요

사업이 양도·양수된 경우에 양도일 이전에 양도인의 납세의무가 확정된 그 사업에 관한 국세 및 강제징수비를 양도인의 재산으로 충당하여도 부족할 때에는 사업양수인은 그 부족한 금액에 대하여 양수한 재산의 가액을 한도로 제2차 납세의무를 진다(국기법 §41).

※ 사업양수인이란 사업장별로 그 사업에 관한 모든 권리(미수금에 관한 것은 제외한다)와 모든 의무(미지급금에 관한 것은 제외한다)를 포괄적으로 승계한 자로서 다음 중 어느 하나에 해당하는 자를 말한다(2019.2.12.부터 적용).
① 양도인과 특수관계인인 자
② 양도인의 조세회피를 목적으로 사업을 양수한 자

② 양수한 재산의 가액

㉠ 사업의 양수인이 양도인에게 지급하였거나 지급하여야 할 금액이 있는 경우에는 그 금액
㉡ ㉠에 따른 금액이 없거나 불분명한 경우에는 양수한 자산 및 부채를 「상속세 및 증여세법」 제60조부터 제66조까지의 규정을 준용하여 평가한 후 그 자산총액에서 부채총액을 뺀 가액

위의 규정에 불구하고 ㉠에 따른 금액과 시가의 차액이 3억원 이상이거나 시가의 30%에 상당하는 금액 이상인 경우에는 ㉠의 금액과 ㉡의 금액 중 큰 금액으로 한다.

| 사례 1-5 | 사업양수인의 제2차 납세의무 판단 |

甲씨는 2025.7.7. 乙씨가 경영하던 입시학원을 포괄적으로 승계하였으며, 乙씨는 2025.7.7. 현재 종합소득세 2,400만원을 체납한 상태다. 甲씨가 제2차 납세의무자인가?

해답 : 그렇다. 사업양도·양수 계약시에는 납세완납사실을 확인하는 꼼꼼함이 필요하다.

XII 연대납세의무

수인의 납세의무자가 각각 독립하여 납세의무 전부를 이행할 책임을 지고, 그 중 1인이 납세의무를 이행하면 다른 연대납세의무자의 납세의무도 소멸하는 조세법률관계를 연대납세의무라고 한다. 연대납세의무자는 각자 납세의무 전액을 이행할 책임을 진다.

공유물, 공동사업 또는 공동사업에 속하는 재산에 관계되는 국세 및 강제징수비는 공유자 또는 공동사업자가 연대하여 납부할 의무를 진다(국기법 §25). 공동사업을 탈퇴한 경우에도 해당 공동사업에 관련된 국세 등은 납세의무성립일 현재 공동사업자 전원에게 연대납세의무가 있다.(서면1팀-989, 2005.8.18.)

❋ 공동사업: 그 사업이 당사자 전원의 공동의 것으로서, 공동으로 경영되고 따라서 당사자 전원이 그 사업의 성공여부에 대하여 이해관계를 가지는 사업을 말한다.

사례 1-6 연대납세의무 판단

갑과 을이 공동으로 음식점을 운영하였다. 갑은 돈을 투자하였고 을은 돈 투자없이 직접 운영하는 것으로 계약하였다. 가난한 을이 부가가치세 1억원을 체납한 경우 갑의 책임은?

해답 : 1억원 전부에 대하여 연대납세의무가 있다.

XIII 수정신고제도와 경정청구제도 및 기한 후 신고

(1) 수정신고제도 : 당초 과소신고를 한 경우 증액(국기법 §45)

과세표준신고서를 법정신고기한까지 제출한 자는 다음 중 어느 하나에 해당할 때에는 관할 세무서장이 해당 국세의 과세표준과 세액을 결정 또는 경정하여 통지하기 전으로서 국세부과제척기간이 끝나기 전까지 과세표준수정신고서를 제출할 수 있다
① 과세표준신고서 또는 기한후과세표준신고서에 기재된 과세표준 및 세액이 세법에 따라 신고하여야 할 과세표준 및 세액에 미치지 못할 때
② 과세표준신고서 또는 기한후과세표준신고서에 기재된 결손금액 또는 환급세액이 세법에 따라 신고하여야 할 결손금액이나 환급세액을 초과할 때
③ 원천징수의무자의 정산 과정에서의 누락이 있을 때

④ 세무조정 과정에서 국고보조금등과 공사부담금에 상당하는 금액을 익금(益金)과 손금(損金)에 동시에 산입(算入)하지 아니하였을 때

❋ 수정신고의 효력
① 국세의 수정신고는 당초의 신고에 따라 확정된 과세표준과 세액을 증액하여 확정하는 효력을 가진다.
② 국세의 수정신고는 당초 신고에 따라 확정된 세액에 관한 이 법 또는 세법에서 규정하는 권리·의무관계에 영향을 미치지 아니한다.

(2) 경정청구제도 : 당초 과대신고를 한 경우 환급(국기법 §45의2)

1) 일반적인 경정청구(5년 이내)

과세표준신고서를 법정신고기한까지 제출한 자 및 기한후과세표준신고서를 제출한 자는 다음 어느 하나에 해당할때에는 최초신고 및 수정신고한 국세의 과세표준 및 세액의 결정 또는 경정을 법정신고기한이 지난 후 5년 이내에 관할 세무서장에게 청구할 수 있다.[6] 다만, 결정 또는 경정으로 인하여 증가된 과세표준 및 세액에 대하여는 해당 처분이 있음을 안 날(처분의 통지를 받은 때에는 그 받은 날)부터 3개월 이내(법정신고기한이 지난 후 5년 이내에 한정한다)에 경정을 청구할 수 있다.

① 과세표준신고서 또는 기한후과세표준신고서에 기재된 과세표준 및 세액(각 세법에 따라 결정 또는 경정이 있는 경우에는 해당 결정 또는 경정 후의 과세표준 및 세액을 말한다)이 세법에 따라 신고하여야 할 과세표준 및 세액을 초과할 때

② 과세표준신고서 또는 기한후과세표준신고서에 기재된 결손금액 또는 환급세액(각 세법에 따라 결정 또는 경정이 있는 경우에는 해당 결정 또는 경정 후의 과세표준 및 세액을 말한다)이 세법에 따라 신고하여야 할 결손금액 또는 환급세액에 미치지 못할 때

2) 후발적인 사유로 인한 경정청구(3개월 이내)

과세표준신고서를 법정신고기한내에 제출한 자 또는 국세의 과세표준 및 세액의 결정을 받은 자는 일반적인 경정청구기간이 종료되었음에도 불구하고 일정한 사유[최초의 신고·결정 또는 경정에서 과세표준 및 세액의 계산 근거가 된 거래 또는 행위 등이 심사청구, 심판청구, 「감사원법」에 따른 심사청구에 대한 결정이나 소송에 대한 판결(판결과 같은 효력을 가지는 화해나 그 밖의 행위를 포함한다)에 의하여 다른 것으로 확정되었을 때 등]에 해당하는 경우 그 사유가 발생한 것을 안 날부터 3개월[7] 이내에 결정 또는 경정을 청구할 수 있다.

---

[6] 2015년 1월 1일 이후 결정 또는 경정을 청구하는 분부터 적용한다. 이전 분은 종전대로 3년을 적용한다.
[7] 2016년 1월 1일 이후 결정 또는 경정을 청구하는 분부터 적용한다. 2015.12.31.이전 분은 종전대로 2개월을 적용한다.

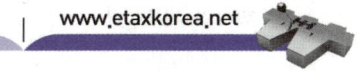

| 사례 1-7 | 경정청구 가능여부 판단 |

당초 법정신고기한까지 법인세 과세표준 및 세액신고서(납부세액 1천만원)를 제출하였으나, 법정신고기한이 지난 후 5년 11개월이 되는 날에 관련된 소송사건에 대한 법원의 판결로 정확한 납부세액이 5백만원인 것으로 밝혀졌다. 법원의 판결을 안 날부터 2개월이 되는 날에 관할세무서장에게 경정청구가 가능한지?

해답 : 가능하다. 일반적인 경정청구는 법정신고기한이 지난후 5년 이내에 하여야 하나, 판결을 안 날은 이미 5년이 경과하였으므로 일반적인 경정청구는 할 수 없고, 후발적인 사유로 인한 경정청구만이 가능하다.

3) 경정청구에 대한 과세당국의 조치

납세의무자로부터 경정청구를 받은 세무서장은 그 청구를 받은 날부터 2개월 이내에 과세표준 및 세액을 결정 또는 경정하거나 결정 또는 경정하여야 할 이유가 없다는 뜻을 그 청구를 한 자에게 통지하여야 한다. 다만, 청구를 한 자가 2개월 이내에 아무런 통지(청구를 받은 세무서장은 법정기간 내에 과세표준 및 세액의 결정 또는 경정이 곤란한 경우에는 청구를 한 자에게 관련 진행상황 및 불복청구를 할 수 있다는 사실을 통지는 제외)를 받지 못한 경우에는 통지를 받기 전이라도 그 2개월이 되는 날의 다음 날부터 이의신청, 심사청구, 심판청구 또는 「감사원법」에 따른 심사청구를 할 수 있다.

(3) 기한후 신고

법정신고기한까지 과세표준신고서를 제출하지 아니한 자는 관할 세무서장이 세법에 따라 해당 국세의 과세표준과 세액을 결정하여 통지하기 전까지 기한후과세표준신고서를 제출할 수 있다. 기한후과세표준신고서를 제출하거나 기한후과세표준신고서를 제출한 자가 과세표준수정신고서를 제출한 경우 관할 세무서장은 세법에 따라 신고일부터 3개월 이내에 해당 국세의 과세표준과 세액을 결정 또는 경정하여 신고인에게 통지하여야 한다(국기법 §45의3).

XIV. 가산세의 부과

1 무신고 가산세

(1) 적용요건

납세의무자가 법정신고기한까지 세법에 따른 국세의 과세표준 신고(예정신고 및 중간신고를 포함하며, 교육세법, 농어촌특별세법 및 종합부동산세법에 따른 신고는 제외한다)를 하지 아니한 경우에 적용한다. 만약 무신고에 부가가치세법에 따른 영세율과세표준이 있는 경우에는 합산한 금액을 적용한다(국기법 §47의2).

✱ 2007년 귀속분부터 모든 세목의 신고불성실가산세, 납부불성실가산세, 가산세의 감면 규정을 개별 세법에서 삭제하고 국기법 § 47~§ 50에서 통합하여 일괄하여 규정하고 있다.

✱ 2017.1.1. 이후 개시하는 과세연도분부터는 금융·보험업자 신고분은 무신고·과소신고 가산세를 적용한다.

(2) 계산방법

1) 일반 무신고가산세

납세의무자의 무신고에 부정행위가 없는 경우에는 다음 금액을 무신고가산세로 한다.

구 분	일반 무신고가산세액
법인세·복식부기 의무자의 소득세	Max [• 무신고납부세액^{주1} × 20% • 수입금액^{주2} × 0.07%
위 외의 소득세^{주3}	무신고납부세액 × 20%
부가가치세 (영세율과표가 있을 때)	무신고납부세액 × 20% + 영세율과세표준^{주4} × 0.5%

주1) 무신고납부세액이란 세액공제·감면, 기납부세액(중간예납세액, 수시부과세액, 원천징수세액 등)을 차감한 후 가산세를 가산하기전 금액이며, 세법에 따른 이자상당액 가산액이 있는 경우 그 금액은 제외함[8]

주2) 수입금액은 법인세 과세표준 및 세액 신고서에 적어야 할 해당 법인의 수입금액(매출액), 개인은 소득법 § 24부터 § 26까지 및 § 122의 규정에 따라 계산한 사업소득 총수입금액(매출액이 아님)을 말한다(국기령 § 27②).

주3) 복식부기의무자가 아닌 개인의 소득세에도 적용하고 복식부기의무자라 할지라도 부동산매매업자의 토지등 매매차익예정신고의 경우는 그 밖의 세목을 적용한다.

주4) 부가가치세법에 따른 사업자가 예정신고(개인사업자가 예정신고하는 경우 포함), 확정신고(간이과세자의 확정신고 포함)를 한 경우에 영세율과세표준을 과소신고(무신고 포함)한 경우에 과소신고 영세율과세표준의 0.5%를

---

8) 법인세의 경우 무신고납부세액은 다음과 같다. 단, 가산세는 제외한다.
　무신고납부세액(과세표준 신고로 납부해야 할 세액) = (산출세액 − 세액감면·세액공제) − 기납부세액

합한 금액을 가산세로 한다(국기법 47조의2①단서). 부정행위가 있는 경우에도 동일하다.

✱ **과다 기재한 영세율과세표준에 대한 가산세(집행기준 22-0-14)**
영세율이 적용되는 사업자가 영세율 붙임서류를 정상적으로 제출하였으나 그 신고한 과세표준이 신고하여야할 과세표준보다 과다하게 신고한 경우에는 영세율과세표준신고불성실가산세를 적용하지 아니한다.

2) 부정 무신고가산세

납세의무자의 무신고에 부정행위가 있는 경우에는 1)에 불구하고 다음 금액을 무신고가산세로 한다.

구 분	부정 무신고가산세액
법인세·복식부기의무자의 소득세	Max [• 무신고납부세액 × 40%* • 수입금액 × 0.14%
위 외의 소득세	무신고납부세액 × 40%*
부가가치세(영세율과표가 있을 때)	무신고납부세액 × 40%* + 영세율과세표준 × 0.5%

✱ 부정행위로 인한 국제거래시 60% 가산세율 적용.

(3) 적용기준

1) 부정행위(국기령 §12의2①, 조처법 §3⑥)

"사기나 그 밖의 부정한 행위"란 다음의 어느 하나에 해당하는 행위로서 조세의 부과와 징수를 불가능하게 하거나 현저히 곤란하게 하는 적극적 행위를 말한다.

① 이중장부의 작성 등 장부의 거짓 기장
② 거짓 증빙 또는 거짓 문서의 작성 및 수취
③ 장부와 기록의 파기
④ 재산의 은닉, 소득·수익·행위·거래의 조작 또는 은폐
⑤ 고의적으로 장부를 작성하지 아니하거나 비치하지 아니하는 행위 또는 계산서, 세금계산서 또는 계산서합계표, 세금계산서합계표의 조작
⑥ 전사적 기업자원관리설비의 조작 또는 전자세금계산서의 조작
⑦ 그 밖에 위계(僞計)에 의한 행위 또는 부정한 행위

2) 적용 배제

① 부가법 §53의2에 따라 전자적 용역을 공급하는 자가 부가가치세를 납부하여야 하는 경우
② 부가법 §69에 따라 납부의무가 면제되는 경우
③ 부가법 §45③ 단서에 따라 대손세액을 경정하는 경우

3) 중복적용 배제

① 예정신고 및 중간신고와 관련하여 무신고 가산세 또는 과소신고 · 초과환급신고 가산세가 부과되는 부분에 대해서는 확정신고와 관련하여 무신고 가산세를 적용하지 아니한다(국기법 §47의2⑤). 이에 대한 사례는 다음과 같다.

㉠ 부동산매매업자의 토지 등 매매차익예정신고와 관련하여 가산세가 부과되는 경우 확정신고와 관련한 가산세를 부과하지 아니함.

> ✱ 부동산매매업자의 토지등 매매차익예정신고(소득법 § 69) : 부동산매매업자가 토지 등의 매매차익과 그 세액을 매매일이 속하는 달의 말일부터 2개월이 되는 날까지 납세지 관할세무서장에게 신고(토지등의 매매차익이 없거나, 매매차손이 발생하였을 때도 신고의무 있음)하여야 한다.
> ☞ 무신고, 과소신고, 납부 · 환급불성실가산세를 모두 적용함.

㉡ 양도소득세과세표준 예정신고와 관련하여 가산세가 부과되는 경우

㉢ 부가가치세 예정신고와 관련하여 가산세가 부과되는 경우

㉣ 소득세를 수시부과한 경우 해당 세액 및 수입금액에 대해서는 무신고가산세 및 과소신고가산세를 적용하지 아니한다(소득법 §82③).

② 「소득세법」 제81조의5(장부의 기록 · 보관 불성실 가산세), 제115조(주식 등에 대한 장부의 비치 · 기록의무 및 기장 불성실 가산세)9) 또는 「법인세법」 제75조의3(장부의 기록 · 보관 불성실 가산세)이 동시에 적용되는 경우에는 그 중 가산세액이 큰 가산세만 적용하고, 가산세액이 같은 경우에는 무신고 가산세만 적용한다(국기법 §47의2⑥).

> ✱ 성실신고확인서 미제출 가산세 별도 적용함('18.1.1. 이후 개시하는 과세기간 부터 적용함).

사례 1-8 무신고 가산세

(주)세연은 법인세 신고기한으로부터 20일이 경과하여 다음과 같이 법인세 과세표준 및 세액 신고를 하게 되었다. 무신고가산세를 계산하시오.

(단위 : 원)

신고내용	부정무신고	일반무신고	계
수입금액	300,000,000	150,000,000	450,000,000
익 금	300,000,000	150,000,000	450,000,000
손 금	150,000,000	80,000,000	230,000,000
과세표준	150,000,000	70,000,000	220,000,000
산출세액			24,000,000

---

9) 2021.12.29. 삭제되었으나 2023년 1월 1일 전에 양도한 분에 대해서는 종전의 규정에 따름[2020. 12.29. 법률 제17757호 부칙 제37조]

해답
- 기한 후 무신고가산세 : 8,072,726원

(단위 : 원)

구 분	가산세액의 계산	가 산 세
부 정 무신고	Max $\begin{cases} \cdot\ 24{,}000{,}000 \times \dfrac{150{,}000{,}000}{220{,}000{,}000} \times 40\% = 6{,}545{,}454 \\ \cdot\ 300{,}000{,}000 \times 14/10{,}000 = 420{,}000 \end{cases}$	6,545,454
일 반 무신고	Max $\begin{cases} \cdot\ 24{,}000{,}000 \times \dfrac{70{,}000{,}000}{220{,}000{,}000} \times 20\% = 1{,}527{,}272 \\ \cdot\ 150{,}000{,}000 \times 7/10{,}000 = 105{,}000 \end{cases}$	1,527,272
가산세 합 계		8,072,726

* 최종적으로 법정신고기한이 지난 후 1월 이내 신고를 하였으므로 당초 무신고가산세 8,072,726원의 50%를 감면함(국기법 § 48②(2)).

2 과소신고 · 초과환급신고 가산세

(1) 적용요건

납세의무자가 법정신고기한까지 세법에 따른 국세의 과세표준 신고(예정신고 및 중간신고를 포함)를 한 경우로서 과세표준 또는 납부세액을 신고하여야 할 세액보다 적게 신고(과소신고)하거나 환급받을 세액을 신고하여야 할 금액보다 많이 신고(초과신고)한 경우에 적용한다.

만약 과소신고에 부가가치세법에 따른 영세율과세표준이 있는 경우에는 합한 금액으로 적용한다. 부가가치세법에 따른 사업자가 아닌 자가 부가가치세 환급세액을 신고한 경우에도 적용한다(국기법 §47의3).

(2) 계산방법

1) 일반과소신고·초과환급신고 가산세 : 부정행위가 없을 경우

구 분	일반과소신고 · 초과환급신고 가산세
그 밖의 세목	(과소신고한 납부세액+초과신고한 환급세액)[주1] × 10%
부가가치세	과소신고납부세액등×10% + 과소신고된 영세율과세표준[주2] × 0.5%

주1〉 세액공제 · 감면, 기납부세액(중간예납세액, 수시부과세액, 원천징수세액 등)을 차감한 후 가산세를 가산하기전

금액이며, 세법에 따른 이자상당액 가산액이 있는 경우 그 금액은 제외함.
주2) 부가가치세법에 따른 사업자가 예정신고(개인사업자가 예정신고하는 경우 포함), 확정신고(간이과세자의 확정신고 포함)를 한 경우에 영세율과세표준을 과소신고(무신고 포함)한 경우에 과소신고 영세율과세표준의 0.5%를 합한 금액을 가산세로 한다. 부정행위가 있는 경우에도 동일하다(국기법 § 47의3① 단서).

2) 부정과소신고·초과환급신고 가산세

납세의무자가 부정행위로 과세표준 또는 납부세액을 적게 신고하거나 환급세액을 신고하여야 할 금액보다 많이 신고한 경우에 적용한다.

① 법인세와 복식부기의무자의 소득세(㉠ + ㉡)

「소득세법」 제70조 및 제124조 또는 「법인세법」 제60조, 제76조의17 및 제97조에 따른 신고를 하지 아니한 자가 복식부기의무자 또는 법인인 경우 다음과 같이 계산된 가산세를 합하여 적용한다.

구 분	계산구조
㉠ 부정과소신고 가산세액	Max [부정과소신고납부세액 등 × 40% / 부정과소신고된 과세표준 관련 수입금액 × 0.14%]
㉡ 일반과소신고 가산세액	(과소신고납부세액 등 − 부정과소신고납부세액 등) × 10%

② 부가가치세(㉠ + ㉡ + ㉢)

「부가가치세법」에 따른 사업자가 같은 법 제48조 제1항, 제49조 제1항 및 제67조에 따른 신고를 하지 아니한 경우로서 같은 법 또는 「조세특례제한법」에 따른 영세율이 적용되는 과세표준이 있는 경우(영세율과세표준의 무신고, 영세율 첨부서류 미제출시)에 적용한다.

구 분	계산구조
㉠ 부정과소신고 가산세액	부정과소신고납부세액 등 × 40%
㉡ 일반과소신고 가산세액	(과소신고납부세액 등 − 부정과소신고납부세액 등) × 10%
㉢ 부가가치세 영세율 과세표준 과소·무신고 가산세	과소 · 무신고 영세율과세표준 × 0.5%

✱ 예정신고 또는 확정신고를 할 때 제출한 수출실적명세서, 내국신용장·구매확인서 전자발급명세서와 영세율첨부서류명세서의 기재사항이 착오로 기재되었으나 관련 증명자료 등에 의하여 그 사실이 확인되는 경우에는 영세율과세표준 과소신고(무신고) 가산세(그 영세율과세표준×0.5%)를 적용하지 않는다(국기령 § 27의2②).

③ 그 밖의 세목(㉠ + ㉡)

구 분	계산구조
㉠ 부정과소신고 가산세액	부정과소신고납부세액 등 × 40%
㉡ 일반과소신고 가산세액	(과소신고납부세액 등 − 부정과소신고납부세액 등) × 10%

위의 표에서 과소신고납부세액 중 부정과소신고납부세액과 일반과소신고납부세액을 구분하기 곤란한 경우 부정과소신고납부세액은 다음과 같이 계산한 금액으로 한다(국기령 27의2③).

$$부정과소신고납부세액 = 과소신고납부세액 \times \frac{부정행위로\ 인하여\ 과소신고한\ 과세표준}{과소신고한\ 과세표준}$$

(3) 적용기준

1) 적용 배제

① 무신고가산세의 '(3) 2) 적용배제 사항 ①, ②'와 동일하게 적용배제함.

② 상속재산 또는 증여재산에 대하여 다음 중 어느 하나에 해당하는 사유로 상속세·증여세 또는 양도소득세 과세표준을 과소신고하거나 초과신고한 부분에 대해서 과소신고·초과환급신고 가산세를 부과하지 아니한다(국기법 §47의3④).

　㉠ 신고당시 소유권에 관한 소송 등의 사유로 상속재산 또는 증여재산으로 확정되지 아니하였던 경우

　㉡ 상속세 및 증여세법에 따른 공제의 적용에 착오가 있었던 경우

　㉢ 상속세 및 증여세법에 따라 평가한 가액으로 과세표준을 결정한 경우(부정행위로 상속세 및 증여세의 과세표준을 과소신고한 경우는 제외)

　㉣ 법인세 과세표준 및 세액의 결정·경정으로 증여의제이익이 변경되는 경우(부정행위로 인하여 법인세의 과세표준 및 세액을 결정·경정하는 경우는 제외)

　㉤ 법인세 결정·경정으로 수혜법인의 세후영업이익이 감소하여 일감몰아주기 증여의제이익이 감소하여 양도 주식 등의 취득가액이 감소된 경우

③ 부가가치세법에 따라 제출한 수출실적명세서와 내국신용장·구매확인서 전자발급명세서, 영세율첨부서류제출명세서의 기재사항이 착오로 기재되었으나 관련 증명자료 등에 의하여 그 사실이 확인되는 경우 영세율과세표준 과소신고·초과환급신고 가산세를 적용하지 아니한다(국기령 §27의2②).

2) 중복적용 배제

① 예정신고 및 중간신고와 관련하여 무신고 가산세 또는 과소신고·초과환급신고 가

산세가 부과되는 부분에 대해서는 확정신고와 관련하여 과소신고·초과환급신고 가산세를 적용하지 아니한다(국기법 §47의3⑥, 국기법 §47의2⑥ 준용).

② 과소신고·초과환급신고 가산세와「소득세법」제81조의5(장부의 기록·보관 불성실 가산세), 제115조(주식 등에 대한 장부의 비치·기록의무 및 기장 불성실 가산세)[10] 또는「법인세법」제75조의3(장부의 기록·보관 불성실 가산세)이 동시에 적용되는 경우에는 그 중 가산세액이 큰 가산세만 적용하고, 가산세액이 같은 경우에는 과소신고·초과환급신고 가산세만 적용한다(국기법 §47의2⑥).

✻ 2018.1.1.이후 개시하는 과세기간분부터 과소신고·초과환급신고 가산세 등과 별도로 성실신고확인서 미제출 가산세를 적용한다.

☞ 소규모사업자는 장부의 기록·보관 불성실 가산세(무기장가산세)가 적용되지 않기 때문에 과소신고가산세만 적용한다. 다만, 소규모사업자 이외의 사업자는 둘 중 큰 장부의 기록·보관 불성실 가산세가 적용되기 때문에 수정신고로 인한 가산세 감면은 적용되지 않음에 유의해야 한다.

사례 1-9 과소신고 가산세

(주)세연은 법인세신고를 아래와 같이 하였으나, 관할세무서의 경정조사 결과 다음과 같이 과세표준을 신고누락하였음이 확인되어 경정결정을 하게 되었다.
과소신고가산세액을 계산하시오.

(단위 : 원)

구 분	계산내역
당초 신고과표(1)	100,000,000
부정과소신고 / 일반과소신고	150,000,000 / 50,000,000
경정 과세표준(2)	300,000,000
경정 산출세액	40,000,000

※ 단, 부정과소신고 수입금액은 부정과소신고 과세표준과 같다.

해답
- 과소신고가산세 : 13,000,000원

---

10) 2021.12.29. 삭제되었으나 2023년 1월 1일 전에 양도한 분에 대해서는 종전의 규정에 따름 [2020.12.29 법률 제17757호 부칙 제37조]

구 분	계산내역	가산세
부 정 과소신고	Max $\begin{cases} 40,000,000 \times \dfrac{150,000,000}{200,000,000} \times 40\% = 12,000,000 \\ 150,000,000 \times 14/10,000 = 210,000 \end{cases}$	12,000,000
일 반 과소신고	$40,000,000 \times \dfrac{50,000,000}{200,000,000} \times 10\% = 1,000,000$	1,000,000
가 산 세 합 계		13,000,000

3 납부지연가산세

(1) 적용요건

납세의무자(연대납세의무자, 제2차 납세의무자 및 보증인을 포함한다)가 법정납부기한까지 국세의 납부(중간예납·예정신고납부·중간신고납부를 포함한다)를 하지 아니하거나 납부하여야 할 세액보다 적게 납부(과소납부)하거나 환급받아야 할 세액보다 많이 환급(초과환급)받은 경우에 적용한다. 이 규정은 부가가치세법에 따른 사업자가 아닌 자가 부가가치세액을 환급받은 경우에도 적용한다(국기법 §47의4).

(2) 계산방법

납부지연가산세는 다음 금액을 합한 금액으로 한다. 다만, 인지세(부동산의 소유권 이전에 관한 증서에 대한 인지세는 제외)의 납부를 하지 아니하거나 과소납부한 경우에는 납부하지 아니한 세액 또는 과소납부분 세액의 300%에 상당하는 금액을 가산세로 한다.[11]

구 분	납부지연가산세·환급지연가산세
납부지연가산세	미(과소)납부세액[주1] × 경과일수[주2] × 0.022%[주4]
환급지연가산세	초과환급세액[주1] × 경과일수[주3] × 0.022%[주4]
고지납부가산세	법정납부기한까지 납부하여야 할 세액[주1] 중 납부고지서에 따른 납부기한까지 미(과소)납부세액 × 3%[주5]

---

11) 다만, 다음 중 어느 하나에 해당하는 경우(과세표준과 세액을 경정할 것을 미리 알고 납부하는 경우는 제외한다)에는 각 구분에 따른 금액을 가산세로 한다. 2021.1.1.이후 과세문서를 작성하는 분부터 적용한다.
  ㉠ 「인지세법」에 따른 법정납부기한이 지난 후 3개월 이내에 납부한 경우: 납부하지 아니한 세액 또는 과소납부분 세액의 100분의 100
  ㉡ 「인지세법」에 따른 법정납부기한이 지난 후 3개월 초과 6개월 이내에 납부한 경우: 납부하지 아니한 세액 또는 과소납부분 세액의 100분의 200

주1) 세법에 따라 가산하여 납부하여야 할 이자 상당 가산액이 있는 경우에는 그 금액을 더한다.
주2) 납부기한의 다음 날부터 자진납부일 또는 납부고지일까지의 기간
주3) 환급받은 날의 다음 날부터 자진납부일 또는 납부고지일까지의 기간
주4) 2019.2.12.~2022.2.14. 0.025%, 2019.2.11.이전은 0.03%를 적용
주5) 국세를 납부고지서에 따른 납부기한까지 완납하지 아니한 경우에 한정한다.

(3) 적용기준

1) 납부지연가산세와 환급지연 가산세 적용 배제

① 무신고가산세의 '(3) 2) 적용배제 사항 ①, ②'와 동일하게 적용배제함.
② 「부가가치세법」에 따른 사업자가 같은 법에 따른 납부기한까지 어느 사업장에 대한 부가가치세를 다른 사업장에 대한 부가가치세에 더하여 신고납부한 경우
③ 법인세 과세표준 및 세액의 결정·경정으로 상속세및증여세법 제45조의3부터 제45조의5까지의 규정에 따른 증여의제이익이 변경되는 경우(부정행위로 인하여 법인세의 과세표준 및 세액을 결정·경정하는 경우는 제외한다)
④ 법인세 결정·경정으로 수혜법인의 세후영업이익이 감소하여 일감몰아주기 증여의제이익이 감소하여 양도 주식 등의 취득가액이 감소된 경우
⑤ 체납된 국세의 납부고지서별·세목별 세액이 150만원 미만인 경우

2) 중복적용 배제

① 원천징수납부 등 불성실가산세가 부과되는 부분에 대해서는 국세의 납부와 관련하여 납부지연가산세를 부과하지 아니한다(국기법 §47의4 ④).
② 중간예납, 예정신고납부 및 중간신고납부와 관련하여 납부지연가산세가 부과되는 부분에 대해서는 확정신고납부와 관련하여 납부지연가산세를 부과하지 아니한다(국기법 §47의4 ⑤).

3) 과세기간을 잘못 적용한 경우

국세(소득세, 법인세 및 부가가치세만 해당한다)를 과세기간을 잘못 적용하여 신고납부한 경우에는 실제 신고납부한 날에 실제 신고납부한 금액의 범위에서 당초 신고납부하였어야 할 과세기간에 대한 국세를 자진납부한 것으로 본다.
다만, 해당 국세의 신고에 부정한 행위(국기법 §47의2② 또는 §47의3②)가 있는 경우에는 그러하지 아니하다(국기법 §47의4⑥). ☞ 2012.1.1. 이후 소득분부터 적용
위에 해당하는 경우 국세를 납부기한보다 먼저 납부한 때에도 국세환급금과 환급가산금 규정을 적용하지 아니한다(국기법 §51⑨).

사례 1-10 납부지연가산세(1)

2024년 귀속분을 2025년 귀속분으로 2026.5.31. 종합소득세 확정신고 납부시

개정 전	개정 후
2024년분 과소납부 : 납부지연가산세[주1] 부과	실제납부일(2026.5.31.)에 2024년 귀속분을 자진납부한 것으로 간주
2025년분 초과납부 : 환급 및 환급가산금 가산	2024년 귀속분에 대한 납부지연가산세는 실제납부일(2026.5.31.)까지 부과하고 2025년 귀속분에 대한 환급 및 환급가산금은 적용하지 않음.

주1〉 납부기한 다음날부터 자진납부일(고지일)까지의 기간 × 0.022%

사례 1-11 납부지연가산세(2)

2025년 귀속분을 2024년 귀속분으로 2025.5.31. 종합소득세 확정신고 납부시

개정 전	개정 후
2025년분 과소납부 : 납부지연가산세 부과	실제납부일(2025.5.31.)에 2025년 귀속분 소득세를 자진납부한 것으로 간주
2024년분 초과납부 : 환급 및 환급가산금 가산	2025년 귀속분에 대한 납부지연가산세 및 2024년 귀속분에 대한 환급 및 환급 가산금 모두 적용하지 않음.

4 원천징수 등 납부지연가산세

(1) 적용요건

국세를 징수하여 납부할 의무를 지는 자가 징수하여야 할 세액(납세조합의 경우에는 징수한 세액)을 법정납부기한까지 납부하지 아니하거나 과소납부한 경우에는 원천징수 등 납부지연가산세를 부과한다(국기법 §47의5).

(2) 계산방법

원천징수 등 납부지연가산세는 납부하지 아니한 세액 또는 과소납부분 세액의 50%(①과 ② 중 법정납부기한의 다음 날부터 납부고지일까지의 기간에 해당하는 금액을 합한 금액

은 10%)에 상당하는 금액을 한도로 하여 다음 ①과 ②를 합한 금액으로 한다.

구분	원천징수 등 납부지연가산세
① 기본계산[주1]	미(과소)납부세액 × 3%
② 일수계산	미(과소)납부세액× 경과일수[주2] × 0.022%[주3]

주1〉 신고불성실가산세 역할을 병행하기 때문에 3%부터 시작됨
주2〉 법정납부기한의 다음 날부터 납부일까지의 기간(납부고지일부터 납부고지서에 따른 납부기한까지의 기간은 제외한다)으로 한다.
주3〉 2019.2.12. ~ 2022.2.14. 0.025%, 2019.2.11.이전은 0.03%를 적용

(3) 적용기준

1) 국세를 징수하여 납부할 의무(국기법 §47의5②)

"국세를 징수하여 납부할 의무"란 다음 중 어느 하나에 해당하는 의무를 말한다.
① 소득세 또는 법인세를 원천징수하여 납부할 의무
② 납세조합이 소득세를 징수하여 납부할 의무
③ 대리납부에 따라 용역 등을 공급받는 자가 부가가치세를 징수하여 납부할 의무

2) 적용배제

다음 중 어느 하나에 해당하는 경우에는 원천징수 등 납부지연가산세를 적용하지 아니한다(국기법 §47의5③).
① 소득세를 원천징수하여야 할 자가 우리나라에 주둔하는 미군인 경우
② 소득세를 원천징수하여야 할 자가 공적연금소득(소득법 §20의3①(1) 또는 §22①(1))을 지급하는 경우
③ 소득세 또는 법인세를 원천징수하여야 할 자가 국가, 지방자치단체 또는 지방자치단체조합인 경우.
   다만, 근로소득자가 소득공제신고서를 사실과 다르게 기재하여 부당하게 소득공제를 받아 이를 추징하는 경우에는 제외한다(소득법 §128의2).
④ 체납된 국세의 납부고지서별·세목별 세액이 150만원 미만인 경우

3) 납세조합(소득법 §149, §150)

원천징수의무대상이 아닌 근로소득이 있는 자, 농·축·수산물 판매업자(다만, 복식부기의무자는 제외), 노점상인 등은 납세조합을 조직할 수 있고 그 조합원의 근로소득 또는 사업소득에 대한 소득세를 징수하는 때에는 그 세액의 10%를 공제한 것을 세액으로

하여 매월 징수하여야 한다. 징수한 매월분의 해당 소득세를 징수일이 속하는 달의 다음달 10일까지 납세조합 관할세무서에 납부하여야 한다.

4) 대리납부(부가법 §52)

국내사업장이 없는 비거주자 또는 외국법인 등으로부터 국내에서 용역 또는 권리를 공급받는 자(공급받은 용역등을 과세사업에 제공하는 경우는 제외하되 매입세액이 공제되지 아니하는 용역등을 공급받는 경우를 포함한다)는 그 대가를 지급하는 때에 그 대가를 받은 자로부터 부가가치세를 징수하여야 한다.

XV. 가산세의 감면

1. 가산세의 면제

국세기본법 또는 세법에 따라 가산세를 부과하는 경우 그 부과의 원인이 되는 사유가 다음 어느 하나에 해당하는 사유가 있는 경우에는 해당 가산세를 부과하지 아니한다(국기법 §48 ①).

① 천재·지변 등에 따른 기한연장사유에 해당하는 경우
② 납세자가 의무를 이행하지 아니한 데에 정당한 사유가 있는 경우
③ 다음의 어느 하나에 해당하는 경우를 말한다(2019.2.13. 이후 감면신청부터 적용).
  ㉠ 세법해석에 관한 질의·회신 등에 따라 신고·납부하였으나 이후 다른 과세처분을 하는 경우
  ㉡ 「공익사업을 위한 토지 등의 취득 및 보상에 관한 법률」에 따른 토지등의 수용 또는 사용, 「국토의 계획 및 이용에 관한 법률」에 따른 도시·군계획 또는 그 밖의 법령 등으로 인해 세법상 의무를 이행할 수 없게 된 경우
  ㉢ 실손의료보험금(보험회사로부터 지급받은 것을 말한다)을 의료비에서 제외할 때에 실손의료보험금 지급의 원인이 되는 의료비를 지출한 과세기간과 해당 보험금을 지급받은 과세기간이 달라 해당 보험금을 지급받은 후 의료비를 지출한 과세기간에 대한 소득세를 수정신고하는 경우(해당 보험금을 지급받은 과세기간에 대한 종합소득 과세표준 확정신고기한까지 수정신고하는 경우로 한정한다)[12]

---

12) 2021.4.1.이후 소득세를 수정신고하는 경우부터 적용한다. [2021.2.17. 대통령령 제31452호 국세기본법 시행령 부칙 제3조]

 참고

가산세 감면의 정당한 사유(집행기준 48-0-2): 세법상 가산세는 과세권의 행사 및 조세채권의 실현을 용이하게 하기 위하여 납세자가 정당한 이유 없이 법에 규정된 신고, 납세 등 각종 의무를 위반한 경우에 개별세법이 정하는 바에 따라 부과되는 행정상의 제재로서 납세자의 고의, 과실은 고려되지 않는 반면, 이와 같은 제재는 납세의무자가 그 의무를 알지 못한 것이 무리가 아니었다고 할 수 있어서 그를 정당시할 수 있는 사정이 있거나 그 의무의 이행을 당사자에게 기대하는 것이 무리라고 하는 사정이 있을 때 등 그 의무해태를 탓할 수 없는 정당한 사유가 있는 경우에는 이를 과할 수 없다(대법원 93누15939, 1993.11.23. 외).

2 가산세의 감면

다음에 해당하는 경우 국세기본법 또는 세법에 따른 해당 가산세의 일정금액을 감면한다(국기법 §48②).

(1) 수정신고에 따른 가산세 감면

과세표준신고서를 법정신고기한까지 제출한 자가 법정신고기한이 지난 후 다음과 같이 수정신고[13]한 경우 과소신고·초과환급신고가산세에서 감면비율에 상당하는 금액을 감면한다. 다만, 과세표준과 세액을 경정할 것을 미리 알고 과세표준수정신고서를 제출한 경우[주]는 감면을 하지 않는다.

주) 해당 국세에 관하여 세무공무원이 조사에 착수한 것을 알거나 과세자료 해명 통지를 받고 수정신고한 경우이며, 과세자료 해명 통지는 2013.2.15. 이후 수정신고하는 분부터 적용(국기령 § 29)

수정신고시기	감면비율
1개월 이내	90%
1개월 초과 ~ 3개월 이내	75%
3개월 초과 ~ 6개월 이내	50%
6개월 초과 ~ 1년 이내	30%
1년 초과 ~ 1년 6개월 이내	20%
1년 6개월 초과 ~ 2년 이내	10%

(2) 기한 후 신고에 따른 가산세 감면

법정신고기한이 지난 후 다음 기한 내에 기한 후 신고를 한 경우 다음과 같이 무신고가산

---

13) 2015년 1월 1일 이후 신고서를 제출하는 분부터 수정신고·기한후신고 후 납부하지 않은 경우에도 적법한 신고로 인정

세를 감면한다. 다만, 2012.1.1. 이후 신고분부터 과세표준과 세액을 결정할 것을 미리 알고 기한후과세표준신고서를 제출한 경우는 감면을 하지 않는다.

기한후신고시기	감면비율
1개월 이내	50%
1개월 초과 ~ 3개월 이내	30%
3개월 초과 ~ 6개월 이내	20%

주) 영세율신고불성실가산세도 기한후 신고·납부하는 경우 감면 적용됨

(3) 가산세의 50% 감면

1) 과세전적부심사 결정·통지기간 내에 그 결과를 통지하지 아니한 경우

과세전적부심사 결정·통지가 지연됨으로써 해당 기간에 부과되는 납부지연가산세(국기법 §47의4)의 50%를 감면한다.

2) 세법에 따른 제출, 신고, 가입, 등록, 개설(이하 제출 등)의 기한이 지난 후 1개월 이내에 해당 세법에 따른 제출 등의 의무를 이행하는 경우

제출 등의 의무위반에 대하여 세법에 따라 부과되는 가산세만 50%를 감면한다.

✱ 세법에 따른 제출 등의 예시
  ① 주식등변동상황명세서, 지급명세서, (세금)계산서합계표, 현금매출명세서·부동산임대공급가액명세서, 공익법인출연재산보고서제출
  ② 사업장현황신고 ③ 현금영수증 가입 ④ 사업자등록

> 법정신고기한 내에 영세율 과세표준을 기재하여 「부가가치세법」 18조 및 19조에 따른 신고를 하면서 영세율 첨부서류를 제출하지 않은 사업자가 2009.1.1. 이후 영세율 첨부서류를 제출하여 수정신고하는 경우 「국세기본법」 제48조제2항에 따라 「부가가치세법」 22조 8항에 따른 가산세(영세율과세표준 신고불성실가산세)가 감면되는 것임(조세정책과-121, 2011.2.1.).

3) (1)에도 불구하고 세법에 따른 예정신고기한 및 중간신고기한까지 예정신고 및 중간신고를 하였으나 과소신고하거나 초과신고한 경우로서 확정신고기한까지 과세표준을 수정하여 신고한 경우(해당 기간에 부과되는 과소신고·초과환급신고 가산세만 해당하며, 과세표준과 세액을 경정할 것을 미리 알고 과세표준신고를 하는 경우는 제외한다)

4) (2)에도 불구하고 세법에 따른 예정신고기한 및 중간신고기한까지 예정신고 및 중간신고를 하지 아니하였으나 확정신고기한까지 과세표준신고를 한 경우(해당 기간에 부과되는 무신고가산세만 해당하며, 과세표준과 세액을 경정할 것을 미리 알고 과세표준신고를 하는 경우는 제외한다)

3 가산세의 감면절차

(1) 신청에 의한 감면

가산세를 면제 또는 감면을 받으려는 자는 관할세무서장(세관장, 지방자치단체장 포함)에게 감면을 받으려는 가산세와 관계되는 국세의 세목 및 부과연도와 가산세의 종류 및 금액, 해당 의무를 이행할 수 없었던 사유 등을 적은 가산세 감면신청서를 제출하여야 한다(국기령 §28①). 가산세 감면신청서를 받은 관할세무서장 등은 그 승인 여부를 통지하여야 한다(국기령 §28③).

(2) 직권에 의한 가산세 감면

천재·지변 등 기한 연장사유가 집단적으로 발생한 경우에는 납세자의 신청이 없는 경우에도 세무서장이 조사하여 직권으로 가산세를 감면할 수 있다(국통칙 48-0…4).

4 감면사유의 발생시기 및 감면배제

(1) 발생시기

가산세 감면사유의 발생시기는 가산세의 부과원인이 되는 기한 즉, 세법의 규정에 의한 의무의 이행기간 내에 천재지변 등 기한연장 사유와 정당한 사유가 발생한 경우에 한하여 가산세가 감면된다(국통칙 48-0…2).

(2) 감면배제

조세포탈을 위한 증거인멸 목적 또는 납세자의 고의적 행동에 의하여 천재지변 등 기한 연장 사유와 정당한 사유가 발생한 경우에는 가산세의 감면 규정을 적용하지 아니한다(국통칙 48-0…3).

5 가산세의 한도

세법상 단순 협력의무 위반에 대한 가산세는 그 협력의무를 위반한 해당 가산세 종류별로 각각 5천만원(중소기업기본법상 중소기업이 아닌 기업은 1억원)을 한도로 한다.
다만, 해당 의무를 고의적으로 위반한 경우에는 그러하지 아니하다(국기법 §49).

세목별 한도가 적용되는 가산세

세 목	가산세의 종류	
소득세	① 영수증수취명세서 제출·작성 불성실 ② 사업장현황신고 불성실 ③ 증명서류 수취 불성실 ④ 기부금영수증 발급·작성·보관 불성실	⑤ 계산서 등 제출 불성실 ⑥ 지급명세서 제출 불성실 ⑦ 특정외국법인의 유보소득 계산명세서 제출 불성실
법인세	① 주주등의 명세서 등 제출 불성실 ② 기부금영수증 발급·작성·보관 불성실 ③ 증명서류 수취 불성실 ④ 지급명세서 제출 불성실	⑤ 계산서 등 제출 불성실(계산서미발급, 가공·위장수수 제외) ⑥ 특정외국법인의 유보소득 계산명세서 제출 불성실
부가 가치세	① 미등록·타인명의 등록 (간이과세자에 대한 것 포함) ② 세금계산서 불성실(미발급, 가공·허위 발급수취분, 과다기재분 가산세 및 비사업자의 거짓 발급분은 제외)	③ 전자세금계산서 지연전송·미전송 ④ 경정시 공제받은 신용카드매출전표등 ⑤ 매출처별세금계산서합계표 불성실 ⑥ 매입처별세금계산서합계표 불성실 ⑦ 현금매출명세서 등 제출 불성실

제3절 세금납부서 작성요령

국세를 자진 납부하는 경우 납세자가 직접 납부서를 작성하여 국고수납기관에 납부한다.

납 부 서 (수납기관용)

납 부 번 호				수입징수관서		
분류기호	납부연월	납부구분	세 목	세무서명	서코드	계좌번호
0126	20X1	3	41	종로	101	011976

성명(상호)	김 국 세	주민등록번호(사업자등록번호)	101-01-XXXXX	일반회계	기획재정부소관	조세
주소(사업장)	서울 종로구 종로2가 XXX		전화번호	(02)397-XXXX	회계연도	20X1

귀속연도/기분	20X1년 귀속 2기 확정분												
세 목 명	조	천	백	십	억	천	백	십	만	천	백	십	원
부가가치세							5	0	0	0	0	0	0
농어촌특별세													
계							5	0	0	0	0	0	0

왼쪽의 금액을 한국은행 국고(수납)대리점인 은행 또는 우체국에 납부하시기 바랍니다.
(인터넷 등에 의한 전자납부 가능)
납부기한   년   월   일

　　　　년　　　월　　　일
은　행　　　　　　지점　　(수납인)
우체국

· 분류기호	0126 [국세, 국세청]
· 납부연월	[사례 2021.01 → 2101]
· 납부구분	1 [확정분 자진납부 : 부가가치세 확정신고, (소득·법인)세 정기신고분]
	2 [수시분 자진납부 : 수정신고, 추가신고, 정정신고 등 수시로 자진납부하는 것]
	3 [예정신고 및 중간예납 : (부가가치·양도소득)세 예정신고, 법인세 중간예납신고분]
	4 [원천분 자진납부 : 원천징수의무자가 원천징수한 세액을 납부, (소득·법인)세 원천분]
· 세목	종합소득(10) 이자(11) 배당(12) 사업(13) 근로(14) 기타(16) 퇴직(21) 양도소득(22) 법인(31) 상속(32) 증여(33) 부가(41) 개별소비(42) 주세(43) 인지(46) 교통에너지환경세(59) 농어촌특별(55)
· 수입징수관서	관할 세무서명과 서코드 3자리, 세무서 계좌번호

CHAPTER 02 부가가치세

제1절 부가가치세 총론
제2절 과세표준과 매출세액
제3절 세금계산서와 현금영수증
제4절 일반과세자의 신고와 납부
제5절 간이과세자의 신고와 납부
제6절 수정신고

회계와 세무실무

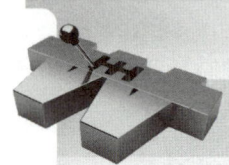

제2장 부가가치세

제1절 부가가치세 총론

I. 부가가치세의 개념

부가가치세(VAT: Value Added Tax)란 재화나 용역이 생산되거나 유통되는 모든 거래단계에서 창출된 부가가치를 과세대상으로 하여 과세하는 간접세이다.

부가가치라 함은 생산 및 유통 각 단계에서 발생하는 매출액에서 기업이 부담한 외부 구입가액(매입액)을 차감한 금액을 말한다.

부가가치세액을 계산하는 방법에는 가산법이나 공제법이 있으며, 공제법에는 전단계거래액공제방법과 전단계세액공제방법이 있다. 현행 우리나라는 공제법 중 세금계산서 등에 의해 확인되는 매입세액공제만 공제하는 전단계세액공제방법을 채택하고 있다.

▌부가가치세 납부 단계 검토표 ▌

(단위 : 원, 부가가치세율 : 10%)

구 분	제조업자	도매업자	소매업자	소비자
판 매 가 격 (부가가치세)	100,000 (10,000)	130,000 (13,000)	200,000 (20,000)	
매 입 가 격 (부가가치세)	0 0	100,000 (10,000)	130,000 (13,000)	200,000 (20,000)
부 가 가 치	100,000	30,000	70,000	0
부가가치세(10%)	10,000	3,000	7,000	0
비 용 ① 인 건 비 ② 세 금 공 과 ③ 감 가 상 각 비 ④ 임 차 료 ⑤ 이 자 비 용	110,000 20,000 10,000 30,000 20,000 30,000	25,000 10,000 5,000 10,000 	40,000 10,000 10,000 10,000 5,000 5,000	
이 윤	△10,000	5,000	30,000	

옷을 만드는 제조업자가 옷감을 직접 짜서 옷을 만들어 도매업자에게 100,000원에 판매한다. 도매업자는 30,000원의 마진을 붙여 130,000원에 소매업자에게 판매한다. 소매업자는 소비자에게 200,000원에 판매한다. 이 거래액에는 각각 10%의 부가가치세를 별도로 징수한다. 소비자는 부가가치세를 포함하여 220,000원에 구입하였다.

위 표에서 알 수 있듯이 국가에 납부된 부가가치세는 20,000원으로 전액 소비자가 부담하였다.

이와 같이 세금의 납부행위는 납세의무자인 각 사업자가 하고, 부담은 담세자인 소비자가 하는 조세를 간접세라고 한다.

이렇게 소매업자는 소비자에게 부가가치세 20,000원을 징수하고, 도매업자에게 징수당한 부가가치세 13,000원을 차감한 금액 7,000원만을 국가에 납부하였으므로 부가가치세로 인한 이득이나 손실은 없다. 다시말하면 소매업자는 부가가치세 7,000원을 납부하였지만 실제 본인이 부담한 것은 아니다.

(1) 가산법

> 납부세액 = 부가가치의 구성요소합계(급료+세금공과+감가상각비+지급이자+이윤 등) × 세율

① 앞의 표에서 제조업자의 경우 :
  (20,000+10,000+30,000+20,000+30,000−10,000=100,000) × 10% = 10,000
② 앞의 표에서 소매업자의 경우 :
  (10,000+10,000+10,000+5,000+5,000+30,000=70,000) × 10% = 7,000

(2) 공제법

① 전단계거래액공제방법

> 납부세액 = (매출액 − 매입액) × 세율

앞의 표에서 소매업자의 경우 : (200,000−130,000) × 10% = 7,000

② 전단계세액공제방법

> 납부세액 = 매출액 × 세율 − 매입액 × 세율
>   = 매출세액 − 매입세액

앞의 표에서 소매업자의 경우 : 20,000−13,000 = 7,000

1 부가가치율 계산

$$\text{부가가치율} = \frac{\text{매출액} - \text{매입액(고정자산 매입 제외)}}{\text{매출액}}$$

사례 2-1 부가가치율 계산

① 앞의 사례 중 소매업자의 부가가치율은?
② 매입가격이 150,000원인 경우에 20%의 부가가치율을 계획하고 매출가격을 결정하고자 한다. 매출액은?

해답

① $\dfrac{200,000 - 130,000}{200,000} = 35\%$

②

매출액	?	100%
− 매입액	150,000	80%
= 부가가치		20%

∴ 매출액 $= \dfrac{150,000}{80\%} = 187,500$

2 부가가치세의 특징

(1) 부가가치세는 간접세이며, 일반소비세이다

① 부가가치세란 부가가치, 즉 물품이나 서비스를 매입해서 매출하는 과정에서 발생된 마진에 대하여 납부하는 세액으로, 물건을 매출할 때 받은 세액(이를 매출세액이라 함)에서 물건을 매입할 때 지급한 세액(이를 매입세액이라 함)을 차감한 나머지를 납부하는 조세이다.
  소비자는 매입세액을 공제받는 제도가 없이 실질적인 부담자가 된다.
② 특별한 품목에만 과세하는 개별소비세와는 달리 부가가치세는 모든 재화와 용역(면세 제외)의 공급에 대하여 과세하므로 일반소비세라고 한다.

(2) 부가가치세는 다단계 거래세이다

부가가치세는 제조, 도매, 소매 등의 각 거래단계에서마다 과세한다. 그러나 개별소비세, 주세, 교통·에너지·환경세는 일정한 장소에서 반출할 때 등의 제한된 조건으로 특정단계에서만 과세한다.

(3) 부가가치세는 매출세액 또는 매입세액으로 기재한다.

매출세액이란 재화나 용역을 공급하는 경우 상대방에게 거래징수[14]한 부가가치세를 말하며, 매출액에 부가가치세율을 곱한 금액으로 한다. 이때, 공급자는 거래증빙으로 세금계산서 또는 영수증을 발급하며, 매출세액은 국가에 납부하여야 한다. 그리고 회계처리시에는 부채항목인 부가세예수금으로 기재한다.

매입세액이란 재화나 용역을 매입하는 경우 상대방으로부터 거래징수당한 부가가치세를 말하며, 원칙적으로 세금계산서(또는 신용카드 등)를 수취한 경우에만 매입세액에 해당되어 국가로부터 돌려받게 된다. 따라서, 세금계산서를 수취하지 않거나 영수증을 수취한 경우에는 현행 부가가치세법상 매입세액에 해당되지 않아 국가로부터 돌려받을 수 없다. 그리고 회계처리시에는 자산항목인 부가세대급금으로 기재한다.

(4) 「부가가치세법」상 부가가치세 계산구조

```
    ①  매 출 세 액
  - ②  매 입 세 액
  ─────────────────────
  = ③  납 부 세 액
  - ④  경 감 · 공 제 세 액
  - ⑤  예정신고미환급세액 또는 예정고지세액
  + ⑥  가 산 세
  ─────────────────────
  = ⑦  차가감납부할세액
```

---

[14] 부가법 §31 [거래징수] 사업자가 재화 또는 용역을 공급하는 경우에는 공급가액(과세표준)에 세율을 적용하여 계산한 부가가치세를 재화 또는 용역을 공급받는 자로부터 징수하여야 한다.

Ⅱ 과세대상

부가가치세는 「부가가치세법」상 면세로 규정되어 있지 않는 한 사업자가 행하는 재화의 공급 또는 용역의 공급, 재화의 수입에 대하여 과세한다(부가법 §4).

1 재화의 범위

재화란 재산가치가 있는 물건 및 권리를 말한다. 물건은 상품, 제품, 원료, 기계, 건물 등 모든 유체물과 전기, 가스, 열 등 관리할 수 있는 자연력을 말한다. 권리는 광업권, 특허권, 저작권 등 물건 외에 재산적 가치가 있는 모든 것으로 한다(부가법 §2, 부가령 §2①②).

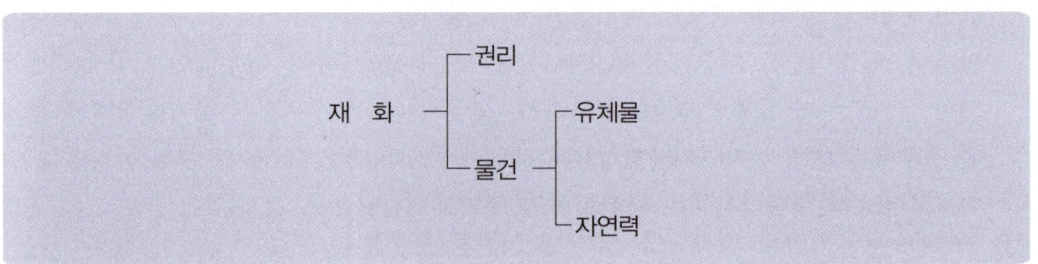

※ 예 : 과세 사업에 사용하던 승용차, 중고집기, 그리고 건설업 면허, 회사보유 골프회원권를 양도한 경우 재화의 양도로서 부가가치세 과세대상이다. 그러나 수표·어음, 주식·사채, 상품권은 그 자체가 소비의 대상이 아닌 교환의 매개체 역할을 하므로 재화에 해당하지 않는다.

2 용역의 범위

용역이란 재화 외에 재산 가치가 있는 모든 역무 및 그 밖의 행위를 말한다. 이러한 용역은 다음의 사업에 해당하는 모든 역무와 그 밖의 행위로 한다(부가법 §2, 부가령 §3).
① 건설업(건물신축판매업은 재화의 공급임)
② 숙박 및 음식점업
③ 운수 및 창고업
④ 정보통신업(출판업과 영상·오디오 기록물 제작 및 배급업은 제외)
⑤ 금융 및 보험업
⑥ 부동산업. 다만, 전·답·과수원·목장용지·임야 또는 염전임대업, 공익사업 관련해 지역권·지상권을 설정하거나 대여하는 사업은 제외(부동산매매업은 재화의 공급임)
⑦ 전문, 과학 및 기술서비스업, 사업시설관리, 사업지원 및 임대서비스업
⑧ 공공행정, 국방 및 사회보장행정

⑨ 교육서비스업
⑩ 보건업 및 사회복지서비스업
⑪ 예술, 스포츠 및 여가관련 서비스업
⑫ 협회 및 단체, 수리 및 기타 개인서비스업과 제조업 중 산업용 기계 및 장비수리업
⑬ 가구 내 고용활동 및 달리 분류되지 않은 자가소비생산 활동
⑭ 국제 및 외국기관의 사업

> 사업의 구분은 부가가치세법에 특별한 규정이 있는 경우를 제외하고는 통계청장이 고시하는 해당 과세기간 시작일 현재의 한국표준산업분류에 따르되, 용역을 공급하는 경우 위에서 열거한 용역과 유사한 사업은 한국표준산업분류에 불구하고 같은 용역의 사업에 포함되는 것으로 본다(부가령 § 4).

3 부수되는 재화 또는 용역의 구분

① 주된 거래인 재화 또는 용역의 공급에 부수되어 공급되는 것(대가에 통상적으로 포함되거나 부수하여 공급되는 것)에 해당하는 재화 또는 용역의 공급은 주된 재화 또는 용역의 공급에 포함되는 것으로 본다(부가법 §14①).
   ※ 예) 조경공사(과세)에 포함된 화초공급(면세) → 과세 / 장례식장(면세)에서 음식용역제공(과세) → 면세

② 우연히 또는 일시적으로 공급되는 부수재화·용역은 주된 사업의 과세 및 면세 여부에 따르되, 부수재화·용역이 면세대상인 경우에는 주된 사업과 관계없이 면세한다(부가법 §14②(1)).
   ※ 예) 의류공장(과세)에서 토지를 공급(면세) → 면세 / 은행(면세)에서 건물을 공급(과세) → 면세

③ 주된 사업과 관련하여 주된 재화의 생산 과정이나 용역의 제공과정에서 필연적으로 생기는 재화의 과세 및 면세 여부는 주된 사업의 과세 및 면세 여부에 따른다(부가법 §14②(2)).
   ※ 예) 참치제조업자(과세)의 참치알 공급(면세) → 과세
   ※ 취지 : 주된 부분과 부수되는 부분의 구분에 따른 비경제성을 피하고 세무행정의 능률화를 기하기 위함이다.

사례 2-2 중고차 처분시 사업자 유형에 따른 처리

사업에 사용하던 중고승용차를 공급가액 기준으로 3,000,000원에 처분하는 경우에 과세사업자와 면세사업자의 「부가가치세법」상 차이는?

해답 : 과세사업자는 공급가액 3,000,000원에 부가가치세 300,000원의 합계액인 3,300,000원에 처분하고 세금계산서를 발급하여야 하는데 반해, 면세사업자는 승용차를 면세사업에 사용하였기에 부가가치세 없이 3,000,000원에 공급하며 계산서를 발급하여야 한다.

Ⅲ. 납세의무자

1. 사업자와 재화를 수입하는 자

부가가치세 납세의무자는 사업자와 재화를 수입(輸入)하는 자이다. 사업자란 사업 목적이 영리이든 비영리이든 관계없이 사업상 독립적으로 재화 또는 용역을 공급하는 자를 말하며, 개인, 법인(국가·지방자치단체·지방자치단체조합을 포함), 법인격이 없는 사단·재단 또는 그 밖의 단체를 포함한다(부가법 §2(3), §3). 그리고 재화를 수입하는 자는 소비지국 과세원칙에 따라 사업자 여부에 관계없이 부가가치세 납세의무를 진다.[15]

(1) 영리·비영리를 불문한다.

비영리를 목적으로 하는 국가나 지방자치단체 등도 과세 대상인 재화 또는 용역을 공급할 때에는 납세의무가 있다. 이는 영리를 목적으로 하는 다른 사업자와 조세의 중립성을 유지하기 위함이다.

(2) 사업성과 독립성이 있어야 한다.

사업이라함은 부가가치를 창출할 수 있을 정도의 사업형태를 갖추고 독립적으로 계속·반복적인 재화·용역을 공급하는 활동을 말한다. 예컨대, 도소매업이나 제조업 등 보통의 사업을 상상하면 된다. 독립의 뜻은 뭘까?

근로자는 근로용역을 제공하지만 고용관계라서 독립되지 않았다는 의미이다. 프리랜서는 독립된 용역제공자이다. 한편 프리랜서도 사업장과 종업원 없이 사업형태를 갖추지 못했다면 부가가치세 납세의무는 없다.

(3) 과세대상인 재화 또는 용역을 공급하여야 한다.

위의 요건을 모두 갖추어도 면세대상의 공급은 「부가가치세법」상 납세의무가 아니며, 과세대상물품과 용역을 공급하여야만 부가가치세의 납세의무가 있다.

---

[15] 신탁재산과 관련된 재화 또는 용역을 공급하는 때에는 수탁자가 신탁재산별로 각각 별도의 납세의무자로서 부가가치세를 납부할 의무가 있다.(부가법 §3②)
그러나 다음 중 어느 하나에 해당하는 경우에는 위탁자가 부가가치세를 납부할 의무가 있다.(부가법 §3③)
(1) 신탁재산과 관련된 재화 또는 용역을 위탁자 명의로 공급하는 경우
(2) 위탁자가 신탁재산을 실질적으로 지배·통제하는 경우로서 대통령령으로 정하는 경우
(3) 그 밖에 신탁의 유형, 신탁설정의 내용, 수탁자의 임무 및 신탁사무 범위 등을 고려하여 대통령령으로 정하는 경우
수탁자가 납세의무자가 되는 신탁재산에 둘 이상의 수탁자(공동수탁자)가 있는 경우 공동수탁자는 부가가치세를 연대하여 납부할 의무가 있다. 이 경우 공동수탁자 중 신탁사무를 주로 처리하는 수탁자(대표수탁자)가 부가가치세를 신고·납부하여야 한다(부가법 §3④).

2 사업자의 구분

부가가치세법상 납세의무자인 사업자는 일반과세자와 간이과세자로 구분한다. 간이과세자는 사업규모가 영세하여 직전연도의 재화와 용역의 공급대가가 1억4백만원[16])에 미달하여 간편한 절차로 부가가치세를 신고·납부하는 개인사업자를 말한다.

계속·반복적으로 과세대상 재화 또는 용역을 공급하는 경우 사업자등록여부 및 공급시 부가가치세의 거래징수여부에 불구하고 부가가치세를 신고·납부할 의무가 있다(부통칙 3-0-1).

IV 과세기간과 신고기한

1 과세기간

과세기간이란 과세표준과 세액계산의 기준이 되는 일정한 기간을 말한다.(부가법 §5)

구 분	과세기간
계속사업자	일반과세자 : 제1기(1.1.~6.30.), 제2기(7.1.~12.31.)
	간이과세자 : 1.1.~12.31.[17])
신규사업자의 최초 과세기간	사업개시일[18]) ~ 그 날이 속하는 과세기간 종료일 * 사업개시일 이전에 사업자등록을 신청한 경우에는 그 신청한 날부터 그 신청일이 속하는 과세기간의 종료일까지로 함.
폐업자의 최종 과세기간	폐업일이 속하는 과세기간의 개시일 ~ 폐업일

2 부가가치세 신고와 납부

부가가치세의 신고·납부기한은 다음과 같다(부가법 §48, §49).

---

16) 2023년도 공급대가의 합계액을 기준으로 2024년 7월 1일부터 2025년 6월 30일까지의 기간에 대한 간이과세 규정의 적용 여부를 판단하는 경우부터 적용한다.
17) 간이과세자에 관한 규정이 적용되는 기간의 부가가치세의 과세기간은 다음과 같다.
    일반과세자가 간이과세자로 변경되는 경우 : 그 변경이후 7월 1일 ~ 12월 31일
    간이과세자가 일반과세자로 변경되는 경우 : 그 변경이전 1월 1일 ~ 6 월 30일
18) 사업 개시일은 다음 각 호의 구분에 따른다. 다만, 해당 사업이 법령 개정 등으로 면세사업에서 과세사업으로 전환되는 경우에는 그 과세 전환일을 사업 개시일로 한다.(부가령 §6)
    1. 제조업: 제조장별로 재화의 제조를 시작하는 날
    2. 광업: 사업장별로 광물의 채취·채광을 시작하는 날
    3. 제1호와 제2호 외의 사업: 재화나 용역의 공급을 시작하는 날

구 분	제 1 기		제 2 기	
	신고할 사항	신고기한	신고할 사항	신 고 기 한
예정신고	1.1.~3.31.까지의 사업실적	4.1.~4.25.	7.1.~9.30.까지의 사업실적	10.1.~10.25.
확정신고	4.1.~6.30.까지의 사업실적	7.1.~7.25.	10.1.~12.31.까지의 사업실적	다음해 1.1.~1.25.

✱ 확정신고시에만 적용하는 규정 : 대손세액공제, 과세전환에 대한 매입세액공제, 납부·환급세액재계산, 전자신고세액공제, 가산세

✱ 영세율이 적용되는 과세표준의 경우 해당 신고서에 영세율 첨부서류를 첨부하지 아니한 부분은 예정(확정)신고로 보지 아니하며, 가산세를 부과한다.

(1) 예정신고와 납부

1) 예정신고납부

사업자는 예정신고기간이 끝난 후 25일 이내에 각 예정신고기간에 대한 과세표준과 납부세액 또는 환급세액을 세무서장에게 신고하여야 한다. 다만, 신규로 사업을 시작하거나 시작하려는 자에 대한 최초의 예정신고기간은 사업 개시일(사업 개시일 이전에 사업자등록을 신청한 경우에는 그 신청일을 말한다)부터 그 날이 속하는 예정신고기간의 종료일까지로 한다.

2) 예정고지징수

개인사업자와 직전 과세기간 공급가액의 합계액이 1억5천만원 미만인 법인사업자에 대하여는 각 예정신고기간마다 직전 과세기간에 대한 납부세액(신용카드 등의 사용에 따른 세액공제·전자세금계산서 발급 전송에 대한 세액·전자신고세액공제·택시운송사업자경감세액 등을 뺀 금액로 하고, 결정 또는 경정과 수정신고 및 경정청구에 따른 결정이 있는 경우에는 그 내용이 반영된 금액으로 한다)의 50퍼센트(1천원 미만인 단수가 있을 때에는 그 단수금액은 버린다)로 결정하여 해당 예정신고기간이 끝난 후 25일까지 징수한다. 다만, 다음의 어느 하나에 해당하는 경우에는 징수하지 아니한다.
  ㉠ 징수하여야 할 금액이 50만원 미만인 경우
  ㉡ 간이과세자에서 해당 과세기간 개시일 현재 일반과세자로 변경된 경우
  ㉢ 「국세징수법」 제13조 제1항 재난 등으로 인한 납부기한등의 연장 사유로 관할 세무서장이 징수하여야 할 금액을 사업자가 납부할 수 없다고 인정되는 경우

3) 예정신고를 선택할 수 있는 경우

휴업 또는 사업 부진으로 인하여 사업실적이 악화된 경우(각 예정신고기간의 공급가액 또는

납부세액이 직전 과세기간의 공급가액 또는 납부세액의 3분의 1에 미달하는 자)와 각 예정 신고기간분에 대하여 조기환급을 받으려는 자는 예정신고를 하고 예정신고기간의 납부세액을 납부할 수 있다.

(2) 확정신고와 납부

사업자는 각 과세기간에 대한 과세표준과 납부세액 또는 환급세액을 그 과세기간이 끝난 후 25일(폐업하는 경우 폐업일이 속한 달의 다음 달 25일) 이내에 세무서장에게 신고하여야 한다. 다만, 예정신고를 한 사업자 또는 조기에 환급을 받기 위하여 신고한 사업자는 이미 신고한 과세표준과 납부한 납부세액 또는 환급받은 환급세액은 신고하지 아니한다.

3 부가가치세 신고시 제출서류

① 부가가치세(예정 또는 확정) 신고서(부가령 §90, §91)
② 매출처별세금계산서합계표와 매입처별세금계산서합계표
  ※ 전자세금계산서발급명세를 국세청장에게 전송한 경우 제출하지 아니할 수 있다.(부가법 54조 ②)
③ 그 밖의 첨부서류(해당사항이 있는 경우)
  ㉠ 영세율첨부서류 및 영세율매출명세서
  ㉡ 신용카드매출전표등 발행금액 집계표
  ㉢ 신용카드매출전표등 수령명세서
  ㉣ 의제매입세액공제신고서, 재활용폐자원 등의 매입세액공제신고서
  ㉤ 공제받지 못할 매입세액명세서
  ㉥ 건물 등 감가상각자산취득명세서
  ㉦ 부동산임대공급가액명세서와 임대차계약서 사본 등
  ㉧ 사업자 단위 과세 사업자인 경우 사업자 단위 과세의 사업장별 부가가치세 과세표준 및 납부세액(환급세액) 신고명세서

4 부가가치세 납부 및 환급

① 부가가치세 납부세액은 매출세액에서 매입세액을 공제하여 계산한다. 매입세액이 매출세액보다 큰 경우 환급세액이 발생한다(부가법 §59).
② 환급에는 일반환급과 조기환급이 있다. 일반환급은 각 과세기간별로 그 과세기간에 대한 환급세액을 확정신고한 사업자에게 그 확정신고기한이 지난 후 30일 이내 환급하는 것이다. 예정신고때는 환급세액이 산출되는 경우에도 환급하지 않고 있다가 확정신고

시 납부할 세액에서 예정신고미환급세액으로 공제한다.

반면, 조기환급은 일반환급에 비하여 조속히 환급하는 제도로서 예정신고기간별로 그 예정신고 기한이 지난 후 15일 이내에 예정신고한 사업자에게 환급하여야 한다.

또한, 예정신고기간 중 또는 과세기간 최종 3개월 중 매월 또는 매 2월(조기환급기간)이 끝난 날부터 25일 이내(조기환급신고기한)에 환급을 신청할 수 있으며, 각 조기환급기간별로 해당 조기환급신고기한이 지난 후 15일 이내에 사업자에게 환급하여야 한다(부가령 §107).

※ 부동산매매업을 영위하는 사업자가 매매목적의 건물(재고자산)을 신축하는 경우 신축과 관련된 매입세액은 조기환급대상에 해당되지 아니한다.(부가세 집행기준 : 59-107-4)
※ 예를 들어, 해당 조기환급기간이 4월이라면 4월의 매출세액 및 매입세액 합계액을 신고하여야 하고 예정신고시 4월분을 제외한 나머지 5월, 6월분을 신고하여야 한다.

구분	환급대상	환급기한	비고
조기환급	• 영세율을 적용받는 경우 • 사업설비(감가상각자산:유형자산과 무형자산)를 신설·취득·확장 또는 증축하는 경우 • 재무구조개선계획을 이행 중인 경우	• 예정신고기간별로 그 예정신고기한이 지난 후 15일 이내에 환급 • 예정신고기간 중 또는 과세기간 최종 3월중 매월분 또는 매 2월분을 다음달 25일까지 신고하면 되고, • 조기환급신고기한이 지난 후 15일 내에 해당 세액을 환급	• 자금부담을 덜어주어 수출과 투자를 지원 • 첨부서류 : 영세율 관련서류와 건물 등 감가상각자산 취득명세서 * 조기환급액이 크면 환급 조사 서류를 갖출 것 (계약서, 대금증빙 등)
일반환급	• 조기환급대상이 아닌 경우로서 매입세액이 매출세액보다 큰 경우	• 각 과세기간별로 확정신고기한이 지난 후 30일 내에 환급	

V 신고·납세지

1 원칙

사업자의 부가가치세 납세지는 각 사업장의 소재지로 한다(부가법 §6①). 사업장이란 사업자가 사업을 하기 위하여 거래의 전부 또는 일부를 하는 고정된 장소를 말하되, 사업 종류별 사업장의 범위는 다음과 같다(부가령 §8).

① 광업 : 광업사무소의 소재지
② 제조업 : 최종제품을 완성하는 장소. 다만, 따로 제품 포장만을 하거나 용기에 충전만을 하는

　　장소와 개별소비세법에 따른 저유소는 제외한다.
③ 건설업·운수업과 부동산매매업
　㉠ 법인인 경우 : 법인의 등기부상 소재지(등기부상의 지점 소재지를 포함한다)
　㉡ 개인인 경우 : 사업에 관한 업무를 총괄하는 장소
　㉢ 법인의 명의로 등록된 차량을 개인이 운용하는 경우 : 법인의 등기부상 소재지(등기부상의 지점 소재지를 포함한다)
　㉣ 개인의 명의로 등록된 차량을 다른 개인이 운용하는 경우 : 그 등록된 개인이 업무를 총괄하는 장소
④ 부동산임대업 : 그 부동산의 등기부상 소재지
⑤ 다단계판매원이 재화나 용역을 공급하는 사업 : 해당 다단계판매원이 등록한 다단계판매업자의 주된 사업장의 소재지. 다만, 다단계판매원이 상시 주재하여 거래의 전부 또는 일부를 행하는 별도의 장소가 있는 경우 그 장소로 한다.
⑥ 무인자동판매기를 통하여 재화나 용역을 공급하는 사업 : 사업에 관한 업무총괄장소
⑦ 기타 : 위의 사업장 이외의 장소도 사업자의 신청에 의하여 사업장으로 등록할 수 있다(예 : 연락사무소, 법인의 미등기지점)
⑧ 사업장을 설치하지 아니하고 사업자등록도 하지 아니한 경우 : 과세표준 및 세액을 결정(경정)할 당시의 사업자의 주소 또는 거소

2 직매장·하치장·임시사업장

자기의 사업과 관련하여 생산하거나 취득한 재화를 직접 판매하기 위하여 특별히 판매시설을 갖춘 장소인 직매장은 사업장으로 보며(부가령 §8③), 사업자가 단순히 재화를 보관하고 관리할 수 있는 시설만을 갖춘 장소로서 하치장을 둔 날부터 10일 이내 하치장으로 신고된 장소는 사업장으로 보지 아니한다.(부가령 §9①)
따라서 직매장은 사업자등록을 하여야 하고 하치장은 사업장등록을 하지 않는다.
또한 기존에 사업장이 있는 사업자가 각종 경기대회나 박람회 등 행사가 개최되는 장소에서 개설한 임시사업장으로서 사업 개시일부터 10일 이내에 임시사업장 개설신고에 따라 신고된 장소는 별도의 사업장으로는 보지 아니하고 기존사업장에 포함되는 것으로 한다. 다만, 임시사업장의 설치기간이 10일 이내인 경우에는 임시사업장 개설 신고를 하지 않을 수 있다(부가령 §10①).

3. 주사업장 총괄납부제도

(1) 의 의

둘 이상의 사업장이 있는 경우에 신고는 사업장단위로 각각하고 납부세액과 환급세액은 통산하여 주사업장 관할세무서에 총괄하여 납부할 수 있는 제도이다(부가법 §51).

(2) 주사업장 총괄납부 특징

1) 세금계산서 발급의무 면제

사업장간(직매장 등) 제품 또는 상품이 이동하는 경우 재화의 간주공급으로서 세금계산서를 발급하여야 한다. 그러나 주사업장 총괄납부를 하는 경우 공급으로 보지 않으므로 세금계산서를 발급하지 않아도 된다. 다만, 사업자가 세금계산서를 발급하여 예정 또는 확정신고하는 경우에는 재화의 공급으로 본다(예외의 예외).

2) 자금부담완화

사업장별로 납부(환급)세액을 계산한 후 이를 통산한다. 따라서 환급세액이 발생하는 사업장의 부가가치세는 즉시 환급받는 효과가 있으므로 사업장별 납부에 따른 자금부담이 해소가 된다.

3) 납부만 총괄

주사업장 총괄납부는 납부만 총괄 할 뿐 그 밖의 의무 즉, 과세표준 신고, 세금계산서합계표의 제출, 부가가치세의 경정조사 등은 각 사업장별로 하여야 하며, 이를 위반 하였을 경우에 가산세 부과대상이다.

(3) 총괄납부신청과 포기

법인의 본점(지점 포함), 개인의 주사무소를 주된 사업장으로 하여 과세기간 시작 20일 전에 주된 사업장의 관할세무서장에게 주사업장총괄납부신청과 포기를 하여야 한다.

4. 사업자단위과세제도

사업장이 둘 이상인 사업자는 사업장마다 사업자등록을 하지 아니하고 사업자 단위로 해당 사업자의 본점 또는 주사무소의 관할세무서장에게 등록을 신청할 수 있다. 이 경우 등록한 사업자를 사업자 단위 과세 사업자라 하며, 한 사업장에서 세금계산서 발급과 수취, 신고·납부할 수 있다(부가법 §8③). 사업장 단위로 등록한 사업자가 사업자 단위 과세 사업자로 변경하려면 사업자 단위 과세 사업자로 적용받으려는 과세기간 개시 20일 전까지 사업자의 본점 또는 주사무소 관할 세무서장에게 변경등록을 신청하여야 한다. 사업자 단위 과세 사업자가 사업장 단위로 등록을 하려는 경우에도 또한 같다(부가법 §8④).

> **참고** 사업자단위 과세제도 적용시 유의사항
> - 개인사업자의 전자세금계산서 발급의무에 해당하는 공급가액 8천만원(24.7.1. 이후 발급시) 이상의 판정은 사업자단위과세 사업자의 경우 모든 사업장을 통산하여 판정함.
> - 신용카드매출전표 발급금액을 합산하여 세액공제를 적용하고 연간 한도 1,000만원을 각 사업장별이 아닌 사업자단위로 적용함.

[비교정리] 주사업장총괄납부와 사업자단위과세

구 분	주사업장총괄납부	사업자단위과세
취지	자금압박문제 해소	납세편의 도모
요건	신청	신청
주사업장	법인 : 본점 또는 지점, 개인 : 주사무소	법인 : 본점, 개인 : 주사무소
신고	각 사업장 관할세무서	본점 관할세무서
납부	주된 사업장 관할세무서	본점 관할세무서
효과	납부(환급)만 총괄 → 다른 의무는 각 사업장별로 이행	모든 의무 총괄 → 등록·세금계산서수수·신고·납부
	판매목적 타사업장 반출시 재화의 공급으로 보지않음	좌동

사례 2-3 주사업장총괄납부와 사업자단위과세의 비교

(주)이택스의 1기 확정신고시 납부(환급)세액은 본점 700원, 광주지점 400원, 부산지점 △500원인 경우 사업장단위과세, 주사업장총괄납부, 사업자단위과세별로 신고·납부에 대하여 설명하라.

해답
① 사업장단위과세
  사업장별로 신고서를 작성하여 사업장 관할 세무서에 각각 제출하고 본점 700원, 광주지점 400원을 납부하고, 부산지점은 1기 확정신고기한 경과후 30일 내에 500원을 환급받는다.
② 주사업장총괄납부
  사업장별로 신고서를 작성하여 사업장 관할 세무서에 각각 제출하고 주된 사업장 관할 세무서장에게 납부세액 600원(700만+400원-500원)을 납부한다.
③ 사업자단위과세
  본점인 서울에서 사업자단위로 신고서를 작성하여 신고하고 부가가치세 600원을 납부한다.

Ⅵ 사업자등록제도

1 사업자등록신청

신규로 사업을 시작하려는 자는 사업장마다(사업자단위과세사업자는 본점에서만) 사업 개시일부터 20일 이내에 사업장 관할 세무서장에게 등록을 신청하여야 한다. 다만, 신규로 사업을 시작하려는 자는 사업개시일 전이라도 등록할 수 있다. 사업자등록의 신청을 사업장 관할세무서장이 아닌 다른 세무서장에게도 할 수 있다(부가법 §8①②)[19].

✱ 실무적으로 매입세액의 공제를 받으려면 사업시작 전이라도 재화나 용역을 공급받을 때에 사업자등록을 하여야 할 것이다.
✱ 전자적 용역공급 간편사업자가 사업자등록을 하지 않는 경우 세무서장이 직권으로 사업자등록이 가능하다.

구비서류	
	① 사업자등록신청서(부가령 § 11①)
	② 법령에 따라 허가를 받거나 등록 또는 신고를 해야하는 사업의 경우 사업허가증 사본·사업등록증 사본 또는 신고확인증 사본 ✱ 사업개시전의 등록신청으로서 사업의 허가·등록이나 신고 전에 등록을 할 때에는 사업허가신청서사본·사업등록신청서 사본·사업신고서 사본이나 사업계획서로 대신할 수 있다.
	③ 사업장을 임차한 경우 임대차계약서사본(특히, 법인은 임차인에 법인명의기재)
	④ 「상가건물임대차보호법」의 적용대상인 상가건물 중 일부분만 임차한 경우 해당 부분의 도면
	⑤ 자금출처명세서 : 사업자금 명세 또는 재무상황 등을 확인할 수 있는 서류 (금지금 도·소매업, 과세유흥업, 석유류 도·소매업, 재생용 재료 수집 및 판매업에 한함)
	⑥ 법인의 경우에는 등기부등본, 정관사본, 출자자명세서(주주명부)를 추가로 첨부한다.

---

[19] 수탁자가 납세의무자가 되는 경우 수탁자(공동수탁자가 있는 경우 대표수탁자를 말한다)는 해당 신탁재산의 등기부상 소재지, 등록부상 등록지 또는 신탁사업에 관한 업무를 총괄하는 장소를 사업장으로 보아 사업자등록을 신청하여야 한다. 또한 무체재산권 신탁계약 사업자등록을 하는 경우 다수의 신탁재산에 대해 하나의 사업자등록을 할 수 있다.

■ 법인세법 시행규칙 [별지 제73호서식] <개정 2025.3.21.>

접수번호	[ ] 법인설립신고 및 사업자등록신청서 [ ] 국내사업장설치신고서(외국법인)	처리기간 2일 (보정기간은 불산입)

귀 법인의 사업자등록신청서상의 내용은 사업내용을 정확하게 파악하여 근거과세의 실현 및 사업자등록 관리업무의 효율화를 위한 자료로 활용됩니다. 아래의 사항에 대하여 사실대로 작성하시기 바라며 신청서에 서명 또는 인감(직인)날인하시기 바랍니다

1. 인적사항

법 인 명(단체명)		승인법인고유번호 (폐업당시 사업자등록번호)	
대 표 자		주민등록번호	-
사업장(단체)소재지		층 호	
전 화 번 호	(사업장)	(휴대전화)	

2. 법인현황

법인등록번호	-	자본금	원	사업연도	월 일~ 월 일

법 인 성 격 (해당란에 "O" 표시)										
내 국 법 인				외 국 법 인				지점(내국법인의 경우)	분할신설법인	
영리 일반	영리 외투	신탁 재산	국 가 지방 자치	지점 (국내사 업장)	연 락 사무소	기타	해당	미해당	본점 사업자 등록번호	분할 전 사업자등 록번호	분할연월일
			법인으로 보는 단체							
			승인법인	기타							

조합법인 해당 여부		사업자 단위 과세 여부		법인과세 신탁재산		공 익 법 인				외국 외투 법인	국 적	투자 비율
해당	미해당	해당	미해당	해당	미해당	해당 여부		사업유형	주무부처명	출연자산여부				
						해당	미해당			해당	미해당			

3. 법인과세 신탁재산의 수탁자(법인과세 신탁재산의 설립에 한함)

법 인 명(상호)		사 업 자 등 록 번 호	
대 표 자		주 민 등 록 번 호	
사 업 장 소 재 지			

4. 외국법인 내용 및 관리책임자 (외국법인에 한함)

외 국 법 인 내 용				
본점	상 호	대 표 자	설 치 년 월 일	소 재 지

관 리 책 임 자			
성 명(상 호)	주민등록번호(사업자등록번호)	주 소(사업장소재지)	전 화 번 호

5. 사업장현황

사 업 의 종 류						사업(수익사업) 개 시 일
주업태	주 종 목	주업종코드	부업태	부 종 목	부업종코드	년 월 일

사이버몰 명칭		사이버몰 도메인	

사업장 구분 및 면적		도면첨부		사업장을 빌려준 사람(임대인)			
자가	타가	첨부	미첨 부	성 명(법인명)	사업자등록번호	주민(법인)등록번호	전화번호
㎡	㎡						

임 대 차 계 약 기 간		(전세)보증금	월 세(부가세 포함)
20 . . ~ 20 . .		원	원

개별소비세				주류면허		부가가치세 과세사업		인 · 허가 사업 여부		
제조	판매	장소	유흥	면허번호	면허신청	해당	미해당	신고	등록	인·허가	기타
					신청 미신청						

공동대표( ), 각자대표( )					
대표자 현황	성명	주민등록번호	담당 업무	성명	주민등록번호	담당 업무

설립등기일 현재 기본 재무상황 등					
자산 계	유동자산	비유동자산	부채 계	유동부채	비유동부채	종업원 수
천원	천원	천원	천원	천원	천원	명

전자우편주소		국세청이 제공하는 국세정보 수신동의 여부	[ ] 문자(SMS) 수신에 동의함(선택) [ ] 이메일 수신에 동의함(선택)

(뒤쪽)

6. 사업자등록신청 및 사업 시 유의사항(아래 사항을 반드시 읽고 확인하시기 바랍니다)

가. 사업자등록 **명의를 빌려주는 경우** 해당 법인에게 부과되는 각종 세금과 과세자료에 대하여 소명 등을 해야 하며, 부과된 세금의 체납 시 **소유재산의 압류·공매처분, 체납내역 금융회사 통보, 여권발급제한, 출국규제 등**의 불이익을 받을 수 있습니다.

나. 내국법인은 주주(사원)명부를 작성하여 비치해야 합니다. 주주(사원)명부는 사업자등록신청 및 법인세 신고 시 제출되어 지속적으로 관리되므로 사실대로 작성해야 하며, 주주명의를 대여하는 경우에는 **양도소득세 또는 증여세**가 과세될 수 있습니다.

다. 사업자등록 후 정당한 사유 없이 **6개월이 경과할 때까지 사업을 개시**하지 아니하거나 **부가가치세 및 법인세를 신고하지 아니하거나** 사업장을 무단 이전하여 실지사업여부의 확인이 어려울 경우에는 **사업자등록이 직권으로 말소**될 수 있습니다.

라. 실물거래 없이 세금계산서 또는 계산서를 발급하거나 수취하는 경우「조세범처벌법」제10조제3항 또는 제4항에 따라 해당 법인 및 대표자 또는 관련인은 **3년 이하의 징역 또는 공급가액 및 그 부가가치세액의 3배 이하에 상당하는 벌금에 처하는 처벌**을 받을 수 있습니다.

마. 신용카드 가맹 및 이용은 반드시 사업자 본인 명의로 해야 하며 **사업상 결제목적 이외의 용도로 신용카드를 이용할 경우**「여신전문금융업법」제70조제2항에 따라 **3년 이하의 징역 또는 2천만원 이하의 벌금에 처하는 처벌**을 받을 수 있습니다.

바. 공익법인의 경우 공익법인에 해당하게 된 날부터 **3개월 이내**에 **전용계좌를 개설**하여 **신고해야 하며**, **공익목적사업과 관련한 수입과 지출금액**은 반드시 신고한 **전용계좌를 사용**해야 합니다.(미이행시 가산세가 부과될 수 있습니다.)

사. 「정보통신망 이용촉진 및 정보보호 등에 관한 법률」제2조제1항제1호에 따른 정보통신망을 이용하여 가상의 업무공간에서 사업을 수행하는 사업자의 경우 그 법인의 등기부에 따른 본점이나 주사무소의 소재지(국내에 본점 또는 주사무소가 있지 않은 경우에는 사업을 실질적으로 관리하는 장소의 소재지)를 "사업장(단체)소재지"란에 기재할 수 있습니다.

신청인의 위임을 받아 대리인이 사업자등록신청을 하는 경우 아래 사항을 적어 주시기 바랍니다.

대 리 인 인적사항	성 명		주민등록번호	
	주 소 지			
	전화 번호		신청인과의 관계	

신청 구분	[ ] 사업자등록만 신청 [ ] 사업자등록신청과 확정일자를 동시에 신청
	[ ] 확정일자를 이미 받은 자로서 사업자등록신청 (확정일자 번호:)

신청서에 적은 내용과 실제 사업내용이 일치함을 확인하고,「법인세법」제75조의12제3항·제109조·제111조, 같은 법 시행령 제152조부터 제154조까지, 같은 법 시행규칙 제82조제7항제11호 및「상가건물 임대차보호법」제5조제2항에 따라 법인설립 및 국내사업장설치 신고와 사업자등록 및 확정일자를 신청합니다.

년   월   일

신 청 인   (인)
위 대리인   (서명 또는 인)

세무서장 귀하

첨부 서류	1. 정관 1부(외국법인만 해당합니다) 2. 임대차계약서 사본(사업장을 임차한 경우만 해당합니다) 1부 3.「상가건물 임대차보호법」의 적용을 받는 상가건물의 일부를 임차한 경우에는 해당 부분의 도면 1부 4. 주주 또는 출자자명세서 1부 5. 사업허가·등록·신고필증 사본(해당 법인만 해당합니다) 또는 설립허가증사본(비영리법인만 해당합니다) 1부 6. 현물출자명세서(현물출자법인의 경우만 해당합니다) 1부 7. 자금출처명세서(금지금 도·소매업, 액체·기체연료 도·소매업, 재생용 재료 수집 및 판매업, 과세유흥장소에서 영업을 하려는 경우에만 제출합니다) 1부 8. 본점 등의 등기에 관한 서류(외국법인만 해당합니다) 1부 9. 국내사업장의 사업영위내용을 입증할 수 있는 서류(외국법인만 해당하며, 담당 공무원 확인사항에 의하여 확인할 수 없는 경우만 해당합니다) 1부 10. 신탁 계약서(법인과세 신탁재산의 경우만 해당합니다) 1부 11. 사업자단위과세 적용 신고자의 종된 사업장 명세서(법인사업자용)(사업자단위과세 적용을 신청한 경우만 해당합니다) 1부

작성방법

사업장을 임차한 경우「상가건물 임대차보호법」의 적용을 받기 위해서는 사업장 소재지를 임대차계약서 및 건축물관리대장 등 공부상의 소재지와 일치되도록 구체적으로 적어야 합니다.
 (작성 예) ○○동 ○○○○번지 ○○호 ○○상가(빌딩) ○○동 ○○층 ○○○○호

210mm×297mm[백상지 80g/㎡ 또는 중질지 80g/㎡]

부가가치세법 시행규칙 [별지 제7호서식(2)] (2014.03.14 개정)

사 업 자 등 록 증

(법인사업자)

등록번호 : 107-86-*****

① 법 인 명(단 체 명) : 주식회사 더*****

② 대 표 자 : 김**

③ 개 업 연 월 일 : 2003년 08월 29일   ④ 법인등록번호 : 110111-*******

⑤ 사 업 장 소 재 지 : 서울특별시 광진구 *** 142

⑥ 본 점 소 재 지 : 서울특별시 광진구 *** 142

⑦ 사 업 의 종 류: 업태 제조   종목 기록매체복제
                         제조   출판업
                         서비스   온라인정보제공업

⑧ 교 부 사 유 : 정 정

⑨ 주류판매신고번호:

⑩ 사업자단위과세 적용사업자 여부: 여( ) 부(√)

⑪ 전자세금계산서 전용메일주소 :

2012 년   04 월   20 일

성동세무서장

국세 상담이 필요할 땐 ☎ 126

2 사업자등록증의 발급

사업자등록의 신청을 받은 세무서장은 신청일부터 2일(토요일·공휴일 또는 근로자의 날, 보정기간 제외)이내에 사업자등록증을 신청자에게 발급하여야 한다. 다만, 사업장시설이나 사업현황을 확인하기 위하여 국세청장이 필요하다고 인정하는 경우에는 발급기한을 5일 이내에서 연장하고 조사한 사실에 따라 사업자등록증을 발급할 수 있다(부가령 §11⑤).

3 일반사업자 등록과 간이과세자 등록

① 법인의 경우 간이과세자가 될 수 없으며 오로지 일반과세자만이 될 수 있다.
② 개인의 경우 매출액(부가세 포함)의 규모에 따라 일반과세자와 간이과세자로 구분된다.

매출액규모		
연간 매출액(부가세 포함) 기준금액(1억4백만원) 이상	→	일반과세자
연간 매출액(부가세 포함) 기준금액(1억4백만원) 미만	→	간이과세자

※ 다만, 연간 공급대가가 기준금액 미만인 경우에도 업종 또는 장소에 따라 간이과세가 배제될 수 있다.

4 사업자의 구분 및 매출증빙서류

구분	부가가치세	과세사업 유형	공급자	업종	증빙서류
사업자	면세사업 (부가법 §26 등에 해당하는 업종)		개인 또는 법인	제조, 도매 등 사업자 상대업종	계산서 발급
				소매업 등 소비자 상대업종	영수증발행 (신용카드매출전표 등 포함)
	과세사업 (면세외의 업종)	일반 사업자	개인 또는 법인	제조, 도매 등 사업자 상대업종	세금계산서 발급
				소매업 등 소비자 상대업종	영수증발행 (신용카드매출전표 등 포함)
		간이 과세자	개인 (일정한 조건에 해당시)	일정 업종제외	영수증발행 (신용카드매출전표 등 포함)

5 휴업·폐업의 신고

사업자가 휴업·폐업하거나 개업 전에 미리 등록을 한 사업자가 사실상 사업을 시작하지 아니하게 되는 때에는 지체없이 휴업(폐업)신고서에 사업자등록증과 폐업신고확인서(법령에 따라 허가를 받거나 등록 또는 신고를 하여야 하는 사업만 해당하며, 폐업신고를 한 사실을 확인할 수 있는 서류의 사본을 말함)를 첨부하여 세무서장(관할 또는 그 밖의 모든 세무서장)에게 제출(국세정보통신망에 따른 제출 포함)하여야 한다(부가법 §8⑥, 부가령 §13). 다만, 부가가치세 확정신고서에 폐업연월일 및 사유를 적고 사업자등록증를 첨부하여 제출하는 경우 폐업신고서를 제출한 것으로 본다.

> **참고** 휴업·폐업시 유의사항
>
> - 휴업하는 사업자의 경우에는 전력비·난방비·사용하지 아니하는 재산 처분 등 사업장 유지관리 등에 따른 세금계산서는 발급받거나 발급할 수 있으며, 발급받은 세금계산서의 매입세액은 공제된다.
> - 폐업한 이후에는 사업자의 지위를 상실한 경우이므로 (수정)세금계산서를 발급할 수 없다. 따라서 대표자 주민등록번호로 발급하여야 한다.
> - 사업자가 사업을 폐지하면서 재고재화로서 과세된 잔존하는 재화는 자기에게 공급하는 것으로 보아 신고·납부하여야 한다. 만약, 재화를 실제로 처분하는 때에는 세금계산서를 발급할 수 없고 일반영수증을 발급하여야 한다.
> - 폐업 전에 공급한 재화(용역)의 공급시기가 폐업일 이후 도래시는 그 폐업일을 공급시기로 하여 세금계산서를 발급하여야 한다.

6 사업자등록 사항의 변경

사업자가 다음의 사유에 해당하는 경우 지체없이 사업자의 인적사항, 사업자등록의 변경사항 및 그 밖의 필요한 사항을 적은 사업자등록 정정신고서를 관할 세무서장이나 그 밖에 신고인의 편의에 따라 선택한 세무서장에게 제출(국세정보통신망에 따른 제출을 포함한다)해야 한다. 그리고 신고를 받은 세무서장은 신고일 당일(아래 ①, ⑪) 또는 신고일부터 2일 이내(아래 ②~⑩)에 변경 내용을 확인하고 사업자등록증의 기재사항을 정정하여 재발급해야 한다(부가령 §14).

① 상호를 변경하는 경우
② 법인 또는 법인으로 보는 단체 외의 단체로서 1거주자로 보는 단체가 대표자를 변경하는 경우
③ 사업의 종류에 변동이 있는 경우
　＊ 업종변경 등에 따라 사업자등록 변경신청시 관련 첨부서류(다른 법령에 따라 허가를 받아야 하는 경우 허가증 사본 등) 제출하여야 함.
④ 사업장(사업자 단위 과세 사업자의 경우에는 사업자 단위 과세 적용 사업장) 이전하는 경우

⑤ 상속으로 사업자의 명의가 변경되는 경우
⑥ 공동사업자의 구성원 또는 출자지분이 변경이 되는 경우
⑦ 임대인, 임대차목적물 및 그 면적, 보증금, 임차료 또는 임대차기간이 변경되거나 새로 상가건물을 임차한 경우
⑧ 사업자 단위 과세사업자가 사업자단위과세 적용사업장을 변경하는 경우
⑨ 사업자 단위 과세사업자가 종된 사업장을 신설하거나 이전하는 경우
⑩ 사업자 단위 과세사업자가 종된 사업장의 사업을 휴업하거나 폐업하는 경우
⑪ 사이버몰에 인적사항 등의 정보를 등록하고 재화 또는 용역을 공급하는 사업을 하는 사업자(통신판매업자)가 사이버몰의 명칭 또는 인터넷 도메인이름을 변경하는 경우

✱ 법인세법(소득세법)에 따라 등록한 면세사업자가 추가로 과세사업을 하기 위하여 사업자등록정정신고서를 제출하는 때에는 사업자등록신청을 한 것으로 보아 사업자등록번호가 변경된다.
✱ 사업장과 주소지가 동일한 사업자가 사업자등록 신청서 또는 사업자등록 정정신고서를 제출하면서 「주민등록법」에 따른 주소가 변경되면 사업장의 주소도 변경되는 것에 동의한 경우에는 사업자가 「주민등록법」에 따른 전입신고를 하면 사업자등록 정정신고서를 제출한 것으로 본다.

7 미등록에 대한 불이익

(1) 미등록가산세

사업개시일부터 20일 이내에 사업자등록신청을 하지 아니한 경우에는 미등록가산세를 부과한다. 여기서 미등록가산세는 사업개시일부터 등록을 신청한 날의 직전일까지의 공급가액 합계액의 1%(간이과세자 공급대가 합계액의 0.5%)로 한다.

(2) 등록전 매입세액불공제

사업자등록을 신청하기 전의 매입세액은 매출세액에서 공제하지 아니한다. 다만, 공급시기가 속하는 과세기간이 끝난 후 20일 이내에 등록을 신청한 경우 등록신청일부터 공급시기가 속하는 과세기간 기산일까지 역산한 기간 내의 매입세액은 공제한다(부가법 §39①(8)). 예를 들어 설명하면 다음과 같다.
① 등록신청일 7월 20일 : 1월 1일 ~ 7월 20일 거래 공제가능
② 등록신청일 7월 21일 : 7월 1일 ~ 7월 21일 거래 공제가능, 6월 30일 이전 거래분은 공제불가

> **참고**
>
> 개인은 기존사업장과 다른 업종의 사업을 영위하기 위한 경우에는 기존사업장에서 매입세액 공제를 받지 못하고 신설한 사업장에 신규로 사업장등록하고 신설된 사업장에서 매입세액을 공제받아야 한다.
> 그러나 법인은 업종에 관계없이 기존사업장에서 공제가 가능하고, 신설된 사업장의 사업자등록 전후에 관계없이 즉 신설사업장이 사업자등록을 하기 전이라도 또는 사업자등록된 이후라도 기존사업장에서 매입세액을 공제받을 수 있다(부가 46015-3636 2000.10.26., 서삼 46015-10260, 2002.02.16.).

Ⅶ. 영세율의 적용과 면세

1. 재화의 공급이 수출에 해당하면 그 재화의 공급에 대하여는 0%의 세율을 적용한다.
2. 국외에서 공급하는 용역에 대하여도 영세율을 적용한다.
3. 일정한 재화 또는 용역의 공급과 재화의 수입에 대하여는 부가가치세를 면제한다.

1 영세율 제도의 정의

수출하는 재화 또는 국외에서 제공되는 용역 등에 대하여는 부가가치세율을 영의 세율(0%)로 한다. 일반 부가가치세율이 10%인데 비하여 수출 거래에는 0% 세율을 적용하는 이유가 크게 세 가지로 파악된다.

첫째는 GATT(General Agreement on Tariffs 관세와 무역에 관한 일반협정)협정에서 정한 소비세의 소비지국 과세주의이다. 즉, 재화의 수출입에 관한 소비세 과세는 생산지국(수출국)이 아닌 소비하는 지역(수입국)에서 과세하도록 정한 것이다.

둘째는 수출촉진의 효과를 기대할 수 있다.

수출에 대하여는 아무런 세금을 부과하지 않으므로 그만큼 가격경쟁력을 유리하게 할 수 있기 때문이다. 현행「부가가치세법」은 직수출은 물론이고 수출자에게 공급하는 국내거래에 대하여도 영의 세율을 적용한다.

셋째는 조세정책적 효과가 있다. 국내에서 소비되는 거래 중에서도 정책적으로 영세율을 적용하는 경우가 있다.

방위산업물자나 국군부대의 석유류, 농어민의 농어업용 기자재 등에 대한 공급은 영세율을 적용하여 공급하는 자와 공급받는 자의 직접적인 세금 부담을 줄이고 있다.

우리나라 부가가치세는 매출세액에서 매입세액을 차감하여 납부세액을 계산하므로 수출하는 매출세액은 0이 되고 이에 따라 매입세액은 전부 조기 환급받게 된다(부가법 §21).

> 수출매출세액(0) - 재화·용역구입시 매입세액 = 환급세액

2 면세제도의 의의

'면세'란 부가가치의 창출단계에서 특정 재화·용역의 공급 및 재화의 수입에 대한 부가가치세의 납세의무를 면제하는 제도이다(부가법 §26).

면세제도의 취지는 부가가치세가 모든 재화·용역을 과세하고 세율도 비례세율이어서 조세부담이 역진적이므로 이러한 역진성을 완화하기 위하여 기초생활필수품 등에 대하여 부가가치세를 면제하고 있다(면세대상거래 01절 8. 참조).

면세사업자에 해당하는 경우 매출세액은 없으나, 매입세액 또한 환급이 이루어지지 않게 된다.

따라서 면세사업자는 면세재화 또는 용역을 공급할 때 전단계에서 부담한 부가가치는 최종소비자에게 전가할 수밖에 없는바, 현행 부가가치세법상 면세제도는 불완전면세 또는 부분면세라 하며, 이론적으로 영세율만이 완전면세에 해당된다.

> 면세품 매출세액(0) - 재화·용역구입시 매입세액(불공제) = 0

3 영세율 대상거래

(1) 영세율 대상 거래 요약(부가법 §21~§24, 부가령 §31~§33)

구 분		영세율 대상거래
재화의 수출	국외 반출	직수출(중계무역 방식의 수출, 위탁판매수출, 외국인도수출, 위탁가공무역방식의 수출, 원료를 대가 없이 국외의 수탁가공 사업자에게 반출하여 가공한 재화를 양도하는 경우에 그 원료의 반출, 수입신고 수리 전의 물품으로서 보세구역에 보관하는 물품의 외국으로의 반출 포함)
	국내 거래	1. 내국신용장에 의하여 공급하는 재화. 다만, 금지금(금괴) 제외 2. 구매확인서에 의하여 공급하는 재화. 다만, 금지금(금괴) 제외 3. 한국국제협력단에 공급하는 재화와 한국국제보건의료재단에 공급하는 재화, 대한적십자사에 공급하는 재화 4. 수탁가공무역(국외 비거주자 또는 외국법인과 직접 계약공급)

구 분	영세율 대상거래
용역의 국외공급	국외에서 공급하는 용역(해외건설업 등)
외국항행용역의 공급	선박이나 항공기에 의한 여객이나 화물을 국내외간, 국외간 수송하는 것 (국내간 수송은 제외), 부수하여 공급하는 재화·용역 포함
외화 획득 재화·용역의 공급	1. 국내에서 비거주자 또는 외국법인에게 공급되는 과세전용재화 또는 열거된 용역으로서 그 대금을 외국환은행에서 원화 또는 기획재정부령이 정하는 방법으로 받는 것 2. 수출업자와 직접 도급계약에 따라 수출재화를 임가공하는 수출재화임가공용역 (10% 선택은 제외) 3. 내국신용장 또는 구매확인서에 따라 공급하는 수출재화임가공용역

(2) 재화의 수출(부가법 §21, 부가령 §31)

① **내국물품**[20]

내국물품(대한민국 선박에 의하여 채집되거나 잡힌 수산물 포함)을 외국으로 반출하는 것

② **중계무역방식의 수출**

국내의 사업장에서 계약과 대가수령 등 거래가 이루어지는 것으로서 수출할 것을 목적으로 물품 등을 수입하여 보세구역 및 보세구역외 장치의 허가를 받은 장소 또는 자유무역지역 외의 국내에 반입하지 아니하는 방식의 수출을 말한다(부가령 §31① 1).

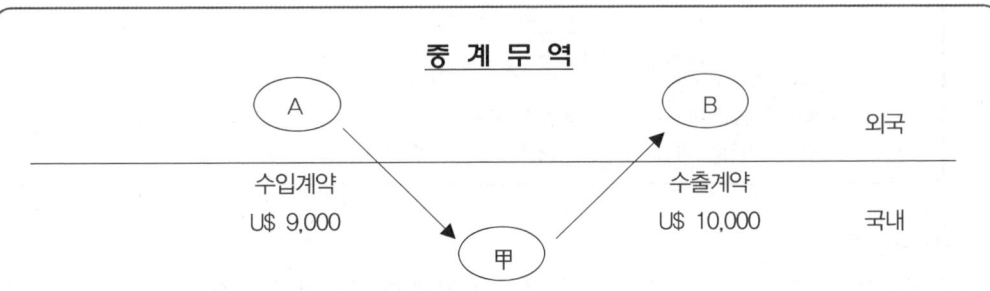

- 한국의 갑이 외국의 A에게 수입하여 외국의 B에게 수출하는 거래. 다만, 물건의 이동은 A가 B에게 직접 보낼 수도 있고 한국의 보세구역까지 왔다가 B에게 갈 수도 있다.
- 갑의 부가가치세법상 공급시기는 선적하는 때임.

---

20) 재화에는 무체물도 포함된다. 따라서 각종권리를 국외로 양도하는 경우 영세율신고대상이다.

사례 2-4 회계처리 - 중계무역방식의 수출

개나리무역㈜는 일본에서 FOB USD 50,000에 수입한 상품을 미국으로 FOB USD 70,000에 수출하고자 한다. 이 경우 개나리무역㈜는 물류비용 등 절감을 위하여 우리나라에 수입통관하지 아니하고 직접 일본에서 미국으로 x1년 10월 1일 선적하게 하였다(x1년10월1일 기준환율 1USD=₩1,280). 우리은행에서 수출과 수입에 관련한 업무를 동시에 종결하였다. 회계처리를 하여라.

해답

수입과 수출계약을 각각 하였으므로 매입 회계처리와 매출 회계처리를 각각하고 또한 미국과 계약된 수출금액 총액으로 부가가치세신고를 하여야 한다.

• 상품수입거래

(차) 상 품　　　　　64,000,000　　(대) 외화외상매입금　　64,000,000

• 상품수출거래

(차) 외화외상매출금　89,600,000　　(대) 수 출 매 출　　　89,600,000

(차) 상품매출원가　　64,000,000　　(대) 상 품　　　　　　64,000,000

③ **위탁판매수출**

국내의 사업장에서 계약과 대가수령 등 거래가 이루어지는 것으로서 물품 등을 무환(無換)으로 수출하여 해당 물품이 판매된 범위에서 대금을 결제하는 계약에 의한 수출을 말한다(부가령 §31①2).

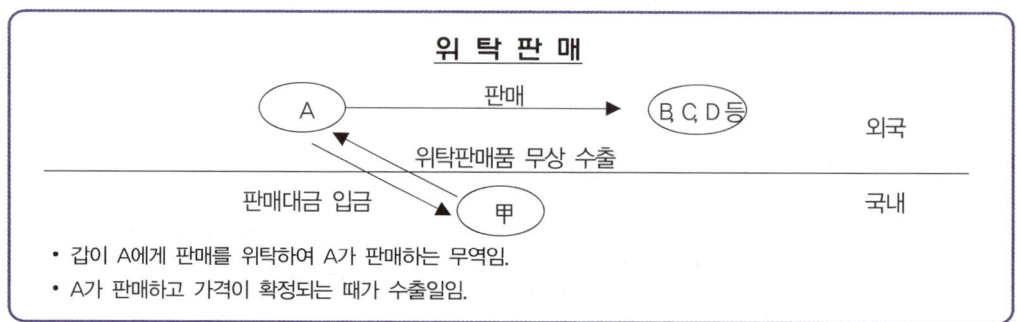

- 갑이 A에게 판매를 위탁하여 A가 판매하는 무역임.
- A가 판매하고 가격이 확정되는 때가 수출일임.

④ **외국인도수출**

국내의 사업장에서 계약과 대가수령 등 거래가 이루어지는 것으로서 수출대금은 국내에서 영수하지만 국내에서 통관되지 아니한 수출물품 등을 외국으로 인도하거나 제공하는 수출을 말한다(부가령 §31①3).

국내에서 통관되지 아니한 수출물품을 제공하는 것이므로 외국에서 인수한 물품일 것이다.

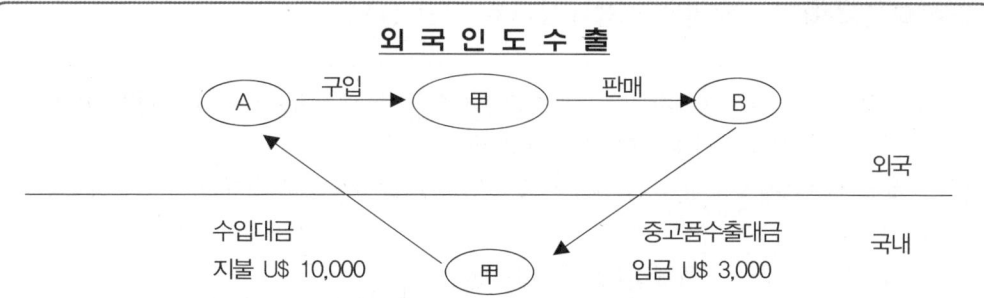

- 한국의 갑이 국외에서 수입하여 국외에서 보관 또는 사용 후 그 수입품을 국외에서 외국의 B에게 판매하는 무역
- 갑이 국외에서 B에게 인도하는 때가 수출일임.

⑤ 위탁가공무역방식의 수출

국내의 사업장에서 계약과 대가수령 등 거래가 이루어지는 것으로서 가공임을 조건으로 외국에서 가공(제조, 조립, 재성, 개조를 포함)할 원료의 전부 또는 일부를 거래상대방에게 수출하거나 외국에서 조달하여 이를 가공한 후 가공물품 등을 외국으로 인도하는 방식의 수출을 말한다(부가령 §31①4).

│ 위탁가공무역방식의 수출조건 │

① 가공임을 지급하는 조건으로 외국에서 가공이 이루어질 것
② 원재료의 전부 또는 일부를 국내 또는 외국에서 조달하여 외국수탁가공자에게 제공할 것
③ 가공 후 물품을 해당 외국 또는 다른 외국으로 인도할 것

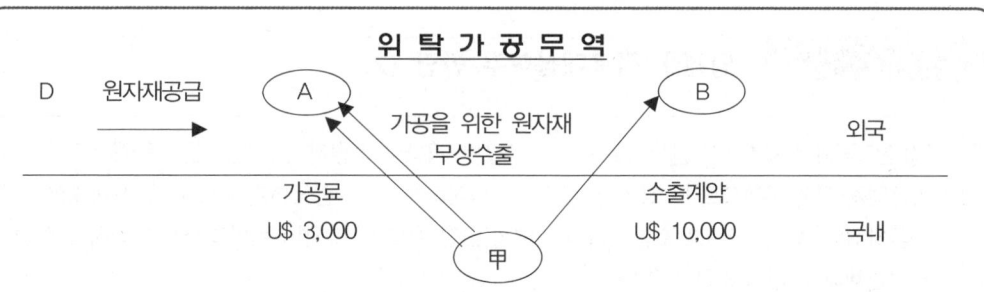

- 갑이 B와 수출계약을 하고 원료를 A에게 반출하여 완성품을 제조하게 한 후 이를 B에게 공급하는 무역 (갑은 원료를 D에게 수입하여 A에게 공급할 수도 있다).

사례 2-5 영세율 적용대상여부 판단 (1)

1. 한국의 '갑'은 의류무역업자이다. '갑'은 원단을 중국의 'A'에게 무환으로 수출하여 완성하게 한 후 한국의 사업자 '을'에게 중국현지에서 공급했다.
'을'은 중국현지에서 미국의 'B'에게 수출했다. '갑'과 '을'의 수출의 종류는 무엇인가?

해답
  갑 : 위탁가공무역방식의 수출로서 영세율대상임
  을 : 외국인수수입하여 외국인도수출한 경우로서 영세율대상임

2. 한국의 '갑'은 의류무역업자이다. '갑'은 원단을 중국 현지인 'C'에게 구입(외국인수수입)하여 중국현지 가공업자 'A'에게 공급하여 의류를 완성하게 한 후 한국의 사업자 '을'에게 중국현지에서 공급했다. '을'은 의류를 미국의 'B'에게 수출했다. '갑'과 '을'의 수출의 종류는 무엇인가?

해답
  갑 : 위탁가공무역은 맞지만 외국에서 조달·내국인에게 공급 하였으므로 과세대상거래가 아님
  을 : 외국인수수입하여 외국인도수출한 경우로서 영세율대상임

✱ 과세권이 없는 장소에서 공급한 경우 소비지국과세원칙상 부가가치세 과세대상이 아니다. 그런데 특별히 국외거래 중 5가지에 대하여 과세거래로 규정한 것은 국내매입과 관련된 국외거래로서 매입세액을 공제할 수 있도록 배려한 규정으로 보인다.

⑥ **국내원료를 국외위탁가공하여 양도**

원료를 대가 없이 국외의 수탁가공 사업자에게 반출하여 가공한 재화를 양도하는 경우에 그 원료의 반출을 말한다(부가령 §31①5).

⑦ 「관세법」에 따른 수입신고 수리 전의 물품으로서 보세구역에 보관하는 물품의 외국으로의 반출(부가령 §31①6)

사례 2-6 영세율 적용대상여부 판단 (2)

"갑"은 "을"에게 재화를 공급하기로 하였다. "갑"은 국내에서 원자재를 1천만원어치 매입하여 중국 임가공업체(A)에 무환으로 반출(무상사급)하여 완성하게 한 후 중국현지(A)에서 "을"에게 1,800만원에 공급하였다. "을"은 국내로 수입하여 국내에 공급할 수도 있고 국내로 반입하지 아니하고 직접 다른 국외업체에 직접 수출하고 있다.

해답
"갑"이 국외에서 수탁가공하여 내국인에게 공급하는 경우 수출로서 공급받은 내국인의 판매방법에 관계없이 1천만원은 영세율 대상임(2013.2.15. 이후 신고하거나 결정·경정하는 분부터 적용). 나머지 800만원은 비과세거래로서 계산서 발급 대상임.

✻ 종전(2013.2.14.까지)규정과 비교
"갑"이 원자재를 국외의 수탁가공 사업자에게 대가없이 반출하여 가공한 재화를 국내로 반입하지 아니하고 다른 사업자 "을"에게 양도하는 경우로서 "을"이 해당 재화를 외국인도수출방식으로 수출하는 경우 "갑"은 위탁가공 무역으로서 영세율적용대상임.
해설 : "갑"은 "을"의 상황에 따라 영세율이기도 하고 아니기도 했었다. 개정령은 "을"의 사정에 관계없이 수탁가공품을 국외에서 인도하는 경우 그 원료에 대하여 영세율이다.

⑧ 사업자가 다음의 내국신용장 또는 구매확인서에 따라 공급하는 재화
㉠ 내국신용장(local credit)이란 사업자가 국내에서 수출용 원자재, 수출용 완제품 또는 수출재화임가공용역을 공급받으려는 경우에 해당 사업자의 신청에 따라 외국환은행의 장이 재화나 용역의 공급시기가 속하는 과세기간이 끝난 후 25일(그 날이 공휴일·토요일인 경우 바로 다음 영업일)이내에 개설하는 신용장을 말한다.
㉡ 구매확인서란 내국신용장에 준하여 재화 또는 용역의 거래시기가 속하는 과세기간 끝난 후 25일(그 날이 공휴일·토요일인 경우 바로 다음 영업일)이내에 발급하는 확인서를 말한다.

⑨ 한국국제협력단·한국국제보건의료재단·대한적십자사에 공급하는 재화(해당 한국국제협력단·한국국제보건의료재단·대한적십자사가 목적사업을 위하여 해당 재화를 외국에 무상으로 반출하는 경우에 한함)

⑩ 사업자가 다음의 요건에 따라 공급하는 재화(수탁가공무역)
㉠ 국외의 비거주자 또는 외국법인과 직접계약에 따라 공급할 것
㉡ 대금을 외국환은행에서 원화로 받을 것
㉢ 비거주자 등이 지정하는 국내의 다른 사업자에게 인도할 것
㉣ 국내의 다른 사업자가 비거주자 등과 계약에 따라 인도받은 재화를 그대로 반출하거나 제조·가공 후 반출할 것
✻ 수탁가공무역에 사용할 재화(원재료)를 공급하는 경우 영세율을 적용하는 이유 : 원재료에 대하여 부가가치세를 과세하면, 비거주자 또는 외국법인은 국내사업장이 없기 때문에 공제받지 못한 매입세액이 원가에 포함되어 가격을 인상시키는 요인이 되므로 영세율을 적용하도록 한 것이다.

(3) 용역의 국외공급

국내에 사업장이 있는 사업자가 국외에서 제공하는 용역에 대하여는 그 용역을 제공받는 자가 누구인지를 불문하며 그 대가를 원화로 받든지 또는 외화로 받든지 불구하고 영세율을 적용한다(부가법 §22). 따라서 국외에서 건설공사를 도급 받은 사업자로부터 해당 건설공사를 하도급 받아 국외에서 건설용역을 제공하고 그 대가를 원도급자인 국내사업자로부터 받는 경우에도 영의 세율을 적용한다. 그러나 외국에서 부동산임대업을 하는 경우 임대부동산의 등기부상 소재지가 국외사업장이므로 국내에서 신고할 필요가 없다.

(4) 외국항행용역의 공급(부가법 §23, 부가령 §32)

① 선박 또는 항공기에 의하여 여객이나 화물을 국내에서 국외로, 국외에서 국내로 또는 국외에서 국외로 수송하는 것과 외국항행사업자가 자기의 사업에 부수하여 공급하는 재화 또는 용역에 대해서는 영의 세율을 적용한다.

② 운송주선업자의 국제복합운송용역과 「항공법」에 의한 상업서류 송달용역은 외국항행용역의 범위에 포함된다.

(5) 외화 획득 재화 또는 용역의 공급(부가법 §24, 부가령 §33)

① 국내에서 국내사업장이 없는 비거주자 또는 외국법인에게 공급되는 다음 중 어느 하나에 해당하는 재화 또는 사업에 해당하는 용역으로서 그 대금을 외국환은행에서 원화로 받거나 외화를 직접 송금받아 외국환은행에 매각하는 방법 또는 그 대가를 해당 비거주자 또는 외국법인에게 지급할 금액에서 빼는 방법으로 받는 것

    가. 비거주자 또는 외국법인이 지정하는 국내사업자에게 인도되는 재화로서 해당 사업자의 과세사업에 사용되는 재화

    나. 전문[21], 과학 및 기술서비스업(수의업 제외)

    다. 사업지원 및 임대서비스업 중 무형재산권 임대업

    라. 통신업

    마. 컨테이너수리업, 보세구역의 보관 및 창고업, 해운대리점업 및 해운중개업

    바. 정보서비스업 중 뉴스제공업, 영상·오디오 기록물 제작 및 배급업(영화관 운영업과 비디오물감상실 운영업을 제외), 소프트웨어개발업, 컴퓨터프로그래밍, 시스템통합관리업, 자료처리, 호스팅, 포털 및 기타 인터넷정보매개서비스업, 기타 정보서비스업

    사. 상품중개업

    아. 사업시설관리 및 사업지원서비스업(조경관리 및 유지서비스업, 여행사 및 기타 여행보조 서비스업은 제외)

    자. 「자본시장과 금융투자업에 관한 법률」 제6조 제1항 제4호에 따른 투자자문업

    차. 교육서비스업(교육지원 서비스업으로 한정)

    카. 보건업(임상시험용역을 공급하는 경우로 한정)

    타. 보세운송업자가 제공하는 보세운송용역

    ✱ 국내에 거소를 둔 개인, 외교공관 등의 소속직원, UN군과 미합중국군대의 장병·공무원인 비거주자는 영세율 적용대상에서 제외한다.

② 비거주자 또는 외국법인의 국내사업장이 있는 경우에 국내에서 국외의 비거주자 또는 외국법인과

---

[21] 전문서비스업과 사업시설관리 및 사업지원 서비스업은 상대방 국가도 영세율 또는 면세인 경우에 영세율을 적용한다. 즉, 상호면세주의임.

직접 계약에 따라 공급되는 재화 또는 용역 중 앞 ① 중 어느 하나에 해당하는 재화 또는 사업에 해당하는 용역으로서 그 대금을 해당 국외의 비거주자 또는 외국법인에서 외국환은행을 통하여 원화로 받거나 외화를 직접 송금받아 외국환은행에 매각하는 방법 또는 그 대가를 해당 비거주자 또는 외국법인에게 지급할 금액에서 빼는 방법으로 받는 경우로 한정한다.

③ 수출업자와 직접 도급계약에 따라 수출재화를 임가공하는 수출재화임가공용역(수출재화염색임가공을 포함). 다만, 사업자가 부가가치세를 별도로 적은 세금계산서를 발급한 경우 그러하지 아니한다.

④ 외국을 항행하는 선박 및 항공기 또는 원양어선에 공급하는 재화 또는 용역. 다만, 사업자가 부가가치세를 별도로 적은 세금계산서를 발급한 경우 그러하지 아니한다.

⑤ 우리나라에 상주하는 외국정부기관·국제기구·국제연합군 또는 미국군에게 공급하는 재화 또는 용역

⑥ 일반여행업자가 외국인관광객에게 공급하는 관광알선용역으로서 그 대가를 외국환은행에서 원화로 받거나 외화 현금으로 받아 외국인관광객과의 거래임이 확인된 것

⑦ 개별소비세법에 의한 외국인전용판매장을 영위하는 자 또는 주한외국군인 및 외국인선원 전용의 유흥음식점업을 영위하는 사업자가 그 공급 대가를 외화로 받고 그 외화를 외국환은행에서 원화로 환전하는 것

⑧ 주한외교관·외교사절 또는 주한외국공관에 근무하는 외국인으로서 해당 국가의 공무원신분을 가진 자가 관할세무서장의 지정을 받은 외교관면세점에서 음식·숙박용역 또는 석유류, 주류, 전력, 자동차를 거래하는 경우(다만, 해당 국가에서 우리나라의 외교관 등에게 동일한 면세를 하는 경우에만 영의 세율을 적용함)

(6) 조특법 §105에 의한 영세율

① 방산업체가 공급하는 방산물자(경찰 작전용 포함)와 「비상대비자원관리법」에 따라 중점관리 대상으로 지정된 자가 생산공급하는 시제품 및 자원동원으로 공급하는 용역
② 「국군조직법」에 따라 설치된 부대 또는 기관에 공급하는 석유류
③ 국가 및 지방자치단체, 도시철도공사 등에게 직접 공급하는 도시철도건설용역
④ 「사회기반시설에 대한 민간투자법」에 따른 사업시행자가 부가가치세가 과세되는 사업을 할 목적으로 일정한 방식 국가 또는 지방자치단체에 공급하는 사회기반시설 또는 사회기반시설의 건설용역
⑤ 장애인용 보장구, 장애인용 특수 정보통신기기 및 장애인의 정보통신기기 이용에 필요한 특수 소프트웨어
⑥ 농민 또는 임업에 종사하는 자에게 공급하는 농업용·축산용 또는 영업용 기자재
⑦ 어민에게 공급하는 어업용 기자재 등

4 영세율 대상거래의 공급시기와 과세표준

(1) 공급시기

① 내국물품을 외국으로 반출하거나 중계무역 방식으로 수출 : 수출재화의 선(기)적일
  ✱ 수출재화는 장기할부조건이나 중간지급조건부 공급여부에 관계없이 선적일을 공급시기로 한다.
② 원양어업 및 위탁판매수출 : 수출재화의 공급가액이 확정되는 때
③ 외국인도수출, 위탁가공무역 방식의 수출, 원료를 대가 없이 국외의 수탁가공 사업자에게 반출하여 가공한 재화를 양도하는 경우에 그 원료의 반출 : 외국에서 해당 재화가 인도되는 때
④ 오파수수료(수출입 알선수수료) : 수출입 알선용역이 완료되는 시점 즉, 알선에 의한 선적시점이 공급시기이다.

(2) 과세표준

재화 또는 용역을 공급하고 그 대가를 외국통화 그 밖의 외국환으로 받은 경우 다음에 해당하는 금액을 그 대가로 한다(부가령 §59).
① 「부가가치세법」상 공급시기 되기 전에 원화로 환가한 경우 : 환가한 금액
② 공급시기 이후에 외국통화나 그 밖의 외국환 상태로 보유하거나 지급받는 경우 : 공급시기의 「외국환거래법」에 따른 기준환율 또는 재정환율에 따라 계산한 금액

✱ 기준환율과 재정환율은 서울외국환중개(주)에서 매일 발표한다. 해당일의 환율이 없는 경우 직전일의 환율에 의한다.
✱ 공급시기가 되기 전에 외화로 사용한 경우 그 사용한 날의 기준환율 또는 재정환율에 의하여 계산한 금액(부가가치세과-1122, 2009.08.11.)

5 내국신용장과 관세환급금

내국신용장에 따라 재화를 수출업자 또는 수출품 생산업자에게 공급하고 해당 수출업자 또는 수출품 생산업자로부터 그 대가의 일부로 받는 관세환급금은 영의 세율을 적용한다. 다만, 수출업자 등이 세관장에서 직접 받는 관세환급금은 과세하지 아니한다(통칙 11-24-11).

6 영세율 첨부서류

영세율 첨부서류는 법령에 의한다. 다만, 부득이한 경우 국세청장이 지정하는 서류(부가가치세영세율적용에관한규정)로 갈음할 수 있다(부가령 §101).

✱ 영세율 첨부서류는 부가가치세 신고기한 내에 제출하고 연장되지 않는다.

영세율 적용대상	첨부서류	
	법령에 의한 첨부서류	국세청장 지정서류 (법령서류 없을 때)
직접수출 (대행수출 포함)	- 수출실적명세서 - 휴대반출시 간이수출신고수리필증 - 소포우편 수출의 경우 소포수령증	수출대행계약서 사본 및 수출신고필증, 또는 수출대금입금증명서
중계무역방식 수출·위탁판매수출· 외국인도수출· 위탁가공수출	수출계약서 사본 또는 외화입금증명서	-
내국신용장· 구매확인서에 의한 공급	내국신용장·구매확인서 전자발급명세서 또는 내국신용장 사본	관세환급금 등 명세서 (내국신용장에 불포함분)
한국국제협력단, 한국국제보건 의료재단, 대한적십자사에 재화공급	한국국제협력단, 한국국제보건의료재단, 대한적십자사가 교부한 공급사실을 증명할 수 있는 서류	
수탁가공무역 수출용 재화공급	수출재화를 입증하는 서류 및 외화입금증명서	-
용역의 국외공급	외화입금증명서 또는 용역에 관한 계약서	장기 해외건설공사의 경우 최초신고시 공사도급계약서 사본을 제출하고 해당 신고기간에는 외화획득명세서 제출
선박에 의한 외국항행용역의 공급	외화입금증명서	선박에 의한 운송용역 공급가액일람표
항공기에 의한 외국항행용역의 공급	공급가액확정명세서	다른 외국항행사업의 탑승권을 판매하거나 화물운송계약을 체결하여 주는 경우 「송장집계표」
국제복합운송 계약에 의한 외국항행 용역	-	선박·항공기에 의한 외국항행용역 입증서류

영세율 적용대상	첨부서류	
	법령에 의한 첨부서류	국세청장 지정서류 (법령서류 없을 때)
국내에서 비거주자·외국법인에게 공급하는 재화 및 일부 용역	- 외화입금명세서, 외화송금받아 매각, 지급할 대가에서 차감 - 정보통신망을 통해 일정용역을 비거주자 등에게 제공하였음을 증명하는 서류	- 용역공급계약서 사본 - 외화매입증명서 또는 외국환매각증명서는 외화입금증명서에 갈음 - 직접 외화가 입금되지 아니한 경우 → 「외화획득명세서」에 외화획득사실 증빙 첨부
수출재화 임가공용역	- 임가공계약서 사본과 납품사실증명서 또는 수출대금입금증명서 - 내국신용장 또는 구매확인서	수출업자와 임가공사업자의 사업장이 동일한 경우 납품사실증명서만 제출
외국항행 선박·항공기 등에 공급하는 재화·용역	재화	선(기)적완료증명서	세관장 발행 물품·선(기)용품적재허가서
	하역용역	용역공급기록표	세관장에게 제출한 작업신고 및 교통허가서 또는 작업보고필증이나 선박회사 대금청구서
	기타용역		세관장 발행 승선허가증 사본
외국정부기관 등에 공급하는 재화·용역	수출(군납)대금입금증명서 또는 외교공관 등이 발급한 납품 또는 용역공급 사실을 증명할 수 있는 서류. 다만, 전력 등 계속 공급하는 경우 재화공급기록표, 용역공급기록표	외화입금 증명서
외국인관광객에게 공급하는 관광알선 용역(일반여행업)	외화입금증명서 (외화현금은 외화매입증명서)	—
외국인전용판매장에서 공급하는 재화·용역	외화입금증명서 또는 외화매입증명서	—
외교관 등에게 공급하는 재화·용역	외교관면세판매 기록표	—
방위산업물자	납품증명서	—
군납 석유류	납품받는 기관장 발행 용역공급사실	—

영세율 적용대상	첨 부 서 류	
	법령에 의한 첨부서류	국세청장 지정서류 (법령서류 없을 때)
도시철도 건설용역	증명서류	-
국가·지방자치단체에 공급하는 사회간접자본시설	「사회간접자본 시설에 대한 민간투자법」 에 의한 공급 입증서류	-
장애인용 보장구 및 정보통신기기	월별판매액합계표	
농민 등에게 공급하는 농·축·임· 어업용 기자재	- 월별판매액합계표 - 농협 등을 통한 공급의 경우 납품확인서 - 기자재구매확인서	-

7 수출에 대한 회계처리 사례

사례 2-7   수출에 대한 회계처리 (1)

① x1년 11월5일 : FOB US $20,000상당의 물품을 선적하였다. 선적당시 기준환율은 1,350원이다.

　(차) 외화외상매출금　　　27,000,000　　(대) 수 출 매 출　　27,000,000

② x1년 11월10일 : 외국환은행에 선적서류와 환어음을 매입의뢰하여 다음과 같이 Nego하였다.
$20,000에 대한 환가액 26,200,000원에서 환가료 52,000원과 전신료 15,000원을 차감 후 26,133,000원을 보통예금하였다.

　(차) 보 통 예 금　　26,133,000　　(대) 외화외상매출금　　27,000,000
　　　환 가 료　　　　　52,000
　　　수 수 료　　　　　15,000
　　　외 환 차 손　　　800,000

　- 부가가치세신고 과세표준 : 선적일자의 기준환율로 환산한 금액이므로 27,000,000원이다.
＊ 세법 : 수출대금 회수시에 외환차손익을 인식하지 않아 보통예금은 26,933,000원으로 하거나
　　　　세무조정으로 800,000원을 손금불산입한다.

사례 2-8 수출에 대한 회계처리 (2)

① x1년 10월 4일 : 90일 쉽퍼스유전스(Shipper's Usance)로 CIF US$20,000 수출하였다. 이날의 기준환율은 1,310원이다.

(차) 외화외상매출금   26,200,000   (대) 수 출 매 출   26,200,000

② x1년 10월 9일 : 외국환은행에 선적서류제출 및 환어음 할인매입의뢰 하였다. 90일분 선이자 150,000원과 환가료 60,000원을 차감한 25,724,000원을 현금으로 수령하였다.

(차) 현   금   25,724,000   (대) 외화외상매출금   26,200,000
    환 가 료   60,000
    매출채권처분손실   150,000
    외 환 차 손   266,000

* D/A방식의 수출회계도 쉽퍼스유전스의 경우와 같다.
* 세법 : 수출대금 회수시에 외환차손익을 인식하지 않아 보통예금은 25,990,000원으로 하거나 세무조정으로 266,000원을 손금불산입한다.

사례 2-9 수출에 대한 회계처리 (3)

① x1년 10월 2일 : FOB US$10,000 상당의 선수금을 T/T송금 받아 전액 원화로 환가하였다. 은행수수료 20,000원을 제외한 13,010,000원을 현금으로 수령하였다.

(차) 현   금   13,010,000   (대) 수 출 선 수 금   13,030,000
    수 수 료   20,000

② x1년 10월 15일 : 위 선수금에 대한 물품을 제조 완성하여 선적완료하였다. 선적시 기준환율은 US 1$당 1,260원이며 수출제비용(운임 등) 452,000원이 현금으로 지불되었다

(차) 수 출 선 수 금   13,030,000   (대) 수 출 매 출   12,600,000
                                      외 환 차 익   430,000
(차) 수 출 제 비 용   452,000   (대) 현   금   452,000

－부가가치세신고 과세표준 : 선적일 전에 환가한 경우 그 환가한 금액 13,030,000원이 과세표준이다.

사례 2-10 수출에 대한 회계처리 (4)

① x1년 9월 12일 수출물품 선수금 US $ 10,000－즉시 원화현금으로 환가함 12,100,000
② x1년 11월 9일 수출물품 선적 CIF US $ 10,000(기준환율 1,350원)

해답
- 회계처리 :
  - x1년 9월 12일 :

    (차) 현　　　　금　　12,100,000　　(대) 수 출 선 수 금　　12,100,000

  - x1년 11월 9일 :

    (차) 수 출 선 수 금　　12,100,000　　(대) 수 출 매 출　　13,500,000
    　　　외 환 차 손　　 1,400,000

- 「부가가치세법」상 처리 :
  - 공급시기 : x1년 11월 9일
  - 과세표준 : 선적일(공급시기) 전에 환가하였으므로 12,100,000원이 과세표준이다.

사례 2-11 수출에 대한 회계처리 (5)

① x1년 8월 5일 수출물품 선수금 US $ 20,000 - 외화현금으로 보유함(기준환율 1,250원)
② x1년 12월 1일 외화 US $ 20,000중 $ 10,000를 13,000,000원에 원화현금으로 환가함
③ x1년 12월 4일 수출물품 선적 US $ 20,000(기준환율 1,360원)

해답

- 회계처리
  - x1년 8월 5일 :

    (차) 외 화 현 금　　25,000,000　　(대) 수 출 선 수 금　　25,000,000

  - x1년 12월 1일 :

    (차) 현　　　　금　　13,000,000　　(대) 외 화 현 금　　12,500,000
    　　　　　　　　　　　　　　　　　　　　외 환 차 익　　　 500,000

  - x1년 12월 4일 :

    (차) 수 출 선 수 금　　25,000,000　　(대) 수 출 매 출　　27,200,000
    　　　외 환 차 손　　 2,200,000

- 「부가가치세법」상 처리
  - 공급시기 : x1년 12월 4일
  - 과세표준 : 공급시기 전 환가금액 13,000,000(US $ 10,000)과 공급시기 후에 환가하였으므로 공급시기의 기준환율에 따라 환산한 금액 13,600,000원(US $ 10,000)과의 합계액 26, 600,000원이 과세표준이다.

수 출 신 고 필 증 (수출이행, 갑지)

※ 처리기간 : 즉시

제출번호 99999-99-9999999	⑤신고번호 999-99-99-999999X	⑥신고일자 2025/05/20.	⑦신고구분 H	⑧C/S구분 V
①신 고 자 신동관세사				

②수 출 대 행 자 신일통상
  (통관고유부호) 99999-9-99-9-99-9
    수출자구분 C
  수 출 화 주 동해산업
  (통관고유부호) 999999-9-99-9-99-9
    (주소) 서울 서초구 양재동 489번지
    (대표자) 김동해 (소재지) 137
  (사업자등록번호) 999-99-99999

⑨거래구분 11	⑩종류 A	⑪결제방법 TT
⑫목적국 JAPAN(JP)	⑬적재항 인천공항 ICN	⑭선박회사(항공사) KE
⑮선박명(항공편명) KE 1023	⑯출항예정일자 20250521	⑰적재예정보세구역 03012202
⑱운송형태 40 UL		⑲검사희망일 20250520
⑳물품소재지 서울 서초 양재 137		

③제 조 자 동해산업
  (통관고유부호) 99999-9-99-9-99-9
  제 조 장 소 137 산업단지부호 999

㉑L/C번호 F 4503	㉒물품상태 N
㉓사전임시개청통보여부 A	㉔반송 사유

④구 매 자 River Road Co
  (구매자부호) JPEEC0002H

㉕환급신청인 1 (1 : 수출대행자/수출화주, 2 : 제조자)
  자동간이정액환급 AD

> 본 신고필증은 수출통관 사무처리에 관한 고시에 따라 P/L신고를 하여 세관장으로 부터 신고 수리된 것을 확인하여 발행·발급됨.

·품명·규격 (란번호/총란수 : 1/1)
㉖품 명 SPARE PARTS(FOR TV TRANSMITTER)
㉗거래품명   ㉘상표명 NO

㉙모델규격	㉚성분	㉛수량	㉜단가( )	㉝금액( )
HPB-4730 EXCITER S/N : G1202		200(EA)	25	5,000

㉞세번부호	8525.10-2000	㉟순중량	435(KG)	㊱수량	1(U)	㊲신고가격(FOB)	$5,000 ₩5,500,000
㊳송품장번호	BIC-20100204	㊴수입신고번호		㊵원산지	KR	㊶포장갯수(종류)	2(CT)
㊷수출요건확인 (발급서류명)							

㊸총중량	600(KG)	㊹총포장갯수	2(CT)	㊺총신고가격(FOB)	$5,000 ₩5,500,000
㊻운임(W)		㊼보험료(W)		㊽결제금액	CPT-USD-5,700
㊾수입화물 관리번호				㊿컨테이너번호	N
※신고인기재란				51세관기재란	

52운송(신고)인 수출자와 동일 53기간 2025/05/20부터 2024/06/10까지	54적재의무기한	2025/06/20	55담당자	홍길동(100525)	56신고수리일자	2025/05/20

발 행 번 호 : 9999999999999(2024.05.20.)   Page : 1/1

(1) 수출신고수리일로부터 30일 내에 적재하지 아니한 때에는 수출신고수리가 취소됨과 아울러 과태료가 부과될 수 있으므로 적재사실을 확인하시기 바랍니다.(관세법 제251조, 제277조) 또한 휴대탁송 반출시에는 반드시 출국심사(부두, 초소, 공항) 세관공무원에게 제시하여 확인을 받으시기 바랍니다.

(2) 수출신고필증의 진위여부는 관세청 인터넷통관포탈에 조회하여 확인하시기 바랍니다.(http://portal.customs.go.kr)

✱ (주) 48란의 결제금액으로 회계처리 및 부가가치세 영세율 신고를 하여야 한다. 실무에서는 KRW 원화로 표시되는 경우도 있다.

[별지 제4-3호 서식]

취소불능 내국신용장

전자문서 번호 :　　　　　　　　　　통지일자 :
―――――――――――――――〈개 설 내 역〉―――――――――――――――
개설은행　　　　　　　:
개설일자　　　　　　　:
신용장번호　　　　　　:
개설의뢰인(상호, 주소, 대표자, 전화번호, 사업자등록번호) :
수혜자(상호, 주소, 대표자, 전화번호, 사업자등록번호) :
내국신용장 종류　　　 :
개설외화금액　　　　　:
개설원화금액　　　　　:
매매기준율　　　　　　:
물품매도확약서 번호　 :
물품인도기일　　　　　:
유효기일　　　　　　　:
제출서류　　　　　　　: 물품수령증명서　　　　　　　　통
　　　　　　　　　　　　공급자발행 세금계산서 사본　　통
　　　　　　　　　　　　공급자발행 물품매도확약서 사본　통
　　　　　　　　　　　　본 내국신용장 사본　　　　　　통

기타 구비서류

당행은 귀하(사)가 위 금액의 범위에서 상기의 서류를 첨부하여 물품대금 전액의 일람출급식 판매대금추심의뢰서를 발행할 수 있는 취소불능내국신용장을 개설합니다. 당행은 이 신용장에 의하여 발행된 판매대금추심의뢰서가 당행에 제시된 때에는 이를 이의없이 지급할 것을 판매대금추심의뢰서의 발행인에게 확약합니다.

대표공급물품명　　　 :　　　　　(HS부호 :　　　　　)
분할인도 허용여부　　:
서류제시기간　　　　 : 물품수령증명서 발급일로부터 영업일 이내
개설근거별 용도　　　:
기타　　　　　　　　 :
―――――――――――――――〈원수출신용장 등 내역〉―――――――――――――――
개설근거서류 종류　　:
신용장(계약서) 번호　:
―――――――――――――――〈발신기관 전자서명〉―――――――――――――――
발신기관 전자서명　　:

1. 이 전자문서는 「전자무역 촉진에 관한 법률」에 따라 발행된 내국신용장으로서 이 문서를 전송받은 개설의뢰인 또는 수혜자는 같은 법률 시행규정 제12조 제3항의 별표 4에 따라 신용장 여백에 정당발급문서임을 표시하는 적색 고무인을 날인하여야 합니다.
2. 이 신용장에 관한 사항은 다른 특별한 규정이 없는 한 국제상공회의소 제정 화환신용장 통일규칙 및 관례에 따릅니다.

[별지 제13-1호 서식]

외화획득용원료 · 기재구매확인서

※ 구매확인서번호 :

① 구매자   (상호)
                 (주소)
                 (성명)
                 (사업자등록번호)

② 공급자   (상호)
                 (주소)
                 (성명)
                 (사업자등록번호)

1. 구매원료 · 기재의 내용

③ HS부호	④ 품명 및 규격	⑤ 단위 및 수량	⑥ 구매일	⑦ 단가	⑧ 금액	⑨ 비고

2. 세금계산서(외화획득용 원료·기재를 구매한 자가 신청하는 경우에만 해당)

⑩ 세금계산서 번호	⑪ 작성일자	⑫ 공급가액	⑬ 세액	⑭ 품목	⑮ 규격	⑯ 수량

⑰ 구매원료·기재의 용도명세 : 원자재구매, 원자재 임가공위탁, 완제품 임가공위탁, 완제품구매, 수출대행 등 해당 용도를 표시하되, 위탁가공무역에 소요되는 국산원자재를 구입하는 경우는 "(위탁가공)" 문구를 추가표시
  * 한국은행 총액한도대출관련 무역금융 취급절차상의 용도표시 준용

위의 사항을 대외무역법 제18조에 따라 확인합니다.

                             확인일자   년   월   일
                             확인기관
                             전자서명

이 전자무역문서는 「전자무역 촉진에 관한 법률」에 따라 전자문서교환방식으로 발행된 것으로서 출력하여 세관 또는 무역유관기관 등 제3자에게 제출하려는 경우 업체는 동 법률 시행규정 제12조 제3항에 따라 적색고무인을 날인하여야 합니다.

210mm×297mm 일반용지 60g/㎡

수입신고서 양식

UNI-PASS

[별표] 수입신고서 서식
수 입 신 고 필 증

(갑지)

※ 처리기간 : 3일

①신고번호	②신고일	③세관과	⑥입항일	⑦전자인보이스 제출번호
40168-12-100433U	2025/04/16	020-12	2025/04/12	

④B/L(AWB)번호	⑤화물관리번호	⑧반입일	⑨징수형태
TMSKH313E0003	08JCSC313E9-5002	2025/04/12	11

⑩신 고 자 관세사법인
⑪수 입 자 (주)흥일 (흥일-1-01-1-01-9 A)
⑫납세의무자 (흥일-1-01-1-01-9/000-81-00000)
(주소) 동구 남촌동 621-3 14B-13L
(상호) (주)흥일
(성명) 강 표
⑬운송주선인
⑭공급자 SHANXI INDUSTRY CO LTD

⑮통관계획 F 도착후부두직반출	⑲원산지증명서 유무 Y	㉑총중량 66,660.0KG
⑯신고구분 B 일반서류신고	⑳가격신고서 유무 Y	㉒총포장갯수 1BG
⑰거래구분 11 일반형태수입	㉓국내도착항 KRINC 인천항	㉔운송형태 40-ETC
⑱종류 K 일반수입(내수용)	㉕적출국 italy	
	㉖선기명 AIR9099	
㉗MASTER B/L 번호		㉘운수기관부호

㉙검사(반입)장소 02077154-080012780A(4부두(한진CY) 관세자유)

● 품명·규격(란번호/총란수 : 001/001)

㉚품 명 GUCCI PLAP HANDBAGS
㉛거래품명 GUCCI PLAP HANDBAGS
㉜상 표 NO

㉝모델·규격	㉞성분	㉟수량	㊱단가	㊲금액
	을지 참조			

㊳세번 부호	4202-11-0000	㊵순중량	90G	㊸C/S 검사	S 청CS검사생략	㊺사후기관
㊴과세가격(CIF)	$ 50,000	㊶수 량		㊹검사변경		
	₩ 50,000,000	㊷환급물량	90G	㊻원산지	CN-A-S-	㊼특수세액
㊽수입요건확인 (발급서류명)						

㊾세종	㊿세율(구분)	(51)감면율	(52)세액	(53)감면분납부호	감면액	*내국세종부호
관세	8.0		4,000,000			
개소	20.0		10,800,000			
VAT	10.0		6,804,000			

(54)결제금액(인도조건-통화종류-금액-결제방법)	FOB-USD-40,401-LU	(56)환 율	1,000

(55)총과세가격							
	$ 50,000	(57)운 임	US$7,300	(59)가산금액		(64)납부서번호	0127-020-17-12-1-098172-9
	₩ 50,000,000	(58)보험료	US$2,299	(60)공제금액		(65)부가가치세과표	68,040,000

(61)세 종	(62)세 액
관 세	4,000,000
개별소비세	10,800,000
교 통 세	
주 세	
교 육 세	3,240,000
농 특 세	
부 가 세	6,804,000
신고지연가산세	
미신고가산세	

※관세사기재란

(66)세관기재란
이 물품은 사후심사결과에 따라 적용세율이 변경될 수 있습니다.

(63)총세액합계	24,844,000	(67)담당자	홍길동 000012	(68)접수일시	2025/04/16, 16 : 50	(69)수리일자	2025/04/16

2편 Chapter 02 부가가치세

8 면세대상거래

(1) 국내 거래(부가법 §26)

① 가공22)되지 아니한 식료품(식용으로 제공되는 농산물, 축산물, 수산물과 임산물과 1차가공식품을 포함한다)과 우리나라에서 생산되어 식용으로 제공되지 아니하는 농산물, 축산물, 수산물과 임산물로서 법정한 것

✱ 2022년 7월 1일부터 2025년 12월 31일까지 김치, 단무지, 간장, 된장, 고추장은 판매목적으로 관입·병입 등의 형태로 포장하여 공급하는 경우에도 면세한다.

② 수돗물

③ 연탄과 무연탄

④ 여성용 생리처리 위생용품

⑤ 의료보건용역(수의사의 용역 포함)과 혈액(치료·예방·진단 목적으로 조제한 동물의 혈액 포함)

✱ 소득세법상 원천징수대상임(의사에게 보험급여지급시 건강보험공단 등에서 3.3% 원천징수함).
✱ 요양급여의 대상에서 제외되는 다음의 진료용역은 과세한다.
쌍꺼풀수술, 코성형수술, 유방확대·축소술(유방암 수술에 따른 유방 재건술은 제외), 지방흡인술, 주름살제거, 안면윤곽술, 치아성형(치아미백, 라미네이트와 잇몸성형술을 말함) 등 성형수술(성형수술로 인한 후유증 치료, 선천성 기형의 재건수술과 종양 제거에 따른 재건수술은 제외)과 악안면 교정술(치아교정치료가 선행되는 악안면 교정술은 제외), 색소모반·주근깨·흑색점·기미 치료술, 여드름 치료술, 제모술, 탈모치료술, 모발이식술, 문신술 및 문신제거술, 피어싱, 지방융해술, 피부재생술, 피부미백술, 항노화치료술 및 모공축소술
✱ 산후조리원, 장의용역, 수급자가 기르는 동물의 진료용역 등은 면세대상에 해당함.

⑥ 교육용역 : 주무관청의 허가 또는 인가를 받거나 주무관청에 등록되거나 신고된 학교, 학원, 사회적 기업, 과학관, 박물관·미술관, 사회적협동조합 등에서 학생, 수강생, 훈련생, 교습생 또는 청강생에게 지식, 기술 등을 가르치는 것

✱ 자동차운전학원 및 무도학원은 2012년 7월 1일부터 과세된다.
✱ 어린이집(국공립 어린이집 또는 직장어린이집이 위탁하여 운영하는 경우 포함)에서 지식 등을 가르치는 것은 면세에 해당한다.

⑦ 여객운송용역. 단, 항공기·고속버스·전세버스·택시·특수자동차·특종선박 또는 고속철도에 의한 여객운송 용역은 과세

✱ 시외우등고속버스는 과세하고 시외일반고속버스는 면세한다. 또한, 삭도·유람선 등 관광·유흥 목적의 운송수단에 의한 여객운송용역은 과세한다.

⑧ 도서(도서대여 및 실내 도서열람 용역 포함), 신문, 잡지, 관보, 뉴스통신 및 방송.
단, 광고는 과세

⑨ 우표(수집용 우표는 제외), 인지, 증지, 복권 및 공중전화

⑩ 200원 이하인 담배, 특수용 담배

⑪ 금융·보험용역

---

22) 탈곡·정미·정맥·제분·정육·건조·냉동·염장·포장 기타 원생산물의 본래의 성질이 변하지 아니하는 정도의 1차가공을 거쳐 식용에 공하는 것으로 한다.

※ 복권, 입장권, 상품권, 지금형주화 또는 금지금에 관한 대행용역, 기업합병 또는 기업매수의 중개·주선·대리, 신용정보서비스 및 은행업에 관련된 전산시스템과 소프트웨어의 판매·대여 용역, 부동산 임대용역 등은 과세한다.

⑫ **주택과 이에 부수되는 토지의 임대용역**
  ※ 공동주택 어린이집의 임대용역도 면세한다.
  ※ 「주택법」 제2조 제9호의 토지임대부 분양주택(국민주택규모이하 한정)을 분양받은 자에게 제공하는 토지의 임대에 대해서 면세한다.

⑬ **토지의 공급**
  ※ 부동산의 공급·임대에 대한 부가가치세 과세여부

구 분	공 급	임 대
건 물	① 원칙 : 과세 ② 국민주택 공급 : 면세	① 주택의 임대용역 : 면세 ② 상가의 임대용역 : 과세
토 지	면세	① 원칙(나대지 등) : 과세 ② 전·답·과수원·목장용지·임야·염전임대 : 과세제외 ③ 주택부수토지 임대 : 면세

⑭ **저술가·작곡가 등이 직업상 제공하는 인적용역. 단, 세무사, 변호사 등 전문자격사업은 과세**
  ※ 「소득세법」상 원천징수대상임.
  ※ 전단계세액공제법에서 부가가치 구성요소인 임금·인적용역·임차료·이자를 과세하면 이중과세문제가 발생하므로 인적용역과 이자를 면세한다. 임금은 사업자의 공급이 아니므로 과세문제가 발생하지 않으며, 임차료는 부가가치세법을 도입할 당시에는 면세대상이었으나 세원양성화목적에서 과세대상으로 전환되었다.
  ※ 개인이 물적시설 없이 근로자를 고용(고용 외의 형태로 해당 용역의 주된 업무에 대해 타인으로부터 노무 등을 제공받는 경우 포함)하지 아니하고 독립된 자격으로 제공하는 문화·예술·창작 및 연예활동, 학술용역 등의 인적용역에 대하여는 면세한다.

> **참고**
>
> 인적용역제공자(중소기업에 해당안함): 물적시설이란 계속적·반복적으로 사업에만 이용되는 건축물·기계장치 등의 사업설비(임차한 것을 포함)를 말하며, 인적용역의 실현에 있어 보조적 수단에 불과한 것이라면 물적시설을 갖춘 것으로 보지 아니한다.(집행기준 : 26-42-1)
> 근로자를 고용하지 아니하였다는 의미는 인적용역 실현을 위한 본질적인 업무를 수행하는 근로자(일용근로자 및 고용 외 형태로 해당 용역의 주된 업무에 대해 타인으로부터 노무 등을 제공받는 경우 포함)를 고용하지 않은 경우를 말하므로 인적용역 제공과 직접 관련없이 보조역할만 수행하는 업무보조원을 고용한 경우는 포함한다.

※ 2025.1.1.이후 공급하는 「직업안정법」상 근로자공급 용역 및 다른 사업자 사업장에서 다른 사업자의 시설·설비를 이용하여 물건의 제조·수리, 건설 등 작업을 수행하기 위한 단순 인력 공급용역(「파견법」상 근로자파견 용역은 제외)에 대해서도 면세한다.

⑮ 예술창작품, 순수예술행사, 문화행사 또는 아마추어 운동경기
⑯ 도서관, 과학관, 박물관, 미술관, 동물원, 식물원, 전쟁기념관 등에의 입장
⑰ 종교, 자선, 학술, 구호, 그 밖의 공익을 목적으로 하는 단체가 공급하는 재화·용역
⑱ 국가·지방자치단체가 또는 지방자치단체조합이 공급하는 재화·용역

✻ 우체국택배, 부동산임대업, 도소매업, 음식점·숙박업, 스포츠시설운영업, 주차장운영업, 우정사업본부의 우편주문판매대행 용역 등은 과세

⑲ 국가·지방자치단체 또는 지방자치단체조합, 공익단체에 무상으로 공급하는 재화·용역

⑳ 국민주택($85m^2$) 및 「건설산업기본법」 등에 의한 면허자가 공급하는 국민주택의 건설용역 및 건축사의 설계용역, 국민주택의 리모델링 용역(조특법 §106①)

✻ 국민주택의 공급은 면허가 없어도 되나 건설용역 등은 면허가 있어야 면세한다.

㉑ 관리주체, 경비업자 또는 청소업자가 공동주택 중 국민주택에 공급하는 일반관리·경비용역 및 청소용역

㉒ 정부업무대행단체(별정우체국, 한국도로공사, 대한주택공사)가 공급하는 재화·용역

(2) 면세수입

① 가공되지 아니한 식용으로 제공되는 농·축·수·임산물

✻ 관세가 부과되는 원두커피두, 코코아두는 과세이나, 2025.12.31.까지 면세한다.

② 도서, 신문 및 잡지
③ 거주자가 받는 소액물품으로서 관세가 면제되는 재화
④ 이사·이민·상속으로 인한 수입재화로서 관세가 면제되거나 간이세율이 적용되는 재화
⑤ 여행자의 휴대품·별송품·우송품으로서 관세가 면제되거나 간이세율이 적용되는 재화
⑥ 외국으로부터 국가, 지방자치단체 또는 지방자치단체조합에 기증되는 재화
⑦ 수입하는 상품견본과 광고용 물품으로서 관세가 면제되는 재화
⑧ 우리나라에서 개최되는 박람회, 전시회, 품평회, 영화제 등에 출품하기 위하여 무상으로 수입하는 물품으로서 관세가 면제되는 재화
⑨ 조약·국제법규 또는 국제관습에 따라 관세가 면제되는 재화
⑩ 영세율을 적용받지 않은 재화가 수출된 후 다시 수입하는 재화로서 관세가 감면 (또는 경감 부분) 되는 것
⑪ 다시 수출하는 조건으로 일시 수입하는 재화로서 관세가 감면 (또는 경감 부분)되는 것

(3) 면세의 포기(부가법 §28, 부가령 §57)

1) 개요

면세사업자가 면세적용을 포기하고 과세로 전환하는 것을 면세의 포기라 한다. 면세제도는 최종소비자의 세부담을 경감하기 위한 제도이므로 모든 면세사업자가 면세를 포기할 수 있는 것은 아니다. 따라서 면세를 포기해도 최종소비자에게 조세부담이 전가되지 아니하는 경우에 한하여 면세를 포기할 수 있다.

✻ 과수원을 경영하는 자가 먹는 배를 생산하여 국내에 공급하는 경우 면세이지만 외국으로 수출하는 경우 과세

를 적용할 수 있기 때문에 면세포기가 가능하며, 관련 매입세액은 공제가능하다. 여기서 수출재화에만 면세포기의 효력이 있으므로 국내공급분은 그대로 면세가 적용된다.

2) 대상

㉠ 영세율 적용의 대상인 재화·용역
㉡ 학술 등 연구단체가 그 연구와 관련하여 실비 또는 무상으로 공급하는 재화 또는 용역

3) 절차

면세를 포기하려는 사업자는 언제든지 면세포기신고를 하고 지체없이 일반과세 사업자등록을 해야하며 세무서장의 승인을 요하지 않는다. 다만, 면세의 포기를 신고한 사업자는 신고한 날부터 3년간 부가가치세를 면제받지 못한다.

4) 면세 재적용

면세의 포기를 신고한 사업자가 3년의 기간이 지난 뒤 부가가치세를 면제받으려면 면세적용신고서를 제출하여야 하며, 면세적용신고서를 제출하지 아니하면 계속하여 면세를 포기한 것으로 본다.

제2절 과세표준과 매출세액

I 과세거래

현행 「부가가치세법」상 과세거래는 ① 재화의 공급 ② 용역의 공급 ③ 재화의 수입이다.

1 재화의 공급

(1) 재화의 실질공급

재화의 공급은 다음과 같이 계약상 또는 법률상의 모든 원인에 따라 재화를 인도(引渡)하거나 양도(讓渡)하는 것으로 한다(부가법 §9, 부가령 §18①).

① 현금판매・외상판매・할부판매・장기할부판매・조건부 및 기한부판매・위탁판매와 그 밖의 매매계약에 따라 재화를 인도 또는 양도하는 것. 다만 사업자가 위탁가공을위하여 원자재를 국외의 수탁가공사업자에게 대가 없이 반출하는 것은 제외한다.
② 자기가 주요자재의 전부 또는 일부를 부담하고 상대방으로부터 인도받은 재화를 가공하여 새로운 재화를 만드는 가공계약에 따라 재화를 인도하는 것
③ 재화의 인도 대가로서 다른 재화를 인도받거나 용역을 제공받는 교환계약에 따라 재화를 인도하거나 양도하는 것
④ 경매(법에 따른 경매 및 공매는 제외)・수용(철거여부 무관)・대물변제(조세물납 제외)・현물출자와 그 밖의 계약상 또는 법률상의 원인에 따라 재화를 인도하거나 양도하는 것

(차) 외상매출금	22,000,000	(대) 상품매출	20,000,000
		부가세예수금	2,000,000

(2) 재화공급의 특례(부가법 §10 및 부가령 §19, §20)

재화공급의 특례는 유상거래에 의한 공급이 아닌 경우에도 공급한 것으로 보아 부가가치세 납세의무를 지우는 제도로서 간주공급이라고도 한다. 부가가치세매입세액공제를 받은 재화는 최종소비자에게 부가가치세가 전가되어야 하는데 전가가 안 될 때 사업자 스스로에게 부담시키기 위함이다. 또한, 승용차 구입 등으로 관련 매입세액공제를 못 받는

다른 사업자와의 형평성 문제도 있기 때문에 인정되었다.

1) 자가공급(自家供給)

사업자가 자기의 과세사업과 관련하여 생산하거나 취득한 재화(자기생산·취득재화)를 자기의 사업을 위하여 직접 사용하거나 소비하는 것을 자가공급이라 하며, 다음의 경우에만 과세된다(부가법 §10①~③).

① **아래의 재화를 자기의 면세사업(비과세 사업을 포함)을 위하여 직접 사용하거나 소비하는 것**
  - 매입세액이 공제된 재화
  - 사업양도로 취득한 재화로서 사업양도자가 매입세액공제를 받은 재화
  - 수출에 해당하여 영(零) 퍼센트의 세율을 적용받는 재화

  ✽ 예 : 과세사업인 고속버스운송업에 사용하던 차량을 면세사업인 시내버스운송업에 사용
  ✽ 비과세사업이란 부가가치세가 과세되지 않는 재화·용역을 공급하는 사업을 의미하며, 용역의 무상공급(국고보조금 관련)하는 경우가 예로 들수 있다.

② **아래의 어느 하나에 해당하는 자기생산·취득재화의 사용 또는 소비하는 것**
  - 사업자가 자기생산·취득재화를 매입세액이 매출세액에서 공제되지 아니하는 개별소비세 과세대상 자동차로 사용 또는 소비하거나 그 자동차의 유지를 위하여 사용 또는 소비하는 것
  - 운수업, 자동차 판매업, 자동차 임대업, 운전학원업, 기계경비업무를 하는 경비업(출동차량에 한정)의 사업을 경영하는 사업자가 자기생산·취득재화 중 개별소비세 과세대상인 자동차와 그 자동차의 유지를 위한 재화를 해당 업종에 직접 영업으로 사용하지 아니하고 다른 용도로 사용하는 것

  ✽ 예 : 정유판매회사가 판매용으로 구입한 휘발유를 대표이사의 승용자동차의 연료로 사용

사례 2-12 간주공급 회계처리 (1)

현대자동차는 생산한 에쿠스 3천만원(판매가 4천만원)을 제품 계정으로 대체하였다. 이 중 1대를 영업부에서 업무용으로 사용하기로 결정하였다면 이에 대한 회계처리는?

(차) 차 량 운 반 구	34,000,000	(대) 제 품	30,000,000*
		부 가 세 예 수 금	4,000,000**

* 원가 ** 시가(40,000,000)의 10%

③ 사업장이 둘 이상인 사업자가 자기생산·취득재화를 타인에게 직접 판매할 목적으로 자기의 다른 사업장에 반출하는 것. 특히 매입세액이 불공제되는 경우에도 재화의 공급으로 간주한다. 다만, 사업자 단위 과세 사업자로 적용을 받는 과세기간에 자기의 다른 사업장에 반출하는 경우와 주사업장 총괄 납부의 적용을 받는 과세기간에 자기의 다른 사업장에

반출하는 경우에는 과세거래로 보지 아니하지만 총괄납부사업자가 세금계산서를 발급하여 신고한 것은 과세거래로 본다.

✱ 예 : 본사공장에서 생산한 의류를 A지점에는 소비자에게 판매할 목적으로 B지점에는 상품 진열목적으로 보낸 경우 A지점에 보낸 의류만 자가공급으로 보는 직매장 반출에 해당하여 재화의 공급에 해당한다.

> 다음의 경우 자가공급으로 보지 아니하며 부가가치세가 과세되지 않는다.
> ㉠ 자기의 다른 사업장에서 원료·자재 등으로 사용·소비하기 위하여 반출하는 경우
> ㉡ 자기사업상의 기술개발을 위하여 시험용으로 사용·소비하는 경우
> ㉢ 수선비 등에 대체하여 사용·소비하는 경우
> ㉣ 사후 무료서비스 제공을 위하여 사용·소비하는 경우
> ㉤ 불량품교환 또는 광고선전을 위한 상품진열 등의 목적으로 자기의 다른 사업장으로 반출하는 경우(부통칙 10-0-1)
> ㉥ 건설업을 영위하는 사업자가 자기의 사업과 관련하여 생산 또는 취득한 재화를 자기의 해외 건설공사에서 건설용자재로 사용·소비할 목적으로 국외로 반출하는 경우(부통칙 10-0-2)

2) 개인적 공급(個人的 供給)

사업자가 자기생산·취득재화를 사업과 직접적인 관계없이 자기의 개인적인 목적이나 그 밖의 다른 목적을 위하여 사용·소비하거나 그 사용인 또는 그 밖의 자가 사용·소비하는 것으로서 사업자가 그 대가를 받지 아니하거나 시가보다 낮은 대가를 받고 제공하는 경우(예 : 회사가 생산한 제품을 추석명절에 종업원에게 제공)

다만, 매입세액이 불공제된 재화는 제외하고, 실비변상적·복리후생적인 목적으로 자기의 사용인에게 무상으로 다음의 재화를 제공하는 것은 재화의 공급으로 보지 아니한다.

① **사업을 위해 착용하는 작업복·작업모·작업화**
② **직장 연예 및 직장 문화와 관련된 재화**
③ **경조사(설날·추석, 창립기념일 및 생일 등을 포함한다)와 관련된 재화로서 ㉠과 ㉡의 경우로 각각 구분하여 사용인 1인당 연간 10만원 이하의 재화**

㉠ 경조사와 관련된 재화
㉡ 설날·추석과 관련한 재화
㉢ 창립기념일 및 생일 등과 관련한 재화

한편 사업양도에 의하여 사업양수자가 양수한 자산으로서 사업양도자가 매입세액공제를 받은 재화는 과세거래에 포함한다.

사례 2-13 　 간주공급 회계처리 (2)

① 구입시

　(차) 상　여　금　　　10,000,000　　　(대) 현 금 등　　　11,000,000
　　　 부 가 세 대 급 금　 1,000,000

② 부가가치세 신고시

과세표준에 10,000,000원을 기재하여 1,000,000원을 매출세액으로 하고 매입세액으로 다시 1,000,000원을 공제받는다. 결과적으로 공제효과가 없다.

　(차) 상　여　금　　　 1,000,000　　　(대) 부 가 세 예 수 금　 1,000,000

* 실무상 구입시 개인적공급이 예상된다면 구입시부터 매입세액불공제로 처리하는 것이 일반적이다.

3) 사업상증여(事業上贈與)

사업자가 자기생산·취득재화를 자기의 고객이나 불특정 다수에게 증여하는 경우(증여하는 재화의 대가가 주된 거래인 재화의 공급에 대한 대가에 포함되는 경우는 제외)에는 재화의 공급으로 본다.

① **사업상증여로 보는 것**

　㉠ 판매장려금 : 사업자가 자기재화의 판매촉진을 위하여 거래상대자의 판매실적에 따라 일정률의 장려금품을 지급 또는 공급하는 경우 금전으로 지급하는 장려금은 과세표준에서 공제하지 아니하며 재화로 공급하는 것은 사업상 증여에 해당된다.

　㉡ 경품 : 사업자가 자기 고객 중 추첨을 통하여 당첨된 자에게 재화를 경품으로 제공하는 경우에는 사업상증여에 해당된다.

　　* 예 : 주유소를 운영하는 (주)한결이 주유소를 이용하는 고객 중 이용실적에 따라 김치냉장고, 침대, 청소기, 세제 등 물품을 무상으로 제공하고 있다. 이 경우 (주)한결이 제공하는 물품에 대하여 매입세액을 공제받은 경우 사업상증여에 해당하여 재화의 공급으로 보아야 한다.

② **사업상증여로 보지 아니하는 것**

　㉠ 매입세액이 불공제된 재화. 다만, 사업양도에 의하여 사업양수자가 양수한 자산으로서 사업양도자가 매입세액공제를 받은 재화는 과세거래에 포함한다.

　㉡ 사업을 위하여 대가를 받지 아니하고 인도하는 견본품

　㉢ 특별재난지역에 공급하는 물품

　　* 국가 등에 무상으로 공급하는 재화·용역은 면세임.

　㉣ 불특정다수인에게 무상으로 배포하는 광고선전물

ⓜ 부수재화인 증정품(기증품)
　　ⓗ 자기적립마일리지 등으로만 전부를 결제받고 공급하는 재화

4) 폐업시 잔존재화(廢業時 殘存財貨)

사업자가 폐업할 때 자기생산·취득재화 중 남아 있는 재화는 자기에게 공급하는 것으로 본다. 또한 사업 개시일 이전에 사업자등록을 신청한 자가 사실상 사업을 시작하지 아니하게 되는 경우에도 또한 같다. 다만, 매입세액이 불공제된 재화는 폐업시 잔존재화에서 제외하고, 사업양도에 의하여 사업양수자가 양수한 자산으로서 사업양도자가 매입세액공제를 받은 재화는 과세거래에 포함한다.

다음의 경우에는 폐업할 때 남아 있는 재화로서 과세하지 아니한다(부통칙 10-0-7).

ⓐ 사업자가 사업의 종류를 변경한 경우 변경 전 사업에 대한 잔존재화
ⓑ 동일사업장 내에서 2 이상의 사업을 겸영하는 사업자가 그 중 일부사업을 폐지하는 경우 해당 폐지한 사업과 관련된 재고재화
ⓒ 개인사업자 2인이 공동사업을 영위할 목적으로 한 사업자의 사업장을 다른 사업자의 사업장에 통합하여 공동명의로 사업을 영위하는 경우에 통합으로 인하여 폐지된 사업장의 재고재화
ⓓ 폐업일 현재 수입신고(통관)되지 아니한 미착재화
ⓔ 사업자가 직매장을 폐지하고 자기의 다른 사업장으로 이전하는 경우 해당 직매장의 재고재화

> 다음의 경우에는 매입세액 공제된 경우에만 부가가치세가 과세된다.
> ① 자가공급 중 면세전용 ② 개인적인 공급 ③ 사업상 증여 ④ 폐업시 잔존재화

✱ 간주공급의 의미

만약 소매업자가 소비자에게 판매하지 아니한 상태에서(즉, 재고) 부가가치세를 신고·납부하는 경우 매입세액 13,000원을 환급받게 된다. 이 13,000원은 전단계의 제조업자 10,000원, 도매업자 3,000의 총납부세액이다. 이 상태에서 폐업하면 어떻게 되겠는가? 소비자에게 전가될 수 없는 것이다. 따라서 폐업시에는 사업자 자신을 소비자로 보아 전가시킨다. 또한 폐업이 아니라도 사업자 자신, 종업원 등에게 무상공급(개인적 공급, 사업상증여)이 이루어지면 이것 역시 무상공급 사업자에게 부가가치세를 전가시킨다.

구 분	제조업자	도매업자	소매업자	소비자
판 매 가 격 (부가가치세)	100,000 (10,000)	130,000 (13,000)	200,000 (20,000)	
매 입 가 격 (부가가치세)	0 0	100,000 (10,000)	130,000 (13,000)	200,000 (20,000)
부 가 가 치	100,000	30,000	70,000	0

부가가치세(10%)	10,000	3,000	7,000	0
비 용	110,000	25,000	40,000	
① 인 건 비	20,000		10,000	
② 세 금 공 과	10,000	10,000	10,000	
③ 감가상각비	30,000	5,000	10,000	
④ 임 차 료	20,000		5,000	
⑤ 이 자	30,000	10,000	5,000	
이 윤	△10,000	5,000	30,000	

사례 2-14 간주공급에 대한 회계처리 (3)

간주공급에 대한 회계처리를 살펴보자.

① 선물구입하여 거래처에 선물한 경우의 분개는 다음과 같다.

(차) 기업업무추진비   10,000,000   (대) 현   금   11,000,000
     기업업무추진비   1,000,000

* 접대용 선물구입에 대한 부가가치세는 매입세액불공제이므로 간주공급도 없다.

② 회사 생산제품을 종업원에게 선물(원가 5,000,000, 시가 6,000,000)한 경우 시가에 대한 부가가치세를 납부하여야 한다.

(차) 상   여   금   5,590,000   (대) 제   품   5,000,000
                                            부 가 세 예 수 금   590,000

* 근로자 연말정산시 상여금은 시가인 6,590,000으로 함.
* 1인당 10만원 초과금액에 대해서 부가가치세가 과세되므로 (6,000,000−100,000) × 10% = 590,000 으로 계산됨

(3) 재화의 공급으로 보지 아니하는 것

다음에 해당하는 것은 재화의 공급으로 보지 아니한다(부가법 §10⑨, 부가령 §22~§24).

1) 재화를 담보로 제공하는 것

질권(담보가 동산임), 저당권 또는 양도담보(담보가 부동산임)의 목적으로 동산, 부동산 및 부동산상의 권리를 제공하는 경우 재화의 공급으로 보지 아니한다.

담보로 제공할 때가 아니라 채무를 갚지 못하여 담보로 제공한 자산의 소유권 이전이 실질적으로 이전될 때 과세여부를 판단하는 것이다.

2) 사업의 포괄양수도

① 사업장별(「상법」에 따라 분할 또는 분할합병하는 경우에는 동일한 사업장안에서 사업부문별로 양도하는 경우를 포함한다)로 그 사업에 관한 모든 권리와 의무를 포괄적으로 승계시키는 사업의 포괄양수도는 과세거래로 보지 않는다. 다만, 그 사업을 양수받는 자가 대가를 지급하는 때에 그 대가를 받은 자로부터 부가가치세를 징수하여 납부한 경우(대리납부)는 과세거래로 본다.

② 사업양도를 과세거래로 보지 않는 것은 사업양도에 부가가치세를 과세해도 사업양수인이 매입세액을 환급받으므로 과세의 실익이 없고, 부가가치세가 사업양도에 장애가 될 수 있기 때문이다.

③ 사업장별로 사업에 관한 모든 권리와 의무를 승계해야 사업양도로 보나, 사업과 관련이 없는 미수금·미지급금과 업무무관자산은 사업양도에서 제외해도 된다.

또한 사업양도 후 승계한 사업 이외의 새로운 사업을 추가하거나 업종을 변경해도 사업양도로 본다.

> **참고** **사업의 포괄양수도시 대리납부**
>
> 포괄양도 해당여부가 불분명한 경우에도 그 사업을 양수받는 자는 그 대가를 지급하는 때에 그 대가를 받은 자로부터 부가가치세를 징수하여 그 대가를 지급하는 날이 속하는 달의 다음달 25일까지 사업장 관할 세무서장에게 납부할 수 있다(부가법 § 52④).

3) 조세의 물납

조세(상속세, 증여세, 재산세)를 물납하는 것은 국가에서 부가가치세를 징수하여 국가에 납부하게 되어 아무런 실익이 없으므로 과세거래로 보지 아니한다.

4) 신탁재산의 소유권 이전

위탁자로부터 수탁자에게 신탁재산을 이전하는 경우, 신탁의 종료로 인하여 수탁자로부터 위탁자에게 신탁재산을 이전하는 경우, 수탁자가 변경되어 새로운 수탁자에게 신탁재산을 이전하는 경우는 재화의 공급으로 보지 아니한다.

2 용역의 공급

(1) 개념

용역의 공급은 계약상 또는 법률상의 모든 원인에 따라 역무를 제공하거나 시설물, 권리 등 재화를 사용하게 하는 것을 말한다(부가법 §11).

✱ 역무제공은 인적용역(개인 서비스), 재화 시설물의 사용은 물적용역(부동산 임대), 권리의 사용은 권리 대여(특허권 대여)를 말한다.

(2) 유상공급

용역은 유상공급만 과세한다. 다만, 사업자가 특수관계인에게 사업용 부동산임대용역을 무상으로 공급23)하는 경우에는 과세거래로 본다.

> **참고** 용역의 자가공급에 해당하여 부가가치세를 과세하지 않는 경우
>
> ㉠ 사업자가 자기사업과 관련하여 사업장 내에서 사용인에게 음식용역을 무상으로 제공하는 경우
> ㉡ 사업자가 사용인의 직무상 부상 또는 질병을 무상으로 치료하는 경우
> ㉢ 사업장이 각각 다른 수개의 사업을 겸영하는 사업자가 그 중 한 사업장의 재화 또는 용역의 공급에 부수되는 용역을 자기의 다른 사업장에서 공급하는 경우

(3) 용역 공급의 범위

다음의 어느 하나에 해당하는 것은 용역의 공급으로 본다.

1) 건설업의 경우 건설사업자가 건설자재의 전부 또는 일부를 부담하는 것

2) 자기가 주요자재를 전혀 부담하지 아니하고 상대방으로부터 인도받은 재화를 단순히 가공만 해 주는 것

3) 산업상·상업상 또는 과학상의 지식·경험 또는 숙련에 관한 정보를 제공하는 것

3 재화의 수입

다음에 해당하는 물품을 우리나라에 반입하는 것은 부가가치세가 과세된다. (부가법 §13)
① 외국으로부터 국내에 도착한 물품
② 수출신고가 수리된 물품(다만, 수출신고가 수리된 물품으로서 선적되지 아니한 물품을 보세구역에서 반입하는 경우는 제외한다)

✱ 부가가치세법에서는 수출재화가 일단 선적되면 수출이 완료된 것으로 보고 영세율을 적용한 후 이를 다시 우리나라에서 반입하는 것은 수입으로 보아 부가가치세를 과세한다.

✱ 보세구역 : 「관세법」에 의한 보세구역, 「자유무역지역의 지정 및 운영에 관한 법률」에 의한 자유무역지역

---

23) 무상임대시 비과세되는 경우 :
① 산학협력단과 대학간 사업용부동산임대용역 ② 공공주택사업자와 부동산투자회사간 사업용부동산 임대용역

Ⅱ 거래시기

부가가치세가 과세되는 재화와 용역의 매출시기를 거래시기라 하며 세금계산서를 발급하는 시기로서 세금계산서상 작성연월일과 일치해야 한다.

1 거래시기의 의의

거래시기란 과세거래를 어느 일자에 귀속시킬 것인가를 결정하는 시간적 기준을 말한다. 이 거래시기에 세금계산서 또는 영수증을 발급하여야 한다.

2 재화의 공급시기

(1) 원칙적인 재화의 공급시기

재화가 공급되는 시기는 원칙적으로 다음에 해당하는 때로 한다(부가법 §15①).
① 재화의 이동이 필요한 경우 : 재화가 인도되는 때
② 재화의 이동이 필요하지 아니한 경우 : 재화가 이용 가능하게 되는 때
③ 위 규정을 적용할 수 없는 경우 : 재화의 공급이 확정되는 때

(2) 거래형태별 구체적인 공급시기

거래형태별 구체적인 공급시기는 다음과 같으며, 원칙적인 공급시기보다 구체적인 공급시기가 우선한다. 다만, 폐업 전에 공급한 재화의 공급시기가 폐업일 이후에 도래하는 경우 그 폐업일을 공급시기로 본다(부가령 §28).
① 현금판매, 외상판매 또는 할부판매의 경우 : 재화가 인도되거나 이용가능하게 되는 때
② 상품권 등을 현금 또는 외상으로 판매하고 그 후 해당 상품권 등이 현물과 교환되는 경우 : 재화가 실제로 인도되는 때
③ 재화의 공급으로 보는 가공의 경우 : 가공된 재화를 인도하는 때
④ 반환조건부판매・동의조건부판매, 그 밖의 조건부 및 기한부 판매의 경우 : 그 조건이 성취되거나 기한이 지나 판매가 확정되는 때
⑤ 장기할부판매의 경우, 완성도기준지급조건부・중간지급조건부로 재화를 공급하는 경우, 전력이나 그 밖에 공급단위를 구획할 수 없는 재화를 계속적으로 공급하는 경우 : 대가의 각 부분

을 받기로 한 때

⑥ 면세전용·개별소비세과세대상승용차로 사용 또는 소비하거나 유지를 위해 사용 또는 소비하는 것·개인적공급에 따라 재화의 공급으로 보는 경우 : 재화를 사용하거나 소비하는 때

⑦ 직매장반출에 따라 재화의 공급으로 보는 경우 : 재화를 반출하는 때

⑧ 사업상증여에 따라 재화의 공급으로 보는 경우 : 재화를 증여하는 때

⑨ 폐업시 잔존재화에 따라 재화의 공급으로 보는 경우 : 폐업일

⑩ 무인판매기를 이용하여 재화를 공급하는 경우 : 해당 사업자가 무인판매기에서 현금을 꺼내는 때

⑪ 내국물품을 외국으로 반출하는 것, 중계무역 방식의 수출, 수입신고 수리 전의 물품으로서 보세구역에 보관하는 물품의 외국으로의 반출에 해당하는 경우 : 수출재화의 선(기)적일

⑫ 원양어업, 위탁판매수출에 해당하는 경우 : 수출재화의 공급가액이 확정되는 때

⑬ 외국인도수출, 위탁가공무역 방식의 수출, 국외위탁가공인도에 해당하는 경우 : 외국에서 해당재화가 인도되는 때

   ※ 「소득세법」, 「법인세법」의 귀속시기는 인도시점임에 유의하여야 한다.

⑭ 사업자가 보세구역 안에서 보세구역 밖의 국내에 재화를 공급하는 경우가 재화의 수입에 해당하는 경우 : 수입신고수리일

> **참고**　할부판매와 장기할부판매 및 중간지급조건부의 기준
>
> (1) 장기할부판매
> 　장기할부판매란 재화를 공급하고 그 대가를 월부·연부 그 밖의 할부의 방법에 따라 받는 것 중 다음의 요건을 모두 갖춘 것을 말한다.
> 　① 2회 이상으로 분할하여 대가를 받는 것
> 　② 해당 재화의 인도일의 다음 날부터 최종 할부금 지급기일까지의 기간이 1년 이상인 것
>
> (2) 완성도기준지급
> 　공급하는 재화의 제작기간이 장기간을 요하는 경우에 그 진행도 또는 완성도를 확인하여 그 비율만큼 대가를 지급하는 것을 말한다.
> 　※ 7.31 기성확정되고 기성확정일로부터 10일 이내 지급조건
> 　① 8.5 대가가 지급된 경우 지급받는 8.5이 공급시기
> 　② 8.15 대가가 지급된 경우 10일 되는 날인 8.10이 공급시기
>
> (3) 중간지급조건부
> 　계약금을 받기로 한 날의 다음 날부터 재화를 인도하는 날 또는 재화를 이용가능하게 하는 날까지의 기간이 6개월 이상이고 그 기간 내에 계약금이외의 대가를 분할하여 받는 것을 말한다.
> 　※ (2),(3)의 경우 재화가 인도되거나 이용가능하게 된 날 이후에 받기로 한 대가의 각 부분에 대해서는 재화가 인도되거나 이용가능하게 되는 날을 그 재화의 공급시기로 본다(부가령 § 28③).

(3) 공급시기가 되기 전에 세금계산서 등을 발급한 경우(부가령 §30)

사업자가 다음과 같은 거래에 대하여 원칙적인 공급시기가 되기 전에 세금계산서 또는 영수증을 발급한 경우에는 그 발급한 때를 각각 그 재화 또는 용역의 공급시기로 본다.
① 장기할부판매로 재화를 공급하거나 장기할부조건부로 용역을 공급하는 경우
② 전력이나 그 밖에 공급단위를 구획할 수 없는 재화를 계속적으로 공급하는 경우
③ 그 공급단위를 구획할 수 없는 용역을 계속적으로 공급하는 경우
④ 발행된 선하증권에 따라 거래사실이 확인되는 외국항행용역을 공급하는 경우
✱ 용역의 공급시기가 선하증권 발행일부터 90일 이내인 경우로 한정

3 용역의 공급시기

(1) 원칙적인 용역의 공급시기

용역이 공급되는 시기는 역무의 제공이 완료되는 때 또는 시설물, 권리 등 재화가 사용되는 때로 한다(부가법 §16).

(2) 거래형태별 구체적인 공급시기

거래형태별 구체적인 용역의 공급시기는 다음과 같다. 다만, 폐업 전에 공급한 용역의 공급시기가 폐업일 이후에 도래하는 경우 그 폐업일을 공급시기로 본다.(부가령 §29)
① 장기할부조건부·완성도기준지급조건부·중간지급조건부로 용역을 공급하거나 그 공급단위를 구획할 수 없는 용역을 계속적으로 공급하는 경우 그 대가의 각 부분을 받기로 한 때
② 일정한 용역(예 : 스포츠 센터의 선수연회비)을 둘 이상의 과세기간에 걸쳐 계속적으로 제공하고 그 대가를 선불로 받는 경우 예정신고기간 또는 과세기간 종료일
③ 둘 이상의 과세기간에 걸쳐 부동산임대용역을 공급하고 그 대가를 선불 또는 후불로 받는 경우 안분계산한 임대료와 간주임대료는 예정신고기간 또는 과세기간 종료일
④ 역무의 제공이 완료되는 때 또는 대가를 받기로 한 때를 공급시기로 볼 수 없는 경우 역무의 제공이 완료되고 그 공급가액이 확정되는 때

사례 2-15 공급시기의 판단

공해방지시설의 설치계약기간은 2월 1일부터 10월 15일까지이고 대가는 계약금, 중도금 및 설치완료 후 잔금을 받기로 한 경우에 공급시기는?

해답
중간지급조건부 계약으로서 공급시기는 대가의 각 부분을 받기로 한 날. 즉, 계약금, 중도금, 잔금을 받기로 한 날이다.

4 선수금에 대한 거래시기특례

공급시기 전에 발급한 세금계산서는 사실과 다른 세금계산서로 본다.
그러나 사업자가 공급시기가 되기 전에 재화 또는 용역에 대한 대가의 전부 또는 일부를 받고, 그 받은 대가에 대하여 세금계산서 또는 영수증을 발급하는 경우 그 세금계산서 등을 발급하는 때를 각각 그 재화 또는 용역의 공급시기로 본다(부가법 §17①).
예를 들면 6월 30일에 선수금을 받고 그 계약물품은 9월 30일이 공급예정인데, 만약 세금계산서를 6월 30일에 발급한 경우에 그 공급시기는 6월 30일이 된다는 뜻이다.
또한 사업자가 재화 또는 용역의 공급시기가 되기 전에 세금계산서를 발급하고 세금계산서 발급일부터 7일 이내에 대가를 받으면 해당 세금계산서를 발급한 때를 재화 또는 용역의 공급시기로 본다(부가법 §17②).
한편, 대가를 지급하는 사업자가 다음 중 어느 하나에 해당하는 경우에는 재화 또는 용역을 공급하는 사업자가 그 재화 또는 용역의 공급시기가 되기 전에 세금계산서를 발급하고 그 세금계산서 발급일부터 7일이 지난 후 대가를 받더라도 해당 세금계산서를 발급한 때를 재화 또는 용역의 공급시기로 본다(부가법 §17③).
① 거래 당사자 간의 계약서·약정서 등에 대금 청구시기(세금계산서 발급일을 말한다)와 지급시기를 따로 적고, 대금청구시기와 지급시기 사이의 기간이 30일 이내인 경우
② 재화 또는 용역의 공급시기가 세금계산서 발급일이 속하는 과세기간 내(공급받는 자가 조기환급을 받은 경우에는 세금계산서 발급일부터 30일 이내)에 도래하는 경우

Ⅲ 재화·용역의 공급장소

부가가치세는 소비세이므로 소비지국과세원칙에 따라 재화나 용역의 공급이 국내에서 이루어진 경우에만 과세하는 것이다. 따라서 국외거래와 같이 과세권이 없는 장소에서 공급

된 경우 원칙적으로 부가가치세 과세대상이 아니다. 다만, 중계무역방식의 수출, 위탁판매수출, 외국인도수출, 위탁가공무역방식의 수출로 재화를 공급하는 경우에는 그러하지 아니하다. 또한, 우리나라 국적의 항공기 또는 선박에서 이루어지는 거래는 국외거래로 보지 아니하므로 부가가치세 납세의무가 있다.

구분	거래장소
재화의 공급	· 재화의 이동이 필요한 경우 : 재화의 이동이 시작되는 장소 · 재화의 이동이 불필요한 경우 : 재화가 공급되는 시기에 재화가 있는 장소
용역의 공급	· 역무가 제공되거나 재화·시설물 또는 권리가 사용되는 장소 · 국내·외에 걸쳐 용역이 제공되는 국제운송인 경우 : 사업자가 비거주자 또는 외국법인이면 여객이 탑승하거나 화물이 적재되는 장소 · 전자적 용역의 경우 : 용역을 공급받는자의 사업장 소재지 · 주소지 · 거소지

Ⅳ 부가가치세 과세표준의 계산

1. 부가가치세 과세표준이란 매출액을 의미하는 것으로 소비자에게 받은 대금·요금·수수료·기타 모든 금전적 가치가 있는 것을 포함한다.
2. 매출거래가 끝난 후에 발생하는 대손금·장려금은 과세표준에서 공제되지 않는다.

1 부가가치세 과세표준

(1) 원 칙

부가가치세의 과세표준이란 해당 과세기간에 공급한 재화 또는 용역의 공급가액을 합한 금액을 말하며, 구체적으로 다음과 같다. 이 경우 대금, 요금, 수수료, 그 밖에 어떤 명목이든 상관없이 재화 또는 용역을 공급받는 자로부터 받는 금전적 가치 있는 모든 것을 포함하되, 부가가치세는 포함하지 아니한다(부가법 §29).

✽ 재화의 수입에 대한 과세표준은 관세의 과세가격과 관세, 개별소비세, 주세, 교육세, 농어촌특별세 및 교통·에너지·환경세를 합한 금액으로 한다.

① 금전으로 대가를 받는 경우 그 대가[24]

---

24) 그 대가를 외국통화나 그 밖의 외국환으로 받은 경우 : 공급시기가 되기 전에 원화로 환가하면 환가한 금액이고 공급시기 이후에 외국통화나 그 밖의 외국환 상태로 보유하거나 지급받으면 공급시기의 기준환율에 따라 계산한 금액

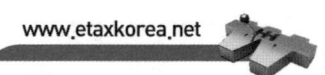

② 금전 이외의 대가를 받는 경우 다음 순서에 따라 과세표준을 계산한다.
(자기가 공급한 것의 시가 → 공급받은 것의 시가 → 시가평가액[25])
③ 폐업하는 경우 폐업 시 남아 있는 재화의 시가

(2) 특수관계인에게 공급하는 재화 또는 용역의 공급가액

특수관계인에게 대한 재화 또는 용역의 공급이 부당하게 낮은 대가[26]를 받거나 아무런 대가를 받지 아니하는 경우로서 조세의 부담을 부당하게 감소시킬 것으로 인정되는 경우에는 공급한 재화 또는 용역의 시가[27]를 공급가액으로 본다(부가법 §29④).

구 분	부당하게 낮은 대가를 받는 경우		대가를 받지 아니한 경우	
	특수관계인	비특수관계인	특수관계인	비특수관계인
재 화	시 가	거래금액	시 가	시 가
용 역	시 가	거래금액	과세안함*	과세안함

* 특수관계인에 대한 사업용 부동산의 무상 임대용역은 과세대상으로 하며, 과세표준은 공급한 용역의 시가이다.

(3) 과세표준에 포함하지 않는 금액(=과세표준에서 제외하는 금액)

다음의 사항들은 세금계산서를 발급하지 않는다. 만약 이미 발급한 경우에는 이를 수정하는 마이너스세금계산서를 발급하여야 한다(부가법 §29⑤).

① 매출에누리, 매출할인, 매출환입(반품)

> · 매출에누리 : 재화나 용역을 공급할 때 그 품질이나 수량, 인도조건 또는 공급대가의 결제방법이나 그 밖의 공급조건에 따라 통상의 대가에서 일정액을 직접 깎아 주는 금액
> · 매 출 할 인 : 공급에 대한 대가를 약정기일 전에 받았다는 이유로 사업자가 당초의 공급가액에 할인해 준 금액

② 공급받는 자에게 도달하기 전에 파손되거나 훼손되거나 멸실한 재화의 가액
③ 재화 또는 용역의 공급과 직접 관련되지 아니하는 국고보조금과 공공보조금
④ 공급에 대한 대가의 지급이 지체되었음을 이유로 받는 연체이자
⑤ 반환조건의 용기대금과 포장비용
   통상적으로 용기 또는 포장을 해당 사업자에게 반환할 것을 조건으로 그 용기대금과

---

25) 법인세법 또는 소득세법의 부당행위계산의 부인규정에 따른 가격
26) 재화 또는 용역을 무상 또는 낮은 대가로 공급하는 경우에 공급자는 부가가치세외에 법인세법(개인은 소득세법)에 따라 부당한 행위계산으로서 익금산입 한다.
27) 사업자가 그와 특수관계인이 아닌 자와 해당 거래와 유사한 상황에서 계속적으로 거래된 가격 또는 제3자간에 일반적으로 거래된 가격(부가령 §52①)

포장비용을 공제한 금액으로 공급하는 경우에는 그 용기대금과 포장비용은 공급가액에 포함하지 아니한다.

⑥ **대가와 구분하여 기재한 종업원의 봉사료**

사업자가 음식·숙박 용역이나 개인서비스 용역을 공급하고 그 대가와 함께 받는 종업원(자유직업소득자를 포함한다)의 봉사료를 세금계산서, 영수증 또는 신용카드매출전표등에 그 대가와 구분하여 적은 경우로서 봉사료를 해당 종업원에게 지급한 사실이 확인되는 경우에는 그 봉사료는 공급가액에 포함하지 아니한다. 다만, 사업자가 그 봉사료를 자기의 수입금액에 계상하는 경우에는 그러하지 아니하다.

(4) 과세표준에서 공제하지 않는 금액(=과세표준에 포함하는 금액)

다음의 사항들은 이미 발급한 세금계산서의 금액을 수정하지 않는다(부가법 §29⑥).

① **대손금** : 채권 등을 회수할 수 없는 경우의 미회수채권을 의미하는데, 이는 이미 거래상대방이 재화·용역을 소비한 것이므로 당초 과세표준에서 공제하지 않는다.

② **판매장려금 지급액** : 판매장려금을 금전으로 지급하는 경우 과세표준에서 공제하지 아니한다. 그러나 현물로 지급한 판매장려금은 사업상증여(간주공급)로 보아 과세한다.

③ **하자보증금** : 하자보증을 위하여 공급받는 자에게 보관시켜 하자보증기간이 종료되면 반환받을 예치금에 불과하므로 과세표준에서 공제하지 아니한다.

(5) 구체적인 과세표준의 계산

① **외상판매 및 할부판매의 경우** : 공급한 재화의 총가액
② **장기할부판매의 경우** : 완성도기준지급조건부 및 중간지급조건부로 재화 또는 용역을 공급하는 경우, 계속적으로 재화 또는 용역을 공급하는 경우 : 계약에 따라 받기로 한 대가의 각 부분
③ **기부채납의 경우** : 해당 기부채납의 근거가 되는 법률에 따라 기부채납된 가액. 다만, 기부채납된 가액에 부가가치세가 포함된 경우 그 부가가치세는 제외한다.
④ **「공유수면 관리 및 매립에 관한 법률」에 따라 매립용역을 제공하는 경우** : 「공유수면 관리 및 매립에 관한 법률」에 따라 산정한 해당 매립공사에 든 총사업비
⑤ **사업자가 보세구역 내에 보관된 재화를 다른 사업자에게 공급하고, 그 재화를 공급받은 자가 그 재화를 보세구역에서 반입하는 경우** : 그 재화의 공급가액에서 세관장이 부가가치세를 징수하고 발급한 수입세금계산서에 적힌 공급가액을 뺀 금액
⑥ **사업자가 「사회기반시설에 대한 민간투자법」을 준용하여 설치한 시설에 대하여 둘 이상의 과세기간에 걸쳐 용역을 제공하는 경우** : 그 용역을 제공하는 기간 동안 지급받는 대가와

그 시설의 설치가액을 그 용역제공 기간의 개월 수로 나눈 금액의 각 과세대상기간의 합계액. 이 경우 개월 수의 계산에 관하여는 해당 용역제공 기간의 개시일이 속하는 달이 1개월 미만이면 1개월로 하고, 해당 용역제공 기간의 종료일이 속하는 달이 1개월 미만이면 산입하지 아니한다.

⑦ **위탁가공무역 방식으로 수출하는 경우** : 완성된 제품의 인도가액
⑧ **마일리지등으로 대금의 전부 또는 일부를 결제받은 경우** : 다음 (가)와 (나)의 금액을 합한 금액

(가) 마일리지등 외의 수단으로 결제받은 금액

(나) 자기적립마일리지등[당초 재화 또는 용역을 공급하고 마일리지등을 적립(다른 사업자를 통하여 적립하여 준 경우를 포함한다)하여 준 사업자에게 사용한 마일리지등(여러 사업자가 적립하여 줄 수 있거나 여러 사업자를 대상으로 사용할 수 있는 마일리지등의 경우 다음의 요건을 모두 충족한 경우로 한정한다)을 말한다] 외의 마일리지등으로 결제받은 부분에 대하여 재화 또는 용역을 공급받는 자 외의 자로부터 보전(補塡)받았거나 보전받을 금액

㉠ 고객별·사업자별로 마일리지등의 적립 및 사용 실적을 구분하여 관리하는 등의 방법으로 당초 공급자와 이후 공급자가 같다는 사실이 확인될 것

㉡ 사업자가 마일리지등으로 결제받은 부분에 대하여 재화 또는 용역을 공급받는 자 외의 자로부터 보전받지 아니할 것

* 자기적립마일리지(당초 재화·용역을 공급하고 마일리지를 적립해 준 사업자에게서 구입할 때에만 사용할 수 있는 마일리지)은 과세표준에서 제외한다.
* 제3자 적립 마일리지(자기적립마일리지 외의 마일리지)은 사업자가 실제 받을 대가(마일리지 등으로 결제받은 부분에 대해 신용카드사 등으로부터 보전받을 금액)만큼 과세표준에 포함한다.

사례 2-16 과세표준의 계산 (1)

할부판매를 하는 경우에 이자상당액을 상품가액에 가산한 금액으로 판매금액이 확정되는 경우 이자상당액도 과세표준에 합산되는지?

해답
과세표준에는 거래상대자로부터 받는 대금·요금·수수료 기타 명목여하에 불구하고 대가관계에 있는 모든 금전적 가치가 있는 것을 포함하기 때문에 이자도 과세표준에 포함된다.
예를 들어 소비자가 800,000원 하는 TV 1대를 할부하면서 할부이자와 제수수료 100,000원을 가산하였다면 소비자가격은 900,000원(부가가치세 포함)이 되고 과세표준은 900,000×100/110 = 818,181원이 된다.(부가가치세는 81,819원)

사례 2-17 과세표준의 계산 (2)

(주)하이는 갑에게 에어컨을 50만원에 판매하였다. 갑은 마일리지(10만원)와 현금 40만원으로 결제하였다. (주)하이입장에서 부가가치세법상 과세표준은 얼마인가?

해답 : 에어컨 과세표준 = 40만원
  * 자기적립마일리지(당초 재화·용역을 공급하고 마일리지를 적립해 준 사업자에게서 구입할 때에만 사용할 수 있는 마일리지)은 과세표준에서 제외한다.

(6) 공통사용재화 공급시 과세표준의 계산

사업자가 과세사업과 면세사업 및 부가가치세가 과세되지 아니하는 재화 또는 용역을 공급하는 사업(면세사업 등)에 공통적으로 사용된 재화를 공급하는 경우에는 직전 과세기간의 공급가액 비율에 의하여 과세부분과 면세부분의 과세표준을 계산한다(부가법 §29⑧).

① 원칙

이 경우 과세되는 공급가액(과세표준)은 다음과 같이 계산한다(부가령 §63).

$$과세표준 = 해당재화의 공급가액 \times \frac{재화공급일이 속하는 과세기간의 직전과세기간의 과세공급가액}{재화공급일이 속하는 과세기간의 직전과세기간의 총공급가액}$$

* 휴업 등으로 인하여 직전과세기간의 공급가액이 없을 때에는 그 재화를 공급한 날에 가장 가까운 과세기간의 공급가액으로 계산한다.
* 공통매입세액을 사용면적비율로 안분계산한 재화를 공급한 경우 공급가액이 아니라 사용면적비율에 의한다.

② 과세표준 안분계산 생략

다음 중 어느 하나에 해당하는 경우 안분계산의 경제성이 없으므로 안분계산을 생략하고 공급가액 전부를 과세표준으로 한다. 따라서 면세관련부분은 없는 것으로 한다.
㉠ 직전과세기간의 총공급가액 중 면세공급가액이 5% 미만인 경우. 다만, 공급가액이 5천만원 이상인 경우는 제외
㉡ 재화의 공급가액이 50만원 미만인 경우
㉢ 재화를 공급한 날이 속하는 과세기간에 신규로 사업을 시작하여 직전과세기간이 없는 경우

| 사례 **2-18** 과세표준의 계산 (3)

> 7월 5일 광고업과 출판업에 공통으로 사용하던 화물차를 4,000,000원에 공급하였다.
> 직전기(1.1.~6.30.)광고매출은 2억원이고 도서매출은 3억원인 경우에 부가가치세는 얼마인가?
>
> 해답 $4{,}000{,}000 \times \dfrac{2억}{5억} = 1{,}600{,}000, \quad 1{,}600{,}000 \times 10\% = 160{,}000$

(7) 토지와 건물 등을 함께 공급하는 경우 건물 등의 과세표준의 계산

사업자가 토지와 그 토지에 정착된 건물 또는 구축물 등을 함께 공급하는 경우에는 건물 또는 구축물 등의 실지거래가액을 공급가액으로 한다. 다만, 실지거래가액 중 토지의 가액과 건물 또는 구축물 등의 가액의 구분이 불분명한 경우 또는 납세자가 실제거래가액으로 구분한 가액이 기준시가에 따른 안분가액과 30% 이상 차이가 나는 경우에는 다음 순위에 따라 안분계산한 금액을 공급가액으로 한다(부가법 §29⑨, 부가령 §64).

> 1순위 : 감정평가업자가 평가한 감정평가액   4순위 : 취득가액
> 2순위 : 기준시가   5순위 : 국세청장이 정하는 기준
> 3순위 : 장부가액

① **1, 2순위** : 토지와 건물 또는 구축물의 공급시기(중간지급조건부 또는 장기할부판매의 경우는 최초 공급시기)가 속하는 과세기간의 직전 과세기간 개시일부터 공급시기가 속하는 과세기간의 종료일까지 감정평가업자(2015년부터 법인이 아니어도 가능) 평가한 감정평가액이 있는 경우에는 그 가액에 비례하여 안분 계산한 금액으로 한다. 만약, 감정평가액이 없지만 토지와 건물 등에 대한 기준시가가 모두 있는 경우 공급계약일 현재의 기준시가에 따라 계산한 가액에 비례하여 안분 계산한 금액으로 한다.

② **3, 4순위** : 토지와 건물 등의 감정평가액이 없고, 기준시가가 어느 하나 또는 모두가 없는 경우에는 장부가액(장부가액이 없는 경우에는 취득가액)에 비례하여 안분 계산한 후 기준시가가 있는 자산에 대해서는 그 합계액을 다시 기준시가에 의해 안분 계산한 금액으로 한다.

③ **5순위** : 1, 2순위를 적용할 수 없거나 적용하기 곤란한 경우에는 국세청장이 정하는 바에 따라 안분하여 계산한 금액으로 한다.

✱ 사업자가 구분한 실지거래가액을 인정할 만한 사유 ㉠ 다른 법령에서 토지와 건물의 양도가액을 정한 경우, ㉡ 건물이 있는 토지를 취득하여 건물을 철거하고 토지만 사용하는 경우가 있는 경우 제외

| 사례 2-19 | 과세표준의 계산 (4)

① 상업용 건물(토지포함)을 1억원(부가가치세 별도)에 매각하였다. 감정평가업자의 감정평가가액은 토지 40,000,000원 건물 70,000,000원이다. 안분계산하라.

㉠ 토지 : 1억원 × $\frac{40,000,000}{110,000,000}$ = 36,363,636

㉡ 건물 : 1억원 × $\frac{70,000,000}{110,000,000}$ = 63,636,364

㉢ 부가가치세 : 63,636,364 × 10% = 6,363,636

② 위 ①과 동일한 상황에서 매매계약금액에 부가가치세가 포함된 경우를 가정하여 안분계산하라.

㉠ 토지 : 1억원 × $\frac{40,000,000}{40,000,000+(70,000,000 \times \frac{110}{100})}$ = 34,188,034

㉡ 건물 : 1억원 × $\frac{70,000,000}{40,000,000+(70,000,000 \times \frac{110}{100})}$ = 59,829,060

㉢ 부가가치세 : 59,829,060 × 10% = 5,982,906

(8) 부동산임대용역에 대한 과세표준의 계산

① 전세금 또는 임대보증금에 대한 간주임대료의 계산

사업자가 부동산임대용역을 공급하고 전세금 또는 임대보증금을 받은 경우에는 금전 이외의 대가를 받은 것으로 보아 다음 산식에 따라 계산한 금액을 공급가액으로 한다 (부가법 §29⑩, 부가령 §65).

과세표준 = 실질임대료 + 간주임대료

간주임대료 = 해당 기간의 전세금 또는 임대보증금 × 과세대상기간의 일수 × $\frac{계약기간\ 1년의\ 정기예금이자율\ (해당\ 예정신고기간\ 또는\ 과세기간종료일\ 현재)}{365(또는\ 366,\ 윤년의\ 경우)}$

✱ 관리비는 임대료 과세표준에 포함한다. 다만, 임차인이 부담하여야할 보험료·수도료 및 공공요금을 별도로 구분징수하여 납입을 대행하는 경우에는 이를 과세표준에 포함하지 아니한다.
✱ 비교 : 소득세법상 간주임대료 계산시에는 이중과세조정을 위하여 금융수익을 차감하나, 부가가치세는 소득에 대한 과세가 아니므로 금융수익을 차감하지 아니한다.

② 사업자가 계약에 따라 전세금 또는 임대보증금을 임대료에 충당한 경우 그 금액을 제외한 가액을 전세금 또는 임대보증금으로 한다.

③ 정기예금이자율(부가칙 §47)

시행일	2017.1.1.	2018.1.1.	2019.1.1.	2020.1.1.	2021.1.1.	2023.1.1	2024.1.1	2025.1.1
정기예금 이자율	1.6%	1.8%	2.1%	1.8%	1.2%	2.9%	3.5%	3.1%

사례 2-20 과세표준의 계산 (5)

4월 1일 임대보증금 5억원에 월 5백만원의 임대료를 받는 경우에 제1기 부가가치세 과세표준은? 정기예금이자율은 3.1%로 가정하며 임대개시일은 4월 1일이다. 단, 윤년에 해당한다.

해답
{(5억원 × 91일 × 3.1% ÷ 366일) = 3,853,825} + 15,000,000 = 18,853,825원

④ 재임대

사업자가 부동산을 임차하여 다시 임대용역을 제공하는 경우 [해당 기간의 전세금 또는 임대보증금]을 [해당 기간의 전세금 또는 임대보증금 − 임차 시 지불한 전세금 또는 임차보증금]으로 한다.

사례 2-21 과세표준의 계산 (6)

7월 1일 4억원에 임차한 건물을 임대보증금 5억원에 월 5백만원의 임대료를 받는 경우에 제2기 부가가치세 과세표준은? 정기예금이자율은 3.1%로 가정하며 임대개시일은 10월 1일이다.

해답
간주임대료: [(5억원 − 4억원) × 92일 × 3.1% ÷ 365일] = 781,369
과세표준: 781,369 + 15,000,000 = 15,781,369

(9) 겸용주택의 부동산임대용역에 대한 과세표준계산

과세되는 상가의 부동산임대용역과 면세되는 주택임대용역을 함께 공급하여 임대료 등의 구분이 불분명한 경우 다음의 계산식을 순차로 적용하여 과세표준을 계산한다. 다만, 아래의 산식을 적용함에 있어 토지가액 또는 건물가액은 예정신고기간 또는 과세기간이 끝난 날 현재의 기준시가에 의한다(부가령 §④, 부가칙 §48).

① 총임대료(간주임대료포함) × $\dfrac{\text{토지가액 또는 건물가액}}{\text{토지가액과 정착된 건물가액의 합계액}}$

　= 토지분에 대한 임대료상당액 또는 건물분에 대한 임대료 상당액

② ①에 의한 금액 × $\dfrac{\text{과세되는 토지임대면적}}{\text{총토지임대면적}}$ = 토지임대 과세표준

③ ①에 의한 금액 × $\dfrac{\text{과세되는 건물임대면적}}{\text{총건물임대면적}}$ = 건물임대 과세표준

사례 2-22 과세표준의 계산 (7)

① 총임대료(간주임대료 포함) : 5,000,000원
② 겸용주택

구 분	임대면적	기준시가(㎡)	기준시가	토지를 상가와 주택으로 안분
토지(겸용)	100㎡	150,000	15,000,000	
상가(과세)	40㎡	100,000	4,000,000	33.33㎡[주]
주택(면세)	80㎡	80,000	6,400,000	66.67㎡[주]
합 계	220㎡		25,400,000	100.00㎡

[주] $100㎡ \times \dfrac{40(\text{또는 }80)㎡}{120㎡}$

해답
① 총임대료를 토지임대료와 건물임대료로 구분
　㉠ 토지 : $5,000,000 \times \dfrac{15,000,000}{25,400,000} = 2,952,756$

　㉡ 건물 : $5,000,000 \times \dfrac{10,400,000}{25,400,000} = 2,047,244$

② 토지임대료 중 상가부분과 건물임대료 중 상가부분을 면적비율로 구분
　㉠ 토지임대료 중 상가부분 : $2,952,756 \times \dfrac{33.33㎡}{100㎡} = 984,153$

　㉡ 건물임대료 중 상가부분 : $2,047,244 \times \dfrac{40㎡}{120㎡} = 682,415$

③ 과세표준
　$984,153 + 682,415 = 1,666,568$

(10) 선불 또는 후불임대료에 대한 과세표준의 계산

사업자가 둘 이상의 과세기간에 걸쳐 부동산임대용역을 공급하고 그 대가를 선불이나 후불로 받는 경우에는 해당 금액을 계약기간의 개월수로 나눈 금액의 각 과세대상기간의 합계액을 그 과세표준으로 한다. 이 경우 임대 시작 월이 1개월 미만이면 1개월로 하고 임대 종료 월이 1개월 미만이면 이를 산입하지 아니한다(부가령 §65⑤).

(11) 자가공급 등에 대한 과세표준의 계산

자가 공급·개인적 공급·사업상 증여·폐업시 잔존재화 등에 대한 과세표준의 계산은 원칙적으로 시가이다.

다만, 과세사업에 제공한 재화가 소득령 §62 또는 법인령 §24에 따른 감가상각자산(유형·무형고정자산)에 해당하는 경우 감가된 금액을 고려하여 시가를 산정한다. 즉, 취득가액에서 1과세기간이 지날 때마다 5%(건물 또는 구축물을 제외한 그 밖의 감가상각자산은 25%)를 공제한 금액을 시가로 보아 이를 과세표준으로 한다.

이 때 경과된 과세기간의 수를 계산함에 있어서 과세기간의 개시일 후에 감가상각자산을 취득하거나 해당 재화가 공급된 것으로 보게 되는 경우 그 과세기간의 개시일에 해당 재화를 취득하거나 해당 재화가 공급된 것으로 본다. 결국 건물 또는 구축물은 취득일로부터 10년, 그 밖의 감가상각자산은 2년이 경과하면 과세표준 계산은 필요없게 된다(부가령 §66). 예를 들어 x1년 6월 29일에 차량운반구를 취득하고 x2년 12월 15일에 양도하였다면 취득은 x1년 1월 1일에 한 것으로 보고 양도는 x2년 7월 1일에 한 것으로 보아 경과된 과세기간의 수(3개, 6월 30일과 12월 31일을 통과한 갯수)를 계산한다.

> 과세표준 = 해당 재화의 취득가액 × (1 − 체감율 × 경과된 과세기간의 수)

* 취득가액 : 매입세액을 공제받은 해당 재화의 가액
* 체감율 : 건물 또는 구축물은 5%, 그 밖의 감가상각자산은 25%

사례 2-23 과세표준의 계산 (8)

x1년 3월 7일 10,000,000원에 구입한 기계장치와 원재료 3,000,000원(시가) 상당액을 갖고 있는 사업자 갑이 x2년 3월 5일에 폐업하였다. 과세표준은?

해답
- 기계장치 : 10,000,000 × (1−25%×2) = 5,000,000
- 재고자산 : 3,000,000
- 과세표준합계 : 8,000,000

(12) 과세사업에 사용하던 감가상각자산을 면세사업에 일부 사용한 경우

과세사업에서 사용하던 감가상각 대상자산 전부를 면세사업에 사용하였다면 취득가격의 5% 또는 25% 체감의 법칙을 적용하여 위의 '(10)'과 같이 과세표준을 산출한다.

그러나 면세사업에 일부만 사용한 경우 다음과 같이 그 면세사용비율 만큼만 계산한 금액을 과세표준으로 한다. 이 경우 그 면세사업에 의한 면세공급가액이 총공급가액 중 5% 미만인 경우 과세표준은 없는 것으로 본다(부가령 §66③).

① 건물 또는 구축물

$$과세표준 = 해당\ 재화의\ 취득가액 \times \left(1 - \frac{5}{100} \times 경과된\ 과세기간의\ 수\right) \times \frac{면세사업에\ 일부\ 사용한\ 날이\ 속하는\ 과세기간의\ 면세공급가액}{면세사업에\ 일부\ 사용한\ 날이\ 속하는\ 과세기간의\ 총공급가액}$$

② 그 밖의 감가상각자산

$$과세표준 = 해당\ 재화의\ 취득가액 \times \left(1 - \frac{25}{100} \times 경과된\ 과세기간의\ 수\right) \times \frac{면세사업에\ 일부\ 사용한\ 날이\ 속하는\ 과세기간의\ 면세공급가액}{면세사업에\ 일부\ 사용한\ 날이\ 속하는\ 과세기간의\ 총공급가액}$$

사례 2-24 과세표준의 계산 (9)

x1년 3월 7일 19,000,000원에 구입하여 과세사업에 사용하던 기계장치를 x2년 3월 5일부터 면세사업에도 사용하게 되었다. x2년 1기의 면세매출은 2억원, 과세매출은 3억인 경우에 과세표준은?

① 현재시가 : $19,000,000 \times (1 - 25\% \times 2) = 9,500,000$

② 면세사용금액에 대한 과세표준 : $9,500,000 \times \dfrac{2억원}{5억원} = 3,800,000$

(13) 판매목적 타사업장에 반출하는 재화의 과세표준

사업장이 둘 이상인 사업자가 자기의 사업과 관련하여 생산 또는 취득한 재화를 판매할 목적으로 자기의 다른 사업장에 반출하는 경우의 과세표준은 그 재화의 취득가액(매입가액 또는 제조가액)을 말한다. 다만, 취득가액에 일정액을 더하여 자기의 다른 사업장에 반출하는 경우에는 그 취득가액에 일정액을 더한 금액을 과세표준으로 본다.

만약 개별소비세, 주세 및 교통·에너지·환경세가 부과되는 재화에 대하여는 개별소비세, 주세 및 교통·에너지·환경세의 과세표준에 해당 개별소비세, 주세 및 교통·에너지·환경세 상당액을 합계한 금액을 과세표준으로 한다(부가령 §60).

사례 2-25 과세표준의 계산 (10)

(주)관우의 군산공장에서 제품을 판매할 목적으로 서울의 직매장으로 제품의 공급가액을 판매가 2,000,000원이 아닌 원가 1,500,000원으로 하여 세금계산서를 발급한 경우에 틀린 것인지?

해답
판매목적으로 자기의 다른 사업장에 반출하는 재화에 대하여 세금계산서를 발급하여도 되며, 이때 과세표준은 그 재화의 취득가액(매입가액 또는 제조가액) 또는 판매가격 둘다 맞다.

2 대손세액의 공제특례

(1) 개 요

사업자는 부가가치세 과세되는 재화 또는 용역을 공급하고 외상매출금이나 그 밖의 매출채권(부가가치세를 포함한 것을 말함)의 전부 또는 일부가 공급을 받은 자의 파산강제집행 등의 사유로 대손되어 회수할 수 없는 경우에는 그 대손금액에 포함된 부가가치세를 대손이 확정된 날이 속하는 과세기간의 매출세액에서 뺄 수 있다. 그 후에 대손금액을 회수한 경우에는 회수한 날이 속하는 과세기간의 매출세액에 더한다(부가법 §45).

사업자가 거래상대방의 사정으로 거래징수하지 못한 부가가치세를 해당 사업자의 매출세액에서 차감할 수 있도록 함으로써 기업의 자금부담을 완화하도록 마련한 것이 대손세액 공제제도이다.

(2) 대손세액공제액의 계산

다음 산식에 따라 계산한 금액을 확정신고시에만 매출세액에서 뺀다.

$$\text{대손세액} = \text{대손금액} \times \frac{10}{110}$$

✽ 대손금액에 부가가치세가 포함된 것으로 간주함.

(3) 대손세액 공제대상사유

외상매출금이나 그 밖의 매출채권(부가가치세를 포함한 것)이 다음과 같은 법인세법 또는 소득세법에 따라 대손금으로 인정되는 사유를 말한다(부가령 §87①). 구체적인 대손 사유에 대하여는 제1편 제3부 손익계산서에서 자세히 다루고 있다. 참조바란다.

㉠ 상법·어음법·수표법·민법에 따른 소멸시효가 완성된 채권(외상매출금, 미수금, 어음, 수표, 선급금 등 단, 부가가치세 없는 대여금 제외함)
㉡ 민사집행법에 의하여 채무자의 재산에 대한 경매가 취소된 압류채권
㉢ 회생계획인가의 결정 또는 법원의 면책결정에 따라 회수불능으로 확정된 채권
㉣ 채무자의 파산, 강제집행, 형의집행, 사업의 폐지, 사망, 실종, 행방불명으로 회수할 수 없는 채권
㉤ 부도발생일부터 6개월 이상 지난 수표·어음상의 채권 및 외상매출금(중소기업이 보유한 외상매출금으로서 부도발생일 이전의 것에 한함)
㉥ 중소기업의 외상매출금 및 미수금으로서 회수기일이 2년 이상 지난 외상매출금 등. 다만, 특수관계인과의 거래로 인하여 발생한 외상매출금 등은 제외한다.
㉦ 재판상 화해 등 확정판결과 같은 효력을 가지는 것으로서 기획재정부령으로 정하는 것에 따라 회수불능으로 확정된 채권
㉧ 회수기일이 6개월 이상 지난 채권 중 채권가액이 30만원 이하(채무자별 채권가액의 합계액을 기준으로 한다)인 채권 등

(4) 대손세액공제의 범위

대손세액공제의 범위는 사업자가 부가가치세가 과세되는 재화 또는 용역을 공급한 후 그 공급일로부터 10년이 지난 날이 속하는 과세기간에 대한 확정신고기한까지 대손세액 공제대상이 되는 사유로 인하여 확정되는 대손세액(결정 또는 경정으로 증가된 과세표준에 대하여 부가가치세액을 납부한 경우 해당 대손세액을 포함한다)으로 한다(부가령 §87②).

✱ 2020.2.11.이 속하는 과세기간에 대손이 확정되는 분부터 10년을 적용하며, 그 이전에는 5년을 적용한다.

| 사례 2-26 | 대손세액공제 적용기한 |

> 2023.5.15.이 공급일인 경우, 그리고 2023.5.15.까지 회수하기로 한 경우 대손세액공제는 언제까지 받을 수 있나?
>
> 해답 : ① 2033년 1기 확정신고기한인 2033년 7월 25일까지 대손요건이 확정되어야 한다.
> ② 중소기업인 경우 2025.5.15.이 속한 2025년도의 대손금으로 처리할 수 있다.

(5) 대손세액공제신고서 제출

대손세액공제를 받고자 하는 사업자는 부가가치세 확정신고서에 대손세액 공제신고서와 대손사실을 증명하는 서류를 첨부하여 관할세무서장에게 제출하여야 한다(부가령 §87 ④).

(6) 대손처분받은 세액과 변제대손세액

재화나 용역을 공급한 후 대손이 발생한 경우에 공급자는 대손세액공제를 받고 공급받은 자는 반대로 당초에 공제받은 매입세액을 대손확정일이 속하는 과세기간의 매입세액에서 빼야 하는데 이를 대손처분받은 (매입)세액이라 한다.

공급받은 사업자가 대손세액에 해당하는 금액을 스스로 빼지 아니한 경우에는 공급받은 자의 관할세무서장은 상대방 공급자 관할세무서장의 통지를 받아 빼야 할 매입세액을 결정 또는 경정한다(부가법 §45③).

이후 매입세액에서 대손세액에 해당하는 금액을 뺀(관할 세무서장이 결정 또는 경정한 경우를 포함한다) 해당 사업자가 대손금액의 전부 또는 일부를 변제한 경우에는 변제한 날이 속하는 과세기간의 매입세액에 다시 더하여 원상회복을 하여야 하는데 이를 변제대손세액이라 한다(부가법 §45④).

구분	대손이 확정된 경우	대손금을 회수·변제한 경우
공 급 자	대손이 확정된 날이 속하는 과세기간의 매출세액에서 대손세액을 뺀다.	회수한 날이 속하는 과세기간의 매출세액에 회수한 대손세액을 더한다.
	대손세액공제	대손세액가산

구분	대손이 확정된 경우	대손금을 회수·변제한 경우
공급받는 자	매입세액공제를 받고 동 대손이 폐업전에 확정되는 경우에는 그 확정된 날이 속하는 과세기간의 매입세액에서 대손세액을 뺀다.(관할세무서장의 결정·경정)	대손세액을 매입세액에서 뺀 후 대손금을 변제한 경우에는 변제일이 속하는 과세기간의 매입세액에 변제한 대손세액을 더한다.
	대손처분받은 세액(신고서상 52번)	변제대손세액(신고서상 47번)

사례 2-27 대손세액공제 적용시 회계처리

甲은 A사업자로부터 받은 어음 5,000,000원이 4월 6일 부도처리되어 2기 확정시 대손세액을 공제받고자 한다. 대손세액공제액은 얼마인가? 회계처리는? 단, 대손충당금은 없다고 가정한다.

해답

$$5,000,000 \times \frac{10}{110} = 454,545원$$

(차) 대 손 상 각 비   4,545,455   (대) 받 을 어 음   5,000,000
    부 가 세 예 수 금   454,545

* 어음사본(앞·뒷면)과 세금계산서 사본을 첨부하여야 한다. 실무에서는 신고서 제출 후에 최종소지인이 부도어음 원본을 가지고 세무서에 방문하여 확인받아야 한다.
* 중소기업의 경우에는 수표·어음이 최초로 부도가 발생한 날 이전에 확정된 외상매출금은 대손세액공제가 가능하며, 부도발생일부터 6개월이 지난 날이 속하는 과세기간의 확정신고시에 대손세액공제를 받을 수 있다. 이때 부도발생일이란 소지하고 있는 부도어음의 지급기일(지급기일 전에 해당 어음을 제시하여 금융기관으로부터 부도확인을 받은 경우에는 그 부도확인일을 말한다)로 한다.

제3절 세금계산서와 현금영수증

I 세금계산서

1. 일반과세자는 거래단계마다 원칙적으로 세금계산서를 발급하여야 한다.
2. 그러나 소매업, 음식숙박업 등 일반과세자와 간이과세자는 세금계산서 발급의무가 면제되고 대신 영수증을 발급하여야 한다.
3. 수입된 재화에 대하여는 세관장이 수입세금계산서를 발급한다.
4. 이미 발급한 세금계산서 중에 수정할 부분이 있는 경우 수정세금계산서를 발급한다.

1 세금계산서의 개요

세금계산서(T/I, Tax Inovice)란 사업자가 부가가치세 과세거래시(매출시) 거래상대방으로부터 부가가치세 10%를 징수하고 이에 대한 증표로 발급하는 세금영수증을 말한다. 거래상대방(매입자)은 이를 증거로 부가가치세 신고시 매입처별세금계산서합계표를 작성하여 제출하고 매출세액에서 공제받는다.

세금계산서는 송장, 대금청구서 및 영수증 거래의 증빙과 장부와 전표의 역할을 대신하는 다양한 기능도 있다.

> **참고** 세금계산서의 상호대사 기능
>
> 공급받은 자가 제출한 매입처별세금계산서합계표와 공급자가 제출한 매출처별세금계산서합계표를 상호대사함으로써 거래를 양성화할 수 있다. 결국 세금계산서는 거래의 상호대사기능을 하므로 과세자료가 양성화되어 부가가치세뿐만 아니라 법인세나 소득세의 탈루도 방지하고 있다.

(1) 일반적인 세금계산서

납세의무자로 등록한 일반과세사업자가 재화 또는 용역을 공급하는 경우 거래시기에 다음의 사항을 기재(필요적 기재사항)한 세금계산서를 작성하여 공급을 받는 자에게 발급하여야 한다(부가법 §32①).

① 공급하는 사업자의 등록번호와 성명 또는 명칭
② 공급받는 자의 등록번호

다만, 공급받는 자가 사업자가 아니거나 등록한 사업자가 아닌 경우에는 법정된 고유번호 또는 공급받는 자의 주민등록번호

③ **공급가액과 부가가치세액**

④ **작성연월일**

(2) 신고한 서식에 의한 세금계산서

사업자는 (1)의 ①~④의 기재사항과 그 밖에 필요하다고 인정되는 사항 및 국세청장에게 신고한 계산서임을 적은 계산서를 국세청장에게 신고한 후 발급할 수 있다.

이 경우 동 계산서는 위의 세금계산서로 본다(부가령 §67④).

									세금계산서(공급자보관용)											책 번 호		권		호	
																				일련번호			-		
공급자	등록번호				-		-				공급받는자	등록번호													
	상호(법인명)			성명(대표자)								상호(법인명)					성명(대표자)								
	사업장 주소											사업장 주소													
	업태				종목							업태					종목								
작성		공 급 가 액									세 액									비 고					
연 월 일	공란수	백	십	억	천	백	십	만	천	백	십	일	십	억	천	백	십	만	천	백	십	일			
월 일	품 목				규격		수량		단가		공 급 액			세 액			비 고								
합계금액		현 금			수 표			어 음			외상미수금			이 금액	영수 청구	함									

✱ 계산서는 면세 재화 또는 용역을 공급할 때 발급한다
✱ 위 서식의 진한 색으로 구분된 곳이 꼭 기재를 하여야 하는 필요적 기재사항이다.

(3) 전자세금계산서

1) 적용 사업자

① 법인사업자는 2011년 1월 1일부터 전자세금계산서를 발급하여야 한다.
② 개인사업자는 사업장별 재화 및 용역의 공급가액[28]의 합계액이 8천만원 이상[29]

(2024. 7. 1. 이후 재화 또는 용역의 공급하는 분부터 적용)인 해의 다음 해 제2기 과세기간이 시작하는 날부터 전자세금계산서를 의무발급하여야 한다. 다만, 사업장별 재화와 용역의 공급가액의 합계액이 수정신고 또는 결정과 경정으로 0.8억원 이상이 된 경우에는 수정신고 등을 한 날이 속하는 과세기간의 다음 과세기간이 시작하는 날부터 전자세금계산서를 발급해야 한다(부가령 §68 ②).

---

[28] 2018년에 공급된 사업장별 재화 및 용역의 공급가액(면세공급가액을 포함)의 합계액을 기준으로 2019. 7. 1. 이후 재화 또는 용역의 공급하는 분부터 적용한다.
[29] 0.8억원(2024. 7. 1. 이후 재화 또는 용역의 공급하는 분부터 적용), 1억원(2023. 7. 1. 이후 재화 또는 용역의 공급하는 분부터 적용), 3억원(2021. 7. 1. 이후 재화 또는 용역의 공급하는 분부터 적용)

기준연도	의무발급기간
2020년도 공급가액 3억이상	2021년 7월 1일 ~ 2022년 6월 30일
2021년도 공급가액 2억이상	2022년 7월 1일 ~ 2023년 6월 30일
2022년도 공급가액 1억이상	2023년 7월 1일 ~ 2024년 6월 30일
2023년도 공급가액 0.8억이상	2024년 7월 1일부터 계속하여 발급

③ 전자세금계산서 의무발급 개인사업자 아닌 사업자도 전자세금계산서를 발급하고 전자세금계산서 발급명세를 전송할 수 있다(부가법 32⑤).

2) 의무발급 통지

관할 세무서장은 개인사업자가 전자세금계산서 의무발급 개인사업자에 해당하는 경우에는 전자세금계산서를 발급하여야 하는 날이 시작되기 1개월 전까지 그 사실을 해당 개인사업자에게 통지하여야 한다. 만약, 전자세금계산서를 발급하여야 하는 날이 시작되기 1개월 전까지 통지를 받지 못한 경우에는 통지서를 수령한 날이 속하는 달의 다음 다음 달 1일부터 전자세금계산서를 발급하여야 한다(부가령 §68③④).

전자세금계산서

승인번호	20250805-41000042-16514690		

	공급자				공급받는자			
등록번호	111-811119	종사업장 번호		등록번호	101-03-93144	종사업장 번호	
상호	(주)상공유통	성 명 (대표자)	김상공	상호	한신마트	성 명 (대표자)	김한신
사업장 주소	서울 영등포구 문래동 1가 25			사업장 주소	서울 마포구 도화동 600		
업태	제조	종목	유제품	업태	소매	종목	슈퍼마켓
이메일	123@nate.com			이메일	hansin@empas.com		

작성일자	공급가액	세액	수정사유
2025/08/05	2,125,000	212,500	
비고			

월	일	품 목	규격	수량	단가	공급가액	세액	비고
8	5	딸기우유		2,500	850	2,125,000	212,500	

합계금액	현금	수표	어음	외상미수금	이 금액을 (청구)함
2,337,500				2,337,500	

3) 혜택

① 전자세금계산서 발급(전송)분에 대한 보관의무를 면제한다.

② 전자세금계산서 발급(전송)분에 대한 합계표 개별명세서 제출의무를 면제한다.

4) 가산세(공급가액의 몇 %)

구분		내용	발급자	수취자
발급	미발급	발급시기가 지난 후 공급시기가 속하는 과세기간에 대한 확정신고기한 내에 발급하지 아니한 경우	2%	〈주1〉
	지연발급	발급시기가 지난 후 공급시기가 속하는 과세기간에 대한 확정신고기한 내에 발급한 경우	1%	0.5%
	종이발급	발급시기에 전자세금계산서 외의 세금계산서 발급 〈주2〉	1%	해당 없음
전송	지연전송	발급일의 다음 날이 지난 후 공급시기가 속하는 과세기간에 대한 확정신고기한까지 발급명세를 전송하는 경우	0.3%	
	미전송	발급일의 다음 날이 지난 후 공급시기가 속하는 과세기간에 대한 확정신고기한까지 발급명세를 전송하지 아니한 경우	0.5%	

〈주1〉 재화 등 공급시기가 속하는 과세기간에 대한 확정신고기한이 지난 후 세금계산서를 발급받았더라도 그 세금계산서의 발급일이 확정신고기한 다음 날부터 1년(2022.2.14. 이전 6개월) 이내이고 경정 청구서를 세금계산서와 함께 제출하는 경우(납세지 관할 세무서장의 결정 경정 포함)에는 매입세액 공제가 된다. 그 이후는 매입세액 불공제 됨(부가령 § 75(7)).

〈주2〉 둘 이상의 사업장을 가진 사업자가 재화 또는 용역을 공급한 사업장 명의로 세금계산서를 발급하지 아니하고 세금계산서의 발급시기에 자신의 다른 사업장 명의로 세금계산서를 발급한 경우도 포함한다(2020.1.1.이후 공급분부터 적용함).

✳ 발급위반에 대한 가산세가 적용되는 경우 전송위반에 대한 가산세 중복 부과 배제

사례 2-28 전자세금계산서 관련 가산세

한결(주)가 1월 15일 물품 1억을 판매한 후 다음과 같은 상황일 경우 부담하여야 할 가산세는 얼마인가?

① 2.11.~7.25. 발급한 경우	발급자 : 지연발급가산세 1%	수취자 : 지연수취가산세 0.5%
② 7.26. 이후 발급하거나 발급하지 않은 경우	발급자 : 미발급가산세 2%	수취자 : 매입세액불공제함.
③ 1.15.에 전자세금계산서를 발급하고 1.17.~7.25.에 전송한 경우	발급자 : 지연전송가산세 0.3%	수취자 : 해당없음
④ 1.15.에 전자세금계산서를 발급하고 7.26. 이후 전송하거나 전송하지 않은 경우	발급자 : 미전송가산세 0.5%	수취자 : 해당없음

(4) 세금계산서의 작성일자, 발급일자, 전송일자의 구분

① 작성일자	세금계산서에 적힌 작성연월일로 거래일(공급시기)이다.
② 발급일자30)	세금계산서 발급행위일을 말한다. 전자세금계산서의 발급일자는 전자서명을 완료한 전자세금계산서 파일이 공급받는 자가 지정한 수신함에 도달된 날이다.
③ 발급특례	위 ①에 불구하고 세금계산서를 다음달 10일까지 발급할 수 있다. 작성일자를 공급한 날 또는 그 달 말일자로 하여 다음달 10일까지 발급하고 다음날인 11일까지 전송하면 된다.
④ 전송일자	발급일의 다음 날까지 전자세금계산서 발급명세를 국세청에 전송하여야 한다.

2 세금계산서의 발급특례

(1) 월합세금계산서

세금계산서는 원칙적으로 재화 또는 용역의 공급시기에 발급하여야 하지만 다음 중 어느 하나에 해당하는 경우 재화 또는 용역의 공급일이 속하는 달의 다음달 10일(그 날이 공휴일 또는 토요일인 경우에는 바로 다음 영업일을 말함)까지 발급할 수 있다(부가법 §34③).

① **거래처별로 달의 1일부터 말일까지(1역월31))의 공급가액을 합하여 해당 달의 말일을 작성 연월일로 하여 세금계산서를 발급하는 경우**
② **거래처별로 달의 1일부터 말일까지의 기간 이내에서 사업자가 임의로 정한 기간의 공급가액을 합하여 그 기간의 종료일을 작성 연월일로 하여 세금계산서를 발급하는 경우**
③ **관계 증명서류 등에 따라 실제 거래사실이 확인되는 경우로서 해당 거래일을 작성 연월일로 하여 세금계산서를 발급하는 경우**

✱ 이 규정은 사정상 거래시기에 세금계산서를 발급하지 않고 예를 들면 1.25. 거래하였으나 세금계산서는 2.10. 발급(작성일자 1.25.)하였더라도 정당한 세금계산서로 본다는 의미이다.

(2) 위탁판매(주선·중개 포함)의 경우

① **위탁판매 또는 대리인에 의한 판매의 경우에 수탁자 또는 대리인이 재화를 인도하는 때에는 수탁자 또는 대리인이 위탁자 또는 본인의 명의로 세금계산서를 발급하며, 위탁자 또는 본인이 직접 재화를 인도시 위탁자 또는 본인이 세금계산서를 발급할 수 있다. 이 경우에는 수탁자 또는 대리인의 등록번호를 덧붙여 적어야 한다.**

---

30) 발급이란 세금계산서를 작성하여 거래상대방에게 넘겨주는 것(전달)을 말한다. 전달방법은 종이세금계산서는 우편 또는 방문에 의하여 거래상대방에게 전달하고 전자세금계산서는 통상 이메일에 의하여 거래상대방에게 전달한다. 공급받는 자가 공급받을 수신함을 가지고 있지 아니한 경우에는 국세청 발급시스템 수신함으로 지정한 것으로 의제한다.
31) 1역월이라 함은 달을 달리하여 1개월 이내를 말하는 것이 아니고 같은 달의 31일 이내를 말한다.

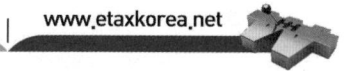

② 수용으로 인하여 재화가 공급되는 경우에는 위 '①'을 준용하여 해당 사업시행자가 세금계산서를 발급할 수 있다.
③ 위탁매입 또는 대리인에 의한 매입의 경우에는 공급자가 위탁자 또는 본인을 공급받는 자로 하여 세금계산서를 발급한다. 이 경우 수탁자 또는 대리인의 등록번호를 덧붙여 적어야 한다 (부가령 §69①~③).

(3) 리스의 경우

과세사업자(리스이용자)가 시설대여업자(리스회사)로부터 시설 등을 임차하고, 그 시설 등을 공급자(제조회사) 또는 세관장으로부터 직접 인도받는 경우에 리스이용자가 공급하는 자로부터 직접 공급받거나 수입한 것으로 간주하여 공급자(제조회사) 또는 세관장이 해당 사업자에게 직접 세금계산서를 발급할 수 있다(부가령 §69⑧).
이 규정은 운용리스 및 금융리스를 불문한다(부가 46015-2593, 1994.12.22).

✽ 실무상 '이용자명의리스'라고 불리어지는데 리스이용자가 리스회사로부터 계산서를 받지 않고 직접 제조회사나 세관장에게서 세금계산서를 받아 매입세액공제 가능하다(예 : 경차, 9인승 이상 카니발 등).

(4) 공동매입 등에 대한 세금계산서 발급

전기사업자가 전력을 공급하는 경우로서 전력을 공급받는 명의자와 전력을 실지로 소비하는 자가 서로 다른 경우에 그 전기사업자가 전력을 공급받는 명의자를 공급받는 자로 하여 세금계산서를 발급하고 그 명의자는 그 발급받은 세금계산서에 적힌 공급가액의 범위에서 전력을 실지로 소비하는 자를 공급받는 자로 하여 세금계산서를 발급할 수 있다. 이러한 경우에 일반적으로 세금계산서는 일반사업자만이 발급할 수 있으나 전력을 공급받는 명의자의 경우 일반사업자가 아닌 간이과세자(직전연도 공급대가 합계액이 4,800만원 미만 사업자, 신규사업개시자), 면세사업자, 고유번호를 부여 받은 자도 세금계산서를 발급할 수 있으며 사업자등록번호란에 간이과세자, 면세사업자 등록번호, 고유번호를 기재하여야 한다. 그리고 상대방인 전력을 실지로 소비하는 자는 발급받은 세금계산서로 매입세액을 공제받을 수 있다(부가령 §69⑭,⑮).

(5) 주민등록기재분 세금계산서

세금계산서 의무발급 업종인 광업·도매·제조·건설 등 사업자가 세금계산서 발급시 사업자등록번호가 없거나 사업자가 아닌 경우에는 고유번호 또는 주민등록번호를 기재하여야 한다.
예를 들어 제조업자가 사업자가 아닌 개인에게 제조장에서 직접 재화를 판매하는 경우 주민등록기재분 세금계산서를 발급하여야 하나, 통신판매 또는 전자상거래에 의하여 사업자가 아닌 개인에게 직접 판매하는 경우에는 세금계산서를 발급하지 아니하고 영수증을 발급할 수 있다.

한편, 현금수입업종의 경우 원칙적으로 세금계산서 발급대상이 아니므로 주민등록기재분 세금계산서보다 현금영수증 발급이 우선적으로 적용된다.

※ 거래상대방이 사업자등록이 있는 개인의 경우 사업자등록 기재분으로 발급하여야 하나 이를 주민등록기재분으로 발급시 원칙적으로 세금계산서 부실기재가산세(1%)가 적용된다(국심 1997전1145 1998.12.02.).

3 세금계산서 발급의무의 면제

다음과 같이 세금계산서를 발급하기 어렵거나 세금계산서의 발급이 불필요한 경우 세금계산서를 발급하지 아니할 수 있다(부가법 §33. 부가령 §71, 통칙 32-69-4).

① 택시운송 사업자, 노점 또는 행상을 하는 사람, 무인자동판매기를 이용하여 재화나 용역을 공급하는 자, 전력이나 도시가스를 실제로 소비하는 자(사업자 제외)를 위하여 전기사업자 또는 도시가스사업자로부터 전력이나 도시가스를 공급받는 명의자, 도로 및 관련시설 운영용역을 공급하는 자(다만, 공급받는 자로부터 세금계산서 발급을 요구받은 경우는 제외한다)가 공급하는 재화 또는 용역

② 소매업 또는 미용, 욕탕 및 유사 서비스업을 경영하는 자가 공급하는 재화 또는 용역. 다만, 소매업의 경우 공급받는 자가 세금계산서의 발급을 요구하지 아니하는 경우로 한정한다.

※ 공급받는 자는 일반과세자와 간이과세자(직전연도 공급대가 합계액이 4,800만원 미만 사업자 및 신규사업자 제외)를 말한다.

③ 자가공급·개인적 공급·사업상증여 및 폐업시의 잔존재화. 또한 총괄납부사업자가 판매목적으로 직매장 등 다른 사업장에 재화를 공급하는 경우

④ 수출재화. 다만, 원료를 대가 없이 국외의 수탁가공 사업자에게 반출하여 가공한 재화를 양도하는 경우 그 원료와 내국신용장 또는 구매확인서에 의한 공급, 한국국제협력단과 한국국제보건의료재단 및 대한적십자사에 공급하는 재화는 세금계산서를 발급하여야 한다.

⑤ 용역의 국외공급, 선박 또는 항공기의 외국항행용역으로서 항공기운송용역·상업서류송달용역·국내사업장이 없는 비거주자와 외국법인에 대한 공급

⑥ 그 밖의 외화 획득거래로서 국내주재 외국정부기관에 대한 공급과 국내사업장이 없는 비거주자와 외국법인에 공급하는 재화 또는 용역

※ 수출업자와 직접 도급계약에 의하거나 내국신용장(국매확인서)에 의하여 공급하는 수출재화 임가공 용역은 세금계산서를 발급하여야 한다.

⑦ 간주임대료(부가가치세는 원칙적으로 임대인이 부담하며 약정에 의해서 임차인이 부담할 수 있으나 세금계산서는 발급할 수 없다)

⑧ 공인인증기관이 공인인증서를 발급하는 용역. 다만, 공급받는 자가 사업자로서 세금계산서의 발급을 요구하는 경우는 제외한다.

⑨ 간편사업자등록을 한 사업자가 국내에 공급하는 전자적 용역
⑩ 그 밖에 국내사업장이 없는 비거주자 또는 외국법인에게 공급하는 재화 또는 용역. 다만, 해당 비거주자 또는 외국법인이 해당 외국의 개인사업자 또는 법인사업자임을 증명하는 서류를 제시하고 세금계산서 발급을 요구하는 경우는 제외한다.

4 세금계산서와 신용카드매출전표의 이중발행 금지

(1) 신용카드매출전표 발행 이후 세금계산서 발급을 요구하는 경우

세금계산서 발급금지업종 외의 일반과세자(2021.7.1 부터는 사업자)가 공급계약을 체결하고 거래시기가 되기 전에 신용카드매출전표를 발행한 경우, 동일한 거래처에 1역월 동안 2회 이상의 재화를 공급하고 그 대가의 일부를 신용카드로 지급받고 전표를 발행한 경우, 인터넷으로 주문을 받아 인터넷으로 신용카드매출전표를 발행한 경우 등의 어떠한 경우에도 신용카드매출전표를 발행한 이후에는 세금계산서를 발급할 수 없으며, 이 경우 신용카드매출전표가 매입세금계산서 역할을 하므로 공급받은 자의 경우 매입세액을 공제받을 수 있다.

(2) 공급시기에 세금계산서를 발급하였으나 그 후 대금결제를 신용카드매출전표로 하는 경우

세금계산서 발급금지업종 외의 일반과세자(2021.7.1 부터는 사업자)가 재화나 용역을 공급하고 공급시기에 세금계산서를 발급하였으나 그 이후 대금결재 수단을 신용카드로 받는 경우에는 당초 세금계산서는 취소대상이거나 사실과 다른 세금계산서는 아니다. 이 경우 공급받은 자의 경우 세금계산서합계표를 제출하여 매입세액을 공제받을 수 있다.

✱ 공급자는 신용카드매출전표 등 발행금액 집계표상의 신용카드매출전표 등 발행금액 중 세금계산서 발급내역에 이를 기재하여야 과세표준의 이중 계상을 방지한다.

5 수정세금계산서

세금계산서 또는 전자세금계산서의 기재사항을 착오로 잘못 적거나 세금계산서 또는 전자세금계산서를 발급한 후 그 기재사항에 관하여 다음과 같은 사유가 발생한 경우에는 수정한 세금계산서 또는 수정한 전자세금계산서를 발급할 수 있다(부가법 §32⑦, 부가령 §70).

(1) 처음 공급한 재화가 환입된 경우(1장 발급)

재화가 환입된 날을 작성일로 적고 비고란에 처음 세금계산서 작성일로 덧붙여 적은 후

붉은색 글씨로 쓰거나 음(-)의 표시를 하여 발급한다. 매출환입의 경우가 대표적이다.

(2) 계약의 해제로 재화 또는 용역이 공급되지 아니한 경우(1장 발급)

계약이 해제된 때에 그 작성일은 계약해제일로 적고 비고란에 처음 세금계산서 작성일을 덧붙여 적은 후 붉은색 글씨로 쓰거나 음(-)의 표시를 하여 발급한다.

(3) 계약의 해지 등에 따라 공급가액에 추가되거나 차감되는 금액이 발생한 경우 (1장 발급)

증감사유가 발생한 날을 작성일로 적고 추가되는 금액은 검은색 글씨로 쓰고, 차감되는 금액은 붉은색 글씨로 쓰거나 음(-)의 표시를 하여 발급한다. 매출할인의 경우가 대표적이다.

(4) 내국신용장 등이 사후개설된 경우(2장 발급)

재화 또는 용역을 공급한 후 공급시기가 속하는 과세기간 종료 후 25일(과세기간 종료 후 25일이 되는 날이 공휴일 또는 토요일인 경우에는 바로 다음 영업일을 말한다) 이내에 내국신용장이 개설되었거나 구매확인서가 발급된 경우, 내국신용장 등이 개설된 때에 그 작성일은 당초 세금계산서 작성일을 적고 비고란에 내국신용장 개설일 등을 덧붙여 적어 영세율 적용분은 검은색 글씨로 세금계산서를 작성하여 발급하고, 추가하여 처음에 발급한 세금계산서의 내용대로 세금계산서를 붉은색 글씨로 또는 음(-)의 표시를 하여 작성하고 발급한다.

만약 공급시기(인도일)후 다음달 10일이내에 내국신용장이 개설이 된 경우 세금계산서 발급특례에 의하여 수정세금계산서를 발급할 필요는 없다.

(5) 필요적 기재사항 등이 착오로 잘못 적힌 경우(수정 발급)

처음에 발급한 세금계산서의 내용대로 세금계산서를 붉은색 글씨로 쓰거나 음(-)의 표시를 하여 발급하고, 수정하여 발급하는 세금계산서는 검은색 글씨로 작성하여 발급한다. 다만, 다음 중 어느 하나에 해당하는 경우로서 과세표준 또는 세액을 경정할 것을 미리 알고 있는 경우에는 제외한다.

① 세무조사의 통지를 받은 경우
② 세무공무원이 과세자료의 수집 또는 민원 등을 처리하기 위하여 현지출장이나 확인업무에 착수한 경우
③ 세무서장으로부터 과세자료해명안내 통지를 받은 경우
④ 그 밖에 ①~③에 따른 사항과 유사한 경우

(6) 필요적 기재사항 등이 착오 외의 사유로 잘못 적힌 경우(2장 발급)

재화 및 용역의 공급일이 속하는 과세기간에 대한 확정신고기한 다음 날로부터 1년이 되는 날까지 세금계산서를 작성하되, 처음에 발급한 세금계산서의 내용대로 세금계산서를 붉은색 글씨로 쓰거나 음(-)의 표시를 하여 발급한다. 다만, 과세표준 또는 세액을 경정할 것을 미리 알고 있는 경우는 제외한다.

* 2022.2.15. 이후 재화 또는 용역을 공급하는 분부터 적용
* 사업자가 세금계산서를 발급한 후 공급받는 자가 잘못 적힌 경우에는 재화나 용역의 공급일이 속하는 과세기간에 대한 확정신고 기한까지 수정세금계산서를 발급할 수 있는 것이며, 이 경우 가산세를 적용하지 않는 것임(기획재정부부가-538, 2014.09.05.).

(7) 착오로 전자세금계산서를 이중으로 발급한 경우(1장 발급)

처음에 발급한 세금계산서의 내용대로 음(-)의 표시를 하여 발급한다.

(8) 면세 등 발급대상이 아닌 거래 등에 대하여 발급한 경우(1장 발급)

처음에 발급한 세금계산서의 내용대로 붉은색 글씨로 쓰거나 음(-)의 표시를 하여 발급한다.

(9) 세율을 잘못 적용하여 발급한 경우(2장 발급)

처음에 발급한 세금계산서의 내용대로 세금계산서를 붉은색 글씨로 쓰거나 음(-)의 표시를 하여 발급하고, 수정하여 발급하는 세금계산서는 검은색 글씨로 작성하여 발급한다. 다만, 과세표준 또는 세액을 경정할 것을 미리 알고 있는 경우는 제외한다.

(10) 일반과세자에서 간이과세자로 과세유형이 전환된 경우

처음에 발급한 세금계산서 작성일을 수정세금계산서의 작성일로 적고, 비고란에 사유발생일을 덧붙여 적은 후 추가되는 금액은 검은색 글씨로 쓰고 차감되는 금액은 붉은색 글씨로 쓰거나 음(-)의 표시를 하여 수정세금계산서를 발급할 수 있다.

* 간이과세자에서 일반과세자로 과세유형이 전환된 경우에도 동일(2021.7.1.부터 시행)
* 수정세금계산서도 위의 발급기한까지 발급되지 않았다면 세금계산서 불성실가산세 등이 해당된다.

사례 2-29 영세율 세금계산서의 수정

x1년 1월 20일 공급한 재화에 대하여 x1년 2월 15일자로 내국신용장을 발급받았다. 세금계산서는 어떻게 발급하여야 하는가? 공급가액은 40,000,000원이다.

해답
① x1.1.20. : 40,000,000(부가가치세 4,000,000)원의 일반세금계산서를 발급
② x1.2.15. : x1.1월에 발행한 세금계산서에 대하여 x1.1.20.일자로 40,000,000(부가가치세 4,000,000)원 마이너스(−)세금계산서 발급
③ x1.2.15. : x1.1.20일자로 다시 40,000,000원의 영세율세금계산서 발급
∴ 총 3매임.
* 내국신용장이 x1.2.10.까지 발급된 경우 영세율세금계산서(1매)만 발급하면 된다.

사례 2-30 수정세금계산서 발급사유

1. 작성일자를 잘못 기재하여 발급한 경우 전자 수정발급
   · 정상 : x1. 5월 30일 공급가액 1,000원 / 세액 100원이나
   · 발급 : x1. 6월 2일 공급가액 1,000원 / 세액 100원으로 발급한 경우
2. 공급가액을 잘못 기재하여 발급한 경우 전자 수정발급
   · 정상 : x1. 4월 30일 공급가액 2,000원 / 세액 200원이나
   · 발급 : x1. 4월 30일 공급가액 20,000원 / 세액 2,000원으로 발급한 경우
   · 인식 : x1. 7월 5일 인식한 경우
3. 공급받는 자란에 사업자등록번호가 사업자등록번호가 아닌 대표이사 개인 주민번호로 발급되어 있는 경우 매입세액 공제 가능한가?
4. 공급받는 자를 잘못 기재하여 발급한 경우 전자 수정발급(착오외의 사유)
   · 정상 : x1. 9월 30일 ㈜우민 공급가액 2,000원 / 세액 200원이나
   · 발급 : x1. 9월 30일 ㈜이민 공급가액 20,000원 / 세액 2,000원으로 발급한 경우
   · 인식 : x1. 11월 5일 인식한 경우

해답
1. 기재사항의 착오인 경우로서 2장 발행
   x1. 6월 2일 −1,000/−100···1장 발행 / x1. 5월 30일 1,000/100···1장 발행
2. 기재사항의 착오인 경우로서 2장 발행
   x1. 4월 30일 −20,000/−2,000···1장 발행 / x1. 4월 30일 2,000/200···1장 발행
3. 처음 작성일자로 하여 당초 주민등록번호 발행분을 취소하고 사업자등록번호로 적힌 수정세금계산서를 확정신고기한까지 발급받을 수 있으며 이 경우 매입세액 공제를 받을 수 있음.
4. 공급받는 자를 변경하는 것은 수정세금계산서 발급 사유 중 "착오 외"에 해당하는 것인 바, 공급받는 자를 변경하는 수정세금계산서는 재화나 용역의 공급일이 속하는 과세기간에 대한 확정신고기한까지 발급할 수 있으며, 이 경우 지연수취가산세를 적용하지 아니하는 것임.

6 세금계산서합계표의 제출

사업자는 세금계산서를 발급하였거나 발급받은 경우 세금계산서를 업체별로 집계한 매출처별 세금계산서합계표와 매입처별 세금계산서합계표를 해당 예정신고 또는 확정신고와 함께 사업장 관할세무서장에게 제출하여야 한다(부가법 §54①).

다만, 전자세금계산서를 발급하거나 발급받고 전자세금계산서 발급명세를 해당 재화 또는 용역의 공급시기가 속하는 과세기간(예정신고의 경우에는 예정신고기간) 마지막 날의 다음 달 11일까지 국세청장에게 전송한 경우에는 해당 예정신고 또는 확정신고시 매출·매입처별 세금계산서합계표를 제출하지 아니할 수 있다(부가법 §54②).

또한 예정신고를 하는 사업자가 각 예정신고와 함께 매출·매입처별 세금계산서합계표를 제출하지 못하는 경우 해당 예정신고기간이 속하는 과세기간의 확정신고와 함께 이를 제출할 수 있다(부가법 54③).

7 현금영수증의 발급

(1) 현금영수증가맹점 가입

1) 현금영수증가맹점 가입방법

현금영수증가맹점 가입 방법으로 신용카드단말기에 의한 방법도 있지만 그 중 가장 쉬운 방법은 국세상담센터 전화(126번) ARS를 이용하는 방법이다. [전화126번→1번(홈택스 상담)→1번(현금영수증)→2번(상담센터 연결)→1번(한국어)→4번(가맹점 현금영수증 발급서비스)→사업자번호(10자리)→비밀번호 설정→대표자 주민번호(13자리)→비밀번호(4자리)→1번(가맹점 가입)]

2) 현금영수증가맹점 가입대상자

법인은 소비자상대업종(소득령 별표3의2)을 영위하기만 하면 가입대상이 되지만 개인은 소비자상대업종을 영위하고 다음 중 어느 하나에 해당하는 사업자이어야 한다.

① 직전 과세기간의 수입금액(결정 또는 경정에 의하여 증가된 수입금액을 포함)의 합계액이 2천400만원 이상
② 의료업, 수의업 및 약사에 관한 업을 행하는 사업자(소득령 §147의2)
③ 변호사 등 전문직사업자(부가령 §109②(7))
④ 현금영수증 의무발행업종(별표 3의3)을 영위하는 사업자

소비자상대업종(소득령 별표 3의2)

구 분	업 종
소매업	제외업종 : 노점상업 · 행상업, 무인자동판매기운영업, 자동차소매업(중고자동차소매업은 제외한다), 우표 · 수입인지소매업 및 복권소매업
제조업	해당업종 : 과자점업, 도정업 및 제분업(떡방앗간을 포함), 양복점업, 양장점업 및 양화점업
숙박 및 음식점업	전체업종
건설업	실내건축 및 건축마무리 공사업
도매업	자동차중개업
부동산업 및 임대업 (18.02.13 개정)	부동산 중개 및 대리업, 부동산 투자 자문업, 부동산 감정평가업(감정평가사업을 포함한다), 의류 임대업
운수업	전세버스 운송업, 이사화물운송주선사업, 특수여객자동차 운송업(장의차량 운영업), 주차장 운영업, 여행사업, 기타 여행보조 및 예약 서비스업, 여객 자동차 터미널 운영업, 소화물 전문 운송업
전문 · 과학 및 기술서비스업	변호사업, 변리사업, 공증인업, 법무사업, 행정사업, 공인노무사업, 공인회계사업(기장대리 포함), 세무사업(기장대리 포함), 건축설계 및 관련 서비스업, 기술사업, 심판변론인업, 경영지도사업, 기술지도사업, 손해사정인업, 통관업, 측량사업, 인물 사진 및 행사용 영상 촬영업, 사진처리업
교육서비스업	컴퓨터학원, 속기학원 등 그 외 기타 분류안된 교육기관, 운전학원, 자동차정비학원 등 기타 기술 및 직업훈련학원, 일반 교과 학원, 외국어학원, 방문 교육 학원, 온라인 교육 학원, 기타 교습학원, 예술 학원, 태권도 및 무술 교육기관, 기타 스포츠 교육기관, 청소년 수련시설 운영업(교육목적용으로 한정), 기타 교육지원 서비스업
보건업 및 사회복지서비스업	종합병원, 일반병원, 치과병원, 한방병원, 요양병원, 일반의원(일반과, 내과, 소아청소년과, 일반외과, 정형외과, 신경과, 정신건강의학과, 피부과, 비뇨의학과, 안과, 이비인후과, 산부인과, 방사선과 및 성형외과), 기타의원(마취통증의학과, 결핵과, 가정의학과, 재활의학과 등 달리 분류되지 아니한 병과), 치과의원, 한의원, 수의업
예술, 스포츠 및 여가 관련 서비스업	영화관 운영업, 비디오물 감상실 운영업, 독서실 운영업, 박물관 운영업,. 식물원 및 동물원 운영업, 실내 경기장 운영업, 실외 경기장 운영업, 경주장 운영업(경마장 운영업을 포함한다), 골프장 운영업, 스키장 운영업, 체력단련시설 운영업, 수영장 운영업, 볼링장 운영업, 당구장 운영업, 종합 스포츠시설 운영업, 골프연습장 운영업, 스쿼시장 등 그외 기타 스포츠시설 운영업, 컴퓨터 게임방 운영업, 노래연습장 운영업, 오락사격장 등 기타 오락장 운영업, 해수욕장 운영 등 기타 수상오락 서비스업, 낚시장 운영업, 무도장 운영업, 유원지 및 테마파크 운영업, 기원 운영업
협회 및 단체, 수리 및 기타 개인서비스업	컴퓨터 및 주변 기기 수리업. 통신장비 수리업. 자동차 종합 수리업. 자동차 전문 수리업. 자동차 세차업, 모터사이클 수리업,,의복 및 기타 가정용 직물제품 수리업, 가죽, 가방 및 신발수리업, 시계, 귀금속 및 악기 수리업, 보일러수리 등 그 외 기타 개인 및 가정용품 수리업, 이용업. 두발 미용업, 피부 미용업, 손 · 발톱 관리 등 기타 미용업, 욕탕업, 마사지

구 분	업 종
	업, 비만 관리 센터 등 기타 신체관리 서비스업, 가정용 세탁업, 세탁물 공급업, 장례식장 및 장의관련 서비스업, 화장터 운영, 묘지 분양 및 관리업, 예식장업, 점술 및 유사 서비스업, 산후 조리원, 결혼 상담 및 준비 서비스업
가구내 고용활동	놀이방·어린이집(「영유아보육법」에 따라 설치·인가된 경우는 제외)

3) 현금영수증가맹점 가입기한과 가산세 및 감면배제

2)의 요건에 해당하는 날부터 60일[32] 이내에 신용카드단말기 등에 현금영수증 발급장치를 설치함으로써 현금영수증가맹점으로 가입하여야 한다(소득법 §162의3① 및 법인법 §117의2①).

✱ 그 요건에 해당하는 날은 2)의 ①은 직전 과세기간의 말일로, 신규사업자로서 2)의 ②~④에 해당하는 경우에는 해당 업종에 대한 사업을 개시한 날로 한다.

미가입하면, 미가입기간(가입기한의 다음 날부터 가입일 전날까지의 일수, 이 경우 미가입기간이 2개 이상의 과세기간에 걸쳐 있으면 각 과세기간별로 미가입기간을 적용)의 수입금액(현금영수증가맹점 가입대상인 업종의 수입금액만 해당)의 1% 가산세를 부과한다.

> 미가입기간의 수입금액 = 해당 과세기간의 수입금액 × 미가입기간 / 365

또한, 미가입한 과세기간에 대하여 중소기업특별세액감면, 창업중소기업세액감면 등을 적용하지 아니한다(조특법 §128④).

✱ 2012.1.1부터 다수의 사업장이 있는 사업자의 경우 일부 사업장에 대해 현금영수증가맹점에 가입하지 않을 경우 모든 사업장이 아니라 해당 사업장에 대한 중소기업특별세액감면 등 조세특례제한법상 각종 감면 혜택을 배제한다. 다만, 사업자가 정당한 사유가 있는 경우에는 그러하지 아니한다.

(2) 현금영수증 발급시기와 거부에 대한 가산세

현금영수증의 발급시기는 원칙적으로 현금을 지급 받은(계좌에 입금된) 때에 교부하여야 하나 현금을 받은 날부터 5일 이내에 무기명(국세청 지정코드인 010-000-1234)으로 현금영수증을 발급할 수 있다(소득령 §210의3⑫, 법인령 §159의2⑧).

---

[32] 직전과세기간의 수입금액의 합계액이 2천400만원 이상인 사업자의 경우 그 요건에 해당하는 날이 속하는 달의 말일부터 3개월

(3) 현금영수증 의무발행 및 가산세

1) 현금영수증 의무발행 대상자

현금영수증 의무발행업종을 영위하는 사업자로서 현금영수증가맹점으로 가입한 사업자는 건당 거래금액(VAT 포함)이 10만원 이상인 재화 또는 용역을 공급하고 그 대금을 현금을 받은 경우에는 상대방이 현금영수증 발급을 요청하지 아니하더라도 현금영수증을 발급하여야 한다. 다만, 사업자등록을 한 자에게 재화 또는 용역을 공급하고 세금계산서 또는 계산서를 발급한 경우에는 현금영수증을 발급하지 아니할 수 있다(소득법 §162의3④ 및 법인법 §117의2④).

✱ 주민번호 기재 종이세금계산서를 발급하여도 현금영수증을 반드시 발급하여야 하며, 전자세금계산서를 발급하는 경우에는 현금영수증을 발급하지 않아도 된다.

현금영수증 의무발행업종(소득령 별표 3의3)

구 분	업 종
사업 서비스업	변호사업, 공인회계사업, 회계사업, 세무사업, 변리사업, 건축사업, 법무사업, 심판변론인업, 경영지도사업, 기술지도사업, 감정평가사업, 손해사정인업, 통관업, 기술사업, 측량사업, 공인노무사업, 행정사업
보 건 업	종합병원, 일반병원, 치과병원, 한방병원, 요양병원, 일반의원(일반과, 내과, 소아청소년과, 일반외과, 정형외과, 신경과, 정신건강의학과, 피부과, 비뇨의학과, 안과, 이비인후과, 산부인과, 방사선과 및 성형외과), 기타의원(마취통증의학과, 가정의학과, 재활의학과 등 달리 분류되지 아니한 병과 등), 치과의원, 한의원, 수의업 (약사 제외함)
숙박 및 음식점업	일반유흥주점업(단란주점포함), 무도유흥주점업, 일반 및 생활 숙박시설 운영업, 출장음식서비스업, 기숙사 및 고시원 운영업(고시원 운영업에 한정), 숙박공유업
교육서비스업	일반교습학원, 예술학원, 외국어학원 및 기타 교습학원, 운전학원, 태권도 및 무술 교육기관, 스포츠 교육기관, 기타 교육지원서비스업, 청소년 수련시설 운영업(교육목적용으로 한정) 기타 기술 및 직업훈련학원, 컴퓨터 학원, 그 외 기타 분류 안 된 교육기관
그 밖의 업종	골프장운영업, 골프연습장운영업, 장례식장 및 장의관련서비스업, 예식장업, 부동산 중개 및 대리업, 부동산 투자 자문업, 산후조리원, 시계 및 귀금속 소매업, 피부미용업, 손·발톱관리 미용업 등 기타 미용업, 비만관리센터 등 기타신체관리서비스업, 마사지업(발마사지업 및 스포츠마사지업으로 한정), 실내건축 및 건축마무리 공사업(도배업만 영위하는 경우는 제외), 인물사진 및 행사비디오 촬영업, 결혼상담 및 준비서비스업, 의류임대업, 포장이상운송업, 자동차 부품 및 내장품 판매업, 자동차종합수리업, 자동차전문수리업, 전세버스운송업, 가구소매업, 전기용품 및 조명장치 소매업, 의료용 기구 소매업, 페인트, 창호 및 기타 건설자재 소매업, 주방용품 및 가정용 유리, 요업 제품 소매업, 안경 및 렌즈 소매업, 운동 및 경기용품 소매업, 예술품 및 골동품 소매업, 중고자동차 소매업 및 중개업, 악기소매업, 자전거 및 기타운송장비 소매업, 체력단련시설 운영업, 화장터 운영, 묘

	지 분양 및 관리업(묘지 분양 및 관리업에 한정), 특수여객자동차 운송업, 가전제품 소매업, 의약품 및 의료용품 소매업, 독서실 운영업(스터디 카페포함), 두발 미용업, 철물 및 난방용구 소매업, 신발 소매업, 애완용 동물 및 관련용품 소매업, 의복 소매업, 컴퓨터 및 주변장치, 소프트웨어 소매업, 통신기기 소매업, 건강보조식품 소매업, 자동차 세차업, 벽지 마루덮개 및 장판류 소매업, 기계공구 소매업, 가방 및 기타 가죽제품소매업, 중고가구 소매업, 사진기 및 사진용품 소매업, 모터사이클 수리업,가전제품 수리업,가정용 직물제품 소매업,가죽 가방 및 신발 수리업,게임용구, 인형 및 장난감 소매업,구두류 제조업, 남자용 겉옷 제조업,여자용 겉옷 제조업, 모터사이클 및 부품 소매업(부품 판매업으로 한정한다),시계, 귀금속 및 악기 수리업,운송장비용 주유소 운영업, 의복 및 기타 가정용 직물제품 수리업,중고 가전제품 및 통신장비 소매업, [2024.1.1. 시행] 백화점,대형마트, 체인화편의점,기타 대형 종합소매업, 서적 신문 및 잡지류 소매업,곡물 곡분 및 가축사료 소매업,육류 소매업,자동차 중개업,주차장 운영업, 여객 자동차 터미널 운영업,통신장비 수리업,보일러수리 등 기타 가정용품 수리업 [2025.1.1. 시행] 여행사업, 기타 여행보조 및 예약서비스업, 수영장운영업, 스쿼시장 등 기타 스포츠시설운영업, 실외경기장 운영업, 실내경기장 운영업, 종합스포츠시설 운영업, 볼링장운영업, 스키장운영업, 의복액셧리 및 모조 장신구 소매업, 컴퓨터 및 주변기기 수리업, 앰뷸런스 서비스업, 애완동물 장묘 및 보호서비스업 [2026.1.1. 시행] 기념품, 관광 민예품 및 장식용품 소매업, 사진 처리업, 낚시장 운영업, 기타 수상오락 서비스업
통신판매업	전자상거래 소매업, 전자상거래 소매중개업, 기타통신판매업(위의 규정에 따른 업종에서 사업자가 공급하는 재화 또는 용역을 온라인 통신망을 통하여 소매하는 경우에 한정)

2) 위반시 가산세(소득법 §81의9②(3))

현금영수증 발급의무 대상자가 현금영수증을 발급하지 아니한 경우(「국민건강보험법」에 따른 보험급여의 대상인 경우 등은 제외한다)에는 미발급금액의 20%(착오나 누락으로 인하여 거래대금을 받은 날부터 10일 이내에 관할 세무서에 자진 신고하거나 현금영수증을 자진 발급한 경우에는 10%로 한다)를 가산세로 부과한다.

여기서 「국민건강보험법」에 따른 보험급여의 대상인 경우이란 다음 중 어느 하나에 해당하는 경우를 말한다.

① 「국민건강보험법」에 따른 보험급여
② 「의료급여법」에 따른 의료급여
③ 「긴급복지지원법」에 따른 의료지원비
④ 「응급의료에 관한 법률」에 따른 대지급금
⑤ 「자동차손해배상 보장법」에 따른 보험금 및 공제금(같은 법 제2조 제6호의「여객자동차 운수사업법」및「화물자동차 운수사업법」에 따른 공제사업자의 공제금으로 한정한다)

Ⅱ. 현금매출명세서 등의 제출의무

예식장업, 부동산중개업, 보건업(병·의원에 한함)과 변호사업, 심판변론인업, 변리사업, 법무사업, 공인회계사업, 세무사업, 경영지도사업, 기술지도사업, 감정평가사업, 손해사정인업, 통관업, 기술사업, 건축사업, 도선사업, 측량사업, 공인노무사업, 의사업, 한의사업, 한약사업, 수의사업을 영위하는 사업자는 예정신고 또는 확정신고를 할 때 현금매출명세서를 함께 제출하여야 한다(부가법 §55). 만약, 제출하지 아니하거나 제출한 수입금액(현금매출)이 사실과 다르게 적혀있는 경우에는 제출하지 아니한 부분의 수입금액 또는 제출한 수입금액과 실제 수입금액과의 차액의 1%의 가산세가 있다(부가법 §60⑧).

☞ 약사업(도소매업), 한약사업(도소매업), 수의업(병의원 아님)은 현금매출명세서 제출의무자에서 제외

✱ 10만원 이상을 현금영수증 의무발급대상이므로, 10만원 미만의 순수 현금 매출분(순수현금, 주민등록기재분 세금계산서)만을 기재하면 된다.

■ 부가가치세법 시행규칙 [별지 제26호서식]

현금매출명세서
년 제 기 (월 일 ~ 월 일)

※ 아래의 작성방법을 읽고 작성하시기 바랍니다.

① 상호(법인명)		② 성명(대표자)				③ 사업자등록번호			

공급가액	④ 합계		⑤ 현금매출		법정영수증 매출					
					⑥ 세금계산서		⑦ 신용카드		⑧ 현금영수증	
	건수	금액	건수	금액	건수	금액	건수	금액	건수	금액

현금매출 명세

⑨ 일련번호	⑩ 의뢰인		⑪ 거래일	⑫ 거래금액		
	주민등록번호 (또는 사업자등록번호)	성명 (또는 상호)		공급대가	공급가액	부가가치세
합계						

작 성 방 법

① ~ ④는 제출자의 상호 또는 법인명과 대표자, 사업자등록번호를 적습니다.

⑤: 세금계산서 발급분 중 「부가가치세법」 제32조제1항제2호 단서에 따라 주민등록번호를 적은 부분은 ⑤ 현금매출란에 포함하여 적습니다.

⑥: 세금계산서를 발급한 후 신용카드매출전표를 발행한 경우에는 ⑥ 세금계산서란에만 적습니다.

⑨ ~ ⑫는 현금매출 내용을 적습니다.

제4절 일반과세자의 신고와 납부

부가가치세의 신고 · 납부는 일반과세자와 간이과세자의 각 유형에 따라 납부절차와 세율, 세금계산서 등의 발급을 각각 달리하고 있으므로 주의를 요한다.

(1) 납부세액의 계산방법

일반과세자의 부가가치세의 납부세액은 다음과 같은 원리로 계산한다.

$$\text{부가가치세} = \text{매출세액 (과세표준} \times \text{세율 10\%)} - \text{매입세액 (매입시 부담한 세액)}$$

① 납부세액 = (과세표준 × 세율) – 매입세액
② 납부할 세액 = 납부세액 – 공제세액 + 가산세액

✱ 매입세액이 매출세액을 초과하면 환급세액이 발생한다.

(2) 과세기간과 과세표준

부가가치세 과세기간은 제1기는 1~6월, 제2기는 7~12월이므로 이 기간에 재화를 판매하거나 용역을 제공하고 받은 공급가액이 과세표준이 된다.

(3) 세금계산서 및 신용카드매출전표에 의한 매입세액공제

1) 세금계산서에 의한 매입세액

자기사업과 관련하여 일반과세자인 사업자로부터 상품 또는 시설자재 등을 구입하거나, 용역을 제공받았을 경우 거래증빙으로 세금계산서를 발급받으면 세금계산서에 기재된 부가가치세액을 전액 공제 또는 환급받을 수 있다.

✱ 매입세액을 예정신고 또는 확정신고시 공제받지 못한 경우에는 수정신고, 경정청구, 기한 후 신고시 공제할 수 있다. 다만, 경정기관의 확인을 거쳐 매입세액을 공제받는 경우에는 가산세가 부과된다.
✱ 미용 · 욕탕 · 유사서비스업, 여객운송업, 입장권 발행사업자는 발급받은 세금계산서와 신용카드매출전표 등에 의한 매입세액은 공제받지 못한다.

2) 신용카드매출전표(현금영수증) 등에 의한 매입세액

사업자가 대통령령으로 정하는 사업자로부터 재화 또는 용역을 공급받고 부가가치세액이 별도로 구분 가능한 신용카드매출전표(현금영수증) 등을 발급받은 경우 그 부가가치세액은 공제할 수 있는 매입세액으로 본다(부가법 §46③).

✱ 임직원(개인사업자의 가족 포함) 명의의 신용카드를 사용한 경우에도 공제요건을 갖춘 때에는 매입세액공제를 받을 수 있다.

3) 매입자발행세금계산서에 따른 매입세액 공제 특례

세금계산서 발급의무가 있는 자(일반과세자와 2022.7.1.부터는 세금계산서 발급의무가 있는 간이과세자)가 세금계산서 발급시기에 세금계산서를 발급하지 아니하는 경우(사업자의 부도·폐업, 공급 계약의 해제·변경 등의 사유가 발생한 경우로서 사업자가 수정세금계산서 또는 수정전자세금계산서를 발급하지 아니한 경우, 소재불명 또는 연락두절 상태인 경우, 휴업이나 그 밖의 부득이한 사유로 세금계산서를 발급받는 것이 곤란하다고 국세청장이 인정하는 경우를 포함)* 공급받은 자는 관할세무서장의 확인을 받아 세금계산서를 발행할 수 있다.

구체적으로는 거래건당 공급대가가 5만원(23.2.28 이전 공급분 10만원 이상)이면 매입자가 재화 용역의 공급시기가 속하는 과세기간의 종료일로부터 1년(2023.12.31.이전 6개월) 이내에 거래사실확인신청서에 거래사실을 객관적으로 입증할 수 있는 서류를 첨부하여 관할세무서장에게 거래사실의 확인을 신청하여야 한다. 거래사실 확인 통지를 받은 신청인은 공급자 관할 세무서장이 확인한 거래일자를 작성일자로 하여 매입자발행세금계산서를 발행하여 공급자에게 교부하여야 한다. 이 경우 매입자발행세금계산서에 기재된 부가가치세액은 공제받을 수 있는 매입세액으로 본다(부가법 §34의2).

(4) 공제하지 아니하는 매입세액(부가법 §39)

① 매입처별세금계산서합계표를 부가가치세 신고시 제출하지 않은 경우 또는 거래처별 등록번호와 공급가액이 적히지 아니하였거나 사실과 다르게 적힌 경우 그 기재사항이 적히지 아니한 부분 또는 사실과 다르게 적힌 부분의 매입세액

② 세금계산서를 발급받지 않은 경우 또는 세금계산서의 필요적 기재사항이 적히지 않았거나 사실과 다르게 적힌 경우의 매입세액(공급가액이 사실과 다르게 적힌 경우에는 실제 공급가액과 사실과 다르게 적힌 금액의 차액에 해당하는 세액을 말한다)

③ 사업과 직접 관련이 없는 지출(업무무관비용)33)에 대한 매입세액

④ 개별소비세 과세대상 자동차(운수업, 자동차판매업, 자동차임대업, 운전학원업, 경비업의 출동차량 및 이와 유사한 업종에 직접 영업으로 사용하는 것 제외)의 구입과 임차 및 유지에 관한 매입세액

---

33) 사업과 직접 관련이 없는 지출의 범위는 소득령 §78 또는 법인령 §48, §49③ 및 §50에서 정하는 바에 따른다.

※ 개별소비세 과세대상 자동차는 사적용도로 사용되는 경우가 많아 그 지출을 업무용과 사적용도로 구분하기 어렵고 교통혼잡 등으로 교통수요를 억제할 필요가 있으므로 그와 관련된 매입세액을 매출세액에서 공제하지 아니한다.

> **참고** 개별소비세과세대상 자동차(개소법 § 1②(3), 별표1)
>
> - 승용자동차: 정원 8인이하의 자동차(다만, 배기량이 1,000cc 이하이고 길이가 3.6미터 이하이며 폭이 1.6미터 이하는 제외, 예 : 경차인 모닝, 스파크 등)
> - 2륜자동차: 내연기관을 원동기로 하는 것에 있어서는 그 총배기량이 125cc초과하는 것과 내연기관외의 것을 원동기로 하는 것은 그 정격출력이 12킬로와트를 초과하는 것으로 한정한다.
> - 캠핑용자동차: 캠핌용트레일러 포함
> - 전기자동차, 하이브리드자동차: 승용자동차의 내용과 동일

⑤ 기업업무추진비[34] 및 이와 유사한 비용의 지출에 관련된 매입세액

⑥ 면세사업 등에 관련된 매입세액(면세사업 등을 위한 투자에 관련된 매입세액을 포함)과 다음과 같은 토지에 관련된 매입세액(부가령 §80)

　㉠ 토지의 취득, 형질변경, 공장부지 및 택지의 조성 등에 관련된 매입세액

　㉡ 건축물이 있는 토지를 취득하여 그 건축물을 철거하고 토지만 사용하는 경우에는 철거한 건축물의 취득 및 철거 비용과 관련된 매입세액

　㉢ 토지의 가치를 현실적으로 증가시켜 토지의 취득원가를 구성하는 비용에 관련된 매입세액

⑦ 사업자등록을 신청하기 전 매입세액. 다만, 공급시기가 속하는 과세기간이 지난 후 20일 이내에 등록 신청한 경우 등록신청일부터 공급시기가 속하는 과세기간 기산일(1월 1일 또는 7월 1일)까지 역산한 기간 이내의 것은 제외한다.

사례 2-31　사업자등록신청 전 매입세액공제

x1년 6월 10일 사업시작을 하고 동년 6월 10일부터 매입된 상품을 본인의 주민등록번호를 기재하여 세금계산서를 발급받은 경우 다음 상황에 따라서 부가가치세 신고서 매출세액에서 이 매입세액을 공제받을 수 있는지?

① x1년 7월 20일에 등록신청　② x1년 7월 21일에 등록신청

해답　① x1년 1기 거래분부터 매입세액공제 가능하다. 따라서 x1년 6월 10일부터 받은 세금계산서는 매입세액공제 가능하다.
　　　② x1년 2기 거래분부터 매입세액공제 가능하다. 따라서 x1년 7월 1일부터 받은 세금계산서가 매입세액공제 가능하다.

---

[34] 기업업무추진비 및 이와 유사한 비용의 지출이란 소득법 §35 또는 법인법 §25에 따른 기업업무추진비 및 이와 유사한 비용의 지출을 말한다.

(5) 공통매입세액 불공제

1) 대상

과세사업과 면세사업 등을 겸영하는 사업자는 매입세액을 실지귀속에 따라 결정하여 과세사업 매입세액은 공제 가능한 매입세액으로 하고 면세사업 매입세액은 공제 불가능한 매입세액으로 하여야 할 것이다.

그러나 과세사업과 면세사업에 공통으로 사용되어 실지귀속을 구분할 수 없는 매입세액이 있다. 이를 공통매입세액이라 하며 다음 '2)'의 산식에 의한 금액은 면세사업 등에 관련된 매입세액으로 보아 공제해서는 안된다.

이 경우 예정신고를 하는 때에는 예정신고기간에 있어서 총공급가액에 대한 면세공급가액(면세사업 등에 대한 공급가액과 사업자가 해당 면세사업 등과 관련하여 받았으나 부가가치세의 과세표준에 포함되지 아니하는 국고보조금과 공공보조금 및 이와 유사한 금액의 합계액)의 비율에 의하여 안분계산하고, 확정신고를 할 때에 정산한다 (부가령 §81).

✽ 실지귀속이란 공통매입세액을 건별로 구분하여 어느 사업과 관련된 것인지를 구분하는 것을 말한다. 그러나 실지귀귀속이 불분명할 경우 산식으로 계산하는데 의도적으로 면세공급비율을 낮게 하여 매입세액공제를 많이 받을 수 있다. 이를 방지하기 위하여 고정자산매입에 대하여는 재계산제도가 있다.

2) 안분시 산식

면세사업 등에 관련된 매입세액 = 공통매입세액 × $\dfrac{\text{면세공급가액}}{\text{총공급가액}}$

✽ 과세표준의 안분계산과는 달리 해당과세기간의 공급가액비율로 안분하는 이유는 매입세액공제는 매입시점에 바로 행하는 것이 아니라 해당과세기간이 종료된 후 납부세액계산시 공제하는 것이므로 보다 합리적인 해당 과세기간의 공급가액을 파악할 수 있기 때문이다.

만약, 해당 과세기간중 과세사업과 면세사업의 공급가액이 없거나 그 어느 한 사업의 공급가액이 없는 경우에 해당 과세기간에 있어서의 안분계산은 다음의 순서에 의한다. 다만, 건물을 신축 또는 취득하여 과세사업과 면세사업에 제공할 예정면적을 구분할 수 있는 경우에는 ㉢을 ㉠ 및 ㉡에 우선하여 적용한다.

㉠ 총매입가액(공통매입가액을 제외한다)에 대한 면세사업에 관련된 매입가액의 비율
㉡ 총예정공급가액에 대한 면세사업에 관련된 예정공급가액의 비율
㉢ 총예정사용면적에 대한 면세사업에 관련된 예정사용면적의 비율

3) 정산시 산식

매입가액비율과 예정공급가액비율, 예정사용면적비율로 매입세액을 안분계산한 경우에는 해당 재화의 취득으로 과세사업과 면세사업의 공급가액 또는 과세사업과 면세사업의 사용면적이 확정되는 과세기간에 대한 납부세액을 확정신고할 때에 다음의 산식에 의하여 정산한다.

다만, 예정신고를 하는 때에는 예정신고기간에 있어서 총공급가액에 대한 면세공급가액의 비율 또는 총사용면적에 대한 면세 또는 비과세 사용면적의 비율에 따라 안분계산하고, 확정신고할 때에 정산한다(부가령 §82).

* 가산 또는 공제되는 세액

$$= 공통매입세액 \times \left(1 - \frac{확정되는\ 과세기간의\ 면세공급가액}{확정되는\ 과세기간의\ 총공급가액}\right) - 기공제세액$$

* 가산 또는 공제되는 세액(위의 식을 변형한 것)

$$= 공통매입세액 \times \frac{확정되는\ 과세기간의\ 면세공급가액}{확정되는\ 과세기간의\ 총공급가액} - 당초에\ 불공제된\ 매입세액$$

사례 2-32 공통매입세액공제 - 안분, 정산

구 분	a.예정신고기간 (1~3월)	b.확정과세기간 (1~6월)	확정신고시 불공제액 b-a : (4~6월)
공통매입세액	5,000,000	9,000,000	
총공급가액	100,000,000	300,000,000	
면세공급가액	40,000,000	180,000,000	
과세공급가액	60,000,000	120,000,000	
면세관련 공통매입세액	2,000,000	5,400,000*	3,400,000**
과세관련 공통매입세액	3,000,000	3,600,000	600,000

* $9,000,000 \times \frac{180,000,000}{300,000,000} = 5,400,000$ 불공제되는 면세관련 매입세액

** 5,400,000원 중 예정신고때 불공제액 2,000,000원을 차감하면 확정신고때는 3,400,000원만 불공제 된다. 반면, 확정신고시 공제세액은 600,000원이 된다.

4) 안분계산의 생략

다음의 경우에는 안분계산의 경제성이 없으므로 안분계산을 생략하고 공통매입세액을 전액 공제한다.

① 해당 과세기간의 총공급가액 중 면세공급가액이 5% 미만인 경우. 다만, 공통매입세액이 5백만원 이상인 경우 제외
② 해당 과세기간 중의 공통매입세액이 5만원 미만인 경우의 매입세액
③ 해당 과세기간이 신규로 사업을 시작한 사업자가 해당 과세기간에 공통으로 사용하던 재화를 공급하여 과세표준의 안분계산을 생략한 재화의 매입세액

(6) 면세사업 등을 위한 감가상각자산의 과세사업 전환 시 매입세액공제 특례

매입세액이 공제되지 아니한 면세사업등을 위한 감가상각자산을 과세사업에 사용하거나 소비하는 경우 과세사업에 사용하거나 소비하는 날이 속하는 과세기간의 매입세액으로 공제할 수 있다(부가법 §43).

※ 면세사업으로 전용시 과세하는 것과 형평성을 고려함.

(7) 공통매입세액 재계산(부가법 §41)

과세사업과 면세사업에 공통으로 사용되는 자산의 매입세액은 안분하여 공제를 받게 되는데, 취득일 이후의 과세기간에도 공통으로 사용되는 감가상각자산인 경우에는 면세비율의 증감에 따라 매입세액을 과대·과소하게 공제받는 결과가 된다. 따라서 감가상각자산에 대한 매입세액공제의 적정성을 기하기 위하여 과대·과소하게 공제된 매입세액을 해당 과세기간의 확정신고시에만 납부세액에 가산 또는 공제하여 재계산한다(부가령 §83).

1) 재계산 요건

㉠ 과세사업과 면세사업에 공통으로 사용되는 감가상각자산일 것
㉡ 매입세액공제, 공통매입세액 안분계산, 공통매입세액정산을 한 경우일 것
㉢ 면세공급가액의 비율(면세사용면적의 비율)이 5% 이상 증감된 경우일 것

2) 산 식

$$\text{가산 또는 공제되는 매입세액} = \text{해당 재화의 매입세액} \times (1 - \text{체감율} \times \text{경과된 과세기간의 수}) \times \text{증감된 면세비율}$$

산식은 간주공급의 과세표준 계산에서 설명한 것과 같다.

3) 재계산 배제

과세사업과 면세사업에 공통으로 사용하던 재화를 공급(실질공급과 간주공급)한 경우 그 과세기간에는 납부세액 또는 환급세액의 재계산을 하지 아니한다.

사례 2-33 납부세액 재계산

다음 자료를 보고 x3년 1기 부가가치세 확정신고시 공제받지 못할 매입세액 명세서(공통매입세액 재계산)를 작성하시오(x2년 2기까지 공통매입세액 재계산은 올바르게 신고되었다).

1. 과세사업과 면세사업에 공통으로 사용되는 자산의 구입명세

구 분	취득일자	공급가액	부가가치세	비고
건 물	x1년 7월 22일	100,000,000원	10,000,000원	
비 품	x2년 5월 10일	20,000,000원	2,000,000원	

2. x2년 및 x3년의 공급가액 명세

구 분	x2년 제1기	x2년 제2기	x3년 제1기
과세사업	150,000,000원	300,000,000원	240,000,000원
면세사업	250,000,000원	200,000,000원	360,000,000원

해답

건물 = 10,000,000 × 0.85 × 0.2 = 1,700,000원
비품 = 2,000,000 × 0.5 × 0.2 = 200,000원

면세비율	x2년 1기	x2년 2기	x3년 1기
비율	0.625	0.4	0.6(0.2증가)

5. 납부세액 또는 환급세액 재계산 내역

일련번호	⑲해당재화의매입세액	⑳경감률(%) [1−(5/100 또는 25/100 × 경과된 과세기간수)]	㉑증가 또는 감소된 면세공급가액(사용면적) 비율(%)	㉒가산 또는 공제되는 매입세액 (⑲×⑳×㉑)
1	10,000,000	85	20	1,700,000
2	2,000,000	50	20	200,000
합계				1,900,000

(8) 면세농산물 등 의제매입세액 공제특례(부가법 §42)

1) 의의

부가가치세 과세사업자가 면세로 공급받거나 수입한 농·축·수·임산물을 원재료로 하여 제조·가공한 재화 또는 창출한 용역의 공급에 대하여 과세되는 경우에는 면세농산물 등을 공급받거나 수입할 때 매입세액이 있는 것으로 보아 세금계산서 없이도 일정액을 매입세액으로 공제받을 수 있다(부가령 §84).

✽ 취지 : 전단계세액공제법하의 부가가치세법상에서 나타나는 경제효율의 왜곡(환수효과, 누적효과)을 시정하는 데 있다.
  ① 환수효과 : 면세적용단계에서 과세하지 않았던 부가가치세가 다음 거래단계의 과세로 인하여 다시 국고로 환수하게 되는 현상
    = 영세율이나 면세사업자가 창출한 부가가치 × 세율
  ② 누적효과 : 해당 면세적용단계 이전단계에서 이미 과세된 부분에 대하여 재차 과세되는 현상
    = 부가가치세 징수액 − (부가가치 × 세율)
  ③ 이와 같은 환수효과와 누적효과로 인하여 소비자가격이 인상되어 소비자 부담이 가중되므로 이를 시정하기 위하여 의제매입세액공제, 면세포기, 간이과세포기제도를 두고 있다.

2) 적용요건

면세농산물 등을 원재료로 제조·가공하여 과세재화를 생산하거나 과세용역을 창출하는 경우이어야 한다.

면세재화를 생산하거나 면세농산물 등을 그대로 양도하는 경우에는 의제매입세액공제를 받을 수 없다.

또한 의제매입세액공제를 받으려는 사업자는 예정신고 또는 확정신고시 매입처별계산서합계표 또는 신용카드매출전표수취명세서, 소득세법·법인세법에 따른 매입자발행계산서합계표(2023.7.1. 이후 거래분부터 적용)를 제출하여야 한다.

다만, 제조업자는 농어민(작물 재배업, 축산업, 작물재배 및 축산 복합농업에 종사하거나 임업, 어업 및 소금 채취업에 종사하는 개인)으로부터 면세농산물 등을 직접 공급받는 경우에는 의제매입세액신고서(주민등록번호 기재)만을 제출해도 된다.

3) 산식

> 의제매입세액공제액 = 면세로 구입한 농·축·수·임산물의 매입가액 × 공제율
> (한도 : 해당과세기간의 과세표준 × 한도율 × 공제율)

여기서 공제율은 다음과 같다.
  ① 과세유흥장소의 음식점업자 : 2/102
  ② ①외의 음식점업자 : 106분의 6[개인사업자는 108분의 8(과세표준이 2억원 이하인

경우에는 2026.12.31. 까지 9/109)]
③ **제조업자(중소기업법인 및 개인사업자에 한정)** : 104분의 4
④ **제조업자(과자점업, 도정업, 제분업, 떡방앗간을 운영하는 개인)** : 106분의 6
⑤ ①, ②, ③, ④이외의 사업자 : 102분의 2

❈ 면세농산물 등의 가액은 운임 등의 부대비용을 제외한 매입원가임.

4) 한도액

해당 과세기간에 매입세액으로서 공제할 수 있는 금액의 한도를 아래의 구분에 따라 계산한 금액으로 한다(2025년 12월 31일까지 적용).

구 분		과세표준	의제매입세액 공제 한도액	
			음식점업	기타업종
개 인		1억원 이하	과세표준의 75%	과세표준의 65%
		1억원 초과 ~ 2억원 이하	과세표준의 70%	
		2억원 초과	과세표준의 60%	과세표준의 55%
법 인		과세표준의 50%		

5) 제조업 의제매입세액 공제 계산방법 조정(부가령 §84③)

다음의 요건을 모두 충족하는 사업자는 제2기 과세기간에 대한 납부세액을 확정신고할 때, 그 해의 1월 1일부터 12월 31일까지 공급받은 면세농산물 등의 가액에 공제율을 곱한 금액에서 제1기 과세기간에 위 3)에 따라 매입세액으로 공제받은 금액을 차감한 금액을 매입세액으로 공제할 수 있다.

❈ 그 해의 1월 1일부터 12월 31일까지의 매입세액으로서 공제할 수 있는 금액의 한도는 해당 기간에 면세농산물 등과 관련하여 공급한 과세표준 합계액(이하 "과세표준 합계액"이라 한다)에 위 ④ 한도율을 적용한다.

① **제1기 과세기간에 공급받은 면세농산물등의 가액을 그 해의 1월 1일부터 12월 31일까지 공급받은 면세농산물등의 가액으로 나누어 계산한 비율이 100분의 75 이상이거나 100분의 25 미만일 것**

② **해당 과세기간이 속하는 그 해의 1월 1일부터 12월 31일까지 계속하여 제조업을 영위하였을 것**

| 사례 2-34 | 의제매입세액공제 |

법인음식점업자가 소고기 10,000,000원, 쌀 50,000,000원, 김치 20,000,000원을 계산서를 받고 공급받아 음식원료로 사용하는 경우 의제매입세액공제액은? 과세표준액은 300,000,000원이다.

해답

$80,000,000원 \times \dfrac{6}{106}$ = 4,528,301원, 한도액보다 작으므로 의제매입세액공제이 된다.

[한도액 : $300,000,000 \times 40\% \times \dfrac{6}{106}$ = 6,792,452원]

(9) 재활용폐자원 매입세액공제특례(조특법 §108)

재활용폐자원 및 중고자동차를 수집하는 사업자가 세금계산서를 발급할 수 없는 자[부가가치세 과세사업을 영위하지 아니하는 자(면세사업과 과세사업을 겸업하는 경우 포함)와 간이과세자(2021.7.1.부터는 영수증 발급에 관한 규정이 적용되는 기간에 재화 또는 용역을 공급하는 자로 한정함)]로부터 재활용폐자원과 중고자동차(운행한 사실이 없는 것 제외)를 취득하여 제조 또는 가공하거나 이를 공급하는 경우에는 다음과 같이 계산한 금액을 매입세액으로 공제할 수 있다.

✱ 2014.1.1. 이후 국가, 지방자치단체로부터 재활용폐자원을 취득하는 것은 공제대상이 아니다.

① 재활용폐자원 등의 취득가액 $\times \dfrac{3}{103}$

  * 한도 : [과세표준 × 80% - 세금계산서에 의한 재활용폐자원 매입가액]

② 중고자동차 취득가액 $\times \dfrac{10}{110}$

중고자동차는 한도 규정이 없으며, 예정신고와 조기환급시 공제한 경우 확정신고시 정산한다. 여기서 중고자동차의 범위는 수출되는 중고자동차로서 자동차등록원부에 기재된 제작연월일부터 수출이행여부신고서에 기재된 수출신고수리일까지의 기간이 1년 미만인 자동차는 제외한다.

반면, 재활용폐자원의 범위는 고철, 폐지, 폐유리, 폐합성수지, 폐합성고무, 폐금속캔, 폐건전지, 폐비철금속류, 폐타이어, 폐섬유, 폐유로서 파손, 절단 기타 사유로 원래의 용도대로 사용할 수 없는 것을 의미하므로 물품이 본래 용도대로 재사용이 가능한 것이라면 재활용폐자원에 해당되지 아니한다(조특령 §110④).

사례 2-35   재활용폐자원 매입세액공제

고물상 사업자 甲은 미등록사업자 乙로부터 폐지 2,500만원 상당액을 구입하였다. 의제매입세액공제는? 甲의 과세표준은 3,500만원이며 세금계산서에 의한 폐지매입액은 1,000만원이다.

해답 : 乙의 연간 매출액이 80,000,000원 미만(간이과세자 수준)인 경우라면 甲은 다음과 같이 한도금액인 524,271원 공제받는다.

① 2,500만원 × $\frac{3}{103}$ = 728,155

② 한도 : 3,500만원 × 80% −10,000,000 = 1,800만원 × $\frac{3}{103}$ = 524,271

(10) 일반과세자로 변경시 재고품등에 대한 매입세액 공제특례(부가법 §44)

간이과세자가 일반과세자로 변경되면 그 변경당시 변경되는 날 현재에 있는 상품·제품(반제품과 재공품 포함)·재료(부재료 포함)·건설 중인 자산·감가상각자산에 대하여 일반과세 전환시의 재고품등 신고서를 작성하여 그 변경되는 날의 직전 과세기간에 대한 신고와 함께 납세지 관할 세무서장에게 신고하여야 하며, 다음의 방법에 따라 계산한 금액을 일반과세자 신고시에 매입세액으로 공제 또는 환급한다.

> ① 간이과세자는 매입세액의 일정액(업종별 부가가치율 적용)만을 매입세액으로 공제받았기 때문에, 일반과세자로 변경되는 경우 당초 매입세액으로 공제받지 못한 나머지 부분에 대하여 추가적으로 공제하여야 한다. 이는 과세유형전환일 현재 보유하는 재고품 등은 과세유형이 전환된 후에 부가가치 창출에 기여하므로 과세유형 전환 전의 매입세액공제액과 변경후의 매출세액이 대응되지 않기 때문에 필요하다.
> ② 반대로 일반과세자가 간이과세자로 변경되는 경우는 재고품 등 매입세액 가산을 하여야 한다.

1) 재고품

$$재고매입세액 = 재고금액 \times \frac{10}{110} \times (1 - 0.5퍼센트 \times \frac{110}{10})$$

2) 건설 중인 자산

$$재고매입세액 = 해당\ 건설\ 중인\ 자산과\ 관련된\ 공제대상\ 매입세액 \times (1 - 0.5퍼센트 \times \frac{110}{10})$$

3) 감가상각자산으로서 매입한 건물 또는 구축물

$$\text{취득가액} \times \left(1 - \frac{10}{100} \times \text{경과된 과세기간의 수}\right) \times \frac{10}{110} \times \left(1 - 0.5\% \times \frac{110}{10}\right)$$

4) 매입한 그 밖의 감가상각자산

$$\text{취득가액} \times \left(1 - \frac{50}{100} \times \text{경과된 과세기간의 수}\right) \times \frac{10}{110} \times \left(1 - 0.5\% \times \frac{110}{10}\right)$$

5) 자가건설·제작한 감가상각자산

$$\text{매입세액} \times \left(1 - \frac{10(50)}{100} \times \text{경과된 과세기간의 수}\right) \times \frac{10}{110} \times \left(1 - 0.5\% \times \frac{110}{10}\right)$$

★ 재고품 등의 금액은 장부 또는 세금계산서에 의하여 확인되는 해당 재고품 등의 취득가액(부가가치세를 포함한다)으로 한다. 장부 또는 세금계산서가 없거나 기장이 누락된 경우 해당 재고품 등에 대해서는 재고매입세액공제를 받을 수 없다.

(11) 신용카드 등의 사용에 따른 세액공제(부가법 §46)

영수증발급대상자(법인사업자와 사업장별로 직전연도 공급가액 10억원을 초과하는 개인사업자 제외)가 재화 또는 용역을 공급하고 세금계산서의 발급시기에 거래증빙서류[35]를 발급하거나 전자적결제수단[36]에 의하여 대금을 결제받는 경우에는 발급금액 또는 결제금액의 1%(2026.12.31.까지는 1.3%)[*]에 해당하는 금액을 연간 500만원(2026.12.31.까지는 1,000만원)을 한도로 납부세액에서 공제한다. 신용카드매출전표 등 발행공제는 납부할 세액을 한도로 공제하므로 납부할 세액을 초과하는 금액은 없는 것으로 본다.

다음과 같이 회계처리시 신용카드발행공제금액은 영업외수익에 해당한다.

(차) 부가세예수금(미지급금)　　　xxx　　(대) 현금·예금　　　　　　　xxx
　　　　　　　　　　　　　　　　　　　　(대) 신용카드발행세액공제　　xxx
　　　　　　　　　　　　　　　　　　　　　　(영업외수익)

---

[35] 여신전문금융업법에 따른 것[신용카드매출전표(결제대행업체를 통한 경우 포함), 직불카드영수증, 기명식선불카드영수증], 현금영수증, 전자금융거래법에 따른 것[직불전자지급수단 영수증, 선불전자지급수단 영수증(실제 명의가 확인되는 것으로 한정) 전자지급결제대행에 관한 업무를 하는 금융회사 또는 전자금융업자를 통한 신용카드매출전표]

[36] 전자적 결제 수단이란 다음의 요건을 모두 갖춘 것을 말한다.
　(1) 카드 또는 컴퓨터 등 전자적인 매체에 화폐가치를 저장했다가 재화 또는 용역을 구매할 때 지급하는 결제 수단(전자화폐)일 것
　(2) 전자화폐를 발행하는 사업자가 결제 명세를 가맹 사업자별로 구분하여 관리할 것

| 사례 2-36 | 신용카드발행세액공제 |

개인사업자 甲은 신용카드매출전표를 제1기와 제2기에 각각 3억원과 4억원을 발급하였다. 이 자료에 의하여 신용카드 등의 사용에 따른 세액공제액을 계산하여라. 제1기와 제2기의 납부할 세액은 신용카드세액공제를 차감하기에 충분하다고 가정한다(단, 직전연도 공급가액은 10억원 이하임).

구분	제1기	제2기
공제대상액	3억× 1.3% = 3,900,000	4억× 1.3% = 5,200,000
한도액	10,000,000	10,000,000-3,900,000=6,100,000
세액공제액	3,900,000	5,200,000

(12) 전자세금계산서 발급·전송에 대한 세액공제 특례(부가법 §47)

해당연도에 신규로 사업을 시작한 개인사업자 및 직전 연도의 사업장별 재화 및 용역의 공급가액(부가가치세 면세공급가액을 포함한다)의 합계액이 3억원 미만인 개인사업자가 전자세금계산서를 2027년 12월 31일까지 발급(전자세금계산서 발급명세를 발급일의 다음 날까지 국세청장에게 전송한 경우로 한정한다)하는 경우에는 전자세금계산서 발급 건수당 200원을 곱하여 계산한 금액을 해당 과세기간의 부가가치세 납부세액에서 공제할 수 있다. 이 경우 공제한도는 연간 100만원으로 한다.

(13) 전자신고에 대한 세액공제(조특법 §104의8)

① 사업자가 직접 전자신고하는 경우 부가가치세 신고시 1만원, 법인세·소득세·양도소득세 신고시 건별 2만원을 공제한다.
② 위 ①의 신고를 그 납세자를 대리하여 세무사 등 세무대리인이 전자신고를 한 경우에는 세무사의 소득세 또는 법인세 납부세액에서 건별 2만원(부가가치세신고는 1만원)을 납부세액에서 공제한다. 다만 연간한도는 3백만원(세무법인 등은 750만원)으로 한다.

❋ 사업자가 법인세나 소득세신고시 전자신고에 대한 세액공제를 적용받았다면 최저한세의 적용을 검토하여야 하며, 다른 세액공제감면과 중복적용도 가능하다.

(14) 금 관련 제품, 스크랩 등 기납부세액(조특법 §106의4⑨, §106의9⑧)

금 관련 제품과 스크랩 등을 공급받은 자는 그 공급받은가액을 그 공급을 받은 날의 다음 날까지 금 거래 등 계좌에 입금하여야 한다. 그리고 매입부가가치세는 세법이 정하는 지정계좌에 입금한 후 공급받은 자의 매입세액으로 공제한다.

> 〈금 관련 제품〉
> ① 금지금 : 순도가 1천분의 995 이상인 금
> ② 금제품 : 반지 등 제품 상태인 것으로서 순도가 1천분의 585 이상인 금
> ③ 금 관련 웨이스트와 스크랩 : 금 함유량이 10만분의 1 이상인 웨이스트와 스크랩
>
> 〈스크랩 등이란〉
> 구리의 웨이스트 및 스크랩과 잉곳(ingot) 또는 이와 유사한 재용해, 구리의 웨이스트와 스크랩으로부터 제조된 괴상의 주조물, 구리가 포함된 합금의 웨이스트 및 스크랩으로서 구리함유량이 100분의 40 이상인 물품, 철의 웨이스트와 스크랩, 철강의 재용해용 스크랩 잉곳 또는 그 밖에 이와 유사한 것으로서 대통령령으로 정하는 물품

사례 2-37 구리(철)스크랩 매출 1,000(세액 100)만 있는 경우

매출세액	매입세액	납부세액	매입자납부특례 기납부	납부할 세액
100	0	100	100	0

(15) 재화의 수입에 대한 부가가치세 납부의 유예(부가법 §50의2)

1) 의의

수출 중소·중견기업의 자금 부담 완화를 위하여 중소·중견기업 사업자에 대해서는 재화를 수입할 때 세관장에게 납부하던 부가가치세의 납부를 유예하고, 이후 세무서장에게 부가가치세를 신고할 때 납부가 유예된 부가가치세를 납부하는 제도를 도입하였다.

① **직전 사업연도에 조특령 §2에 따른 중소기업 또는 중견기업에 해당하는 법인(조세특법 §6 ③제2호에 따른 제조업을 주된 사업으로 경영하는 기업에 한정한다)일 것**
② **직전 사업연도에 영세율을 적용받은 재화의 공급가액의 합계액(이하 "수출액"이라 한다)이 다음에 해당할 것**
  ㉠ 직전 사업연도에 조특령 §2에 따른 중소기업인 경우: 직전 사업연도에 공급한 재화 또는 용역의 공급가액의 합계액에서 수출액이 차지하는 비율이 30% 이상이거나 수출액이 50억원 이상일 것
  ㉡ 직전 사업연도에 중견기업인 경우 : 직전 사업연도에 공급한 재화 또는 용역의 공급가액의 합계액에서 수출액이 차지하는 비율이 30% 이상일 것
③ **납부유예 요건의 충족여부의 확인 요청일 현재 다음의 요건에 모두 해당할 것**

㉠ 최근 3년간 계속하여 사업을 경영하였을 것
㉡ 최근 2년간 국세(관세를 포함한다. 이하 이 조에서 같다)를 체납(납부고지서에 따른 납부기한의 다음 날로부터 15일 이내에 체납된 국세를 모두 납부한 경우에는 제외)한 사실이 없을 것
㉢ 최근 3년간 「조세범처벌법」 또는 「관세법」 위반으로 처벌받은 사실이 없을 것
㉣ 최근 2년간 납부유예가 취소된 사실이 없을 것

2) 납부유예 절차

① 중소·중견사업자는 다음의 신고기한의 만료일 중 늦은 날부터 3개월 이내에 관할 세무서장에게 납부유예 요건의 충족 여부의 확인을 요청할 수 있다(부가령 §91의2 ③).
㉠ 직전 사업연도에 대한 법인세법에 따른 법인세 과세표준 신고기한
㉡ 직전 사업연도에 대한 부가가치세법에 따른 확정신고기한

관할 세무서장은 중소·중견사업자 납부유예 요건의 충족여부의 확인을 요청한 경우에는 해당 중소·중견사업자가 납부유예 요건에 해당하는지 여부를 확인한 후 요청일부터 1개월 이내에 확인서를 해당 중소·중견사업자에게 발급하여야 한다(부가령 §91의2 ④).

② 부가가치세의 납부를 유예받으려는 중소·중견사업자는 위 ①에 따라 발급받은 확인서를 첨부하여 부가가치세 납부유예 적용 신청서를 관할 세관장에게 제출하여야 한다(부가령 §91의2 ⑤).

③ 위 ②에 따라 신청을 받은 관할 세관장은 신청일부터 1개월 이내에 납부유예의 승인 여부를 결정하여 해당 중소·중견사업자에게 통지하여야 한다(부가령 §91의2 ⑦). 이에 따라 납부유예를 승인하는 경우 그 유예기간은 1년으로 하며, 납부유예는 「관세법」제38조에 따른 납세신고를 할 때 납부하여야 하는 부가가치세에 한정하여 적용한다.

3) 납부유예 정산

납부를 유예받은 중소·중견사업자는 납세지 관할 세무서장에게 예정신고, 확정신고 또는 조기환급신고를 할 때 해당 재화에 대하여 매출세액에서 공제하는 매입세액과 납부가 유예된 세액을 정산하여 납부하여야 한다. 이 경우 납세지 관할 세무서장에게 납부한 세액은 세관장에게 납부한 것으로 본다(부가법 §50의2 ②, 부가령 §91의2 ⑨).

(16) 대리납부(부가법 §52)

1) 의의

다음 중 하나에 해당하는 자로부터 용역의 공급을 받는 자는 그 대가를 지급하는 때에 부가가치세를 징수하여 사업장 또는 주소지 관할세무서장에게 납부하여야 하는데 이를

대리납부제도라 한다.

> ① 국내사업장이 없는 비거주자 또는 외국법인
> ② 국내사업장이 있는 비거주자 또는 외국법인 (국내사업장과 실질적으로 관련되지 않았거나 국내사업장의 귀속되지 않는 용역을 제공하는 경우에 한함)

이 제도는 소비지국과세원칙에 입각하여 국내사업장이 없는 비거주자 등의 용역공급과 국내사업자의 용역공급 사이 과세상의 중립성을 유지하기 위한 것이다.

2) 대리납부의무자

대리납부의 의무는 용역을 공급받는 자가 사업자인가 여부를 불문하므로 최종소비자·비거주자·외국법인 등도 해당되나 공급받은 당해 용역을 과세사업에 공하는 경우는 제외한다. 따라서 대리납부의무자는 면세사업자나 비사업자에 한하며, 과세사업자의 경우에는 공급받은 당해 용역을 과세사업과 관련 없이 소비하는 경우에 한하여 대리납부의무를 지게 된다.

3) 대리납부 절차

대리납부할 부가가치세액은 용역대가를 지급할 때에 징수하며 지급일이 속하는 예정(확정)신고 기한내에 납부하여야 한다.

4) 대리납부세액의 징수와 가산세

대리납부를 이행하지 아니한 때에는 사업장 또는 주소지 관할세무서장은 그 납부하지 아니한 세액에 그 세액의 10%에 상당하는 금액을 가산하여 국세징수의 예에 의하여 징수한다.

(17) 국외사업자의 용역 등 공급에 대한 특례

1) 대상자

국외사업자가 위탁매매인, 준위탁매매인 또는 대리인을 통하여 국내에서 용역 등을 공급하는 경우에는 위탁매매인 등이 해당 용역 등을 공급한 것으로 본다(부가법 §53①).
① 국내사업장이 없는 비거주자 또는 외국법인
② 국내사업장이 있는 비거주자 또는 외국법인[국내사업장과 관련 없이 용역 등을 제공하는 경우로서 법인법 §98① 본문 또는 소득법 §156① 본문(국내원천소득으로서 국내사업장에 실질적으로 관련되지 않는 경우)에 따른 경우 및 해당 용역 등의 제공이 국내사업장에 귀속되지 않는 경우만 해당]

2) 공급장소 특례

국외사업자로부터 권리를 공급받는 경우에는 공급받는 자의 국내에 있는 사업장 소재지 또는 주소지를 해당 권리가 공급되는 장소로 본다(부가법 §53②).

3) 등록말소

국세청장은 간편사업자등록을 한 자가 국내에서 폐업한 경우(사실상 폐업한 경우로서 대통령령으로 정하는 경우를 포함한다) 간편사업자등록을 말소할 수 있다(부가법 §53⑨).

(18) 전자적 용역을 공급하는 국외사업자의 용역 공급에 대한 특례

1) 의의

국내개발자와 해외개발자 간 과세형평을 높이기 위하여 국내 소비자가 해외오픈마켓을 통하여 구매하는 전자적 용역에 대하여 부가가치세 과세방안을 마련하여 2015.7.1. 이후 전자적 용역을 공급하는 분부터 적용한다(부가법 §53의2).

2) 용역공급의 특례

① 전자적 용역을 직접 공급하는 국외사업자

전자적 용역을 공급하는 자(국내 사업장이 없는 비거주자 또는 외국법인으로 한정한다)가 국내에 이동통신단말장치 또는 컴퓨터 등을 통하여 구동하는 게임·음성·동영상 파일 또는 소프트웨어, 클라우드 컴퓨팅, 광고를 게재하는 용역, 중개용역[37] 등 "전자적 용역"을 공급하는 경우(소득세법 또는 법인세법에 따라 사업자등록을 한 자의 과세사업 또는 면세사업에 대하여 용역을 공급하는 경우는 제외한다)에는 사업의 개시일부터 20일 이내에 간편한 방법으로 사업자등록(이하 "간편사업자등록"이라 한다)을 하여야 한다.

② 국외사업자를 위해 전자적 용역을 공급하는 제3자

전자적 용역을 공급하는 자(국내 사업장이 없는 비거주자 또는 외국법인으로 한정한다)가 다음에 해당하는 제3자(국내 사업장이 없는 비거주자 또는 외국법인을 포함한다)를 통하여 국내에 전자적 용역을 공급하는 경우(국내사업자의 용역 등 공급특례가 적용되는 경우는 제외한다)에는 그 제3자가 해당 전자적 용역을 공급한 것으로 보며, 그 제3자는 사업의 개시일부터 20일 이내에 간편사업자등록을 하여야 한다.

---

[37] ① 국내에서 물품, 장소를 대여하거나 사용·소비할 수 있도록 중개하는 것,
② 국내에서 재화·용역을 공급하거나 공급받을 수 있도록 중개하는 것.

ⓐ 오픈마켓 사업자	정보통신망 등을 이용하여 전자적 용역의 거래가 가능하도록 오픈마켓이나 그와 유사한 것을 운영하고 관련서비스를 제공하는 자
ⓑ 대금결제대행을 병행하는 중개업자	전자적 용역의 거래에서 중개에 관한 행위 등을 하는 자로서 구매자로부터 거래대금을 수취하여 판매자에게 지급하는 자
ⓒ 기타 거래 관여자	그 밖에 위 ⓐ, ⓑ와 유사하게 전자적 용역의 거래에 관여하는 자로서 대통령령으로 정하는 자

③ 사업자등록에 관한 특례

국내에 전자적 용역을 공급하는 자는 국세정보통신망에 접속하여 아래의 사항을 입력하는 방식으로 국세청장에게 간편사업자등록을 하여야 한다. 이 경우 그 사업의 개시일로부터 20일 이내에 간편사업자등록을 해야한다(부가령 §96의2②).

국세청장은 간편사업자등록을 한 자에 대하여 간편사업자등록번호를 부여하고, 사업자(납세관리인이 있는 경우 납세관리인을 포함한다)에게 통지(정보통신망을이용한 통지를 포함한다)하여야 한다(부가령 §96의2③).

④ 신고·납부 등에 관한 특례

대리납부 규정에도 불구하고 간편사업자등록을 한 자는 다음과 같은 방법으로 부가가치세를 신고납부하여야 한다(부가법 §53의2④).

구분	내용
신고	간편사업자등록을 한 자는 국세정보통신망에 접속하여 다음의 사항을 입력하는 방식으로 부가가치세 예정신고 및 확정신고를 하여야 한다(부가령 §96의2④).
과세표준의 계산	간편사업자등록자가 국내에 공급한 전자적용역의 대가를 외국통화나 그 밖의 외국환으로 받은 경우에는 과세기간 종료일(예정신고 및 납부에 대해서는 예정신고기간 종료일을 말한다)의 기준환율을 적용하여 통지하거나 국세정보통신망에 고시하는 방법 등으로 사업자(납세관리인이 있는 경우 납세관리인을 포함한다)에게 기준환율을 알려야 한다(부가령 §96의2⑥).
납부세액의 계산	간편사업자등록을 한 자는 전자적 용역의 공급과 관련하여 공제되는 매입세액 외에는 전자적 용역 공급에 대한 매출세액 또는 납부세액에서 공제하지 아니한다(부가법 §53의2⑤).
가산세	전자적 용역을 공급하는 국외사업자가 사업개시일로부터 20일 이내에 간편사업자등록을 신청하지 않는 경우에는 미등록 가산세를 부과한다. 공급가액 합계액 × 1%
세액의 납부	간편사업자등록을 한 사업자는 예정신고 또는 확정신고 시에 국세청장이 정하는 바에 따라 외국환은행의 계좌에 납입하는 방식으로 한다.
자료보관	간편사업자등록을 한 자는 전자적 용역의 공급에 대한 거래명세(등록사업자의 과세사업 또는 면세사업에 대하여 용역을 공급하는 경우의 거래명세를 포함한다)를 그 거래사실이 속하는 과세기간에 대한 확정신고 기한이 지난 후 5년간 보관하여야 한다.(부가법 §53의2⑥) * 거래명세 : ① 전자적 용역의 종류, ② 공급가액, 부가가치세액, ③ 용역제공일자, ④ 공급받는 자 및 사업자해당여부 등
자료제출	간편사업자등록을 한 자는 요구를 받은 날부터 60일 이내에 전자적 용역 거래명세서를 국세청장에게 제출하여야 한다.(부가법 §53의2⑧)
공급시기	국내로 공급되는 전자적 용역의 공급시기는 다음의 시기 중 빠른 때로 한다(부가령 §96의2⑦). ① 구매자가 공급하는 자로부터 전자적 용역을 제공받은 때 ② 구매자가 전자적 용역을 구매하기 위하여 대금의 결제를 완료한 때

제5절 간이과세자의 신고와 납부

1 간이과세자의 개요

연간거래금액이 상대적으로 적은 중소개인사업자의 세부담을 덜어주고 부가가치세의 신고납부절차를 간소화하여 납세편의를 도모하기 위한 제도이다.

간이과세자는 일반과세자와는 달리 거래상대방이 요구하는 경우에도 2021년 7월 1일 부터는 원칙적으로 세금계산서를 발급할 수 있으며 최종소비자 등에게 영수증 또는 신용카드매출전표, 금전등록기영수증을 발급하여야 한다.

2 간이과세 적용대상 사업자

(1) 신규사업자

신규로 사업을 시작하는 개인사업자는 사업을 시작한 날이 속하는 연도의 공급대가(부가가치세 포함)의 합계액이 1억4백만원(2024.6.30. 이전 8천만원)에 미달될 것으로 예상되면 사업자등록을 신청할 때 간이과세자로 사업자등록을 신청한 경우 최초의 과세기간에는 간이과세자로 한다. 다만, 간이과세 배제대상은 제외한다(부가법 §61).

✱ 간이과세자로 사업자등록을 하고 사업을 한 결과, 실제 공급대가가 간이과세 기준금액을 초과하는 경우에도 최초의 과세기간에는 간이과세자로 한다.
✱ 1억4백만원 기준은 2024년 7월 1일부터 2025년 6월 30일까지 기간에 대한 간이과세 규정 적용여부를 판단시부터 적용한다.

(2) 직전연도 공급대가기준

직전 1역년 중 휴업하거나 신규로 사업을 시작한 사업자나 사업을 양수한 사업자인 경우에는 휴업기간, 사업 개시 전의 기간이나 사업 양수 전의 기간을 제외한 나머지 기간에 대한 재화 또는 용역의 공급대가의 합계액을 12개월로 환산한 금액을 기준으로 하며, 휴업한 개인사업자인 경우로서 직전 1역년 중 공급대가가 없는 경우에는 신규로 사업을 시작한 것으로 본다. 만약, 결정 또는 경정한 공급대가의 합계액이 1억4백만원 이상인 개인사업자는 그 결정 또는 경정한 날이 속하는 과세기간까지 간이과세자로 본다.

공급대가 = (사업개시일~12.31. 공급대가 합계액) ÷ 해당월수* × 12월
* 1개월 미만의 끝수가 있으면 1개월로 한다.

✱ 2021년 중에 신규로 간이과세자가 되면 2022년 6월 30일까지는 간이과세자가 된다.
✱ 2021년 공급대가 8천만원 미만시 2022년 7월 1일부터 간이과세자가 적용된다.
✱ 2023년 공급대가 1억4백만원 미만시 2024년 7월 1일부터 간이과세자가 적용된다.

(3) 간이과세 적용 배제

① 간이과세가 적용되지 아니하는 다른 사업장을 보유하고 있는 사업자(부가법 §61①)
② 업종, 규모, 지역 등을 고려한 다음의 일정한 사업자(부가령 §109②)

광업, 제조업(과자점업·도정업, 제분업 및 떡류 제조업 중 떡방앗간·양복점업·양장점업·양화점업은 제외), 도매업(소매업을 겸영하는 경우를 포함하되, 재생용 재료수집 및 판매업을 제외), 개별소비세가 과세되는 유흥장소, 부동산임대업, 전문직사업자(변호사업, 심판변론인업, 변리사업, 법무사업, 공인회계사업, 세무사업, 경영지도사업, 기술지도사업, 감정평가사업, 손해사정인업, 통관업, 기술사업, 건축사업, 도선사업, 측량사업, 공인노무사업, 의사업, 한의사업, 약사업, 한약사업, 수의사업과), 일반과세자로부터 양수한 사업(포괄양수 이후 공급대가의 합계액이 8,000만원에 미달하는 경우는 제외), 전전년도 기준 복식부기의무자가 경영하는 사업, 전기·가스·증기 및 수도 사업, 건설업(도배, 실내 장식 및 내장 목공사업, 배관 및 냉·난방 공사업은 제외), 전문·과학·기술서비스업, 사업시설 관리·사업지원 및 임대 서비스업(개인 및 가정용품 임대업, 인물사진 및 행사용 영상 촬영업, 복사업은 제외)

③ 부동산임대업 또는 개별소비세법에 따른 과세유흥장소를 경영하는 사업자로서 해당 업종의 직전 연도의 공급대가의 합계액이 4천800만원 이상인 사업자
④ 둘 이상의 사업장이 있는 사업자로서 그 둘 이상의 사업장의 직전 연도의 공급대가의 합계액이 제1항 각 호 외의 부분 본문에 따른 금액 이상인 사업자. 다만, 부동산임대업 또는 과세유흥장소에 해당하는 사업장을 둘 이상 경영하고 있는 사업자의 경우 그 둘 이상의 사업장의 직전 연도의 공급대가(하나의 사업장에서 둘 이상의 사업을 겸영하는 사업자의 경우 부동산임대업 또는 과세유흥장소의 공급대가만을 말한다)의 합계액이 4천800만원 이상인 사업자로 한다.

(4) 부가가치세의 과세기간

간이과세자의 과세기간은 1월 1일부터 12월 31일까지이다.

(5) 부가가치세의 납부세액계산(부가법 §63)

간이과세자는 다음과 같은 간단한 방법에 따라 부가가치세를 계산한다.

$$부가가치세 = \{ 과세표준 \times 업종별\ 부가가치율 \times 10\%(0\%) \} - 공제세액$$

사례 2-38 일반과세자와 간이과세자 세액계산 비교

1년동안 35,000,000원(부가가치세 포함)의 매출이 있는 음식업에 대하여 부가가치세를 구하라. 매입세금계산서(조미료 등)에 의한 공급대가가 3,300,000원 있다.

① 일반과세자 :
    매출세액 $35,000,000 \times \dfrac{10}{110}$ = 3,181,818
    − 매입세액 300,000
    납부세액 2,881,818

② 간이과세자 : $(35,000,000 \times 15\% \times 10\%) - (3,300,000 \times 0.5\%)$ = 508,500

① 과세표준은 부가가치세를 포함한 공급대가를 말한다. 간이과세자의 과세표준의 계산에 관하여는 일반과세자의 과세표준 규정을 준용한다.

② 업종별 부가가치율은 다음과 같다(부가령 §111②).

| 2021.6.30. 이전에 재화 또는 용역의 공급한 분 |

업 종	부가가치율
전기·가스·증기 및 수도사업	5%
소매업, 재생용 재료수집 및 판매업, 음식점업	10%
제조업, 농업·임업 및 어업, 숙박업, 운수 및 통신업	20%
건설업, 부동산임대업, 그 밖의 서비스업	30%

| 2021.7.1. 이후 공급분부터 적용 |

업 종	부가가치율
소매업, 재생용 재료수집 및판매업, 음식점업	15%
제조업, 농업·임업 및 어업, 소화물 전문 운송업	20%
숙박업	25%
건설업, 그 밖의 운수업, 창고업, 정보통신업, 그 밖의 서비스업	30%
금융 및 보험 관련 서비스업,전문·과학 및 기술 서비스업(인물사진 및 행사용 영상 촬영업 제외), 사업시설관리·사업지원 및 임대 서비스업, 부동산 관련 서비스업, 부동산임대업	40%
그 밖의 서비스업	30%

③ 공제세액에는 매입세금계산서 등 수취세액공제, 의제매입세액공제(2021.7.1 이후 폐지), 신용카드매출전표 등 발행세액공제, 전자신고세액공제(1만원), 전자세금계산서 발급세액공제(2023.7.1. 이후 공급분 적용)가 있다. 이러한 공제세액이 납부세액(재고납부세액 포함)을 초과하면 환급받을 수는 없다. 매입세금계산서 등 수취세액공제는 매입시 발급받은 세금계산서 또는 신용카드매출전표에 대한 매입처별세금계산서합계표 또는 신용카드매출전표등수령명세서를 세무서에 제출하면 세금계산서 등에 기재된 세액에 업종별 부가가치율을 곱한 금액을 납부세액에서 빼는 것을 말한다. 이는 세금계산서의 수수질서를 확립하기 위한 특례규정이다.

✱ 2021년 7월 1일 이후 공급받거나 수입신고하는 분부터 매입세금계산서 등 수취세액공제는 세금계산서 등을 발급받은 매입액(공급대가)에 0.5%를 곱하여 계산한다. 취지는 매입세액에 포함되어 있는 부가가치율 10%에 시행령에서 규정하고 있는 업종별 부가가치율 중 가장 낮은 부가가치율 5%를 곱한 비율인 0.5%로 하향 조정함으로써 과세형평을 강화하려는 데 있다.

> 세금계산서 수취세액공제 = 세금계산서 등을 발급받은 재화와 용역의 공급대가 × 0.5%

④ **의제매입세액공제는 음식점업과 제조업을 운영하는 간이과세자가 면세로 구입한 농·축·수·임산물을 원재료로 하여 제조·가공한 재화 또는 창출한 용역의 공급에 대하여 과세되는 경우에는 면세농산물 등의 가액에 8/108(음식점업 - 과세표준이 4억원 이하인 경우 2026.12.31.까지 9/109), 6/106(제조업), 2/102(음식점업 중 과세유흥장소를 경영하는 자)를 곱하여 계산한다.** 음식점업을 영위하는 간이과세자(소득세법상 복식부기의무자는 제외)가 농어민이나 개인으로부터 직접 공급받은 면세농산물 등의 가액 중 과세공급대가의 5%에 해당하는 가액에 대하여는 의제매입세액공제신고서만을 제출하여도 된다.

✱ 2021년 7월 1일부터 공급받거나 수입신고하는 분부터 의제매입세액공제 적용을 배제한다.

⑤ **신용카드매출전표 등 발행세액공제는 신용카드매출전표 발행금액의 1%이다.** 다만, 연간 1,000만원을 한도로 한다.

✱ 2021년 7월 1일 재화 또는 용역을 공급하는 분부터 2025.12.31.까지는 1.3%를 적용한다.

구분	2021.6.30. 이전 공급분	2021.7.1 이후 공급분
적용대상자	간이과세자	간이과세자 중 다음 중 어느 하나에 해당하는 자 ① 직전연도의 공급대가의 합계액이 4,800만원 미만인 자 ② 신규로 사업을 시작하는 개인사업자로서 간이과세자로 하는 최초의 과세기간 중에 있는 자

(6) 간이과세자의 세금계산서 발급제도(부가법 32, 영 89)

① 간이과세자가 재화와 용역을 공급하는 경우, 영수증발급이 원칙이었다. 그러나 2021.7.1.부

터는 세금계산서발급이 원칙이되 직전연도 공급대가합계액이 4,800만 원 미달하는 경우와 신규사업자만 영수증 발급자이다.

② 전자세금계산서를 발급·전송한 경우 발급 건수 당 200원씩 부가가치세 납부세액에서 공제 할 수 있다.

✱ 간이과세자에서 일반과세자로 전환 후 과세유형 전환 전에 공급한 재화 또는 용역에 대해 수정(전자)세금계산서를 발급해야 한다. 작성일은처음에 발급한 세금계산서 작성일을 수정(전자)세금계산서의 작성일로 기재하며, 추가금액은 검은색 글씨, 차감금액은 붉은색 글씨(또는 음의 표시)로 기재한다.

(7) 신고·납부

1) 확정신고와 납부

1월 1일부터 12월 31일까지의 거래실적을 다음해 1월 1일부터 1월 25일 사이에 1번만 관할세무서에 신고하면 된다. 아래의 예정부과세액은 공제하고 납부한다(부가법 §67).

2) 예정부과와 납부

관할세무서장은 직전 과세기간에 대한 납부세액(납부세액에서 매입세금계산서 등 수취세액공제, 의제매입세액공제, 신용카드발행세액공제와 전자신고세액공제를 뺀 금액)의 50%를 1월 1일부터 6월 30일까지의 납부세액으로 결정하여 예정부과기간이 끝난 후 25일 이내까지 징수한다. 다만, 징수할 금액이 50만원 미만이거나 간이과세자에서 일반과세자로 변경되는 경우(그 변경 이전 1월 1일부터 6월 30일까지)에는 징수하지 아니한다. 반면, 휴업 또는 사업부진 등으로 인하여 예정부과기간의 공급대가의 합계액 또는 납부세액이 직전과세기간의 공급대가의 합계액 또는 납부세액의 1/3에 미달하는 간이과세자는 예정부과기간의 과세표준과 납부세액을 7월 25일까지 신고할 수 있다. 세금계산서 발급대상 간이과세자가 예정부과기간에 세금계산서를 발급하는 경우 예정부과기간의 과세표준과 납부세액을 예정부과기한까지 사업장 관할 세무서장에게 신고하여야 한다(부가법 §66).

3) 납부의무의 면제

해당 과세기간에 대한 공급대가의 합계액을 12개월로 환산한 금액이 4,800만원 미만인 경우 납부의무를 면제하나, 재고납부세액과 미등록가산세는 면제하지 아니한다. 그리고 납부의무 면제대상자가 자진 납부한 사실이 확인되는 경우 관할세무서장은 이를 환급하여야 한다(부가법 §69).

4) 세금계산서 관련 가산세

구분		가산세율
미등록가산세	사업자등록을 하지 아니한 경우	공급가액의 0.5%
	타인명의 등록시	공급가액의 1%
세금계산서 발급 등 관관련 가산세	① 세금계산서 지연발급	공급가액의 1%
	② 세금계산서 미발급	공급가액의 2%(또는 1%)
	③ 전자세금계산서발급명세지연전송분	공급가액의 0.3%
	④ 전자세금계산서 미전송분	공급가액의 0.5%
	⑤ 세금계산서 부실기재분	공급가액의 1%
	⑥ 가공세금계산서 발급	공급가액의 3%
	⑦ 위장세금계산서 발급	공급가액의 2%
	⑧ 공급가액 과다기재 세금계산서 발급	공급가액의 2%
매출처별 세금계산서 합계표 관련 가산세	① 미제출	공급가액의 0.5%
	② 부실기재	공급가액의 0.5%
	③ 지연제출	공급가액의 0.3%
세금계산서 미수취 가산세	간이과세자가 세금계산서 발급의무가 있는 사업자로부터 재화 또는 용역을 공급받고 세금계산서를 수취하지 않은 경우	공급대가의 0.5%
경정시 공제받은 세금계산서등 가산세	세금계산서 등을 발급받고 공제받지 않은 이후에 결정·경정을 통해 매입세액공제를 받는 경우	공급가액의 0.5%

※ 경정시 공제받은 세금계산서등 가산세는 2021.1.1. 이후 결정·경정하는 분부터 적용하며, 세금계산서 관련 가산세는 2021.7.1. 이후 재화나 용역을 공급하거나 공급받는 분부터 적용한다.

(8) 간이과세 포기신고

간이과세자(간이과세 전환 예정자, 사업자등록 신청자)가 상대방의 요구로 세금계산서를 발급하여야 하는 경우 또는 부가가치세를 전가시킬 수 있는 경우에는 간이과세를 포기하고 일반과세자를 적용받을 수 있다. 일반과세 적용을 받으려는 달의 전달의 마지막 날까지 관할 세무서장에게 간이과세포기신고서에 따라 신고하여야 하며 일반과세자에 관한 규정을 적용받으려는 달(또는 사업 개시일이 속하는 달)의 1일부터 3년이 되는 날이 속하는 과세기간까지는 간이과세를 재적용 받을 수 없다(부가법 §70. 부가령 §116).

※ 다만 일정한 요건을 충족한 간이과세자로서 직전연도 공급대가의 합계액이 4,800만원 이상 1억4백만원미만인 경우 간이과세를 다시 적용받을 수 있다.

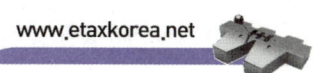

사례 2-39 간이과세자 납부세액 계산

x1년 7월 1일에 개업한 쇼핑몰(소매업)을 운영하는 A의 x1년 공급대가의 합계는 3천만원이고 공제 가능한 수취 세금계산서의 공급대가는 1천1백만원이다. 이때 납부할 부가가치세는 얼마인가? 업종별 부가가치율은 15%이다.

해답
 (30,000,000 × 15% × 10%) − (11,000,000 × 0.5%) = 395,000원.
연환산 공급대가는 3천만원 × 12/6 = 6천만원으로서 4천8백만원 이상이므로 납부의무가 면제되지 않는다.

참고 일반과세자와 간이과세자의 비교

구 분	일 반 과 세 자	간 이 과 세 자
적용대상	• 직전연도 1역년의 공급대가가 1억4백만원(2024.6.30.이전 8천만원) 이상인 사업자 • 간이과세를 포기한 사업자 • 간이과세자 배제 업종	• 직전연도 1역년의 공급대가가 1억4백만원(2024.6.30.이전 8천만원) 미만인 사업자 • 제외자(간이과세자 배제 업종) − 광업, 제조업, 도매업, 전문직사업자
과세표준	• 공급가액(거래금액)	• 공급대가(부가가치세 포함)
매출세액 (납부세액)	• 공급가액×10%(0%)	• 공급대가×부가가치율
매입세액	• 불공제분 제외하고 전액공제	• 매입가액(공급대가)×0.5% ✽ 2021년 7월 1일 이후
의제매입세액 공제	• 업종제한 없음	• 적용배제 ✽ 2021년 7월 1일 이후
환급	• 매입세액의 매출세액 초과분 조기·일반 환급	• 공제세액의 납부세액 초과분 환급하지 않음
거래증빙	• 세금계산서 발급	• 원칙 : 세금계산서 발급(1역년 공급대가 합계액이 4,800만원 미달하는 해의 다음 해 7월 1일부터 1년간) • 예외 : 영수증 발급(신규사업자 및 직전연도 공급대가 4,800만원 미만)
포기신고	• 포기신고에 의해 간이과세자로 전환할 수 없음	• 포기신고에 의해 일반과세자로 전환할 수 있음
예정신고 납부	• 예정고지 원칙(법인 제외) 예정신고하는 경우도 있음	• 예정부과 원칙 : 예정신고하는 경우도 있음(세금계산서를 발행한 간이과세자 예정부과기간 신고의무)
납부의무면제	• 해당사항 없음	• 공급대가가 4,800만원 미만인 경우
가산세	• 세금계산서 관련 가산세 있음 • 등록 관련 가산세 : 공급가액의 1% (허위등록시 2%)	• 세금계산서 관련 가산세 있음 ✽ 2021년 7월 1일 이후 • 등록 관련 가산세 : 공급대가의 0.5% (허위등록시 1%)

(9) 과세유형전환(부가법 §62, 부가령 §110)

① 연간 매출액이 1억4백만원(2024.6.30. 이전 8,000만원) 미만이 되면 법에 의해 간이과세자가 되며, 그 이상이 되면 일반과세자가 된다. 관할세무서에서는 과세유형이 전환되기 20일 전까지 그 사실을 사업자에게 통지해 준다. 간이과세자가 일반과세자로 전환되는 경우에는 통지를 받은 날이 속하는 과세기간까지는 간이과세를 적용한다. 반면, 일반과세자가 간이과세자로 전환되는 경우에는 과세유형 전환통지와 관계없이 간이과세를 적용한다. 다만, 부동산임대업은 통지일이 속하는 과세기간까지는 일반과세자로 한다. 이는 부동산임대업이 간이과세로 전환되면 재고납부세액으로 인하여 조세부담이 급격히 증가하기 때문이다.

② **과세유형의 전환시기**

  ㉠ 계속사업자

  1역년의 공급대가가 1억4백만원(2024.6.30. 이전 8,000만원)에 미달하거나 그 이상이 되는 해의 다음 해의 7월 1일부터 그 다음 해의 6월 30일까지 변경된 과세유형을 적용한다.

  ㉡ 신규사업자

  신규사업자는 최초로 사업을 개시한 해의 다음 해의 7월 1일부터 그 다음 해의 6월 30일까지는 공급대가에 의해 과세유형을 판단한다.

③ **사업자의 과세유형이 전환되는 시기를 요약하면 다음과 같다.**

구 분	전환되는 시기
계속사업자(직전연도 공급대가가 다음해 1.25.확정)	다음해 7월1일
신규사업자(정상적인 공급대가가 다음 다음해 1.25.확정)	최초로 개시한 해의 다음해의 7월1일
간이과세 포기를 한 사업자	포기한 달의 다음달 1일
간이과세자가 그 적용을 배제하는 업종을 겸영하게 된 경우	간이배제 업종을 추가하는 다음 과세기간 개시일
간이과세자가 일반사업장을 신규로 하는 경우	다음 과세기간 개시일

사례 2-40 과세유형 전환시기

(1) 계속사업자인 일반과세자의 x4년 공급대가가 4,200만원인 경우 간이과세 적용 기간은?
(2) x4년에 신규로 사업을 개시하면서 간이과세자로 등록하고 x4년의 공급대가가 1억4,000만원 이상이 되는 경우 한 경우에는 간이과세 적용기간은?

해답
(1) x5년 6월 30일까지는 일반과세를 적용하고, x5년 7월 1일부터 x6년 6월 30일까지 간이과세를 적용한다.
(2) 무조건 x4년에는 간이과세가 적용된다. 정상적인 1년간(x4년도)의 공급대가는 x5년 1월 25일에 확정되므로 x5년 6월 30일까지 간이과세를 적용받는다. x4년의 공급대가가 1억4,000만원 이상이므로 x5년 7월1일부터 x6년 6월30일까지는 일반과세자를 적용한다.

(10) 재고납부세액(부가령 §112⑦)

일반과세자의 매입세액은 전액 공제되지만 간이과세자의 매입세액은 업종에 따라 15~40%가 공제될 뿐이다. 따라서 사업자가 일반사업자에서 간이과세자로 전환되는 경우 재고품에 대하여 초과공제받은 결과가 되므로 업종에 따라서 재고매입세액의 60%~85%를 납부하여야 한다.

✱ 2021.7.1. 이후 재화 또는 용역을 공급받는 분부터 적용한다.

1) 적용대상 재고품 등

① 상품
② 제품(반제품·재공품 포함)
③ 재료(부재료 포함)
④ 건설중인 자산
⑤ 감가상각자산으로서 건물 및 구축물은 취득 후 10년 이내의 것과 기타의 감가상각자산은 취득 후 2년 이내의 것

2) 산식-2021.6.30. 이전 변경된 경우

① 상품, 제품, 재료의 재고품

$$\text{재고금액} \times \frac{10}{100} \times (1 - \text{업종별 부가가치율})$$

② 건설중인 자산

해당 건설 중인 자산과 관련하여 공제받은 매입세액 × (1 − 업종별 부가가치율)

③ 감가상각자산 중 건물 또는 구축물

$$취득가액 \times \left(1 - \frac{10}{100} \times 경과된\ 과세기간의\ 수\right) \times \frac{10}{100} \times (1 - 업종별\ 부가가치율)$$

④ 감가상각자산 중 기타의 감가상각자산

$$취득가액 \times \left(1 - \frac{50}{100} \times 경과된\ 과세기간의\ 수\right) \times \frac{10}{100} \times (1 - 업종별\ 부가가치율)$$

⑤ 직접 제작·건설·신축한 감가상각자산

$$매입세액공제액 \times (1 - 상각률 \times 경과된\ 과세기간의\ 수) \times (1 - 업종별\ 부가가치율)$$

❋ 재고등의 금액(취득가액)은 장부 또는 세금계산서에 의하여 확인되는 해당 재고품의 취득가액으로 한다. 다만, 장부 또는 세금계산서가 없거나 기장이 누락된 경우 해당 재고품등의 경우의 가액은 시가에 의한다.

❋ 간이과세자로 변경되는 날이 속하는 과세기간의 업종별 부가가치율을 말한다.

3) 산식-2021.7.1. 이후 변경된 경우

① 상품, 제품, 재료의 재고품

$$재고금액 \times \frac{10}{100} \times (1 - 0.5\% \times \frac{110}{10})$$

② 건설중인 자산

$$해당\ 건설\ 중인\ 자산과\ 관련하여\ 공제받은\ 매입세액 \times (1 - 0.5\% \times \frac{110}{10})$$

③ 감가상각자산 중 건물 또는 구축물

$$취득가액 \times \left(1 - \frac{10}{100} \times 경과된\ 과세기간의\ 수\right) \times \frac{10}{100} \times (1 - 0.5\%) \times \frac{110}{10}$$

④ 감가상각자산 중 기타의 감가상각자산

$$취득가액 \times \left(1 - \frac{50}{100} \times 경과된\ 과세기간의\ 수\right) \times \frac{10}{100} \times (1 - 0.5\%) \times \frac{110}{10}$$

⑤ 직접 제작·건설·신축한 감가상각자산

$$매입세액공제액 \times (1 - 상각률 \times 경과된\ 과세기간의\ 수) \times (1 - 0.5\% \times \frac{110}{10})$$

제6절 수정신고

Ⅰ 부가가치세 신고에 잘못이 있는 경우의 조치

(1) 이미 신고한 과세표준 및 세액이 적게 신고된 경우 수정신고를 하면 된다.

① 수정신고란 이미 신고한 과세표준 및 세액 등이 실제보다 적게 신고된 경우 납세의무자가 이를 정정하는 신고를 말한다(국기법 §45).
② 부가가치세 신고서식에 당초 신고한 내용과 수정신고의 내용을 병기하고 납부세액란 옆에 추가자진납부세액을 부기한 후 이에 각각 수정신고서 또는 추가자진납부 세액계산서로 표시하여 신고한다(국기칙 §12).
③ 과세표준수정신고를 법정신고기한이 지난 후 2년 이내에 제출한 경우 미달하게 신고함으로써 부담해야 할 가산세액의 최고 90%를 감면한다(국기법 §48).
　＊ 자세한 사항은 국기법의 가산세 감면 참고바람.

(2) 신고한 과세표준 및 세액이 과다하게 신고된 경우 경정청구를 하면 된다.

① 경정청구란 이미 신고·결정·경정절차가 완료된 과세표준 및 세액 등이 과다한 경우 과세관청으로 하여금 이를 정정하여 결정 또는 경정하도록 촉구하는 납세의무자의 청구를 말한다(국기법 §45의2).
② 경정청구는 법정신고기한이 지난 후 5년 이내에 관할세무서장에게 하면 된다.

(3) 신고를 하지 아니한 경우에도 관할세무서의 결정·통지전까지 기한 후 신고를 하면 된다(국기법 §45의3).

Ⅱ 가산세

가산세란 세법에서 규정하는 의무의 성실한 이행을 확보하기 위하여 세법에 따라 산출한 세액에 가산하여 징수하는 금액을 말한다(부가법 §60).

(1) 가산세의 종류

부가가치세 가산세의 종류는 다음과 같다.

이 중 신고불성실가산세와 납부지연가산세는 모든 세목에 동일하게 적용되어 국세기본법에 규정되어 있으며 그 외의 가산세는 부가가치세에 대한 가산세들이다.

종 류	사 유	가산세액 계산
(1) 미등록 및 허위등록가산세	사업개시일부터 20일 이내에 사업자등록을 하지 않은 경우	공급가액 × 1%
	타인의 명의로 사업자등록을 하거나 그 타인 명의의 사업자등록을 이용하여 사업을 하는 것으로 확인되는 경우	공급가액 × 2% (2025.1.1. 이전 1%)
(2) 세금계산서 지연발급38)(종이발급 포함)가산세		공급가액 × 1%
(3) 세금계산서 미발급, 위장, 가공 관련 가산세	① 세금계산서 미발급 및 위장세금계산서 등 발급 및 수취	공급가액 × 2%
	② 가공세금계산서 등 발급 및 수취 또는 비사업자의 가공세금계산서 발급 및 수취	공급가액 × 3%
	③ 공급가액 과다기재 세금계산서 발급 및 수취	과다 기재 공급가액 × 2%
(4) 매출처별 세금계산서 합계표 불성실가산세	① 미제출·부실기재	공급가액 × 0.5%
	② 지연제출(예정신고분을 확정신고시 제출)	공급가액 × 0.3%
(5) 매입처별 세금계산서 합계표 불성실가산세	① 매입세금계산서 지연수취	공급가액 × 0.5%
	② 합계표의 미제출·부실기재로 경정시 세금계산서 등에 의하여 매입세액 공제 받는 경우	
	③ 합계표, 신용카드매출전표 등 수령명세서의 공급가액을 과다기재하여 매입세액 공제 받은 경우	
(6) 현금매출명세서 및 부동산임대 공급가액명세서 제출 불성실가산세	① 현금매출명세서 미제출가산세 * 2007.1기~2010.1기는 수입금액명세서 제출 불성실가산세(0.5%)로 적용(부동산임대업자제외)	미제출 또는 부실기재 수입금액 × 1%(2010. 2기분부터 적용)
	② 부동산임대공급가액명세서 미제출가산세	미제출 또는 부실기재 수입금액 × 1%(2010. 2기분부터 적용)

---

38) 공급시기가 속하는 과세기간에 대한 확정신고 기한까지 발급

종류	사유		가산세액 계산
(7) 신고불성실 가산세	① 무신고	부정 무신고	해당세액 × 40%
		일반 무신고	해당세액 × 20%
	② 과소신고 초과환급신고	부정 과소·초과	해당세액 × 40%
		일반 과소·초과	해당세액 × 10%
	③ 영세율신고 불성실	과표 무·과소신고	공급가액 × 0.5% (2012.1.1.부터)
		첨부서류 미제출	
(8) 납부지연 가산세	① 납부세액의 무납부·과소납부		미달납부(초과환급)세액 × (2.2/10,000) × 일수 * 2002년 2기 귀속까지 5/10,000 초과환급세액은 환급일 다음날부터 계산 자진납부일 또는 고지일 포함 * 2022.2.14. 이전 2.5/10,000
	② 초과환급받은 세액(2004년 이후)		
(9) 대리납부 불이행가산세	대리납부의 불이행		3%≦무·과소납부세액× 2.2/10,000× 일수≦10% → 2012.1.1.이후 징수 납부의무 발생분부터 (2011.12.31.까지는 불이행세액× 10%)

✱ 가산세 중복 적용 배제 : (1) 적용시 (2)(4) 배제, (3) 적용시 (1)(4)(5) 배제, (4) 적용시 (2) 배제,
위장가산세(2%)와 미발급가산세(2%)는 하나의 거래인 경우 중복 배제
(8) 신고불성실가산세 및 (9) 납부불성실가산세를 적용함에 있어 예정신고납부와 관련하여 가산세가 부과되는 부분에 대하여는 확정신고납부와 관련하여 가산세를 부과하지 아니함(국기법 § 47의2⑥, 47의3⑥, 47의4⑤).

전자세금계산서 발급명세 지연전송 또는 미전송가산세

종류		사유	가산세액 계산					
			'11년	'12년	'13년	'14년	'17년 이후	'19년 이후
(11) 전자세금 계산서 발급명세 지연전송가 산세	법인	전자세금계산서 발급사업자가 발급일의 다음날 경과한 후 공급시기가 속하는 과세기간 말의 다음 달 11일까지 발급명세를 전송한 경우	공급 가액 ×0.1%	공급 가액 ×0.1%	공급 가액 ×0.1%	공급 가액 ×0.5%	공급 가액 ×0.5%	공급 가액 ×0.3%
	개인 (의무 발급개인 사업)		미적용	공급 가액 ×0.1%	공급 가액 ×0.1%	공급 가액 ×0.1%	공급 가액 ×0.5%	공급 가액 ×0.3%
(12) 전자세금 계산서 발급명세 미전송 가산세	법인	전자세금계산서 발급사업자가 발급일의 다음날 경과한 후 공급시기가 속하는 과세기간 말의 다음 달 11일까지 발급명세를 미전송한 경우	공급 가액 ×0.3%	공급 가액 ×0.3%	공급 가액 ×0.3%	공급 가액 ×1%	공급 가액 ×1%	공급 가액 ×0.5%
	개인 (의무 발급개인 사업)		미적용	공급 가액 ×0.3%	공급 가액 ×0.3%	공급 가액 ×0.3%	공급 가액 ×1%	공급 가액 ×0.5%

✱ 가산세 중복 적용 배제 : (1) 적용시 (11)(12) 배제, (4) 적용시 (11)(12) 배제
   2011. 1. 1.부터 (2)지연발급 또는 부실기재 적용시 (11)(12) 배제 (1%만 적용)
   2012. 1. 1.부터 (2)지연발급 적용시 (2)의 부실기재 배제 (지연발급 1%만 적용)
   2013. 1. 1.부터 (3)세금계산서 과세기간까지 미발급 적용시 (2)부실기재 (11)(12) 배제
   2015. 1. 1.부터 (2)세금계산서 과세기간까지 미발급 적용시 (4)배제

✱ 전송기한 : 발급일의 다음날까지 전송

(2) 가산세 사례

사례 2-41 납부지연 가산세

7월 23일 1기분에 대한 부가가치세를 신고하였다. 신고납부세액은 5,000,000원 인데 납부하지 못하였다. 10월 1일 납부하고자 한다. 단, 신고납부기한은 7월 25일이다.

해답

납부지연가산세 : $5,000,000 \times \dfrac{2.2}{10,000} \times 68(7/26 - 10/1) = 74,800$

| 사례 2-42 | 신고불성실 및 납부지연 가산세 |

갑법인의 7월 25일 신고한 1기분 부가가치세 차가감 납부할 세액은 20,000,000원이다. 4월 20일 발생된 제품 매출분(공급가액 3,000,000원, 세액 300,000원)에 대하여 세금계산서 발급이 누락된 것을 확인하고 10월 20일 수정신고하고자 한다. 가산세는?

해답
① (전자)세금계산서미발급가산세 : 3,000,000 × 2% = 60,000
  * 세금계산서 미발급가산세가 적용되면 매출처별세금계산서합계표불성실가산세는 배제된다.
② 신고불성실가산세 : 300,000 × 10% × (1 − 75%^{주}) = 7,500
  주) 3개월 이내에 수정신고하는 경우 75%감면한다.
③ 납부지연가산세 : $300,000 \times \frac{2.2}{10,000} \times 86(7/26 - 10/20) = 5,676$
④ 납부할 세액 합계 : 60,000 + 7,500 + 5,676 = 73,176원

| 사례 2-43 | 영세율과세표준신고불성실 가산세 |

7.25. 1기분 부가가치세 신고를 하였으나 2년 후에 수출된 건이 누락되었음을 알고 수정신고하였다. 가산세는? 수출금액은 USD 100,000이며 선적일의 기준환율은 1,150원이다.

해답
  영세율과세표준신고불성실가산세 : $100,000 × 1,150원 × 0.5% = 575,000원

Ⅲ 결정 및 경정

다음에 해당하는 경우에만 정부는 각 과세기간에 대한 부가가치세의 과세표준과 납부세액 또는 환급세액을 조사에 따라 결정·경정한다(부가법 §21).

① 확정신고를 하지 아니한 때
② 확정신고의 내용에 오류 또는 탈루가 있을 때
③ 확정신고시 매출·매입처별 세금계산서합계표를 제출하지 아니하거나 기재사항의 전부 또는 일부가 적혀있지 아니하거나 사실과 다르게 적혀 있을때
④ 다음의 사유 등으로 부가가치세의 포탈우려가 있는 때(부가령 §68②)
  • 사업장의 이동이 빈번한 때
  • 사업장의 이동이 빈번하다고 인정되는 지역에 사업장이 있는 때
  • 휴업 또는 폐업상태에 있는 때
⑤ 월별조기환급 신고내용에 오류 또는 탈루가 있는 경우

사례 2-44 종합사례

2025. 1기 확정(4/1~6/30)기간에 대한 부가가치세신고서를 작성하시오. 단, 홈택스에서 전자신고 하기로 한다.

[회사정보]
　　회사명 : ㈜이택스　　대표자 성명 : 김관우
　　사업자등록번호 : 107-81-46207
　　업태 : 도매업, 종목 : 화공약품
　　사업장소재지 : 서울 영등포 양평동 5

[자료 1] 전자발급 매출세금계산서
　　4/ 9 영란(주) : 공급가액 15,000,000 부가가치세 1,500,000
　　5/10 미래(주) : 공급가액 18,000,000 부가가치세 1,800,000
　　6/19 현대(주) : 공급가액 20,000,000 부가가치세 2,000,000
　　6/20 현대(주) : 공급가액 30,000,025 부가가치세 영세율
　　　　(구매확인서 US $29,500 공급일의 기준환율 1US/ 1,016.95원)

[자료 2] 수출신고서 1매
　　6/21 직수출(수출신고번호 : 030-10-04-0109334-2) US $10,000(선적일의 기준환율 1$/1,000원) 선수금 받지 않았음.

[자료 3] 전자발급 매입세금계산서

    5/ 1 삼원 : 공급가액 15,200,000 부가가치세 1,520,000
    6/ 1 삼원 : 공급가액 9,000,000 부가가치세 900,000
    6/10 삼성 : 공급가액 10,000,000 부가가치세 영세율
    6/15 (주)기아 : 공급가액(2,000cc 승용차) 20,000,000 부가가치세 2,000,000

[자료 4] 2024년 4월 30일 구매과 직원 카드로 일반사업자에게 종업원 작업복을 구입함. 공급가액 1,145,455원 부가가치세 114,545원

[자료 5] 매입계산서
    6/15 신나 : 공급가액 3,000,000 부가가치세 면세

[자료 6] 세금계산서 예정신고 누락분
    매출 2/27 영란(주) 공급가액 10,000,000 부가가치세 1,000,000 (5/10에 지연발급한 전자세금계산서)
    매입 3/ 1 삼성   공급가액 5,200,000 부가가치세 520,000 (종이세금계산서 수취분임)

[자료 7] 2024년 10월 5일 부도확인된 어음의 대손세액공제 신청
    당초 공급일자 2023.5.16. 부도어음 금액 8,000,000원(세인어패럴 강지원 107-65-81409)

[자료 8] 공장일부임대
    보증금만 40,000,000원 받음(2019.1.1부터 계속 임대중), 정기예금이자율 3.1%가정

〈 해 답 〉

1. 매출	1. 매출(자료 1,2,6)	93,000,025	6,300,000	5,603,643
	2. 간주임대료매출 및 매출세액 (자료 8) (40,000,000×91×3.1%÷365= 309,150)	309,150	30,915	
	3. 대손세액공제(자료 7)	7,272,727	727,272	
2. 매입	4. 매입세액 (자료 3,6)	59,400,000	4,940,000	3,054,545
	5. 매입세액불공제(자료 3)	20,000,000	-2,000,000	
	6. 신용카드사용 매입세액(자료 4)	1,145,455	114,545	
3. 납부세액 (1-2)				2,549,098
4. 전자신고세액공제(조특법104-8)				10,000

5. 가산세
① 세금계산서 지연발급가산세 10,000,000 × 1% = 100,000
② 신고불성실가산세
   (1,000,000 − 520,000)× 10% × (1 − 75% 감면) = 12,000
③ 납부지연가산세(국기령 27-4)
   (1,000,000 − 520,000)× $\dfrac{2.2}{10,000}$ × 90일(2025.4.26. ~ 2025.7.25.) = 9,504
				121,504

6. 가감후 납부(3-4+5)				2,660,602

■ 부가가치세법 시행규칙 [별지 제21호서식] (2025.03.21. 개정)

일반과세자 부가가치세 [ ]예정 [v]확정 [ ]기한후과세표준 [ ]영세율 등 조기환급 신고서

홈택스(www.hometax.go.kr)에서도 신청할 수 있습니다.

※ 뒤쪽의 작성방법을 읽고 작성하시기 바랍니다.

(4쪽 중 제1쪽)

| 관리번호 | | | | 처리기간 | 즉시 |

신고기간 2025년 제1기 (4월1일 ~ 6월30일)

사업자	상 호 (법인명)	(주)이택스	성 명 (대표자명)	김관우	사업자등록번호	107-81-46207
	생년월일		전화번호		사업장 - - / 주소지 - - / 휴대전화 - -	
	사업장 주소				전자우편 주소	

❶ 신 고 내 용

구 분				금 액	세율	세 액
과세표준 및 매출세액	과세	세금계산서 발급분	(1)	53,000,000	10/100	5,300,000
		매입자발행 세금계산서	(2)		10/100	
		신용카드·현금영수증 발행분	(3)		10/100	
		기타(정규영수증 외 매출분)	(4)	309,150		30,915
	영세율	세금계산서 발급분	(5)	30,000,025	0/100	
		기 타	(6)	10,000,000	0/100	
	예 정 신 고 누 락 분		(7)	10,000,000		1,000,000
	대 손 세 액 가 감		(8)			-727,272
	합 계		(9)	103,309,175	㉮	5,603,643
매입세액	세금계산서 수 취 분	일 반 매 입	(10)	34,200,000		2,420,000
		수출기업 수입분 납부유예	(10-1)			
		고정자산 매입	(11)	20,000,000		2,000,000
	예 정 신 고 누 락 분		(12)	5,200,000		520,000
	매입자발행 세금계산서		(13)			
	그 밖의 공제매입세액		(14)	1,145,455		114,545
	합계(10)-(10-1)+(11)+(12)+(13)+(14)		(15)	60,545,455		5,054,545
	공제받지 못할 매입세액		(16)	20,000,000		2,000,000
	차 감 계 (15)-(16)		(17)	40,545,455	㉯	3,054,545
납부(환급)세액 (매출세액㉮-매입세액㉯)					㉰	2,549,098
경감·공제세액	그 밖의 경감·공제세액		(18)			10,000
	신용카드매출전표등 발행공제 등		(19)			
	합 계		(20)		㉱	10,000
소규모 개인사업자 부가가치세 감면세액			(20-1)		㉲	
예 정 신 고 미 환 급 세 액			(21)		㉳	
예 정 고 지 세 액			(22)		㉴	
사업양수자의 대리납부 기납부세액			(23)		㉵	
매입자 납부특례 기납부세액			(24)		㉶	
신용카드업자의 대리납부 기납부세액			(25)		㉷	
가 산 세 액 계			(26)		㉸	121,504
차감·가감하여 납부할 세액(환급받을 세액)(㉰-㉱-㉲-㉳-㉴-㉵-㉶-㉷+㉸)			(27)			2,660,602
총괄 납부 사업자가 납부할 세액(환급받을 세액)						

❷ 국세환급금 계좌신고	거래은행	은행	지점	계좌번호	
❸ 폐 업 신 고	폐업일		폐업사유		
❹ 영세율 상호주의	여[ ] 부[√]	적용구분		업종	해당국가

❺ 과세표준명세

	업 태	종 목	생산요소	업종 코드	금 액
(28)	도매업	화공약품		5 1 3 3 1 2	103,000,025
(29)					
(30)					
(31) 수입금액 제외		간주임대료		5 1 3 3 1 2	309,150
(32) 합 계					103,309,175

「부가가치세법」 제48조·제49조 또는 제59조와 「국세기본법」 제45조의3에 따라 위의 내용을 신고하며, 위 내용을 충분히 검토하였고 신고인이 알고 있는 사실 그대로를 정확하게 적었음을 확인합니다.

2025 년 07 월 25 일

신고인 (주)이택스 (서명 또는 인)

세무대리인은 조세전문자격자로서 위 신고서를 성실하고 공정하게 작성하였음을 확인합니다.

세무대리인 한결세무법인 (서명 또는 인)

세무서장 귀하

첨부서류 뒤 쪽 참 조

■ 부가가치세법 시행규칙 [별지 제19호서식(1)] (2022.03.18. 개정)

홈택스(www.hometax.go.kr)에서도 신청할 수 있습니다.

대손세액공제(변제)신고서(갑)

접수번호		접수일		처리기간	즉시			

1. 신고인 인적사항

① 상호(법인명)	(주)이택스	② 사업자등록번호	107-81-46207
③ 성명	김관우	④ 사업장 소재지	

2. 대손세액 계산신고 내용

⑤ 당초공급 연월일	⑥ 대손확정 연월일	⑦ 대손 금액	⑧ 공제율 (10/110)	⑨ 대손 세액	공급받는 자			⑬ 대손 사유
					⑩ 상호	⑪ 성명	⑫ 사업자등록번호	
2023-05-16	2024-10-05	8,000,000	10/110	727,272	세인어패럴	강지원	107-65-81409	부도(6개월경과)

■ 부가가치세법 시행규칙 [별지 제16호서식] (2019.03.20 개정)

신용카드매출전표등 수령명세서(갑)

2025년 제 1기 (4월 1일 ~ 6월 30일)

(앞 쪽)

1. 제출자 인적사항

①상호(법인명)	(주)이택스	②사업자등록번호	
③성명(대표자)	김관우		107-81-46207

2. 신용카드 등 매입내역 합계

구 분	거래건수	공급가액	세 액
④ 합 계	1	1,145,455	114,545
⑤ 현금영수증			
⑥ 화물운전자복지카드			
⑦ 사업용 신용카드			
⑧ 그 밖의 신용카드	1	1,145,455	114,545

3. 그 밖의 신용·직불카드, 기명식선불카드, 직불전자지급수단 및 기명식선불전자지급수단 매출전표 수령금액 합계

일련번호	⑨ 카드회원번호	⑩ 공급자(가맹점) 사업자등록번호	⑪ 그 밖의 신용카드 등 거래명세 합계		
			거래건수	공 급 가 액	세 액
1	7514-5281-4341-5275	109-81-41670	1	1,145,455	114,545

■ 부가가치세법 시행규칙 [별지 제27호서식](2022.03.18 개정)   홈택스(www.hometax.go.kr)에서도 신청할 수 있습니다.

건물등감가상각자산취득명세서
2025년 제1기 (04월 01일 ~ 06월 30일)

※ 아래의 작성방법을 읽고 작성하시기 바랍니다.

접수번호	접수일	처리기간 즉시

1. 제출자 인적사항

① 성 명 (법 인 명)	(주)이택스	② 사업자등록번호	107-81-46207
③ 업 태	도매업	④ 종 목	화공약품

2. 감가상각자산 취득 명세 합계

감가상각자산 종류	건 수	공 급 가 액	세 액	비 고
⑤ 합 계	1	20,000,000	2,000,000	
⑥ 건 물 · 구 축 물				
⑦ 기 계 장 치				
⑧ 차 량 운 반 구	1	20,000,000	2,000,000	
⑨ 그 밖의 감가상각자산				

「부가가치세법 시행령」 제90조제3항의 표 제7호, 제91조제2항의 표 제10호 및 제107조제3항에 따라 건물 등 감가상각 자산 취득명세서를 제출합니다.

2025 년 7 월 25 일

제출인   (주)이택스 김관우   (서명 또는 인)

세 무 서 장 귀하

작성방법

① ~ ④ : 제출자의 성명 또는 법인명과 사업자등록번호, 업태, 종목을 적습니다.

⑤ : 신고대상기간 중 취득한 건물·구축물·기계장비·차량운반구 등 감가상각자산의 건수·공급가액·세액을 합하여 적으며, 공급가액 및 세액 합계액은 부가가치세신고서 "(11)번+(42)번 고정자산"란의 금액 및 세액과 일치하여야 합니다.

⑥ : 신고대상기간중 건물·구축물을 취득하고 발급받은 신용카드매출전표등 수취분이나 세금계산서상의 건수·공급가액·세액을 더하여 적습니다.

⑦ : 신고대상기간 중 기계 및 장비를 취득하고 발급받은 신용카드매출전표등 수취분이나 세금계산서의 건수·공급가액·세액을 더하여 적습니다.

⑧ : 신고대상기간 중 차량운반구를 취득하고 발급받은 신용카드매출전표등 수취분이나 세금계산서의 건수·공급가액·세액을 더하여 적습니다.

⑨ : 신고대상기간 중 건물·구축물·기계 및 장비·차량운반구를 제외한 그 밖의 감가상각자산을 취득하고 발급받은 신용카드 매출전표등 수취분이나 세금계산서의 건수·공급가액·세액을 더하여 적습니다.

■ 부가가치세법 시행규칙 [별지 제29호서식] (2023.03.20. 개정)

홈텍스(www.hometax.go.kr)
에서도 신청할 수 있습니다.

영세율 매출명세서
2025년 제 1기 (4월 1일 ~ 6월 30일)

(앞쪽)

※ 뒤쪽의 작성방법을 읽고 작성하시기 바랍니다.

1. 제출자 인적사항

① 상호(법인명)	(주)이택스	② 사업자등록번호	107-81-46207
③ 성명(대표자)	김관우	④ 사업장 소재지	
⑤ 업태	도매업	⑥ 종목	화공약품

2. 영세율 적용 공급실적 합계

⑦ 구분	⑧ 조 문	⑨ 내 용	⑩ 금액(원)
부가가치세법	제21조	직접수출(대행수출 포함)	10,000,000
		중계무역·위탁판매·외국인도 또는 위탁가공무역 방식의 수출	
		내국신용장·구매확인서에 의하여 공급하는 재화	30,000,025
		한국국제협력단, 한국국제보건의료재단 및 대한적십자사에 공급하는 해외반출용 재화	
		수탁가공무역 수출용으로 공급하는 재화	
	제22조	국외에서 공급하는 용역	
	제23조	선박·항공기에 의한 외국항행용역	
		국제복합운송계약에 의한 외국항행용역	
	제24조	국내에서 비거주자·외국법인에 공급되는 재화 또는 용역	
		수출재화임가공용역	
		외국항행 선박·항공기 등에 공급하는 재화 또는 용역	
		국내 주재 외교공관, 영사기관, 국제연합과 이에 준하는 국제기구, 국제연합군 또는 미합중국군대에 공급하는 재화 또는 용역	
		「관광진흥법 시행령」에 따른 일반여행업자가 외국인 관광객에게 공급하는 관광알선용역	
		외국인전용판매장 또는 주한외국군인 등의 전용 유흥음식점에서 공급하는 재화 또는 용역	
		외교관 등에게 공급하는 재화 또는 용역	
		외국인환자 유치용역	
⑪ 「부가가치세법」에 따른 영세율 적용 공급실적 합계			40,000,025
조세특례제한법	제105조제1항제1호	방위산업물자 또는 「비상대비자원 관리법」에 따라 지정된 자가 생산 공급하는 시제품 및 자원동원으로 공급하는 용역	
	제105조제1항제2호	「국군조직법」에 따라 설치된 부대 또는 기관에 공급하는 석유류	
	제105조제1항제3호	도시철도건설용역	
	제105조제1항제3호의2	국가·지방자치단체에 공급하는 사회기반시설 등	
	제105조제1항제4호	장애인용 보장구 및 장애인용 특수 정보통신기기 등	
	제105조제1항제5호	농민 또는 임업에 종사하는 자에게 공급하는 농업용·축산업용·임업용 기자재	
	제105조제1항제6호	어민에게 공급하는 어업용 기자재	
	제107조	외국인 관광객 등에게 공급하는 재화	
	제121조의13	제주특별자치도 면세품판매장에서 판매하거나 제주특별자치도 면세품판매장에 공급하는 물품	
⑫ 조세특례제한법 및 그 밖의 법률에 따른 영세율 적용 공급실적 합계			
⑬ 영세율 적용 공급실적 총 합계 ⑪+⑫			40,000,025

210mm×297mm[백상지 80g/㎡ 또는 중질지 80g/㎡]

■ 부가가치세법 시행규칙 [별지 제40호서식(1)] (2025.03.21. 개정)

수출실적명세서(갑)
2025년 1기 (04월 01일 ~ 06월 30일)

제출자 인적사항	①사업자등록번호 107-81-46207	②상 호(법 인 명) (주)이택스
	③성 명(대 표 자) 김관우	④사업장소재지
	⑤업 태 도매업	⑥종 목 화공약품

⑦거 래 기 간	2025년04월01일 ~ 2025년06월30일	⑧작 성 일 자	2025-07-25

구 분	건 수	외 화 금 액	원 화 금 액	비 고
⑨ 합계	1	10,000.00	10,000,000	
⑩ 수출재화(=⑫합계)	1	10,000.00	10,000,000	
⑪ 기타 영세율적용				

⑫ 일련번호	⑬ 수출신고번호	⑭ 선(기)적일자	⑮ 통화코드	(16) 환율	(17)외 화	(18)원 화
합 계					10,000.00	10,000,000
1	030-10-04-0109334-2	2025-06-21	USD	1,000.0000	10,000.00	10,000,000

■ 부가가치세법 시행규칙 [별지 제22호서식] (2024. 03. 22.개정)   홈택스(www.hometax.go.kr)에서도 신청할 수 있습니다.

공제받지 못할 매입세액 명세서
2025년 제1기 (04월 01일 ~ 06월 30일)

※ 뒤쪽의 작성방법을 읽고 작성하시기 바랍니다.   (앞쪽)

1. 제출자 인적사항

상호(법인명)	성명(대표자)	사업자등록번호
(주)이택스	김관우	107-81-46207

2. 공제받지 못할 매입세액 명세

매입세액 불공제 사유	세 금 계 산 서			비고
	매수	공급가액	매입세액	
①필요적 기재사항 누락 등				
②사업과 직접 관련 없는 지출				
③개별소비세법 제1조제2항제3호에 따른 자동차 구입·유지 및 임차	1	20,000,000	2,000,000	
④기업업무추진비 및 이와 유사한 비용 관련				
⑤면세사업등 관련				
⑥토지의 자본적 지출 관련				
⑦사업자등록 전 매입세액				
⑧금·구리 스크랩 거래계좌 미사용 관련 매입세액				
⑨합계	1	20,000,000	2,000,000	

■ 부가가치세법 시행규칙 [별지 제38호서식(1)] (2013.06.28 개정) 홈택스(www.hometax.go.kr)에서도 신청할 수 있습니다.

매출처별세금계산서합계표(갑)

2025 년 제 1 기 (04월 01일 ~ 06월 30일)

※ 아래의 작성방법을 읽고 작성하시기 바랍니다. (앞쪽)

1. 제출자 인적사항

① 사업자등록번호	107-81-46207	② 상 호(법인명)	(주)이택스
③ 성 명(대표자)	김관우	④ 사 업 장 소재지	
⑤ 거 래 기 간	2025년 04월 01일 ~ 2025년 06월 30일	⑥ 작 성 일 자	2025년 07월 25일

2. 매출세금계산서 총합계

구 분		⑦ 매출처수	⑧ 매수	⑨ 공급가액 (조 십억 백만 천 일)	⑩ 세 액 (조 십억 백만 천 일)
합 계		1	5	93 000 025	6 300 000
과세기간 종료일 다음달 11일까지 전송된 전자 세금계산서 발급분	사업자 등록번호 발급분	1	5	93 000 025	6 300 000
	주민등록번호 발급분				
	소 계	1	5	93 000 025	6 300 000
위 전자 세금계산서 외의 발급분	사업자 등록번호 발급분				
	주민등록번호 발급분				
	소 계				

■ 부가가치세법 시행규칙 [별지 제39호서식(1)] (2013.06.28 개정) 홈택스(www.hometax.go.kr)에서도 신청할 수 있습니다.

매입처별세금계산서합계표(갑)

2025 년 제 1 기 (04월 01일 ~ 06월 30일)

※ 아래의 작성방법을 읽고 작성하시기 바랍니다. (앞쪽)

1. 제출자 인적사항

① 사업자등록번호	107-81-46207	② 상 호(법인명)	(주)이택스
③ 성 명(대표자)	김관우	④ 사 업 장 소재지	
⑤ 거 래 기 간	2025년 04월 01일 ~ 2025년 06월 30일	⑥ 작 성 일 자	2025년 07월 25일

2. 매입세금계산서 총합계

구 분		⑦ 매입처수	⑧ 매수	⑨ 공급가액 (조 십억 백만 천 일)	⑩ 세 액 (조 십억 백만 천 일)
합 계		4	5	59 400 000	4 940 000
과세기간 종료일 다음달 11일까지 전송된 전자 세금계산서 발급받은분	사업자등록번호 발급분받은분	3	4	54 200 000	4 420 000
	주민등록번호 발급분받은분				
	소 계	3	4	54 200 000	4 420 000
위 전자 세금계산서 외의 발급분	사업자등록번호 발급분받은분	1	1	5 200 000	520 000
	주민등록번호 발급분받은분				
	소 계	1	1	5 200 000	520 000

* 주민등록번호로 발급받은 세금계산서는 사업자등록 전 매입세액 공제를 받을 수 있는 세금계산서만 적습니다.

3. 과세기간 종료일 다음달 11일까지 전송된 전자세금계산서 외 발급받은 매입처별 명세(합계금액으로 적음)

⑪ 일련번호	⑫ 사업자등록번호	⑬ 상호(법인명)	⑭ 매수	⑮ 공급가액 (조 십억 백만 천 일)	⑯ 세 액 (조 십억 백만 천 일)	비고
1	114-06-28672	삼성	1	5 200 000	520 000	

매출 전자세금계산서 합계표
(2025년 1기 확정)

출력일자 : 2025년 7월 25일   페이지 : 1

2. 매출 전자세금계산서 총합계   (단위 : 건, 원)

구분	매출처수	매수	공급가액	세액	합계금액
합계	3	5	93,000,025	6,300,000	6,300,000
사업장등록번호 발행분	3	5	93,000,025	6,300,000	6,300,000
주민등록번호 발행분	0	0	0	0	0

※ 2025년 06년 30일까지 집계된 자료입니다.

3. 매출처별 명세

번호	공급받는자 등록번호	공급받는자 상호(법인명)	매수	공급가액	세액	합계금액
1	120-81-93744	미래(주)	1	18,000,000	1,800,000	19,800,000
2	220-81-64004	영란(주)	2	25,000,000	2,500,000	27,500,000
3	410-81-30036	현대(주)	2	50,000,025	2,000,000	52,000,025

매입 전자세금계산서 합계표
(2025년 1기 확정)

출력일자 : 2025년 7월 25일   페이지 : 1

2. 매입 전자세금계산서 총합계   (단위 : 건, 원)

구분	매입처수	매수	공급가액	세액	합계금액
합계	3	5	59,400,000	5,940,000	65,340,000
사업장등록번호 발행분	3	5	59,400,000	5,940,000	65,340,000
주민등록번호 발행분					

※ 2025년 06년 30일까지 집계된 자료입니다.

3. 매입처별 명세

번호	공급자 사업자 등록번호	공급자 상호(법인명)	매수	공급가액	세액	합계금액
1	111-81-14478	(주)현대자동차	1	20,000,000	2,000,000	22,000,000
2	114-06-28672	삼성	2	15,200,000	520,000	16,720,000
3	136-10-81409	삼원	2	24,200,000	2,420,000	26,620,000

■ 소득세법 시행규칙 [별지 제29호서식(2)] (2023.03.20 개정)

홈택스(www.hometax.go.kr)에서도 신청할 수 있습니다.

매입처별계산서합계표(갑)
(2025 년 1 기)

(앞쪽)

1. 제출자 인적사항

① 사업자등록번호	107-81-46207	② 상 호(법인명)	(주)이택스
③ 성 명(대표자)	김관우	④ 사 업 장	
⑤ 거 래 기 간	2025년 04월 01일 ~ 2025년 06월 30일	⑥ 작 성 일	2025년 07월 25일

2. 매입계산서 총합계

구 분	⑦ 매입처수	⑧ 매수	⑨ 매입금액				
			조	십억	백만	천	일
합 계	1	1			3	000	000
과세기간 종료일 다음달 11일까지 전송된 전자계산서 발급받은분							
위 전자계산서 외의 발급받은분	1	1			3	000	000

3. 과세기간 종료일 다음달 11일까지 전송된 전자계산서 외 발급받은 매입처별 명세(합계금액으로 적음)

⑩ 번호	⑪ 사업자등록번호	⑫ 상호(법인명)	⑬ 매수	⑭ 매입금액					비고
				조	십억	백만	천	일	
1	111-81-14478	신나	1			3	000	000	

회계와 세무실무
etaxkorea

CHAPTER 03 중소기업과 지출증빙

제1절 중소기업
제2절 지출증빙

회계와 세무실무

제3장 중소기업과 지출증빙

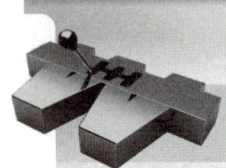

제1절 중소기업

I 중소기업을 규정하는 법률

중소기업범위에 관한 법률은 「조세특례제한법」과 「중소기업기본법」에서 규정하고 있다. 중소기업은 일반기업과 비교하여 여러 가지 혜택이 있는데 조세혜택은 대부분 「조세특례제한법」상 중소기업에 적용된다.

│중소기업기본법상의 중소기업을 기준으로 세법적용되는 사례│

※ 특징 : 업종제약이 없으며, 직전 3개사업연도 매출액 기준으로 한다.

- 주식양도시 10%, 20% 세율이 적용되는 중소기업주식(소득법 § 104①(11))
- 주식평가시 최대주주 할증율이 적용되지 않는 중소기업주식(상증법 § 63)
- 중소기업간 통합에 대한 양도소득세 이월과세(조특법 § 31)
- 고용유지 중소기업에 대한 과세특례(조특법 § 30의3)
- 가산세 적용시 항목별 한도액이 각각 1억원이나 중소기업은 5천만원 적용(국기법 § 49)

II 「조세특례제한법」의 중소기업의 요건

(1) 요건

중소기업이란 다음의 요건 4개를 모두 갖춘 기업을 말한다(조특령 §2①).

① 업종 기준	다음과 같은 소비성서비스업을 주된 사업으로 영위하지 아니할 것
	① 호텔업 및 여관업(관광숙박업은 제외)
	② 주점업(일반유흥주점업, 무도유흥주점업 및 단란주점 영업만 해당하되, 외국인전용유흥음식점업 및 관광유흥음식점업은 제외)
	③ 그 밖에 오락·유흥 등을 목적으로 하는 사업으로서 기획재정부령으로 정하는 사업
	   ㉠ 무도장 운영업
	   ㉡ 기타 사행시설 관리 및 운영업(「관광진흥법」 제5조 또는 「폐광지역 개발 지원에 관한 특별법」 제11조에 따라 허가를 받은 카지노업은 제외한다)(
	   ㉢ 유사 의료업 중 안마를 시술하는 업
	   ㉣ 마시지업
	④ 부동산임대업
	⑤ 성실신고확인대상 소규모법인
	   - 지배주주 등 지분율 50% 초과
	   - 부동산임대업이 주된 사업이거나 부동산임대·이자·배당 소득이 매출액의 50% 이상
	   - 상시 근로자수가 5인 미만
	* 업종 기준이 52개 업종을 열거하던 Postive방식에서 소비성서비스업을 제외한 Negative방식으로 변경되었다(2017.1.1. 개시사업연도부터).

② 규모기준	매출액이 업종별로 「중소기업기본법 시행령」 별표 1에 따른 규모 기준 이내일 것 * "매출액"이란 기업회계기준에 따라 작성한 손익계산서상의 매출액을 말한다. * 중소기업기본법상 중소기업은 전기 3개 사업연도를 기준으로한 업종별 평균매출액으로 판단하지만, 세법상 중소기업은 당기 사업연도를 기준으로한 업종별 당기매출액으로 판단한다.
③ 중소기업 졸업 기준	자산총액이 5천억원 이상인 경우에는 중소기업으로 보지 아니한다.
④ 독립성 기준	가. 「독점규제 및 공정거래에 관한 법률」 제14조 제1항에 따른 상호출자제한기업집단에 속하지 아니할 것. 예, 그룹회사들 나. 자산총액이 5천억원 이상인 법인이 30% 이상을 직간접적으로 소유한 경우로서 최다출자자인 기업에 해당하지 아니할 것 다. 관계기업에 속하는 기업의 경우에는 중소기업기본법령 제7조의 4에 따라 산정한 매출액 등이 규모기준에 맞지 아니하는 기업

(2) 중소기업 유예제도

중소기업이었던 기업이 규모초과 또는 자산총액이 5천억원 이상인 된 경우, 관계기업에 해당되어 중소기업규모를 초과한 경우에는 최초로 그 사유가 발생한 날이 속하는 과세연도와 그 다음 5개 과세연도까지는 이를 중소기업으로 본다.

* 2024.11.12.이 속하는 과세연도 이전 과세연도까지는 최초로 그 사유가 발생한 날이 속하는 과세연도와 그 다음 3개 사업연도까지는 중소기업으로 본다.

중소기업기본법 시행령 [별표 1] (2017.10.17. 개정)

▎주된 업종별 평균매출액 등의 중소기업 규모 기준▎

해 당 업 종	분류기호	규모 기준
1. 의복, 의복액세서리 및 모피제품 제조업	C14	매출액 1,500억원 이하
2. 가죽, 가방 및 신발 제조업	C15	
3. 펄프, 종이 및 종이제품 제조업	C17	
4. 1차 금속 제조업	C24	
5. 전기장비 제조업	C28	
6. 가구 제조업	C32	
7. 농업, 임업 및 어업	A	매출액 1,000억원 이하
8. 광업	B	
9. 식료품 제조업	C10	
10. 담배 제조업	C12	
11. 섬유제품 제조업(의복 제조업은 제외)	C13	
12. 목재 및 나무제품 제조업(가구 제조업은 제외)	C16	
13. 코크스, 연탄 및 석유정제품 제조업	C19	
14. 화학물질 및 화학제품 제조업(의약품 제조업은 제외)	C20	
15. 고무제품 및 플라스틱제품 제조업	C22	
16. 금속가공제품 제조업(기계 및 가구 제조업은 제외)	C25	
17. 전자부품, 컴퓨터, 영상, 음향 및 통신장비 제조업	C26	
18. 그 밖의 기계 및 장비 제조업	C29	
19. 자동차 및 트레일러 제조업	C30	
20. 그 밖의 운송장비 제조업	C31	
21. 전기, 가스, 증기 및 공기조절 공급업	D	
22. 수도업	E36	
23. 건설업	F	
24. 도매 및 소매업	G	
25. 음료 제조업	C11	매출액 800억원 이하
26. 인쇄 및 기록매체 복제업	C18	
27. 의료용 물질 및 의약품 제조업	C21	
28. 비금속 광물제품 제조업	C23	
29. 의료, 정밀, 광학기기 및 시계 제조업	C27	
30. 그 밖의 제품 제조업	C33	
31. 수도, 하수·폐기물 처리, 원료재생업(수도업은 제외)	E(E36 제외)	
32. 운수업 및 창고업	H	
33. 정보통신업	J	
34. 산업용 기계 및 장비 수리업	C34	매출액 600억원 이하
35. 전문, 과학 및 기술 서비스업	M	
36. 사업시설관리 및 사업지원 서비스업(임대업은 제외)	N(N76 제외)	
37. 보건업 및 사회복지 서비스업	Q	
38. 예술, 스포츠 및 여가 관련 서비스업	R	
39. 수리(修理) 및 기타 개인 서비스업	S	
40. 숙박 및 음식점업	I	매출액 400억원 이하
41. 금융 및 보험업	K	
42. 부동산업	L	
43. 임대업	N76	
44. 교육 서비스업	P	

※ 주된 업종의 분류 및 분류기호는 「통계법」 제22조에 따라 통계청장이 고시한 한국표준산업분류에 따름.

주된 업종별 평균매출액등의 소기업 규모 기준(제8조제1항 관련)

해당 기업의 주된 업종	분류기호	규모 기준
1. 식료품 제조업	C10	평균매출액등 120억원 이하
2. 음료 제조업	C11	
3. 의복, 의복액세서리 및 모피제품 제조업	C14	
4. 가죽, 가방 및 신발 제조업	C15	
5. 코크스, 연탄 및 석유정제품 제조업	C19	
6. 화학물질 및 화학제품 제조업(의약품 제조업은 제외한다)	C20	
7. 의료용 물질 및 의약품 제조업	C21	
8. 비금속 광물제품 제조업	C23	
9. 1차 금속 제조업	C24	
10. 금속가공제품 제조업(기계 및 가구 제조업은 제외한다)	C25	
11. 전자부품, 컴퓨터, 영상, 음향 및 통신장비 제조업	C26	
12. 전기장비 제조업	C28	
13. 그 밖의 기계 및 장비 제조업	C29	
14. 자동차 및 트레일러 제조업	C30	
15. 가구 제조업	C32	
16. 전기, 가스, 증기 및 공기조절 공급업	D	
17. 수도업	E36	
18. 농업,임업 및 어업	A	평균매출액등 80억원 이하
19. 광업	B	
20. 담배 제조업	C12	
21. 섬유제품 제조업(의복 제조업은 제외한다)	C13	
22. 목재 및 나무제품 제조업(가구 제조업은 제외한다)	C16	
23. 펄프, 종이 및 종이제품 제조업	C17	
24. 인쇄 및 기록매체 복제업	C18	
25. 고무제품, 및 플라스틱제품 제조업	C22	
26. 의료, 정밀, 광학기기 및 시계 제조업	C27	
27. 그 밖의 운송장비 제조업	C31	
28. 그 밖의 제품 제조업	C33	
29. 건설업	F	
30. 운수 및 창고업	H	
31. 금융 및 보험업	K	
32. 도매 및 소매업	G	평균매출액등 50억원 이하
33. 정보통신업	J	
34. 수도, 하수 및 폐기물 처리, 원료재생업(수도업은 제외한다)	E(E36 제외)	평균매출액등 30억원 이하
35. 부동산업	L	
36. 전문·과학 및 기술 서비스업	M	
37. 사업시설관리, 사업지원 및 임대 서비스업	N	
38. 예술, 스포츠 및 여가 관련 서비스업	R	
39. 산업용 기계 및 장비 수리업	C34	평균매출액등 10억원 이하
40. 숙박 및 음식점업	I	
41. 교육 서비스업	P	
42. 보건업 및 사회복지 서비스업	Q	
43. 수리(修理) 및 기타 개인 서비스업	S	

※ 주된 업종의 분류 및 분류기호는 「통계법」 제22조에 따라 통계청장이 고시한 한국표준산업분류에 따름.

■ 법인세법 시행규칙 [별지 제51호서식](2025.03.21. 개정)

사업연도	2024.01.01 ~ 2024.12.31	중소기업 등 기준검토표	법인명	(주)세무사랑-결산(제조)
			사업자등록번호	105-87-51159

구분	① 요건	② 검토내용	③ 적합여부	④ 적정여부
중기업	⑩ 사업요건 ○「조세특례제한법 시행령」제29조제3항에 따른 소비성 서비스업에 해당하지 않는 사업	구분: 업태별 / 기준경비율코드 / 사업수입금액 (01) ( )업 / (04) / (07) (02) ( )업 / (05) / (08) (03) 그 밖의 사업 / (06) / (09) 계	(17) 적합(Y) 부적합(N)	(26) 적(Y) 부(N)
	⑩ 규모요건 ○ 아래 요건 ①, ②를 동시에 충족할 것 ① 매출액이 업종별로 「중소기업기본법 시행령」 별표 1의 규모기준("평균매출액등"은 "매출액"으로 봄) 이내일 것 ② 졸업제도 -자산총액 5천억원 미만	가. 매출액 - 당 회사 (10) (13.8 억원) - 「중소기업기본법시행령」 별표1의 규모기준(11) (억원) 이하 나. 자산총액(12) (억원)	(18) 적합(Y) 부적합(N)	
	⑩ 독립성요건 ○「조세특례제한법 시행령」 제2조 제1항제3호에 적합한 기업일 것	·「독점규제 및 공정거래에 관한 법률」 제31조제1항에 따른 공시대상기업집단에 속하는 회사 또는 같은 법 제33조에 따라 공시대상기업집단의 국내 계열회사로 편입·통지된 것으로 보는 회사에 해당하지 않을 것 · 자산총액 5천억원 이상인 법인이 주식 등의 30%이상을 직·간접적으로 소유한 경우로서 최다출자자인 기업이 아닐 것 ·「중소기업기본법 시행령」 제2조제3호에 따른 관계기업에 속하는 기업으로서 같은 영 제7조의4에 따라 산정한 매출액이 「조세특례제한법 시행령」 제2조제1항제1호에 따른 중소기업기준(⑩의① 기준) 이내일 것	(19) 적합(Y) 부적합(N)	
	⑩ 유예기간 「조세특례제한법 시행령」 제 2조 제 2항 및 제 5항에 따른 유예기간에 있는 기업일 것	① 중소기업이 규모의 확대 등으로 (102)의 기준을 초과하는 경우 최초 그 사유가 발생한 사업연도와 그 다음 3개 [2024년 11월이 속하는 사업연도에 최초로 사유가 발생한 경우부터는 5개 (「자본시장과 금융투자사업에 관한 법률」에 따른 유가증권시장 또는 코스닥 시장에 상장되어 있는 경우에는 7개)] 사업연도까지 중소기업으로 보고 그 후에는 매년마다 판단 ②「중소기업기본법 시행령」 제3조제1항제2호, 별표 1 및 별표2의 개정으로 중소기업에 해당하지 아니하게 되는 때에는 그 사유가 발생한 날이 속하는 사업연도와 그 다음 3개 사업연도까지 중소기업으로 봄 ○ 사유발생 연도 (13) (년)	(20) 적합(Y) 부적합(N)	
소기업	⑩ 사업요건 및 독립성요건을 충족할 것	중소기업 업종(⑩)을 주된사업으로 영위하고, 독립성요건(⑩)을 충족하는지 여부	(21) (Y) (N)	(27) 적(Y) 부(N)
	⑩ 자산총액이 5천억원 미만으로서, 매출액이 업종별로 「중소기업기본법 시행령」 별표 3의 규모기준("평균매출액등"은 "매출액"으로 봄) 이내일 것	○매 출 액 - 당 회사(14) (13.8 억원) - 「중소기업기본법 시행령」 별표 3의 규모기준(15) (억원) 이하	(22) (Y) (N)	

구분	① 요 건	② 검 토 내 용	③ 적합여부	④ 적정여부
중견기업	⑩⁷ 「조세특례제한법」상 중소기업 업종을 주된 사업으로 영위할 것	중소기업이 아니고, 중소기업 업종(⑩¹)을 주된 사업으로 영위하는지 여부	(23) (Y), ((N))	(28) 적 (Y) 부 (N)
	⑩⁸ 소유와 경영의 실질적인 독립성이 「중견기업 성장촉진 및 경쟁력 강화에 관한 특별법 시행령」 제2조제2항제1호에 적합할 것	· 「독점규제 및 공정거래에 관한 법률」 제31조제1항에 따른 상호출자제한기업집단에 속하는 회사에 해당하지 않을 것 · 「독점규제 및 공정거래에 관한 법률 시행령」 제38조제2항에 따른 상호출자제한기업집단 지정기준인 자산총액 이상인 법인이 주식등의 30% 이상을 직·간접적으로 소유한 경우로서 최다출자자인 기업이 아닐 것(「중견기업 성장촉진 및 경쟁력 강화에 관한 특별법 시행령」 제2조제3항에 해당하는 기업은 제외)	(24) (Y), ((N))	
	⑩⁹ 직전 3년 평균 매출액이 다음의 중견기업 대상 세액공제 요건을 충족할 것 ① 중소기업 등 투자세액공제[구 「조세특례제한법」 제5조제1항(2020. 12. 29. 법률 제17759호로 개정되기 전의 것)]: 1천5백억원 미만(신규상장 중견기업에 한함) ② 연구·인력개발비에 대한 세액공제(「조세특례제한법」 제10조제1항제1호가목2): 5천억원 미만 ③ 기타 중견기업 대상 세액공제 : 3천원억 미만	직전 3년 과세연도 매출액의 평균금액 	직전 3년	직전 2년	직전 1년	평균
---	---	---	---
(억원)	(억원)	(억원)	(억원)		(25) ((Y)) (N)	

Ⅲ 세법상 중소기업에 대한 조세특례

	내 용	일반법인(사업자)	중소기업
1	업무추진비한도액	기본금액 1,200만원	기본금액 3,600만원
2	결손금 소급공제	해당 없음.	신청에 의해 직전연도 소득금액에 소급하여 공제, 법인세 환급가능
3	분납기간	납부기한이 지난 날부터 1월 이내	납부기한이 지난 날부터 2월 이내
4	외상매출금의 대손상각	3년 또는 5년의 소멸시효 경과시 대손상각 가능	부도 6개월 지난 후 또는 회수기일이 2년 경과한 외상매출금도 대손상각 가능
5	이월결손금공제한도	각사업연도소득의 80%한도	해당 없음
6	양도소득세율 (비상장 주식)	양도소득금액의 20%	양도소득금액의 10%(20%)(「중소기업기본법」상 중소기업을 말함)
7	중소기업 특별세액감면	해당 없음.	5% ~ 30%
8	정보화지원사업 출연금으로 설비투자	해당 없음.	일시상각충당금으로 손금산입
9	창업중소기업 세액감면	해당 없음.	창업후 5년간 50%(75%, 100%)
10	중소기업의 사회보험료세액공제	중견기업 : 청년 800만원, 청년 이외 450만원 대기업: 청년 400만원	① 수도권 : 청년 1,450만원, 청년 이외 850만원 ② 자방 : 청년 1,550만원, 청년이외 950만원
11	조특법상 기타 혜택	해당 없음.	① 중소기업간 통합 시 양도하는 사업용자산에 대한 이월과세 ② 지방이전 법인세 감면(100%, 50%) ③ 법인전환에 대한 양도소득세 이월과세 ④ 연구 및 인력개발비 세액공제(최저한세 적용배제) 등 차별 우대
12	최저한세	10%~14%	7%
13	기업회계기준상 혜택 (상장법인 제외)	•이연법인세 설정 •현재가치할인차금 등 설정 •건설업 등에 있어서 단기공사의 경우도 진행률 기준 •1주당 경상이익 및 당기순이익을 주기 또는 주석으로 기재	•설정 대상 아님. •설정 대상 아님. •완성도 기준의 적용도 가능함. •1주당 경상이익 및 당기순이익을 주기 또는 주석으로 기재없음.

제2절 지출증빙

I. 경비 등의 지출증명서류 수취 실무

소득금액 등을 계산함에 있어서 각종경비는 그 비용의 지출에 대한 증명서류를 수취하고 이를 법인세 또는 소득세의 신고기한이 경과한 날부터 5년간 보관하여야 한다.

다만, 결손금 이월공제 대상의 경우 사업연도 개시일 전 5년이 되는 날 이전에 개시한 사업연도에서 발생한 결손금을 각 사업연도의 소득에서 공제하려는 법인은 해당 결손금이 발생한 사업연도의 증명서류를 공제되는 소득의 귀속사업연도의 과세표준 신고기한부터 1년이 되는 날까지 보관하여야 한다.

이하 설명은 영리법인·개인사업자 모두에게 적용된다(법인법 §116①, 소득법 §160의2①).

1 사업자가 발행하는 증빙의 범위

부가가치세 과세사업 유형		공급자	업종	증빙서류
면세사업		개인 또는 법인	제조, 도매 등 사업자 상대업종	계산서 발급
			소매업 등 소비자 상대하는 업종	영수증 발행 (신용카드전표 등 포함)
과세사업	일반 사업자	법인 또는 개인	제조, 도매 등 사업자 상대업종	세금계산서 발급
			소매업 등 소비자 상대하는 업종	영수증 발행 (신용카드전표 등 포함)
	간이 과세자	개인	모든 업종	세금계산서 발급
				영수증 발행(신규 및 직전연도 용역대가 4,800만원 미만) (신용카드전표 등 포함)

2 국내사업자로부터 재화 또는 용역을 공급받을 때의 적격증명서류

① 부가가치세 면세사업자와 거래하는 경우에 있어서는 계산서
② 부가가치세 과세사업자와 거래하는 경우에 있어서는 세금계산서
③ 신용카드매출전표, 직불카드, 기명식선불카드, 현금영수증 제도에 의한 현금영수증 또는 외국에서 발행된 신용카드매출전표. 전표대신 신용카드 월별이용대금명세서, 선불카드·현금영수증의 월별이용대금명세서, 전사적자원관리시스템에 보관하고 있는 신용카드, 직불카드 및 선불카드·현금영수증의 거래정보를 보관하고 있는 경우를 포함한다.
④ 매입자발행세금계산서(계산서)

3 경비 등 지출 적격증명서류에 대한 특례

사업자로부터 공급받는 경우에도 다음에 해당하는 경우 적격증명서류외 영수증을 수취하여도 된다(소득령 §208의2).

① 거래건당 금액(부가가치세 포함)이 3만원 이하인 경우
② 거래상대방이 읍·면지역에 있는 사업자(부가법 §36①(2)에 해당하는 사업자*에 한한다)로서 신용카드가맹점이 아닌 경우

✱ 직전 연도의 공급대가의 합계액(직전 과세기간에 신규로 사업을 시작한 개인사업자의 경우 환산한 금액)이 4천800만원 미만인 자, 신규로 사업을 시작하는 개인사업자로서 간이과세자로 하는 최초의 과세기간 중에 있는 자

③ 금융·보험용역을 제공받은 경우
④ 국내사업장이 없는 비거주자 또는 외국법인과 거래한 경우
⑤ 농·어민에서 재화 또는 용역을 직접 공급받은 경우
⑥ 국가·지방자치단체·지방자치단체조합에서 재화 또는 용역을 공급받은 경우
⑦ 비영리법인(비영리외국법인을 포함하여 수익사업과 관련된 부분을 제외한다)으로 부터 재화 또는 용역을 공급받은 경우
⑧ 원천징수대상 소득자로부터 용역을 공급받은 경우(원천징수한 경우에 한한다)
⑨ 기타 기획재정부령이 정하는 다음에 해당하는 경우
  ㉠ 부가법 §10에 따라 재화의 공급으로 보지 아니하는 사업의 양도에 따라 재화를 공급받은 경우
  ㉡ 부가법 §26①(8)에 따른 방송용역을 공급받은 경우
  ㉢ 전기통신사업법에 의한 전기통신사업자로부터 전기통신역무를 공급받은 경우(다만 부가통신무역 제외)
  ㉣ 국외에서 재화 또는 용역을 공급받은 경우(세관장이 세금계산서 또는 계산서를 발급한 경우를 제외)

ⓜ 공매·경매 또는 수용에 의하여 재화를 공급받은 경우
　　ⓗ 토지 또는 주택을 구입하거나 주택의 임대업을 영위하는 자(법인 제외)로부터 주택임대용역을 공급받는 경우
　　ⓢ 택시운송용역을 공급받은 경우
　　ⓞ 건물(토지를 함께 공급받은 경우 해당 토지를 포함하며, 주택을 제외한다)을 구입하는 경우로서 거래내용이 확인되는 매매계약서 사본을 과세표준 확정신고서에 첨부하여 납세지 관할세무서장에게 제출하는 경우
　　ⓩ 항공기의 항행용역을 제공받은 경우
　　ⓒ 부동산임대보증금에 대한 간주임대료에 대한 부가가치세를 임차인이 부담하는 경우
　　ⓚ 확정된 대가의 지급지연으로 인한 연체이자를 지급하는 경우
　　ⓣ 유료도로를 이용하고 통행료를 지급하는 경우
⑩ 다음에 해당하는 경우로서 공급받은 재화 또는 용역의 거래금액을 금융회사 등을 통하여 지급한 경우로서 과세표준확정신고서에 송금사실을 적은 경비 등의 송금명세서를 첨부하여 납세지 관할세무서장에게 제출하는 경우
　　㉠ 부가법 §36①(2)에 해당하는 사업자로부터 부동산임대용역을 공급받은 경우
　　㉡ 임가공용역을 공급받은 경우(법인과의 거래를 제외)
　　㉢ 운수업을 영위하는 자(부가법 §36①(2)에 해당하는 사업자에 한한다)가 제공하는 운송용역을 공급받은 경우
　　㉣ 부가법 §36①(2)에 해당하는 사업자로부터 조특령 §110④ 각 호에 따른 재활용폐자원등 또는 재활용가능자원을 공급받은 경우
　　㉤ 광업권, 어업권, 산업재산권, 산업정보, 산업상비밀, 상표권, 영업권, 토사석의 채취허가에 따른 권리, 지하수의 개발·이용권 기타 이와 유사한 자산이나 권리를 공급하는 경우
　　　✱ 법인세법에는 규정하고 있지 아니하므로 이 건 원천징수하고 정규증빙을 수취하여야 한다.
　　㉥ 부가가치세 영세율이 적용되는 항공법에 의한 상업서류송달용역을 제공받는 경우
　　㉦ 공인중개사에게 수수료를 지급하는 경우
　　㉧ 통신판매에 따라 재화·용역을 공급받은 경우

4 증명서류 수취 불성실 가산세

영리법인 또는 사업자(연수입금액이 4,800만원 미만의 소규모사업자 제외)가 사업과 관련하여 적법한 증명서류를 받지 아니하거나 사실과 다른 증명서류를 받은 경우에는 그 받지 아니하거나 사실과 다르게 받은 금액으로 필요경비에 산입하는 것이 인정되는 금액(건별로

받아야 할 금액과의 차액을 말한다)의 2%를 가산세로 해당 과세기간의 종합소득 결정세액에 더하여 납부하여야 한다(소득법 §81의6).

또한, 개인의 경우 영수증수취명세서를 과세표준확정신고기한 내에 제출하여야 하는 사업자가 이를 과세표준 신고기한 내에 제출하지 아니하거나 제출한 영수증수취명세서가 불분명하다고 인정하는 경우로서 거래상대방의 상호, 성명, 사업자등록번호(주민등록번호에 갈음하는 경우 주민등록번호), 거래일 및 지급금액을 기재하지 아니하거나 사실과 다르게 기재하여 거래사실을 확인할 수 없는 경우 그 지급금액의 1%를 가산세로 해당 과세기간의 종합소득 결정세액에 더하여 납부하여야 한다(소득법 §81).

✽ 법인세법에서는 영수증수취명세서 제출규정이 없다.

5 비사업자로부터 재화 또는 용역을 공급받을 때의 증명서류

① 비사업자는 세금계산서 등을 발행할 수 없다. 이 경우 거래사실이 확인되는 서류들을 적극적으로 갖추어야 한다.

예컨대, 폐업한 자에게 컴퓨터 집기 등을 구입하거나 개인에게 중고 승용차를 구입하는 경우 등에는 계약서를 작성하고 송금영수증 등을 보관하여야 한다.

② 소득세법상 원천징수 대상 소득을 지급하는 경우 원천징수를 하고 지급명세서를 신고하여야 한다. 예컨대, 자문료, 판매실적에 따른 수당 등이다.

6 지출증명서류 합계표 제출

직전 사업연도의 수입금액이 30억원(사업연도가 1년 미만인 법인의 경우 30억원에 해당 사업연도의 월수를 곱하고 12로 나누어 산출한 금액) 이상으로서 법인법 §116에 따라 지출증명서류를 수취하여 보관한 법인은 기획재정부령으로 정하는 지출증명서류 합계표를 작성하여 보관하여야 한다(법인령 §158⑥).

✽ 2017년 1월 1일 시행 당시에는 수입금액 20억원이었으나 2021.1.1.부터 30억원으로 확대되었다. 다만, 제출하지 않은 경우에도 가산세는 없다.

■ 소득세법 시행규칙 [별지 제7호의2서식](2021.03.16 개정)

경비 등의 송금명세서

(앞쪽)

1. 과세기간   .   .   ~   .   .

2. 공급받는 자

① 상 호	② 사업자등록번호
③ 성 명	④ 주민등록번호

3. 거래·송금명세 및 공급자

| ⑤ 일련번호 | ⑥ 거래일 | ⑦ 상 호 | ⑨ 사업자등록번호 | ⑩ 거래명세 | ⑪ 거래금액 | ⑫ 송금일 | ⑬ 은 행 명 |
		⑧ 성 명					⑭ 계좌번호
계							

210mm×297mm(백상지 80g/㎡)

■ 소득세법 시행규칙 [별지 제40호의5서식] (2021.03.16 개정)

영수증수취명세서(1)

※ 제2쪽의 작성방법을 읽고 작성하시기 바랍니다.

(3쪽 중 제1쪽)

①상 호		②사업자등록번호	- -
③성 명		④생년월일	
⑤주 소		(전화번호 :)	
⑥사업장소재지		(전화번호 :)	
⑦업 태		⑧종 목	

1. 세금계산서·계산서·신용카드 등 미사용 내역

⑨구 분	3만원 초과 거래분		
	⑩총 계	⑪명세서제출제외대상	⑫명세서제출대상(⑩ - ⑪)
⑬건 수			
⑭금 액			

2. 3만원 초과 거래분 명세서제출 제외대상 내역

구 분	건 수	금 액	구 분	건 수	금 액
⑮읍·면지역소재			㉖부동산구입		
⑯금융·보험용역			㉗주택임대용역		
⑰비거주자와의 거래			㉘택시운송용역		
⑱농어민과의 거래			㉙전산발매통합관리시스템 가입자와의 거래		
⑲국가·지방자치단체 또는 지방자체단체조합과의 거래			㉚항공기항행용역		
⑳비영리법인과의 거래			㉛간주임대료		
㉑원천징수대상사업소득			㉜연체이자지급분		
㉒사업의 양도			㉝송금명세서제출분		
㉓전기통신·방송용역			㉞업무추진비필요경비부인분		
㉔국외에서의 공급			㉟유료도로 통행료		
㉕공매·경매·수용			㊱합 계		

「소득세법」 제70조제4항제5호 및 같은 법 시행령 제132조제3항에 따라 영수증수취명세서를 제출합니다.

년 월 일

신 고 인 (서명 또는 인)
세무대리인 (서명 또는 인)
(관리번호 :)

세무서장 귀하

210mm×297mm(백상지80g/㎡(재활용품))

■ 법인세법 시행규칙 [별지 제77호서식](2021.10.28 개정)

(앞쪽)

사업연도	. . . ~ . . .	지출증명서류 합계표 [ ]일반법인, [ ]금융·보험·증권업 법인	법인명	
			사업자등록번호	

1. 표준재무상태표 계정과목별 지출증명서류 수취금액

계정과목			지출증명서류 수취금액					⑩ 수취제외대상금액	⑪ 차이 (③-④-⑩)
① 코드	② 과목명	③ 금액	④ 계 (⑤+⑥+⑦+⑧+⑨)	신용카드 등		⑦ 현금영수증	⑧ 세금계산서	⑨ 계산서		
				⑤ 법인	⑥ 개인					
⑫ 소 계										

2. 표준손익계산서 계정과목별 지출증명서류 수취금액

계정과목			지출증명서류 수취금액					㉒ 수취제외대상금액	㉓ 차이 (⑮-⑯-㉒)
⑬ 코드	⑭ 과목명	⑮ 금액	⑯ 계 (⑰+⑱+⑲+⑳+㉑)	신용카드 등		⑲ 현금영수증	⑳ 세금계산서	㉑ 계산서		
				⑰ 법인	⑱ 개인					
㉔ 소 계										

3. 표준손익계산서부속명세서(제조·공사원가 등) 계정과목별 지출증명서류 수취금액

계정과목				지출증명서류 수취금액					㉟ 수취제외대상금액	㊱ 차이 (㉘-㉙-㉟)
㉕ 구분	㉖ 코드	㉗ 과목명	㉘ 금액	㉙ 계 (㉚+㉛+㉜+㉝+㉞)	신용카드 등		㉜ 현금영수증	㉝ 세금계산서	㉞ 계산서		
					㉚ 법인	㉛ 개인					
㊲ 소 계											

4. 합계금액

㊳ 합 계 (1+2+3)	

210mm×297mm[백상지 80g/㎡ 또는 중질지 80g/㎡]

✽ 법인세 신고시 협력의무 서식으로서 가산세 대상은 아님.

회계와 세무실무
etaxkorea

CHAPTER 04 소득세

제1절   소득세 총론
제2절   종합소득금액
제3절   원천징수 신고·납부 실무
제4절   소득 · 세액공제
제5절   퇴직소득

회계와 세무실무

제4장 소득세

제1절 소득세 총론

1 의의

소득세는 개인이 얻은 소득에 대하여 부담하는 세금을 말한다. 소득은 종합소득, 퇴직소득, 양도소득으로 분류하며 각 소득별로 1년을 단위로 신고·납부한다.

소득이란 개인이 사업을 영위하면서 1년간 벌어들인 총수입금액을 말하는 것이 아니라 이러한 수입을 얻기 위해 지출한 필요경비를 차감한 금액을 의미한다. 이를 세법에서는 소득금액이라 한다.

2 소득세 특징

(1) 열거주의 과세방식(소득원천설)

소득세는 세법에 열거된 소득에 대하여만 과세한다는 입장이다. 이를 열거주의 과세방식(소득원천설)이라 한다. 다만, 이자·배당소득의 경우에는 법에 열거된 것과 유사한 것이면 구체적으로 열거되지 않아도 과세하는 유형별 포괄주의를 취하고 있다.

구분	소득세법	법인세법
학설	열거주의(소득원천설)	포괄주의(순자산증가설)
과세방식	일정한 소득발생원천에서 계속적·반복적으로 발생하는 것만 과세	모든 순자산의 증가액을 과세

(2) 종합과세방법

1) 원칙 : 종합과세

개인소득 중 ① 이자소득 ② 배당소득 ③ 사업소득 ④ 근로소득 ⑤ 연금소득 ⑥ 기타소득은 합산하여 과세하며, 이를 종합소득이라 한다(소득법 §4). 개인소득을 종합과세하는 이유는 높은 누진세율을 적용하기 위함과 소득을 구분하지 않는 법인세법과의 형평성 때문이다. 현행 소득세세율은 최저 6%(과세표준 1,400만원 이하)부터 최고 45%(과세표준 10억원 초과)로써 소득금액이 많을수록 높은 세율을 적용받는다.

2) 예외 : 분리과세와 분류과세

① 분리과세

일정한 소득에 대하여는 종합소득으로 과세하지 않고 분리하여 과세한다. 이 제도는 종합소득에 대한 누진세율적용을 완화할 필요가 있는 소득과 종합소득세율보다 더 높은 세율을 부담시킬 필요가 있는 소득에 대하여 규정하고 있다.

분리과세방법은 분리과세대상소득을 지급하는 자가 지급할 때 원천징수하며 납부한다. 분리과세소득의 일부를 살펴보면 다음과 같다(소득법 §14③).

구 분	내 용
금융소득	원천징수된 연간 2천만원 이하의 이자소득 및 배당소득
근로소득	일용근로자의 급여
연금소득	퇴직소득을 연금수령하는 연금소득, 의료목적 등 일정한 요건을 갖추어 인출하는 연금소득, 총연금액이 연 1,500만원 이하인 경우는 선택
기타소득	연금외수령한 기타소득, 복권당첨금, 기타소득금액이 연 300만원 이하인 경우는 선택

✱ 분리과세 주택임대소득은 총수입금액의 합계액이 2천만원 이하이면 종합소득과세표준을 계산할 때 합산하지 아니한다.

② 분류과세

소득은 종합소득과 퇴직소득 그리고 양도소득으로 분류한다. 퇴직소득은 장기간에 형성된 것이라는 특징이 있고, 양도소득은 일시적으로 발생한 소득이라는 특징이 있어 종합소득에 합산하지 않고 각각 소득별로 과세하고 있다.

구 분		내 용	소득특징
종합 과세	① 이자소득	은행, 예금 및 적금으로 벌어들인 이자수입액	반복적 발생
	② 배당소득	주식 등에 투자하여 받은 배당금 수입액	
	③ 사업소득	개인사업자가 영리목적으로 사업을 영위하여 발생한 소득(부동산임대업 포함)	
	④ 근로소득	근로자가 근로의 제공으로 받은 모든 대가	
	⑤ 연금소득	국민연금 등을 지급받는 경우 발생한 소득	

분류 과세	⑥ 기타소득	상금, 복권, 강의료 등 기타소득으로 발생하는 소득	일시적 발생
	퇴직소득	퇴직시 지급받은 퇴직금	장기간 형성
	양도소득	부동산, 비상장주식 등의 양도로 인하여 발생한 소득	일시적 발생

(3) 개인단위과세

소득세는 소득이 있는 각 개인별로 과세하는 것을 원칙으로 한다. 따라서 맞벌이부부(남편과 부인)가 각각의 근로소득이 발생되었다면 근로소득을 합산하지 않고 별도 구분하여 소득세를 계산하여 신고·납부하여야 한다.

공동사업의 경우에도 해당 공동사업자별로 납세의무를 진다. 개인단위과세에 대한 예외사항으로 생계를 같이하는 특수관계인이 공동사업자에 포함되어 있는 경우로서 손익분배비율을 거짓으로 정하는 등의 경우 그 특수관계인의 소득금액은 그 손익분배의 비율이 큰 공동사업자의 소득금액으로 본다(소득법 §2의2).

(4) 복식부기의무자의 사업용계좌

1) 사업용계좌 사용의무

복식부기의무자는 사업과 관련하여 재화 또는 용역을 공급받거나 공급하는 거래의 경우로서 다음 중 어느 하나에 해당하는 때에는 사업용계좌를 사용하여야 한다(소득법 §160의5).

① 거래의 대금을 금융회사 등을 통하여 결제하거나 결제받는 경우

✻ 거래대금을 현금으로 주고받는 경우에는 사업용계좌를 사용할 필요는 없다.

② 인건비 및 임차료를 지급하거나 지급받는 경우(인건비를 지급하거나 지급받는 거래 중에서 거래상대방의 사정으로 사업용계좌를 사용하기 어려운 거래는 제외한다.)

　　(예 : 신용불량자, 외국인 불법체류자)

2) 사업용계좌 개설[39]신고기한

① 사업시작과 동시에 복식부기의무자인 경우 : 다음 과세기간 개시일부터 6개월 이내
② 계속사업자 : 복식부기의무자에 해당하는 과세기간의 개시일부터 6개월 이내
③ 사업용계좌변경 또는 추가신고기한 : 종합소득세 확정신고기한까지

---

39) 사업용계좌는 사업장별로 사업장관할세무서장에게 신고하여야 한다. 이 경우 1개의 계좌를 2이상의 사업장에 대한 사업용계좌로 신고할 수 있다. 또한 사업용계좌는 사업장별로 2이상 신고할 수 있다(소득령 §208의5).

3) 사업용계좌 관련 가산세 및 불이익
   ① 앞 1)의 ①과 ②거래를 사업용계좌를 사용하지 아니한 경우 : 사용하지 아니한 금액의 0.2%에 해당하는 금액
   ② 사업용계좌를 신고하지 아니한 경우(사업장별 신고를 하지 아니하고 이미 신고한 다른 사업장의 사업용계좌를 사용한 경우는 제외) : 다음 중 큰 금액
      ⓐ 다음 계산식에 따라 계산한 금액

      > 가산세 = 해당 과세기간의 수입금액 × 미신고기간 / 365(윤년에는 366) × 0.2%

      ※ 미신고기간(과세기간 중 사업용계좌를 신고하지 아니한 기간으로서 신고기한의 다음 날부터 신고일 전날까지의 일수를 말하며, 미신고기간이 2개 이상의 과세기간에 걸쳐 있으면 각 과세기간별로 미신고기간을 적용한다.

      ⓑ 1)의 ①, ②에 따른 거래금액의 합계액의 0.2%
   ③ 다수의 사업장이 있는 경우 일부 사업장에 대해 사업용계좌를 미신고하면 중소기업에 대한 특별세액감면 등 각종 감면을 해당 사업장만 적용을 배제한다.
   ④ 사업용계좌를 신고 또는 이용하지 않은 경우 경정(세무조사)사유에 해당한다.

3 과세기간

(1) 일반적인 경우

소득세의 과세기간은 1월 1일부터 12월 31일까지의 1년이며, 소득세의 신고기간은 그 다음 해의 5월 1일부터 5월 31일까지이다(소득법 §5, 소득법 §70).

※ 성실신고확인대상사업자가 성실신고확인서를 제출하는 경우에는 종합소득과세표준 확정신고를 그 과세기간의 다음 연도 5월 1일부터 6월 30일까지 하여야 한다(소득법 § 70의2).

※ 양도소득은 양도일이 속하는 달 또는 반기의 말일(주식)부터 2개월 이내에 양도소득세 예정신고를 한다.

(2) 예외적인 경우

① 거주자가 주소 또는 거소의 국외이전(출국)으로 인하여 비거주자가 되는 경우 : 1월 1일부터 출국한 날까지
② 거주자가 사망한 경우 : 1월 1일부터 사망한 날까지

4 납세의무자

(1) 거주자와 비거주자, 법인 아닌 단체

소득세의 납세의무자는 원칙적으로 자연인(거주자와 비거주자)이지만, 예외적으로 법인으로 보는 단체 외의 법인 아닌 단체도 소득세 납세의무가 있다(소득법 §2).

① 거주자란 국내에 주소를 두거나 183일 이상의 거소를 둔 개인으로서 국내 및 국외의 모든 소득에 대하여 무제한 납세의무를 진다.

따라서 국적이나 영주권 취득은 거주자 여부의 판단기준이 아니다.

② 비거주자란 거주자가 아닌 개인으로서 국내원천소득에 대해서만 제한적 납세의무를 진다.

✱ 비거주자는 각종 소득공제 중 기본공제와 본인의 추가공제, 연금보험료공제만 해당된다.

③ 법인으로 보는 단체 외의 법인 아닌 단체는 국내에 주사무소 또는 사업의 실질적 관리장소를 둔 경우에는 1거주자로, 그 밖의 경우에는 1비거주자로 본다.

다만, 다음 중 어느 하나에 해당하는 경우에는 소득구분에 따라 해당 단체의 각 구성원별로 소득에 대한 소득세 또는 법인세[해당 구성원이 「법인세법」에 따른 법인(법인으로 보는 단체를 포함한다)인 경우로 한정한다]를 납부할 의무를 진다.[40]

㉠ 구성원 간 이익의 분배비율이 정하여져 있고 해당 구성원별로 이익의 분배비율이 확인되는 경우

㉡ 구성원 간 이익의 분배비율이 정하여져 있지 아니하나 사실상 구성원별로 이익이 분배되는 것으로 확인되는 경우

(2) 거주자 판정

1) 국내에 거주하는 개인이 주소를 가진 것으로 보는 경우(소득령 §2)

① 계속하여 183일[41] 이상 국내에 거주할 것을 통상 필요로 하는 직업을 가진 때

② 국내에 생계를 같이하는 가족이 있고, 그 직업 및 자산상태에 비추어 계속하여 183일 이상 국내에 거주할 것으로 인정되는 때

---

40) 만약, 해당 단체의 전체 구성원 중 일부 구성원의 분배비율만 확인되거나 일부 구성원에게만 이익이 분배되는 것으로 확인되는 경우에는 다음 각 호의 구분에 따라 소득세 또는 법인세를 납부할 의무를 진다.
① 확인되는 부분: 해당 구성원별로 소득세 또는 법인세에 대한 납세의무 부담
② 확인되지 아니하는 부분: 해당 단체를 1거주자 또는 1비거주자로 보아 소득세에 대한 납세의무 부담

41) 국내에 거소를 두고 있던 개인이 국내에 거소를 두고 있던 개인이 출국 후 다시 입국한 경우에 생계를 같이하는 가족의 거주지나 자산소재지 등에 비추어 그 출국목적이 관광, 질병의 치료 등으로서 명백하게 일시적인 것으로 인정되는 때에는 그 출국한 기간도 국내에 거소를 둔 기간으로 본다. 또한 국내에 거소를 둔 기간이 ① 1과세기간동안 183일 이상인 경우와 ② 2과세기간에 걸쳐 계속하여 183일 이상인 경우에는 국내에 거소를 둔 것으로 본다.

③ 외국항행 선박 또는 항공기의 승무원의 경우 그 승무원과 생계를 같이하는 가족이 거주하는 장소 또는 그 승무원이 근무기간 외의 기간 중 통상 체재하는 장소가 국내에 있는 때

2) 국내에 주소가 없는 것으로 보는 경우

국외에 거주 또는 근무하는 자가 외국국적을 가졌거나 외국법령에 의하여 그 외국의 영주권을 얻은 자로서 국내에 생계를 같이하는 가족이 없고 그 직업 및 자산상태에 비추어 다시 입국하여 주로 국내에 거주하리라고 인정되지 아니하는 때에는 국내에 주소가 없는 것으로 본다.

3) 해외현지법인 등의 임직원 등에 대한 거주자 판정

거주자나 내국법인의 국외사업장 또는 해외현지법인(내국법인이 발행주식총수의 100%를 직접 또는 간접 출자한 경우에 한정) 등에 파견된 임원 또는 직원이나 국외에서 근무하는 공무원은 거주자로 본다(소득령 §3).

5 납세지

소득세의 납세지란 납세자가 소득세에 관한 신고·신청·납부 등을 하거나 정부가 결정·경정 등을 하는 경우에 그 관할세무서를 정하는 기준이 되는 장소를 말한다.

(1) 일반적인 소득세의 납세지(소득법 §6)

① **거주자의 경우** : 주소지(주소지가 없는 경우에는 거소지)를 납세지로 한다.
② **비거주자의 경우** : 국내사업장42)의 소재지를 납세지로 한다. 다만, 국내사업장이 둘 이상 있는 경우에는 주된 국내사업장의 소재지로 하고, 국내사업장이 없는 경우에는 국내원천소득이 발생하는 장소로 한다.
③ **거주자 또는 비거주자가 사망하여 그 상속인이 피상속인에 대한 소득세의 납세의무자가 된 경우** : 그 소득세의 납세지는 그 피상속인·상속인 또는 납세관리인의 주소지나 거소지 중 상속인 또는 납세관리인이 그 관할 세무서장에게 납세지로서 신고하는 장소로 한다.

(2) 원천징수하는 소득세 등의 납세지(소득법 §7)

① **원천징수하는 자가 거주자인 경우** : 그 거주자의 주된 사업장 소재지. 다만, 주된 사업장 외의 사업장에서 원천징수를 하는 경우에는 그 사업장의 소재지, 사업장이 없는 경우

---

42) 비거주자가 국내에 사업의 전부 또는 일부를 수행하는 고정된 장소를 가지고 있는 경우에는 국내사업장이 있는 것으로 한다(소득법 §120①).

에는 그 거주자의 주소지 또는 거소지로 한다.
② **원천징수하는 자가 비거주자인 경우** : 그 비거주자의 주된 국내사업장 소재지. 다만, 주된 국내사업장 외의 국내사업장에서 원천징수를 하는 경우에는 그 국내사업장의 소재지, 국내사업장이 없는 경우에는 그 비거주자의 거류지(居留地) 또는 체류지로 한다.
③ **원천징수하는 자가 법인인 경우** : 그 법인의 본점 또는 주사무소 소재지

✱ 더 자세한 사항은 제2절 원천징수 실무 납세지 참조

6 종합소득금액 계산구조

거주자의 종합소득금액은 6가지 소득별로 계산하며 각 소득별 과세표준의 계산구조를 살펴보면 다음과 같다.

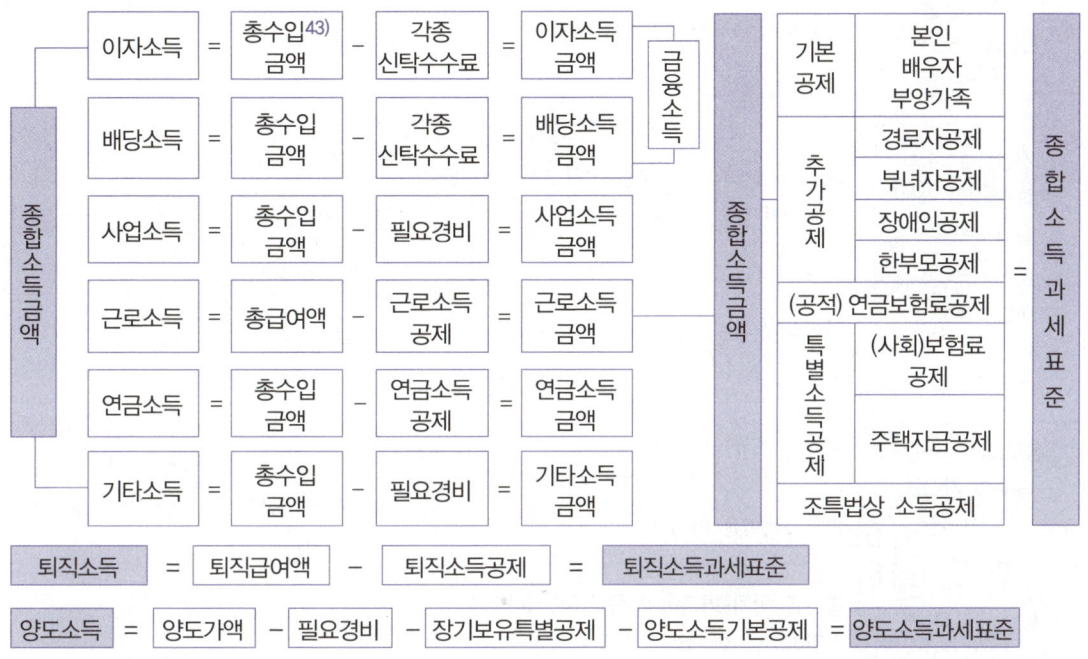

※ 소득세액의 계산방법
- 과세표준 × 세율 = 산출세액
- 산출세액 − (세액공제 + 감면세액) = 결정세액
- 결정세액 − 기납부세액공제(이미 납부한 세액) = 자진납부세액

✱ 종합소득세율(2023.1.1.이후 적용)

과세표준	기본세율	누진공제방식
1,400만원 이하	과세표준 × 6%	과세표준 × 6%
1,400만원 초과 5,000만원 이하	84만원 + (1,400만원을 초과하는 금액의 15%)	(과세표준 × 15%) − 126만원
5,000만원 초과 8,800만원 이하	624만원 + (4,600만원을 초과하는 금액의 24%)	(과세표준 × 24%) − 576만원
8,800만원 초과 1억5천만원 이하	1,536만원 + (8,800만원을 초과하는 금액의 35%)	(과세표준 × 35%) − 1,490만원
1억5천만원 초과 3억원 이하	3,706만원 + (1억 5천만원을 초과하는 금액의 38%)	(과세표준 × 38%) − 1,994만원
3억원 초과 5억원 이하	9,406만원 + (3억원을 초과하는 금액의 40%)	(과세표준 × 40%) − 2,594만원
5억원 초과	1억7천406만원 + (5억원을 초과하는 금액의 42%)	(과세표준 × 42%) − 3,594만원
10억원 초과	3억8천406만원 + (10억원을 초과하는 금액의 45%)	(과세표준 × 45%) − 6,594만원

---

43) 총수입금액에는 비과세소득과 분리과세소득은 포함하지 않는다.

7 소득세법상 가산세(요약)

구 분	적용대상	가산세액
영수증 수취명세서 제출·작성 불성실 가산세[주1] (§ 81)	영수증 수취명세서 미제출·불분명	미제출·불분명분 공급가액 × 1% (1월내 제출시 0.5%)
성실신고확인서 제출 불성실 가산세 (§ 81의2)	해당 과세기간의 다음연도 6월 30일까지 성실신고확인서를 미제출	Max(①, ②) ① 산출세액 × $\dfrac{\text{사업소득금액}}{\text{종합소득금액}}$ × 5% ② 총수입금액 × 0.02%
사업장 현황신고 불성실 가산세[주2] (§ 81의3)	사업장 현황신고를 미신고하거나 수입금액을 미달신고한 경우	미신고·미달신고 수입금액 × 0.5%
공동사업장 등록·신고 불성실 가산세 (§ 81의4)	사업자 미등록·거짓등록	미등록·거짓등록 과세기간의 총수입금액 × 0.5%(1월내 등록시 0.25%)
	손익분배비율 미신고·거짓신고 등	미신고·거짓신고한 과세기간의 총수입금액 × 0.1%
장부의 기록·보관 불성실 가산세[주3] (§ 81의5)	장부를 비치·기록하지 아니하였거나 기장하여야 할 소득금액에 미달한 경우	산출세액 × $\dfrac{\text{무(미달)기장 소득금액}}{\text{종합소득금액}}$ × 20%
증명서류 수취 불성실 가산세[주1] (§ 81의6)	정규증명서류 미수취[주4]·사실과 다르게 수취	미수취·거짓수취 금액 × 2%
기부금영수증 발급·작성·보관 불성실 가산세 (§ 81의7)	기부금 영수증을 사실과 다르게 발급	불성실 기재금액 × 5%
	기부자별 발급명세 미작성·미보관 * 상증법에 의해 가산세가 부과된 경우 제외	미작성·미보관 금액 × 0.2%
사업용계좌 신고·사용 불성실 가산세[주5] (§ 81의8)	사용의무 있는 거래금액[주6]에 대하여 사업용계좌 미사용시	미사용금액 × 0.2%
	신고기간[주7]내 사업용 계좌를 미신고시	Max(①, ②) ① 수입금액 × 미신고기간 / 365 × 0.2% ② 미사용금액 × 0.2%

구분		사유	가산세액
신용카드 및 현금영수증 발급 불성실 가산세 (§ 81의9)	신용카드 불성실	발급거부 또는 사실과 다르게 발급 하여 통보받은 경우	거부금액 또는 사실과의 차액 × 5% (건별 5천원 미만시 5천원)
	현금영수증 불성실	현금영수증가맹점 미가입	수입금액 × 미가입기간/365 × 1%
		발급거부 또는 사실과 다르게 발급하여 신고금액을 통보받은 경우	거부금액 또는 사실과의 차액 × 5% (건별 5천원 미만시 5천원)
		현금영수증 의무발행 위반	미발급한 금액 × 20% (10일내 자진신고·발급시 10%)
계산서 등 제출 불성실 가산세[주3] (§ 81의10)		계산서 미발급, 계산서 등[주8]의 가공(위장) 발급·수취[주9]	공급가액 × 2%
		계산서 지연발급*·부실기재[주10] * 공급시기가 속하는 과세기간의 다음 연도 1월 25일까지 발급	지연발급·부실기재 공급가액 × 1%
		계산서합계표, 매입처별 세금계산서합계표 미제출, 부실기재[주10]	미제출, 부실기재 공급가액 × 0.5% (1개월내 제출시 0.3%)
		중도매인의 계산서 제출 불성실	[(총매출액 × 연도별 발급비율) − 발급금액]에 대해서만 가산세 부과
		전자계산서[주11] 외 발급	전자계산서 외의 계산서를 발급한 공급가액 × 1%
		전자계산서 미전송	미전송 공급가액 × 0.5%
		전자계산서 지연전송* * 공급시기가 속하는 과세기간 말의 다음 달 25일까지 전송한 경우	지연전송 공급가액 × 0.3%
지급명세서 등 제출 불성실 가산세 (§ 81의11)		일용지급명세서 미제출(불분명) : 매달 제출	미제출(불분명)금액 × 0.25%[주12] (1개월내 제출시 0.125%)
		일용외 지급명세서 미제출(불분명) : 1년에 한번 제출	미제출(불분명)금액 × 1% (3개월내 제출시 0.5%)
		사업·근로·기타 간이지급명세서 미제출 (불분명) : 매달 제출	미제출 (불분명)금액 × 0.25%[주13] (1개월내 제출시 0.125%)
주택임대사업자 미등록 가산세[주4] (§ 81의12)		사업 개시일부터 20일 이내 등록을 신청하지 않은 경우	(사업 개시일 ~ 등록을 신청한 날의 직전일) 주택임대수입금액 × 0.2%
업무용승용차 관련 비용 명세서 제출 불성실 가산세[주5] (§ 81의14)		명세서 미제출	필요경비 산입액 × 1%
		사실과 다르게 제출	사실과 다르게 적은 금액 × 1%

주1) 소규모사업자와 일정한 소득금액 추계자 제외(소득령 § 147의2②,③)
주2) 의료업·수의업·약사업만 해당
주3) 소규모사업자 제외
주4) 거래금액이 3만원 이하 거래 등 일부 예외규정이 적용되는 경우 제외

주5) 복식부기의무자가 대상임
주6) 소득법 § 제160의5①에 해당하는 거래(거래의 대금을 금융회사 등을 통하여 결제되는 경우 등)
주7) 복식부기의무자에 해당하는 과세기간 개시일로부터 6월내 신고
주8) 계산서·신용카드 또는 현금영수증
주9) 가공(위장) 발급·수취 가산세는 소규모사업자도 적용됨
주10) 사업자등록번호, 공급가액 등이 착오기재된 경우 가산세 제외함
주11) 전자세금계산서 발급의무자와 직전 과세기간의 총수입금액이 2억원 이상인 사업자(2021.7.1.이후 적용)
주12) 2021.7.1.이전 제출분 미제출시 1%, 3월내 제출시 0.5% 적용
주13) 2021.1.1.이후 신고, 결정 또는 경정하는 분부터 적용 (2020년도분 0.5% 적용, 2019년도분 0.25% 적용), 다만, 근로소득은 2026.1.1.이후 지급하는 소득에 대하여 간이지급명세서를 제출하는 경우부터 적용함
주14) 2020.1.1.부터 시행

✱ 신고불성실 가산세와 장부의 기록·보관 불성실 가산세, 성실신고확인서미제출 가산세가 동시에 적용되는 경우 큰 금액을 적용하고, 같을 경우에는 신고불성실 가산세만을 적용

✱ 연도별 총수입금액에 따른 전자계산서 의무발급기간

전자계산서 의무발급기간	기준연도와 공급가액(사업장별)
2015년 7월 1일[주1] ~ 2015년 12월 31일	전자세금계산서 의무발급 개인사업자[주2]
2016년 1월 1일 ~ 2016년 12월 31일	2015년도 총수입금액 10억원 이상[주3]
2017년 1월 1일 ~ 2017년 12월 31일	2015년도 총수입금액 10억원 이상[주4]
2018년 1월 1일 ~ 2018년 12월 31일	2016년도 총수입금액 10억원 이상
2019년 1월 1일 ~ 2019년 6월 30일	2017년도 총수입금액 10억원 이상
2019년 7월 1일 ~ 2020년 6월 30일[주5]	2018년도 총수입금액 3억원 이상
2020년 7월 1일 ~ 2021년 6월 30일	2019년도 총수입금액 3억원 이상
2021년 7월 1일 ~ 2022년 6월 30일	2020년도 총수입금액 3억원 이상
2022년 7월 1일 ~ 2023년 6월 30일	2021년도 총수입금액 2억원 이상[주6]
2023년 7월 1일 ~ 2024년 6월 30일	2022년도 총수입금액 1억원 이상
2024년 7월 1일 ~	2023년도 총수입금액 0.8억원 이상

주1) 2015.7.1.부터 전자계산서 의무발급이 시작됨
주2) 전자세금계산서 의무발급 대상자(직전연도의 사업장별 재화 및 용역의 공급가액의 합계액이 3억원 이상인 개인사업자)가 면세거래가 있고, 계산서를 발급해야 하는 경우 전자계산서를 발급하여야 함
주3) 직전 과세기간의 총수입금액(과세+면세)이 10억원 이상인 개인사업자
주4) 전전 과세기간의 총수입금액(과세+면세)이 10억원 이상인 개인사업자
　☞ 종전 직전과세기간으로 할 경우 다음연도 초에 총수입금액 10억원 이상 여부를 알 수 없었던 문제점을 보완
주5) 사업장별 총수입금액(과세+면세)이 3억원 이상인 과세기간의 다음 과세기간의 7월 1일부터 그 다음 과세기간의 6월 30일까지로 전자세금계산서와 동일하게 변경됨
주6) 사업장별 총수입금액(과세+면세)이 2억원 이상인 과세기간의 다음 과세기간의 7월 1일부터 그 다음 과세기간의 6월 30일까지로 전자세금계산서와 동일하게 변경됨

전자계산서 발급명세 지연전송 또는 미전송가산세

구 분		2015년 이전	2016년	2017년·2018년	2019년 이후
종이발급	① 전자세금계산서 발급의무자[주1]	–	1%	1%	1%
	② 위 ①이외의 사업자로서 직전 과세기간의 총수입금액이 1억원 이상인 사업자[주2]	–	–	1%	
지연전송	① 전자세금계산서 발급의무자	–	0.1%	0.5%	0.3%
	② 위 ①이외의 사업자로서 직전 과세기간의 총수입금액이 2억원 이상인 사업자	–	–	0.1%	
미전송	③ 전자세금계산서 발급의무자	–	0.3%	1%	0.5%
	④ 위 ③이외의 사업자로서 직전 과세기간의 총수입금액이 2억원 이상인 사업자	–	–	0.3%	

주1) 2023.7.1.이후부터 직전 연도의 사업장별 재화 및 용역의 공급가액(면세공급가액을 포함한다)의 합계액이 1억원 이상인 개인사업자를 말한다(부가법 § 32②, 부가령 § 68①).

전자계산서를 발급·전송하지 않는 경우 발급자·수취자의 가산세율 요약

구 분		내 용	발급자	수취자
발급	사실과 다름	• 계산서 필요적 기재사항의 전부(일부)가 기재되지 않거나 사실과 다르게 기재	1%	–
	미발급	• 발급시기가 지난 후 과세기간의 다음연도 1월 25일까지 계산서를 발급하지 아니한 경우	2%	–
	지연발급	• 발급시기가 지난 후 과세기간의 다음연도 1월 25일까지 계산서를 발급한 경우	1%	–
	허위등	• 재화 또는 용역을 공급하지(공급받지) 않고 계산서 발급(발급받음) • 재화 또는 용역을 공급하고(공급받고) 타인 명의로 계산서를 발급(발급받음)	2%	2%
	종이발급	• 발급시기에 전자계산서 외의 계산서 발급	1% ('16년 이후)	
전송	지연전송	• 발급일의 다음 날이 지난 후 과세기간말의 다음달 25일까지 전송	0.3%	–
	미전송	• 발급일의 다음 날이 지난 후 과세기간말의 다음달 25일까지 미전송	0.5%	

✱ 발급위반에 대한 가산세가 적용되는 경우 전송위반에 대한 가산세를 부과하지 않음.

제2절 종합소득금액

I. 금융소득

이자소득과 배당소득을 합쳐서 금융소득이라고도 한다.

1. 이자소득

이자소득이란 금전 사용에 따른 대가로서의 성격이 있는 것으로서 국가나 지방자치단체가 발행한 채권 또는 증권의 이자와 할인액, 내·외국법인이 발행한 채권 또는 증권의 이자와 할인액, 국내외에서 받는 예금의 이자, 신용계(信用契) 또는 신용부금으로 인한 이익, 채권 또는 증권의 환매조건부 매매차익, 저축성보험의 보험차익, 직장공제회 초과반환금, 비영업대금의 이익[44], 앞에서 언급한 소득을 발생시키는 거래 또는 행위와 파생상품이 결합된 경우 해당 파생상품의 거래 또는 행위로부터의 이익 등을 말한다(소득법 §16①).

(1) 비과세 이자소득

① 공익신탁의 이익(소득법 §12(1))
② 납입보험료가 1억원(2017.3.31.까지 체결하는 보험계약의 경우 2억원) 이하이고 10년 이상 유지 일시납 저축성보험의 보험차익[45] 등(소득령 §25)

(2) 종합과세와 분리과세 이자소득

1) 종합과세 대상(소득법 §14④)
  ① 금융소득이 2천만원을 초과하는 경우의 이자소득
  ② 국내에서 원천징수되지 않은 이자소득

2) 분리과세 대상
  종합과세하지 않는 이자소득은 원천징수한 세금만으로 납세의무가 종결된다. 이를 완납적원천징수라고 한다.

---

[44] 금융기관이나 대금업자 등 사업을 표방하여 이자를 받으면 이자소득이 아니라 사업소득으로 본다.
[45] 5년 이상 납입 및 10년 이상 유지 월보험료 150만원 이하의 월적립식보험, 보험료 납입계약 만료 후 55세 이후부터 사망 시까지 보험금을 연금으로 수령하는 종신형 연금보험

(3) 이자소득으로 보지 않는 경우

1) 이자소득으로 보지 아니하는 범위(소통칙 16-0-1)

원칙적으로 사업소득으로 본다.
① 매입에누리·매입할인액
② 물품을 판매하고 대금의 결제방법에 따라 추가로 지급받는 금액
③ 외상매출금이나 미수금의 지급기일을 연장하여 주고 추가로 지급받는 금액. 이 경우 그 외상매출금이나 미수금이 소비대차로 전환된 경우에는 예외로 함.
④ 장기할부조건으로 판매함으로써 현금거래 또는 통상적인 대금의 결제방법에 의한 거래의 경우보다 추가로 지급받는 금액. 다만, 당초 계약내용에 의하여 매입가액이 확정된 후 그 대금의 지급지연으로 실질적인 소비대차로 전환되어 발생되는 이자는 이자소득으로 봄.

2) 손해배상금에 대한 법정이자의 소득구분(소통칙 16-0-2)

법원의 판결 및 화해에 의하여 지급받는 손해배상금에 대한 법정이자는 이자소득으로 보지 아니한다. 다만, 위약 또는 해약을 원인으로 법원의 판결에 의하여 지급받은 손해배상금에 대한 법정이자는 기타소득으로 본다.

사례 4-1 이자소득의 원천징수

금융소득 종합과세시 작성하는 이자소득명세서
① 금융기관에서 원천징수된 이자소득 10,000,000원
② 원천징수된 비영업대금의 이익 15,000,000원
③ 국내에서 원천징수되지 않은 국외에서 지급받은 이자 5,000,000원

❺이자소득명세서

① 소득 구분 코드	② 일련 번호	이자 지급자		⑤ 이자소득금액	⑥원천징수된 소득세
		③ 상호(성명)	④ 사업자등록번호 (주민등록번호)		
13	1	우리은행	107-82-12345	10,000,000	1,400,000
11	1	김갑부	490104-1544311	15,000,000	3,750,000
15	1	외국인 YJ		5,000,000	0

코드 13: 그 밖의 이자소득 중 원천징수 된 것
코드 11: 「비영업대금의 이익(私債이자) 중 원천징수 된 것
코드 15: 국내에서 원천징수 되지 않은 국외에서 지급받는 이자소득

2 배당소득

배당소득이란 수익분배의 성격이 있는 것으로서 내·외국법인으로부터 받는 이익이나 잉여금의 배당 또는 분배금, 법인으로 보는 단체로부터 받는 배당금 또는 분배금, 법인과세 신탁재산으로부터 받는 배당금 또는 분배금, 의제배당, 법인세법에 따라 배당으로 처분된 금액, 국내외에서 받는 집합투자기구로부터의 이익, 국내외에서 받는 파생결합증권 또는 파생결합사채로부터의 이익, 금전이 아닌 재산의 신탁계약에 의한 수익권이 표시된 수익증권으로부터의 이익, 투자계약증권으로부터의 이익, 국조법에 따라 배당받은 것으로 간주된 금액, 출자공동사업자의 배당, 앞에서 언급한 소득을 발생시키는 거래 또는 행위와 파생상품이 결합된 경우 해당 파생상품의 거래 또는 행위로부터의 이익 등을 말한다(소득법 §17①).

(1) 의제배당

의제배당이란 배당명목으로 금전 등을 받지는 않았으나 배당과 같은 효과가 있어 이를 해당 주주, 사원, 그 밖의 출자자에게 배당한 것으로 본다.

주식소각·감자, 퇴사·탈퇴, 출자의 감소		주식의 소각이나 자본의 감소로 인하여 주주가 취득하는 금전, 그 밖의 재산의 가액 또는 퇴사·탈퇴나 출자의 감소로 인하여 사원이나 출자자가 취득하는 금전, 그 밖의 재산의 가액이 주주·사원이나 출자자가 그 주식 또는 출자를 취득하기 위하여 사용한 금액을 초과하는 금액
잉여금 의 자본 전입	의제배당에 해당되는 경우	① 이익잉여금의 자본전입 ② 합병평가차익, 분할평가차익 ③ 1%세율이 적용된 토지의 재평가적립금 ④ 소각일로부터 2년 이내 자본에 전입하는 자기주식 소각이익 ⑤ 기타 의제배당에서 제외하는 잉여금 외의 잉여금 전부
	의제배당에 해당되지 않는 경우	① 주식발행초과금, 감자차익, 합병차익, 분할차익 ② 나머지 재평가적립금 ③ 소각일로부터 2년 경과 후 자본에 전입하는 자기주식소각이익 　(시가≤취득가액)
자기주식있는 법인의 자본준비금 전입액		법인이 자기주식을 보유한 상태에서 의제배당이 아닌 자본준비금, 재평가적립금을 자본전입함에 따라 그 법인 외의 주주 등의 자본비율이 증가한 경우 증가한 지분비율에 상당하는 주식 등의 가액

(2) 종합과세와 분리과세 배당소득

1) 종합과세 대상(소득법 §14③(6))
   ① 금융소득이 2천만원을 초과하는 경우의 배당소득

② 원천징수되지 않은 배당소득
③ 출자공동사업자에 대한 배당소득

2) 분리과세 대상

종합과세하지 않는 배당소득은 원천징수한 세금만으로 납세의무가 종결된다.

✱ 금융소득의 원천징수 참조

3) 배당소득의 이중과세조정(Gross-up)제도

법인단계에서 법인세를 부담한 후의 잉여금으로 배당받은 배당소득에 대하여는 그 배당소득의 10%에 해당하는 금액을 배당소득에 가산한다(소득법 §17③). 이후 동 금액을 종합소득세 계산시 배당세액으로 공제하여 이중과세를 조정한다.

구 분	법인단계	소득(개인주주)단계
과 세 표 준	1억원	9,100만원 + 9,100만원 × 10%(=910만원) = 10,010만원
세 율	9%	35%(가정)
법인(소득)세	900만원	19,595,000 - 910만원 = 10,495,000원
배 당	9,100만원	

✱ 10% 산출근거(2024.1.1 이후) : $\dfrac{법인세법\ 9\%}{1-법인세법\ 9\%}$

✱ Gross-up은 '공제하기 전의 액수로 늘림'을 의미

따라서, 법인단계에서 법인세 부담을 하지 아니한 배당소득에 대하여는 이중과세 조정을 할 필요가 없기 때문에 10%를 가산하지 않는다.

배당가산 대상이 되는 배당소득(집행기준 17-0-1)

구 분		범 위
배당가산 대상 배당소득		내국법인으로부터 받는 이익이나 잉여금의 배당 또는 분배금과 건설이자의 배당
		법인으로 보는 단체로부터 받는 배당금 또는 분배금
		배당가산 하지 않는 의제배당을 제외한 의제배당
		「법인세법」에 따라 배당으로 처분된 금액
		「자본시장과금융투자업에관한법률」 제9조 제19항 제1호에 따른 기관전용 사모집합투자기구로부터 받는 배당소득(「법인세법」 51조의2, 「조세특례제한법」 100조의16, 63조의2・121조의2・121조의4・121조의8 또는 121조의 9의 규정을 적용 받는 법인 제외)
배당가산 하지않는 배당소득	의제 배당	자기주식 또는 자기출자지분의 소각이익의 자본전입으로 인한 의제배당
		토지의 재평가차익의 자본전입으로 인한 의제배당
		법인이 자기주식 또는 자기출자지분을 보유한 상태에서 자본전입을 함에 따라

구 분	범 위
	그 법인 외의 주주 등의 지분비율이 증가한 경우 증가한 지분비율에 상당하는 주식 등의 가액에 의한 의제배당
	국내·외에서 받는 파생결합증권 또는 파생결합사채로부터의 이익
	외국법인으로부터 받는 배당소득
	집합투자기구로부터의 이익
	「국제조세조정에 관한 법률」에 따라 배당받은 것으로 간주된 금액
	공동사업에서 발생한 소득금액 중 출자공동사업자가 손익분배비율에 따라 받는 금액
	「조특법」§ 132에 따른 최저한세액이 적용되지 아니하는 법인세의 비과세·면제·감면 또는 소득공제(「조특법」 외의 법률에 따른 비과세·면제·감면 또는 소득공제를 포함함)를 받은 법인 중 소득령 § 27의3①에 따른 법인으로부터 받은 배당소득이 있는 경우에는 그 배당소득의 금액에 아래 산식의 비율을 곱하여 산출한 금액 비율 = $\dfrac{\text{직전 2개 사업연도의 감면대상소득금액의 합계액} \times \text{감면비율}}{\text{직전 2개 사업연도의 총소득금액의 합계액}}$
	배당소득과 유사한 소득으로서 수익분배의 성격이 있는 것
	종합과세기준금액(2천만원)을 초과하지 않는 배당소득

사례 4-2 배당소득의 원천징수

금융소득 종합과세시 작성하는 배당소득명세서
① 배당 가산대상인 비상장법인의 배당소득 25,000,000원
② 배당 가산대상이 아닌 펀드에 가입해서 받은 배당소득 10,000,000원

* 추가적으로 이자소득 10,000,000원이 있으며, 모두 원천징수되었다고 가정한다.
  배당가산대상 금액 계산시 2천만원 초과액에 대하여 적용되며 2천만원은 이자소득과 배당가산대상이 아닌 배당소득에서 먼저 차감하고 계산한다. 만약 이자소득 10,000,000원이 없다면 아래 서식에서 ⑥대상금액란에 15,000,000원을 적는다.

❻ 배당소득명세서

① 소득구분코드	② 일련번호	배당 지급법인 ③ 법인 명 ④ 사업자등록번호	⑤ 배당액	배당가산액(Gross-Up)		⑧ 배당소득금액 (⑤+⑦)	⑨ 원천징수된 소득세
				⑥ 대상금액	⑦ 가산액 (⑥ × 가산율)		
21	1		25,000,000	25,000,000	2,500,000	27,500,000	3,500,000
22	1		10,000,000			10,000,000	1,400,000

코드 21: 종합과세기준금액(2천만원) 초과분에 대하여 배당가산(Gross-Up) 하는 배당소득
코드 22: 배당가산(Gross-Up) 하지 않은 배당소득

3 금융소득(이자·배당소득)의 원천징수

(1) 금융소득의 수입시기

1) 이자소득의 수입시기

원천징수의무자가 이자소득을 지급하는 때에 그 소득금액에 원천징수세율을 적용하여 계산한 소득세를 원천징수한다(소득법 §130).

다음과 같은 이자소득의 수입시기가 원천징수시기가 된다(소득법 §131 및 소득령 §45).

구 분	이자소득의 수입(귀속)시기
채권 등의 이자와 할인액	① 무기명의 경우 : 그 지급을 받은 날 ② 기명의 경우 : 약정에 의한 지급일
보통예금·정기예금·적금 또는 부금의 이자	① 실제로 이자를 지급받는 날 ② 원본에 전입하는 뜻의 특약이 있는 이자는 그 특약에 의하여 원본에 전입된 날 ③ 해약으로 인하여 지급되는 이자는 그 해약일 ④ 계약기간을 연장하는 경우에는 그 연장하는 날
통지예금의 이자	인출일
채권 또는 증권의 환매조건부 매매차익	약정에 의한 해당 채권 또는 증권의 환매수일 또는 환매도일. 다만, 기일 전에 환매수 또는 환매도하는 경우에는 그 환매수 또는 환매도일
저축성보험의 보험차익	보험금 또는 환급금의 지급일. 다만, 기일 전에 해지하는 경우에는 그 해지일
직장공제회의 초과반환금	약정에 따른 납입금 초과이익 및 반환금 추가이익의 지급일
채권 등의 보유기간 이자상당액	해당 채권 등의 매도일 또는 이자 등의 지급일
비영업대금의 이익	약정에 따른 이자지급일. 다만, 이자지급일의 약정이 없거나 약정에 따른 이자지급일 전에 이자를 지급하는 경우에는 그 이자지급일
유사이자, 파생상품이익	약정에 따른 상환일. 다만, 기일 전에 상환하는 때에는 그 상환일
위의 이자소득이 발생하는 재산이 상속되거나 증여되는 경우	상속개시일 또는 증여일

2) 배당소득의 수입시기

원천징수의무자가 배당소득을 지급하는 때(또는 지급시기의 의제일)에는 그 소득금액에 원천징수세율을 적용하여 계산한 소득세를 원천징수한다(소득법 §130).

다음과 같은 배당소득의 수입시기가 원천징수시기가 된다(소득법 §131 및 소득령 §45).

구 분		배당소득의 수입시기
일반배당	무기명주식의 이익이나 배당	지급을 받은 날
	잉여금의 처분에 따른 배당	해당 법인의 잉여금처분 결의일
	투자신탁의 이익	- 투자신탁이익을 지급받는 날 - 원본전입특약의 경우 원본전입 되는날 - 신탁계약기간을 연장하는 날
	출자공동사업자의 배당	과세기간 종료일
	유사배당, 파생상품이익	그 지급을 받은 날
의제배당	주식의 소각, 자본의 감소 또는 자본에의 전입, 퇴사·탈퇴로 인한 의제배당	주식의 소각, 자본의 감소 또는 자본에의 전입을 결정한 날이나 퇴사 또는탈퇴한 날
	법인의 해산으로 인한 의제배당	잔여재산가액확정일
	법인의 합병·분할로 인한 의제배당	합병등기일·분할등기일
	잉여금의 자본전입으로 인한 의제배당	자본전입결의일
인정배당	법인세법에 의하여 처분된 배당	해당 법인의 해당 사업연도의 결산확정일

3) 배당소득의 원천징수시기특례

다음과 같이 실제로 지급이 없는 경우에는 원천징수시기에 대한 특례에서 규정한 때에 원천징수하여야 한다(소득법 §127, 집행기준 131-191-1).

① 미지급배당

법인이 이익 또는 잉여금의 처분에 따른 배당 또는 분배금을 그 처분을 결정한 날부터 3개월이 되는 날까지 지급하지 아니한 경우에는 그 3개월이 되는 날에 그 배당소득을 지급한 것으로 보아 소득세를 원천징수한다.

다만, 11월 1일부터 12월 31일까지의 사이에 결정된 처분에 따라 다음 연도 2월 말일까지 배당소득을 지급하지 아니한 경우에는 그 처분을 결정한 날이 속하는 과세기간의 다음 연도 2월 말일에 그 배당소득을 지급한 것으로 보아 소득세를 원천징수한다.

② 인정배당

법인세법에 따라 처분되는 배당에 대하여는 다음의 어느 하나에 해당하는 날에 그 배당소득을 지급한 것으로 보아 소득세를 원천징수한다.

㉠ 법인세 과세표준을 결정 또는 경정하는 경우 : 소득금액변동통지서를 받은 날
㉡ 법인세 과세표준을 신고하는 경우 : 그 신고일 또는 수정신고일
③ 출자공동사업자의 배당소득
배당소득을 지급받은 날. 다만, 과세기간 종료 후 3개월이 되는 날까지 지급되지 않을 때에는 3개월이 되는 날에 지급한 것으로 보아 원천징수하여야 한다.

(2) 원천징수세율(소득법 §129)

1) 이자소득

구 분		원천징수세율
일반적인 이자		14%
비영업대금의 이익		25%
분리과세	직장공제회 초과반환금	기본세율(6% ~ 45%)
	비실명이자	45%(금융기관이 지급시 90%)
	분리과세를 신청한 장기(10년이상)채권이자	30%
	법원보관금의 이자	14%
	1거주자로 보는 단체가 금융기관에서 받는 이자	

2) 배당소득

구 분		원천징수세율
일반적인 배당		14%
무조건 종합과세	출자공동사업자의 배당	25%
분리과세	비실명배당	45%(금융기관이 지급시 90%)
	1거주자로 보는 단체가 금융기관에서 받는 배당	14%

✱ 조특법에 따라 분리과세되는 이자·배당소득 : 5%, 9%, 14%, 25%

(3) 금융소득의 과세방법

1) 원천징수

국내에서 지급되는 모든 이자소득과 배당소득(귀속법인세는 제외)은 원칙적으로 원천징수의 대상이 되는 데 반하여, 국외에서 지급되는 이자·배당소득은 원칙적으로 원천징수

대상이 되지 않는다.

따라서 2천만원 이하인 경우에도 원천징수되지 않은 이자·배당소득을 분리과세하면 소득세를 과세하지 않는 결과가 되므로 무조건 종합과세하는 것이다.

2) 종합과세와 분리과세

금융소득 종합과세란 이자·배당소득을 종합소득에 합산하여 기본세율로 과세하는 제도이다.

구체적인 방법은 무조건종합과세대상은 항상 종합소득금액에 합산하며, 조건부과세대상의 종합과세여부는 다음과 같이 판단한다(소득법 §14③(6)).

무조건 종합과세대상과 조건부 과세대상의 합계액이 2천만원 이하인 경우	조건부 과세대상은 종합소득금액에 합산하지 않는다(분리과세).
무조건 종합과세대상과 조건부 과세대상의 합계액이 2천만원 초과하는 경우	조건부 과세대상은 종합소득금액에 합산한다(종합과세).
14% 세율 적용 판단시 금융소득 2,000만원 구성순서	여러 가지 금융소득이 있는 경우에는 다음 순서로 구성된 것으로 본다. ① 이자소득 → ② 본래 Gross-up 대상이 아닌 배당소득 → ③ 본래 Gross-up 대상인 배당소득

| 사례 4-3 | 이자·배당소득의 원천징수세액 계산

1. 이자소득 원천징수세액계산

   (주)한결은 개인인 한희주로부터 자금 1억원을 10%이자율로 차입하여 매년 12월 31일에 이자소득을 지급하기로 계약하였다. x5년 12월 31일에 10,000,000원의 이자소득을 지급할 때 원천징수세액은 얼마인가?

   해설
   (1) 이자소득금액 = 10,000,000원 (* 필요경비가 인정되지 않는다.)
   (2) 이자소득세의 원천징수세액
       지급총액 × 25% = 10,000,000원 × 25% = 2,500,000원
   (3) 개인지방소득세의 특별징수세액
       이자소득세액 × 10% = 2,500,000원 × 10% = 250,000원
   (4) 총원천징수세액(소득세 + 개인지방소득세) = 2,500,000원 + 250,000원 = 2,750,000원

2. 배당소득 원천징수세액계산

   (주)한결은 개인주주인 김갑돌(주식액면가 20,000,000원 소유)에게 액면가 기준으로 주당 5%의 배당금(1,000,000원)을 2025.5.6.에 지급할 때 원천징수세액은 얼마인가?

   해설
   (1) 배당소득금액 = 1,000,000원
   (2) 배당소득세의 원천징수세액
       지급총액 × 14% = 1,000,000원 × 14% = 140,000원
   (3) 개인지방소득세의 특별징수세액
       배당소득세액 × 10% = 140,000원 × 10% = 14,000원
   (4) 총원천징수세액(소득세 + 개인지방소득세) = 140,000원 + 14,000원 = 154,000원

   * 만약 (주)한결이 개인주주가 아닌 법인주주에게 배당소득을 지급하는 경우 투자신탁의 이익에 대하여만 원천징수하기 때문에 일반적인 배당소득은 원천징수 하지 않는다.

소득세법 시행규칙 [별지 제23호서식(1)]

[√] 이자·배당소득 원천징수영수증 [√] 소득자 보관용
[ ] 이자·배당소득 지 급 명 세 서   [ ] 발행자 보관용
                                    [ ] 발행자 보고용

※ 2, 3쪽의 작성방법을 읽고 작성하여 주시기 바라며, [ ]에는 해당되는 곳에 √표를 합니다.   (1쪽)

접수번호	접수일	관리번호	처리기간 즉시

징수의무자	①법인명(상호)	①-1 영문법인명(상호)	②대표자(성명)	③사업자등록번호
	④주민(법인)등록번호	⑤소재지 또는 주소		

소득자	⑥성명(상호)	⑦주민(사업자)등록번호	⑦-1 비거주자 생년월일	⑧소득자구분코드
	⑨주 소	⑩거주구분 [1]거주자 [2]비거주자	⑪거주지국	⑪-1 거주지국코드	⑫계좌번호(발행번호)	⑬신탁이익여부 [1]여 [2]부

지 급 내 역

⑭지급일자			⑮귀속연월		⑯과세구분	⑰소득의종류	⑱조세특례등	⑲금융상품코드	⑳유가증권표준코드(발행사업자등록번호)	㉑채권이자구분	㉒지급대상기간	㉓이자율등	㉔지급액(소득금액)	㉕세율(%)	원 천 징 수 세 액				
연	월	일	연	월											㉖소득세	㉗법인세	㉘지방소득세	㉙농어촌특별세	㉚계
2025	5	6	2025	4	G	51	NN	A52	111-86-11111		2025		1,000	14	140		14		154

위의 원천징수세액(수입금액)을 정히 영수(지급)합니다.

2025년 6월 10일

징수(보고)의무자   (서명 또는 인)

세무서장 귀하

Ⅱ 사업소득

1 사업소득

(1) 사업의 범위

사업소득은 해당 과세기간에 다음의 사업에서 발생한 소득으로 한다(소득법 §19).[46]
① 농업(작물재배업 중 곡물 및 기타 식량작물 재배업은 제외)·임업 및 어업
② 광업
③ 제조업
④ 전기, 가스, 증기 및 공기조절공급업
⑤ 수도, 하수 및 폐기물처리, 원료 재생업
⑥ 건설업
⑦ 도매 및 소매업
⑧ 운수 및 창고업
⑨ 숙박 및 음식점업
⑩ 정보통신업
⑪ 금융 및 보험업
⑫ 부동산업(공익사업과 관련된 지역권·지상권을 설정하거나 대여함으로써 발생하는 소득은 제외)
⑬ 전문, 과학 및 기술서비스업(비상업적인 연구개발업은 과세대상에서 제외)
⑭ 사업시설관리 및 사업 지원 및 임대 서비스업
⑮ 교육서비스업(유치원·학교·소속근로자 직업능력개발훈련시설·노인학교 제외)
⑯ 보건업 및 사회복지서비스업(사회복지사업과 장기요양사업은 제외)
⑰ 예술, 스포츠 및 여가 관련 서비스업(전속계약금 포함)
⑱ 협회 및 단체, 수리 및 기타 개인서비스업
⑲ 가구내 고용활동
⑳ 복식부기의무자가 차량 및 운반구 등 사업용 유형자산을 양도함으로써 발생하는 소득(토지·건물의 양도소득에 해당하는 경우는 제외)
㉑ 위의 것과 유사한 소득으로서 영리를 목적으로 자기의 계산과 책임 하에 계속적·반복적으로 행하는 활동을 통하여 얻는 소득

---

46) 다만, 통신판매중개를 하는 자를 통하여 물품 또는 장소를 대여하고 연간 수입금액 500만원 이하의 사용료로서 받은 금품에 따른 기타소득으로 원천징수하거나 과세표준확정신고를 한 경우에는 사업소득에서 제외한다.

1) 제조업의 범위

자기가 제품을 직접 제조하지 아니하고 제조업체(사업장이 국내 또는 개성공업지구에 소재하는 업체에 한함)에 의뢰하여 제조하는 경우로서 다음의 요건을 모두 충족하는 경우 제조업으로 본다(소득령 §31).

① 생산할 제품을 직접 기획(고안 및 디자인, 견본제작 등을 포함한다)할 것
② 그 제품을 자기명의로 제조할 것
③ 그 제품을 인수하여 자기 책임하에 직접 판매할 것

2) 예술, 스포츠 및 여가 관련 서비스업 등의 범위

연예인 및 직업운동선수 등이 사업활동과 관련하여 받는 전속계약금은 사업소득으로 한다. 그리고 협회 및 단체란 한국표준산업분류의 중분류에 따른 협회 및 단체를 말하며, 해당 협회 및 단체가 특정사업을 경영하는 경우 그 사업의 내용에 따라 분류한다. 또한, 수리 및 기타 개인서비스업은 부가령 §42(1)에 따른 면세인적용역을 포함한다.

3) 사업의 범위는 한국표준산업분류에 따름

사업의 범위에 관하여는 소득세법에 특별한 규정이 있는 경우 외에는 통계청장이 고시하는 한국표준산업분류에 따른다(소득법 §19③).

(2) 비과세 사업소득

다음의 소득에 대해서는 소득세를 과세하지 아니한다(소득법 §12(2)).

① 논·밭을 작물 생산에 이용하게 함으로써 발생하는 소득
② 1개의 주택을 소유하는 자의 주택임대소득자(기준시가가 12억원을 초과하는 주택 및 국외에 소재하는 주택의 임대소득은 제외) 또는 해당 과세기간에 주거용 건물 임대업에서 발생한 수입금액의 합계액이 2천만원 이하인 자의 주택임대소득(2018년 12월 31일 이전에 끝나는 과세기간까지 발생하는 소득으로 한정)

✱ 2022년 까지는 기준시가 9억원을 초과하는 주택의 임대소득이었음.
✱ 2019년 귀속분부터는 주거용 건물 임대업에서 발생한 수입금액에 대하여는 과세로 전환됨.

③ 일정규모의 농어가부업소득(양식소득 제외)
 ㉠ 축산업인 경우 : 아래 농가부업규모의 축산에서 발생하는 소득은 비과세

| 농가부업규모 축산의 범위(별표 1) |

가축별	규 모	비 고
젖 소	50마리	1. 성축을 기준으로 한다. 다만, 육성우의 경우 2마리를 1마리로 본다. 2. 사육두수는 매월말 현황에 의한 평균두수로 한다.
소	50마리	
돼 지	700마리	
산 양	300마리	
면 양	300마리	
토 끼	5,000마리	
닭	15,000마리	
오 리	15,000마리	
양 봉	100군	

　　ⓒ 농·어민이 부업으로 경영하는 축산·고공품(藁工品)제조·민박·음식물판매·특산물제조·전통차제조·양어 및 그밖에 이와 유사한 활동에서 발생하는 소득금액의 합계액이 연 3천만원 이하인 소득
　　　→ [㉠ 초과분 + ⓒ]의 소득금액이 3천만원 초과시 3천만원까지만 비과세

④ 수도권 밖의 읍·면지역에서 전통주를 제조함으로써 발생하는 소득금액의 합계액이 연 1,200만원 이하의 금액 → 1,200만원 초과시 전액 과세

| 농가부업소득과 전통주제조소득의 비교(집행기준 12 - 9의2 - 1) |

구분	농가부업소득	전통주 제조소득
비과세 대상	농·어민으로서 농가부업소득이 있는 자	수도권 밖의 읍·면지역에서 전통주를 제조하는 자
비과세 범위	가축별 사육두수 이하 축산소득 + 소득금액 연 3,000만원 이하의 소득	소득금액 연 1,200만원 이하인 경우
비과세 범위 초과시	초과분에 대해 과세	전액 과세
두 개의 소득 함께 있는 경우	각각의 소득에 대하여 비과세 범위 판단	

⑤ 조림기간 5년 이상인 임지(林地)의 임목(林木)의 벌채 또는 양도로 발생하는 소득으로서 연 600만원 이하의 금액 → 600만원 초과시 600만원까지만 비과세
⑥ 해당 과세기간의 수입금액의 합계액이 10억원 이하인 작물재배업에서 발생하는 소득
⑦ 연근해어업, 내수면어업과 양식어업에서 발생하는 소득으로서 해당 과세기간의 소득금액의 합계액이 5천만원 이하인 소득

(3) 사업소득 금액의 계산

> 총수입금액 − 필요경비 − 이월결손금 = 사업소득금액

사업자가 비치·기록한 장부에 의하여 해당 과세기간의 사업소득금액(주거용 건물 임대업 포함)을 계산할 때 발생한 결손금은 그 과세기간의 종합소득과세표준을 계산할 때 근로소득금액·연금소득금액·기타소득금액·이자소득금액·배당소득금액에서 순서대로 공제한다(소득법 §45). 이월결손금은 사업소득금액, 근로소득금액, 연금소득금액, 기타소득금액, 이자소득금액 및 배당소득금액에서 순서대로 공제한다.[47] 다만, 부동산임대업(주거용 건물 임대업 제외)에서 발생한 결손금은 종합소득 과세표준을 계산할 때 공제하지 아니한다. 부동산임대업에서 발생한 이월결손금은 부동산임대업의 소득금액에서 공제한다.

(4) 사업소득의 기장의무

사업소득이 있는 사업자(국내사업장이 있는 비거주자를 포함)는 소득금액을 계산할 수 있도록 증명서류 등을 갖춰 놓고 그 사업에 관한 모든 거래 사실이 객관적으로 파악될 수 있도록 복식부기에 의한 장부 또는 아래의 간편장부로 기장하여야 한다.

1) 복식부기에 따른 장부(소득법 §160)

장부는 사업의 재산상태와 그 손익거래내용의 변동을 빠짐없이 이중으로 기록하여 계산하는 부기형식의 장부를 말한다. 또한, 이중으로 대차평균하게 기표된 전표와 이에 대한 증명서류가 완비되어 사업의 재산상태와 손익거래내용의 변동을 빠짐없이 기록한 때, 장부 또는 전표와 이에 대한 증명서류를 전산처리된 테이프 또는 디스크 등으로 보관한 때에는 장부를 비치·기장한 것으로 본다.

2) 간편장부

간편장부는 증명서류는 완비하되 장부에 기재하는 사항을 다음과 같이 축소하고 기장방법을 간편하게 한 것이다.

① 매출액 등 수입에 관한 사항	② 경비지출에 관한 사항
③ 사업용 유형자산 및 무형자산의 증감에 관한 사항	④ 기타 참고사항

---

[47] 2020년 이후 발생한 결손금은 15년을, 2009년~2019년 발생한 결손금은 10년을, 2008년 이전 발생한 결손금은 5년간 이월하여 공제한다. 해당 이월결손금이 발생한 과세기간의 종료일부터 15년 이내에 끝나는 과세기간의 소득금액을 계산할 때 먼저 발생한 과세기간의 이월결손금부터 순서대로 공제한다.

3) 복식부기의무자와 간편장부대상자 기준

① 기준금액(소득령 §208)

기준금액에는 결정 또는 경정으로 증가된 수입금액을 포함하며, 사업용 유형자산을 양도함으로써 발생한 수입금액은 제외한다.[48]

업종별	직전기 수입금액 복식부기	당기 수입금액 성실신고
가. 농업·임업 및 어업, 광업, 도매 및 소매업(상품중개업을 제외), 부동산매매업(비주거용 건물건설업과 부동산 개발 및 공급업), 그 밖에 나목 및 다목에 해당되지 아니하는 사업	3억원 이상	15억원 이상*
나. 제조업, 숙박 및 음식점업, 전기·가스·증기 및 공기조절공급업, 수도·하수·폐기물처리·원료재생업 및 환경복원업, 건설업(주거용 건물 개발 및 공급업에 한정), 운수업 및 창고업, 정보통신업, 금융 및 보험업, 상품중개업	1억 5천만원 이상	7억 5천만원 이상*
다. 부동산 임대업, 부동산업(부동산매매업은 제외), 전문·과학 및 기술서비스업, 사업시설관리 및 사업지원서비스업, 교육서비스업, 보건업 및 사회복지서비스업, 예술·스포츠 및 여가 관련 서비스업, 협회 및 단체, 수리 및 기타 개인서비스업, 가구 내 고용활동	7천 500만원 이상	5억원 이상

* 기준금액 개정은 2018.1.1. 이후 개시하는 과세기간 분부터 적용

② 신규사업자(소득령 §208 ⑤)

전문직 자격사(의사, 변호사 등)을 제외하고 해당연도 신규사업자는 매출규모에 관계없이 간편장부대상자이다.

③ 겸업사업자

업종을 겸영하거나 사업장이 2 이상인 경우 다음의 산식에 의하여 계산한 수입금액에 의한다.

$$\left(\begin{array}{c}\text{주업종(수입금액이 가장 큰 업}\\\text{종)의 수입금액}\end{array}\right) + \left(\begin{array}{c}\text{주업종 외의 업종}\\\text{의 수입금액}\end{array}\right) \times \left(\begin{array}{c}\text{주업종에 대한 기준 금액}\\\text{/ 주업종 외의 업종에}\\\text{대한 기준금액}\end{array}\right)$$

예) 제조업 수입 80,000,000 + 도매업 수입 70,000,000 × $\frac{150,000,000(\text{제조업기준금액})}{300,000,000(\text{도매업기준금액})}$ = 115,000,000

✻ 제조업 매출로 환산한 결과 1억5천만원 미만이므로 간편장부대상자임.

④ 기장 사업자별 의무 범위

---

[48] 기장의무, 성실신고와 외부세무조정 대상 판단시 기준금액에는 사업용 유형자산을 양도함으로써 발생한 수입금액은 제외한다. 다만, 기준, 단순경비율 적용대상 판정 및 추계신고시에는 수입금액에서 제외하지 않는다.

소득세법 규정	복식부기의무자	간편장부대상자	
		소규모 사업자[주1]	기타
확정신고시 첨부서류	재무상태표, 손익계산서, 합계잔액시산표, 조정계산서	간편장부 소득금액계산서	
세무조정	자기조정, 외부조정	필요 없음	
기장세액공제	없 음	기장세액공제	
추계 신고시	① 무신고가산세[주2]와 무기장가산세[주3] 중 큰 금액 ② 기준경비율의 50%만 적용	미적용	무기장 가산세
간편장부 신고시	무신고가산세	해당없음	
복식장부 신고시	해당없음	기장세액공제	
사업용계좌신고·사용불성실가산세	미사용 금액의 0.2%	해당 없음	
지급명세서 등 제출불성실가산세	적 용	적 용	
업무용승용차관련비용명세서 제출불성실가산세[49]	적 용	미적용	
계산서 등 제출불성실가산세 증명서류수취불성실가산세 영수증수취명세서제출· 작성불성실가산세	적 용	미적용	적 용

주1〉 소규모사업자 : 신규로 사업을 시작한 자와 직전년도 매출액이 4천8백만원 미만인 자
주2〉 무신고가산세 : 수입금액의 7/10,000과 (산출세액 - 기납부세액)× 20% 중 많은 금액
주3〉 무기장가산세 : 산출세액×20%

(5) 기장소득과 추계소득

1) 장부를 기장한 경우

$$\boxed{소득금액} = \boxed{연간 총수입금액} - \boxed{필요경비}$$

총수입금액에는 판매장려금, 국고보조금, 재화의 무상공급(사업상증여), 개인적인 사용(개인적공급), 영업손실보상금, 기계장치이전보상금, 부가가치세법의 세액공제, 사업용유형자산 양도가액(복식부기의무자에게 적용) 등이 포함된다.

---

49) 업무전용자동차보험에 가입하지 않은 경우 업무용 사용금액이란 사업자별(공동사업장의 경우는 1사업자로 본다) 업무용승용차 수에 따른 다음의 금액을 말한다.(소득령 §78의38④)
① 1대: 업무사용비율금액
② 1대 초과분: 업무사용비율금액의 100분의 0. 다만, 다음의 어느 하나에 해당하는 사업자를 제외한 사업자(복식부기의무자)의 2024년 1월 1일부터 2025년 12월 31일까지 발생한 업무용승용차 관련비용에 대해서는 업무사용비율금액의 100분의 50으로 한다.
  ㉠ 성실신고확인대상사업자(직전 과세기간의 성실신고확인대상사업자를 말한다)
  ㉡ 의료업, 수의업, 약사업 및 전문직사업자

2) 장부를 기장하지 아니한 경우(소득령 §143)

① 기준경비율제도

장부를 기장하지 아니한 사업자 중 일정 규모 이상의 사업자는 수입금액에서 수취한 증빙서류에 의해 확인되는 주요경비(매입비용, 임차료, 인건비)와 국세청장이 제정·고시하는 기준경비를 공제하여 소득금액을 계산하여야 한다. 다만 이 소득금액이 단순경비율에 의해 계산한 소득금액에 일정한 배율(간편장부대상자 2.8배, 복식부기의무자 3.4배)을 곱하여 계산한 금액 이상인 경우에는 그 배율을 곱하여 계산한 금액으로 할 수 있다.

> 소득금액 = 수입금액 - 주요경비(매입경비 + 임차료 + 인건비)
>   - (수입금액 × 기준경비율[주])
> 주) 복식부기의무자의 경우에는 수입금액에 기준경비율의 2분의 1만 인정한다.

㉠ 매입경비 : 재화(상품·제품·재료·소모품 등 유체물과 동력·열 등 관리할 수 있는 자연력)의 매입과 외주가공비 및 운송업의 운반비로 한다.
따라서 사업용 유형자산 및 무형자산의 매입비용과 음식료, 보험료, 수리비 등 용역(서비스)을 제공받고 지출한 금액은 매입비용에서 제외된다.

㉡ 임차료 : 사업에 직접 사용하는 건축물, 기계장치 등 사업용 유형자산 및 무형자산의 임차료로 한다.

㉢ 인건비 : 종업원의 급여와 임금(일용근로자의 임금 포함) 및 퇴직급여로 한다. 고용관계가 없는 인적용역 지급액(사업소득)은 인건비에서 제외된다.

사례 4-4 기준경비율에 의한 소득금액 계산

복식부기의무자인 '갑'의 수입금액이 2억원이고 주요경비가 1억원인 경우에 소득금액은? (단, 기준경비율은 20%, 단순경비율은 90%로 가정함)

해답 둘 중 작은 금액인 6,800만원을 소득금액으로 결정한다.
     ① 2억원 - 1억원 - (2억원 × 20% × 50%) = 8,000만원
     ② (2억원 - 2억원 × 90%) × 3.4배 = 6,800만원

② 단순경비율제도

기장능력이 부족한 소규모 사업자는 위의 주요경비에 대한 관리도 어려울 것으로 인정하여 전체경비에 대한 추계율을 적용한다.

> 소득금액 = 수입금액 - (수입금액 × 단순경비율)

| 사례 4-5 | 단순경비율에 의한 소득금액 계산 |

수입금액이 8천만원 단순경비율이 86%인 사업자의 소득금액은?

해답   80,000,000 − (80,000,000 × 86%) = 11,200,000원

③ **기준경비율 및 단순경비율 적용기준**

사업자가 기장을 하지 아니한 경우 직전년도 수입금액이 다음 금액 미만이면 단순경비율을 적용받고 이상이면 기준경비율을 적용받는다.

✱ 인적용역소득은 2023.02.28.일이 속하는 과세기간에 발생하는 소득부터 "나" 적용함.

업종별 구분	직전 연도 수입금액
가. 농업·임업 및 어업, 광업, 도매 및 소매업(상품중개업을 제외), 부동산매매업(비주거용 건물건설업과 부동산 개발 및 공급업), 그 밖에 나 및 다에 해당되지 아니하는 사업	6,000만원
나. 제조업, 숙박 및 음식점업, 전기·가스·증기 및 공기조절공급업, 수도·하수·폐기물처리·원료재생업 및 환경복원업, 건설업(주거용 건물 개발 및 공급업에 한정), 운수업 및 창고업, 정보통신업, 금융 및 보험업, 상품중개업, 수리 및 기타 개인서비스업(부가령§ 42.1에 따른 인적용역만 해당)	3,600만원
다. 부동산 임대업, 부동산업(부동산매매업은 제외), 전문·과학 및 기술서비스업, 사업시설관리 및 사업지원서비스업, 교육서비스업, 보건업 및 사회복지서비스업, 예술·스포츠 및 여가 관련 서비스업, 협회 및 단체, 수리 및 기타 개인서비스업(부가령§ 42.1에 따른 인적용역은 제외), 가구내 고용활동	2,400만원

④ **신규사업자의 경비율 적용기준**

㉠ 해당 과세기간에 신규로 사업을 개시한 사업자로서 해당 과세기간의 수입금액이 복식부기의무자 기준금액 이상에 해당하는 경우는 기준경비율로, 간편장부규모에 해당하는 경우에는 단순경비율을 적용한다(소득령 §143④).

✱ 위 규정은 2019.1.1.이후 개시하는 과세기간 분부터 적용함.

㉡ 해당 과세기간에 신규개업한 전문자격사(세무사, 변호사, 건축사 등)와 의료보건용역(의사, 한의사, 약사, 수의사)은 무조건 복식부기의무자로 보므로 단순경비율을 적용하지 못한다(소득령 §143⑦).

⑤ **기준경비율제도와 단순경비율제도의 구조**

$$\left(\begin{array}{c}\text{주업종(수입금액이 가장 큰}\\ \text{업종을 말한다. 이하 이}\\ \text{항에서 같다)의 수입금액}\end{array}\right) + \left(\begin{array}{c}\text{주업종 외의}\\ \text{업종의 수입금액}\end{array}\right) \times \left(\dfrac{\text{주업종에 대한 기준 금액}}{\text{주업종 외의 업종에 대한 기준금액}}\right)$$

| 기준경비율제도와 단순경비율제도의 구조 |

구분	수 입 금 액			
기준경비율제도	주요경비			기준경비	소득금액
	매입비용	임차료	인건비		
단순경비율제도	단순경비				소득금액

(6) 사업소득 총수입금액의 계산 및 계산특례(소득령 §51③, §53)

총수입금액은 해당 과세기간에 수입하였거나 수입할 금액의 합계액이다. 다만, 부동산을 임대하고 임대료 외에 임대보증금(전세금 포함)을 받은 경우에는 다음 산식에 의한 금액을 총수입금액에 산입한다.

> 부동산임대소득 총수입금액 = 수입임대료 + 간주임대료 수입금액

✽ 사업소득의 총수입금액과 필요경비는 법인소득의 익금과 손금의 개념과 유사하다. 세부사항은 법인세실무편을 참조하길 바란다.

1) 주택 이외(상가)의 간주임대료

간주임대료 계산은 장부를 작성하는 경우와 하지 아니하는 경우에 차이가 있다.

① 장부를 작성한 경우의 간주임대료

$$\text{총수입금액에 산입할 금액} = (\text{해당 과세기간의 보증금 등의 적수} - \text{임대용부동산의 건설비상당액의 적수}) \times (\text{정기예금 이자율}) \times \frac{1}{365}^{(주1)} - (\text{해당 과세기간의 임대사업부분에서 발생한 수입이자와 할인료 및 배당금의 합계액}^{(주2)})$$

(주1) 윤년의 경우에는 366을 적용하며 이하 같다.
(주2) 여기서 임대사업부분에서 발생한 수입이자·할인료 및 배당금은 비치·기장한 장부나 증명서류에 따라 해당 임대보증금 등으로 취득한 것이 확인되는 금융자산에서 발생한 것에 한한다. 따라서 금융자산(정기예금, 투자주식)을 재무상태표에 표기하여야 하며, 그 수익(수입이자 또는 수입배당금)을 손익계산서에 표기하여야 한다.
(주3) 건설비상당액 : 임대용부동산의 건설비 상당액이란 다음의 금액을 말한다.
 ① 1990.12.31. 이전에 취득·건설한 임대용부동산에 대한 건설비상당액은 취득가액, 1990.12.31. 현재 임대보증금, 1990.12.31. 현재 기준시가 중 가장 큰 금액
 ② 1991.1.1. 이후 취득한 임대용건물은 장부가액

$$\text{임대용 부동산의 매입·건설비}^* \times \frac{\text{임대면적}}{\text{건축물의 연면적}}$$

* 자본적 지출은 포함하고 재평가차액과 토지가액은 제외.

사례 4-6 부동산임대업 총수입금액의 회계처리

월 2,000,000원씩 수취하였으며 보증금은 1억원을 받았다. 정기예금이자율은 3.1%로 가정하고, 윤년에 해당한다. 건물취득가액은 80,000,000원이다. 총수입금액의 회계처리는?

해답
① 총수입금액 : (2,000,000×12개월)+[(1억−80,000,000)×3.1%] = 24,620,000
② 월세에 대한 매월 분개

(차) 현금·예금	2,200,000	(대) 임 대 료 수 입	2,000,000
		(대) 부 가 세 예 수 금	200,000

③ 간주임대료수입 700,000원은 회계처리를 하지 아니하고 세무조정사항으로 반영한다.
[총수입금액산입] 간주임대료 700,000(기타)

② 장부를 작성하지 아니한 경우의 간주임대료

$$\begin{pmatrix}\text{총수입금액에}\\ \text{산입할}\\ \text{수입금액}\end{pmatrix} = \begin{pmatrix}\text{해당 과세}\\ \text{기간의 보증금}\\ \text{등의 적수}\end{pmatrix} \times \frac{1}{365} \times \begin{pmatrix}\text{정기예금}\\ \text{이자율}\end{pmatrix}$$

사례 4-7 추계시 총수입금액의 계산

앞의 사례와 같은 상황에서 장부를 작성하지 않는 경우에 수입금액은 얼마인가? 단, 정기예금이자율은 3.1%로 가정한다.

해답 : 24,000,000+1억 × 3.1% = 27,100,000

2) 주택의 간주임대료

주택을 대여하고 보증금·전세금 등을 받은 경우에는 3주택[주거의 용도로만 쓰이는 면적이 1호(戶) 또는 1세대당 40제곱미터 이하인 주택으로서 해당 과세기간의 기준시가가 2억원 이하인 주택은 2026년 12월 31일까지는 주택 수에 포함하지 아니한다] 이상을 소유하고 해당 주택의 보증금등의 합계액이 3억원을 초과하는 경우에는 다음과 같이 계산한 금액을 사업소득 총수입금액에 산입한다(소득법 §25, 소득령 §53).

✽ 2026년 1월 1일부터 해당 과세기간의 기준시가가 12억원을 초과하는 고가의 2주택 소유자가 주택을 임대하고 받은 보증금 등의 합계액이 일정금액을 초과하는 경우 사업소득 총수입금액에 포함한다.

① 장부를 작성한 경우

$$\text{총수입금액에 산입할 금액} = \left(\text{해당 과세기간의 보증금} - 3억원\right) \text{의 적수} \times 60\% \times \left(\text{정기예금 이자율}\right) \times \frac{1}{365} - \left(\text{해당 과세기간의 임대사업부분에서 발생한 수입이자와 할인료 및 배당금의 합계액}\right)$$

여기서 보증금을 받은 주택이 2주택 이상인 경우에는 보증금의 적수가 가장 큰 주택의 보증금부터 순서대로 뺀다. 주택수 계산시 본인과 배우자의 주택을 합산하며, 다가구주택은 1개의 주택으로 보며, 공동소유 주택은 지분이 가장 큰 자의 소유로 계산한다. 그리고 세대단위로 주택수를 합산하지만 과세최저한(보증금 3억) 적용시에는 주택소유자별(개인단위)로 판단한다.

② 소득금액을 추계신고·추계조사결정하는 경우

$$\text{총수입금액에 산입할 금액} = \left(\text{해당 과세기간의 보증금} - 3억원\right) \text{의 적수} \times 60\% \times \left(\text{정기예금 이자율}\right) \times \frac{1}{365}$$

③ 주택임대소득에 대한 개정

구분	2018.12.31까지		2019년부터		사례 (단위 천원)		
임대수입	2000만원이하 비과세		2000만원이하 종소합산 또는 분리과세 14% 선택		6,000	6,000	4,000
필요 경비율	임대업 등록무관	60%	임대업 등록	60%		3,600	
			임대업 미등록	50%	3,000		2,000
기본공제	임대업 등록무관	400만원	임대업 등록	400만원		4,000	
			임대업 미등록	200만원	2,000		2,000
미등록가산세	없음		20년부터 수입금액의 0.2%				
3주택 이상 간주임대료 계산시 비과세 기준	60㎡이하이고 기준시가 3억원이하인 주택은 제외		40㎡이하이고 기준시가 2억원이하인 주택은 제외				
소득금액					1,000	0	0

* 임대업등록이란 : 구청과 세무서에 사업자등록하는 제도이며 연도 중에 등록은 기간 구분함.

(7) 사업소득의 수입시기

① **인적용역의 제공** : 용역대가를 지급받기로 한 날 또는 용역의 제공을 완료한 날 중 빠른 날. 다만, 연예인 및 직업운동선수 등이 계약기간 1년을 초과하는 일신전속계약에 대한 대가를 일시에 받는 경우 계약기간에 따라 해당 대가를 균등하게 안분한 금액을 각 과세기간종료일에 수입한 것으로 한다(소득령 §48).

② **건설·제조 기타 용역(도급공사 및 예약매출을 포함)의 제공** : 용역의 제공을 완료한 날(목적물을 인도하는 경우에는 목적물을 인도한 날). 다만, 계약기간이 1년 이상인 경우로서 작업진행률을 기준으로 하여야 하며, 계약기간이 1년 미만인 경우로서 일정한 경우(사업자가 그 목적물의 착수일이 속하는 과세기간의 결산을 확정함에 있어서 작업진행률을 기준으로 총수입금액과 필요경비를 계상한 경우) 작업진행률을 기준으로 할 수 있다.

③ **자산을 임대하거나 지역권·지상권을 설정하여 발생하는 소득의 경우에는 다음의 구분에 따른 날**

　가. 계약 또는 관습에 따라 지급일이 정해진 것 : 그 정해진 날

　나. 계약 또는 관습에 따라 지급일이 정해지지 아니한 것 : 그 지급을 받은 날

　다. 임대차계약 및 지역권·지상권 설정에 관한 쟁송(미지급임대료 및 미지급 지역권·지상권의 설정대가의 청구에 관한 쟁송은 제외한다)에 대한 판결·화해 등으로 소유자 등이 받게 되어 있는 이미 지난 기간에 대응하는 임대료상당액(지연이자와 그 밖의 손해배상금을 포함한다). : 판결·화해 등이 있은 날

④ **기타(앞에 해당하지 아니하는 자산의 매매)** : 대금을 청산한 날. 다만, 대금을 청산하기 전에 소유권 등의 이전에 관한 등기 또는 등록을 하거나 해당 자산을 사용수익하는 경우에는 그 등기·등록일 또는 사용수익일로 한다.

(8) 필요경비의 계산

1) 사업소득(부동산소득을 포함한다)의 총수입금액에 대응하는 비용을 말한다.

　✱ 사업소득의 총수입금액과 필요경비는 법인소득의 익금과 손금의 개념과 유사하다. 법인세법과 뚜렷한 차이점은 급료와 상여금 또는 퇴직급여에 사업소득자의 대표자(공동사업자 포함)의 것은 필요경비에 포함되지 않는다. 법인세실무편 및 회계실무를 참조 바란다.

　✱ 종업원의 출산 또는 양육지원을 위해 종업원에게 공통적으로 적용되는 지급기준에 따라 지급하는 금액을 필요경비 범위에 해당한다.

　✱ 근로자를 사용하지 않는 소규모 자영업자나 퀵서비스 배달원 등 노무제공자가 피보험자로서 부담하는 본인의 고용보험료 및 산재보험료를 필요경비 범위에 해당함.

2) 부가가치세 매입세액 중 필요경비로 인정되는 유형(소득법 §33①(9))

사업자가 부담하는 부가가치세 매입세액은 원칙적으로 필요경비로 인정하지 않는다. 그러나 부가가치세 매입세액이 불공제되는 다음의 경우는 필요경비(자산)로 인정한다.

| 사례 4-8 | 필요경비에 대한 회계처리

> 치과(면세사업자)에서 의료기기 5,000,000원(부가세 별도)을 구입하였다.
>
> | (차) | 의료기기 | 5,500,000 | (대) | 현금·예금 | 5,500,000 |
> |---|---|---|---|---|---|
>
> * 취득한 자산의 부가가치세가 자산으로 인정되는 사례이다. 지출한 비용의 부가가치세는 매입세액으로 공제받지 못하는 경우 비용으로 인정된다.

① 부가가치세 면세사업자가 부담하는 매입세액
② 영수증발급 대상인 간이과세자가 납부한 부가가치세
③ 개별소비세과세대상승용차의 유지에 관한 매입세액
④ 영수증을 받은 거래분에 포함된 매입세액으로서 공제대상이 아닌 금액
⑤ 임대인 또는 임차인이 부담한 전세금 및 임대보증금에 대한 간주임대료 부가가치세
⑥ 기업업무추진비 및 이와 유사한 경비의 지출에 관련된 매입세액

3) 가사관련경비(초과인출금에 대한 지급이자) 필요경비불산입(소득령 §61①(2))

사업용자산의 합계액이 부채(대손·퇴직급여충당금과 준비금 제외)에 미달하는 경우에 그 미달하는 금액에 상당하는 부채의 지급이자로서 다음과 같이 계산한 금액은 필요경비 불산입한다. 이 경우 적수의 계산은 매월말 현재의 초과인출금 또는 차입금의 잔액에 경과일수를 곱하여 계산할 수 있다.

또한 아래의 산식을 적용함에 있어 초과인출금의 적수가 차입금의 적수를 초과하는 경우 그 초과하는 부분은 없는 것으로 본다(소득칙 §27).

$$\begin{matrix} \text{초과인출금에 대한} \\ \text{지급이자} \\ \text{필요경비불산입금액} \end{matrix} = \text{지급이자} \times \frac{\text{해당 과세기간 중 부채의 합계액이 사업용자산의 합계액을 초과하는 금액 의 적수}}{\text{해당 과세기간 중 차입금의 적수}}$$

✽ 사업용자산의 범위
① 보통예금·정기적금 : 통상적인 운영자금 예치금(사업용계좌), 은행대출금과 연계된 예·적금, 수취한 임대보증금을 예치한 정기적금, 의무적으로 취득한 유가증권(건설공제조합증권, 국민주택채권)
② 토지·건물 : 취득가액과 자본적지출의 합계액(감가상각누계액을 차감한 장부가액 문제 있음)
③ 매출채권 : 외상매출금, 받을어음, 미수금 등으로서 대손충당금은 차감하지 아니한다.

| 사례 | 4-9 | 초과인출금에 대한 이자 |

개인사업자 '갑'의 1월 31일 현재 재무상태표는 다음과 같다. 초과인출금에 대한 이자는? 적수로 계산하여야 원칙이나 사례에서는 장부가액으로 계산하기로 한다.

재무상태표

외 상 매 출 금	10,000	외 상 매 입 금	15,000	
상 품	10,000	단 기 차 입 금	30,000	1월 이자 300
차 량 운 반 구	15,000	출 자 금	25,000	
인 출 금	35,000			
합 계	70,000	합 계	70,000	

해답 : 이자 300 × [(부채 - 자산) 10,000] / 차입금 30,000] = 100 필요경비불산입

> **참고** 공동사업 차입금에 대한 지급이지가 필요경비 불산입
>
> 공동사업자가 공동사업과 관련되어 차입한 차입금에 대한 이자비용은 필요경비 산입이 가능하나, 공동사업자가 공동사업에 출자하기 위하여 차입한 차입금에 대한 이자비용은 업무와 관련없는 비용으로 필요경비 불산입된다. 따라서 우선 차입금 외로 공동사업 출자가 완료되어야 하고, 그 후 공동사업 진행 이후에 출자금 외에 별도의 차입금을 발생시키면서 공동사업장 전체의 차입금으로 자금을 조달하고 공동 상환책임을 부담한다는 동업계약서에 명기된 약정이 있어야 하고, 이익분배시 지급이자를 공제한 후의 이익을 분배하는 것으로 약정이 있어야 공동사업장의 필요경비로 인정하고 있다.

2 사업소득의 원천징수

(1) 원천징수대상 사업소득

사업소득은 기타소득과 달리 개인사업자가 독립된 자격으로 용역을 계속·반복적으로 제공하고 그 대가를 받는 소득이다. 대부분의 개인사업자는 1년간 벌어들이는 총수입금액에서 지출한 필요경비를 차감한 금액인 사업소득을 계산한 후 다음해 5월말까지 종합소득세를 자진 신고·납부한다. 따라서 원칙적으로 대부분의 사업소득에 대하여 미리 소득세를 원천징수할 필요가 없다.

다만, 모든 사업소득이 아니라 다음과 같은 특정사업소득의 총수입금액에 대하여는 필요경비를 공제하지 않고 원천징수한 후 다음 해에 무조건 종합과세한다는 점에 유의해야 한다.

1) 의료보건용역 및 특정인적용역

원천징수대상 사업소득은 부가가치세 면세대상인 다음과 같은 용역의 공급에서 발생하는 소득으로 한다(소득령 §184①).

① 의료보건용역(수의사의 용역 포함)(부가령 §35(4))
② 저술가·작곡가 등이 직업상 제공하는 인적용역(접대부·댄서와 기타 이와 유사한 용역은 봉사료원천징수에 해당하므로 제외)(부가령 §42) : 인적용역은 독립된 사업(여러 개의 사업을 겸영하는 사업자가 과세사업에 필수적으로 부수되지 아니하는 용역을 독립하여 공급하는 경우를 포함한다)으로 공급하는 다음의 용역으로 한다.

> **참고** 부가가치세 면세대상 인적용역의 종류(부가령 § 42)
>
> (1) 개인이 계속적·반복적으로 사업에만 이용되는 건축물, 기계장치 등의 물적시설 없이 근로자를 고용(고용 외의 형태로 해당 용역의 주된 업무에 대해 타인으로부터 노무 등을 제공받는 경우를 포함한다)하지 아니하고 독립된 자격으로 용역을 공급하고 대가를 받는 다음의 인적용역
> - 저술·서화·도안·조각·작곡·음악·무용·만화·삽화·만담·배우·성우·가수와 이와 유사한 용역
> - 연예에 관한 감독·각색·연출·촬영·녹음·장치·조명과 이와 유사한 용역
> - 건축감독·학술용역과 이와 유사한 용역
> - 음악·재단·무용(사교무용을 포함한다)·요리·바둑의 교수와 이와 유사한 용역
> - 직업운동가·역사·기수·운동지도가(심판 포함)와 이와 유사한 용역
> - 접대부, 댄서와 이와 유사한 용역 → 봉사료
> - 보험가입자의 모집, 저축의 장려 또는 집금 등을 하고, 실적에 따라 보험회사는 금융기관으로부터 모집수당·장려수당·집금수당 또는 이와 유사한 성실의 대가를 받는 용역과 서적, 음반 등의 외판원이 판매실적에 따라 대가를 받는 용역
> - 저작자가 저작권에 의하여 사용료를 받는 용역
> - 교정·번역·고증·속기·필경·타자·음반취입과 이와 유사한 용역
> - 고용관계 없는 자가 다수인에게 강연을 하고, 강연료·강사료 등의 대가를 받는 용역
> - 라디오·텔레비전 방송 등을 통하여 해설·계몽 또는 연기를 하거나 심사를 하고 사례금 또는 이와 유사한 성질의 대가를 받는 용역
> - 작명·관상·점술 또는 이와 유사한 용역
> - 개인이 일의 성과에 따라 수당 또는 이와 유사한 성질의 대가를 받는 용역
>
> (2) 개인·법인 또는 법인격 없는 사단·재단 기타 단체가 독립된 자격으로 용역을 공급하고 대가를 받는 다음에 규정하는 인적용역
> - 국선변호인의 국선변호와 법률구조
> - 새로운 학술 또는 기술을 개발하기 위하여 행하는 새로운 이론·방법·공법 또는 공식 등에 관한 연구용역
> - 직업소개소 및 상담소(인생상담·직업재활상담·창업상담, 결혼상담 제외)를 경영하는 자가 공급하는 용역
> - 장애인복지법에 따른 장애인보조견 훈련용역
> - 외국공공기관 또는 「국제금융기구에의 가입조치에 관한 법률」 2조의 규정에 의한 국제금융기구로

> 부터 받은 차관자금으로 국가 또는 지방자치단체가 시행하는 국내 사업을 위하여 공급하는 용역(국내사업장이 없는 외국법인 또는 비거주자가 공급하는 것을 포함)
> - 민법에 따른 후견인과 후견감독인이 제공하는 후견사무 용역
> - 가사서비스 제공기관이 가사서비스 이용자에게 제공하는 가사서비스
> - 직업안정법에 따른 근로자공급 용역
> - 다른 사업자의 사업장(다른 사업자가 제공하거나 지정한 경우로서 그 사업자가 지배·관리하는 장소를 포함한다)에서 그 사업자의 시설 또는 설비를 이용하여 물건의 제조·수리, 건설, 그 밖에 이와 유사한 것으로서 기획재정부령으로 정하는 작업을 수행하기 위한 단순 인력 공급용역(「파견근로자 보호 등에 관한 법률」에 따른 근로자파견 용역은 제외한다)

2) 봉사료

부가가치세가 면제되는 접대부·댄서와 이와 유사한 용역을 제공하는 자에게 지급하는 다음의 봉사료 수입금액에 대하여 원천징수한다(소득령 §184의2).

> * 원천징수하여야 하는 봉사료는 다음의 요건을 모두 충족한 것을 말한다.
> ① 공급가액과 봉사료를 세금계산서와 신용카드매출전표 등에 구분 기재할 것
> ② 구분 기재한 봉사료가 공급가액(부가가치세와 봉사료 제외)과의 20%를 초과할 것
> ③ 사업자가 봉사료를 자기의 수입금액으로 계상하지 않을 것
>
> * 원천징수대상 용역
> ① 음식·숙박용역
> ② 안마시술소·이용원·스포츠마사지업소 및 그 밖에 이와 유사한 장소에서 제공하는 용역
> ③ 개별소비세의 과세대상인 과세유흥장소에서 제공하는 용역
>   ㉠ 유흥주점, 외국인전용 유흥음식점
>   ㉡ 식품위생법에 따른 유흥주점과 사실상 유사한 영업을 하는 장소

사업자가 봉사료를 세금계산서 등에 그 대가와 구분하여 기재한 경우로서 봉사료를 해당 종업원에게 지급한 사실이 확인되는 경우에는 그 봉사료는 부가가치세(개별소비세) 과세표준에 포함하지 아니하며, 또한 소득세법상 총수입금액에도 산입하지 아니한다. 이때 반드시 지급사실이 확인되어야 하는 바 그 지급사실의 확인은 봉사료지급대장에 의한다.

사례 4-10 봉사료 원천징수

> 과세유흥장소에서 지출된 주대는 1백만원(부가세 제외)일 때 봉사료가 얼마 이하이면 원천징수대상이 되지 않는가?
>
> 해답 : 봉사료가 20만원 이하이면 봉사료 수입금액으로 원천징수되지 않으며, 사업소득으로도 원천징수되지 않는다. 만약, 공급가액의 20%를 초과하는 경우에는 봉사료 전액에 대하여 원천징수한다.

(2) 원천징수 의무자(소득령 §184③)

국내에서 거주자와 비거주자에게 원천징수대상 사업소득에 대한 수입금액을 지급하는 다음에 해당하는 자는 소득세를 원천징수납부해야 한다. 다만, 비사업자는 원천징수의무가 없다.

① 사업자
② 법인세의 납세의무자
③ 국가·지방자치단체 또는 지방자치단체조합
④ 「민법」 기타 법률에 의하여 설립된 법인
⑤ 법인으로 보는 법인아닌 단체

(3) 원천징수세액

1) 의료보건용역 및 특정인적용역에 대한 원천징수(소득법 §129①(3))

사업소득 원천징수세액 = 수입금액 × 3% (20%^주)(개인지방소득세 0.3% 별도)

주) 외국인 직업운동가가 한국표준산업분류에 따른 스포츠 클럽 운영업 중 프로스포츠구단과의 계약(계약기간이 3년 이하인 경우로 한정)에 따라 용역을 제공하고 받는 소득에 대해서는 20%로 한다.

2) 봉사료 수입금액에 대한 원천징수(소득법§129①(8))

원천징수세액 = 봉사료수입금액 × 5% (개인지방소득세 0.5% 별도)

(2) 신고납부절차

1) 신고납부

원천징수의무자는 원천징수한 소득세를 그 징수일이 속하는 달의 다음달 10일까지 원천징수 관할세무서·한국은행 또는 체신관서에 납부해야 한다.

다만, 반기납부 원천징수의무자는 원천징수한 소득세를 그 징수일이 속하는 반기의 마지막 달의 다음달 10일까지 납부할 수 있다.

2) 원천징수영수증 발급

원천징수의무자는 사업소득에 대한 수입금액을 지급하는 때에 그 수입금액 등을 기재한 원천징수영수증을 소득을 지급받는 자(사업소득자)에게 발급하여야 한다.

이 경우 사업소득자가 용역을 공급받는 자로부터 원천징수영수증을 발급받는 것에 대해서는 계산서를 교부한 것으로 본다.

그러나 용역대가를 지급하는 자가 원천징수대상 사업소득의 인적용역을 제공받고 계산서를 수령한 경우에도 원천징수 의무가 있으며, 지급시 원천징수영수증을 발급하여야 한다. 만약, 사업소득에 대해 연말정산하는 경우 연말정산일이 속하는 달의 다음 달 말일까지 사업소득연말정산분에 대한 원천징수영수증을 발급하여야 한다(소득법 §144의4).

3) 지급명세서와 간이지급명세서 제출

원천징수대상 사업소득을 국내에서 지급하는 자는 지급명세서를 그 지급일이 속하는 연도의 다음 연도 3월 10일까지 제출하여야 한다. 다만, 원천징수의무자가 휴업 또는 폐업한 경우에는 휴업일 또는 폐업일이 속하는 달의 다음 다음달 말까지 제출하여야 한다. 또한, 간이지급명세서는 그 소득 지급일이 속하는 달의 다음 달 말일까지 제출하여야 한다.

사례 4-11 사업소득의 원천징수세액 계산

1. 사업소득 원천징수세액계산
   (주)한결은 전산회계프로그램의 개발용역 대가로 백두산에게 개발용역대금 5백만원을 지급하였다. 백두산이 개발용역을 계속적이고 반복적으로 하고 있어 사업자에 해당한다고 할 때 회사가 용역대금지급시 원천징수할 세액은?

   해설
   (1) 사업소득금액 = 5,000,000원
       * 필요경비가 제시되지 않았으므로 필요경비는 0이다.
   (2) 사업소득세의 원천징수세액
       지급총액 × 3% = 5,000,000원 × 3% = 150,000원
   (3) 개인지방소득세의 특별징수세액
       사업소득세액 × 10% = 150,000원 × 10% = 15,000원
   (4) 총원천징수세액(소득세 + 개인지방소득세) = 150,000원 + 15,000원 = 165,000원

2. 사업소득 원천징수세액계산 및 서식작성
   (주)한결은 20x1. 6월 20에 전 직원을 대상으로 교육을 실시하였으며, 외부강사 나왕자의 강사료는 3,000,000원이다. 20x1. 7월 5에 소득세와 개인지방소득세 3.3%를 차감하여 지급하였다. 단, 나왕자는 강의를 계속적이고 반복적으로 하고 있어 사업자에 해당한다.
   원천징수이행상황신고서 및 사업소득지급명세서를 작성하라.

①신고구분				소득처분	환급신청	[✓]원천징수이행상황신고서 [ ]원천징수세액환급신청서		②귀속연월	20x1년 6월
매월	반기	수정	연말					③지급연월	20x1년 7월

원천징수의무자	법인명(상호)	(주)한결	대표자(성명)	△△△	일괄납부 여부	여, 부
					사업자단위과세 여부	여, 부
	사업자(주민)등록번호	xxx-xx-xxxxx	사업장 소재지	○○○○○	전화번호	xxx-xxx-xxxx
					전자우편주소	00@00.00

❶ 원천징수 명세 및 납부세액 (단위 : 원)

소득자 소득구분			코드	원천징수명세					⑨당월 조정 환급세액	납부세액	
				소득지급 (과세 미달, 일부 비과세 포함)		징수세액				⑩소득세 등 (가산세 포함)	⑪농어촌특별세
				④인원	⑤총지급액	⑥소득세등	⑦농어촌특별세	⑧가산세			
개인 (거주자 비거주자)	근로소득	간이세액	A01								
		중도퇴사	A02								
		일용근로	A03								
		연말정산	A04								
		가감계	A10								
	사업소득	매월징수	A25	1	3,000,000	90,000					
		연말정산	A26								
		가감계	A30	1	3,000,000	90,000				90,000	
	기타소득	연금계좌	A41								
		그 외	A42								
		가감계	A40								
총합계			A99	1	3,000,000	90,000				90,000	

귀속 연도	20x1년	[ ]거주자의 사업소득 원천징수영수증 [✓]거주자의 사업소득 지급명세서 ([ ]소득자 보관용 [✓]발행자 보관용)	내·외국인	내국인1 외국인9
			거주지국	거주지국코드

징 수 의무자	①사업자등록번호 xxx-xx-xxxxx	②법인명 또는 상호 (주)한결	③성명 △△△
	④주민(법인)등록번호 xxxxxx-xxxxxxx	⑤소재지 또는 주소 ○○○○○	

소득자	⑥상 호		⑦사업자등록번호	
	⑧사 업 장 소 재 지			
	⑨성 명	나왕자	⑩주민등록번호	xxxxxx-xxxxxxx
	⑪주 소	○○○○○		

| ⑫업종구분 | 940903학원강사 | ※ 작성방법 참조 |

⑬지 급		⑭소득귀속		⑮지 급 총 액	⑯세율	원 천 징 수 세 액		
연	월	일	연	월			⑰소 득 세	⑱개인지방소득세	⑲계
20x1	7	5	20x1	6	3,000,000	3%	90,000	9,000	99,000

위의 원천징수세액(수입금액)을 정히 영수(지급)합니다.

20x2년 3월 10일

징수(보고)의무자　　　　　　　　　(주)한결 (서명 또는 인)

⑫ 업종구분란에는 소득자의 업종에 해당하는 아래의 업종구분코드를 적어야 합니다.

종목	업종코드	종목	업종코드	종목	업종코드	종목	업종코드	종목	업종코드
저술가	940100	연예보조	940500	음료배달	940907	목욕관리사	940915	대여제품 방문점검원	940922
화가관련	940200	자문·고문	940600	방문판매원	940908	행사도우미	940916	대출모집인	940923
작곡가	940301	바둑기사	940901	기타자영업	940909	심부름용역	940917	신용카드 회원모집인	940924
배우	940302	꽃꽂이교사	940902	다단계판매	940910	퀵서비스	940918	방과후강사	940925
모델	940303	학원강사	940903	기타 모집수당	940911	물품운반	940919	소프트웨어 프리랜서	940926
가수	940304	직업운동가	940904	간병인	940912	병의원	851101	관광통역 안내사	940927
성악가	940305	봉사료 수취자	940905	대리운전	940913	학습지 방문강사	940920	어린이통학 버스기사	940928
1인미디어 콘텐츠창작자	940306	보험설계	940906	캐디	940914	교육교구 방문강사	940921	중고자동차 판매원	940929

Ⅲ. 근로소득

1 근로소득

(1) 근로소득의 의의

근로소득이란 근로계약에 의하여 비독립적 지위에서 근로를 제공하고 받은 금품으로써, 봉급·급료·보수·임금·수당·상여 등 명칭이나 형식 여하에 불구하고 그 실질내용이 근로의 대가인 경우에는 근로소득이며, 다음의 소득으로 구성된다(소득법 §20).

① 근로를 제공함으로써 받는 봉급·급료·보수·세비·임금·상여·수당과 이와 유사한 성질의 급여
② 법인의 주주총회·사원총회 또는 이에 준하는 의결기관의 결의에 따라 상여로 받는 소득
③ 법인세법에 따라 상여로 처분된 금액(인정상여)
④ 퇴직함으로써 받는 소득으로서 퇴직소득에 속하지 아니하는 소득
⑤ 종업원 등 또는 대학의 교직원이 지급받는 직무발명보상금
⑥ 사업자나 법인이 생산·공급하는 재화 또는 용역(자사제품등)을 임원등에게 시가보다 낮은 가격으로 제공하거나 구입할 수 있도록 지원함으로써 해당 임원등이 얻는 이익

✱ 퇴직 후 지급받는 직무발명보상금의 경우 : 기타소득

| 강의에 대한 대가 |

구 분	소득 종류
학교에 강사로 고용되어 지급받은 급여	근로소득
일시적으로 강의를 하고 지급받은 강사료	기타소득
독립된 자격으로 계속적·반복적으로 강의를 하고 받는 강사료	사업소득
학교와 학원이 계약을 체결하고 해당 학원에 고용된 강사로 하여금 강의를 하고 그 대가로 학원이 지급받는 금액	해당 학원의 사업소득

| 고문료 |

구 분	소득 종류
거주자가 근로계약에 의한 고용관계에 의하여 비상임자문역으로 경영자문용역을 제공하고 받는 소득(고용관계 여부는 근로계약 내용 등을 종합적으로 판단)	근로소득
전문직 또는 컨설팅 등을 전문적으로 하는 사업자가 독립적인 지위에서 사업상 또는 부수적인 용역인 경영자문용역을 계속적 또는 일시적으로 제공하고 얻는 소득	사업소득
근로소득 및 사업소득 외의 소득으로서 고용관계 없이 일시적으로 경영자문용역을 제공하고 얻는 소득	기타소득

(2) 근로소득의 구분

1) 국내근로소득과 국외근로소득

국내에서 지급되는 모든 소득은 원천징수대상이 되는데 반하여, 국외에서 지급되는 다음의 근로소득은 원천징수의 대상이 되지 않는다.

① **외국기관 또는 우리나라에 주둔하는 국제연합군(미국군 제외)으로부터 받는 급여**
② **국외에 있는 비거주자 · 외국법인(국내지점 · 국내영업소는 제외)으로부터 받는 급여**

다만, 비거주자의 국내사업장과 외국법인의 국내사업장의 국내원천소득금액을 계산할 때 필요경비 또는 손금으로 계상되는 소득은 제외한다.

※ 2009년도까지는 근로소득을 지급하는 자가 거주자 또는 내국법인인 경우에는 갑종으로, 국내 사업장이 없는 비거주자 또는 외국법인 등인 경우에는 을종으로 구분하였다.

｜소득 발생처별 과세범위｜

소득자	소득발생처	과세여부	비 고
거주자	국내근로	과세	
	국외근로	과세	일부 비과세 혜택 외국인 거주자의 국외원천소득 과세 완화*
비거주자	국내근로	과세	국내원천소득에 대해서만 과세
	국외근로	과세 제외**	

* 외국인 거주자로서 해당 과세기간 종료일로부터 소급하여 10년동안 국내 거주기간이 5년 이하인 개인의 국외원천 소득 중 국내에서 지급되거나 국내로 송금된 금액에 대해서만 과세
** 비거주자가 내국법인의 해외지점에서 근무함으로써 발생하는 소득은 원천징수대상에 해당하지 않음.

2) 일반근로자와 일용근로자

근로를 제공하고 받는 급여가 월급여의 형태로 지급받는 근로자를 일반근로자로, 그리고 시간이나 일수에 따라 급여를 받는 자를 일용근로자로 구분하고 있다. 일반근로자와 일용근로자는 근로소득에 대한 원천징수방식이 다르다. 일반근로자가 받는 급여는 종합과세대상에 해당되므로 매월 급여 지급시 근로소득 간이세액표에 의해 원천징수하고 연말정산을 통해 확정되지만, 일용근로자가 받는 급여는 분리과세대상소득에 해당되어 완납적인 원천징수로 모든 납세의무가 종결되기 때문이다.

※ 일용근로자는 근무일수 · 근무시간 또는 성과에 따라 급여를 계산하는 자(일당, 아르바이트, 파트타임 등)로서 일정한 고용주에게 3월 미만 고용된 자를 말한다(소득령 § 20). 다만, 건설근로자는 1년 미만 고용, 하역근로자는 기간 제한 없이 일용근로자로 본다.

| 일반근로소득과 일용근로소득 비교 |

구 분	일반근로소득	일용근로소득
개 념	일정한 고용주에게 계속하여 고용되어 지급받는 급여	일정한 고용주에게 계속하여 고용되어 있지 아니하고 일급 또는 시간급으로 받는 급여
특 징	근로계약상 근로제공에 대한 시간 또는 일수나 그 성과에 의하지 아니하고 월액에 의하여 급여를 지급받는 경우 그 고용기간에 불구하고 일반근로소득으로 봄.	근로를 제공한 날 또는 시간에 따라 근로대가를 계산하거나 근로를 제공한 날 또는 시간의 근로성과에 따라 급여를 계산하여 지급받음.
원천징수 세액 계산	근로소득 간이세액표에 의해 원천징수	[일급(비과세소득제외) − 15만원] × 6% × [1 − 55%]
연말정산	연말정산 대상에 해당	연말정산 대상에 해당되지 않고 지급시 원천징수로서 납세의무 종결
지급명세서 제출시기	다음연도 3월 10일까지 단, 근로소득간이지급명세서는 그 지급일이 속하는 달의 다음 달 말일까지	그 지급일이 속하는 달의 다음 달 말일까지

※ 고용관계 판단 : 근로제공자가 업무 내지 작업에 대한 거부를 할 수 있는지, 시간적·장소적인 제약을 받는지, 업무수행과정에 있어서 구체적인 지시를 받는지 복무규정의 준수의무 등을 종합적으로 판단하여야 함.

(3) 근로소득의 범위

1) 일반적인 근로소득

근로소득에는 다음의 소득을 포함하되, 퇴직급여로 지급되기 위하여 적립되는 급여는 포함하지 아니한다(소득령 §38①②).

① 기밀비(판공비를 포함)·교제비 기타 유사한 명목으로 받는 것으로서 업무를 위하여 사용된 것이 분명하지 아니한 급여

② 종업원이 받는 공로금·위로금·개업축하금·학자금·장학금(종업원의 수학 중인 자녀가 사용자로부터 받는 학자금·장학금 포함) 기타 이와 유사한 성질의 급여

③ 근로수당·가족수당·전시수당·물가수당·출납수당·직무수당 기타 이와 유사한 성질의 급여

④ 보험회사 등 금융기관의 종업원이 받는 집금수당과 보험가입자의 모집, 증권매매의 권유 또는 저축을 권장하여 받는 대가. 그 밖에 이와 유사한 성질의 급여

⑤ 급식수당·주택수당·피복수당 기타 이와 유사한 성질의 급여

⑥ 주택을 제공받음으로써 얻는 이익

⑦ 종업원이 주택(주택에 부수된 토지를 포함한다)의 구입·임차에 소요되는 자금을 저리 또는 무상으로 대여받음으로써 얻는 이익

⑧ 기술수당·보건수당 및 연구수당. 그 밖에 이와 유사한 성질의 급여

⑨ 시간외근무수당·통근수당·개근수당·특별공로금 기타 이와 유사한 성질의 급여
⑩ 여비의 명목으로 받는 연액 또는 월액의 급여
⑪ 벽지수당·해외근무수당 기타 이와 유사한 성질의 급여
⑫ 종업원이 계약자이거나 종업원 또는 그 배우자 기타의 가족을 수익자로 하는 보험·신탁 또는 공제와 관련하여 사용자가 부담하는 보험료·신탁부금 또는 공제부금
⑬ 법인세법에 따라 임원이 지급받은 퇴직급여 중 손금에 산입되지 아니한 금액
  - 정관에 퇴직급여(퇴직위로금 등을 포함한다)로 지급할 금액이 정하여진 경우에는 정관에 정하여진 금액
  - 정관에 없는 경우에는 그 임원이 퇴직하는 날부터 소급하여 1년동안 해당 임원에게 지급한 총급여액의 10분의 1에 상당하는 금액에 근속연수를 곱한 금액
⑭ 휴가비 기타 이와 유사한 성질의 급여
⑮ 계약기간 만료전 또는 만기에 종업원에게 귀속되는 단체환급부보장성보험의 환급금
⑯ 법인의 임원등이 해당 법인 또는 해당 법인과 특수관계에 있는 법인으로부터 부여받은 주식매수선택권을 해당 법인 등에서 근무하는 기간 중 행사함으로써 얻은 이익(주식매수선택권 행사 당시의 시가와 실제 매수가액과의 차액을 말하며, 주식에는 신주인수권을 포함한다)
⑰ 「공무원 수당 등에 관한 규정」,「지방공무원 수당 등에 관한 규정」,「검사의 보수에 관한 법률 시행령」, 대법원규칙, 헌법재판소규칙 등에 따라 공무원에게 지급되는 직급보조비
⑱ 공무원이 국가 또는 지방자치단체로부터 공무 수행과 관련하여 받는 상금과 부상

2) 근로소득에서 제외되는 소득

근로소득에서 제외되는 소득과 비과세소득은 모두 과세대상이 아니라는 점에서는 같다. 그러나 근로소득에서 제외되는 항목은 당초 근로소득에도 포함되지 않지만, 비과세항목은 근로소득에는 포함되나 과세를 하지 않는 항목으로서 일부가 지급명세서 제출대상에 포함될 수도 있다.

① 사내근로복지기금으로부터 받는 장학금, 주택보조금 등
② 주식매수선택권 행사이익(2006.12.31. 까지 부여 받은 분)(조특법 §15①)
③ 사회통념상 타당하다고 인정되는 범위 내의 경조금(소득칙 §10①)

(4) 비과세 소득(소득법 §12(3))

1) 실비변상적 성질의 급여(소득령 §12)

다음 항목은 근로소득자가 회사의 업무를 수행하는 과정에서 발생하는 실제경비를 회사가 변상해주는 성격이므로 과세하지 않는 실비변상적 성질의 급여이다.

① 자가운전보조금(월 20만원 이내)

종업원이 소유하거나 본인 명의(배우자와 공동명의 인정)로 임차한 차량을 종업원이 직접 운전하여 사용자의 업무수행에 이용하고 시내출장 등에 소요된 실제여비를 받는 대신에 그 소요경비를 해당 사업체의 규칙 등으로 정하여진 지급기준에 따라 받는 금액 중 월 20만원 이내의 금액은 비과세한다.

※ 근로자가 2이상의 회사에 근무하면서 차량유지비를 매월 각 회사로부터 중복하여 지급받는 경우 지급하는 회사를 기준으로 각각 20만원(총 40만원까지) 이내의 금액에 대하여 비과세된다.

② **연구보조비 또는 연구활동비(월 20만원 이내)**

다음에 해당하는 자가 받는 월 20만원 이내의 연구보조비 또는 연구활동비는 비과세한다.

㉠ 공교육기관의 교원

㉡ 정부출연연구기관 등에서 연구활동에 직접 종사하는 자

㉢ 한국산업기술진흥협회에 등록하여 인정받은 중소기업 또는 벤처기업의 기업부설연구소와 연구개발전담부서에서 연구활동에 직접 종사하는 자

③ 선원법에 의한 선원(연 240만원 이내의 초과근로수당에 대한 비과세규정을 적용받는 자는 제외)이 받는 월 20만원 이내의 승선 수당

④ 방송·뉴스통신·신문(일간신문·인터넷신문) 등의 기자가 취재활동과 관련하여 받는 취재수당 중 월 20만원 이내의 금액. 이 경우 취재수당을 급여에 포함하여 받는 경우에는 월 20만원에 상당하는 금액을 취재수당으로 본다.

⑤ 일정한 벽지에 근무함으로 인하여 받는 월 20만원 이내의 벽지수당

⑥ 수도권 외 지역으로 이전하는 균형발전법에 따른 공공기관의 소속 공무원이나 직원에게 한시적으로 지급하는 월 20만원 이내의 이전지원금

⑦ 천재·지변 기타 재해로 인하여 받는 급여

⑧ 일직·숙직료 또는 여비로서 실비변상정도의 금액

⑨ 직장에서만 착용하는 피복

㉠ 법령·조례에 의하여 제복을 착용하여야 하는 자가 받는 제복·제모 및 제화

㉡ 병원·실험실·금융회사 등·공장·광산에서 근무하는 사람 또는 특수한 작업이나 역무에 종사하는 사람이 받는 작업복이나 그 직장에서만 착용하는 피복

⑩ 선원법에 의하여 받는 식료

⑪ 각종 위험수당

㉠ 특수분야에 종사하는 군인이 받는 낙하산강하위험수당·수중파괴작업위험수당·잠수부위험수당·고전압위험수당·폭발물위험수당·항공수당·비무장지대근무수당·전방초소근무수당·함정근무수당 및 수륙양용궤도차량승무수당·경찰특수전술업무수당과 경호공무원이 받는 경호수당

㉡ 경찰공무원이 받는 함정근무수당·항공수당 및 소방공무원이 받는 함정근무수당·항공수당·화재진화수당

ⓒ 광산근로자가 지급받는 입갱수당 또는 발파수당
⑫ 국가·지방자치단체가 지급하는 다음 중 어느 하나에 해당하는 것
  ㉠ 보육교사의 처우개선을 위하여 지급하는 근무환경개선비
  ㉡ 사립유치원 수석교사·교사의 인건비
  ㉢ 전문과목별 전문의의 수급 균형을 유도하기 위하여 전공의에게 지급하는 수련보조수당

2) 식사 또는 식사대(월 20만원 이내)

회사가 근로자에게 식사 또는 금전으로 식사대를 제공할 경우 비과세여부는 다음과 같이 판단한다.

① 근로자가 사내(무상)급식 등으로 제공받는 식사 기타 음식물은 통상적으로 급여에 포함되지 아니하고, 음식물의 제공 여부로 급여에 차등이 없으며, 사용자가 추가부담으로 제공하는 경우 비과세된다.

② 식사·기타 음식물을 제공받지 아니하는 근로자가 받는 월 20만원 이하의 식사대는 비과세된다(소득령 §17의2).

※ 식사와 식사대를 모두 지급받는 경우에는 식사에 한하여 비과세로 보며 식대는 과세한다.
  다만, 다른 근로자와 함께 일률적으로 식사대를 지급받고 있는 근로자가 야간근무 등 시간외근무를 하는 경우에 별도로 제공받는 식사는 비과세된다.
※ 회사가 기업 외부의 음식업자와 계약하고 식권을 제공하는 경우 현금으로 환급할 수 없는 경우 10만원을 초과해도 비과세하나 현금으로 환급할 수 있으면 10만원이내 금액은 비과세되고 그 초과금액은 과세한다.
※ 근로자가 2이상의 회사에 근무하면서 식사대를 매월 각 회사로부터 중복하여 지급받는 경우 각 회사로부터 받은 식사대를 합한 금액 중 월 20만원 이내의 금액에 대하여 비과세된다.

3) 학자금

초·중등교육법 및 고등교육법에 따른 학교(외국에 있는 이와 유사한 교육기관 포함) 및 근로자직업능력개발법에 따른 직업능력개발훈련시설의 입학금·수업료·수강료 기타 공납금 중 다음 요건을 갖춘 학자금은 비과세한다(소득령 §11).

① 해당 사업체의 업무와 관련있는 교육·훈련을 위하여 지급받는 것일 것
② 해당 사업체의 규칙 등에 의하여 정하여진 지급기준에 따라 받는 것일 것
③ 교육·훈련기간이 6월 이상인 경우에는 교육·훈련 후 해당 교육기간을 초과하여 근무하지 아니하는 때에는 지급받은 금액을 반납할 것을 조건으로 하여 받는 것일 것

※ 근로자의 자녀학자금과 근로자가 사설어학원 수강료를 지원받는 경우 과세한다.

4) 출산 및 보육수당(월 20만원 이내)

근로자 또는 그 배우자의 출산이나 자녀의 보육과 관련하여 사용자로부터 지급받는 다음의 급여를 비과세한다(소득법 §12(3)머).

① 출산지원금

근로자(사용자와 특수관계에 있는 자는 제외한다) 또는 그 배우자의 출산과 관련하여 자녀의 출생일 이후 2년 이내에 사용자로부터 최대 두 차례에 걸쳐 지급받는 급여(사용자로부터 해당 급여를 지급받는 횟수에 관계 없이 자녀의 출생일 이후 2년 이내에 첫 번째와 두 번째 지급받는 급여로서 근로자가 지급받는 급여의 횟수는 사용자별로 계산함) 전액에 대하여 비과세한다.

② 보육수당

근로자 또는 그 배우자의 해당 과세기간 개시일을 기준으로 6세 이하(6세가 되는 날과 그 이전 기간을 말한다)의 자녀의 보육과 관련하여 사용자로부터 지급받는 급여로서 월 20만원 이내의 금액은 비과세한다.

✽ 6세 이하의 자녀가 2명 이상인 경우, 2 이상의 근무지로부터 중복해서 받는 경우, 분기별로 지급받는 경우, 소급해서 수개월분을 일괄지급받는 경우 그 지급 월을 기준으로 월 20만원 이내의 금액을 비과세한다.
✽ 맞벌이부부가 6세이하의 자녀 1인에 대하여 각 근무처로부터 보육수당을 수령하는 경우 본인과 배우자 각각 월 20만원 이내의 금액을 비과세한다.

5) 생산직근로자가 받는 연장근로수당 등(연 240만원 이내)

직전연도 총급여가 3천만원 이하로서 월정액급여 210만원 이하인 생산직근로자(일용근로자 포함)가 연장근로(오후 6시부터 오후 10시까지)·야간근로(오후 10시부터 오전 6시까지) 또는 휴일근로(근로의무가 없는 날)로 인하여 받는 급여에 대해 연간 240만원을 한도로 비과세한다(소득령 §17).

① 생산직근로자라 함은 다음에 해당하는 자를 말한다(소득칙 §9).

㉠ 공장 또는 광산에서 근로를 제공하는 자로서 생산 및 관련 종사자, 어업을 영위하는 자에게 고용되어 근로를 제공 하는자(선장 제외)

㉡ 소득세법 시행규칙 [별표 2]의 한국표준직업분류에 따른 서비스 종사자(돌봄·미용·여가 및 관광·숙박시설·조리 및 음식 서비스직), 판매 종사자(매장 판매 및 상품 대여직, 통신 관련 판매직), 기능원 및 관련 기능 종사자, 장치·기계 조작 및 조립 종사자, 단순노무 종사자(건설 및 광업 관련 단순 노무직, 운송·제조·청소·경비·가사·음식·판매·농림·어업·계기·자판기·주차관리 및 기타 서비스 관련 단순 노무직 종사자)

② 월정액급여의 계산

월정액급여란 매월 직급별로 받는 봉급·급료·보수·임금·수당 그 밖에 이와 유사한 성질의 급여(해당 연도에 받는 상여 등 부정기적인 급여와 실비변상적 성질의 급여, 복리후생적 성질의 급여를 제외)의 총액에서 비과세대상이 되는 연장시간근로, 야간근로 또는 휴일근로로 인하여 받는 수당을 뺀 급여를 말한다.

> 월정액급여 = 급여총액 − 상여 등 부정기적인 급여 − 실비변상적 성질의 급여 −
> 복리후생적 성질의 급여 − 연장야간휴일근로수당

| 계산구조 해설 |

㉠ 식사대는 실비변상적인 급여가 아니므로 비과세여부에 관계없이 월정액급여에서 제외 안함.
㉡ 자가운전보조금은 실비변상적인 급여이므로 비과세분을 월정액급여에서 제외함.
㉢ 상여금을 매월 급여항목으로 지급받는 경우에는 월정액급여에 해당함.
　※ 상여금지급규정에 의하여 2개월에 한번씩 지급받는 상여금은 부정기적인 급여에 해당
㉣ 연장근로수당 등의 크기가 매월 변동되더라도 매월 계산되는 급여항목인 경우에는 급여 총액에 포함됨.
㉤ 임금협상 결과 1월분부터 소급인상하기로 함에 따라 이미 지급된 급여와 인상금액과의 차액을 소급하여 지급하는 경우 월정액급여의 계산은 1월분부터 인상된 금액으로 재계산함.

③ **유의사항**

㉠ 광산근로자 및 일용근로자는 연 240만원을 초과하더라도 전액 비과세한다.
　※ 월정액급여 210만원을 초과하는 달에 받는 연장시간·야간 또는 휴일근로수당(주휴수당 포함)은 모두 과세되는 소득임.
㉡ 제조업을 경영하는 자로부터 제조공정의 일부를 도급받는 용역을 제공하는 소사장제 업체에 고용되어 공장에서 생산직에 종사하는 근로자도 포함된다.
㉢ 건설업을 경영하는 업체의 건설현장에서 근로를 제공하는 일용근로자는 공장에서 근로를 제공하는 자에 해당하지 아니하므로 동 건설용역근로자에게 지급되는 야간근로수당 등은 비과세하지 않는다(집행기준 12-17-1).

④ **계산사례**

| x2년 11월 생산직근로자 K씨의 급여명세서 예시 |

항목	금액	항목	금액
기본급	200만원	야간근로수당	30만원
가족수당	3만원	휴일근로수당	5만원
상여	10만원	자가운전보조금	20만원
단체순수보장성보험	5만원	식대	5만원

항목	금액	항목	금액
기본급	200만원	야간근로수당	30만원
가족수당	3만원	휴일근로수당	5만원
상여	10만원	자가운전보조금	20만원
단체순수보장성보험	5만원	식대	5만원

※ x1년도 총급여가 3,000만원이고 x2년 10월까지 220만원의 생산직 야간근로수당 등에 대해서 비과세 받았으며, 단체순수보장성보험은 복리후생적 성질의 비과세 급여에 해당한다.

해답
월정액급여가 210만원을 초과하게 되면 연장근로수당은 모두 과세소득이 되고 초과하지 않으면 연간 240만원을 한도로 비과세된다.
① 월정액급여 :
  278만원(총액) − 10만원(상여) − 20만원(자가운전보조금) − 5만원(단체순수보장성보험) − 35만원(야간근로수당 등) = 208만원
② 야간근로수당 등 비과세금액 : min[35만원, 240만원 − 220만원] = 20만원

6) 비과세되는 직무발명보상금의 범위(연 700만원 이하)

발명진흥법 2조 2호에 따른 직무발명으로 받는 다음의 보상금으로서 연 700만원 이하를 한도로 비과세한다(소득법 §12(3)어).

① **발명진흥법에 따른 종업원 등(임원 포함)이 사용자 등으로부터 받는 보상금.** 다만, 보상금을 지급한 사용자 등과 특수관계에 있는 자가 받는 보상금은 제외한다.
  ※ 제외대상 종업원의 범위 : 사용자가 개인사업자인 경우에는 해당 개인사업자 및 그와 친족 관계에 있는 자, 사용자가 법인인 경우에는 해당 법인의 지배주주 등 및 그와 특수관계에 있는 자
② **대학의 교직원이 소속 대학에 설치된 산학협력단으로부터 재원 수입에 기여한 교직원 및 학생에 대한 보상금**

7) 국외(북한지역을 포함)에서 근로를 제공하고 받는 급여(소득령 §16)

① 원양어선과 외항선박 또는 국외건설현장 등에서 근로를 제공(설계·감리업무 포함)하는 자가 받는 월 500만원 이내의 금액
② 국외에서 근무하는 공무원, 대한무역투자진흥공사·한국관광공사·한국국제협력단·한국국제보건의료재단·한국산업인력공단·중소벤처기업진흥공단의 종사자가 받는 수당 중 해당 근로자가 국내에서 근무할 경우에 지급받을 금액상당액을 초과하여 받는 금액 중 실비변상적 성질의 급여(생활비보전분, 특수지근무수당)로서 외교부장관이 기획재정부장관과 협의하여 고시하는 금액
③ 위 이외의 근무자는 월 100만원 이내의 금액

※ 국외근로소득은 월 100만원을 공제하고 과세하며, 해당 월의 국외근로소득이 월 100만원 이하인 경우에는 그 월급여를 한도로 하여 비과세하며, 비과세한도미달액은 그 이후의 급여액에서 이월하여 공제하지 않는다.
※ 해당 월의 근로소득에는 해당 월에 귀속되는 국외근로로 인한 상여 등을 포함하며, 국외근로기간이 1월 미만인 경우에는 1월로 본다.
※ 근로의 대가를 국내에서 받는 경우를 포함하며, 해외에 주재하면서 근로를 제공하고 받는 급여를 말하므로 출장, 연수 등을 목적으로 출국한 기간 동안의 급여는 국외근로소득으로 보지 아니한다.

8) 국민건강보험료 등의 사용자부담분

국민건강보험법, 고용보험법 또는 노인장기요양보험법에 따라 국가, 지방자치단체 또는 사용자가 부담하는 보험료에 대해 비과세한다.

9) 복리후생적 성질의 급여(소득령 §17조의4)

① 주주 또는 출자자가 아닌 임원, 소액주주(1%미만)인 임원, 임원이 아닌 종업원(비영리법인 또는 개인의 종업원을 포함), 국가 또는 지방자치단체로부터 근로소득을 지급받는 사람이 사택(사용자가 소유하고 있는 주택을 종업원 등에게 무상 또는 저가로 제공하거나, 사용자가 직접 임차하여 종업원 등에게 무상으로 제공하는 주택)을 제공받음으로써 얻는 이익

② 중소기업의 종업원이 주택의 구입·임차자금을 저리 또는 무상으로 대여받음으로써 얻는 이익. 다만, 해당 종업원이 중소기업과 특수관계에 있는 경우는 제외한다.

※ 특수관계에 있는 경우 : 사용자가 개인사업자인 경우에는 해당 개인사업자 및 그와 친족 관계에 있는 자, 사용자가 법인인 경우에는 해당 법인의 지배주주 등 및 그와 특수관계에 있는 자

③ 종업원이 계약자이거나 종업원 또는 그 배우자 및 기타의 가족을 수익자로 하는 보험·신탁 또는 공제와 관련하여 사용자가 부담하는 다음의 보험료 등

㉠ 종업원의 사망·상해 또는 질병을 보험금의 지급사유로 하고 종업원을 피보험자와 수익자로 하는 보험으로서 만기에 납입보험료를 환급하지 않는 보험(단체순수보장성보험)과 만기에 납입보험료를 초과하지 않는 범위에서 환급하는 보험(단체환급부보장성보험)의 보험료 중 연 70만원 이하의 금액

㉡ 임직원의 고의(중과실 포함) 외의 업무상 행위로 인한 손해의 배상청구를 보험금의 지급사유로 하고 임직원을 피보험자로 하는 보험의 보험료

④ 공무원이 국가 또는 지방자치단체로부터 공무 수행과 관련하여 받는 상금과 부상 중 연 240만원 이내의 금액

⑤ 영유아보육법에 따라 직장어린이집을 설치·운영하거나 위탁보육을 하는 사업주가 어린이집의 운영과 보육에 필요한 비용을 부담함으로써 해당 사업장의 종업원이 얻은 이익

10) 기타 비과세소득(소득법 §12(3))

① 근로기준법·선원법에 따라 근로자·선원 및 그 유족이 지급받는 요양보상금·휴업보상금·상병보상금·일시보상금·장해보상금·유족보상금·행방불명보상금·소지품유실보상금·장의비 및 장제비

② 산업재해보상보험법에 따라 수급권자가 받는 요양급여·휴업급여·장해급여·간병급여·유족급여·유족특별급여·장해특별급여 및 장의비 또는 근로의 제공으로 인한 부상·질병 또는 사망과 관련하여 근로자나 그 유족이 지급받는 배상·보상 또는 위자의 성질이 있는 급여

④ 공무원연금법, 군인연금법, 사립학교교직원연금법, 또는 별정우체국법에 따라 받는 요양비·요양일시금·장해보상금·사망조위금·사망보상금·유족보상금·유족일시금·유족연금일

시금·유족연금부가금·유족연금특별부가금·재해부조금 및 재해보상금 또는 신체·정신상의 장해·질병으로 인한 휴직기간에 받는 급여
⑤ 고용보험법에 따라 받는 실업급여, 육아휴직 급여, 육아기 근로시간 단축 급여, 출산전후휴가 급여, 제대군인 지원에 관한 법률에 따라 받는 전직지원금, 국가공무원법 등에 따라 받는 육아휴직수당, 사립학교 직원이 사립학교 정관 등에 의해 지급받는 육아휴직수당 중 월 150만원 이하
⑥ 국민연금법에 따라 받는 반환일시금(사망으로 받는 것만 해당한다) 및 사망일시금

사례 4-12 비과세 근로소득 판단

1. 다음 중 근로소득에 포함되어 과세대상이 되는 소득으로 올바른 것은?

   가. 근로자가 사내급식 또는 이와 유사한 방법으로 제공받는 식사(단, 별도 식대 지급없음)
   나. 법인의 주주총회 결의에 의하여 받는 상여
   다. 일직·숙직료 또는 여비로서 실비변상적 성질의 지급액
   라. 연차 또는 월차로 지급받는 여비로 실비변상적인 급여가 아닌 수당

   ① 가, 라   ② 나, 다   ③ 가, 다   ④ 나, 라

   해답 : ④

2. 다음은 소득세법상 비과세되는 근로소득이다. 틀린 것은?
   ① 기타 요건을 충족한 월 20만원 이하의 자가운전보조금
   ② 국민연금법에 따라 사용자가 부담하는 부담금
   ③ 근로자의 자녀에게 지급하는 학자금
   ④ 근로자의 6세 이하의 자녀에 대한 보육비로 지급받는 월 20만원 이내의 금액

   해답 : ③

(5) 근로소득금액의 계산

근로소득금액은 해당 연도에 받은 근로소득 총급여액(비과세소득은 제외)에서 근로소득공제를 적용한 금액으로 한다(소득법 §20②).

$$근로소득금액 = 총급여액 - 근로소득공제$$

1) 총급여액

근로자가 해당 과세기간에 직장에서 받은 급여·상여금·인정상여와 각종 수당을 합계한 연간급여액에서 비과세되는 소득을 차감하여 계산한다.

2) 근로소득공제(소득법 §47)

① 일반적인 경우

일반근로자의 경우 다음과 같으며, 근로소득공제는 신청을 요건으로 하지는 않는다. 총급여액이 공제액에 미달하면 총급여액을 공제액으로 한다. 다만, 공제액이 2천만원을 초과하는 경우에는 2천만원을 공제한다.

총급여액	근로소득공제액
500만원 이하	총급여액의 70%
500만원 초과 1,500만원 이하	350만원 + 500만원 초과금액의 40%
1,500만원 초과 4,500만원 이하	750만원 + 1,500만원 초과금액의 15%
4,500만원 초과 1억원 이하	1,200만원 + 4,500만원 초과금액의 5%
1억원 초과	1,475만원 + 1억원 초과금액의 2%

✱ 1년 미만의 근속기간인 경우에도 월할공제를 하지 않는다.

② 일용근로자의 경우

일용근로자에 대한 근로소득공제는 1일 15만원으로 한다.

사례 4-13 근로소득금액의 계산

다음은 (주)한결의 영업부장인 김세원씨의 연간 급여 내역이다.
이 자료에 의해 김세원씨의 근로소득금액을 계산하면 얼마인가?

- 급　　　　여　　　　　20,000,000원
- 상　　여　　금　　　　11,000,000원
- 휴 일 근 로 수 당　　　　3,000,000원
- 식　　사　　대　　　　3,000,000원(월 25만원으로 식사제공 없음)
- 차 량 유 지 비　　　　3,600,000원(월 30만원)

단, 차량유지비는 김세원씨가 자신의 차량을 직접 운전하여 업무수행에 이용하고 실제 소요된 여비 대신 해당 사업체의 지급기준에 따라 지급받은 것이다.

해답 : (1) 총 급 여 액 = 20,000,000원 + 11,000,000원 + 3,000,000원 + 600,000원
　　　　　　　　　　+ 1,200,000원 = 35,800,000원
　　　(2) 근로소득금액 = 35,800,000원 - 10,620,000원 = 25,180,000원

2 근로소득의 원천징수

(1) 근로소득의 과세방법

1) 일반근로자

① **매월 지급하는 근로소득에 대한 원천징수**

근로소득을 지급하는 자는 근로소득 간이세액표에 의한 간편한 방법으로 소득세를 매월 원천징수하여 그 징수일이 속하는 달의 다음 달 10일까지 세무서에 납부하여야 한다.

② **근로소득세액의 연말정산**

다음연도 2월분의 근로소득을 지급하는 때 연말정산을 하고 다음달 3월 10일까지 세무서에서 정산차액을 추가징수하거나 환급해준다. 이는 근로소득만 있다고 가정하여 계산한 소득세 결정세액에서 매월 급여지급시 근로소득 간이세액표에 의하여 이미 연도 중에 원천징수납부한 세액과 비교하는 과정이다.

> 근로소득에 대한 소득세결정세액 − 이미 원천징수한 세액 = (+) 원천징수
> (−) 환　급

③ **종합과세**

원칙적으로 일반근로자의 근로소득은 종합소득과세표준에 합산한다. 그러나 연말정산을 행한 근로자의 경우 다른 종합소득이 없는 경우 확정신고를 하지 않아도 된다.

2) 일용근로자

일용근로자의 급여는 종합과세하지 아니하고 원천징수로써 종결한다. 일용근로자란 근로를 제공한 날 또는 시간에 따라 급여를 계산하거나 근로성과에 따라 급여를 계산하여 받은 자로서 동일한 고용주에게 3월(건설업의 건설노무자는 1년, 하역노무자는 기간 제한 없음) 이상 계속하여 고용되어 있지 아니한 자를 말한다.

> 일용근로자의 근로소득세
> = { 총급여 −근로소득공제 } × 원천징수세율 × (1−근로소득세액공제)

근로소득공제액은 1일 15만원이며 원천징수세율은 6%이다. 근로소득세액공제율은 55%로 한다(소득법 §59②, §129①(4), §47②, §134③)

✱ 예) 6일간의 임금이 980,000원인 경우 근로소득세는 다음과 같다.
    2,160 = { 980,000 - (6일×150,000) } × 6% × (1-55%)

만약, 원천징수세액이 1천원 미만인 경우 징수하지 아니한다(소득법 §86). 따라서 일당 지급액이 187,000원 이하인 경우 납부세액이 없다.

(187,000-150,000) × 6% × (1-55%) = 999

3) 국외근로소득이 있는자

국외근로소득은 원천징수의 대상이 되지 아니하므로 무조건 종합과세된다. 다만, 국외근로소득이 있는 자가 납세조합을 조직한 경우에는 납세조합이 매월분 소득에 대한 원천징수와 연말정산을 행하는데, 이 경우에는 연말정산으로 납세의무가 종결되므로 국외근로소득만 있으면 다음연도 5월에 확정신고하지 아니할 수 있다.

(2) 근로소득의 수입시기

수입시기는 근로소득의 귀속연도를 결정하는 기준이 되는 날을 말하며, 다음과 같이 근로소득의 발생원인에 따라 다를 수 있다(소득령 §49).

구 분	수입시기
일반적인 급여	근로를 제공한 날
잉여금처분에 의한 상여	당해 법인의 잉여금 처분결의일
인정상여	해당 사업연도중의 근로를 제공한 날 이 경우 월평균금액을 계산한 것이 2년도에 걸친 때에는 각각 해당 사업 연도 중 근로를 제공한 날
퇴직소득을 초과하여 근로소득으로 보는 금액	지급받거나 지급받기로 한 날
주식매수선택권	주식매수선택권을 행사한 날

도급 기타 이와 유사한 계약에 의하여 급여를 받는 경우에 당해 과세기간의 과세표준확정신고기간 개시일 전에 당해 급여가 확정되지 아니한 때에는 그 확정된 날에 수입한 것으로 본다. 다만, 그 확정된 날 전에 실제로 받은 금액은 그 받은 날로 한다.

| 사례 **4-14** 근로소득의 수입시기

> 다음 상황별로 임원인 갑의 근로소득의 수입시기는 어떻게 되는가?
> (1) 20x4. 3. 2. 개최된 20x3년도에 대한 정기주주총회에서 잉여금처분에 의하여 성과급 1천만원이 확정되었다.
> (2) 20x4년 8월에 실시된 법인세 세무조사에서 20x1년도의 인정이자 5백만원이 익금산입되어 상여로 처분되었다.
> (3) 20x4. 12. 20.에 퇴직하였다. 이때 임원퇴직금 한도초과액 3천만원을 20x5.1.20.에 받기로 약정하였으나, 이중 1천만원은 20x4.12.30.에 지급받고, 나머지 잔액 2천만원은 20x5.1.30.에 지급받았다.
>
> 해설
> (1) 잉여금처분상여 : 잉여금처분결의일이 속하는 x4년의 근로소득임.
> (2) 인정상여 : 근로제공한 날이므로 20x1년의 근로소득임.
> (3) 임원퇴직금한도초과액 : 20x5년도에 지급받기로 하였지만, 1천만원은 지급받은 날이 빠르므로 20x4년의 근로소득이고 2천만원은 20x5년의 근로소득임.

(3) 근로소득의 원천징수시기

원천징수의무자는 근로소득을 근로자에게 지급할 때 원천징수하여야 한다. 다만 다음의 경우에는 그 소득이 근로자에게 지급된 것으로 보아 원천징수하여야 한다(소득법 §135).

① 근로소득을 지급해야 할 원천징수의무자가 1월부터 11월까지의 근로소득을 해당연도의 12월 31일까지 지급하지 아니한 때에는 그 급여액을 12월 31일에 지급한 것으로 보아 소득세를 원천징수한다.

② 원천징수의무자가 12월분의 근로소득을 다음 연도 2월 말일까지 지급하지 아니한때에는 그 급여액은 2월 말일에 지급한 것으로 보아 소득세를 원천징수한다.

③ 법인이 이익 또는 잉여금의 처분에 의하여 지급해야 할 상여를 그 처분을 결정한날부터 3월이 되는 날까지 지급하지 아니한 때에는 그 3월이 되는 날에 상여를 지급한 것으로 본다. 다만, 그 처분이 11월 1일부터 12월 31일까지의 사이에 결정된 경우에 다음 연도 2월 말일까지 그 상여를 지급하지 아니한 때에는 그 상여는 2월말일에 지급한 것으로 보아 소득세를 원천징수한다.

④ 법인세법에 따라 처분되는 상여에 대한 소득세의 원천징수시기는 다음 중 어느 하나에 해당하는 날에 그 상여소득을 지급한 것으로 보아 소득세를 원천징수한다.
　㉠ 법인세 과세표준을 결정 또는 경정하는 경우 : 소득금액변동통지서를 받은 날
　㉡ 법인세 과세표준을 신고하는 경우 : 그 신고일 또는 수정신고일

(4) 근로소득 간이세액표

1) 개요

국내근로소득 중 일반근로자가 받는 근로소득의 경우 매월분의 근로소득을 지급할 때에는 근로소득 간이세액표에 따라 소득세를 원천징수하여야 한다(소득법 §129③).

근로소득 간이세액표는 연말정산시 추가납부 등에 따른 근로자의 부담을 분산하기 위해 월 급여수준과 공제대상 부양가족 수별로 매월 원천징수해야하는 세액을 정한 표이다. 근로소득 간이세액표에 따른 세액보다 적게 원천징수·납부하는 경우 과소납부한 세액에 대하여 원천징수납부지연가산세가 부과된다.

근로소득 간이세액표는 매년 개정이 이루어지고 있다(소득령 §189).

2) 근로소득 간이세액표 적용방법

근로소득 간이세액표는 원천징수의무자가 근로자에게 매월분 급여를 지급하는 때에 원천징수해야 하는 세액을 급여수준 및 가족 수별로 정한 표이다.

① 근로소득 간이세액 조회시 필요한 정보
  ㉠ 월급여액 : 월급여 총액 – 비과세 – 학자금
  ㉡ 공제대상 부양가족 수 : 본인을 포함하여 부양가족 수 산출
   (8세이상 20세 이하의 자녀가 있는 경우 = 실제공제 대상가족의 수 + 8세 이상 20세 이하 자녀의 수)

② 근로소득 간이세액표 예시

월급여액(천원) [비과세 및 학자금 제외]		공제대상가족의 수					
이상	미만	1	2	3	4	5	6
2,500	2,510	35,600	28,600	16,530	13,150	9,780	6,400

✱ 이 간이세액표의 해당 세액은 소득세법에 따른 근로소득공제, 기본공제, 특별소득공제 및 특별세액공제 중 일부, 연금보험료공제, 근로소득세액공제와 해당 세율을 반영하여 계산한 금액임.

위의 표를 참조하여 월 급여 2,500천원, 본인포함 4명으로 20세 이하 자녀는 2명일 때 원천징수세액을 계산하면, 공제대상 가족의 수 = 4명 + 2명 = 6명이므로, 원천징수세액은 7,040(소득세 6,400, 지방소득세 640)원임을 알 수 있다.

③ 원천징수세액 조정

근로자가 본인의 연간 세부담 수준에 맞게 원천징수세액을 간이세액표에 따른 세액의 80% 또는 120%로 선택할 수 있다. 소득세 원천징수세액 조정신청서를 원천징수의무자에게 작성하여 제출하면 변경한 날부터 해당과세기간의 종료일까지 지급되는 근로소득

분에 대해서는 그 변경한 비율을 적용한다. 원천징수방식을 변경한 이후에는 재변경전까지 계속 적용하여야 한다(단, 변경한 과세기간에는 재변경 불가). 만약, 선택하지 않은 경우에는 100%를 적용한다(소득령 §194).

3) 상여금이 있는 경우 원천징수세액 계산방법(소득법 §136①)

① 지급대상기간이 있는 상여 등을 지급하는 때의 원천징수하는 소득세의 계산
   = (㉠ × ㉡) − ㉢

㉠ $\left[\dfrac{\text{상여등의 금액 + 지급대상기간의 상여등의 급여의 합계액}}{\text{지급대상기간의 월수}}\right]$ 에 대한 간이세액표의 해당세액

㉡ 지급대상기간의 월수

㉢ 지급대상기간의 상여 등 외의 급여에 대해 이미 원천징수하여 납부한 세액 (가산세액 제외)

② 지급대상기간이 없는 상여 등을 지급하는 때의 원천징수하는 소득세의 계산

상여 등을 받은 과세기간의 1월 1일부터 그 상여 등의 지급일이 속하는 달까지를 지급대상기간으로 하여 1)의 방법으로 계산하며, 같은 과세기간에 2회 이상의 상여 등을 받았을 때에는 직전에 상여 등을 지급받은 날이 속하는 달의 다음 달부터 그 후에 상여 등을 지급받은 날이 속하는 달까지를 지급대상기간으로 하여 세액을 계산한다.

③ 지급대상기간 계산

㉠ 지급대상기간이 1년을 초과하는 경우에는 1년으로 보고, 1월 미만의 끝수가 있는 경우에는 1개월로 본다.

㉡ 지급대상기간의 마지막 달이 아닌 달에 지급되는 상여 등은 지급대상기간이 없는 상여 등으로 본다.

㉢ 지급대상기간이 서로 다른 상여 등을 같은 달에 지급하는 경우 지급대상기간을 다음과 같이 계산한다.

지급대상기간 = $\dfrac{\text{같은달에 지급받은 상여등의 지급대상기간의 합계}}{\text{같은달에 지급받은 상여등의 개수}}$

④ 특례

상여 등의 금액과 그 지급대상기간이 사전에 정해진 경우(금액과 지급대상기간이 사전에 정하여진 상여 등을 지급대상기간의 중간에 지급하는 경우 포함)에는 '매월분의 급여'와 '상여 등의 금액을 그 지급대상기간으로 나눈 금액'을 합한 금액에 대하여 근로소

득 간이세액표에 의한 매월분 세액을 징수할 수 있다.

⑤ 잉여금처분에 의한 상여 등을 지급

잉여금처분에 의한 상여 등을 지급하는 때에 원천징수하는 세액은 그 상여 등의 금액에 기본세율을 곱하여 계산한 금액으로 한다.

사례 4-15 간이세액표에 의한 세액 계산(1)

김관우씨의 공제대상가족의 수가 4인(8세이상 20세이하 자녀 1명 포함)이다.
(주)한결로부터 1월과 2월에 각각 3,000,000원의 급여를 지급받았다. 3월에는 급여 3,000,000원과 연간 400%의 정기상여 중 100%인 3,000,000원을 지급받았다. (주)한결이 김관우씨에게 3월에 기본급과 상여금을 지급할 때 원천징수할 세액은 얼마인가?

해답
(1) 근로소득세의 원천징수세액
　① 공제대상가족의 수 계산 = 4+1 = 5
　② 상여지급대상기간의 월평균급여 산출 = (3,000,000원 × 3 + 3,000,000원) ÷ 3개월
　　　　　　　　　　　　　　　　　　　= 4,000,000원
　③ 상여 지급대상기간의 총급여액에 대한 근로소득세 계산
　　= ②의 간이세액표상의 해당세액 × 3개월
　　= 78,550원 × 3개월 = 235,650원

월급여액(천원) [비과세 및 학자금제외]		공제대상가족의수									
이상	미만	1	2	3	4	5	6	7	8	9	10	11
3,980	4,000	193,290	165,290	107,150	89,960	76,840	63,710	50,590	38,130	32,880	27,630	22,380
4,000	4,020	195,960	167,950	109,590	91,670	78,550	65,420	52,300	39,170	33,570	28,320	23,070

　④ 상여를 지급하는 3월의 원천징수세액계산
　　= ③- 지급대상기간의 상여 등외의 급여에 대한 기원천징수세액
　　= 235,650원 - (21,440원+21,440원) = 192,770원

월급여액(천원) [비과세 및 학자금제외]		공제대상가족의수									
이상	미만	1	2	3	4	5	6	7	8	9	10	11
2,990	3,000	73,060	55,560	31,450	26,200	20,950	16,790	13,410	10,040	6,660	3,290	-
3,000	3,020	74,350	56,850	31,940	26,690	21,440	17,100	13,730	10,350	6,980	3,600	-

(2) 개인지방소득세의 특별징수세액
　　= 근로소득세액 × 10% = 192,770원 × 10% = 19,270원
(3) 총원천징수세액(소득세 + 개인지방소득세) = 192,770원 + 19,270원 = 212,040원

4) 월급여액이 1,000만원을 초과하는 경우 간이세액 계산

구분	계산식
1,000만원 초과 1,400만원 이하	(10,000천원인 경우의 해당 세액) + (10,000천원을 초과하는 금액에 98%를 곱한 금액의 35% 상당액) + (25,000원)
1,400만원 초과 2,800만원 이하	(10,000천원인 경우의 해당 세액) + (1,397,000원) + (14,000천원을 초과하는 금액에 98%를 곱한 금액의 38% 상당액)
2,800만원 초과 3,000만원 이하	(10,000천원인 경우의 해당 세액) + (6,610,600원) + (28,000천원을 초과하는 금액에 98%를 곱한 금액의 40% 상당액)
3,000만원 초과 4,500만원 이하	(10,000천원인 경우의 해당 세액) + (7,394,600원) + (30,000천원을 초과하는 금액의 40% 상당액)
4,500만원 초과 8,700만원 이하	(10,000천원인 경우의 해당 세액) + (13,394,600원) + (45,000천원을 초과하는 금액의 42% 상당액)
8,700만원 초과	(10,000천원인 경우의 해당 세액) + (31,034,600원) + (87,000천원을 초과하는 금액의 45% 상당액)

사례 4-16 간이세액표에 의한 세액 계산(2)

월급여액 3,000만원이고, 부양가족 6명(본인 포함, 8세 이상 20세 이하 자녀 4명)인 경우 간이세액은?

가), 나), 다)의 합계금액 = 8,385,440원
가) 월급여가 1,000만원인 경우의 해당세액(공제대상가족의 수 10명) = 990,840원
나) 6,610,600원
다) 200만원(2,800만원을 초과하는 금액) × 98% × 40% = 784,000원

5) 단일세율 원천징수를 신청한 외국인 근로자의 원천징수 방법

외국인인 임원 또는 사용인이 국내에서 최초로 근로를 제공하기 시작하는 경우 간이세액표에 의한 원천징수하는 방법과 국내에서 최초로 근로를 제공한 날부터 20년 이내에 끝나는 과세기간까지 받는 근로소득에 19%를 곱한 금액을 원천징수하는 방법 중 선택하여 적용할 수 있다. 다만, 단일세율 원천징수 할 때 소득세와 관련된 비과세(사택을 제공받음으로서 얻는 이익은 제외), 공제, 감면 및 세액공제에 관한 규정은 적용하지 아니하며, 해당 근로소득은 종합소득과세표준에 합산하지 아니한다.

매월 급여에 19%를 곱한 금액을 원천징수하는 방법을 적용받고자 하는 외국인 근로자(원천징수 신청일 현재 대한민국 국적을 가지지 아니하는 사람만 해당)는 근로를 제공한 날이 속하는 달의 다음달 10일까지 「단일세율 적용 원천징수신청서」를 원천징수의무자

를 거쳐 원천징수 관할세무서장에게 제출하여야 한다(조특법 §18의2).

> **사례 4-17 외국인 근로자의 원천징수**
>
> 월급여액 2,000만원(비과세소득 50만원 포함)이고, 부양가족 4명(본인 및 8세 이상 20세 이하 자녀 2명 포함)인 외국인근로자의 원천징수 세액은?
>
> (방법1) 간이세액표 적용 → 원천징수세액 4,556,040원
>   가), 나), 다)의 합계금액 = 4,556,040원
>   가) 월급여 1,000만원 공제대상가족의 수 6명에 해당하는 세액 : 1,110,840원
>   나) 1,397,000원
>   다) 550만원(1,400만원을 초과하는 금액) × 98% × 38% = 2,048,200원
> (방법2) 19% 단일세율 원천징수 적용 → 원천징수세액 3,800,000원
>   비과세를 포함한 월급여액에 19% 단일세율 적용
>   2,000만원 × 19% = 3,800,000원

Ⅳ 연금소득

1 연금소득

일정기간 기여금을 불입하고 퇴직, 노령, 장애, 사망의 경우에 매년 일정액을 지급받는 소득을 연금소득이라하며, 공적연금소득과 사적연금소득으로 나눈다.

(1) 공적연금소득

공적연금소득이란 국민연금법, 공무원연금법, 군인연금법, 사립학교교직원연금법, 별정우체국법, 국민연금과 지역연금의 연계에 관한 법률에 따른 연금으로 수령하는 소득을 말한다.

1) 과세체계

공적연금관련법에 따라 연금기여금을 납부하면 소득공제하고, 연금을 수령하면 수령형태에 따라 연금으로 수령한 경우에는 연금소득으로, 연금외수령한 경우에는 퇴직소득으로 과세한다.

2) 계산방법

공적연금소득은 2002년 1월 1일(과세기준일)을 기준으로 지급자별로 다음의 계산식에 따라 계산한 금액(과세기준금액)으로 한다(소득령 §40①).

이는 2002년부터 연금불입시 소득공제 받은 부분에 대해 추후 연금으로 수령시 과세대상 연금소득이고 소득공제를 받지 않은 연금불입부분에 대한 연금수령액은 과세대상 연금소득이 아니기 때문이다.

① 국민연금과 연계노령연금

$$\text{과세기간 연금수령액} \times \frac{\text{과세기준일 이후 납입기간의 환산소득 누계액}}{\text{총납입기간의 환산소득 누계액}}$$

② 그 밖의 공적연금소득

$$\text{과세기간 연금수령액} \times \frac{\text{과세기준일 이후 기여금 납입월수}}{\text{총 기여금 납입월수}}$$

과세기준일 이후에 연금보험료공제를 받지 않고 납입한 기여금 또는 개인부담금(과세제외기여금등)이 있는 경우에는 과세기준금액에서 과세제외기여금 등을 뺀 금액을 공적연금소득으로 한다.

이 경우 과세제외기여금 등이 해당 과세기간의 과세기준금액을 초과하는 경우 그 초과하는 금액은 그 다음 과세기간부터 과세기준금액에서 뺀다(소득령 §40③).

공적연금관련법에 따라 일시금(퇴직소득세가 과세되었거나 비과세 소득인 경우만 해당한다)을 반납하고 연금으로 수령하는 경우 반납한 일시금은 과세제외기여금 등으로 본다(소득령 §40②).

사례 4-18 연금소득의 계산

김관우씨가 2024년과 2025년의 국민연금수령액은 각각 20,000,000원과 24,000,000원이다. 총납입기간의 환산소득 누계액 10억원, 2012.1.1. 이후 환산소득 누계액 6억원이며, 과세제외기여금은 15,000,000원이다. 이 자료로 2024년과 2025년의 과세대상 연금소득을 계산하시오.

2024년 연금소득 : $20,000,000 \times \dfrac{6억원}{10억원} - 15,000,000 = -3,000,000$이므로 0

2025년 연금소득 : $24,000,000 \times \dfrac{6억원}{10억원} - 3,000,000 = 11,400,000$

(2) 사적연금소득

사적연금소득이란 공적연금 외의 연금소득을 말한다(소득법 20의3①(2)).

1) 과세체계

① **과세이연된 퇴직소득** : 퇴직소득을 연금계좌에 입금시켜 과세되지 않은 퇴직소득
② **세액공제를 받은 금액** : 연금계좌 납입액 중 세액공제를 받은 금액
③ **운용수익** : 연금계좌의 운용실적에 따라 증가된 금액
④ 그 밖에 연금계좌에 이체 또는 입금되어 해당 금액에 대한 소득세가 이연된 소득으로서 연금계좌에서 연금형태로 인출하는 경우에는 연금소득으로 보나, 연금외수령하는 경우에는 ①은 퇴직소득, ②와 ③은 기타소득으로 본다.

2) 연금계좌

연금계좌는 다음 중 어느 하나에 해당하는 계좌를 말한다(소득령 §40의2①).

① **연금저축계좌** : 금융회사와 계약에 따라 연금저축이라는 명칭으로 설정하는 계좌
② **퇴직연금계좌** : 퇴직연금을 지급받기 위하여 가입하는 확정기여형 퇴직연금계좌, 개인형퇴직연금계좌, 중소기업퇴직연금기금제도에 따라 설정하는 계좌 또는 과학기술인공제회법에 따른 퇴직연금급여를 지급받기 위해 설정하는 계좌

(3) 비과세소득

연금소득 중 다음 어느 하나에 해당하는 소득에 대하여는 소득세를 과세하지 아니한다(소득법 §12(4)).

① 공적연금관련법에 따라 받는 유족연금, 장애연금, 장해연금, 상이연금, 연계노령유족연금 또는 연계퇴직유족연금
② 산업재해보상보험법에 따라 받는 각종 연금
③ 국군포로의송환및대우등에관한법률에 따른 국군포로가 받는 연금

(4) 연금소득금액의 계산

연금소득금액은 총연금액에서 연금소득공제를 한 금액으로 한다.

	총연금액(비과세소득과 분리과세소득은 차감함)
(−)	연금소득공제
=	연금소득금액

1) 총연금액

총연금액이란 연금소득의 합계액을 말한다. 다만, 연금소득에서 제외되는 소득과 비과세 연금소득은 제외한다.

2) 연금소득공제(소득법 §47의2)

연금소득공제는 다음의 금액으로 하되, 연 900만원을 한도로 한다.

총연금액	연금소득공제
350만원 이하	총연금액
350만원 초과 700만원 이하	350만원 + 350만원 초과액 × 40%
700만원 초과 1,400만원 이하	490만원 + 700만원 초과액 × 20%
1,400만원 초과	630만원 + 1,400만원 초과액 × 10%

❋ 총연금액이 41,000,000원 이상이면 연금소득공제는 한도액인 900만원을 초과한다. 따라서 총연금액이 41,000,000원 이상인 경우에는 900만원을 연금소득공제로 한다.

2 연금소득의 원천징수

(1) 과세방법

1) 공적연금소득

① 공적연금소득은 매월분 연금소득에 대해 간이세액표를 적용하여 원천징수하고 해당 과세기간의 다음연도 1월분의 공적연금소득을 지급할 때에는 연말정산한다(소득법 §129③, 소득법 §143의2).

② 연금소득자의 해당 과세기간 연금소득금액에 그 연금소득자가 소득공제 등 신고한 내용에 따라 인적공제를 적용한 금액을 종합소득과세표준으로 하고, 그 금액에 기본세율을 적용하여 종합소득산출세액을 계산한 후 그 세액에서 자녀세액공제와 표준세액공제를 적용한 세액에서 그 과세기간에 이미 원천징수하여 납부한 소득세를 공제하고 남은 금액을 원천징수한다. 환급도 가능하다(소득법 §143의6).

③ 공적연금소득만 있거나 퇴직소득과 공적연금소득만 있는 경우 종합소득 과세표준확정신고를 하지 않을 수 있다(소득법 §73①(3),(6)).

> **참고** 공적연금소득 연말정산계산구조

구 분	계 산 방 법
총연금액	연금수령액 – 과세제외금액 – 비과세금액
연금소득금액	총연금액 – 연금소득공제
과세표준	연금소득금액 – (인적공제 + 주택담보노후연금이자비용공제)
산출세액	과세표준 × 기본세율
결정세액	산출세액 – (외국납부세액공제 + 자녀세액공제 + 표준세액공제)
정산 (원천징수 또는 환급)	결정세액 – 이미 원천징수한 세액(1~12월분)

✱ 소득·세액공제신고서를 제출하지 아니한 연금소득자에 대하여는 해당연금소득자 본인에 대한 기본공제와 표준·세액공제만을 공제한다.

2) 사적연금소득

① 사적연금의 경우 연금소득 지급시 그 지급금액에 대해 원천징수세율 적용하여 원천징수하고 세액정산을 위해 종합소득세 확정신고를 하여야 한다(소득법 143의2②).

② 다음의 연금소득은 분리과세를 선택할 수 있다(소득법 §14③(9)).

㉠ 퇴직소득을 연금수령하는 연금소득

㉡ 의료목적, 천재지변이나 그 밖에 부득이한 사유 등 대통령령으로 정하는 요건을 갖추어 인출하는 연금소득

㉢ 연금 소득자의 총연금액(비과세소득제외)이 연 1,500만원 이하인 경우

연금의 종류	매월분 원천징수	정산방법
공적연금	연금간이세액표를 적용하여 원천징수	연말정산
사적연금	지급금액 × 원천징수세율*	종합소득세 신고

✱ 사적연금에 대한 원천징수세율(다음의 요건을 동시에 충족하는 때에는 낮은 세율을 적용한다)(소득법 § 129①(5의2)).

구 분	연금수령일 현재 연금소득자의 나이	세율
사적연금불입액과 운용수익	55세 이상 70세 미만	5%
	70세 이상 80세 미만	4%
	80세 이상	3%
	종신연금(사망일까지 연금수령하면서 중도 해지할 수 없는 계약)	4%
이연퇴직소득을 연금수령	수령연령 불문	3%

(2) 연금소득의 수입시기

다음과 같이 연금소득의 수입시기는 원천징수시기와 같다(소득령 §50⑤).

구 분	연금소득의 수입시기
① 공적연금소득	공적연금관련법에 따라 연금을 지급받기로 한 날
② 연금계좌에서 받는 연금소득	연금수령한 날
③ 그 밖의 연금소득	해당 연금을 지급받은 날

V 기타소득

1 기타소득

(1) 기타소득의 범위

기타소득은 이자소득·배당소득·사업소득·근로소득·연금소득과 퇴직소득·양도소득 외의 일시적이고 우발적으로 발생하는 소득으로서 다음을 말한다(소득법 §21①).

✽ 다른 소득과 중복되는 경우에는 다른 소득으로 보고 다른 소득에 해당하지 아니하는 경우에만 기타소득으로 본다.

① 상금·현상금·포상금·보로금 또는 이에 준하는 금품
② 복권, 경품권 그 밖의 추첨권에 당첨되어 받는 금품
③ 「사행행위등규제및처벌특례법」에서 규정하는 행위에 참가하여 얻는 재산상의 이익
④ 승마투표권·승자투표권·소싸움경기투표권·체육진흥투표권의 구매자가 받는 환급금(발생원인이 되는 행위의 적법 또는 불법 여부는 고려하지 아니함)
⑤ 슬롯머신(비디오게임 포함) 및 투전기 그 밖에 이와 유사한 기구를 이용하는 행위에 참가하여 받는 당첨금품·배당금품 또는 이에 준하는 금품
⑥ 다음에 해당하는 인적용역을 일시적으로 제공하고 받는 대가
　㉠ 고용관계 없이 다수인에게 강연하고 강연료 등의 대가를 받는 용역
　㉡ 라디오·텔레비전방송 등을 통하여 해설·계몽 또는 연기의 심사를 하고 받는 보수 또는 이와 유사한 성질의 대가를 받는 용역
　㉢ 변호사, 공인회계사, 세무사, 건축사, 측량사, 변리사, 그 밖에 전문적 지식 또는 특별한 기능을 가진 자가 해당 지식 또는 기능을 활용하여 보수 또는 그 밖의 대가를 받고 제공하는 용역

※ 여기에는 대학이 자체 연구관리비 규정에 따라 대학에서 연구비를 관리하는 경우에 교수가 제공하는 연구용역이 포함된다.

㉣ 그 밖에 고용관계 없이 수당 또는 이와 유사한 성질의 대가를 받고 제공하는 용역

※ 대학교수 연구용역 : 대학이 연구주체가 되어 연구비를 관리하면서 연구용역대가로 교수가 받는 연구용역비는 기타소득으로 보지만, 교수가 연구주체가 되어 연구비를 직접 관리하는 경우에는 사업소득으로 구분한다.

⑦ 문예·학술·미술·음악 또는 사진에 속하는 창작품에 대한 원작자로서 받는 원고료, 저작권사용료인 인세(印稅), 미술·음악 또는 사진에 속하는 창작품에 대하여 받는 대가

⑧ 저작자 또는 실연자·음반제작자·방송사업자 외의 자가 저작권 또는 저작인접권의 양도 또는 사용의 대가로 받는 금품

※ 저작권 등 사용료를 저작자 자신이 받는 경우 : 사업소득

⑨ 영화필름, 라디오·텔레비전 방송용 테이프 또는 필름 등의 자산 또는 권리의 양도·대여 또는 사용의 대가로 받는 금품

⑩ 광업권·어업권·양식업권·산업재산권·산업정보, 산업상의 비밀·상표권, 영업권(일정 점포 임차권을 포함), 토사석의 채취허가에 따른 권리, 지하수의 개발·이용권 그밖에 이와 유사한 자산 또는 권리를 양도하거나 대여하고 그 대가로 받는 금품

※ 영업권을 사업용 고정자산(토지·건물·부동산권리)과 함께 양도한 경우에는 양도소득으로 봄.

⑪ 공익사업과 관련하여 지역권·지상권(지하 또는 공중에 설정된 권리 포함)을 설정 또는 대여하고 받는 금품

※ 공익사업과 무관하거나 전세권·임차권의 대여로 인한 소득 : 사업소득(부동산임대소득)

⑫ 물품(유가증권 포함) 또는 장소를 일시적으로 대여하고 사용료로서 받는 금품

※ 「전자상거래 등에서의 소비자보호에 관한 법률」에 따라 통신판매중개를 하는 자를 통하여 물품 또는 장소를 대여하고 연간 수입금액 500만원 이하의 사용료로서 받은 금품

⑬ 계약의 위약 또는 해약으로 인하여 받는 위약금과 배상금(법정이자 포함)

※ 정신적 육체적 물질적 피해로 인한 손해배상금과 그 법정이자 : 비열거소득

⑭ 유실물의 습득 또는 매장물의 발견으로 인하여 보상금을 받거나 새로 소유권을 취득하는 경우 그 보상금 또는 자산

⑮ 소유자가 없는 물건의 점유로 소유권을 취득하는 자산

⑯ 재산권에 대한 알선수수료

⑰ 사례금

⑱ 뇌물, 알선수재 및 배임수재에 의하여 받는 금품

⑲ 법인세법에 따라 처분된 기타소득

⑳ 거주자·비거주자 또는 법인과 특수관계인이 특수관계로 인하여 얻은 다음의 경제적 이익으로서 급여·배당 또는 증여로 보지 아니하는 금품

㉠ 법인세법에 따라 법인의 소득금액을 법인이 신고하거나 세무서장이 결정·경정할

때 처분되는 배당·상여 외에 법인의 자산 또는 개인의 사업용으로 제공되어 소득 발생의 원천이 되는 자산을 무상 또는 저가로 이용함으로 인하여 개인이 받는 이익으로서 그 자산의 이용으로 인하여 통상 지급하여야 할 사용료 또는 그 밖에 이용의 대가(통상 지급하여야 할 금액보다 저가로 그 대가를 지급한 금액이 있는 경우에는 이를 공제한 금액)

ⓒ 노동조합및노동관계조정법을 위반하여 노조전임자가 지급받는 급여

㉑ 퇴직 전에 부여받은 주식매수선택권을 퇴직 후에 행사하거나 고용관계 없이 주식매수선택권을 부여받아 이를 행사함으로써 얻는 이익

✽ 근무기간 중에 주식매수선택권을 행사한 경우 : 근로소득

㉒ 종업원 등 또는 대학의 교직원이 퇴직한 후에 지급받는 직무발명보상금

㉓ 소기업·소상공인 공제부금의 해지일시금. 이는 폐업 등 사유가 발생하기 전에 계약이 해지된 경우를 말하며, 폐업 등 사유로 공제금을 받는 경우에는 이자소득으로 과세한다.

✽ 2016년부터 폐업 등 사유가 발생하여 공제금을 지급받는 경우 소득공제받은 금액과 합산한 후 퇴직소득으로 과세

㉔ 연금계좌세액공제를 받거나 연금계좌의 운용실적에 따라 증가된 금액을 그 소득의 성격에도 불구하고 연금외수령한 소득

㉕ 종교관련종사자가 종교의식을 집행하는 등 종교관련종사자로서의 활동과 관련하여 종교단체로부터 받은 소득(2018.1.1.이후 발생하는 분부터 과세)

✽ 종교인소득에 대하여 근로소득으로 원천징수하거나 과세표준확정신고를 한 경우에는 해당 소득을 근로소득으로 본다.

㉖ 가상자산을 양도하거나 대여함으로써 발생하는 소득

✽ 2027년 1월 1일 이후 가상자산을 양도·대여하는 분부터 적용한다.

㉗ 서화·골동품(제작 후 100년을 넘은 것에 한정)의 양도로 발생하는 소득. 단, 다음 중 어느 하나에 해당하는 경우에는 사업소득으로 과세한다.

㉠ 서화·골동품 거래를 위해 사업장 등 물적시설(인터넷 등 정보통신망을 이용하여 서화·골동품을 거래할 수 있도록 설정된 가상의 사업장을 포함한다)을 갖춘 경우

㉡ 서화·골동품을 거래하기 위한 목적으로 사업자등록을 한 경우

또한, 개당·점당 또는 조(2개 이상이 함께 사용되는 물품으로서 통상 짝을 이루어 거래되는 것을 말한다)당 양도가액이 6천만원 이상인 것을 기타소득으로 과세하며, 양도일 현재 생존해 있는 국내 원작자의 작품은 제외한다.

(2) 비과세 기타소득(소득법 §12(5))

① 국가유공자 등 예우 및 지원에 관한 법률 또는 보훈보상대상자 지원에 관한 법률에 의하여 받는 보훈급여금·학습보조비 및 북한이탈주민의 보호 및 정착지원에 관한 법률에 의하여 받는 정착금·보로금 및 그 밖의 금품

② 국가보안법에 의하여 지급받는 상품과 보로금
③ 상훈법에 의한 훈장과 관련하여 수여받는 부상과 국가 등으로부터 받는 상금과 부상
④ 종업원 등 또는 대학의 교직원이 퇴직한 후에 지급받는 직무발명보상금으로서 연 700만원에서 비과세 근로소득을 차감한 금액
⑤ 국군포로의 송환 및 대우 등에 관한 법률에 따른 국군포로가 지급받는 정착금 등
⑥ 문화재보호법에 따라 국가지정문화재로 지정된 서화·골동품의 양도로 발생하는 소득
⑦ 서화·골동품을 박물관 또는 미술관에 양도함으로써 발생하는 소득
⑧ 종교인 소득 중 일정한 소득(학자금, 식사 또는 식사대, 실비변상적 성질의 지급액, 출산 또는 6세이하 자녀보육수당, 사택제공이익)
⑨ 법령·조례에 따른 위원회 등의 보수를 받지 아니하는 위원(학술원 및 예술원의 회원을 포함한다) 등이 받는 수당

(3) 기타소득금액의 계산구조

기타소득의 소득금액은 해당 과세기간의 총수입금액에서 이에 사용된 필요경비를 공제한 금액으로 하며(소득법 §21③), 필요경비에 산입할 금액은 해당연도의 총수입금액에 대응하는 비용으로서 일반적으로 용인되는 통상적인 것의 합계 금액이다.

또한 기타소득의 특성상 필요경비를 입증하기 어렵기 때문에 총수입금액에 일정률을 곱한 금액을 필요경비로 인정하는 법정필요경비제도를 두고 있다.

	총수입금액(분리과세소득과 비과세소득은 차감함)
(−)	(실제, 의제)필요경비
=	기타소득금액

1) 최소한 지급총액의 90%를 필요경비로 인정하는 경우
서화·골동품의 양도가액이 10억원 이하 또는 보유기간 10년 이상인 경우

2) 최소한 지급총액의 80%를 필요경비로 인정하는 경우
기타소득금액 계산에 있어 지급총액의 80%를 필요경비로 인정하는 경우는 다음과 같다. 다만, 실제 사용된 필요경비가 80%를 초과하면 그 초과하는 금액도 필요경비에 산입한다(소득법 §37 및 소득령 §87).
① 공익법인이 주무관청의 승인을 얻어 시상하는 상금과 부상
② 위약금과 배상금 중 주택입주지체상금

3) 최소한 지급총액의 60%를 필요경비로 인정하는 경우

필요경비 : Max {① 실제 소요된 필요경비, ② 지급총액 × 60%}
① 광업권·산업재산권·영업권 등을 양도하거나 대여하고 그 대가로 받는 금품
② 공익사업과 관련된 지역권·지상권을 설정하거나 대여함으로써 발생하는 소득
　✽ 공익사업과 관련 없는 경우 사업소득으로 과세.
③ 일시적인 문예창작에 대한 원작자로서 받는 소득(원고료, 인세 등)
④ 일시적 강연료·자문료, 고용관계 없이 인적용역의 일시제공으로 인한 대가
⑤ 통신판매중개를 하는 자를 통하여 물품 또는 장소를 대여하고 연간 수입금액 500만원 이하의 사용료로서 받는 금품

사례 4-19 기타소득금액의 계산

영업권의 양도대가 1천만원, 실제 소요된 필요경비 5백만원
기타소득금액 : 1천만원 − Max[5백만원, 1천만원 × 60%] = 4백만원

3) 기타소득으로 보는 서화·골동품의 양도로 발생하는 소득의 경우

다음의 구분에 따라 계산한 금액을 필요경비로 한다. 다만, 실제 소요된 필요경비가 다음의 구분에 따라 계산한 금액을 초과하면 그 초과하는 금액도 필요경비에 산입한다.
① 거주자가 받은 금액이 1억원 이하인 경우: 받은 금액의 90%
② 거주자가 받은 금액이 1억원을 초과하는 경우: 9천만원 + 거주자가 받은 금액에서 1억원을 뺀 금액의 80%(서화·골동품의 보유기간이 10년 이상인 경우에는 90%)

사례 4-20 기타소득의 원천징수

돌아가신(생존하지 않는) 국내 유명화가 갑의 작품(동양화)을 A가 2011.1.1. 5천만원에 취득하여 보유하다가 2025.5.15. 을에게 1억 5천만원에 양도한 경우 원천징수하여야 하는지?

① 원천징수의무자(을)가 지급시 20% 원천징수하고 다음달 10일까지 신고납부한다.
② 기타소득금액 : 총수입금액(1억5천만원) − 필요경비*(1억3천5백만원) = 1,500만원
　*보유기간이 10년 이상이므로 총수입금액의 90% 필요경비 인정(실제 취득가액이 양도가액의 90% 미만)
③ 원천징수 : 1,500만원 ×기타소득세율 20% = 300만원

4) 종교인소득의 경우

종교인소득에 대해서는 종교관련 종사자가 해당 과세기간에 받은 금액(비과세소득은 제외) 중 다음 표에 따른 금액을 필요경비로 한다. 다만, 실제 소요된 필요경비가 다음

표에 따른 금액을 초과하면 그 초과하는 금액도 필요경비에 산입한다.

종교관련 종사자가 받은 금액	필요경비
2천만원 이하	종교관련종사자가 받은 금액의 80%
2천만원 초과 4천만원 이하	1,600만원 + (2천만원을 초과하는 금액의 50%)
4천만원 초과 6천만원 이하	2,600만원 + (4천만원을 초과하는 금액의 30%)
6천만원 초과	3,200만원 + (6천만원을 초과하는 금액의 20%)

5) 기타

① 승마투표권 등의 구매자가 받는 환급금은 그 구매자가 구입한 적중된 투표권의 단위투표금액을 필요경비로 하며, 슬롯머신 등을 이용하는 행위에 참가하여 받는 당첨금품 등은 그 당첨금품 등의 당첨 당시에 슬롯머신 등에 투입한 금액을 필요경비로 한다(소득법 §37①(1)(2)).

② 가상자산소득에 대해서는 그 양도되는 가상자산의 실제 취득가액과 취득·양도 또는 대여를 위하여 소요된 부대비용을 필요경비로 한다(소득법 §37①(3)). 다만, 2027년 1월 1일 전에 이미 보유하고 있던 가상자산의 취득가액은 2026년 12월 31일 당시의 시가와 그 가상자산의 취득가액 중에서 큰 금액으로 한다.

③ 부동산임대업자가 중개업 등을 영위하는 사업자가 아닌 일시적인 중개행위를 한 거주자에게 중개수수료를 지급하는 경우 이는 다른 소득에 속하지 아니하는 것으로서 재산의 매매·양도·교환·임대차 계약 기타 이와 유사한 계약을 알선하고 받는 수수료인 재산권에 관한 수수료로 기타소득에 해당되며, 이 경우 해당 소득에는 80%의 필요경비 규정이 적용되지 아니한다(소득령 §87(1)).

2 기타소득의 원천징수

(1) 기타소득의 수입시기

기타소득의 원천징수시기는 실제로 기타소득을 지급하는 때(수입시기)이며 그 소득금액을 어음으로 지급하는 때에는 해당 어음이 결제된 날이다(소득령 §50①).

구 분	기타소득의 수입시기
① 일반적인 기타소득	그 지급을 받은 날
② 법인세법에 따라 처분된 기타소득	법인의 해당 사업연도의 결산확정일
③ 산업재산권·영업권 등의 양도소득	세 가지(그 대금을 청산한 날, 자산을 인도한 날 또는 사용·수익일 중 빠른날. 다만, 대금을 청산하기 전에 자산을 인도 또는 사용·수익하였으나 대금이 확정되지 아니한 경우 그 대금 지급일
④ 계약금이 위약금·배상금으로 대체되는 경우의 기타소득	계약의 위약 또는 해약이 확정된 날
⑤ 세액공제를 받거나 운용실적에 따라 증가된 금액을 연금계좌에서 연금외수령한 소득	연금외 수령한 날

사례 4-21 기타소득의 수입시기

대학교수인 김씨는 (주)한결과 고용과 관계없이 일시적으로 경영컨설팅을 x2년 12월20일까지 제공하였다. 그에 대한 대금 1천만원을 x3년 1월 20일에 수령한 경우 수입시기는?

해답 ; 대금지급일이 속하는 x3년 1월의 기타소득이다.

(2) 과세방법

1) 원천징수

국내에서 거주자 또는 비거주자에게 기타소득을 지급하는 자는 다음의 세액을 원천징수하여 그 징수일이 속하는 달의 다음 달 10일까지 세무서에 납부하여야 한다(소득법 §127 ① 및 §145).

구 분	기타소득에 대한 원천징수세액
① 일반적인 기타소득	기타소득금액(기타소득 − 필요경비) × 20%
② 복권당첨금, 승마투표권 등의 환급금, 슬롯머신 등의 당첨금품	기타소득금액 × 20% (3억원 초과분은 30%)
③ 소기업·소상공인 공제부금의 해지일시금, 납입시 세액공제분과 운용수익 부분을 연금외수령한 소득	15%
④ 서화 및 골동품의 양도소득	20%

⑤ 계약의 위약 또는 해약으로 받은 위약금과 배상금(계약금이 위약금과 배상금으로 대체되는 경우에 한함)※	원천징수하지 않음
⑥ 배상금, 뇌물·알선수재 및 배임수재에 의하여 받은 금품	

※ 부동산매매계약시 매수자가 해약하는 경우를 말하는 것이다. 만약, 매도자가 해약하는 경우에는 계약금이 위약금으로 대체되는 상황이 아니므로 원천징수대상이고 종합과세대상(기타소득금액이 300만원 이하인 경우 분리과세 선택 가능)임.

2) 분리과세

① 무조건분리과세

다음에 해당하는 기타소득은 원천징수로서 과세를 종결한다(소득법 §14③(8)).

㉠ 가상자산소득, 서화 및 골동품의 양도소득
㉡ 납입시 세액공제분과 운용수익 부분을 부득이한 사유로 연금외수령하는 경우
㉢ 복권당첨금, 승마투표권·승자투표권·소싸움경기투표권·체육진흥투표권의 환급금, 슬롯머신 등을 이용하는 행위에 참가하여 받는 당첨금품

② 선택적 분리과세

기타소득금액(무조건분리과세대상과 무조건종합과세대상은 제외)의 합계액이 연간 300만원 이하로서 원천징수규정이 적용되는 소득은 거주자가 분리과세와 종합과세를 선택할 수 있다.

※ 세부담측면에서 분리과세하는 것만이 납세자에게 유리한 것은 아니므로 잘 따져봐야 한다.

3) 무조건종합과세

분리과세를 제외한 기타소득은 종합소득과세표준에 합산하여 과세한다(소득법 §127 ①(6)).

① 계약의 위약 또는 해약으로 받은 위약금과 배상금(계약금이 위약금과 배상금으로 대체되는 경우에 한함)
② 뇌물·알선수재 및 배임수재에 따라 받은 금품

4) 과세최저한

기타소득이 다음 중 어느 하나에 해당하면 소득세를 과세하지 않으며, 원천징수도 하지 않으며 지급명세서도 제출하지 않는다(소득법 §84).

구 분	과세최저한
① 일반적인 기타소득금액	건별로 5만원 이하인 경우
② 승마투표권,체육진흥투표권 등의 구매자가 받는 환급금	건별로 권면에 표시된 금액의 합계액이 10만원 이하이고 다음 둘 중 하나인 경우 ㉠ 적중한 개별투표당 환급금이 10만원 이하인 경우 ㉡ 단위투표금액당 환급금이 단위투표금액의 100배 이하이면서 적중한 개별투표당 환급금이 200만원 이하인 경우
③ 복권 당첨금 또는 슬롯머신 등의 당첨금품	건별로 200만원 이하인 경우
④ 가상자산	소득금액이 250만원 이하인 경우

✶ 과세최저한에 해당하여 원천징수하지 않아도 되는 금액은?
　기타소득을 125,000원 이하로 지급하면 필요경비가 60%인정될 경우에 기타소득금액이 5만원으로 과세최저한이 된다.

(3) 원천징수영수증의 발급

① 원천징수의무자는 기타소득을 지급할 때에 지급받는 자의 실지명의를 확인하고 그 소득금액과 그 밖에 필요한 사항을 적은 원천징수영수증을 발급하여야 한다(소득법 §145②).
② 다음에 해당하는 기타소득으로서 100만원(필요경비를 공제하기 전의 금액) 이하를 지급할 때에는 지급받는 자가 원천징수영수증의 발급을 요구하는 경우 외에는 발급하지 아니할 수 있다. 그러나 지급명세서는 반드시 제출하여야 가산세부담이 없다.
　㉠ 원고료
　㉡ 고용관계 없이 다수인에게 강연을 하고 강연료 등 대가를 받는 용역
　㉢ 라디오·텔레비전방송 등을 통하여 해설·계몽 또는 연기의 심사 등을 하고 보수 또는 이와 유사한 성질의 대가를 받는 용역

(4) 지급명세서와 간이지급명세서 제출

원천징수대상 기타소득을 국내에서 지급하는 자는 지급명세서를 그 지급일이 속하는 연도의 다음 연도 2월 말일까지 제출하여야 한다. 또한, 인적용역 관련 기타소득 간이지급명세서는 그 소득 지급일이 속하는 달의 다음 달 말일까지 제출하여야 한다.

(5) 지급명세서 제출의 면제

다음의 기타소득에 대해서는 지급명세서를 제출하지 않아도 된다(소득령 §214①).
① 소득법 §12(5)의 규정에 따라 비과세되는 기타소득
② 복권·경품권 그 밖의 추첨권에 의하여 받는 건당 10만원 이하의 당첨금품
③ 과세최저한이 적용되어 소득세가 과세되지 아니하는 기타소득. 다만, 기타소득의 범위에서 열거한 ⑥ 일시적 인적용역대가 ⑦ 문예창작소득 항목은 과세최저한에 적용되더라도 반드시 지급명세서를 제출하여야 한다.
④ 안마시술소에서 제공하는 용역에 대한 소득으로서 안마시술사가 소득세를 원천징수하는 소득

사례 4-22 기타소득 원천징수세액 계산

1. 기타소득 원천징수세액계산

다음은 거주자 홍길동의 x3년도 기타소득명세이다. 종합소득에 합산되는 기타소득 중 원천징수세액을 계산하면 얼마인가? 단, 특허권 대여의 필요경비 4,000,000원을 제외하고 필요경비는 확인되지 않는다.
  (1) 신문 및 잡지에 글을 기고하고 받은 원고료 5,000,000원
  (2) 특허권의 대여 7,000,000원
  (3) 소장하던 골동품의 양도대가(제작 후 200년 넘은 것) 60,000,000원
  (4) 계약관계로 인한 손해배상금(계약금이 위약금으로 대체되었음) 2,000,000원
  (5) 고용관계 없이 받은 강연료 120,000원
  (6) 재산의 매매계약을 알선하고 받은 수수료 3,000,000원

해설

구 분	계산근거	기타소득금액
(1) 원고료	5,000,000원 × (1 - 60%)	2,000,000원
(2) 특허권 대여	7,000,000원 - 4,200,000(60%의제)	2,800,000원
(3) 골동품의 양도소득	무조건 분리과세	-
(4) 손해배상금	원천징수하지 않음	-
(5) 강연료	120,000원 × (1 - 60%) = 45,000원*	-
(6) 알선수수료	-	3,000,000원
합 계		7,800,000원
원천징수세액	7,800,000원 × 20%	1,560,000원

*과세최저한(건별로 5만원 이하)에 해당하는 기타소득금액은 소득세를 과세하지 않으므로 이를 지급할 때에는 원천징수하지 않는다.

2. 영업권과 사업의 양도

음식점을 경영하는 개인사업자 김관우씨는 현금 1억원을 출자하여 새로운 법인 (주)이택스를 설립

하고 음식점을 (주)이택스에게 부가가치세법상 포괄양수도 방법을 통하여 양도하고자 한다. 전환시점에 재고자산은 없고 상가(3억원)은 본인소유이며 영업권은 1억원으로 평가된다. 기타소득 원천징수세액을 구하고 양도하는 시점에 발생하는 세무상 문제에 대하여 설명하라

① 재화의 공급으로 보지 아니하는 사업양도(부가령 §23)는 사업에 관한 모든 권리와 의무를 포괄적으로 승계시키는 것으로서 개인소유의 건물을 법인에게 양도하여야 한다. 이 때 세금계산서는 발급하지 않아야 한다.
② 개인은 세금계산서 발급없이 영업권(기타소득)에 대한 대가 1억원을 (주)이택스에 받아야 한다. (주)이택스는 개인에게 1억원 중 8,800,000원(8.8%)을 원천징수하고 잔액을 지급한다.
③ 개인은 폐업일 이후 다음달 25일까지 부가가치세 신고를 하여야 하며, 다음연도 소득세신고시 음식점업의 사업소득만이 아니라 기타소득도 합산하여 신고하여야 한다.
④ (주)이택스는 법인세 신고시 영업권을 5년간 정액법으로 상각하여 비용화한다.

3. 기타소득의 원천징수세액계산 및 서식작성

(주)한결은 20x1년 3월 5일 회사 창립총회에 강연료로 정여사에게 1,000,000원을 당일에 지급하였다. 당일에 기타소득세와 개인지방소득세를 차감한 후 통장으로 계좌이체하였다. 정여사의 원고료수익은 일시적이고 비반복적으로 발생한 것이다.
원천징수세액을 구하고 원천징수이행상황신고서 및 지급명세서(다음연도 2월말)를 작성하라.

해답
[기타소득원천징수세액 계산]
① 기타소득세 = (기타소득－필요경비) × 원천징수세율 = (1,000,000 － 1,000,000 × 60%) × 20% = 80,000원
② 개인지방소득세 = 80,000원 × 10% = 8,000원
③ 원천징수세액 합계 = ① + ② = 88,000원
* 필요경비는 법규정에서 인정하는 60%를 적용

원천징수이행상황신고서

①신고구분						☑원천징수이행상황신고서 ☐원천징수세액환급신청서	②귀속연월	20x1년 3월
매월	반기	수정	연말	소득 처분	환급 신청		③지급연월	20x1년 3월

원천징수 의무자	법인명(상호)	(주)한결	대표자 (성명)	△△△	일괄납부 여부	여, 부
					사업자단위과세여부	여, 부
	사업자(주민) 등록번호	xxx-xx-xxxxx	사업장 소재지	○○○○	전화번호	xxx-xxx-xxxx
					전자우편주소	0@00.00

❶ 원천징수 명세 및 납부세액 (단위 : 원)

소득자 소득구분			코드	원천징수명세					⑨ 당월 조 정 환급 세액	납부세액	
				소득지급(과세 미달, 일부 비과세 포함)		징수세액				⑩ 소득세 등 (가산세 포 함)	⑪ 농어촌 특별세
				④인원	⑤총지급액	⑥소득세 등	⑦농어촌 특별세	⑧ 가산세			
개 인 (거 주 자 · 비거 주 자)	근로 소득	간이세액	A01								
		중도퇴사	A02								
		일용근로	A03								
		연말정산	A04								
		가감계	A10								
	사업 소득	매월징수	A25								
		연말정산	A26								
		가감계	A30								
	기타 소득	연금계좌	A41								
		그 외	A42	1	1,000,000	80,000					
		가감계	A40	1	1,000,000	80,000				80,000	
총합계			A99	1	1,000,000	80,000				80,000	

거주자의 기타소득 지급명세서

귀속 연도	20x1년	[ ] 거주자의 기타소득 원천징수영수증 [✓] 거주자의 기타소득 지급명세서 ([ ] 소득자 보관용 [ ] 발행자 보관용)		소득자 구분	
				내외국인 구분	내국인1 외국인9

징 수 의무자	①사업자등록번호	xxx-xx-xxxxx	②법인명 또는 상호	(주)한결	③성명	△△△
	④주민(법인) 등록번호	xxxxxx-xxxxxxx	⑤소재지 또는 주소	○○○○		

소득자	⑥성 명	정여사	⑦주민(사업자)등록번호	xxxxxx-xxxxxxx
	⑧주 소	○○○○○		

| ⑨소득구분코드
* 해당코드에 √ 표시 | 68 비과세 기타소득, 69 분리과세 기타소득, 63 소기업소상공인공제부금 해지 소득,
60 필요경비 없는 기타소득(61, 63, 65, 78 제외), 61 주식매수선택권 행사이익
64 서화·골동품 양도소득 65 직무발명보상금, 71 상금 및 부상 72 광업권 등
73 지역권등 74 주택입주지체상금 75 원고료등 76 강연료등 77 종교인소득 78 사례금
79 자문료등 80 통신판매 대여소득
62 그 밖에 필요경비 있는 기타소득(64, 68, 69, 71 ~ 77, 79, 80 제외) |

⑩지급 연월일			⑪귀속 연월일		⑫ 지급 총액	⑬ 비과세 소득	⑬ 필요 경비	⑭ 소득 금액	⑮ 세율	원 천 징 수 세 액			
연	월	일	연	월						⑯ 소득세	⑰지방 소득세	⑱농어촌 특별세	⑲계
x1	3	5	x1	3	1,000,000		600,000	400,000	20%	80,000	8,000		88,000

위의 원천징수세액(수입금액)을 정히 영수(지급)합니다.

20x2년 2월 28일

징수(보고)의무자 (주)한결 (서명 또는 인)

제3절 원천징수 신고·납부 실무

I 원천징수의 파악

원천징수란 상대방의 소득 또는 수입이 되는 금액의 지급시점에 이를 지급하는 자(원천징수의무자)가 그 금액을 받는 사람(납세의무자)이 내야할 세금(원천세)을 차감 후 나머지 잔액을 지급하고 원천세는 그 다음달 10일까지 대신 납부하는 제도를 말한다. 따라서 원천징수실무는 세금을 실제로 부담하는 납세의무자와 이를 신고·납부하는 원천징수의무자는 서로 다르게 된다.

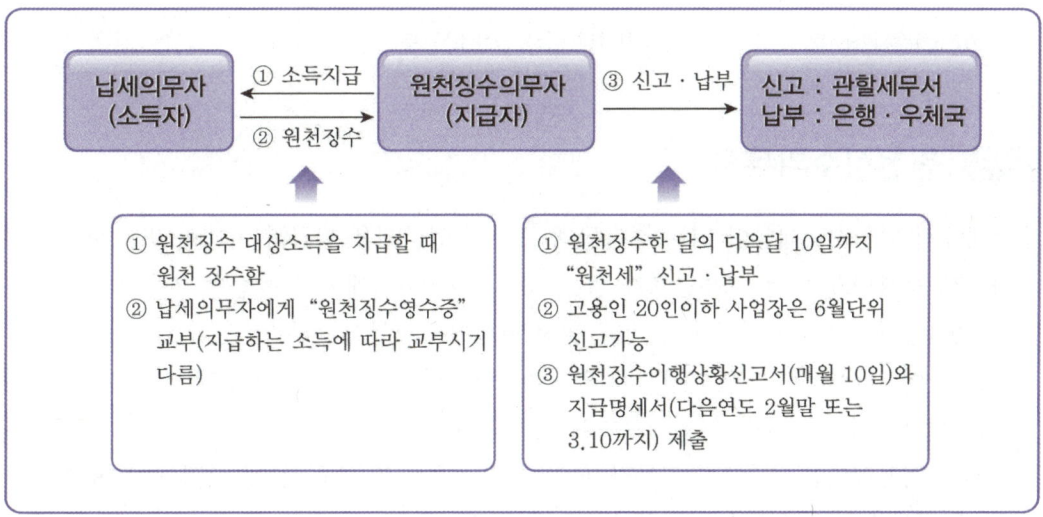

위와 같이 소득세법에서는 원천징수를 활용하여 개인들의 세원탈루를 최소화하고 납세편의를 위해 도모하고 있다.

1 원천징수의 유형

(1) 완납적 원천징수

납세편의를 위하여 원천징수로서 과세를 종결하고 납세의무자는 별도의 정산을 위한 종합소득세 확정신고 의무가 없는 제도이다.

(2) 예납적 원천징수

소득의 귀속을 파악하기 위하여 소득의 지급자가 원천징수하고 차후 종합소득세 신고시 납세의무자는 원천징수대상이 된 소득을 종합소득과세표준에 포함하여 세액을 계산한 후 해당 원천징수된 세액을 중간예납세액과 같이 기납부세액으로 공제받는 제도이다.

(3) 완납적 원천징수와 예납적 원천징수의 비교

	완납적 원천징수	예납적 원천징수
① 내 용	원천징수로 납세의무 종결	원천징수 후 정산과정 있음
② 확정신고의무	신고의무 없음	확정신고(또는 연말정산)의무 있음
③ 조 세 부 담	원천징수세액	기본세율로 확정신고시 정산
④ 대 상 소 득	분리과세소득	분리과세소득 이외의 소득
⑤ 소득종류예시	일용근로소득, 2천만원 이하 금융소득 등	사업소득

2 원천징수의무자

국내에서 원천징수대상이 되는 소득금액 또는 수입금액을 지급하는 개인 또는 법인으로서 사업자 등록번호 또는 고유번호가 없는 경우(비사업자)에도 원천징수 의무자에 해당되어 지급받는 자로부터 소득세·법인세를 원천징수하여 납부할 의무가 있다.

예를 들어, 비사업자가 법인에게 차입하여 이자(비영업대금의 이익)지급시 원천징수의무자에 해당되어 법인세를 원천징수하여 납부한다.

여기서 적용세법은 원천징수의무자가 아닌 지급받는 자(소득자)에 따라 개인이면 소득세법, 법인이면 법인세법을 적용한다.

3 원천징수 시기

원천징수의무자가 원천징수대상 소득금액 또는 수입금액을 지급하는 때 원천징수한다. 다만 원천징수의무자가 소득을 지급하지 않은 경우에도 이를 지급한 것으로 보아 원천징수하는 경우가 있는데, 이를 원천징수시기에 대한 특례라고 한다.

지급한 것으로 보는 시점에서 소득세를 원천징수할 수 없는 때에는 원천징수의무자가 일단 대납하고, 실제로 소득을 지급하는 시점에서 그 세액을 회수하게 된다.

소득종류	원천징수시기
근로·퇴직·연말정산 사업소득	1월부터 11월까지분 12월 31일까지 미지급 : 12월 31일
	12월분 다음연도 2월 말일까지 미지급 : 2월말일
배당·상여(근로)소득	법인의 이익 처분 등에 따른 배당·분배금의 처분을 결정한 날부터 3개월이 되는 날까지 미지급 : 3개월이 되는 날
	11월 1일부터 12월 31일까지의 사이에 결정된 처분에 따라 다음 연도 2월 말일까지 배당소득을 지급하지 아니한 경우 : 처분을 결정한 날이 속하는 과세기간의 다음 연도 2월 말일
법인세법에 따라 처분되는 배당·상여·기타소득	결정·경정하는 경우 : 소득금액변동통지서를 받은 날
	신고하는 경우 : 그 신고일 또는 수정신고일

4. 원천징수대상소득

지급받는 자		대상 소득	납부 세목
소득세법	거주자	이자소득, 배당소득, 일부 사업소득, 근로소득(일부제외), 연금소득, 기타소득(일부제외), 퇴직소득, 봉사료(공급가액의 20% 초과)	해당 소득에 따라 달라짐 (근로소득세, 퇴직소득세 등)
	비거주자	국내원천소득 중 원천징수 대상 소득(이자, 배당, 선박 등의 임대소득, 사업소득, 인적용역소득, 근로소득, 퇴직소득, 사용료소득, 토지 건물의 양도소득, 유가증권양도소득, 기타소득)	
법인세법	내국법인	이자소득, 배당소득(집합투자기구로부터의 이익 중 투자신탁의 이익에 한정)	법인세
	외국법인	국내원천소득 중 원천징수 대상 소득(이자, 배당, 선박 등의 임대소득, 사업소득, 인적용역소득, 토지·건물의 양도소득, 사용료소득, 유가증권양도소득, 기타소득)	

5. 원천징수의무 면제 및 배제

① 소득세·법인세가 과세되지 아니하거나 면제되는 소득(소득법 §154)
② 과세최저한이 적용되는 기타소득금액(소득법 §84)
③ 원천징수 배제(소득법 §155)

원천징수대상 소득으로서 발생 후 지급되지 아니함으로써 소득세가 원천징수되지 아니한 소득이 종합소득에 합산되어 소득세가 과세된 경우 그 소득을 지급할 때에는 소득세를 원천징수하지 아니한다.

✱ 원천징수해야할 소득이 실제로 지급되지 아니함으로써 원천징수는 하지 않았으나 그 소득이 종합소득에 합산되어 소득세가 부과되었거나, 법인이 신고한 과세표준에 이미 포함된 경우에는 그 후 실제로 그 소득을 지급하더라도 본세는 원천징수하지 않고 원천징수납부불성실가산세 및 지급명세서미제출 가산세는 징수한다.

④ 소액부징수(소득법 §86①, 법인법 §75)

소득세 또는 법인세의 원천징수에 있어서 해당 세액이 1,000원 미만인 때에는 원천징수를 하지 아니한다. 다만 이자소득과 원천징수대상 사업소득 중 인적용역 사업소득은 제외한다.

✱ 일용근로자에게 일당을 한꺼번에 지급하는 경우 소득자별 지급액에 대한 원천징수 세액 합계액을 기준으로 소액부징수 대상 여부 판단한다.
✱ 인적용역 사업소득은 2024.7.1.이후 소득지급분부터 적용

6 원천징수 신고·납부

(1) 원천징수 신고·납부

원천징수의무자(지급자)는 원천징수한 세액을 그 징수일이 속하는 달의 다음달 10일까지 원천징수 관할세무서·한국은행 또는 체신관서에 납부해야 하며, 원천징수이행상황신고서(원천징수하여 납부할 세액이 없는 자에 대한 것도 포함)를 원천징수관할세무서장에게 제출해야 한다.

✱ 원천징수이행상황신고서는 원천징수하여 납부할 세액이 없는 소득자에게 지급한 금액도 포함하여 작성하며, 우편제출 시 10일자 소인이 찍혀 있으면 기한내 신고로 인정한다.

다만, 금융·보험업을 제외한 상시 고용인원 20인 이하인 사업자는 신청(승인)에 의해 반기별 신고·납부도 가능하다.

구 분	원천징수일	원천징수세액의 신고·납부	
월별 납부자	소득지급일	징수일이 속하는 다음달 10일까지	
반기별 납부자	소득지급일	1월~6월	7월 10일까지
		7월~12월	다음연도 1월 10일까지

(2) 납세지

원천징수의무자는 납부(환급)세액의 유무에 관계없이 즉, 과세미달 또는 비과세로 인하여 납부할 세액이 없는 자에 대한 것도 포함하여 원천징수이행상황신고서를 작성하여 관할세무서장에게 제출하여야 한다(소득법 §7). 다만, 국가 및 법인의 경우 본점(본부)에서 일괄하여 납부하는 경우에는 지점 등에서 원천징수한 세액을 포함하여 원천징수이행상황신고서를 작성한다.

구분	원천징수의무자		원천징수 납세지	원천징수이행상황 신고서 작성자
개인	개 인		주된 사업장소재지	개 인
법인	일반 법인	본 점	본점 소재지	법인의 본점
	지점이 독립채산제에 의해 독자적으로 회계 사무처리하는 경우	해당 지점	지점 사업장소재지	해당 지점
		(본점일괄납부 승인)해당 지점	본점 소재지	법인의 본점
	사업자단위과세자	본점	본점 소재지	법인의 본점

(3) 원천세 반기별 납부제도(소득법 §128②, 법인법 §73⑦)

1) 의의

원칙적으로 원천징수의무자는 소득을 지급하는 시점에서 원천징수를 하며, 징수한 세액은 그 다음달 10일까지 납부하여야 한다. 다만, 반기별 납부 승인을 받은 소규모사업자는 해당 반기의 마지막 달의 다음달 10일까지 원천징수이행상황신고서를 제출하고 징수한 세액을 납부할 수 있다. 그러나 반기별 신고·납부라도 원천징수는 소득지급일에 해야 한다(소득령 §186, 법인령 §115).

2) 반기별 납부특례대상자

직전연도(신규로 사업을 개시한 사업자의 경우 신청일이 속하는 반기를 말함)의 1월부터 12월까지의 매월 말일 현재 상시고용인원의 평균인원수가 20인 이하인 원천징수의무자(금융보험업자 제외)는 원천징수 관할세무서장으로부터 원천징수세액을 매 반기별로 납부할 수 있도록 반기의 직전월의 1일부터 말일까지(6월 1일~6월 30일, 12월 1일~12월 31일) 신청하여 승인을 얻은 자를 말한다.

✽ 종교단체는 상시고용인원과 관계 없이 반기별 납부 신청 가능

3) 반기별 납부 제외대상(소득법 §128② 단서)

① 법인세법에 따라 처분된 배당, 상여, 기타소득에 대한 원천징수세액
② 국제조세조정에 관한 법률에 따라 처분된 배당소득에 대한 원천징수세액
③ 비거주자인 연예인 등의 용역제공과 관련된 원천징수세액(20% 세율)

(4) 원천징수 관련 가산세

1) 원천징수 등 납부지연가산세

원천징수의무자가 징수하였거나 징수하여야 할 세액을 세법에 따른 납부기한 내에 납부하지 아니하거나 과소납부한 경우에는 납부하지 아니한 세액 또는 과소납부분 세액에 대해 다음의 가산세를 부담하여야 한다(국기법 §47의5).

$$3\% + 과소·무납부세액 \times 2.2/10,000 \times 일수 \leq 10\%$$

가산세는 납부기한(익월 10일) 다음날 납부시 3.22%, 234일 이후에는 10%의 가산세를 부담하여야 한다. 원천징수납부불성실가산세가 다른 세목의 신고불성실가산세 역할을 병행하기 때문에 3%부터 시작된다.

사례 4-23 원천징수 등 납부지연가산세

(주)이택스는 직원들의 10월 급여신고를 다음 달 11월 10일까지 신고하지 못하고 11월 25일에 기한 후 신고납부하였다. 근로소득세가 9,780원이라고 할 때 원천징수 등 납부지연가산세액은 얼마인가?

① 미납부세액(근로소득세액)은 9,780원이다.
② 경과일수는 당초 신고납부기한이 지급일의 다음 달 10일인 11월 10일이므로 다음날인 11월 11일부터 기산하여 신고납부일인 11월 25일까지이므로 경과일수는 15일이다.
③ 계산산식은 미납세액 × 3% + 과소·무납부세액 × 2.2/10,000 × 일수 ≤ 10% 이므로
   9,780 × 3% + (9,780 × 2.2/10,000 × 15) = 325원
   ㉠ 상기 계산된 가산세는 325원은 미납세액의 10%(한도금액)인 978원 이하이므로
   ㉡ 원천징수 등 납부지연가산세는 325원이다.

---

2) 지급명세서제출불성실가산세

지급명세서를 제출해야 할 자가 해당 지급명세서를 그 기한 내에 제출하지 아니하였거나 제출된 지급명세서가 불분명한 경우에는 지급금액의 1%에 상당하는 금액을 지급명세서제출불성실가산세로 내야한다(소득법 §81의11, 법인법 §75의7).

다만, 제출기한 지난 후 3개월 이내에 제출하는 경우에는 지급금액의 0.5%로 하고, 산출세액이 없는 때에도 가산세는 내야한다.

만약, 원천징수이행상황신고서의 기재사항의 오류가 있다 할지라도 정당하게 원천징수한 소득세를 기한내 납부하였다면 원천징수납부불성실가산세가 적용되지 않는다. 그러나 지급명세서에 누락되었다면 지급명세서제출불성실가산세가 적용된다.

3) 특별징수 등 납부지연가산세

특별징수의무자가 징수하여야 할 세액을 지방세관계법에 따른 납부기한까지 납부하지 아니하거나 과소납부한 경우에는 납부하지 아니한 세액 또는 과소납부분 세액의 10%에 상당하는 금액을 한도로 하여 다음의 가산세를 부담하여야 한다(지기법 §56).

$$3\% + 과소·무납부세액 \times 2.2/10,000 \times 일수 \leq 10\%$$

7 원천징수관련서류

(1) 원천징수영수증

원천징수의무자는 원천징수세액을 징수하였다는 것을 증명하기 위해 원천징수소득을 지급할 때 원천징수영수증을 소득의 수취인에게 발급하여야 한다(법인법 §74, 소득령 §193). 원천징수영수증은 동일한 내용으로 3부(발행자보관용, 소득자보관용, 발행자보고용)가 작성되며, 원천징수의무자가 1부 보관하고, 소득자에게 1부를 발급하며, 다음연도에 세무서에 1부를 지급명세서 형태로 제출하게 된다.

구 분		원천징수영수증 발급시기
근로소득	계속근로자	다음연도 2월말일까지 * 다만, 종된 근무지의 원천징수의무자는 주된 근무지의 연말정산을 받고자 하는 자의 원천징수영수증을 즉시 발급
	중도퇴사자	퇴직일이 속하는 달까지의 근로소득에 대하여 그 퇴직일이 속하는 달의 급여 지급일(퇴직금지급일이 아님)의 다음 달 말일까지
	일용근로자	지급일이 속하는 달의 다음 달 말일까지
퇴직소득		그 지급일이 속하는 달의 다음 달 말일까지
금융소득(이자·배당소득)		지급하는 때
사업소득	연말정산 대상 소득	연말정산일이 속하는 달의 다음 달 말일까지
	연말정산 대상 제외 소득	지급하는 때
연금소득	공적연금	다음연도 2월말일까지(연말정산하는 경우)
	사적연금	지급하는 때
기타소득		지급하는 때

(2) 원천징수이행상황신고서

1) 의의

원천징수이행상황신고서란 근로소득, 퇴직소득, 기타소득, 사업소득 등 여러종류의 원천징수대상소득을 정리하여 집계한 표를 말한다. 원천징수영수증과 달리 소득자 개인별로 작성하지 않고 총계를 한 장의 서식에 총괄하여 기록하도록 구성되어 있다.

이러한 원천징수이행상황신고서가 필요한 이유는 원천징수의무자는 일반적으로 매월 한 종류의 소득만을 지급하는 것이 아니기 때문이다. 즉 회사의 경우 근로소득, 퇴직소득, 기타소득 등 여러 종류의 원천징수대상소득이 발생하기 때문이다.

2) 제출시기 및 원천징수세액의 납부

원천징수월이 속하는 달의 다음달 10일까지 원천징수이행상황신고서를 제출하고 납부하여야 한다. 다만, 반기납부승인자의 경우 원천징수일이 속하는 반기의 종료월의 다음달 10일까지 제출하고 납부한다.

구 분	신고서제출 및 납부일
매월납부자	매월 10일
반기별납부자	매년 7월 10일, 1월 10일

3) 원천징수이행상황신고서 작성방법(장을 달리하여 구체적으로 설명한다)

신고서양식의 기본적인 세로축과 가로축을 설명하면 다음과 같다.

세로축	소득종류(코드 A01~A99)	
가로축	소득지급명세	원천징수 명세 및 납부세액
	④ 인원 ⑤ 총지급액	⑥ 소득세등
	* 원천징수하여 납부할 세액이 없거나 비과세도 포함하여 작성한다.	

그리고 근로소득과 관련한 개별항목을 설명하면 다음과 같다.

항목 및 코드	내 용
간이세액(A01)	매월 급여 지급액 및 원천징수한 내역을 기재
중도퇴직(A02)	연도 중 중도퇴사자의 연말정산 내역을 기재
일용근로(A03)	일용근로자에게 지급한 일당 및 원천징수 내역을 기재
연말정산(A04)	연도말까지 계속 근로자에 대한 연말정산한 내역을 기재

(3) 지급명세서

1) 의의

지급명세서란 원천징수영수증 중 발행자 보고용으로서 원천징수의무자와 소득자의 이름과 주소 등의 인적사항, 소득금액의 종류와 금액, 소득금액의 지급시기와 귀속연도 등을 기재한 서류를 말한다. 원천징수의무자가 세무서에 매월 원천징수이행상황신고서만을 제출한다면 개인별로 얼마의 소득을 언제 발생했는지 알 수 없으므로, 원천징수의무자가 지급명세서를 제출하여야 세무서는 개인별 소득에 대한 과세자료로 사용한다.

2) 지급명세서 제출시기

| 지급명세서 제출시기 |

구 분	발 급 시 기	
일반근로소득, 사업소득, 퇴직소득, 기타소득 중 종교인소득·봉사료	다음연도 3월 10일까지	
일용근로소득	2021.6.30. 이전 지급분	그 지급일이 속하는 분기의 마지막 달의 다음달 말일까지
	2021.7.1. 이후 지급하는 소득분부터 적용	그 지급일이 속하는 달의 다음달 말일까지
그 외 소득	그 지급일이 속하는 연도의 다음 연도 2월 말일까지	

3) 지급명세서 제출의 면제(소득령 §213의2①, §214①)

일정업종 또는 일정규모 이하의 소규모사업자이외에 지급명세서를 제출하여야 하는 자는 지급명세서를 정보통신망(인터넷)에 의하여 제출하거나 디스켓 등 전자적 정보저장 매체로 제출하여야 한다. 이 경우 일용근로자 또는 과세금액에 미달하는 근로소득자에게 근로소득을 지급하는 자는 현금영수증 발급장치 등을 통하여 제출할 수 있다.
(구체적인 항목은 기타소득의 원천징수에서 살펴봄)

(4) 간이지급명세서

1) 의의

2019년부터 근로자에 대해 근로장려금 반기지급제도가 시행됨에 따라 반기 소득에 대한 간이지급명세서 제출제도가 신설되었으며, 현재는 일용근로자가 아닌 근로자에게 지급하는 근로소득과 원천징수대상 사업소득 및 인적용역 관련 기타소득에 대하여 간이지급명세서를 반드시 제출할 의무가 있으며 미제출시엔 가산세 등의 불이익이 있다.

✽ 사업소득 또는 기타소득에 대한 간이지급명세서를 제출한 경우에는 그 제출한 부분에 대하여 지급명세서를 제출한 것으로 본다(소득법 § 164 ⑦ 2022.12.31. 신설).

2) 제출기한

일용근로자가 아닌 근로자에게 지급하는 근로소득, 원천징수대상 사업소득, 인적용역 관련 기타소득을 지급하는 원천징수의무자는 간이지급명세서를 그 소득 지급일이 속하는 달의 다음달 말일(휴업, 폐업 또는 해산한 경우에는 휴업일, 폐업일 또는 해산일이 속하는 달의 다음 달 말일)까지 제출하여야 한다.

3) 불이익

구 분	내용
미제출한 경우	제출하지 않은 분의 0.5%(제출기한이 지난 후 1개월 이내에 제출시 0.25%)
불분명 또는 사실과 다른 경우	불분명하거나 사실과 다른 분의 지급금액의 0.5%

✽ 다만, 근로소득은 2026.1.1.이후 지급하는 소득에 대하여 간이지급명세서를 제출하는 경우부터 적용함.

| 간이지급명세서 및 지급명세서 관련 가산세 정리 |

구분	간이제출	연간제출	간이가산세 (0.25%)	연간가산세 (1%)	비고
사업소득 인적용역기타소득	○	×	×	×	연간제출면제
	×	○	사업○ 기타(×)	×	인적용역기타소득 24년 한시면제
	×	×	×	○	높은거 적용
상용근로소득 연말정산사업소득	○	×	×	○	미제출분 적용
	×	○	○	×	미제출분 적용
	×	×	○	○	모두 적용

Ⅱ 원천징수이행상황신고서 작성방법

1 월별납부자의 경우

(1) 작성기준

1) 작성대상자

원천징수대상소득을 지급하는 원천징수의무자(대리인 또는 위임자를 포함)는 납부(환급)세액의 유무와 관계없이 이 서식을 작성하여 제출하여야 한다.

구 분	원천징수의무자		원천징수 납세지	원천징수이행상황신고서 제출자
개 인	개 인		주된 사업장 소재지	개 인
법 인	일반적인경우	본점 또는 지점(독립채산제)	해당 사업장 소재지	해당 사업장
	본점일괄납부	본점일괄납부 본점 또는 해당 지점	본점 사업장 소재지	법인의 본점
	사업자단위등록	본 점	본점 사업장 소재지	법인의 본점

✱ 국가 및 법인의 경우 본점(본부)에서 일괄하여 납부하는 경우에는 지점 등에서 원천징수한 세액을 포함하여 원천징수이행상황신고서를 작성하여야 함.
✱ 본점 일괄납부시 지급명세서 상 원천징수의무자는 본점 또는 해당 지점으로 하여 본점에서 제출

2) 작성기준

원천징수 월이 속하는 달의 다음 달 10일까지 신고하여야 하며, 귀속연월이 다른 소득을 같은 월에 함께 지급하여 소득세 등을 원천징수하는 경우에는 원천징수이행상황신고서를 귀속월별로 각각 별지로 작성하여야 한다.

✱ 사례) 월별납부자가 20x1.7월 및 20x1.8월분 급여를 20x1.8월에 일괄 지급하는 경우는 다음과 같이 두장의 원천징수이행상황신고서를 작성하여야 함.

구 분	귀속연월	지급연월	제출기한
신고서Ⅰ(7월급여)	20x1년 7월	20x1년 8월	20x1년 9월 10일
신고서Ⅱ(8월급여)	20x1년 8월	20x1년 8월	20x1년 9월 10일

(2) 구체적 작성방법

1) 신고구분란

① 신고구분					
매월	반기	수정	연말	소득처분	환급신청

① 매월분 신고서는 "매월"에, 반기별 신고서는 "반기"에, 수정신고서는 "수정"에, 인정상여 등 소득처분에 따른 신고시에는 "소득처분"에 "○"표시

※ 지점법인・국가기관 및 개인은 "소득처분"에 "○"표시할 수 없음.

② 매월분 신고서에 계속근무자의 연말정산분이 포함된 경우에는 "매월" 및 "연말"란 두 곳에 모두 "○"표시

※ 원천세 월별 납부자의 경우 3월 10일까지 세무서에 제출하는 원천징수이행상황신고서의 경우 "연말정산"과 "매월분"에 "○"표시를 한다.

③ 원천징수세액을 환급신청하는 경우 "환급신청"란에 "○"표시하고 ㉑ 환급신청액 기재 및 원천징수세액환급신청서 부표를 작성

| 신고 형태별 기재방법 |

구 분			표시요령 (해당항목 ○표시)
정기신고	월별납부	평월	[매월]
		연말정산월	[매월], [연말]
		연말정산월환급신청	[매월], [연말], [환급신청]
	반기별납부	상반기	[반기], [연말]
		하반기	[반기]
		상반기 환급신청	[반기], [연말], [환급신청]
수정신고	월별납부	평월	[매월], [수정]
		연말정산월	[매월], [연말], [수정]
	반기별납부	상반기	[반기], [연말], [수정]
		하반기	[반기], [수정]
소득처분	월별납부	평월	[매월], [소득처분]
		연말정산월	[매월], [연말], [소득처분]
	반기별납부	평월	[반기], [소득처분]
		연말정산월	[반기], [연말], [소득처분]

2) 귀속연월란

② 귀속연월	년 월

① 원천징수대상 소득발생 연월을 기재한다. 소득처분의 경우 귀속연월은 대상 소득에 대한 당초 귀속연월(20x1년 귀속 → 20x2년 2월)을 기재

　※ 반기별납부자는 반기 개시월(1월 또는 7월)을 기재

② 귀속연월이 다른 소득을 같은 월에 함께 지급하여 소득세 등을 원천징수하는 경우에는 원천징수이행상황신고서를 귀속연월별로 각각 별지로 작성하여 제출

(예시) 귀속월과 지급월이 다른 경우(x2.1월 급여를 x2.2월에 지급하는 경우) : 귀속기준으로 각각 별지 작성

신고 구분	귀속연월	지급연월	제출일자
매월(1월귀속분)	x2년 1월	x2년 2월	x2년 3월 10일

신고 구분	귀속연월	지급연월	제출일자
연말	x2년 2월	x2년 2월	x2년 3월 10일

　※ 연말정산 환급액을 조정환급하는 경우 x2년 1월 귀속분에서 조정(동시 신고)

3) 지급연월란

③ 지급연월	년　　월

① 원천징수 대상 소득을 지급한 월을 기재한다. 급여 등을 미지급한 경우 근로소득원천징수 시기에 대한 특례규정에 따라 지급한 것으로 보는 월을 기재한다.

② 20x1년 귀속 연말정산의 경우 지급연월은 20x2년 2월로 기재

4) 원천징수의무자

원천징수 의무자	법인명(상호)		대표자(성명)		일괄납부 여부	여, 부
					사업자단위과세 여부	여, 부
	사업자(주민) 등록번호		사업장 소재지		전화번호	
					전자우편주소	@

① **법인명(상호)** : 법인인 경우 법인명을, 개인인 경우 상호를 기재

② **대표자(성명)** : 법인의 경우 법인 대표자 명을, 개인인 경우 사업주 명을 기재

③ **일괄납부여부** : 법인의 경우로서 본점일괄납부승인을 받은 경우에만 "여"에 표시를 하고 개인사업자와 법인으로서 일괄납부승인을 받지 아니한 법인은 "부"에 표시를 한다.

④ **사업자단위과세여부** : 부가가치세법에 따라 사업자단위로 등록한 경우 법인의 본점 또는 주사무소에서는 사업자단위과세사업자로 전환되는 월 이후 지급하거나, 연말정산하는 소득에 대해 "여"에 표시를 한다.

⑤ **사업자(주민)등록번호**

　　㉠ 사업자인 경우 : 사업자등록번호(고유번호)를 기재

　　㉡ 사업자등록번호(고유번호)가 없는 경우
　　　　- 개인인 경우 : 원천징수의무자 본인의 주민등록번호를 기재
　　　　- 법인인 경우 : 법인등기부등본상의 등록번호를 기재

(3) 원천징수명세 및 납부세액 작성방법

1) 원천징수명세

① **소득지급(④인원, ⑤총지급액)**

㉠ 과세미달분과 비과세를 포함한 총인원과 총지급액을 적는다. 다만, 비과세 근로소득의 경우 소득령 §214①(2)의2, (2)의3에 해당하는 금액은 제외한다. 근로소득, 퇴직소득, 연말정산 사업소득의 경우에는 주(현), 종(전)근무지 등으로부터 지급받은 소득을 합산하여 원천징수하는 경우에는 총지급액의 합계액을 적는다.

㉡ 다음연도 2월 말일(근로, 퇴직, 사업소득지급명세서는 3월 10일)까지 제출하는 각 소득종류별 지급명세서의 인원 및 지급액과 대사하여 지급명세서 제출여부를 검증하는 기준이 되는 란이므로 정확하게 기재하여야 한다.

㉢ ⑤총지급액란 작성시 제외되는 비과세 항목(소득령 §214①(2)의2, (2)의3의 금액)은 근로소득지급명세서 제4쪽의 비과세 및 감면 소득코드 란 기재여부와 동일하다.

|⑤ 총지급액란에 비과세 근로소득 기재 여부|

법조문	코드	기재란	비 과 세 항 목	기재여부
소득법 §12 3 가	A01		복무중인 병이 받는 급여	×
소득법 §12 3 나	B01		법률에 따라 동원 직장에서 받는 급여	×
소득법 §12 3 다	C01		「산업재해보상보험법」에 따라 지급받는 요양급여 등	×
소득법 §12 3 라	D01		「근로기준법」등에 따라 지급받는 요양보상금 등	×
소득법 §12 3 마	E01		「고용보험법」에 따라 받는 육아휴직급여 등	×
	E02		「국가공무원법」등에 따라 받는 육아휴직수당 등	×
소득법 §12 3 바	E10		「국민연금법」에 따라 받는 반환일시금(사망으로 받는 것에 한함) 및 사망일시금	×

소득법 §12 3 사	F01		「공무원연금법」 등에 따라 받는 요양비 등	×
소득법 §12 3 아	G01	⑱-5	비과세 학자금(소득령 § 11)	○
소득법 §12 3 자	H02		소득령§ 12 2~3(일직료 · 숙직료 등)	×
	H03		소득령§ 12 3(자가운전보조금)	×
	H04		소득령§ 12 4~8(법령에 의해 착용하는 제복 등)	×
	H05	⑱-18	소득령§ 12 9~11(경호수당, 승선수당 등)	○
	H06	⑱-4	소득령§ 12 12 가(연구보조비 등)-유아교육법, 초중등교육법	○
	H07	⑱-4	소득령§ 12 12 가(연구보조비 등)-고등교육법	○
	H08	⑱-4	소득령§ 12 12 가(연구보조비 등)-특별법에 의한 교육기관	○
	H09	⑱-4	소득령§ 12 12 나(연구보조비 등)	○
	H10	⑱-4	소득령§ 12 12 다(연구보조비 등)	○
	H14	⑱-22	소득령§ 12 13 가(보육교사 근무환경개선비)-영유아보육법 시행령	○
	H15	⑱-23	소득령§ 12 13 나(사립유치원 수석교사 · 교사의 인건비)-유아교육법 시행령	○
	H13	⑱-6	소득령§ 12 14 (취재수당)	○
	H11	⑱-7	소득령§ 12 15 (벽지수당)	○
	H12	⑱-8	소득령§ 12 16 (천재 · 지변 등 재해로 받는 급여)	○
	H16	⑱-24	소득령§ 12 17 (정부 · 공공기관 중 지방이전기관 종사자 이전지원금)	○
	H17	⑱-30	소득령§ 12 18(종교관련종사자가 소속 종교단체의 규약 또는 소속 종교단체의 의결기구의 의결 · 승인 등을 통하여 결정된 지급 기준에 따라 종교 활동을 위하여 통상적으로 사용할 목적으로 지급받은 금액 및 물품)	○
소득법 §12 3 차	H01	⑱-19	외국정부 또는 국제기관에 근무하는 사람에 대한 비과세	○
소득법 §12 3 카	J01		「국가유공자 등 예우 및 지원에 관한 법률」에 따라 받는 보훈급여금 및 학습보조비	×
소득법 §12 3 타	J10		「전직대통령 예우에 관한 법률」에 따라 받는 연금	×
소득법 §12 3 파	K01	⑱-10	작전임무 수행을 위해 외국에 주둔하는 군인 등이 받는 급여	○
소득법 §12 3 하	L01		종군한 군인 등이 전사한 경우 해당 과세기간의 급여	×
소득법	M01	⑱	소득령§ 16①1(국외등에서 근로에 대한 보수) 100만원	○

§12 3 거	M02	⑱	소득령§ 16①1(국외등에서 근로에 대한 보수) 300만원	○
	M03	⑱	소득령§ 16①2(국외근로)	○
소득법 §12 3 너	N01		「국민건강보험법」등에 따라 사용자가 부담하는 보험료 등	×
소득법 §12 3 더	O01	⑱-1	생산직 등에 종사하는 근로자의 야간수당 등	○
소득법 §12 3 러	P01	⑱-40	비과세 식사대(월 20만원 이하)	○
	P02		현물 급식	×
소득법 §12 3 머	Q01	⑱-2	출산, 6세 이하의 자녀의 보육 관련 비과세(월 20만원 이내)(2023년 귀속분까지만 적용)	○
	Q02	⑱-2	6세 이하의 자녀의 보육 관련 비과세 급여(월 20만원 이내)	○
	Q03	⑱-3	자녀 출생일 이후 2년 이내에 받는 출산지원금(1회)	○
	Q04	⑱-3	자녀 출생일 이후 2년 이내에 받는 출산지원금(2회)	○
소득법 §12 3 버	R01		국군포로가 지급받는 보수 등	×
소득법 §12 3 서	R10	⑱-21	「교육기본법」 제28조제1항에 따라 받는 장학금	○
소득법 § 12 3 어	R10	⑱-21	소득령 § 17의3 비과세 직무발명보상금	○
구 조특법§ 15	R11	⑱-29	주식매수선택권 비과세	○
조특법 § 16의2	U01	⑱-31	벤처기업 주식매수 선택권 행사이익 비과세	○
조특법 §88의4⑥	Y02	⑱-14	우리사주조합 인출금 비과세(50%)	○
	Y03	⑱-15	우리사주조합 인출금 비과세(75%)	○
	Y04	⑱-16	우리사주조합 인출금 비과세(100%)	○
소득법 §12 3 자	Y22	⑲	소득령 § 12 13 다(전공의 수련보조수당)	○
조특법 §18	T01	⑱-12	외국인 기술자 소득세 감면(50%)	○
	T02	⑱-36	외국인 기술자 소득세 감면(70%)	○
조특법 § 29의6	T40	⑱-34	중소기업 청년근로자 및 핵심인력 성과보상기금 수령액에 대한 소득세 감면 등(50%)	○
	T41	⑱-37	중견기업 청년근로자 및 핵심인력 성과보상기금 수령액에 대한 소득세 감면 등(30%)	○
	T42	⑱-38	중소기업 청년근로자 및 핵심인력 성과보상기금 수령액에 대한 소득세 감면 등(청년 90%)	○
	T43	⑱-39	중견기업 청년근로자 및 핵심인력 성과보상기금 수령액에 대한 소득	○

			세 감면 등(청년 50%)	
조특법 § 18의3	T50	⑱-35	내국인 우수인력의 국내복귀에 대한 소득세 감면	○
조특법 §30	T12	⑱-27	중소기업 취업자 소득세 감면(70%)	○
	T13	⑱-32	중소기업 취업자 소득세 감면(90%)	○
조세조약	K01	⑱-10	조세조약상 소득세 감면(교사·교수)	○

〈상호대사〉

연간 제출한 원천징수이행상황신고서와 근로소득지급명세서의 관련항목간 기재금액이 상호일치 하는지 여부를 사전에 검증하여 지급명세서 제출누락으로 인한 가산세를 추가부담하는 일이 없도록 하여야 한다.

원천징수이행상황신고서상 [중도퇴사란(A02)]+[연말정산란(A04)]		계속근무자 및 중도퇴사자의 근로소득지급명세서
소득지급	1. 인원	근로소득원천징수영수증의 매수
	2. 총지급액	[총급여(16또는21)+비과세소득계(20)]의 합계
징수세액	3. 소득세등	(79)차감징수세액의 소득세의 합계
	4. 농어촌특별세	(80)차감징수세액의 농어촌특별세의 합계

② 징수세액(⑥소득세 등, ⑦농어촌특별세, ⑧가산세)

㉠ 징수세액(⑥~⑧)란에는 각 소득별로 발생한 납부 또는 환급할 세액을 적되, 납부할 세액의 합계는 총합계 (A99의 ⑥~⑧)에 적고, 환급할 세액은 해당란에 "△"표시하여 적은 후 그 합계액은 2. 환급세액 조정의 ⑮일반환급란에 기재

㉡ △표시된 세액은 어떠한 경우에도 총합계를 (A99의 ⑥~⑪)란에는 기재하지 않으며, 환급세액이 발생할 수 있는 항목으로는 [중도퇴사(A02)], [연말정산(A04)], [연말정산(A26)], [연말정산(A46)], [수정신고(A90)]란 임.

㉢ [⑧가산세]란에는 원천징수세액에 대한 가산세를 기입하는 것으로 농어촌특별세에 대한 가산세를 포함하여 기재함.

㉣ 근로소득·사업소득 및 연금소득의 경우 납부할 세액 또는 환급할 세액의 계산은 코드별가감 계[A10, A30 또는 A47]의 금액을 기준으로 하며, 징수세액(⑥~⑧)란에
  - 납부할 세액만 있는 경우에는 소득별로 납부세액(⑩·⑪)란에 옮겨 적고
  - 환급할 세액만 있는 경우에는 그 합계를 ⑮일반환급란에 적으며

- 각 소득종류별로 납부·환급할 세액이 각각 있는 경우 : 아래 (2) 당월조정환급세액 참조

2) 당월조정환급세액

① 「⑨당월조정환급세액」란에는 당월 징수한 세액과 상계 처리할 △세액을 기재하는 것으로, ⑱조정대상환급세액 (전월미환급세액 + 당월발생환급세액) 범위 내에서 기재함.

❋ 예를 들어, 퇴직소득세액 250,000원, 근로소득세액 △100,000원이 있는 경우 100,000원을 상계하고 퇴직소득세액으로 150,000원을 납부하게 되며, ⑨당월조정환급세액란에는 상계되는 세액인 100,000원을 기재한다.

② 징수세액(⑥~⑧)란에 각 소득종류별로 납부할 세액과 환급할 세액이 각각 있는 경우 다음과 같이 조정환급한다.

- 납부할 세액의 합계가 조정대상환급세액보다 많은 경우 : ⑱조정대상환급세액란의 금액을 ⑨당월조정환급세액란에 코드[A10, A20, ‥]순서대로 적어 조정환급하고, 잔액은 납부세액(⑩·⑪)란에 기재
- 납부할 세액의 합계가 환급할 세액인 ⑱조정대상환급세액보다 작은 경우 : 위와 같은 방법으로 조정하여 환급하고, ⑩조정대상환급세액의 나머지는 ⑳차월이월환급세액란에 기재
- ⑩당월조정환급세액란의 합계액[A99코드의⑨]을 ⑬당월조정환급세액계란에 옮겨 적음(A99코드의 ⑨당월조정환급세액란과 당월조정환급세액계란은 항상 일치해야 함)

③ 세목(소득세·법인세 및 농어촌특별세)간 조정환급은 그 내역을 적은 경우에만 가능하며, 임의조정하여 충당한 경우에는 무납부로 처리됨.

④ 근로·사업·연금소득의 경우 ⑨당월조정환급세액 및 납부세액(⑩,⑪)은 소득별가감계[A10, A30, A47]에만 기재한다. 징수세액(⑥~⑧)란에 납부할 세액만 있는 경우 소득별로 합산하여 납부세액(⑩, ⑪)란에 기재하고, 징수세액 (⑥~⑧)란에 환급할 세액이 포함된 경우에는 소득별로 가감하여 기재한다.

⑤ 전월미환급세액이 없고 당월징수세액이 당월조정환급세액보다 많은 경우 아래의 차감순서에 따라 차감하여 납부할 세액을 계산한다.

[⑥ 소득세 등] → [⑧ 가산세] → [⑦ 농어촌특별세]

예시1) 전월미환급세액이 700,000원 있고, 당월분 근로소득 신고내용은 아래와 같은 경우

❶ 원천징수 명세 및 납부세액 (단위: 원)

소득자 소득구분		코드	원천징수명세					⑨당월조정환급세액	납부세액	
			소득지급 (과세미달, 일부비과세 포함)		징수세액				⑩소득세 등 (가산세포함)	⑪농어촌특별세
			④인원	⑤총지급액	⑥소득세등	⑦농어촌특별세	⑧가산세			
근로소득	간이세액	A01	20	45,000,000	950,000					
	중도퇴사	A02	5	154,000,000	△300,000	75,000	30,000			
	일용근로	A03								
	연말정산	A04								
	가감계	A10	25	199,000,000	650,000	75,000	30,000	700,000	0	55,000

환급조정 / 항상일치 / 납부서 작성

❷ 환급세액 조정 (단위: 원)

전월 미환급 세액의 계산			당월발생환급세액				⑱조정대상환급세액 (⑭+⑮+⑯+⑰)	⑲당월조정환급세액계	⑳차월이월환급세액 (⑱-⑲)	㉑환급신청액
⑫전월미환급세액	⑬기환급신청세액	⑭차감잔액 (⑫-⑬)	⑮일반환급	⑯신탁재산 (금융회사등)	그 밖의 환급세액 ⑰					
					금융회사 등	합병 등				
700,000	0	700,000	0	0			700,000	700,000	0	

※ 조정대상환급세액은 당월발생환급세액이 없으므로 전월 미환급세액 700,000원을 한도로 공제하여야 하며, (소득세 등 ①650,000 → 가산세 ②30,000 → 농어촌특별세 ③20,000) 순으로 차감 조정하면, 농어촌특별세액에서 공제 부족분 55,000(75,000 - 20,000)원이 남게 되고, 이는 납부하여야 할 세액임.

예시2) 전월미환급세액이 900,000원 있고, 당월분 근로소득 신고내용이 아래와 같은 경우

❶ 원천징수 명세 및 납부세액 (단위: 원)

소득자 소득구분		코드	원천징수명세					⑨당월조정환급세액	납부세액	
			소득지급(과세미달, 일부비과세 포함)		징수세액				⑩소득세 등 (가산세포함)	⑪농어촌특별세
			④인원	⑤총지급액	⑥소득세등	⑦농어촌특별세	⑧가산세			
근로소득	간이세액	A01	20	45,000,000	950,000					
	중도퇴사	A02	5	154,000,000	△300,000	75,000	30,000			
	일용근로	A03								
	연말정산	A04								
	가감계	A10	25	199,000,000	650,000	75,000	30,000	755,000	0	0

환급조정 / 항상일치

❷ 환급세액 조정 (단위: 원)

전월 미환급 세액의 계산			당월발생환급세액				⑱조정대상환급세액 (⑭+⑮+⑯+⑰)	⑲당월조정환급세액계	⑳차월이월환급세액 (⑱-⑲)	㉑환급신청액
⑫전월미환급세액	⑬기환급신청세액	⑭차감잔액 (⑫-⑬)	⑮일반환급	⑯신탁재산 (금융회사등)	그 밖의 환급세액 ⑰					
					금융회사 등	합병 등				
900,000	0	900,000	0	0			900,000	755,000	145,000	

※ 조정대상환급세액은 당월발생환급세액이 없으므로 전월미환급세액 900,000원을 한도로 공제하여야 하며, (소득세 등 ①650,000 → 가산세②30,000 → 농어촌특별세③75,000) 순으로 차감 조정하고 남는 금액 145,000(900,000 - 755,000)원은 차월이월 환급세액이 된다.

3) 납부세액

① 징수세액에서 당월조정환급세액을 차감한 세액을 기재하는 란으로 자진 납부서상 납부세액과 일치하여야 함.
② 납부세액에 대한 납부서는 신고서별로, 소득종류별(근로소득세, 퇴직소득세 등)로 각각 별지에 작성하여 납부하여야 함. 따라서 총합계금액으로 납부서를 작성하지 않도록 주의하여야 함.

예시) 전월미환급세액이 1,020,000원 있고, 당월분 근로소득 등 신고내용이 아래와 같은 경우

❶ 원천징수 명세 및 납부세액 (단위: 원)

소득자 소득구분		코드	원천징수명세					⑨ 당월조정 환급세액	납부세액	
			소득지급 (과세미달, 일부비과세 포함)		징수세액				⑩소득세 등 (가산세포함)	⑪농어촌 특별세
			④인원	⑤총지급액	⑥소득세등	⑦농어촌 특별세	⑧가산세			
근로 소득	가감계	A10	50	1,200,000,000	4,000,000	450,000		1,020,000	2,980,000	450,000
퇴직소득		A20	3	35,000,000	680,000		68,000	0	748,000	
사업 소득	가감계	A30	5	2,500,000	75,000			0	75,000	0
법인원천		A80	4	10,000,000	2,050,000		0		2,050,000	
수정신고(세액)		A90								
총 합 계		A99	62	1,247,500,000	6,805,000	450,000	68,000	1,020,000	5,853,000	450,000

환급 조정 → 소득종류별 별지로 (4장) 납부서 작성

❷ 환급세액 조정 (단위: 원)

전월 미환급 세액의 계산			당월발생환급세액				⑱ 조정대상 환급세액 (⑭+⑮+ ⑯+⑰)	⑲ 당월조정 환급세액계	⑳ 차월이월 환급세액 ⑱-⑲	㉑ 환급 신청액
⑫ 전월 미환급세액	⑬기환급 신청세액	⑭차감잔액 (⑫-⑬)	⑮ 일반환급	⑯신탁재산 (금융회사 등)	⑰ 그 밖의 환급세액					
					금융회사 등	합병 등				
1,020,000	0	1,020,000	0	0			1,020,000	1,020,000		

4) 수정신고(A90)

① 당초 신고분 자체의 오류분에 대해서만 수정신고 하는 것으로, 원천징수대상 소득을 추가 지급하는 경우 귀속연월을 정확히 적어 정상 신고하여야 한다.
  ※ 법인세의 신고·수정신고·경정 등에 의한 소득처분 및 법원판결에 의한 부당해고기간동안의 급여 등에 대한 추가신고는 수정신고가 아님.
② 수정신고서는 당월분 (또는 반기신고분)신고서와 별지로 작성·제출하며, 귀속연월과 지급연월은 반드시 수정 전 신고서와 동일하게 적는다.
③ 수정 전의 모든 숫자는 상단에 빨강색으로, 수정 후 모든 숫자는 하단에 검정색으로 적는다.

④ 수정신고로 인한 납부세액 또는 환급세액은 당월분(또는 반기신고분) 원천징수이행상황신고서의 [수정신고(A90)]란에 옮겨 적어 조정환급 할 수 있음.

⑤ 별지로 작성한 수정신고서의 총합계(A99)의 [납부세액(⑩,⑪)]의 차액을 당월신고서 [수정신고(A90)]란의 [징수세액(⑥,⑦)]칸에 각각 옮겨 적은 후 "△"의 합계금액은 [당월발생환급세액의 ⑮일반환급]으로 이기

⑥ 수정신고서의 [수정신고(A90)]란은 기재하지 아니하는 것이며 수정신고서의 [총합계(A99)]란의 차액을 수정신고월의 정기신고서[수정신고(A90)]란에 옮겨 기재

5) 총합계(A99)

① 근로소득 가감계(A10), 퇴직소득(A20), 사업소득가감계(A30), 기타소득(A40), 연금소득가감계(A47), 이자소득(A50), 배당소득(A60), 저축해지추징세액(A69), 비거주자양도소득(A70), 법인원천(A80) 및 수정신고(세액)(A90)의 합계액을 기재

② [소득지급(④,⑤)], [⑨당월조정환급세액], [납부세액(⑩,⑪)]칸은 단순합계액을 기재하며, [징수세액(⑥,⑦,⑧)]칸은 (+)금액의 합계액만을 각각 기재하고, (-)금액의 합계액은 ⑮일반환급에 기재

※ [⑨당월조정환급세액]과 [⑲당월조정환급세액계]의 금액이 불일치한 경우 전산오류가 발생하므로 정확히 작성하여야 함.

(4) 환급세액 조정

1) 전월미환급세액의 계산

① 전월미환급세액(⑫)

직전월의 차월이월 환급세액란의 금액을 옮겨 작성

※ 전산상 자동으로 검증되므로 임의로 기재한 경우 오류가 발생하므로 주의

② 기환급신청 세액(⑬)

원칙적으로 원천징수환급이 발생한 경우 다음달 이후에 납부할 세액에서 조정환급하는 것이나, 다음달 이후에도 원천징수할 세액이 없거나 원천징수하여 납부할 소득세가 환급할 금액에 미달하여 세무서에 직접 환급 신청한 금액을 기재

③ 차감잔액(⑭=⑫-⑬)

전월미환급세액 중 기환급신청한 세액을 차감한 잔액으로 전월에서 당월로 실제 이월된 금액을 기재

2) 당월발생환급세액

① ⑮일반환급

[근로소득가감계(A10)], [퇴직소득(A20)], [사업소득가감계(A30)], [기타소득(A40)], [연금소득가감계(A47)], [이자소득(A50)], [배당소득(A60)], [저축해지

추징세액(A69)], [비거주자양도소득(A70)] [법인원천(A80)], [수정신고(세액)(A90)]란의[징수세액(⑥,⑦,⑧)]칸의"△"금액의 합계액을 기재.

"△"금액의 합계액은 [징수세액(⑥,⑦,⑧)]칸의 [⑥소득세등], [⑦농어촌특별세], [⑧가산세] 세부항목의 (+)금액을 차감하지 아니한"△"금액의 단순합계액을 말하는 것임.

예 시) 당월발생환급세액이 발생한 경우 환급세액조정

❶ 원천징수 명세 및 납부세액 (단위: 원)

소득자 소득구분		코드	원천징수명세					⑨당월조정환급세액	납부세액	
			소득지급(과세미달, 일부비과세 포함)		징수세액				⑩소득세 등 (가산세포함)	⑪농어촌특별세
			④인원	⑤총지급액	⑥소득세등	⑦농어촌특별세	⑧가산세			
근로소득	가감계	A10	50	1,200,000,000	△5,722,000	450,000		450,000	0	
퇴직소득		A20	2	20,000,000	450,000		45,000	495,000	0	
사업소득	가감계	A30	5	2,500,000	75,000			75,000	0	
기타소득		A40								
이자소득		A50								
배당소득		A60								
저축해지 추징세액		A69								
비거주자 양도소득		A70							0	
내·외국법인 원천		A80	6	27,000,000	4,050,000			4,050,000	0	
수정신고(세액)		A90			△850,000	△40,000	25,000	25,000	0	
총합계		A99	63	1,249,500,000	4,575,000	450,000	70,000	5,095,000		

합계기재 → 환급조정

❷ 환급세액 조정 (단위: 원)

전월 미환급 세액의 계산			당월발생환급세액				⑱조정대상 환급세액 (⑭+⑮+⑯+⑰)	⑲당월조정 환급세액계	⑳차월이월 환급세액 ⑱-⑲	㉑환급 신청액
⑫전월 미환급세액	⑬기환급 신청세액	⑭차감잔액 (⑫-⑬)	⑮일반환급	⑯신탁재산 (금융회사등)	⑰그 밖의 환급세액					
					금융회사등	합병 등				
			6,612,000				6,612,000	5,095,000	1,517,000	

[⑮일반환급] = 5,722,000 + 850,000 + 40,000 = 6,612,000
[총합계(A99)]란의 [⑥소득세등] = 450,000 + 75,000 + 4,050,000 = 4,575,000
[⑦농어촌특별세] = 450,000 [⑧가산세] = 45,000 + 25,000 = 70,000
[⑨당월조정환급세액] = [2.환급세액조정]의 ⑲당월조정환급세액계] = 5,095,000

② ⑯신탁재산(금융회사 등)

금융회사 등 신탁재산의 경우 신탁재산이 원천징수된 세액에서 신탁재산분등 법인원천세액환급(충당)계산서 ⑦ 법인세란의 "계" 금액을 뺀 금액을 적어 먼저 법인세부터 조정환급하고, 나머지는 일반적인 방법과 동일하게 조정함.

③ ⑰그 밖의 환급세액란

- 금융회사 등이 소득령 §102에 따라 환매조건부채권의 매매거래에 따른 원천징수세액을 환급하는 금액 및 법인령 §114의2에 따라 환매조건부채권 등의 매매거래에 따른 원천징수세액을 환급하는 금액을 "금융회사 등"란에 적어 먼저 법인세부터 조정환급하고, 나머지는 일반적인 방법과 동일하게 조정함.
- 또한, 합병법인이 피합병법인의 최종 차월이월 환급세액을 승계하거나, 사업자단위과세로 지점 등의 최종 차월이월 환급세액을 승계하는 경우 그 승계금액을 "합병 등"란에 적을 수 있다. "합병 등"란에 피합병법인 및 지점 등의 최종 차월이월 환급세액을 적은 경우에는 합병 및 사업자단위과세 전환에 따른 차월이월환급세액명세서(10쪽)를 제출하여야 한다.

  ✽ ⑯신탁재산(금융회사 등)과 그 밖의 환급세액을 모두 조정환급하려는 경우에는 신탁재산(금융회사 등)부터 조정하여 환급함.

3) 조정대상환급세액(⑱)

[⑭차감잔액(⑫-⑬)]과 [당월발생환급세액]을 합한 금액을 기재하는 것으로 당월조정환급할 세액의 한도액이 되는 것임.

4) 당월조정환급세액계(⑲)

[⑨당월조정환급세액]항목의 [총합계(A99)금액]을 옮겨 적는 란으로 [조정대상환급세액(⑱)]의 범위내 금액인지 여부와 이월환급세액의 계산이 적정한지 여부를 검증하는 란으로 정확하게 기재

5) 차월이월 환급세액(⑳)

다음 달 신고서의 [⑫전월미환급세액]란에 옮겨 적을 금액을 기재하는 것으로 반드시 일치하여야 함.

6) 환급신청액(㉑)

[⑳차월이월 환급세액] 중 환급받고자 하는 금액을 기재하고, 원천징수세액환급신청서 부표(7쪽~9쪽)를 작성한다.

(5) 월별납부자 신고서 작성사례

사례 4-24 정상신고

- x1.8월분 근로소득 지급(20명, 총지급액 45,000,000원, 소득세 950,000원)
- 중도퇴사자 연말정산 (5명, 총지급액 154,000,000원, 소득세 △300,000원)
- 기타소득 지급(인원 : 2명, 총지급액 1,000,000원, 소득세 200,000원)

①신고구분						☑원천징수이행상황신고서 ☐원천징수세액환급신청서		②귀속연월	x1년 8월
매월	반기	수정	연말	소득처분	환급신청			③지급연월	x1년 8월

원천징수 의무자	법인명(상호)	○○○	대표자(성명)	△△△	일괄납부 여부	여, 부
					사업자단위과세 여부	여, 부
	사업자(주민) 등록번호	xxx-xx-xxxxx	사업장 소재지	○○○○○	전화번호	xxx-xxx-xxxx
					전자우편주소	00@00.00

❶ 원천징수 명세 및 납부세액 (단위 : 원)

소득자 소득구분			코드	원천징수명세					납부 세액		
				소득지급 (과세 미달, 일부 비과세 포함)		징수세액			⑨ 당월 조정 환급세액	⑩ 소득세 등 (가산세 포함)	⑪ 농어촌 특별세
				④인원	⑤총지급액	⑥소득세등	⑦농어촌 특별세	⑧가산세			
개인 (거주자 비거주자)	근로소득	간이세액	A01	20	45,000,000	950,000					
		중도퇴사	A02	5	154,000,000	△300,000					
		일용근로	A03								
		연말정산	A04								
		가감계	A10	25	199,000,000	650,000				650,000	
	퇴직소득		A20								
	사업소득	매월징수	A25								
		연말정산	A26								
		가감계	A30								
	기타소득		A40	2	1,000,000	200,000				200,000	
	연금소득	연금계좌	A48								
		공적연금(매월)	A45								
		연말정산	A46								
		가감계	A47								
	이자소득		A50								
	배당소득		A60								
	저축해지 추징세액 등		A69								
	비거주자 양도소득		A70								
법인	내·외국법인원천		A80								
수정신고(세액)			A90								
총합계			A99	27	200,000,000	850,000				850,000	

❷ 환급세액 조정 (단위 : 원)

전월 미환급 세액의 계산			당월 발생 환급세액				⑱ 조정대상 환급세액계 (⑭+⑮+⑯+⑰)	⑲ 당월조정 환급세액계	⑳ 차월이월 환급세액 (⑱-⑲)	㉑환급 신청액
⑫전월 미환급 세액	⑬기환급 신청세액	⑭차감잔액 (⑫-⑬)	⑮일반 환급	⑯신탁 재산(금융 회사 등)	⑰그밖의 환급세액					
					금융회사 등	합병 등				

* 총 납부세액(소득세 850,000원, 개인지방소득세 85,000원)
  - 근로소득세 650,000원(개인지방소득세 65,000원), 기타소득세 200,000원(개인지방소득세 20,000원)

사례 4-25 연말정산(납부세액발생)

- x2.2월분 근로소득 지급(10명, 총지급액 12,000,000원, 소득세 450,000원)
- x1년 귀속 계속근로자 연말정산(10명, 총지급액 144백만원, 소득세 △1,000,000원)
- 기타소득 지급(5명, 총지급액 10,000,000원, 소득세 2,000,000원)

①신고구분					☑원천징수이행상황신고서 ☐원천징수세액환급신청서		②귀속연월	x2년 2월
매월	반기	수정	연말	소득 처분	환급 신청		③지급연월	x2년 2월
원천징수 의무자	법인명(상호)		○○○		대표자(성명)	△△△	일괄납부 여부	여, 부
							사업자단위과세 여부	여, 부
	사업자(주민) 등록번호		xxx-xx-xxxxx		사업장 소재지	○○○○○	전화번호	xxx-xxx-xxxx
							전자우편주소	00@00.00

❶ 원천징수 명세 및 납부세액 (단위 : 원)

소득자 소득구분			코드	원천징수명세					납부 세액	
				소득지급 (과세 미달, 일부 비과세 포함)		징수세액			⑨ 당월 조정 환급세액	⑩ 소득세 등 (가산세 포함)	⑪ 농어촌 특별세
				④ 인원	⑤총지급액	⑥소득세등	⑦농어촌 특별세	⑧가산세			
개인 (거주자·비거주자)	근로 소득	간이세액	A01	10	12,000,000	450,000					
		중도퇴사	A02								
		일용근로	A03								
		연말정산	A04	10	144,000,000	△1,000,000					
		가감계	A10	20	156,000,000	△550,000					
	퇴직소득		A20								
	사업 소득	매월징수	A25								
		연말정산	A26								
		가감계	A30								
	기타소득		A40	5	10,000,000	2,000,000			550,000	1,450,000	
	연금 소득	연금계좌	A48								
		공적연금(매월)	A45								
		연말정산	A46								
		가감계	A47								
	이자소득		A50								
	배당소득		A60								
	저축해지 추징세액 등		A69								
	비거주자 양도소득		A70								
법인	내·외국법인원천		A80								
	수정신고(세액)		A90								
	총합계		A99	25	166,000,000	2,000,000			550,000	1,450,000	

❷ 환급세액 조정 (단위 : 원)

전월 미환급 세액의 계산			당월 발생 환급세액				⑱ 조정대상 환급세액 (⑭+⑮+⑯+⑰)	⑲ 당월조정 환급세액계	⑳ 차월이월 환급세액 (⑱-⑲)	㉑환급 신청액
⑫전월 미환급 세액	⑬기환급 신청세액	⑭차감잔 액 (⑫-⑬)	⑮일반 환급	⑯신탁 재산 (금융 회사 등)	⑰그밖의 환급세액					
					금융 회사 등	합병 등				
			550,000				550,000	550,000	0	

* 총 납부세액(소득세 1,450,000원, 개인지방소득세 145,000원)
  - 기타소득세 1,000,000원(개인지방소득세 145,000원), 근로소득세는 기타소득세에서 조정환급

사례 4-26 연말정산(환급세액발생)

- x2.2월분 근로소득 지급(5명, 총지급액 20,000,000원, 소득세 900,000원)
- x1년 귀속 계속근로자 연말정산(5명, 총지급액 240,000,000원, 소득세 △2,000,000원)
- 기타소득 지급(2명, 총지급액 1,000,000원, 소득세 200,000원)

①신고구분					☑원천징수이행상황신고서 ☐원천징수세액환급신청서		②귀속연월	x2년 2월
매월	반기	수정	연말	소득처분	환급신청		③지급연월	x2년 2월

원천징수의무자	법인명(상호)	○○○	대표자(성명)	△△△	일괄납부 여부	여, 부
					사업자단위과세 여부	여, 부
	사업자(주민)등록번호	xxx-xx-xxxxx	사업장소재지	○○○○	전화번호	xxx-xxx-xxxx
					전자우편주소	00@00.00

❶ 원천징수 명세 및 납부세액 (단위: 원)

소득자 소득구분			코드	원천징수명세					⑨당월 조정 환급세액	납부 세액	
				④인원	⑤총지급액 (과세 미달, 일부 비과세 포함)	징수세액				⑩소득세 등 (가산세 포함)	⑪농어촌특별세
						⑥소득세등	⑦농어촌특별세	⑧가산세			
개인 (거주자·비거주자)	근로소득	간이세액	A01	5	20,000,000	900,000					
		중도퇴사	A02								
		일용근로	A03								
		연말정산	A04	5	240,000,000	△2,000,000					
		가감계	A10	10	260,000,000	△1,100,000					
	퇴직소득		A20								
	사업소득	매월징수	A25								
		연말정산	A26								
		가감계	A30								
	기타소득		A40	2	1,000,000	200,000			200,000		
	연금소득	매월징수	A45								
		연말정산	A46								
		가감계	A47								
	이자소득		A50								
	배당소득		A60								
	저축해지 추징세액 등		A69								
	비거주자 양도소득		A70								
법인	내·외국법인원천		A80								
	수정신고(세액)		A90								
	총합계		A99	12	261,000,000	200,000			200,000		

❷ 환급세액 조정 (단위: 원)

전월 미환급 세액의 계산			당월 발생 환급세액				⑱조정대상환급세액 (⑭+⑮+⑯+⑰)	⑲당월조정 환급세액계	⑳차월이월환급세액 (⑱-⑲)	㉑환급신청액
⑫전월미환급세액	⑬기환급신청세액	⑭차감잔액 (⑫-⑬)	⑮일반환급	⑯신탁재산 (금융회사 등)	⑰그밖의 환급세액					
					금융회사 등	합병 등				
			1,100,000				1,100,000	200,000	900,000	

* 차월이월환급세액 900,000원은 다음달 납부하는 원천징수세액과 조정환급

사례 4-27 소득처분

- 12월말 법인으로 'x2년 법인세 정기신고에 의한 소득처분(상여) 1명에 1억원, 추가 정산세액 3천만원(x1년 귀속분)
- 'x2.3월분 근로소득 지급(20명, 총지급액 80,000,000원, 소득세 950,000원)

〈소득처분에 따른 신고〉 ⇨ 각각 별지로 신고서를 작성하여 제출(수정신고서 제출 대상 아님)

㉮ 정기분 신고서

①신고구분						☑원천징수이행상황신고서 ☐원천징수세액환급신청서		②귀속연월	20x2년 3월
매월	반기	수정	연말	소득 처분	환급 신청			③지급연월	20x2년 3월

1. 원천징수 명세 및 납부세액 (단위 : 원)

소득구분		코드	원천징수내역					⑨ 당월 조정 환급세액	납부 세액	
			소득지급 (과세 미달, 비과세 포함)		징수세액				⑩ 소득세 등 (가산세 포함)	⑪ 농어촌 특별세
			④인원	⑤총지급액	⑥소득세 등	⑦농어촌 특별세	⑧가산세			
근로소득	간이세액	A01	20	80,000,000	950,000					
	중도퇴사	A02								
	일용근로	A03								
	연말정산	A04								
	가감계	A10	20	80,000,000	950,000				950,000	

㉯ 소득처분 신고서

①신고구분						☑원천징수이행상황신고서 ☐원천징수세액환급신청서		②귀속연월	20x2년 2월
매월	반기	수정	연말	소득 처분	환급 신청			③지급연월	20x2년 3월

1. 원천징수 명세 및 납부세액 (단위 : 원)

소득구분		코드	원천징수내역					⑨ 당월 조정 환급세액	납부 세액	
			소득지급(과세 미달, 비과세 포함)		징수세액				⑩ 소득세 등 (가산세 포함)	⑪ 농어촌 특별세
			④인원	⑤총지급액	⑥소득세 등	⑦농어촌 특별세	⑧가산세			
근로소득	간이세액	A01								
	중도퇴사	A02								
	일용근로	A03								
	연말정산	A04	1	100,000,000	30,000,000					
	가감계	A10	1	100,000,000	30,000,000				30,000,000	

① 이미 연말정산이 종료된 귀속연도분을 소득처분하는 경우

⇒ 소득처분된 금액에 대한 증가분만 신고하는 것으로 종결

* 법인세법에 의한 소득처분이 있는 경우 반기별납부자도 소득처분의 원천징수시기(소득금액변동통지를 받은 날, 신고기한 종료일, 수정신고일)가 속하는 달의 다음달 10일까지 신고·납부

* 소득처분으로 인하여 증가되는 금액은 당초 신고서를 수정신고를 하는 것이 아니고 소득처분이 있는 때에 소득처분의 귀속연월의 소득을 지급한 것으로 보아 소득처분금액과 추가 정산세액만 원천징수이행상황신고서에 기재하여 신고·납부

> • 연말정산이 종료된 귀속연도분을 소득처분하는 경우
>   - ① 신고구분 : 소득처분 선택
>   - ② 귀속연월 : 당초 연말정산시 귀속연월(통상, 해당 귀속연도 다음연도 2월)
>   - ③ 지급연월 : 소득처분이 있는 때가 속하는 연월을 기재
>   - A04(연말정산) ④ 인   원 : 소득처분 인원
>   ⑤ 지 급 액 : 소득처분 금액 ⑥ 소득세 등 : 연말정산 수정분 추가납부세액
>   - A90(수정신고)란은 기재하는 것이 아님

* 다만, 지급명세서(원천징수영수증)는 당초분의 지급명세서에 소득처분금액을 반영하여 재작성된 지급명세서를 제출해야 함.
* 반기별납부자가 환급신청을 하지 아니한 경우 연말정산분과 합산하여 재정산하거나, 연말정산 이후 증가액만 신고 납부할 수 있음.

② 연말정산이 종료되지 않은 귀속연도분에 대하여 소득처분이 있는 경우
   ⇒ 지급대상기간이 없는 상여 등으로 보아 근로소득세 등으로 원천징수 하여 다음달 10일 까지 신고·납부

2 반기별 납부자의 경우

(1) 구체적 작성방법

1) 인원

구분항목	인원 작성 방법	지급액 작성 방법
간이세액(A01)	반기 마지막 달의 인원 기재	반기 동안 지급액의 합계액 기재
중도퇴사(A02)	반기 중 중도퇴사자의 총인원 기재	
일용근로(A03)	월별 순인원의 6개월 합계인원을 기재	
사업소득(A25) 기타소득(A40)	지급명세서 제출대상인원(순인원) 기재	
퇴직소득(A20) 이자소득(A50) 배당소득(A60) 법인원천(A80)	지급명세서 제출대상 인원을 기재	

2) 귀속연월, 지급연월, 제출기한(x1년 귀속)

구 분	귀속연월	지급연월	제출기한
7월 신고·납부분	×1년 1월	×1년 6월	×1년 7월 10일
1월 신고·납부분	×1년 7월	×1년 12월	×2년 1월 10일
연말정산 환급 신청분	×2년 1월	×2년 2월	×2년 3월 10일

3) 반기납 포기를 하는 경우

반기납 개시월부터 포기월까지의 신고서를 한 장으로 작성

(예) 20×1. 4월 반기납 포기 : 귀속연월에는 반기납 개시월(20×1년 1월)을, 지급연월에는 반기납 포기월(20×1년 4월)을 기재

(2) 반기별 납부 연말정산

1) 연말정산 환급할 세액 [A04(연말정산) ⑥ 소득세가 "△"인 경우] 신고 방법

— 다음 두 가지 방법 중 하나를 선택하여 신고 가능

방 법	내 용

환급신청	— 1월 ~ 2월분의 원천징수이행상황신고서 제출 및 환급 신청(3.10일까지)
	* 환급신청 가능액 = ㉮ – ㉯
	  ㉮ 연말정산 환급할 세액
	  ㉯ 1월 및 2월에 지급한 소득의 원천징수세액 합계액
	* 7월 10일까지 반기 신고하는 원천징수이행상황신고서에는 3월 환급 신청시 이미 신고한 1월 ~ 2월분을 제외하고 신고·납부

조정환급	— 7월 10일까지 반기별로 원천징수이행상황신고서 제출 환급세액은 「1 ~ 6월 사이에 원천징수하여 납부할 세액」과 조정 (3월에 환급신청 하지 아니한 경우)

2) 연말정산 사례

— (주)한결상사(원천세 반기별 납부)의 원천징수세액(x2.1월 ~ x2.6월)

귀속 연월	지급연월	원천징수세액	환급세액	조정	납부할 세액
x2. 1월	x2. 1월	1,500	–	–	1,500
x2. 2월	x2. 2월	2,000	–	–	3,500
x1년 귀속 연말정산	x2. 2월	(농특세 500)	7,000	500	−3,000
x2. 3월	x2. 3월	1,200	–	–	−1,800
x2. 4월	x2. 4월	1,000			−800
x2. 5월	x2. 5월	2,000	–		1,200
x2. 6월	x2. 6월	2,000	–	–	3,200
합 계		10,200	7,000	500	3,200

* x2. 1월 ~ 2월 지급한 소득의 원천징수세액 : 3,500원
* x1년 귀속 연말정산 원천징수 세액 :
  소득세 △7,000원(납부할 세액 2,500원 + 환급할 세액 9,500원), 농특세 500원

① 환급신청시

㉮ 환급 신청분 원천징수이행상황신고서 (×2.3.10일 제출) : 1월 ~ 2월분 포함

①신고구분						☑ 원천징수이행상황신고서 　☑ 원천징수세액환급신청서	②귀속연월	×2년 1월
매월	반기	수정	연말	소득 처분	환급 신청		③지급연월	×2년 2월

1. 원천징수 내역 및 납부세액 (단위 : 원)

소득구분		코드	원천징수내역					⑨ 당월 조정 환급 세액	납부 세액	
			소득지급(과세 미달, 비과세 포함)		징수세액				⑩ 소득세 등 (가산세 포함)	⑪ 농어촌 특별세
			④인원	⑤총지급액	⑥소득세 등	⑦농어촌 특별세	⑧가산세			
근 로 소 득	간이세액	A01	10	50,000	3,500					
	중도퇴사	A02								
	일용근로	A03								
	연말정산	A04	10	220,000	△7,000	500				
	가감계	A10	20	270,000	△3,500	500		500	0	0
총합계		A99	20	270,000		500		500	0	0

2. 환급세액 조정 (단위 : 원)

전월 미환급 세액의 계산			당월 발생 환급세액				⑱ 조정대상 환급세액 (⑭+⑮+⑯+⑰)	⑲ 당월 조정 환급세액계	⑳ 차월 이월 환급세액 (⑱-⑲)	㉑환급 신청액
⑫전월 미환급 세액	⑬ 기환급 신청세액	⑭차감잔액 (⑫-⑬)	⑮일반 환급	⑯ 신탁재 산(금융 회사 등)	⑰그밖의 환급세액					
					금융회사 등	합병				
			3,500				3,500	500	3,000	3,000

㉠ 귀속연월 : 반기납 신고의 경우 ×2년 2월이 아니라 ×2년 1월로 작성

㉡ 지급연월 : 환급신청의 경우 ×2년 7월이 아니라 ×2년 2월로 작성

㉢ 간이세액(A01) : ×2.1월 ~ 2월 지급한 급여 및 원천징수 내역 기재(1,500 + 2,000)

㉣ 연말정산(A04) : ×1년 귀속 계속근로자 연말정산 원천징수 내역 기재

㉤ 근로소득 가감계(A10) : 근로소득(A01 ~ A04) 가감한 세액 기재하며 다음의 작성방법에 유의할 것

구 분	잘못된 방법	올바른 방법
⑥ 소득세 등 〈납부(환급) 금액〉	-코드별로 납부(환급) 간이세액(A01) 3,500원 납부 연말정산(A04) 7,000원 환급	-가감한 금액 납부(환급) 간이세액과 연말정산세액을 가감 납부세액은 없고 3,500원 환급
⑨ 당월조정 환급세액	동일세목의 가감한 금액을 기재	타세목간 조정환급한 세액 기재 농어촌특별세 500원과 조정환급한 금액만 기재

ⓗ [2. 환급세액 조정] 작성방법

구 분	작성방법	금 액
⑮ 일반환급	A10, A20, A30, A47……A90 등의 ⑥ 소득세 등이 "△" 금액을 합계하여 기재	3,500
⑱ 조정대상 환급세액	⑭ 차감잔액 + ⑮ 일반환급 + ⑯ 신탁재산 + ⑰ 기타	3,500
⑲ 당월조정 환급세액계	총합계(A99)의 ⑨ 당월조정환급세액 기재	500
⑳ 차월이월 환급세액	⑱ 조정대상 환급세액 − ⑲ 당월조정환급세액계	3,000
㉑ 환급신청액	⑳ 차월이월 환급세액란의 금액내에서 신청 * 원천징수세액환급신청서 부표 작성하여야 함.	3,000

㉯ 반기별 원천징수이행상황신고서(x2.7.10일 제출) : 3월 ~ 6월분

①신고구분						☑ 원천징수이행상황신고서 ☐ 원천징수세액환급신청서			②귀속연월	x2년 1월
매월	(반기)	수정	연말	소득처분	환급신청				③지급연월	x2년 6월

1. 원천징수 내역 및 납부세액 (단위 : 원)

구분		코드	원천징수내역				⑨당월조정환급세액	납부 세액	
			소득지급(과세 미달, 비과세 포함)		징수세액			⑩소득세 등 (가산세 포함)	⑪농어촌특별세
			④인원	⑤총지급액	⑥소득세 등	⑦농어촌특별세	⑧가산세			
근로소득	간이세액	A01	10	90,000	6,200					
	중도퇴사	A02								
	일용근로	A03								
	연말정산	A04								
	가감계	A10	10	90,000	6,200				6,200	
총합계		A99	10	90,000	6,200				6,200	

2. 환급세액 조정 (단위 : 원)

전월 미환급 세액의 계산			당월 발생 환급세액				⑱조정대상 환급세액 (⑭+⑮+⑯+⑰)	⑲당월 조정 환급세액계	⑳차월 이월 환급세액 (⑱-⑲)	㉑환급 신청액
⑫전월 미환급 세액	⑬기환급 신청세액	⑭차감 잔액 (⑫-⑬)	⑮일반 환급	⑯신탁재산(금융회사 등)	⑰그밖의 환급세액					
					금융회사등	합병 등				
3,000	3,000	0								

㉠ 귀속연월 : 귀속월은 x2년 1월
㉡ 지급연월 : 지급월은 x2년 6월
㉢ 간이세액(A01) : x2년 3월 ~ 6월 지급한 급여 및 원천징수 내역 기재(3월에 이미 신고한 x2.1월 ~ 2월 지급한 급여 및 원천징수 내역은 제외)
㉣ ⑫전월 미환급세액은 3월 환급신청 시 제출한 원천징수이행상황신고서의 ⑳

차월이월환급세액의 금액을 기재

㉲ ⑬기환급 신청세액은 원천징수의무자가 환급신청한 세액(3월 환급신청시 제출한 원천징수이행상황신고서의 ㉑ 환급신청액)을 기재

② 환급신청을 하지 아니한 경우 (x2.7.10일 제출) : 1월 ~ 6월분

①신고구분						원천징수이행상황신고서 ☑ 원천징수세액환급신청서 ☐		②귀속연월	x2년 1월
매월	반기	수정	연말	소득 처분	환급 신청			③지급연월	x2년 6월

1. 원천징수 내역 및 납부세액 (단위 : 원)

구분		코드	원천징수내역					⑨ 당월 조정 환급 세액	납부 세액	
			소득지급(과세 미달, 비과세 포함)		징수세액				⑩ 소득세 등 (가산세 포함)	⑪ 농어촌 특별세
			④인원	⑤총지급액	⑥소득세 등	⑦농어촌 특별세	⑧가산세			
근로소득	간이세액	A01	10	140,000	9,700					
	중도퇴사	A02								
	일용근로	A03								
	연말정산	A04	10	220,000	△7,000	500				
	가감계	A10	20	360,000	2,700	500			2,700	500
총합계		A99	20	360,000	2,700	500			2,700	500

2. 환급세액 조정 (단위 : 원)

전월 미환급 세액의 계산			당월 발생 환급세액				⑱ 조정대상 환급세액 (⑭+⑮+⑯+ ⑰)	⑲ 당월 조정 환급세액계	⑳ 차월 이월 환급세액 (⑱-⑲)	㉑환급 신청액
⑫전월 미환급 세액	⑬기환급 신청세액	⑭차감잔액 (⑫-⑬)	⑮ 일반 환급	⑯신탁재산 (금융회사등)	⑰그밖의 환급세액					
					금융회 사등	합병등				

㉠ 귀속연월 : 귀속월은 x2년 1월
㉡ 지급연월 : 지급월은 x2년 6월
㉢ 간이세액(A01) : x2년 1월 ~ 6월 지급한 급여 및 원천징수 내역 기재
㉣ 연말정산(A04) : x1년 귀속 계속근로자 연말정산 원천징수 내역 기재

3 수정신고

(1) 개념

이미 제출한 원천징수이행상황신고서에 기재사항 또는 금액 계산상 오류나 누락이 있는 경우에는 이를 바로잡아 해당 사유가 발생한 달의 다음달 10일까지 수정신고서를 제출하고, 추가 납부할 세액이 있는 경우에는 이를 납부하여야 한다.

(2) 주의할 점

당초 신고분 자체의 오류정정에 대해서만 원천징수이행상황신고서를 수정할 수 있다. 원천징수대상소득을 추가로 지급하는 경우 해당 세액은 지급시점에 원천징수하고 지급시점 기준으로 수정 원천징수이행상황신고서를 작성하여 제출하면 된다.

다만, 법인세법에 따른 소득처분으로 증가된 금액과 세액은 수정신고 대상에 해당하지 아니하며, 반기별 납부자도 소득처분이 있는 경우 매월 납부자와 동일하게 소득금액 변동통지일 등 다음 달 10일까지 원천세 신고서를 별도로 작성하여 제출하고 추가 납부한다.

(3) 수정신고서 작성방법

① 수정신고서는 당월분 신고서와 별지로 작성·제출하며, 귀속연월과 지급연월은 반드시 수정 전 신고서와 동일하게 기재
② 원천징수이행상황신고서의 신고 구분란의 "수정"에 "○" 표시함.
③ 당초 제출한 원천징수이행상황신고서의 귀속연월, 지급연월과 동일하게 기재
④ 당초 제출한 원천징수이행상황신고서의 [1. 원천징수 명세 및 납부세액]과 [2. 환급세액 조정]을 새로 작성하는 원천징수이행상황신고서의 해당란을 반으로 나누어 상단에 수정 전의 모든 숫자는 빨강색으로, 하단에는 수정 후 모든 숫자는 검정색으로 기재
⑤ 수정신고서는 당초 신고한 신고서별로 작성하는 것으로 임의로 수개월의 신고서에 대한 수정신고서를 1장으로 작성할 수 없음.
⑥ 수정신고로 발생한 납부 또는 환급할 세액은 수정신고서의 '수정신고(세액)[A90]'란에는 기재하지 않고, 당월분 신고서의 '수정신고(세액)[A90]'란에 옮겨 적어서, 환급세액은 조정환급하거나 직접 환급신청하고, 납부세액은 해당 세목으로 추가 납부하는 것임(당월 신고서의 각 세목에 합산하여 기재하지 않음).
⑦ 수정신고시 발생한 환급세액은 수정신고서의 「2. 환급세액조정」의 「당월발생환급세액」 '⑮일반 환급'란에 기재한다.

(4) 수정신고서 제출기한

수정신고서 제출기한은 수정사항이 생기는 경우에 바로 제출 가능하다. 다만, 당월 수정분을 홈택스로 전자신고하는 경우에는 기한후신고와 동일하게 지급월의 다음 월 25일부터 가능하다.

(5) 수정신고서 작성 사례

1) 납부세액의 증가사례

> 'x1. 08월분 급여를 2명에게 500만원을 지급하였으나 원천징수이행상황신고서에는 1명, 300만원을 지급한 것으로 작성하여 제출한 후 몇 달이 지난 후에 이 사실을 확인하여 수정신고하고자 함.

| 당초 원천징수 현황 및 수정 내용 |

구 분	소득구분	귀속연월	지급연월	제출일	인원	총지급액	원천징수세액
당 초 ('x1.08월분)	근로(A01)	x1.08	x1.08	x1.9.10	1	3,000,000	58,730
	(수정할 내용) 8월에 입사한 직원 1명에 대한 급여 2백만원 및 원천징수세액(50,000원)을 누락하였음을 10월에 확인하여 11월 10일까지 수정신고							
수 정 ('x1.08월분)	근로(A01)	x1.08	x1.08	x1.11.10	2	5,000,000	108,730
	원천징수납부불성실 가산세(2,170원) = 미납세액 × 3% + 미납세액 × 미납일수 × 0.22%(미납세액의 10% 한도) = 50,000원 × 3% + 50,000원 × 61일 × 0.22%							
'x1.10월분	근로(A01)	x1.10	x1.10	x1.11.10	2	6,000,000	117,460

① 당초신고서 (x1.8월 귀속 → x1.9.10 제출)

①신고구분							②귀속연월	x1년 8월
매월	반기	수정	연말	소득처분	환급신청	☑ 원천징수이행상황신고서 ☐ 원천징수세액환급신청서	③지급연월	x1년 8월

1. 원천징수 내역 및 납부세액 (단위 : 원)

소득자 소득구분		코드	원천징수내역					⑨ 당월 조정 환급세액	납부 세액	
			소득지급 (과세 미달, 비과세 포함)		징수세액				⑩ 소득세 등 (가산세 포함)	⑪ 농어촌 특별세
			④인원	⑤총지급액	⑥소득세 등	⑦농어촌 특별세	⑧가산세			
근로소득	간이세액	A01	1	3,000,000	58,730					
	중도퇴사	A02								
	일용근로	A03								
	연말정산	A04								
	가감계	A10	1	3,000,000	58,730				58,730	
수정신고(세액)		A90								
총합계		A99	1	3,000,000	58,730				58,730	

2. 환급세액 조정 (단위 : 원)

전월 미환급 세액의 계산			당월 발생 환급세액				⑱ 조정대상 환급세액 (⑭+⑮+⑯+⑰)	⑲ 당월 조정 환급세액계	⑳ 차월 이월 환급세액 (⑱−⑲)	㉑환급 신청액
⑫전월 미환급 세액	⑬ 기환급 신청세액	⑭차감 잔액 (⑫−⑬)	⑮일반 환급	⑯신탁 재산 (금융회사등)	⑰그밖의 환급세액					
					금융 회사등	합병 등				

② 수정신고서 (x1.8월 귀속분 수정 → x1.11.10 제출)

①신고구분							②귀속연월	x1년 8월
매월	반기	수정	연말	소득처분	환급신청	☑ 원천징수이행상황신고서 ☐ 원천징수세액환급신청서	③지급연월	x1년 8월

1. 원천징수 내역 및 납부세액 (단위 : 원)

소득자 소득구분		코드	원천징수내역					⑨ 당월 조정 환급세액	납부 세액	
			소득지급(과세 미달, 비과세 포함)		징수세액				⑩ 소득세 등 (가산세 포함)	⑪ 농어촌 특별세
			④인원	⑤총지급액	⑥소득세 등	⑦농어촌 특별세	⑧가산세			
근로소득	간이세액	A01	1 2	3,000,000 5,000,000	58,730 108,730		 2,410			
	중도퇴사	A02								
	일용근로	A03								
	연말정산	A04								
	가감계	A10	1 2	3,000,000 5,000,000	58,730 108,730		 2,410		58,730 111,140	
수정신고(세액)		A90								
총합계		A99	1 2	3,000,000 5,000,000	58,730 108,730		 2,410		58,730 111,140	

③ 당월신고서 (x1.10월 귀속 → x1.11.10 제출)

①신고구분						원천징수이행상황신고서 ☑ 원천징수세액환급신청서 ☐		②귀속연월	x1년 10월
매월	반기	수정	연말	소득처분	환급신청			③지급연월	x1년 10월

1. 원천징수 내역 및 납부세액 (단위 : 원)

소득자 소득구분		코드	원천징수내역					⑨당월 조정 환급세액	납부 세액	
			④인원	⑤총지급액	⑥소득세 등	⑦농어촌 특별세	⑧가산세		⑩소득세 등 (가산세 포함)	⑪농어촌 특별세
근로소득	간이세액	A01	2	6,000,000	117,460					
	중도퇴사	A02								
	일용근로	A03								
	연말정산	A04								
	가감계	A10	2	6,000,000	117,460				117,460	
수정신고(세액)		A90			50,000		2,170		52,170	
총합계		A99	2	6,000,000	167,460		2,170		169,630	

✱ 수정신고(세액) A90란에 수정 원천징수이행상황신고서 총합계(A99)의 당초분 신고 및 수정 신고의 ⑥~⑧, ⑩~⑪란 차액을 기재

구분	인원	총지급액	소득세등	농특세	가산세	당월조정	소득세 등	농특세
①당초분	1	3,000,000	58,730		−		58,730	
②수정분	2	5,000,000	108,730		2,170		110,900	
A90 기재내역	차이(②−①)		50,000		2,170		52,170	

2) 환급세액의 감소사례

① 수정신고서

❶ 원천징수 명세 및 납부세액 (단위: 원)

소득자 소득구분		코드	원천징수명세					⑨ 당월조정 환급세액	납부세액	
			소득지급 (과세미달, 일부비과세 포함)		징수세액				⑩소득세 등 (가산세포함)	⑪농어촌 특별세
			④인원	⑤총지급액	⑥소득세등	⑦농어촌 특별세	⑧가산세			
근로 소득	가감계	A10	50	1,200,000,000	△5,722,000	450,000	0	450,000	0	0
			48	1,100,000,000	△3,400,000	450,000	232,200	682,200	0	0
퇴직소득		A20	2	20,000,000	450,000		45,000	495,000	0	
			2	20,000,000	450,000		45,000	495,000	0	
사업 소득	가감계	A30	5	2,500,000	75,000			75,000	0	0
			5	2,500,000	75,000			75,000	0	0
내·외국법인 원천		A80	6	27,000,000	4,050,000			4,050,000	0	
			6	27,000,000	4,050,000			1,495,800	2,554,200	
수정신고(세액)		A90							0	
총합계		A99	63	1,249,500,000	4,575,000	450,000	45,000	5,070,000	0	
			61	1,149,500,000	4,575,000	450,000	277,200	2,748,000	2,554,200	

③ 동일금액이기

❷ 환급세액 조정 (단위: 원)

전월 미환급 세액의 계산			당월발생환급세액				⑱ 조정대상 환급세액계 (⑭+⑮+⑯+⑰)	⑲ 당월조정 환급세액계	⑳ 차월이월 환급세액 (⑱-⑲)	㉑ 환급 신청액
⑫ 전월 미환급세액	⑬기환급 신청세액	⑭차감잔액 (⑫-⑬)	⑮ 일반환급	⑯신탁재산 (금융회사등)	⑰ 그 밖의 환급세액					
					금융회사 등	합병 등				
			5,722,000				5,722,000	5,070,000	652,000	
			3,400,000				3,400,000	2,748,000	652,000	

② 조정환급 가능금액 3,400,000 − 652,000

① 당초 신고금액과 동일금액을 기재

② 당월신고서 ※ 법인원천세로 2,554,200원 납부

❶ 원천징수 명세 및 납부세액 (단위: 원)

소득자 소득구분	코드	원천징수명세					⑨ 당월조정 환급세액	납부세액	
		소득지급 (과세미달, 일부비과세포함)		징수세액				⑩소득세 등 (가산세포함)	⑪농어촌 특별세
		④인원	⑤총지급액	⑥소득세등	⑦농어촌 특별세	⑧가산세			
수정신고(세액)	A90			2,554,200	0	0	0	2,554,200	0

당월조정대상환급세액(3,400,000) 전액을 당월환급세액조정을 하는 것이 아니라 차월이월환급세액[(3,400,000 − 652,000) = 2,748,000]을 제외한 차액 범위 내에서 조정환급하여야 한다.

왜냐하면, 당초 차월이월환급세액은 이후의 정기신고시 이미 조정환급 되었을 것이므로 이를 수정하면 이후 신고분 모두를 다시 수정해야 하는 불편이 따르기 때문에 차월이월환급세액만은 당초신고시 금액을 변경하지 않도록 한 것이다.

사례 4-26　객관식 사례연구

1. 다음 중 소득세법상 원천징수대상과 거리가 먼 소득은?
    ① 이자소득　　② 근로소득　　③ 배당소득　　④ 양도소득

해답 : ④

2. 일반법인에 대한 원천징수대상소득에 해당하는 것은?
    ① 배당소득　　② 이자소득　　③ 기타소득　　④ 연금소득

해답 : ②

3. 소득세법에서 원천징수대상소득에 따른 원천징수세율로 틀린 것은?
    ① 비영업대금의 이익 − 25%
    ② 문예창작소득 − 20%
    ③ 분리과세 신청한 장기채권 등의 이자소득 − 30%
    ④ 일반적인 배당소득 − 15%

해답 : ④ 일반적인 배당소득 − 14%

4. 다음 사례에서 소득세법상 원천징수세액이 가장 큰 경우로 올바른 것은?
    ① 이만복씨가 로또복권에 당첨된 1,000,000원(복권구입비는 1,000원이다)
    ② 세무사업을 하는 이세무씨가 일시적인 강의를 하고 받은 1,000,000원
    ③ 호텔종업원이 봉사료로 받은 사업소득 총수입금액 1,000,000원
    ④ 이금융씨가 은행에 예금을 하고 이자로 받은 1,000,000원

해답 : ① 복권당첨소득으로 3억원 미만인 경우의 기타소득에 대한 원천징수세율은 20%이다.

제4절 소득·세액공제

1 소득공제

(1) 기본공제

거주자[50]는 다음에 해당하는 인원수에 1인당 연150만원을 곱하여 계산하여 종합소득금액에서 공제한다.

기본공제 대상자	공제요건		
	나이요건[※1]	소득요건[※2] (100만 원이하)	동거요건[※3] (주민등록상)
본 인	×	×	×
배우자	×	○	×
직계존속	60세 이상	○	△[※4]
직계비속, 동거입양자	20세 이하	○	×
장애인, 직계비속의 장애인 배우자	×	○	×
형제자매	60세 이상 20세 이하	○	○
국민기초생활보장법에 의한 수급자	×	○	○
위탁아동	18세 미만	○	

✱ 1: 장애인의 경우 나이요건 적용하지 아니하며, 당해 과세기간 중 해당하는 날이 있는 경우 공제대상자로 함
✱ 2: 해당 과세기간 총급여액 500만 원 이하의 근로소득만 있는 배우자 또는 부양가족은 기본공제대상자에 포함한다.
✱ 3: 배우자, 직계비속, 직계존속(배우자의 직계존속 포함)을 제외한 자가 취학·질병의 요양·근무상 또는 사업상 형편으로 본래의 주소를 일시퇴거한 때에는 본래의 주소지와 일시퇴거지의 주민등록표등본 각 1부와 일시퇴거자 동거가족상황표에 재학증명서·요양증명서·재직증명서·사업자등록증 사본을 첨부하여 제출하여야한다.
✱ 4: 주거형편상 별거 허용함.

---

50) 비거주자는 인적공제(기본공제와 추가공제) 중 비거주자 본인 외의 자에 대한 공제와 특별소득공제·자녀세액공제 및 특별세액공제는 하지 않는다(소득법 §122 단서)

부양가족 공제가 되는 소득금액 100만원 이하의 사례 등

구 분	사 례
금융소득	• 금융소득의 합계액이 2천만원 이하(분리과세대상)
근로소득	• 일용근로소득(분리과세 소득)만 있음 • 비과세소득을 제외한 총급여액 500만원 이하인 경우에는 무조건 공제함
사업소득	• 사업소득금액(=총수입금액-필요경비)이 100만원 이하 • 작물재배(논농사 · 밭농사) 소득만 있음 • 주택 1채(12억원 초과 고가주택 제외) 소유한 경우의 주택임대소득만 있음 • 2천만원 이하의 주택임대소득만 있는 경우(분리과세신청분)
연금소득	• 2001.12.31. 이전 불입분을 기초로 한 공적연금(과세제외 소득) • 유족연금·장애연금 등을 수령(비과세소득) • 공적연금의 총 연금액(비과세소득 제외)이 5,166,666원*(연금소득금액 100만원) 이하 • 사적연금(연금저축 등)의 총 연금액이 연 1,500만원 이하(분리과세신청분)
기타소득	• 기타소득금액(=총수입금액-필요경비)이 300만원 이하(분리과세신청분)
퇴직소득	• 퇴직급여액이 100만원 이하

양도소득	• 양도소득금액*이 100만원 이하
	  * 양도소득금액 = 양도가액 - 필요경비(취득가액 등) - 장기보유특별공제
	  (양도소득기본공제 연 250만원 차감전 금액)

✽ 공적연금수입: 5,166,666-연금소득공제 4,166,666 = 1,000,000
✽ 연금소득공제 = 3,500,000 + (3,500,000 초과연금수입×40%) = 4,166,666

(2) 추가공제

기본공제대상자 중 다음의 사유에 해당하는 인원수에 1인당 일정액을 공제

추가공제 대상가족	공제요건
① 경로우대자	기본공제대상자가 만 70세 이상, 1명당 연 100만원
② 장애인[※1]	기본공제대상자가 장애인, 1명당 연 200만원
③ 부녀자	해당 과세기간에 종합소득금액이 3천만 원 이하인 다음의 근로자, 연 50만원 • 배우자가 있는 여성 거주자 • 배우자가 없는 여성 거주자가 기본공제대상 부양가족이 있는 세대주
④ 한부모	배우자가 없으면서 기본공제대상자인 직계비속 또는 입양자가 있는 경우, 연 100만원

※ ③과 ④에 모두 해당되는 경우에는 ④를 적용한다.

* 1) 장애인에는 희귀성난치질환등 또는 이와 유사한 질병·부상으로 인해 중단 없이 주기적인 치료가 필요한 사람으로서 의료기관의 장이 취업·취학 등 일상적인 생활에 지장이 있다고 인정하는 사람을 포함하며 "장애인증명서"를 제출하여야 함.

(3) 연금보험료공제

근로자 본인*의 국민연금보험료 납입액, 공무원연금법 등(공적연금관련법)에 따라 부담한 부담금·기여금은 전액을 종합소득금액에서 공제한다. 다만, 연금보험료공제의 합계액이 종합소득금액을 초과하는 경우 그 초과하는 공제액은 없는 것으로 한다.

✻ 거주자 본인 부담분만 공제 가능하며, 배우자나 부양가족 명의로 불입한 연금보험료는 공제대상에 해당하지 않으며, 국민연금보험료는 실제 납부한 과세기간에 공제한다.
✻ 2014년부터 연금계좌(퇴직연금, 연금저축) 납입액의 경우 연금보험료 소득공제에서 연금계좌 세액공제로 변경됨.

(4) 특별소득공제 및 그 밖의 소득공제

근로소득이 있는 거주자(일용근로자 제외)가 해당 연도에 특별소득공제 대상 비용을 지출하고 연말정산 또는 종합소득세 확정신고를 할 때 공제신청을 한 경우*에 적용하며, 이를 해당 연도의 근로소득금액에서 공제한다.

✻ 과세기간 중 중도취직 또는 중도퇴사한 경우 근로제공 기간동안 지출한 비용에 한해 특별공제를 받는 것임.

특별소득공제는 보험료·주택자금·기부금이 해당되며, 그 밖의 소득공제란 조세특례제한법에 열거된 소득공제를 말한다.

항 목		공제요건	공제금액·한도
보험료		건강·고용·노인장기요양보험법에 따라 근로자 본인이 부담하는 보험료를 지급한 경우	전 액
주택자금	㉮ 주택청약 종합저축	총급여액이 7천만원 이하, 과세기간 중 무주택 세대의 세대주로서 저축납입액의 40%(300만원 납입한도)	㉮ + ㉯ 한도액 : 400만원
	㉯ 주택임차 차입금	과세기간종료일 현재 무주택 세대의 세대주(세대원포함) 국민주택규모의 주택(주거용오피스텔포함)을 임차, 입주일과 전입일 중 빠른 날부터 전후 3개월 이내에 대출기관으로부터 차입한 자금, 입주일과 전입일 중 빠른 날부터 전후 1개월 이내에 거주자로부터 차입한 자금(총급여 5천만원 이하, 이자율 3.5% 이상)의 원리금 상환액의 40%	
	㉰ 장기주택 저당 차입금	무주택 또는 1주택을 보유한 세대의 세대주(세대원포함)가 취득 당시 기준시가 6억 원(2023.12.31. 이전 5억원) 이하 주택구입, 과세기간종료일 현재 세대원포함하여 1주택을 보유, 장기주택저당차입금의 채무자가 당해 저당권이 설정된 주택의 소유자이고 소유권이	한도액(2015.1.1. 이후 차입분) ㉠ 10년 이상인 고정금리이자 OR 비거치식 분할상환 : 600만원 ㉡ 15년 이상인 무조건 : 800만원 ㉢ 15년 이상인 고정금리이자 OR 비거치식 분할상환 : 1,800만원

항 목	공제요건	공제금액·한도
	전등기일부터 3월 이내에 차입한 차입금의 이자상환액의 100%, 상환기간과 상환방식에 따라 공제액 다름	㉣ 15년 이상인 고정금리이자 AND 비거치식 분할상환 : 2,000만원
기부금(이월분)	2013.12.31. 이전 기부금 지출액	공제한도 내 이월기부금
개인연금저축	2000.12.31. 이전 가입	납입액의 40%(72만원 한도)
벤처투자 조합출자 등	투자금액의 10%[개인투자조합, 벤처기업 등에 투자하는 경우 : 3천만원 이하 100%, 3천만원 초과 ~5천만원 이하 70%, 5천만원 초과 30%] * 사업자는 최저한세 대상	벤처투자조합, 벤처기업 등에 투자 시 출자 또는 투자 후 2년이 되는 날이 속하는 과세연도까지 선택하여 1과세연도에 공제 한도 : 종합소득금액의 50%

신용카드 등	(신용카드 등 사용금액 - 총급여의 25%)×15%*
	* 체크카드, 현금영수증 : 30%
	  전통시장, 대중교통 사용분 : 40%
	  총급여 7천만원 이하자에 한해 문화체육사용분 : 30%
	- 본인·배우자·직계존비속(나이제한 없음) 사용액
	- 중고차 구입금액 공제적용 :
	  중고차 구입금액의 10%
	- 사업소득과 관련된 비용 또는 법인의 비용에 해당하는 경우 제외
	- 타 소득·공제와 중복공제 배제(의료비세액공제는 중복공제 허용)
		min[①연300만원*,②총급여의 20%]
		+ 추가공제액(300만원~400만원)
		* 급여수준별 차등 적용
		
		| 총급여액 | 공제한도 |
		|---|---|
		| 7천만원 이하 | 연 300만원 이하 |
		| 7천만원 초과 | 연 250만원 이하 |

소기업· 소상공인	소기업·소상공인에 해당하는 거주자와 법인 대표자(총급여 8천만원 이하)가 노란우산공제에 가입하여 납부하는 공제부금 * 분기별로 300만원이하 납입 * 중도해지 가산세 폐지 * 사업자는 최저한세 대상	| 해당 과세기간의 사업소득금액 * | 공제한도 | |---|---| | 4천만원 이하 | 600만원 | | 4천만원~6천만원 | 500만원 | | 6천만원~1억원 | 400만원 | | 1억원 초과 | 200만원 |
우리사주조합 출자금	우리사주조합원이 자사주 취득을 위해 우리사주조합에 출자한 금액	한도 : 400만원 (벤처기업 : 1,500만원)
우리사주조합 기부금	우리사주조합원이 아닌 근로자가 우리사주조합에 기부하는 기부금	근로소득금액의 30%
고용유지 중소기업 근로자 소득공제	(직전 과세연도의 해당 근로자 연간 임금총액 - 해당 과세연도의 해당 근로자 연간 임금총액) × 50%	임금삭감액의 50% (공제한도 : 1천만원)

항 목	공제요건	공제금액·한도
청년형 (19~34세) 장기집합 투자증권저축	소득기준 충족(직전 과세기간의 총급여액이 5천만원 이하일 것, 직전 과세기간의 종합소득 과세표준에 합산되는 종합소득금액이 3천8백만원 이하일 것)하고 저축요건 충족한 청년	저축납입액(연 240만원 한도)의 40%

* 소득세 소득공제 종합한도 : 특별소득공제 및 그 밖의 소득공제 중 종합한도 적용대상 소득공제액이 2천 5백만원 초과시 과세표준에 합산
  - 적용대상 : 주택자금, 중소기업창업투자조합 등(벤처기업 직접투자분 제외), 신용카드 등 사용액, 소기업·소상공인, 우리사주조합출연금, 장기집합투자증권저축

2 특별세액공제, 그 밖의 세액공제 그리고 세액감면

항 목	공제요건	공제금액·한도
일반적인 자녀세액공제	기본공제대상자인 자녀·손자녀·입양자·위탁아동으로서 8세 이상(8세 미만의 경우 취학한 경우에 한함)의 사람에 대해서만 적용	• 1명 : 연 25만원, 2명 : 연 55만원 • 3명 이상 : 연 55만원 + 연 40만원 × (자녀수 - 2명)
출산·입양에 따른 자녀세액공제	해당 과세기간에 출산·입양신고한 공제대상자녀	• 출산(입양)한 자녀가 첫째인 경우: 연 30만원 • 출산(입양)한 자녀가 둘째인 경우: 연 50만원 • 출산(입양)한 자녀가 셋째 이상인 경우: 연 70만원
보험료	근로자가 기본공제대상자를 피보험자로 지출한 보장성보험의 보험료(장애인전용 포함)	보험료 납입액(연 각각 100만원 한도) × 12%(장애인:15%) * 나이제한 있음, 소득제한 있음
의료비	총급여액 3% 초과시 공제 가능 • 공제 가능 의료비 - 진찰, 치료를 위한 의료기관 지출 (미용·성형수술비용 제외) - 치료요양을 위한 의약품 구입 (건강증진 의약품 제외) - 장애인보장구 구입·임차 - 시력교정용안경(콘택트렌즈) 구입 (1인당 연 50만원 이내 금액) - 보청기 구입 - 장기요양급여비 본인 부담금	의료비 공제대상금액* × 15%(난임시술비 : 20%) • 의료비 공제대상 금액 - ㉮본인, ㉯65세이상, ㉰장애인, ㉱미숙아등, ㉲난임시술비, ㉳6세 이하 부양가족 : 한도 없음 - ㉴그 외 부양가족 : 연 700만원 | 구 분 | 의료비 공제금액 | |---|---| | ㉳〈총급여액 | (㉮+㉯+㉰+㉱+㉲) |

				3%	−(총급여액 3%−㉺)
			− 산후조리원 비용으로서 출산 1회당 200만원 이내의 금액 * 나이제한 없음, 소득제한 없음	㉺=총급여액 3%	((㉮+㉯+㉰+㉱+㉲) +둘 중 적은 금액 [(㉺−총급여액3%), 700만원]
교 육 비		취학전 아동	보육료, 학원비·체육시설수강료, 유치원비, 방과후수업료(특별활동비·도서구입비포함, 재료비제외), 급식비	교육비 공제대상금액* × 15% • 교육비 공제대상금액 − 취학전아동, 초·중·고생 : 1명당 300만원 한도 − 대학생 : 1명당 900만원 한도 − 본인, 장애인 : 한도 없음 * 나이제한 없음, 소득제한 있음 * 직계존속 제외
		초등학생 중·고생	교육비, 급식비, 교과서대, 방과후학교 수강료(도서구입비 포함, 재료비 제외), 국외교육비(고등학생 국외유학요건 폐지), 교복구입비(중·고생 50만원 이내), 체험학습비(초·중·고생 30만원 이내)	
		대학생	교육비, 국외교육비 (국외유학요건 폐지)	
		근로자본인	교육기관 교육비, 대학·대학원 1학기 이상의 교육과정과 시간제 과정 교육비, 직업능력개발훈련 수강료, 학자금 대출의 원리금 상환에 지출한 교육비. 다만, 대출금의 상환 연체로 인하여 추가로 지급하는 금액 등은 제외함.	
		장애인특수 교육비	사회복지시설 등에 기본공제대상자인 장애인의 재활교육을 위해 지급하는 비용, 직계존속도 공제 가능	
기 부 금	정치 자금	10만원 이하	정당, 후원회, 선거관리위원회에 기부한 금액(근로자 본인의 정치자금기부금만 공제 가능)	기부금의 100/110 • 1천만원 이하 : 기부금의 15% • 1천만원 초과 : 기부금의 30% • 3천만원초과 : 기부금의 40% (2024.12.31.까지) * 공제한도 • 법정(정치) : 근로소득금액의 100% • 지정(종교단체 외) : 근로소득금액의 30% • 지정(종교단체) : 근로소득금액의 10% * 나이제한 없음, 소득제한 있음 * 이월기부금 우선공제(10년)
		10만원 초과		
	특례		기본공제대상가 국가 등에 지출한 기부금	
	일반 (종교단체 외)		기본공제대상자가 사회복지·문화 등 공익성을 고려한 지정기부금 단체 중 비종교단체에 지출한 기부금	
	일반 (종교단체)		기본공제대상자가 종교단체에 기부한 기부금	

표준세액공제	특별소득공제, 보·의·교·기 세액공제 및 월세세액공제를 신청하지 아니한 경우 • 표준세액공제를 선택한 경우에도 기부금세액공제 중 정치자금기부금세액공제와 우리사주조합기부금세액공제는 적용가능함	• 근로소득자 : 13만원 • 근로소득이 없는 자 : 7만원 • 성실사업자 : 12만원
월세액 세액공제	근로소득자인 무주택 세대의 세대주(세대주가 주택 관련 공제를 받지 않은 경우 세대원도 가능)로서 총급여 8천만원 이하인 근로소득자(종합소득금액이 7천만원을 초과하는 사람은 제외)가 국민주택규모(또는 기준시가 4억원이하)의 주택(오피스텔, 고시원업 시설 포함)을 임차하기 위하여 지급하는 월세액 * 임대차계약서상 주소지와 주민등록 등본의 주소지가 같을 것 * 해당 거주자 또는 해당 거주자의 기본공제대상자가 임대차계약을 체결	월세액 지급액 (1,000만원 한도) × 일정율 • 총급여 5천5백만원 이하인 근로소득자(종합소득금액이 4천5백만원을 초과하는 사람은 제외) : 17% • 총급여 5천5백만원 초과 7천만원 이하인 근로소득자(종합소득금액이 6천만원을 초과하는 사람은 제외) : 15%
근로소득세액공제	<table><tr><th>산출세액</th><th>공제금액</th></tr><tr><td>130만원 이하</td><td>55%</td></tr><tr><td>130만원 초과</td><td>71만5천원+130만원 초과금액의 30% (한도)아래</td></tr></table> 〈공제한도〉 • 총급여액이 3천3백만원 이하 : 74만원 • 총급여액이 3천3백만원 초과 7천만원 이하 : 74만원 − [(총급여액 − 3천3백만원) ×0.8%] → 66만원보다 적은 경우 66만원 • 총급여액이 7천만원 초과 1억2천만원 이하 : 66만원 − [(총급여액 − 7천만원) × 50%] → 50만원보다 적은 경우 50만원 • 총급여액이 1억2천만원 초과 : 50만원 − [(총급여액 − 1억2천만원) × 50%] → 20만원보다 적은 경우 20만원	20만원(50만원, 66만원, 74만원) 한도
연금계좌세액공제	① 연금저축 납입액, ② 확정기여형(DC)·개인퇴직연금계좌(IRP) 퇴직연금 본인납입액	①(600만원한도) 또는 [① + ②](900만원한도) × 12%(총급여 5,500만원 또는 종합소득금액이 4,500만원 이하자 : 15%)

기장세액공제	간편장부대상자가 복식부기에 따라 기장을 하는 경우 * 공동사업의 경우 거주자별로 한도 100만원 적용	산출세액 × 기장신고소득금액/종합소득금액 × 공제율(20%) ⇨ 100만원 한도
외국납부세액공제	거주자의 종합소득금액에 국외원천소득이 합산되어 있는 경우 ☞ 적용대상소득 : 종합소득, 퇴직소득, 양도소득	한도액 = 종합소득산출세액 × $\dfrac{\text{국외원천소득금액}}{\text{종합소득금액}}$
배당세액공제	종합소득과세표준에 포함된 배당소득금액으로서 종합과세기준금액(2천만원)을 초과하는 경우	① 배당가산액(Gross-Up) 대상 배당액 중 금융소득 2천만원 초과하는 부분 × 배당가산율(10%) ② 한도액 = 종합소득산출세액 - 분리과세시 산출세액
전자계산서 발급 세액공제	직전 과세기간의 사업장별 총수입금액이 3억원 미만인 개인사업자(해당연도 신규사업자를 포함)	① 전자계산서 발급·전송에 대한 세액 = 발급 건수 × 200원 ② 공제한도 : 연간 100만원
중소기업 취업자 세액감면	근로계약 체결일 현재 연령이 청년(15세 이상 34세 이하로서 병역근무기간 제외 : 한도 6년), 근로계약 체결일 현재 60세 이상인 사람, 장애인, 경력단절여성이 중소기업에 '26.12.31.까지 취업하는 경우 그 취업일부터 3년(청년의 경우 5년)이 되는 날이 속하는 달까지 발생한 근로소득에 대한 소득세의 70%(청년의 경우 90%)에 상당하는 세액을 감면	한도 : 200만원 제외대상자 : 임원, 최대주주와 그 배우자, 친족관계인 사람 등 제외업종 : 금융및보험업, 보건업, 부동산임대업, 전문서비스업(변호사, 세무사 등) 음식점업 중 주점및비알콜음료점업, 기타 개인서비스업 등

* 특별세액공제(보험료 · 의료비 · 교육비세액공제)와 월세액 세액공제는 근로소득에 대한 종합소득산출세액을 초과하는 경우 그 초과하는 금액은 없는 것으로 한다.
* 기부금 세무처리방법 : 사업소득만 있는 자는 필요경비산입방법만 적용가능하고 사업소득 외의 종합소득이 있는 자는 기부금세액공제방법만 적용가능하다. 사업소득과 다른 종합소득이 함께 있는 자는 둘 다 적용가능하다.

제5절 퇴직소득

1 퇴직급여제도

퇴직급여제도는 근로자퇴직급여보장법에서 퇴직금제도와 퇴직연금제도로 구분하여 두 가지 중 하나를 선택하도록 하고 있다.

(1) 퇴직금제도

① 퇴직금제도를 설정하고자 하는 사용자는 퇴직하는 근로자에게 계속근로기간 1년에 대하여 30일분 이상의 평균임금을 퇴직금으로 지급할 수 있는 제도를 설정하여야 한다.
② ①의 규정에 불구하고 사용자는 근로자의 요구가 있는 경우에는 근로자가 퇴직하기 전에 해당 근로자가 계속 근로한 기간에 대한 퇴직금을 미리 정산하여 지급할 수 있다. 이 경우 미리 정산하여 지급한 후의 퇴직금 산정을 위한 계속근로기간은 정산시점부터 새로이 기산한다.

(2) 퇴직연금제도

근로자에게 지급할 퇴직금을 외부 금융기관에 적립하여 회사 또는 근로자의 지시에 따라 운용하고, 회사 외부에 예치운용방식에 따라 확정급여형과 확정기여형으로 구분한다. 퇴직연금제도는 '제1편 제2부 제9절 5.퇴직연금 부담금' 등에서 설명하고 있다.

2 퇴직소득의 범위

(1) 퇴직소득의 범위

퇴직소득은 해당 과세기간에 발생한 다음의 소득으로 한다(소득법 §22①, 소득령 §42의2①).

① **사용자 부담금을 기초로 하여 현실적인 퇴직을 원인으로 지급받는 소득**
   ※ 현실적인 퇴직 사유에는 해당하지 않지만 퇴직금 중간정산사유에 해당하여 지급받는 퇴직금은 퇴직소득으로 봄. 퇴직급여를 실제로 지급받지 않은 경우는 퇴직으로 보지 않고, 특히 임원의 경우에는 퇴직소득 한도를 초과하는 경우에는 근로소득으로 봄.

② **공적연금 관련법에 따라 받는 일시금**
   공적연금 일시금은 다음 중 적은 금액으로 한다.
   ㉠ 과세기준일 이후 납입한 기여금 또는 개인부담금(사용자부담분 포함)의 누계액과

이에 대한 이자 및 가산이자

ⓒ 실제 지급받은 일시금에서 과세기준일 이전에 납입한 기여금 또는 개인부담금을 뺀 금액

③ 위 ②의 공적연금 관련법에 따른 일시금을 지급하는 자가 퇴직소득의 일부 또는 전부를 지연하여 지급하면서 지연지급에 대한 이자를 함께 지급하는 경우 해당 이자

④ 「과학기술인공제회법」에 따라 지급받는 과학기술발전장려금

⑤ 「건설근로자의 고용개선 등에 관한 법률」에 따라 지급받는 퇴직공제금

(2) 세법상 퇴직 판정

1) 소득세법에 따른 퇴직판정의 특례

현실적인 퇴직사유를 열거하고 있지 않으며 퇴직판정의 특례를 두고 있다.

① **현실적인 퇴직사유가 발생하였으나 퇴직금 미수령시 퇴직으로 보지 않는 경우**

㉠ 종업원이 임원이 된 경우

㉡ 합병·분할 등 조직변경, 사업양도 또는 직간접적으로 출자관계에 있는 법인으로의 전출

㉢ 동일한 사업자가 경영하는 다른 사업장으로의 전출

㉣ 법인의 상근임원이 비상근임원이 된 경우

② **계속근로기간 중 미리 퇴직금 수령하여 퇴직으로 보는 경우**

㉠ 근로자퇴직급여보장법에 따른 중간정산 사유에 해당하는 경우

※ 제1편 제3부 제3절 2. 퇴직급여에서 자세히 설명하고 있다. 근로자와 임원의 중잔정산사유가 다름에 유의하여 한다.

㉡ 근로자퇴직급여보장법에 따라 퇴직연금제도가 폐지되는 경우

> * 임원의 중간정산사유(법인칙 § 22)
> ⓐ 중간정산일 현재 1년 이상 주택을 소유하지 아니한 세대의 세대주인 임원이 주택을 구입하려는 경우(중간정산일부터 3개월 내에 해당 주택을 취득하는 경우만 해당한다)
> ⓑ 임원(임원의 배우자 및 생계를 같이 하는 부양가족을 포함한다)이 3개월 이상의 질병 치료 또는 요양을 필요로 하는 경우
> ⓒ 천재·지변, 그 밖에 이에 준하는 재해를 입은 경우

2) 법인세법에 따른 퇴직판정의 특례

현실적인 퇴직사유를 열거하고 있으며 현실적인 퇴직으로 지급한 금액은 손금산입한다(법인령 §44②).

① 법인의 직원이 해당 법인의 임원으로 취임한 때

② 법인의 임원 또는 직원이 법인의 조직변경, 합병, 분할 또는 사업양도에 의하여 퇴직한 때
③ 근로자퇴직급여보장법에 따라 퇴직급여를 중간정산하여 지급한 때(중간정산시점부터 새로 근무연수를 기산하여 퇴직급여를 계산하는 경우에 한정한다)
④ 정관 또는 정관에서 위임된 퇴직급여지급규정에 따라 장기요양 등 일정한 사유로 그 때까지의 퇴직급여를 중간정산하여 임원에게 지급한 때(중간정산시점부터 새로 근무연수를 기산하여 퇴직급여를 계산하는 경우에 한정한다)

(3) 임원에 대한 퇴직소득 한도

∥ 세법상 임원퇴직급여 규정 ∥

```
            법인세법                          소득세법
         ┌─────┴─────┐                       │
     손금인정(×)    손금인정(○)              근 로
         │              │          한도초과   ↗
         ↓              ↓                   
     근로(인정상여)   퇴직급여    ─────────→  퇴 직
                                  한도이내
```

1) 입법취지

일반적으로 퇴직소득이 근로소득보다 소득세 부담이 가볍다. 종전에는 퇴직급여규정에 따라 지급된 퇴직급여는 전액을 퇴직소득으로 보았으므로 퇴직급여규정에 임원에 대한 퇴직급여를 과다하게 정하여 소득세 부담을 회피하는 사례가 있었다. 이에 따라 2012.1.1.이후 근속기간에 대한 임원 퇴직급여에 대한 한도규정을 신설하고, 한도를 초과하는 퇴직급여는 근로소득으로 보도록 하였다(소득법 §22③).

> 임원 퇴직소득 한도초과액(근로소득으로 보는 금액)
> = 2012.1.1.이후 근무기간의 퇴직소득금액 − 임원 퇴직소득 한도액

2) 2012.1.1.이후 근무기간의 퇴직소득금액

먼저 법인세법상 임원의 퇴직소득금액에서 2011.12.31.에 퇴직하였다고 가정할 때 지급받을 퇴직소득금액*이 있는 경우에는 그 금액을 뺀 금액을 퇴직소득금액으로 구한다.

* 아래 ① 또는 ② 금액 중 선택한 금액으로 한다.

① 퇴직소득금액 × $\dfrac{2011.12.31.\text{이전 근무기간}}{\text{전체 근무기간}}$

② 2011.12.31.에 정관 또는 정관의 위임에 따른 임원 퇴직급여지급규정이 있는 경우 법인의 임원이 2011.12.31.에 퇴직한다고 가정할 때 해당 규정에 따라 지급받을 퇴직소득금액

3) 임원 퇴직소득 한도액

㉠ 2019.12.31.부터 소급하여 3년동안 지급받은 총급여의 연평균환산액 × 10% × $\dfrac{2012.1.1\text{부터 } 2019.12.31.\text{ 이후의 근무기간}}{12}$ × 3배

㉡ 퇴직한 날부터 소급하여 3년동안 지급받은 총급여의 연평균환산액 × 10% × $\dfrac{2020.1.1\text{ 이후의 근무기간}}{12\text{개월}}$ × 2배

위 산식에서 연환산액이란 퇴직한 날부터 소급하여 3년(근무기간이 3년 미만인 경우에는 해당 근무기간) 동안 지급받은 총급여액의 연평균환산액을 말한다. 그리고 근무기간은 개월수로 계산하며, 1개월 미만의 기간은 1개월로 본다.

여기서 주의할 점은 임원이 2012.1.1. 이후 근무분에 대한 퇴직소득금액은 법인세법상 임원 퇴직급여 한도액* 이내의 금액이라도 소득세법상 임원 퇴직소득 한도액을 초과한다면 퇴직소득이 아니라 근로소득으로 본다.

* 정관에 규정이 있으면 규정 내 금액을 말하고, 규정이 없으면 퇴직 전 1년간 총급여에 10%와 근속연수(1개월 미만 절사)를 곱한 금액을 말한다.

사례 4-29 퇴직소득금액(임원)

임원인 갑은 (주)한결에서 2025.12.31.에 퇴직하면서 10억원의 퇴직금을 지급받았다. 관련 자료가 다음과 같을 경우 임원 갑의 퇴직소득금액은 얼마인가?

자료 1. 입사일은 2009.1.1.이다.
자료 2. 2019년 12월 31일부터 소급하여 3년동안 지급받은 총급여의 연평균환산액은 2억원이고 퇴직한 날부터 소급하여 3년 동안 지급받은 총급여의 연평균환산액은 2억5천만원이다.
자료 3. 임원 갑이 2011.12.31.에 퇴직한다고 가정할 때 정관의 위임에 따른 퇴직급여지급규정에 따라 지급받을 퇴직소득금액은 2억원인데, 세부담 최소화를 목적으로 이 금액과 다음의 계산식에 따른 금액 중 큰 금액을 2011.12.31. 이전 근무기간의 퇴직소득금액으로 한다.

$$\text{퇴직소득금액} \times \frac{2011.12.31.\text{이전 근무기간}}{\text{전체 근무기간}}$$

해답
① 소득세법에 따른 임원 퇴직소득 한도액 : ㉠+㉡ = 780,000,000
  ㉠ 2012년 1월 1일 부터 2019년 12월 31일 까지분

  $200,000,000 \times 10\% \times \dfrac{96}{12} \times 3 = 480,000,000$

  * 2011.1.1.이후 근무기간 : 2012.1.1.~2019.12.31. 8년(96개월)
  ㉡ 2020년 1월 1일 부터 퇴직할 때 까지분

  $250,000,000 \times 10\% \times \dfrac{72}{12} \times 2 = 300,000,000$

  * 2020.1.1.이후 근무기간 : 2020.1.1.~2025.12.31. 6년(72개월)
② 근로소득 간주액 : (퇴직소득금액 – 2011.12.31. 이전 근무기간의 퇴직소득금액) – ①
  = (1,000,000,000 – 200,000,000*) – 780,000,000 = 20,000,000
  * MAX(1,000,000,000 × 36개월/204개월, 200,000,000) = 200,000,000
③ 소득구분 : 퇴직금 중 20,000,000원은 근로소득이고, 980,000,000원은 퇴직소득임.

3 퇴직소득의 과세방법

(1) 원천징수

① **원칙** : 원천징수의무자가 퇴직소득을 지급할 때에는 그 퇴직소득 과세표준에 원천징수세율을 적용하여 계산한 소득세를 징수한다.
② **과세이연** : 거주자의 퇴직소득이 다음 중 어느 하나에 해당하는 경우에는 해당 퇴직소득세를 연금외 수령하기 전까지 원천징수하지 아니한다.
  이 경우 퇴직소득세가 이미 원천징수된 경우 해당 거주자는 원천징수세액에 대한 환급을 신청할 수 있다.
  ㉠ 퇴직일 현재 연금계좌에 있거나 연금계좌로 지급되는 경우
  ㉡ 퇴직하여 지급받은 날부터 60일 이내에 연금계좌에 입금되는 경우

(2) 퇴직소득세의 정산과 확정신고

해당 과세기간에 이미 지급받은 퇴직소득 등에 대하여 정산하는 퇴직소득세는 이미 지급된 퇴직소득과 자기가 지급할 퇴직소득을 합계한 금액에 대하여 퇴직소득세를 계산한 후 이미

지급된 퇴직소득에 대한 세액을 뺀 금액으로 한다.

다음 연도 5월 1일부터 5월 31일까지 확정신고하여야 한다. 해당 과세기간의 퇴직소득 과세표준이 없을 때도 확정신고를 하여야 한다.

단, 퇴직소득 원천징수 및 세액정산의 규정에 따라 퇴직소득에 대한 소득세를 납부한 자는 확정신고하지 않아도 된다.

(3) 퇴직소득의 수입시기

원칙적으로 퇴직한 날이 퇴직소득의 수입시기가 된다. (예시 : 퇴직일 2022.12.31., 퇴직소득 지급일 2023.1.10.인 경우 퇴직소득 수입시기 : 2022년 귀속에 해당)

예외적으로 다음에 해당하는 경우에는 지급받는 날로 한다.

① 국민연금법에 따른 일시금, 건설근로자의 고용개선 등에 관한 법률에 따라 지급받는 퇴직공제금 (분할하여 지급받는 경우에는 최초로 지급받는 날)
② 소기업·소상공인 공제에서 발생하는 소득
③ 퇴직판정의 특례에 의하여 퇴직금을 중간지급 하는 경우(예시 : 중간정산 시점 2022.12.31., 중간정산 퇴직금 지급일 2023.1.10.인 경우 퇴직소득 수입시기는? 2023년 귀속에 해당)
④ 과세이연된 퇴직소득을 연금외 수령하는 경우

4 퇴직소득세 계산구조

2020.1.1.부터 퇴직소득산출세액은 아래 순서대로 구한다.

퇴직소득산출세액 계산	계산사례 (근속연수 20년, 퇴직급여 1억원)
① 퇴직소득금액 = 퇴직급여액 - 비과세소득	1억원 = 1억원 - 0
② 근속연수공제액(주1)	400만원+80만원 ×(20-10)=1,200만원
③ 환산급여 = {(①-②) ÷ 총 근속연수 × 12}	{(1억원-1,200만원)÷20× 12} = 5,280만원
④ 환산급여에 따른 차등공제액(주2)	800만원 + (5,280만원 - 800만원)× 60% =3,488만원
⑤ 과세표준 = ③ - ④	1,792만원 = 5,280만원 - 3,488만원
⑥ 환산산출세액 = ⑤ × 기본세율	1,428,000원 = 1,792만원 × 15% - 126만원
⑦ 산출세액 = ⑥ ÷ 12 × 근속연수	2,380,000원 = 1,428,000원 ÷ 12 × 20

✽ (주1) 근속연수공제액 : 근속연수는 근로를 제공하기 시작한 날 또는 퇴직소득중간지급일의 다음 날부터 퇴직한 날까지로 한다. 다만, 퇴직급여를 산정할 때 근로기간으로 보지 아니한 기간은 근속연수에서 제외하며, 근속연수 계산시 1년 미만은 1년으로 한다.

✽ (주2) 환산급여에 따른 차등공제액 : 환산급여는 해당 과세기간의 퇴직소득금액에서 근속연수공제액을 차감하고, 그 금액을 근속연수로 나누고 12를 곱한 후의 금액을 말한다.

근속연수	공 제 액
5년 이하	100만원 × 근속연수
5년 초과 10년 이하	500만원 + 200만원 × (근속연수 − 5년)
10년 초과 20년 이하	1천500만원 + 250만원 × (근속연수 − 10년)
20년 초과	4,000만원 + 300만원 × (근속연수 − 20년)

환산급여	공 제 액
8백만원 이하	환산급여의 100%
8백만원 초과 7천만원 이하	8백만원 + (8백만원 초과분의 60%)
7천만원 초과 1억원 이하	4천 520만원 + (7천만원 초과분의 55%)
1억원 초과 3억원 이하	6천 170만원 + (1억원 초과분의 45%)
3억원 초과	1억 5천 170만원 + (3억원 초과분의 35%)

사례 4-30 퇴직소득 원천징수세액 계산

김관우 부장은 (주)이택스에 2012.2.1. 입사하여 2025.1.31. 퇴사하였다. 퇴사시점에 기 중간정산분(2020.7.31. 중간정산)을 합산하여 정산하려고 한다. 중간정산 시 지급받은 퇴직급여는 70,000,000원, 기납부세액은 2,020,000원(지방소득세 202,000원)이며, 최종퇴사 시 중간정산분을 제외하고 지급받은 퇴직급여 52,500,000원 중 20,000,000원만 2025.2.10. IRP계좌로 이체하였다. 퇴직소득 원천징수세액은 얼마인가?

해설

구분	계산내역
① 퇴직소득	122,500,000
② 근속연수공제액	22,500,000(15,000,000+2,500,000×3)
③ 환산급여	92,307,692 ={(①−②) ÷ 근속연수 × 12}=100,000,000 ÷ 13년 × 12
④ 환산급여별공제액	57,469,230 = [45,200,000+(92,307,692−70,000,000)× 55%]
⑤ 퇴직소득과세표준	34,838,462 = ③ − ④
⑥ 환산 산출세액	3,965,769 = ⑤× 15%−1,260,000
⑦ 산출세액	4,296,249 = ⑥÷ 12 × 총 근속연수 13년

차감원천징수세액 : 1,409,100원(지방소득세 140,910원 별도 특별징수)

　① 산출세액 4,296,249

　② 기납부세액 : 2,020,000

　③ 차감납부세액 : ①-② = 2,276,249

　④ 이연퇴직소득세 : 867,142 = 2,276,249×(20,000,000÷52,500,000)

　⑤ 차감원천징수세액 : ③-④ = 1,409,100

■ 소득세법 시행규칙 [별지 제24호서식(2)] (2024.03.22 개정) (3쪽 중 제1쪽)

관리번호		퇴직소득원천징수영수증 / 지급 명세서	거주구분	거주자1 / 비거주자2
			내·외국인	내국인1 / 외국인9
			종교관련종사자 여부	여 1 / 부 2
		[ ]소득자 보관용 [V]발행자 보관용 [ ]발행자 보고용	거주지국 한국 거주지국코드 KR	
			징수의무자 구분	사업장1 / 공적연금사업자3

징수 의무자	①사업자등록번호 134-56-26485	②법인명(상호) (주)이택스	③대표자(성명)
	④법인(주민)등록번호	⑤소재지(주소)	

소득자	⑥ 성 명 김관우	⑦ 주민등록번호		
	⑧ 주 소		⑨ 임원여부	[ ]여 [V]부
	⑩확정급여형 퇴직연금제도 가입일		⑪2011.12.31퇴직금	

귀 속 연 도	2025년 01월 01일 부터 2025년 01월 31일 까지	⑫퇴직사유	□정년퇴직 □정리해고 ■자발적 퇴직 □임원퇴직 □중간정산 □기타

퇴직 급여 현황	근 무 처 구 분	중간지급 등	최 종	정 산
	⑬근무처명		(주)이택스	
	⑭사업자등록번호		134-56-26485	
	⑮퇴직급여	70,000,000	52,500,000	122,500,000
	⑯비과세 퇴직급여			
	⑰과세대상 퇴직급여(⑮-⑯)	70,000,000	52,500,000	122,500,000

근속 연수	구 분	⑱입사일	⑲기산일	⑳퇴사일	㉑지급일	㉒근속월수	㉓제외월수	㉔가산월수	㉕중복월수	㉖근속연수
	중간지급 근속연수	2012/02/01	2012/02/01	2020/07/31	2020/07/31	102				9
	최종 근속연수	2012/02/01	2020/08/01	2025/01/31	2025/02/10	54				5
	정산 근속연수		2012/02/01	2025/01/31		156				13

과세표준 계산	계 산 내 용	금 액
	㉗퇴직소득(⑰)	122,500,000
	㉘근속연수공제	22,500,000
	㉙환산급여 [(㉗-㉘)× 12배/정산근속연수]	92,307,692
	㉚환산급여별공제	57,469,230
	㉛퇴직소득과세표준(㉙-㉚)	34,838,462

퇴직소득 세액계산	계 산 내 용	금 액
	㉜환산산출세액(㉛× 세율)	3,965,769
	㉝산출세액(㉜× 정산근속연수/12배)	4,296,249
	㉞세액공제	
	㉟기납부(또는 기과세이연) 세액	2,020,000
	㊱신고대상세액(㉝-㉞-㉟)	2,276,249

이연 퇴직 소득 세액 계산	㊲신고대상세액(㊱)	연금계좌 입금명세					㊴퇴직급여(⑰)	이연 퇴직소득세 (㊲ ×㊳/�439)
		연금계좌취급자	사업자등록번호	계좌번호	입금일	㊳계좌입금금액		
	2,276,249	국민은행	111-11-11111	111222333	2025/02/10	20,000,000	52,500,000	867,142
			㊶ 합 계			20,000,000		

납부 명세	구 분	소득세	지방소득세	농어촌특별세	계
	㊷신고대상세액(㊱)	2,276,249	227,624		2,503,873
	㊸이연퇴직소득세(㊵)	867,142	86,714		953,856
	㊹차감원천징수세액(㊷-㊸)	1,409,100	140,910		1,550,010

위의 원천징수세액(퇴직소득)을 정히 영수(지급)합니다.

2025년 02월 28일

징수(보고)의무자   (주)이택스
(서명 또는 인)

세 무 서 장   귀하

CHAPTER 05 법인세법

제1절 법인세 실무

회계와 세무실무

제5장 법인세법

제1절 법인세 실무

I. 총론

(1) 법인세의 의의

법인세는 법률상 독립된 인격체인 법인조직이 얻은 소득에 대하여 과세하는 조세이다. 자연인인 개인의 소득에 대하여 소득세가 과세되는 것과 같이 법인의 소득에 대하여는 법인세가 과세된다.

(2) 법인세와 소득세의 차이점

1) 순자산증가설

법인세는 자본의 납입이나 법인세법이 정한 익금불산입을 제외하고 법인의 순자산증가를 가져오는 모든 거래를 총익금으로 하여 과세하고 자본의 환급, 잉여금의 처분 및 법인세법이 정하는 손금불산입을 제외하고 순자산을 감소하는 모든 거래를 총손금으로 하여 총익금에서 총손금을 공제한 나머지를 소득금액으로 계산한다.

그러나 소득세의 경우 소득을 종합소득, 퇴직소득, 양도소득으로 나누고 소득별 소득금액을 계산함에 있어 각각의 원천별 소득이 아닌 것은 배제하는 방법을 채택하고 있다. 예를 들어 제조업을 영위하는 자가 사업용으로 사용하던 기계장치를 매각하고 유형자산처분이익을 얻었다고 보자. 이 경우 법인은 당연 익금으로 보지만 개인의 경우(2018년 이후부터는 복식부기의무자인 개인은 제외) 사업소득이 아닌 양도소득에 해당하기 때문에 총수입금액으로 보지 않는다.

반면에 주식 양도차익의 경우에는 법인의 경우 유가증권처분이익으로 법인의 익금으로 보지만 개인의 경우 양도소득에 나열되어 있지 않기 때문에 역시 소득세가 과세되지 않는다(특정주식은 제외).

위 설명에서 유형자산처분손실이나 유가증권처분손실이 법인의 경우 손금으로 용인되지만 간편장부대상자인 개인의 경우에는 필요경비로 용인되지 않는다.

따라서 법인의 경우 소득금액을 포괄적으로 계산하여야 하나 개인의 경우 소득세법상 열거된 소득만 각 소득별로 과세하는 제도를 채택하고 있다.

다음 개인사업소득과 법인소득금액과의 항목별 차이점을 살펴보기로 한다.

2) 대표자 급여

법인의 경우 법인실체설에 따라 법인의 인건비를 대표자를 포함하여 모두 손비로 인정하지만 개인의 경우 자기자본의 환불로 보기 때문에 대표자의 인건비를 필요경비로 인정하지 않는다. 여기에서 인건비라 함은 상여금, 퇴직급여를 포함하는 개념이다.

3) 유가증권처분손익과 유형자산의 처분손익

본문에서 설명한 바와 같이 개인의 경우 모든 유형자산을 처분하는 경우 그 매각가액은 총수입금액에 산입한다. 다만, 간편장부대상자의 경우에만 그 처분손익을 인정하지 않는다.

4) 이자소득과 배당소득 등

이자소득, 배당소득, 부동산임대소득, 작물재배(농업)소득 등에 대하여 법인에서는 모두 익금으로 보지만 개인의 사업소득금액계산상 총수입금액으로 보지 않는다.

5) 가지급금인정이자

개인의 경우 대표자 가지급금을 자본의 인출로 보아 인정이자계산을 하지 않지만 법인의 경우 대여금으로 보아 인정이자계산을 한다.

6) 지급이자 손금불산입의 경우

법인세법에서는 손금불산입 되는 지급이자가 건설자금이자, 채권자가 불분명한 사채의 이자·지급받는 자가 불분명한 채권·증권의 이자, 비업무용 부동산 등의 취득 및 보유에 관련된 지급이자가 있으나 소득세법상 필요경비에 불산입되는 지급이자는 채권자가 불분명한 사채의 이자, 건설자금이자, 초과인출금에 대한 지급이자, 업무와 관련 없는 지급이자가 있다.

7) 기부금

법인세법의 특례기부금의 범위와 소득세법의 특례기부금의 범위와 한도가 조금 다르다. 특례기부금의 한도가 법인세법은 소득금액의 50%, 소득세법은 소득금액의 100%이며, 일반기부금의 한도가 법인세법은 소득금액의 10%, 소득세법은 30%(10%)이다.

8) 소득처분

세무조정금액이 사외유출된 경우에 법인세법에서는 그 소득귀속자를 밝혀내어 소득세를 부과하는 등의 처분을 한다. 이에 비하여 소득세법은 소득처분제도가 없다.

9) 일시상각충당금을 설정할 수 있는 자산의 차이

법인세법에서는 보험차익·국고보조금·공사부담금, 합병(분할)평가차익, 물적분할·교환으로 인한 양도차익 및 조특법상 준비금에 대하여 일시상각충당금 또는 압축기장충당금을 설정할 수 있지만 소득세법에서는 보험차익·국고보조금에 대해서만 일시상각충당금을 설정할 수 있다. 또한, 법인세법에서는 신고조정을 허용하지만 소득세법은 결산조정만을 허용한다(법인령 §98).

∥ 법인세와 소득세의 비교 ∥

구분	법인세	소득세
① 납세의무자	내국법인, 외국법인	거주자, 비거주자
② 과세대상	순자산증가설(일시·우발적) -포괄주의	소득원천설(계속·반복적) -열거주의
③ 세율	과세표준 2억원이하 10% 과세표준 2억원초과 20% 과세표준 200억초과 22% 과세표준 3,000억초과 25%	과세표준 1400만원 이하 6% 과세표준 5,000만원 이하 15% 과세표준 8,800만원 이하 24% 과세표준 1억5천만원 이하 35% 과세표준 3억원 이하 38% 과세표준 5억원 이하 40% 과세표준 5억원 초과 42% 과세표준 10억 초과 45%
④ 원천징수	이자소득, 배당소득(집합투자기구에 국함)	거주자인 경우 이자소득, 배당소득, 사업소득, 근로소득, 연금소득, 기타소득, 퇴직소득

(3) 과세소득의 구분

과세소득은 그 대상에 따라 다음으로 분류된다.
① 각 사업연도소득에 대한 법인세
② 토지 등 양도소득에 대한 과세특례 적용 법인세
③ 청산소득에 대한 법인세
④ 미환류소득에 대한 법인세

(4) 법인의 종류와 납세의무의 범위

1) 내국법인

국내에 본점 또는 주사무소 또는 사업의 실질적 관리장소를 둔 법인을 말하며 국내·외에서 발생한 소득에 대해서 법인세를 과세한다. 또한 내국법인은 각사업연도 소득 외에 청산소득 및 법인법 §55의2 및 95의2에 따른 다주택 및 비사업용토지의 양도소득에 대한 법인세도 납부할 의무가 있다.

2) 외국법인

외국에 본점을 둔 법인을 말하며 국내에서 발생한 국내원천소득에 대하여만 과세하며 청산소득에 대한 납세의무는 없다.

3) 영리법인과 비영리법인

영리법인이란 영리를 목적으로 하는 법인을 말하며, 비영리법인이란 학술·종교·자선 기타 영리를 목적으로 하지 아니하는 법인이다. 비영리법인은 민법 32조 또는 사립학교법 10조 따라 설립된 법인과 기타 특별법에 따라 설립된 법인으로서 민법 32조에 규정된 설립목적 및 그와 유사한 설립목적을 가진 법인과 세법상 법인으로 보는 단체를 말한다. 비영리법인에 대하여는 수익사업에서 발생한 소득에 대하여만 과세하며 청산소득에 대하여는 과세하지 아니한다.

4) 국가·지방자치단체

국가·지방자치단체 등도 법인에 해당하나 법인세는 부과하지 아니한다.

(5) 사업연도

1) 원 칙

사업연도는 법인의 각 사업연도소득을 계산하는 1회계기간을 말하며 그 기간은 1년을 초과하지 못한다. 사업연도는 법령 또는 정관 등에서 정하고 있다. 사업연도를 변경하고자 할 경우 직전사업연도 종료일부터 3월 이내에 사업연도 변경신고를 제출하여야 한다.

2) 최초 사업연도 시작일

내국법인의 최초 사업연도 시작일은 법인설립등기일이다. 다만, 법인 설립일 전에 생긴 손익을 최초 사업연도에 산입하는 경우 손익이 최초로 발생한 날이 시작일이다.

(6) 납세지

법인세의 납세지는 내국영리법인은 본점, 내국비영리법인은 주사무소 소재지, 외국법인은 국내사업장 소재지가 된다. 원천징수한 법인세의 납세지도 해당 법인의 본점소재지 또는 실질적인 관리장소(지점별 독립채산제는 각 지점)로 한다.

(7) 법인세의 계산구조

1) 각 사업연도 소득

```
         결 산 서 상 당 기 순 손 익
    (+)  익 금 산 입 및 손 금 불 산 입  ┐
    (-)  손 금 산 입 및 익 금 불 산 입  ┘ 세무조정
    (=)  각 사 업 연 도 소 득 금 액
    (-)  이     월     결     손     금
    (-)  비     과     세     소     득
    (-)  소          득          공          제
    (=)  과          세          표          준
```

2) 청산소득

법인이 해산 또는 합병에 따라 소멸할 때 해당 잔여재산가액이 자기자본을 초과하는 금액을 말한다.

> 청산소득 = 잔여재산가액 - 자기자본총액

3) 세무조정

세무조정이란 기업회계와 세무회계의 차이를 조정하는 절차를 말한다. 즉, 기업이 일반적으로 공정·타당하다고 인정되는 기업회계에 따라 작성한 재무제표상의 당기순손익을 기초로 법인의 과세소득을 계산하기 위하여 세법의 규정에 따라 익금과 손금을 조정하는 절차이다. 세무조정은 절차상 크게 결산조정과 신고조정으로 구분된다.

결산조정이란 결산시 반드시 장부 즉, 재무제표에 반영하여야 하는 조정을 말하고 신고조정이란 결산서상의 당기순손익을 기초로 법인세 과세표준 및 세액신고서에만 계상해도 되는 조정을 말한다. 예를 들면 감가상각비는 장부에 반영하여야만 손금으로 용인되기 때문에 결산조정 항목이다. 이를 장부에 반영하지 아니하고 조정계산서에 손금조정하였다면 인정받지 못하는 것이다.

기업회계와 세무회계의 차이는 다음 항목들을 가감하여 일치시킨다.

① 익금산입	기업회계상 수익으로 계상되어 있지 않지만 세무회계상 익금으로 인정하는 것
② 익금불산입	기업회계상 수익으로 계상되어 있으나 세무회계상 익금으로 보지 않는 것
③ 손금산입	기업회계상 비용으로 계상되어 있지 않지만 세무회계상 손금으로 인정하는 것
④ 손금불산입	기업회계상 비용으로 계상되어 있으나 세무회계상 손금으로 보지 않는 것

4) 결산조정항목

장부에 반영하여야만 비용으로 인정하는 경우이다. 결산조정사항은 다음과 같이 그 손금항목이 해당 법인의 내부적 의사결정에 따르는 항목들이다.

① 유형자산 감가상각비(즉시상각액 포함) (법인법 §23조 및 법인령 §24~§34)
② 퇴직급여충당부채(법인법 §33)
③ 구상채권상각충당금(법인법 §35)
④ 대손충당금(법인법 §34)
⑤ 책임준비금 · 계약자배당준비금 등(법인법 §30)
⑥ 고유목적사업준비금(법인법 §29)
⑦ 파손 · 부패 등의 사유로 인하여 정상가격으로 판매할 수 없는 재고자산의 평가손 (법인령 78§)
⑧ 세법상 손금으로 확정된 회수불능 매출채권에 대한 대손금(법인령 §62)

> **참고**
>
> 결산에 반영하지 못한 소멸시효 완성채권은 소멸시효 완성일이 속하는 사업연도에 과세표준신고시 신고조정으로 손금산입 가능함(단, 임의포기로 인정되는 대손채권액은 기업업무추진비 또는 기부금으로 손금산입하되 다시 시부인계산하여야 함).

⑨ 천재 · 지변 등에 의한 고정자산평가손(법인령 §78)
⑩ 생산설비의 폐기손(법인령 §31⑦)
⑪ 파산선고를 받은 경우 해당 주식의 평가차손

❋ 세법에서는 장부에 반영 여 · 부의 표현을 계상으로 한다.

5) 신고조정항목

장부에 반영하지 아니하여도 법인세 과세표준신고서에 반영하여 소득금액을 계산하는 항목들로서 결산조정항목으로 열거된 것 이외의 것을 말한다. 이를 예시하면 다음과 같다.

① 법인세 · 법인지방소득세 환급금의 익금불산입(법인법 §18(3))

② 이월익금(법인법 §18(2))
③ 국세·지방세 과오납금의 환급금에 대한 이자(법인법 §18(4))
④ 무상으로 받은 자산의 가액과 채무의 면제 또는 소멸로 인한 부채의 감소액 중 이월결손금의 보전에 충당한 금액(법인법 §18(6))
⑤ 대표자 등의 가지급금 인정이자(법인령 §11(9)나)
⑥ 부동산임대보증금 등에 대한 간주익금의 익금산입(법인령 §11(1))
⑦ 공사부담금으로 취득한 고정자산가액의 손금산입(법인법 §37)
⑧ 보험차익으로 취득한 고정자산가액의 손금산입(법인법 §38)
⑨ 국고보조금으로 취득한 고정자산가액의 손금산입(법인법 §36)
⑩ 법인세·법인지방소득세 등의 손금불산입(법인법 §21(1))
⑪ 재고자산평가감의 손금불산입(법인령 §74)
⑫ 임원 상여금 한도초과액의 손금불산입(법인령 §43②)
⑬ 기타기부금의 손금불산입(법인법 §24①)
⑭ 일반기부금 한도초과액과 미지급기부금의 손금불산입 및 자산계정 기부금의 손금산입(법인법 §24①②)
⑮ 기업업무추진비 한도초과액의 손금불산입(법인법 §25)
⑯ 제충당금·준비금 등 한도초과액의 손금불산입(법인법 §56~§67)
⑰ 감가상각비 부인액의 손금불산입(법인법 §23)
⑱ 업무에 직접 관련 없는 경비 등의 손금불산입(법인법 §27)
⑲ 부당행위계산 적용에 관계되는 손금의 익금산입 또는 손금불산입(법인법 §52)
⑳ 건설자금이자의 손금불산입(과다하게 장부계상한 경우의 손금산입)(법인령 §52)
㉑ 임원퇴직급여 한도초과액의 손금불산입(법인령 §44③)
㉒ 채권자가 불분명한 사채이자의 손금불산입(법인법 §28)
㉓ 외화자산·부채에 대한 평가손익의 조정(법인령 §76)
㉔ 손익귀속사업연도의 차이로 인한 익금산입·손금불산입과 손금산입·익금불산입(법인법 §40)
㉕ 가지급금·비업무용자산등 보유에 따른 지급이자의 손금불산입(법인법 §28)
㉖ 손익에 계상된 전기오류수정손익중 전기이전에 확정된 것에 대한 손금불산입 및 익금불산입(법인법 §18)
㉗ 최저한세 적용으로 인한 준비금 등의 손금불산입(조특법 §132)
㉘ 법인의 비업무용토지에 대한 취득세 중과분의 손금불산입, 환급액의 익금불산입(법인법 §21 및 §18)
㉙ 합병차익상당액의 손금산입(법인법 §44)

㉚ 업무용승용차의 감가상각비(법인법 §27의2)
㉛ 감가상각의제액(법인법 §23) 등

사례 5-1 법인세 과세표준 계산

A사의 당기순이익은 50,000,000원이다. 그런데 감가상각비 20,000,000원과 12월분 미지급급여 60,000,000원을 회계처리하지 아니하였다. 이를 회계처리할 경우엔 순손실이 30,000,000이라고 가정할 때, 법인세 과세표준 및 세액조정계산서를 작성하라.

해답
  차가감소득금액 : 50,000,000 − 60,000,000 = −10,000,000
  결산조정사항인 감가상각은 장부에 반영하여야 소득금액을 계산하므로, 신고조정사항인 급여는 장부에 반영하지 아니하여도 법인세 과세표준신고서에 반영하여 소득금액을 계산한다.

■ 법인세법 시행규칙 [별지 제3호 서식] (2024.3.22 개정)

사업연도	2025.01.01 ~ 2025.12.31	법인세 과세표준 및 세액조정계산서	법인명	(주)이택스
			사업자등록번호	107-81-46207

① 각사업연도소득계산	⑩ 결산서상당기순손익		01	50,000,000		⑬ 감면분추가납부세액		29	
	⑩ 소득조정금액	⑩ 익금산입	02			⑭ 차감납부할세액 (⑫ - ⑬ + ⑬)		30	
		⑩ 손금산입	03	60,000,000	⑤ 토지등양도소득에 대한 법인세 계산	양도차익	⑮ 등기자산	31	
	⑩ 차가감소득금액 (⑩ + ⑩ - ⑩)		04	-10,000,000			⑯ 미등기자산	32	
	⑩ 기부금한도초과액		05			⑰ 비과세소득		33	
	⑩ 기부금한도초과이월액손금산입		54			⑱ 과세표준 (⑮ + ⑯ - ⑰)		34	
	⑩ 각 사업연도소득금액 (⑩ + ⑩ - ⑩)		06	-10,000,000		⑲ 세율		35	
② 과세표준계산	⑩ 각사업연도소득금액			-10,000,000		⑳ 산출세액		36	
	⑩ 이월결손금		07			㉑ 감면세액		37	
	⑩ 비과세소득		08			㉒ 차감세액 (⑳ - ㉑)		38	
	⑪ 소득공제		09			㉓ 공제세액		39	
	⑫ 과세표준 (⑩ - ⑩ - ⑩ - ⑪)		10	-10,000,000		㉔ 동업기업 법인지방소득세 배분액(가산세 제외)		58	
	⑲ 선박표준이익		55			㉕ 가산세액 (동업기업 배분액 포함)		40	
	⑬ 과세표준(⑫ + ⑲)		56	-10,000,000		㉖ 가감계(㉒ - ㉓ + ㉔ + ㉕)		41	
③ 산출세액계산	⑭ 세율		11			기납부세액	㉗ 수시부과세액	42	
	⑮ 산출세액		12				㉘ ( )세액	43	
	⑯ 지점유보소득 (「법인세법」 제96조)		13				㉙ 계 (㉗ + ㉘)	44	
	⑰ 세율		14			㉚ 차감납부할세액(㉖ - ㉙)		45	
	⑱ 산출세액		15		⑥ 미환류소득법인세	⑯ 과세대상 미환류소득		59	
	⑲ 합계(⑮ + ⑱)		16			⑯ 세율		60	
④ 납부할세액계산	⑳ 산출세액 (⑳ = ⑲)					⑯ 산출세액		61	
	㉑ 최저한세 적용대상 공제감면세액		17			⑯ 가산세액		62	
	㉒ 차감세액		18			⑯ 이자상당액		63	
	㉓ 최저한세 적용제외 공제감면세액		19			⑯ 납부할세액(⑯ + ⑯ + ⑯)		64	
	㉔ 가산세액		20		⑦ 세액계	⑮ 차감납부할세액 계 (⑭ + ⑮ + ⑯)		46	
	㉕ 가감계(㉒ - ㉓ + ㉔)		21			⑮ 사실과 다른 회계처리 경정세액공제		57	
	기한내납부세액	㉖ 중간예납세액	22			⑮ 분납세액계산범위액 (⑮ - ⑭ - ⑬ - ⑮ - ⑮ + ⑬)		47	
		㉗ 수시부과세액	23						
		㉘ 원천납부세액	24			⑮ 분납할세액		48	
		㉙ 간접투자회사등의 외국납부세액	25						
		㉚ 소계 (㉖ + ㉗ + ㉘ + ㉙)	26			⑮ 차감납부세액 (⑮ - ⑮ - ⑮)		49	
		㉛ 신고납부전가산세액	27						
		㉜ 합계(㉚ + ㉛)	28						

 참고

서식 ⑩란에 기록되는 금액은 장부에 반영되어 산출된 당기순이익으로서 여기까지가 결산 조정이라고 표현한다. 그리고 ⑩란과 ⑩란에 기재되는 것을 신고조정이라고 한다.
감가상각비는 신고조정으로 반영할 수 없는 항목이므로 발생된 급여만 손금산입하였다.

(8) 소득처분

1) 의 의

소득처분이란 결산서상 당기순손익과 법인세신고서상의 소득금액 차이인 세무조정금액에 대하여 소득귀속을 밝혀주는 절차를 말한다.

본래 법인의 소득은 주주총회나 상법규정에 따라서 주주에게 배당하거나 임직원에게 특별상여금 등으로 지급하고 나머지는 이익준비금의 적립 등으로 회사에 유보소득으로 남는다. 그리고 그 처분에 따라 소득을 얻은 주주나 임직원 또는 그 밖의 자는 그 소득에 대한 소득세를 부담하게 된다. 이때 주주총회의 결의로 처분의 대상이 되는 소득은 법인세나 근로소득세 등을 부담한 결산서상 잉여금으로 하므로 조세를 정확히 부담하게 된다. 그런데 회계처리를 조작 또는 은폐하여 결산서에 반영이 되지 아니한 잉여금 등으로 소득을 얻는 자가 있는 경우 주주총회 결의로 처분할 수 없으므로 소득세 등이 탈루될 수 있다. 이에 대하여 법인세법에서는 세무조정제도와 함께 소득처분제도를 마련하여 소득귀속자에게 소득세를 징수하거나 적정한 사후관리를 하고 있다. 또한 소득처분은 세무상 자기자본의 계산을 명확히 하게 한다.

1. 손익계산서상 당기순이익 10,000원
2. 주주총회 결의에 따라 처분 및 지급한 배당금액 3,000원
3. 재무상태표 현황
   ① 자산총계   100,000원
   ② 부채총계   80,000원
   ③ 자본총계   20,000원(당기순이익 10,000포함, 배당금 3,000원 반영 후)
4. 위 결산서상 누락된 매출 2,000원 있음. 이 금액은 주주가 횡령
5. 감가상각비 계상금액중 한도초과 1,000원
   위와 같은 경우에 법인의 소득금액 및 자본총액
6. 세무조정 후 소득금액 : 10,000+2,000(매출누락)+1,000(감가상각비)=13,000원
7. 주주의 추가 소득금액 : 2,000원(주주의 누계소득 5,000원)
8. 세무조정 후 세무상 자본총계 : 20,000+1,000*=21,000원
   * 감가상각비를 과대계상하여 자산이 과소평가되었던 금액을 합산함.

2) 세무조정과 소득처분

결산서상 당기순손익과 법인세신고서상의 소득금액 차이를 세무조정액이라고 하는데 소득처분은 그 세무조정액에 대하여 하는 것이다. 세무조정액이 발생하는 이유는 ① 기업회계기준과 세법과의 차이에서 발생하는 경우도 있고 ② 경영자 또는 기타인이 개인적인 자금사용으로 이를 익금산입하거나 또는 비용부인하는 세무조정도 있다. 세무조정 후에는 반드시 소득처분을 하여야 하므로 세무조정과 소득처분 양자는 불가분의 관계이다.

앞의 사례를 보면 다음과 같다.

```
① 손익계산서상   당기순손익                    10,000
② 세무조정       (+)익금산입 또는(-)손금산입    3,000
③ 법인세법상     각사업연도소득                 13,000
```

3) 소득처분의 시기와 소득처분자

세무조정과 소득처분의 시기와 소득처분을 하는 주체는 다음과 같다.

① 법인이 과세표준과 세액을 신고하는 때에 한다. 즉 법인세 정기신고때(각 사업연도의 종료일이 속하는 달의 말일부터 3개월 이내) 또는 경정청구나 수정신고 하는 경우를 말한다.

② 법인소득금액을 정부가 결정·경정하는 경우 세무서장이 그 결정·경정할 때에 소득처분을 한다. 처분되는 배당·상여 및 기타소득은 법인소득금액을 결정·경정하는 세무서장이 그 결정·경정일부터 15일 내에 소득금액 변동통지서를 해당 법인(법인의 소재가 불분명한 경우 그 처분귀속자)에게 통지하여야 한다(소득령 §192).

4) 소득처분의 유형

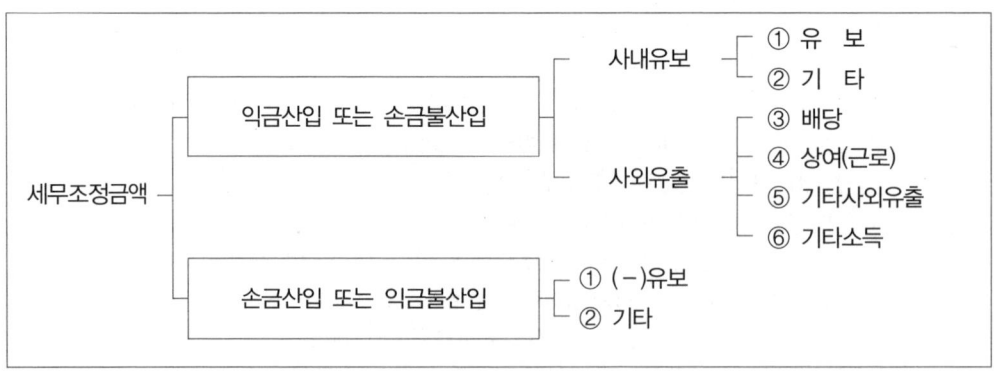

사례 5-2   법인세 과세표준 및 세액계산

(주)이택스는 중소기업으로서 법인세 신고를 위한 자료 및 신고액은 다음과 같으며 이월결손금은 없다.

① 손익계산서상 당기순이익 30,000,000원이며 다음과 같은 세무조정사항이 있다.

손 익 계 산 서
20x4.1.1. ~ 20x4.12.31.

과 목	금	액
매 출 액		2,310,000,000
매 출 원 가		2,048,500,000
기 초 상 품 재 고 액	24,500,000	
당 기 상 품 매 입 액	2,040,500,000	
기 말 상 품 재 고 액	16,500,000	
매 출 총 이 익		261,500,000
판 매 비 와 관 리 비		
급 여	103,170,000	
퇴 직 급 여 충 당 금 전 입 액 주3)	25,000,000	
복 리 후 생 비	6,600,000	
기 업 업 무 추 진 비 주4)	43,830,000	
대 손 상 각 비 주3)	19,500,000	
세 금 과 공 과 주6)	5,100,000	
감 가 상 각 비 주8)	4,000,000	
여 비 교 통 비	2,800,000	
임 차 료	3,600,000	
사 택 유 지 관 리 비	5,800,000	
잡 비 주7)	100,000	
대 손 충 당 금 환 입	−14,000,000	205,500,000
영 업 이 익		56,000,000
영 업 외 수 익		
이 자 수 익 주9)	6,000,000	
배 당 금 수 익	5,000,000	
잡 이 익	3,000,000	14,000,000
영 업 외 비 용		
유 가 증 권 처 분 손 실	10,000,000	
이 자 비 용	15,000,000	
기 부 금 주10)	4,000,000	
유 형 자 산 처 분 손 실	8,000,000	37,000,000
법 인 세 비 용 차 감 전 순 이 익		33,000,000
법 인 세 비 용		3,000,000
당 기 순 이 익		30,000,000

주1) 대주주 갑이 회사의 투자금액(주식)에 대한 배당금 1,000,000원을 직접 수령하여 개인적으로 사용하였다.

주2) 재고자산 평가차액

구 분	20x3년도	20x4년도
장부상재고평가액	24,500,000	16,500,000
세무상재고평가액	24,900,000	17,300,000
평가차액	평가감 400,000	평가감 800,000

주3) 퇴직급여충당부채와 대손충당금은 각각 900,000원과 400,000원의 한도초과액이 계산되었다.
　　　(전기 대손충당금 한도초과액은 200,000원임)
주4) 업무추진비 한도 및 한도초과액은 각자 계산하여 보자.
주5) 대표이사 업무무관 가지급금적수는 1,586,956,521원이 계산되었다. 인정이자율은 4.6%이다.
주6) 세금과공과에는 토지취득세 700,000원이 포함되어 있다.
주7) 잡비 100,000원은 전액 교통위반 벌과금이다.
주8) 감가상각비 한도는 6,000,000원이며, 기초 감가상각비한도초과누계액은 5,000,000원이다.
주9) 이자수익에는 법인세 환급가산금 300,000원이 포함되어 있다.
주10) 기부금은 전액 수재의연금이다.

② 세무조정사항

익금산입 및 손금불산입 내용

과　　목	금　　액	내　　용
수 입 배 당 금	1,000,000(배당)	수입계상 누락분(대주주가 개인적 사용)
재 고 자 산 평 가 감	800,000(유보)	재고자산평가감액
퇴 직 급 여 충 당 부 채	900,000(유보)	한도초과액
대 손 충 당 금	400,000(유보)	한도초과액
업 무 추 진 비	900,000(기타사외유출)	한도초과액
인 정 이 자	200,000(상여)	대표자 가지급금 인정이자
세 금 과 공 과	700,000(유보)	토지매입에 따른 취득세
잡　　　　비	100,000(기타사외유출)	교통위반벌과금
법 인 세 비 용	3,000,000(기타사외유출)	손금불산입
합　　　계	8,000,000	

업무추진비한도 : 36,000,000(중소기업인 경우) + 2,310,000,000 × 0.3% = 42,930,000

인정이자 : 가지급금적수 1,586,956,521 × 4.6% × $\dfrac{1}{365}$ = 200,000

손금산입 및 익금불산입 내용

과　　목	금　　액	내　　용
재고자산평가감	400,000(유보)	전기손금불산입 유보분 중 당기사용해당분
감 가 상 각 비	2,000,000(유보)	전기부인누계액 중 당기시인부족액
이 자 수 익	300,000(기타)	국세환급금 이자
대 손 충 당 금	200,000(유보)	전기대손충당한도초과액
합　　　계	2,900,000	

소득금액조정합계표작성

사업연도	소득금액조정합계표	법인명
20x4.1.1.-20x4.12.31		(주)이택스
사업자등록번호		법인등록번호

익금산입 및 손금불산입			손금산입 및 익금불산입		
① 과 목	② 금 액	③ 처 분	④ 과 목	⑤ 금 액	⑥ 처 분
수 입 배 당 금 01	1,000,000	배당	재고자산평가감 51	400,000	△유보
재 고 자 산 평 가 감 02	800,000	유보	감 가 상 각 비 52	2,000,000	△유보
퇴 직 급 여 충 당 금 03	900,000	유보	수 입 이 자 53	300,000	기타
대 손 충 당 금 04	400,000	유보	대 손 충 당 금 54	200,000	
기 업 업 무 추 진 비 05	900,000	기타사외유출	55		
인 정 이 자 06	200,000	상여	56		
세 금 과 공 과 07	700,000	유보	57		
잡 비 08	100,000	기타사외유출	58		
법 인 세 등 09	3,000,000	기타사외유출	59		
합 계 10	8,000,000		합 계 60	2,900,000	

⑩ 결 산 서 상 당 기 순 손 익	01	30	000	000
소득조정 ⑩ 익 금 산 입	02	8	000	000
금액 ⑩ 손 금 산 입	03	2	900	000
⑭ 차 가 감 소 득 금 액 (⑩+⑩-⑩)	04	35	100	000
⑮ 기 부 금 한 도 초 과 액	05			
⑯ 기 부 금 한 도 초 과 이 월 액 손 금 산 입	54			
⑰ 각 사 업 연 도 소 득 금 액 (⑭+⑮-⑯)	06	35	100	000
⑱ 이 월 결 손 금	07			
⑲ 비 과 세 소 득	08			
⑳ 소 득 공 제	09			
㉑ 과 세 표 준 (⑰-⑱-⑲-⑳)	10	35	100	000
㉒ 세 율	11	9	%	
㉓ 산 출 세 액	12	3	159	000

5) 사내유보

① 유보는 각사업연도소득금액계산상 세무조정액이 사외로 유출되지 아니하고 기업에 남아있는 것으로서 이 금액은 다음사업연도 이후에 반대의 세무조정으로 처리할 수 있는 항목이다.

    ┌ 익금산입하는 세무조정액이 사내유보인 경우 : (+)유보
    └ 손금산입하는 세무조정액이 사내유보인 경우 : (-)유보

② 반대의 세무조정이란 해당연도에 소득금액을 증가시키는 익금산입 및 손금불산입하는 세무

조정중 소득처분이 유보인 경우를 (+)유보 또는 적극적유보라고 하고 소득금액을 감소시키는 손금산입 및 익금불산입하는 세무조정중 소득처분이 유보인 경우는 (−)유보라고 한다. 이와같이 (+)유보 및 (−)유보로 처분된 금액은 차기 이후의 세무계산상 손익에 영향을 미치는 그 반대의 세무조정과 소득처분을 하게 된다.

> 즉 ㉠ 해당사업연도에 익금산입 및 (+)유보는 처분된 경우 다음 사업연도 이후에 손금산입 및 (−)유보로 처분하고
> ㉡ 해당사업연도에 손금산입 및 (−)유보로 처분된 경우 다음 사업연도 이후에 익금산입 및 (+)유보로 처분한다.

따라서 유보는 차기 이후의 세무계산상 손익에 영향을 미치므로 자본금과 적립금 조정명세서상에 기재하여 그 증감사항을 관리하여야 할 뿐만 아니라 사후관리를 철저히 하여야 한다.

앞의 사례에서 유보처분된 것만 모아놓은 자본금과 적립금 조정명세서(을)표를 아래에서 검토하여 보자

이 표에서 (+)유보로 5,600,000이 기말잔액이다. 이 금액은 다음 사업연도 이후에 소득금액을 감소시키는 세무조정을 하고 (−)유보로 소득처분되어 감소할 것이다.

③ 유보처분 사항은 ㉠ 회계처리상 자산으로 하여야 할 것을 비용으로, 또는 비용으로 하여야 할 것을 자산으로 한 경우와 ㉡ 각종 충당금 또는 준비금의 한도초과액 ㉢ 귀속년도 차이에 따른 세무조정사항 ㉣ 자금유입이 없는 익금누락이나 자금유출이 없는 손금과대계상액 ㉤ 평가차손익 등이 있는 경우에 발생한다.

④ 이 표를 작성할 때 특히 주의할 사항은 당기중증감란에 감소란에는 전기에 이미 있었던 유보(또는 −유보)가 당기에 감소되는 금액을 적는 것이고, 증가란에는 전기와 관련없이 당기 중에 새로이 발생한 유보(또는 −유보)를 적어야 한다.

| 사 업
연 도 | 20x4.1.1.
~
20x4.12.31. | 자본금과 적립금조정명세서(을) | | 법인명 | (주)이택스 |

| ※ 관리번호 | - | | 사업자등록번호 | - | - | |

※ 표시란은 기입하지 마십시오.

세무조정유보소득 계산

①과목 또는 사항	②기초잔액	당 기 중 증 감		⑤기말잔액 (익기초현재)	비 고
		③감 소	④증 가		
재고자산평가감	400,000	400,000	800,000	800,000	
감 가 상 각 비	5,000,000	2,000,000		3,000,000	
대 손 충 당 금	200,000	200,000	400,000	400,000	
세 금 과 공 과			700,000	700,000	취득세
퇴직급여충당부채			900,000	900,000	
합 계	5,600,000	2,600,000	2,800,000	5,800,000	

앞의 사례에서 유보사항은 익금산입 사항 중에서 재고자산평가감 800,000원, 퇴직급여충당부채 한도초과 900,000원, 대손충당금 200,000원, 세금과공과(자본적지출을 비용으로 처리) 700,000원이 해당된다. 또한, 손금산입 사항 중에는 재고자산평가감 400,000원과 감가상각비추인액 2,000,000원이 이에 해당한다.

④ 유보처분 – 평가차손익

앞의 사례와 관련하여

구 분	회계상 재고현황	세법상 재고현황	차액	비 고
기초재고	24,500,000	24,900,000	400,000	전기 손금불산입
당기매입 기말재고	2,040,500,000 16,500,000	2,040,500,000 17,300,000	800,000	당기 손금불산입
매출원가	2,048,500,000	2,048,100,000	400,000	

당기말에 세법상 재고자산평가액보다 회계상 재고자산평가액이 800,000원 적다. 이 금액은 곧 매출원가를 800,000원 과대계상한 것이므로 손금불산입하는 세무조정이 필요하다. 이것은 자금유출없이 평가를 잘못한 것이므로 유보로 소득처분 한다. 또한 전기에도 400,000원의 재고자산평가액이 세법보다 적게 계상되었으므로 전년

도에 매출원가에서 400,000원 손금불산입하는 세무조정(유보)를 하였을 것이다. 이 금액은 기초재고 차이로 인하여 당기의 매출원가를 과소계상하는 이유가 되므로 다시 손금(매출원가)산입하는 세무조정(유보감소)을 하여야 한다.

위 표를 보면, 소득금액에 영향을 미치는 세무조정액은 결국 400,000원이다(손금불산입 800,000원, 손금산입 400,000원).

재고자산평가에 대한 세무조정액은 그 다음년도에 반드시 반대의 세무조정을 하여야 한다.

⑤ 유보처분 – 각종 충당금·준비금의 한도초과

(차) 퇴직급여 xxx (대) 퇴직급여충당부채 xxx을 세법상 한도보다 더 많이 계상한 경우 손금불산입의 세무조정을 하여야 하는데 이 금액 역시 자금유출이 없는 경우이므로 유보로 처리한다. 퇴직급여충당부채의 유보액 감소는 세법상 퇴직급여충당부채를 초과하여 지급할 때 감소한다. 그러나 대손충당금의 한도초과로 인하여 발생한 유보는 반드시 다음연도에 반대의 세무조정(유보감소)을 하여야한다.

앞의 사례와 관련하여

| 대손충당금 현황 |

구 분	20x3년도	20x4년도	비고
외상매출금등대상채권	1,380,000,000	2,310,000,000	
세법상대손충당금한도	13,800,000	19,100,000	
대손상각계상금액	14,000,000	19,500,000	
세무조정	200,000 손금불산입(유보)	손금산입 200,000(유보) 손금불산입 400,000(유보)	
대손발생액	0	0	

손익계산서에는 20x3년도분 환입 14,000,000원 20x4년도분 19,500,000원을 계상하였다. 따라서 전기분 과다환입액 200,000원[51]은 손금산입 과다계상액 400,000원은 손금불산입 하는 세무조정을 한다.

⑥ 유보처분 – 자산 항목을 → 비용항목으로, 비용항목을 → 자산항목으로

토지구입에 따른 취득세는 그 토지의 자본적지출(토지계정)로 회계처리 하여야 하는데 사례에서는 세금과공과계정으로 처리하였다. 이 경우는 취득세 700,000원이 사외유출된 경우이므로 유보라는 용어가 어색하게 생각될 수도 있는데 이는 어차피 지출하여야하는 사항으로서 단지 과목의 오류로 소득금액에 영향을 미친 경우이다.

---
51) 대손충당금의 세무조정은 반드시 그 다음연도에 반대의 세무조정을 하여야 한다.

이 금액에 대하여 손금불산입하는 세무조정을 하고 유보로 처분한다. 이 유보액은 이 토지 처분시에 감소하거나 회사가 적극적으로 다음과 같이 회계처리하는 경우에 익금불산입하는 세무조정을 하고 (−)유보처분으로 감소시킨다.

−취득시	(차)	세금과공과	700,000	(대)	보통예금	700,000
−처분시	(차)	토지	700,000	(대)	잡이익(당기손익)	700,000

- 세무조정 : 20x3년도(취득시)에 손금불산입 (+)유보처분하고 20x4도(처분시) 익금불산입 (−)유보처분한다.

20x3년도에 위와 같은 회계처리를 하지 않는 경우 토지처분연도에 유보가 감소하게 되는데 그 이유는 토지의 장부가액이 세법상 장부가액보다 적게 계상되어 유형자산처분이익이 과대계상(또는 유형자산처분손실이 과소계상)될 수 밖에 없기 때문이다.

- 세무조정 : 20x3년도에 손금불산입 (+)유보처분하였던 금액 700,000원을 토지처분연도인 20x4년도에 익금불산입(또는 손금산입) (−)유보처분하여 당초의 유보를 감소시킨다.

반면에 비용항목을 손익조절 등의 목적으로 자산처리하는 경우가 있다. 예컨대 경상연구개발비를 개발비로 회계처리하는 경우에 경상연구개발비 상당액을 손금산입하고 (−) 유보처분한다. 그리고 개발비를 상각하는 경우 손금불산입하고 유보처분하여 당초의 (−)유보를 감소시킨다.

⑦ **유보처분 – 손익귀속연도차이 등**

예를들면 회사가 결제일이 다음연도인 어음을 발행하여 지급한 기부금을 (차) 기부금 xxx (대) 지급어음 xxx으로 처리하였다면 법인세법에서는 어음 결제일을 기부금의 귀속년도로 규정하고 있으므로 당기에는 손금불산입(유보)하여야 한다. 그리고 어음이 결제된 연도에는 손금산입(유보)하는 반대의 세무조정을 하여야 한다.

㉠ 장기건설·제조·기타도급공사의 경우 법인세법에서 작업진행률에 따라 익금과 손금을 계산하도록 규정하고 있다. 그런데 이 금액이 회계처리한 수입 및 비용과 차이가 있는 경우 익금가산 또는 손금가산하고 유보로 처분한다. 그 후 법인이 결산상 수입금액과 비용으로 계상한 경우 다시 익금불산입 및 손금불산입하고 유보감소로 처분한다. 물론 당기에 회계처리한 수입과 비용이 법인세법상 작업진행률에 의한 금액보다 클 수도 있다. 이 경우 당기에 익금불산입 및 손금불산입하고 (−)유보 처분하고 그 다음연도 이후에 반대의 세무조정으로 (−)유보를 감소시킨다.

ⓒ 선급비용에 있어서도 법인이 선급보험료, 선급이자, 선급임차료 등을 계상하지 아니하였다면 그 선급비용액을 손금불산입하고 유보처분 한다. 그리고 그 이후 연도의 법인세과세표준 신고 때에 손금산입하고 (-)유보로 처분하여 당초의 (+)유보를 감소시키는 세무조정을 한다.

ⓒ 또한 외상판매한 매출액의 누락 등과 같이 실제로 현금유입이 없는 익금누락이나 현금유출이 없는 비용과다계상액은 유보로 처리한다.

```
-누락된 회계처리 : (차) 외상매출금   xxx   (대) 매    출   xxx
-가공매입 회계처리 : (차) 원 재 료   xxx   (대) 미지급금   xxx
```

ⓔ 건설자금이자에 대하여도 자산으로 회계처리하지 않고 이자비용으로 회계처리한 경우 다음과 같은 세무조정이 필요하다.

ⓐ 비상각자산

예컨대 이자비용계정에 포함된 토지에 대한 건설자금이자는 손금불산입하고 유보로 처분한다. 그 후 토지를 처분하는 경우 동 금액을 손금산입 또는 익금불산입 하고 유보를 감소시킨다. 다음연도에 회사가 (차) 토지 xxx (대) 전기오류수정이익(이익잉여금) xxx으로 회계처리한 경우 이월익금에 해당하므로 익금에 산입하는 세무조정을 하고 기타처분한다. 동시에 익금불산입하는 세무조정을 하고 유보로 처분하여 전기의 유보를 감소(추인)시킨다. 기타처분에 대하여는 아래에서 설명한 것을 참조하기 바란다.

ⓑ 상각자산

완성된 자산의 건설자금이자는 즉시상각으로 의제되어 감가상각시부인에 포함되어 세무조정을 한다. 그러나 완성되지 아니한 자산의 건설자금이자는 손금불산입하고 유보로 처분하며 그 후 건설이 완료된 사업연도에 기왕의 상각부인액으로 보아 당기에 시인부족액 범위 내에서 손금인정하는 세무조정한다.

⑧ 유보처분액과 세무상 자기자본

플러스(+)유보처분은 세무상 자기자본을 증가시키고 마이너스(-)유보처분은 자기자본을 감소시키는 효과를 가져온다. 세무상 자기자본은 자본금과 적립금 조정명세서(갑)에서 정리한다.

6) 기타(또는 잉여금)

세무조정액이 사외로 유출되지 않고 기업에 남아있는 경우 유보로 처분한다. 이 유보는 다음 사업연도 이후 언젠가는 반드시 반대의 세무조정과 당초의 유보를 감소시키는 처분을 하게 된다.

기타는 세무조정액이 사외로 유출되지 않고 기업에 남아있는 경우로서 이미 회계상 자기자본에 반영되어 세무상 자기자본에 영향을 미치지 아니하는 경우이다. 즉, 사후관리가 필요없는 유보성격의 경우에 하는 처분이다.

회사결산서상 당기순이익에 포함되지 아니하고 자본잉여금 또는 이익잉여금으로 직접 계상된 세무상 익금액은 익금산입하는 세무조정을 하고 기타로 처분한다. 이미 잉여금으로 회계처리를 한 경우 별도의 사후관리가 필요 없다. 예를 들면 전기에 손금계상한 보험료중 일부가 계산오류로 당기에 환급되어 (차) 현금 xxx (대) 전기오류수정이익(이익잉여금) xxx으로 회계처리한 경우 이미 잉여금에 계상되어 자본금에 반영되었다. 다만, 손익계산에는 반영되지 않았으므로 당기에 익금산입하는 세무조정을 하고 기타로 처분하여 종결한다.

7) 상여처분

① 귀속자에게 상여처분

세무조정으로 익금에 산입한 금액이 사외(회사밖)로 유출된 것이 분명하고 그 금액의 귀속자가 임원 및 종업원(주주임원 등 포함)인 경우 그 귀속자에게 이익처분에 의한 상여(보너스)금이 지급된 것으로 인정하여 근로소득세를 원천징수한다.

② 귀속자 불분명시는 대표자에게 상여처분

사외로 유출된 그 금액의 귀속이 불분명한 경우에는 대표자(소액주주등이 아닌 주주 등인 임원 및 그와 특수관계에 있는 자가 소유하는 주식 등을 합하여 해당 법인의 발행주식총수 또는 출자총액의 100분의 30 이상을 소유하고 있는 경우의 그 임원이 법인의 경영을 사실상 지배하고 있는 경우에는 그 자를 대표자로 하고, 대표자가 2명 이상인 경우에는 사실상의 대표자로 한다)에게 귀속된 것으로 본다.

③ 소득세 대납액은 기타사외유출

이와 같이 귀속이 불분명하여 대표자에게 상여처분하고 소득세를 원천징수하는 경우 회사가 소득세를 대납하고 그 소득세를 세금과공과금으로 손금 처리하는 것이 일반적이다. 이 경우 대납한 소득세 등은 손금불산입하고 기타사외유출로 처분하여 종결시킨다.

④ 법인소득금액을 추계하는 경우는 대표자 상여처분

추계결정(경정)시 소득처분에 의해 결정된 과세표준과 결산서상 순이익과의 차액은 대표자에 대한 상여로 처분한다. 다만, 천재·지변 기타 불가항력으로 장부·기타 증빙 서류가 멸실되어 추계결정하는 경우에는 기타사외유출로 처분한다.

> 위 '5-2' 사례에서 대표자에게 가불된 가지급금인정이자 200,000원을 상여로 처분하였는데 이는 대표자가 업무와 관계없이 개인적으로 회사 돈을 차용하면서도 이자를 계산하지 아니하고 사용한 때문이다. 이 경우 이자상당액을 익금산입하여 법인의 과세소득을 증가시킴은 물론이고 그 대표자에게 상여금지급으로 보아 근로소득세를 원천징수하여야 한다.

⑤ **사외유출금액을 세무조사 통지받고 회수한 경우**
   ㉠ 세무조사의 통지를 받은 경우
   ㉡ 세무조사가 착수된 것을 알게 된 경우
   ㉢ 세무공무원이 과세자료의 수집 또는 민원 등을 처리하기 위하여 현지출장이나 확인업무에 착수한 경우
   ㉣ 납세지 관할세무서장으로부터 과세자료 해명안내 통지를 받은 경우
   ㉤ 수사기관의 수사 또는 재판 과정에서 사외유출 사실이 확인된 경우
   ㉥ 그 밖에 ㉠~㉤에 따른 사항과 유사한 경우로서 경정이 있을 것을 미리 안 것으로 인정되는 경우

8) **배당소득(인정배당)**

세무조정으로 익금에 산입한 금액이 사외로 유출된 것이 분명하고 그 금액의 귀속자가 주주인 경우 그 주주에게 배당금이 지급된 것으로 인정하여 배당소득세를 징수한다.

> 위 '5-2' 사례에서 주주가 개인적으로 회사 돈을 사용한 1,000,000원은 그 주주에 대하여 배당으로 처분한다. 임원 또는 종업원이 회사 돈을 개인적으로 사용한 경우라면 상여로 소득처분한다.

9) **기타소득**

세무조정으로 익금에 산입한 금액이 사외로 유출된 것이 분명하고 그 금액의 귀속자가 임원, 종업원, 주주외의 자인 경우 그 밖의 자에게 기타소득금액이 지급된 것으로 인정하여 기타소득세를 징수한다.

10) **기타사외유출**

소득세법상 소득의 종류는 다음과 같이 모두 8개이다. 이자, 배당, 사업, 근로, 기타, 연금, 퇴직, 양도소득이 있는데 이중 기타사외유출소득이라는 것은 없다. 즉, 기타사외유출로 소득처분이 되면 소득세를 징수함이 없이 그대로 종결되는 것이다. 기타사외유출로 처분하는 경우를 검토하여 보자.

① **귀속이 법인 또는 사업자 및 국가인 경우**

세무조정으로 익금에 산입한 금액이 사외로 유출되었으나 그 귀속자가 법인(국가 포함)이거나 사업을 영위하는 개인인 경우로서 그 법인이나 개인사업자의 사업소득을 구성하는 경우 기타사외유출로 처분한다.

예컨대, 앞에서 설명된 가지급금인정이자를 다시 검토하여 보자. 회사 돈을 임원이나 종업원 또는 주주 및 기타인에게 무상 대여한 경우 인정이자 상당액을 그 귀속자에게 상여 또는 배당, 기타소득으로 처분 및 징수하여야 한다. 그러나 법인이 돈을 법인 또는 개인사업자에게 무상대여 하였을 경우에 그 대여받은 법인 등은 무상차용액의 이자부분만큼 소득이 높아지고 그 높은 소득금액에 대하여 법인세부담을 하여야 한다. 즉 무상으로 사용하는 자금의 이자부분이 사업소득금액의 증가효과를 가져오고 이는 곧 법인세 또는 사업소득세로 징수되므로 또다시 소득처분할 이유가 없다. 따라서 기타사외유출로 처분하는 것이다.

② **벌금 등**

다음의 경우에도 기타사외유출로 처분한다. 이는 임원, 종업원, 주주 또는 기타 개인이 개인적으로 가져간 소득이 없는 경우이다.

㉠ 법인세 등과 손금불산입되는 부가가치세 매입세액
㉡ 법인에게 납세의무가 있는 벌금, 과료, 과태료, 가산금, 강제집행비
㉢ 법정공과금 이외의 공과금
㉣ 임대보증금 등에 대한 간주이익으로 익금산입된 금액
㉤ 일반기부금 이외의 기부금으로서 손금불산입된 금액 중 거래상대방이 주주 또는 직원이 아닌 경우 및 기부금 한도초과로 손금불산입된 금액
㉥ 기업업무추진비(기밀비손금부인액 제외) 한도초과로 손금불산입된 금액
㉦ 업무무관자산(부동산동산)의 취득보유와 관련된 지급이자와 다른 법인의 주식 등, 업부무관자산에 준하는 부동산의 보유와 관련된 지급이자로서 손금불산입된 금액
㉧ 채권자가 불분명한 사채이자로 손금불산입된 금액 및 지급받은 자가 불분명한 채권증권의 이자 또는 할인액에 대한 원천징수세액에 상당하는 금액
㉨ 귀속이 불분명하여 대표자 상여로 처분한 경우에 있어서 해당 법인이 회수하지 아니함에 따라 익금에 산입한 금액
㉩ 자본거래 관련 부당행위 부인금액으로 상속세 및 증여세법에 따라 증여세 과세되는 금액
㉪ 귀속자가 불분명하여 대표자에게 귀속된 것으로 보아 처분한 경우 해당 법인이 그 처분에 따른 소득세 등을 대납하고 이를 손비로 계상하거나 그 대표자와의 특수관계가 소멸될 때까지 회수하지 아니함에 따라 익금에 산입한 금액

ⓒ 업무용승용차 임차료 중 감가상각비한도초과액의 손금불산입된 금액, 업무용승용차 처분손실 중 한도초과액의 손금불산입된 금액

11) 소득처분에 대한 사후관리

① 유보는 이미 앞에서 언급한 바와 같이 다음연도 이후의 과세소득과 세무상 자기자본에 영향을 미치므로 자본금과 적립금 조정명세서(을)에 기재하여 차기년도로 이월하여 관리한다.

② 기타처분과 기타사외유출은 사후관리가 없다.

③ 인정상여처분은 다음과 같다.

인정상여는 귀속자의 근로제공연도의 근로소득에 포함하여 근로소득세를 원천징수 납부하여야 한다. 원천징수를 위한 인정상여의 지급시기는 다음과 같다.

㉠ 자진신고세무조정시 처분된 상여 : 법인세과세표준신고기일

㉡ 결정·경정시 처분된 상여 : 소득금액변동통지서를 받은 날

> x0년도 귀속 법인세를 x1년도에 조사하여 법인세를 경정하고 대표이사에 대한 상여처분소득금액변동통지서를 회사가 x2년 7월 19일자에 수령한 경우 사후관리는 다음과 같다.
> x0년도분 대표이사의 연말정산을 다시 계산하여 x2년 8월 10일까지 수정신고·납부하여야 한다. 이 경우 인정상여금의 지급시기(지급의제임)는 소득금액변동통지서를 받은 날이므로 별도의 가산세부담은 없다. 연말정산 수정의 방법은 연말정산원천징수영수증 서식에 기재하되 다시 계산한 숫자는 하단에 흑서하고 상단에 종전의 금액을 주서한다.
> 그리고 대표이사가 타소득이 있어서 종합소득세를 신고한 경우 그 종합소득세의 수정신고는 소득금액 변동통지서를 받은 날이 속하는 달의 다음 다음달 말일인 x2년 9월 30일까지 하여야 한다.

> x1년 귀속 법인세를 x2년 3월 31일자에 정기신고 하면서 대표이사 가지급금에 대한 인정이자 3,000,000원을 상여로 처분한 경우에 사후관리는 다음과 같다.
> x2년 3월 10일 대표이사의 연말정산을 신고 납부한 것을 다시 연말정산하여 x2년 4월 10일까지 수정신고·납부하여야 한다.

④ 인정배당소득 처분은 다음과 같다.

인정배당은 법인의 결산확정일이 속하는 연도의 출자자의 배당소득으로서 원천징수 납부하여야 한다. 원천징수를 위한 배당소득의 지급시기는 위의 인정상여처분의 경우와 같다.

㉠ 자진신고세무조정시 처분된 배당 : 법인세과세표준신고기일

㉡ 결정·경정시 처분된 배당 : 소득금액변동통지서를 받은 날

⑤ **기타소득 처분은 다음과 같다.**

기타소득으로 처분된 금액은 해당 법인의 결산확정일이 속하는 연도의 그 귀속자의 기타소득금액(필요경비 공제액 없음)이 되며, 해당 법인은 기타소득세를 다음의 시기에 원천징수납부 하여야 한다.

이 경우도 위의 인정상여처분, 인정배당처분과 같다.

㉠ 자진신고세무조정시 처분된 기타소득 : 법인세과세표준신고기일
㉡ 결정·경정시 처분된 기타소득 : 소득금액변동통지서를 받은 날

⑥ **인정상여와 인정배당 및 기타소득에 대하여는 다음 서식에 의한 소득자료를 법인세과세표준신고서와 함께 제출하고 다음달 10일까지 원천징수한 세액을 납부하여야 한다.**

근로소득에 대하여는 연말정산 원천징수영수증을 수정하여야 한다.

사 업 연 도	20x4.1.1.~20x4.12.31.	소득자료	인정상여 인정배당 기타소득	명세서	법 인 명	
					사업자등록번호	
①소득구분	②소득귀속연도	③배당·상여 및 기타소득금액	④원천징수할 소득세액	소 득 자		⑦ 비고
				⑤성 명	⑥주민등록번호	
배당소득	20x5	1,000,000	140,000	김부자		
근로소득	20x4	200,000	70,000	김대표		세율35%가정
계						

12) 종합소득세 추가신고 자진납부

소득세 확정신고를 한 거주자가 신고기한 경과 후에 법인세법에 의하여 배당·상여·기타소득으로 처분된 금액이 있는 경우에는 다음에 게기하는 날이 속하는 달의 다음 다음달 말일까지 추가신고할 수 있다.

구 분	지급시기
신고조정 시에 처분된 기타소득	해당 법인의 법인세 신고기일
결정·경정 시에 처분된 기타소득	해당 법인이 소득금액변동통지를 받은 날 (거주자가 통지받은 경우에는 해당 거주자가 받은 날)

이 경우 기한 내에 추가신고한 때에는 법정기한 내에 소득세 과세표준 확정신고를 한 것으로 본다(소득령 §134①).

13) 유형별 소득처분 해석

① 손금불산입되는 기부금의 처분

법인법 §24①에 해당하는 일반기부금 이외의 기부금으로서 익금에 산입한 금액은 그 기부받은 자의 구분에 따라 다음과 같이 처분한다(집행기준 67-106-13).

㉠ 출자자(출자임원 제외) : 배당
㉡ 직원(임원포함) : 상여
㉢ 위 이외의 경우 : 기타사외유출

② 의무불이행으로 납부한 원천징수세액 등의 처분

특수관계이외의 자와의 거래에 대한 원천징수불이행 등으로 인하여 납부한 세액을 가지급금 등으로 처리한 경우 동 가지급금 등에 대하여 인정이자를 계산하지 아니한다. 다만, 동 가지급금 등을 손금으로 계상한 경우 이를 손금부인하고 기타사외유출로 처분한다(집행기준 67-106-7).

③ 가지급금 등에 대한 인정이자의 처분

㉠ 가지급금 인정이자를 익금에 산입한 금액은 금전을 대여받은 자의 구분에 따라 다음과 같이 처분한다(집행기준 67-106-10).

> ⓐ 출자자(출자임원 제외) ················· 배당
> ⓑ 직원(임원포함) ························· 상여
> ⓒ 법인 또는 사업을 영위하는 개인 ······ 기타사외유출
> ⓓ 위 이외의 개인 ························· 기타소득

㉡ 법인이 특수관계인간의 금전거래에 있어서 상환기간 및 이자율 등에 대한 약정이 없는 대여금 및 가지급금 등에 대하여 결산상 미수이자를 계상한 경우에도 동 미수이자는 익금불산입하고 법인령 §89③ 및 ⑤에 따라 계산한 인정이자상당액을 익금에 산입하여 ㉠의 규정에 따라 처분한다.

④ 매출누락액 등의 상여처분

각 사업연도의 소득금액 계산상 익금에 산입하는 매출누락액 등의 금액은 다음 사항을 제외하고는 그 총액(부가가치세 등 간접세를 포함한다)을 대표자에 대한 상여로 처분한다(집행기준 67-106-11).

㉠ 외상매출금 계상누락
㉡ 매출누락액의 사실상 귀속자가 별도로 부담한 동 매출누락액에 대응하는 원가상당액으로서 부외 처리되어 법인의 손금으로 계상하지 아니하였음이 입증되는 금액

⑤ **가공자산의 익금산입 및 소득처분**

가공자산을 계상하고 있는 경우 다음과 같이 처리한다. 이 경우 자산을 특정인이 유용하고 있는 것으로서 회수할 것임이 객관적으로 입증되는 경우 가공자산으로 보지 아니하고 이를 동인에 대한 가지급금으로 본다(67-106…12).

㉠ 외상매출금·받을어음·대여금 등 가공채권은 익금에 산입하여 이를 법인령 §106①의 규정에 따라 처분하고 동 금액을 손금에 산입하여 사내유보로 처분하며 동 가공채권을 손비로 계상하는 경우 익금에 산입하여 사내유보로 처분한다.

㉡ 재고자산의 부족액은 시가에 의한 매출액 상당액(재고자산이 원재료인 경우 그 원재료 상태로는 유통이 불가능하거나 조업도 또는 생산수율 등으로 미루어 보아 제품화되어 유출된 것으로 판단되는 경우 제품으로 환산하여 시가를 계산한다)을 익금에 산입하여 대표자에 대한 상여로 처분하고 동 가공자산은 손금에 산입하여 사내유보로 처분하며 이를 손비로 계상하는 경우 익금에 산입하여 사내유보로 처분한다.

㉢ 가공계상된 고정자산은 처분당시의 시가를 익금에 산입하여 이를 법인령 §106①의 규정에 따라 처분하고, 해당 고정자산의 장부가액을 손금에 산입하여 사내유보로 처분한다. 다만, 그 후 사업연도에 있어서 동 가공자산을 손비로 계상하는 경우 이를 익금에 산입하여 사내유보로 처분한다.

㉣ 위에 따라 익금에 가산한 가공자산가액 또는 매출액 상당액을 그 후 사업연도에 법인이 수익으로 계상한 경우 기 익금에 산입한 금액의 범위내에서 이를 이월익금으로 보아 익금에 산입하지 아니한다.

Ⅱ. 각사업연도 소득금액의 계산

법인의 각사업연도 소득금액은 기업회계상 당기순이익에 익금산입 및 손금불산입사항을 가산하고 손금산입 및 익금불산입사항을 차감하여 계산한다.

(1) 익금항목

세법상 '익금'이란 자본 또는 출자의 납입 및 법인세법에서 해당하는 비과세소득 및 익금불산입사항으로 특별히 해당하는 것을 제외하고 그 법인의 순자산가액을 증가시키는 거래로 인하여 발생하는 수익으로 예시하면 다음과 같다(법인법 §15①).

1) 사업수입금액

한국표준산업분류에 의한 각 사업에서 생기는 수입금액(도급금액, 판매금액과 보험료액을 포함하되 기업회계기준에 의한 매출에누리금액 및 매출할인금액을 제외함)

* 법인(사업자)의 임직원에 대한 재화·용역 등 할인금액은 사업수입금액에 포함

2) 자산(자기주식을 포함한다)의 양도금액

법인이 재고자산이외의 자산을 양도할 경우 그 자산의 양도금액은 익금산입하고 장부가액 즉, 취득가액은 손금산입한다. 그러나 재고자산의 양도금액은 사업수입금액이다.

3) 자산의 임대료

부동산임대업 이외의 자산임대수입을 말한다. 그러나 부동산임대를 주 목적으로 하는 자가 얻는 자산의 임대료는 사업수입금액에 해당한다.

4) 자산의 평가차익

① 일반법인

자산의 평가차익이란 재고자산과 유가증권에 대한 평가방법을 변경함으로서 발생하는 차익과 고정자산을 시가로 평가하여 시가가 장부가액을 초과한 금액을 말한다. 법인세법에서는 이러한 자산의 평가차액의 계산이 조세의 회피목적으로 사용될 것을 미연에 방지하기 위하여 익금으로 보지 아니한다.

조세회피 목적의 예를 들면 법인세 감면기간 중 평가증하고 감면기간이 지난 다음에 처분하여 취득가액을 늘려 결과적으로 자산처분이익을 적게 계상하는 경우와 보유기간동안 감가상각비를 과대계상하는 경우가 좋은 예이다. 그러나, 합병 또는 분할시 발생하는 합병평가차익과 분할평가차익은 익금에 산입한다.

② 보험업 등 법인

보험업법 기타 법률 따른 고정자산평가차익은 익금에 산입한다.

5) 자산수증익·채무면제익

타인으로부터 무상으로 받은 자산이나 채무의 면제 또는 소멸로 생기는 부채의 감소액 즉, 채무면제이익은 법인세법상 순자산증가로 보기 때문에 익금에 산입한다. 그러나 이월결손금에 충당한 금액은 익금에 불산입하도록 하고 있다.

6) 손금에 산입된 금액 중 환입된 금액

전 사업연도 이전에 손금산입한 금액 중 당기 사업연도에 환입되는 것으로서 예를 들면 재산세, 공과금 등을 지출하고 손금산입하였으나 납부착오 등으로 환급받는 금액 등을 말한다. 예) 과다납부한 법인세비용을 환급받은 경우 수익으로 계상한 경우에 이를 익

금에 해당하지 않으므로 익금불산입(기타)한다.

	당기이전 비용계상시	당기환입시
재산세	손금 인정(과세 제외)	익금 항목(과세 포함)
법인세비용	손금불산입(과세 포함)	익금 불산입(과세 제외)

7) 유가증권의 저가매입차액

특수관계인인 개인으로부터 유가증권을 시가보다 낮은 가액으로 매입하는 경우 시가와 그 매입가액의 차액에 상당하는 금액(법인법 §15②)

8) 자산 등의 무상제공 또는 저가임대(부당행위계산 부인)

① 부당행위계산 부인의 의의

내국법인의 행위 또는 소득금액의 계산이 그 법인과 특수관계인과의 거래로 인하여 그 법인의 소득에 대한 조세부담을 부당히 감소시킨 것으로 인정되는 경우에는 그 법인의 행위 또는 소득금액의 계산(부당행위계산)과 관계없이 그 법인의 각 사업연도의 소득금액을 계산한다.

② 부당행위계산 부인적용범위(현저한 이익의 분여)

부인액은 시가와 거래가액의 차액이 시가의 5% 이상이거나 3억원 이상인 경우에 적용한다. 따라서 비록 특수관계인과의 거래에서 시가보다 저가 또는 고가로 거래를 하였더라도 그 차이가 시가의 5% 또는 3억원 미만일 경우에는 부당행위계산 부인규정이 적용되지 않는다.

③ 특수관계인의 범위

본 교재의 국세기본법상 특수관계인을 참고하기 바란다.

> **소액주주 등의 범위**
>
> ㉠ 소액주주 등이란 발행주식총수의 1%에 미달하는 주식을 소유한 주주 또는 출자자를 말한다.
> ㉡ 지배주주는 발행주식총수의 1%(특수관계인 포함) 이상을 소유한 자로서 해당 법인의 주주 중 가장 많은 주식수를 소유한 주주를 말한다.

④ 부당행위계산의 유형

조세부담을 부당하게 감소시키는 유형에는 자산을 시가보다 비싸게 매입하거나 무수익 자산을 매입하는 경우 등과 업무와 관련없이 자금을 대여하여 준 경우 등으로 법인령 §88에서는 다음과 같이 열거하고 있다.

다만, 이는 어디까지나 예시적인 규정일 뿐이며 특수관계인간의 거래가 사회적 통념 및 상관행에 비추어 현저히 부당하거나, 부인적용범위액에 해당하는 경우에는 부당행위계산 부인규정이 적용된다(법인령 §88).

㉠ 자산을 시가보다 높은 가액으로 매입 또는 현물출자 받았거나 그 자산을 과대상각한 경우

㉡ 무수익 자산을 매입 또는 현물출자받았거나 그 자산에 대한 비용을 부담한 경우

㉢ 자산을 무상 또는 시가보다 낮은 가액으로 양도 또는 현물출자한 경우. 다만, 주식매수선택권 등의 행사 또는 지급에 따라 주식을 양도하는 경우는 제외한다.

㉣ 불량자산을 차환하거나 불량채권을 양수한 경우

㉤ 출연금을 대신 부담한 경우

㉥ 금전, 그 밖의 자산 또는 용역을 무상 또는 시가보다 낮은 이율·요율이나 임대료로 대부하거나 제공한 경우. 다만, 다음 중 어느 하나에 해당하는 경우는 제외한다.
　ⓐ 주식매수선택권 등의 행사 또는 지급에 따라 금전을 제공하는 경우
　ⓑ 주주 등이나 출연자가 아닌 임원(소액주주등인 임원을 포함한다) 및 직원에게 사택(기획재정부령으로 정하는 임차사택을 포함한다)을 제공하는 경우

㉦ 금전, 그 밖의 자산 또는 용역을 시가보다 높은 이율·요율이나 임차료로 차용하거나 제공받은 경우

㉧ 합병, 분할, 증자 등 불균등자본거래로 인하여 주주 등인 법인이 특수관계인인 다른 주주 등에게 이익을 분여한 경우 등

⑤ **부당행위계산 부인의 효과**

　ⓐ 세법상의 효과

　　부당행위계산에 해당하는 경우에는 시가와의 차액 등을 해당 법인의 익금에 산입한다. 이때 세법상 부인금액은 그 특수관계인에게 이익을 분여한 것으로 취급되어 그 금액은 귀속자의 구분에 따라 배당, 상여, 기타사외유출 또는 기타소득으로 처분된다. 따라서 그 귀속자는 해당 처분에 따른 소득세 등의 추가적인 납세의무를 지게 된다.

　ⓑ 민법상의 효과

　　부당행위계산 부인 규정에 따라 추가적인 세금을 납부였다 하더라도, 민법상의 당초 거래내역에는 영향을 미치지 않으며 그 거래의 효력은 유지된다.

⑥ **부당한 행위로 보지 아니하는 가지급금(법인칙 §44)**

㉠ 미지급소득에 대한 소득세를 실제 지급할 때까지 법인이 대납한 경우

㉡ 귀속자 불분명하여 대표자에게 상여처분한 금액에 대한 소득세를 법인이 납부하고 이를 가지급금 계상한 금액

㉢ 직원에 대한 월정급여액의 범위에서의 일시적인 급료의 가불금

ⓔ 직원에 대한 경조사비 또는 학자금(자녀의 학자금을 포함한다)의 대여액
　　ⓜ 중소기업에 근무하는 직원에 대한 주택구입 또는 전세자금의 대여액 등

> **참고** 　시가의 범위 등
>
> ① 시가는 해당 거래와 유사한 상황에서 해당 법인이 특수관계인 외의 불특정다수인과 계속적으로 거래한 가격 또는 특수관계인이 아닌 제3자간에 일반적으로 거래된 가격이 있는 경우 그 가격에 의한다.
> ② 시가가 불분명한 경우 다음 항목을 차례로 적용하여 계산한 금액에 의한다.
> 　㉠ 감정평가업자가 정한 가액이 있는 경우 그 가액(감정한 가액이 2 이상인 경우에는 그 감정한 가액의 평균액). 다만, 주식등 및 가상자산은 제외한다.
> 　㉡ 상증법 § 38부터 § 39의 2, § 61부터 § 66까지의 규정 및 조특법 § 101를 준용하여 평가한 가액
> ③ 위 ①, ②를 적용할 수 없는 경우 다음 규정에 따라 계산한 금액을 시가로 한다.
> 　㉠ 유·무형의 자산을 제공하거나 제공받은 경우의 시가
> 　　(자산의 시가 × 50% - 자산의 제공과 관련하여 받은 전세금, 보증금) × 정기예금이자율
> 　㉡ 건설 기타 용역을 제공하거나 제공받은 경우의 시가
> 　　해당 용역 제공에 소요된 원가(직·간접비포함) × (1 + 원가가산율)
> 　　*원가가산율 : (GAPP에 따른 매출액 - 원가) / 원가
> 　　*원가가산율이란 해당 사업연도 중 특수관계인 외의 자에게 제공한 유사한 용역제공거래 또는 특수관계인이 아닌 제3자간의 일반적인 용역제공거래를 할 때의 수익률을 말한다.

사례 5-3　부당행위계산 부인

1. 법인이 대주주에 해당하는 임원에게 시가 2,000,000원인 상품을 1,400,000원에 양도하였다.

　해답　① 2,000,000 - 1,400,000 = 600,000과 ② 2,000,000 × 5% = 100,000
　　　　허용범위인 100,000원 보다 더 저가로 양도하였으므로 600,000원은 익금산입하고
　　　　그 대주주 임원에게 상여처분한다.

2. 법인이 특수관계법인에게 3억 상당의 공장을 무상으로 사용하게 하였다.

　해답　3억 × 50% × 3.1%(정기예금이자율) = 465만원 익금산입하고 기타사외유출처분한다.

9) 가지급금 인정이자(부당행위계산 부인)

법인이 특수관계인(개인, 법인)에게 무상 또는 시가보다 낮은 이율로 금전을 대여한 경우 조세의 부담을 부당히 감소시킨 부당행위계산으로 인정된다.
세법은 이를 부인하고 시가에 의한 금액을 이자로 익금에 산입한다. 이때 적용하는 인정이자율은 다음과 같다.

① 인정이자율

원칙	① 가중평균 차입이자율	다만 대여금약정이자율이 가중평균차입이자율보다 높으면 대여약정이자율이 시가
	② 당좌대출 이자율	차입금 없는 경우 또는 차입금 전액이 채권자가 불분명한 사채 등인 경우 등(해당 대여금 및 차입금에 한정)
	③ 당좌대출 이자율	대여기간이 5년을 초과하는 대여금(해당 대여금 및 차입금에 한정)
선택	④ 당좌대출 이자율	당좌대출이자율을 시가로 선택하는 경우(2010년 귀속분부터는 선택연도와 차후 2년간 계속 적용하여야 함)

② 가중평균차입이자율

가중평균차입이자율이란 자금을 대여한 법인의 대여시점 현재 각각의 잔액(특수관계인으로부터의 차입금은 제외)에 차입 당시의 각각의 이자율을 곱한 금액의 합계액을 해당 차입금 잔액의 총액으로 나눈 비율을 말한다. 가지급금인정이자 계산시 산출된 이자율 또는 대여금리가 해당 대여시점 현재 자금을 차입한 법인의 가중평균차입이자율보다 높은 때에는 해당 사업연도의 가중평균차입이자율이 없는 것으로 본다.

$$\text{인정이자} = \text{가지급금적수} \times \text{가중평균차입이자율} \times 1/365(윤년\ 366)$$

③ 당좌대출이자율

당좌대출이자율은 금융기관의 당좌대출이자율을 고려하여 기획재정부장관이 정하는 이자율을 말한다.

$$\text{인정이자} = \text{가지급금의 적수} \times \text{당좌대출이자율} \times \frac{1}{365(366)}$$

당좌대출이자율(시행규칙 43 ②)

98.7.1 이후	98.10.1 이후	99.7.1 이후	02.1.1 이후	09.3.30 이후	12.1.1 이후	16.3.4 이후
17%	13%	11%	9%	8.5%	6.9%	4.6%

사례 5-4 인정이자 계산(1)

7월 1일 법인의 대표이사가 회사자금 10,000,000을 개인적 용도로 가불하였다. 이 회사는 차입금이 없으며 결산일인 12월 31일까지 상환 받지 아니하였다. 이자에 대한 약정도 없다.(1년은 365일 가정)

해답

$$10{,}000{,}000 \times (7/1 \sim 12/31) \frac{184일}{365일} \times 4.6\% = 인정이자\ 231{,}890$$

즉 231,890원은 회사의 익금으로 간주한다.

* 회사가 대표이사와 약정하고 4.4% 이자 221,808원 받은 경우 그 차이가 5% 미만이므로 차액을 익금산입할 필요는 없다.

④ 인정이자 계산하지 않는 가지급금

다음에 해당하는 금전의 대여액에 대하여는 인정이자를 계산하지 아니한다(법인령 §88, §89, 법인칙 §44).

㉠ 소득법 §132① 및 소득법 §135③에 따라 지급한 것으로 보는 미지급소득(배당소득, 상여금)에 대한 소득세 대납액

$$미지급소득에\ 대한\ 소득세액 = 종합소득\ 총결정세액 \times \frac{미지급소득}{종합소득금액}$$

㉡ 국외에 자본을 투자한 내국법인이 해당 국외투자법인에 종사하거나 종사할 자의 여비·급료 기타 비용을 대신하여 부담하고 이를 가지급금 등으로 계상한 금액(그 금액을 실지로 환부받을 때까지의 기간에 상당하는 금액에 한함)

㉢ 우리사주조합 또는 그 조합원에게 해당 우리사주조합이 설립된 회사의 주식취득에 소요되는 자금을 대여한 금액(상환할 때까지의 기간에 상당하는 금액에 한함)

㉣ 국민연금법에 의하여 근로자가 지급받은 것으로 보는 퇴직금전환금(당해 근로자가 퇴직할 때까지의 기간에 상당하는 금액에 한함)

㉤ 귀속자가 불분명하여 대표자에게 상여처분한 금액에 대한 소득세 대납액

㉥ 직원에 대한 월정급여액 범위에서의 일시적인 급료의 가불액

㉦ 직원에 대한 경조사비 또는 학자금(자녀의 학자금을 포함)의 대여액

㉧ 조특령 제2조에 따른 중소기업에 근무하는 직원(지배주주등인 직원은 제외함)에 대한 주택구입 또는 전세자금의 대여액

㉨ 한국자산관리공사가 출자총액의 전액을 출자하여 설립한 법인에 대여한 금액

⑤ 적수계산

가지급금은 잔액으로 남아 있는 매일매일의 금액의 누적합계액(적수)으로 계산하여

야하며 이때 가지급금이 발생한 초일은 산입하고 회수된 날은 제외한다. 동일인에 대한 가지급금과 가수금이 함께 있는 경우에는 이를 상계한 금액으로 한다. 다만, 발생시에 각각 상환기간 및 이자율 등에 관한 약정이 있어 상계할 수 없는 경우에는 이를 상계하지 아니한다.

사례 5-5 인정이자 계산(2)

다음 자료에 따라 차입금적수를 구하고 가중평균차입금이자율로 가지급금 인정이자를 계산하여 보자.

(1) 이자비용장부

차입금	차입일자	이자율	이자비용	적 수
1,000,000	1.1	8%	80,000	
500,000	2.1	7%	32,027	
2,000,000	3.1	6%	100,602	
합 계			212,629	

(2) 가지급금 장부

일 자	차 변	대 변	잔 액	일 수	적 수
2. 10	500,000		500,000	23	11,500,000
3. 5		500,000	0	33	0
3. 5	100,000		100,000	33	3,300,000
4. 7	900,000		1,000,000	269	269,000,000
합 계				325	283,800,000

해답

㉠ 2.10. 현재의 가중평균차입이자율에 대한 인정이자

가지급일자	차입금잔액	이자율	이자금액	가지급금적수
2.10	1,000,000	8%	80,000	
	500,000	7%	35,000	
합계	1,500,000	7.666%	115,000	14,800,000

(500,000 × 23일 = 11,500,000) × 7.666% ÷ 365 = 2,415

㉡ 3. 5. 현재의 가중평균차입이자율에 의한 인정이자

가지급일자	차입금잔액	이자율	이자금액	가지급금적수
4.7	1,000,000	8%	80,000	
	500,000	7%	35,000	
	2,000,000	6%	120,000	
합계	3,500,000	6.714%	235,000	269,000,000

3월 5일 이후 가지급금적수 272,300,000 × 6.714% ÷ 365 = 50,088

ⓒ 인정이자 : 2,415 + 50,088 = 52,503

⑥ 세무조정

계산된 인정이자금액에서 약정에 의한 이자를 제외한 금액은 익금에 산입하고 귀속자에 따라 상여, 배당 또는 기타소득 등 소득처분을 한다.

⑦ 가수금 상계

동일인에 대한 가지급금 등과 가수금이 함께 있는 경우 이를 상계한 금액으로 하되 발생시에 각각 상환기간 및 이자율 등에 관한 약정이 있어 이를 상계할 수 없는 경우 상계를 하지 아니한다(법인령 §53③).

⑧ 미수이자의 1년 후 소득처분

약정이자를 계상한 경우에도 그 발생연도 종료일로부터 1년이 되는 날이 속하는 사업연도 종료일까지 회수하지 않은 경우 그 1년이 되는 날이 속하는 사업연도에 익금에 산입하고 소득처분한다.

⑨ 원천징수시기 및 지급명세서제출기한

세법상 비영업대금의 이익은 약정이 있는 경우 약정에 의한 지급일을 지급시기로 의제하여 원천징수 및 지급명세서를 제출하여야 한다.

차입금 이자 지급에 대해 약정이 있는 경우 실제 지급하지 못하였더라도 그 약정일에 지급한 것으로 보아 지급일로 의제한 연도의 과세기간 종료일의 다음연도 2월말일까지 지급명세서를 제출하여야 한다.

✱ 실무적으로 12.31에 차) 미수수익** 대)이자수익**으로 계상하는데 약정일이 12.31이므로 2월말까지 지급명세서 제출대상임에 유의해야한다.

(2) 손금항목

세법상 '손금'이란 자본 또는 출자의 환급, 잉여금의 처분 및 법인세법에서 해당하는 손금불산입사항을 제외하고 그 법인의 순자산을 감소시키는 거래로 인하여 발생하는 손실 또는 비용(손비)의 금액을 말한다. 이는 법인세법 및 다른 법률에서 달리 정하고 있는 것을 제외하고는 그 법인의 사업과 관련하여 발생하거나 지출된 손실 또는 비용으로서 일반적으로 용인되는 통상적인 것이거나 수익과 직접 관련된 것으로 한다. 손금을 예시하면 다음과 같다(법인법 §19 및 법인령 §19).

1) 판매한 상품 또는 제품에 대한 원료의 매입가액과 그 부대비용
① 해당 사업연도에 판매한 상품 또는 제품에 대한 매출원가(판매원가)상당액을 말한다.
② 판매한 상품 또는 제품의 보관료, 포장비, 운반비, 판매장려금 및 판매수당 등 판매와 관련된 부대비용, 판매장려금 및 판매수당의 경우 사전약정없이 지급하는 경우를 포함한다.

2) 양도한 자산의 양도당시의 장부가액
자산을 양도한 경우에 그 양도가액은 익금에 산입하고 장부가액은 손금에 산입한다.

3) 유형자산의 수선비
유형자산의 원상을 회복하거나 능률유지를 위하여 지출한 수선비는 수익적지출로 하여 손금에 산입하고 내용연수를 연장시키거나 해당 유형자산의 가치를 현실적으로 증가시키는 수선비는 자본적지출로 하여 유형자산계정으로 기장한 후 감가상각을 하여야 한다.

❋ 유형자산의 수선비는 제1장 유형자산과목에서 상세하게 설명하고 있다. 참고바란다.

4) 자산의 임차료
자산의 임대료는 익금에 산입하고 이에 대응하는 자산의 임차료는 손금산입한다.

5) 차입금이자
법인이 금전을 차입하고 부담하는 이자는 법인의 순자산을 감소시키는 거래로 인하여 발생하는 손비의 금액이다.

그러나 법인이 차입금을 특정 용도에 사용하거나 비생산적자산을 보유하고 있는 경우 및 채권자가 불분명한 차입금이자 등은 손금에 산입하지 아니하는 바 아래에서 이에 대한 내용을 살펴보기로 한다(법인법 §28).

① **채권자가 불분명한 사채이자**
다음에 해당하는 사채이자는 손금에 산입하지 아니한다.
다만, 거래일 현재의 주민등록표에 따라 그 거주자 등이 확인된 채권자가 차입금을 변제받은 후 소재불명이 된 경우의 차입금이자는 예외로 한다(법인법 §28, 법인령 §51①).
㉠ 채권자의 주소 및 성명을 확인할 수 없는 차입금
㉡ 채권자의 능력 및 자산상태로 보아 금전을 대여한 것으로 인정할 수 없는 차입금
㉢ 채권자와의 금전거래 사실 및 거래내용이 불분명한 차입금

② **수령자가 불분명한 채권 또는 증권의 이자와 할인액**
다음의 채권·증권을 발행한 법인이 직접 지급하는 경우로서 그 지급 사실이 객관적

으로 인정되지 아니하는 이자 또는 할인액은 손금에 산입하지 아니한다(법인법 §28, 법인령 §51②).

㉠ 국가나 지방자치단체가 발행한 채권 또는 증권의 이자와 할인액
㉡ 내국법인이 발행한 채권 또는 증권의 이자와 할인액
㉢ 외국법인의 국내지점 또는 국내영업소에서 발행한 채권이나 증권의 이자와 할인액
㉣ 금융기관이 환매기간에 따른 사전약정이율을 적용하여 환매수 또는 환매도하는 조건으로 매매하는 채권 또는 증권의 환매조건부매매차익

③ 건설자금에 충당한 차입금의 이자
㉠ 특정차입금 이자와 일반차입금 이자

건설자금에 충당한 차입금의 이자란 그 명목여하에 불구하고 해당 사업용 유형·무형자산의 매입·제작 또는 건설에 소요되는 차입금(특정차입금, 자산의 건설 등에 소요된지의 여부가 분명하지 아니한 차입금은 제외함)에 대한 지급이자 또는 이에 유사한 성질의 지출금을 말하며, 특정차입금에 대한 지급이자등은 건설 등이 준공된 날까지 이를 자본적 지출로 하여 그 원본에 가산한다. 다만, 특정차입금의 일시예금에서 생기는 수입이자는 원본에 가산하는 자본적 지출금액에서 차감한다.

특정차입금 이외의 일반차입금에 대한 이자의 경우는 취득원가 산입과 당기 손금산입 중 선택할 수 있다(법인령 §52).

㉡ 건설자금이자의 계산기간

건설자금이자는 건설을 시작한 날부터 건설이 준공된 날까지 계산한다.
여기에서 "건설이 준공된 날"이란 건축물의 경우 소득령 §162에 따른 취득일 또는 건설의 목적물이 그 목적에 실제로 사용되기 시작한 날(사용개시일) 중 빠른날로 한다. 토지를 매입하는 경우에는 그 대금을 청산한 날. 다만, 그 대금을 청산하기 전에 당해 토지를 사업에 사용하는 경우에는 그 사업에 사용되기 시작한 날로 한다. 그 밖의 사업용 유형·무형자산의 경우에는 사용개시일로 한다.

사례 5-6 건설자금이자 계산

x1년에 사무실 신축을 위하여 3억을 연 10%에 차입하였다.
건설기간은 x1년 2월 1일 ~ x1년 11월 30일이며 차입일은 x1년 3월 1일이고 상환일은 x2년 3월 1일이다. 건설자금이자는?

해답 3억원 × 10% × $\dfrac{9(3/1\sim11/30)}{12}$ = 22,500,000원

④ 업무와 관련없는 자산의 취득·보유와 업무와 관련없는 가지급금에 대한 지급이자

해당 법인의 업무와 직접 관련이 없는 부동산을 보유하고 있거나 해당 법인의 업무와 관련 없는 가지급금 및 해당 법인의 업무와 직접 관련이 없다고 인정되는 동산(서화·골동품 등)을 보유하고 있는 법인이 지급한 이자 중 다음 산식에 따라 계산한 금액은 손금에 산입하지 아니한다.

또한 이에 대한 관리유지비도 손금불산입한다(법인법 §28 및 법인령 §53).

$$지급이자 \times \frac{업무무관자산가액과\ 업무무관가지급금\ 등의\ 가액의\ 합계액(총차입금을\ 한도로\ 함)}{총\ 차\ 입\ 금}$$

㉠ 업무무관부동산의 범위

부동산 취득 후 법인의 업무에 직접 사용하지 아니하는 부동산. 다만, 유예기간이 경과하기 전까지의 기간 중에 있는 부동산은 제외한다.

㉡ 업무무관동산의 범위

서화·골동품. 다만, 장식·환경미화 등으로서 사회통념상 업무에 관련있다고 인정되는 범위 안의 것을 제외한다(거래단위 1,000만원 이하는 당기 손금가능함).

㉢ 특수관계인에게 업무와 관련 없이 지급한 가지급금 등의 범위

이는 명칭여하에 불구하고 해당 법인의 업무와 관련이 없는 자금의 대여액(금융회사의 경우 주된 수익사업으로 볼 수 없는 자금의 대여액 포함)을 말한다.

㉣ 해당 사업연도에 발생한 이자 상당액의 범위(미지급이자를 포함하고 선급이자는 제외함)(법인령 §53④).

ⓐ 사채할인발행차금 상각액, 융통어음할인료, 금융리스에 포함된 지급이자 등을 포함한다.

ⓑ 기업구매자금대출이자, 상업어음할인료, 지급보증수수료, 현재가치할인차금 상각액 및 연지급수입(S-U 이자)은 지급이자에서 제외한다.

ⓒ 이미 손금불산입된 지급이자는 차감한다.

㉤ 총차입금의 계산

총차입금은 해당 사업연도에 발생한 지급이자와 할인료를 부담하는 모든 부채의 매일 잔액에 의한 적수로 계산하여야 하나 다음 산식에 따라 이자율별로 계산한 금액을 합계하여 계산할 수 있다.

$$이자율별\ 차입금의\ 적수 = 이자율별\ 지급이자 \times \frac{365}{연이자율}$$

사례 5-7 업무무관자산 관련 이자비용

다음 자료와 같을 경우에 지급이자 손금불산입액은?
(1) 이자비용장부

차입금	차입일자	이자율	이자비용	적 수
1,000,000	1.1	8%	80,000	
500,000	2.1	7%	32,027	
2,000,000	3.1	6%	100,602	
합 계			212,629	

(2) 업무무관가지급금의 적수 283,800,000

해답

$$212,629 \times \frac{\text{가지급금 적수 } 283,800,000}{\text{총차입금 적수 } 1,143,993,428} = 52,748$$

총차입금 적수는 이자율별 이자액으로 역산하는 것이다.
이자비용÷이자율 × 365 = 차입금 적수

⑤ 지급이자 손금불산입의 순서

지급이자 손금불산입의 규정이 동시에 적용되는 경우 다음 순서에 따라 적용한다(법인령 §55).

- 채권자가 불분명한 사채이자 ………………………………… ①
- 수령자가 불분명한 채권, 증권의 이자 ……………………… ②
- 건설자금이자 …………………………………………………… ③
- 업무무관자산 등에 대한 지급이자 …………………………… ④

6) 부가가치세 매출세액 미수금

대손세액공제를 받지 아니한 회수할 수 없는 부가가치세 매출세액미수금을 말한다.

사례 5-8 대손세액공제 회계처리

속상해(주)는 전기(x1년 5월 1일)에 발생한 매출채권(받을어음) 4,400,000원을 부가가치세법 규정에 따라 400,000 $\left(\frac{10}{110}\right)$ 원의 대손세액공제를 받았다. 잔액에 대하여는 법인세법에 따른 대손으로 처리하고자 한다.

x1년 5월 1일

(차) 외상매출금	4,400,000	(대) 매 출	4,000,000
		부가가치세예수금	400,000

x2년 1월 25일 대손세액공제시

(차) 부가가치세예수금	400,000	(대) 외상매출금	400,000

x2년 12월 31일

(차) 대손상각비 또는 대손충당금	4,000,000	(대) 외상매출금	4,000,000

7) 광고선전비

광고선전비란 상품 또는 용역 등의 판매 및 촉진을 위하여 불특정 다수인에게 광고선전의 목적으로 지출한 비용을 말한다.

법인이 광고선전의 목적으로 견본품, 달력, 수첩, 부채, 컵, 또는 이와 유사한 물품을 불특정 다수인에게 기증하기 위하여 지출한 비용은 광고선전비로 본다. 다만 특정인에게 기증한 물품(개당 3만원 이하의 물품은 제외)의 경우에는 연간 5만원 이내에서는 판매부대비용으로 취급하여 전액 손비로 인정한다(법인령 §19(18)).

8) 미술품 등

장식·환경미화 등의 목적으로 사무실·복도 등 여러 사람이 볼 수 있는 공간에 항상 전시하는 미술품의 취득가액이 거래단위별로 1천만원 이하의 것을 그 취득한 날이 속하는 사업연도의 손비로 계상한 경우에는 즉시 비용으로 인정한다.

9) 그 밖의 손금항목

이상에서 설명한 것 이외에도 법인(사업자)의 임직원에 대한 재화·용역 등 할인금액, 본인(사업자)이 계열회사에 지급하는 할인금액 상당액, 임직원 출산·양육지원금, 대손금, 자산의 평가차손, 광산업의 탄광비, 보건복지부장관이 정하는 무료진료권 또는 새마을진료권에 따라 행한 무료진료의 가액, 업무와 관련있는 해외시찰, 훈련비, 초·중등교육법에 따라 설치된 근로청소년을 위한 특별학급 또는 산업체부설 중·고등학교의 운영비, 보험업을 영위하는 내국법인이 기업회계기준에 따라 구상손실(求償損失)로 계상한 금액 및 그 외의 손비로서 그 법인에 귀속되었거나 귀속될 금액은 법인의 손비인 바(법인령 §19) 이것 중에서 중요한 부분은 Part 1의 chapter 3 손익계산서에서 상세히 설명하고 있다.

(3) 익금불산입과 손금불산입

1) 익금불산입

익금불산입이란 법인의 순자산을 증가시키는 항목임에도 불구하고 자본거래로 인한 수익, 이중과세의 방지, 정책적인 목적 등의 이유로 익금으로 보지 않는 것을 말한다. 기업회계에서는 이 항목들이 자본계정에 편입된 부분도 있고 부채부분에 편입된 항목이 있는가 하면 손익계산서상 수익부분에 편입된 항목이 있기 때문에 수익부분에 편입된 항목에 대하여는 신고조정(세무조정)을 통하여 익금불산입을 시켜 법인의 소득에서 제외하여야 한다. 아래에서 그 유형을 살펴보기로 한다.

다음의 수익은 각 사업연도의 소득금액계산상 익금에 산입하지 아니한다(법인법 §17).

① **주식발행액면초과액**

이는 액면을 초과하여 주식을 발행한 경우 그 액면초과금액을 말한다. 다만, 채무의 출자전환으로 주식 등을 발행하는 경우 해당 주식 등의 시가를 초과하여 발행된 금액을 제외한다.

② **감자차익**

자본을 감소하는 경우에 그 감소액이 주식의 소각, 주금의 반환에 소요된 금액과 결손금의 보전에 충당된 금액을 초과하는 경우 그 초과금액을 말한다.

③ **자산의 평가이익(보험업법에 따른 평가와 재고자산·외화자산부채의 평가는 제외)**

④ **이월익금**

이월익금이란 각사업연도의 소득으로 이미 과세된 소득을 다시 해당 사업연도의 익금에 산입한 금액을 말한다.

⑤ 손금에 산입하지 아니한 법인세 또는 법인지방소득세를 환급받았거나 환급받을 금액을 다른 세액에 충당한 금액

⑥ 국세 또는 지방세의 과오납금의 환급금에 대한 이자

⑦ 부가가치세의 매출세액

⑧ 자산수증이익과 채무면제이익 중 이월결손금의 보전에 충당한 금액

2) 손금불산입

손금불산입이란 법인의 순자산을 감소시키는 거래에 해당하지만 자본거래 및 조세정책상의 목적에서 손금으로 인정되지 않는 것을 말한다.

이에 대한 구체적인 항목을 살펴보면 다음과 같다.

① **자본거래 등으로 인한 손비**

다음의 손비는 각 사업연도의 소득금액 계산에 있어서 이를 손금에 산입하지 아니한다(법인법 §20).

⊙ 결산을 확정할 때 잉여금의 처분을 손비로 계상한 금액
ⓒ 주식할인발행차금 : 액면미달의 가액으로 신주를 발행하는 경우 그 미달하는 금액과 신주발행비의 합계액

법인의 설립 후 자본을 증가함에 있어 증자 등기시 납부하는 등록세, 신주의 발행과 관련하여 공모대행증권사에 지급하는 공모대행 인수수수료, 신주발행을 위하여 직접 지출하는 비용(법률비용, 주권인쇄비, 우송료, 등록비, 사무처리비, 광고료 등)은 신주발행비로서 주식할인발행차금에 해당하므로 손금에 산입하지 아니한다(집행기준 20-20-1 [증자비용의 손금불산입]).

② **복리후생비**

법인이 그 임원 또는 직원(파견근로자를 포함)을 위하여 지출한 복리후생비 중 다음의 비용 이외의 것은 손금에 산입하지 아니한다(법인령 §45).

⊙ 직장체육비
ⓒ 직장문화비
ⓒ 직장회식비
② 우리사주조합의 운영비
⑩ 사용자로서 부담하는 건강보험료(노인장기요양보험료) 및 부담금
ⓑ 영유아보육법에 따라 설치된 직장어린이집의 운영비
ⓐ 사용자로서 부담하는 고용보험료
ⓞ 그 밖에 임원 또는 직원에게 사회통념상 타당하다고 인정되는 범위 안에서 지급하는 경조사비 등

③ **여비 및 교육훈련비**

법인이 임원 또는 사용인이 아닌 지배주주 및 그 특수관계인에게 지급한 여비 또는 교육훈련비는 손금에 산입하지 아니한다.

④ **업무와 관련이 없는 지출**

⊙ 업무와 직접 관련이 없다고 인정되는 자산을 취득·관리함으로써 생기는 비용
ⓒ 해당 법인이 직접 사용하지 아니하고 다른 사람(주주등이 아닌 임원과 소액주주 등인 임원 및 직원은 제외한다)이 주로 사용하고 있는 장소·건축물·물건 등의 유지비·관리비·사용료와 이와 관련되는 지출금

* 소액주주 : 발행주식총수의 1% 미만 주식을 소유한 주주

ⓒ 해당 법인의 주주 등(소액주주 등은 제외한다)이거나 출연자인 임원 또는 그 친족이 사용하고 있는 사택의 유지비·관리비·사용료와 이와 관련되는 지출금
② 업무무관자산을 취득하기 위하여 지출한 자금의 차입과 관련되는 비용

⑤ **업무용승용차 관련비용 등의 손금불산입**

⑥ **징벌적 목적의 손해배상금**[52] **중 실제 발생한 손해액을 초과하는 금액. 다만, 실제 발생한**

손해액이 분명하지 않은 경우 = 지급한 손해배상액 x (손해배상액의 상한이 되는 배수-1)÷ 손해배상액의 상한이 되는 배수

Ⅲ. 손익의 귀속사업연도

(1) 세법상 손익의 귀속시기

법인의 각사업연도의 익금과 손금의 귀속사업연도는 그 익금과 손금이 확정된 날이 속하는 사업연도로 하며 그 구체적 내용은 다음과 같다.

1) 자산의 판매손익 등의 귀속연도(법인령 §68)

① **상품(부동산을 제외한다)·제품 또는 그 밖의 생산품(이하 "상품 등"이라 한다)의 판매** : 그 상품 등을 인도한 날

② **상품 등의 시용판매** : 상대방이 그 상품 등에 대한 구입의 의사를 표시한 날. 다만, 일정기간 내에 반송하거나 거절의 의사를 표시하지 아니하면 특약 등에 따라 그 판매가 확정되는 경우 그 기간의 만료일로 한다.

③ **상품 등 외의 자산의 양도** : 그 대금을 청산한 날. 다만, 대금을 청산하기 전에 소유권 등의 이전등기(등록을 포함한다)를 하거나 해당 자산을 인도하거나 상대방이 해당 자산을 사용수익하는 경우 그 이전등기일(등록일을 포함한다)·인도일 또는 사용수익일 중 빠른 날로 한다.

④ **자산의 위탁매매** : 수탁자가 그 위탁자산을 매매한 날

⑤ **장기할부조건자산의 판매양도** : 인도한 날로 한다. 다만 해당 각 사업연도에 회수하였거나 회수할 금액과 이에 대응하는 비용을 각각 해당 사업연도의 익금과 손금에 산입한다. 회수하였거나 회수할 금액은 회수약정기일도래기준을 의미한다(법인 46012-1414).

⑥ **매출할인** : 거래상대방과의 약정에 의한 지급기일이 속하는 사업연도의 매출액에서 차감한다.

2) 용역제공 등에 의한 손익의 귀속연도

---

52) 다음의 규정 또는 외국의 법령에 따라 손해액을 초과하여 지급하는 손해배상금
개인정보보호법, 신용정보의 이용 및 보호에 관한 법률, 하도급거래 공정화에 관한 법률, 대리점거래의 공정화에 관한 법률, 가맹사업거래의 공정화에 관한 법률, 기간제 및 단시간근로자 보호 등에 관한 법률, 파견근로자 보호 등에 관한 법률, 제조물 책임법

① **단기용역(계약기간이 1년 미만)의 경우**

건설·제조 기타 용역(도급공사 및 예약매출을 포함하며, 이하 "건설 등"이라 한다)의 제공으로 인한 익금과 손금은 그 목적물의 인도일(용역제공의 경우 그 제공을 완료한 날을 말한다)이 속하는 사업연도로 한다(법인령 §69①). 다만, 법인이 작업진행률에 따라 수익과 비용을 계상한 경우 그 계상한 금액으로 한다.

② **장기용역의 경우**

건설 등의 계약기간(그 목적물의 건설 등의 착수일로부터 인도일까지의 기간을 말한다)이 1년 이상인 건설 등의 경우 그 목적물의 건설 등의 착수일이 속하는 사업연도부터 그 목적물의 인도일이 속하는 사업연도까지 그 목적물의 건설 또는 제조를 완료한 정도(작업진행률)를 기준으로 하여 계산한 수익과 비용을 각각 해당 사업연도의 익금과 손금에 각각 산입한다(법인령 §69①).

③ **무조건 인도일 기준을 적용하는 경우**

다음의 경우에는 그 목적물의 인도일이 속하는 사업연도의 익금과 손금에 각각 산입한다(법인령 §69②).
㉠ 작업진행률을 계산할 수 없다고 인정되는 경우
㉡ 유동화전문회사 등으로서 국제회계기준을 적용하는 법인이 수행하는 예약매출의 경우

④ **진행기준에 따른 익금, 손금산입액**

㉠ 익금산입액

> 익금산입액 = 도급금액 × 작업진행률 − 직전 사업연도말까지 익금에 산입한 금액

✽ 작업진행률 = $\dfrac{\text{해당 사업연도에 발생한 총공사비누적액}}{\text{총공사예정비}}$

다만, 건설의 수익실현이 건설의 작업시간·작업일수 또는 기성공사의 면적이나 물량 등(작업시간등)과 비례관계가 있고, 전체 작업시간등에서 이미 투입되었거나 완성된 부분이 차지하는 비율을 객관적으로 산정할 수 있는 건설의 경우에는 그 비율로 할 수 있다.

✽ 분양(예약매출)의 익금산입액 : 도급금액×작업진행률×분양계약률

㉡ 손금산입액
해당 사업연도에 발생한 총비용이다.

3) 이자소득 등의 귀속사업연도

① **법인(금융보험업 제외)이 수입하는 이자 및 할인액**

소득령 §45에 따른 수입시기에 해당하는 날이 속하는 사업연도로 한다. 소득세법

에서 정하는 이자 수입시기는 대부분 예금이자를 실제로 받는 날 또는 약정일, 해약일, 상환일, 만기일이며 특히 이 날은 원천징수 되는 시점일로 이해하면 된다. 다만, 원천징수대상에 해당하지 아니하는 이자[53]에 대하여는 결산을 확정함에 있어서 이미 경과한 기간에 대응하는 이자 및 할인액을 해당 사업연도의 수익으로 계상한 경우 그 계상한 사업연도의 익금으로 한다.

② **법인이 지급하는 이자 및 할인액**

소득령 §45에 따른 수입시기에 해당하는 날이 속하는 사업연도로 한다. 다만, 결산을 확정함에 있어서 이미 경과한 기간에 대응하는 이자 및 할인액(차입일부터 이자지급일이 1년을 초과하는 특수관계인과의 거래에 따른 이자 및 할인액은 제외)을 해당 사업연도의 손금으로 계상한 경우 그 계상한 사업연도의 손금으로 한다.

✻ 기업회계기준에서는 발생주의원칙에 따라 약정기간동안 발생하는 이자금액을 수익으로 계상하는데 비하여 법인세법 또는 소득세법은 지급약정주의로 귀속년도를 정한다. 이는 원천징수시기와 일치시키기 위함이다.

구 분		법 인 세 법	기업회계기준
수입이자	원칙	① 일반법인 : 소득세법상 이자소득 수입시기 ② 금융보험을 영위하는 법인 : 실제로 수입된 날(선수수익은 제외)	발생주의
	예외	장부상 미수수익을 계산한 경우 이를 인정하나, 원천징수되는 수입이자는 익금으로 인정되지 않음	
지급이자	원칙	소득세법상 이자소득 수입시기	
	예외	장부상 미지급비용을 계상한 경우 이를 인정. 다만, 차입일부터 이자지급일이 1년을 초과하는 특수관계인과 거래에 따른 지급이자는 제외함	

4) 임대료 등의 귀속사업연도

① **임대료**

자산의 임대로 인한 익금과 손금의 귀속사업연도는 다음에 해당하는 날이 속하는 사업연도로 한다.

다만, 결산을 확정함에 있어서 이미 지난 기간에 대응하는 임대료 상당액과 이에 대응하는 비용을 해당 사업연도의 수익과 손비로 계상한 경우 및 임대료 지급기간이 1년을 초과하는 경우 이미 지난 기간에 대응하는 임대료 상당액과 비용은 각각 해당연도의 익금과 손금으로 한다(법인령 §71①).

㉠ 계약 등에 따라 임대료의 지급일이 정하여진 경우 그 지급일

㉡ 계약 등에 따라 임대료의 지급일이 정하여지지 아니한 경우 그 지급을 받는 날

---

[53] 소득세법상 국내에서 받는 이자 할인액은 대부분 원천징수 대상이므로 미수이자로 계상한 금액은 세무조정을 하여야 할 것이다.

또한 소득법 §162 및 부가법 §32의3④을 적용받는 업종을 영위하는 법인(영수증을 발급할 수 있는 법인임)이 금전등록기를 설치·사용하는 경우에 수입하는 물품대금과 용역대가의 귀속사업연도는 그 금액이 실지로 수입된 사업연도로 할 수 있다.

② 개발비

개발비로 계상하였으나 해당 제품의 판매 또는 사용이 가능한 시점이 도래하기 전에 개발을 취소한 경우에는 다음의 요건을 모두 충족하는 날이 속하는 사업연도의 손금에 산입한다.

㉠ 해당 개발로부터 상업적인 생산 또는 사용을 위한 해당 재료·장치·제품·공정·시스템 또는 용역을 개선한 결과를 식별할 수 없을 것
㉡ 해당 개발비를 전액 손비로 계상하였을 것

(2) 자산의 취득가액

법인이 매입·제작·교환 및 증여 등에 따라 취득한 자산의 취득가액은 다음의 구분에 따른 금액으로 한다(법인법 §41).

1) 타인으로부터 매입한 자산

매입가액에 취득세(농어촌특별세와 지방교육세를 포함한다), 등록면허세, 그 밖의 부대비용을 더한 금액(법인이 토지와 그 토지에 정착된 건물 및 그 밖의 구축물 등을 함께 취득하여 토지의 가액과 건물등의 가액의 구분이 불분명한 경우 시가에 비례하여 안분계산함)으로 한다.

2) 자기가 제조·생산 또는 건설하거나 그 밖에 이에 준하는 방법으로 취득한 자산

제작원가에 부대비용을 더한 금액으로 한다. 즉 원재료비·노무비·운임·하역비·보험료·수수료·공과금(취득세 포함)·설치비 기타 부대비용의 합계액으로 한다.

3) 합병·분할 또는 현물출자에 따라 취득한 자산

장부에 계상한 출자가액 또는 승계가액(시가 초과액은 제외)

4) 현물출자·합병 또는 분할에 따라 주주 등이 취득한 주식 등

① 현물출자·물적분할은 취득당시의 시가
② 합병·분할(물적분할 제외)은 종전의 장부가액에 합병·분할로 인한 의제배당금과 불균등자본거래를 통해 특수관계인으로부터 분여받은 이익의 합계액으로 본다.

5) 위 '1) ~ 4)'외의 방법으로 취득한 자산

　　취득당시의 시가

6) 위 '1) ~ 5)'를 적용할 때 취득가액에는 ① 특수관계인인 개인으로부터 유가증권을 시가보다 낮은 가액으로 매입하는 경우 시가와 그 매입가액의 차액에 상당하는 금액, ② 건설자금에 충당한 차입금의 이자, ③ 유형자산의 취득과 함께 국·공채를 매입하는 경우 국·공채의 매입가액과 현재가치의 차액을 해당 유형자산의 취득가액으로 계상한 금액은 포함하는 것으로 한다.

7) 위 '1) ~ 5)'를 적용할 때 취득가액에는 현재가치할인차금, 연지급수입에 있어서 취득가액과 구분하여 지급이자로 계상한 금액, 자산을 시가보다 높은 가액으로 매입 또는 현물출자받았거나 그 자산을 과대상각한 경우 시가초과액은 포함하지 아니한다.

Ⅳ. 법인세과세표준의 계산

법인세의 과세표준은 각 사업연도의 소득의 범위에서 이월결손금·비과세소득·소득공제액을 차례로 공제한 금액으로 한다.

> 과세표준 = 각 사업연도소득금액 − 이월결손금 − 비과세소득 − 소득공제

(1) 이월결손금

1) 이월결손금의 범위

이월결손금이란 각 사업연도의 개시일 전 발생한 각 사업연도의 결손금으로서 그 후의 각 사업연도의 과세표준을 계산할 때 공제되지 아니한 금액으로서, 각 사업연도 개시일 전 15년 이내(19.12.31. 이전 개시한 사업연도에서 발생한 결손금 10년, 08.12.31. 이전 발생은 5년)에 개시한 사업연도에서 발생한 세무계산상 결손금을 말한다. 이 경우 자산수증이익, 채무면제이익을 세무계산상 이월결손금의 보전에 충당한 경우 그 충당된 이월결손금은 손금에 산입된 것으로 보아 공제대상에서 제외한다.

다만, 재평가적립금, 주식발행액면초과액, 감자차익 및 합병차익으로 충당된 이월결손금은 손금에 산입된 것으로 보지 않는다.

2) 이월결손금의 공제

각 사업연도소득금액의 80%(중소기업 등[54])은 100%) 범위에서 공제한다. 이월결손금을 공제함에 있어 15년 이내의 이월결손금이 2개 이상인 경우 먼저 발생한 사업연도의 결손금부터 순차로 공제한다.

그러나 법인세 과세표준을 추계결정 또는 추계경정하는 경우 공제할 수 없으며 비영리법인의 경우 수익사업에서 발생된 이월결손금에 한하여 공제한다.

일반기업의 이월결손금	중소기업 등의 이월결손금
min[공제대상 이월결손금, 각사업연도소득금액 × 80%(16·17년 개시분 80%, 18년 개시분 70%, 23년 개시분 80%)]	min[공제대상 이월결손금, 각 사업연도소득금액×100%]

---

[54] 조특법 §5①에 따른 중소기업과법원 결정에 의한 회생계획 이행중인 기업, 구조조정촉진법상 경영정상화계획을 이행중인 기업, 지급배당소득공제를 통하여 법인세를 사실상 비과세하는 명목회사(유동화전문회사,자본시장법상 회사형 집합투자기구, 위탁관리부동산투자회사, 프로젝트금융투자회사 등)

V 납부세액의 계산

(1) 산출세액의 계산

법인세 산출세액은 법인세 과세표준에 세율을 적용한 금액에서 적정유보초과소득에 대한 법인세가 있는 경우 이를 포함하여 계산한다. 이를 산식으로 나타내면 다음과 같다.

> 법인세 산출세액 = (과세표준 × 세율)

법인세 세율은 다음과 같다.

과세표준	2012.1.1. ~ 2017.12.31. 세율	2018.1.1. 이후 세율	2023.1.1. 이후 세율
2억원 이하	과세표준의 10%	과세표준의 10%	과세표준의 9%
2억원 초과	2천만원+ (2억원을 초과하는 금액의 20%)	2천만원+ (2억원을 초과하는 금액의 20%)	1천800만원+ (2억원을 초과하는 금액의 19%)
200억초과	39억8천만원+ (200억원을 초과하는 금액의 22%)	39억8천만원+ (200억원을 초과하는 금액의 22%)	37억8천만원+ (200억원을 초과하는 금액의 21%)
3,000억 초과		655억8천만원+ (3천억원을 초과하는 금액의 25%)	625억8천만원+ (3천억원을 초과하는 금액의 24%)

사업연도가 1년 미만인 경우의 세율적용은 다음 산식에 의한다. 이 경우 월수는 역에 따라 계산하여 1월 미만의 일수는 1월로 한다.

$$법인세산출세액 = \left(과세표준 \times \frac{12}{사업연도월수} \times 세율 \right) \times \frac{사업연도월수}{12}$$

(2) 공제·감면세액의 계산

1) 조세특례제한법상의 공제·감면세액의 계산

산출세액에서 직접 공제받을 수 있는 조세특례제한법상의 공제·감면세액을 열거하면 다음과 같다.

구 분	적용요건	감면방법 및 범위
① 창업중소기업 등에 대한 세액 감면 (조특법 §6)	① 수도권 과밀억제권역외[55]의 지역에서 창업한 중소기업 ② 창업보육센터사업자 ③ 창업후 3년 이내 벤처기업으로 확인받은 기업(취소일 또는 유효기간 만료일부터 감면을 적용안함) * 별도 표에서 자세히 설명함	최초소득발생 과세연도(사업개시일부터 5년까지 소득이 발생하지 아니한 경우는 5년)와 그 후 4년간 5%~100% * 청년창업 : 창업당시 15세 이상~29세 이하(2018.5.29. 이후는 34세) * 법인창업 : 청년창업과 동일하고 대표자이면서 최대주주
② 에너지신기술 중소기업에 대한 세액감면(조특법 §6 ④)	창업 후 4년 이내 에너지신기술중소기업(에너지소비효율 1등급 제품, 고효율에너지 기자재로 인증받은 제품, 신·재생에너지설비로 인증받은 제품을 제조)에 해당하는 경우	에너지신기술 중소기업 해당일 이후 최초소득발생 과세연도와 그 후 4년간 50% 감면
③ 중소기업에 대한 특별세액감면 (조특법 §7)	제조업·전기통신업·연구개발업·방송업·엔지니어링사업·정보처리 및 컴퓨터운영관련업·물류산업·작물재배업·축산업 등 소득 * 별도 표에서 자세히 설명함	① 수도권소기업 : 20% [도매업, 소매업, 의료업 (이하 '도매업등') : 10%] ② 수도권 외 소기업(도매업등 제외) : 30% ③ 수도권 외 중기업 : 15%(도매업 등 : 5%) ④ 수도권 중기업 지식기반산업 : 10%
④ 연구개발특구 입주기업에 대한 세액감면 (조특법 §12의2)	대덕연구개발특구 등에 입주하는 기업으로 • 2025.12.31.까지 지정받은 첨단기술기업 • 2025.12.31.까지 승인받은 연구소기업	최초 3년간 100% 감면 다음 2년간 50% 감면
⑤ 국제금융거래 이자소득 등에 대한 법인세등면제 (조특법 §21)	• 외화표시채권의 이자·수수료 등 • 국외발행·매각하는 외화표시어음과 외화예금증서의 이자·수수료 • 비거주자의 국가 등이 발행한 유가증권을 국외에서 양도하여 발생하는 소득	발생소득 소득세, 법인세 전액 면제

---

55) 청년창업중소기업의 경우에는 수도권 과밀억제권역에서 창업한 경우에도 감면이 적용된다.

구 분	적용요건	감면방법 및 범위
⑥ 고용유지 중소기업 등에 대한 과세특례 (조특법 §30의3)	① 해당 과세연도 매출액이 직전 과세연도 매출액 대비 일정률 이상 감소 ② 상시근로자 수가 직전연도 대비 감소하지 않을 경우 ③ 상시근로자 1명당 연간 임금총액이 직전 연도 대비 감소한 경우	①+②를 합하여 계산한 금액 ①(직전연도 상시근로자1명당 연간임금총액 − 해당연도 상시근로자 1인당 연간임금총액) × 해당 과세연도 상시근로자수 × 10% ②(해당 과세연도 상시근로자 1인당 시간당 임금 − 직전 과세연도 상시근로자 1인당 시간당 임금 × 100분의 105) × 해당 과세연도 전체 상시근로자의 근로시간 합계 × 15%
⑦ 중소기업간 통합에 따른 이월감면 (조특법 §31)	창업중소기업 등이 감면기간이 경과되기 전에 통합하는 경우	잔존감면기간 승계
⑧ 수도권과밀억제권역 밖으로 이전하는 중소기업의 세액 감면 (조특법 §63)	수도권과밀억제권역에 3년(중소기업은 2년) 이상 계속하여 공장시설을 갖추고 사업을 한 기업으로서 수도권(중소기업은 수도권과밀억제권역) 밖으로 전부 이전하여 2025.12.31.까지 사업개시한 중소기업	이전일 이후 최초로 소득이 발생한 과세연도(공장 이전일부터 5년이 되는 날이 속하는 과세연도까지 소득이 발생하지 아니한 경우에는 이전일부터 5년이 되는 날이 속하는 과세연도)와 그 후 6년간 100%감면, 그 다음 3년간 50%감면
⑨ 농공단지 등 입주기업 등에 대한 세액감면 (조특법 §64)	• 2025.12.31.까지 농공단지에 입주하여 농어촌소득원개발 사업을 하는 내국인 • 2025.12.31.까지 지방중소기업특별지원 지역에 입주하여 사업을 하는 중소기업	입주일 이후 최초소득발생과세연도(사업개시일부터 5년까지 소득이 발생하지 아니한 경우는 5년)와 그 후 4년간 50%감면
⑩ 사회적기업 및 장애인 표준사업에 대한 법인세 등의 감면 (조특법 §85의6)	2025.12.31.까지 사회적 기업으로 인증받은 거주자 및 장애인 표준사업장으로 인정받은 기업	최초 소득발생 과세연도(인증을 받은 날부터 5년까지 소득이 발생하지 아니한 경우는 5년)와 그 후 2년간 100% 감면, 그 다음 2년간 50% 감면

2) 감면세액의 계산

감면세액은 다음의 산식에 따라 계산한다.

$$감면(면제)세액 = 산출세액 \times \frac{감면(면제)소득}{과세표준} \times 감면비율$$

3) 수도권과밀억제권역

수도권이란 서울, 인천, 경기 전지역을 말하며, 수도권 과밀억제권역이란 다음과 같이 서울, 인천, 경기 14개지역을 말한다.

- 서울특별시
- 인천광역시(강화군, 옹진군, 서구 대곡동/불로동/마전동/금곡동/오류동/왕길동/당하동/원하동 /인천경제자유구역 및 남동 국가산업단지는 제외한다.)
- 의정부시, 구리시, 남양주시 (호평동/평내동/금곡동/일패동/삼패동/가운동/수석동/지금동/도농동에 한함)
  하남시, 고양시, 수원시,성남시, 안양시, 부천시, 광명시, 과천시, 의왕시, 군포시, 시흥시(반월특수지역을 제외한다)

4) 중소기업특별세액감면(조특법 §7)

구 분	내 용
업 종	조특법 § 7에 규정된 업종을 영위하는 중소기업(도소매업, 제조업, 건설업, 여객운송업, 물류산업, 출판업, 정보서비스업, 연구개발업, 의료업, 인력공급업 등) ※ 음식점업, 전시 및 행사대행업, 예술관련서비스업 중 자영예술가, 개인이 운영하는 의원, 치과의원, 한의원 등은 제외함. ※ 다만, 의원·치과의원 및 한의원은 해당 과세연도의 수입금액(기업회계기준에 따라 계산한 매출액을 말한다)에서 요양급여비용이 차지하는 비율이 80% 이상으로서 해당 과세연도의 종합소득금액이 1억원 이하인 경우에 한정하여 감면허용함.

감면율 56)	사업장	업종	감면율(%)	
			소기업	중기업
	수도권 내	① 도매·소매·의료업	10	-
		② 상기 '①' 이외 모든 감면대상 업종 (지식기반산업 포함)	20	-
	수도권 밖	④ 도매·소매·의료업	10	5
		⑤ 상기 '④' 이외 모든 감면대상 업종	30	15

감면 세액	Min[①, ②] ① 해당 사업장에서 발생한 소득에 대한 법인세 × 감면비율 ② 감면한도 　ⓐ 당기의 상시근로자 수가 전기의 상시근로자 수보다 감소한 경우 : 1억원에서 감소한 상시근로자 1명당 500백만원씩을 뺀 금액(해당 금액이 음수인 경우에는 영으로 함) 　ⓑ 그 밖의 경우 : 1억원

적용례	수도권이란 서울·인천·경기 전체지역이 해당되며 수도권과밀억제권역과는 구분해야 함. 본사가 수도권에 있으면 모든 사업장에 적용 수도권 내 감면비율을 적용함.	
	소기업 (2015년 까지)	상시종업원수가 제조업은 100명 미만, 축산업·광업·건설업·출판업·물류산업·여객운송업은 50명 미만, 기타사업은 10명 미만으로 하되, 매출액 100억원 이상은 제외함.
		제외하는 자 : 주주인 임원, 연구전담요원, 60시간미만 단시간 근로자

	개정규정(2016년부터) : 다음에서 정하는 매출액 이하에 해당하면 소기업으로 판단 120억 : 식료품, 음료, 의복, 가죽, 신발, 전자부품, 자동차, 가구 제조업 80억 : 섬유제품, 펄프, 고무제품, 의료기기 제조업, 건설업, 운수업 50억 : 도소매, 출판 30억원 : 전문과학기술서비스업 10억원 : 숙박음식
	* 2016년 이후 귀속분부터는 인원규정은 폐지되고 매출액기준만 적용한다. 다만, 2015년, 2016년은 종전규정에 따라 소기업에 해당되었던 기업이 개정규정에 따른 소기업에 해당하지 아니하게 된 경우에는 2019년 1월 1일이 속하는 과세연도까지는 소기업으로 본다.
지식 기반 산업	엔지니어링사업(엔지니어링 기술진흥법에 의한 엔지니어링 활동), 연구개발업, 전기통신업, 컴퓨터프로그래밍·시스템 통합 및 관리업, 영화 및 비디오물 및 방송프로그램제작업, 전문디자인업, 오디오출판 및 원판녹음업, 광고업 중 광고물작성업, 소프터웨어 개발 및 공급업, 방송업, 정보서비스업(조특령 § 6⑥)
소득 구분 계산	* 감면대상소득(손금)으로 보지 아니하는 경우 수입이자, 수입배당금, 수입임대료, 유가증권평가익, 유가증권처분익(손실), 가지급금인정이자, 고정자산처분익(손실), 자산수증익, 채무면제익, 보험차익, 재해손실 등
주의 사항	창업중소기업(벤처기업) 세액감면 등 다른 세액감면과는 중복공제 불가함.
	조특법상의 다른 세액공제와 중복공제 불가(연구인력개발비세액공제, 전자신고세액공제와는 중복공제 가능)
	감가상각의제가 적용되므로 세법상 한도액까지 무조건 감가상각하여야 함.
	최저한세 해당(추계시에도 적용 가능함)되나 농어촌특별세는 해당 안됨.
	세무서장이 경정하는 경우 및 과세표준과 세액을 경정할 것을 미리 알고 수정신고서를 제출하는 경우에 부당과소신고가산세가 적용되는 금액에 대하여는 감면을 배제함.

5) 창업중소기업세액감면(조특법 §6)

구 분	내 용
감면 대상 법인	① 2027.12.31. 이전에 수도권 과밀억제권역 외의 지역에서 창업한 중소기업과 중소기업창업지원법 규정에 의하여 창업보육센터사업자로 지정받은 내국인 (개인사업자 . 법인사업자)[창업중소기업] * 2018년 5월 29일 이후에 창업한 청년창업중소기업은 수도권과밀억제권역 내의 지역에서 창업한 경우에도 감면이 가능하다. ② 창업후 3년 이내에 2027년 12월31일 이전에 벤처기업으로 확인 받은 다음의 창업벤처중소기업(수도권과밀억제권역 배제를 적용받지 않음)[창업벤처중소기업] 　㉠ 벤처기업육성에 관한 특별조치법 제2조 제1항 제1호, 제3호 및 제4호 규정에 의한 중소기업

---

56) 장수 성실중소기업에 대해 감면율 10%(1.1배) 상향 조정 : 10년이상 계속사업한 개인사업자, 종합소득금액이 1억원 이하일 것, 소득법 §58④의 성실사업자에 해당할 것,

　　　　ⓛ 연구개발비가 해당 연도 수입금액의 5%이상인 중소기업으로서 벤처기업 최초 확인연도 연구개발비의 비율을 계속유지 해야함.
　③ 창업일이 속하는 사업연도와 그 다음 3개 과세연도가 지나지 아니한 중소기업으로서 2027년 12월 31일까지 다음의 에너지신기술중소기업에 해당하는 경우[에너지신기술중소기업]
　　ⓙ 에너지이용합리화법 제 15조에 따른 에너지소비효율 1등급 제품 및 같은 법 제22조에 따라 고효율에너지 기자재로 인증받는 제품의 제조
　　ⓛ 신에너지 및 재새에너지 개발,이용,보급 촉진법 제13조에 따라 신재생에너지설비로 인증받은 제품의 제조
　④ 위의 ①,②,③에도 불구하고 2024년 12월 31일 이전에 수도권과밀억제권역 외의 지역에서 창업한 창업중소기업(청년창업중소기업은 제외한다), 2024년 12월 31일까지 벤처기업으로 확인받은 창업벤처중소기업 및 2024년 12월 31일까지 에너지신기술중소기업에 해당하는 경우[신성장서비스기업]
　　* 신성장서비스업종

	ⓙ 컴퓨터 프로그래밍, 시스템 통합 및 관리업, 소프트웨어 개발 및 공급업, 정보서비스업(뉴스제공업은 제외한다) 또는 전기통신업
	ⓛ 창작 및 예술관련 서비스업(자영예술가는 제외한다), 영화ㆍ비디오물 및 방송 프로그램 제작업, 오디오물 출판 및 원판 녹음업 또는 방송업
	ⓒ 엔지니어링사업, 전문 디자인업, 보안 시스템 서비스업 또는 광고업 중 광고물 문안, 도안, 설계 등 작성업
	ⓔ 서적, 잡지 및 기타 인쇄물 출판업, 연구개발업, 「학원의 설립ㆍ운영 및 과외교습에 관한 법률」에 따른 직업기술 분야를 교습하는 학원을 운영하는 사업 또는 「근로자직업능력 개발법」에 따른 직업능력개발훈련시설을 운영하는 사업(직업능력개발훈련을 주된 사업으로 하는 경우로 한정한다)
	ⓜ 물류산업
	ⓗ 「관광진흥법」에 따른 관광숙박업, 국제회의업, 유원시설업 또는 제9항에 따른 관광객이용시설업
	ⓢ 그 밖에 기획재정부령으로 정하는 신성장 서비스업(「전시산업발전법」에 따른 전시산업,그 밖의 과학기술서비스업, 시장조사 및 여론조사업,광고업 중 광고대행업, 옥외 및 전시 광고업)

감면대상업종	광업, 제조업, 수도ㆍ하수 및 폐기물 처리ㆍ원료 재생업, 건설업, 통신판매업, 물류산업(육상ㆍ수상ㆍ항공 운송업, 화물 취급업, 보관 및 창고업, 육상ㆍ수상ㆍ항공 운송지원 서비스업 등) 음식점업, 정보통신업, 금융 및 보험업 중 정보통신을 활용하여 금융서비스를 제공하는 업종, 전문, 과학 및 기술 서비스업(변호사업 등 제외), 사업시설 관리 및 조경 서비스업, 사업지원서비스업(고용알선업 및 인력 공급업은 농업노동자 공급업을 포함), 사회복지 서비스업, 예술, 스포츠 및 여가관련 서비스업(자영예술가 등 제외), 개인 및 소비용품 수리업, 이용 및 미용업, 직업기술 분야를 교습하는 학원을 운영하는 사업 또는 직업능력개발훈련시설을 운영하는 사업, 관광숙박업ㆍ국제회의업ㆍ유원시설업ㆍ전문휴양업, 노인복지시설을 운영하는 사업, 전시산업

법인세 감면	구분	감면내용
	창업 중소기업 등	일반창업의 경우 해당 사업에서 최초로 소득이 발생한날이 속하는 과세연도와 그 다음 과세연도의 개시일부터 4년이내에 종료하는 과세연도까지 해당 소득이 발행한 소득에 대한 법인세의 50%를 감면한다. 단 사업개시 또는 벤처확인연도부터 5년간 소득이 발생하지 않는 경우 해당 5년이 되는 과세연도와 그 다음 과세연도부터 4년간 50%의 세액을 감면한다.

		* 2018.5.29. 이후 창업한 경우 인원증가시 추가감면이 가능함.
		청년(만15세이상 29세 이하)창업의 경우(2017~2018.5.28 이전 창업) 최초로 세액을 감면받는 과세연도와 그 다음 과세연도의 개시일부터 2년 이내에 끝나는 과세연도에는 소득세 또는 법인세의 75%에 상당하는 세액을 감면하고, 그 다음 2년 이내에 끝나는 과세연도에는 소득세 또는 법인세의 50%에 상당하는 세액을 감면한다.
		청년(만15세이상 34세 이하)창업의 경우(2018.5.29 이후 창업) ① 과밀억제권역 내 창업시 5년간 50%, 인원증가시 2018년이후 창업분부터 추가감면 적용함. ② 과밀억제권역 외 창업시 5년간 100%, 인원증가시 추가감면 없음.
	창업벤처 중소기업	해당 사업에서 최초로 소득이 발생한날이 속하는 과세연도와 그 다음 과세연도의 개시일부터 4년이내에 종료하는 과세연도까지 해당 소득이 발행한 소득에 대한 법인세의 50%를 감면한다. 단 사업개시 또는 벤처확인 연도부터 5년간 소득이 발생하지 않는 경우 해당 5년이 되는 과세연도와 그 다음 과세연도부터 4년간 50%의 세액을 감면한다(수도권 과밀억제권역 배제 적용을 받지 않는다).
	에너지신기술 중소기업	해당 사업에서 최초로 소득이 발생한날이 속하는 과세연도와 그 다음 과세연도의 개시일부터 4년이내에 종료하는 과세연도까지 해당 소득이 발행한 소득에 대한 법인세의 50%를 감면한다. 단 사업개시 또는 벤처확인 연도부터 5년간 소득이 발생하지 않는 경우 해당 5년이 되는 과세연도와 그 다음 과세연도부터 4년간 50%의 세액을 감면한다(수도권 과밀억제권역역 배제 적용을 받지 않으며, 인원증가에 따른 추가감면이 가능하다).
소규모 창업자		2025년 12월 31일 이전에 창업한 창업중소기업(청년창업중소기업은 제외한다)에 대해서는 최초로 소득이 발생한 과세연도와 그 다음 과세연도의 개시일부터 4년 이내에 끝나는 과세연도까지의 기간에 속하는 과세연도의 수입금액(과세기간이 1년 미만인 과세연도의 수입금액은 1년으로 환산한 총수입금액을 말한다)이 8천만원 이하인 경우 그 과세연도에 대한 소득세 또는 법인세에 다음의 구분에 따른 비율을 곱한 금액에 상당하는 세액을 감면한다. 다만, 제2항(벤처기업 창업) 또는 제4항(에너지신기술)을 적용받는 경우는 제외한다. ① 수도권과밀억제권 외의 지역에서 창업한 경우 : 100% ② 수도권과밀억제권에서 창업한 창업중소기업의 경우 : 50%
추가 감면		업종별로 대통령령으로 정하는 상시근로자 수(이하에서 "업종별 최소고용인원[57]"이라 한다) 이상을 고용하는 수도권과밀억제권역 외의 지역에서 창업한 창업중소기업(청년창업중소기업은 제외한다), 창업보육센터사업자, 창업벤처중소기업 및 에너지신기술중소기업의 감면기간 중 해당 과세연도의 상시근로자 수가 직전 과세연도의 상시근로자 수(직전 과세연도의 상시근로자 수가 업종별 최소고용인원에 미달하는 경우에는 업종별 최소고용인원을 말한다)보다 큰 경우에는 다음과 같이 감면한다. 다만, 100%에 상당하는 세액을 감면받는 과세연도에는 감면을 적용하지 아니한다. 추가감면율 = (해당 과세연도의 상시근로자 수 − 직전 과세연도의 상시근로자 수) /

	직전 과세연도의 상시근로자 수 × 50% *100분의 1 미만인 부분은 없는 것으로 본다.
주의 사항	창업중소기업(벤처기업) 세액감면 등 다른 세액감면과는 중복공제 불가함.
	각종 투자세액공제와 사회보험료 세액공제와 중복공제되지 않는다. 그리고 고용증가 추가감면과 통합고용증대세액공제와 중복적용을 배제한다.
	감가상각의제가 적용되므로 세법상 한도액까지 무조건 감가상각하여야 함.
	최저한세 해당(추계시에도 적용 가능함)되나 다만 2018년 창업분부터 적용되는 청년창업, 소규모사업자 창업으로 100% 감면이 적용되거나 인원 증가에 따른 추가감면은 최저한세 해당하지 않는다. 또한 농어촌특별세는 해당 안됨.

(3) 세액공제

1) 법인세법상의 세액공제

① 외국납부세액공제

내국법인의 각 사업연도의 과세표준금액에 국외원천소득이 포함되어 있는 경우 그 국외원천소득에 대하여 외국법인세액을 납부하였거나 납부할 세액이 있는 경우에는 다음 계산식에 따른 금액(공제한도금액) 내에서 외국법인세액을 해당 사업연도의 산출세액에서 공제할 수 있다(법인법 §57).

$$\text{외국납부세액공제한도액} = \text{산출세액} \times \frac{\text{국외원천소득}}{\text{법인세과세표준}}$$

다만, 해당 사업연도의 공제한도금액을 초과하는 경우 그 초과하는 금액은 해당 사업연도의 다음 사업연도 개시일부터 10년 이내에 끝나는 각 사업연도로 이월하여 그 이월된 사업연도의 공제한도금액 내에서 공제받을 수 있다. 만약, 이월공제기간 내에 공제받지 못한 경우 그 공제받지 못한 외국법인세액은 이월공제기간의 종료일 다음 날이 속하는 사업연도의 소득금액을 계산할 때 손금에 산입할 수 있다.

② 재해손실세액공제

법인의 각 사업연도 중에 천재지변이나 그 밖의 재해로 인하여 자산총액[사업용자산(토지는 제외)과 상실한 타인소유의 자산으로 그 상실로 인한 변상책임이 당해 법인에게 있는 것을 포함]의 20/100 이상을 상실하여 납세가 곤란하다고 인정되는 경우 이를 적용받을 수 있다(법인법 §58).

---

57) 광업,제조업, 건설업, 물류산업 : 10인, 그 밖의 업종 : 5인

㉠ 공제세액의 계산

$$\left[\text{공제대상세액}\right] \times \frac{\text{재해로 인하여 상실된 자산의 가액}}{\text{상실 전의 자산총액}}$$

㉡ 재해손실자산의 계산

재해발생일 현재 그 법인의 장부가액에 의하여 계산하되, 장부가 소실 또는 분실되어 장부가액을 알 수 없는 경우에는 납세지 관할세무서장이 조사하여 확인한 재해발생일 현재의 가액에 의하여 이를 계산한다.

㉢ 공제대상세액과 한도

재해 발생일 현재 부과되지 아니한 법인세와 부과된 법인세로서 미납된 법인세와 재해 발생일이 속하는 사업연도의 소득에 대한 법인세가 대상세액이며, 상실된 자산의 가액을 한도로 한다.

㉣ 세액공제신청기한

재해발생일 현재 미납된 법인세와 납부하여야 할 법인세의 경우 재해발생일부터 1월 이내에 재해손실세액공제신청서를 관할세무서장에게 제출하여야 하고 과세표준신고기한이 경과되지 아니한 법인세의 경우에는 법인세 신고기한 내에 제출하여야 한다. 다만, 재해발생일부터 신고기한까지의 기간이 1월 미만인 경우에는 재해발생일부터 1월 이내에 제출하여야 한다.

2) 조세특례제한법상의 세액공제

조세특례제한법에 규정된 세액공제를 열거하면 다음과 같다. 「조특법」상 모든 세액공제의 이월공제기간을 10년으로 확대하고 21.1.1. 이후 법인세 신고시 이월공제기간이 경과하지 않은 분부터 적용한다(조특법 §144 ①). 즉 20년도 귀속 법인세 신고시까지는 이월공제기간을 5년 적용한다.

종 류	적용대상	세액공제액
1. 통합투자세액 공제 (조특법 § 24)	모든 법인(소비성 서비스업, 부동산임대·공급업 제외)과 모든 사업용 유형자산을 대상으로 하되, 건물, 구축물, 차량 및 운반구, 선박 및 항공기, 비품 등은 제외 - 종전 특정시설* 또는 사업에 필수적인 자산** 등 일부 시설은 예외 인정 * 연구·인력개발, 에너지절약 및 환경보전 시설 등 ** (건설업) 포크레인 등 중장비, (도소매·물류업)	(기본공제) 당해 연도 투자액×기본공제율 • 일반 투자분 : 중소 10%, 중견 3%, 대 1% •신성장기술 사업화시설 투자분 : 중소 12%, 중견 5%, 대 3% (추가공제) [당해 연도 투자액－직전 3년 평균 투자액]×추가공제율(모든기업

종류	적용대상	세액공제액
	창고 등 물류시설, (운수업) 차량·운반구·선박, (관광숙박업) 건축물 및 부속 시설물 등	3%) • 추가공제액 한도 : 기본공제액의 200%
2. 근로소득증대 세액공제 (조특법 § 29의4)	* 아래의 요건을 모두 충족하는 법인사업자 - 해당 과세연도 상시근로자의 평균임금증가율이 직전 3년 평균임금증가율의 평균보다 클 것 - 해당 과세연도의 상시근로자 수가 직전 과세연도의 상시근로자 수보다 크거나 같을 것	• (직전 3년 평균임금증가율×다음의 기본공제율)+(해당 과세연도의 정규직 전환 근로자의 임금증가액×다음의 추가공제율) • 중소기업: 20%, 중견기업 10%, 그 외 5%
3. 고용을 증대시킨 기업에 대한 세액공제 (조특법 § 29의 7)	① 내국인(소비성서비스업 등 제외)의 2024년 12월 31일이 속하는 과세연도까지의 기간 중 해당 과세연도의 상시근로자의 수가 직전 과세연도의 상시근로자의 수보다 증가한 경우 * 청년 등 : 청년 정규직 근로자, 장애인 근로자, 60세 이상인 근로자 등	ⓐ 청년 등 상시근로자의 증가한 인원수 × 400만원 * 중견기업 800만원, 수도권 내 중소기업 1,100만원, 수도권 밖 중소기업 1,200만원 * 2022.12.31.: 수도권 밖 500만원(중견기업 900만원, 수도권 내 중소기업 1,300만원) ⓑ 청년 등 상시근로자 외 상시근로자의 증가한 인원수 × 0원 * 중견기업 450만원, 수도권 내 중소기업 700만원, 수도권 밖 중소기업 770만원
	② ①에 따라 법인세를 공제받은 중소기업 또는 중견기업이 공제를 받은 과세연도의 종료일로부터 2년(일반기업 1년)이 되는 날이 속하는 과세연도의 종료일까지의 기간 중 전체 상시근로자의 수가 공제를 받은 과세연도의 전체 상시근로자 수보다 감소하지 않은 경우	다음의 금액을 공제를 받은 과세연도의 종료일로부터 2년이 되는 날이 속하는 과세연도까지의 법인세에서도 공제함 ⓐ 청년 등 상시근로자 수가 감소하지 않는 경우 : ①의 ⓐ 및 ⓑ에 따라 공제받은 금액 상당액 ⓑ ⓐ 외의 경우 : ①의 ⓑ에 따라 공제받은 금액 상당액
4. 통합고용 세액공제 (조특법 § 29의 8)	내국인(소비성서비스업 등 제외)의 2025년 12월 31일이 속하는 과세연도까지의 기간 중 해당 과세연도의 상시근로자의 수가 직전 과세연도의 상시근로자의 수보다 증가한 경우 * 청년 등 : 청년(15~34세) 정규직 근로자, 장애인 근로자, 60세 이상인 근로자 등	[기본공제] ⓐ 청년 등 상시근로자의 증가한 인원수 × 400만원 * 중견기업 800만원, 수도권 내 중소기업 1,450만원, 수도권 밖 중소기업 1,550만원 ⓑ 청년 등 상시근로자 외 상시근로자의 증가한 인원수 × 0원

종 류	적용대상	세액공제액
		* 중견기업 450만원, 수도권 내 중소기업 850만원, 수도권 밖 중소기업 900만원 다만, 해당 과세연도에 해당 중소기업 또는 중견기업의 상시근로자 수가 직전 과세연도의 상시근로자 수보다 감소한 경우에는 공제하지 아니한다. [추가공제]정규직 전환자 및 육아휴직 복귀자(1년 지원)의 증가한 인원수 × * 중견기업 900만원, 수도권 중소기업 1,300만원 다만, 전환일 또는 육아휴직 복직일부터 2년이 지나기 전에 해당 근로자와의 근로관계를 종료하는 경우에는 근로관계가 종료한 날이 속하는 과세연도의 과세표준신고를 할 때 공제받은 세액에 상당하는 금액을 추징한다.
5. 정규직 근로자로의 전환에 따른 세액공제 (조특법 § 30의 2)	2021.6.30. 현재 비정규직인 근로자를 2022.12.31. 까지 정규직으로 전환	정규직 근로자로의 전환에 해당하는 인원 ×1,000만원 * 중견기업 700만원
6. 중소기업 사회보험료 세액공제 (조특법 § 30의 4)	① 중소기업이 2024.12.31.이 속하는 과세연도의 상시근로자 수가 직전 과세연도의 상시근로자 수보다 증가한 경우에 사용자의 일정한 사회보험료 부담금액을 공제	(청년·경력단절여성) 상시근로자 고용증가인원×사용자사회보험료×100% (신성장 서비스업)상시근로자 고용증가인원×사회보험료×75% (기타)상시근로자고용증가인원×사회보험료×50%
	② ①에 따라 법인세를 공제받은 중소기업이 공제를 받은 과세연도의 종료일부터 1년이 되는 날이 속하는 과세연도의 종료일까지의 기간 중 전체 상시근로자의 수가 공제를 받은 과세연도의 전체 상시근로자 수보다 감소하지 아니한 경우	① 청년등 상시근로자 수가 감소하지 아니한 경우 : 위에 따라 공제받은 금액 상당액 ② 위 ① 외의 경우: 위의 ②에 따라 공제받은 금액 상당액

종 류	적용대상	세액공제액
	③ 일정한 요건을 갖춘 중소기업은 2020년 1월 1일 현재 고용 중인 근로자 중 2020년 12월 31일까지 사회보험에 신규 가입하는 근로자	2년간 사용자가 부담하는 사회보험료 상당액×50% * 국가 등의 지원금은 제외한다.
7. 정치자금의 손금 산입특례 (조특법 § 76)	정당, 후원회, 선거관리위원회에 기부한 정치자금	•10만원까지 그 기부금액의 100/110을 공제
8. 전자신고세액 공제 (조특법 § 104의 8)	① 납세자 : 전자신고방법에 따라 소득세, 양도소득세 또는 법인세과세표준 신고, 부가가치세신고를 한 경우 ② 세무대리인 : 납세자를 대리하여 소득세, 양도소득세 또는 법인세 및 부가가치세를 전자신고한 경우	① 납세자 : •법인세(소득세) : 2만원 •부가가치세 : 1만원 ② 세무대리인 : •신고건당 1만원 (개인 연300만원, 법인 연750만원 한도)
9. 성실신고확인 비용에 대한 세액공제 (조특법 § 126의 6)	성실신고확인대상법인이 성실신고확인서를 제출하는 경우 (일부 사업장만 성실신고 확인을 받은 경우에도 세액공제 적용)	Min[①,②] ① 성실신고확인에 직접 사용한 비용 × 60% ② 한도 : 120만원(부동산임대업을 주된 사업으로 하는 등 일정요건에 해당하는 법인 150만원)

3) 연구 및 인력개발비 세액공제(조특법 §10)

구 분	내 용
공제 대상 비용	1. 자체연구개발(전담부서에서 사용하는 소모품비와 복리후생비는 포함하지 않음) ① 인정일 이후 지출된 연구소 및 전담부서에서 근무하는 연구전담요원, 연구보조원, 연구관리직원의 인건비(퇴직금, 퇴직연금 불입액, 여비교통비, 복리후생비 제외) * 연구원 : 임원인 동시에 10%(특수관계인 포함) 초과하여 소유하는 주주는 제외 ② 연구용으로 사용하는 견본품·부품·원재료와 시약류구입비(시범제작에 소요되는 외주가공비를 포함) ③ 연구·시험용 시설의 임차 또는 위탁연구기관의 연구·시험용 시설의 이용에 필요한 비용(연구장비 임차료는 해당하나 연구소 임차료는 제외) 2. 위탁 및 공동연구개발 ① 대학, 국공립연구기관 등에 과학기술 분야의 연구개발용역을 위탁(재위탁을 포함한다)함에 따른 비용 및 이들 기관과의 공동연구개발을 수행함에 따른 비용과 ② 대학 또는 전문대학에 소속된 개인(조교수 이상에 한정한다)에게 과학기술분야의 연구개발용역을 위탁함에 따른 비용 3. 직무발명 보상금으로 지출한 금액, 고유디자인의 개발을 위한 비용
공제 세액	Max [① 해당 연도 연구개발비 발생액 × 25%, ② 초과 발생액(*) × 50%] (*) 초과발생액 = 해당연도 발생액 - 직전연도 발생액 ☞ 아래는 초과발생액 기준을 사용못하고 당기발생기준만 사용가능함. ㉠ 직전 4년간 일반연구·인력개발비가 발생하지 아니한 경우 ㉡ 직전 연도에 발생한 일반연구·인력개발비가 직전 4년간 발생한 일반연구·인력개발비의 연평균 발생액보다 적은 경우
준비 서류	20년 이후 개시하는 과세연도부터 해당 과세연도에 수행한 연구개발 과제별로 별지 제3초의2 서식에 따른 연구개발계획서, 연구개발보고서 및 연구노트를 작성(신성장 등이 아닌 일반연구개발비의 경우에는 연구개발계획서 및 연구개발보고서만 작성)하고 해당 과세연도의 종료일부터 5년간 보관할 것
주의 사항	다른 세액공제 및 세액감면과 중복해서 공제가능
	농특세 비과세대상임. 중소기업은 최저한세 적용을 안함.
	5년간 이월공제 가능(설립일부터 5년이내 발생된 세액공제액은 10년간 이월공제) * 21년 이후 신고시 발생된 세액공제는 10년간 이월공제
	청년 및 장기재직자 내일채움공제(회사 불입금)는 인력개발비에 해당하여 세액공제 가능

4) 고용을 증대시킨 기업에 대한 세액공제(조특법 §29의7)

신규 일자리 창출에 대한 지원 강화 목적으로 고용창출투자세액공제와 청년 고용증대세제를 통합·재설계하여 신설하였으며 2018.1.1. 이후 개시하는 과세연도 분부터 적용한다.

구 분	내 용
공제 대상	내국법인(소비성서비스업 제외)의 2025년 12월 31일이 속하는 과세연도까지의 기간 중 해당 과세연도의 상시근로자 수가 직전 과세연도의 상시근로자 수보다 증가한 경우에는 아래의 각 금액을 더한 금액을 해당 과세연도의 법인세에서 공제한다. | 구분	중소기업 수도권	중소기업 지방	중견기업	대기업
---	---	---	---	---
청년 등 이외 상시근로자	700만원	770만원	450만원	-
청년정규직, 장애인, 60세 이상자('21귀속부터)	1,100만원	1,200만원 (2022.12.31. 1,300만원)	800만원 (2022.12.31. 900만원)	400만원

공제기간 (공제연도 인원 계속 유지시)	해당 연도와 이후 2년간(총 3년)			1년간	
					
					  법인세를 공제받은 중소기업 또는 중견기업이 공제를 받은 과세연도의 종료일부터 2년(일반기업 1년)이 되는 날이 속하는 과세연도의 종료일까지의 기간 중 전체 상시근로자의 수가 공제를 받은 과세연도의 전체 상시근로자 수보다 감소하지 아니한 경우에는 상기의 금액을 공제를 받은 과세연도의 종료일부터 2년이 되는 날이 속하는 과세연도의 법인세에서도 공제한다.
					  * 중소기업이 20년에 전년도 보다 상시근로자 인원이 증가·유지된 경우에는 18년 3차공제, 19년 2차공제, 20년 1차공제 가능하다. 다만, 사후관리 규정을 두어 20년에 인원이 감소한 경우에는 18년, 19년 추가공제 미적용 및 잔여기간 미공제하고 기공제분에 대하여 20년 인원 감소분 추가납부한다.
					  그러나 코로나로 인하여 20년에 인원이 감소한 경우에도 사후관리를 20년은 적용하지 않고 적용을 1년 유예하여 21년에 19년 인원 수준 유지시 세액공제 혜택을 지속 적용한다.

상시 근로자수 계산	상시근로자는 「근로기준법」에 따라 근로계약을 체결한 내국인 근로자로 한다. 다만, 다음 어느 하나에 해당하는 사람은 제외한다.
	① 근로계약기간이 1년 미만인 근로자. 다만, 근로계약의 연속된 갱신으로 인하여 그 근로계약의 총 기간이 1년 이상인 근로자는 상시근로자로 본다.
	② 「근로기준법」 제2조제1항제8호에 따른 단시간근로자. 다만, 1개월간의 소정 근로시간이 60시간 이상인 근로자는 상시근로자로 본다.
	③ 법인령 § 42① 각 호의 어느 하나에 해당하는 임원
	④ 해당 기업의 최대주주 또는 최대출자자(개인사업자의 경우에는 대표자를 말한다)와 그 배우자
	⑤ ④에 해당하는 자의 직계존비속(그 배우자를 포함한다) 및 「국세기본법 시행령」 제1조의2제1항에 따른 친족관계인 사람
	⑥ 소득령 § 196에 따른 근로소득원천징수부에 의하여 근로소득세를 원천징수한 사실이 확인되지 아니하고, 다음 각 목의 어느 하나에 해당하는 금액의 납부사실도 확인되지 아니하는 자
	  ㉠ 「국민연금법」 제3조제1항제11호 및 제12호에 따른 부담금 및 기여금
	  ㉡ 「국민건강보험법」 제69조에 따른 직장가입자의 보험료

청년 정규직 근로자와 장애인	상시근로자 중 다음 어느 하나에 해당하는 사람을 말한다. ① 15세 이상 29세 이하인 사람 중 어느 하나에 해당하는 사람을 제외한 사람. 다만, 해당 근로자가 병역을 이행한 경우에는 그 기간(6년을 한도로 한다)을 현재 연령에서 빼고 계산한 연령이 29세 이하인 사람을 포함한다.

근로자 및 60세 이상자	㉠「기간제 및 단시간근로자 보호 등에 관한 법률」에 따른 기간제근로자 및 단시간근로자 ㉡「파견근로자보호 등에 관한 법률」에 따른 파견근로자 ㉢「청소년 보호법」제2조제5호 각 목에 따른 업소에 근무하는 같은 조 제1호에 따른 청소년 ㉣「장애인복지법」의 적용을 받는 장애인과 「국가유공자 등 예우 및 지원에 관한 법률」에 따른 상이자 ㉤ 근로계약 체결일 현재 연령이 60세 이상인 사람('21귀속부터 적용)	
근로자 수 계산	상시 근로자 수	해당 과세연도의 매월말 현재 상시 근로자 수의 합 ÷ 해당 과세연도의 개월수 ☞ 이 경우 100분의 1 미만의 부분은 없는 것으로 한다.
	청년 등 상시 근로자 수	해당 과세연도의 매월말 현재 청년 등 상시 근로자 수의 합 ÷ 해당 과세연도의 개월수 ☞ 이 경우 100분의 1 미만의 부분은 없는 것으로 한다.
주의 사항	사회보험료 세액공제, 각종 투자세액공제 등과 중복 적용 가능	
	창업중소기업세액감면과 중복적용 불가	
	창업중소기업세액감면(고용증가에 따른 추가 감면 제외), 중소기업특별세액감면과 중복적용가능	
	최저한세 적용되며, 농특세 과세. 단, 인원감소하여 법인세 추징시 농특세 환급충당됨.	
	5년(21년 이후 신고시 발생된 세액공제부터 10년간 이월 공제)간 이월공제가능하나 인원감소시 추징하는 사후관리 규정 있음.	

5) 통합고용증대세액공제(조특법 §29의8)

2023.1.1.부터 2024.12.31.까지 통합고용증대세액공제 중 고용증대세액공제(조특법 제29조의8 ①)와 고용을 증대시킨 기업에 대한 세액공제(조특법 제29조의7) 또는 중소기업 사회보험료 세액공제(조특법 제30조의4)중 하나만 적용한다.

| 통합고용증대세액공제 선택시 중복공제여부 |

구분	중복 세액공제 여부
고용증대세액공제(2차 또는 3차 추가공제)	중복 세액공제가능
중소기업 사회보험료 세액공제 추가공제	중복 세액공제가능
이월된 고용증대세액공제 및 중소기업 사회보험료 세액공제	중복 세액공제가능

구 분	내 용
공제 대상	내국법인(소비성서비스업 제외)의 2025년 12월 31일이 속하는 과세연도까지의 기간 중 해당 과세연도의 상시근로자 수가 직전 과세연도의 상시근로자 수보다 증가한 경우에는 아래의 각 금액을 더한 금액을 해당 과세연도의 법인세에서 공제한다. | 구분	중소기업 || 중견기업	대기업
---	---	---	---	---
	수도권	지방		
청년 등 이외 상시근로자	850만원	950만원	450만원	–
청년정규직, 장애인, 60세 이상자, 경력단절여성	1,450만원	1,550만원	800만원	400만원
공제기간 (공제연도 인원 계속 유지시)	해당 연도와 이후 2년간(총 3년)			1년간	 법인세를 공제받은 중소기업 또는 중견기업이 공제를 받은 과세연도의 종료일부터 2년(일반기업 1년)이 되는 날이 속하는 과세연도의 종료일까지의 기간 중 전체 상시근로자의 수가 공제를 받은 과세연도의 전체 상시근로자 수보다 감소하지 아니한 경우에는 상기의 금액을 공제를 받은 과세연도의 종료일부터 2년이 되는 날이 속하는 과세연도의 법인세에서도 공제한다.
상시 근로자 수 계산	상시근로자는 「근로기준법」에 따라 근로계약을 체결한 내국인 근로자로 한다. 다만, 다음 어느 하나에 해당하는 사람은 제외한다. ① 근로계약기간이 1년 미만인 근로자. 다만, 근로계약의 연속된 갱신으로 인하여 그 근로계약의 총 기간이 1년 이상인 근로자는 상시근로자로 본다. ② 「근로기준법」 제2조제1항제8호에 따른 단시간근로자. 다만, 1개월간의 소정 근로시간이 60시간 이상인 근로자는 상시근로자로 본다. ③ 법인령 § 42① 각 호의 어느 하나에 해당하는 임원 ④ 해당 기업의 최대주주 또는 최대출자자(개인사업자의 경우에는 대표자를 말한다)와 그 배우자 ⑤ ④에 해당하는 자의 직계존비속(그 배우자를 포함한다) 및 「국세기본법 시행령」 제1조의2 제1항에 따른 친족관계인 사람 ⑥ 소득령 § 196에 따른 근로소득원천징수부에 의하여 근로소득세를 원천징수한 사실이 확인되지 아니하고, 다음 각 목의 어느 하나에 해당하는 금액의 납부사실도 확인되지 아니하는 자 ㉠ 「국민연금법」 제3조제1항제11호 및 제12호에 따른 부담금 및 기여금 ㉡ 「국민건강보험법」 제69조에 따른 직장가입자의 보험료
청년 정규직 근로자 와 장애인 근로자 및 60세 이상자	상시근로자 중 다음 어느 하나에 해당하는 사람을 말한다. ① 15세 이상 34세 이하인 사람 중 어느 하나에 해당하는 사람을 제외한 사람. 다만, 해당 근로자가 병역을 이행한 경우에는 그 기간(6년을 한도로 한다)을 현재 연령에서 빼고 계산한 연령이 34세 이하인 사람을 포함한다. ㉠ 「기간제 및 단시간근로자 보호 등에 관한 법률」에 따른 기간제근로자 및 단시간근로자 ㉡ 「파견근로자보호 등에 관한 법률」에 따른 파견근로자 ㉢ 「청소년 보호법」 제2조제5호 각 목에 따른 업소에 근무하는 같은 조 제1호에 따른 청소년 ② 「장애인복지법」의 적용을 받는 장애인과 「국가유공자 등 예우 및 지원에 관한 법률」에 따른

상이자
③ 근로계약 체결일 현재 연령이 60세 이상인 사람('21귀속부터 적용)
☞ 근로계약 체결일 현재 60세 미만인 사람 중 해당 사업연도에 60세 이상인 경우 청년 등 상시근로자에 포함되지 않고, 청년 등 외 상시근로자에 포함된다.
④ 경력단절여성: 다음의 요건을 충족하는 여성을 말한다.
　㉠ 해당 기업 또는 한국표준산업분류상의 중분류를 기준으로 동일한 업종의 기업에서 1년 이상 근무하였을 것(해당 기업이 경력단절 여성의 근로소득세를 원천징수하였던 사실이 확인되는 경우로 한정)
　㉡ 다음에 해당하는 결혼·임신·출산·육아 및 자녀교육의 사유로 해당 기업에서 퇴직하였을 것
　　• 퇴직한 날부터 1년 이내에 혼인한 경우(가족관계기록사항에 관한 증명서를 통하여 확인되는 경우로 한정)
　　• 퇴직한 날부터 2년 이내에 임신하거나 난임시술을 받은 경우(의료기관의 진단서 또는 확인서를 통하여 확인되는 경우에 한정)
　　• 퇴직일 당시 임신한 상태인 경우(의료기관의 진단서를 통하여 확인되는 경우로 한정)
　　• 퇴직일 당시 8세 이하의 자녀가 있는 경우
　　• 퇴직일 당시 「초·중등교육법」 제2조에 따른 학교에 재학 중인 자녀가 있는 경우
　㉢ ㉡에 따른 사유로 퇴직한 날부터 2년 이상 15년 미만의 기간이 지났을 것
　㉣ 해당 기업의 최대주주 또는 최대출자자(개인사업자의 경우에는 대표자를 말한다)나 그와 친족 관계가 아닐 것

근로자 수 계산	상시 근로자 수	해당 과세연도의 매월말 현재 상시 근로자 수의 합 ÷ 해당 과세연도의 개월수 ☞ 이 경우 100분의 1 미만의 부분은 없는 것으로 한다.
	청년 등 상시 근로자 수	해당 과세연도의 매월말 현재 청년 등 상시 근로자 수의 합 ÷ 해당 과세연도의 개월수 ☞ 이 경우 100분의 1 미만의 부분은 없는 것으로 한다.
추가납부 세액처리 및 가산세 여부	① 세액공제금액 중 최저한세 적용 등으로 공제받지 못하고 이월된 금액이 있는 경우에는 그 금액을 차감한 후의 금액을 소득세로 납부하여야 한다(조특법 29조의8 ② 후단). ② 가산세를 별도로 납부하지 않는다.	
주의 사항	사회보험료 세액공제, 각종 투자세액공제 등과 중복 적용 가능 창업중소기업세액감면과 중복적용 불가 중소기업특별세액감면과 중복적용 가능	
	최저한세 적용되며, 농특세 과세. 단, 인원감소하여 법인세 추징시 농특세 환급충당됨	
	5년(21년 이후 신고시 발생된 세액공제부터 10년간 이월 공제)간 이월공제가능하다.	

6) 정규직전환근로자세액공제

구 분	내 용
공제 대상	2023년 6월 30일 당시 고용하고 있는 다음의 근로자를 2024년 12월 31일까지 정규직 근로자로 전환한 중소기업 또는 중견기업이 적용대상이다(조특법 29조의8 ③). ① 「기간제 및 단시간근로자 보호 등에 관한 법률」에 따른 기간제근로자 및 단시간근로자 ② 「파견근로자 보호 등에 관한 법률」에 따른 파견근로자 ③ 「하도급거래 공정화에 관한 법률」에 따른 수급사업자에게 고용된 기간제근로자 및 단시간근로자 세액공제액 = 정규직 근로자로의 전환에 해당하는 인원 × 1,300만원(중견기업 900만)
사후관리	소득세를 공제받은 자가 정규직 근로자로의 전환일부터 2년이 지나기 전에 해당 정규직 근로자와의 근로관계를 종료하는 경우에는 근로관계가 종료한 날이 속하는 과세연도의 과세표준신고를 할 때 공제받은 세액에 상당하는 금액을 소득세로 납부하여야 한다. 이 경우 세액공제금액 중 최저한세 적용 등으로 공제받지 못하고 이월된 금액이 있는 경우에는 그 금액을 차감한 후의 금액을 소득세로 납부하여야 한다(조특법 29조의8 ⑥ 후단).

7) 육아복직자세액공제

구 분	내 용
공제 대상	2025년 12월 31일까지 육아휴직복귀자를 복직시키는 중소기업 또는 중견기업이 적용대상이다(조특법 29조의8 ④). ① 해당 기업에서 1년 이상 근무하였을 것(해당 기업이 육아휴직 복귀자의 근로소득세를 원천징수하였던 사실이 확인되는 경우로 한정한다) ② 「남녀고용평등과 일·가정 양립 지원에 관한 법률」 제19조 제1항에 따라 육아휴직한 경우로서 육아휴직 기간이 연속하여 6개월 이상일 것 ③ 해당 기업의 최대주주 또는 최대출자자(개인사업자의 경우에는 대표자를 말한다)나 그와 친족관계가 아닐 것 세액공제액 = 육아휴직 복귀자 인원 × 1,300만원(중견기업 900만)
사후관리	소득세를 공제받은 기업이 해당 기업에 복직일부터 2년이 지나기 전에 해당 육아휴직 복귀자와의 근로관계를 끝내는 경우에는 근로관계가 종료한 날이 속하는 과세연도의 과세표준신고를 할 때 공제받은 세액상당액을 가산하여 소득세로 납부하여야 한다. 이 경우 세액공제금액 중 최저한세 적용 등으로 공제받지 못하고 이월된 금액이 있는 경우에는 그 금액을 차감한 후의 금액을 소득세로 납부하여야 한다(조특법 29조의8 ⑥ 후단).

(4) 공제감면세액의 순위

조세에 관한 법률의 적용에 있어서 법인세 감면에 관한 규정과 그 세액공제에 관한 규정이 동시에 적용되는 경우에 그 적용순위는 다음과 같다(면제 포함).
① 각 사업연도 소득에 대한 세액 감면(법인법 §59①)
② 세액공제 중 이월공제가 인정되지 아니하는 세액공제
③ 세액공제 중 이월공제가 인정되는 세액공제. 이 경우 해당 사업연도 중 발생한 세액
   공제액과 이월된 미공제액이 함께 있는 경우 이월된 미공제액을 먼저 공제한다.

세액공제를 함에 있어서는 '①'의 직접감면액과 '②'의 이월공제가 인정되지 아니하는 세액공제의 합계액이 법인세액(토지등 양도소득에 대한 법인세 및 가산세는 제외)을 초과하는 경우에는 그 초과하는 금액은 없는 것으로 본다.

(5) 공제감면세액의 중복적용배제, 농특세 적용 여부

① 세액감면과 세액감면의 중복적용
세액감면간에는 동일사업장, 동일 소득에 대하여 중복적용 되지 않는다. 그러나 연도별로, 사업장별로, 동일사업장의 업종별로 감면을 각각 달리 적용할 수 있다.

② 세액공제와 세액공제의 중복적용
세액공제간에는 중복적용이 가능하나 동일자산에 대한 투자세액공제는 중복 적용되지 않는다. 투자자산이 여러 건인 경우 각 자산별로 투자세액공제를 달리 적용가능하다. 예를 들면, 고용증대세액공제는 사회보험료세액공제와 중복적용된다.

③ 세액감면과 세액공제의 중복적용
각종 투자세액공제와 사회보험료세액공제, 제3자 물류비용세액공제는 세액감면과 중복 적용되지 않는다. 이는 동일연도 발생분이 안되고 이월된 세액공제와 해당연도 감면은 중복적용된다. 또한 사업장을 구분하여 세액감면과 세액공제를 각각 적용하는 경우 중복적용된다. 예를 들면, 2018년부터 사회보험료세액공제와 중소기업특별세액감면은 중복적용된다.

④ 최저한세 적용여부
중소기업의 연구인력개발세액공제와 사회적기업·장애인표준사업장의 세액감면에 대해서만 최저한세 적용이 안되고 다른 세액공제와 세액감면은 최저한세가 적용된다.

⑤ 농특세 과세여부
중소기업투자세액공제, 고용증대세액공제, 근로자복지증진투자세액공제, 경력단절여성재고용중소기업세액공제, 근로소득증대세액공제는 농특세를 과세한다.

Ⅵ 가산세

법인세법상 가산세의 종류를 요약하면 다음과 같다.

구분		적용요건	가산세액
성실신고확인서 제출 불성실 가산세(§ 75)		기한 내 성실신고확인서를 미제출 * 사업연도 종료일이 속하는 달의 말일부터 4개월 이내	산출세액 × 5%
주주등의 명세서 등 제출 불성실 가산세 (§ 75의2)	주주명세서 불성실	미제출, 누락 또는 불분명 제출	미제출·누락·불분명한 주식등의 액면금액 또는 출자가액 × 0.5% (기한후 1월 이내 제출시 0.25%)
	주식변동상황 명세서 불성실	제출하지 아니하거나 변동상황을 누락 또는 불분명하게 제출한 경우	미제출·누락·불분명한 주식등의 액면금액 또는 출자가액 × 1% (기한후 1월 이내 제출시 0.5%)
기부금영수증 불성실가산세(§ 75의4)		기부금영수증을 사실과 다르게 발급	사실과 다르게 발급된 금액 × 5%
		기부자별 발급명세 미작성, 미보관	발급명세 미작성·미보관한 금액 × 0.2%
증명서류 수취 불성실 가산세(§ 75의5)		재화 또는 용역을 공급받고 세금계산서 등 정규증명서류를 받지 아니하거나 사실과 다르게 받은 금액으로 손금에 산입하는 것이 인정되는 경우	미수취 등 금액 중 손금으로 인정되는 금액 × 2%
신용 카드 및 현금 영수증 발급 불성실 가산세 (§ 75의6)	신용카드 불성실	신용카드 거래 거부 또는 매출전표를 사실과 다르게 발급	건별 발급거부금액 또는 사실과 다르게 발급한 금액의 5% (건별 계산금액이 5천원 미만이면 5천원)
	현금영수증 불성실	현금영수증가맹점 미가입 또는 가입기한이 지나서 가입한 경우	사업연도 수입금액의 1% × 미가맹기간
		발급 거부 또는 사실과 다르게 발급하여 세무서장으로 부터 통보받은 경우	통보받은 발급거부금액 또는 사실과 다르게 발급한 금액 × 5%(건별 금액이 5천원 미만이면 5천원)
		현금영수증 의무발행 위반	미발급금액 × 20%
지급명세서 불성실가산세 (§ 75의7)		일용지급명세서 미제출(불분명) : 매달 제출	미제출(불분명)금액 × 0.25% (1월내 제출시 0.125%)
		일용외 지급명세서 미제출(불분명) : 1년에 한번 제출	미제출(불분명)금액 × 1% (3월내 제출시 0.5%)
		근로간이지급명세서 미제출(불분명) : 6개월마다 제출 (2026.1.1. 이후 매달제출)	미제출 (불분명)금액 × 0.25% (3월내 제출시 0.125%)
		사업간이지급명세서 미제출(불분명) : 매달 제출	미제출 (불분명)금액 × 0.25% (1월내 제출시 0.125%)

계산서등 제출 불성실 가산세 (§ 75의8)	계산서 발급	계산서 미발급 또는 누락·거짓기재	미발급, 가공·위장수수 : 공급가액 × 2%,
		계산서 지연발급, 종이발급	공급가액 × 1%, *지연발급 : 공급시기가 속하는 사업연도 말의 다음 달 25일까지 발급
	계산서 합계표 제출	매입·매출처별 계산서 합계표 미제출 또는 누락·거짓기재	공급가액 × 0.5% (기한후 1월 이내 제출시 0.25%)
	세금계산서 합계표 제출	매입처별 세금계산서합계표 미제출 또는 누락·거짓기재	
	전자계산서 발급명세 제출 불성실 가산세 (§ 76 ⑨)	전자계산서 미전송	미전송 공급가액 × 0.5%
		전자계산서 지연전송 *공급시기가 속하는 사업연도 말의 다음 달 25일까지 국세청장에게 전자계산서 발급명세를 전송	지연전송 공급가액 × 0.3%
유보소득계 산명세서불 성실가산세(§ 75의9)	유보소득 명세서 미제출· 불분명	배당가능 유보소득금액×0.5%	

✱ 비영리내국법인이 법§ 3③ 1호 및 6호의 수익사업을 영위하지 아니하는 경우 장부의 비치기장 불이행에 대한 가산세 규정을 적용하지 아니함.

✱ 종류별로 각각 5천만원(중소기업이 아닌 경우1억원)을 한도로 부과함(계산서 미발급, 가공·위장수수 및 고의적 위반의 경우는 제외) → 국기법 § 49

| 전자계산서 발급명세 지연전송 또는 미전송가산세 |

종 류	사 유	가산세액 계산			
		'15년 까지	'16년	'17년 이후	'19년 이후
전자계산서 발급명세 지연전송가산세	전자계산서 발급사업자가 발급일의 다음날 지난 후 재화 또는 용역의 공급시기가 속하는 사업연도 말의 다음 달 25일*까지 발급명세를 전송한 경우	미적용	공급 가액 × 0.1%	공급 가액 × 0.5%	공급 가액 × 0.3%
전자계산서 발급명세 미전송가산세	전자계산서 발급사업자가 발급일의 다음날 지난 후 재화 또는 용역의 공급시기가 속하는 사업연도 말의 다음 달 25일*까지 발급명세를 미전송한 경우	미적용	공급 가액 × 0.3%	공급 가액 × 1%	공급 가액 × 0.5%

✱ '20.1.1. 이후 전자계산서 발급명세를 전송하는 분부터 다음 달 11일이 아니라 다음 달 25일까지 전송시 지연전송 가산세를 적용한다.

Ⅶ. 법인세과세표준의 신고

(1) 법인세신고기한

납세의무 있는 내국법인은 법인세 과세표준 및 세액신고서를 작성하여 각 사업연도 종료일이 속하는 달의 말일부터 3개월(성실신고확인서를 제출하는 경우에는 4개월) 이내에 신고하고 납부하여야 한다.

각 사업연도의 소득금액이 없거나 결손금이 있는 법인의 경우에도 동일하게 적용한다(법인법 §60①③).

(2) 신고시 제출하여야 할 서류

과세표준신고는 과세표준 및 세액신고서에 다음의 서류를 첨부하여야 한다(법인법 §60②, 법인령 §97⑤).

① 기업회계기준을 준용하여 작성한 재무상태표와 포괄손익계산서
② 기업회계기준을 준용하여 작성한 이익잉여금처분(결손금처리)계산서
③ 세무조정계산서(법인세 과세표준 및 세액조정계산서)
④ 세무조정계산서 부속서류 및 기업회계기준에 따라 작성한 현금흐름표(외감법에 따라 외부감사의 대상이 되는 법인만 해당)

(3) 분 납

내국법인이 납부할 세액이 1천만원을 초과하는 경우 다음에 정하는 바에 따라 그 납부할 세액의 일부를 납부기한이 지난 날부터 1개월(중소기업의 경우 2개월) 이내에 분납할 수 있다(법인법 §64②, 법인령 §101).

① 납부할 세액이 2천만원 이하인 경우 1천만원을 초과하는 금액
② 납부할 세액이 2천만원을 초과하는 경우 그 세액의 50% 이하의 금액

납부할 세액	납부세액	분납할 세액
1,700만원	1,000만원	700만원
2,400만원	1,200만원	1,200만원

(4) 수정신고와 경정청구

1) 수정신고

법정신고기한내에 과세표준 신고서를 제출한 법인이 오류 또는 탈루로 증액신고를 하고자 하는 경우 관할세무서장이 과세표준과 세액을 결정하여 통지하기 전까지 수정신고를 제출하고 추가로 납부할 세액이 있는 경우 이를 납부하여야 한다.

법정신고기한이 지난 후 2년 이내에 증액수정신고 또는 법정신고기한 지난 후 6개월 이내에 기한 후 신고를 하는 경우 과소신고로 인하여 부과하여야 할 가산세의 최고 90%, 최저 10%를 경감한다.

2) 경정청구

법정신고기한내에 과세표준신고서를 제출한 법인으로서 다음의 사유가 발생한 법인은 법정신고한 경과 후 5년이 되는 날까지 신고한 과세표준과 세액의 경정을 청구할 수 있다.

① **신고한 과세표준과 세액이 신고할 과세표준과 세액을 초과하는 때**
② **신고한 결손금액·환급세액이 신고할 결손금액·환급세액에 미달하는 때**

✱ 더 자세한 사항은 국세기본법을 참고하기 바란다.

Ⅷ 성실신고확인제도

1 의의

다음의 요건에 해당하는 법인은 성실한 납세를 위하여 법인세의 과세표준과 세액을 신고할 때 법인세 과세표준 및 세액조정계산서와 재무제표 등 제출서류에 더하여 비치·기록된 장부와 증명서류에 의하여 계산한 과세표준금액의 적정성을 세무사 등이 확인하고 작성한 확인서("성실신고확인서")를 납세지 관할 세무서장에게 제출하여야 한다.

다만, 「주식회사의 외부감사에 관한 법률」제4조에 따라 감사인에 의한 감사를 받은 법인은 이를 제출하지 아니할 수 있다(법인법 §60의2①).

2 대상법인

(1) 부동산임대업을 주된 사업으로 하는 등 일정한 요건에 해당하는 내국법인

다음의 요건을 모두 갖춘 내국법인(유동화전문회사 등은 제외)을 말한다.
① 해당 사업연도 종료일 현재 내국법인의 지배주주 등이 보유한 주식 등의 합계가 해당 내국법인의 발행주식총수 또는 출자총액의 100분의 50을 초과할 것
② 해당 사업연도에 부동산 임대업을 주된 사업(사업수입금액이 큰 사업)으로 하거나 다음의 금액 합계가 기업회계기준에 따라 계산한 매출액(㉠부터 ㉢까지의 금액이 포함되지 않은 경우에는 이를 포함하여 계산한다)의 100분의 50 이상일 것
　㉠ 부동산 또는 부동산상의 권리의 대여로 인하여 발생하는 수입금액(간주임대료를 포함한다)
　㉡ 이자소득의 금액
　㉢ 배당소득의 금액
③ 해당 사업연도의 상시근로자 수가 5명 미만일 것

(2) 성실신고확인대상사업자가 내국법인으로 전환한 경우 그 내국법인

성실신고확인대상사업자가 사업용 유형자산 및 무형자산을 현물출자 및 사업의 양도·양수하는 방법에 따라 내국법인으로 전환한 경우 그 내국법인. 다만, 사업연도 종료일 현재 법인으로 전환한 후 3년 이내의 내국법인으로 한정한다.

여기서 말하는 성실신고확인대상사업자는 해당 내국법인의 설립일이 속하는 연도 또는 직전 연도에 「소득세법」에 따른 성실신고확인대상사업자에 해당하는 경우를 말한다.

3 세액공제 및 가산세

(1) 세액공제

성실신고확인대상 내국법인이 성실신고확인서를 제출하는 경우에는 성실신고 확인에 직접 사용한 비용의 60%에 해당하는 금액을 150만원의 한도 내에서 해당 사업연도의 법인세에서 공제한다. 세액공제를 적용받은 성실신고확인대상 내국법인이 해당 사업연도의 과세표준("사업소득금액 등")을 과소 신고한 경우로서 그 과소 신고한 사업소득금액 등이 경정(수정신고로 인한 경우를 포함한다)된 사업소득금액 등의 10% 이상인 경우에는 공제받은 금액에 상당하는 세액을 전액 추징한다.

또한 사업소득금액 등이 경정된 성실신고확인대상자에 대해서는 경정일이 속하는 사업연도의 다음 사업연도부터 3개 사업연도 동안 성실신고 확인비용에 대한 세액공제를 하지 아니한다(조특법 §126의6③).

(2) 가산세

성실신고 확인대상 내국법인이 각 사업연도의 종료일이 속하는 달의 말일부터 4개월 이내에 성실신고확인서를 납세지 관할 세무서장에게 제출하지 아니한 경우에는 법인세 산출세액에 5%를 곱하여 계산한 금액과 수입금액의 1만분의 2 중 큰 금액을 가산세로 해당 사업연도의 법인세액에 더하여 납부하여야 한다.
법인세 산출세액이 경정으로 0보다 크게 된 경우에는 경정된 산출세액을 기준으로 성실신고확인서 제출 불성실 가산세계산한다(법인법 §75).

(3) 세율

법인세 과세표준이 2억원 이하인 경우에도 19% 단일세율을 적용한다.

4 신고기한

성실신고확인서를 제출하는 경우에는 법인세의 과세표준과 세액을 각 사업연도의 종료일이 속하는 달의 말일부터 4개월 이내에 납세지 관할 세무서장에게 신고하여야 한다(법인법 §60①).

| 사례 5-9 | 법인세과세표준 및 세액조정계산서 |

(주)이택스의 손익계산서상 당기순손실액은 114,516,454원이다. 세무조정사항은 과목별 소득금액조정명세서를 참고바라며 중간예납세액은 1,516,630원이다. 신고서 내용의 흐름은 다음과 같다.

■ 법인세법 시행규칙 [별지 제3호 서식] (2024.3.22 개정)

법인세 과세표준 및 세액조정계산서

사업연도	2025.01.01 ~ 2025.12.31		법인명	(주)이택스
			사업자등록번호	107-81-46207

① 각 사 업 연 도 소 득 계 산	⑩¹ 결산서상당기순손익		01	−114,516,454			⑬³ 감면분추가납부세액		29	
	소득조정금액	⑩² 익금산입	02	130,567,617			⑬⁴ 차감납부할세액 (⑫⁵ − ⑬² + ⑬³)		30	−72,026
		⑩³ 손금산입	03			⑤ 토지등양도소득에 대 한 법인세계산	⑬⁵ 등기자산		31	
	⑩⁴ 차가감소득금액 (⑩¹ + ⑩² − ⑩³)		04	16,051,163			⑬⁶ 미등기자산		32	
	⑩⁵ 기부금한도초과액		05				⑬⁷ 비과세소득		33	
	⑩⁶ 기부금한도초과이월액 손금산입		54				⑬⁸ 과세표준 (⑬⁵ + ⑬⁶ − ⑬⁷)		34	
	⑩⁷ 각 사업연도소득금액 (⑩⁴ + ⑩⁵ − ⑩⁶)		06	16,051,163			⑬⁹ 세율		35	
② 과 세 표 준 계 산	⑩⁸ 각 사업연도 소득금액			16,051,163			⑭⁰ 산출세액		36	
	⑩⁹ 이월결손금		07				⑭¹ 감면세액		37	
	⑩ 비과세소득		08				⑭² 차감세액 (⑭⁰ − ⑭¹)		38	
	⑪ 소득공제		09				⑭³ 공제세액		39	
	⑫ 과세표준 (⑩⁸ − ⑩⁹ − ⑩ − ⑪)		10	16,051,163			⑭⁴ 동업기업 법인지방소득세 배분액 (가산세 제외)		58	
	⑤⁹ 선박표준이익		55				⑭⁵ 가산세액 (동업기업 배분액 포함)		40	
③ 산 출 세 액 계 산	⑬ 과세표준 (⑫ + ⑤⁹)		56	16,051,163			⑭⁶ 가감계 (⑭² − ⑭³ + ⑭⁴ + ⑭⁵)		41	
	⑭ 세율		11	9 %		기납부세액	⑭⁷ 수시부과세액		42	
	⑮ 산출세액		12	1,444,604			⑭⁸ ( )세액		43	
	⑯ 지점유보소득 (「법인세법」 제96조)		13				⑭⁹ 계 (⑭⁷ + ⑭⁸)		44	
	⑰ 세율		14				⑮⁰ 차감납부할세액 (⑭⁶ − ⑭⁹)		45	
	⑱ 산출세액		15			⑥ 미환류소득법인세	⑯¹ 과세대상 미환류소득		59	
	⑲ 합계(⑮ + ⑱)		16	1,444,604			⑯² 세율		60	
④ 납 부 할 세 액 계 산	⑳ 산출세액 (⑳ = ⑲)			1,444,604			⑯³ 산출세액		61	
	㉑ 최저한세 적용대상 공제감면세액		17				⑯⁴ 가산세액		62	
	㉒ 차감세액		18	1,444,604			⑯⁵ 이자상당액		63	
	㉓ 최저한세 적용제외 공제감면세액		19				⑯⁶ 납부할세액(⑯³+⑯⁴+⑯⁵)		64	
	㉔ 가산세액		20			⑦ 세액계	⑮¹ 차감납부할세액계 (⑬⁴ + ⑮⁰ + ⑯⁶)		46	−72,026
	㉕ 가감계 (㉒ − ㉓ + ㉔)		21	1,444,604			⑮² 사실과 다른 회계처리 경정세액공제		57	
	기한내납부세액	㉖ 중간예납세액	22	1,516,630			⑮³ 분납세액계산범위액 (⑮¹−⑫⁴−⑬³−⑭⁵−⑮²+⑬¹)		47	
		㉗ 수시부과세액	23							
		㉘ 원천납부세액	24				⑮⁴ 분납할세액		48	
		㉙ 간접투자회사등의 외국납부세액	25							
		㉚ 소계 (㉖ + ㉗ + ㉘ + ㉙)	26	1,516,630			⑮⁵ 차감납부세액 (⑮¹ − ⑮² − ⑮⁴)		49	−72,026
		㉛ 신고납부전가산세액	27							
		㉜ 합계 (㉚ + ㉛)	28	1,516,630						

■ 법인세법 시행규칙 [별지 제1호서식] (2025.03.21 개정)　　　홈택스(www.hometax.go.kr)에서도 신고할 수 있습니다.

법인세 과세표준 및 세액신고서

※ 뒤쪽의 신고안내 및 작성방법을 읽고 작성하여 주시기 바랍니다.　　　　　(앞쪽)

①사업자등록번호	111-11-11111	②법인등록번호	111111-1111111
③법 인 명	(주)이택스	④전 화 번 호	123-4567
⑤대표자성명	김건강	⑥전자우편주소	421117-2004110
⑦소 재 지			
⑧업 태	도·소매	⑨종 목	가전제품	⑩주업종코드	
⑪사 업 연 도	2025.01. ~ 2025.12.31	⑫수시부과기간	. . . ~ . . .
⑬법 인 구 분	1.내국 2.외국 3.외투(비율 %)	⑭조 정 구 분	1.외부 2.자기

⑮종류별구분	중소기업	일반			당기순이익과세	⑯외부감사대상	1.여 2.부
		중견기업	상호출자제한기업	그외기업			
영리법인 상장법인	11	71	81	91		⑰신 고 구 분	1.정기신고 2.수정신고(가.서면분석, 나.기타) 3.기한후 신고 4.중도폐업신고 5.경정청구
코스닥상장법인	21	72	82	92			
기 타 법 인	30	73	83	93			
비영리법인	60	74	84	94	50		

⑱법인유형별구분		코드		⑲결산확정일	2026.3.2
⑳신 고 일	2026.3.31			㉑납 부 일	
㉒신고기한 연장승인	1. 신청일			2. 연장기한	

구 분	여	부	구 분	여	부
㉓주식변동	1	2	㉔장부전산화	1	2
㉕사업연도의제	1	2	㉖결손금소급공제 법인세환급신청	1	2
㉗감가상각방법(내용연수)신고서 제출	1	2	㉘재고자산등평가방법신고서 제출	1	2
㉙기능통화 채택 재무제표 작성	1	2	㉚과세표준 환산시 적용환율		
㉛동업기업의 출자자(동업자)	1	2	㉜국제회계기준(K-IFRS)적용	1	2
㊼내용연수승인(변경승인) 신청	1	2	㊽감가상각방법변경승인 신청	1	2
㊾기능통화 도입기업의 과세표준 계산방법			㊿미환류소득에 대한 법인세 신고	1	2
51성실신고확인서 제출	1	2			

구 분	법 인 세	토지 등 양도소득에 대한 법인세	미환류소득에 대한 법인세	계
㉝수 입 금 액		(1,878,319,130)		
㉞과 세 표 준	16,051,163			
㉟산 출 세 액	1,444,604			1,444,604
㊱총 부 담 세 액	1,444,604			1,444,604
㊲기 납 부 세 액	1,516,630			1,516,630
㊳차 감 납 부 할 세 액	▲72,026			▲72,026
㊴분 납 할 세 액				
㊵차 감 납 부 세 액				

㊶조 정 반 번 호		㊸조정자	성 명	
㊷조정자관리번호			사업자등록번호	
			전 화 번 호	

국세환급금 계좌 신고	㊹예 입 처		은행	(본)지점
	㊺예금종류			
	㊻계 좌 번 호		예금	

신고인은 「법인세법」 제60조 및 「국세기본법」 제45조, 제45조의2, 제45조의3에 따라 위의 내용을 신고하며, 위 내용을 충분히 검토하였고 신고인이 알고 있는 사실 그대로를 정확하게 적었음을 확인합니다.

　　　　　　　　　　　　　　　　　　　　　　　　　　　　　　　　　2026년 3월 31일
　　　　　　　　　　　　　　　신고인(법 인)　　　　　　　　　　　(인)
　　　　　　　　　　　　　　　신고인(대표자)　　　　　　　　　　(서명)

세무대리인은 조세전문자격자로서 위 신고서를 성실하고 공정하게 작성하였음을 확인합니다.
　　　　　　　　　　　　　　　세무대리인　　　　　　　　　　　(서명 또는 인)

세무서장 귀하

첨부서류	1. 재무상태표 2. 포괄손익계산서 3. 이익잉여금처분계산서 또는 결손금처리계산서 4. 현금흐름표(「주식회사의 외부감사에 관한 법률」 제2조에 따른 외부감사의 대상이 되는 법인의 경우만 해당합니다), 5. 세무조정계산서	수수료 없 음

■ 법인세법 시행규칙 [별지 제15호서식] (2022.03.18. 개정)

사업연도	2025.1.1. ~ 2025.12.31.	소득금액조정합계표		법 인 명	(주)이택스
				사업자등록번호	111-11-11111

익금산입 및 손금불산입			손금산입 및 익금불산입		
① 과 목	② 금 액	③ 소득처분 (처분 / 코드)	④ 과 목	⑤ 금 액	⑥ 소득처분 (처분 / 코드)
법인세 등	4,899,690	기타사외유출 / 500			
지급이자와할인료	16,166,026	유보 / 400			
보험료	2,844,825	〃 / 400			
잡 비	2,339,100	기타사외유출 / 500			
잡손실	17,920	〃 / 500			
재고자산평가감	104,301,056	유보 / 400			
합 계	130,567,617		합 계		

■ 법인세법 시행규칙 [별지 제15호서식 부표 1] (2014.03.14. 개정)

사업연도	과목별소득금액조정명세서(1)	법인명	(주)이택스
2025. 1. 1. 2025. 12. 31.		사업자등록번호	111-11-11111

<table>
<tr><td colspan="4" align="center">1. 익금산입 및 손금불산입</td></tr>
<tr><td>①과 목</td><td>②금 액</td><td>③처 분</td><td>④ 조 정 내 용</td></tr>
<tr><td>법인세등</td><td>4,899,690</td><td>기타사외유출</td><td>법인세등 계상액 손금불산입하고 기타사외유출로 처분함.</td></tr>
<tr><td>지급이자와할인료</td><td>16,166,026</td><td>유 보</td><td>미경과 미지급이자 상당액을 손금불산입하고 유보로 처분함</td></tr>
<tr><td>보험료</td><td>2,844,825</td><td>유 보</td><td>당기말 현재 기간미경과 보험료 등 손금불산입하고 유보로 처분함</td></tr>
<tr><td>잡 비</td><td>2,399,825</td><td>기타사외유출</td><td>잡손실 해당액 중 교통벌과금 상당액을 손금불산입 기타사외유출로 처분함</td></tr>
<tr><td>잡손실</td><td>17,920</td><td>기타사외유출</td><td>잡손실 중 근로소득세 가산금 상당액을 손금불산입 기타사외유출로 처분함</td></tr>
<tr><td>재고자산평가감</td><td>104,301,056</td><td>유 보</td><td>상품 등에 대한 재고자산평가감손금불산입하고 유보로 처분함</td></tr>
<tr><td>(합 계)</td><td>130,568,617</td><td></td><td></td></tr>
</table>

Ⅸ. 법인소득 원천징수

(1) 대상소득과 세율

법인에게 이자소득금액과 증권투자신탁수익의 분배금을 지급하는 자는 그 금액을 지급하는 금액에 다음의 원천징수세율을 적용하여 계산한 금액에 상당하는 법인세(1천원 이상인 경우만 해당한다)를 원천징수하여 그 징수일이 속하는 달의 다음달 10일까지 납세지관할세무서장 등에 납부하여야 한다(법인법 §73).
① 이자소득금액의 경우 14%(비영업대금의 이익은 25%)
② 국내 또는 국외에서 받는 집합투자기구로부터의 이익 중 투자신탁의 이익 14%
③ 국내사업장이 없는 외국법인에게 지급한 국내원천소득의 경우 2%~25%

(2) 가산세

원천징수를 하지 아니하거나 징수한 세액을 납부하지 아니하는 경우 원천징수세액과 더불어 다음과 같이 가산세를 징수한다.

$$3\% + \left(\text{과소·무납부세액} \times \frac{2.2}{10,000} \times \text{경과일수} \right) \leq 10\%$$

(3) 지방소득세 특별징수

① 법인지방소득세는 과세표준의 1%로서 사업연도 종료일부터 4월 이내에 해당 과세연도 종료일 현재의 본점소재지 관할시장·군수에게 신고하여야 한다.
② 내국법인에게 지급한 이자소득, 투자신탁수익의 분배금에 대하여 법인세 원천징수를 하는 경우 법인지방소득세를 특별징수한다.
③ 국내사업장이 없는 외국법인에게 지급한 국내원천소득의 법인세원천징수에 대하여 법인지방소득세를 10% 특별징수하여 납부하여야 한다.

X. 법인세법상 그 밖의 의무

(1) 지출증명의 수취 및 보관

1) 증명서류의 보관

법인은 각 사업연도의 그 사업과 관련된 모든 거래에 관한 증명서류를 작성하거나 받아서 법인세 신고기한이 지난 날부터 5년간 보관하여야 한다. 다만, 결손금 소급공제에 따라 소급공제 받고자 하는 경우에는 소급공제 결손금이 발생한 과세연도부터 공제를 적용받은 날이 속하는 과세표준신고기한부터 1년이 되는 날까지 보관하여야 한다(법인법 §116①). 법인이 지출증빙수취의무를 위반한 경우 미수취금액의 2%에 상당하는 가산세를 부과한다.

2) 지출증명서류합계표 작성 및 보고

직전사업연도 수입금액 30억원 이상인 법인(사업연도가 1년 미만인 법인의 경우 30억원에 해당 사업연도의 월수를 곱하고 12로 나누어 산출한 금액)은 지출증명서류 합계표를 작성하여 보관한다.

✱ 2017년 1월 1일 이후 개시하는 사업연도부터 작성의무는 있되, 가산세 대상은 아님.

3) 주주명부 등의 작성 및 비치

내국법인(비영리내국법인을 제외)은 주주 또는 사원(유한회사의 사원을 말함)의 성명·주소 및 주민등록번호 등이 기재된 주주명부 또는 사원명부를 작성하여 갖추어 두어야 한다(법인법 §118 및 법인령 §160).

(2) 주식변동상황명세서 제출

사업연도 중에 주식 등의 변동사항이 있는 법인은 법인세 신고기한 내에 주식변동상황명세서를 제출하여야 한다. 다만, 다음의 어느 하나에 해당하는 주식 등에 대하여는 제출하지 않아도 된다(법인법 §119).

① 주권상장법인으로서 해당 사업연도 중 주식의 명의개서 또는 변경을 취급하는 자를 통하여 1회 이상 주주명부를 작성하는 법인의 지배주주(그 특수관계인을 포함한다) 외의 주주 등이 소유하는 주식 등
② ①외의 법인의 소액주주가 소유하는 주식
   ㉠ 유가증권시장상장법인의 경우 보유하고 있는 주식의 액면금액의 합계액이 3억원에 미달하고 그 주식의 시가의 합계액이 100억원 미만인 주주

ⓒ 코스닥시장상장법인의 경우 보유하고 있는 주식의 액면금액의 합계액이 3억원에 미달하고 그 주식의 시가의 합계액이 100억원 미만인 주주

ⓒ ⓐ, ⓑ 외의 법인의 경우 보유하고 있는 주식의 액면금액 또는 출자총액의 합계액이 500만원 이하인 주주 등

> **참고** 비상장주식 대주주의 범위(소득령 § 167의8①)
>
> ⓐ 지분율 4% 이상 또는 ⓑ 시가총액 10억원 이상의 주식을 가지고 있는 대주주가 양도하는 주식은 양도소득 과세표준의 20%를 과세한다.

(3) 지급명세서의 제출의무

원천징수의무자는 법인세법 시행령에 다른 규정이 있는 경우를 제외하고는 소득법 §164를 준용하여 지급명세서를 납세지 관할세무서장에게 제출하여야 한다. 다만, 법인세가 과세되지 아니하거나 면제되는 소득에 대하여는 지급명세서를 제출하지 아니할 수 있다. 소득세실무편에 상세히 설명하고 있다. 참조 바란다(법인법 §120).

(4) 매입처별 세금계산서합계표 등 제출

1) 세금계산서합계표

부가가치세가 면제되는 사업을 하는 법인이 재화나 용역을 공급받고 세금계산서를 발급받은 경우 매년 2월 10일까지 매입처별세금계산서합계표를 납세지 관할세무서장에게 제출하여야 한다. 다만, 매입처별 세금계산서합계표를 해당 과세기간이 끝난 후 25일 이내에 이미 납세지 관할 세무서장에게 제출한 경우 다시 제출하지 않아도 된다.

2) 계산서합계표

법인은 발급하였거나, 발급받은 계산서의 매출·매입처별 합계표를 매년 2월 10일까지 납세지 관할세무서장에게 제출하여야 한다. 다만, 부가가치세법 규정에 따라 제출한 분에 대하여는 다시 제출하지 않아도 된다.

(5) 해외현지법인에 대한 자료제출 의무

「외국환거래법」에 따른 해외직접투자를 하거나 자본거래 중 외국에 있는 부동산이나 이에 관한 권리를 취득한 내국법인은 법인세신고기한까지 다음의 자료를 제출하여야 한다. 제출하지 아니하는 경우에는 1천만원 이하의 과태료를 부과한다(⑥과⑦은 제외)한다.

① 해외직접투자의 명세
② 해외직접투자를 받은 외국법인의 재무상황(해외직접투자를 받은 외국법인이 투자한 외국법인의 재무상황을 포함)
③ 해외직접투자를 한 내국법인의 손실거래(해외직접투자를 받은 외국법인과의 거래에서 발생한 손실거래는 제외한다.)
④ 해외직접투자를 받은 외국법인의 손실거래(해외직접투자를 받은 외국법인이 투자한 외국법인의 재무상황을 포함)
⑤ 해외영업소의 설치현황
⑥ 해외 부동산등의 투자명세
⑦ 해외직접투자 또는 외국에 있는 부동산등과 관련된 자료

XI 중간예납 의무

(1) 대상법인 및 중간예납세액

1) 직전 사업연도의 산출세액을 기준으로 하는 방법

각 사업연도의 기간이 6개월을 초과하는 내국법인은 각 사업연도(합병이나 분할에 의하지 아니하고 새로 설립된 법인의 최초 사업연도는 제외한다) 중 중간예납기간(中間豫納期間)에 대한 법인세액(중간예납세액)을 납부할 의무가 있다(법인법 §63).

중간예납세액은 해당 사업연도의 개시일부터 6개월이 되는 날까지를 중간예납기간으로 하여 해당 사업연도의 직전 사업연도에 대한 법인세로서 확정된 산출세액(가산세를 포함)에서 다음의 금액을 공제한 금액을 직전 사업연도의 월수로 나눈 금액에 6을 곱하여 계산한 금액으로 한다(법인법 §63의2).

① 해당 사업연도의 직전 사업연도에 감면된 법인세액(소득에서 공제되는 금액을 제외)
② 해당 사업연도의 직전 사업연도에 법인세로서 납부한 원천징수세액
③ 해당 사업연도의 직전 사업연도에 법인세로서 납부한 수시부과세액

$$\left\{ \text{직전 사업연도의 법인세} - \left(\text{직전 사업연도의 감면세액 원천징수세액, 수시부과세액} \right) \right\} \times \frac{6}{\text{직전 사업연도 개월수}}$$

다만, 직전 사업연도의 중소기업으로서 위의 계산식에 따라 계산한 금액이 50만원 미만

인 내국법인은 중간예납세액을 납부할 의무가 없다.

✱ 소득세법에서는 중간예납세액이 50만원 미만인 경우 소득세를 징수하지 아니한다(소득법 § 86).

2) 해당 중간예납기간의 법인세액을 기준으로 하는 방법

중간예납세액의 납부의무가 있는 내국법인으로서 직전 사업연도의 확정된 법인세액이 없는 법인이거나 해당 중간예납기간 종료일까지 직전 사업연도의 법인세액이 확정되지 아니한 법인 및 당기 중간예납기간에 대하여 결산하고자 하는 법인인 경우와 분할신설법인 및 분할합병법인의 상대방법인의 분할 후 최초의 사업연도의 경우 추계 결산하여 중간예납세액을 다음 산식과 같이 계산하여 납부하여야 한다.

$$\left(\text{과세표준} \times \frac{12}{6}\right) \times \text{세율} \times \frac{6}{12} - \left\{\begin{array}{l}\text{중간예납기간의 감면세액,} \\ \text{원천징수세액, 수시부과세액}\end{array}\right\}$$

(2) 중간예납세액의 신고납부시 제출서류

① 법인세중간예납신고납부계산서
② 해당 중간예납기간의 법인세액을 기준으로 하는 방법은 세무조정계산서를 추가로 첨부한다.

(3) 중간예납세액의 납부

중간예납기간이 지난 날부터 2개월 이내에 중간예납세액을 납부하여야 한다. 납부할 중간예납세액이 1천만원을 초과하는 경우 확정법인세와 마찬가지로 납부기한이 지난 날부터 1개월일(중소기업 2개월) 이내에 분납할 수 있다.

(4) 이월결손금 공제

중간예납세액을 당기 실적에 따라 산출하는 경우 이월결손금을 전액 뺀다(법인 1234.21-2299).

다만, 중소기업이 아닌 경우 각 사업연도소득금액의 80%범위에서 공제한다.

✱ 소득세법은 중간예납추계액 신고 시에도 중간예납기간의 해당 소득금액을 연으로 환산한 금액에서 이월결손금을 뺀다(소득 1264-3308).

저자약력

◉ 세무사 김겸순

- 경희대학교 경영대학원 세무관리학과(석사)졸업
- KBS1 라디오 매주 목요일'오늘'돈맹탈출 고정출연
- 국가전문행정연수원 자치행정연수부 강사
- 신용보증기금 강사
- 관세청 자체평가위원회 위원
- ㈜뉴보택 사외이사
- 서울지방세무사회 연수이사
- 국세청 자체평가위원회 위원
- 한국세무사회 조세정보위원회 위원장
- 영등포지역 세무사회 회장
- 한국세무사회 감사
- 영등포구청 서초구청, 지방세심사위원
- 한국세무사회 연수원 교수(現)
- 세무법인 다솔위드 대표 세무사(現)
- 삼일아카데미 강사(現)
- 국세청 수출입회계와 세무실무 강사(現)

[저서·논문]
- 상법관련 기업결산과 주요회계·세무처리실무(경제법륜사)
- 법인결산과 세무조정·신고실무(경제법륜사)
- 수출입회계와 세무실무(조세통람사)
- 회계와 세무실무(더존테크윌)

◉ 세무사 김봉현

- 성균관대학교 회계학과 졸업
- 성균관대학교 일반대학원 회계학과 졸업(석사)
- 강남대학교 일반대학원 세무학과 졸업(세무학박사)
- 연세대학교 교육대학원 교육경영최고위과정 수료
- 서울지방세무사회 교육연수위원회 간사
- 유한대학교 산업경영과 겸임교수
- 인천지방세무사회 교육연수위원(現)
- 한국세무사회 계간세무사회 편집위원(現)
- 한국세무사회 세무연수원 교수(現)
- 한국세무사회 전산세무회계자격시험 출제위원(現)
- 한국세무사회 소득세 전문세무상담위원(現)
- 한국표준협회 경영교육센터 수석전문위원(現)
- 네이버지식 iN 전문세무상담 세무사(現)
- 부천시 한의사회 세무자문(現)
- 한결세무법인 대표세무사(現)

[저서·논문]
- 회계이익과 현금흐름의 정보가치(석사학위논문)
- 조세탕감제도 도입에 관한 연구(박사학위논문)
- 가산세 실무(한국세무사회)
- 회계와세무실무(더존테크윌)
- 2023 가산세 실무(한국세무사회)
- NCS세무회계(한국세무사회)

◉ 세무사 윤희원

- 인하대학교 경상대학 경영학부 졸업
- 강남대학교 일반대학원 졸업(세무학 석사)
- 강남대학교 일반대학원 세무학과 졸업(세무학 박사)
- 경복대학교 세무회계과 겸임교수
- 서울시 마을세무사
- 한국세무사회 국제협력위원
- 한국세무사고시회 국제상임이사
- 장안대학교 세무회계과 겸임교수
- 한국표준협회 경영전문센터 수석전문위원(現)
- 더존비즈스쿨, 조세일보 재무교육원 전임강사(現)
- 숭실사이버대학교 세무회계학과 외래교수(現)
- 전산세무회계자격시험 출제위원(現)
- 한국세무사회 세무연수원 교수(現)
- 강서구청 지방세심사위원(現)
- 한결세무법인 서부지점 대표세무사(現)

[저서·논문]
- 세법상 사실혼 배우자의 과세체계 연구(박사학위 논문)
- 전산세무회계실무(이택스코리아)
- 회계와세무실무(더존테크윌)

2025년 경리실무자를 위한
회계와 세무실무

1 6 판 인 쇄 : 2025년 4월 21일	
초 판 발 행 : 2010년 6월 13일	저자와의
저　　　자 : 김겸순, 김봉현, 윤희원 저	협의하에
발　행　처 : (주)더존테크윌	인지생략
주　　　소 : 서울시 광진구 자양로 142, 청양빌딩 3층	
등 록 번 호 : 제25100-2005-50호	
전　　　화 : 02-456-9156	
팩　　　스 : 02-452-9762	
홈 페 이 지 : www.etaxkorea.net	

ISBN 979-11-6306-123-6
정가 35,000원

- 파본은 구입하신 서점이나 출판사에서 교환해 드립니다.
- 이 책을 무단복사, 복제, 전재하는 것은 저작권법에 저촉됩니다.